초등교사를 위한 수학과 교수법 개정판

Helping Children Learn Mathematics 11 Edition

로버트 레이즈·매리 린퀴스트·다이애나 램딘·낸시 스미스 지음

박성선·김민경·방정숙·권점례 옮김

KM 경문사

〈박성선〉
서울교육대학교 수학교육과
한국교원대학교 대학원 수학교육전공(교육학석사)
한국교원대학교 대학원 수학교육전공(교육학박사)
미국 퍼듀대학교 영재교육센터(GERI) 연구교수
(현) 춘천교육대학교 수학교육과 교수

〈김민경〉
이화여자대학교 수학과(이학사)
이화여자대학교 교육대학원 수학교육전공(교육학석사)
Iowa State University, Dept. of Curriculum and Instruction(Ph.D.)
(현) 이화여자대학교 초등교육과 교수

〈방정숙〉
서울교육대학교 수학교육과
미국 루이지애나 주립대학교 수학교육전공(Ph.D.)
미국 펜실베이니아 대학교 박사후 연구과정
한국교육학술정보원 선임연구원
미국 캘리포니아 대학교(UCI) 연구교수
(현) 한국교원대학교 초등교육과(수학교육) 교수

〈권점례〉
대구교육대학교 수학교육과
한국교원대학교 대학원 수학교육전공(교육학석사)
한국교원대학교 대학원 수학교육전공(교육학박사)
(현) 한국교육과정평가원 연구위원

HELPING CHILDREN LEARN MATHEMATICS, 11 EDITION

초등교사를 위한 수학과 교수법 개정판
Helping Children Learn Mathematics 11 Editon

지은이 로버트 레이즈 · 매리 린퀴스트 · 다이애나 램딘 · 낸시 스미스
옮긴이 박성선 · 김민경 · 방정숙 · 권점례
펴낸이 조경희
펴낸곳 경문사
펴낸날 2012년 3월 15일 11판 1쇄
2025년 3월 3일 11판 3쇄
등 록 1979년 11월 9일 제1979-000023호
주 소 04057, 서울특별시 마포구 와우산로 174
전 화 (02)332-2004 팩스 (02)336-5193
이메일 kyungmoon@kyungmoon.com

값 40,000원

ISBN 979-11-6073-043-2

★ 경문사의 다양한 도서와 콘텐츠를 만나보세요!

홈페이지	www.kyungmoon.com	페이스북	facebook.com/kyungmoonsa
포스트	post.naver.com/kyungmoonbooks	블로그	blog.naver.com/kyungmoonbooks
북이오	buk.io/@pa9309	인스타그램	instagram.com/kyungmoonsa

도서 중 **정오표** 및 **학습자료**가 있는 경우 홈페이지 내 해당 도서 상세 페이지의 **자료** 탭에 업로드됩니다.

옮긴이의 말(개정판)

이 책은 수학교육 분야에서 베스트셀러인 *Helping Children Learn Mathematics*의 최근판(11판)을 번역한 것이다. 이 책의 대표 저자인 레이즈(Reys)를 비롯하여, 린퀴스트(Lindquist), 램딘(Lambdin), 스미스(Smith)는 수학교육에 대한 강의 및 연구를 활발히 수행하고 있으며, 이러한 경험을 바탕으로 이 책을 집필하였다. 이 개정판(11판)은 수학교육계에서 최근에 제안하고 있는 권고사항 및 연구결과 및 현장 교사들의 목소리를 충실히 반영하고 있다. 이 책은 초등 수학을 가르치게 될 예비교사 및 현장의 교사들 모두에게 매우 가치가 있을 것이다. 이와 더불어 수학교육 및 수학교수법 전반에 걸쳐 지속적인 탐구와 연구를 위해서도 중요한 자료가 될 것으로 생각된다.

이 책에서 저자들이 수학교육에 있어서 강조하고 있는 가장 중요한 점은 수학은 아동들에게 의미가 있어야 한다는 것이다. 즉, 이해를 바탕으로 수학교육을 해야 한다는 것으로 NCTM(2000)에서 추구하고 있는 수학교육의 모습과 일맥상통한다. 이 책의 2장에서 저자들은 "교육(teaching)은 학습(learning)이 이루어진 만큼만 달성된다."라고 주장하고 있다. 이 말이 의미하는 바를 생각해 보면, 교사가 아무리 가르쳐봤자 학생들이 학습하지 않으면 아무것도 교육되지 않은 것이라는 의미일 것이다. 이는 학생들에게 의미가 있는 수학교육 즉, 이해를 바탕으로 한 수학교육을 강조하는 말이다.

이해를 바탕으로 한 수학교육을 위하여 저자들이 강조하고 있는 수학교육의 방법은 두 가지로 요약할 수 있다. 첫째, 아동들이 실생활에서 경험한 것들을 바탕으로 수학적 지식을 획득하도록 해야 한다는 점을 강조하고 있다. 또한 수학학습은 구체로부터 추상으로 진행한다는 점에서 추상적인 수학을 충실히 이해시키기 위한 구체적 자료들이 필요하다는 것이다. 둘째, 학생들의 이해를 증진시키기 위해서는 단편적인 계산이나 절차를 일방적인 방법으로 가르치는 것이 아니라, 추론, 논의와 같은 과정들이 포함되어야 한다는 점을 강조하고 있다. 학생들이 수학문제를 해결하고 난 후에, 어떻게 그런 결론을 얻었는지 그리고 문제를 해결하기 위하여 적용한 접근방법이 왜 타당한지에 대한 자신들의 근거를 설명해 보게 하는 과정이 포함되어야 한다.

이 책은 크게 두 부분으로 나뉜다. 전반부(1장~6장)에서는 변화하는 수학교육의 모습, 이해를 통한 수학교육, 수학수업의 계획 및 실행, 평가, 수학 행하기, 문제해결에 대해서 다루고 있다. 후반부(7장~17장)에서는 수학과의 내용 영역에 대한 전반적인 이해와 지도방법을 다루고 있다. 특히 각 장에서 수학적 이해를 촉진하기 위하여 여러 가지 모델과 구체물의 활용에 대하여 다루고 있다.

본 역자들은 이 책의 5판을 번역한 책(1999년)을 교재로 하여 대학에서 초등수학교육 특히, 초등수학교육Ⅱ를 주로 강의해 왔다. 이 번역서로 강의를 진행하면서 이 책이 지향하는 수학교육의 방향에 동감하게 되었고, 수학의 각 영역별 지도방법에 대해서도 많은 시사점을 얻을 수 있었다. 5판 이후 몇 번의 개정판이 출판되었다. 특히 2009년 출판된 9판에는 이전에 비하여 많은 내용이 추가되거나 수정되었기에, 예비교사교육 및 교사재교육 측면에서 새로이 번역할 필요가 있다고 판단되었다. 그 결과, 본 역자들은 2012년에 *Helping Children Learn Mathematics*(9판)를 번역하여 출판하였다. 이 번역서를 가지고 학생들을 지도하는 과정에서 몇몇 부분에서 오류가 발견되어 개정판을 내기로 하였다. 이 개정판은 *Helping Children Learn Mathematics*(11판)를 번역한 것이다.

이 방대한 분량의 책을 번역하고 수정하면서 번역이란 작업이 쉽지 않음을 새삼 다시 느끼게 되었다. 번역 과정에서 가장 힘들었던 점은 미국의 상황을 우리나라의 상황으로 어떻게 바꿀 것인가 하는 것이었다. 가령, 미국의 수업 장면을 어떻게 현실감 있게 그리고 왜곡됨이 없게 번역할 것인지에 대한 고민이 많았음을 밝힌다. 독자들의 이해를 돕기 위하여 역자의 해설을 덧붙여 놓았으나 혹시 그것이 본 저자의 의도와 달리 해석되지 않을까 우려된다. 아무쪼록 이 책을 통하여 초등 수학을 가르치게 될 예비교사나 현재 초등 수학을 가르치고 있는 현직교사들에게 수학교수법적 측면에서 많은 도움이 되길 바란다.

이 책을 번역하고 교정하는 과정에 참여해주신 많은 분들의 노고에 감사드린다. 특히, 번역과정에서 많은 조언을 해주신 장인옥 교수님, 교정과정에 참여했던 춘천교육대학교 대학원 길상현, 장현경, 최은경, 허지열, 손경훈, 오혜진, 최나희 선생님, 이화여자대학교 대학원 주유리, 이지영 선생님, 한국교원대학교 대학원 김정원, 정유경, 김수경, 최인영 선생님에게 감사드리며, 많은 분량의 내용을 꼼꼼히 읽고 교정해 준 경문사 편집부 여러분에게 감사드린다.

2017년 역자 일동

지은이의 말(11판)

*Helping Children Learn Mathematics*의 11판을 소개하게 되어 영광스럽게 생각한다. 이 책의 저자로서 우리는 *Helping Children Learn Mathematics*의 이전 판들이 초등학교 교사들에게 도움이 되었다고 생각한다. 본 저자들은 아동들의 수학학습을 도울 수 있는 방법과 관련하여 여러 가지 아이디어, 일화, 제언을 아낌없이 제공해준 많은 교사와 학생들에게 감사의 마음을 전하고자 한다. *Helping Children Learn Mathematics*(11판)는 초등학교 수학 교수-학습에서 최근의 변화된 모습을 반영하고 있다. 이러한 변화는 여러 곳에서 이루어지고 있다. 초등학교 수학 교사는 그러한 변화를 알아야할 뿐만 아니라, 더욱더 중요한 것은 변화의 방향을 이끌어갈 기회를 갖고 있다는 것이다.

Helping Children Learn Mathematics(11판)은 다음 세 가지 주제를 바탕으로 쓰였다.

- 아동들이 수학에 의미를 부여하는 데 도움이 되도록 한다.
- 실제적 경험을 바탕으로 수학 교수·학습을 안내한다.
- 연구결과를 바탕으로 수학 교수·학습을 안내한다.

이와 더불어 이 책 전반에 걸쳐서 공통핵심수학규준(Common Core State Standards for Mathematics, CCSSM)이 소개될 것이다. 또한, 평등성과 다양성은 이 책에서 매우 중요한 이슈이다. 학생들을 평등하고 공평하게 대하는 실제적인 방법이나 제안들이 다루어진다. 초등학교 교사는 교실에서 평등성과 다양성에 관심을 기울여야 한다.

이 책은 현재 초등학교에서 수학을 가르치는 교사 또는 앞으로 초등학교 수학교사가 되려는 사람들을 위하여 집필하였다. 이 책은 여러분이 학생들에게 수학적 개념이나 기능뿐만 아니라 중요한 문제해결 전략을 지도하는 데 도움이 되도록 집필하였다. 이 책은 여러분의 생각을 변화시킬 것이며, 더 나아가서는 수학 교수-학습에 대한 흥미와 관심을 자극할 것이다.

Helping Children Learn Mathematics(11판)는 크게 두 부분으로 나뉘어 있다. 첫째 부분(1장~6장)에서는 변화하는 수학교육과정에 대한 이해와 아동들이 수학을 어떻게 학습하는지에 대한 기초를 살펴볼 것이다. 여기서는 CCSSM에서 제시한 수학적 실행에 바탕을 둔 수학수업을 계획하거나 평가하는 데 기준이 되는 지침을 제공할 것이며, NCTM이 *Ensuring Mathematical Success for all*(2014)에서 제시한 수학교육 원리에 대하여 논의할 것이다. 특히, 수학 교수-학습에서 매우 중요한 부분을 차지하고 있는 문제해결과 평가에 대해서 논의할 것이다. 이 두 가지 측면은 모든 학년 수준에서의 수학 교수-학습과 관련이 있을 만큼 중요하기 때문에 이 책

의 전반에 걸쳐서 통합적으로 논의될 것이다.

둘째 부분(7장~18장)에서는 수학의 특정 내용과 관련하여 지도 전략이나 기법 그리고 학습 활동에 대하여 논의할 것이다. 수학학습이 진정으로 의미 있는 학습이 되도록 하기 위하여, 개념의 이해를 촉진하기 위한 모델과 구체물의 사용을 강조할 것이다. 수학적 의미가 효과적으로 형성되기 위해서는 학생들로 하여금 구체적인 자료나 예로부터 시작하여 일반화와 추상화로 향하도록 수학에 대한 논의를 유도하는 것이 강조되어야 한다.

이 책의 특징

본 저자들은 수학 교사가 되려는 예비 교사들이나 현재 수학을 가르치고 있는 현직 교사들의 변화하는 요구에 부응하고자 이 책을 계속해서 수정·보완해 왔다. 이번에 개정된 *Helping Children Learn Mathematics*(11판)에는 최근에 논의되고 있는 새로운 아이디어들이 추가되었다. 또한 그동안 주장해왔던 수학 교수-학습의 특징들을 유지하면서, 여러 전문단체들의 권고사항과 더불어 수학 교수-학습과 관련된 최근의 연구 결과들을 반영하였다. 이 책은 초등학교 현직 교사들에게 유용한 자료를 제공할 것이며, 수학 교수-학습을 공부하고 있는 예비 교사들이 읽기 쉽고 이해하기 쉽게 집필하였다. 아울러 이들이 수학 지도에 대하여 계속해서 학습할 수 있도록 이 책의 깊이를 적절하게 조정하였다.

- **수업자료** <수업자료>는 각 장의 학습 주제를 아동들에게 지도하기 위한 풍부한 아이디어와 전략을 제공한다. 또한 이 <수업자료>를 사용하기 위한 유의점을 제시하였으며, 아동들이 그 활동을 할 때 발생되는 현상에 대해서 논의하였다. 이 <수업자료>를 활용하는 데 필요한 추가 자료는 *Teaching Elementary Mathematics: A Resource for Field Experiences*에서 찾을 수 있다.
- **오류유형** 7장부터 18장에 제시한 오류유형은 학생이나 교사가 흔히 범할 수 있는 오류나 오개념을 소개한 것이다. 이러한 오류유형을 확인하고 분석함으로서 아동들이 수학을 학습하는 과정에서 어떻게 도움을 주어야 하는지에 대해서 생각할 수 있을 것이다.
- **연습 문제와 연구 문제** 각 장의 마지막 부분에서 제시한 연습 문제와 연구 문제에는 수학 교수-학습에 대한 본 저자들의 생각이 구현되어 있다. 이것들을 통하여 여러분은 수학에 대하여 생각하고 질문할 수 있으며, 훌륭한 수학 교사가 되는 데 도움이 되는 경험을 제공할 것이다. 연습 문제는 이 책의 각 장에서 논의된 것과 직접적으로 관련이 있는 것들이다.
- **이 장의 핵심 질문** 핵심 질문은 각 장의 도입 부분에 제시되는데 각 장에 소개될 내용을 미리 생각하게 한다. 먼저 각 질문에 대하여 생각해보고, 소개된 내용과 활동을 살펴보고 각 질문에 응답한다.
- **아동용 추천도서** 아동용 도서는 수학교육에서 자주 활용되지 않더라도, 아동들의 수학학습을 돕는 데 강력한 자료가 될 수 있다. 수학에 대한 아동들의 관심과 흥미를 자극하고 수학 학습을 촉진하는 데 효과적으로 사용할 수 있는 아동용 도서를 찾아서 제시하였다. 다양한 관점에서 특정한 책들을 소개하였으며 그 목록을 제시하였다.

- **연구물** 교사로서 여러분들은 교육과정이나 교육적 의사결정을 내리기 위한 합리적 근거가 필요할 것이며, 그런 측면에서 우리는 관련된 연구를 인용하는 것이 유용할 것이라고 생각한다. 이 책에서 인용한 연구들은 수학 교수-학습에 대하여 중요한 시사점을 제공하는 것들이다.
- **교육자료와 참고문헌** 인용한 도서와 논문들의 목록은 웹사이트 www.wiley.com/college/reys에서 찾아볼 수 있다. 이 사이트에 접속하면 이 자료들을 좀더 깊이 있게 살펴볼 수 있다. 이 책에서 인용된 다른 참고문헌들은 이 책의 끝에 제시하였다.

Helping Children Learn Mathematics(11판)는 워크북이 아니라 아이디어북이다. 본 저자들은 여러분들이 이 책을 읽고 논의함으로써 많은 것들을 배울 것이라고 확신한다. 수학을 지도하는 데 따라야 하는 각 단계를 정확하게 명시하는 것은 불가능할 뿐만 아니라 바람직하지도 않다. 무엇을 누구에게 어떤 수준으로 가르칠 것인지에 따라 지도의 각 단계는 크게 달라진다. 수업에서 무엇을, 누구에게, 어떻게, 얼마 동안 가르칠 것인가에 대한 최종적인 결정은 교사인 여러분에게 달려 있다. 이 책이 이에 대한 모든 질문에 대답해 줄 수는 없겠지만, 초등학교 수학을 지도하면서 필요로 하는 현명한 판단을 내리는 데 많은 도움이 될 것이라고 생각한다. 이 책을 통한 강의가 끝난 뒤에도 이 책은 여러분의 수업에 교육 자료로 끊임없이 사용될 가치가 있다고 믿는다.

지은이에 대하여

레이즈(Robert E. Reys)

미주리 대학교(University of Missouri-Columbia) 수학교육과의 Curator's Professor로 근무하고 있다. 수학 교사였으며 지역 교육청의 수학 코디네이터로서 활동하였다. 관심 분야는 계산기, 암산, 어림셈, 수 감각 영역이다. 저자는 전문 학술지에 200여 편의 논문을 발표하였다. NCTM에서 발간한 Yearbook 5권의 편집자였으며 2010년 Yearbook인 *Mathematics Curriculum: Issues, Trends, and Future Directions*의 공동 편집자이다. 이러한 공로로 NCTM으로부터 Lifetime Achievement 상을 수상하였다.

린퀴스트(Mary M. Lindquist)

조지아주의 콜럼버스 주립대학교(Columbus State University)의 수학교육과 명예교수이며, 대학생과 대학원생들을 대상으로 수학교육에 관하여 지도하고 있다. NCTM의 회장이었으며, *Principles and Standards for School Mathematics*(NCTM, 2000) 발간을 주도하였다. 미국학력평가(NAEP)와 수학·과학 성취도 추이변화 국제비교 연구(TIMSS)와 같은 여러 가지 국내 또는 국제 위원회에 참여하였다. 이러한 공로로 NCTM으로부터 Lifetime Achievement 상을 수상하였다.

램딘(Diana V. Lamdin)

인디애나 대학교(Indiana University, Bloomington)의 수학교육과 교수로서 예비 초등교사를 위한 강의와 실습지도를 담당하고 있으며, 수학교육을 전공하는 석사 및 박사 과정의 학생들을 지도하고 있다. 대학에서 교사 교육을 담당하기 전에는 매사추세츠, 미시간, 아이오와 주에서 수학 교사를 하였다. 또한 *Principles and Standards for School Mathematics*(NCTM, 2000)을 개발하는 구성원으로 참여하였다.

스미스(Nancy L. Smith)

캔자스 주의 엠포리아 주립 대학교(Emporia State University)의 아동학과 교수로서 예비교사와 현직교사를 대상으로 초등교육과 수학교육을 강의하고 있으며, 10여 년 동안 초등학교와 중등학교에서 수학을 가르쳤다.

차례

옮긴이의 말 / iii
지은이의 말 / v
지은이에 대하여 / viii

제 1 장 변화하는 세계 속의 학교수학 _ 1

- 서론 ······ 1
- 수학이란 무엇인가? ······ 2
- 학교 수학을 결정하는 요인은 무엇인가? ·· 3
- 참고할 자료들은 무엇인가? ······ 10
- 요약 ······ 14

연습문제 ······ 14
연구문제 ······ 14

제 2 장 이해를 통한 수학학습 _ 17

- 서론 ······ 17
- 수학학습에 대하여 알고 있는 것은 무엇인가? ······ 18
- 다양한 학습자들을 어떻게 도와줄 것인가? ······ 18
- 아동들이 절차적 지식과 개념적 지식을 학습하는 데 어떻게 도움을 줄 것인가? ·· 24
- 아동은 수학을 어떻게 학습하는가? ······ 26
- 아동이 수학에 대하여 의미를 형성하도록 하기 위해서는 어떻게 해야 하는가? ······ 31
- 문화적 연계성 ······ 38
- 요약 ······ 39

연습문제 ······ 39
연구문제 ······ 40
아동용 추천도서 ······ 41

제 3 장 수학수업 계획 _ 43

- 서론 ······ 43
- 수업을 위한 준비: 수업 계획을 세우기 전에 고려해야 할 사항들 ······ 44
- 효과적인 수업을 위한 계획 세우기 ······ 57
- 모든 학생들의 요구 충족시키기 ······ 67
- 문화적 연계성 ······ 71
- 요약 ······ 71

연습문제 ······ 72
연구문제 ······ 72
아동용 추천도서 ······ 73

제 4 장 수학 교수-학습 향상을 위한 평가 _ 75

- 서론 ··· 75
- 총괄평가와 형성평가 ··· 76
- 형성평가의 4단계 ··· 76
- 형성평가의 목적 ··· 78
- 수학적 능력과 수학적 성향을 평가하는 방법 ··· 79
- 평가 결과의 기록 및 활용 ··· 93
- 문화적 연계성 ··· 97
- 요약 ··· 98

연습문제 ··· 99
연구문제 ··· 99
아동용 추천도서 ··· 100

제 5 장 수학적 실행과 수학적 과정 _ 101

- 서론 ··· 101
- CCSSM의 수학적 실행 ··· 103
- NCTM의 수학적 과정 ··· 108
- 문화적 연계성 ··· 120
- 요약 ··· 121

연습문제 ··· 122
연구문제 ··· 122
아동용 추천도서 ··· 123

제 6 장 수학적 문제해결 _ 125

- 서론 ··· 125
- 문제는 무엇인가? 그리고 문제해결은 무엇인가? ··· 126
- 문제해결을 통한 수학학습 ··· 128
- 문제해결 전략 ··· 140
- 반성하기의 중요성 ··· 149
- 학생들의 문제해결 돕기 ··· 150
- 문화적 연계성 ··· 153
- 요약 ··· 154

연습문제 ··· 155
연구문제 ··· 155
아동용 추천도서 ··· 156

제 7 장 수 감각과 수 세기 _ 157

- 서론 ··· 157
- 수 감각 ··· 157
- 전(前)-수 개념 ··· 159
- 초기의 수 개념 ··· 165
- 수 세기 ··· 170
- 집합수, 순서수, 명목수 ··· 177
- 숫자 쓰기 ··· 177
- 문화적 연계성 ··· 179
- 요약 ··· 180

연습문제 ··· 181
연구문제 ··· 181
아동용 추천도서 ··· 182

제 8 장 수 감각의 확장: 자릿값 _ 183

- 서론 ······ 183
- 우리의 기수법 체계 ······ 184
- 자릿값의 본질 ······ 185
- 자릿값 개념의 도입 ······ 189
- 자릿값 개념의 확장 ······ 193
- 어림하기 ······ 200
- 문화적 연계성 ······ 201
- 요약 ······ 203

연습문제 ······ 203
연구문제 ······ 204
아동용 추천도서 ······ 204

제 9 장 연산의 의미와 기본 구구 _ 205

- 서론 ······ 205
- 아동의 수 감각과 연산 능력 기르기 ······ 206
- 연산의 의미 개발 ······ 208
- 수학적 성질 ······ 213
- 사칙연산의 기본 구구 ······ 214
- 기본 구구를 위한 사고 전략 ······ 218
- 문화적 연계성 ······ 231
- 요약 ······ 232

연습문제 ······ 233
연구문제 ······ 233
아동용 추천도서 ······ 234

제 10 장 계산 방법: 계산기, 머릿셈, 어림셈 _ 235

- 서론 ······ 235
- 계산 수업에서 균형 유지하기 ······ 236
- 계산기 ······ 237
- 머릿셈 ······ 241
- 어림셈 ······ 247
- 문화적 연계성 ······ 255
- 요약 ······ 256

연습문제 ······ 257
연구문제 ······ 257
아동용 추천도서 ······ 258

제 11 장 표준적인 그리고 대안적인 계산 알고리즘 _ 259

- 서론 ······ 259
- 이해를 통한 알고리즘 지도 ······ 262
- 덧셈 ······ 263
- 뺄셈 ······ 267
- 곱셈 ······ 271
- 나눗셈 ······ 276
- 계산 알고리즘 학습을 넘어서 ······ 283
- 문화적 연계성 ······ 284
- 요약 ······ 285

연습문제 ······ 286
연구문제 ······ 287
아동용 추천도서 ······ 288

제 12 장 분수와 소수: 의미와 연산 _ 289

• 서론 ········ 289
• 분수의 개념 ········ 290
• 분수의 이해 ········ 293
• 분수의 이해 확장 ········ 297
• 분수의 크기 비교와 동치분수 ········ 302
• 분수의 덧셈과 뺄셈 ········ 307
• 분수의 곱셈과 나눗셈 ········ 309
• 소수 개념의 발달 ········ 313
• 소수의 연산 ········ 318
• 문화적 연계성 ········ 320
• 요약 ········ 321
연습문제 ········ 322
연구문제 ········ 322
아동용 추천도서 ········ 323

제 13 장 비(비율), 비례식, 퍼센트: 의미와 적용 _ 325

• 서론 ········ 325
• 비 또는 비율 ········ 326
• 비례식 ········ 329
• 퍼센트 ········ 334
• 문화적 연계성 ········ 342
• 요약 ········ 342
연습문제 ········ 343
연구문제 ········ 343
아동용 추천도서 ········ 344

제 14 장 대수적 사고 _ 345

• 서론 ········ 345
• 문제, 패턴, 관계 ········ 346
• 대수 언어와 기호 ········ 353
• 모델링, 일반화, 정당화 ········ 356
• 모델링, 일반화, 정당화의 다른 측면 ········ 368
• 문화적 연계성 ········ 369
• 요약 ········ 370
연습문제 ········ 370
연구문제 ········ 371
아동용 추천도서 ········ 371

제 15 장 도형 _ 373

• 서론 ········ 373
• 입체도형 ········ 376
• 평면도형 ········ 382
• 위치와 위치 나타내기 ········ 393
• 도형의 변환 ········ 395
• 시각화와 공간 추론 ········ 397
• 문화적 연계성 ········ 400
• 요약 ········ 401
연습문제 ········ 401
연구문제 ········ 401
아동용 추천도서 ········ 402

제 16 장 측정 _ 403

- 서론 ········ 403
- 측정 과정 ········ 404
- 측정의 다른 측면 ········ 423
- 속성 관련짓기 ········ 428
- 문화적 연계성 ········ 431
- 요약 ········ 432

연습문제 ········ 432
연구문제 ········ 432
아동용 추천도서 ········ 433

제 17 장 자료 분석, 통계, 확률 _ 435

- 서론 ········ 435
- 문제 설정 ········ 438
- 자료 수집 ········ 439
- 자료 분석: 그래프 ········ 441
- 자료 분석: 기술 통계 ········ 452
- 결과 해석 ········ 458
- 확률 ········ 460
- 임의성 ········ 464
- 문화적 연계성 ········ 466
- 요약 ········ 467

연습문제 ········ 467
연구문제 ········ 468
아동용 추천도서 ········ 469

제 18 장 수론 _ 471

- 서론 ········ 471
- 초등학교 수학에서 수론 ········ 475
- 가분성 ········ 482
- 수론의 다른 주제들 ········ 485
- 문화적 연계성 ········ 490
- 요약 ········ 490

연습문제 ········ 491
연구문제 ········ 491
아동용 추천도서 ········ 492

참고문헌 ········ **493**

찾아보기 ········ **511**

제1장 변화하는 세계 속의 학교수학

"학교는 결코 그대로 머물러 있지 않는다."
- 윌 로저스(Will Rogers)

이 장의 핵심 질문

1. 이 장에 제시된 수학에 대한 5가지 관점을 여러분의 관점과 비교하시오.
2. 어떤 수학을 가르치고 어떻게 가르쳐야 하는지에 영향을 미치는 세 가지 요인 중 오늘날 가장 중요한 것은 무엇인가? 그 이유는?
3. 여러분의 수학적 지식과 수학 교수-학습에 대한 지식을 지속적으로 개발하는 데 도움이 되는 자료는 무엇인가?

서론

앞에서 로저스(Rogers)가 말한 바와 같이, 학교가 옛날 그대로의 모습이 아님에도 우리는 과거 그대로의 낭만적인 생각에 사로잡혀 있는 경우가 있다. 우리의 어린 학생들은 예전에 그랬던 것처럼 오늘도 학습에 대한 열망을 갖고 있다. 우리는 모든 학생들을 존중해야할 뿐만 아니라, 우리가 가르치고 있는 과목 즉, 수학에 대해서도 그 가치를 존중해야 한다.

여러분은 교사로서 수학을 배우는 사람들에게 긍정적이고 유의미한 경험을 제공할 기회를 갖고 있다.

여러분이 가르칠 수학에 대한 여러분의 생각은 어떠한가? 수학수업에 대한 여러분의 생각은 어떠한가? 초등학교 시절의 수학수업을 기억해보자. 어떤 사람은 곱셈 구구단 외우기, 분수 계산 또는 세로 나눗셈을 기억할 것이다. 또 다른 사람은 규칙 찾기, 도형 탐구, 문제해결을 기억할 것이다. 어떤 사람에게는 초등학교 수학이 긍정적인 경험이겠지만, 어떤 사람에게는 불안과 좌절감을 준 나쁜 경험일 수도 있다. 왜 수학을 배워야 하는가? 그리고 수학은 언제 사용하는가? 교사들은 학생들이 수학을 배우기를 원하며, 학생들에게 수학은 유용한 과목이라고 설명한다. 교사들은 이 점에 대하여 얼마나 확신을 하고 있을까?

이 책의 목적은 수학과 교수-학습에 대한 교사의 생각의 폭을 넓히고, 학생들이 수학을 학습하는 데 교사가 어떤 도움을 줄 수 있는지를 안내하기 위한 것이다. 이 책은 다음과 같이 세 가지 주제를 상호 관련지어서 기술하고 있다.

- **주제 1. 수학 교수-학습에 관한 연구결과.** 이러한 연구결과들은 아동들이 어떤 수학을 배워야 하는지 그리고 수학을 어떻게 배워야 하는지를 이해하기 위한 기초를 제공할 것이다.
- **주제 2. 의미 형성하기.** 수학은 아동들에게 의미 있는 것이어야 한다. 아동들이 수학을 학습함에 있어 의미를 형성하도록 한다면, 그들은 이해를 바탕으로 수학을 학습하고 그렇게 학습한 수학을 적용하여 문제를 해결할 수 있다.
- **주제 3. 실제적 경험.** 수학을 가르치기 위해서는 경험이 필요하다. 이를 위하여 여러분이 나중에 교사가 되었을 때 실제로 적용할 수 있도록, 여러 교사들과 저자들의 경험에서 나온 아이디어와 시사점을 제시하였다.

수학을 가르치기 위해서는 많은 공부와 노력이 필요하다. 이 과정에서 여러분은 종종 다음과 같은 의문을 갖게 될 것이다.

- 학생들은 어떤 수학적 지식과 이해를 갖고 수업에 참여하는가?
- 학생들은 어떤 수학을 학습해야 하는가?
- 개개의 다양한 학생들을 어떻게 가르쳐야 하는가?
- 수학에 대한 교사의 태도는 왜 중요한가?

이 질문에 대하여 어떻게 답하느냐에 따라 여러분이 무엇을, 그리고 어떻게 가르치느냐에 영향을 줄 것이다. 여러분은 가르치는 아동의 나이에 상관없이 다음과 같은 세 가지 일반 목표를 설정할 필요가 있다.

- 아동들이 수학적 절차와 개념을 포함하여 특정한 수학 내용을 이해하도록 한다.
- 아동들이 문제를 해결하는 데 수학적 아이디어를 어떻게 적용하는지를 알게 한다.
- 수학을 학습함에 있어 끈기, 융통성, 학습에 대한 욕구, 수학의 가치에 대한 이해와 더불어 수학학습에 대한 긍정적 성향을 길러준다.

교사로서 이러한 세 가지 목표를 달성하는 데 도움이 되는 방법들에 대해서는 다음 장에서부터 소개할 것이다. 1장에서는 수학이란 무엇인가 그리고 학교에서 가르치는 수학을 결정하는 요인은 무엇인가에 대해서 알아보고 관련된 또 다른 참고 자료들에 대해서도 알아볼 것이다.

수학이란 무엇인가?

사람들은 종종 수학과 산술을 같은 것으로 생각한다. 초등학교 수학에서 산술은 주로 수에 관한 것이었다. 산술 특히 계산은 언제나 초등학교 수학의 초점이 되었다. 그러나 최근에 와서는 수학을 그렇게 좁게 보지 않는다. 그림 1-1은 NCTM(National Council of Teachers of Mathematics; 미국수학교사협

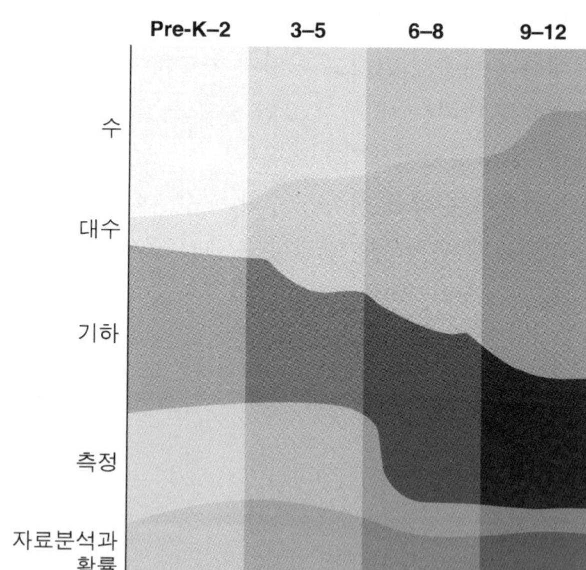

그림 1–1 학년에 따른 수학 내용의 분포 (출처: *Principles and Standards for School Mathematics*, p.30, copyright 2000 by the National Council of Teachers of Mathematics.)

의회)이 제시한 Pre-K부터 12학년까지 수학 내용의 분포를 나타낸 것이다. 수학 내용에서 수가 역시 필수적인 부분이지만, 대수, 기하, 측정, 자료 분석과 확률도 역시 중요한 부분을 차지하고 있다. 그림을 보면 알 수 있듯이, 수는 저학년에서부터 강조되지만 고학년으로 갈수록 차지하는 비중이 줄어들고 있다. 그러나 대수는 고학년으로 갈수록 중요성이 점점 커지고 있다.

수학을 기하와 대수처럼 분리된 영역들의 집합체로 볼 수도 있겠지만, 이것은 수학을 제대로 보지 못하는 것이다. 수학에 대한 생각의 폭을 넓히는 것이 여러분에게 도움이 될 것이다. 다음에 제시할 5가지 관점은 수학을 분리된 영역들의 집합체로 보는 관점에서 벗어나는 데 도움이 될 것이다. 이 서로 다른 관점들을 읽기 전에 이 책의 표지의 퀼트 그림을 잠시 살펴보자. 퀼트의 각 부분에서 어떤 규칙이나 관계가 보이는가? 이 퀼트는 예술로 보이는가? 이 퀼트는 특별한 기호를 사용해서 생각을 표현한 것으로 보이는가? 이 퀼트는 어떤 기능을 하는 것 — 겨울에 보온을 위한 것 — 으로 보이는가? 여러분은 다음과 같은 관점에서 수학을 볼 수 있어야 한다.

1. **수학은 규칙과 관계에 대한 연구이다.** 아동들은 반복적으로 발생하는 아이디어를 찾아내고 수학적 아이디어 간의 관계를 인식할 필요가 있다. 이 아이디어와 관계들은 교육과정 전반에 걸쳐서 각각의 수학적 주제들을 연결하는 연결고리를 제공한다. 아동들은 어떤 아이디어가 다른 아이디어와 어떻게 비슷한지 또는 어떻게 다른지를 알아야 한다. 예를 들어, 1학년 아동들은 하나의 기본 구구(가령, $3+2=5$)가 또 다른 기본 구구(가령, $5-3=2$)와 어떻게 관련되어 있는지를 알 수 있다. 고학년의 아동들은 센티미터에 가장 가깝게 측정하는 것과 100에 가깝게 어림하는 것을 서로 관련지을 수 있다.
2. **수학은 생각하는 방법이다.** 수학은 사람들에게 정보를 조직하고 분석하고 종합하기 위한 전략을 제공한다. 실생활 문제를 기호화하는 것은 그것을 잘 알고 있는 수학적 절차로 간략하게 나타내는 것이다. 이렇게 기호화함으로써 문제를 훨씬 쉽게 해결할 수 있다.
3. **수학은 질서와 내적 일관성을 특징으로 하는 예술이다.** 많은 아동들은 수학을 외워야 하는 독립된 사실과 기능들이 마구 뒤섞인 것으로 생각하고 있다. 교사는 아동들이 수학에 내재되어 있는 질서와 일관성을 인지하고 인식할 수 있도록 안내할 필요가 있다.
4. **수학은 신중하게 정의된 용어와 기호를 사용하는 언어이다.** 수학적 용어와 기호를 학습함으로써 수학 자체뿐만 아니라 과학, 실생활 상황에 대해 의사소통하는 능력을 향상시킬 수 있다. 다른 언어와 마찬가지로, 교사는 수학적 용어의 의미를 이해해야 하고, 어떤 경우에 그것을 사용할 것인지를 판단할 수 있어야 한다.
5. **수학은 도구이다.** 수학은 수학자들만이 사용하는 것이 아니라 모든 사람들이 일상생활에서 사용한다. 수학은 일상생황이나 직장에서 필수적인 요소로 인식되고 있다. 수학을 도구로 인식함으로써, 아동들은 수학을 학습하는 이유를 알 수 있다. 아동들 역시 수학자들이 하는 것처럼 추상적이거나 실제적인 문제를 해결하는 데 수학을 사용할 수 있다.

학교수학을 결정하는 요인은 무엇인가?

수학은 초등학교 교육과정에서 매우 중요한 위치를 차지하고 있다. 배정된 시간에 있어서나 교수-학습 자료의 개발에 사용된 비용에 있어서나 수학은 국어 다음의 위치를 차지하고 있다. 학부모, 정치가, 다른 사회단체들이 수학에 대한 관심을 나타내는 정도를 보더라도 수학의 중요성을 알 수 있다.

역사적 영향

학교수학을 결정하는 데 영향을 주는 요인은 세 가지 관점 — 교과의 요구, 학생의 요구, 사회의 요구 — 으로 나누어 볼 수 있다. 많은 사람들이 수학은 결코 변하지 않는 것으로 생각한다. 그러나 이 세 가지 요인들을 살펴봄으로써, 수학이 계속해서 변하고 있음을 알 수 있을 것이다.

교과의 요구 수학의 본질을 파악하면, 초등학교에서 무엇을 가르쳐야 하고 학년별로 언제 가르쳐야 하는지를 결정하는 데 도움이 된다. 예를 들어 0과 자연수는 많은 수학적 개념을 배우기 위한 기초를 제공한다. 아동들은 학교에 들어오기 훨씬 전부터 0과 자연수에 대한 경험을 한다. 저학년에서는 수 세기 경험을 기초로 하여, 0과 자연수의 개념을 학습한다. 0과 자연수를 학습한 다음에는 자연스럽게 분수와 소수를 학습한다. 이처럼 자연스럽게 보이는 순서는 오랫동안 교육과정이 개정되어 온 결과이다. 이러한 학습 순서는 많은 분석을 통하여 쉬운 것에서 어려운 것으로 진행하고 있으며, 다음 수준의 수학적 개념을 개발하기 위해서는 이전 수준의 학습이 필수적으로 요구된다는 점에 기초하고 있다. 그러나 일단 어느 한 교육과정이 오랫동안 자리를 잡고 있게 되면, 사람들은 그것이 유일하고 가장 적절한 순서라고 생각하는 경향이 있다. 그래서 어떤 학습 주제를 빼거나 학습 주제의 순서를 바꾸려면 상당한 노력이 있어야 한다. 그러나 연구에 의하면, 모든 학생들이 항상 교육과정에서 의도한 순서대로 학습하는 것은 아니다. 따라서 교사는 각 아동의 요구에 맞게 변화를 줄 필요가 있다.

때로는 어떤 특정한 사건이 교육과정의 변화를 유발하기도 한다. 예를 들어 소련이 최초로 인공위성 스푸트니크(Sputnik)를 쏘아 올렸을 때, 미국은 기술력에 있어서 소련이 우위에 있다는 사실에 충격을 받고 대대적으로 교육과정의 개정을 시도하였다. 그 결과로 1950년대와 1960년대의 '새 수학(New Math)'이 등장하였으며, 학교 교육 프로그램을 강화하기 위하여 수학교육 및 과학교육에 수백만 달러를 투입하였다. 수학자들은 수학교육을 계획하는 데 없어서는 안 될 구성원으로 참여해 왔다. 수학자들은 기존 교육과정의 약점을 보완하고 그들의 관심 분야에 따라 교과의 요구에 기초하여 교육과정을 개정하였다. 교육과정 개정의 초점이 사회적 실용성으로부터 수학의 구조, 연산과 역연산, 기호 체계, 수의 성질, 집합론과 같은 통합적인 주제로 전환되었다. 초등학교 수준에 새로운 내용이 추가되었으며, 어떤 주제들은 저학년으로 이동하였다.

수학은 계속해서 변화한다. 새로운 수학이 만들어지고 수학을 활용하는 새로운 사용법도 발견된다. 이러한 변화의 한 부분으로서, 테크놀로지는 몇몇 수학을 시대에 뒤떨어진 것으로 만들었으며 또 새로운 수학의 문을 열게 하였다. 초등학교에서 가르치는 모든 수학을 생각해보자. 간단한 계산기로 처리할 수 있는 수학은 얼마나 될까? 오늘날 테크놀로지의 활용이 늘어나면서 어떤 수학이 더 중요한가?

학생의 요구 수학교육과정은 학생이 어떻게 학습하는지, 궁극적으로는 어떻게 배우는지에 대한 신념에 의하여 영향을 받아왔다. 20세기 초까지는 학습자의 '사고 기능'을 훈련시키거나 '정신 도야'를 시키기 위하여 수학을 가르쳤다. 즉, 수학적 절차를 가지고 씨름하는 가운데 학생들의 정신이 단련되고(근육이 단련되듯이), 학생들의 두뇌가 효과적으로 작용하는 데 도움을 줄 수 있다고 생각하였다. 20세기에 들어서 '정신 도야'는, 학습은 자극과 반응 사이의 결합(bonds) 또는 연합(connection)으로 이루어진다는 연합주의(connectionism)로 대체되었다. 이 학습 이론에 따라 교사들은 수학적 연결을 형성하도록 학생들에게 끊임없이 반복 훈련을 시켰다.

1920년대의 진보주의 운동은 **우연 학습**(incidental learning)을 주장하였다. 이에 따라 아동들은 그들이 필요로 하는 만큼의 산술을 배우며, 산술은 체계적으로 가르치지 않을 때 더 잘 배운다고 믿게 되었다. 교사의 역할은 산술을 가르칠 수 있는 상황 즉, 산술이 사용되는 상황을 만들어 내는 것이었다.

1920년대 후반기에 미국 중서부 도시의 교장과 장학사로 이루어진 위원회에서는 여러 가지 학습 주제가 숙달되는 시기를 알아보기 위한 조사를 실시하였다(Washburne, 1931). 이 위원회에서는 조사 연구를 기초로 하여 학생들의 지적 연령에 따라 가르쳐야 하는 수학 주제를 제시하였다. 예를 들어, 10 이하의 뺄셈은 지적 연령이 6년 7개월 된 아동들에게 가르쳐야 하고, 10 이상의 뺄셈은 7년 8개월 된 아동들에게 가르쳐야 하며, 받아 내림이 있는 뺄셈은 8년 9개월 된 아동들에게 가르쳐야 한다는 것이다. 이 위원회의 권고사항은 이후 수년 동안 교육과정의 내용을 계열화하는 데 강력한 영향을 미쳤다.

장 이론(field theory) 또는 **형태심리학**(Gestalt theory)의 영향으로 인하여 1930년대 중반 교육에 있어서 또 다른 생각의 변화가 일어났다. 대표적으로 브라우넬(William Brownell, 1954)은 관계, 구조, 패턴, 해석, 원리에 대한 이해를 돕기 위해서는 계획된 프로그램이 필요하다고 생각하였다. 즉, **의미**와 **이해**를 이끄는 과정으로서의 학습이 강조되었다. 반복 훈련의 가치도 인정되었지만, 이해보다는 덜 중요한 것으로 생각되었다. 반복 훈련은 더 이상 학습의 중요한 수단이 될 수 없게 되었다.

반복 훈련과 이해의 상대적 중요성은 오늘날에도 여전히 논쟁거리다. 이러한 논쟁 속에서 사람들은 종종 이해와 기능을 완전히 상반된 것으로 생각하지만, 꼭 그렇지는 않다. 분명히 반복훈련은 속도와 정확도를 높이고 기능을 자동화하는 데 필요하다. 그러나 어떻게 하는지(how)뿐만 아니라 왜 그런지(why) 알아야 하는 것도 분명하다. 기능과 이해는 모두 개발되어야 하며 함께 개발될 수 있다.

심리학 분야에서의 변화는 교육에 계속해서 영향을 주었다. 20세기 중반 이후 교육자들은 아동의 발달 수준이 교육과정의 계열을 결정하는 데 아주 중요한 요소라고 생각하게 되었다. 즉, 학습 주제는 발달 과정상 아동들이 학습할 준비가 될 때까지 가르칠 수 없다는 것이다. 다른 관점에서 보면, 학습 주제는 주어진 발달 수준에 있는 아동이 그것을 학습할 준비가 되게끔 가르쳐야 한다는 것이다.

또한 교육자들은 아동들이 자기 자신의 지식을 **구성**(construct)한다는 증거에 관심을 갖기 시작하였다. 이 관점에서 보면, 결국 아동들의 수학학습을 돕는다는 것은 아동들이 학교 안팎의 경험으로부터 수학을 어떻게 구성하는지를 아는 것이다. 최근에는 이러한 구성주의적 생각들이 수학교육과정을 개발하는 데 중요한 고려사항이 되었다.

사회의 요구 일상생활과 여러 직업에서 활용되는 수학의 유용성은 어떤 수학을 가르쳐야 하는가, 그리고 언제 그것을 가르쳐야 하는가를 판단하는 데 영향을 준다. 초기 미국에서도 수학은 주로 계산대의 점원과 경리 담당자에게 필요한 과목으로 인식되었다. 따라서 수학교육과정의 내용은 수 세기, 덧셈, 뺄셈, 곱셈, 나눗셈을 계산하는 간단한 절차, 측정 및 분수에 대한 내용으로 한정되었다. 19세기 말부터 시작된 산업과 상업의 발달로 인하여, 수학은 모든 사람들에게 중요한 과목으로 인식되기 시작하였다. 이제 수학과 교육과정은 퍼센트, 비와 비례식, 거듭제곱, 제곱근, 수열과 같은 수학 내용들을 포함할 정도로 확대되었다.

직업에 필요한 내용을 가르쳐야 한다는 주장, 즉 **사회적 유용성**(social utility)에 대한 강조는 20세기에도 계속되었다. 사회적 유용성을 가장 강력하게 주장한 사람들 중의 한 사람은 윌슨(Guy Wilson)이었다. 그와 그의 제자들은 목수, 점원, 그리고 다른 노동자들이 어떤 종류의 산술을 사용하는지를 알아보기 위하여 많은 조사를 실시하였다. 결국 그는 학교수학 프로그램은 그러한 기능을 가르치는 데 큰 비중을 두어야 한다고 주장하였다.

'우주 경쟁'에 대한 1950년대의 폭발적인 대중의 관심은 수학교육과정에 대한 연구와 개발로 이어졌다. 이러한 노력들 중에서 많은 부분은 수학적으로 재능이 있는 학생들에게 집중되었다. 그러나 1960년대에 들어서는 다른 일반 학생들에게도 관심을 기울이게 되었는데, 이것은 미국 사회가 기회의 균등을 강조하게 되었기 때문이다. 이러한 일련의 변화로 인하여 많은 사람들은 수학 성취도가 더 나아질 것이라고 기대하였다.

그러나 더 높은 수준의 성취도에 대한 기대가 완전히 구체화되기 전인 1970년대에 교육과정의 개발에 또 다른 큰 변화가 일어났다. 일상생활에 필요한 기능을 다시 강조하기 시작한 것이다. 이러한 최소 능력주의 운동은 기초(basics)를 강조하였다. 일련의 학습 목표와 시험에서 나타났듯이, 이 기초는 주로 0과 자연수, 분수의 기본적인 덧셈, 뺄셈, 곱셈, 나눗셈으로 생각되었다. 즉 계산기, 컴퓨터 그리고 훨씬 더 높은 수준의 테크놀로지를 활용하고 있는 세계에 살고 있는 아동들에게조차 식민지 시대에 필요했던 기능들이 반드시 필요한 것으로 인식되었다.

1980년대에 들어서 미래에 필요한 기능이 무엇인지에 대해서는 정확히 알 수 없었지만 문제를 해결하는 능력의 필요성에 대해서는 누구나 인정하였다. 그러나 문제해결을 하나의 분리된 학습 주제로 보지 않고, 수학을 학습하고 사용하는 하나의 방법으로 인식하기 시작한 것은 20년 뒤의 일이다. 이때부터 문제해결이 더욱 더 강조되었다고 볼 수 있다(6장 참조).

오늘날 우리 사회에서 요구하는 것 중 하나는 세계적으로 경쟁력 있는 인력을 창출하는 것이다. 따라서 학교수학에서는 학생들이 직업 훈련에 참여하거나 대학에 들어갈 수 있도록 준비를 시켜야 한다.

최근의 영향

NCTM(미국수학교사협의회) 다른 대부분의 국가와 달리 미국은 국가 수준의 수학교육과정을 제시하지 않는다. 국가 수준의 교육과정이 미국의 교육에 유리한지 아닌지에 대해서는 많은 논란이 있다(Usiskin, 2007). 1980년 말 미국에서 가장 규모가 큰 수학교사 전문 단체인 NCTM(National Council of Teachers of Mathematics, 미국수학교사협의회)은 학교수학을 위한 규준을 개발하는 데 주도적인 역할을 하였다. 이것을 계기로 다른 교과에서 규준을 개발하기 시작하였다. NCTM은 교육과정, 교수-학습, 평가를 위한 규준(standards)을 제시해왔다(NCTM, 1989, 1991, 1995). 미국에서는 각 주별로 독립적인 학교 정책을 결정할 권한을 갖고 있기 때문에 NCTM이 제시한 규준을 반드시 따라야 하는 것은 아니지만, NCTM의 규준은 각 학교에서 수학교육과정을 개발하기 위한 철학이나 방향을 제공해 왔다.

NCTM은 기존의 규준을 보완하여 2000년에 《**학교수학을 위한 원리와 규준**(*Principles and Standards for School Mathematics*)》이라는 보고서를 발간하였다. **규준**(Standards)은 학교수학에서 가르쳐야 하는 수학 내용과 수학 과정을 기술한 것이다. 또한 **원리**(Principles)는 평등성을 포함한 양질의 수학 프로그램을 추구하고자 하는 기본적인 신념을 나타낸 것이다. 이를 기반으로 최근에는 공통핵심수학규준(Common Core State Standards for Mathematics, CCSSM)이 만들어졌다. 여기서는 NCTM에서 제시한 6가지의 원리를 살펴보기로 한다(그림 1-2).

평등성 원리(*The Equity Principle*) 평등성 원리에서는 최상의 수학교육은 모든 학생들이 수학을 학습하는 것이라는 점을 분명히 밝히고 있다. 모든 아동들은 수학을 학습할 수 있으며 그렇게 하도록 해야 한다고 수학교육에 참여하고 있는 사람들이 확고하게 믿을 때, 이 원리는 실현될 수 있다. 모든 아동들은 가치 있는 수학을 배울 수 있는 기회를 가져야 한다. 이것은 학생들의 서로 다른 관심, 장단점, 요구, 문화, 수학적 배경에 맞게 대처할 수 있는 수업 프로그램을 개발하는 것을 의미한다. 모든 학생들이 수학을 학습할 수 있다는 주장을 지지하는 많은 증거들이 있다. 높은 수준의 수학학습 프로그램이 되기 위해서는 잘 준비된 교사와 직원들이 학생들의 다양한 요구와 필요에 대처할 수 있어야 한다.

학교는 다양성이라는 특성을 갖고 있다. 즉, 학생들은 문화와 언어, 경제력 그리고 가정환경에 있어서도 많은 차이가 있으며, 수학 학습방법과 수학과 관련된 과거의 경험 등에 있어서도 많은 차이가 있다. 평등성이 의미하는 바는 모든 아동들은 가치 있는 수학을 배워야 한다는 것이지, 모든 아동들이 똑같은 수업을 받아야 한다는 것은 아니다. 실제로 평등성이란 아동 개개인의 필요에 맞게 수업을 설계했을 때 높은 수준에 도달할 수 있다는 것을 의미한다. 가르치고 배우는 많은 경험을 통하여, 아동 개개인의 필요에 맞는 여러분만의 수업 방법이 풍부해질 것이다. 바로 지금부터 일부 학생들만이 수학을 배울 수 있다는 통상적인 편견에 도전해보자. 이것은 모든 아동들이 수학을 학습하는 데 도움을 줄 수 있는 교사가 되기 위한 중요한 첫걸음이다.

교육과정 원리(*The Curriculum Principle*) 교육과정 원리에서는 다음과 같은 점들이 고려된 교육과정을 강조하고 있다.

- 수학적 개념들이 유의미하게 연결되어 있는 교육과정이어야 한다.
- 각 학년별로 중요한 수학 주제와 개념에 초점을 맞춘 교육과정이어야 한다.
- 선수 학습을 바탕으로 후속 학습이 이루어지는 교육과정이어야 한다.

21세기를 살아가는 데 어떤 수학이 필요할 것인지에 대해서 정확하게 아는 사람은 없겠지만, 학생들이 수학적으로 추론하고 다양한 상황에서 수학적으로 사고하는 방법을 배워야 하는 것은 분명한 사실이다. 교사가 수학을 어떻게 보느냐에 따라 수학을 어떻게 가르칠 것인지가 결정된다. 교사가 수학을 외워야 하는 사실들과 연습해야 하는 절차로 이루어진 것으로 본다면, 학생들에게도 그렇게 가르칠 것이다. 그러나 수학을 논리적 지식으로 본다면, 교사는 학생들에게 수학적 의미를 형성하도록 안내할 수 있는 교육과정을 개발해야 할 것이다. 이 책의 7장부터 18장에서는 수학 주제별로 가르쳐야 할 내용을 살펴보고 그것들을 어떻게 가르칠 것인지에 대해서 논의할 것이다.

<table>
<tr><th colspan="2">NCTM: 원리와 규준</th></tr>
<tr><th colspan="2">원리</th></tr>
<tr><td>• 평등성 원리
수학학습에서 수월성과 더불어 평등성이 요구된다. 모든 학생들에게 높은 수준의 기대와 강력한 지원이 평등하게 이루어져야 한다.</td><td>• 학습 원리
학생들은 이해를 바탕으로 수학을 학습해야 하며, 개인적 경험과 사전 지식을 활용하여 수학적 지식을 능동적으로 형성해야 한다.</td></tr>
<tr><td>• 교육과정 원리
교육과정은 여러 활동들을 모아 놓은 것 이상이어야 한다. 교육과정은 중요한 수학적 주제와 개념에 초점을 맞추고 그것들이 유의미하게 연결되어야 하며 각 학년별로 잘 연계되어야 한다.</td><td>• 평가 원리
평가는 수학학습을 지원하기 위한 것이어야 하며, 교사와 학생 모두에게 유용한 정보를 제공해야 한다.</td></tr>
<tr><td>• 교수 원리
효과적인 수학수업은 학생들이 알고 있는 것과 학습해야 할 필요가 있는 것이 무엇인지를 파악한 후 학생들이 그것을 잘 학습하도록 격려하고 지원하는 것이다.</td><td>• 테크놀로지 원리
테크놀로지는 수학 교수–학습에 있어서 필수적이며, 수학을 학습하는 데 영향을 주어 학생들의 학습을 개선시킬 수 있다.</td></tr>
<tr><th>내용 규준</th><th>과정 규준</th></tr>
<tr><td>• 수와 연산
• 대수
• 기하
• 측정
• 자료 분석과 확률</td><td>• 문제해결
• 추론과 증명
• 의사소통
• 연결성
• 표현</td></tr>
</table>

그림 1–2 학교수학을 위한 원리와 규준 (출처: NCTM, 2000)

학습 원리(*The Learning Principle*) 학생들은 이해를 통하여 수학을 학습해야 하며, 이전의 지식과 경험으로 바탕으로 새로운 지식을 능동적으로 구성해야 한다. 수학학습의 의미는 과거 몇 세기에 걸쳐서 많은 변화가 있었다. 일반적으로 **수학적 소양**(mathematical proficiency)을 갖추었다는 말은 수학을 성공적으로 학습했다는 것을 의미한다. NRC(National Research Council; 미국국립연구위원회)에서는 수학적 소양을 다섯 가지 요소로 나누어 그림 1-3과 같이 제시하였다(Kilpatrick, Swafford, & Findell, 2001). 결론적으로 이 위원회는 "Pre-K부터 8학년에 걸쳐서 모든 학생들은 수학적인 소양을 갖추어야 한다."(p.10)고 권고하였다. 또한 이 다섯 가지 요소들은 서로 독립된 것이 아니므로 교사는 그것들을 적절하게 연결하여야 한다고 지적하였다.

NRC	
수학적 소양	
• 개념적 이해	수학적 개념, 연산, 관계에 대한 이해
• 절차적 유창성	절차를 융통성 있게, 정확하게, 효과적으로, 적절하게 수행하는 기능
• 전략적 능력	수학적 문제를 식으로 나타내고, 표현하고, 해결하는 능력
• 추론능력	논리적으로 사고하고, 설명하고, 정당화하는 능력
• 생산적 성향	수학을 의미있고, 유용하고, 가치 있는 것으로 보는 경향과 자신의 노력에 의하여 성취될 수 있다고 생각하는 신념

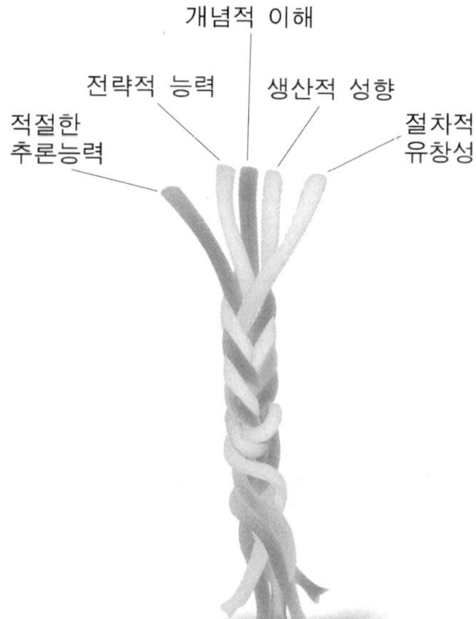

그림 1-3 변화하는 사회의 수학적 소양 (출처: National Research Council NRC, p.5)

빠르게 변화하는 사회에서 수학적 소양이라는 목표를 달성하기 위해서는 이해를 바탕으로 한 수학학습이 필수적이다. NCTM이 제시한 학습 원리에 따르면, 학생들은 개인적 경험과 기존 지식을 바탕으로 수학적 지식을 능동적으로 형성해야만 한다. 학생들이 이해를 바탕으로 수학을 학습하고 그것을 이해할 수 있다면, 그러한 이해를 통하여 더 높은 수준의 수학을 이해할 수 있으며 수학을 사용하여 여러 가지 문제를 해결할 수 있고 결국에는 수학적 소양을 갖게 될 것이다.

교수 원리(*The Teaching Principle*) 효과적인 수학수업을 하기 위하여 교사는 학생들이 무엇을 이해하고 있는지, 무엇을 학습해야 하는지를 파악해야 하며, 그것을 위하여 어떤 도움을 주어야 하는지를 알아야 한다. 수학을 효과적으로 가르치기 위해서 교사는 수학 내용 이상의 것을 알아야 한다. 즉 학습자인 학생들을 알아야 하며, 학생들의 다양한 경험에 반응할 수 있는 교수전략을 적용할 수 있어야 한다. 교사는 학생들의 선수학습 정도와 오개념을 파악하고, 학생들이 수학을 이해하도록 하는 수업을 설계해야 한다. 교사는 학생들이 수학의 의미를 깨닫는 데 도움이 되는 수학학습 환경을 조성해야 한다. 또한 교사는 학생들이 생각하고, 질문하고, 문제를 해결하고, 자신의 생각을 논의할 수 있도록 해야 한다. NCTM의 규준(2000)에서 제시한 교수 원리에 따르면, "효과적인 수학수업은 학생들이 알고 있는 것과 학습해야 할 필요가 있는 것이 무엇인지를 파악하고, 그런 다음에 학생들이 그것을 잘 학습하도록 격려하고 지원하는 것이다."(p.16) 교사는 학생들이 수학적 의미를 형성하도록 여러 가지 방법으로 도움을 줄 수 있다. 3장에서는 효과적인 수업에 대해서 논의할 것이며, 그 이후의 장들에서는 가르치는 방법과 유용한 활동들을 소개할 것이다.

평가 원리(*The Assessment Principle*) 평가는 수학학습에 도움이 되어야 하며, 교사와 학생 모두에게 유용한 정보를 제공해야 한다. 사람들은 종종 평가를 학생들이 배운 것을 얼마나 알고 있는지를 알아보기 위한 시험으로 생각한다. 평가 원리에서는 좀 더 넓은 관점에서 평가를 보고 있다. 학생들의 수학학습을 돕기 위해서는 평가가 수업에서 필수적인 부분이 되어야 한다. 수학학습에서 평가는 단순히 학생들을 평가하기 위하여 실시하는 것이 아니라, 학생들을 위한 것이어야 하며 학생들의 수학학습을 안내하고 개선하기 위한 것이어야 한다(NCTM, 2000).

학생 개개인의 장단점과 요구에 부합할 수 있는 프로그램을 개발하기 위해서, 교사는 학생들의 학습 진행 과정에 대한 정보를 끊임없이 수집해야 한다. 유용하고 효과적인 평가는 한 단원을 마치고 실시하는 형성평가 이상이어야 한다. 수업 중에 교사가 학생들에게 하는 질문은 학생들이 생각하고 이해한 것을 설명하게 하는 데 도움을 주며, 교사는 학생들의 반응을 보고 학생들의 요구에 맞게 의사결정을 할 수 있다. 학생들이 문제를 해결하거나 개념을 형성하는 것을 관찰함으로써 학생들의 이해 정도를 파악할 수도 있다. 평가 원리에서 지적했듯이, "평가는 수업의 중단이 아니라 계속해서 진행되는 수업의 일상적 부분이어야 한다."(NCTM, 2000, p.23) 평가 원리에 대해서는 4장에서 구체적으로 논의할 것이다.

테크놀로지 원리(*The Technology Principle*) 테크놀로지는 수학 교수－학습에서 필수적인 요소로서, 가르치는 수학 내용에 영향을 주며 학생들의 학습을 향상시킬 수 있다.

여러분들은 테크놀로지가 학교 안팎의 활동에 엄청난 영향을 미치는 시대에서 아동들을 가르칠 것이다. 테크놀로지 원리(그림 1-2)에서는 테크놀로지가 가르치는 내용과 방법을 변화시킬 정도로 수학 교수－학습에서도 테크놀로지의 중요성이 계속될 것이라는 점을 인정하고 있다. 여러분은 아동들을 가르칠 때 다음과 같은 세 가지 질문에 대하여 계속해서 생각해야 한다.

1. 어떻게 하면 아동들이 테크놀로지를 적절하게 사용할 수 있도록 도와줄 수 있을까?
2. 아동들이 테크놀로지를 현명하게 사용하기 위해서는 어떤 수학을 해야 할까?
3. 테크놀로지로 인하여 더 이상 필요 없게 된 수학은 어떤 것들인가?

몇몇 학부모들은 초등학교 수학수업에서 계산기를 사용하는 것에 대해 계속해서 걱정을 하고 있다. 계산기 사용에 대한 54편의 연구들을 메타 분석한 결과(Ellington, 2003), 계산기를 사용하더라도 수학적 기능을 개발하는 데 방해가 되지 않으며, 오히려 계산기를 사용한 학생들은 그렇지 않은 학생들보다 수학에 대하여 훨씬 더 긍정적인 태도를 갖고 있는 것으로 나타났다. 물론 아동들은 다른 도구와 마찬가지로 계산기를 올바르고 적절하게 사용하는 방법을 배워야 한다(10장 참조).

공통핵심수학규준(CCSSM) 2010년에 공통핵심수학규준 추진단(Common Core State Standards Initiatvie, CCSSI)은 전미주지사협의회(National Governors Association)와 주정부 학교교육협의체(Council of Chief State School Officers)의 후원을 받아 공통핵심수학규준(Common Core State Standards for Mathematics, CCSSM)을 발표하였다. CCSSM은 미국의 어떤 주에서 교육을 받든지 관계없이 모든 학생들이 수학적 소양을 갖추는 데 핵심이 되는 공통의 교육내용을 유치원에서 고등학교까지 학년별로 제시하고 있다. 2011년 현재, CCSSM을 공식적으로 채택하고 있는 주는 48개이며, 2015년까지 주별로 수학교육과정의 최소 85%를 CCSSM을 시행해야 한다.

학습에 대한 책임감(Accountability) 학생들의 학습에 대해서 학교가 책임을 지고 노력해야 한다는 생각이 심각하게 대두된 것은 21세기에 들어서이다. 이러한 책임감은 NCLB 법안(No Child Left Behind Act, 낙오학생방지법, 2001)에 잘 나타났다. 이 법안에 따르면, 각 학교는 각 교과의 성적이 연차적으로 향상되었다는 것과 모든 학생들이 수학적 소양을 갖게 되었다는 것을 보여주어야 한다. 그러나 수학적 소양이 무엇을 의미하는지를 결정하는 것은 각 주의 몫이다. 대부분의 주의 규준은 그림 1-3과 같은 수학적 소양을 강조하고 있지만, 평가에 있어서는 절차적 유창성을 지나치게 강조함으로써 본연의 수학적 소양을 약화시키는 경향이 있었다. NCLB 법안에 따르면, 3~8학년에서는 모든 학년을 대상으로, 10~12학년에서는 한 학년을 대상으로 언어와 수학 과목에 대한 평가를 실시할 것을 요구하고 있다. 이에 따라, 모든 주는 각 주별로 평가 시스템을 갖추고 있다. 주정부가 정한 학업성취도 기준을 달성하지 못한 학교는 재정 지원을 삭감당하고 4년 연속 달성하지 못한 학교는 폐교 명령을 받게 된다(Wilson, 2007).

이러한 학습에 대한 책임감에 초점을 둔 NCLB 법안에서는 교사를 위한 지원과 교사의 전문성 개발을 요구하였다. 그러나 불행히도 대부분의 자금이 평가 자체에 소용되고 있다. 성취도가 낮은 학교들은 여전히 노력하고 있지만, 모든 학생들이 수학적 소양을 갖게끔 도와 줄 수 있는 잘 준비된 교사가 부족한 실정이다.

고부담 평가 오늘날의 사회는 학생들의 성취도를 학교별, 주별, 국가별로 비교하는 수단으로서의 평가에 초점을 두고 있는 것 같다. 이러한 총괄평가는 주로 학생들이 무엇을 알고 있는지 그리고 무엇을 할 수 있는지를 알아보기 위한 것이다. 때로는 평가가 학생을 어떤 반에 포함시켜야 하는지, 성적표에 어떤 성적을 부여할 것인지, 다음 학년으로 올라가게 할 것인지 등과 같이 학생에 대한 판단을 하기 위해서 사용되기도 한다. 이와 같이 평가의 결과가 중대한 결정을 하는 데 활용될 때, 그러한 평가를 '고부담 평가'라고 한다. 즉, 학생에 대한 중대한 결정이 평가의 결과를 통하여 이루어진다.

그러나 고부담 평가의 결과에 영향을 받는 것은 학생들만이 아니다. 학생들의 성취도를 집단별로 비교하기 위하여 평가가 실시되기도 한다. 따라서 교사, 학교, 지역교육청도 학생들의 검사 점수에 책임감을 느낄 수밖에 없다. 이러한 평가 결과에 따라 교사와 학교가 비교되고 서열이 매겨지기도 한다. 또한 많은 학교, 지역교육청, 그리고 여러 주에서는 학생들의 평가 결과에 따라 교육 예산의 배정, 교사의 봉급 설정, 승진 결정 등이 이루어진다.

그러나 이러한 검사들이 학교와 지역사회가 추구하고 있는 수학교육의 목표에 맞지 않는다면, 학생들의 능력이 제대로 반영되지 않을 수도 있다. 그러한 검사에서 수학 실력을 발휘할 수 있겠는가? 그러한 검사들은 학생들의 수학적 소양에 대한 정보를 제공할 수 있는가? 현대사회에서는 문제를 해결하고, 수학적으로 추론하고, 자료를 처리하고 해석하고 테크놀로지 사회에서 의사소통할 수 있는 시민과 인력을 필요로 한다. 이 검사들은 이러한 것들을 측정할 수 있는가? 이 검사들은 오늘의 사회를 살아갈 수 있도록 학생들을 준비시키기 위한 수학 프로그램을 개선하는 데 도움이 되는가? 이 검사들이 학교와 지역사회의 교육 목표 그리고 수학적 소양에 대한 견해와 부합하지 않는다면, 위의 모든 질문에 대한 대답은 부정적일 것이다.

참고할 자료들은 무엇인가?

교육과정 개발, 수학적 지식 및 수학 교수－학습에 대한 지식을 개발하는 데 도움을 받을 수 있는 곳은 많이 있다. 여러분을 도와줄 수 있는 자료도 많이 있다. 이 절에서는 이 책을 통하여 우리가 참고할 만한 몇 가지 자료들에 대해서 안내하고자 한다.

학교수학에 대한 국가 수준의 지침

《학교수학을 위한 원리와 규준》(NCTM, 2000)에 대해서는 앞에서도 여러 번 언급한 바 있다. 1장에서는 원리에 대해서 간략히 논의하였다. 5장에서는 다섯 가지 과정 규준에 대해서 논의할 것이며, 6장에서는 문제해결에 대하여 심도 있게 살펴볼 것이다. 7장부터 18장까지는 다섯 가지 내용 규준을 총망라하여 소개할 것이다.

다른 전문 단체들도 NCTM의 주장을 보완하는 학교 수학을 위한 권고안을 제시하였다. 특히 NAEYC (National Association for the Education of Young Children, 미국유아교육협회; www.naeyc.org)와 ASA (American Statistical Association, 미국통계협회; www.amstat.org/education)가 제시한 권고안에 대해서는 다음 장들에서 살펴볼 것이다.

각 주 또는 지역 교육청의 지침

미국의 모든 주들은 주별로 학교수학을 위한 규준, 지침, 또는 프레임워크를 갖고 있다. 대부분은 NCTM의 규준을 학년별로 좀 더 상세화한 것이다. 또한 각 주에 속해 있는 지역 교육청은 주에서 정한 지침을 바탕으로 하여 자체의 규준을 작성한다. 주들 간에는 공통된 부분들도 많이 있지만, 각 주들이 정한 학년별 내용이나 수준에 있어서는 많은 차이가 있는 것으로 나타났다(Reys, 2006). 예를 들어, 대부분의 주에서는 덧셈 구구를 1학년부터 3학년에서 완수해야 할 것으로 정하고 있다. 그러나 학년 수준을 명시하고 있는 38개 주 중에서, 1학년으로 정한 주는 21%였으며, 2학년으로 정한 주는 74%, 3학년으로 정한 주는 5%였다(Reys, 2006). 결과적으로 어떤 교과서에는 주에서 정한 지침에 맞지 않는 내용이 포함되는 경우도 있다.

여러분은 각 시·도의 규준이나 지침을 잘 알고 있어야 하며 수업을 계획할 때 고려해야 한다. 미국의 각 주의 학교수학 프레임워크를 보려면, CSMC(Center for the Study of Mathematics Curriculum, 학교수학연구센터)에서 운영하는 사이트(http://www.mathcurriculumcenter.org/)에 접속하면 된다.

연구

이 책 전체에서 인용하고 있는 연구들은 수학교육과 관련된 연구들을 소개하기 위한 것뿐만 아니라, 현재 논의하고 있는 주장을 뒷받침하기 위하여 제시한 것이다. 많은 수학교육 연구들이 아동들의 수학과 교수－학습에 관한 것이다. 이 책에서는 다음 두 자료를 주로 참고하였다. *Second Handbook for Research on Mathematics Learning and Teaching* (Lester, 2007)와 *Teaching and Learning Mathematics: Translating Research for Elementary School Teachers* (Labdin, 2010).

미국의 국가학업성취도평가(National Assessment of Educational Progress; NAEP)에서는 학생들의 학업 성취도를 비교하고 그 경향을 분석하였다. 2001년에 발표된 NCLB 법안과 더불어 NAEP는 훨씬 더 주목을 받게 되었다. NAEP에서 실시한 수학과의 평가 내용은 NCTM의 규준과 거의 같다. NAEP에서 실시한 평가에는 다양한 형태의 문항들(선택형, 단답형, 개방형)이 포함되었다. 모든 주에서 표본으로 선택된 4학년과 8학년을 대상으로 수학 평가가 실시되었다. 평가 결과는 주별, 성별, 사회경제적 배경에 따라 비교 분석되었다. 그림 1-4는 1990년부터 2007년까지 미국 전체의 평가 결과를 나타낸 것이다. 이 기간 동안에 4학년과 8학년 모두 성취도가 개선되고 있음을 알 수 있다.

수학교육과 관련된 연구들이 많은 학술지에 게재되고 있다. 특히 NCTM이 발간하는 학술지로는 *Journal for Research in Mathematics Education*(JRME)이 있다. JRME에 게재된 논문들은 수학교육에 대한 많은 시사점을 제공하고 있으며, 특히 NCTM의 다른 학술지인 *Teaching Children Mathematics*의 논문들은 수학수업에 바로 적용할 수 있는 아이디어를 제안하고 있다.

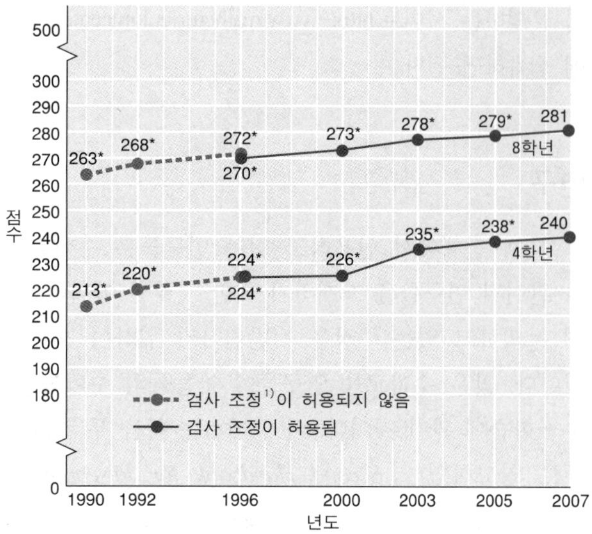

그림 1-4 학생들의 성취도 변화: NAEP
(출처: U.S. Department of Education, Institute of Educational Sciences, National Center for Education Statistics)

문화적 또는 국가별 비교 자료

4학년과 8학년을 대상으로 한 수학 및 과학에 대한 국가별 비교 연구인 TIMSS(Trends in Mathematics and Science Study, 수학과학 성취도 국제비교연구)에 따르면, 미국 학생들은 수학에서 중간 정도의 성적을 거두었다. 2003년에 실시된 TIMSS의 결과를 보면, 미국의 4학년 학생들은 국제적으로 평균 이상이었지만 1995년 이후 약간의 향상이 있었을 뿐이다. 8학년 학생들도 국제적으로 평균 이상이었으며 1995년 이후 많은 향상이 있었다. 미국의 경우에 학생들의 성취도는 경제적 지위와 밀접한 관련이 있다.

TIMSS 연구에서는 국가별 성취도를 비교하는 것뿐만 아니라 교육과정, 교수법, 교사에 대한 정보를 수집한다. 수학수업에 대한 비디오 연구에 따르면, 일본의 8학년 수업은 미국과 비교했을 때 훨씬 더 NCTM의 권고안에 가까운 것으로 나타났다. 이 연구 결과는 미국의 교육자들도 다른 나라들의 수학 교육방법을 분석하여 배울 것이 있다면 배워야 한다는 점을 시사한다.

이 책의 각 장들에서는 다른 문화에서는 수학을 어떻게 학습하고 가르치는지를 이해하는 데 도움이 되는 자료들을 제공할 것이며, 문화적으로 다양한 활동들을 수학수업에 적용하는 방법을 제시할 것이다.

교과서와 다른 자료들

교사들은 수학을 가르칠 때 대부분 교과서를 활용한다. 요즈음 교과서에는 평가 문제나 연습문제와 같은 보충 자료들이 포함되어 있다. 또한 교사용 지도서에도 풍부한 수업 자료와 수업 전략이 제시되어 있다.

여러 가지 유형의 교과서가 있다. 어떤 교과서는 훈련과 연습을 위주로 다루는 반면에 개념의 이해나 수학의 활용을 소홀히 하기도 한다. 이와는 반대의 성향을 갖는 교과서도 있다. 이러한 교과서는 기능에 대한 연습을 줄이고 개념의 이해를 강조한다. 여러분도 경험이 쌓이면, 교과서의 특성을 판단하고 어떤 교과서가 적절한지를 구별할 수 있을 것이다. 경험이 많지 않다면, 수업방법에 좀 더 만족할 때까지 교과서에 충실하려고 할 것이다. 그러나 명심해야 할 점은 주어진 차시를 왜 가르쳐야 하는지를 항상 교사 자신에게 질문해야 한다는 것이다. 주어진 차시는 아동들이 필요로 하는 수학을 배우는 데 도움이 될 것인가? 주어진 차시는 아동들이 수학적 의미를 형성하는 데 도움이 될 것인가?

웹 사이트 자료들

쉽게 접할 수 있는 자료들의 종류와 양은 매일 증가하고 있다. 웹 사이트를 접속하면 바로 수학수업 계획과 관련된 것들, 예를 들어 수학 내용, 평가 문항, 수학을 가르치는 데 사용할 수 있는 정보 등을 참고할 수 있다. 또한 실제 수학수업을 촬영한 비디오를 제공하는 사이트도 많이 있다. 각 장에 소개되는 수업 사례는 그 장에서 다루는 주제와 관련된 수

1) 역자 주: 검사 조정은 조정된 검사과정 없이는 자신의 능력을 제대로 발휘할 수 없는 학생들(예를 들어, 학습부진아, 영어 미해득자)에게 별도의 검사절차를 제공하여 검사를 수행하는 것을 의미한다.

학수업 비디오를 요약한 것이다. 여러분들은 각 비디오 전체를 살펴볼 필요가 있으며, 웹 사이트에서 접속하면 비디오 전체를 볼 수 있다.

수학교육에 대한 정보를 찾기 위하여 인터넷을 검색하다보면 엄청나게 많은 웹 사이트를 만나게 된다. 그러나 여러 웹 사이트에서 검색한 정보는 그 질을 보장하지 못한다. 가령, 어떤 교사가 웹 사이트에서 발견한 활동을 수업에 활용했다고 하자. 이 교사가 발견한 수업활동은 아동들이 마시멜로를 한 입에 넣을 수 있는 용량에 관한 것이었다. 그러나 마시멜로를 누르는 정도에 따라 측정값이 달라지기 때문에, 이때의 수학은 신뢰성이 떨어진다. 아마도 더욱더 큰 문제는 아동들이 마시멜로를 입안 가득히 넣으려다 질식할 수도 있다는 점이다. 훌륭한 수업이 되기 위해서는 여러 가지 측면에 대하여 현명하게 판단해야 한다.

전문 단체들

전문 단체의 회원이 되면 많은 정보를 얻을 수 있는 기회가 생기며 책임도 부여 받게 된다. 전문 단체의 회원으로 활동하면서 다른 사람들과 교류하고 협력함으로써 수학수업의 질을 향상시킬 수 있을 것이다. 또한 전문 단체의 학술지, 학술대회, 자료들을 통해서도 수학수업을 개선하는 데 도움을 받을 수 있을 것이다.

NCTM에서는 많은 자료들을 발간하고 있다. *Teaching Children Mathematics*(이전에는 *Arithmetic Teacher*이었음)는 초등학교 수학 교사를 위한 학술지이고, *Mathematics Teaching in the Middle School*는 중학교 수학 교사를 위한 학술지다. 이 책에서도 이 두 학술지를 많이 인용하고 있다. 또한 NCTM은 학술대회, 워크숍, 다른 학술활동을 지원하고 있다. 각 주별로 또는 지역 교육청별로 많은 회원들이 활동하고 있다.

전문성 개발

교사의 전문성을 개발할 수 있는 기회를 적극 활용해야 한다. 이 중에는 워크숍, 대학 강좌, 학술 대회와 같은 공식적인 것과 소규모의 연구 모임과 같은 비공식적인 것이 있다. 학교, 시・도 교육청에서는 전문성 개발을 위한 몇 가지 프로그램을 제공할 것이다. 또한 전문 단체에서 제공하는 전문성 개발 프로그램도 있다. 최근에는 각자의 일정에 따라 편리하게 참여할 수 있도록 개발된 웹 사이트도 많이 있다.

각 학교와 지역 교육청에서는 전문성 개발을 위한 자금을 확보하고 있기 때문에 요청하면 사용할 수 있을 것이다. 어떤 교육청에서는 교사들에게 자신의 전문성 개발을 위한 계획을 수립하게 하고 그것을 수행하기 위한 지원을 하는 경우도 있다.

동료 교사들

교사들은 동료 교사에게서 배운다. 물론 교사로서 경험을 하면서 스스로 많이 배우겠지만 거기서 멈추어서는 안 된다. 수학수업을 하는 데 도움이 되는 아이디어와 교수법, 학습 자료를 공유할 수 있는 학교와 교사를 찾아보아야 한다. 다른 학교의 교사들과 수학수업에 대하여 논의하고 아이디어를 공유할 수 있어야 한다. 여러분과 기꺼이 함께할 수 있는 훌륭한 교사를 만난다면, 여러분에게 매우 귀중한 자료가 될 것이다.

여러분 자신

가장 중요한 참고 자료는 여러분 자신이다. 수학을 가르치기 위한 준비를 하면서, 여러분은 수학을 가르치는 일에 대하여 좀 더 넓은 맥락에서 생각해야 하며 다음과 같은 세 가지 사항에 대하여 신중하게 고민해야 한다.

- **수학과 수학교육에 대한 자신의 성향과 신념에 대하여 생각해** 본다. 여러분의 성향과 신념에 대하여 평가해 보고, 아동들이 수학을 학습하는 데 도움을 주기 위해서는 어떻게 변화되어야 하는지 생

각해 본다.

- **이 책의 주제, 즉 "가르치는 것은 아동들에게 단지 정보를 전달하는 것이 아니라, 아동들이 학습하도록 도와주는 것을 의미한다."에 대해서 심각하게 고민해** 본다. 아동들과 활동을 하는 중간에 잠시 멈춰서 아동 개인 또는 집단의 생각을 들어보자. 여러분이 들은 것을 생각해 봄으로써 아동들을 이해하고 그들로부터 배울 수 있을 것이다.
- **수학을 행하는 것과 수학을 가르치는 것은 서로 다르다는 것을 인식**한다. 수학을 가르치기 위해서는 수학(Ma, 1999), 학생, 학교, 교육과정, 수업방법에 대한 깊은 이해가 있어야 한다. 여러분이 이것을 깨닫고 이것들을 통합하기 위하여 적극적으로 노력한다면, 여러분은 훌륭한 교사가 되기 위한 준비를 잘 하고 있는 것이다.

요약

변화하는 세계에 대처하기 위한 수학과 교육과정과 교수법은 교과의 요구, 아동의 요구, 사회의 요구를 반영하여 그에 따라 변할 수 있어야 한다. 이 장에서는 한 교과로서 수학에 대한 우리의 생각을 고찰해 보았다. 또한 과거에 수학교육이 어떻게 변화했는지 그리고 21세기를 위한 수학교육은 어떠해야 하는지에 대해서도 간략히 살펴보았다. NCTM의 여섯 가지 원리는 오늘날의 수학교육에 대하여 몇 가지 제안을 하였다. 이 책의 나머지 장들에서는 수학교육, 특히 수학수업을 연구하는 데 필요한 자료들을 제시할 것이다. 열린 마음을 갖고 아동들의 수학학습에 대한 연구와 공부를 계속해야 할 것이다. 학생들이 수학에 대하여 의미를 형성하도록 도와줄 수 있는 준비를 해야 한다.

연|습|문|제|

01. 서론에서 언급한 세 가지 일반적 주제는 무엇인가? 이 중에서 가장 중요한 것은 무엇이라고 생각하는가? 그 이유는?

02. 이 장에서 논의된 참고할 자료들 중에서 이미 활용한 자료는 무엇인가? 어떤 자료가 가장 중요하다고 생각되는가? 그 이유는?

03. NCTM의 《학교수학을 위한 원리와 규준》에서 강조하고 있는 여섯 가지 원리를 설명하시오. 어떤 원리가 가장 중요하다고 생각되는가? 그 이유는?

04. 수학적 소양은 다섯 가지 요소로 설명된다. 자신의 경험과 관련된 사례를 들어 다섯 가지 요소를 설명하시오. 이 요소들은 어떻게 독립적이지 않고 상호 관련되어 있는지를 설명하시오.

연|구|문|제|

01. 한 학교를 관찰하여 그 학교에서 수학은 어떤 역할을 하는지 조사해보시오. 수학의 역할은 교실마다 차이가 있는가?

02. 모든 학생들이 수학을 학습할 수 있다는 신념에 관해서 교사 또는 예비 교사들을 대상으로 면담해 보시오.

03. 테크놀로지 원리에서는 수학수업에서 테크놀로지의 활용을 강조하고 있다. 계산기를 사용해본 경험과 초등학교 수학수업에서 계산기의 사용에 대한 자신의 생각을 기술하시오.

04. 어떻게 수학이 규칙성과 관계, 사고 방법, 예술, 언어에 대한 학문인지를 예(이 장에 제시한 것과 다른)를 들어 설명하시오.

05. *Teaching Children Mathematics* 또는 *Mathematics Teaching in the Middle School*의 최신호 중에서 수학수업 사례에 관한 논문을 찾아보시오. 그 수학수업에는 어떤 원리와 규준이 고려되었는지 기술하시오.

06. *Teaching Children Mathematics*(2001, 2월)에 게재된 Bishop의 논문을 읽고, 여섯 가지 가치를 간략히 기술한 다음, 한 가지를 선택하여 자신의 수학 학습 경험과 어떻게 관련이 있는지 기술하시오.

07. 웹 사이트 Ask Dr. Math를 검색하여 초등학교 교사와 학생들이 Dr. Math에게 어떤 질문을 했는지 찾아보시오. 그중에서 특히 중요하다고 생각되는 질문과 답변을 찾아보고, 그것이 초등학교에서 수학을 가르치는 데 왜 중요한지 설명하시오.

제2장 이해를 통한 수학학습

"나는 결코 아이들을 가르치지 않는다.
단지 그들이 학습할 수 있는 조건을 제공할 뿐이다."
- 앨버트 아인슈타인(Albert Einstein, 1879-1955, 물리학자, 노벨상 수상자)

이 장의 핵심 질문

1. 아동들이 수학을 학습하는 몇 가지 방법을 설명하시오.
2. 어떻게 하면 다양한 특성을 갖고 있는 학습자들에게 도움이 되는 수업 분위기를 조성할 수 있는가?
3. 절차적 지식은 무엇이며, 개념적 지식과는 어떤 차이가 있는가?
4. 학습에 대한 접근방식에 있어서 행동주의와 구성주의는 어떻게 다른가?
5. 아동이 수학에 대한 의미를 형성하는 데 도움이 되는 네 가지 원리는 무엇인가?

서론

아동은 수학을 어떻게 학습하는가? 이 중요한 질문에 쉽게 대답하기는 어렵지만, 가장 안전한 대답은 "아동들은 서로 다른 방법으로 학습한다."일 것이다.

초등학교 교실에는 가정환경, 흥미 정도, 장단점, 요구가 서로 다른 아동들이 뒤섞여서 공부한다. 교사는 자기가 담당하고 있는 아동들을 잘 알아야 할 뿐만 아니라, "어떻게 하면 우리 아이들이 학습을 가장 잘할 수 있을까?"라는 질문에 대해서도 답할 수 있어야 한다. 이 질문에 대한 교사의 생각은 실제 수업을 통하여 나타난다. 실제로 교실 내에서 이루어지는 모든 수업 활동에는 학습에 대한 교사의 견해가 반영되어 있다. 교사가 수업을 계획하고, 학습 주제를 제시하고, 발문하는 방법을 보면, 그 교사의 학습관 및 수업 전개 과정을 알 수 있다. 학습에 대한 교사의 신념은 실제 수업에 반영되기 때문에, 교사들은 수학이 어떻게 학습되는지에 대해서 충분히 생각하고 이해해야 한다. 이 장에서는 아동의 수학학습을 어떻게 도와줄 것인지에 대해서 교육심리학적 관점에서 살펴보고자 한다.

수학학습에 대하여 알고 있는 것은 무엇인가?

수학학습의 중요한 측면들을 설명하기 위하여 그림 2-1은 NCTM에 제안했던 수학적 과정을 나타낸 것이다. 거의 같은 시기에 NRC(National Research Council; 미국국립연구위원회)도 보고서 'Adding it Up'에서 수학적 소양을 5가지로 분류하여 제시하였다(Kilpatrick, Swafford, & Findell 2011). NCTM의 수학적 과정과 NRC의 수학적 소양을 나란히 비교해보면, 수학학습은 한 가지 차원만 있는 것이 아니라, 여러 가지 요소들이 서로 관련되어 있음을 알 수 있다.

이후 약 10년 뒤에 CCSSM에서는 8가지의 수학적 실행을 제시하였다. 그림 2-1을 보면, 수학적 과정, 수학적 소양, 수학적 실행을 비교할 수 있다. 예를 들어, '문제해결', '전략적 능력', '구조를 찾고 의미 형성하기'는 한 가지 주제로서, 문제해결이 수학학습의 핵심이 되어야 한다는 것을 나타낸다. 마찬가지로 '추론', '추론 능력', '추상적으로 그리고 수량적으로 추론하기'는 서로 연결되어 있다. 즉, 수학학습에서 중요한 측면을 지칭하기 위하여 서로 다른 용어를 사용했더라도, 자세히 살펴보면 그것들 사이에는 밀접한 유사성이 있다는 것을 알 수 있다.

다양한 학습자들을 어떻게 도와줄 것인가?

새학년이 시작되면 교사는 새로운 학생들을 맞을 준비를 한다. 매년 개성, 장단점, 요구가 다양한 새로운 학생들이 들어온다. 초등학교 교실은 점점 더 다양해지고 있다. 미국의 경우, 지난 10년 동안 소수 민족의 학생, 영어를 제2 외국어로 하는 학생, 특별한 도움을 필요로 하는 학생의 수가 엄청나게 증가하였다. 미국교육통계센터(National Center for Educational Statistics; http://nces.ed.gov)의 자료에 따르면, 학생 수가 25명인 전형적인 학급의 구성원은 대체로 다음과 같았다.

- 소수 민족 학생 11명
- 집에서 영어 이외의 다른 언어를 사용하는 학생 4명
- 무료 점심을 제공해야 하는 학생 10명
- 저소득층 학생 4명
- 특별한 도움을 받아야 하는 학습부진아 4명

학생들은 또 다른 측면에서도 매우 다양하다. 그들은 인지적, 신체적, 사회적 발달과 능력에 있어서 차이가 있다. 문화적 그리고 가정환경에 있어서도 차이가 있다. 그들은 경험, 흥미, 학습 의욕의 수준, 학습 방식에 있어서도 차이가 있다. 결론적으로 말하자면, 모든 아동들이 독특한 특성을 갖고 있다. 교사로서 우리는 각각의 모든 아동들이 수학을 학습할 수 있도록 도와주어야 하며, 각자의 잠재력을 최대로 발휘하도록 해 주어야 한다. 교육계에서 최근 강조되고 있는 학습에 대한 책임감은 바로 학생 개개인의 요구에 부합하는 교육을 의미하는 것이다.

NCTM에서 제시한 평등성 원리에 기술된 것을 보면, "모든 학생은 개인의 개성, 배경, 신체적 한계 등에 상관없이 수학을 학습하고 도움을 받을 수 있는 기회를 가져야 한다. 평등성은 모든 학생들이 동일한 수업을 받아야 한다는 것을 의미하는 것이 아니라, 학생 개개인에게 맞는 타당하고 적절한 수업을 해야 한다는 것이다."(NCTM, 2000, p.12) 이 장의 도입부에서 앨버트 아이슈타인이 말한 바와 같이, 모든 아동들이 수학을 학습할 수 있도록 적절한 환경과 학습기회를 부여하는 것이 무엇보다 중요하다. 교사가 수학수업에서 부여하는 과제는 학생들을 질리게 하는 것이 아니라 흥미를 자극하는 것이어야 한다는 태도를 갖는다면, 이러한 평등성 원리는 실현될 것이다. 학생 개개인에 초점을 맞춘 개별화 수업을 하지 않으면서도 모든 학생들을 고려할 수 있는 많은 전략들이 있다. 여기서는 여섯 가지 전략을 살펴볼 것이다.

NCTM의 수학적 과정	NRC의 수학적 소양	CCSSM의 수학적 실행
• 문제해결	• 전략적 능력: 수학적 문제를 표현하고 해결하는 능력	• 문제를 이해하고 끈질기게 문제해결하기
• 추론	• 추론 능력: 논리적 사고 반성적 사고, 설명, 정당화하는 능력	• 추상적으로 그리고 수량적으로 추론하기
• 연결성	• 개념적 이해: 수학적 개념, 연산, 관계에 대한 이해	• 반복되는 추론을 통하여 규칙성을 찾고 표현하기
• 의사소통	• 절차적 유창성: 절차를 융통성 있게, 정확하게, 효율적으로, 적절하게 처리하는 능력	• 자신의 주장을 정당화하고 다른 사람의 추론에 대하여 타당하게 반박
• 표현	• 생산적 성향: 수학을 의미 있고, 유용하고, 가치 있게 보는 경향 및 자신의 노력과 능력에 대한 신념	• 구조를 찾고 의미 형성하기
		• 적절한 도구를 전략적으로 사용하기
		• 정확성에 초점을 두기
		• 수학으로 모델링하기

그림 2-1 수학적 과정, 수학적 소양, 수학적 실행(출처: Kilpatrick, Swafford, & Findell, 2011)

능동적인 학습 환경 만들기

능동적인 학습 환경을 조성하기 위해서는 물리적 환경뿐만 아니라 다른 요소들 모두를 고려해야 한다. "학생들로 하여금 추론하고, 다양한 방법으로 문제를 해결하고, 수학적 주장을 펴고 다른 사람의 주장에 적극적으로 반응하게 하려면, 이러한 활동들을 촉진할 수 있는 환경을 만들어 주어야 한다."(NCTM, 1991, p.56) 교사는 바람직한 학습 환경을 만드는 데 전적으로 책임이 있다(Nebesniak & Heaton, 2010). 다음은 바람직한 학습 환경을 만들기 위하여 교사가 해야 할 일들이다.

- 교실 배치는 안전하고 편안해야 하며 학습 활동에 도움이 되는 것이어야 한다. 교사가 시범을 보일 때는 모든 학생들이 칠판이나 화면을 볼 수 있어야 한다. 학생들이 소집단으로 활동한다면, 수업 시작 전에 책상을 집단별로 배치한다. 구체물이나 다른 도구를 사용해야 할 필요가 있다면, 쉽게 나누어줄 수 있도록 미리 준비해 놓는다. 교사와 학생 모두 쉽게 교실을 이동할 수 있도록 교실 배치에 신경을 써야 한다.
- 수학학습을 위한 교실 분위기는 지적인 측면을 강조하는 것이어야 한다. 지적으로 도전적인 과제를 강조하고, 과제에 접하였을 때 안정감을 느끼도록 도와주어야 한다. 틀린 답, 부분적 이해, 개념적 오류, 좌절감 등은 아동들이 수학적 지식을 구성하는 데 있어서 나타나는 자연스런 현상이라는 점을 이해하도록 한다. 수학을 학습할 때, 직관적으로 대답하고 틀린 답을 하는 것에 대해서 별로 신경 쓰지 않는 아동은 다른 아동에 비하여 규칙성을 훨씬 더 쉽게 발견하며, 자유롭게 추측하고, 수업 중 논의와 과제에 적극적으로 참여한다.
- 모든 학생들이 같은 시기에 같은 것을 학습하는 것이 아니며 동일한 능력을 갖고 있는 것도 아니라는 점을 이해시킨다. 수학학습은 오랫동안 진행되는 긴 과정이라는 점을 알려준다. 어떤 때는

그 과정이 느릴 수도 있고, 어떤 때는 한 순간에 높은 수준으로 뛰어 오를 수도 있다. 이 순간이 바로 우리가 무엇인가를 갑자기 깨달았을 때 외치는 “아하”, “알았어.”, “이제 이해했어.”와 같은 것이다.

- 학생들이 자신의 방법에 대해서 가치를 느끼고 자신감을 갖게 하기 위하여, 그들의 비판적 사고와 창의적 문제해결에 대해서는 보상을 해주어야 한다. 문제해결을 통한 수학학습을 경험한 학생들은 기능이나 절차에 초점을 둔 학생들보다 성취도가 더 높은 것으로 나타났다(Sutton & Krueger, 2002). NCTM에서는 앞으로 지향해야 할 수학수업의 방향을 표 2-1과 같이 제시하였다.

불안을 증가시키는 부정적 경험 피하기

많은 아동들은 어느 정도의 수학 불안 또는 ‘수학 공포증’ — 즉, 수학에 대한 두려움 또는 수학에 대한 부정적 태도 — 을 경험한다. 수학 불안은 잘못된 이해, 수학학습에 대한 자신감 부족뿐만 아니라, 낮은 성취도의 원인이 되기도 한다(그림 2-2). 미국의 국가학업성취도평가(NAEP) 자료에 의하면, 일반적으로 초등학교 저학년 아동들은 수학에 대하여 긍정적 태도를 보이지만, 고학년과 중고등학교로 올라감에 따라서 점점 더 부정적 태도를 보이는 것으로 나타났다(Lubienski, McGraw, & Strunchens, 2004). 수학 불안을 경험한 학생들은 고등학교에서 수학 과목을 적게 이수하는 경향이 있다. 이는 결과적으로는 이후의 직업을 선택하는 데 제한점으로 작용한다.

수학 불안을 갖고 있는 아동들을 위해서 할 수 있는 일은 무엇인가? 다음은 수학 불안을 갖고 있는 아동들에게 도움이 되는 제안들이다.

- 암기보다는 의미와 이해를 강조한다. 이해하지 않은 채 수학을 암기하려는 아동은 그림 2-2의 “불안 골짜기”에 쉽게 떨어질 수 있다. 학생들에게 구체적인 것(예를 들어, 모델이나 구체적 조작물)과 추상적인 것(예를 들어, 일반화와 기호적 표상)을 연결하도록 하면, 이해를 촉진하여 수학 성취도가 높아지고 결국에는 그림 2-2에 나타낸 바와 같이 수학 불안을 제거하는 데 도움이 된다.
- 완성된 해답을 제시하기보다는 문제해결 전략을 강조한다. 학생들로 하여금 잘못된 전략이나 불필요한 단계도 문제해결 기능을 개발하는 과정에서 나타나는 자연스러운 현상임을 깨닫도록 도와준다. 정답보다는 과정에 초점을 둠으로써 ‘잘못된’ 답을 구하는 것에 대한 불안을 감소시킬 수 있다.
- 수학에 대한 긍정적 태도를 갖게 한다. 수학에 대한 학생들의 태도는 교사의 태도에 의하여 영향을 많이 받는다. 교사가 수학에 대해 불안감을 갖고 있다면, 교사 자신이 그것을 극복하기 위해 많은 노력을 해야 한다. 연구에 따르면, 수학을 가르치는 것을 좋아하고 수학에 대하여 흥미와 열정을 갖고 있는 교사는 수학을 좋아하는 학생들을 길러낸다고 한다(Sutton & Krueger, 2002).
- 흥미와 도전을 느끼면서 성공을 맛볼 수 있는 수학적 경험을 제공한다. 수학학습에서 성공을 경험함으로써 자신감을 가질 수 있으며, 결국에는 도전적인 문제에 직면했을 때 끈기를 갖고 해결할 수 있도록 한다.

표 2-1 바람직한 수학수업을 위한 5가지 변화의 방향

수학수업이 지양해야 할 방향	수학수업이 지향해야 할 방향
• 개인들의 집합체로서의 교실	• 수학 공동체로서의 교실
• 정답에 대한 유일한 권위자로서 교사	• 정당화를 위한 근거로서 논리와 수학적 증거
• 절차의 단순한 암기	• 수학적 추론
• 기계적으로 정답 구하기	• 추측, 발견, 문제해결
• 분리된 개념과 절차로서 수학	• 수학적 개념들 사이의 연결성 및 적용

- 항상 학생들에게 긍정적 태도를 보여준다. 모든 학생들을 격려하고 칭찬한다. 또한 모든 학생들이 수학의 힘, 유용성, 중요성을 인식하도록 도와준다.
- 학생들이 수학에 대하여 어떻게 느끼는지에 대해서 교사에게 이야기하도록 격려한다. 학생들은 무엇을 좋아하는가? 그리고 왜 그것을 좋아하는가? 이러한 자기 반성적(또는 메타 인지적) 진단은 교사가 학생들의 수학 불안의 징후를 감지하는 데 도움이 될 것이다.
- 수학수업에서 빨리 풀게 하는 속도 시험이나 지루한 연습을 지나치게 강조하지 않도록 한다. 어떤 아동들은 경쟁적이고 도전적인 상황을 즐기지만, 어떤 아동들은 시간의 압박을 불안하게 느낀다. 이러한 속도 경쟁은 학생들이 수학에 대한 불안이나 두려움을 갖게 하는 원인이 된다.

학생들에 대한 교사의 기대를 분명히 하기

학급 운영을 잘하기 위해서는 교사로서 학생들에게 기대하는 것이 무엇인지를 분명히 해야 한다. 학생들은 교사가 말하는 것을 그대로 따라 하기보다는 교사가 의도하는 것이 무엇인지를 파악하여 행동한다. 학생들에 대한 교사의 기대를 분명히 하기 위하여, "교사는 학생들에게 실제로 기대하는 것이 무엇인지를 면밀히 검토해야 하며, 그 다음에는 교사 자신의 행동이 학생들에게 기대한 것과 일치하는지를 확인해야 한다."(Good & Brophy, 2003, p.127) 다음은 학생들에 대한 교사의 기대를 분명히 하기 위한 방법들이다.

- 교사는 학생들의 아이디어와 생각을 존중하고 가치 있게 여기며, 학생들끼리도 서로의 생각을 존중하고 가치 있게 여기도록 한다.
- 수학수업에서 학급의 급훈을 "자신에게 의미 있는 것만을 행하라."라고 정한다. 이 급훈은 학생들이 의미를 형성하기 위하여 질문하고, 반성적으로 생각하며, 설명하도록 촉진하기 위한 것이다. 이것은 또한 학생들에게 의미 있고 이해된 지식을 구성하기 위한 방법을 제공한다.
- 또 다른 급훈을 "정답은 하나일지라도 구하는 방법은 여러 가지다."로 정한다. 이 급훈은 과정이

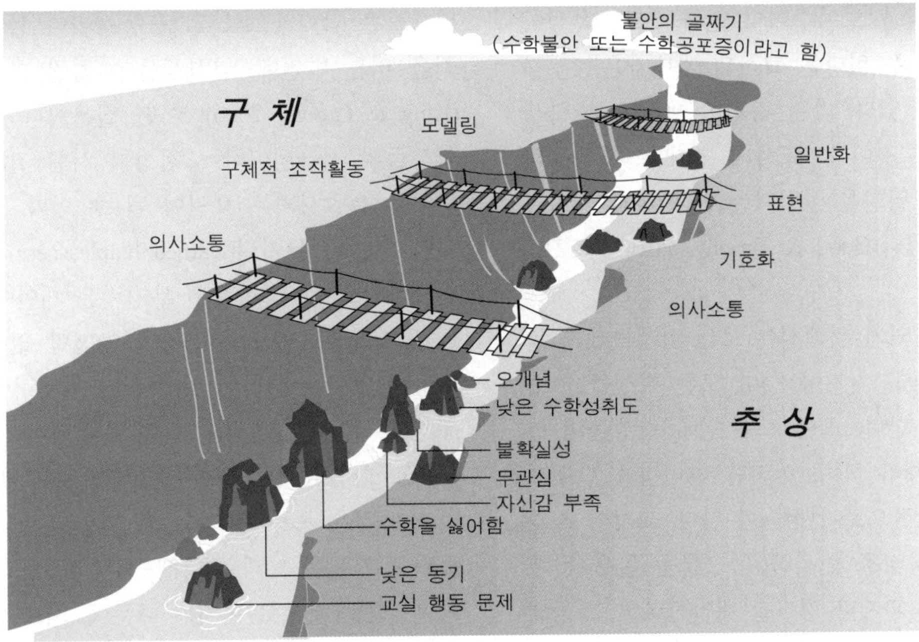

그림 2-2 수학에 의미를 연결하는 다리

정답만큼이나 중요하다는 점을 학생들에게 이해시키는 데 도움이 될 것이다. 학생들이 정답을 구하기 위하여 어떤 방법을 적용했는지를 알 수 있도록 그들의 생각을 설명하게 한다.

- 아동이 자신의 학습에 대해서 반성적으로 생각하도록 촉진한다. 즉, 자신이 무엇을 배웠는지뿐만 아니라 어떻게 그리고 어떤 과정으로 배웠는지에 대해서 생각해 보게 한다. 학습에 있어서 메타 인지는 중요한 부분이다. 자기반성이나 다른 사람(교사나 또래)과의 상호작용을 통해, 학생들은 자신의 생각을 의사소통하고 설명할 수 있다.

모든 학생들을 평등하게 취급하기

특정한 학생들 — 예를 들어, 남학생이나 아시아계 학생 — 이 다른 학생들보다 수학을 더 잘한다는 편견을 갖지 않도록 교사는 언어와 행동에 있어서 조심해야 한다. 교사가 이러한 편견을 갖고 행동한다면, 몇몇 학생들은 수학을 잘하지 못할 것이라는 교사의 생각을 전달하는 것이다. 학생들이 성별, 경제적 위치, 민족, 문화적 또는 인종적 배경에 있어서 차이가 있더라도, 교사는 모든 학생이 수학을 잘할 수 있다는 기대감을 보여주어야 한다. 모든 학생이 수학에서 성공할 수 있다는 교사의 기대감은, "누구나 수학을 할 수 있다."라는 강력한 메시지를 학생들에게 전달하는 것이다. 교사의 기대는 학생들의 성취도에 강력한 영향을 미친다는 연구 결과가 일관되게 발표되고 있다(Good & Brophy, 2010; NCTM, 2014).

훌륭한 교사가 되기 위해서는 모든 학생들에게 높은 수준의 기대감을 가져야 하며 모든 학생들을 평등하게 대하여야 한다. 또한 소수 민족 학생들의 언어, 문화를 고려해야 하며, 이러한 차이점을 단점으로 보기보다는 장점으로 인정해야 한다. 교사가 소수 민족 학생들의 강점을 인식하고 그것을 활용할 수 있는 융통성 있는 과제나 평가를 개발한다면, 그들의 인지적 수준을 높일 수 있을 것이다. 또한 필요하다면 효과적이고 빠른 교정 프로그램을 제공해야 한다(Holloway, 2004).

사회적 관습이나 요인에 의하여 수학과 관련된 불평등이 초래되거나 영향을 받는다. 예를 들어, 부모들은 딸보다는 아들이 수학을 더 잘할 것이라고 기대한다. 학교의 상담 교사는 눈에 보이지 않게 특정 민족이나 사회경제적 배경을 가진 학생들에게 수학을 공부하지 못하게끔 안내할지도 모른다. 이러한 요인 때문에 결국 그들은 상급의 수학수업을 받기 어렵게 될 수도 있다.

연구에 따르면, 실제로 교사는 수학수업에서 남학생과 여학생을 다르게 취급하는 것으로 나타났다(Sutton & Krueger, 2002). 예를 들어, 여학생보다 남학생을 더 자주 호명하고, 정답을 말했을 때 여학생보다 남학생을 더 칭찬하는 경향이 있으며, 오답을 말했을 때 여학생에게는 적극적으로 교정해주지 않는다(Ansel & Doerr, 2000). 또한 교사는 남학생의 수학적 실패의 원인은 동기의 부족으로 돌리는 반면에, 여학생의 실패의 원인은 재능의 부족으로 돌리는 경향이 있다. 여학생들은 그러한 실패를 하게 되면 그것을 마음속에 깊이 간직하고 결국에는 그것이 그들의 수학적 능력이라고 생각한다.

일반적으로 여학생들은 언어적으로 뛰어나다. 여학생들은 남학생보다 덜 충동적이며 얌전히 앉아서 책을 읽는 반면에, 남학생들은 훨씬 더 경쟁적이다(King & Gurian, 2006). 어떤 질문이나 문제에 대한 학생들의 적극성이나 도전성이 시험 결과에서 성별 차이를 유발시키는 요인이 될 수 있다. 성별 차이는 또한 학습된 무기력(learned helplessness)과 관련하여 나타나기도 한다. 학습된 무기력은 개인이 학습 결과를 통제할 수 없으며 강력한 안전망 없이는 실패할 수밖에 없다는 신념이다. 학습된 무기력에는 무능력, 동기 부족, 자기 존중 부족이 포함된다. 이것은 일반적으로 학습에서 실패를 경험함으로써 발전한다. 그리고 이것은 종종 수학학습과 관련되어 나타난다. 학습된 무기력을 느끼는 학생들은 성공을 자신이 통제할 수 없는 것으로 여기기 때문에, 시도조차 하지 않으려 한다. 남학생과 여학생 모두 학습된 무기력을 경험하지만, 특히 여학생들이 이러한 증후군에 빠지기 쉽다.

NCTM의 《학교수학을 위한 원리와 규준(Principles and Standards for School Mathematics)》에서 권고한 평등성 원리(그림 1-2)에 따르면, 교사는 편견을 극복하고 제거하기 위하여 많은 노력을 해야 한다. 다음은 불평등을 해결하기 위하여 교사가 할 수 있는 활동들이다.

- 여성이나 소수 민족은 수학과 관련된 직업을 가질 수 없다는 사회적 통념(예를 들어, "백인 남자만이 수학을 할 수 있다."거나 "수학자들은 완전히 외톨이로 일한다.")을 없앤다(Mewborn & Cross, 2007).
- 모든 학생들에게 동등한 수준의 높은 기대감을 갖고, 학생들과 부모들에게도 그러한 기대감을 분명하게 전달한다.
- 아들과 딸 모두에게 수학에 관심을 갖게 하고 격려해주는 것이 얼마나 중요한지에 대하여 학부모들과 논의한다(Moschkovich, 2011).
- 어려운 문제를 해결하고, 질의응답하고, 수학적 아이디어를 의사소통하는 데 남학생과 여학생이 평등한 입장에서 참여하도록 한다. 즉, 남학생과 여학생들에게 수업 중 논의에 평등하게 참여하게 하고, 교사의 관심과 지도가 평등하게 이루어지도록 한다.
- 수학과 학생들의 실생활을 유의미하게 연결시키도록 한다(Coates, 2007).
- 수학과 과학 분야에서 남성과 여성의 동등한 역할뿐만 아니라, 민족적, 문화적, 인종적으로 다양한 배경을 갖고 있는 사람들의 역할에 대해서 관심을 갖게 한다. 수학적 배경이 탄탄한 사람들에게는 성공의 기회가 많다는 점을 인식하도록 도와준다. (이 장의 끝에 제시한 책들을 참고하면 다양한 배경을 갖고 있는 수학자들과 과학자들의 생애에 대해서 알 수 있을 것이다.)
- 학습된 무기력에 대해서 학생들과 논의해보고, 학습된 무기력을 예방하거나 치료하기 위한 방법을 개발한다.
- 학생들의 수행 능력을 평가하는 데 있어서 다양한 방법(예를 들어, 다양한 형태의 시험, 면담, 포트폴리오 등)을 적용한다.

학생들의 수학적 지식과 기능에 대한 파지력 향상시키기

파지력(retention)은 학생들이 학습한 것을 유지하고 사용할 수 있는 정도를 의미한다. 예를 들어, 학생들이 수업 시간에는 시계를 읽을 수 있었지만 집에 가서는 어떻게 읽는지 잊어버렸다면, 시계 읽기에 대한 파지력은 아주 낮다고 볼 수 있다. 지식과 기능에 대한 파지력은 분명히 학습에 매우 중요한 측면이다.

망각은 모든 교과목에서 해결해야 할 중요한 문제이지만, 수학 교과의 위계적인 속성으로 인하여 수학에서는 망각이 더욱더 중요한 문제가 된다. 망각은 여름 방학, 봄 방학, 주말, 하루, 혹은 아주 짧은 기간에도 일어난다. 망각으로 인하여 특정한 지식이나 기능에 대한 파지력은 매우 급격하게 감소될 수 있다. 예를 들어, 아래 질문에 대한 답과 같은 사실적 지식은 규칙적으로 사용하지 않으면 금방 망각된다.

소수는 무엇인가?
추이율은 무엇인가?
1L는 몇 mL 인가?

물론 기능도 규칙적으로 사용하지 않으면 쉽게 망각된다. 예를 들어, 다음과 같은 문제에서 절차적 기능을 망각하면 문제를 해결하는 데 어려움을 겪는다.

$\frac{2}{3}$를 $\frac{1}{5}$로 나누면 얼마인가?
공식을 이용하여 사다리꼴의 넓이를 구하여라.

수학적 기능과 지식에 대해서 성취도 검사를 해보면, 성취도 수준의 변화가 심하다는 것을 알 수 있다.

이와는 대조적으로 문제해결에 대한 수행 능력은

시간이 지나도 별로 변하지 않으며, 급격하게 떨어지지 않는다. 그 이유 중 하나는 문제해결이 여러 가지 고차적 사고 과정을 요하는 복합적인 행동이기 때문이다. 이러한 고차적 사고 과정을 개발하는 데는 많은 시간이 걸리지만, 일단 개발이 되면 다른 기능들보다 훨씬 더 오랫동안 유지될 뿐만 아니라 시간이 지나면서 더욱더 향상되기도 한다.

파지력은 수학교육의 중요한 목표 중 하나이다. 교사는 파지력의 중요성을 인식하고 파지력을 극대화하기 위하여 노력해야 한다. 다음은 아동의 파지력을 높이는 데 도움이 되는 몇 가지 방법들이다.

- 유의미 학습은 파지력을 높이는 최선의 방법이다. 의미 있게 개발되고 이해를 바탕으로 학습된 수학적 능력(지식, 기능, 문제해결)은 더 오래 기억된다.
- 개념이 학습되는 방식에 따라 장기 파지력이 달라질 수 있다(National Research Council, 1999). 예를 들어, 학생들에게 크기가 다른 여러 원의 지름과 둘레의 길이를 실제로 측정한 다음 규칙성을 관찰하여 기록하게 하면, 지름과 둘레의 길이의 비율이 일정하다는 것을 교사가 설명하는 것보다 더 잘 기억한다.
- 연결성은 장기적인 파지력에 도움이 된다. 연결성은 수학적 아이디어가 다른 수학적 아이디어나 실세계와 어떻게 관련되어 있는지를 이해하는 데 도움이 된다. 수학 주제는 서로 분리된 것으로 학습되어서는 안 되고, 문제해결과 연결시켜야 하며 실생활 상황과 관련시켜서 학습되어야 한다. 연구에 의하면, 연결성을 알게 하는 것이 이해를 더 잘 시킬 뿐만 아니라 파지력도 증가시킨다고 한다(Kilpatrick et al., 2001).
- 핵심 개념에 대한 주기적인 복습은 지식을 정착시키고 결국에는 파지력에 도움이 된다. 높은 수준의 수학 프로그램을 나선형 교육과정으로 운영하면, 학생들이 수학 주제들을 모든 학년에서 주기적으로 복습하게 할 수 있다. 주기적 복습은 명시적일 수도 있고 암묵적일 수도 있다. 어떤 교사는 수학 시간마다 5분 동안 전 차시에서 학습 개념들을 복습하게 하고, 어떤 교사는 이전의 수학 내용을 새로운 수학 내용에 통합시켜서 학습시키기도 한다. 어떤 경우든 복습은 즉각적인 수행 능력을 향상시키며 학업 성취도와 파지력을 높이는 데 도움이 된다.

아동들이 절차적 지식과 개념적 지식을 학습하는 데 어떻게 도움을 줄 것인가?

수학 교육의 최우선의 목표는 학생들이 수학적 소양을 갖게 하는 것이다. National Research Council (2001)에 따르면, 수학적 소양은 5가지 중요한 요소 — 즉, 개념적 이해, 절차적 유창성, 전략적 능력, 적절한 추론 능력, 생산적이고 긍정적 성향 — 로 구성된다. 이 절에서는 개념적 이해와 절차적 유창성에 대해서 상세하게 설명할 것이다. 수학교육에서 절차적 지식(기능)과 개념적 지식(이해)의 상대적 중요성은 오랫동안 논쟁거리였다. 그러나 이러한 논쟁은 잘못된 이분법에서 출발하고 있다. 절차와 개념은 수학에서 중요한 것이며 서로 연결되어 있다. 교사는 절차적 지식과 개념적 지식을 구성하는 것이 무엇인지를 이해해야 하며, 학생들이 그것들을 유의미하게 연결할 수 있도록 도와주어야 한다. 이 두 가지 유형의 지식은 학생들이 이해를 바탕으로 수학을 학습하는 데 필수적인 것들이다.

절차적 지식은 수학적 규칙이나 알고리즘을 사용하는 기능을 말한다. 절차적 지식을 갖고 있는 학생은 규칙을 효율적으로 사용하거나, 일련의 과정 또는 행동을 잘 수행할 수 있다. 예를 들어, 두 자리 수의 나눗셈에 대한 절차적 지식을 갖고 있는 학생은 세로 나눗셈 알고리즘의 각 단계를 빠르게 수행할 수 있다.

개념적 지식은 수학적 개념이 의미하는 것이 무엇인지에 대한 이해와 관련이 있다. 예를 들어, 나눗셈에 대한 개념적 지식은 나눗셈이 전체를 등분하는 것이라는 의미를 이해하는 것이다. 개념적 지식을 갖고 있는 학생은 새로운 정보를 관련된 의미들의 연결망에 연결시키고 통합시키며, 서로 다른 정보들 속에서도 관련성을 찾을 수 있다(Hiebert & Grouws, 2007).

절차적 지식은 학생들이 특정한 질문에 답하는 데는 도움이 되지만, 중요한 연결성이 빠져 있는 지식이다. 개념적 지식을 갖기 위해서 학습자는 새로운 지식을 기존의 지식 구조에 적절하게 통합시켜야 하며, 그 관련성에 대해서 능동적으로 생각하고 연결지어야 한다. 연구에 따르면(Hiebert & Grouws, 2007), 개념적 지식은 기능을 손상시키지 않을 뿐만 아니라 기능을 더 잘 기억하고 사용하게 한다. 예를 들어, 절차적 지식을 갖고 있는 학생은 "정사각형은 무엇인가?"라는 질문에 대해, "정사각형은 4개의 합동인 변과 4개의 직각을 가진 도형입니다."라고 답할 수 있다. 그러나 절차적 지식은 다른 관계들 — 가령, 정사각형은 직사각형이고, 평행사변형이고, 정다각형이고 마름모이다 — 을 이해하는 데 도움이 되지 못한다. <수업자료 2-1>은 개념적 지식, 즉 사변형에 대한 좀 더 깊은 이해를 위한 활동이다.

수|업|자|료|2-1

사각형의 분류

학습목표: 여러 종류의 사각형을 분류한다.
대상학년: 4~5학년

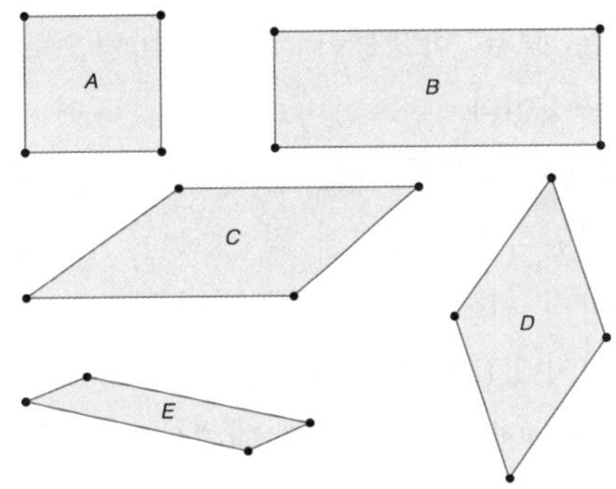

다음 도형을 찾아라.

- 정사각형 ______________
- 직사각형 ______________
- 평행사변형 ______________
- 정다각형 ______________
- 마름모 ______________

개념적 지식을 수반하지 않은 채 획득된 절차적 지식은 부정적인 결과를 초래할 수 있다. 교사가 정답을 구하는 것만을 강조한다면, 학생들은 왜 그렇게 구하는지를 학습하려고 하지 않을 것이다. 23 + 49를 계산하는 알고리즘은 "3에 9를 더해서 12가 된다. 1을 올려서 2에 더하고……"와 같이 기억될 수 있다. 학교수학에서 기계적 암기 학습이 강조되어서는 안 되지만, 알고리즘 지도와 관련해서는 여전히 강조되고 있는 학습 방법이다. 연구에 의하면, 규칙이나 절차적 기능이 잘 발달된 학생들은 그러한 규칙들을 알고리즘의 수학적 의미를 이해하는 데 도움이 되는 다른 표현들과 연결하려고 하지 않는다고 한다. 더욱이 의미를 이해하지 않은 채 절차를 학습한 학생들은 언제 그 절차를 사용하고, 그 절차를 어떻게 수행하는지를 기억하고, 새로운 상황에 적용하고, 그 결과가 타당한지를 판단하는 데 어려움이 있다.

수학 교사는 학생들이 개념적 지식과 절차적 지식을 연결시키고 그 관계를 알 수 있도록 도와줄 필요가 있다. 그러나 그것이 자동으로 이루어지는 것은 아니다. 연구에 의하면, 개념적 이해에 초점을 둔 수업은 효율적인 절차적 기능도 개발할 수 있다(Hiebert & Grouws, 2007). 개념적 이해에 초점을 두는 한 가지 방법은 학생들의 설명을 강조하는 것이다. 교사가 해야 할 일은 학생들이 수학적 아이디어들을 연결하는 데 도움이 되는 학습 경험을 구성하고 개발하는 것이다. 이를 위해서 교사는 학생들이 수학을 어떻게 학습하는지에 대해서 좀 더 자세히 관찰할 필요가 있다.

아동은 수학을 어떻게 학습하는가?

NCTM(2000)에서 추구하고 있는 수학교육의 모습은 모든 학생들이 이해를 바탕으로 수학을 학습하는 것이다.

NCTM에서 제시한 학습 원리에 따르면, "학생들이 미래에 필연적으로 접하게 될 새로운 종류의 문제들을 해결하기 위해서는 이해를 바탕으로 한 수학학습이 필수적이다"(NCTM, 2000, p.21). National Research Council(2001)에서도 이 점에 대해서 다음과 같이 동의하고 있다. "미국의 모든 아동들은 수학적으로 생각하는 것을 학습해야 하며, 수학을 학습하기 위해서는 수학적으로 생각해야 한다."(p.16)

수학은 이해를 통하여 학습되어야 한다는 전제는 수학교육, 심리학, 다른 과학 분야의 수년 동안의 연구결과로부터 나온 것이다. 초등학교 교사는 아동의 수학학습 능력은 읽기 능력에 달려있다는 사실을 잘 알고 있어야 한다. 하지만 일단 아동이 기본적으로 읽기를 학습했다면 수학을 포함한 다른 과목들을 학습하면서도 읽기 기능을 개발할 수 있다. 반면에 수학적 개념은 오직 그 자체로부터 형성되며 수학적 개념이 형성됨에 따라 더욱더 추상화된다(예를 들어, 산술에서 대수로). 학습에 관한 과학적 연구에 따르면, 학습은 뇌의 물리적 구조를 변화시키며 학습 내용, 학습 시기에 따라 뇌의 서로 다른 부분이 반응한다(National Research Council, 1999). 결국 아동이 추상적인 수학 개념을 학습하기 위해서는 그러한 추상적인 것을 물리적으로 그리고 심리적으로 다룰 수 있는 능력을 개발해야 한다.

20세기 초에 듀이(John Dewey)는 학습이 학습자의 경험과 능동적인 참여를 통하여 이루어진다고 주장하였다. 그 이후로 아동이 수학을 학습하는 방법에 대하여 많은 연구가 있었지만, 학습에서 유의미한 경험의 중요성은 여전히 변하지 않고 강조되고 있다. 좀 더 최근에 피아제(Jean Piaget)는 학습자는 자신의 지식을 능동적으로 구성한다고 주장하였다. 구성주의로 알려진 이러한 학습관에 따르면, 학생들은 새로운 정보를 단순히 받아들이는 것이 아니라 보고 듣거나 행한 것을 자신이 이미 알고 있는 것과 관련지어서 해석한다. 학생들은 자신의 개인적 경험과 이전의 지식을 바탕으로 새로운 지식을 능동적으로 구성하여야 한다. 이것이 바로 이해를 통한 수학학습이다.

교사는 교수-학습에 대한 신념에 따라 수업을 계획한다. 학습에 관한 이론으로는 일반적으로 두 가지 이론, 즉 행동주의와 구성주의가 있다. 행동주의는 관찰 가능한 행동에 초점을 두고 있으며, 이때 학습은 특정한 자극(외부로부터의 어떤 것)에 대하여 특정한 반응(행동)을 한다는 관점이다. 이 관점에서 보면, 학생들은 특정한 자극(예를 들어, 수학 문제)에 대한 교사의 시범을 관찰함으로써 특정한 기능(행동)을 학습한다. 예를 들어, 교사가 평균을 구하는 방법을 시범을 보였다면, 특정한 유형의 자극(몇 개의 수들)이 주어졌을 때 특정한 유형의 반응(평균 구하기)을 하도록 학습시킬 수 있다. 그러나 행동주의에서는 학생들이 그러한 답을 구하는 데 적용된 사고 과정은 고려하지 않는다.

구성주의는 행동주의와는 초점이 다르다. 구성주의는 자극과 반응 사이에서 일어나는 과정에 초점을 두고 있다. 즉, 구성주의에서는 학생들이 행하고 있는 사고 과정에 초점을 두고 있다. 이 관점에서 보면, 학습은 교사의 행동뿐만 아니라 학생의 행동에 의존한다. 즉, 학습은 학생들이 새로운 개념을 자신의 경험 그리고 이미 알고 있는 것과 어떻게 통합시키는지에 의하여 좌우된다.

학습에 관한 이 두 가지 관점 모두 수학학습에 대하여 시사하는 바가 크다. 이 두 가지 관점은 아동이 수학을 어떻게 학습하는지를 이해하는 데 중요한 열쇠가 된다.

행동의 형성

행동주의는 자극-반응 이론을 바탕으로 하고 있으며, 관찰 가능한 외적 행동에 초점을 둔다. 수년에 걸쳐 행동주의는 손다이크(Thorndike), 스키너(Skinner), 가네(Gagné)와 같은 학자들에 의하여 주창되어 왔다. 그러나 오늘날에는 수학학습에서 오로지 행동주의적 접근 방식을 주장하는 수학교육자는 거의 없다. 행동주의는 수학교육과정에 상당한 영향을 미쳤으며, 교사들은 학습 목표와 수업 계획을 수립하는 데 행동주의 심리학을 고려해야 했다. 그렇지만 초등학교 수학학습에서 행동주의적 접근 방식에 지나치게 집착하는 것은 그리 적절하지 않다. 왜냐하면 행동주의는 아동의 사고 과정을 고려하지 않기 때문이다. 따라서 교사는 행동주의자들의 관점을 적용할 수 있어야 하지만, 그들의 한계나 제한점을 인식하고 현명하게 적용해야 한다. 이 점을 명심하면서 행동주의에 대해서 좀 더 자세히 살펴보도록 하자.

행동주의의 핵심적인 원리 중 하나는 행동은 강화 — 즉, 보상과 벌 — 를 통하여 형성될 수 있다는 것이다. 교사는 강화(예를 들어, 학생들의 행동에 대한 피드백, 칭찬이나 벌)를 통하여 학생들에게 바람직한 행동(알고리즘 작성하기)을 연습시킬 수 있다. 수학학습에서 유의미한 연습은 매우 가치 있고 중요한 것이지만, 과도한 연습 또는 이해를 수반하지 않은 연습은 부정적인 결과를 낳을 수 있다는 연구 결과도 있다. 그러한 연습은 종종 수학에 대한 두려움이나 혐오감을 심어주게 되고, 수학을 이해하는 것이 수학학습의 주된 목표라는 사실에도 불구하고 수학은 이해를 필요로 하지 않는 과목이라는 태도를 길러줄 수도 있다.

행동주의적 접근 방식은 정해진 순서로 이루어지는 기능을 학습하는 데 유용하다. 즉, 절차적 지식을 획득하는 데 유용하다. 많은 행동주의자들은 수학이 선형적으로 연결되어 있다고 생각한다. 즉, 어느 한 개념은 다른 개념을 바탕으로 해서 형성되며, 이미 숙달된 기능은 다음 기능을 숙달하는 데 사용된다. 예를 들어, 곱셈을 동수누가(repeated addition)의 입장에서 본다면, 학생들은 곱셈 개념을 배우기 전에 반드시 덧셈을 완수해야 한다. 수학학습에 대한 이러한 위계적 관점은 행동주의자들에게 인기 있는 연구 주제였다.

행동주의적 관점에서 수업을 계획할 때, 첫 번째 고려 사항은 학습 목표를 명확하게 진술하는 것이다. 학습 목표의 진술은 교사에게는 수업 계획의 방향을 제시하고, 학생에게는 학생들에게 기대하는 것이 무엇인지를 제시한다. 학습 목표를 명확히 진술함으로써, 이 두 가지 결과를 얻을 수 있다는 점은 여러 연구에서 일관되게 주장되었다. 일단 학습 목표가 명확하게 진술되고 나면, 교사는 학습 목표를 달성하는 데 필요한 선수 학습 요소들을 파악하여야 하며, 학습 목표와 선수 학습 요소가 잘 연결될 수 있도록 해야 한다. 예를 들어, 다음과 같이 학습 목표를 진술하였다고 하자. "삼각형의 넓이를 구하기 위하여 공식 $A=\frac{1}{2}ba$를 적용한다." 이제는 선수 학습 요소와 관련하여 다음과 같은 몇 가지 질문을 할 수 있을 것이다.

- 삼각형은 무언인가?
- 삼각형의 밑변은 무엇인가?
- 삼각형의 높이는 무엇인가?

학습 목표를 달성하기 위해서는 선수 학습 요소에 관한 위의 질문에 대해서 명확하게 답할 수 있어야 한다. 또한 다음과 같은 질문들도 선수 학습 요소를 파악하기 위하여 고려될 수 있다.

- 넓이는 무엇인가?
- 자연수의 곱셈은 어떻게 하는가?
- 분수의 곱셈은 어떻게 하는가?

그러나 선수 학습 요소를 완벽하게 파악하기 위해서는 이보다 더 많은 질문들이 필요할 것이다. 따라서 아무리 간단하게 보이는 수학학습 목표일지라도 선수 학습 요소들을 완벽하게 파악하여 구성하는 것은 쉽지 않다. 수업을 준비할 때 선수 학습 요소들을 고려해야 하지만, 모든 선수 학습 요소들을 일일이 열거하기보다는 상식적 수준에서 생각하도록 한다.

행동주의적 관점에서 학습 목표를 제시하는 것은 수업의 초점을 학습 결과에 두기 위한 것이다. 수업을 하고 나서 학생들에게 기대하는 행동은 무엇인가? 학습 결과는 수업에서 핵심적인 것이다. 이러한 행동 지향적인 학습 목표는 유용할 때도 있지만, 훨씬 더 중요한 목표 — 즉, 의미를 바탕으로 한 수학학습 — 를 간과할 수도 있다. 학생들은 학습 결과로서 행동이 의미하는 바를 이해하지 못한 채 그 행동을 할 수도 있다. 예를 들어, 학습 목표가 삼각형의 넓이를 구하기 위하여 공식을 올바르게 사용하는 것이라면, 낮은 수준의 인지적 학습 결과에 수업의 초점을 두는 것이며, 학생들에게 기대되는 것은 단지 삼각형의 밑변과 높이를 올바르게 찾아서 공식을 적용하는 것이다. 반면에 삼각형의 넓이는 직사각형의 넓이의 절반이라는 것을 설명하는 것이 학습 목표라면(그림 2-3), 학생들에게 높은 수준에서 삼각형의 넓이를 이해하게끔 하는 것이다. 이처럼 높은 수준의 학습 목표에 대한 선수 학습 요소를 확인하기 위해서는 직사각형의 넓이를 이해하고 있는지에 관한 질문이 반드시 포함되어야 한다. 따라서 수업의 초점은 삼각형의 밑변과 높이로 이루어지는 직사각형을 확인하는 것에 두어야 한다(그림 2-3의 직사각형 $BEFC$).

위의 예를 통하여 수업의 초점을 학습 결과에 두는 행동주의적 접근은 결국 낮은 수준의 인지적 절차를 가르치고 있다는 것을 알 수 있다. 불행하게도 많은 수학 프로그램들이 이처럼 학습 결과에 치중하고 있다. 그 이유는 아마 학습 결과의 측정이 용이하기 때문일 것이다. 결과적으로 교과서를 보면 여러 쪽에 걸쳐서 알고리즘이 '제시되어 있고' 수학적 관계가 '예시되어' 있지만, 이해를 통한 학습은 거의 강조되지 않고 있다.

행동주의적 접근의 매력적인 특징은 분명한 수업 지침을 제공하고, 단기적인 발전을 가능하게 하며, 당면한 문제를 해결하는 데 도움이 된다는 점이다. 교사들이 표준화 검사를 통하여 학습 결과가 측정될 것이라는 사실을 안다면, 그것은 교사가 수업을 계획하는 데 중요한 지침으로 작용할 것이다. 그러나 행동주의적 접근을 이용하는 데 실제적이고 지속적인 위험은, 측정이 용이한 단순하고 단기적인 목표에 치중하기 쉽다는 것이다. 이러한 단순하고 단기적인 목표들은, 지식을 유의미하고 유용하게 하는 데 필요한

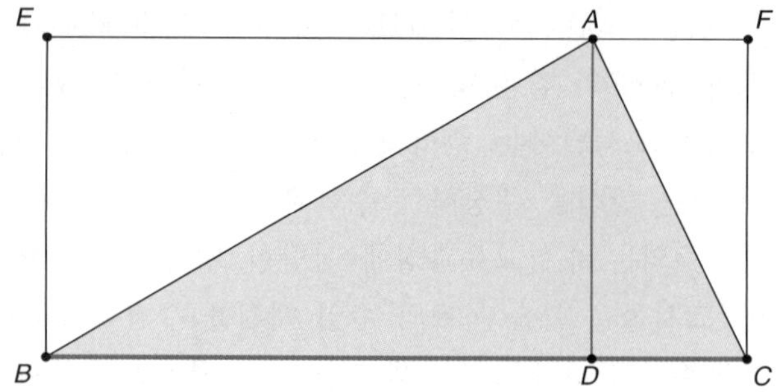

그림 2-3 삼각형 ABC의 넓이는 직사각형 $BEFC$의 넓이의 절반이다. 직사각형의 가로의 길이는 삼각형의 밑변과 같고, 직사각형의 세로의 길이는 삼각형의 높이와 같다.

높은 수준의 이해와 연결성의 개발보다는 특별한 기능의 완수를 강조한다. 단기적 목표를 강조하다보면 때로는 장기적 목표나 문제해결과 같은 높은 수준의 인지적 과정을 경시하게 된다.

그럼에도 행동주의적 접근을 적절히 적용하면 학습자의 참여를 촉진할 수 있고 높은 수준의 수학적 사고를 개발시키는 데 도움이 될 수 있다. 학생들에게 학습 결과를 강조하면서도 개념을 개발하고 수학적 사고를 적용하게 할 수도 있다. 이러한 가능성은 **'탐구한다, 정당화한다, 표현한다, 해결한다, 구성한다, 논의한다, 사용한다, 조사한다, 설명한다, 개발한다, 예상한다'**와 같은 행동 지향적인 동사가 학습 목표의 진술에 많이 사용되고 있는 데서도 짐작할 수 있다. 이상을 종합해보면, 행동주의적 접근은 수학교육에 다음과 같은 유용한 시사점을 준다.

- 행동은 훈련과 연습을 통하여 강화될 수 있다.
- 특별한 기능을 고정된 순서로 학습하는 데 도움이 될 수 있다.
- 학습 목표를 명확히 제시함으로써 교사는 특별한 학습 결과를 이끌 수 있는 수업을 계획할 수 있다.
- 학습 목표와 학습 결과를 명확히 제시함으로써 학생들에게 기대하는 것이 무엇인지를 분명히 할 수 있다.

행동주의는 특정한 학습 결과를 바로 확인하는 것

에 초점을 두고 있으며, 이것이 수학교육에서 중요한 부분이기도 하다. 반면에 구성주의에서는 학생들이 수학을 이해하고 수학적 의미를 형성하는 데 좀 더 직접적으로 도움을 주는 데 초점을 두고 있다.

이해의 구성

20세기 초반에 브라우넬(Brownell)은 구성주의의 앞선 개념이라고 할 수 있는 유의미 학습을 주장하였다. 브라우넬은 수학을 개념, 원리, 과정이 밀접하게 짜인 하나의 체계로 생각하였으며, 결국 수학학습의 기초가 되는 구조로 보았다. "산술은 아동의 기억을 바탕으로 하기보다는 그들의 이해력을 바탕으로 해야 하며"(Brownell, 1935, p.32), 개념들 간의 연결성이 형성되어야 한다.

최근에 들어서 '고립된 학습'은 지속적으로 파지되지 않는다는 연구 결과가 일관되게 보고되고 있다(Hiebert, 2003a). 수학은 학습자에게 의미 있는 것이어야 한다. 그렇게 된다면 수학은 학습자에게 의미 있는 것이 되고, 순서, 구조, 그리고 수많은 관계들로 이루어진 학문으로 이해될 수 있으며, 다양한 문제해결 상황에서 사용될 수 있을 것이다. 유의미 학습은 수학적 연결성의 기반을 제공하며 구성주의적 관점의 본질적인 부분이기도 하다.

브라우넬 이외에도 피아제(Piaget), 브루너(Bruner), 딘즈(Dienes)는 구성주의의 발전에 각각 기여한 바가 크다. 그림 2-4는 학습 과정에 대한 이들의 주장을 요약한 것이다. NCTM의 《수학교육을 위한 전문성 규준(*Professional Standards for Teaching Mathematics*)》(1991)과 《학교수학을 위한 원리 및 규준(*Principles and Standards for School Mathematics*)》(2000)에 주장된 수학교육을 위한 권고의 대부분은

	초등학교 아동의 사고 단계(피아제)	학습발달 단계(브루너)	수학학습 단계(딘즈)	
고등 ↑	**형식적 조작기:** 구체적인 실재에 한정되지 않고서도 그 가능성을 고려할 수 있다. 자신의 사고 과정에 대하여 반성적으로 생각할 수 있는 논리적 사고가 가능하다.	**기호적:** 기호를 다룬다. 아동은 활동적이거나 영상적인 대상에 관계없이 기호를 조작하거나 사용한다.	**형식화:** 수학의 체계성을 제공한다. 체계의 구조로서 기초적인 규칙과 성질을 개발한다. **기호화:** 언어 또는 수학적 기초로 나타낸다. **표상화:** 추상화된 것을 걸어놓을 못을 제공한다. 어떤 개념을 표상화하기 위하여 이미지와 그림이 사용된다.	추상 ↑
	구체적 조작기: 사고는 논리적이지만 지각적이고 물리적 실재에 한정되어 있다.	**영상적:** 그림, 이미지 또는 다른 표상에 근거한 표상적인 사고이다. 아동은 실세계에 기초한 시각적이거나 언어적 정보를 다룬다.	**일반화:** 다양한 모델을 통하여 패턴, 규칙성, 공통성을 관찰하고 추상화한다. 이러한 구조적 관계는 구체적인 모델들과는 독립적이다.	
초등	**전조작기:** 생각과 언어를 통하여 행동을 표현하지만, 논리가 발달하지 못한 단계이다.	**활동적:** 실세계의 대상을 직접 체험하고 구성하고 배열한다. 아동은 물리적 세계와 직접 상호작용한다.	**자유놀이:** 환경 안에서 물리적 자료와 직접 상호작용한다. 서로 다른 구체물을 통하여 동일한 개념에 접근하지만, 이 단계에서는 공통성은 거의 관찰되지 않는다.	도입

그림 2-4 학습 과정에 대한 피아제, 브루너, 딘즈의 모델

아동들이 어떻게 수학을 학습하는지에 관한 이론에 기반을 두고 있다. 이 두 보고서는 전통적인 행동주의적 접근에서 구성주의적 접근으로 변화할 것을 강력하게 요구하고 있다. 실제로 연구에 따르면, 학생들은 자신의 수학적 이해를 **구성할 때** 수학을 잘 학습하는 것으로 나타났다.

그렇다면 학생들이 자신의 수학적 이해를 구성한다는 것은 무슨 뜻인가? 그 뜻은 사람들마다 약간씩 차이가 있겠지만, 구성주의를 바탕으로 한 다음과 같은 세 가지 기본적인 원리를 살펴보면 이 질문에 답하는 데 도움이 될 것이다.

1. 지식은 수동적으로 받아들여지는 것이 아니다. 오히려 지식은 학생에 의하여 능동적으로 창조되거나 발명되는 것이다(구성). 피아제(1972)는 수학은 바위와 같이 발견되거나 선물처럼 타인으로부터 받는 것이 아니라, 아동에 의하여 만들어지는(구성되는) 것이라고 주장하였다.
2. 학생들은 그들의 신체적, 정신적 행동에 대한 반성적 사고를 통하여 새로운 수학적 지식을 창조(구성)한다. 학생들은 관계를 관찰하고, 패턴을 인식하고, 일반화하고, 추상화하면서 새로운 지식을 기존의 지적 구조와 통합시킨다(Dienes, 1960).
3. 학습은 사회적 과정을 반영한다. 아동들은 다른 사람들(교사를 포함하여)뿐만 아니라 자기 자신과의 대화나 논의를 통하여 지적으로 발달한다(Bruner, 1986). 이 원리에 따르면, 학생들은 구체물을 조작하고, 패턴을 발견하고, 자신의 알고리즘을 개발하고, 다양한 해결 방법을 찾아낼 뿐만 아니라, 관찰한 것을 다른 사람들과 공유하고, 관계를 기술하고, 절차를 설명하고, 수행한 과정을 정당화한다.

이 세 가지 원리는 수학 교수-학습에 대해서 중요한 시사점을 제시하고 있다. 구성주의적 관점에서 보면, 학습은 시간이 걸리며 몇 개의 발달 단계를 거쳐서 이루어지는 과정이다. 연구에 따르면, 아동의 인지적 발달 단계에 따라서 아동에게 제시할 수 있는 수학학습 경험이 결정된다. 각각의 인지 발달 단계에서 아동이 학습할 수 있는 최저 수준은 이전에 학습한 개념과 기능에 의하여 결정된다. 최고 수준은 지적 수준이 높은 다른 사람의 도움이나 비계를 통하여 성취될 수 있는 과제에 의하여 결정된다. 러시아의 심리학자인 비고츠키(Vygotsky)는 학습 활동과 경험의 범위를 아동의 **근접발달영역**(zone of proximal development)이라고 하였다(Vygotsky, 1962).

연구에 의하면, 아동의 근접발달영역 안에 있는 학습 활동은 성공 가능성이 높은 반면에, 근접발달영역 밖에 있는 학습 활동은 성공 가능성이 낮다. 따라서 아동들에게 고등 사고를 하도록 하고 고등 기능을 완수하도록 하는 데 도움이 되는 학습 과제를 제시할 때는, 그러한 학습 과제의 수준이 아동의 수준보다 너무 높지 않도록 해야 한다. 학습 과제의 수준이 아동의 수준보다 너무 높으면 도달하지 못하거나 포기하기 때문이다. 아동의 근접발달영역에 대한 비고츠키의 관점에서 보면, 교사는 학생들을 잘 파악해야 하며 학생의 근접발달영역에 대해서 충분히 이해해야 한다.

학습은 활동적이며 내적으로 조정되는 과정이다. 즉, 학습은 경험을 통하여 의미를 획득하고 발견하고 구성해 가는 과정이다. 이러한 맥락에서 볼 때, 학생들에게 구체적 모델을 직접 경험하게 하고 그들의 경험과 연결시키는 수학 교수-학습은 수학에 대하여 의미를 형성하는 데 도움이 된다. 결국 학습은 학생들의 고유한 지식, 사고, 지각, 느낌을 바탕으로 이루어진다.

피아제, 브루너, 딘즈는 아동의 발달 단계를 서로 다르게 규정하였지만, 전반적으로는 이들에 의하여 제안된 발달 체계와 단계는 매우 유사하다(그림 2-4). 이 체계를 주의 깊게 살펴보면 아동의 학습과 관련하여 다음과 같은 네 가지 특징을 발견할 수 있다.

- 사고에 관한 몇 개의 특징적이고 구분되는 단계가 존재하며, 아동은 성장하고 성숙해 감에 따라 이 단계들을 거쳐서 발달한다.
- 학습자는 학습 과정에 능동적으로(활동적으로) 참

여한다.

- 학습은 구체적인 것에서 추상적인 것으로 진행한다.
- 학습자는 자신의 생각을 다른 사람에게 이야기하고 의사소통할 수 있는 기회를 가져야 한다.

아동이 수학에 대하여 의미를 형성하도록 하기 위해서는 어떻게 해야 하는가?

교육(teaching)은 학습(learning)이 이루어진 만큼만 달성된다. 즉, 효과적인 수학교육이 되기 위해서는 아동이 어떻게 학습하는지에 대해서 충분히 고려해야 한다. 구체적인 것에서 추상적인 것을 연결하는 다리와 그 다리를 건널 수 있도록 도와주는 과정이야말로 훌륭한 수학교육이 갖추어야 할 핵심 요소이다. 따라서 이를 위한 지속적인 노력이 필요하다.

이 절에서 제시한 수학 교수-학습을 위한 실제적인 원리들은 아동이 수학을 어떻게 학습하는지에 관한 학습 이론, 연구 결과, 교육 경험에 바탕을 두고 있다. 이 원리들은 새로운 수학적 지식의 능동적(활동적) 구성에 있어서 개인의 경험과 이전 지식의 중요성을 강조한 NCTM의 학습 원리에 부합한다. 아동이 수학에 대하여 의미를 형성하는 데 도움을 줄 수 있는 다음의 네 가지 원리는 앞 절에서 논의한 피아제, 브루너, 딘즈의 네 가지 특징에 기초하고 있다. 이 원리들은 수학 교수-학습을 위한 강력한 기초를 제공할 것이며, 이 책 전체를 통하여 계속해서 여러 영역으로 확장되어 적용될 것이다. 제시된 순서는 중요성과는 아무런 상관이 없다.

원리 1: 학생들의 발달 특성을 고려해야 한다.

아동은 성장함에 따라 각각의 발달 단계를 거쳐서 발달하며(그림 2-4), 수학 주제가 자신의 발달 단계에 적절할 때 가장 잘 학습한다. 학습 주제는 아동들의 사고를 자극할 수 있는 도전적인 것이어야 하며, 새로운 개념이나 기능을 기존의 개념이나 기능에 적절하게 추가할 수 있도록 재미있고 흥미롭게 제시되어야 한다. 효과적이고 효율적인 수학학습이 되기 위해서는 이러한 유형의 교육으로 이루어져야 하는데, 그렇지 않은 경향이 있다.

수업에 참여하고 있는 학습자들은 매우 다양한 특성을 갖고 있다. 즉, 각각의 아동은 서로 다른 특성을 갖고 있다. 그럼에도 특정한 연령의 집단에 속한 아동들에게서 전형적으로 나타나는 공통적인 특성이 있으며, 교사가 이러한 특성을 잘 파악하면 매우 유용하다. 이 절에서는 수학 교수-학습에 영향을 주는 세 가지 발달 유형—즉, 인지적 발달, 신체적 발달, 사회적 발달—에 대해서 살펴볼 것이다. 인지적 발달은 아동이 어떻게 사고하고 추론하는지와 관련이 있다. 인지적 발달은 또한 아동이 새로운 정보를 어떻게 학습하는지에도 영향을 준다. 교육자로서 우리는 다른 유형의 발달보다는 학생들의 인지적 발달에 좀 더 주목하게 된다. 아동이 학습하기 바라는 지식과 기능은 본질적으로 인지적인 것이다. 신체적 발달은 아동의 근육과 운동 기능과 관련이 있다. 아동이 수학에 활동적으로 참여하길 바란다면, 수업을 계획할 때 아동의 신체적 발달도 고려해야 한다. 사회적 발달은 아동이 다른 사람들과 어떻게 상호작용하는지와 관련이 있다. 또한 사회적 발달은 자기 자신을 어떻게 느끼는지 즉, 자아개념과 관련이 있다. 학생들로 하여금 교사 그리고 또래 학생들과 상호작용하도록 수업을 계획하려면, 교사는 학생들의 사회적 발달을 고려해야 한다.

4~7세의 아동들은 유치원과 초등학교 2학년 정도에 해당한다. 이 연령의 아동들은 인지적, 신체적, 사회적으로 매우 빠르게 발달한다. 구체적 개념과 추상적 개념을 이해하는 인지적 능력도 매년 발달한다. 표 2-2는 초등학교 저학년의 아동들에게 수학을 가르칠 때 염두에 두어야 할 학습자의 특성을 요약한 것이다.

8~11세의 아동들은 초등학교 3~6학년 정도에 해당한다. 이 연령의 아동들은 좀 더 독립적인 학습자가 되기 시작한다. 신체적, 사회적 발달과 더불어 이들

표 2-2 학생들의 인지적 발달 특성(4~11세)

사고 방식과 학습 방법(4~7세)	수학 교수-학습에 대한 시사점
• 피아제의 전조작기와 딘즈의 자유놀이 단계에 해당한다. • 집중력 – 한 번에 한 개의 개념이나 자극에 집중할 수 있다. • 가역성 – 행동이나 대상에 대한 가역성을 인식하지 못한다. • 구체적으로 경험하지 않은 개념을 이해하기 시작한다.	• 일상생활의 경험을 사용하여 수학적 개념을 일상적 경험과 연계시킨다. • 학습과제를 아동들이 처리할 수 있을 정도로 분할한다. • 비형식적 탐구를 하게 한다. • 구체적 조작물을 활용하도록 한다. • 아동들이 관련된 변인에 초점을 맞추고 있는지 점검한다. • 아동의 사고를 자극하고 오개념을 유발시킬 수 있는 발문을 한다. • 구체적 행동을 표현하기 위하여 그림이나 기호를 사용하게 한다.
사고 방식과 학습 방법(8~11세)	**수학 교수-학습에 대한 시사점**
• 피아제의 구체적 조작기와 딘즈의 표상화 단계에 해당한다. • 한 번에 여러 개의 개념이나 자극에 집중할 수 있으며, 전체-부분을 인식할 수 있다. • 행동이나 대상에 대한 가역성을 이해하기 시작한다. • 속성에 의하여 분류하거나 순서 지을 수 있다. • 관련된 변인에 초점을 맞출 수 있고 일반화하기 시작한다. • 문제를 해결하기 위하여 논리와 구체적 대상을 사용할 수 있다.	• 구체물을 사용하여 기호와 연결하게 한다. • 물체와 수를 조작하고, 분류하고, 계열화하는 기회를 제공한다. • 한 가지 개념에 대하여 여러 가지 사례를 제시하게 한다. • 여러 가지 표상과 전략을 탐구한다. • 적절한 표상을 개발하도록 돕는다. • 서로 다른 표상을 인식하도록 돕는다. • 자신의 생각을 규칙적으로 설명하게 한다.

의 사고는 점점 더 복잡해진다. 표 2-2에는 중간 학년에 해당하는 아동들에게 수학을 가르칠 때 염두에 두어야 할 점들도 요약되어 있다.

저학년과 중학년에 해당하는 아동들에게 수학을 가르칠 때는 이들의 일반적인 발달 특성을 고려할 필요가 있다. 그러나 이들 중에서도 연령이 가장 낮은 아동과 연령이 가장 높은 아동 사이에는 발달에 있어서 매우 큰 차이가 있다는 점도 고려해야 한다. 특정한 발달 단계에 있는 아동들을 위한 수학수업을 계획할 때, 교사가 고려해야 하는 발달 특성과 시사점을 표 2-2에 제시하였다.

원리 2: 학생들을 활동적으로 참여하게 한다.

학습 과정에 학생들을 활동적으로 참여하게 하면, 그들이 하고 있는 것에 의미를 부여할 수 있으며 결국에는 수학에 대한 이해를 높일 수 있다. 고대 중국의 속담 중에 다음과 같은 말이 있다. "듣기만 한 것은 잊어버리고(I hear and I forget), 본 것은 기억되지만(I see and I remember), 직접 해 본 것은 이해가 된다(I do and I understand)." 이 속담은 학생들이 수학적 의미를 형성하는 데 활동적 참여의 중요성을 강조한 것이다.

활동적으로 참여하기 위해서 때로는 신체적 활동이 필요하기도 하지만 항상 정신적 활동이 뒷받침되어야 한다. 이를 위해서 교사는 수업에서 활동적 참여를 격려하고 그에 대하여 보상해 줄 필요가 있다. 즉, 아동과 교사의 직접적인 상호작용, 구체물을 조작하는 직접적인 경험, 교과서나 테크놀로지와 같은 학습 자료의 사용, 이전에 학습하고 사고했던 것에 대한 반성적 사고가 요구된다. 활동적인 수학수업이 수학에 대한 학생들의 자신감과 긍정적 태도를 길러 주는 데 도움이 되었다는 연구가 있다(Nebesniak & Heaton, 2010).

넓게 보면, 활동적으로 참여하고 있는 학생들은 두 가지 부류 — 즉, 의미를 형성하는 학생들과 반성적이거나 메타 인지적 사고를 하는 학생들 — 로 분류할 수 있다.

탐구하기와 의미 형성하기를 강조한다. 학생들을 활동적으로 참여시키는 방법 중 하나는 신체적 활동을 제공하는 것이다. 예를 들어, 부피에 관한 수업을 생각해 보자. 전통적인 방법은 학생들에게 직각기둥의 부피를 구하는 공식 $V=bhl$을 제시하는 것이다. 그 다음에는 그림 2-5와 같이, 학생들에게 여러 가지 직각기둥을 그리게 하고 부피 구하는 공식을 적용하여 각각의 부피를 계산하게 할 수 있다.

<수업자료 2-2>와 같은 활동은 좀 더 활동적이며 아동의 발달 특성에 적절한 접근 방법이라고 할 수 있다. 이 활동에서 아동들은 주어진 블록을 조작하여 서로 다른 모양의 상자(직각기둥)를 만든다. 아동들은 서로 다른 모양의 상자들을 만들면서 부피와 다른 치수들(가로, 세로, 높이)과의 관련성을 탐구하기 시작한다. 상자의 부피를 찾는 것이 이 활동의 일차적 학습 목표이지만, 이 활동을 하면서 학생들은 서

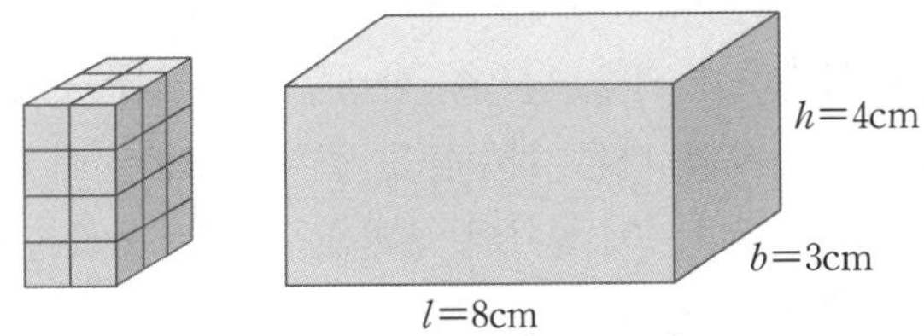

그림 2-5 직육면체의 부피 구하기

수업자료 2-2

블록으로 규칙성 탐구하기

학습목표: 직각기둥의 부피를 구하고 직각기둥의 부피와 가로, 세로, 높이의 관계를 탐구한다.
대상학년: 3~4학년

- 아래의 상자들은 16개의 블록으로 이루어져 있다. 다음의 표에 가로, 세로, 높이, 부피(블록의 개수)를 기록하자.

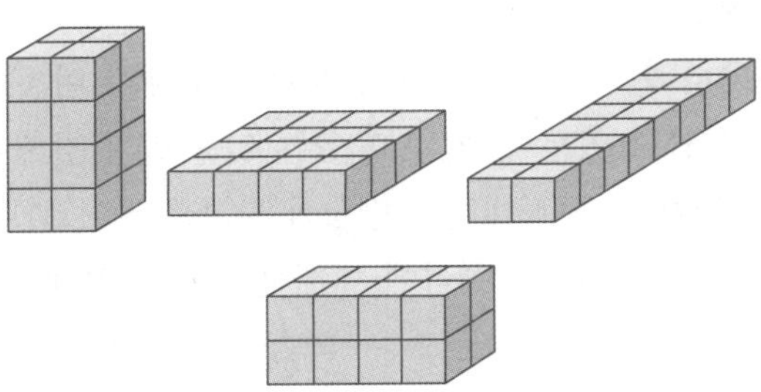

가로	세로	높이	부피

- 블록 24개가 있다면 서로 다른 모양의 상자를 몇 가지 만들 수 있는지 생각해 보자.
- 블록 24개를 이용하여 서로 다른 모양의 상자를 모두 만들어 보자. 다음 표에 가로, 세로, 높이, 부피를 기록하자. 서로 다른 모양의 상자를 몇 가지 만들었는가?

가로	세로	높이	부피

- 다음과 같은 네 종류의 블록 더미를 이용하여 상자를 만들어 보자. 각 파일에 있는 모든 블록을 사용해야 한다.

> 파일 A에는 16개의 블록이 있다. 파일 B에는 25개의 블록이 있다.
> 파일 C에는 36개의 블록이 있다. 파일 D에는 50개의 블록이 있다.

- 서로 다른 상자를 가장 많이 만들 수 있는 파일은 어떤 파일인가? 그 이유는?
- 서로 다른 상자를 가장 적게 만들 수 있는 파일은 어떤 파일인가? 그 이유는?

- 상자를 만들고 위와 같은 표를 작성하자. 무엇을 발견하였는가?
- 표에서 발견한 규칙은 무엇인가?

로 다른 모양의 상자라도 부피가 같을 수 있다는 사실을 학습하게 된다. 더욱이 학생들은 부피를 구하기 위하여 상자의 다른 치수들을 곱해야 하는 이유를 이해하게 된다. 즉, 상자의 부피를 구하는 공식은 이러한 활동적 참여를 통하여 자연스럽게 유도될 수 있다.

이와 같은 활동을 통하여 아동들은 단지 기계적으로 공식을 적용하는 것이 아니라 모델을 사용하고 의사결정을 내리고 수학에 대해서 사고하는 활동에 참여하게 된다. 또한 아동들은 중요한 수학적 특성을 물리적으로 경험하게 된다. 예를 들어, 블록 16개를 사용하여 $4\times(2\times2)$ 상자와 $(4\times2)\times2$ 상자를 만들었다고 하자. 이 두 상자는 블록 16개로 이루어졌으며 다른 치수가 같기 때문에, $(4\times2)\times2=4\times(2\times2)$ 라고 할 수 있다. 이 두 상자는 방향만 다를 뿐이지 같은 상자이다. 더욱더 중요한 점은, 마찬가지로 블록 16개를 사용하여 $(2\times2)\times4=(2\times8\times1)$인 상자들을 만들면서 그들은 산술을 연습하게 되고 대수적 사고를 개발하게 된다는 것이다. '교사가 말로 전달하는' 방법과 '아동이 발견하는' 방법을 비교하자면, 공식을 발견하는 데 아동이 활동적으로 참여하는 '아동의 발견' 방법이 결과적으로 이해에 바탕을 둔 것이며 기억하기 쉽다. 누구로부터 전해들은 것보다는 스스로 찾아낸 것을 기억하는 것이 훨씬 쉽다.

반성적 사고와 메타 인지적 사고를 하게 한다. 학생들에게 메타 인지 기능을 개발하게 함으로써 그들을 정신적 활동에 참여하게 할 수 있다. 메타 인지란 자신의 생각에 대해서 생각하는 것, 즉 인지에 대한 인지를 의미한다. 메타 인지는 학습자로서 자신에 대하여 알고 있거나 믿고 있는 것과 자신의 행동을 조절하고 조정하는 것을 포함한다. 아동들은 자신의 강점, 약점, 전형적인 행동에 대해서 인식해야 할 뿐만 아니라, 수학을 학습하고 수학을 하는 데, 특히 문제를 해결하는 데 자신이 사용하는 절차나 전략들에 대해서도 알고 있어야 한다.

어떤 면에서 보면 메타 인지는 자신의 어깨 너머로 자신을 바라봄으로써, 자신이 하고 있는 것을 관찰하고, 자신이 생각하고 있는 것에 대해서 생각하는 것을 의미한다. 자신의 수학적 사고를 모니터링하려는 학생들은 학습하고 있는 수학을 이해하고 의미를 형성하려고 노력하는 것이다. 유능한 문제해결자는 그들이 알고 있는 것이 무엇인지, 그리고 문제를 하려는 시도가 잘 진행되고 있는지 또는 잘못 진행되고 있는지를 효과적으로 파악한다. 그들은 자기 자신에게 다음과 같은 질문을 한다.

나는 무엇을 하고 있지?
나는 왜 그것을 하고 있지?
그것은 나에게 어떤 도움이 될까?

학습자로서 자기 자신에 대해서 얼마나 알고 있는지 또는 어떻게 믿고 있는지는 수학적 수행 능력뿐만 아니라 수학을 학습할 때의 행동에도 영향을 미친다는 많은 연구들이 있다(Kilpatrick et al., 2001).

가령, "연습을 하면 수행 능력을 향상시킬 수 있다.", "그림을 그리면 문제를 이해하는 데 도움이 된다."와 같은 생각은 메타 인지적 지식의 예이다. 이러한 유형의 메타 인지적 지식은 학생 자신의 행동을 통제하고 조정하는 데 도움이 된다. 예를 들어, 어떤 아동이 자기는 계산기의 버튼을 종종 잘못 누른다는 것을 알고 있다면, 이 아동은 계산기의 버튼을 천천히 누를 것이며 계산기로 구한 답이 맞는지를 검산하려고 할 것이다.

메타 인지적 기능을 발달시기키 위해서 아동은 자신이 알고 있는 것과 하고 있는 것을 잘 관찰해야 하며, 관찰한 것에 대해서 반성적 사고를 해야 한다. 학생들에게 그들의 '생각에 대해서 다시 생각해보도록' 강조하는 것은 수학 교수-학습에 있어서 중요한 요소이다. 다음은 학생들의 메타 인지적 능력을 개발하는 데 교사가 도움을 줄 수 있는 몇 가지 사항들이다.

1. 학생들이 문제를 해결할 때, 어떻게 해결하고 있는지를 명료화하게 한다. 예를 들어, 다음과 같은 발문을 생각해 보자.
   - 왜 그것을 했니?

- 그 정보를 사용하지 말아야 한다는 것을 어떻게 알았니?

문제해결 학습에서 교사들은 종종 이러한 발문을 기계적으로 진술하기는 하지만 그런 다음에는 완벽하고 깔끔하게 정리된 해결방법을 학생들에게 제시한다. 결과적으로 이것은 학생들 자신이 생각을 논의할 수 있는 기회를 박탈하는 것이다.

2. 학생들에게 다음과 같은 문제해결의 다양한 측면을 받아들이고 알게 한다.
   - 어떤 문제는 해결하는 데 많은 시간이 걸린다.
   - 어떤 문제는 몇 가지 서로 다른 방법으로 해결될 수 있다.

3. 학생들로 하여금 자신의 수학적 사고를 좀 더 인식하게 하고 생각해보도록 한다. 예를 들어, 학생들에게 다음과 같은 질문에 대해서 논의하게 할 수 있다.
   - 가장 좋아하는 수학 문제는 무엇인가? 그 이유는?
   - 가장 어려운 수학 문제는 어떤 문제인가?

교사는 학생들이 어떻게 하면 가장 잘 학습할 것인지에 대해서 연구해야 하며, 그리고 그러한 장점을 충분히 활용하여 학습할 수 있도록 도와주어야 한다 (Diezmann, Thornton, & Watters, 2003). 즉, 특별한 학습법이나 학습 양식을 적용하게 하거나, 문제해결에 대한 학생 자신의 생각과 방법을 논의하게 하거나, 자신의 말로 과제나 문제를 재진술하게 하는 것 등이다.

원리 3: 수학학습은 구체적인 것에서 추상적인 것으로 진행해야 한다.

수학학습은 구체적인 것에서 추상적인 것으로 진행해야 한다는 원리에서, 구체적(concrete)이라는 것은 상대적인 용어이다. 어떤 아동에게는 블록 2개와 블록 4개는 구체적이지만 $2+4$는 그렇지 않을 수 있다. 또 다른 아동에게는 $2+4$가 구체적인 것으로 보이고 $x+y$는 추상적인 것으로 보일 수 있다. 기호와 수학적 개념의 형식적 표상은 당연히 구체적 수준 다음에 이루어지는 것으로서, 개념화 및 유의미한 이해가 형성된 후에만 가능하다. 그러한 이해가 없다면, 아동들은 수학적 기호를 조작하는 데 불편함을 느낄 것이며, 수학에 대해서 의미를 형성하지 못할 것이다. 브루너가 주장한 인지발달 단계에 따르면, 아동들은 그림이나 영상을 다루기 전에 물리적 세계에서 구체물들을 조작할 기회를 가져야 한다. 그림이나 영상을 다룬 다음에 기호를 조작하게 한다.

구체적 조작물과 모델을 사용한다. 구체적 조작물과 모델은 초등 학생들이 수학을 학습하는 데 중요한 역할을 한다. 수학적 개념은 그 속성상 추상적이기 때문에, 수학적 개념을 구체화한 어떤 모델도 불완전하며 한계가 있다. 모델 자체가 수학이라고 볼 수는 없지만, 모델은 수학적 개념을 구체화할 수 있는 상황이나 맥락을 제공한다. 연구에 따르면, 수학적 지식을 구체화할 수 있는 유의미한 상황이 주어지고 그 상황과 수학적 지식 사이의 관계를 이해했을 때, 수학학습이 가장 잘 일어난다고 한다. 학생들로 하여금 모델(상황)과 수학을 유의미하게 연결시키게 하는 것은 쉽지 않은 일이지만, 이것이 가능하다면 그 효과는 매우 크다.

원의 개념을 학습하는 경우를 생각해보자. 접시를 사용하여 원의 개념을 설명할 수 있을 것이다. 그러나 접시에는 넓이, 둘레, 지름과 같은 또 다른 수학적 개념이 포함되어 있다. 더욱이 어떤 개념이 처음으로 형성되기 시작할 때 학습자는 어떤 속성(예를 들어, 접시 위에 그려진 디자인, 멋진 색깔, 갈라진 틈이나 홈)이 그 개념을 특징짓는지를 잘 알지 못한다. 이럴 경우 학습자는 원을 특징짓는 속성이 무엇인지 명확하게 알지 못한 채 원의 개념을 학습하게 된다.

동전과 같은 모델도 사용할 수 있겠지만, 학생들은 여전히 동전의 테두리보다는 안쪽의 디자인에 주목할 수도 있다. 반면에 자전거 바퀴나 반지와 같은 모

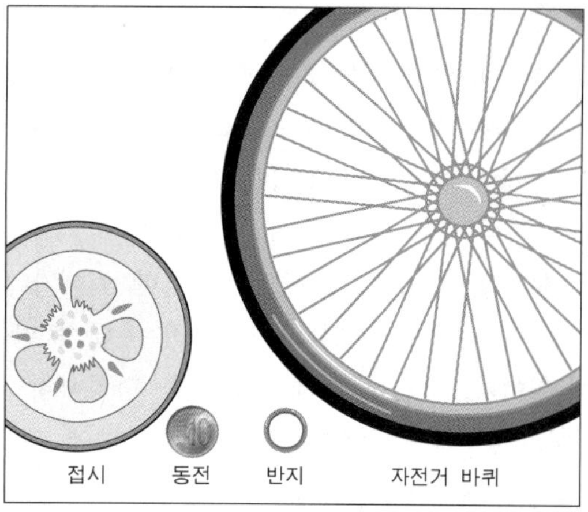

그림 2-6 원의 몇 가지 모델

델은 원과 관련된 둥근 성질에 좀 더 초점을 두고 있기 때문에, 원의 속성은 모델의 바깥쪽 테두리와 관련되어 있다는 점을 분명하게 할 수 있다(그림 2-6). 연구에 따르면, 아동들을 핵심적인 속성에만 집중하게 유도함으로써 학습의 효과를 높일 수 있다고 한다. 따라서 원의 속성을 강조하기 위하여 분필이나 펜을 가지고 동전이나 접시의 바깥쪽 테두리 그리는 활동도 효과적일 것이다.

그림 2-6에 제시한 바와 같이 지각적으로 다양한 모델을 사용하는 것을 **다중 구체화**(multiple embodiment, multiembodiment)라고 한다. 연구에 의하면, 아동들이 다양한 상황이 아닌 한 상황에서만 개념을 경험하게 되면 상황들 간의 전이가 어렵다고 한다. 상황이나 모델이 다양할수록 학생들은 공통적인 속성에 주목하여 정확하게 추상화할 수 있다. 수학에서 단 하나의 모델로부터 정확하게 추상화하는 것은 매우 어려운 일이다. 다중 구체화는 학생들이 추상화하거나 일반화하는 데 도움이 된다. 또한 수학적 개념이 특정한 모델에만 한정되어 결합될 가능성을 감소시킬 수도 있다. 이러한 결합은 하나의 모델을 사용하여 수학적 개념을 예시하는 경우에 일어날 수 있는 위험한 것이다(Jordon, 2010).

수학학습은 추상화와 일반화에 깊이 의존하고 있다. 다중 구체화는 여러 가지 다양한 물리적 상황 속에서 수학적 개념을 경험시켜야 한다는 점을 강조한다. 각각의 모델 안에는 서로 다른 많은 속성이 포함되어 있다. 아동들은 모든 모델들이 공통적으로 공유하고 있는 속성을 인식하고 일반화하기 전에, 다양한 모델(개념을 구체화하지 않은 모델을 포함해서)을 통한 구체화를 경험할 필요가 있다.

학생들은 또한 같은 종류의 모델일지라도 다양한 속성을 갖고 있을 수 있다는 점을 인식해야 한다. 예를 들어, 원의 개념을 구체화하기 위하여 사용된 그림 2-6의 접시를 다시 생각해보자. 원의 속성에 집중하기 위해서는 접시의 크기, 디자인, 갈라진 틈과 같은 속성은 무시해야 한다. 이를 위하여 몇 개의 서로 다른 종류의 접시가 사용될 수 있다. 아동들에게 이러한 속성들이 어떻게 변하는지를 지적함으로써, 변하지 않는 속성 — 즉, 접시의 둥근 성질 — 에 집중하게 할 수 있다. 한 가지 유형의 모델 속에서 변하는 속성을 경험시키면, 수학적으로 의미 있는 속성에만 초점을 맞추게 할 수 있다.

마찬가지로 디자인, 스타일, 재질이 서로 다른 반지를 이용하면 이 속성들이 변하는 것을 경험시킬 수 있다. 즉, 원의 모델을 구현하는 데 이러한 변하는 속성들은 중요하지 않다는 것을 깨닫게 할 것이다. 물론 어떤 반지는 원의 모델이 될 수 없다는 점도 지적해야 한다. 예를 들어, 다음과 같은 '크기를 조정할 수 있는' 반지를 생각해 보자.

이 반지는 닫혀 있지 않기 때문에 원의 모델이 아니다. 원의 모델로 접시가 사용되었다면, 타원형의 접시는 원의 예가 아닌(nonexamples) 모델로 사용될 수 있을 것이다. 이러한 예가 아닌 모델은 개념의 형성에 중요한 역할을 한다. 연구에 따르면, 학생들은 수학적 개념의 예만을 제시할 때보다는 예인 것과 예가 아닌 것을 함께 제시하였을 때, 더 잘 학습하는 것으로 나타났다(Sutton & Krueger, 2002).

개념적 이해가 이루어진 다음에 형식적 표현을 도입

한다. 아동들은 추상적 기호를 의미 있게 사용하기 전에 구체적 모델을 이용하는 경험을 많이 해야 한다. 수학에 대하여 말하기나 그림을 통한 표현도 도움이 되겠지만, 수학에 대한 개념적 지식을 형성하는 초기에는 구체적 모델을 통한 경험이 강조되어야 한다. 학생들이 구체적 모델이나 그림, 언어를 기호로 표현하게 하는 것은 수학학습의 마지막 단계에서 이루어져야 한다.

언제까지 모델을 사용해야 하는가? 모델이 사용되는 기간은 학생의 개별 특성과 수학 내용에 달려 있다. 일반적으로는 모델을 사용하는 시간이 너무 짧은 편이다. 즉, 학생들은 모델을 통한 직접 경험을 많이 하지 않은 채 기호적 표현으로 너무 빨리 밀리거나 이끌리는 것 같다. 학생들은 모델을 통한 경험을 편안하게 느껴야 하며, 모델로 구체화한 수학적 특성을 관찰하고 논의해야 한다. 학생들이 모델을 편안하게 사용할 수 있도록 해주는 것이 바람직한 생각이다. 학생들은 더 이상 모델이 필요하지 않다고 느낄 때, 그 모델을 사용하지 않고 더 빠른 방법으로 바꾸려 할 것이다. 이 단계에서 모델을 잠시 버린다고 해서 다시는 그 모델을 사용하지 않음을 의미하지는 않는다. 초등학교 전 과정의 여러 수준에서 동일한 모델이 반복적으로 사용될 수 있으며, 이것은 새로운 개념이나 좀 더 복잡한 개념을 학습하는 데 도움을 줄 것이다.

원리 4: 이해를 촉진하기 위하여 의사소통을 강조한다.

모델, 구체적 조작물, 실생활의 예는 생각하고, 말하고, 들을 수 있는 많은 기회를 제공한다. 수학학습에서 의사소통의 중요성은 NCTM의 《학교수학을 위한 원리와 규준》(2000)에서 의사소통이 과정 규준의 하나라는 사실로도 알 수 있다. 의사소통에 대해서는 5장에서 자세하게 소개할 것이다. 아동들이 자신의 해결 방법을 설명하고, 수학에 대하여 말하고, 추측하고, 자신의 생각을 글이나 말로 정당화함으로써 이해력이 더욱 향상된다. 수학에 대해 말하고 쓰는 것은 수학학습에 있어서 필수적인 요건이다.

의미 형성을 촉진하기 위하여 말하기를 통한 의사소통을 강조한다. 근접발달영역의 개념을 주장한 비고츠키는 학습에서 언어의 역할에 대한 이론을 주장한 인물로 잘 알려져 있다. 비고츠키는 학습은 사회적 경험이라고 생각하였다. 즉, 다른 사람과의 상호작용은 학습자가 새로운 아이디어에 대한 의미를 형성하는 데 중요한 역할을 한다(Kostelink et al., 2004). 이 이론에 따르면, 학생들에게 자신의 생각에 대해서 말할 수 있는 기회를 많이 주어야 한다. 자신의 생각을 다른 사람과 의사소통하는 것은 자신의 생각을 명료화하는 데 도움이 된다.

학생들은 수학에 대해서 기호적으로 의사소통하기 전에 말로 이야기하는 것을 먼저 하게 해야 한다. 쓰기보다는 말하기가 앞서듯이, 수학에 대한 말하기가 기호적 표현보다 먼저 이루어져야 한다. 학생과 학생 간의 의사소통, 학생과 교사 간의 의사소통은 학습의 과정에 있어서 모두 중요하다.

또한 수학학습에서 학생들의 말하기를 통하여 교사는 학생들의 생각과 이해 정도를 파악할 수 있다. 이러한 말하기는 다양한 형태로 나타난다. 학생들 사이에서 이루어지는 이러한 말하기는 자연스러운 현상이며, 자신이 한 것을 설명하고 자신의 생각을 정당화하고 자신의 방법을 공유할 수 있는 기회를 제공한다. 교사가 학생들 간의 이러한 의사소통을 인식하지 못하고 지나칠 수도 있겠지만, 교사는 학생들 간의 의사소통을 촉진하고 격려할 수 있도록 노력해야 한다.

학생과 교사 사이의 상호작용의 예로써 타일 쌓기를 통한 소수와 합성수에 관한 4학년 수업을 생각해 보자.

준기: 그래서 모든 짝수는 합성수입니다.
교사: 모든 짝수가 그럴까? 그러면 2는?

위에서 교사의 질문은 준기로 하여금 더 깊은 사

고를 촉진하며, 준기의 지나친 일반화를 정당화하게 하거나 아니면 그것을 수정하도록 자극한다. 질문은 학습의 과정에 있어서 기본적이고 필수적인 것이다. 학생들은 다른 학생들에게 질문하고, 교사에게 질문하고, 교사는 학생들에게 질문해야 한다. 이러한 상호작용은 학생들에게 자신의 생각에 대해서 말하고, 자신의 생각에 대한 피드백을 받고, 다른 사람의 생각을 들을 수 있는 기회를 제공한다. 결국 학생들은 교사뿐만 아니라 또래에게서도 배운다.

생각을 전달하기 위하여 쓰기를 통한 의사소통을 강조한다. 학생들은 수학에 대한 쓰기를 하면서 자신이 생각하고 있는 것과 이해하고 있는 것을 파악할 수 있다. 말하기와 마찬가지로, 자신의 생각을 쓰는 것은 자신의 생각을 더 깊게 하거나 명료화하는 데 도움이 된다. 아직 쓰기 기능이 부족한 어린 아동들에게는 자신의 생각을 그림으로 나타내게 하거나 잘 쓴 사람의 글을 받아쓰게 할 수 있다. 처음 쓰기를 하는 학생들에게는 아래와 같이 빈칸을 채워 넣게 하면 도움이 될 것이다.

> 나는 답이 ＿＿＿＿＿라고 생각한다. 그 이유는 ＿＿＿＿＿이기 때문이다.
> 그것을 하는 다른 방법은 ＿＿＿＿＿이다.
> 내가 가장 좋아한 것은 ＿＿＿＿＿이다. 그 이유는 ＿＿＿＿＿이기 때문이다.
> 나는 여전히 ＿＿＿＿＿을 이해하지 못한다.

이와 더불어, 학생들은 구체물과 말하기를 통하여 개념을 경험한 후에는 그 개념을 의사소통하기 위하여 수학적 표현을 학습해야 한다. 수학적 개념을 표현하기 위하여 관습적인 기호의 사용은 수학적으로 의사소통하는 데 중요한 부분이다.

수학에 대한 말하기와 쓰기는 수학을 좀 더 생동감 있고 인간적으로 만들어 결국에는 학생들로 하여금 수학에 대해 더 많은 흥미를 갖게 한다. 학생들이 쓴 것을 주의 깊게 읽고, 학생들이 말한 것을 주의 깊게 듣고, 또한 그들이 말하지 않은 것까지도 파악함으로써, 교사는 각각의 학생에게 맞는 교수법을 개발할 수 있을 것이다.

문화적 연계성

거의 20여 년 걸쳐서 NCTM이 발표한 규준에는 효과적인 수학 교수-학습을 위한 제안들이 포함되어 있다. 이 장에서는 아동들이 어떻게 학습하는지에 대한 이론을 바탕으로 이러한 제안들을 논의하였다. 가장 중요한 제안으로는 유의미한 수학학습과 문제해결을 통한 수학학습이다. 문제해결을 통한 수학학습에 대해서는 6장에서 자세하게 소개할 것이다. 이러한 제안을 반영한 새로운 교육과정과 교수전략이 도입되더라도, 다양한 특성을 가진 학습자들이 어떻게 하면 성공적인 수학학습자가 될 수 있는지에 대해서 생각해 보아야 한다. 수학은 종종 고등 수준의 교육과 직업을 갖기 위한 관문의 역할을 한다.

이 장의 앞에서 언급하였듯이, 우리의 학생들은 여러 가지 측면에서 매우 다양하다. 학생들 사이에 존재하는 문화적 다양성을 고려한다고 하면, 일반적으로 인종이나 민족에 대해서 생각하기 쉽다. 그러나 학습에 큰 영향을 미치는 또 다른 문화적 특성은 사회경제적 지위(SES)이다. 학습에 어려움을 겪고 있는 많은 학생들은 사회경제적 지위가 낮은 가정의 학생들이다.

루비엔스키(Lubienski, 2007)는 사회경제적 지위가 낮은 학생들과 높은 학생들이 문제해결 중심의 수학교육과정에 어떻게 반응하는지에 대한 연구를 수행하였다. 이 연구에서 사회경제적 지위가 낮은 학생들은 문제해결과 논의를 통한 수학학습에 대해서 적대적인 것으로 나타났다. 이들은 교사가 '어떻게 하는지 설명해주는 것'과 '정답을 말해주는 것'을 더 선호하였다. 또한 이들은 어떤 생각이 옳은지 그른지를 확신하지 못하기 때문에, 수업 중 토론과 논의에 대해서 혼란스러워하였다. 이들은 문제의 실생활 측면에 초점을 맞추는 반면에, 그 안에 들어 있는 수학적 아이디어는 간과하는 경향이 있었다.

루비엔스키는 "저소득층 직업은 판에 박힌 정형화된 외적 행동이 요구되는 반면에, 중산층 직업은 자율권과 지적 활동이 요구된다(p.55)"는 이전의 연구 결과에 주목하였다. 또한 저소득층의 학부모들은 자녀들에게 좀 더 지시적인 것으로 나타났다. 루비엔스키의 연구에 따르면, 사회경제적 지위가 낮은 학생들을 정형화해서는 안 되며, 아동이 가정에서 양육되는 방식이 학습 방법과 교육과정 개혁에 대한 그들의 반응에도 영향을 미친다는 점을 고려해야 한다.

NCTM의 규준이 발간된 이후 수학 성취도는 꾸준히 향상되었지만, 사회경제적 지위가 다른 집단 간의 성취도 차이를 좁히기 위해서는 더 많은 노력을 해야 한다고 루비엔스키는 제안하고 있다. 루비엔스키는 교사들에게 네 가지 사항을 권고하였다. 첫째, 기계적 암기보다는 유의미 학습을 시켜야 한다. 유의미하게 학습한 내용은 쉽게 잊어버리지 않는다. 둘째, 교사는 학생들이 교육과정에 제시된 문제들로부터 의도된 것들을 학습하고 있다는 확신을 가져야 한다. 교사는 학생들이 교사의 직접 교육에 의존하지 않고도 학습할 수 있도록 비계를 설정할 수 있어야 한다. 셋째, 교사는 학생들의 성취도를 분석해야 하며 학생들이 어려워하는 학습내용을 파악해야 한다. 넷째, 사회경제적 지위가 낮은 학생들과 소수민족 학생들을 가르치는 교사는, 이 학생들도 높은 수준의 교사와 교육과정을 접해야 한다는 점을 인식해야 한다.

요약

오늘날 아동들의 특성은 점점 더 다양해지고 있다. 교사는 이처럼 다양한 학습자를 지원할 수 있는 학습 분위기를 조성해야 한다. 이를 위해서는 구체적으로 긍정적인 학습 환경, 분명한 기대감, 수학에 대한 긍정적인 태도, 학생들을 평등하게 대하기, 학습 파지력의 향상 등이 포함되어야 한다.

수학학습은 의미를 바탕으로 이루어질 수 있으며 반드시 그래야만 한다. 이 말은 모든 수업 계획과 실제 수업에 있어서 고려해야 하는 필수적인 것이다. 개념적 지식과 절차적 지식은 수학학습의 핵심적인 요소이다. 수학학습은 몇 년에 걸쳐서 개발되는 느린 과정이다. 학생들 사이에는 많은 개인차가 존재하며, 학습 과정과 속도도 개인별로 많은 차이가 있다. 이러한 점에서 볼 때, 교사의 핵심적인 역할은 학생들 개개인에게 의미 있는 수학적 지식을 구성하도록 도와주는 것이다. 교사는 적절한 학습 활동을 계획하는 데 수많은 의사결정을 하게 되는데, 이때 교사는 행동주의적 관점과 구성주의적 관점을 모두 적용할 수 있다.

연구 결과와 학습 이론에 따르면, 아동들은 독특한 발달 단계를 거치며, 지식을 구성하는 데 아동의 활동적인 참여가 중요하며, 학습은 구체로부터 추상으로 진행하고, 새로운 지식을 구성하는 데 의사소통이 중요한 역할을 한다. 활동적인 경험과 더불어, 아동들은 활동한 것을 말하기, 설명하기, 분류하기, 추론하기, 반성적으로 생각하기를 통하여 학습한다. 또한 관찰하기, 듣기, 읽기, 따라 하기, 흉내 내기, 연습하기를 통해서도 학습한다. 이러한 모든 경험들은 수학을 학습하는 데 도움이 된다. 이러한 경험들을 적절하게 안배하는 것은 교사의 역할이고 책임이다.

연|습|문|제|

01. 이 장의 앞에서 아인슈타인이 말한 것에 대해서 논의하시오. 이것이 의미하는 바는 무엇인가? 특성이 다양한 학습자들로 구성된 교실에서 이루어지는 수업의 이점과 문제점은 무엇인가?

02. 개념적 지식과 절차적 지식을 구별하여 설명할 수 있는 수학의 예를 제시하시오.

03. 루비엔스키(2007)의 연구가 사회경제적 지위가 낮은 학생들을 위한 수업을 계획하는 데 어떻게 활용될 수 있는지 논의하시오.

04. 그림 2-4에 제시된 학습 과정에 대한 피아제, 브루너, 딘즈의 모델의 유사점과 차이점을 설명하시오.

05. 그림 2-2에 제시된 것이 수학 교수－학습에 어떤 영향을 줄 것인지 기술하시오.

06. 메타 인지는 무엇인가? <수업자료 2-1>에 제시된 활동을 해보고, 이 활동을 하는 동안에 자신의 생각에 대해서 사고하는 데 메타 인지가 어떻게 적용되었는지 설명하시오.

07. 아동들이 수학적 의미를 형성하는 데 도움이 되는 4가지 원리 중에서 가장 실천하기 어려운 것은 무엇인가? 그 이유는?

연|구|문|제|

01. <수업자료 2-2>에서 그림으로 제시한 상자들 중에서 두 개는 같은 상자라는 것을 아동들은 알고 있는가? 블록을 사용하지 않았다면, 이 활동은 아동들에게 의미가 있는가?

02. 참관한 수학수업에서 사용한 모델이나 구체적 조작물은 어떤 것이 있었는지 찾아보시오. 그것들 중 어떤 것이 사용되었는가? 사용되었다면, 어떤 모델과 구체적 조작물이 어떻게 사용되었는가?

03. 수학수업을 관찰하고 남학생과 여학생을 차별하여 취급하는 언어적 표현이나 행동이 있었는지 알아보시오. 여학생과 남학생을 차별하는 증거가 있다면, 예를 들어 설명하시오.

04. 아동들에게 수학에 대한 자신의 태도와 인식에 대하여 다음과 같은 질문을 한 다음, 이 질문들을 통하여 파악한 수학에 대한 아동들의 느낌을 요약하시오.
- "이제 수학을 해 보자."라고 말했을 때, 너는 무엇을 하겠니?
- 어떤 과목을 가장 좋아하니? 그 과목을 잘 하니?
- 네가 성장하는 데 수학이 도움이 된다고 생각하니? 왜 그렇게 생각하니?
- 네 선생님은 수학을 가르치는 것을 좋아한다고 생각하니?

05. 수학학습에 대한 여러분 자신의 경험을 생각해 보시오. 어떻게 수학을 가르쳤는지 기술하시오.

06. 행동주의와 구성주의 학습이론을 생각해 보고, 이 이론들이 여러분의 수학학습에 어떤 영향을 주었는지 개인적 경험을 기술하시오.

07. NCTM의 《학교수학을 위한 원리와 규준》(2000)에서 제시한 학습 원리를 설명하시오. 수학수업을 계획하고 아동들이 수학을 학습하는 데 도움이 되는 몇 가지 특별한 아이디어를 제시하시오.

08. NCTM의 *Multicultural and Gender Equity in the Mathematics Classroom*(Trentacosta & Kenny, 1997 Yearbook)를 참고하시오. 이 중 한 편의 논문을 읽은 다음, 수학교육에 시사하는 바를 찾아서 논의하시오.

09. <아동용 추천 도서>에서 Reimer & Reimer의 책을 읽고, 이 자료를 어떻게 활용할지 기술하시오. 이러한 수학자의 인간화가 수학학습에서 흥미를 증진시키는 데 도움이 된다고 생각하는가? 수학의 발전에 공헌한 여성에 대해 학습하는 것이 중요한 수업 목표라고 생각하는가?

10. 구글에서 'math anxiety'를 검색해보시오. 수학학습에서 수학 불안을 해결하는 데 도움이 되는 아이디어나 자료를 두 가지 제시하시오.

아동용 추천도서

Hopkins, L. B., and Barbour, K. *Marvelous Math: A Book of Poems*. New York: Aladdin, 1998.

A Day with No Math. Orlando, FL: Harcourt Brace Jovanovich, 1992.

Reimer, L. and Reimer, W. *Mathematicians Are People, Too: Stories from the Lives of Great Mathematicians* (2 volumes). New York: Pearson, 1997.

W. Kieren, *Math and My World*. Vero Beach, FL: Rourke Publishing, 2004.

Scieszka, J., and Smith, L. *Math Curse*. New York: Viking, 1995.

제3장 수학수업 계획

"뛰어난 교사 한 명은 수천 권의 책을 능가한다."
- 중국 격언

이 장의 핵심 질문

1. 교사는 수업을 계획하기 전에 어떤 질문에 대답해야 하는가?
2. 교사는 왜 수학수업을 매우 신중하게 계획해야 하는가?
3. 교사는 모든 학생들의 요구를 어떻게 만족시킬 수 있는가?
4. 교사는 수업 계획에 평가와 분석을 어떻게 통합시켜야 하는가?

서론

교사들은 교실에서 상담자, 경찰관, 부모, 연기자, 건축가, 친구, 안내자, 도우미, 그리고 그 밖의 많은 역할들을 한다. 이것이 첫 시작 부분의 인용문에서 한 명의 교사가 정말 중요하다고 말한 이유이다. 당신은 어떠한 역할을 하고 있는가? 교사 개인의 인격, 교사가 속해 있는 학교, 학급에 있는 학생들, 그리고 다른 많은 요소들에 의해서 교사의 역할이 결정되지만, 가장 중요한 교사의 역할은 가르치는 사람이라는 역할이다.

이 장에서는 수업 계획과 수업에 초점을 맞출 것이다. 먼저, 특정한 계획을 세우기 시작하기 전에 교사가 묻고 대답해야만 하는 일반적인 질문들 — 교사와 학생이 이미 알고 있는 것은 무엇인가? 어떻게 학생들을 수업에 참여시킬 것인가? — 에 대해 논의할 것이다. 그리고 수업 계획의 수준(연간, 단원, 차시 수업), 서로 다른 유형의 수업 계획, 그리고 모든 학생의 요구를 충족시킬 수 있는 계획에 대해서 살펴볼 것이다. 이러한 논의를 통해서 질문을 하는 것과 계획을 세우는 것이 교실에서 실제 수업 실행으로 어떻게 바뀌는지에 대해서 알아볼 것이다. 이 장은 또한 간략하게 평가와 분석에 대해서도 다룬다(4장에서 더 자세하게 다룬다). 이 장의 마지막에서는 아동들이 특정한 수학적 개념과 기능을 배우는 것을 어떻게 도와줄 것인지를 설명할 것이다. 따라서 이 장은 이 책의 나머지 본문을 통해 무엇을 배우게 될 것인지를 안내하는 역할을 하게 될 것이다.

그리고 다른 장과 마찬가지로 이 장은 아동들이 이미 알고 있는 것을 바탕으로 자신의 새로운 이해를 능동적으로 구성한다는 아이디어를 반영하고 있다.

수업을 위한 준비: 수업 계획을 세우기 전에 고려해야 할 사항들

어린이들에게 수학을 가르치는 것은 복잡한 과제이다. 교사는 수업 중 곤란한 결단을 해야 하는 경우가 많이 있다. 또한 수업 전에도 다양한 학습자들을 위하여 연간수업, 단원수업, 차시 수업이 성공적으로 이루어질 수 있도록 교사로서 해야 할 일들이 많이 있다. 이를 위해서 교사는 수업 시작 전, 심지어 수업지도안을 작성하기 전부터 여러 가지 중요한 질문에 대해 묻고 답해보아야 한다. 그림 3-1은 교사가 수업을 계획하는 과정에서 생각해보아야 할 6가지 질문을 제시하고 있다. 다음 절에서 이러한 질문과 답에 대해 논의할 것이다.

그림 3-1 수업을 계획하기 전에 해야 할 질문들

내가 가르치는 수학에 대하여 나는 이해하고 있는가?

최근의 교사들은 그들이 초등학교 때 배웠던 것과 다른 방법으로 수학을 가르칠 뿐만 아니라 그들이 학교에서 배우지 않았던 개념과 주제를 가르쳐야만 한다. 이런 일이 여러분에게 일어났을 때 — 즉, 여러분이 충분히 알지 못하는 어떤 것을 가르쳐야 할 때 — 첫 번째 과제는 여러분이 해야 하는 것에 대하여 배우는 것이다. 이 점에 대해서 NCTM의 《학교수학을 위한 원리와 규준》(2000)에서는 다음과 같이 언급하였다. "수학에 대한 학생들의 이해, 문제해결에 수학을 사용하는 능력, 학생들의 자신감, 그리고 성향은 그들이 학교에서 접하는 교육에 의해 형성된다. … 교사는 그들이 가르치고 있는 수학을 깊이 알고 이해해야 하며, 그 지식을 유연하게 적용할 수 있어야만 한다."(pp.16-17) 마찬가지로, National Research Council(2002)에서도 교사들이 수학을 더 잘 가르치기 위해서 학생들보다 더 높은 수준에 있어야 한다고 언급하였다.

내용적 지식을 잘 알고 있는 교사는 같은 개념을 다양하게 제시할 수 있기 때문에 학생들의 개념적 이해를 더 잘 개발시킬 수 있다는 사실이 다양한 연구를 통하여 나타났다. 이런 교사는 학생들에게 더 잘 질문하고 반응하며(왜냐하면 그것들을 다루는 그들 자신의 능력에 더 많은 자신감을 느끼기 때문에), 학생들의 실수와 오개념을 더 잘 분석한다. 그들은 수학적 지식(MKT)도 잘 갖추고 있다(Thames & Ball, 2010). 또한 수학수업을 일상생활과 다른 내용 영역에 더 잘 연결시킬 수 있다(Sutton and Krueger, 2002). 결국 이러한 것은 수학에서 학생들의 더 높은 성취를 이끌어 낼 수 있다. 만약 교사 스스로 이해를 잘 하고 있지 못하다면 이해를 위한 수업을 하지 못할지도 모른다(Burns, 2007).

여기에 교사가 자신의 내용 지식(subject-matter knowledge)을 향상시킬 수 있는 많은 방법이 있다. 이 방법은 교사를 더 노련하게 만들 뿐만 아니라 교사의 자신감을 향상시켜 줄 것이다! 교육학자들은 교사가 수업에서 다룰 문제들을 풀어보는 것, 학생들에게 활동을 제시하기 전에 미리 해보는 것이 얼마나 중요한지 강조한다. 왜냐하면 수업을 시연해 보고 학생의 역할을 해 봄으로써, 교사는 수학에 대해 더 깊이 이해할 수 있고 학생들이 하게 될 것들을 직접 경험할 수 있기 때문이다(Brodesky, Gross, McTigue, and Tierney, 2004). 수업 목표를 달성하기 위하여, 교사는 각 차시의 수학 목표를 확인하고 어떤 것이 학생들에게 가장 중요한지를 결정해야 한다고 교육학자들은 제안한다. 그리고 이렇게 하기 위해서는 교사가 수학적 내용에 대해 깊은 수준으로 이해할 필요가 있다. 수업 주제가 교사에게 익숙한 것일지라도, 학생들이 하게 될 것과 동일한 방법으로 경험하고 학생들의 개념적 이해에 초점을 맞추기 위하여 교사는 자신이 가르치게 될 수학을 다시 점검해야 한다.

다시 말해서, 과제에 대한 이해를 확실히 해야 한다. 만약 그렇지 않을 경우, 도움을 받을 수 있는 여러 가지 제안들이 1장에 제시되어 있다. 가장 좋은 자료 중 하나는 교사용 지도서이다. 교사용 지도서는 가르치려는 수학을 이해하는 데 도움이 될 뿐만 아니라, 학생들이 공통적으로 갖고 있는 오개념을 설명하고, 효과적인 수업 방법이나 교구를 제안한다.

학생들이 이미 알고 있는 것은 무엇인가?

교사는 학생들이 이미 알고 있는 것을 확인해야 하고, 이것을 기반으로 수업을 해야만 한다. 학생들에게 너무 쉽거나 어려워서 수업시간이 낭비되는 일이 없도록 해야 한다. 물론 학생들의 학습 능력이 서로 다르거나 학생들이 학습 장애나 문제를 가지고 있다면, 그들의 특별한 요구에 부합하는 적합한 처치를 제공하는 것이 의미 있을 것이다.

교사는 학급에 있는 모든 학생들의 요구를 충족시키기 위해서, 먼저 학생들을 평가해야 한다. 4장에서는 다양한 평가 방법에 대하여 논의할 것이다. 특히 지필 평가는 교사가 최종 점수만을 아는 것을 넘어서 학생들이 답에 어떻게 도달했는지를 분석하는 데 유용한 평가 도구이다. 또한 교사는 간단한 관찰과 학생들과의 면담을 통해서 학생들에 대해서 많은 것을 알아낼 수 있다. 관찰과 면담은 시험에서 뚜렷하게 알 수 없었던 것을 밝힐 수 있다. 교사는 평가의 결과를 활용하여, 수업 자료와 수업 방법을 선정하고, 학생들의 모둠을 만들고, 적합한 매체를 선정하고, 개개의 학생 또는 학급 전체에게 무엇을 가르쳐야 하는지를 결정해야 한다. 교사는 학생들을 평가하고 난 뒤, 학생들의 수준에 적합하고 그들이 쉽게 이해할 수 있도록 가르치기 위해서 수학 내용을 조직해야만 한다.

사전 지식의 중요성은 학생들에게 지속적인 발전을 제공하는 것과 학생들이 기본적인 수학적 구조를 이해하는 것을 돕는 두 가지 측면에서 분명하게 나타난다. 교육과정에 제시된 내용체계를 보면, 특정한 주제가 학년 수준에 따라서 어떻게 학습되는지를 개괄적으로 파악할 수 있다. 특히 특정한 주제와 관련된 일련의 활동이 어떻게 **나선형**으로 조직되어 있는지 알 수 있다. 나선형 접근(spiral approach)은 반복을 통하여 개념을 개발하고 확장한다. 또한 나선형 접근은 이전의 학습을 기반으로 하여 점점 더 복잡한 주제의 학습으로 나아간다. 예를 들어 각도 재기는 비형식적으로 1학년에서 소개되고 이후의 학년에서 여러 번 반복되며, 그때마다 수준이 높아지고 복잡해진다. 그림 3-2는 '각'의 개념을 발전시키는 데 나선형 접근이 이전의 경험을 어떻게 사용되는지 보여준다.

지금까지 설명한 나선형 접근 방법은 이상적인 것이다. 하지만 현실에서는 그렇지 않을 수도 있다. 이론적으로 나선형 수학교육과정은 지속적인 성장과 발전을 제공하지만, 실제에서는 많은 수학 내용들이 특별한 변화 없이 한 학년에서 다루었던 것을 다음 학년에서도 같은 수준으로 다시 학습된다. 결과적으로, 이전에 학습한 내용을 발전시키거나 새로운 주제를 소개하기보다는 단순히 주제를 복습하며 제자리걸음 하는 데 매년 많은 시간들을 허비하고 있는 것이다. 물론 어느 정도의 복습은 필요하지만 불필요한 반복은 학생들을 지루하게 만들기 때문에 해가 될 수도 있다. 이것은 교사와 학생들에게서 새로운 주제

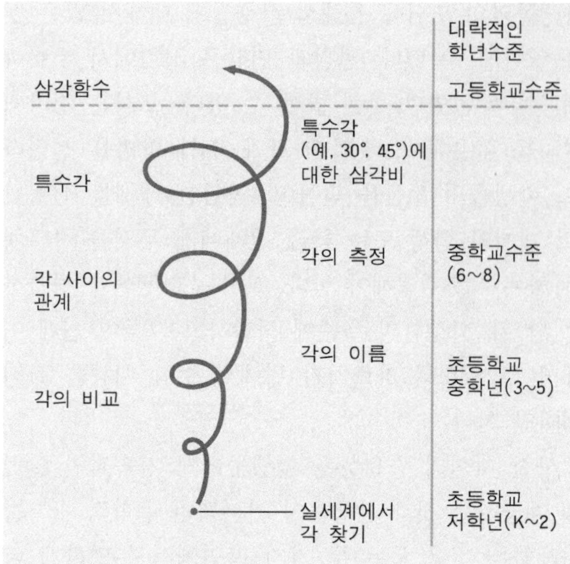

그림 3-2 '각' 개념을 위한 나선형 접근

에 대한 관심과 흥미를 빼앗는다. 또한 복습하는 데 많은 시간을 할애하면 새로운 학습을 할 수 있는 시간이 부족하여, 결국 매년 경험할 수 있는 새로운 수학적 개념의 양이 점점 줄어든다.

나선형 접근 방식은 수업과 학습에 많은 영향을 준다. 예를 들어, 수업을 계획할 때 교사는 수업이 성공적으로 이루어지기 위해서 어떤 전제 조건이 학생들에게 필요한지 고려해야만 하고, 학생들이 그 개념들을 가지고 있는지 확인해야 한다. 이를 통하여 교사는 전혀 학습하지 않은 학생, 정확하지 않게 배운 학생, 또는 단순히 잊어버린 학생들을 확인할 수 있을 것이다. 이러한 약점을 일찍 그리고 빠르게 발견함으로써, 교사는 올바르게 수업을 계획하고, 알맞은 양의 복습을 제공하고, 다음 수업을 위한 적절한 준비를 할 수 있다.

학생들이 이전의 학년에서 무엇을 학습했는지를 아는 것 외에, 교사는 학생들이 내일, 다음 달, 그리고 다음 해에 학습해야 하는 내용을 미리 알고 있어야 한다. 3학년 교사들은 유치원, 1학년, 2학년에서 무엇을 배웠는지를 알아야만 하고, 4학년과 그 다음 학년에서 무엇을 배우게 되는지도 알아야만 한다. 이러한 학습 계열에 대한 전반적인 이해는 교사가 자신의 역할에 대한 중요성을 인식하는 데 도움이 된다. 또한 교사가 학생들의 수학학습에서 결손 부분을 파악하여 가능한 한 빠르고 효과적으로 메울 수 있도록 돕는다.

학생들의 발달 특성은 어떠한가?

수학수업을 계획하기 전에, 교사는 학습자의 개인별 강점, 요구, 흥미 등과 같은 학생들의 일반적인 발달 특성을 검토해야만 한다. 특히 발달 수준과 같은 학생들의 특성을 이해하는 것은 모든 학생들에게 적합한 수업 계획을 세우는 데 도움이 될 것이다. 예를 들어, 교사가 1학년 수업을 계획할 때 학생들이 덧셈 문제를 풀기 위해서 구체물을 조작할 필요가 있는지, 아니면 이러한 개념을 다룰 때 기호를 사용해도 되는지를 알아야만 한다. 또한 1학년 학생들이 여전히 자기중심적으로 생각한다면, 교사는 학생들 자신이 주인공이 되는 이야기 상황을 만들 수도 있다.

2장에서는 초등학생들의 인지적, 신체적, 그리고 사회 발달적 특징에 대하여 논의하였다. 그리고 이러한 전반적인 경향은 교사가 학생들을 위해 수학적 경험을 계획하는 데 좋은 출발점을 제공한다. 하지만 모든 학생들이 모두 정확하게 같은 시간에 같은 발달 단계를 거치지 않으며, 학생들마다 학습에 대한 준비 정도에 많은 차이가 있다는 것을 기억해야 한다. 즉, 학생들에 따라서 학습에 대한 준비 상태가 매우 다양하다. 어떤 1학년 학생은 덧셈을 이해하고 3학년이 되기 전에 기본 구구를 숙달하는 반면, 어떤 중학년 학생은 블록을 시각화하는 데 어려움을 가질 수 있다. 이 과제가 유의미하기 위해서는 이 블록들을 실제로 "쌓는" 조작 활동이 필요하다. 구체적 조작 단계의 어린이들은 그들의 생각을 구체적인 사물에서 이끌어 내야 한다. 그들은 추상적인 관계를 조작하는 능력을 거의 갖고 있지 않다. 이 학생들은 2차원의 그림에서 블록의 개수를 찾는 방법을 배우는 것을 매우 어렵게 느낀다. 교사가 수업을 계획할 때 학생들의 발달 특성을 염두에 둔다면, 성공적인 수학 교수-학습을 이끌 수 있을 것이다.

어떤 종류의 과제를 학생들에게 줄 것인가?

학생들에게 적절한 종류의 과제는 무엇일까? 이것은 여러분이 수업을 계획하기 전에 답해야 할 또 다른 중요한 질문이다. 적절한 과제란, "프로젝트, 질문, 문제, 구성, 적용, 연습"일 것이다(NCTM, 1991, p.20). 과제는 학생들이 "수학적으로 추론하고, 수학적 연결을 하고, 문제를 해결하고 구성하도록" 하는 것이어야 한다(p.32). 과제의 중요성에 대해서 한 교육학자는 다음과 같이 언급하였다.

> 학생들의 학습 기회와 수학에 대한 인식에 가강 큰 영향을 미치는 것은 교사가 학생들이 참여할 수 있는 과제를 선택하고 개발하는 것이다. 즉, 교사는 교육과정 디자이너이자 설계자이다(Lappan, 1993, p.524).

이 생각을 확대하여 다른 교육학자들은 좋은 과제의 조건을 다음과 같이 제안하였다.

- 좋은 과제는 학생들의 실생활에서 발생하는 실제적인 것이다.
- 좋은 과제는 학생들의 능력 범위 안에 있지만 도전적인 것이다.
- 좋은 과제는 학생들의 호기심을 자극한다.
- 좋은 과제는 학생들이 수학적 아이디어를 이해하게끔 한다.
- 좋은 과제는 다양한 관점과 수학적 아이디어의 상호 관련성을 강조한다.
- 좋은 과제는 문제해결의 상황에서 수학적 개념을 개발한다(Reys and Long, 1995).

수학학습은 스포츠를 관람하는 것과 다르다. 학생들을 위하여 교사가 선택한 과제들은 학생들을 적극적으로 참여시킬 수 있는 것이어야 한다. NCTM(2002)의 과정 규준에서도 학생들을 수학수업에 적극적으로 참여시켜야 한다고 제안하였다. 학생을 수학수업에 적극적으로 참여시키려면 어떻게 해야 할까? 한 가지 방법은 교사가 설명을 적게 하고 학생들에게 자신의 전략을 사용하여 도전적인 과제를 해결하게 하는 자율성을 더 많이 부여하는 것이다.

높은 수준의 사고력 강조하기 학생들에게 '수학을 하는 것(do mathematics)'가 의미하는 것이 무엇인지 정의해보라고 하면, 그들은 교사가 제시한 과제를 해결하는 것이라고 말할 것이다. 교사가 단순히 기억을 요구하는 낮은 수준의 과제를 제시하거나 개념적 이해를 요구하지 않는 수업을 한다면, 학생들은 수학학습을 암기나 반복 연습이라고 생각하고 이해나 정당화가 별로 중요하지 않다고 믿게 될 것이다. NCTM의 *Principles to Actions*(2014)에서는 학생들에게 도전적인 과제를 제시하는 것이야말로 수학학습을 위한 초석이 된다고 언급하였다. 교사가 개념적 이해의 연결, 다양한 표상, 다양한 방법으로 문제해결, 자신의 해결방법에 대한 정당화와 같은 학습 요소들이 포함된 높은 수준의 과제를 제시한다면, 학생들은 수학학습에는 비판적 사고, 탐구, 의미형성 등이 포함되어 있다는 신념을 갖게 될 것이다(Wagener, 2009). 연구자들은 다음과 같이 인지적 수준이 낮은 것으로부터 높은 것으로 분류하였다.

낮은 인지적 수준
- 암기(즉, 이전에 학습한 수학적 사실, 규칙, 공식을 재생함)
- 연결성이 없는 절차(즉, 정답을 산출하는 데 초점이 있음)

높은 인지적 수준
- 연결성이 있는 절차(즉, 좀 더 깊은 이해와 개념을 개발하기 위하여 절차를 사용함)
- 수학을 행하기(즉, 개념을 탐구하고, 복잡한 과제를 해결하기 위하여 관련된 지식을 적용함)

또한 연구에 의하면(Smith & Stein, 2008), 수학 성취도가 높은 학생들은 높은 수준의 인지적 사고와 추론을 요구하는 높은 수준의 과제에 참여하는 경향이 있었다.

수학에 초점을 맞추기 수학수업에서 수학적 개념에 초점을 맞추는 것은 매우 중요하다. 따라서 수업 계획을 세울 때 우선적으로 중요하게 생각해야 할 것은 각 수업의 수학적 목표를 결정하는 것이다. 물론 교사는 스토리텔링, 조작물을 이용한 탐구활동, 실생활 맥락의 문제를 활용하여 학생들을 수학수업에 더 재미있게 참여하게 할 수 있다. 하지만 수업을 계획할 때 교사의 첫 번째 질문은 "이것을 통하여 학생들이 무엇을 학습할 것인가?"가 되어야 한다.

교사는 학생들이 국가 및 시·도 교육청의 학습 목표에 도달하도록 지도할 책임과 의무가 있는데, 수학적으로 풍부한 과제에 학생들을 참여시킬 때 비로소 이것이 가능하다. 아동들은 자신에게 의미가 있는 진정한 수학 문제 풀기에 참여할 때, 그들의 수학학습은 더 깊어지고 지속적인 경험이 될 것이다. 교육과정에 제시된 학습 목표를 살펴보면, 학생들이 학습해야 하는 수학 내용 및 주제들을 확인할 수 있다. 이를 위하여 NCTM의《학교수학을 위한 원리와 규준》(2000)이나 공통핵심수학규준(CCSSM)과 같은 국가 수준의 보고서를 참여하면 도움이 될 것이다.

필요한 연습 제공하기 적당한 과제를 결정하는 것은 필요한 연습을 어떻게 제공하는가와 관련이 있다. 확실히 학생들은 수학적 개념이나 절차에 있어서 유창성을 얻기 위해서 연습이 필요하다. 걷는 방법을 배우거나 자동차를 운전하는 방법을 배울 때 연습이 필요한 것처럼 간단한 덧셈 문제를 다루거나 규칙성을 만드는 방법을 배울 때도 연습이 필요하다. 중요한 것은 '할 것인가 말 것인가'가 아니라 '언제 하는가'이다. 오래된 연구에 따르면(Brownell & Chazel, 1935), 훈련과 연습은 의미의 개발보다 앞서는 것이 아니라 뒤따라야 한다. 또한 훈련과 연습에 할애하는 시간은 개념이나 절차를 이해하는 시간보다 더 많아서는 안 된다. 가능하면 연습은 항상 의미 있어야 한다. 즉, 훈련과 연습은 기계적인 절차보다는 개념적 이해를 강화하는 데 좀 더 초점이 맞춰져야 한다. 마지막으로, 연습은 학생들이 그들의 지식을 새로운 상황에 적용하는 데 도움이 되는 것이어야 한다.

많은 교재 시리즈는 단원별로 내용을 제시하면서 연습 과제를 제공한다. 학생들에게 어떤 연습 과제를 부여할 것인가에 대한 교사의 결정은 학생들의 요구에 기초해야만 한다. 교사는 두 조건 사이에 균형을 잡아야만 한다. 하나는 아동들은 연습하기 전에 수학을 이해해야 한다는 것이고, 다른 것은 이미 숙달된 기능을 반복 연습하는 것은 지루하고 해가 될 수 있다는 것이다. 따라서 교사는 이전에 배운 학습 주제에 대한 약간의 연습을 각 수업의 정규적인 구성요소로 포함시켜야 한다. 의미 있는 과제를 완성하기 위해서는 충분한 양의 연습이 필요하다는 것을 기억해야 한다.

학생들의 의사소통을 어떻게 촉진할 것인가?

교사는 학생들이 서로의 생각을 의사소통하게 하고, 적당한 때에 적당한 발문을 하며, 학생들의 강점과 요구 및 가르치려는 수학 내용에 따라 적절하게 모둠을 구성해줌으로써 수학을 더 잘 배우도록 할 수 있다.

논의 NCTM의 *Principles to Actions*(2014)에 따르면, 유의미한 수학적 논의는 학생들의 수학학습을 촉진한다. 교사는 교실에서 대화나 발문 즉, 수업 중 논의를 통하여 학생들이 수학을 더 잘 이해하게 할 수 있다. 수업 중 논의는 또한 아동들의 언어 능력을 향상시키는 데 도움이 될 수 있다. 다른 사람들이 논의하는 내용을 들음으로써 자신의 생각을 더욱 명료하게 하는 데 도움이 될 수 있다. 교사는 수업 중 논의 과정에서 조직자, 촉진자, 지휘자가 되어야 하며, 학생들이 자신의 학습에 대해서 책임감을 느끼는 데 도움이 되는 유용한 도구나 방법을 찾아야 한다.

한 교사는 학생들의 논의를 증진시키기 위한 노력을 다음과 같이 묘사하였다:

> 나는 '예, 아니오'보다 '어떻게', '무엇을', 또는 '왜'를 묻는 질문을 할 때 아동들이 더 길게 답한다는 것을 깨달았다. 또한 특정 질문보다 "나에게 ~에 대해서

말해 보렴."이라고 요구할 때 더 효과적이라는 것을 발견했다. 또한 짝끼리 생각을 나누는 전략을 자주 사용함으로써 학생들은 그들의 생각을 구성하고, 전체 아동 앞에서 말하기를 부끄러워하는 학생들이 더 자신감을 갖게 할 수 있었다. 학생들의 응답의 길이나 깊이는 점차적으로 증진되었다. 이와 더불어 학생들은 자신의 추론 과정을 설명하고 자신의 생각을 정당화하는 것을 강조하기 시작하였다. 처음에 학생들에게 설명하기를 요구할 때 많은 학생들은 자신의 응답이 틀렸다고 느끼는 것 같았다. 내가 단지 그들의 생각을 알고 싶어 한다는 것을 학생들에게 다시 말했을 때, 그들은 두려움 없이 자신의 생각을 발표하고 정당화하기 시작하였다(Cady, 2006, p.461).

교사로부터 학생, 학생으로부터 교사, 그리고 학생들 사이의 생각의 흐름은 모든 학생이 수학을 배우도록 돕는다(NCTM, 1991). 다음은 효과적인 수업 중 논의를 유발하는 데 도움이 되는 몇 가지 방법이다.

- 수학수업이 이루어지는 교실은 추측하고 실수를 해도 안전한 곳이라는 것을 학생들이 확신하도록 한다(Rawding & Wills, 2012). 학생들은 다른 친구들의 말을 듣고, 실수를 분석하면서 많은 것을 배우게 된다. 학생들에게 자신이 추측한 것과 해결 방법에 대해 자신의 생각을 수정할 수 있는 기회를 제공해야 한다.
- 학생들에게 자신의 수학적인 생각을 말할 수 있는 문제를 제시하고 과제를 할당하는 것뿐 아니라 다른 학생들의 생각을 듣고 대답할 수 있는 문제와 과제도 제시한다. 학생들에게 의견이 갈리는 상황을 제시한 다음, 한쪽을 선택하게 한다(Barlow & McCrory, 2011). 교사는 한 발 물러서서 학생들이 대화를 주도하도록 한다. 교사가 지나치게 개념을 명료하게 설명하거나 오답을 수정해 주면, 학생들은 자신의 생각이 별로 중요하지 않다고 생각하게 된다. 학생들 사이의 상호작용은 그들에게 서로의 생각을 말할 수 있게 하고, 피드백을 받을 수 있으며, 다른 관점에서 바라볼 수 있는 기회를 제공한다. 학생들은 교사뿐만 아니라 친구들에게서 배울 수 있다.
- 학생들이 자신의 생각을 교사 및 다른 친구들과 의사소통할 것을 교사가 기대하고 있다는 것을 알려준다. 또한 다른 사람에게 질문하고 다른 사람의 질문에 응답하는 방법을 모델로 제시하고, 그들에게 교사가 이러한 것들을 기대하고 있다는 것을 보여준다(Brooks & Dixon, 2013). 학생들은 자신의 생각을 설명하고 정당화해야 한다.
- 수학적인 용어를 정확히 가르친다. 루벤스타인(Rubenstein, 2007)은 어떤 수학적 용어는 학생들에게 매우 혼돈스러울 수 있다고 지적한다. 예를 들어, 어림이나 제곱은 수학에서 다양한 의미를 가지고 있다. 수학에서 **곱**이나 **대칭**은 일상생활에서 사용하는 것과는 다른 의미를 가지고 있다. 이해를 통한 학습과 올바른 전문 용어의 사용은 학생들이 수학적 토론에서 자신의 생각을 더 효과적으로 나눌 수 있도록 해 준다. 수학적 용어를 가르치기 전, 수학적 개념이나 아이디어를 발전시키는 것은 중요하다(Burn, 2007).

학생들을 유의하고 생산적인 논의에 참여시키기 위해서는 많은 모델링, 연습, 인내가 필요하다. 그러나 이러한 논의가 정착된다면, 학생들의 수학학습은 높은 수준으로 발전할 것이며, 수학적 이해의 정도가 높아질 것이다.

발문 좋은 발문은 학습을 촉진하는 데 매우 중요하다. 학생들의 지식을 묻거나 아는 것을 수행하는 능력을 확인하는 발문은 낮은 수준의 발문이며 수업 동안에 쉽게 만들어 낼 수 있는 발문이다. 높은 수준의 발문은 왜 그런 과정을 거쳤는지, 또는 왜 그 응답이 옳다고 결정했는지를 설명하는 것과 같이 학생들에게 정보를 분석하거나 종합하는 것을 요구하는 발문이다. 연구에 따르면, 수학수업에서 교사들이 첫째 유형의 발문을 둘째 유형의 발문보다 더 많이 하는 경향이 있다. 학생들이 낮은 수준의 발문에 응답할 수 있는 능력은 성취도 평가에서 높은 점수를 얻는 것과 관련되어 있지만, 이러한 발문들은 학생들에게 수학은 단순한 답만을 포함하고 있으며 하나의 문제에는 단지 하나의 정확한 답이 있다는 수학에 대한 잘못된 이미지를 심어준다. 그래서 교사가 높은 수준의 발문 — 왜 이러한 절차를 거쳤는지?, 문제에서 어떠한 것이 바뀌었을 때 어떠한 일이 일어날 것인지?, 어떻게 수학이 실생활 상황에서 적용될 수 있는지? — 을 많이 하면, 학생들은 수학에 대해서 더 많이 이야기할 수 있다.

이러한 유형의 교사가 되기 위해서는 질문하고자 하는 발문의 유형을 고려하여 정하여야 하며, 그것을 지도안에 적어놓을 필요가 있다. 어떤 사실을 기억했다가 재생하는 것이나 배운 과정을 그대로 실행에 옮기는 발문보다 생각을 요구하는 발문을 준비하도록 한다. 만약 교사가 낮은 수준의 발문만 한다면, 학생들은 수학의 목적이 수학적 사실을 이해하는 것보다 어떤 사실을 기억하는 것이라고 믿게 될지도 모른다. 하지만 높은 수준의 발문을 하는 것이 그리 쉬운 일은 아니다. 교사가 수업이 시작되기 전에 이러한 높은 수준의 발문을 만들어 낸다면 더 성공적인 수업을 할 수 있을 것이다.

NCTM(2000)의 《학교수학을 위한 원리와 규준》(pp.3-4)에서는 교사들이 다음과 같은 다섯 가지 범주의 높은 수준의 발문을 해야 한다고 제안하였다.

1. 학생들이 자신의 생각을 설명하게 하는 발문: "어떻게 그렇게 풀었지?", "너의 생각을 설명해 볼래?"
2. 학생들 사이의 논의를 촉진하는 발문: "이 문제를 푸는 다른 방법은 없을까?", "다른 생각이 있는 사람?"
3. 학생들이 수학적 추론을 배울 수 있도록 돕는 발문: "어떻게 그것을 증명했니?"
4. 학생들의 생각을 확장하게 하는 발문: "만약 ~하다면 어떠한 일이 일어날까?", "다른 수로 해봐도 그렇게 될까?"
5. 수학을 연결하고 적용하도록 돕는 발문: "이것이 ~과 어떻게 연결되어 있니?", "다른 상황에도 이것을 적용할 수 있을까?"

집단 편성 수학수업에서 학생들의 의사소통을 증진하는 하나의 방법은 모둠을 다양하게 구성하는 것이다. 여기서는 수학수업에서 세 가지 모둠을 구성하는 방법을 소개한다.

- 교사가 전체의 학생들을 지도하는 전체 학습
- 교사 또는 또래 학습자가 도움을 주는 소집단 학습
- 개별적으로 학습하는 개별 학습

다음은 언제 어떤 모둠 유형을 사용해야 하는지에 대한 몇 가지 지침이다.

1. 대집단 학습을 사용해야 하는 경우
   - 어떤 주제를 모든 학생들에게 같은 시간에 보여주어야 할 때(예를 들어, 모든 학생이 어떤 것을 필수적으로 이해해야 할 때)
   - 학생들이 어떠한 주제를 습득하기 위해서 지속적인 안내나 모델링을 필요로 할 때
2. 소집단을 사용해야 하는 경우
   - 학생들 사이의 상호작용이 교사의 안내보다 더 도움이 될 때
   - 교사가 탐구를 장려하거나 수학적 의사소통을 강조할 때
   - 협동 학습 방법을 사용하여 학생들을 가르치려고 할 때
3. 개별 학습을 해야 하는 경우
   - 학생들이 개별적으로 학습 활동을 수행하거나 학습 계열을 추구할 때
   - 전문적 기능을 얻기 위해서 개별적인 연습에 초점이 있을 때

가장 효과적인 방법은 모든 유형의 집단구성을 골고루 사용하는 것이다. 예를 들어, 교사가 전체 학급을 대상으로 새로운 교구를 가지고 활동을 한 다음에, 새로운 학습으로 통합하기 위하여 하나 이상의 활동을 개별적으로 또는 소집단으로 활동하게 할 수 있다. 학생들은 수학적인 생각을 습득하는 데 서로 도움이 되기 때문에, 서로 의사소통하는 것은 특히

가치가 있다. 교사는 모둠에서 모둠으로 옮겨가며 수학적 사고를 자극하는 발문을 하여 도움을 제공한다. 학급은 다시 다 같이 모여서 교사가 중재하는 논의에 참여하여 각 모둠의 의견을 들을 수 있다. 교사는 수업을 정리하면서 논의를 끝낸다.

소집단 학습에는 과제를 수행하는 데 단지 두 명의 어린이들만을 포함하는 유형도 있다. 이것은 특히 큰 모둠으로 수업하는 것이 준비되지 않은 아동들에게 적합한 방법이다. 두 명이 짝을 이룬 이러한 학습 과정은 두 명 모두의 학습을 촉진하는 데 도움이 된다.

교육학자들은 단순히 학생들을 소집단으로 구성하는 것이 그들의 성공적인 학습경험을 보장하는 것은 아니라고 지적하였다. 교사는 학생들이 의사소통하고, 모둠 안에서 사회성을 기르며, 서로 도움을 주고받는 방법을 가르칠 필요가 있다. 그래서 그들이 수학을 배우는 원천으로서 "서로를 이용하도록" 해야 한다. 교사는 모둠 구성에 앞서 아동들의 개인적인 능력과 성향을 주의 깊게 고려해야 한다. 성취수준이 낮은 학생, 중간 수준의 학생, 높은 학생들을 각각 다른 그룹에 배치하는 것이 그들의 성취도를 높일 것이라고 생각할 수 있다. 그러나 연구에 따르면 동질집단은 각 학생들의 성취도를 증진시키는 데 기여할 수 없으며 오히려 불평등을 심화시킬 수 있다는 것이 밝혀졌다. 실제로 성취도가 낮은 학생들은 동질집단 안에 있을 때보다 이질 집단 안에 있을 때 더 높은 성취를 보였다. 동질 집단 안에서 효과를 얻는 것은 중간 수준과 높은 수준의 학생들뿐이다. 따라서 다양한 학생들로 이루어진 이질 집단이 훨씬 더 효과적이다(Marzano, Pickering, and Pollock, 2001).

소집단 학습은 전체 학습보다 더 잘 계획해야 한다는 어려움이 있지만, 노력한 것 이상의 긍정적인 결과가 더 크게 나타난다. 이러한 긍정적인 효과는 다음과 같은 것들이다. 즉, 수학적 의사소통 능력의 증대, 수학학습에서 사회성의 향상, 수학에서 모든 학생들이 성공 경험을 공유하는 기회 제공, 학생들이 문제를 해결하는 여러 가지 방법을 볼 수 있는 것, 의미 있는 문제에 대한 논의를 통하여 수학을 다루는 기회를 가지게 되는 것들이다.

어떤 학습 자료를 사용해야 할 것인가?

수업 계획에는 교재나 교육과정을 지원하고 수업 효과를 증진시키는 학습 자료를 선택하는 것이 포함된다. 교사는 그들의 수업 목표를 달성하는 데 도움이 되는 학습 자료를 선택할 수 있다. 어떤 경우에는 교과서로 수업을 시작하고, 학습 자료를 창의적으로 사용하여 보충할 수 있다. 또는 학교로부터 특정 교육과정을 위한 학습 자료를 사용하고, 학생들에게 필요한 최소한의 조정만 하도록 지시를 받을 수도 있다. 어떤 경우든 수업 목표에 부합하여 학급의 아동들에게 가능한 한 가장 좋은 학습 자료를 사용하는 것이 필요하다. 사용하는 교육과정이 어떤 것이든 간에, 추가적인 학습 자료와 교구들이 필요할 것이다. 교육관련 출판물과 인터넷을 통하여 많은 학습 자료를 구할 수 있으며, 스토리텔링, 교구, 테크놀로지와 같은 학습 자료들을 고려할 수 있을 것이다.

교과서 초임교사들은 수업 계획에서 자신이 얼마나 많이 교과서에 의존해야 하는지 궁금해한다. 교과서를 어느 정도까지 있는 그대로 이용할 수 있을까? 왜 그리고 어떻게 그것을 교사의 개인적 필요에 따라 활용해야 하는가? 이런 질문에 대한 대답은 분명히 교과서에 따라 달라진다. 교과서가 학습 목표와 얼마나 가까운지, 그리고 수업 방법이 시·도 교육청의 규준과 얼마나 일치하는지, 그리고 교사 자신의 수업 방법에 대한 선호에 따라 달라지는 것이다. 교사가 갖고 있는 교과서가 수업에 대한 적절한 개요를 제공할 수 있다면, 굳이 교사가 교과서를 개발할 필요는 없을 것이다. 교과서가 학생들의 발달 수준에 적합하고 적절하다고 판단된다면, 교사는 학생들이 문제해결에 참여하도록 하고, 그들의 개념적 이해를 증진시키는 데 이 교과서를 사용할 수 있다. 따라서 그 교과서들을 사용하지 않을 이유는 없으며 필요에 따라 활용하면 될 것이다.

교사용 지도서는 수업에서 교과서를 사용할 때 다양한 아이디어를 제공한다. 교사용 지도서에는 수학 쓰기와 게임과 같은 활동들이 소개되어 있다. 또한 많은 교사용 지도서에는 학습 장애를 가지고 있는 아동들을 위한 보충 과제나 교정 과제 등이 제시되어 있다.

교사가 교과서를 사용하여 좀 더 전통적인 방법으로 가르치려 할 경우에는 동기유발을 위한 화제나 문제해결 상황을 사용하여 수업을 풍부하게 할 수 있다. 이러한 문제 상황은 교사와 학생에게 잘 조직된 교수-학습을 위한 틀을 제공하며, 여러 수업을 연결 짓게 하는 데 도움이 된다. 수업을 위한 상황은 실생활 상황에서 온 것일 수도 있고, 과학, 사회 또는 스토리텔링과 같은 다른 주제로부터 발전된 것일 수도 있다. 상황에 대한 이해를 하기 위해서 표 3-1을 참고하라. 여기에서는 교사가 수학수업을 증진시키기 위해서 어떻게 상황을 사용할 수 있는지 몇 가지 예를 보여주고 있다.

또한 학생들에게 다양한 해결 경로 또는 다양한 해답이 가능한 열린 과제를 제시해야 한다. 이것은 학생들에게 다른 수준의 과제에 참여할 수 있게 하며, 그들의 수준에서 배울 수 있게 한다. 이것은 또한 학생 각자에게 가장 적합한 방법을 선택하게 한다. 예를 들어 어떤 학생은 문제를 해결할 때 그림을 그리는 것을 좋아하는 반면, 다른 아이들은 블록을 사용하는 것을 좋아한다. 그림 3-3과 같이, 전통적인 교과서의 문제를 개방형 문제로 만드는 것은 비교적 쉽다(Kabiri and Smith, 2003). 그림 3-3의 개방형 문제는 전통적인 문제보다 비판적인 사고를 촉진시킬 뿐만 아니라, 학생들에게 부피 구하는 공식을 여러 번 사용하게 함으로써 학생들에게 연습의 기회를 제공한다.

전통적인 문제: 직육면체 모양의 수족관 크기는 폭 12인치, 길이 14인치, 높이 12인치이다. 이 수족관을 다 채우는 데 필요한 물의 부피는 얼마인가?

개방형 문제: 우리는 직육면체 모양의 수족관을 설계하려고 한다. 우리가 산 물고기의 크기를 고려해 수족관이 적어도 24 평방피트는 되어야 한다고 한다. 가능한 한 많은 수족관의 형태를 찾아보자. 그리고 그중 어느 수족관의 형태가 추천할 만한지 결정하고 그 이유를 설명하여라.

| 그림 3-3 전통적인 방식의 측정 문제와 개방형 측정 문제(출처: NCTM(2003)의 Mathematics Teaching in the Middle School 중에서)

문제해결과 개념적 발전에 초점을 맞추기 위해서는 보충 학습이 필요할지도 모른다. 예를 들어, 교과서가 학생들에게 의미 있는 개념을 충분히 제공하지 못하거나 구체물 조작활동을 제공하지 못한다면, 교사는 이러한 경험과 연습을 제공할 다른 방법을 찾아야 할 필요가 있다. 결국 학생들과 그들의 요구를 가장 잘 알 수 있는 사람은 바로 교사이다. 몇몇 교사들은 정해진 수학교육과정을 벗어나지 않으면서 문제해결에 더 많은 시간을 할애한 방법에 대하여 설명하였다(Buyea, 2007). 교사의 수학수업을 도와줄 많은 가능한 원천 중 하나로 교과서를 생각할 필요가 있다. 교과서를 활용한 수업일지라도 도전적이고 매우 유용하게 이루어질 수 있다.

규준에 기초한 교육과정 연구에 의하면, 수업을 위한 NCTM의 권고안을 실행하게 되면 계산과 같은 전

| 표 3-1 수학수업에서 상황의 활용

수학 주제	상황
수 세기와 분류하기	• 선물로 주기 위하여 M&M 초콜릿을 분류하기
시각과 시간	• 현장 학습 시간 계획 세우기
직사각형의 넓이	• 교실에 깔 카펫 주문하기
길이 측정	• 교실에 있는 물건의 길이를 측정하여 보관함에 넣을 수 있는지 판단하기
물건 분류하기	• 이야기책에 등장하는 개구리와 두꺼비를 돕기 위하여 단추 분류하기

통적인 목표와 문제해결과 같은 새로운 목표 모두에서 학생들의 성취도를 향상시킬 수 있다(Ross, McDougall, Hogaboam-Gray, LeSate, 2003). 또한 교육과정(교과서)은 무엇을 가르칠 것인지 그리고 그것을 어떻게 가르칠 것인지에 대해 강력한 영향을 미친다. 1990년대에 National Science Foundation은 NCTM 규준에 부합하는 교육과정과 교과서를 개발하기 위한 몇몇의 수학교육과정 개발 프로젝트에 자금을 지원하기 시작했다. 여러 연구들에서 규준에 기반을 둔 교육과정을 사용하는 학생들의 점수가 전통적인 방식의 교육과정을 사용하는 학생들의 점수보다 더 좋았다는 것이 밝혀졌다(Stein and Smith, 2010).

이 장에서는 NCTM의 규준에 기반을 둔 세 가지 초등학교 수학 교재 — Everyday Mathematics(Pre-K ~6), Investigations in Number, Data, and Space(K~5), Math Trailblazers(K~5) — 에서 제시한 예시 수업안을 살펴볼 것이다. 이 교재들은 수학을 이해하고, 고등사고를 하며, 문제해결을 통하여 수학을 배울 수 있도록 하는 데 초점을 둔다.

교사들이 규준에서 제안하는 방법으로 수학을 가르치는 것은 그리 쉽지 않은 도전적인 일이다. 어쩌면 수학수업의 방식을 완전히 바꾸어야만 하는 경우도 있다. 처음에는 수업을 준비하고 계획하는 데 더 많은 시간이 필요할지도 모른다. 또한 처음에는 규준에 기반을 둔 교육과정을 적용하려고 시도하였지만, 나중에는 그 교육과정의 필수적인 요소들을 제거한 채 운영하는 경우도 있다. 그러므로 교사가 이러한 교육과정을 사용하려고 한다면, 수업 중 담화를 사용하는 데 더 주의해야 하고, 학생들이 문제해결을 통해서 수학 개념을 배우는 것을 허용해야 하며, 실제 상황에 수학을 적용하도록 해야 한다(Sutton and Krueger, 2002).

스토리텔링 교사들은 국어, 사회, 과학, 음악, 미술, 무용, 연극과 같은 수업을 효과적으로 하기 위하여 스토리텔링을 종종 사용한다. 마찬가지로 수학수업에 스토리텔링을 사용하는 것은 쉽고 효과적이며 적절하다. "아동용 도서는 교과서나 다른 워크북이 하지 못하는 여러 방법으로 학생들의 상상력을 자극시킨다(Burns, 2007 p.45)." 스토리텔링은 수학적 아이디어를 공유하고 논의할 때 출발점을 제공한다. 아동들이 문제에 대해서 이야기하고 수학적 아이디어를 읽고 쓰는 동안 수학과 언어능력이 함께 발전한다. Marston, Muir, Livy(2013)는 수학수업에서 활용할 수 있는 스토리텔링을 세 가지 유형으로 제시하였다.

1. 흥미를 유발하기도 하며 수학적 개념을 함축적으로 포함하고 있음.
2. 흥미를 유발하기도 하며 의도적으로 수학이 포함되어 있음.
3. 수학적 개념을 가르치기 위하여 특별히 집필됨.

수학수업에 스토리텔링을 사용하면 여러 가지 방법으로 학습을 촉진할 수 있다.

- 스토리텔링은 수학적 개념을 개발하거나 강화할 수 있는 실생활이나 가상의 상황을 제공한다.
- 스토리텔링은 수학적 개념을 분명하게 제시할 수 있는 사례를 제공한다.
- 스토리텔링은 문제의 원천이 되고 문제를 만드는 데 기초가 된다.

여러 교사용 참고 서적들을 살펴보면, 특정한 수학 주제와 스토리텔링을 통합한 사례들을 찾아낼 수 있을 것이다. 이 책의 각 장의 맨 마지막에 제시한 아동용 추천 도서를 참고하면 많은 도움이 될 것이다.

구체적 조작물 유능한 교사들은 아동들이 수학을 이해하고 수학적인 사고를 증진시키는 데 도움이 될 만한 구체적 조작물을 적절하게 사용한다. 구체적 조작물의 사용은 학생들의 다양한 학습 요구를 만족시킬 수 있는 효과적인 방법이다. 교사는 구체적 조작물을 사용하여 다양한 모델과 표상을 통해 수학적인 아이디어를 여러 가지 방법으로 보여줄 수 있다. 구체적 조작물은 문제해결을 도와주고 아동들의 활동적인 참여를 증진시킨다. 아동들이 구체적 조작물에 익숙해지는 데 걸리는 시간은 가치 있는 시간이다.

이 책 전반에 걸쳐 우리는 아동들이 수학적인 아이디어를 모델링하기 위하여 구체적 조작물을 사용하는 것의 중요성을 강조할 것이다. 보통 초등학교에서 사용하는 구체적 조작물에는 칩, 타일, 연결 막대, 패턴 블록, 속성 블록, 칠교판, 십진 블록(수 모형), 분수 모델, 기하판, 측정 도구, 회전판과 주사위, 모형 화폐 등이 포함된다.

일부 교사들이나 학부모들은 아동들이 구체적 조작물에 너무 많이 의존하는 것을 걱정하지만, 연구에 따르면 아동들은 어림 짐작, 구체물과 같은 도구의 사용, 자신의 사고 전략을 사용함으로써 발전한다고 한다. 또한 아동들은 다양한 도구들을 탐구하고 자신의 전략들을 사용해야 하며, 어떻게 그리고 왜 그것들이 유용한지를 논의할 필요가 있다(Jcobs and Kusiak, 2006).

로버트(Robert, 2007)는 학생들에게 구체적 조작물과 모델을 사용하게 하는 것만으로는 수학적 이해를 보장할 수 없다는 점을 지적하였다. 교사의 세심한 수업 계획과 과제의 제시가 필요하며, 학생들의 반성적 사고가 요구된다. 구체적 조작물을 선택할 때, 교사는 다음과 같은 사항을 고려해야 한다.

- 구체적 조작물은 개념을 분명하게 그리고 명확하게 보여주는가?
- 구체적 조작물은 안내되고 발견된 활동을 효율적으로 제공하는가?
- 구체적 조작 활동에는 학생들이 지식을 구성하는 데 도움이 되는 구조나 절차를 포함하고 있는가?

번스(Burns, 2007)는 수학수업에 구체적 조작물을 사용하는 데 주의해야 할 점을 다음과 같이 제시하였다.

- 구체적 조작물이 아동들의 학습을 어떻게 도와줄 것인지에 대하여 아동들과 이야기한다. 때로는 이러한 대화가 필수적이다.
- 활동 규칙을 만들어라. 구체적 조작물은 장난감이나 게임이 아니다. 아동들은 과제에 집중하는 활동을 해야 하고 주어진 문제 또는 활동을 완수해야만 한다.
- 구체적 조작물을 보관하고 정리하는 체계를 만든다. 아동들은 교사의 도움 없이 그들 스스로 필요한 것을 쉽게 꺼내 쓰고 다시 넣을 수 있어야 한다.
- 자유롭게 탐구할 수 있는 시간을 제공한다. 학생들은 일단 그들의 호기심이 발동하면 주어진 과제를 완수하려는 경향이 있다.
- 학생들이 사용할 수 있는 구체적 조작물의 이름을 적어서 붙여놓는다. 이러한 조치는 조작물의 가치를 알게 하고, 학생들이 조작물의 이름을 알 수 있게 한다.
- 왜 어린이들이 이러한 구체적 조작물을 사용해야 하는지에 대하여 가정통신문을 보낸다. 또한 학생들이 조작물을 집으로 가져가서 가족들과 함께 사용하도록 할 수도 있다.

조작물이 너무 작거나 연결하기 너무 어려우면, 조작 능력이 아직 미숙한 아동들은 사용하기 힘들다. 특별한 도움이 필요한 아동들을 돕기 위해서, 수 모형처럼 서로 분리되어 있는 교구보다는 주판과 같이 빌트인 형태 또는 연결 큐브와 같이 서로 맞출 수 있는 교구를 활용하는 것이 효과적이다. 또한 계란판이나 매트와 같이 칸이 구분되어 있는 용기를 사용할 수 있다. 그리고 한 명, 두 명, 또는 소집단별로 조작물 세트를 준비하면 쉽게 분배하고 수합할 수 있다. 가능하면 아동들이 직접 분배하고 수합하도록 하는 것이 좋다. 교사가 그것들 모두를 할 필요는 없다!

테크놀로지 수를 세기 위하여 손가락이나 물건을 사용하고, 기록을 하기 위하여 종이와 연필을 사용하는 것처럼, 우리 인류는 언제나 외적인 도구를 사용해왔다. 즉, 인간의 인지적 과정을 확장하는 데 테크놀로지가 매우 중요한 역할을 하였다. 오늘날 학생들은 이전 세대와는 다른 방식으로 학습에 참여한다. 8~18세의 보통 학생들은 평균적으로 매일 7시간씩 디지털 미디어를 사용하고 있다고 한다(Rideout,

Foeher & Roberts, 2010). 집에서는 온라인 학습과 같이 테크놀로지를 활용하여 혼자서 학습하기도 한다.

오늘날 집과 교실에서 테크놀로지의 활용은 교수－학습에 매우 큰 영향을 미치고 있다. 수학 교수－학습에 테크놀로지를 사용하는 데에는 몇 가지 중요한 이유가 있다.

첫째는 학생들이 과학 기술세계에서 기능할 수 있도록 준비시키는 것이다. 둘째 이유는 NCTM의 테크놀로지 규준에 제시되어 있다. 즉, "전자 테크놀로지는 수학적 아이디어에 시각적인 이미지를 제공하고, 데이터를 조직하고 분석하는 것을 용이하게 하며, 계산을 효율적이고 정확하게 할 수 있도록 한다. 테크놀로지는 수학의 모든 영역에 걸쳐 학생들이 탐구할 수 있도록 도와준다. …… 테크놀로지의 사용이 가능할 때, 학생들은 의사 결정, 추론, 반성적 사고, 그리고 문제해결에 초점을 맞출 수 있다"(NCTM, 2000, p.24). 셋째로, 테크놀로지가 효과적으로 적용되면, 학생들의 학습, 이해, 성취도를 증진시키고 학습 동기를 유발시킬 수 있다. 테크놀로지를 사용하는 학생들은 협력 활동, 비판적 사고, 또한 문제해결을 배울 수 있다(Pitler, Hubbele, Kuhn, and Malenoski, 2007).

여러 가지 유형의 테크놀로지가 있겠지만, 학생들이 활용할 수 있는 유형은 기본적으로 6가지로 나누어 볼 수 있다. 학생들은 각각의 유형을 약간 다른 방법으로 사용할 수 있으며, 각 유형은 아동들에게 서로 다른 측면에서 도움을 줄 수 있다. 크라운(Crown, 2003)은 문제해결과 고차적 사고 능력을 개발하기 위한 잠재적 가능성의 관점에서 각각의 유형을 다음과 같이 설명하고 있다.

- **반복 연습**(drill and practice) 유형은 이전에 배웠던 기능을 연습할 수 있도록 한다. 컴퓨터는 학생들에게 문제를 제시하면 학생들은 답을 하고, 그 답이 맞았는지 틀렸는지를 알려준다. 어떤 반복 연습 프로그램은 점수를 기록했다가 최종 점수를 보여주거나 또는 학생들의 응답(예를 들어 오류의 횟수와 유형)에 따라 난이도를 다르게 하여 문제를 제시하기도 한다. 반복 연습 소프트웨어의 주된 초점은 낮은 수준의 기능과 기본적인 사실을 숙달하는 데 있다.
- **개인 교수**(tutorial) 유형은 새로운 기능을 가르치기 위한이다. 이것은 정보를 제공하고, 예를 제시하며, 연습을 제공한다. 학생들이 개념을 쉽게 습득하는지, 어려워하는지에 따라서 프로그램은 더 어려운 차시로 이동하거나 보충 학습을 제공하기도 한다. 개인 교수는 새로운 정보를 제시하는 데 매우 효과적이지만, 학생들이 창조적으로 생각할 수 있는 기회는 거의 제공하지 못한다. 또한 개인 교수는 학생들이 주제에 대한 개념적 이해를 확실히 하기도 전에 과정이나 규칙에 너무 일찍 초점을 맞추게 할 수도 있다.
- **시뮬레이션**(simulation)은 학생들이 교실에서 실제로 경험하기에는 비용이 많이 들고, 위험하고, 시간이 많이 걸리는 사건이나 환경을 경험하게 한다. 예를 들어, 컴퓨터 시뮬레이션을 통하여 학생들은 여러 가지 상황을 탐험하거나, 또는 실제로 손으로 하는 것보다 더 많은 확률 실험(동전 던지기 또는 주머니에서 무작위로 뽑아내기 등)을 할 수 있다. 시뮬레이션은 문제해결과 비판적 사고능력을 증진시킬 수 있는 잠재력을 가지고 있다. 하지만 교사들은 학생들이 이러한 이득을 얻을 수 있도록 관련된 논의와 활동을 주의 깊게 계획해야 한다.
- **교육 게임**(educational game)은 학생들에게 특별한 능력을 증진시킬 수 있는 재미있는 활동에 참여하게 하고, 논리적 사고 또는 문제해결 능력을 개발하는 데 도움이 된다. 게임에는 일반적으로 학생들이 극복해야 할 장애물이 포함되어 있는 사건이나 상황을 제공하여 '승리'의 기회를 경험하게 한다. 종종 게임은 반복 연습의 기회를 제공하기도 한다. 또한 학생들은 게임 상황을 분석하고 전략을 개발함으로써 높은 수준의 사고 기능을 증진시킬 수 있다. 하지만 대부분의 게임은 핵심적인 수학적 내용 지식을 개발시키지 못한다.
- **문제해결**(problem solving) 유형은 고차원의 문제해결 전략을 발전시키기 위한 것이다. 문제해결

프로그램은 시뮬레이션 프로그램과 비슷한 것으로 학생들은 이 프로그램을 통하여 변인들을 조작하고 피드백을 받을 수 있는 상황을 경험하게 된다. 그러나 모든 문제해결 소프트웨어가 실생활 상황을 모델화하거나 구현하는 것은 아니다. 문제해결 소프트웨어의 한 가지 유형은 프로그래밍이다. 이 프로그래밍의 대표적인 예로서 로고와 같은 컴퓨터 언어는 컴퓨터로 하여금 특정한 방식으로 작동하도록 명령어를 작성하는 프로그램이다. 이 과정을 통해 학생들은 논리적인 사고와 문제해결 능력을 개발할 수 있다. 문제해결 소프트웨어는 학생들의 문제해결 과제에 대한 수행능력을 향상시킬 수 있다. 하지만 프로그래밍 자체만이 아니라 수학에 초점을 맞추도록 교사가 도와주지 않으면, 학생들의 수학적 기능이나 개념을 발달시키지 못할 것이다.

- **도구**(tool) 유형은 수업과 학습 모두를 증진시킬 수 있으며, 문제해결을 통해 수학을 발달시킬 수 있는 가장 효과적인 유형의 소프트웨어이다. 도구는 도식화, 시각화, 계산을 효과적이고 수월하게 할 수 있도록 돕는다. 교실에서 쉽게 사용할 수 있는 유용한 도구 소프트웨어로는 워드프로세서, 데이터베이스, 스프레드시트, 그래핑 프로그램, 하이퍼미디어, 역동적 기하 소프트웨어, 컴퓨터 마이크로월드 그리고 애플릿(교구의 전자 버전, 가상적 교구라고 하기도 함) 등이 있다.

최근에 위에 제시된 많은 소프트웨어 프로그램들의 유형이 인터넷에서도 사용가능하다. 교사와 학생들은 인터넷을 통하여 이전에는 만나지 못했던 다양한 사람들과 폭넓은 정보에 접근할 수 있다.

계산기는 초등학교 수학 교실에서 사용될 수 있는 중요한 테크놀로지 도구이다. NCTM(2000)에 따르면,

> 계산기는 적절한 시기에 계산을 위한 도구로 사용할 수 있어야 한다. 문제해결에서 특별히 큰 수나 복잡하고 번거로운 계산이 필요할 때 계산기가 필요하다. 하지만 학생들이 계산 알고리즘을 공부할 때는 계산 자체가 목적이기 때문에, 계산기를 사용하지 않도록 해야 한다. 오늘날 계산기는 교실 밖에서 계산 도구로 빈번하게 사용되며, 교실 안의 환경에서도 이러한 현실 상황을 반영해야만 한다(pp.32–33).

NCTM의 수와 연산 규준에서, 초등학교 저학년(K~2)들은 "계산을 위해 구체물, 머릿셈, 어림셈, 지필계산, 그리고 계산기와 같은 다양한 방법과 도구를 사용할 수 있어야 한다"고 제시하였다(NCTM, 2000, p.78). 또한 3~5학년 학생들은 "모든 수를 계산하기 위해서 머릿셈, 어림셈, 계산기, 지필계산과 같은 적당한 방법과 도구를 선택할 수 있어야 한다"고 제시하였다(NCTM, 2000, p.148).

계산기는 학생들이 계산을 빨리 그리고 정확하게 할 수 있도록 도울 뿐만 아니라 규칙을 검토하고, 문제를 풀고, 수학적 개념을 발전시키고, 다른 고차원의 과제를 수행하는 데 도움이 된다. 연구에 따르면, 다양한 방법으로 계산기를 사용하는 학생들이 단지 지필계산 방법만을 사용하는 학생들보다 더 높은 성취도를 보였다. 그들은 머릿셈에서 더 우수했으며, 수학에 대한 태도 또한 더 좋았고, 계산기에 지나치게 의존하지도 않았다. 그들의 문제해결 능력 또한 증진되었다(Sutton and Krueger, 2002). 2002 NAEP에서 계산기를 정기적으로 사용하였던 8학년 학생들은 계산기를 사용하지 않았던 학생들보다 대체로 성적이 좋았다. 그러나 8학년 교사 중에서 거의 매일 학생들에게 계산기를 사용하게 했던 교사는 단지 48%에 불과한 것으로 나타났다(Strutchens, Lubienski, McGrow, and Westbrook, 2004).

따라서 교사들은 이러한 매체들을 쉽게 사용할 수 있어야 할 뿐만 아니라 수학수업에 이러한 테크놀로지들이 어떻게 사용될 수 있을지 생각해 보아야 한다. 단지 테크놀로지를 학생들에게 동기를 부여하거나 강한 인상을 심어 주기 위한 것으로 한정해서는 안 된다. 테크놀로지가 데이터를 수집, 분석하고 규칙성을 조사하고 문제를 해결하는 것과 같은 고차원의 사고 능력을 증진시키는 데 사용될 때, 학생들의

성취도를 향상시킬 수 있다. 마지막으로, 모든 학생들이 동등하게 테크놀로지에 접근할 수 있도록 해야 한다. 학습 과제를 빨리 끝낸 학생들에게 주는 보상으로 테크놀로지를 사용하지 않도록 한다. 모든 학생들이 수업 시간 동안 테크놀로지를 활용할 수 있도록 계획을 세워야 한다. 만약 모든 아동들이 동시에 사용할 만한 충분한 테크놀로지가 구비되어 있지 않다면, 학생 각자가 정해진 시간에 따라서 사용할 수 있도록 한다.

효과적인 수업을 위한 계획 세우기

잘 가르치기 위해서는 계획을 세우는 일이 중요하다. 학생들은 흥미롭고 잘 조직된 수업, 사려 깊은 발문에 의해 이끌어지는 수업, 수학에 관한 아이디어를 개발할 기회를 제공하는 활동과 자료가 풍부한 수업에서 가장 잘 학습한다. 명확한 설명에 기초한 개념의 이해, 주의 깊은 발문, 그리고 효과적인 구체물과 매체의 사용은 학생들이 수학을 배우는 데 특히 중요하다. 교사는 앞에서 논의한 수업 준비 과정에서 이러한 것들과 관련된 많은 의사 결정을 한다. 이러한 결정이 일단 이루어지면, 이것은 연간 계획, 단원 계획, 그리고 차시별 수업 계획에 영향을 준다.

교사들은 다양한 방법으로 수업을 계획한다. 어떤 교사는 단지 학생들이 획득해야 하는 목표나 목표 달성을 위한 단계를 나열하기도 한다. 어떤 교사는 묻고자 하는 핵심 질문을 메모하기도 한다. 어떤 교사는 아동이 사용할 자료를 나열하거나 그들에게 제공할 학습지를 준비한다. 교사용 지도서에 있는 해설을 읽는 교사도 있다. 이 모든 방법은 수업을 위해서 교사가 무엇을, 어떻게 해야 할 것인지를 생각하게 하는 것들이다.

가르쳐야 할 모든 수학수업마다 상세하고 완벽하게 수업을 계획하는 교사는 그리 많지 않다. 대체로 교사들은 가르쳐야 할 아이디어를 특별히 주의하여 전개해야 한다고 생각할 때, 또는 이전에 가르쳐 본 적이 없는 아이디어를 가르쳐야 할 때만 이렇게 상세하게 수업을 계획한다. 경험이 많은 교사들은 한 페이지 이상의 계획을 적지 않더라도 머릿속으로 자세한 계획을 세울 수 있다. 그들은 이전에도 비슷한 수업을 여러 번 해 보았기 때문에, 적절한 순서, 시간 안배, 발문, 그리고 잠재적인 문제점에 대해서 잘 알고 있다. 하지만 경험이 부족한 초임 교사의 경우에는 수업 계획을 세우는 것이 매우 중요하다. 주의 깊게 계획을 세워야 아동뿐 아니라 초임 교사에게도 최초의 좋은 경험이 될 수 있다. 실제로 연구에 따르면, 초임 교사와 경험이 많은 교사 모두 수업 전에 수업 과제, 교사 활동, 학생들의 예상 응답, 그리고 가능한 중재에 대해서 깊이 생각하는 것이 도움이 된다고 한다.

훌륭한 수업 계획은 교사가 무엇을 해야 하고 무엇을 말해야 하는지, 어떤 활동과 교구를 사용해야 하는지, 아동들이 어떤 행동을 할 것인지에 대해서 알 수 있도록 해준다. 훌륭하고 자세한 수업 계획은 얼마나 그 수업이 잘 진행되었는지를 판단하는 기준을 제공한다. 계획한 바대로 정확하게 진행되지 않을지라도, 수업 계획은 교사의 수업 행위와 학생들의 학습 활동을 평가하는 데 도움이 된다. 또한 수립한 수업 계획은 도움이 될 만한 조언과 제안을 해 줄 수 있는 다른 동료 교사들과 공유할 수 있다. 이와 더불어 자세한 수업 계획을 기록함으로써 머릿속에 있던 계획을 구체화할 수 있다.

수업 계획의 수준

수학수업에 대한 계획은 세 가지 수준으로 나뉜다. 먼저 연간 학습 목표와 같은 넓은 수준으로부터 시작한다. 그러고 나서 수준을 낮추어 수학의 내용을 단원으로 나누어 조직함으로써 어떻게 연간 목표를 달성할 수 있을지를 계획한다. 마지막으로, 가장 좁은 수준으로 특정한 내용을 어떻게 수업할지 일일 수업으로 계획한다. 각 수업 계획의 수준은 모든 수준에서 논리적으로 연결되도록 하는 것이 중요하다.

연간 계획 한 학년이 시작되기 전에, 교사는 학급에서 아동들이 1년 동안 성취해야 할 것들에 대해서 숙고할 필요가 있다. 물론 이러한 목표를 스스로 개발할 필요는 없다. 대부분의 학교는 교육과정이나 교과서에 제시된 학습 계열 및 내용에 의존한다. 각 시도 교육청에서도 학년별 교육과정 체계를 제공하고 있으며, NCTM의 《학교수학을 위한 원리와 규준》(2000)에서도 각 학년군별로(Pre-K~2, 3~5, 6~8, 9~12) 적절한 수학적 내용과 과정을 제공하고 있다. 교사들은 수업 계획을 세우기 전에 NCTM의 규준, 주에서 요구하는 교육 목표, 학교 교육과정 등을 참고해야 한다. 이러한 자료들은 전 학년에 걸쳐서 가르쳐야 할 수학 내용의 범위를 분명히 하기 위해 필요한 것들이다. 또한 담당 교사는 해당 학교의 아동들의 필요에 따라 어떤 변화를 주어야 하는지 그리고 어느 정도의 융통성을 발휘할 수 있는지에 대해서 다른 교사나 교장에게 확인해 보는 것이 현명할 것이다.

수학수업의 연간 목표와 가르칠 계열을 확인한 후에는 그 상대적 중요성에 따라 교육과정의 각 단계에서 사용할 적절한 시간의 양을 고려할 필요가 있을 것이다. 이처럼 시간 분배를 해 두면 포함시키고자 하는 모든 수학 내용을 적절히 다룰 수 있다. 연간 학습 목표는 교과서의 장이나 단원으로 조직될 수 있다. NCTM의 규준과 CCSSM, 시도 교육 목표, 학교 교육과정 지침, 교과서의 수업 계열은 각각의 학습 주제를 가르치는 데 할당해야 할 시간을 결정하는 데 도움이 될 수 있다. 대부분의 수학 교과서에는 130 내지 150차시의 수업 분량이 들어 있다. 대개 연간 180일이 주어지므로 융통성 있게 몇몇 주제에 시간을 더 할당하거나 교과서에서 나오지 않은 주제를 가르칠 기회를 가질 수 있을 것이다. 각 단원과 학습 목표를 설정하고 예상되는 수업 일수와 가르칠 날짜를 미리 결정하도록 한다.

단원 계획 연간 계획을 세우면 단원 계획을 세우기 시작할 수 있다. 단원이나 절에 대해 계획할 때, 무엇을 가르치고 각각에 시간을 얼마나 할당할 것인지 대강 순서를 정하게 된다. 그리고 수업을 도와줄 매체, 수업 전략, 평가를 결정한다. 다음에는 매주 무엇을 달성할 것인지에 대해 윤곽을 잡고 이어서 매일의 수업 계획을 준비한다. 어떤 학교에서는 교사들에게 수업 계획서에 매주 매일의 수업 목표(경우에 따라서는 더 자세한 것)를 기록하도록 요구하기도 한다. 이렇게 하는 것이 꼭 필요한 것은 아니지만, 이런 일 자체는 좋은 생각이다. 그렇게 하면 한 해 동안 목표를 향하여 꾸준히 나아갈 수 있고 매일 따라야 할 지침이 되기 때문이다. 교사가 계획을 정확하게 따르기는 어렵겠지만, 각 주별 또는 단원별 계획을 세움으로써 아동들의 진도를 점검할 수 있고 아동 각 개개인의 욕구를 충족시킬 수 있도록 진도를 조정하고 가르칠 내용을 변경할 수 있다. 또한 학생 개인별이나 소집단별로 내용을 달리하여 가르칠 계획을 세울 수 있다.

일일 계획 마지막으로, 단원 계획을 세웠다면, 일일 계획을 세울 준비가 된 것이다. 수업 지도안을 작성함으로써, 교사는 자신의 아이디어를 구체화할 수 있으며, 가르치면서 따라가야 할 로드맵을 마련하고, 각 차시의 수업을 평가하고 그 다음 차시의 수업을 계획할 수 있다. 이 장의 앞에서 논의된 고려사항과 수업 계획서 작성 과정을 고려하여, 각 수업 단계와 각 단계별 시간에 대해서 깊이 생각해야 한다. 그렇게 하면 만약 계획에서 벗어났다고 해도 어느 지점에서 벗어났는지를 알 수 있고 나중에 다시 돌아올 수 있다. 일일 계획은 계획한 것을 기억하기 위하여 짧은 문장으로 기록할 수 있기 때문에 간결해도 상관없다. 가르치는 동안 쉽게 계획한 것을 참고할 수 있는 형식으로 작성하는 것이 좋다.

다양한 유형의 수업 설계

수업지도안을 계획할 때 교사는 수업의 유형도 고려해야 한다. 여기서는 전통적인 복습－교수－연습 수업 대신에, 조사형 수업(investigative lessons), 직접

세 가지 수업 유형을 위한 일반화된 수업 계획

학년 ______________ 날짜 ______________

학습 주제/제목 ______________________________

학습목표: 학생들이 알거나 해야 할 것이 무엇인지 판단한다. 교육과정의 학습목표를 고려한다.

평가: 학생들이 학습 목표를 얼마나 잘 성취하였는지 그리고 문제점이 무엇인지 판단하기 위하여 어떤 정보를 수집할 것인가? 평가 정보는 다양한 측면에서 얻을 수 있다. 예를 들어 수업 관찰, 활동 보고서(개인 혹은 집단), 숙제 등. 평가의 두 가지 목적은 추후 수업을 적절하게 계획하는 것과 학생들의 학습 결과를 기록하는 데 있다(예, 성적 산정 및 서술형 평가). 누가 학습 목표에 도달하였는지 그리고 어떻게 점수를 성적으로 산정할 것인지를 판단하는 데 적용할 기준을 기술한다.

수업 조정(하향): 계획한 수업이 학생들의 수준보다 너무 높은 경우 어떻게 할 것인가? 진도가 느린 학생들을 위해 수업을 어떻게 조정할 것인가?

수업 조정(상향): 계획한 수업이 학생들의 수준보다 너무 낮은 경우 어떻게 할 것인가? 진도가 빠른 학생들을 위해 수업을 어떻게 조정할 것인가?

교구: 필요한 모든 교구를 제시한다.

- 구제적 조작물, 테크놀로지(각 수량)
- 쪽수를 표시한 도서(각 수량)
- 기타 물품(가위, 펜, 포스터 등, 각 수량)
- 유인물(복사물 첨부)
- 참고문헌(수업 계획에서 사용하고 인용한 참고 도서 또는 도서목록)

수업 개요(수업의 각 단계별 소요 시간을 표시한다)

도입

수업을 어떻게 시작할 것인지 간략히 기술한다. 학생들이 수업 활동에 참여하게 하고 모든 학생들이 활동하고 있는 것을 이해하도록 한다. 발문할 것들을 제시한다. 적용하고자 하는 문제 상황을 소개한다(예: 실생활 사례, 교구, 문제 혹은 퍼즐 등).

조사하기(조사형 수업)

수업에서 이 부분은 하나의 연결되는 문제해결 활동(전체 학급, 소집단, 혹은 개인별)으로 구성되거나, 또는 몇 개의 단계로 나누어 집단별 또는 개인별로 활동하게 할 수 있다. 각 단계별로 교사의 활동과 학생의 활동을 기술한다. 특히 수업 시간에 발문할 질문의 유형과 학생들이 만들어 낼 산출물의 예를 제시한다. 수업이 몇 개의 단계로 나누어 진행된다면 각 단계별 진행 시간과 각 단계에서 다음 단계로 어떻게 진행할지 기술한다.

설명하기(직접 교수 유형)

전체 학급 교수법 및 모델링: 어떤 개념, 정의, 공식, 알고리즘 등을 설명하고 모델화할 것인가? 사용할 모든 예를 열거하고 적당한 순서로 배열한다. 진행되는 활동의 진행 방향을 포함한다.

활동: 활동은 개인별로 혹은 소집단으로 이루어진다. 학생들은 전체 학급을 대상으로 한 활동보다는 교사와 함께 좀 더 가까이서 문제를 풀거나 연습을 한다. 학생들이 독립적으로 연습할 수 있을 정도가 되었을 때, 교실을 순회하면서 개별 학생들의 질문에 답하거나, 일찍 답을 푼 학생을 위해 배운 것을 확장시킬 수 있는 과제를 제시한다. 순회하면서 질문할 목록을 작성한다. 활동지와 같이 학생들이 활동할 수 있는 자료의 복사본을 준비한다. 어려움을 겪는 학생들을 돕기 위해 사용할 수 있는 더 쉬운 문제를 준비한다. 일찍 문제를 푼 학생들을 위한 도전 문제를 준비한다.

탐구하기(탐구형 수업)

각각의 탐구에 대하여 교사의 활동과 학생의 활동을 단계별로 기술한다. 특히 질문하고자 하는 질문의 형식 그리고 학생들이 만들어 낼 산출물의 예를 제시한다. 학생들에게 여러 활동을 순환시킬 계획인 경우, 각 단계별 진행 시간과 각 단계에서 다음 단계로 어떻게 진행할 것인지 제시한다.

요약(정리)

수업을 어떻게 마무리할지에 관해 기술한다. 학습 활동과 학습 내용에 대해서 학생들이 반성하게 하는 방법을 마련한다. 수업이 성공적이었는지를 판단하는 데 도움이 되는 교사용 또는 학생용 질문지를 작성한다.

그림 3-4 일반적인 수업 계획

교수형 수업(direct instruction lessons), 탐구형 수업(explorations)의 세 가지 수업 유형을 제안하고자 한다. 이 유형들은 수학수업 중 직면할 수 있는 대부분의 상황에 적용 가능한 수업 구조들이다. 수업 목표 및 교과 내용과 관련된 학생들의 사전 경험에 따라, 교사가 수업 유형을 결정할 수 있다. 그러나 어떤 수업 유형을 적용하든 간에 학생들의 이해와 능동적인 참여가 중요하다는 점을 명심해야 한다.

교사들은 아마 수업을 설계할 때 이 세 가지 유형 중 어느 하나만을 사용하지는 않을 것이다. 다시 말해, 세 가지 수업 유형들은 완전히 서로 분리된 것으로 여겨져서는 안 된다. 하지만 각 유형들의 일반적인 특징들에 대해 살펴보는 것이 교사들에게 유용할 것이다.

어떤 수업 유형을 선택하든 수업의 도입부에는 일반적으로 수업 목표, 평가 방법, 수업 진행 방법, 수업 자료와 같은 기본적인 정보가 제시된다. 수업 자체는 일반적으로 다음의 세 가지 단계로 구성된다. 첫째, 도입하기(어떻게 수업을 시작할 것인가). 둘째, 조사하기, 직접 가르치기, 탐구하기(수업 유형에 따라). 셋째, 요약하기(어떻게 수업을 마무리 지을 것인가). 수업지도안에서는 이러한 수업의 단계가 상세히 기록되어야 한다. 그림 3-4는 이 세 가지 유형의 수업을 포괄하는 일반화된 수업지도안이다. 또한 학생들에게 바로 시도해 볼 수 있는 각 유형의 수업지도안의 예시도 제시하였다.

NCTM 규준(NCTM, 1991, 2000)과 CCSSM(2010)에서 권고한 수업의 유형은 여러분이 초등학교에서 경험했던 수업과 매우 다를 것이다. 이제 교사가 주도하는 수업보다는 학생들이 학습에 능동적으로 참여하는 수업으로 바뀌어 가고 있다. 물론 교사가 여전히 수업을 통제하기는 하지만, 소집단 활동에서 이루어지는 각종 논의와 활동을 통해 학생들을 수업에 참여시킨다. 직접적인 가르침과 전체 논의가 여전히 존재하기는 하지만, 학생들은 문제를 해결하고 결과에 대해 서로 이야기할 때 더 효과적으로 배울 수 있다.

수업 유형에 관계없이, 교사는 "언제 정보를 제공하고, 언제 주제를 명시하며, 언제 시범을 보이고, 언제 앞장서 이끌 것이며, 언제 학생들에게 어려운 과제를 제시할지를 결정함으로써(NCTM, 1991, p.35)" 교실 담화를 조직하고 진행한다. 교사는 수업 계획과 경험을 통해 이러한 결정을 내리는 것을 배울 수 있다. 교사는 많은 수업 모형을 배워야 하며 그것을 적절하게 활용할 수 있어야 한다. NCTM의 규준(2000)에서는 교사들이 학생들의 학습을 가장 잘 도울 수 있는 것이 무엇인지를 파악하기 위하여 학습 목표와 학습 과제, 그리고 학생들에 대해서 심사숙고해야 한다고 촉구하였다

조사형 수업 조사형 또는 문제기반 수업은 학생들의 문제해결력 신장, 새로운 개념 학습, 또는 전에 배웠던 주제의 적용과 심화 학습에 가장 적합하다. 조사형 수업에서 학생들은 스스로 문제를 풀거나 조사 연구한다. 문제나 조사 주제는 교사 또는 학생들에 의해 제기될 수 있지만, 수업 자체는 학생들이 그들 스스로의 연구를 통해 생긴 아이디어를 중심으로 진행된다. 교사가 수업을 지도하는 가운데, 학생들은 자신만의 접근법, 전략, 해결책들을 찾아내야 한다.

조사형 수업의 **도입 단계**에서 교사는 학생들이 동기부여가 되었는지, 학생들에게 해결할 문제를 설명했는지 확인해야 한다. 도입 단계에서는 학생들이 해결에 어려움을 겪고 있는 문제를 제시하는 것으로 시작할 수 있다. 또한 교사가 이야기나 신문 기사를 읽어주거나, 게임이나 퍼즐을 풀게 하거나, 또는 풀어야 할 문제가 포함된 상황을 제시함으로써 학생들에게 동기를 부여할 수 있다.

모든 학생들이 일단 과제를 이해하고 나면 수업의 **조사 단계**가 시작된다. 이 단계에서 학생들은 문제해결에 돌입한다. 여기에는 개별 활동, 짝 활동, 또는 소집단 활동이 포함될 수 있으며, 학생들은 모델, 교구, 컴퓨터, 계산기나 다른 기구들을 이용할 수 있다. 조사형 수업에서는 문제가 학생들에게 충분히 도전적이어야 하기 때문에, 교사가 문제에 어떻게 접근해야 하는지 미리 설명해 주지 않는 것이 중요하다. 학생들은 교사가 보여준 전략이나 기술을 단순히 모방해서는 안 된다. 대신 학생들 스스로 어떻게 시작하

조사형 수업 계획의 예

학년: 2　　　　　　　　날짜: 3월 15, 16

학습 주제/제목: 측정/When Close Is Good Enough

학습목표:
1. 임의 단위를 사용하여 길이와 거리를 어림할 수 있다.
2. 임의 단위를 사용하여 길이와 거리를 측정할 수 있다.

교육과정 규준: 학생들은 여러 다양한 상황의 구체물을 표준 단위 및 임의 단위를 사용하여 어림하고 측정한다.

평가: 목표 1: 40쪽의 1번과 4번 그리고 41쪽의 1번-6번까지의 문제에 대하여 답하고 합리적으로 어림할 수 있어야 한다. 6/8 정답률을 보인다.

목표 2: 아동들이 측정하는 동안 관찰하고 기록한다. 40쪽의 문제 2, 5, 6a, b에 대하여 3/4의 정답률을 보인다.

수업 조정(하향): 뼘과 큐빗(팔꿈치에서 가장 긴 손가락 끝까지의 거리)으로 측정을 함께 하게 한다. 필요하면 짝을 지어준다.

수업 조정(상향): 학생들이 뼘과 큐빗으로 다른 물건을 측정하도록 하거나 자신이 선정한 또 다른 임의 단위를 사용하여 어림하게 한다.

교구: OHP; Discovery 책 (p.41, Hand Spans and Cubits 활동 페이지); 학생용(pp.39–41).
참고문헌: *Math Trailblazers*: 2학년, 4단원 4차시(by Wagreich 외, 1977, Kendall/Hunt Publishing Company).

수업 개요

도입–1일차 (15분)

- 길이 재기를 기억하는 사람? 어떤 도구를 사용했는가? 오늘은 두 가지 비표준화된 도구를 사용할 것이다.
- 뼘–손가락을 넓게 펴서 첫째 손가락 끝에서 마지막 손가락 끝까지의 거리. 모든 학생은 각자의 손바닥 한 뼘의 길이를 보여준다. 옆의 친구의 것과 비교한다. 모두 다 같은가? 모두 같지 않기 때문에 이를 임의 단위라 부르는 이유이다.
- 큐빗–팔꿈치로부터 가장 긴 손가락 끝까지의 거리. 모두 큐빗를 보여준다. 비교한다. 모두 다 같은가? 역시 임의 단위이다.
- 뼘과 큐빗은 정확하지는 않지만 적절한 측정을 가능하게 해 준다. 임의 단위로 적절히 측정해도 괜찮은 경우의 예를 생각해 보라.
- 화이트보드의 길이를 뼘과 큐빗으로 측정하는 방법을 시범을 보인다. 실제 측정할 때 사용하지 않는 손으로 어떻게 표시를 하는지 보여준다.

조사–1일차(30분), 2일차(측정 기록표를 완성하고 40, 41쪽을 해결하는 30분)

- 학생들을 4명씩 소집단으로 나누고 39쪽의 물건을 측정하게 한다. 각자 손바닥 뼘으로 측정한다. 시간이 허락되면 다른 물건을 측정하고 종이에 기록한다. 학생들은 OHP TP에 있는 표에 측정결과를 기록한다. (15분)
- 전체 학급 논의: 왜 차이가 생기는지 논의한다. 부분적인 뼘 혹은 큐빗을 어떻게 처리할 것인지 논의한다. 앞으로 어떻게 할지 기준을 정한다. (10분)
- 화이트보드를 큐빗으로 측정하면 뼘보다 더 많을까 혹은 더 적을까? 얼마쯤 될까?
- 각 집단은 큐빗을 이용하여 39쪽을 해결한다. TP에 그 결과를 기록한다. (15분)
- 문의 높이와 폭이 뼘이나 큐빗으로 얼마나 될지 어림해 보자. 어떻게 어림하였는지 설명하게 한다. 학생들의 측정 결과를 기록한 기록표에 있는 정보를 사용하였는가?
- 학생들은 개별적으로 40, 41쪽을 해결한다. Discovery 교재의 41쪽은 숙제로 내 준다.

요약–2일차(15분)

- 결과 기록표에 제시된 측청치는 왜 서로 차이가 있는가? 어림한 값들은 왜 서로 차이가 있는가?
- 표준 단위와 임의 단위의 차이점은 무엇인가?
- 임의 단위로 사용될 수 있는 다른 도구는 무엇이 있는가? 임의 단위를 사용하는 경우는?

그림 3–5 조사형 수업 계획의 예

고 무엇을 시도해 봐야 하는지 결정해야 한다. 교사의 역할은 학생들이 스스로 해보도록 하는 것이기 때문에, 교사는 교실을 순회하며 학생들의 대화를 들어보고 학생들을 관찰해야 한다. 또 학생들이 잘못하고 있는 것이 무엇인지 깨닫게 하거나 새로운 접근법을 시도해 볼 수 있도록 때때로 질문하고 그들의 해결책에 대한 견해도 제시해야 한다.

조사형 수업의 **요약 단계**에서는 학급 전체가 그들이 발견한 것에 대해 함께 이야기를 나누게 된다. 교사는 학생들의 활동을 관찰한 것을 바탕으로 소집단별로 또는 개별 학생들이 시도해 발견한 것을 논의하도록 한다. 이때 교사는 학생들이 논의하는 아이디어와 답변들에 너무 부정적이지도 너무 긍정적이지도 않게 반응하는 것이 중요하며, 서로의 의견에 이의를 제기해 보도록 해야 한다. 학생들은 수학적 아이디어들이 논리적으로 타당한 경우와 그렇지 않은 경우를 판단할 수 있는 연습이 필요하다. 또한 문제해결을 너무 일찍 끝내지 않도록 주의해야 한다.

학생들은 다른 학생들의 생각이나 대안이 되는 해결책에 대해 들으며 많은 것을 배울 수 있다. 교사의 역할은 학생들이 자유롭게 자신의 생각을 서로 나누도록 하되, 교육과정상의 학습 요소를 충실히 학습하도록 논의를 통제하는 것이다. 요약 단계의 끝부분에는 학생들이 조사 과정을 통해 무엇을 배웠는지 분명히 알도록 하는 것이 중요하다. 즉, 그때까지 형성된 규칙이나 일반화된 것들을 진술해 주는 시간인 것이다. 이 단계를 짧게 끝내버리기 쉽지만, 그렇게 해서는 안 된다. 해결책에 대해 함께 이야기하고 나누는 것은 유의미한 수학학습을 위해서 매우 중요한 것이다.

그림 3-5는 *Math Trailblazers* 교과서 시리즈의 한 단원을 바탕으로 설계한 2학년 조사형 수업 지도안이다. 이 지도안의 개요 부분을 보면, 교사가 어떻게 수업할지를 자세히 보여준다. 교사가 무엇을 하려고 의도하고 있는지 파악하기 위해 개요를 한번 읽어보자. 도입 단계에서 학생들이 조사에 돌입하기 전에 필요한 배경 정보와 토론이 포함되어 있음을 알 수 있다. 또, 조사 단계에서는 교사가 필요에 따라 소집단과 학급 전체 논의를 병행하며 어떻게 수업을 진행하는지 살펴보자. 끝으로, 요약 단계에는 수업 끝에 물어볼 추가 질문들이 포함되어 있다.

직접 교수형 수업 직접 교수형 수업에서 교사는 조사형 수업에서보다 수업을 이끄는 데 더 중심이 되는 역할을 한다. 직접 교수는 교사가 구체적인 지식을 전달하거나 새로운 어휘를 소개할 때, 또 특정한 절차를 가르치려고 할 때 적합하다. 직접 교수형에서 교사는 조사형 수업에서 더 많은 통제를 하며, 교사의 가르침에 초점을 둔다. 직접 교수법의 세 가지 단계는 보통 (1) 도입 (2) 교수 (3) 요약 단계로 이루어지는데(그림 3-6 참고), 수업의 내용에 따라 각 단계를 더 작은 부분들로 나눌 수도 있다.

조사형 수업과 마찬가지로, **도입 단계**에서 교사는 동기부여를 할 수 있는 도입부를 제시하고 학생들에게 문제를 소개한다. 교사의 지도를 받아 학생들은 문제에 어떻게 접근할지, 또 이전에 배웠던 어떤 개념과 기술들이 유용할지 함께 이야기한다. **교수 단계**에서 교사는 어떻게 문제를 진행해 갈지 시범을 보이고, 수업 목표인 개념이나 기능을 학생들에게 이해시키는 가운데 그들의 아이디어도 도출해 낸다. 교사의 지도가 수반되는 연습 또한 교수 단계에 포함된다. 이때 학생들은 교사로부터 안내와 피드백을 받으며 학습한 개념이나 기능을 능동적으로 연습한다. 그 후, 학생들은 교사의 도움 없이 스스로 학습한 아이디어들을 가지고 연습하며 자신의 것으로 만든다. 이 단계의 과제는 처음에 제시된 과제와 밀접하게 관련이 있어야 하지만, 너무 유사해서 학습한 방법을 단순히 따라하는 정도가 되어서는 안 된다. 끝으로, **요약 단계**에서는 교사와 학생들이 학습했던 내용을 정리해 본다.

그림 3-6은 *Everyday Mathematics* 교과서 시리즈에 담긴 단원을 바탕으로 설계한 3학년 직접 교수형 수업을 제시한 것이다. 교수 단계에서 교사의 역할에 주목해보자. 이때 교사는 중요한 정보를 제공하고 절차를 시범을 보이며 학생들이 그 절차를 연습하도록 안내하고 그들이 직접 연습해 보도록 이끈다. 요약 단계에서 학생들은 그들의 학습을 뒤돌아 볼 기회를 가질 뿐 아니라 그들이 사용한 전략을 공유한다.

직접 교수형 수업 계획의 예

학년: 3　　날짜: 11월 15일
주제/제목: 4단원: 곱셈과 나눗셈 4차시: 곱셈과 나눗셈의 관계
학습목표: 배열, 곱셈/나눗셈 배열표, 수식을 이용해 나눗셈 문장제를 모델화 할 수 있다.
교육과정 규준: 곱셈과 나눗셈 구구 관계를 알 수 있다.
평가: 정확성을 평가하기 위하여 Home Link Master 92를 체크한다. 숙달함을 보이기 위해서는 2/3의 정확도를 보여야 한다.
수업 조정(하향): 학생들이 만약 배열을 나타내는데 어려움을 보이면 수직선 모델을 이용하여 움직임을 그리게 한다.
수업 조정(상향): 학생들이 혼자서 나눗셈 문장제를 생각해보게 한다. 만든 문장제를 서로 교환하여 해결하게 한다.
교구: 동전, 나눗셈 배열 게임을 위한 주사위
Math 저널 p.86, Home Link Master p.92
참고문헌: Everyday Mathematics, 3학년 4단원 4차시(by the University of Chicago School Mathematics Project, 2007).

수업 개요

도입(15분)

- 두 명씩 짝을 지어 동전을 이용해 (어제 소개했던) '나눗셈 배열' 게임을 하게 한다.
- 학생들에게 '수학 메시지' 문제(동전 12개를 4명이 똑같이 나누려고 한다. 각 사람에게는 몇 개의 동전이 돌아갈까? 원한다면 문제를 풀기 위해 모형 동전을 이용해도 된다.)를 풀게 한다.
- 사용된 전략에 대해 논의한다. 사용된 배열을 칠판에 그려보게 한다.

교수(35분)

- 4×3 배열 옆에 다음과 같은 곱셈/나눗셈 배열표를 작성하게 한다.

학생	한 명당 동전의 수	모든 동전의 수
4	?	12

- 학생당 몇 개의 동전인가? 이 문제 상황을 세 가지 수식으로 나타내보아라.

$12\div4=3$　　$12/4=3$　　$4\overline{)12}^{\;3}$

- 다음 용어를 분류하여라.
  - 몫은 위의 세 가지 수식의 답이다.
  - 피제수는 나누기 전 총합이다.
  - 제수는 동일한 묶음의 개수 혹은 각 묶음 안에 들어 있는 원소의 개수이다. 다음 문제를 제시한다. 15원이 있는데 학생들이 각각 4원씩 받았다면 학생은 모두 몇 명인가? 이 문제 상황을 배열로 만든 다음 곱셈/나눗셈 배열표를 채우게 한다. 희망하는 학생들은 이 문제 상황을 수식으로 작성하도록 한다.
  - 나머지는 사물의 묶음을 똑같이 나누었을 때 남게 된 양을 의미한다.
- 동일한 배열, 배열표, 수식을 이용하여 더 많은 문제를 풀게 한다. 풀이과정을 논의한다.
- 토끼 21마리가 토끼집 3곳에 똑같이 들어간다. 각 토끼집에는 강아지가 몇 마리씩 들어가는가?
- 색연필 17개를 6명이 똑같이 나누어 갖는다. 한 명당 몇 개씩 색연필을 가질 수 있는가?
- 소집단별로 Math 저널 86쪽의 문장제 4문제를 푼다. 동전으로 배열을 만들어 그리고 배열표를 채운 다음, 각 문제를 수식으로 나타낸다.

요약(10분)

- 학생들에게 네 문제에 대한 풀이 전략과 답에 대해 서로 논의할 수 있는 기회를 준다. 배열표를 이용하여 곱셈과 나눗셈의 관계에 대해 논의하게 한다.
- 오늘 숙제는 Home Link Master의 92쪽을 해결하는 것이다. 문장제를 푸는데 나눗셈을 어떻게 하였는지 집에서 배열이나 그림을 이용하여 누군가에게 설명한다.

그림 3-6 직접 교수형 수업 계획의 예

탐구형 수업 교사들은 가끔 학생들이 개별적으로 또는 소집단으로 활동할 수 있도록 일련의 학습 활동이나 **탐구활동**을 제시하고 싶어 한다. 이런 활동을 보통 학습 센터(learning center/learning station)라고 하는데, 이 활동은 흔히 정규 수업에 참여하지 못하는 아주 어린 아이들을 대상으로 한 유치원 수업에서 이용되지만, 초등학교 고학년이나 중학생들에게도 적용할 수 있다. 탐구활동은 아동들이 교사의 도움 없이 완성될 수 있도록 구조화되어야 하며, 과제를 수행할 때 조사형 수업보다 개별적 선택을 더 많이 허용해야 한다. 탐구활동은 자유시간이 아니다. 탐구활동은 학생들이 중요한 수학 과제를 독립적으로 풀어볼 수 있는 기회를 제공한다. 학생들은 그들의 속도에 맞춰 과제를 수행하고 학습에 대한 결정을 내릴 수 있다. 학습활동은 특정한 주제와 연관될 수 있고 난이도나 복잡한 정도도 다양하게 제시할 수 있다. 또 특정 기능을 연습할 수 있는 다양한 기회를 제공할 수도 있고, 개념적 지식이나 문제해결력을 신장시킬 수 있다. 이와 더불어 탐구활동은 보충 또는 심화 활동이 필요한 학생들에게도 효과적인 활동이 될 수 있다.

일련의 탐구활동은 특정한 날에 한 단원에 대하여 또는 전체학급 수업을 대신해 며칠에 걸쳐서 이루어질 수 있다.

탐구활동이 전형적인 전체학급 수업과 유사할 필요는 없지만, 교사는 여전히 학습목표를 명시하고 주의 깊게 활동을 계획할 필요가 있다. 교사는 어떻게 활동들이 이루어질지 고려해야 하고 순조로운 진행과 마무리를 위해 필요한 자료들을 어떻게 제시할지 생각해 보아야 한다.

탐구활동을 적용하면, 학습 유형과 관심사가 다양한 학생들의 요구에 부합하도록 수업을 계획할 수 있다. 어떤 학생들은 테크놀로지를 이용하는 것을 선호하는 반면, 어떤 학생들은 구체물을 이용하고 싶어 한다. 다양한 활동을 계획하면 학생들에게 더 많은 선택권을 줄 수 있다. 또한 교사가 특정 활동의 난이도를 고려함으로써 개별 학생들의 요구를 충족시켜 주는 수업을 계획할 수 있다.

교사는 학급의 규모와 각 활동별로 얼마나 많은 학생들을 참여시킬 것인지를 고려해야 한다. 대여섯 명이 활동할 수 있는 학습 센터를 계획하고 각 집단의 아이들이 각 학습 센터마다 정해진 만큼의 시간을 보낸 다음, 모든 학습 센터를 순환하도록 계획할 수 있다. 아니면 각 활동별로 여러 가지 수업 자료들을 나누어 주고, 각 집단이나 개별 학생들이 동시에 같은 활동을 하도록 할 수도 있다. 한 교육학자는 이런 유형의 경험을 일컬어 메뉴(*menus*)라 부르고, 특정 주제와 관련된 활동 메뉴들을 제공할 것을 제안하였다(Burns, 2007). 교사는 모든 학생들이 그 메뉴에 들어 있는 특정 탐구활동을 완수하도록 요구할 수 있다. 이것은 교사가 학생들의 개별적 학습 욕구를 채우는 효과적인 방법이다. 교사는 난이도가 더 높은 과제를 수행할 수 있는 학생들에게는 조금 더 어려운 과제를, 어려움을 겪는 학생들에게는 다른 활동들을 제시해 줄 수도 있다. 이와 달리 교사가 과제를 수행한 순서와 시간을 정해줄 수도 있다.

학생들이 이런 유형의 활동을 하는 데 익숙해지고 독립적으로 과제를 할 수 있으면, 교사는 개별 학생이나 소집단 내의 학생들을 지도하고 평가할 수 있는 시간을 갖는다. 이에 대하여 레그나르와 오스틴(Legnard & Austin, 2012)은 수업에서 수학 워크숍을 진행하는 방식을 제시하였다. 각각의 소집단들은 학습 센터를 한 바퀴 돌면서 학습 경험을 한다. 여기에는 교사와 함께하는 소규모 수업, 소집단별 학습, 협력적 활동, 개별 활동 등이 포함되어 있다. 학생들에게 부여되는 과제는 개인의 요구에 맞게 서로 다르다.

탐구활동은 일반적으로 세 단계로 구성된다. (1) 도입, (2) 탐구, (3) 요약(그림 3-7 참고). 탐구활동의 **도입 단계**에서 교사는 학생들에게 어떤 활동을 할 것인지, 각 활동에서 무엇을 기대하는지, 학생들이 어떻게 수업자료를 관리해야 하는지, 학생들이 한 활동에서 다음 활동으로 어떻게 넘어갈 것인지, 학생들이 어떤 결과물을 만들어낼 것이고 교사는 어떻게 확인할 것인지에 대해 말해 주어야 한다. 교사는 고학년 학생들에게는 서면으로 각 활동에 대해 지시할 수 있지만, 어린 학생들일 경우에는 활동에 대해 직접 시범을 보

탐구형 수업 계획 예

학년: K **날짜:** 10월 15일
주제/제목: 대수/규칙 만들기
학습목표: 1. 선형적으로 반복되는 규칙성을 만들기 위해 구체물을 활용할 수 있다.
2. 규칙성과 비규칙성 사이의 차이를 구분할 수 있다.
교육과정 규준: 구체물을 이용하여 반복되는 규칙과 연속적인 규칙을 만들 수 있다.
평가: 목표 1: 매트에 들어있는 규칙을 확인한다. 100% 정확도가 있어야 한다.
목표 2: 각 학생에게 미리 만든 매트 4장을 보여주고 그 안의 규칙을 말하게 한다. 도달 여부 확인은 4개 중 3개가 맞아야 한다.
수업 조정(하향): 규칙을 만들기 위해 두 개의 서로 다른 모양/대상을 사용한다. (학습 센터 1)
수업 조정(상향): 세 개 이상의 모양이나 대상을 사용한다. 학생들이 그들이 만든 규칙을 말로 설명하게 한다. –AB, ABC 등
교재: 12"×18" 활동지
학습센터 1: 오렌지와 노랑 나뭇잎 스티커
학습센터 2: 고무 스탬프와 스탬프잉크
학습센터 3: 마커와 과일무늬 스텐실
참고문헌: *Kindergarten, Investigations in Number, Data, and Space*, Investigation I: Exploring Patterns(by Susan Jo Russell, 2004, Pearson Education, Inc.)

수업 개요

도입(10분)

- 이번 주에는 무엇을 하였나요? (패턴블록, 연결큐브와 단추로 규칙 만들기). 다음 주에는 학교에서 무엇을 하게 될까요? (PTA 가을 축제)
- 오늘은 축제를 위해 매트를 장식하려고 합니다(정사각형들로 이루어진 빈 매트를 보여준다). 각 정사각형에 한 물체를 놓아서 규칙을 만들려고 합니다. 여기엔 규칙이 있어야 합니다. 규칙이 있다는 것을 어떻게 판단하나요? (반복되는 요소)
- 각 소재를 이용해서 매트에 어떻게 적용하였는지 보여준다. 규칙이 있는 것과 규칙이 없는 예를 보여준다. 배열한 모양이 규칙이 있는지 말하게 하던가 아니면 엄지손가락을 이용하여 의사를 표현하게 한다. 규칙을 AB, ABC 등과 같은 표현으로 나타내게 한다.
- 센터에 도착하게 되면 매트를 만들게 됩니다. 완성되었을 때 보여주세요. 그런 다음에는 구체적 조작물을 이용해 더 다양한 규칙을 만들 수 있게 됩니다.

탐구(20분)

- 미리 지정된 모둠으로 이동한다. 매트를 완성하면 선생님이 확인할 것입니다. 빈 종이 위에 혹은 패턴블록 같은 교구를 이용해 더 많은 패턴을 만들게 될 것입니다.
- 선생님이 미리 만든 매트 4장을 보여줄 텐데 규칙인지 규칙이 아닌지 말해주세요.
- 기록사항: 누가 규칙을 만들었는가? 어떤 규칙을 만들고 있나? 그 규칙을 어떻게 표현하였는가?

요약

- 전체 학급으로 돌아와서 짝에게 그들이 만든 매트를 보여주고 그 안의 규칙에 대해 이야기를 나눈다.
- 5개의 매트를 선정한다. 마지막 질문: 여기서 규칙은 무엇인가요? 이 규칙을 어떻게 표현할 수 있나요?

그림 3-7 탐구형 수업 계획의 예

이고 구두로 설명해 주어야 한다. 교사는 탐구활동에 수반된 활동을 전체 학급에 여러 차시에 걸쳐 차례로 소개할 수 있도록 최선을 다해야 한다. 그러고 나면, 학생들이 이미 그 활동을 경험해 보았기 때문에 혼자서도 성공적으로 과제를 수행해 낼 수 있게 된다.

탐구 단계에서 학생들은 정해진 시간 동안 개별적으로 공부하게 된다. 교사는 이때 각 활동마다 단계별로 절차를 잘 계획해야 한다. 학생들이 한 활동을 마치고 다음에 할 활동이 무엇인지를 이해하고 있는지 확인해야 한다. 또한 교사의 역할을 숙지해야 한다. 교실을 순회할 것인가? 각 활동 별로 어떤 질문을 해야 하는가? 교사는 각 집단이 만든 결과물을 확인하고 만족스러운 결과물을 산출한 집단을 표시할 수 있도록 클립보드를 들고 다니며 학생들의 학습에 대해 기록한다.

요약 단계에서 교사가 학생들이 만들어낸 전략과 결과물을 공유할 수 있는 시간을 마련해야 한다. 모든 학생들이 특정한 한 가지 활동에 집중하여 완료하게 하여, 그것을 그날 논의의 주제로 삼을 수도 있다.

그림 3-7은 *Investigation in Number, Data, and Space* 교과서 시리즈를 바탕으로 설계한 유치원을 대상으로 한 탐구형 수업을 제시한 것이다. 도입 단계에서 교사는 아동들이 개별적으로 활동할 수 있도록 안내를 해 주어야 한다. 탐구 단계에서는 탐구할 내용을 자세하고 조직적으로 제시해야 한다. 요약 단계에서는 아동들이 탐구활동에서 경험한 것들을 이야기하게 하는 발문을 해야 한다.

수업 계획에서 평가 및 분석

평가는 수학수업의 필수 요소가 되어야 한다. 교사는 자신이 가르쳐야 한다고 생각한 것을 가르쳤는지 그리고 각 학생들이 배워야만 한다고 생각한 것을 배웠는지 확인해야 한다.

교사가 수집하는 모든 평가 정보는 수업을 계획할 때 유용하다. 교사는 이를 통해 각 학생들의 필요가

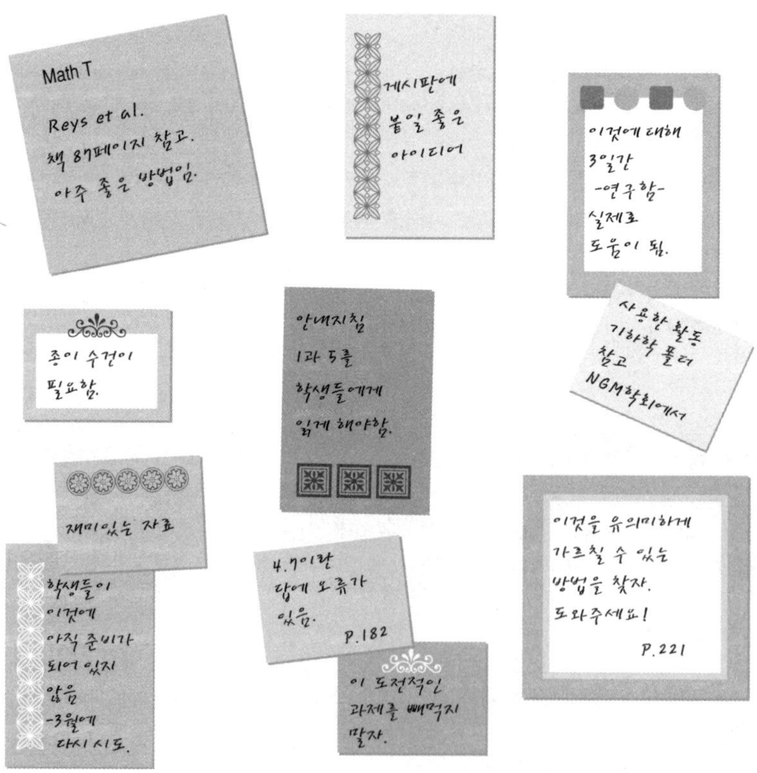

그림 3-8 5학년 교사의 포스트잇 메모 예

무엇이며, 이들이 성취하고 발전한 것이 무엇인지 알 수 있다.

또한 많은 교사들은 수업의 효과에 대해 평가해서 기록해 두는 것이 도움이 된다고 말한다. 수업계획서나 교사용 지도서에 수업의 좋았던 점과 좋지 않았던 점을 기록해 놓는 것도 한 방법이다(그림 3-8 참고). 또 수업 중 했던 활동, 읽었던 것들, 시도해 보고 싶은 아이디어들, 다른 일화적인 일들을 기록해 둔다. 이런 기록들이 다음 해 수업을 계획할 때 도움을 준다. 흔히들 무슨 일이 있었는지 기억할 수 있을 것이라 생각하지만, 시간이 지나면 잊게 될 확률이 크기 때문이다.

끝으로 *Professional Standards for Teaching Mathematics*(NCTM, 1991)에서는 **분석**에 대해서 다음과 같이 제시하였다. "분석은 교사가 수업을 체계적으로 뒤돌아보는 것이다. 분석은 수업 중 일어나는 것들, 즉 과제, 담화, 환경이 모든 학생들의 수학적 소양과 힘을 개발하는 데 얼마나 도움이 되었는지를 지속적으로 감시하는 행위이다(p.20)." 이러한 분석은 한 해에 걸쳐 수업을 개발하고 실제로 수업을 하는 과정에서 수업을 계획하고 개선하는 데 필요한 중요한 정보를 제공한다.

모든 학생들의 요구 충족시키기

설계한 수업 지도안을 수업에 적용하기 전에 교사가 해야 할 것이 한 가지 더 있다. 그것은 모든 학생들이 성공과 도전의 기회를 갖도록 각 학생들의 특별한 요구를 확인하고 이에 맞게 수업 지도안을 조정하는 것이다. 교육 기회의 평등성은 NCTM의 기본적인 원칙 중 하나이다. 마찬가지로, *Professional Standards for Teaching Mathematics*에서도 모든 학생들이 수학을 배울 수 있는 동등한 기회를 강조한 바 있다. 이러한 규범에 따르면, "모든 학생들"은 다음과 같은 의미를 내포한다.

- 어떤 식으로든 교육 기회에 접촉할 수 있었던 학생들과 그렇지 못한 학생들 모두
- 주류로 여겨지는 미국인과 더불어 아프리카계 미국인, 라틴 아메리카계 미국인, 북미 원주민과 소수민족 모두
- 남학생과 여학생 모두
- 학교와 수학수업에서 성공적인 학생과 그렇지 못한 학생 모두(NCTM, 1991, p.4)

이 책에서는 평등성(equity)을 신장하는 방법에 대해 토론할 것이다. 동일한 학습 기회를 제공하는 것이 꼭 모든 학생들에게 완전히 동일한 수업을 제공하는 게 아니라는 것을 명심해야 한다. 평등하다는 것은 공평하고 정당하다는 것이다. 한 학생에게 공평하고 정당한 것이 다른 학생에게는 공평하고 정당하지 않을 수 있다. 평등한 수업을 제공하는 것은 각 학생의 요구에 맞게 수업을 적절히 조정하는 것이다.

교사들은 각 학생의 요구를 충족시킬 수 있는 수업을 설계하는 것이 너무 힘든 일이라 우려한다. 그러나 교사가 할 일은 각 학생을 위해 수업 지도안을 모두 다르게 설계하는 것이 아니고, 하나의 수업 지도안을 만들어 다양한 학습자들이 학습하기 쉽게 조정하는 것이다. 수업 계획에 도움이 될 수 있도록 담당 학급의 세 학생들, 즉 수업에 필요한 준비가 되어 있는 학생, 수업에 도움이 필요한 학생, 그리고 선행학습이 가능한 학생을 생각해보고, 수업을 계획하는 동안 이 세 학생의 서로 다른 요구를 고려한다. 그리고 영어가 모국어가 아닌 학생들이 있다면 그들의 요구 또한 기억해 두어야 한다. 다음으로 모든 학생들이 수업 목표를 달성하도록 돕는 가운데 학생 개개인의 요구를 충족시킬 수 있는 보충 및 심화 전략을 생각해 본다. 이 책에서는 수업에 도움이 필요한 학생들을 위한 조정을 하향 수업 조정이라고 부르고, 선행학습을 할 수 있는 준비가 된 학생들을 위한 조정을 상향 수업 조정이라고 부를 것이다. 지나치게 조정을 시도하여 "수학적 내용과 교육학을 통합하지 못하거나 학생들에 대한 기대치를 너무 낮게 설정하지 않도록" 유의해야 한다(Brodesky 외 2004, p.150).

어떤 교육학자들은 추가 도움이 필요한 학생들을 위한 개별화 수업을 계획할 때 다음 사항들을 고려해야 한다고 한다.

1. 특별한 도움이 필요한 학생들이 이 활동에서 의미를 찾으려면 어떤 조직적, 행동적, 인지적 기능이 필요할까?
2. 이 기능별로 가장 취약한 학생들은 누구인가?
3. 특별한 도움이 필요한 학생들이 활동에 포함된 개념적 과제에 집중할 수 있게 하려면 어떤 기능에 추가적인 도움을 어떻게 제공할 것인가?(p.119)

수업을 조정하기 위해서는 먼저 다양한 아이디어와 방법을 수집할 필요가 있다. 다양한 문화권의 학생들과 영어에 어려움이 있는 학생들, 특별한 도움이 필요한 학생들을 위해 어떻게 평등한 수업을 실시하는지에 대한 많은 자료들이 최근에 나오고 있다. 그러한 권고 사항들을 알아두면 유능한 교사가 될 수 있을 것이다.

다른 문화권에서 온 학생들 가르치기 미국이 점점 문화적으로 다양한 나라가 되면서, 모든 학생들을 수학과 연결되도록 만드는 것이 점점 더 어려워지고 있다. 교사는 문화적으로 다양한 수학을 수학수업에 통합시킴으로써 학생들의 출신 배경에 상관없이 모든 학생들을 수학수업에 참여시킬 수 있다. 이렇게 하면 다음과 같은 것들이 가능하다.

- 자신의 문화적 뿌리와 수학을 연결할 수 있다.
- 다른 사람의 문화를 이해하고 존중할 수 있다.
- 수학이 여러 나라의 사람들에 의하여 발전되었음을 알 수 있다.
- 예술, 문학, 게임과 같은 생활의 다른 측면을 수학과 관련시킬 수 있다.

학생의 문화적 배경과 일상적 생활을 고려해 수학 수업과 활동을 계획하는 것이 중요하다. 이렇게 함으로써 교사는 학생들이 자신의 문화와 다른 문화에 대해 관심을 갖게 할 수 있다. 이 책의 문화적 연계성 부분에서는 다양한 문화 속의 수학을 소개하고 있다. 맡고 있는 학급에 그런 문화권의 학생들이 없더라도 여러 문화속의 다양한 수학은 모든 학생들이 탐험해 볼만한 주제이다.

학생들의 문화는 또한 그들의 학습 선호도에 영향을 미칠 수 있다. 특정 문화권의 학생에 대한 고정관념이 형성되지 않도록 주의해야 하겠지만, 그 문화권 아이들의 일반적인 학습 선호도에 대해 아는 것은 도움이 될 수 있다. 민족성만이 고려할 유일한 문화적 측면은 아니다. 문화적 차이는 사회・경제적 지위(SES)에서도 나타날 수 있다(Payne, 1996). 예를 들어, 사회・경제적 지위가 낮은 가정의 아동들은 중요한 배경지식이 부족하거나 특정한 인지 전략을 습득하지 못했을 수 있다. 물론 이런 결핍은 발견해서 개선될 수 있다.

교사는 또한 학생들의 문화적 규범을 파악해야 하며, 그 문화적 규범이 교실에서 어떻게 나타나는지 알고 있어야 한다. 예를 들어, 다른 나라에서 온 어떤 학생들은 새로운 교수법과 평가 방식에 적응해야 할 필요가 있다(Abrams and Ferguson, 2005). 이전에 학습한 수업이 암기와 반복에 초점을 두었다면, 학생들은 개방형으로 진행된 수업에서는 좌절감을 느낄 수도 있다. 또한 본래의 문화에서는 납득되는 행동들이 새로운 환경에서는 받아들여지지 않을 수도 있다. 예를 들어, 어떤 문화에서는 학생들이 교사에게 이야기를 할 때 교사의 눈을 똑바로 쳐다보지 않는다. 그렇게 행동하는 이유를 알지 못한다면 버릇없게 여겨질 수도 있다. 학생들은 교사의 도움으로 그들만의 문화적 정체성을 유지하면서 새로운 문화의 교실에서도 성공적으로 공부할 수 있다. 교사는 지침과 기대치에 대해 명확하게 전달해야 하고 학생들이 새로운 문화에 적응하도록 도와주어야 한다. 교사의 이해와 도움 없이는 수업에서 성공하기 힘들다고 느끼고 행동하는 학생들이 있을 수 있음을 기억해야 한다. “대개 학생들은 교사가 질문하지 않으면 말하지 않는다. 자발적으로 질문하는 것이 뽐내고 자만하는 것처럼 여겨질 수 있기 때문이다. 많은 학생들이 교사가 한 말이 잘못된 경우에도 이에 대해 질문하지 않을 것이다"(Miller and Endo, 2004, p.789).

영어 학습자 가르치기 영어를 따로 배워야 하는 학생들은 수학수업에서 특별히 신경을 써야 한다. 한 전문가에 따르면(Herrell, 2000), 교사가 영어 학습자들의 요구를 충족시키기 위해 고수해야 하는 다섯 가지 기본 원칙들이 있다.

- **학생들이 이해할 수 있는 방식으로 가르친다**(학생들이 이해할 수 있는 언어 사용). 속어나 축약어를 피하고 명료하고 정확한 언어를 사용하는 것이 이에 포함된다. 중요한 용어와 개념을 강조 및 반복하고, 이들을 설명하기 위한 시각 자료, 모델, 몸동작을 함께 사용한다.
- **학생들에게 수업활동 중 언어를 이용해 상호작용할 기회를 많이 제공한다**(즉, 교사나 동료 학습자들과 더 많이 이야기하도록 이끌기). 이렇게 하면 영어 학습자들이 영어를 더 많이 연습할 수 있다. 그러나 어떤 학생들의 경우 수업시간에 다른 학생들 앞에서 말하기에 앞서 장기간에 걸쳐 영어를 듣고 이해하는 연습을 해야 할 수도 있다. 또한 학생의 영어 실력에 맞게 질문해야 한다. 아직 영어를 잘 사용하지 못하는 학생들에게는 행동을 통해 대답하도록 해주어야 한다(예를 들어, 기능을 행동으로 시범보이기). 짧은 단어로밖에 말하지 못하는 아이들을 위해서는 한 단어로 대답해도 충분한 질문을 하거나 보기를 제시하여 선택할 수 있게 한다. 학생들에게 의도한 대답에 대해서만 피드백을 해주어야 하며, 발음이나 문법, 단어 선택에 대해서는 반응하지 않아야 한다. 또한 영어 학습자들이 대답하기까지 좀 더 오래 기다려 주어야 하며, 질문을 해석하고 생각한 다음 대답을 영어로 바꿀 수 있도록 충분한 시간을 주어야 한다. 끝으로, 모든 문화가 미국처럼 언어적 의사소통을 가치 있게 여기지 않는다는 사실을 기억해야 한다.
- **언어를 맥락과 연관 지을 수 있는 방식으로 가르친다.** 교구나 시각화 도구는 학생들이 이전 지식과 새로운 지식을 연결 지을 수 있도록 도와주며 교사의 수업을 더 의미 있게 만든다. 새로운 아이디어를 소개할 때는 학생들이 갖고 있는 기존 지식에서 시작해야 하며, 맥락을 제공하여 학습 주제를 그들의 삶과 관련짓게 하는 것이 효과적이다. 가능하다면, 영어 단어와 학생들의 모국어 단어들을 모두 사용하는 것이 좋다.
- **학생들의 불안감을 줄일 수 있는 수업 전략과 집단 구성을 사용한다.** 영어 학습자들에게 추가 도움을 줄 수 있는 방법을 찾아보라. 그들의 감각을 가능한 한 많이 사용하라. 학생들에게 영어를 말하거나 쓰는 것 이외에 대답할 수 있는 다른 방법을 제시한다. 또 전체 학급에서 말하는 것보다 부담이 적도록 짝과 함께 또는 소집단에서 의견을 나누도록 한다. 일반적으로 동일한 언어를 사용하는 동료와 함께 활동하는 것이 학생들을 더 편안하게 해준다.
- **학생들이 활발하게 참여할 수 있는 교실 활동들을 배정한다.** 교구와 일상에서 사용하는 물건들은 개념을 이해하는 데 도움이 된다. 어떤 학생들은 말로 설명하는 것보다 구체물을 이용하여 시범을 보이는 것이 효과적일 수 있다.

특별한 도움이 필요한 학생들 가르치기 특별한 도움이 필요하다고 확인된 학생들은 검사를 통해 특별한 교육을 받게 되며 개별적인 교육 프로그램이 제공될 것이다. 이러한 학생들에는 영재 아동, 신체장애 아동, 학습 장애 아동들이 포함된다.

영재, 신체장애, 학습 장애 중 어떤 유형이든 특별한 도움이 필요한 학생들을 가르치려면 교사는 교육과정과 수업 지도안을 조정해야 한다. 그림 3-9는 그러한 조정을 할 수 있는 아홉 가지 방법을 제시한 것이다. 먼저 교사는 수업을 진행하는 동안에 학습자들에게 무엇을 도와줄 수 있는지를 확인해야 한다. 둘째, 교사는 학생들이 학습 과제를 수행하는 과정에서 개개의 학생들에게 무엇을 기대할 것인지를 결정해야 한다. 어떤 학생들에게 어떤 조정이 적절한지를

조정의 9가지 유형

크기
학생이 배우고 도달하여야 하는 항목의 수를 조정한다.
예: 학생이 한 번에 완성해야 하는 용어의 수를 줄인다.

시간
학습, 과제 완성 또는 평가를 하는 데 걸리는 시간을 조정한다.
예: 각자 과제를 완성하는 개인별 시간을 달리하고 일부분의 학생들은 학습 진도를 다르게 한다.

지원 정도
특별한 학습자에 대해 인적 자원으로 도움을 더 준다.
예: 짝 도우미, 교사 도우미, 짝 선생, 또는 선배 도우미를 둔다.

투입
학생에게 적용할 수업 방법을 조정한다.
예: 다양한 시각적 보조물을 이용한다. 좀 더 구체적인 사례를 계획한다. 구체적 활동을 제공한다. 협동학습을 활용한다.

난이도
학습자가 과제를 어떻게 접근해 가는가에 따라 기능 수준, 문제 유형, 또는 규칙을 조정한다.
예: 수학 문제를 푸는 데 계산기를 허용하고 과제를 단순화하고 학습자 요구에 맞게 규칙을 조정한다.

산출
교사의 수업에 대하여 학생들이 응답하는 방법을 조정한다.
예: 쓰기로 응답하게 하는 대신에 말로 응답하는 것을 허용하며, 구체물로 지식을 표현할 수 있도록 한다.

참여
과제에 활동적으로 참여할 수 있게끔 조정한다.
예: 지리학 수업에서 다른 학생이 위치를 가리키는 동안 지구본을 들고 있게 한다.

대안 목표
동일한 학습 자료를 활용한 수업이라도 목표를 다르게 조정한다.
예: 사회 수업에서 다른 학생들은 각 주의 수도를 잘 나타내게 하는 것이 목표라면, 어떤 학생은 단순히 주의 위치를 나타낼 정도를 목표로 삼는다.

대체 프로그램
학생 개개인의 목표에 맞게 수업 및 학습 자료를 달리 제공한다.
예: 언어 시험에서 어떤 학생은 컴퓨터 실습실에서 컴퓨터 기능을 배울 수 있다.

| 그림 3-9 교육과정 및 교수법 조정의 9가지 유형

출처: Ebeling, Deschenes, and Sprague(1994). Adapting Curriculum and Instruction in Inclusive Classroom: Staff Development Kit

확인하기 위해서는 다음 세 가지를 고려해야 한다. (1) 각 학생들과 그들에게 필요한 특별한 도움, (2) 요구되는 학습 활동과 교과 내용(과제를 성공적으로 완성하는 데 필수적인 것들), (3) 조정을 하는 데 있어서 적용 가능한 요건들. 그림 3-9에 나타낸 아홉 가지 조정은 모든 유형의 학습자에게 적절한 수업을 계획하는 데 유용하게 사용될 수 있다.

문화적 연계성

연구 동향을 보면, 교사는 학생들의 성취도에 강력한 영향을 미칠 수 있다. 많은 연구들이 효과적인 수업 전략을 소개하고 있지만, 어떤 학생들에게 어떤 수업 전략을 이용해야 할지 또 그것을 언제 이용할지 결정하는 것은 교사이다(Marzano, 2007). 교사가 학생들의 성취도에 막대한 영향력을 미친다는 점에서, 인종이나 사회·경제적 지위에 따라 학생들의 수학 성취도에 차이가 있으며 그들을 가르치는 교사들의 수업 방식도 차이가 있다는 점을 밝힌 연구들이 보고되고 있다.

NAEP에서는 1970년대 이후 수학 성취도의 경향을 분석하여 보고하고 있다. 여기서는 학생들의 성취도와 태도 사이의 경향을 찾으려고 할 뿐만 아니라, 교사와 수업의 특성들도 연구하고 있다. 시간이 흘러도 교사들 사이에 별다른 차이를 보이지 않는 요소들이 많지만, 백인 학생들을 가르치는 교사들과 아프리카계와 라틴아메리카계 학생을 가르치는 교사들 사이에 몇 가지 차이점이 나타났다.

2000년 보고서에 의하면, 아프리카계와 라틴아메리카계 학생들의 교사들이 백인 학생들의 교사들보다 수학 전문가의 도움을 더 많이 받는 경향이 있었다. 한편 백인 학생들의 교사들은 아프리카계와 라틴아메리카계 학생들의 교사들보다 필요한 자료들을 '전부' 또는 '대부분' 받았다고 보고하였다.

매주 학생들이 받은 수학수업의 양, 배정된 과제의 양, 교사가 수업을 준비하는 데 보낸 시간은 교사들 간에 큰 차이가 없었다. 또한 교재 사용, 학급 내 의사소통 및 협동, 교구 사용에도 큰 차이가 없었다. 그러나 차이가 좁아지고 있기는 하지만, 백인 학생들의 경우 아프리카계와 라틴아메리카계 학생들보다 계산기 사용에 제약이 적었다. 사회·경제적 지위가 낮은 학생들은 사회·경제적 지위가 더 높은 학생들보다 계산기를 적게 사용하는 것으로 나타났다. 평상시에 계산기를 이용할 수 있었던 학생들은 NAEP 평가에서 그렇지 못한 학생들보다 훨씬 더 높은 점수를 받았다. 수집된 자료로는 왜 그런 결과가 나왔는지를 설명하지 못한다. 이 부분에 대해서는 더 많은 연구가 필요하다.

NAEP가 보고한 동향에 따르면, 이런 요소들이 학생들의 성취도 차이에 어떻게 영향을 주는지를 알기 위해 더 많은 연구가 필요하다. 백인 학생들이 때로는 NCTM에서 권고한 유형의 전략들을 더 많이 받아들이고 있고 수학이 사실을 암기하는 것이라 믿는 경향이 덜 하기는 하지만, 백인, 흑인, 남미계 학생들 모두 NCTM이 권고하는 여러 유형의 수업 전략들을 경험하고 있다는 사실은 희망적이다(Strutchens et al., 2004). 교사로서, 모든 학생이 교사가 제공하는 최고의 수학적 경험을 받아들이고 있다고 확신하는 것은 교사 각자에게 달려있는 일이다. 교사는 영향력을 가지고 있고 그렇게 할 수 있다!

요약

훌륭한 초등학교 수학 선생님은 가르치고자 하는 수학을 이해하고 있어야 하고, 학생들의 발달상의 특성을 알아야 하고, 학생들이 이미 알고 있는 것을 고려해야 하고, 수학에 초점을 두기 위하여 학생들에게 줄 과제의 종류에 대해 생각해야 하고, 필요한 연습 기회를 제공하고, 전략적으로 중요한 순간들을 이용하고, 학생들이 이야기하도록 어떻게 격려할지 생각하고, 수업에서 사용할 교육과정상의 자료, 스토리텔링, 교구와 테크놀로지와 같은 수업자료의 종류들을 생각해 보아야 한다.

훌륭한 수업을 하기 위해 수업 계획은 필수적이다. 수업 계획은 모든 필수 내용들이 포함되어 있는지 확실히 알 수 있게 하며, 수업 일정을 실행 가능한 기간에 맞게 진행되도록 해주고, 수업의 속도를 조절할 수 있게 도와준다. 또한 학생들의 주의를 유지할 수 있도록 도와주며, 필요한 복습과 연습을 하는 가운데 불필요한 반복을 피할 수 있게 해주고, 교사가 자신감을 가질 수 있도록 돕는다. 수업 계획은 연간, 단원, 차시별로 이루어져야 한다. 수업 지도안에는 학습 목표, 절차, 시간 분배와 평가방식이 분명히 포함되어야 한다. 반복-연습형 수업은 널리 사용되기는 하지만 효과가 아주 좋지는 않다. 다양한 유형의 수업들(조사형, 직접 교수형, 탐구형)이 적절히 사용되면 더 효과적일 수 있다. 수업을 계획할 때, 교사는 다른 문화권에서 온 학생들, 영어 학습자, 특별한 도움이 필요한 학생들을 포함한 모든 학생들의 요구를 어떻게 충족시킬 것인지 평등성을 고려해야 한다. 끝으로, 교사가 수업을 계획할 때 평가와 분석에 대해서도 준비해야 한다.

연|습|문|제|

01. 수업을 계획하기 전에 고려해야 하는 사항들 중에서 하나를 선정하여 그것이 왜 중요한지 기술하시오.

02. 수학을 가르칠 때 수학교과서를 보충하기 위한 방법을 기술하시오.

03. 교실에서 학생들에게 필요한 특별한 도움이 어떤 것인지 제시하시오. 그런 학생들을 위하여 수업을 어떻게 조정할 것인가?

04. 이 장에 논의된 세 가지 수업 유형의 가장 중요한 차이점을 간단히 서술하시오. 각 유형의 수업은 언제 왜 선정하여야 하는가?

연|구|문|제|

01. 수업을 관찰하고 다음의 질문에 답하시오. 교사가 발언하는 시간의 양은 어느 정도인가? 교사가 하는 질문은 어떠한 종류의 것인가? 학생들이 수학을 배웠다는 증거는 무엇인가? 얼마나 많은 학생이 말할 기회를 가졌는가? 그들이 말한 내용을 정리하시오(학급의 친구들에게 혹은 교사에게). 수업 중 담화가 수학을 의미 있게 다루고 있다고 생각하는가?

02. 특별한 도움이 필요한 아동들이 학습하고 있는 수학수업을 관찰하시오. 그들을 위해서 어떤 유형의 조정이 이루어졌는가? 당신이 이 수업의 교사라면, 이들을 위해 할 수 있을 또 다른 것들은 무엇인가?

03. 수업을 관찰하고 수업 계획과 실제 수업을 비교해보시오. 수업에서 어떤 점이 효과적이었는가? 여러분이라면 수업을 어떻게 바꾸겠는가?

04. 수업 계획과 관련하여 여러분의 능력과 자신감에 대하여 생각해 보시오. 어떤 영역에서 장점이 있는가? 어떤 영역에서 향상되기를 원하는가? 당신의 능력과 자신감을 향상시키기 위한 어떤 계획이 있는가?

05. 학생들을 협력적인 학습자 집단으로 이끌 수 있는 수업을 기술해 보시오. 이 수업에서 학생들을 도와 줄 수 있는 협력적인 학습자 집단은 어떤 모습인가?

06. 가르치려는 주제 하나를 선정하시오. 그 주제를 가르치는 데 도움이 되는 문학, 구체적 조작물 또는 테크놀로지와 같은 자료를 찾아보시오.

07. 내용 주제 하나를 선정하시오. NCTM의 규준에 기초한 방법과 전통적인 방법으로 가르치는 방법을 비교하시오.

08. 학생의 다양한 학습 수준을 고려하여 수업을 조정하는 데 도움이 되는 교과서와 보조 자료들을 살펴보시오. 수업을 조정하는 데 어떤 제안을 하고 있는가? 특별히 어려운 점은 무엇인가? 부가적인 연습이 필요한 학생들을 위한 연습 활동이 포함되어 있는가? 다양한 수준의 이해와 능력을 갖는 학습자들이 포함되어 있는 수업에 이러한 자료들을 어떻게 사용할 것인가?

09. http://www.nctm.org/examples/ 사이트에 소개되어 있는 사례를 검토해 보시오. 그 사례 중 하나를 선정하여 학생들 활동과 그 사례를 연계시키는 수업을 계획하시오. 그 수업이 효과적으로 이루어지게 하는 데 특별히 필요한 것들을 기술하시오.

10. 수업 자료를 참고할 수 있는 웹 사이트 자료를 검색하시오. 관심 있는 학년의 학생들에게 적용할 수 있는 수업 계획을 검색하시오. 여러분이 경험한 특별한 교실 상황에 맞도록 수업 계획을 수정하시오.

아동용 추천도서

Bresser, R. *Math and Literature (Grades 4-6)*. 2nd ed. White Plains, NY: Cuisenaire, 2004.

Crawford, S. A., Sanders, N., and Girouard, P. *15 Easy & Irresistible Math Mini books*, New York: Scholastic, 2002.

Simmons, K., and Guinn, C. *Math, Manipulatives & Magic Wands: Manipulatives, Literature Ideas, and Hands-On Math Activities for the K-5 Classroom.* Gainesville, FL: Maupin House, 2001.

Thiessen, D., and Matthais, M. *The Wonderful World of Mathematics: A Critically Annotated List of Children's Books in Mathematics.* Reston, VA: NCTM, 1998.

Thiessen D. *Exploring Mathematics through Literature.* Retson, VA: NCTM, 2003.

Whitin, D., and Whitin, P. *New Visions for Linking Literature and Mathematics.* Reston, VA: NCTM, 2004.

제4장 수학 교수-학습 향상을 위한 평가

"높은 기대는 모든 일에 있어서 중요한 열쇠이다."
- 월튼(Sam Walton, 월마트 설립자)

이 장의 핵심 질문

1. 학습에 대한 평가(총괄적 평가)와 학습을 위한 평가(형성적 평가)의 유사점과 차이점은 무엇인가? 그리고 언제 어떻게 사용되어야 하는가?
2. 수업 평가의 4단계는 교사가 자신의 수업에 대한 정보를 얻는데 어떻게 도움을 줄 수 있는가?
3. 교사가 학생들의 수학적 능력과 성향을 평가할 수 있는 방법을 기술하고, 그 방법들은 수학 교수-학습에서 가치가 있는 것이 무엇인지에 대하여 학생들에게 무엇을 말해주고 있는지 설명하시오.
4. 학생들의 평가 결과를 기록하는 방법과 결과를 활용하는 방법을 기술하시오.

서론

평가는 수학학습을 지원하는 것이어야 하며 교사와 학생에게 유용한 정보를 제공해야 한다(NCTM, 2000, p.22).

평가라는 말을 들으면 무엇이 떠오르는가? 성적? 시험? 퀴즈? 숙제? 프로젝트? 교사와 학생 면담? 표준화 시험? NCTM의 《학교수학 평가 규준》에 따르면(NCTM, 1995), 평가란 "학생들의 수학에 대한 지식, 수학 활용 능력, 그리고 수학에 대한 성향에 대해 증거를 수집하는 과정이며 다양한 목적을 위해 그러한 증거로부터 추론하는 과정이다."(p.3)

총괄평가와 형성평가

평가의 두 가지 다른 유형 즉, '학습에 **대한** 평가(assessment *of* learning)' 그리고 '학습을 **위한** 평가(assessment *for* learning)'를 구분할 필요가 있다(Stiggins, 2002). 간략히 말하면, 학습에 대한 평가는(때때로 총괄평가라고 부름) 주로 공식적인 보고를 목적으로 학업 성취도에 대한 증거를 제공한다. 이것의 일반적 예로는 학기말 시험 또는 표준화 시험이 있다. 이러한 총괄평가가 심각한 결과를 초래할 때, 그것을 '고부담 평가(high-stakes assessment)'라고 부른다. 예를 들어 어떤 학급에 학생들을 배치할지, 한 집단에서 다른 집단으로 이동시킬 것인지, 성적표에 어떤 성적을 기록할 것인지, 또는 다음 학년으로 진급시킬 것인지를 결정하기 위하여 평가가 실시된다.

학습을 위한 평가는(때때로 형성평가라고 부름) 교사의 통제하에서 주로 이루어지는 평가로서 훨씬 더 중요하다. 형성평가는 학생들의 성취도를 기록할 뿐만 아니라, 학생들이 더 잘 학습할 수 있도록 도움을 주어야 한다(Petit & Zawojewski, 2010). 다시 말해서, 형성평가는 "학생들의 연구에 더 부합하기 위하여 학습 과정을 조정하기 위한 증거자료이다."(William, 2007, p.191). 일반적인 예로는 숙제, 수업 중 과제, 수행 평가, 교사 관찰, 그리고 교실 시험 등이 있다.

교사로서 여러분은 이러한 두 가지 종류의 평가를 하게 될 것이다(그리고 많은 경우에서 이 둘 사이의 차이는 애매해질 수 있다). 어떠한 종류의 평가이든간에 교사는 학생들에게 성취수준이나 기대수준을 알려주어야 하며, 모든 학생들이 개인적으로 최선을 다 할 수 있도록 하기 위해 필요한 지원을 해야 한다. 월마트의 설립자인 월튼(그는 억만장자가 되었다)이 그의 성공을 "높은 기대"에 돌렸던 것처럼, NCTM의 《학교수학의 원리와 규준》(2000)에서도 "모든 학생들에 대한 높은 기대와 강력한 지원"을 요구하고 있다(p.11).

형성평가의 4단계

교사로서 여러분은 평가에 있어서 "학습을 위한 평가"에 더 많은 노력과 시간을 들여야 할 필요가 있다. 고부담 시험이 중요할 수 있지만, 그렇다고 해서 교수-학습을 위한 중요한 의사결정을 하는데 필요한 학생 성취도에 대한 정보를 매일 또는 매순간 제공해 줄 수는 없다(Leahy, Lyon, Thompson, & Wiliam, 2005). 진행 중인 수업에서 형성평가를 중요한 부분으로 인식하는 것은 학생들의 학습력 향상과 밀접한 관련이 있다(Black & Wiliam, 1998; Popham, 2008).

NCTM의 평가 규준에는 교실 평가 과정을 위한 4가지 단계가 포함되어 있다. 계획, 수집, 해석, 활용이 네 단계들이 수업에서 어떻게 적용되는지 사례를 통해 알아보자(Moskal의 예, 2000).

6학년 수업에서 곧 배울 소수 단원을 계획하면서, 김 교사는 소수의 자릿값, 배열, 조밀성에 대해 학생들이 이미 알고 있는 것에 관한 정보를 수집하는 것이 중요하다고 생각했다. 그래서 김 교사는 학급에 다음과 같은 문제를 제시했다: "칠판에 3.4와 3.5 사이의 모든 수를 써라." 학생들 중 한 명인 지원이가 다음과 같이 썼다: 3.41. 3.42, 3.43, 3.44, 3.45, 3.46, 3.47, 3.48, 3.49.

정민이는 이것에 찬성하지 않으면서 3.4와 3.5 사이에는 더 많은 수가 있다고 주장했다. 김 교사는 학급 아이들에게 다시 질문했다. "지원이와 정민이 중에서 누가 옳을까요?" 김 교사는 학생들에게 종이와 연필을 사용해서 입장을 정해 그 이유를 설명해 보도록 했다.

그림 4-1은 학생 세 명의 반응을 나타낸 것이다. 현미는 정민이가 옳다고 생각했다. 정민이의 주장을 지지하기 위해 그는 3.4와 3.5 사이 더 많은 수의 예를 보여 주었다. 동수 또한 이에 동의했다. 하지만 다른 수의 특정한 예를 제공하는 대신에 다음과 같이

현미의 반응

왜냐하면 이 숫자들 3.410, 3.412, 3.413, 3.414, 3.415, 3.416, 3.417도 그 사이에 있기 때문이에요.

동수의 반응

3.4와 3.5 사이에 무한히 많은 수가 있어요.

나래의 반응

3.415는 3.41과 3.42 사이에
3.4155는 3.415와 3.42 사이에
3.41555는 3.4155와 3.42 사이에 있어요.
이건 계속돼요.

그림 4-1 학생 세 명의 반응(Moskal, 2000, p.192)

단순히 주장했다. "3.4와 3.5 사이에는 무한히 많은 수가 있어요." 나래는 두 소수 사이에 있는 소수를 찾는 방법의 예를 보여 주었다.

김 교사는 학생들의 모든 답안지를 검토했다. 나래는 무한의 개념에 대해 기본적 지식을 가지고 있는 것처럼 보였다. 현미의 반응은 김 교사를 걱정스럽게 했는데, 왜냐하면 지원이의 목록에 3.410이 빠졌다고 (잘못) 주장하고 있는 것처럼 보였기 때문이었다. 지원이도 3.41을 목록에 넣었는데, 아마도 현미는 3.410에 있는 0이 수의 크기를 바꾸지 않는다는 것을 깨닫지 못한 것으로 보였다. 동수의 답에서는 소수의 밀도에 관해 무엇을 이해했는지 명확하지 않았다. "무한히 많은 수"라는 반응은 단지 이전에 들었던 것을 실제로는 이해하지 못한 채 말한 것처럼 보였다.

김 교사는 소수에서 0에 관해 특히 더 많은 학습이 필요하다고 결정했다. 김 교사는 다른 과제를 부여하여 학생들이 소수에서 0에 대해 생각하도록 하고 동시에 그들의 생각에 관한 더 많은 정보를 얻기로 결정하였다. 그래서 김 교사는 다음과 같은 과제를 부여했다: "다음 수들 중에서 같은 수를 찾아보아라.

02.3　　20.3　　20.03　　20.030　　2.3

같은 수인지 어떻게 알았는지 설명하여라"(Moskal, 2000 p.193).

소수에 관한 김 교사의 수업 진행은 평가 과정의 네 단계, 즉 계획, 수집, 해석, 활용의 한 가지 사례가 될 수 있다. 김 교사는 과제를 계획하는 것(3.4와 3.5 사이의 모든 수를 써라)으로부터 수업을 시작했다. 학생들이 과제를 완료한 후, 김 교사는 학생들의 반응을 수집하고 그것을 해석했다. 마지막으로는 학생들을 위해 또 다른 과제를 계획하기 위해 수집한 정보를 활용했다. 물론 각 단계별 구체적인 사항들은 평가 유형, 수학 내용, 학생들의 반응에 따라 다양할 수 있다. 교사가 평가 과정을 통해 수집한 정보를 사용하는 중요한 방법 중 하나는 교수-학습에 대한 의사결정을 하는 것이다. 예를 들어, 김 교사는 동수와 대화하거나, 과제를 바탕으로 한 면담에 동수를 참여시키거나, '무한히 많은'이라는 반응에 대해서 이해하고 있는지를 알아볼 것인지 등을 결정할 수 있다. 소수에서 0이 담당하는 역할에 대해 학생들이 다시 생각하도록 하기 위해 다른 과제를 부여하게끔 김 교사에게 확신을 준 것은 현미와 다른 학생들의 대답이었다.

지금까지 특정한 사례를 고찰해 보았기 때문에, 좀 더 일반적인 교실 평가의 네 단계에 대해 생각해 보자.

평가를 계획할 때는 평가 목적, 자료수집 방법, 수집한 증거의 해석 방법(학생들의 서술형 평가 문항에 대해 어떻게 점수를 부여할 것인가?), 결과의 요약과 활용 방법에 대해서 생각하는 것이 중요하다. 또한 다음과 같은 질문에 대해서도 고려해야 한다. 평가 결과는 다음 주의 수업 계획에 반영할 것인가? 또는 학부모들에게 학생의 약점과 강점에 대해 설명할 때 그러한 정보를 사용할 것인가? 이러한 질문에 어떻게 답할 것인지는 수집하기로 결정한 자료의 종류에 영향을 끼칠 수 있다.

증거를 수집할 때는 사용할 수 있는 다양한 과제 또는 활동에 대해 생각하고 적절히 선택하도록 노력해야 한다. 예를 들어, 학생들이 소수에 대해 이해하고 있는지를 파악하길 원한다면, 학생들에게 소수의 덧셈과 뺄셈에 관한 연습문제를 풀게 할 수 있다. 그러나 이러한 과제는 학생들에게 소수의 덧셈과 뺄셈 문제를 나타내기 위해 어떻게 수 모형을 사용할 수 있는지 말로 설명하게 하거나 그림으로 그리게 하는 것만큼 많은 정보를 제공해 줄 수는 없다.

증거 해석에는 반응의 적절성을 판단하는 데 사용할 기준에 대해 먼저 생각하는 것이 중요하다. 과제 또는 질문에 관한 학생들의 반응에 대해 어떤 기대를 가지고 있는지 또는 그들이 어떠한 종류의 어려움이나 잘못된 개념을 가질 수 있는지 생각해야만 한다. 적절한 반응은 어떤 것이며, 적절하지 못한 반응은 어떤 것인가? 이해에 대한 적절한 증거는 무엇인가?

마지막으로 평가결과를 활용할 때에는 판단한 것을 어떻게 전달할 것이며 그러한 판단들이 앞으로의 교수－학습에 대한 의사결정에 어떤 영향을 끼칠 것인지 생각해야 한다. 예를 들어, 숫자 또는 문자로 나타낸 성적이 학생들로 하여금 자신이 잘못하고 있다는 것을 이해하도록 도움을 줄 것인가? 성적과 더불어 교사의 의견을 첨부할 것인가? 몇 명의 학생들과 짧은 개별 협의를 할 수 있는 시간을 마련할 것인가? 전반적으로 학급에 대해 알게 된 것을 앞으로의 교수－학습 계획에 어떻게 활용할 것인가?

형성평가의 목적

교사는 다음과 같은 세 가지 목적을 달성하기 위하여 형성평가 자료를 수집한다. 교수－학습에 대한 결정, 학생들의 학습 진도 모니터링, 학업 성취도 평가. NCTM(1995)에서는 이러한 세 가지 목적을 달성하기 위해서는 평가에 대한 생각이 바뀌어야 한다고 제안하였다(표 4-1 참조).

교수－학습에 대한 의사결정

교사로서 여러분은 교수－학습에 대한 많은 의사결정을 하게 될 것이다. 어떠한 결정이든 간에 정보가 훌륭할수록 더 현명한 선택을 할 수 있다.

평가에 있어서 한 가지 변화는 정기적으로 또는 수업 방법을 변경하기에는 너무 늦은 학기말에 평가를 하는 것이 아니라, 지속적으로 평가를 하는 것이다(표 4-1 참조). 또 다른 추세는 매우 다양한 평가요소(시험에만 의존하는 것이 아닌)의 활용이다. 세 번째 변화는 장기적인 교수－학습 계획을 세울 때, 학생들이 어떻게 하고 있는지에 상관없이 정해진 교수－학습 계획을 그대로 따르는 것이 아니라 학생들의 요구와 진도를 고려해야 한다는 점과 관련이 있다.

학생들의 진도 모니터링

요즘 학생들의 진도를 모니터링하는 방법이 변하고 있다(표 4-1). 변화의 초점은 다음과 같다. 단지 학생들의 사실적인 지식과 기능을 검사해 보는 것에 초점을 두는 것이 아니라, 학생들의 광범위한 능력을 평가하는 것이다. 학생들에게 자신의 진척 상황을 좀 더 포괄적이고 정교하게 피드백을 제공한다. 정보를 수집하는 데 시험과 퀴즈에 주로 의존하는 것이 아니라, 다양한 방법을 이용한다. 평가과정에 학생들의 참여를 확대한다.

학업 성취도 평가

학생들의 성취도를 등급화하고 산정하는 데 있어서 최근에는 기존의 방법과는 다른 것들을 요구하고 있다(표 4-1 참조). 첫째 변화는 학생들을 서로 비교하는 것이 아니라 진술된 기준(규준 또는 기대)에 따라 학생들의 성과를 판단하는 것이다. 둘째 그리고 셋째 변화는 이전에 언급했듯이, 분리된 기능과 지식이 아니라 수학적 능력을 구성하는 것들을 광범위하게 평가하고 다양한 평가요소를 활용하여 정보를 수집하는 것이다. 마지막으로는 성취도 기준을 좀 더 개방적이며 공개적으로 만들어야 한다는 변화가 있다.

이 절에서 언급한 몇 가지 변화는 현재 실시되고 있는 평가의 문제점들과 요구들을 반영하고 있다. 이러한 변화는 시간이 걸릴 것이며 열린 마음을 통해서 구현될 것이다. 이 장은 교수－학습에 대한 의사결정, 학습 진도 모니터링, 그리고 성취

표 4-1 평가의 주요 변화

교수-학습에 대한 의사결정을 하는 데 있어서 평가의 변화	
(지양할 점)	(지향할 점)
• 평가만을 위한 계획된 시험	• 평가와 수업을 연계
• 한두 가지의 한정된 정보(예를 들어, 퀴즈나 시험)를 사용	• 여러 가지 다양한 평가 방법을 통하여 자료를 수집하고 활용
• 주로 진도를 나가기 위한 수업 계획	• 학생들이 어려워하는 부분을 예측하고 적절한 시점에 도움을 줄 수 있는 계획 수립
학생들의 진척 상황을 모니터링하는 데 있어서 평가의 변화	
(지양할 점)	(지향할 점)
• 쉽게 평가할 수 있는 수학적 사실과 기능에 대한 평가	• 수학적 사실 및 기능뿐만 아니라 수학적 과정 및 실행 평가(예를 들어, 문제해결, 추론, 인내심 등)
• 정기적으로 이루어지는 평가(예를 들어, 단원 평가 또는 학기말 평가)	• 지속적이고 포괄적인 관점에서 학생들의 성취도에 대해 학생들과 의사소통
• 퀴즈와 시험과 같은 간단한 질문에 대한 대답에 의존하는 평가	• 다양한 평가 양식과 방법을 통하여 자료 수집
• 평가 결과를 학생들의 진척 정도를 유일한 증거로 봄	• 학생들이 자신의 진척상황을 평가하도록 함
학생들의 성취도를 산정하는 데 있어서 평가의 변화	
(지양할 점)	(지향할 점)
• 학생과 학생을 서로 비교	• 학생의 성취도를 교육과정의 성취기준과 비교
• 특정한 사실이나 분리된 기능에 관한 지식을 평가	• 수학적 힘을 지향한 평가
• 제한되고 편협한 평가요소에 근거하여 성적 산출	• 다양하고 포괄적 형태의 평가에 근거하여 성적 산출
• 공개되지 않은 평가기준에 근거하여 성적을 산출	• 공개적 평가기준에 근거하여 성취도 판단

도 평가를 위해 어떻게 학생들을 평가할 것인지에 관한 질문을 여러분 스스로에게 물을 수 있는 하나의 기회가 될 것이다.

수학적 능력과 수학적 성향을 평가하는 방법

학생들의 수학적 능력, 수학적 성향 및 흥미에 관한 정보를 수집할 수 있는 방법은 매우 다양하다. 어떠한 유형의 정보를 수집할 것이며 그것을 어떻게 확보할 것인지는 사용되는 목적에 달려 있다. 따라서 무엇을 평가할 것인지를 먼저 생각해 보아야 한다.

예를 들어 2장에서 논의했던 원리 — 즉, 수학학습은 학생들이 이해할 수 있는 것이어야만 한다. — 를 평가하길 원한다면, 학생들이 학습하고 있는 것에 의미를 부여하고 있는지 알아보기 위하여 학생들을 관찰하거나 이해 수준을 파악할 수 있는 질문들을 할 수 있다. 만약 학생들이 다양한 방법으로 끈기 있게 문제를 해결하길 원한다면, 도전적인 문제들을 통해 이러한 특징들을 평가할 필요가 있다. 2장에서 논의했던 것처럼, 학생들이 다른 학생들과 의사소통을 잘하고 협력하기를 원한다면, 그러한 특징들이 평가의 한 부분이 되도록 해야만 한다.

평가하고자 하는 행동을 유도할 가능성이 있는 활동에 학생들을 참여시켰다면, 수집한 자료를 검토할 수 있는 일종의 지침 또는 틀이 필요하다. 예를 들어, 평면도형의 넓이와 둘레에 대한 개념에 대해 학생들이 얼마나 잘 의사소통하는지를 평가하려면, 학생들에게 이 두 가지 개념을 비교하고 각각의 척도를 이용한 실생활 문제의 예를 편지로 써보게 할 수 있다. 하지만 어떤 학생의 편지가 다른 학생보다 더 우수한지를 어떻게 판단할 것인가? 평가 지침 즉, 채점 기준이 필요할 것이다.

채점 기준은 특정 학급의 학생들 또는 특정 과제에 사용하기 위해 설계된 평가 척도이다. 일반적인 채점 기준은 학생들의 성취도에 0에서 10점까지 부여한다. 이것은 퀴즈나 시험에서 정답의 개수를 세어서 점수를 산정하는 것과는 다르다. 채점 기준을 가지고 과제에 대한 결과를 살펴보고 그것을 연속선상에서 평정한다. 스텐마크와 부시(Stenmark & Bush, 2001)는 다음과 같이 설명하였다. "채점(scoring)은 기대하고 있는 것을 반영한 채점 기준에 따라 학생들의 성취 결과를 비교하는 것이다. 등급(grading)은 다른 사람들에게 평가 결과를 요약하여 알려주기 위한 목적으로 채점 결과와 학생에 대한 다른 정보를 합한 결과이다(p.118)."

채점 기준은 총괄적이거나 분석적일 수 있다. 총괄적 기준은 학생의 결과에 대하여 전체적인 특징에 기초해서 하나의 점수를 부여하는 것이다. 총괄적 채점 기준은 두 가지 또는 세 가지, 혹은 그 이상의 수준으로 구분할 수 있으며, 그 기준에 도달하는 데 필요한 성취 기준에 대한 설명이 제시되어야 한다. 예를 들어 그림 4-2의 채점 기준에 따라, 학생들의 문제해결 결과에 대해 점수를 부여할 수 있다. 반면에 학생의 결과를 다양한 측면 또는 특성별로 채점하는 것이 중요할 때는 총괄적 채점보다 분석적 채점이 적절하다. 개방형 문제해결을 평가하기 위한 분석적 채점의 예는 그림 4-10에 제시되어 있다.

채점 기준을 구성하는 매우 직접적인 한 가지 방법은 학생들의 성과를 세 가지로 분류하여 생각하는 것이다.

1. 결과(개념 또는 과정)를 이해하지 못한다.
2. 이해는 하지만 충분하지 못하다.
3. 개념을 이해하고 그것을 적용하고 의사소통할 수 있다.

어떤 특정 과제에 대해 학생의 성과를 판단하는 데 도움이 되는 수행 지표를 개발할 수도 있다. 궁극적으로 이러한 수행 지표는 학생이 얼마나 수학을 잘 이해하고 있는지를 기술한 것이다. 예를 들어, 수 막대를 사용하여 특정 소수를 구성하고(예: 3개의 $\frac{1}{10}$ 또는 5개의 $\frac{1}{100}$) 소수 관계를 설명하게(예: 2개의 $\frac{1}{10}$

4	모범 답안	정확하고 효율적으로 해결하거나 과제에서 요구하는 기대 이상으로 수행함 (예: 한 가지 방법 이상으로 문제를 해결하거나 문제를 확장하고 좀 더 어려운 방식으로 해결함). 과정과 생각에 대한 의사소통이 명확하고 효율적임.
3	좋은 예	과제는 정확하게 해결하였으나 효율적이지는 않음. 명확하게 의사소통하지 않았거나 작은 실수가 있지만 충분히 이해하고 문제를 해결함. 작은 실수나 의사소통의 어려움은 교사의 최소한의 피드백을 통해 수정될 수 있음.
2	보통	과제가 부분적으로 해결되거나 중대한 실수가 있는 경우. 이해를 하고 있다는 증거가 불충분하거나 이해하지 못하였다는 증거가 보임. 교사가 계획하는 후속 학습이 요구됨.
1	부족	과제 해결의 진행 과정이 전무하거나 최소한의 과정을 보여준 경우. 잘못된 추론 과정이 있거나 문제를 제대로 이해를 못했거나 부적절한 방법이 사용된 경우. 교사의 적극적 개입이 요구됨.

그림 4-2 수학적 문제해결에 대한 총괄적 채점 기준

수행 지표의 예		
이해하지 못함	부분적 이해	완전한 이해
• 수 막대에서 백 모형을 전체라고 할 때, 몇 개의 $\frac{1}{10}$이 전체를 나타내는지를 이해하지 못한다. • 백 모형을 전체라고 할 때, 몇 개의 $\frac{1}{100}$이 전체를 나타내는지를 이해하지 못한다. • 같은 모형이라도 다른 문제 상황에서는 다르게 표현될 수 있음을 이해하지 못한다.	• 수 막대 백 모형을 전체라고 할 때, 어떤 수 막대가 $\frac{1}{10}$을 나타내는지(십 모형), 어떤 수 막대가 $\frac{1}{100}$(일 모형)을 나타내는지를 말할 수 있다. • 수 막대를 사용하여 $\frac{1}{10}$ 10개와 $\frac{1}{100}$ 100개는 전체와 같다는 것을 설명할 수 있다. • 소수의 개념을 수 막대로 교환하여 표현할 수 있다. • 수 막대로 사용하여 0을 포함하는 소수(예. 3.04)를 표현하는 것을 어려워한다. • 주어진 수 막대(예: 백 모형 5개, 십 모형 2개, 일 모형 3개)로 표현된 수를 아는 데 어려움이 있다.	• 같은 모형이라도 서로 다른 문제 상황에서 다르게 표현될 수 있음을 이해한다. • 특정한 모형이 일을 나타낸다고 할 때, 구성된 수 막대들의 조합을 수로 말할 수 있다. • 소수를 설명하기 위하여 수 막대를 구성하고, 순서를 말하고 비교할 수 있다. • 다른 조합의 수 막대를 사용하여 같은 소수를 표현할 수 있다(예: 3.45를 표현하는 데 백 모형 3개, 십 모형 4개, 일 모형 5개, 또는 백 모형 3개, 일 모형 45개).

그림 4-3 수 막대를 이용한 소수 과제에 대한 수행 지표

과 22개의 $\frac{1}{100}$ 중에서 어느 것이 더 큰지를 설명하기)하는 과제를 설계할 수 있다. 백 모형을 전체라고 할 때, 십 모형은 $\frac{1}{10}$을, 일 모형은 $\frac{1}{100}$을 나타낸다. 아래의 그림은 2.46을 나타낸 것이다.

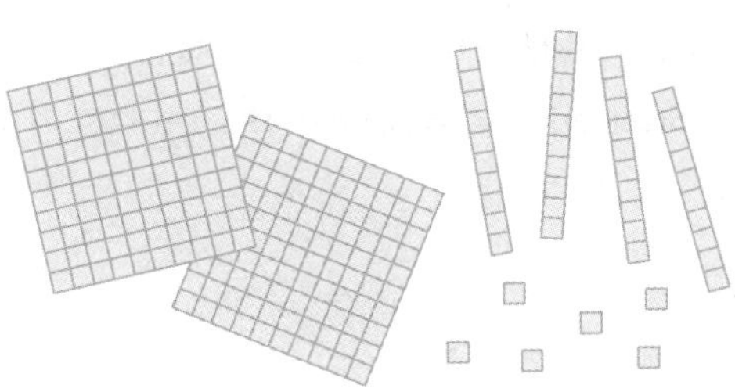

그림 4-3은 이 과제를 평가하기 위한 수행 지표로서 세 수준의 채점 기준이 포함되어 있다. 이러한 유형의 채점 기준은 종종 주석이 달린 총괄적 채점 기준이라고도 한다.

관찰

수업 중 학생들을 관찰하여 그들의 성취도에 대하여 판단하는 것은 수업에서 가장 보편적으로 사용되는 평가 방법 중 하나이다. 그러나 많은 교사들이 중요한 단계로 더 이상 나아가지 않는다. 즉, 관찰한 것을 기록하거나 무엇을 왜 관찰할 것인지에 대해 주의 깊게 생각하는 것은 매우 중요하다. 보는 것과 듣는 것은 쉽고 평범한 것처럼 보이지만, 관찰 기술을 연마하기 위해서는 훈련과 계획이 필요하다. 예를 들어, 특정한 날에 무엇을 관찰할 것인지에 대해 미리 계획하는 것이 도움이 된다.

1학년 학생들이 덧셈 구구와 관련된 문제를 풀고 있다고 가정해 보자. 어떤 학생이 구체적 자료를 사용하고 있는지, 어떤 학생이 머릿속으로 문제를 풀고 있는지, 어떤 학생이 기본 구구를 결정하기 위해 사고 전략을 사용하고 있는지(9장에서 논의), 어떤 학생이 기억된 구구에 의존하고 있는지를 관찰하고 기

록할 수 있다. 때로는 소집단 학습에서 오직 한 학생만을 관찰하기 위한 계획을 세울 수도 있다.

- 호영이는 나서는 편인가 아니면 기다리는 편인가?
- 호영이는 같은 수 구구에 대해 알고 있는가? 합이 10이 되는 구구를 알고 있는가?
- 호영이는 알고 있는 구구를 이용하여 모르는 구구를 구할 수 있는가? 만약 그렇다면, 어떤 전략을 사용하는가? 호영이는 수학을 어떻게 이해하고 있는가? 다른 아이들의 생각을 받아들이는가 아니면 반박하는가?

이러한 관찰로부터 수학에 대한 학생의 태도와 성향에 대해 정보를 얻을 수 있다. 이러한 정보를 통하여 교사는 학생들의 강점을 장려하고 약점을 보완할 수 있는 방법을 계획할 수 있다.

관찰한 것을 기록한 메모는 개인별 평가, 수업 계획, 그리고 학부모에게 전달할 가정 통지문을 작성하는 데 유용한 정보가 될 것이다. 또한 교사의 관찰은 수업 중 토론을 이끌거나 새로운 개념을 제시하는 과정에서 빠른 의사결정을 하는 데 도움을 줄 수 있다.

교실 관찰을 조직하는 데 유용한 몇 가지 실제적 조언들이 있다. 어떤 교사는 각각의 학생들을 위해 공책의 한 페이지를 마련하거나 개인별 카드를 이용하는 것이 도움이 된다고 생각한다. 그러나 교실 주위를 걸어 다닐 때 공책을 넘기거나 카드를 더듬거리는 것은 보기 좋지 않을 수도 있다. 관찰한 것을 쉽게 기록하고 처리하기 위해 그림 4-4와 같이 두꺼운 하드보드지에 학생별로 색인카드를 붙여서 사용하는 방법이 효과적이다.

특정한 개인에 대해 기록하고 싶다면 손가락으로 개인의 카드를 쳐서 올리기만 하면 된다. 카드가 다 차면 학생 개인별 파일에 보관하고 새로운 카드로 교체한다. 또 다른 쉬운 방법은 교실을 돌아다니면서 클립보드에 컴퓨터 라벨 또는 포스트잇을 붙이는 것이다. 별도의 라벨 또는 포스트잇에 개별 학생에 대해 기록한 다음(이름과 날짜), 이것을 학생 개인별 폴더 또는 관찰 카드에 붙인다. 특정한 날에 대한 특정 학생의 자료를 수집하기를 원한다면, 라벨 또는 포스트잇에 학생의 이름을 미리 적는다. 어떤 형태 또는 과정을 사용하든지 간에 관찰 날짜를 기입하는 것이 매우 중요하다.

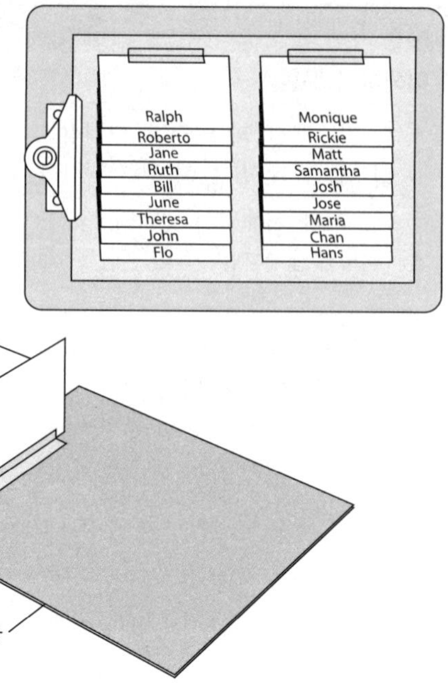

그림 4-4 학급 관찰 기록을 위한 플립 카드: 카드는 알파벳 순서로 혹은 좌석배치에 의해 배열될 수 있으며 어느 방법이든지 카드를 빠르게 찾을 수 있다.

교실 관찰을 통한 평가에 대한 Albert, Mayotte, & Sohn(2002); Bush(2001); Glanfield, Stenmark, & Bush (2001); Stenmark, & Bush(2001)의 연구를 참고하기 바란다.

질문

2장과 3장에서는 수학적 사고를 이끌기 위해 학생들에게 질문을 하는 것의 중요성에 대해 논의했다. 또한 훌륭한 질문 기법은 관찰 평가를 보완할 수 있다. 훌륭한 질문은 개발되어야 하고 연습해야 할 필요가 있는 기술이다. 질문을 통해 가르칠 때 교사는 능동적으로 학생들과 관계를 맺을 수 있으며, 학생들이 생각하고 있는 것에 대해 더 많이 알 수 있다. 수업을 계획할 때, 교사는 학생들이 아래의 것들을 하고 있는지를 측정하는 데 도움을 줄 수 있는 질문들을 생각해야 한다.

- 수학에 대한 이해
- 다양한 방식으로 문제 접근
- 자신의 생각을 분명하게 설명함
- 일반화의 증거 제시

예 또는 아니요, 혹은 한 단어로 답할 수 있는 질문은 줄여야 한다. 예를 들어 "이 문제를 풀기 위해 덧셈, 뺄셈, 곱셈, 나눗셈을 해야만 하나요?"라고 질문하는 대신에 "이 문제를 더 잘 이해하기 위해 무엇을 할 수 있을까요?" 또는 "어떤 연산을 사용할지 결정하기 위해 어떤 종류의 그림을 그릴 수 있을까요?"라고 질문한다. 교사는 또한 좀 더 고차원적이고 개방적인 질문들을 개발하기 위해 연구해야 하며, 학생들에게 자신의 답을 설명하거나 옹호하도록 해야 하며, 문제해결을 위한 또 다른 방법을 제시하도록 해야 한다. 이러한 질문에 대한 답을 생각하기 위해 학생들은 시간이 필요하다는 점을 교사는 알아야 한다. 조용히 기다리는 것을 연습할 필요가 있다.

끝으로 모든 학생들이 질문과 답변에 참여할 수 있는 방법을 생각한다면, 수학에 대해 깊게 생각하는 데 많은 학생들을 참여시킬 수 있다는 것을 인식해야 한다(Reinhart, 2000). 예를 들어 학생들에게 질문을 한 다음에 "짝과 함께 생각 나누기"를 하게 한다. 학생들은 먼저 자신의 답을 생각해야 하고, 그 다음에는 자신의 아이디어에 대해 짝과 이야기한다. 그리고 마지막으로 전체 학급에서 논의한다. 전체 논의를 하기 전에 논의의 기회를 더 많이 주기 위해, 4명 또는 6명으로 소집단을 구성하여 함께 논의하도록 할 수 있다. 이러한 질문 과정을 적용하면 모든 학생들이 질문에 대해 생각하고 말하게 할 수 있다. 교실 내 대화는 더 이상 교사에서 개별 학생으로 그리고 개별 학생에서 교사에게로 되돌아가는 "탁구 게임"이 아니다.

질문에 대한 참고문헌으로는 Burns(1985), Hufferd-Ackles, Fuson, & Sherin(2004), Manouchehri & Lapp (2003), 그리고 Mewborn & Huberty(1999) 등이 있다.

면담

면담은 질문과 관찰이 결합한 것으로 일반적으로 조용한 장소에서 한 명의 학생을 대상으로 실시된다. 이 방법은 학생들의 생각을 파악하고 그들에게 특별한 관심을 보일 수 있는 강력한 방법이다. 성공적인 면담의 핵심 요건은 아동과의 친밀한 관계(rapport) 형성하기, 편견 없이 답변을 수용하기, 아동 스스로 말하고 설명하도록 장려하기이다.

예를 들어, 학년 초에 교사는 홀수와 짝수에 대한 이해를 평가하기 위해 4학년 학생들을 대상으로 간단한 면담을 하기로 결정하였다. 다음은 교사와 도영이의 면담 내용이다.

교사: 도영아, 9는 홀수이니 짝수이니?
도영: 2로 나누면 나누어 떨어지지 않으니까 홀수예요. …… 그런데 3으로 나누어 떨어지기 때문에 그때는 짝수예요.
교사: 오, 흥미롭구나. 이 타일을 가지고 네 생각을 설명할 수 있겠니? (교사는 도영이에게 타일 9개를 주며 자신의 생각을 설명해보도록 한다. 도영이는 타일을 2개씩 4묶음으로 만들고 남은 1개를 교사에게 보여준다.)
도영: 2씩 똑같이 나누면 한 개가 남기 때문에 홀수예요.
(그런 다음 도영이는 9개의 타일을 3개씩 3묶음으로 나눈다.)
도영: 하지만 3씩 나누면 하나도 남지 않고 그래서 짝수예요. 그것이 9가 홀수이며 짝수인 이유입니다.
교사: 네 생각을 설명해 주어 고맙다.

이처럼 도영이와 짧은 면담을 통하여 교사는 학생의 수학적 이해에 대하여 많은 정보를 얻을 수 있다. 도영이는 수 관계에 대해 흥미로운 생각을 하고 있다. 즉, 타일들을 똑같은 개수의 묶음으로 분리하는 것이 의미하는 것에 대하여 특별하게 생각하고 있다. 도영이는 타일이 어떤 개수의 묶음으로 분류되는가에 따라 다양한 개수의 타일이 남는 것을 인식하고 있으며, 묶음의 개수뿐만 아니라 남겨진 개수에 초점을 두고 있는 것으로 보인다. 비록 홀수와 짝수의 정의에 대해 혼란을 느끼고 있지만, 약수와 배수의 복잡한 개념을 막 이해하려 하고 있는 것처럼 보인다. 도영이의 생각을 좀 더 깊이 탐구할 필요가 있다면, 어떤 질문을 해야 할 것인가? 도영이의 잘못된 개념을 변화시키기 위해 어떤 시도를 해야 할 것인가?

학생들 모두에게 매일 또는 매주 심층적 질문을 할 시간이 없겠지만, 매주 몇 명의 아동을 선택하여 면담하면 나중에는 학급의 모든 학생들을 대상으로 개인별 면담을 할 수 있을 것이다. 이러한 짧은 면담 과정을 통하여 학생들은 교사와의 개인적 시간을 매우 소중하게 여기며, 교사들은 짧은 시간 동안에 학생 개개인에 대해서 많은 것을 알 수 있다. 교사는 전체 학급 독서 시간, 코너 학습 활동 시간, 자습 시간 동안에 매일 한두 번씩 면담을 실시할 수 있다.

면담을 실시하기 전에 평가하기를 원하는 개념이나 기능, 필요한 자료, 물어 볼 질문, 정보를 언제 어떻게 기록할 것인지에 대한 기본적인 계획이 필요하다. 물론 면담이 계획했던 방향으로 진행되지 않을 때는 다른 방향에서 접근할 필요가 있다.

면담은 일반적으로 3개의 부분을 가진다. 시작, 질문/가설 설정, 그리고 질문/가설 검증(Long & Ben-Hur, 1991). 시작 단계에서 면담자는 일상적인 대화나 부담을 주지 않는 개인적 관심사에 대해 질문하고, 사용될 자료를 아동에게 보여주고 친숙해지도록 하며, 면담의 목적을 설명함으로써 학생들을 편안한 상태에 놓이게 한다.

이어서 면담자는 과제 제시를 시작하고, 필요하다면 학생들에게 교사의 질문을 자신의 말로 재진술하게 하며, 자신이 알고 있는 것을 설명하도록 한다. 학생들은 처음에 보는 것보다 더 많은 것을 이해하고 있는 경우도 있다.

과제에 대해 아동이 어떻게 생각하고 있는지 그리고 아동이 무엇을 이해하고 무엇을 이해하지 못하고 있는지에 대한 가설을 구체화하기 위해 다양한 방식으로 질문하는 것은 면담자 책임이다. 학생들이 자신의 답변이 옳은지에 대해 궁금해하더라도, 면담자는 학생의 답변에 대해 판단을 하지 않는 것이 매우 중요하다. 아동이 자신의 생각을 좀 더 심층적으로 설명하게 하는 데 도움을 주는 반응에는 다음의 것들이 있다.

- 나는 네 생각에 대해 좀 더 알고 싶단다. 그것에 대해 이야기해 줄래?
- 네가 선생님이고 내가 너의 학생이라고 생각해봐. 내가 이해하도록 도와주렴.
- 그것을 다른 방식으로 설명해 줄 수 있겠니?
- 네 생각을 설명할 시간을 내준다면 좋겠구나.
- 이제 이해가 된 것 같아. 하지만 만약 ~하다면 어떻게 되지?

면담의 두 번째 단계가 진행되면, 면담자는 아동이 알고 있는 것과 어떤 문제가 있는지에 대한 가설을 설정하기 시작한다.

면담의 세 번째 단계는 가설 검증을 위해 특별히 설계된 질문을 하고, 문제가 있는 것처럼 보이는 것이 정말로 문제인지 알아보는 시간이다. 면담과정에서 많은 교사들을 유혹하는 것은 가르치려고 하는 것이다. 면담 과정에서 학생의 오류 또는 잘못된 개념을 고쳐주려고 하는 유혹에서 벗어나야 한다. 시간이 많다면 직접 가르치는 것이 적절할 수도 있겠지만, 재교육 또는 지도는 다른 날 또는 다른 시간으로 미루는 것이 좋다. 교실 면담의 초점은 면담 과정에서 학생들을 도와주는 것이 아니라 학생들이 알고 있는 것을 파악하는 것이 되어야 한다. <수업자료 4-1>은 자릿값 이해에 대해 3학년 학생들을 면담하기 위한 계획이다.

교실 면담에 관한 고전적이고 매우 유용한 참고문헌은 “Listening to Children: The Interview Method” (Lubinowicz 1985)이다. 면담에 관한 또 다른 참고 문헌은 Buschman(2001), Bush(2001), Glanfield & et el.(2001), Moyer & Milewicz(2002), Stenmark & Bush(2001) 등이다.

수업자료 4-1

자릿값에 대한 기초 면담

학습 목표: 학생의 자릿값에 대한 이해 정도 판단하기
대상학년: 1~3학년
자료: 연결 블록, 종이와 연필, 수 모형

과제:

1. 블록 24개를 보여줄 수 있나요? 아동이 정확하게 수를 세고 있는지 관찰한다(정확한 순서로 수를 말하고, 1대1 대응을 적용하고, 이미 사용한 블록를 구분하여 세는지?).
2. 블록 34개를 보여주세요. 아동이 10에서부터 세는가 아니면 시작부터 하나씩 세어나가는가?
3. 숫자 34를 쓸 수 있나요?
4. 블록 34개를 10개씩으로 나타내 봅시다. 10개씩 몇 묶음이나 만들 수 있다고 생각하나요? 남는 게 있을 거라고 생각하나요? 블록 34개를 하나씩 세어볼까요?
5. 자기가 쓴 숫자 34를 살펴봅시다. 3이 무엇을 의미하는지 블록으로 보여줄 수 있나요? 4는 무엇을 의미하는지 보여줄 수 있나요?
6. 블록 10개씩 4 묶음을 만들어 봅시다. 5가 더 있습니다. 그러면 모두 몇 개의 블록이 있다고 생각하나요? 말해 볼 수 있나요? 10개씩 묶음으로 세고 나머지를 더하는 방법을 학생이 알고 있는가? 또는 아직도 모두를 세고 있는가?
7. a) 위의 질문에 대해서 학생이 어려워한다면 다른 개수의 블록(예: 17, 26, 30)을 세어보고 10개씩 몇 개이고 몇 개가 남는지 예상해 보도록 질문한다. 질문을 거꾸로 해 본다. 예를 들어, 10개씩 2와 낱개가 7개가 있다면 모두 몇인가요?
   b) 위의 질문에 아무 어려움이 없다면 수 모형을 이용하여 123이나 347과 같은 수는 백 모형, 십 모형, 낱개 모형 각각 몇 개씩으로 구성되는지를 질문하여 큰 수의 자릿값을 이해하고 있는지 알아본다. 질문을 거꾸로 해 본다. 예를 들어, 백 모형 3개와 십 모형 6개, 낱개 모형 2개는 블록이 모두 몇 개인가? 이를 확장하여, 136을 얼마나 많은 방법으로 나타내는지 확인한다.

면담 시 유의점: 주의 깊게 듣고 관찰한다. 학생들이 스스로 하게 하고 절대 가르치지 않는다. 유연하게 대처한다. 필요하다면 또 다른 예를 제시하도록 한다.
질문사항: 친구에게 네 생각을 설명해 볼래? 동생에게 어떻게 설명할 수 있을까요?

과제 수행능력 평가

문제해결과 탐구가 활발한 수업에서는 과제를 수행하고 있는 학생들을 관찰할 수 있는 소중한 기회들이 많이 발생한다. 사실 어떤 기능을 평가하는 유일한 방법은 과제를 수행하게 하는 것이다. 예를 들어, 아동이 자를 가지고 측정하는 방법을 아는지를 평가하는 것이 하나의 목표라면, 그러한 측정을 하고 있는 것을 평가해야 한다. 측정해야 할 대상에 자를 완벽하게 정렬시킨 것을 그림으로 제시한 지필 문제는 실제적인 측정 기능을 평가하지 못할 수도 있다. 이러한 지필 문제를 통하여 아동이 자를 이용한 측정값을 읽을 수 있는지는 판단할 수 있지만, 실제로 자를 이용할 수 있는지는 알지 못한다.

과제 수행능력은 일반적으로 실생활을 반영한 개방형 문제해결력으로서, 문제해결을 위해서는 많은 시간을 필요로 한다. 이러한 과제 수행능력을 관찰할 때, 아동들을 짝을 지어 과제를 수행하게 하면 그들의 대화를 들을 수 있기 때문에 도움이 된다. 계획을 세우는 과정에서 짝을 지어 과제를 수행할 때 관찰하기 원하는 영역들을 목록에 넣어야 한다.

과제 수행능력을 평가하는 한 예로 <수업자료 2-2>(2장)를 다시 살펴보자. 이 활동에서 아동들은 블록으로 다양한 상자(직각기둥)를 만들어야 한다. 모양과 부피가 다양한 상자를 만드는 과정에서 상자(직각기둥)의 부피 공식이 자연스럽게 발달된다. 아동들은 공식을 단순히 적용하는 것이 아니라 모델을 사용하고, 의사결정을 하고, 수학적으로 사고한다. 그림 4-5는 관찰하려는 세 가지 영역과 아동들이 <수업자료 2-2>의 과제를 수행할 때 관찰될 수 있는 항목을 제시한 것이다.

3장에서 제시되었던 것처럼, 《수학교육을 위한 전문 규준》(NCTM, 1991)에서는 수학 과제를 핵심적 요소로 강조한다. 간단한 과제로 시작하여 좀 더 길고 복잡한 과제로 확장시킬 수 있다. 종종 아주 어린 아동들도 끈기 있게 과제에 참여하는 경우도 있다.

전략
시행착오를 이용함
길이(혹은 높이 혹은 폭)로 조직화함
패턴을 이용하고 발견함
다양하게 비교함
전략들을 조합하여 이용함
결과
모든 조합을 거의 발견하지 못 함/모든 조합을 발견함
인수와의 연관성이 발견됨
공식을 발견함/발견 못 함
절차를 기술할 수 있음/없음
태도
협동이 잘 이루어짐
호기심을 갖고, 다른 모양이나 수를 탐구함
열정적임
적극적임

그림 4-5 쌓기나무 활동에 대한 관찰 기준(〈수업자료 2-2〉를 바탕으로)

따라서 어린 아동이라고 해서 과제를 편협하게 제한해서는 안 된다. 초등학교 수학교실에서 수행능력의 평가에 관한 고전적인 참고 자료로는 Badger(1992), Moon(1993), Sanford(1993)가 있으며, 최근의 자료로는 Bush(2001), Glanfield와 동료들(2001), Kitchen 등(2002), Stenmark와 Bush(2001) 등이 있다.

자기 평가와 동료 평가

자기 평가는 많은 이들이 하고 있는 평가 방법이다. 예를 들어, 배우, 운동선수, 음악가들은 자신의 능력을 개선하기 위하여 자신의 비디오테이프를 종종 연구한다. 유사한 방식으로 수학수업에서 학생들이 자기 인식과 자기 평가를 촉진하는 활동에 참여함으로써, 자신의 약점을 제거하고 문제를 더 잘 해결하는 사람이 될 수 있다. 때로는 자신의 학습과 감성을 가장 잘 평가할 수 있는 사람은 학생 자신일 수 있다. 학생들이 자신의 학습 정도를 평가할 때, 학습에 대한 책임도 역시 그들의 것이 된다.

선택된 문제에 대해 학생들이 자신의 생각 또는 답을 정당화함으로써 자기 평가 과정을 시작할 수 있다. 예를 들어, 위협적이지 않게 은수에게 아래 문제에 대한 정답을 어떻게 얻었는지 물어볼 수 있다.

$$\begin{array}{r} 28 \\ \times\ 46 \\ \hline 168 \\ 112 \\ \hline 280 \end{array} \qquad \begin{array}{r} 24 \\ \times\ 39 \\ \hline 216 \\ 72 \\ \hline 936 \end{array}$$

오답뿐만 아니라 정답에 대해 질문하고, 비표준적인 것뿐만 아니라 표준적인 것에 대해 질문하는 것이 중요한데, 이를 통해 아동들은 무언가 틀렸을 때에만 질문 받는다고 생각하지 않게 된다. 오답에 대해서만 질문하는 것은 자아 존중감을 확립하는 데 도움이 되지 않을 뿐만 아니라 수학에 대한 자신감을 갖게 하는 데도 부정적으로 작용할 수 있다.

학생들이 문제해결에 참여하는 동안 이루어지는 다양한 자기 평가는 스스로에게 질문하는 법을 배우는 데 도움이 된다. 다음과 같은 질문을 하도록 촉진함으로써 학생들이 자기 평가 습관을 발전시키도록 도울 수 있다. "지금 무엇을 하고 있니?" "왜 그것을 하고 있니?" "그것이 해결책을 찾는데 어떤 도움을 주니?" 궁극적으로 이러한 질문들은 학생들에게 습관화될 것이며, 더 이상 강조할 필요가 없어질 것이다. 자신의 생각에 대해 다시 생각할 수 있고 자신의 문제해결 노력을 모니터(메타 인지)할 수 있다는 것은 문제해결 수업의 목표 중 하나이다.

문제해결을 끝낸 후에 문제해결 노력에 대한 자기평가에 학생들을 참여시키는 것은 그들의 모니터링 능력을 개선시킬 수 있는 또 하나의 유용한 방법이다. 예를 들어, 학생들에게 문제해결 활동을 마친 후 그림 4-6과 같이 각 질문에 대하여 한두 문장으로 답하게 한다.

학생들은 또한 다른 사람의 문제해결전략을 분석할 수 있다. 다른 학생 또는 다른 집단이 어떻게 문제를 해결했는지 듣고 토의하면서, 다른 방법을 알게 되고 어떤 방법이 가장 효과적인지 그리고 어떤 방법이 더 어렵고 쉬운지를 판단할 수 있다. 학생들은 이러한 논의와 자기-평가를 통하여 학습할 뿐만 아니라, 다른 학생들에 대해서도 많은 것을 배우게 될 것이다.

교사는 수학 및 수학 과제에 대한 학생들의 태도, 신념, 그리고 감정에 대해 파악함으로써 좀 더 효과적으로 수업을 설계할 수 있다. 과제를 수행하고 있는 학생 자신보다 주어진 과제에 대해 어떤 감정을 느끼는지 더 잘 평가할 수 있는 사람은 없다. 그림 4-7은 문제해결 태도를 검사하기 위한 검사 항목의 예이다. 대부분의 학생들이 문제해결에 대해 부정적인 태도를 가지고 있다고 검사 결과가 나왔다면, 문

방금 전 해결한 문제에 관해 생각해 봅시다. 각 질문에 대하여 생각하는 바에 O 표시하세요.

1. 자신의 답이 옳다고 얼마나 확신합니까?

절대적으로 확신함	매우 확신함	어느 정도 확신함	확신하지 않음	틀렸음

자신의 답에 대해 왜 그렇게 생각하나요?

2. 이 문제가 얼마나 어려웠나요?

정말 정말 어려움	꽤 어려움	어느 정도 어려움	어렵지 않음	매우 쉬움

이 문제의 난이도를 왜 그렇게 생각하나요?

3. 이런 문제를 이전에 풀어본 적이 있나요?

네, 많이	네, 한 번 또는 두 번	확실하지 않음	그렇지 않음	절대 아님

만약 그렇다면, 그러한 다른 문제를 기술하고 왜 그렇게 생각하는지 이유를 기술하시오. 만약 그렇지 않다면, 예전에 풀었던 문제와 어떤 점에서 다른가?

그림 4-6 문제해결에 대한 자기평가서

문제해결에 대한 태도 검사

자신의 생각을 설명한 것에 ✓ 표시하세요. 이 설문지는 문제해결에 대한 여러분의 태도와 신념을 알아보기 위한 것입니다.

	항상 그렇다	가끔 그렇다	전혀 그렇지 않다
1. 나는 문제풀기를 좋아한다.			
2. 나는 친구들보다 문제풀기를 잘한다.			
3. 나는 문제를 풀 때 도와줄 사람이 필요하다.			
4. 나는 문제풀기에 자신이 있다.			
5. 나는 한 문제를 오랫동안 풀어도 상관이 없다.			
6. 나는 문제풀기가 재미없다.			
7. 시도해 보지 않은 문제들이 있다.			
8. 나는 문제풀기를 바로 포기한다.			
9. 나는 대부분의 어려운 문제를 풀 수 있다.			
10. 나는 한가한 시간에 문제풀기를 한다.			
11. 나는 문제가 해결되지 않으면 바로 포기한다.			
12. 나는 문제풀기 능력에 만족한다.			

그림 4–7 문제해결 태도 검사지

제해결이 포함된 수업 계획을 어떻게 세울 것인가? 이러한 정보는 학생들을 소집단으로 구성하는 데 어떤 도움을 줄 것인가?

또한 학생들에게 수학 일지를 쓰게 하거나 자기 자신이나 다른 사람에게 편지를 쓰게 할 수 있다. 어떤 교사는 매 학년 초에 학생들에게 자신의 강점과 약점에 대해 스스로에게 보내는 편지를 써보도록 시켰다. 몇 달 후 학생들은 이전에 약점으로 스스로 지목했던 영역에 대해 발전이 있었는지 알아보기 위해 그들의 편지를 다시 읽어보았다(그림 4-8 참조). 이러한 정보는 학부모와 공유할 수도 있을 것이다.

다음과 같은 질문을 함으로써 학생들로부터 더 많은 것을 알 수 있다.

수학에서 자신이 진정으로 잘하는 것은 무엇인가? 못하는 것들은 무엇인가?
수학수업에서 가장 좋아하는 것에 대해 친구들에게 말한다면, 무슨 말을 할 것인가?
수학수업에 대해 친구에게 말할 수 있는 또 다른 것들은 무엇이 있는가? 이유는?
여러분과 여러분의 친구가 같은 문제에 대해 답이 다르다면, 어떻게 할 것인가?
문제를 옳게 풀었다는 것을 어떻게 알 수 있는가?

수학

6-3

나에게 보낸 편지 #7 1999년 9월 3일

나에게,

나는 막 시작하려고 한다. 수학에서 나의 약점은 문장제 문제이다. 나는 결국 해 낼 수 있지만 내게는 쉬운 일은 아니다. 나의 장점은 특히 나눗셈이다. 나의 수행 능력은 아마도 문장제 문제에서 좀 더 나아지리라고 기대한다.

내가 보냄.

그림 4–8 학년초 "나에게 보내는 편지"에 대한 학생의 자기평가의 예.

서술형 평가

서술형 평가에는 지필 과제, 프로젝트, 그리고 학생들의 다른 지필 활동에 대한 평가를 의미한다. 그림 4-9는 아래의 문제에 대한 학생 네 명의 지필 활동 결과이다.

> 어떤 목수가 다리 3개인 의자와 다리 4개인 탁자를 만들고 있다. 하루 동안에 그는 31개의 다리를 사용했다. 그가 만든 의자와 탁자는 각각 몇 개인가?

그림 4-10은 아동의 문제해결 활동성과를 세 가지 척도(문제의 이해, 계획 세우기, 정답 구하기)로 평가하기 위한 분석적 채점 기준이다.

표 4-2는 그림 4-10에 제시된 세 가지 척도를 바탕으로 평가한 네 명의 아동에 대한 채점 결과이다. 사실 문제해결을 채점하기 위한 다양한 척도 및 채점 기준이 있을 수 있으며, 채점자에 따라 채점 결과도 달라질 수 있을 것이다. 예를 들어, 표 4-2의 채점결과와 일치하는지 알아보기 위하여, 동일한 분석적 채점 기준을 사용하여 그림 4-9의 답안을 채점해 보자. 표 4-2의 채점결과와 일치하지 않을 수도 있겠지만, 자신의 채점 기준을 정당화할 수 있어야 한다.

아마도 아동의 풀이를 채점하는 것보다 더 중요한 것은 그것을 분석하여 학생에 대하여 무엇인가를 알아내는 것이다. 예를 들어, 그림 4-9의 학생들의 풀이를 다시 살펴보면, 단지 지영이만 문제에 대해 하나 이상의 답을 찾아냈다고 결론 내릴 수 있다.

표 4–2 그림 4–10의 척도를 적용하여 그림 4–9의 아동들의 풀이를 채점한 결과

	문제의 이해	풀이의 계획	답 구하기	총계
지영	2	2	1	5
동건	1	1	0	2
나현	2	1	1	4
영민	1	1	0	2

포트폴리오

포트폴리오는 오랫동안 예술작품을 평가하기 위해 사용되어 왔지만, 최근에는 수학 교과 및 다른 교과를 평가하는 데도 사용된다. 일반적으로 포트폴리오는 특정한 목적을 가진 작품집이다. 포트폴리오에 넣기 위해 선택된 항목들은 학생의 노력, 발전 정도, 성취도 수준을 보여 준다. 종종 어떠한 예들을 포함시킬 것인지 결정하는 데 핵심적 역할을 하는 것은 학생들이다. 학생들은 또한 자신의 장점과 단점을 판단하기 위한 기준을 결정하는 데 도움을 줄 수 있다 (Paulson, Paulson & Meyer, 1991). 학생들의 수학 포트폴리오에는 특별한 과제에 대한 문제해결, 글쓰기, 탐구조사, 프로젝트, 보고서 같은 것들이 포함될 수 있다. 이러한 것들은 지필, 오디오 또는 비디오테이프, 그리고 컴퓨터 디스크 같은 다양한 매체를 통해 제시될 수 있다. 일부 교사들은 학생들이 대부분의 활동을 하는 수업 포트폴리오와 수학에 대한 학생의 태도, 능력, 성향 판단을 목적으로 하는 선택된 활동만을 포함시키는 평가 포트폴리오 모두를 시행하고 있다.

학생들에게 포트폴리오를 작성하도록 할 예정이라면, 다음의 질문에 답할 필요가 있을 것이다.

> 포트폴리오의 목적은 무엇인가? 검토할 사람은 누구인가?(학생 자신, 교사로서의 당신? 학부모?)
> 무엇이 포함되며 누가 선택하는가?(문제해결 활동? 시험과 퀴즈? 수학에 대한 글쓰기? 가장 훌륭한 활동 또는 대표적인 활동?) 그림 4–11은 어떤 교사가 학생들에게 요구하기로 선택한 항목들이다.

포트폴리오 활용했을 때 특별히 좋은 점은 학생들이 자기-평가 도구로 활용할 수 있다는 것이다. 학생들이 (그리고 다른 사람들이) 일정 기간 동안 얼마나 발전했는지를 알 수 있도록 항목별로 날짜를 기입하는 것이 중요하다. 학생들이 각각의 과제를 기술하고 그것에 대해 반성하게 하는 것이 도움이 된다. 그림 4-12는 수학 학습 포트폴리오를 시작하기 위한 몇 가지 조언들이다.

지영

어떤 목수가 다리 3개인 의자와 다리 4개인 탁자를 만들고 있다. 하루 동안에 그는 31개의 다리를 사용했다. 그가 만든 의자와 탁자는 각각 몇 개인가?

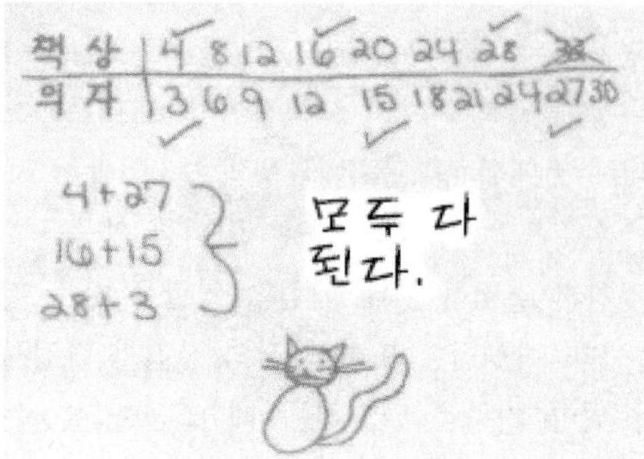

동건

어떤 목수가 다리 3개인 의자와 다리 4개인 탁자를 만들고 있다. 하루 동안에 그는 31개의 다리를 사용했다. 그가 만든 의자와 탁자는 각각 몇 개인가?

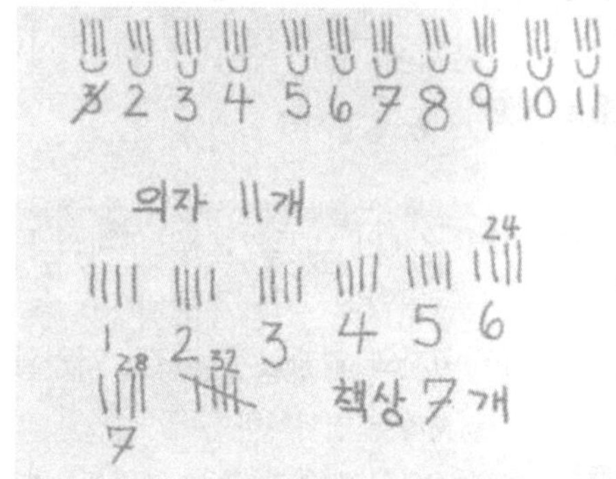

나현

어떤 목수가 다리 3개인 의자와 다리 4개인 탁자를 만들고 있다. 하루 동안에 그는 31개의 다리를 사용했다. 그가 만든 의자와 탁자는 각각 몇 개인가?

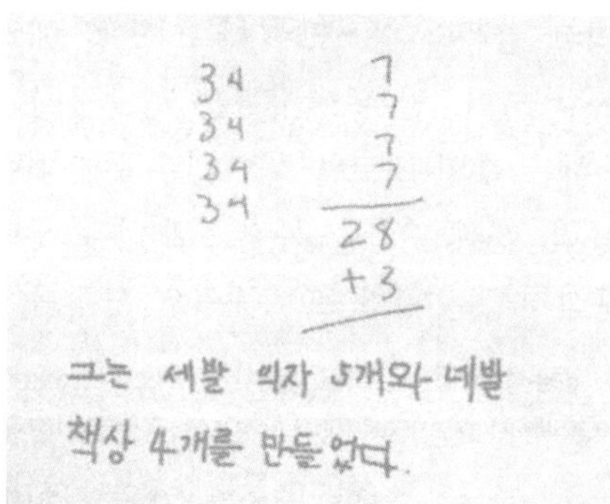

영민

어떤 목수가 다리 3개인 의자와 다리 4개인 탁자를 만들고 있다. 하루 동안에 그는 31개의 다리를 사용했다. 그가 만든 의자와 탁자는 각각 몇 개인가?

| 그림 4-9 아동들의 문제해결 사례

분석적 채점 기준

	문제의 이해		풀이의 계획		정답 구하기
0	문제를 완전히 잘못 이해함	0	시도조차 하지 않았거나 부적절한 계획을 세움	0	답을 쓰지 않았거나, 부적절한 계획에 기초한 오답을 씀
1	문제의 일부를 잘못 이해하였거나 잘못 해석함	1	문제의 일부를 옳게 해석하여 부분적으로 옳은 계획을 세움	1	옮겨 적을 때의 오류, 계산 오류, 여러 개의 정답 중 일부만을 제시
2	문제를 완전히 이해함	2	적절히 수행되기만 하면 정답으로 이끄는 계획을 세움	2	정답을 옳게 구함
3	문제를 완전히 이해하고, 다른 유사한 문제와 관련지을 수 있음	3	적절하게 계획을 세울 뿐만 아니라, 다른 유사한 문제로 일반화할 수 있음	3	정답을 옳게 구할 뿐만 아니라, 확장된 문제에 대해서도 정답을 구할 수 있음

| 그림 4-10 문제해결 채점 기준(Charles, Lester, and O'Daffer 1987, p.30)

학기말 포트폴리오에 포함되어야 하는 최소한의 요건

1. 숙제 3가지
2. 쓰기 3가지
3. 퀴즈 2회
4. 수업 필기 2가지
5. 특별한 프로젝트 활동의 예 1가지
6. 협동학습의 예 1가지

포트폴리오 내용을 위에 제시된 요건으로 한정할 필요는 없다. 학기말에 그동안의 활동들 중에서 대표적인 5가지 종류를 선택할 수 있다.

그림 4-11 포트폴리오 내용에 대한 교사의 안내

포트폴리오 시작하기

간단하게 소규모로 시작한다.

- 특히 학생이 많은 경우 포트폴리오는 부담이 많이 된다.

필요성에 대해 계속 생각하는 것이 중요하다.

- 왜 학생들이 포트폴리오를 작성하길 원하는가?
- 포트폴리오의 목적에 대해 학생과 학부모에게 무엇이라고 대답할 것인가?

포트폴리오는 접근가능하여야 한다.

- 포트폴리오를 보관하기 위한 장소를 마련한다.

포트폴리오 작업에 할당된 시간은 금방 지나간다.

- 학생들이 작품을 선정하고 목록을 작성하는 데 안내자가 필요하다.
- 교실에서 학생들의 작품을 서로 공유하는 것이 중요하다.
- 학생들이 포트폴리오에 대해 자기 반성을 하는 데 안내자가 필요하다.

내용에 관한 목차는 필수적이다.

학생의 포트폴리오를 판단하기 위해 평가기준은 교사의 목적과 가치를 반영한다.

- 수학 과제 중 어떠한 항목이 포함되기를 바라는가?
- 초안과 수정안 모두를 포함할 것인가?
- 자기 반성을 한 기록을 포함할 것인가?
- 포트폴리오에 성적을 표시할 것인가? 그렇다면 어떻게?

그림 4-12 포트폴리오 시작하는 데 있어서 조언

글쓰기

NCTM 규준에서는 수학에서 의사소통에 더 많은 강조점을 둘 것을 요구하고 있다. 그림 4-13에 진술된 것처럼, 수리 능력과 읽고 쓸 줄 아는 능력은 함께 나아간다. 의사소통의 한 형태로서 글쓰기는 평가의 또 다른 원천을 제공해 줄 수 있다. 학생들에게 일지를 쓰거나 다른 과제에 글쓰기를 추가하게 할 수 있다.

이것을 시작하는 간단한 방법은 학생들에게 하나의 과제에 대해 그들이 이해한 것과 이해하지 못한 것, 활동에 대한 감정, 오늘 수업에서 배운 것, 또는 수학에서 좋아하는 것에 대해 글을 쓰도록 하는 것이다. 학생들의 글쓰기를 효과적으로 유도하기 위해서는 교사의 창의적인 발상이 필요하다. 예를 들어, 학생들에게 수학수업에 대하여 친구에게 편지를 쓰게 하거나 삼각형에 관한 시를 쓰도록 할 수 있다. 글쓰기가 수학수업의 한 부분이 되면, 수학에 대한 학생들의 지식과 태도를 평가하기 위해 그것을 이용할 수 있다. 그림 4-13은 글쓰기를 유도할 수 있는 한 예이다.

백만이 얼마나 큰지 이해하는 데 도움을 줄 수 있는 학급 활동을 기술하여라.

교사가 되어 1학년 학생들에게 두 자릿수 뺄셈을 가르치려고 한다. 사용하려는 문제와 교구의 예를 제시하여라. 학생들에게 뭐라고 말할 것인지, 학생들에게 어떤 활동을 제공할 것인지 제시하여라.

미선이는 모든 학생들에게 10점을 올려주면 학급의 평균 점수가 10점이 올라갈 거라고 주장한다. 연지는 그렇지 않을 거라고 한다. 어떻게 생각하는지 설명하여라.

0.307과 0.32 중에서 $\frac{1}{3}$에 가까운 소수는 무엇인가? 왜 그렇게 생각하는가? 그렇게 생각한 이유를 설명하여라.

분수와 소수 사이의 연계성은 무엇인가? 예를 들어 설명하여라.

그림 4-13 수학적 개념의 이해 정도를 설명하게 하는 글쓰기의 예

지필 평가

시험은 단순히 성적을 결정하는 것이 아니라 교사의 수업을 효과적으로 안내할 수 있다. 학생들은 시험을 통해 무엇인가를 배우기도 하지만, 그들이 시험에서 배운 것이 교사가 의도한 바와 다른 경우가 너무 많다. 지필 시험의 정답/오답에 너무 많은 강조점을 두면, 학생들은 왜 절차가 적용되는지를 설명하거나 서술형 문제를 풀고 문제를 푼 방법을 제시하는 것이 중요하지 않다고 믿게 된다. 왜냐하면 좋은 점수는 이러한 것들을 하지 않고도 얻을 수 있기 때문이다. 일부 교육학자들의 관찰처럼, 학생들은 종종 시험 받는 것에 따라 어떤 것이 중요한지 그 가치를 결정한다—"즉, 시험에 나오는 것이 중요한 것이다."(Wilson & Kenney, 2003)

주의 깊게 구성하고 올바르게 분석된 시험은 학생에 관해서 많은 것들을 알려줄 수 있다. 예를 들어, 그림 4-14의 아동 답안은 두 자릿수의 뺄셈에 관한 간단한 시험이지만, 학생에 관한 많은 것들을 보여준다. 그들 중 얼마나 많은 학생들이 0이 있는 문제를 틀렸는지 살펴보자. 만약 첫 번째 또는 일곱 번째 문항이 시험에 없었다면, 교사는 진하가 받아 내림이

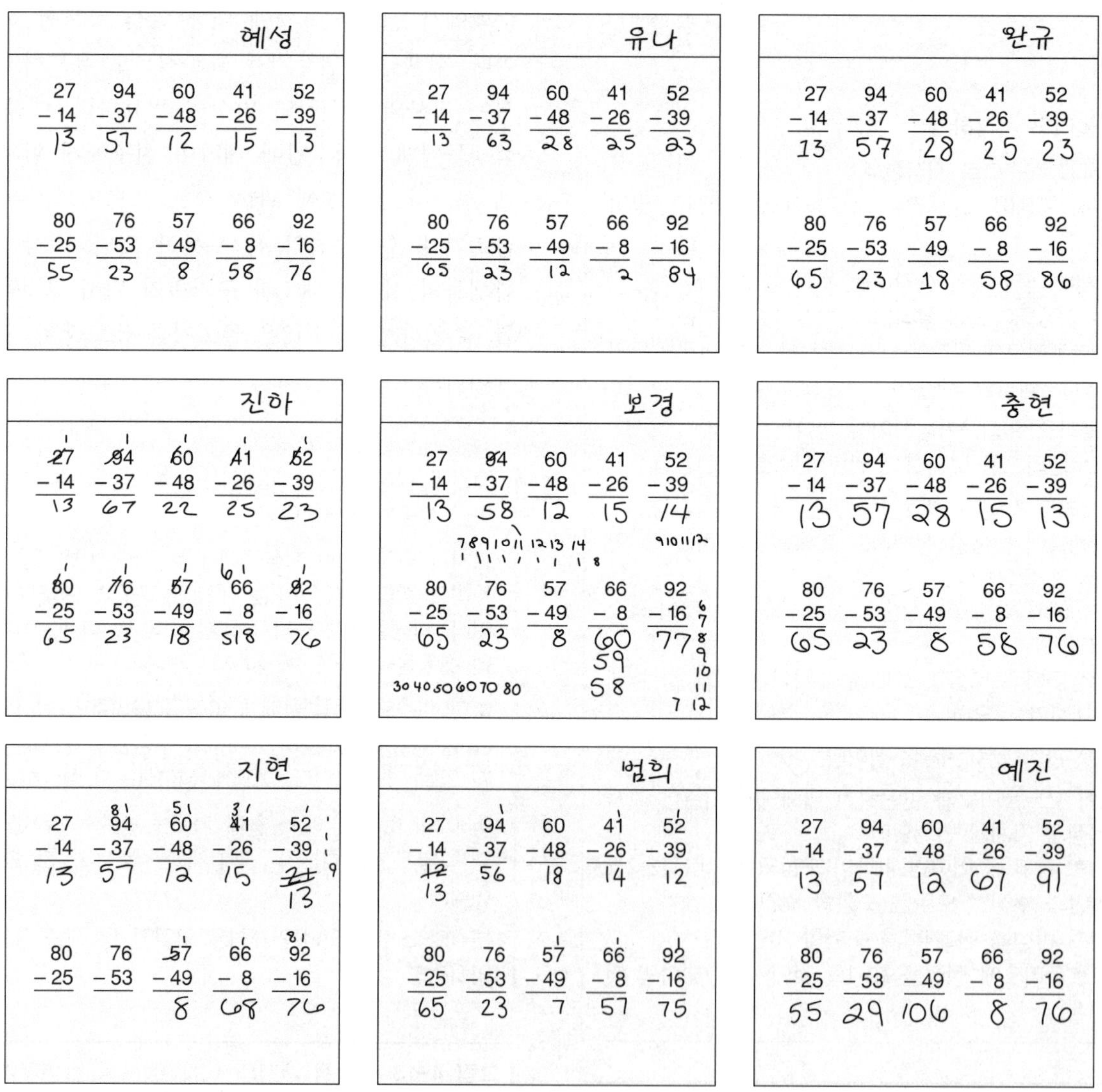

그림 4-14 뺄셈 지필 평가에 대한 아동들의 시험지 예

필요하지 않은 경우마저도 받아 내림을 하고 그 다음에는 무시한다는 사실을 눈치 채지 못하였을 것이다. 다른 학생들의 오류의 유형을 분석해 보고 각각의 학생의 특징을 알아보자.

대부분의 지필 시험은 학생이 정답에 어떻게 이르렀는가를 파악할 기회를 주지 않는다. 더 많은 통찰력을 얻을 수 있는 하나의 방법은 학생들에게 그들이 작성한 답안지를 글로 써서 설명하게 하는 것이다. 아동들이 수업 시간에 말로 설명하는 것에 익숙해 있다면, 설명하는 것이 좀 더 쉬울 것이고 교사는 더 많은 의미 있는 설명을 듣게 될 것이다. 몇 가지 문항에 대하여 아동에게 말로 설명하게 한다. 그렇지 않으면, 아동들은 그들에게 아무런 의미가 없는 설명을 기계적으로 되풀이하게 될 것이다.

지필 시험에 어림셈 문항을 포함시킬 수 없거나 교구와 계산기를 사용하지 못하게 할 이유는 없다. 시험은 교과서나 공책의 사용을 허용하고, 사고를 유발하는 질문을 하며, 학생들에게 새로이 학습한 것을 이전의 학습에 연결시키도록 요구할 수 있다. 또한 시험은 학생들이 그 주에 기억한 모든 것 또는 지난번에 배운 모든 절차를 토해내는 시간이기에 경쟁이 되어서는 안 된다.

사려 깊게 잘 구성된 시험은 정보를 수집하는 매우 효율적인 방법이다. 물론 이 자체만으로는 학생의 지식에 대한 완벽한 평가를 제공할 수 없지만, 학생들을 평가하는 데 중요한 일부분이 될 수 있다.

표준화된 성취도 평가

어떤 시점에서는 틀림없이 표준화 검사 혹은 국가수준의 시험을 시행하게 될 것이다. 이러한 표준화된 시험의 결과는 일반적으로 학생들의 성취도를 살펴보는 데 사용될 수 있다. 그러나 표준화된 평가를 형성평가로 활용하기 위해서는 평가 결과를 좀 더 면밀하게 살펴볼 필요가 있다. 예를 들어, 학생들이 측정 영역에서 낮은 점수를 받았다면, 그 영역에서 교사의 수업 방법을 재고할 필요가 있다. 금년도의 시험 결과가 학교에 늦게 도착한다면, 학생들의 전년도 시험 결과의 열람을 요청할 수 있다. 때때로 이러한 정보는 금년도에 어떤 영역의 학습이 추가적으로 필요한지를 파악하는 데 큰 도움이 될 수 있다.

상대평가는 아동들을 전체적인 정규분포에 분포되도록 설계되어 있다. 항상 학생의 50%는 평균 이하이며 50%는 평균 이상이 된다. 그러므로 상대평가의 문항들은 특정 학년 수준의 모든 학생들이 정답을 제시하도록 의도되지 않는다. 즉, 분수 곱셈에 관한 문항이 4학년 시험에 들어있다고 해서 이 수준의 모든 학생들이 분수의 곱셈을 할 수 있어야 한다는 것을 의미하는 것은 아니다.

이 장에서 이미 언급했던 바와 같이, 표준화된 시험은 변하고 있다. 일부 표준화 시험에서는 계산기 사용을 허용하고, 선택형보다는 개방형 문항을 취하고, 설명을 요구하기도 하고, 문제해결 상황을 포함시키기도 한다. 표준화 시험이 어떤 형태이든 간에 학생들을 그것에 익숙해지도록 해야 한다. 또한 교사는 학생들에게 의미가 있고 수학을 할 수 있다는 자신감과 태도를 확립하는 데 도움이 되는 방식으로 수학을 배울 수 있도록 해야 한다. 이것이 표준화된 성취도 시험에서 학생들이 알고 있는 것을 드러낼 수 있게 하는 가장 좋은 방법들 중 일부이다.

평가 결과의 기록 및 활용

학생들의 수학학습과 성향에 대하여 공식적 그리고 비공식적 기록을 보존하는 것이 중요하다. 기록의 유형은 학교 시스템에 따라 다르겠지만, 개인적으로 기록을 보존할 수도 있다.

유의할 점은 너무 많은 양의 기록을 보존하려고 하지 말아야 한다. 학생들의 발달 정도를 파악하고 가르칠 내용에 관한 결정을 내리는 데 충분할 정도의 기록을 보존한다. 보존하는 기록의 유형은 학생, 학부모, 학교 당국에 정보를 제공하는 방식에 따라 달라질 수 있다.

평가 결과의 기록

교사는 학생들에 대해 많은 것을 알고 있으며 그들에 대한 많은 것들을 비공식적으로 기록한다. 예를 들어, 교사는 일상적인 상호작용을 통하여, 태우가 항상 수학시간에 답변을 하려고 하며, 지수는 강수와 함께 공부하려고 하지 않으며, 영현이는 계산법을 알고 있지만 언제 왜 어떤 연산이 사용되는지에 대한 이해는 부족하며, 세은이는 수학 시험보는 날에 자주 결석한다는 것을 알 수 있다. 하지만 어쩌면 나래의 부모가 학부모 회의에 오기 전까지 나래에 대한 기억을 더듬거려야 할지 모른다. 또는 소집단의 구성을 바꾸는 것에 대해 생각하면서 수정이와 성환이가 과거에는 함께 공부를 잘 했는지 살펴보아야 할 필요도 있을 것이다.

학생에 관한 유용한 정보가 너무 많기 때문에, 그것들 중 일부만 기록하는 것이 필요하고 그렇게 하는 것이 도움이 된다. 다음은 정보 기록을 위한 몇 가지 기법들이다. 이 외에 다른 기법들이 있으며 필요에 따라 변형할 수도 있다.

체크리스트 체크리스트는 학생들의 이해, 태도, 내용 성취도에 관한 개별화된 정보를 기록하기 위해 다양한 방법으로 활용될 수 있다. 이것은 다양한 방식으로 표기되는 간단한 목록일 수 있으며, 평가 척도표, 설명이 추가된 체크리스트가 될 수도 있다(그림 4-15부터 그림 4-18참조). 체크리스트의 장점은 상황에 맞게 적절하게 변형될 수 있다는 것이며, 교사의 수업 목표와 모든 아동의 요구에 대하여 생각하는 데 도움이 된다는 것이다.

모든 시간을 기록하는 데 쓸 수 없으므로 학생의 학습과 태도에서 몇 가지 중요한 측면을 선택하여

수학 수업 참여								
	센터 A	센터 B	센터 C	집단 리더	집단 기록자	집단 보고자	게시판	교구
이 름	날짜: 3월							
권지애	2	4	6	5	13	10	✓	✓
김민지	9	10	11	10	5			3월
나혜정	2	3	5			10		✓
손연주	11	10	9	5		13	✓	3월

그림 4-15 학생 참여도 체크리스트: 어떤 아동들에게 참여를 권장해야 하며 그들에게 제공해야 할 활동이나 역할을 파악하는 데 유용하다. 예를 들어, 나혜정은 수학 센터에서 활동하면서 교구를 책임지고 있다. 그러나 혜정이는 집단의 리더나 기록자로서의 역할이 요구된다.

수 업 관 찰

학급: 5학기 주: 2월 6-10 / 13-17

이 름	논 평	행동	
		필요함	취함
권지애			
김민지	도전이 요망됨	*	예
나혜정			
손연주	3일간 숙제 안함	*	전화함

그림 4-16 수업 관찰 체크리스트: 이 체크리스트는 학부모 또는 학생들과 의사소통할 때 논의할 사항을 상기시켜 주는 데에도 유용하다.

학 급 성 향							
학급 : 3학년 수학 월 : 10월		지애	민지	혜정	지혜	정우	은영
자신감	답을 확신함	✓			✓		
	어떻게 진전될지를 앎	✓			✓		
융통성	방향을 바꾸려고 함	✓		✓		✓	
	여러 가지 방법으로 시도함	재촉하면		✓			
인내성	과제에 집착함	✓					
	문제에 몰두하는 것은 즐김		✓		✓		
호기심	이유를 찾기를 원함		✓				
	도전감			✓	✓		✓
공유성	다른 사람들과 잘 어울려 일함		✓				✓
	지도력을 보임				✓		

그림 4-17 학생들의 성향에 대한 체크리스트: 이 체크리스트는 학생들에게 어떤 특별 활동이나 격려가 필요한지를 결정하는 데 유용하며, 학생들과의 대화나 학부모와의 면담에도 사용될 수 있다.

매일 몇 명의 학생을 중심으로 기록해야 한다. 예를 들어, 한 주는 소집단에 참여하는 아동을 관찰하여 기록하고, 그 다음 주는 새로운 학습 주제에 대한 개별 아동의 이해에 초점을 맞추어 기록한다.

체크리스트를 활용하면, 아동들이 과제에 참여하고 있는 동안 빨리 기입할 수 있도록 그것을 편리한 곳에 보관하는 것이 좋다. 하루가 끝날 때까지 기다리게 되면, 그날 관찰한 보석 같은 중요한 사건들을 잊어버리거나 다른 일에 몰두한 나머지 그것을 메모하지 못할 수도 있다.

교사에게만 의미가 있는 정보가 체크리스트에 기록되어 있다면, 학생들의 눈에 띄지 않는 곳에 체크리스트를 보관한다. 아동의 감정에 유의해야 한다. 학급의 모든 구성원에 대한 체크리스트가 공개되면 상위 아동들에게는 커다란 격려가 될 수 있지만, 많은 격려를 필요로 하는 하위 아동들에게는 종종 부정적으로 작용할 수 있다.

학생 파일 많은 교사들은 각 학생들의 학습 활동을 파일 형태로 기록한다. 아동들이 자신의 포트폴리오를 작성하고 있다면, 그것으로 충분하기 때문에 학생 파일 형태로 추가적인 활동 사례를 수집할 필요는 없다. 어느 경우든 그림 4-18처럼 각 아동별로 요약 프로파일이 필요할 수 있다. 학교에서 학부모에게 알리는 가정통지문에는 이러한 기록이 포함되어야 하는 경우도 있다.

수업 기록 종종 수업 기록이 유일한 성적표인 경우가 있다. 비록 이러한 기록을 하는 것이 필요할지 모르나 이것의 제한점이나 한계를 인식해야 한다. 출석 이상의 것들 즉 과제 점수, 퀴즈나 시험 점수, 종합 성적을 간단히 기입함으로써 보완할 수 있을 것이다.

또한 매일 혹은 주간 체크리스트로 만든 누적 체크리스트로 성적표를 보완할 수도 있다. 이전의 체크리스트에서 기입한 항목의 유용성과 빈도를 재검토함으로써 어떤 항목을 포함시킬 것인지 결정할 수 있다. 누적 체크리스트는 전체적인 수업의 윤곽을 제공해 줄 것이며 수업 계획을 세우는 데 도움이 될 것이다.

수학학습 프로파일	
날짜 : 2월 학생 : 장 은 지 　　교사 : 윤 선 애 　　학년 : 2	
내용 영역	
수감각과 명수법	숫자들이 똑같다고 생각한다 - 자릿값을 발전시킬 필요가 있음
어 림	수-양의 크기에 대한 감각이 좋음
연산의 개념	훌륭한 문제해결자
계 산	
기하와 공간 감각	은지는 기하를 좋아한다
측 정	
통계와 확률	
분수와 소수	
패턴과 관계	공간 규칙성에 더 뛰어남
수학적 힘	
문제해결	독창적인 방법으로 생각하기를 좋아함
추 론	
의사소통	잘 설명함
연결성	
개 념	발전적인
절 차	절차에 따르기를 좋아하지 않음 - 자신의 것을 만들어 냄
성 향	
자신감	발전함
융통성	
인내심	많은 과제들에서
호기심	좋음
반 성	
기타 논평	

그림 4-18 학생 개인별 프로파일의 예

평가 결과의 활용

대부분의 교사들은 그들이 수집한 정보를 학생, 학부모 또는 보호자, 학교 당국에 제공하게 된다. 각 집단 — 학생, 학부모, 학교 당국 — 에게 서로 다른 양의 정보를 다양한 방식으로 전달할 것이다.

학생들에게 학생들에게 전달되는 정보들은 구두 또는 행동을 통해 이루어지지만, 활동지, 포트폴리오, 시험, 일지 또는 다른 형태의 평가 자료에 논평을 써서 전달할 수도 있을 것이다. 또는 편지나 숫자로 된 성적을 제공할 수도 있다. 평가 결과에 대한 이러한 모든 의사소통은 수학의 다양한 가치, 성취해야 할 학습 목표, 그들 자신의 가치에 대한 아동의 정서에 영향을 미칠 수 있다.

긍정적이며 공정해지도록 노력해야 한다. 모든 학생들에게 그들이 기대를 충족시키고 있는지 알려 줄 때, 그리고 그들에게 기대된 것을 입증할 필요가 있을 때, 체크리스트나 학생 포트폴리오의 정보를 이용한다. 마지막으로 아동의 자기평가 능력의 성장이 중요하다는 것을 기억해야 한다. 교사의 목표 중 하나는 아동들이 독립적인 학습자가 되도록 돕는 것이 되어야 한다. 학생들이 자신의 공부와 사고를 입증하기 위해 항상 당신에게 의존해야만 한다면, 그들이 이러한 목표에 이르지는 못할 것이다.

학부모 또는 보호자에게 평가결과는 문서형태 또는 구두로 학부모 또는 보호자에게 보고를 하게 될 것이다. 보고의 형태는 종종 학교 시스템에 의해 결정되지만, 그 질에 대해서는 교사에게 책임이 있다. 학부모와 의사소통하는 교사의 능력은 향상되겠지만, 처음부터 기록을 하고 구두 또는 문서 형태로 코멘트를 하거나 정당화하기 위해 그러한 기록을 사용하는 것이 중요하다. 전화는 학생에게 문제가 있을 때뿐만 아니라 훌륭한 행동이나 뛰어난 성취를 칭찬할 때 학부모에 대한 즉각적인 피드백으로 유용할 수 있다. 학부모와 아동들은 종종 무언가 좋은 일을 보고하기 위해 교사가 집으로 전화를 하면 놀라워하고 고마워한다. 어떤 교사들은 학년 초에 모든 학부모들에게 집으로 기쁜 내용의 전화를 하기 위해 노력한다. 이러한 실천은 학부모와 좋은 관계를 이룰 수 있고 교사의 전화가 반드시 나쁜 소식을 의미하지는 않는다는 기대를 가지게 한다. 어떤 교사들은 교실 활동과 목표에 관해 학부모에게 알리기 위해 정기적인 회보를 이용하거나 특별한 행사에 대해 이야기하고 도움을 청하기 위해 학부모에게 편지를 쓴다. 또한 많은 교사들은 이러한 형태의 커뮤니케이션을 학부모와의 관계를 유지하기 위해 이메일을 사용하고 있다.

학부모 회의에서 교사는 수업 목표를 설명하고 아동이 이러한 목표를 충족시키는 데 필요한 도움을 청할 수 있는 기회를 가진다. 아동의 발전에 대해 이야기할 때 학부모와 공유할 수 있는 광범위한 학생의 활동성과 표본을 수집해 왔다면 도움이 될 것이다. 학부모 회의는 또한 정보를 수집하는 시간이다. 학부모들은 종종 교실에서 교사가 잘 알지 못하고 있는 아동에 대한 통찰력을 제공한다. 그들로부터 얻는 정보는 학생 파일 메모에 포함되어야 한다.

학교 당국에게 교사는 수업을 시작할 때, 학교에서 어떠한 유형의 기록과 성적을 요구하는지 그리고 그것들은 어떻게 사용되는지 알아야 한다.

- 어떠한 종류의 성적표 양식이 사용되는가? ABC 문자 성적표인가? S/I/N(만족스러움, 개선 중, 개선이 필요함) 지표를 사용하는가? 숫자로 된 성적표인가? 서술식 성적표인가?
- 학교 당국은 각 아동에 대한 문서 보고서를 기대하고 있는가?
- 공식적인 체크리스트가 있는가?
- 수업 성적 기록은 충분한가?
- 이후의 다음 교사에게 전달되는 학생 정보는 항구적인 파일로 보관되는가, 또는 능력별 학급 편성 결정을 하기 위해 사용되는가?
- 교사 평가에 학생의 학업성취도에 관한 정보가 사용되는가?

기록의 유형과 활용은 학교마다 다르므로, 자신의 상황에 대해 아는 것이 필요하다. 기록이 어떻게 사용되는지 안다면 특별한 용도에 적합한 기록을 더 잘 제공해 줄 수 있을 것이다.

문화적 연계성

미국 정부가 국가학업성취도평가(NAEP)를 통해 수학 성취도를 기록하기 시작한 1970년대 초반 이후, 특정 집단의 학생들이 지속적으로 다른 집단보다 뒤처지는 것으로 나타나고 있다. 특히 흑인과 라틴 아메리카계 학생들은 일반적으로 백인 학생들보다 낮은 점수를 보이고 있다. 사회경제적 지위 또한 일반적으로 유의미한 성취도 예측요인이다. 평균적으로 가난한 학생들은 부유한 배경의 학생들보다 시험 점수가 낮은 경향이 있다는 것은 잘 알려져 있다.

희소식은 1990년에서 2007년까지 4학년과 8학년 학생들의 수학 수행이 지속적인 향상을 보이고 있다는 것이다. 민족성, 백인, 흑인, 라틴 아메리카계, 아시아/태평양 섬 지역 학생들로 결과를 분석해보면 모두 이전의 평가보다 2007년에 높은 수학점수를 보여주었다. 반면에 나쁜 소식은 그럼에도 불구하고 소수민족 학생과 백인 학생 간의 성취도 차이를 줄이지 못하고 있다는 것이다.

NAEP 수학 평가에서 각 학생들의 수행능력을 보고하는 방식 중 하나는 성취수준을 정하는 것이다(기초, 숙달, 고급). 2007년에 모든 4학년 학생의 거의 절반이 기초적 수준에 있었다(18%는 기초 이하). 다르게 말하면 모든 4학년 학생들의 39%만이 숙달 또는 고급으로 판단되었다. 그러나 흑인과 라틴 아메리카계 학생들의 수행은 현저히 낮았다. 백인 4학년 학생의 51%가 숙달 또는 그 이상으로 판단된 반면, 흑인 4학년 학생의 15% 그리고 라틴 아메리카 계 4학년 학생들의 22%만이 그러한 수준에 있었다.

NAEP 시험을 본 학생들과 수업의 실제에 관한 설문지를 작성한 교사들 모두 미국의 학교에서 무슨 일이 일어나고 있는지를 알게 해 준다. 많은 사례에서, NAEP 설문지 자료는 모든 인종, 문화, 사회경제적 지위의 학생들이 전국적으로 유사한 학교 경험을 하고 있다는 것을 보여 준다. 그러나 자료는 또한 어떤 흥미로운(그리고 매우 불안하게 하는) 점을 보여준다.

특히 NAEP 평가 자료와 결합된 NAEP 설문지 자료는 교실에 있는 학생들의 인종, 민족성, 또는 사회계급에 따라 미국 교실에서 수학 평가와 실제 수업이 어떻게 다를 수 있는지에 대한 정보를 제공해 줄 수 있다. 여러 해에 걸쳐 NAEP 설문지를 통해 다양한 문제들을 질문하였다. 1992년에서 2000년까지 NAEP 자료를 분석한 후, 1990년대 동안 미국 교실에서 객관식 시험이 증가했고, 유색인종 학생과 빈곤 학생들에게는 더욱더 증가했다는 것을 발견했다(Strutchens 외, 2004).

만약 학교에서 특정 집단이 다른 집단보다 더 자주 객관식 평가를 받고 있다면, 이것은 학생들의 사고, 추론, 높은 수준의 평가를 수행하는 능력에 어떠한 영향을 미치게 될까? 2000년 NAEP 자료는 이러한 질문에 답할 수 있도록 도움을 주고 있는데, NAEP 문항에는 객관식 과제뿐만 아니라 단답형 과제(학생들은 자신의 답을 써야만 한다), 그리고 확장형 과제(학생들은 답을 써야할 뿐 아니라 추론에 대한 설명을 해야만 한다)가 포함되어 있기 때문이다. 2000년에 백인 학생들은 세 개의 NAEP 문항 유형에서 흑인 또는 라틴 아메리카계보다 상당히 좋은 결과를 냈다. "그러나 확장형 문항과 관련된 점수 차이는 더욱더 컸다."(Strutchens 등, 2004, p.300) 경제 상태로 학생들을 비교했을 때에도 유사한 점수 차이가 발견되었다. 이러한 결과는 일부 연구원들로 하여금 유색인종과 빈곤 학생들이 많이 등록된 학교는 허술한 교수법에 의해 고통 받고 있으며, 이것은 학생에 대해 매우 지시적이고, 통제적인 교수법적 특징을 가진다는 가설을 세우도록 했다(Haberman, 1991). 허술한 교수법으로는 종종 학생들이 비판적 사고나 문제해결 기술을 발전시키도록 이끌지 못한다(Strutchens 등, 2004, p.301).

교사로서 여러분의 목표는 모든 학생들이 높은 수준의 문제해결 능력과 개념 이해, 확고한 절차적 기술을 개발하도록 돕는 것이 되어야 한다. 위에서 인용한 NAEP의 연구결과는 교사가 학생들을 그들의 인종, 민족성, 문화, 사회경제적 배경에 따라 다르게 대우할 때 발생할 수 있는 불평등에 대해 이해하도록 도와준다.

요약

평가는 교수-학습에서 필수적 부분이다. 평가는 "중요한 수학학습을 지원하고 교사와 학생에게 유용한 정보를 제공해야만 한다."(NCTM, 2000, p.

22). 학습에 대한 평가(총괄평가)는 일차적으로 학생들이 알고 있는 것과 할 수 있는 것을 입증하기 위해 설계된다. 주, 또는 국가 표준화 시험뿐만 아니라 기말고사는 학습에 대한 평가에 대한 친숙한 예이다.

학습을 위한 평가(형성평가)는 교사들이 그들의 일상적 연구의 다양한 면들에 관한 정보에 입각한 결정을 할 수 있도록 도와준다. 수업 계획, 실제수업, 학생 모니터링, 그리고 성취도 평가가 그것이다. 평가 과정 자체는 네 가지 단계를 지닌다. 평가 계획, 자료 수집, 자료 해석, 이후 수업을 계획하기 위한 결과 활용. 평가가 학생의 학습에 초점을 맞추든 학생의 수학적 성향(태도와 신념)에 초점을 맞추든 간에, 평가의 정보를 수집, 분석, 제시하기 위한 많은 방법들이 있다. 교실에서 이러한 방법은 비공식적 관찰, 인터뷰, 동료 평가, 포트폴리오, 글쓰기, 시험, 그리고 많은 다른 방법들을 포함한다. 많은 형태의 평가에 대해, 지시문, 즉 채점 지침은 수집된 정보를 고찰할 수 있는 틀을 제공한다.

평가 정보는 분석과 활용이 쉬운 방식으로 기록될 필요가 있다. 정보 기록과 전달에는 수많은 기법들이 있다. 특히 포트폴리오는 학생의 발전에 대한 광범위하고 유용한 윤곽을 제공하고 시간에 걸친 성장을 보여 줄 수 있다.

학생들의 수학학습을 여러분이 어떻게 돕는가에 따라 평가는 변화를 가져 올 수 있다. 아동들이 독립적인 학습자가 되도록 장려하기 위해, 여러분의 수업을 변경하기 위해, 그리고 학생의 성취도에 대해 관심을 가지고 학부모 그리고 다른 이들과 의사소통하기 위해, 긍정적인 방식으로 평가를 사용할 수 있다.

연|습|문|제|

01. 학습에 대한 평가(총괄평가)와 학습을 위한 평가(형성평가) 차이를 설명하고 각각 두 가지 예를 드시오.

02. 평가의 네 단계에 대해 각각 확인하고 짧게 서술하시오.

03. "수학 평가가 학생들이 제한된 시간 동안 절차를 얼마나 잘 수행하는가에 초점을 맞춘다."는 편협된 견해가 있다. 수학 평가의 광범위한 견해에 대해 서술하시오.

04. 그림 4-10의 분석적 채점기준을 이용해서 그림 4-9의 답안을 채점하시오. 채점 결과를 표 4-2와 비교하시오. 채점 결과를 정당화할 수 있도록 준비하시오.

05. 수업 중에 학생 관찰 기록을 하기 위한 세 가지 아이디어를 말하시오. 각각의 수업 시간 동안 모든 학생들을 관찰해야만 하는가? 그렇지 않다면 각각의 학생들에게 어떻게 적절한 관심을 줄 것인가?

06. 학부모 회의에서 도움을 얻기 위해 어떠한 종류의 기록을 보관하는 것이 좋을까? 학생들의 발전에 대해 학부모에게 전달할 수 있는 다른 방법은 무엇이 있는가?

연|구|문|제|

01. 학생들의 문제해결 답안지를 수집하시오. 그림 4-10의 분석 척도를 이용해서 그것을 분석하고 채점하시오.

02. 수학수업 중 한 명 또는 두 명의 학생들을 관찰하시오. 관찰한 것을 서술하시오. 이러한 학생들과 함께 수학시간에 공부한다면, 어떤 행동방침을 취할 것인가?

03. 두 명의 학생들과 수행 과제를 시도하시오. 관찰 리스트를 만들고 그것을 학생 수행서의 기초로 사용하시오. '수학 평가'에서 표본을 찾을 수 있다. 3~5학년 실용 핸드북(Stenmark & Bush, 2001) 참고.

04. 수학성적을 어떻게 매기는지 한 명 또는 그 이상

의 학급 교사들과 대화해 보시오. 어떤 종류의 과제가 성적에 들어가는지 그리고 어떻게 채점하는지 물어보시오. 교사의 성적기록부를 보여 달라고 요청하고 어떤 종류의 기록이 포함되어 있는지 알아보시오. 교사가 보관하고 있는 다른 기록들을 알아보시오. (예: 폴더, 포트폴리오, 메모)

05. 평가에서 변화를 위한 권장 사항들(표 4-1) 중 어떤 것을 학생이었을 때 경험해 보았는가? 언제 그리고 어떻게 경험했는지 간단히 서술하시오. 어떠한 변화가 교실과 가장 밀접한 관련을 가지고 있었는가? 그것은 어떠한 관련을 가지고 있었는가?

06. 그림 4-8과 같이 "자신에게 보내는 편지"를 쓰시오. 편지에서 현재 강점과 약점, 초등학교 수학교사로서 미래 목표를 반영해야 한다.

07. 평가 또는 채점에 관한 교사-저자 저널을 확인하기 위해 웹 기반 도서관을 이용하시오. (훌륭한 저널로는 아동 수학교육, Phi Delta Kappan, 교육적 리더쉽 또는 초등학교 저널). 논문에 대한 간단한 요약을 하고 논문의 두 가지 장점에 대하여 쓰시오. 그리고 동의하지 않거나 개선될 수 있다고 생각하는 한 가지 점에 대해 쓰시오.

08. 초등학교 수학교과서 시험을 분석하시오. 학생이 계산기를 이용한다면 차이가 있는가? 어떤 문항이 변화가 필요한가?

09. 초등학교 교과서에서 단원이 끝나고 제시되는 몇 개의 시험을 검토하시오. 그것은 단원의 내용과 얼마나 잘 관련되어 있는가? 시험은 어휘, 개념, 절차, 과정을 어느 정도 강조하고 있는가(문제해결, 연계성, 의사소통, 추론, 표상과 같은)?

10. NAEP 시험 문항에 대한 공식적 접근을 제공할 뿐만 아니라 이 시험의 시행 연도부터 주 그리고 국가 수행 데이터를 제공하는 National Report Card를 방문하시오. 선택한 내용 영역에서(예: 수, 대수, 또는 기하) 4학년 수학 시험 문항 검색하여 대부분의 학생들에게 쉬운 문항, 많은 학생들에게 어려운 문항을 확인하시오. 각 문항에 대한 짧은 글을 쓰고 왜 이러한 문항들의 난이도 수준이 다른지에 대해 추론하시오.

아동용 추천도서

Gohen, M. *First Grade Takes a Test*. New York: Star Bright Books, 2006.

Finchler, J. *Testing Miss Malarkey*. New York: Scholastic, 2000.

Murphy, S. *Pepper's Journal*. New York: HarperCollins, 2000.

Prelutsky, J., and Smith, L. *Dr. Seuss Hooray for Diffendoofer Day*! New York: Random House, 1998.

제5장 수학적 실행과 수학적 과정

"여러분의 학생들을 여러분이 배운 것으로만 제한하지 마시오."
왜냐하면 이 학생들은 다른 시대에 태어났기 때문입니다.
-히브리 격언

이 장의 핵심 질문

1. 수학을 능동적으로 학습하고 배우는 핵심으로서 《학교수학을 위한 원리와 규준》(NCTM, 2000)에서 제시한 다섯 가지 수학적 과정은 무엇인가?
2. 문제해결을 통해서 수학을 가르치는 것은 학생들에게 단지 문제를 해결하기 위해서 가르치는 것과 어떻게 다른가?
3. 어린 아동들을 위한 수학적 추론에는 어떤 것이 있는가? 그리고 이와 같은 추론이 학생들로 하여금 수학적 지식과 관계를 이해하도록 어떻게 돕는가?
4. 초등학교 학생들이 자신들의 수학적 사고를 의사소통하도록 어떻게 격려할 수 있는가?
5. 초등학교 학생들이 수학을 학습하는 데 어떤 연결성이 중요한가?
6. 초등학교 수학적 과정에서 표현의 세 가지 중요한 목표는 무엇인가?
7. 학생들이 수학적 과정과 수학적 실행에 참여하게 할 수 있는 전략은 무엇인가?

서론

앞 장들에서 봤듯이 학교수학은 새로운 방향으로 변해가고 있고, 그런 이유로 "여러분의 학생들을 여러분이 배운 것으로만 제한하지 마시오. 왜냐하면 이 학생들은 다른 시대에 태어났기 때문입니다."와 같은 히브리 격언을 소개하였다. 요즈음에는 단지 학생들에게 학습지를 나눠주고 계산하거나 법칙이나 공식을 연습하게 가르치는 수학수업은 거의 없다. 대신에 우선 모둠별로 학습하고(문제를 모델화하기 위하여 말하고 그림, 타일, 또는 블록을 활용하면서), 자신들의 아이디어, 관찰, 문제해결 과정을 공유하는 수업이 좀 더 일반적이다. 수업은 종종 전체 논의를 통해 강화된다. 수학을 행하면서 학생들은 다양한 물리적 행동과 지적 행동에 능동적으로 참여하는데, 이런 행동들은 **탐구한다**, **탐색한다**, **패턴을 찾는다**, **실험한다**, **구성한다**, **추측한다**, **확인한다**와 같은 동사들

표 5-1 수학적 과정 규준(NCTM, 2000)

NCTM의 수학적 과정	
문제해결	• 문제해결을 통해 새로운 수학적 지식을 만들어 낼 수 있다. • 수학과 다른 상황에서 나타나는 문제를 해결할 수 있다. • 문제를 해결하기 위하여 다양하고 적절한 전략을 적용하고 채택할 수 있다. • 수학 문제해결 과정을 점검하고 반성할 수 있다.
추론과 증명	• 추론과 증명을 수학의 가장 근본적인 측면으로써 인식할 수 있다. • 수학적 추측을 만들고 조사할 수 있다. • 수학적 논쟁과 증명 능력을 개발하고 평가할 수 있다. • 다양한 유형의 추론과 증명 방법을 선택하고 사용할 수 있다.
의사소통	• 의사소통을 통하여 학생 자신의 수학적 사고를 확고히 할 수 있다. • 학생 자신의 수학적 사고를 학급친구, 교사, 다른 사람들에게 일관적이고 명확하게 의사소통할 수 있다. • 다른 사람의 수학적 사고와 전략을 분석하고 평가할 수 있다. • 수학적 아이디어를 정확하게 표현하기 위하여 수학 언어를 사용할 수 있다.
연결성	• 수학적 아이디어 간의 연결성을 인식하고 활용할 수 있다. • 수학적 아이디어가 서로 어떻게 연결되어 있는지 이해하고, 각각의 아이디어에 기초하여 일관된 전체를 산출할 수 있다. • 수학 이외의 상황에서 수학을 인식하고 활용할 수 있다.
표현	• 수학적 아이디어를 조직하고 기록하며 의사소통하기 위해서 표현을 만들고 활용할 수 있다. • 문제를 해결하기 위해서 수학적 표현을 선정하고 적용하며 변환할 수 있다. • 물리적·사회적·수학적 현상을 모델링하고 해석하기 위해서 표현을 활용할 수 있다.

로 설명할 수 있다. 수학을 행하는 것은 수학을 학습하는 것이다.

《학교수학을 위한 원리와 규준》(NCTM, 2000)은 표 5-1에 제시된 바와 같이, 다섯 가지 과정 규준(문제해결, 추론과 증명, 의사소통, 연결, 표현)을 제시함으로써 능동적인 수학 교수-학습을 강조하였다. 이와 같은 과정 규준은 다섯 가지 내용 규준(즉 수, 대수, 기하, 측정, 자료)과 동등하게 중요하다. NCTM의 규준은 수학을 행하는 것이 이와 같은 기초적인 과정에 참여하는 것이라는 점을 분명히 한다.

2010년에 발표된 공통핵심수학규준(CCSSM)에서는 수학적 실행을 위한 8가지 규준을 제시하였다. 이

표 5-2 수학적 실행 규준(CCSSM, 2010)

수학적 실행	
문제해결	문제를 이해하고 끈기 있게 문제를 해결할 수 있다.
추론	추상적으로 그리고 수량적으로 추론할 수 있다.
논증	자신의 주장을 정당화하고 다른 사람의 추론에 대하여 타당하게 반박할 수 있다.
모델링	수학적으로 모델링할 수 있다.
도구 사용	적절한 도구를 전략적으로 사용할 수 있다.
정확성	정확성에 초점을 둘 수 있다.
구조	구조를 찾고 이용할 수 있다.
규칙성	반복되는 추론에서 규칙을 찾고 표현할 수 있다.

CCSSM의 수학적 실행은 NCTM의 5가지 과정 규준과 밀접한 관련이 있다. CCSSM의 수학적 실행은 표 5-2에 제시하였다.

이 장에서는 CCSSM의 수학적 실행과 NCTM의 수학적 과정을 이해하고 비교하기 위하여, 먼저 CCSSM의 수학적 실행에 대해 설명하고 이어서 NCTM의 수학적 과정에 대하여 설명할 것이다.

CCSSM의 수학적 실행

CCSSM의 수학적 실행은 모든 학생들이 갖추어야 할 수학적 소양을 의미한다. 앞에서 언급한 바와 같이, CCSSM의 수학적 실행은 수학교육자들이 오랫동안 논의하고 권고했던 것들을 정선한 것이다. 이 수학적 실행은 학생들이 수학을 학습하고 행할 때 필요한 수학적 사고 방식이라고 볼 수 있다. 이것은 NCTM의 5가지 수학적 과정(그림 2-1)과 NRC의 5가지 수학적 소양(그림 1-3)과 밀접한 관계가 있다(Kilpatrick, Swafford, & Findell, 2001).

수학적 실행1: 문제해결

문제해결은 수학을 행하는 데 가장 중요한 핵심적인 요소이다. 이 규준에 따르면, 모든 학생들이 문제를 이해하고 능숙하게 문제를 해결해야 한다. 물론 문제해결은 NCTM의 과정 규준에도 포함되어 있다. 문제를 접했을 때, 학생들은 이전의 경험을 토대로 과거에 풀어본 문제와 현재 문제가 어떻게 같은지 또는 다른지를 분석하고, 다양한 문제해결전략을 생각해야 한다. 문제를 빠르게 해결하고 정답을 내는 것보다는 여러 가지 해결방법을 찾으려는 노력과 끈기 있기 문제를 해결하려는 인내심이 더욱더 중요하다. 일단 문제에 대한 답을 구한 다음에는 다시 검토해야 한다. 즉, 구한 답이 문제의 맥락에 부합하는지를 점검해야 하고, 다른 해결방법이 있는지 생각해 보아야 한다.

수학적 실행2: 추론

추론은 문제 상황을 수량화하고 이들의 관계를 파악하는 사고 방법이다. 학생들은 문제를 탈맥락화(탈상황화)하는 방법을 학습해야 한다. 즉, 실생활 상황으로부터 맥락(상황)을 떼어내서 그것을 수량화하고 수학적 상징이나 기호로 나타낼 수 있어야 한다. 예를 들어, 다음 문장제를 풀기 위하여 글로 표현된 문제를 그림이나 표로 나타낼 수 있다.

> 슈퍼마켓 선반에 캔 음료수를 피라미드 모양으로 쌓으려고 한다. 맨 윗줄에는 캔 1개, 그 아랫줄에는 캔 3개, 그 다음 아랫줄에는 5개, … 등으로 캔을 쌓으려고 한다. 캔을 6층까지 쌓으려면, 맨 아랫줄에는 캔을 몇 개 놓아야 하는가?

일단 문제를 그림이나 표로 나타내면, 이 문제에서 캔을 쌓는 상황은 더 이상 중요하지 않다. 결국 문제를 모델링한 것이며, 문제를 해결하는 데 수학의 힘을 사용한 것이다.

학생들은 문제를 탈맥락화하는 방법뿐만 아니라, 그 반대도 학습해야 한다. 즉, 순수한 수학적 표현들(예를 들어, 기호, 방정식, 그래프)을 거꾸로 맥락화된 실제 상황이나 현상과 연결시킬 수 있어야 한다. 예를 들어, 그림 5-1에 제시한 '그래프'들을 살펴보자.

특정한 수보다는 그래프의 형태에 집중하게 하기 위하여 의도적으로 그래프의 x축과 y축에 단위를 써넣지 않았다. 맥락화된 상황과 수학적 그래프를 짝지어 보시오.

수학적 실행3: 논증

논증은 자신의 주장을 정당화하고 다른 사람의 추론에 대하여 타당하게 반박하는 것을 말한다. 규칙을 관찰하고, 수학적 추측을 하고(항상 참인 것을 주장),

그래프 찾기

제시된 상황에 가장 적절한 그래프를 찾아라

1. 영미는 사다리를 올라갔다 다시 내려왔다. (x축: 시간, y축: 속도)

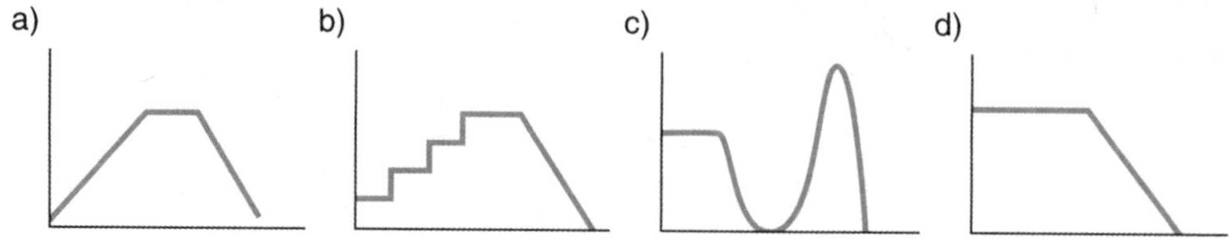

2. 새끼 고래는 매달 전달보다 몸무게가 두 배씩 늘어난다. (x축: 시간, y축: 몸무게)

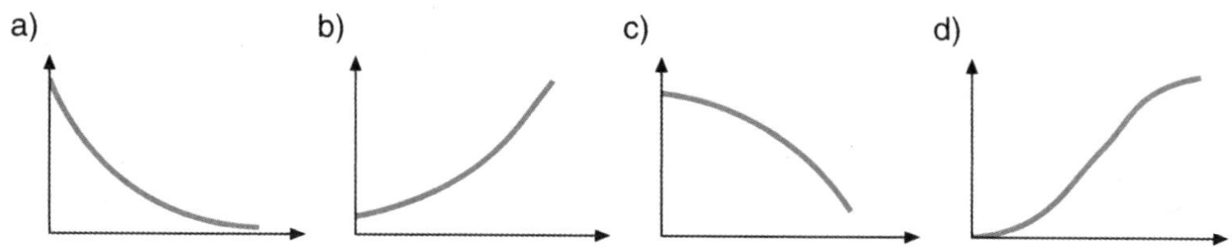

3. 준기는 버스 정류장까지 걸어가서 몇 분 기다린 다음 버스를 탔다. (x축: 시간, y축: 속도)

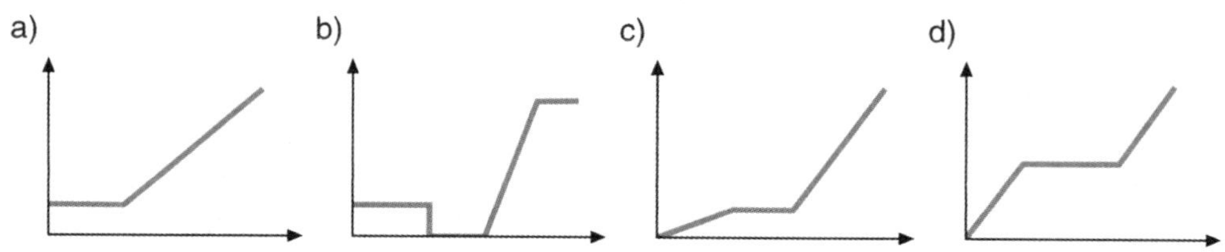

4. 준기는 버스 정류장까지 걸어가서 몇 분 기다린 다음 버스를 탔다. (x축: 시간, y축: 이동한 거리)

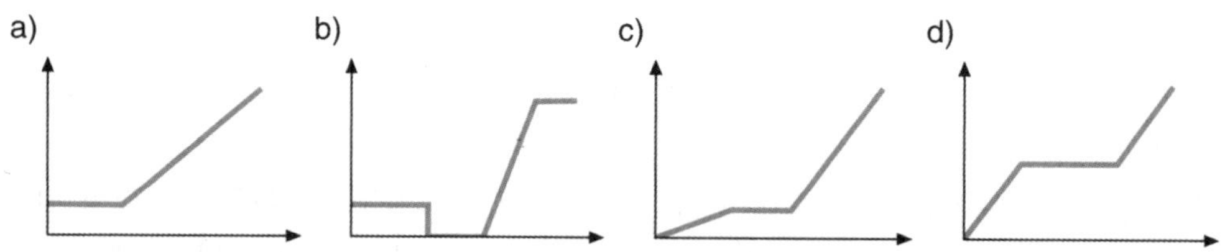

| 그림 5-1 상황에 맞는 그래프 찾기

자신의 주장을 정당화하는 방법에 대한 학습은 수학 학습에서 매우 중요한 측면이다.

아동들은 성장해감에 따라 경험적(empirical) 추론, 전형식적(preformal) 추론, 형식적(formal) 추론의 세 단계를 거친다(NCTM, 2009). 예를 들어, 2학년 아동들은 홀수 두 개를 더하면 항상 짝수가 된다는 것을 알게 되었다. 그 다음에는 많은 사례를 시도해보고 그것이 항상 참이라고 판단하였다(경험적 추론). 교사는 이 아동들에게 사례를 가지고 판단하지 말고 왜 그렇게 되는지 생각해보게 하였다.

이것이 바로 '직관적 설명과 부분적 논증(NCTM, 2009, p.10)'에 기초한 전형식적 추론이다. 그중 한 아동이 정사각형 타일을 이용하여 수를 짝수와 홀수로 분류한 다음(그림 5-2), 다음과 같이 전형식적으로 추론하였다.

> 모든 짝수는 타일을 두 개씩 이어 붙여서 직사각형을 만들 수 있어요. 그러나 홀수는 그렇게 만들 수 없어요. 홀수는 직사각형에 굴뚝이 달려 있는 모양이에요. 굴뚝이 달려 있는 직사각형 두 개를 합치면 굴뚝이 없어져요. 그래서 홀수 두 개를 더하면 짝수가 돼요.

짝수와 홀수에 대하여 추론하고 그것을 정당화하는 학생들의 사례를 제공한 흥미로운 논문이 있다(Ball & Bss, 2003; Knuth, Choppin, & Bieda, 2009; Martin & Kasmer, 2009, 2010). 학생들에게 수학적 아이디어를 탐구하고, 질문하고, 추측하고, 자신의 생각을 정당화하도록 지속적으로 요구한다면, 그들은 수학은 규칙이나 공식을 임의대로 모아놓은 것이 아니라 의미를 부여해야만 하는 과목으로 생각할 것

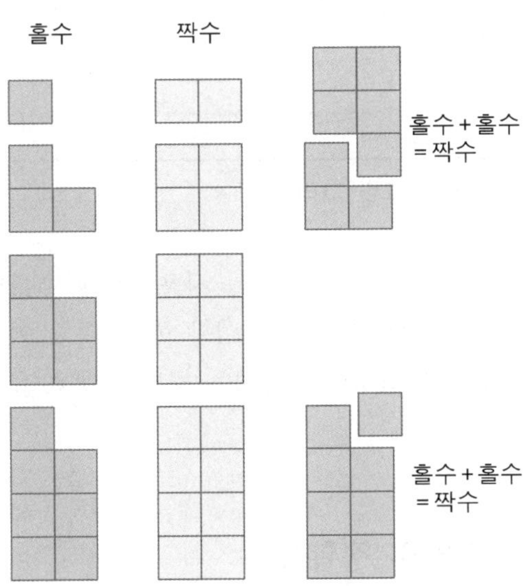

그림 5-2 홀수와 짝수를 나타내는 그림을 활용하여 학생들은 왜 홀수 2개의 합이 항상 짝수인지를 정당화할 수 있다.

이다.

물론 최종적인 목표는 논리적 논증을 통하여 수학적 증명인 형식적 추론을 하게 하는 것이다. 예를 들어, 고학년 학생들은 대수적 사고를 통하여 두 개의 홀수를 더하면 항상 짝수라는 명제를 증명할 수 있다. 모든 학생들은 수학적 논증을 해야 하며, 가정, 정의, 정당화를 이해하고 사용할 수 있어야 한다. 또한 상황을 분석하고 예와 예가 아닌 것을 적절하게 사용하여 추론할 수 있어야 한다. 논증 규준의 또 다른 중요한 측면은 자신의 수학적 논증을 교사나 친구들에게 설명하고, 다른 사람의 논증을 논리적으로 반박하고 비교할 수 있어야 한다는 점이다. CCSSM의 논증 규준은 NCTM의 과정 규준 중 의사소통 규준, 추론 및 증명 규준과 관련이 있다.

수학적 실행4: 모델링

모델링은 수학을 적용하여 일상생활, 사회, 작업장에서 일어나는 문제들을 해결하는 것과 관련이 있다.

과거에는 학교에서 맥락이나 상황을 떼어낸 채 순수한 수학적 개념과 기능을 가르쳤다. 그러나 요즈음에는 이 순서가 바뀌고 있다. 즉, 상황이 포함된 문제는 수학적 개념을 도입하는 데 동기부여의 역할을 한다는 생각에서 먼저 맥락이나 상황이 들어 있는 문제로부터 시작한다. 그런 다음에 수학적 모델링이 일어난다. 수학적 모델링은 복잡한 실세계 문제를 단순화하는 역할을 한다. 그림 5-3에 제시된 예를 살펴보자. 문제를 수학적으로 모델링하기 위해서는 문제가 무엇인지를 확인해야 하고, 적절한 도구(예를 들어, 그림, 표, 그래프, 공식)를 적절하게 사용할 수 있어야 한다. 또한 모델링을 통하여 구한 답의 타당성을 반성적으로 검토하는 것이 중요하다. 즉, 처음에 제시된 문제의 맥락이나 상황에 대해서 다시 생각해 보고, 필요하다면 처음에 생각했던 수학적 모델을 수정할 수 있어야 한다. CCSSM의 모델링 규준은 NCTM의 문제해결 규준과 연결성 규준에 해당한다고 볼 수 있다.

어느 헬스클럽의 이용료가 쌀까?

A 헬스클럽의 이용료

- 가입비: $20
- 1회 이용료: $8

B 헬스클럽의 이용료

- 가입비: 없음
- 1회 이용료: $10

표로 모델링

헬스클럽 이용료		
횟수	A클럽	B클럽
0	$20	0
1	$28	$10
2	$36	$20
3	$44	$30
4	$52	$40
5	$60	$50
6	$68	$60
7	$76	$70
8	$84	$80
9	$92	$90
10	$100	$100
11	$108	$110
12	$116	$120
13	$124	$130
14	$132	$140
15	$140	$150

그래프로 모델링

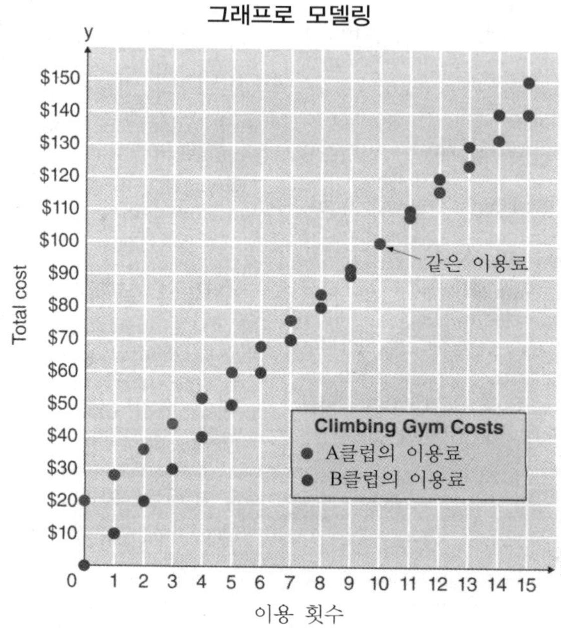

방정식으로 모델링

v = 이용 횟수라고 하면,
A 헬스클럽의 이용료 = 2.0 +8v
B 헬스클럽의 이용료 = 10v
두 클럽의 이용료가 같아질 때는,
20 + 8v + 10v.
20 = 2v,
10 = v

결론

- 10번 이용하면 두 클럽의 이용료는 같다.
- 10번 이하를 이용하면 B 클럽이 이용료가 더 싸다.
- 10번 이상을 이용하면 A 클럽의 이용료가 더 싸다.

| 그림 5-3 '두 홀수의 합은 항상 짝수'인 이유를 정당화하는 데 도움이 되는 그림 그리기

수학적 실행5: 도구 사용

도구 사용은 학생들이 수학적 활동에 참여할 때 수학적 도구를 다양하게 사용하는 것에 초점을 둔다. 구체적 조작물, 자, 각도기, 테크놀로지와 같은 도구는 서로 다른 유형의 문제를 해결하는 데 적절하게 사용될 수 있어야 한다. 학생들은 여러 가지 상황에서 특정 도구의 장점과 단점을 알고 있어야 한다. 예를 들어, 테크놀로지는 정보를 시각화하고, 탐구하고, 비교하는 데 강력한 도구가 되며, 손으로 하면 오래 걸리고 지루한 계산에도 도움이 된다. 그러나 학생들은 테크놀로지나 다른 도구를 사용했을 때 범할 수 있는 오류를 감지할 수도 있어야 한다. 특히 어림을 통하여 답의 타당성을 점검하는 방법은 매우 효과적이다.

수학적 실행6: 정확성

정확성은 계산, 측정 그리고 의사소통에 있어서 매우 중요하다. 물론 계산을 할 때 정확하게 하는 것도 중요하지만, 정확성 규준에서 요구하는 하는 것은 계산상의 정확성 그 이상이다. 실세계 문제와 관련된 계산을 수행할 때, 문제의 맥락에 맞게 수를 어림하거나 소수의 몇 자리까지 나타낼 것인지에 대한 결정은 정답의 적절성과 유용성에 영향을 준다. 측정도구를 사용할 때도, 어떤 단위로 나타낼 것인지, 정확성의 수준을 어느 정도로 할 것인지를 결정해야 한다. 예를 들어, 방에 깔 카펫을 사기 위해 방의 넓이를 미터로 나타낸다면 별 의미가 없을 것이다. 좀 더 정확한 측정이 필요하다. 마찬가지로 자동차 문제에서 자동차가 달린 거리는 567㎞, 사용한 휘발유는 176L라고 써야 할 것이다. 또한 계산기를 사용하여 자동차의 연비를 계산했더니 32.2159091이 나왔더라도, 연비를 나온 수 그대로 소수점 아래 7자리까지 말하는 것은 의미가 없을 것이다. 또 다른 유형의 정확성은 표나 그래프를 그릴 때 단위에 유의하는 것이다. 이와 더불어 언어도 중요한 요소이다. 학생들은 수학적 아이디어나 정의를 말하고, 설명하고, 추측하고, 수학적 논쟁을 반박할 때 의식적으로 정확성을 추구해야 한다. 또한 수학적 기호를 사용할 때도 그것이 의미하는 것이 무엇인지를 정확하게 의사소통하는 것이 중요하다. CCSSM의 정확성 규준은 NCTM의 의사소통 규준과 표현 규준과 연결된다.

수학적 실행7: 구조

데블린(Devlin, 1996)은 수학은 패턴(규칙)과 구조의 과학이라고 말하였다. 구조 규준은 이 점에 초점을 두고 있다. 학생들은 어렸을 때부터 수와 기하학적 도형에 들어 있는 패턴을 관찰한다. 학생들이 찾아낸 규칙이 바로 수학적 구조이다. 새로운 수학적 지식을 만들어내는 데 중요한 역할을 하는 추측을 유발하는 것이 바로 수학적 구조이다. 예를 들어, 곱셈표를 살펴보면(그림 9-13 참조), 여러 가지 패턴을 찾을 수 있다. 즉, 곱셈표의 왼쪽 위에서 오른쪽 아래로 연결되는 대각선을 그리면, 이 대각선을 중심으로 양쪽이 대칭이 됨을 알 수 있다. 놀라운 점은 이러한 사실을 이용하면 곱셈표에 있는 100개의 곱셈구구를 모두 외우지 않아도 된다는 것이다. 예를 들어, 2×3은 3×2와 곱(6)이 같다. 이것은 곱하는 순서는 결과에 영향을 주지 않는다는 일반적인 사실의 한 예이다. 수학적 성질로 말하자면, 곱셈의 교환성이다. 다른 연산 즉, 덧셈, 뺄셈, 나눗셈에 대해서도 교환성이 성립하는가? 좀 더 고차원의 수학적 구조에 대해서도 같은 질문을 할 수 있다. 대수학에서 함수의 합성은 교환성이 성립하는가? 미적분에서 적분은 교환성이 성립하는가? 이러한 예들은 수학적 구조에 관련된 질문들이다.

구조 규준은 NCTM의 연결성 규준에 관련된다. NCTM의 연결성 규준에 따르면, "학생들이 학교수학을 경험함에 따라 다른 환경에서도 수학적 구조를 보는 능력이 개발되어야 한다."(p.65) 구조를 인식하다는 의미는 "한 발 물러서서 전체를 조망하고 관점을 바꿀 수 있다는 것이다."(CCSSI, 2010, p.8)

수학적 실행8: 규칙성

이 책 전체에서 강조한 바와 같이 학생들은 수학에 의미를 부여할 수 있어야 한다. 수학에 의미를 부여하는 것은 규칙성 규준과 관련이 있다.

패턴과 규칙 찾기는 수학학습의 모든 측면에서 중요한 요소이다. 규칙성 규준은 특히 초등학교 수학교육에서 절차에 대한 학습에 직접적인 시사점을 준다. 계산을 할 때, 학생들은 특정한 유형의 계산이 반복되는 현상을 인식할 수 있어야 한다. 이러한 규칙성을 이용하여 일반적인 계산방법이나 계산절차를 개발하거나 때로는 더 중요한 수학적 진리를 찾아내기도 한다. 예를 들어, 자연수의 세로 나눗셈은 일반적으로 반복되는 일련의 단계들을 거쳐서 진행되지만, 나누어 떨어지지 않는 경우도 있다. 저학년 학생들은 $58\div6$은 나누어 떨어지지 않기 때문에, 몫 9 나머지 4라고 쓴다. 그러나 고학년 학생들은 소수점을 넣어 나눗셈 과정을 반복적으로 수행하여 몫을 구한다. 즉, $58\div6$에서 6으로 나눈 다음에는 또 다시 $40\div6$을 해야 한다. 결과적으로 이 나눗셈의 몫은 순환 소수가 된다(9.6666⋯). 이것은 반복된 추론에서 규칙성을 인식하는 한 가지 사례이다.

다시 말해서, 계산을 빠르고 정확하게 하는 것뿐만

아니라 규칙성을 찾아내는 것도 중요하다. 학생들은 알고리즘을 적용하고 수행할 때도 패턴과 규칙을 찾고, 그것을 일반화하고, 그것들을 연결하는 데 익숙해져야 한다. 또한 학생들은 답을 구하기 전에 전략이나 절차가 의미가 있는지, 또는 타당한지에 대해서 정기적으로 점검하고 자기 평가해야 한다.

NCTM의 수학적 과정

NCTM에서는 5가지의 수학적 과정 규준을 제시하였다. 즉, 문제해결, 추론과 증명, 의사소통, 연결성, 표현이다.

문제해결

문제해결하면 무엇이 떠오르는가? 예를 들어 어떤 사람들은 눈 더미에 차가 빠져 있을 때 바퀴 밑에 바닥 매트를 깔아 문제를 해결하는 것과 같이 실생활에서 경험했던 도전적인 상황을 떠올릴 것이다. 이와 유사하게, 수학 교실에서 문제해결을 생각할 때 아마도 수나 도형 또는 패턴을 포함하는 도전적인 상황을 생각할지도 모른다. 예를 들어, 교통과 관련된 공무원은 각 자동차 번호판을 정확하게 6개의 문자로 만든다고 할 때 얼마나 다양한 자동차 번호판을 만들 수 있을지 생각할 필요가 있다. 0에서 9까지의 숫자 10개와 한글 자음과 모음을 선택하여 자동차 번호를 만든다고 생각해보자. 얼마나 다양한 자동차 번호판이 가능한가? 이것이 문제이다!

또는 수학적 문제해결에 대해서 생각해보면, 초등학교 수학 교과서의 각 단원 말미에 종종 있던 이야기 문제나 문장제를 떠올릴 수도 있다. 교과서에서는 특정한 계산 방법을 배운 다음에(예를 들어 분수의 곱셈이라고 하자), 그러한 동일한 기능을 활용하는 상황의 문제를 제공한다. 많은 경우에, 이런 문제들은 여러분에게 진정한 문제는 아니었을 것이다. 왜냐하면 앞 쪽에서 어떤 문제해결 기법을 사용해야 할지에 대해서 분명하게 제시되었을 것이기 때문이다.

NCTM의 규준에서 제시하고 있는 문제해결은 일련의 연습문제에 대한 단순한 답을 찾는 것 이상이다. 문제해결은 "수학적 지식을 개발하는 주요한 수단이다"(NCTM, 2000, p.116). 일반적으로 동의하기는, 문제란 어떤 사람이 무엇인가를 원하지만 그것을 얻기 위해 즉각적으로 무엇을 해야 할지에 대해서 모르는 상황이다. 문제해결은 모든 수학 활동의 근간이다. 따라서 문제해결은 초등학교 수학교육과정에서 핵심적인 역할을 해야 한다.

다른 유형의 문제, 즉 초등학교 고학년 학생들이 할 수 있는 게임에 대해서 생각해 보자. 이 실제적인 문제를 탐색하기 위해서 한 명 이상의 상대방과 게임을 해 보는 것이 필요할 것이다. 주사위 2개, 한 사람당 12개의 작은 바둑알이나 타일, 사람당 게임판을 만들 종이가 필요하다(<수업자료 5-1>을 보시오).

게임판에 바둑알을 놓는데 12개의 공간 각각에 놓고 싶은 만큼 바둑알을 놓으시오. (예를 들어, 당신이 좋아하는 숫자가 4라면, 4에 모든 바둑알을 올려놓을 수도 있다. 또는 각 공간마다 하나의 바둑알을 놓을 수도 있다. 또는 짝수의 공간에는 2개의 바둑알을 올려놓고 모든 홀수의 공간에는 비워둘 수 있다. 자신이 결정하는 것이다.) 주사위를 던진다. 예를 들어 3과 5가 나왔다고 하자. 합을 구한다(3 + 5 = 8). 만약 8번 공간에 바둑알이 놓여 있다면 그것들 중에서 하나를 제거할 수 있다. 누가 주사위를 굴리든지 간에 경기자는 모두 자신의 게임판에서 8번 공간에 있는 바둑알 하나를 제거할 수 있다. 다시 주사위를 던져서 합을 찾고 다른 바둑알을 제거한다. 이 게임의 목표는 자신의 게임판에서 바둑알을 모두 제거하는 첫 번째 사람이 되는 것이다. 더 읽기 전에 여러 번 게임을 해 보자.

이제 다음과 같은 문제가 발생한다. 게임판을 빨리 비우기 위해서 바둑알을 배치하는 좋은 전략을 찾아보시오. 어떤 칸을 비워두는 것이 좋은가? 한 쌍의 주사위를 굴릴 때 거의 (또는 전혀) 나오지 않는 합이 있는가? 왜 그런가? 어떤 칸에 바둑알을 올려놓는 것이 좋은가? 자주 나오는 합이 있는가? 왜? 어떤 합은 다른 합보다 왜 자주 나오는지 설명할 수 있는가?

수|업|자|료|5-1

주사위 굴리기

학습목표: 주사위 게임을 활용하여 실험적 확률과 이론적 확률을 탐색하고 분석적인 추론 기능을 개발하기

학년수준: 3~6학년

준비물: 한 사람당 12개의 바둑알이나 칩, 주사위 2개

게임 규칙: 주사위 두 개를 가지고 4명의 경기자까지 게임을 할 수 있다. 각 경기자는 자신의 게임판을 가진다. 자신의 게임판에 12개의 바둑알을 모두 올려놓는다. 게임판에는 1부터 12까지 숫자를 매긴 12개의 공간이 있다. 각 공간에 0부터 12까지 당신이 원하는 만큼의 바둑알을 올려놓을 수 있다. 어떤 공간은 비워둘 수 있다. 그리고 어떤 공간에는 하나 이상의 바둑알을 올려놓을 수 있다.

경기자는 차례로 주사위를 굴린다. 첫 번째 경기자는 주사위 두 개를 던져 합을 구한다. (예를 들어, 2와 3이 나오면 합은 5이다.) 각 경기자는 자신의 5번 공간에 있는 한 칩을 제거할 수 있다. 이 공간에 여러 개의 바둑알이 있다고 하더라도 단지 1개의 바둑알만을 제거할 수 있다. 만약 이 공간에 바둑알이 없다면 어떤 바둑알도 제거할 수 없다. 다음 경기자가 두 주사위를 굴리고 합을 찾는다(예를 들어, 4+4 =8). 각 경기자는 이제 8번 공간에 있는 한 바둑알를 제거할 수 있다. 이 게임의 목표는 자신의 게임판을 비우는 것이다. 자신의 게임판에 바둑알이 하나도 남지 않게 하는 첫 번째 사람이 이기는 게임이다.

게임 분석: 여러 번 게임을 한 다음에 다음과 같은 질문에 대해서 서로 이야기하라.

- 어떤 합이 가장 빈번히 나오는가?
- 어떤 합이 꽤 자주 나오는가, 또는 나오지 않는가?
- 왜 특정한 합이 다른 것에 비해 더 자주 나온다고 생각하는가?
- 어떤 합이 가장 빈번히 나올 것 같은지에 대해 증명할 수 있는가?
- 게임판에 당신의 바둑알을 배치하는 좋은 전략은 무엇이라고 생각하는가? 왜?

게임에 대해 기록하기: 이 게임을 처음 하는 친구에게 어떻게 조언할 수 있는지 써라. 게임판에 바둑알을 놓는 전략에 대해 말하고 왜 이 전략이 좋은지에 대해서 설명하여라.

주사위 굴리기 게임판

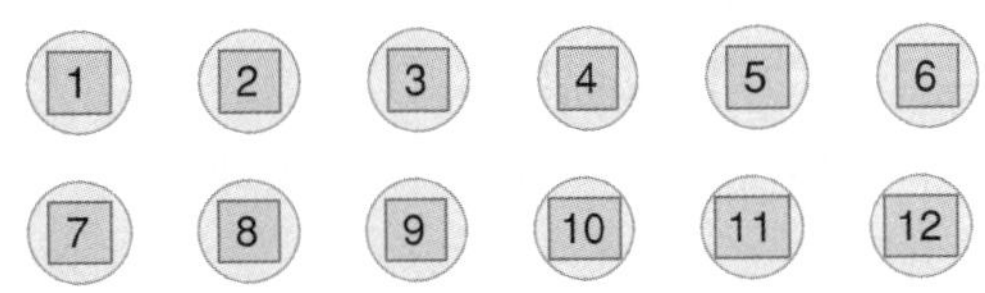

4학년 학생들이 이 게임을 여러 번 한 다음에, 좋은 게임 전략을 찾는 문제에 대해서 생각해보고 자신들이 발견한 것에 대해서 말하고 그 결과를 기록했다. 그림 5-4는 일부 학생들이 기록한 것이다.

문제해결을 통하여 수학을 가르치는 수업에서 주사위 게임을 한 학생들은 조직적으로 목록을 만들거나 표를 만드는 경험을 이미 했을 수도 있다. 그럼에도 이 문제가 순수한 문제해결 경험이 되기를 원한다면, 교사는 학생들에게 이 문제를 해결하는 방법에 대한 조언을 제공하지 않을 것이다. 합리적인 접근 방법은 두서너 번 게임을 함으로써 실험해 보는 것으로 시작하는 것이다. 주사위를 굴려서 얻어지는 합을 차례로 기록해 보는 것은 도움이 될 것이다. 목록을 만들지 않는다면, 어떤 합이 다른 합보다 더 자주 나오는지 확실히 알기가 어려울 것이다. 계획 없이

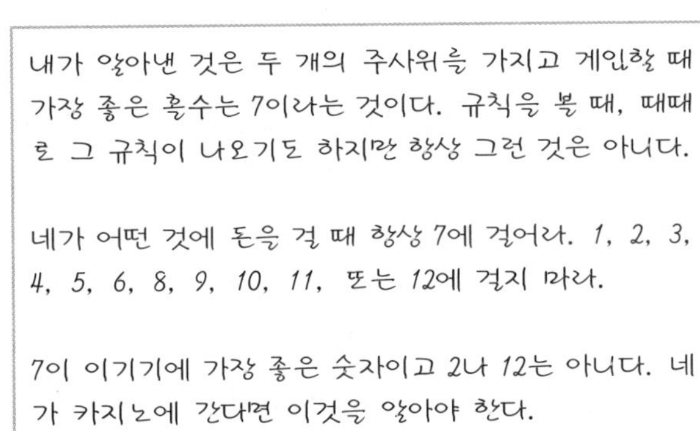
내가 알아낸 것은 두 개의 주사위를 가지고 게임할 때 가장 좋은 홀수는 7이라는 것이다. 규칙을 볼 때, 때때로 그 규칙이 나오기도 하지만 항상 그런 것은 아니다.

네가 어떤 것에 돈을 걸 때 항상 7에 걸어라. 1, 2, 3, 4, 5, 6, 8, 9, 10, 11, 또는 12에 걸지 마라.

7이 이기기에 가장 좋은 숫자이고 2나 12는 아니다. 네가 카지노에 간다면 이것을 알아야 한다.

| 그림 5-4 주사위 게임에 대한 4학년 학생의 기록

실험을 하면 정당화하기에 좋은 해결 방법을 찾을 수 없을 것이다. 이 문제를 해결하기 위해서 학생들은 논리적으로 생각하고 중요한 결정을 해야 하는데, 특별히 체계적으로 합을 기록하는 방법에 대해서 결정해야 한다. (아마도 더 좋은 방법은 그러한 합이 나오는 주사위의 짝들을 기록하는 것이다. 즉, 5+2=7이라고 적는 것이 단지 7이라고 적는 것보다 더 유용한 정보가 된다. 왜냐하면 7은 여러 가지 다른 방법으로 얻어질 수 있기 때문이다.) 조직화된 목록이나 표를 만드는 기능은 다양한 문제 상황에서 유용하게 사용할 수 있다.

주사위 두 개를 굴릴 때, 합 3보다는 합 7이 더 많이 나올 것이다. 왜냐하면 3이 만들어지는 경우는 2가지 방법밖에 없지만(1+2와 2+1), 7은 더 다양한 방법으로 만들어지기 때문이다. 이 문제는 일반적인 문제해결 능력을 길러주는 동시에 확률에 대한 이해를 깊게 한다. (얼마나 다양한 방법으로 합이 만들어지는지를 관찰함으로써 여러 가지 합이 나올 가능성을 비교할 수 있다는 것을 깨닫게 도와줄 수 있다. 7이 나올 확률은 실제 $\frac{6}{36}$인데 비해 3이 나올 확률은 단지 $\frac{2}{36}$이다(그림 5-5에는 1+1, 1+2에서 6+6에 이르기까지 36개의 가능한 합을 나타내는 두 가지 방법이 제시되어 있다.) 이 문제를 해결하는 학생들은 문제해결을 통해서 확률을 학습하는 것이다. 이 학생들은 또한 다른 맥락에서뿐만 아니라 수학의 다른 문제를 해결하는 데 사용할 수 있는 게임 전략을 개발하고 활용하고 있다.

어떤 종류의 문제가 초등학교 학생들에게 적절한가? 저학년에서 대부분의 학교수학 문제는 어떤 방법으로든 학생 자신의 경험과 연결된다. 왜냐하면 학생들의 세계는 상대적으로 제한되어 있고 학생들은 구체적 상황과 잘 관련짓기 때문이다. 그러나 고학년에 이르면 문제의 맥락은 다양해져야 한다. 점차적으로 광범위한 상황이나 수학적 아이디어를 탐색하는 것으로부터 문제를 이끌어낼 수 있다. 고학년의 수학 수업에서는 확률, 통계, 기하와 같이 다양한 주제에 대한 학생들의 지식을 이용할 수 있다.

초등학교 고학년 학생들은 저학년 학생들보다 더

가능한 합

2	3	4	5	6	7	8	9	10	11	12
1+1	1+2	1+3	1+4	1+5	1+6					
	2+1	2+2	2+3	2+4	2+5	2+6				
		3+1	3+2	3+3	3+4	3+5	3+6			
			4+1	4+2	4+3	4+4	4+5	4+6		
				5+1	5+2	5+3	5+4	5+5	5+6	
					6+1	6+2	6+3	6+4	6+5	6+6
한 가지 방법	두 가지 방법	세 가지 방법	네 가지 방법	다섯 가지 방법	여섯 가지 방법	다섯 가지 방법	네 가지 방법	세 가지 방법	두 가지 방법	한 가지 방법

각 합을 만드는 방법

+	1	2	3	4	5	6
1	2	3	4	5	6	7
2	3	4	5	6	7	8
3	4	5	6	7	8	9
4	5	6	7	8	9	10
5	6	7	8	9	10	11
6	7	8	9	10	11	12

그림 5-5 주사위를 던져서 나오는 합을 구하는 두 가지 표

복잡한 문제를 다룰 수 있어야 한다. 왜냐하면 고학년 학생들은 저학년 학생들보다 더 자신 있게 수학적 아이디어를 다룰 수 있을 뿐만 아니라, 종종 최근까지도 학교수학 문제를 '계산하기 편한 수'로만 제한하게 만들었던 힘들고 지겨운 계산의 상당부분을 테크놀로지를 활용하여 경감시킬 수 있기 때문이다. 컴퓨터, 계산기, 계산기에 기반한 실험실(CBLs), 계산기에 기반한 레인저(CBRs)와 같은 정보 수집용 전자기기를 활용하면 지난 수년간 너무 복잡하다고 여겨진 자료들을 쉽게 수집하고 분석할 수 있다. 또한 교실에서 인터넷을 연결함으로써 학생들은 다양한 실세계 문제를 만들고 해결하는 데 필요한 사실과 그림을 쉽고 빠르게 찾아볼 수 있다. 그래핑 계산기와 사용하기 편리한 컴퓨터 소프트웨어를 이용하여 학생들은 어려움 없이 자료를 여러 가지 다른 방법으로 변환할 수도 있다. 학생들은 또한 방대한 자료와 '복잡한' 수를 쉽게 계산할 수 있다. 결과적으로 초등학교에서 문제는 학생들의 의문과 관심을 반영할 수 있고 또 반영해야 한다.

학교수학을 위한 다섯 가지 기본적인 과정 중의

하나로서 문제해결에 대해서 지금까지 논의해 왔는데, 이것은 문제해결에 관한 일반적인 속성을 기술한 것이고 초등학교 학생들에게 적당한 문제 유형을 간단히 생각해 본 것이다. 그러나 가장 중요한 점은 문제해결이 모든 수학 교수법의 기초로 간주될 수 있다는 것이다. 왜냐하면 문제해결은 학생들로 하여금 수학을 행하는 다른 모든 기본적인 과정들(추론하기, 의사소통하기, 연결하기, 표현하기)에 참여할 수 있게 하기 때문이다. 문제해결은 교수－학습 방법이다. 이는 단순히 문장제를 제시하는 것 이상을 포함한다는 뜻이다. 문제해결을 통한 수업은 학생들이 수학학습에 능동적으로 접근하도록 촉진하는 방법이 포함되어야 한다. 일반적으로는 먼저 상황이 제시되고 그것에 대한 해결책을 찾는다. 그러나 제시된 상황은 종종 어떤 절차를 단순히 적용하는 수준을 넘어서는 경우가 있다. 문제를 풀기보다는 문제를 만들 수도 있다. 어떤 경우든지 간에 수학수업의 출발점으로 문제를 사용함으로써 교사는 학생들의 사고를 자극하는 질문을 제기할 수 있고 학생들로 하여금 스스로 문제를 만들어보도록 격려할 수도 있다. 수학수업의 기초로서 문제해결을 활용한다는 것은 학생들로 하여금 합리적인 해결책을 찾도록 요구하는 것이다.

연구자들은 NCTM의 규준이 반영된 문제해결 상황에서 학습할 때, 수학에 대한 학생들의 인식이 변한다는 것을 보고해 왔다. 한 예는 인지적으로 안내된 수업(CGI)에 참여했던 학생들의 경우이다(Franke & Carey, 1997). CGI 수업 모델에서 교사는 풍부한 수학 과제를 제시한다. 학생들은 문제를 해결하기 위해서 개인적으로 또는 모둠별로 시간을 보낸 다음, 어떻게 해결했는지 서로 이야기한다. 학생들에게 서로 주의 깊게 듣고 문제해결 과정과 전략에 대해서 질문을 하도록 격려한다. 교사는 적절한 과제를 선정하고 학생들의 발달 수준에 맞춰 수업 중 논의를 조정해가는 역할을 수행한다. CGI의 핵심은 학생들의 사고를 분석하고 이에 따라 교실에서의 문제해결을 잘 안내하는 교사의 능력에 있다. CGI 프로그램에 참여한 1학년 학생들은 "수학을 문제해결로 인식하면서 여러 가지 다른 전략이 가능하고 수학적 사고에 대해서 의사소통하는 것이 과제의 핵심적인 부분이라는 것을 알았다"(Franke & Carey, 1997, p.8). 다른 문제 중심 수학 프로그램에 관한 연구에서, 2년간 그 프로그램에 참여한 3학년 학생들은 '교과서를 사용하는 전형적인 교실'의 학생들보다 계산 기능과 개념적 이해에 관한 표준화된 검사에서 유의미하게 높은 점수를 얻었고, 자기 자신의 방법으로 또는 여러 가지 다른 방법으로 문제를 해결하는 것의 중요성에 대해서 더 강한 신념을 가지고 있었다(Wood & Sellers, 1996).

문제해결은 최근에 수많은 논문, 책, 자료, 연구의 초점이 되어 왔다(Buschman, 2003a, 2003b; Leatham, Lawrence, & Mewborn, 2005; Lester & Charles, 2003). 문제해결은 수학을 가르치고 배우는 데 그만큼 중요하기 때문에 이 책의 다음 장에서 자세히 다룬다. 6장은 다음과 같은 심도 깊은 질문들을 탐색하는 데 초점을 맞추고 있다.

문제해결을 통해서 수학을 가르친다는 것이 무슨 의미인가?
초등학교 학생들에게 도움이 되는 문제해결 전략에는 무엇이 있는가?
문제해결을 어떻게 평가할 수 있는가?

추론과 증명

어렸을 때부터 접하게 되는 수학적 도전과 문제에 대한 경험을 토대로 아동들은 자신의 주장에 대한 근거를 제시해야 한다는 점을 이해해야 한다. "왜 그렇게 생각합니까?"라는 질문은 교실에서 빈번히 제기되는 질문이어야 한다. 교사만이 "왜?"라고 묻는 사람이 되어서는 안 된다. 학생들이 서로 자신의 수학적 아이디어를 공유할 때 자연스럽게 자신의 생각을 정당화하도록 해야 한다. 학생들이 규칙을 발견할 때(예, 2개의 홀수를 더하면 항상 결과는 짝수이다), 학생들에게 왜 그런지 질문을 해야 한다. 한 2학년 학생이 정사각형 타일을 이용하여 수들을 나타내고 분류한 다음(그림 5-2 참조), 자신의 근거를 다음과 같이 설명했다.

> 모든 짝수는 항상 두 개씩 배열할 수 있으니까 직사각형 모양이 된다. 그러나 모든 홀수는 그렇게 할 수 없다. 홀수는 굴뚝을 가진 직사각형 모양이 된다. 굴뚝을 가진 직사각형 2개를 함께 배열하여 만든 새로운 모양은 더 이상 굴뚝을 가지지 않는다. 그러니까 홀수 2개를 더하면 짝수가 된다.

볼과 배스(Ball & Bass, 2003)는 어린 아동들이 여러 가지 방법으로 홀수와 짝수에 대해서 추론하고 그 추측을 정당화한 또 다른 예를 제시하였다. 지속적으로 학생들에게 자신의 아이디어를 탐구하고 질문을 제기하며 추측하고 정당화하도록 기대하면, 학생들은 수학이 임의의 규칙과 공식으로 이루어진 것이라고 믿기보다는 합리적이어야 한다는 것을 배우게 된다. 이러한 생각이 NCTM의 '추론과 증명' 과정 규준의 저변에 깔려 있다.

수학적으로 추론할 수 있는 능력은 수학을 이해하고 궁극적으로 수학적 추측을 정당화하는 데 핵심적이다. 증명은 종종 학생들이 고등수학에서나 경험하게 되는 형식적인 과정으로 해석된다. 이와 반대로 초등학교에서 자신의 추론에 대해서 명백하게 설명하는 것을 목표로 할 수 있는데, 이와 같은 설명이 형식적인 증명의 중요한 선구자적 역할을 하기 때문이다.

어린 아이들은 합리적인 논의가 무엇인지에 대해서 경험이 제한될 수밖에 없다. 학생들의 추론 능력을 신장하기 위해서, NCTM은 학생들에게 문제를 만들어 보게 함으로써 자신의 사고를 점검하고 설명하며 정당화할 뿐만 아니라 친구들의 생각에 대해서도 탐구해 볼 것을 권장하고 있다. 자신 및 다른 사람들의 사고에 대해서 오류를 감지하고 비평하도록 격려함으로써 학생들이 추론하는 것을 배우게 된다(Fillingim & Barrow, 2010; Martin & Kasmer, 2009, 2010; McGivney-Burelle, 2004/2005; Shifter, Russell, & Bastable, 2009; Yackel & Hanna, 2003).

추론과 증명은 한 단원이나 한 차시 수업으로 가르칠 수 없다. 모든 학년, 모든 단원에서 지속적으로 가르쳐야 한다. "모든 학년 수준에서 그리고 모든 내용 영역에서 기대치는 다르지만, 아이디어를 개발하고 현상을 탐구하며 결과를 정당화하고 수학적 추론을 활용함으로써 학생들은 수학이 합리적이라는 것을 이해하고 기대해야 한다."(NCTM, 2000, p.56)

그러나 학생들이 수학적 아이디어를 이해하고 결과적으로 수학적으로 추론하는 능력을 개발하며 수학적 추측에 대한 증명을 하도록 격려하는 환경을 만들기 위해서 초등학교 교사가 고려해야 할 사항은 무엇인가? 러셀(Russell, 1999)은 초등학교 교실에서 할 수 있는 활동적인 수학적 추론에 대해서 다음 4가지 주요 요점을 제시하였다. (1) 추론은 일반화하는 과정이다. (2) 추론을 통해 일반화라는 세계로 나갈 수 있다. (3) 추론을 통해 관계에 기초한 수학적 기억에 이르게 된다. (4) 추론을 통한 학습에는 실수가 발생하며 그 실수를 통해 학습한다.

추론은 일반화하는 과정이다 수학은 단지 특정한 문제나 계산에 대한 답을 찾는 것 이상이다. 실제로 오늘날 기계를 이용하여 많은 지겨운 계산을 할 수 있다. 수학적으로 추론한다는 것은 규칙을 찾고 이에 대해서 생각하고 왜 이것이 개별적인 몇 가지 경우를 뛰어넘어 사실이 되는지를 정당화하는 것이다. 유치원생이 큰 수에 대해서 생각할 수 있는 자신의 새로운 능력에 의기양양해져서 엄마에게 "2조 더하기 3조가 얼마인지 아세요? 답은 5조이죠!"라고 말하는 것에서 수학적 추론에 대한 간단한 예를 찾을 수 있다. 의심의 여지도 없이 이 학생은 1조가 되는 어떤 물건을 본 적도 없고 1조를 숫자로 써 보지도 않았을 것이다. 그러나 훨씬 더 간단한 경우의 규칙에 익숙해져서(사과 2개+사과 3개=사과 5개, 2백+3백=5백), 조씩 더하는 것으로 일반화할 수 있는 것이다.

여기에 일반화를 하는 다른 학생의 예가 있다. 유진이는 3학년 학생으로 짝꿍과 함께 120의 인수 쌍(factor pairs)을 찾고 있었다(Russell, 1999). 유진이와 짝꿍은 처음에 3×42가 그러한 인수의 쌍이라고 믿었다(이 결과는 모눈종이에 직사각형 모양의 배열을 그리고 그 안에 있는 정사각형의 개수를 잘못 셈으로써 비롯된 것이었다). 유진이는 6×20이 120의 타당한 인수 쌍이라는 것을 기억했고, 인수의 쌍을 찾는 이전의 학습 경험으로부터 한 인수를 반으로 줄이면 다른 인수를 두 배로 만들어야 그 곱이 동일해진다는 것을 알았기 때문에, 이 답(3×42)이 분명히 옳지 않다고 추론했다. 이는 강력하고 유용한 일반화이다. 이와 같은 추론을 활용하여 유진이는 옳은 인수 쌍은 3×42가 아니라 3×40이라고 말하였다. 왜냐하면 6×20을 생각해볼 때, 6을 반으로 줄여 3으로 만들면, 20을 2배로 하여 40으로 만들어야 그 곱한 결과가 같아지기 때문이다($6 \times 20 = 3 \times 40$). 일반적인 경우를 고려하기 위해서 특정한 예를 뛰어넘을 때 학생들은 수학적으로 추론하고 있는 것이다.

추론을 통해 서로 연결된 일반화의 연결망을 알 수 있다 수학적 추론에 대한 두 번째 요점은 추론을 통해 "수학 영역 내의 서로 연결된 수학적 지식에 이를 수 있다는 것이다"(Russell, 1999, p.1). 학생들은 새로 접하게 되는 수학적 아이디어가 기존에 학습한 다른 아이디어와 서로 연결된다는 것을 알아야 한다. 학생들이 수, 사실, 주장에 대해서 여러 가지 방법으로 생각할 때 더 강력한 수학적 능력을 가지게 된다. 1학년 학생들은 '3개의 쿼터(quarter, 25센트)'는 '1달러의 반'과 '1달러'의 중간이라는 것을 이해할 것이다. 그러나 이 관계를 분수($\frac{1}{2}, \frac{3}{4}, 1$), 동치분수($\frac{2}{4}, \frac{3}{4}, \frac{4}{4}$), 소수(0.5, 0.75, 1.00)로 이해할 때, 그리고 파이 조각이나 카드 꾸러미의 일부로 시각화할 때, 학생들은 3개의 쿼터가 1달러의 반과 1달러 사이라는 사실을 더 깊이 있게 이해하게 된다. 25가 5보다 크기 때문에, 0.25가 0.5보다 크다고 잘못 주장하는 학생들은 아직 이러한 견고한 아이디어의 연결망을 개발하지 못한 것이다. 이 학생들은 이 두 수에 대해서 자신들이 알고 있는 다른 의미에 대해서 추론할 수가 없고 그래서 자신들의 생각에 있는 모순을 인식하지 못하는 것이다.

추론을 통해 관계에 기초한 수학적 기억에 이르게 된다 수학적 추론에 대한 세 번째 요점은 다음과 같다. 수학적 이해의 망(web)을 개발하는 것은 수학 문제에 대한 통찰의 기초가 되는 능력, 즉 러셀이 **수학적 기억**(mathematical memory, 또는 수학적 감각)이라고 부른 것의 기초가 된다는 것이다. 예를 들어, $1+2+3+\cdots+100$처럼 1부터 100까지 수들의 합을 구하는 문제에 대해서 생각해보자. 여러분이 수학을 공부하면서 어느 시기에 아마도 어떤 등차수열(연속한 두 수 사이의 차가 항상 일정한 수열, 위에 주어진 문제에서 그 차이는 단지 항상 1이다)의 합을 계산하는 공식을 접했을 것이다. 여러분이 보통 사람이라면, 이런 공식을 일상생활에서 활용하지 않기 때문에 오래전에 그 공식을 잊어버렸을 것이다. 다른 한편으로 여러분이 이 공식에 대한 기하학적 설명을 이해한 적이 있다면, 이로 인한 수학적 이해의 망이 충분히 강력해서 아마도 별로 어려움을 겪지 않고 그 공식

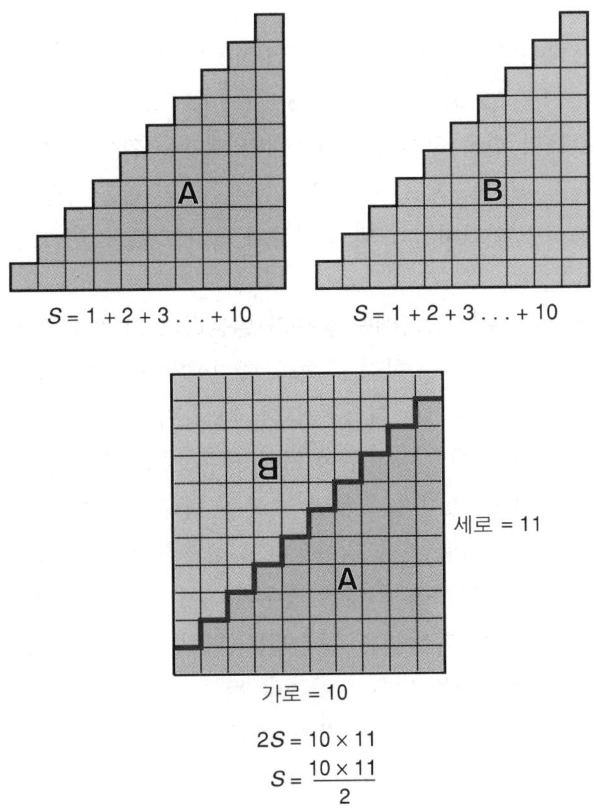

그림 5-6 1부터 10까지의 2개의 계단으로 만든 10×11 직사각형은 수열의 합을 구하는 공식을 기억하도록 돕는다.

을 재구성할 수 있을 것이다.

1부터 100까지의 합을 계단의 집합으로 그려보자. 동일한 계단의 집합을 그림으로 나타내보자. 두 번째 계단의 집합을 거꾸로 기울여서 첫 번째 계단의 집합에 올려놓으면 직사각형 모양이 될 것이다(가로 100, 세로 101). (이와 관련되면서 더 간단한 문제, 즉 1부터 10까지를 나타내는 2개의 계단을 가지고 10×11의 직사각형을 만든 그림 5-6을 보아라.) 100×101 직사각형의 넓이를 찾는 것은 쉽다(100×101=10,100). 여러분이 원하는 합은 이것의 반이다(100×101을 2로 나누면 5,050이다). 왜냐하면 여러분이 만든 직사각형은 원래 주어진 하나의 계단 대신에 2개의 계단을 이용하여 만들었기 때문이다. 즉, 1+2+3+…+100=100(101)/2.

동일한 아이디어를 활용하여 1부터 임의의 수 n까지의 합 S를 찾는 방법을 생각할 수 있다. 답은 S=n(n+1)/2이다. 유사한 추론을 활용하여 다른 다양한 등차수열의 합을 찾을 수 있다(예를 들어, 1+3+5+…+175 또는 12+15+18+…+639). 즉, 수열에서 수들의 합을 구하는 것과 2개의 계단을 활용한 기하학적 배열을 서로 연결하면, 등차수열의 합을 구하는 공식을 잊어버릴까 봐 걱정하지 않아도 될 것이다.

추론을 통한 학습에는 실수가 발생하며 그 실수로부터 학습한다 수학적 추론과 증명에 대해 마지막으로 중요한 요점은 다음과 같다. 더 강력한 추론과 증명 능력을 개발하기 위한 가장 좋은 방법 중의 하나는 오류가 있거나 잘못된 추론을 탐구하는 것이다. 학생들이 어떤 것을 알아냈다고 생각하지만, 실제로는 그 추론이 옳지 않은 경우가 많이 있을 것이다. 예를 들어, 학생들은 29+95를 머릿속으로 계산할 때, 29에 100을 더한 다음 5를 빼는 방법이 더 쉽다는 것을 알 것이다(이 경우, 옳은 합 124를 얻게 된다). 이러한 지름길을 이용하여 29×95를 암산으로 더 쉽게 할 수 있겠는가? (즉, 29에 100을 곱한 다음 5를 빼면 되는가?) 이 방법은 옳지 않다! 왜? 학생들에게 이런 방법이 옳지 않다고 그냥 말해주는 대신에 학생들로 하여금 덧셈에서는 잘 적용되는 방법이 왜 곱셈에서는 해당되지 않는지 학생들 스스로 탐색해 보도록 격려하는 것이 좋다. 학생들은 어떻게 되는지를 알아보기 위해서 다양한 예를 단순히 더해보고 곱해볼 수 있을 것이다. 또는 이 문제를 기하학적으로 표현해볼 수도 있을 것이다

친구들의 의견에 대하여 자신의 생각을 말함으로써 잘못된 추측을 수정하는 과정은 수학학습에서 중요한 부분이다. 교사의 역할은 학생들이 스스로 자신과 타인의 사고에 대해서 점검할 뿐만 아니라 잘못된 추론을 감지하고 이해할 수 있도록 격려하는 것이다.

의사소통

언어는 수학적 아이디어에 대한 사고를 조직하는 강력한 도구이기 때문에, 학생들이 수학에 대해서 말하고 쓰고 자신의 아이디어를 기술하고 설명하는 경험을 많이 하는 것이 매우 중요하다. 역으로 다른 사람들의 생각이나 설명을 듣고 읽는 것도 마찬가지로 중요하다(Amos, 2007; Chapin & O'Connor, 2007; Lampert & Cobb, 2003). 수학적 아이디어에 대해서 쌍방향으로 의사소통함으로써 학생들은 자신의 사고를 확인하고 명료하게 조직하고 정확하게 확장하게 된다. 어떤 아이디어를 설명하려고 노력하다가 실제로 여러분이 생각하고 있는 바를 제대로 알아차리는 경험을 해 본 적이 있는가? 반성과 의사소통은 서로 연결되어 있다. 여러분의 아이디어를 말하거나 글로 써서 다른 사람과 공유하려 할 때 그러한 아이디어를 더 깊이 있게 생각하게 된다. 또한 자신의 아이디어에 대해서 생각할 때 자신의 이해 정도를 종종 깊이 있게 하고 결과적으로 좀 더 분명하게 의사소통할 수 있게 된다. 의사소통은 분명히 종착점이라기보다는 과정이다.

언어뿐만 아니라(구두 언어와 지필 언어 모두) 그림, 몸짓, 그래프, 차트, 기호와 같은 다양한 표현 양식을 활용하여 수학적 아이디어에 대해서 의사소통하도록 학생들을 격려해야 한다. 그림 5-2와 그림 5-6을 보면, 수학에 대한 의사소통에서 시각화가 얼마나

강력한지를 알 수 있다. 학습을 촉진할 때, 이와 같이 말 이외의 의사소통이 때로는 유용하다.

처음에 수학적 아이디어에 대해서 의사소통할 때 학생들이 사용하는 의사소통 방법은 독특할 수 있다(학생들은 자기 스스로 기호, 식, 표기법 등을 만들어 낼 수 있다). 학생들의 문제해결 경험에 대해 멋진 책을 집필한 한 유치원 교사는 학생들이 얼마나 순수하게 언어와 표기법을 사용했는지 설명하였다. 예를 들어, 그림 5-7은 어떤 병을 채우기 위해서 쌀을 숟가락으로 몇 번 떠 넣어야 하는지 그 횟수를 나타내기 위해서 한 학생이 사용한 표기 방법이다. 어떻게 나타낸 것인지 교사가 질문하자, 이 학생은 자신있게 "이 병에는 $10\frac{1}{2}$숟가락만큼의 쌀이 담겨있어요, 선생님"이라고 말했다. $10\frac{1}{2}$에 대한 이 학생의 기호는 분명히 표준적인 표현방법이 아니지만, 자신의 아이디어를 의사소통하는 데는 효과적이었다(Andrews & Trafton, 2002, p.94).

시간이 지남에 따라 학생들은 더 많은 경험과 연습을 통해 보다 관례적이고 정교한 언어를 사용하여 자신의 아이디어를 표현하는 방법을 배우게 된다. 사실 언어로서 수학은 그 자체로 어휘, 구문, 기호를 가진다(cf. Perry & Adkins, 2002). 때때로 일상적인 대화에서 사용하는 단어나 용어가 수학에서는 다른 의미 또는 좀 더 정교한 뜻으로 사용되기도 한다. 수학의 기호(특히 식과 그래프)는 종종 개념을 명확하게 하고 이해를 증진하도록 돕는다. 초등학교를 거치면서 학생들은 수학적 아이디어에 대해서 의사소통하는 일상적 기회를 매일 가져야 한다. 점차적으로 학생들이 더욱 정교한 수학적 용어를 사용하여 설명하도록 도와야 한다.

그림 5-7 $10\frac{1}{2}$에 대한 학생의 표현(Andrews & Trafton, 2002, p.94)

학생들이 수학에 대해서 잘 쓰도록 수학 일지를 사용할 수 있다. 정기적으로 수학 일지를 씀으로써, 학생들은 수학적 개념에 대한 자신들의 이해를 점검할 수 있다. "내가 무엇 때문에 헤맨 것이지?" 그리고 "내가 범한 실수는 무엇이고 왜 그랬지?"와 같은 질문에 대해서 써 보도록 해야 한다. 정기적이지만 간단하게 교사가 학생들의 수학 일지에 반응한다면, 수학 일지는 학생과 교사 사이에 정기적인 의사소통의 통로가 될 수 있다. 또한 교사는 진단의 목적으로 학생들이 쓴 자료를 활용할 수 있다. 모둠이나 학급 전체의 많은 아이들의 기록에서 유사한 혼동이나 오개념을 발견하게 되면, 교사는 후속 수업을 좀 더 적절하게 계획할 수 있을 것이다.

수학 시간에 사용할 수 있는 다른 형태는 수업 후 활동으로 개방형 쓰기(open-ended writing)가 있는데, 이는 학생들이 스스로 문장제를 만들고 문제해결 활동으로 그 문제를 해결해 보고, 절차나 과정을 설명하게 하고 아이디어를 서로 어떻게 연결했는지 써 보게 하는 것이다. 어린 아동들에게는 자기 자신이 고안한 절차를 사용하도록 격려할 수 있고, 모든 학생들은 글과 함께 그림이나 기호를 첨가하여 자신의 생각을 가능한 한 풍부하고 완벽하게 나타낼 수 있도록 해야 한다.

연결성

수학을 종종 일련의 주제나 기능의 집합으로 표현하기도 하지만, 이것은 수학에 대한 편협한 관점이다. 수학은 실제로 잘 통합된 학문 영역이다. 학교 수학의 아이디어는 풍부하게 연결되어 있다. 초등학교 교육과정에서 이런 수학의 연결성을 학생들이 지속적으로 경험하고 감상할 기회를 제공하는 것이 중요하다.

수학을 학습할 때 적어도 세 가지 종류의 연결이 중요하다. 첫째, 수학 내의 개념은 서로 연결되어 있다. 분수, 소수, 퍼센트를 분리된 채로 학습한 학생들은 이 개념들이 어떻게 연결되었는지 이해할 수 있는 중요한 기회를 놓치게 된다. 예를 들어, 그림 5-8을 보면, 왜 $\frac{1}{4}$, 2개의 $\frac{1}{10}$과 5개의 $\frac{1}{100}$, 그리고 0.25가 실제로 동일한 양을 나타내는 것인지를 알 수 있다.

두 번째 중요한 유형은 수학의 기호 및 절차와 그런 기호가 나타내는 개념적 아이디어 간의 연결성이다. 예를 들어, 왜 우리는 3^2을 '3을 제곱한' 것으로 보는가? 3^2은 3×3 즉 9이다. 3×3의 형태로 9개의 점을 배열하면 정사각형이 된다.[1] 이와 유사하게, $x\times x$의 배열로 점을 배열하면 정사각형이 된다. 따라서 학생들은 왜 x^2을 'x를 제곱한' 것으로 읽는지를 인식할 수 있다. 임의 도형의 넓이는 일반적으로 제곱 단위를 사용한다(예, 제곱센티미터, 제곱미터). 왜 그런가? 실제로 넓이를 측정한다는 것은 그 표면을 덮기 위해 필요한 '정사각형'의 개수를 세는 것이기 때문이다. 각 변의 길이가 1센티미터인 정사각형을 사용한다면, 제곱센티미터로 측정하는 것이다. 사실 동일한 이유로 '제곱센티미터' 대신에 'cm^2'라고 쓸 수 있다. 여기서 우리는 수론(그림 5-9에 제시한 바와 같이 4, 9, 16 등과 같은 '제곱수')과 대수적 언어(x를 제곱한), 그리고 측정(제곱센티미터) 간의 연결성을 볼 수 있다.

세 번째 유형의 연결성은 수학과 실생활 또는 수학과 다른 교과목 간에 있다. 예를 들어, 교실이나 학생들의 일상생활에서 겪게 되는 문제를 접할 때 학생들은 자연스럽게 수학의 연결성을 이해할 수 있다. 예를 들어, 다음 문제를 생각해보자. 우리 반에는 24명의

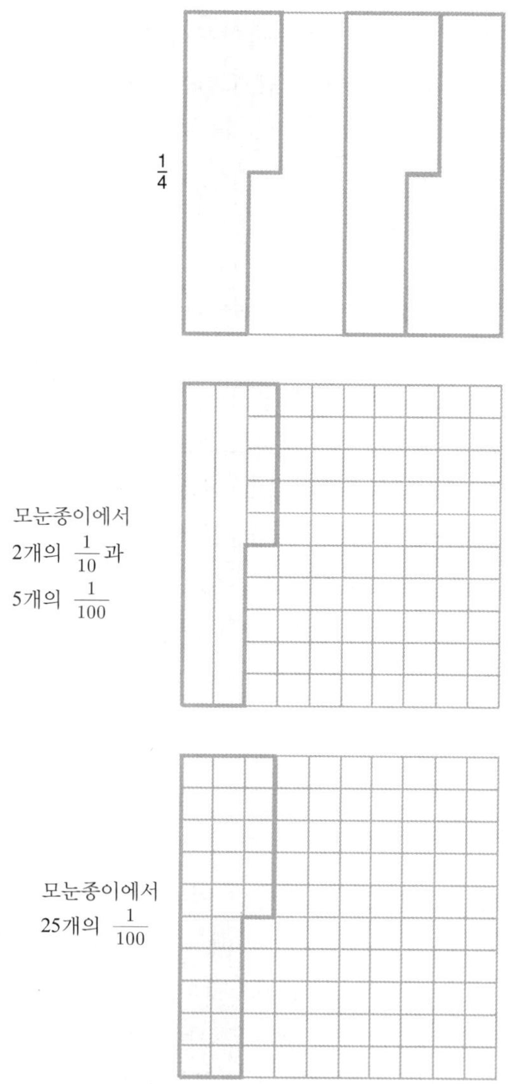

그림 5-8 4분의 $1\left(\frac{1}{4}\right)$, 2개의 $\frac{1}{10}$과 5개의 $\frac{1}{100}$(0.25＝0.2＋0.05), 그리고 25개의 $\frac{1}{100}$(0.25)에 대한 표현을 통해 서로 동치임을 알 수 있다

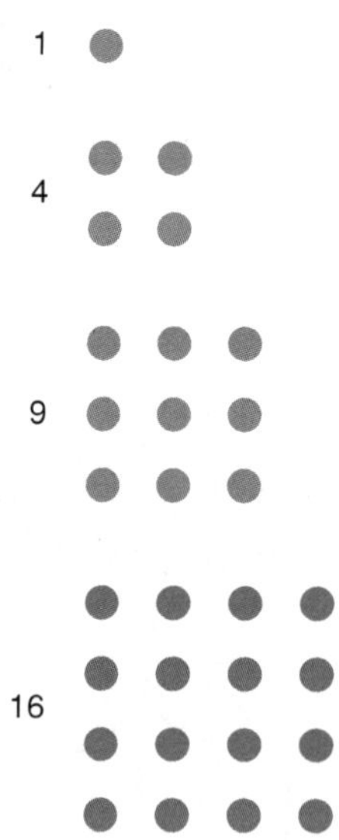

그림 5-9 정사각형으로 배열된 점은 수 1, 4, 9, 16 등과 같은 제곱수와 연결시킬 수 있다.

1) 역자주) 3^2은 영어로 "3 squared"라고 읽기 때문에, square(정사각형)와 관련이 있다는 의미이다.

학생들이 있는데, 오늘 4개의 책상이 비었다. 혜영, 호연, 민선은 집에서 점심을 가지고 왔고, 나머지 학생들은 오늘 모두 학교에서 점심을 사 먹으려고 한다. 점심을 사 먹는 학생은 모두 몇 명인가? 실생활 맥락에서 문제를 접하고 이 문제를 수학적 지식을 이용하여 해결할 때, 학생들은 수학 교과의 유용성과 관련성을 인식하고 수학을 가치 있게 생각하게 된다. 또한 수업을 통해 학생들은 수학이 과학, 경영, 경제, 사회, 문학, 예술과 같은 많은 다른 영역에서 사용되는 것임을 경험할 기회를 많이 가져야 한다. '아동용 추천도서'에 등장하는 상황을 수학수업의 동기유발 자료로 사용할 뿐만 아니라 통합 또는 주제 중심의 교육과정을 통해서 수학적 연결을 강조할 수 있다. 유명한 시인인 샌드버그(Sandburg, 1960)는 '산수(Arithmetic)'라는 시에서 "산수는 수들이 비둘기처럼 머리 안팎으로 날아다니는 곳이다."와 "산수는 답에 이를 때까지 머리에서 손으로, 연필로, 그리고 다시 종이로 네가 붙잡는 수들이다."라고 묘사했다. 샌드버그의 시를 읽고 논의한 다음에, 학생들은 자신들의 반응을 쓸 수도 있고, (예와 함께) 수학의 다른 양상에 대해서 브레인스토밍할 수도 있다. 학생들은 또한 샌드버그의 스타일을 흉내 내어 (산수에 대한 자신의 관점이나 수학의 다른 양상에 대한 자신의 사고에 초점을 두면서) 수학에 대한 자기 자신의 시를 쓸 수도 있다.

표현

대부분의 사람들은 수학에 대해서 생각할 때 2, 29, 5280과 같은 수, 또는 5×2, $(a+b)(a-b)$, $5789 \div 13$과 같은 수식이나 기호적 표현, 또는 $x^2 + y^2 = z^2$이나 $2x + 7 = 13$과 같은 등식을 생각할 것이다. 다른 사람들은 숫자 표, 그래프, 도형을 생각할 수도 있다. 이 모든 것들은 수학적 아이디어들을 나타내기 위해서 흔히 사용되는 것이다. 흥미롭게도 동일한 수학적 아이디어를 나타내기 위해서 여러 가지 다양한 표현 양식을 사용하는 것이 가능하다. 한 아이디어를 여러 가지 방법으로 표현해 봄으로써 학생들은 여러 가지 방법으로 아이디어를 이해할 수 있고 사용할 수 있다. 이것이 표현의 힘이다. 그림 5-10은 많은 수학적 아이디어를 표현하는 다섯 가지 방법을 나타낸 것이다. 이러한 다양한 표현 양식을 학생들이 편안하게 변환하도록 돕는 것이 학교 수학의 중요한 목표이다.

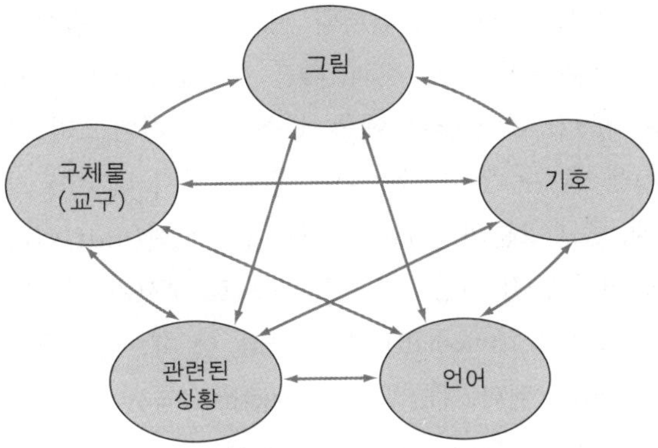

그림 5-10 수학적 아이디어에 대한 5가지 표현
(출처: Lesh & Landau, 1983, p.271)

전통적으로 학교수학교육과정을 통해 학생들은 수학적 아이디어를 다양하게 표현하는 방법을 배웠다. 그러나 불행하게도 종종 이러한 표현 양식을 개별적으로 학습했다. 다음 대화를 생각해 보자(Clement, 2004, p.97).

교사: 내가 수를 하나 말하면 너희들은 그 수를 써라. one-half(2분의 1)을 써라.

학생: [$1\frac{1}{2}$이라고 쓴다.]

교사: one and one-half(1과 2분의 1)을 써라.

학생: [$1\frac{1}{2}$이라고 쓴다.] 똑같은데요.

교사: [$\frac{1}{2}$을 쓰고 이것을 가리키며] 이것을 어떻게 읽겠니?

학생: 반(half)이요.

일상생활에서 경험하는 분수를 잘 이해하고 있는 학생들조차 그러한 아이디어를 표현하기 위해 전통적으로 사용하는 언어나 기호와 잘 연결하지 못할 수도 있다. “학생들이 언어와 지필 기호를 연결하는 것은 어른들이 하는 것과 다를 수 있다”(Clement, 2004, p.97). 학생들은 예를 들어, “네 케이크의 반(half)을 줄 수 있니?”와 같이 실생활에서 나누어 가질 때, 종종 **2분의 1(one−half)** 대신에 **반**(half)이라는 단어를 곧잘 사용한다. 결과적으로 교사가 학생들에게 “2분의 1(one-half)”을 쓰라고 할 때, 학생들은 $1\frac{1}{2}$을 쓰게 된다. 즉, 2분의 1(one-half)에서 “1(one)”을 나타내기 위해서 “1”이라고 쓰고, “반(half)”을 나타내기 위해서 “$\frac{1}{2}$”이라고 쓰는 것이다.

마찬가지로 학생들은 한 단원에서 분수를 배우고 다른 단원에서 소수를 배울 수 있지만, 동일한 수를 분수와 소수로 나타내고 이를 연결해 볼 기회를 가져야 한다. 여러 가지 다른 표현 방법을 연결하고 이에 대한 유용성과 이점을 비교하고 대조해보도록 학생들을 격려하는 것이 중요하다.

NCTM 규준(2000)에서는 표현에 대한 다음 3가지 주된 목표를 학교수학을 위한 과정 규준으로 제시하였다. (1) 수학적 아이디어를 조직하고 기록하며 의사소통하기 위해서 표현을 만들고 활용하기, (2) 문제를 해결하기 위해서 수학적 표현을 선정하고 적용하며 변환하기, (3) 물리적·사회적·수학적 현상을 모델링하고 해석하기 위해서 표현을 활용하기.

표현을 만들고 활용하기 어린 아동들이 수학적 아이디어를 기록하고 의사소통하기 위해서 자신만의 방법을 개발해 보는 것과 관례적인 표현 방법 둘 다를 반복해서 경험하는 것이 중요하다. 매일 사용되는 수학적 기호와 표현 방법들(예, 십진법, 식, 다양한 유형의 그래프, 전통적인 계산 알고리즘)은 수 세기에 걸쳐서 정련되고 발전되어 왔다. 학생들이 이런 표현 방법을 깊이 있게 이해하게 될 때, 수학적으로 사고하는 자신의 능력을 확장하는 일련의 도구를 가지게 되는 것이다.

표현을 선택하고 적용하며 변환하기 앞에 언급한 바와 같이 수학적 아이디어를 여러 가지 방법으로 표현할 수 있다. 각각의 표현 방법들은 어떤 목적이냐에 따라서 적합한 형태로 사용할 수 있다. 예를 들어, 수에 대해서 융통성 있게 생각하는 학생은 아마도 수 24를 2개의 십과 4개의 일, 1개의 십과 14개의 일, 25보다 약간 작은 수, 12를 두 배 한 수, 한 변의 길이가 6인 정사각형의 둘레, 2×12 또는 4×6에

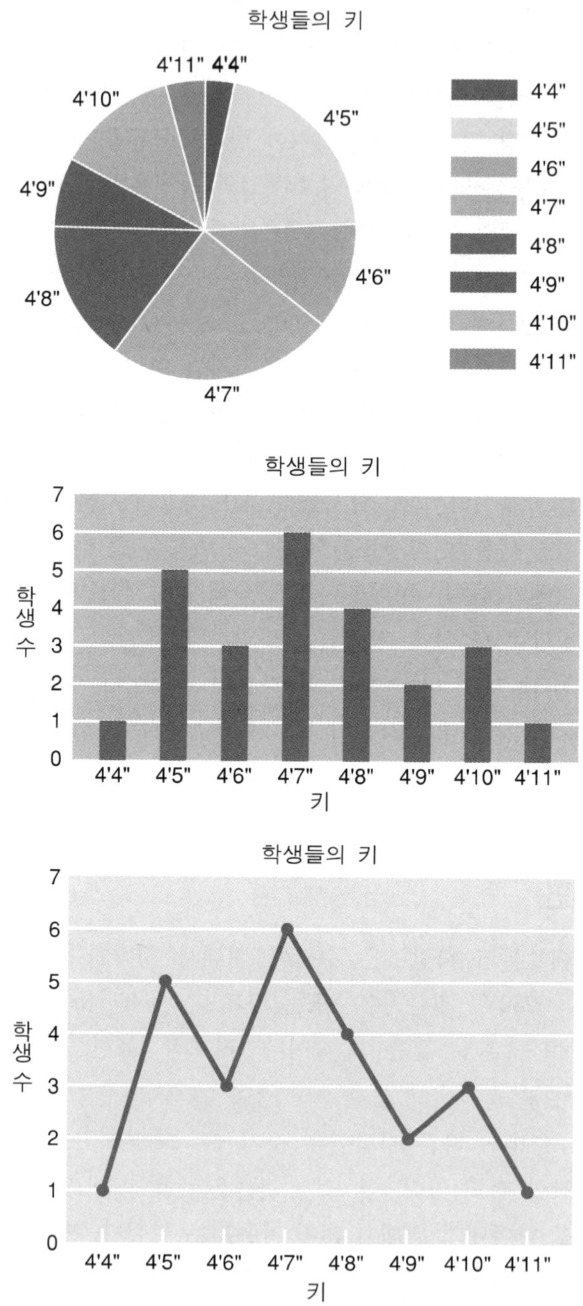

그림 5-11 어떤 그래프가 이 반 학생들의 키를 가장 잘 나타내는가?

해당하는 직사각형의 넓이 등 여러 가지 방법으로 생각할 수 있을 것이다.

요즈음은 테크놀로지를 활용하여 학생들이 표현 방법 간의 변환을 많이 경험할 수 있게 된다. 자료 분석 소프트웨어를 활용하여 학생들은 그래프를 이용한 다양한 표현을 쉽게 비교하고 대조할 수 있다. 학생들이 어떤 그래프 표현이 적절한지를 판단하기 위해서는 자료의 종류와 질문을 고려하는 것이 중요하다.

예를 들어, 그림 5-11은 한 학급 학생들의 키를 조사한 결과를 나타낸 것이다. 학생들은 스프레드시트의 적절한 열에 학생들의 키를 기록했고 막대그래프, 원그래프, 꺾은선그래프로 나타냈다. 어떤 그래프가 자료를 가장 잘 나타내는가? 학생들을 키 순서로 일렬로 세울 때 이 그래프를 이용할 수 있다. 그러나 원그래프는 막대그래프나 꺾은선그래프처럼 키의 순서를 분명하게 나타내지 않는다. 꺾은선그래프는 측정값 사이의 키에 해당하는 학생들이 있는 것 같은 잘못된 생각을 심어줄 수 있다. 다른 한편으로, 막대그래프는 가장 많은 키는 138cm이고 두 번째로 빈번한 키는 134cm라는 것을 알려준다.

현상을 모델링하고 해석하기 위해서 표현 활용하기

수학은 대부분 문제를 단순화하는 것을 포함하는데, 여기서 단순화는 맥락을 탈피하고 과도한 정보를 줄여서 계산하기 편하도록 기호나 다른 표현으로 바꾸는 것을 말한다. 이것이 수학적 모델링이다. 예를 들어, 다음과 같은 문장제를 해결하기 위해 여러분은 이 문제를 그림이나 표로 줄여서 나타낼 것이다.

> 재경이는 슈퍼마켓 통로 끝 선반에 참치 캔을 피라미드 모양으로 진열하려고 한다. 맨 윗줄에는 참치 캔을 1개만 놓고, 그 다음 줄에는 3개, 그 다음 줄에는 5개를 놓는 방법으로 진열하고자 한다. 재경이는 전체 여섯 줄로 된 참치 캔을 진열하기로 결정하였다. 가장 아랫줄에는 몇 개의 참치 캔을 놓아야 하는가?

일단 이 문제를 그림이나 표로 표현하게 되면, 이 문제가 원래 참치 캔을 진열하는 것이라는 사실은 더 이상 중요하지 않게 된다. 여러분은 이 문제를 모델링했고 이를 해결하기 위해서 수학의 힘을 사용했다. 유사하게, 학생들이 문장제를 해결할 때, "더해야 해요? 빼야 해요?"라고 물어볼 때, 학생들은 주어진 상황을 모델링하기 위해서 힌트를 구하는 것이다. 그러나 학생들이 너무 빨리 그리고 생각 없이 실생활 맥락을 추상적인 모델로 변환하지 않도록 하는 것이 중요하다. 더할 것인지 뺄 것인지에 관한 질문에 가장 좋은 대답은 "이 문제에서 뭐라고 말하고 있지?", 또는 "어떤 연산을 활용해야 할지 결정할 수 있도록 그림을 그리거나 한번 직접 해 보겠니?"와 같은 질문을 던지는 것이다.

또한 학생들이 문제를 해결한 다음에 수학적 모델링에서 얻게 된 답이 원래 상황에 잘 들어맞는지 검토해 보는 것이 중요하다. 이에 대한 전형적인 문제는 수학여행을 갈 때 학생들을 운송하기 위해서 몇 대의 버스가 필요한지를 결정하는 문제이다. 문제에서는 얼마나 많은 학생들이 수학여행을 떠나는지(예, 130), 그리고 한 버스에 몇 명의 학생들이 탈 수 있는지(예, 40)를 말해준다. 많은 학생들이 문제에서 정확하게 수를 찾아서 제대로 나눈다(130 ÷ 40). 그러나 이 나눗셈은 나누어떨어지지 않기 때문에, 학생들은 종종 $3\frac{1}{4}$ 또는 3.25와 같은 탈맥락화된 답을 제시한다. 학생들은 버스 4대 또는 버스 3대 및 큰 밴과 같이 현실적인 답이 되도록 문제의 맥락을 검토하는 것을 잊어버리는 것이다.

요약하면, 표현은 아이디어에 대한 생각을 나타내는 것이다. 각각의 개인은 자신의 생각을 나타내는 자신만의 독특한 방법을 개발할 수는 있지만, 수학에는 문제해결과 수학적 아이디어에 대해서 의사소통할 때 도움이 되는 광범위한 관습적인 표현 방법이 있다(Goldin, 2003; Lubinski & Otto, 2002; Monk, 2003; NCTM, 2001; Smith, 2003). 수학수업의 가장 중요한 목표 중의 하나는 학생들이 자신들만의 사고양식을 관습적인 방법과 연결하도록 도와줌으로써, 학생들이 이러한 강력한 수학적 도구를 이해하고 가치를 인식하여 사용하게 하는 것이다. 학교수학에서 표현의 역할에 대한 읽을거리는 Cuoco(2001)를 참조할 수 있다.

문화적 연계성

이 장에서 살펴보았듯이, NCTM의 《학교수학을 위한 원리와 규준》(2000)에서는 문제해결, 의사소통, 추론, 연결, 다양한 표현을 사용하면서 학생들이 수학을 학습할 수 있게 하는 수업을 권고하였다. 이러한 일련의 경험은 모든 학생들에게 이롭다는 점에는 의심의 여지가 없으나, 모국어가 영어가 아닌 학생들이 수업 중 대화와 문제해결 활동에 진정한 의미로 참여할 수 있도록 특별한 관심이 필요하다. 이러한 학생들을 종종 영어를 제2외국어로 배우는 학생들(English as a second language, ESL) 또는 영어를 새로운 언어로 배우는 학생들(English as a new

1. 도구를 활용해서 학생들과 의사소통하여라.
   a. 구체물, 그림, 맥락, 이야기, 드라마를 사용하여라.
   b. 차트 종이, 칠판, OHP에 지시사항, 핵심 질문, 용어, 아이디어를 기록하여라.
   c. 학생들이 할 일에 대해서 시범을 보여라(단지 말만 하지 말고 보여주어라).
   d. 학습지를 사용한다면 학생들에게 지시사항을 읽어보게 하여라. 그대로 하기 전에 학생들이 자신들의 말로 그 지시사항을 다시 말해 보게 하면서 제대로 이해하고 있는지 점검하여라.
2. 학생들의 말을 경청하여라. 학생들이 말하려는 것을 안다고 쉽게 단정하지 말라.
3. 학생들이 이해하고 있는 정도를 알 수 있는 단서에 주의를 기울여라.
   a. 눈을 쳐다보아라.
   b. 얼굴 표정과 다른 신체 표현을 주의 깊게 보아라.
   c. 교사가 말하고 있는 것을 학생들끼리 서로 다시 설명해 달라고 부탁하는지 살펴보아라.
   d. 교사가 설명한 것(지시사항, 새로운 아이디어 등)을 학생들로 하여금 다시 당신에게 말해보게 하여라.
4. 학생이 말했는데, 교사가 이해하지 못한 경우는 다음을 시도해 보아라.
   a. 천천히 다시 말해 보게 하거나 다른 단어를 사용해서 말해보게 하여라.
   b. 첫 번째 학생이 말한 것을 다른 학생에게 설명해 보게 하여라.
   c. 칠판 앞으로 나와서 그림을 그리거나 구체적 조작물을 사용하여 말하려고 한 것을 보여 달라고 하여라.
   d. 적절하다면, 그 학생과 나중에 개인적으로 말하겠다고 약속한 다음, 그렇게 하여라.
   e. 교사가 이해했다고 생각한 것을 확인하면서 학생에게 다음과 같이 말하여라. "너는 다른 방법을 사용하기를 원했다는 말인 것 같구나. 그런데, 그 방법이 무엇인지 잘 알지 못하겠어. 천천히 다시 설명해 주거나 앞으로 나와서 보여주겠니?"
5. 교사를 위해(그리고 학생들을 위해!) 수업의 시작 부분과 마지막 부분을 활용하여라.
   a. 수업을 시작할 때 그 전날 어디까지 했는지 물어보거나, 학생들이 알고 있어야 하는 것을 점검하기 위한 핵심적인 질문을 던져라. 한 명 이상의 학생을 지목하여 배운 것을 여러 가지 방법으로 말해보게 하여라.
   b. 수업을 마칠 때 요약하는 시간을 가져라. 학생들로 하여금 배운 것을 말하게 하여라. 학생들이 어떻게 말하는지 들어보아라. 위에서처럼 새로운 아이디어를 다른 방법으로 말해 보게 하여라.
6. 적절하다면, 예를 들어 기능 개발을 위해서 수업에서 안내된 연습을 활용하여라. 즉, "1번 문제는 함께 하자" 이를 통해 학생들이 적절한 기능을 개발하게 한다. 그런 다음, "너희들이 2번 문제를 해라"고 말하여라. 학생들에게 첫 번째 문제와 유사한 문제를 주고 점검하면서 학생들이 어떻게 하는지 살펴보아라. 이런 방법으로 학생들의 학습에 대한 증거를 얻을 수 있고, 어떤 학생이 이해하고 있는지 그래서 다른 학생들에게 설명할 수 있는지를 알아차릴 수 있을 것이다. 학생들과 함께 하기도 하고, 개인적으로 또는 짝끼리 문제를 풀어보게 하는 것을 번갈아 가면서 계속하여라.

그림 5-12 다양한 배경을 가진 교실에서의 상호작용을 위한 지도상의 유의점(Rubenstein, 1997, p.220) language, ENL)이라고 부른다.

프로젝트 IMPACT(Increasing the Mathematical Power of All Children and Teachers)는 워싱턴시 근교의 소수 민족이 주를 이루는 초등학교를 대상으로 한 개혁 운동이었는데, 이 프로젝트에 참여한 교사들은 각 교실에서 '언어, 의사소통, 수학적 내용, 수학적 연결, 의사결정, 기회균등'을 강조하는 수학 문화를 만들어가는 데 중점을 두었다(Campbell & Rowan, 1997, p.60). 프로젝트 IMPACT에 참여한 학교들은 매우 높은 비율의 학생들이 영어 이외의 언어를 모국어로 말하거나 다른 문화적 배경을 가지고 있었다. 이 프로젝트를 시작하기 이전에, 교사들은 이러한 언어와 문화적 다양성에 대응하여 가능하면 수학교육과정에서 그러한 언어와 맥락을 없애려고 하였다. 이는 영어가 자유롭지 못한 학생들에게 수학수업을 좀 더 쉽게 할 수 있도록 도와주려는 의도에서였다. 이와 같이 언어와 맥락을 되도록 배제하는 것은 ENL 또는 ESL 학생들을 가르칠 때 공통적으로 처음에 흔히 하는 방법이다. 그러나 이러한 접근 방법은 해당 학생들이 계산과 기호 조작을 익숙하게 할 수 있도록 도왔지만, 불행하게도 수학교육을 산술적인 것으로만 국한하면서 수학의 도전감, 아름다움, 관련성을 배제하게 되었으며, 이 장에서 우리가 지금까지 논의한 과정 규준을 전혀 강조할 수 없게 만들었다.

대신에, 프로젝트 IMPACT 교사들은 다양한 전략을 실행함으로써 학생들이 수학 시간에 문제해결, 추론, 연결, 표현을 활용하도록 지원했다. 교사들은 학생들의 능력을 토대로 혼합집단으로 구성하여 학생들이 언어적인 문제에 대해서 서로 도우면서 학습하게 하였다. 또한 학생들이 개별적으로, 짝 활동으로, 또는 모둠활동으로 문제를 해결하기 전에 전체 논의 시간에 문장제를 말하게 함으로써 모든 학생이 문제 맥락을 확실히 이해하게 하였다. 또한 짝을 정해서 필요할 때 적절한 언어로 번역하거나 자신의 생각을 구체적인 그림이나 자료를 써서 상대방을 돕게 했다. 그림 5-12는 모든 학생들에게 유용한 몇 가지 지도상의 유의점을 제시한 것인데, 이는 특히 여러분의 학급에 다른 언어나 문화적 배경을 가진 학생들이 있으면 많은 도움을 줄 수 있을 것이다.

또한 프로젝트 IMPACT 교사들은 ESL 학생들을 돕도록 서로 지원하기 위해서 학년 단위로 팀을 이루어 일을 했다. 프로젝트 IMPACT의 결과는 NCTM의 과정 규준에 맞춘 수학수업을 지지하는 동시에 '학생들의 인종과 모국어의 다양성'을 고려한 수업이었다(Campbell & Rowan, 1997, p.60).

요약

수학을 배우고 행한다는 것은 문제해결, 추론과 증명, 의사소통, 연결, 표현이라는 다섯 가지 핵심적인 과정에 참여하는 것이다. 이러한 과정들은 서로, 그리고 학생들이 배우는 수학 내용(수, 대수, 기하, 자료, 측정)과 매우 복잡하게 연결되어 있다. 이러한 과정들을 통해 학생들은 자신들이 배우고 있는 수학을 이해하는 데 능동적으로 참여하게 된다.

문제를 해결하는 동안 학생들은 답을 모르거나 쉽게 찾을 수 없는 문제를 가지고 고민하게 된다. 좋은 문제를 통해 학생들은 수학적 아이디어에 대한 자신들의 이해에 기초하여 자기가 아는 것을 확장할 기회를 갖는다. 여기서 교사는 학생들이 문제해결 과정에 참여할 수 있도록 도전적인 문제, 수학 과제, 또는 기회를 제공하는 중요한 역할을 하게 된다. 이러한 환경을 만들 수 있도록 교사가 주의 깊게 관심을 기울임으로써 학생들의 수학적 이해를 증진할 수 있도록 지원할 수 있을 것이다.

수학을 이해하고 궁극적으로 수학적 추측을 정당화하거나 증명하기 위해서 수학적으로 추론할 수 있는 능력이 중요하다. 이러한 도전에 부합하기 위해서 학생들은 처음 접하는 문제에 대해서부터 자신의 주장에 대한 근거를 말해야 한다는 점을 이해해야 한다. 추론은 일반화를 하는 것이고 수학적 이해의 망을 개발하기 위해서 새로운 아이디어를 기존의 아이디어와 연결하는 것이다. 초보자의 추론은 종종 오류를 포함하지만 그래도 괜찮다. 학생들이 더 강력한 추론 능력을 개발하도록 도와주기 위한 최선의 방법 중의 하나는 학생들에게 잘못된 주장을 논의하게 하여 어디에서 잘못 생각했는지 찾아보도록 하는 것이다.

의사소통을 통해서 학생들은 자신들의 아이디어를 다른 사람들과 공유하게 된다. 자신의 아이디어와 추측을 다른 사람들이 이해하도록 도와줄 때, 자신의 지식이 더 깊어진다. 다른 친구들의 설명을 듣는 것은 의사소통 과정에서 똑같이 중요하다. 수학적 아이디어에 대한 쌍방향의 의사소통을 통해서 학생들은 자신의 생각을 확인하고 명료하게 하며 조직하고 분명히 하며 확장할 수 있게 된다. 학생들이 구두나 지필뿐만 아니라 다양한 형태(예: 그림, 몸짓, 그래프, 차트, 기호)를 이용해서 자신의 아이디어를 표현하도록 격려해야 한다.

수학적 아이디어를 연결함으로써 학생들은 자신들의 이해를 확장할 수 있게 된다. 수학을 배울 때 적어도 세 가지 유형의 연결이 중요한데, 이는 다른 수학적 아이디어와 연결된 수학, 수학적 절차와 연결된 기호, 그리고 수학 이외의 맥락으로 확장되거나 연결된 수학이다. 교사는 학생들이 일상적으로 그리고 즐겁게 수학적 연결을 탐구할 수 있도록 수학적 연결을 강조할 필요가 있다.

동일한 수학적 아이디어를 나타내기 위해서 여러 가지 표현, 즉, 그림, 조작물, 지필 기호, 관련된 상황, 구두 언어를 사용할 수 있다. 다른 표현을 사용함으로써 그 아이디어를 다른 방법으로 이해하거나 활용할 수 있게 된다. 학생들이 (1) 다양한 표현을 만들고 활용하며, (2) 문제를 해결하기 위해서 표현을 선택하고 적용하며 변환하고, (3) 물리적, 사회적, 수학적 현상을 모델링하고 해석하기 위해서 표현을 활용하도록 격려해야 한다.

연|습|문|제|

01. 이 장에서 설명한 다섯 가지 핵심적인 수학적 과정을 말해 보시오. 각 과정에서 학생들은 어떤 활동을 해야하는지 기술하시오.

02. CCSSM에서 제시한 수학적 실행 8가지를 예를 들어 설명하시오.

03. 여러분이 생각할 수 있는 많은 방법으로 수 75를 표현해 보시오. 다른 사람들의 표현 방법과 비교해 보시오. 서로 동치가 되는 식, 모델, 단어, 그림 등을 사용했을 것이다. 수나 다른 수학적 아이디어를 여러 가지 다른 방법으로 표현할 수 있다는 것은 사고의 융통성을 보여주는 것이다.

04. 학교수학에서 중요한 3가지 유형의 연결은 무엇인가? 각 유형의 연결에 대해서 예를 2가지 제시하시오.

연|구|문|제|

01. 초등학교 교실을 방문해서 수학수업을 관찰하시오. 학생들이 5가지 수학적 과정 중 하나 또는 그 이상의 과정을 활용하는 증거가 되는 예들의 목록을 만드시오. 학생들이 하고 있거나 말하고 있는 것이 무엇인지, 그리고 어떤 과제를 하고 있는지 말하시오. 교사의 역할은 무엇이었는가?

02. 수학적 연결을 하도록 학생들을 격려하는 것으로 보이는 교과서를 찾아보고 세 개의 예를 제시하시오.

03. '수학을 행하는 것'이 어떤 의미라고 생각하는지 한 명 이상의 초등학교 교사와 면담을 하시오. 그 교사가 수학을 교육과정의 다른 영역과 연결하는지 질문하고, 그렇다면 어떻게 연결하는지 질문

하시오. 그 교사의 수학에 대한 관점이 이 장에서 논의한 다섯 가지 수학적 과정을 포함하는 과정과 어떻게 부합하는지(또는 부합하지 않는지)에 대해서 기술하시오.

04. 여러분이 했던 수학 공부에 비추어볼 때, NCTM의 다섯 가지 과정 규준 중에서 가장 익숙한 것은 무엇인가? 몇 가지 예를 들어 설명하시오. 여러분이 수학을 공부하는 동안 경험하지 못한 과정 규준은 무엇인가?

05. 수학 교실에서의 쓰기 및 의사소통에 대한 논문이나 책을 찾아보시오(아마도 NCTM의 교사를 위한 저널, *Teaching Children Mathematics* 또는 *Mathematics Teaching in the Middle School*에서 찾아볼 수 있다). 교실에서 의사소통을 지원하기 위한 핵심적인 아이디어를 요약하시오.

06. 자신을 위해 자료 폴더를 만들고 여기에 다섯 가지 수학 과정 각각에 대한 섹션을 만들어보시오. 이 다섯 가지 수학적 과정을 지원하는 아이디어를 찾기 위해서 *Teaching Children Mathematics*와 같은 저널에서 최근의 논문을 모아 검토해 보시오.

아동용 추천도서

Harness, C. *Ghosts of the White House.* New York: Scholastic, 1998.

Hulme, J. N. *Wild Fibonacci: Nature's Secret Code.* Berkeley, CA: Tricycle Press, 2005.

Nagda, A. W., & Bickel, C. *Tiger Math: Learning to Graph From a Baby Tiger*. New York: Scholastic, 2000.

Schmandt-Besserat, D. *The History of Counting*. New York: Morrow Junior Books, 1999.

Sciedzka, J. *Math Curse*. New York: Viking, 1995.

Turner, P. *Among the Odds and Evens. A Tale of Adventure*. New York: Scholastic. 1999.

제6장 수학적 문제해결

"갖고 있는 유일한 연장이 망치뿐이라면,
모든 문제를 못으로 보는 경향이 있다."
- 매슬로(Abraham Maslow, 인본주의 심리학의 아버지)

이 장의 핵심 질문

1. 문제를 해결하는 것과 연습문제를 해결하는 것은 어떤 차이가 있는가?
2. 문제해결을 통해서 수학을 가르친다는 것은 어떤 의미인가? 문제해결을 통한 수학수업이 되기 위해서는 어떤 '지침'이 필요한가?
3. 문제해결을 통해서 수업할 때 어떤 종류의 문제를 사용할 수 있는가?
4. 초등학교 학생들에게 어떤 문제해결 전략이 유용한가?
5. 문제해결에서 왜 반성하기가 중요한 단계인가? 학생들이 문제를 해결하고 자신의 해결방법에 대해서 검토할 때 스스로 되묻기 위해서 어떤 질문들을 배워야 하는가?
6. 모든 학생들이 의미 있는 문제해결 경험을 하게 하려면, 어떻게 수업을 진행해야 하는가?

서론

수학적 문제해결은 사람들이 살아가면서 꼭 필요한 기능이다. 학교에서 학생들은 수학적 개념을 이해하고 새로운 수학적 관계를 발견하며, 수학과 다른 교과를 연결하기 위해서 문제를 해결해야 한다. 학생과 어른 모두 자신의 삶에서 소비자로서, 시민으로서, 일하는 사람으로서 수학적인 문제에 직면한다. CCSSM의 문제해결 규준에서도 "문제를 이해하고 끈기 있게 문제를 해결한다."라고 하면서, 문제해결의 중요성을 강조하였다.

문제해결을 통한 수업을 수학교육과정 전반에 걸쳐 광범위하게 적용할 수 있다. 교사는 문제를 사용해서 새로운 주제를 도입하고, 수업에서 여러 가지 주제들을 연결하기 위한 실마리를 마련하고, 학생들이 배운 것을 새로운 상황에 적용하는지 그렇지 못하는지를 확신할 수도 있다(Midgett & Trafton, 2001).

《학교수학을 위한 원리와 규준》(NCTM, 2000)에 따르면, "K~12학년의 수학 프로그램은 모든 학생들이 다음의 것들을 할 수 있도록 해야 한다고 권고하고 있다.

- 문제해결을 통해서 새로운 수학적 지식을 쌓게 한다.
- 수학 및 다른 맥락에서 발생하는 문제를 해결한다.
- 문제를 해결하기 위해서 다양하고 적절한 전략을 적용한다.
- 수학적 문제해결 과정을 점검하고 반성한다.(p. 52)

이 장에서는 초등학교 교사가 문제해결을 통해서 학생들의 수학적 성장을 어떻게 지원할 수 있는지 기술한다. 예를 들어, 학생들은 익숙한 맥락(스포츠, 게임, 일상생활 등)의 문제나 다양한 표현(백 도표, 분수 막대, 블록 등)을 포함하는 문제를 통해 도입된 개념에 의해서 새로운 수학적 지식을 만들어 갈 수 있다. 강력한 수학 프로그램은 학생들이 학교에 입학하기 전에 가지고 있던 자연스럽고 비형식적인 문제해결 전략을 토대로 구성된다. 매슬로(Maslow)의 인용문이 암시하듯이, 우리가 더 많은 문제해결 전략에 익숙해질수록, 익숙하지 않은 문제 상황을 더 잘 다룰 수 있다. 초등학교 학생들을 위한 많은 좋은 문제들은 일상생활을 기초로 한다. 예를 들어, 1학년 학생들은 "우리 반에 5명의 방문자가 찾아오고 2명의 학생이 결석한다면 의자가 몇 개 더 필요할까?" 그리고 "모든 학생들이 각각 2개의 쿠키를 가지게 하려면 몇 개의 쿠키가 필요할까?"와 같은 문제에 관심을 가지는 반면에, 5학년 학생들은 "찬호와 신수 중에 누구의 타율이 더 높은가?" 또는 "이 주사위 게임 중 어느 것이 더 공평한 게임인가?"와 같은 문제에 더 관심이 있을 수 있다.

어떤 종류의 문제가 포함되든지 간에 효율적으로 문제를 해결하는 학생들은 문제가 주어졌을 때 먼저 계획을 세우고, 자신들이 하고 있는 것이 그럴듯한지 스스로에게 질문을 던져보며, 필요하다면 자신의 문제해결 전략을 조정하고, 자신이 찾은 답과 접근 방법이 논리적인지를 반성하기 위해서 검토한다.

문제는 무엇인가? 그리고 문제해결은 무엇인가?

문제는 누군가 알아내기를 원하지만 그 해결방법이 즉각적으로 분명하게 드러나지 않는 것이다. 문제를 해결하기 위해서는 창의적 노력과 수준 높은 사고가 필요하다. 만약 학생이 즉각적으로 문제에 대한 답을 어떻게 구하는지 안다면 그 문제는 실제로 그 학생에게는 문제가 아니다.

문제해결의 기능을 습득하기 위해서는 다양한 종류의 많은 문제를 해결해 보아야 한다. 문제를 많이 해결해 본 학생들은 그렇지 않은 학생들보다 문제해결력 검사에서 더 높은 점수를 얻는다. 이 장에서는 수학수업에서 문제해결 경험을 통해 학생들이 수학을 좀 더 잘 하도록 돕기 위한 여러 가지 제안들을 제시할 것이다.

교사로서 당신은 학생들에게 실제로는 단지 연습문제에 지나지 않는 '문제들'을 제시하지 않도록 해야 한다. 예를 들어, (학생들에게 큰 수를 더하는 방법을 가르친 후에) 전형적인 교과서에서는 다음과 같은 연습문제를 제시한다.

$$\begin{array}{r}3194\\5346\\+\,8877\\\hline\end{array}\qquad\begin{array}{r}5479\\3477\\+\,6399\\\hline\end{array}\qquad\begin{array}{r}6754\\8968\\+\,7629\\\hline\end{array}$$

그 다음에는 다음과 같은 이야기식의 문제, 즉 문장제를 제시한다.

(A) 7809명이 월요일에 텔레비전을 보았다.
9060명이 화요일에 텔레비전을 보았다.
9924명이 수요일에 텔레비전을 보았다.
3일 동안 텔레비전을 본 사람은 모두 몇 명인가?

그러나 이러한 이야기식의 문제는 단어를 사용한 연습문제일뿐, 진짜 문제는 아니다. 유일하게 도전이 되는 것은 계산을 수행하는 것뿐이다. 이와 같이 학습한 것과 똑같은 방법으로 수학적 절차를 적용하면 해결되는 과제도 때때로 **정형화된 문제**, 즉 연습문제라고 부른다. 이런 방법으로 생각해보면 많은 전형적인 교과서의 문장제는 정형화된 문제이다. 지난주에 덧셈에 대해 배웠다면, 교과서의 전형적인 문장제는 대개 덧셈으로 해결된다. 마찬가지로 학습 주제가 나눗셈이었다면 학생들은 단순히 정형화된 문제에서 두 수를 찾아 나눌 수 있다. 이런 식으로 배운 학생들이 익숙하지 않은 연산이 포함된 문제가 제시되는 시험이나 실생활에서 쩔쩔매는 것은 전혀 이상한 일이 아니다. 대조적으로 진짜 문제인 **비정형화된 문제**들은 대개 문제를 해결하기 위해서 학생들이 사용해야 하는 수학적 절차가 분명히 드러나 있지 않기 때문에 사고가 필요하다. 이후에 문제라고 할 때는 대개 비정형화된 문제를 의미한다.

다음과 같은 비정형화된 문제를 해결해 보아라.

(B) 숫자 1, 2, 3, 4, 5, 6, 7, 8, 9가 있다.
이 숫자를 적어도 한 번씩 사용하여 네 자리 수 3개를 만들되, 그 합이 9636이 되게 하여라.

이 문제를 해결할 때, 학생들은 상당히 많은 덧셈을 하게 될 것이지만, 또한 많은 가능성에 대해서 생각해 봐야 할 것이다. 만약 학생들이 사려 깊게 이전에 배운 수학적 아이디어를 적용한다면, 좀 더 효율적인 접근 방법을 취할 수 있을 것이다. 예를 들어, 의도한 합 9636의 일의 자리에 6이 있기 때문에 홀수의 합과 짝수의 합에 대해서 알고 있는 학생들은 더해지는 수의 일의 자리에 1개의 홀수나 3개의 홀수를 사용할 수 없다는 것을 알게 될 것이다. 왜냐하면 그렇게 하면 일의 자리에 홀수의 합이 나오기 때문이다. 일의 자리에 와야 하는 숫자는 모두 짝수이거나 아니면 짝수 1개와 홀수 2개여야 한다. 왜냐하면 이런 경우에만 그 합이 짝수가 되기 때문이다. 네 자리 수를 더할 수 있는 학생들은 이 문제를 해결하기 위해 필요한 지식을 가지고 있는 셈이지만, 그 해답이 즉각적으로 명백하게 드러나 있지 않기 때문에 이 문제는 진짜 문제가 된다.

문제가 진정한 문제인지 아니면 단순한 연습문제에 불과한지는 그 문제를 해결하는 사람에 따라 다르다. 예를 들어, 75원을 3명의 사람이 똑같이 나누는 방법을 알아내는 것은 당신에게 문제가 되지 않겠지만, 2학년 학생들에게는 좋은 문제가 될 수 있다. 지금 유민이에게 문제가 되는 것이 3주 후에는 유민이에게 전혀 문제가 되지 않을 수도 있고, 지금 유진이에게는 문제가 아닐 수도 있다. 학생들에게 적절한 문제해결 경험을 제공하기 위해서는 교사가 정말로 학생들에게 문제가 되는 문제를 선택해야 한다. 항상 즉각적으로 그리고 쉽게 문제를 해결할 수 있어야 한다고 생각하는 학생들은 해답이 즉각적으로 분명하게 드러나지 않은 문제에 대해서는 해결 불가능하다고 생각하기 때문에, 문제를 끈기 있게 해결하려고 하지 않는다. 학생에게 적절한 수준의 문제를 찾는 일은 쉬운 일이 아니지만, 여러 종류의 문제를 접하게 하고, 충분한 시간을 제공하며, 학생들이 어려움에 직면할 때 여러 가지 방법을 탐구해보도록 격려함으로써 그러한 수준을 찾을 수 있다.

다음 일화에서 제시하듯이 학생들의 능력을 과소평가하지 말아야 한다. 버지니아 주의 츄닝(Chewning) 교사는 자신의 2학년 학생들에게 문제해결 접근 방법을 활용하여 수학을 가르쳐 왔다. 이 교사는 신문에서 미국의 8학년 학생들 중 40%가 최근의 국가 수학 검사에서 기초적인 수준의 답변도 제시하지 못한 문제에 대해서 읽었다. 그래서 자신의 2학년 학생들이 이 문제를 얼마나 해결할 수 있는지 궁금했다.

질(Jill)은 수학여행을 위해 45달러를 모아야 한다. 질은 월요일, 화요일, 수요일마다 2달러씩 벌고, 목요일, 금요일, 토요일마다 3달러씩 번다. 그리고 일요일에는 일하지 않는다. 45달러를 모으려면 몇 주가 걸리겠는가?

츄닝 교사는 다음과 같은 사실을 발견하고는 기뻐했다.

> 문제를 해결해도 좋고 그렇지 않아도 좋은 것으로 학생들에게 제시했는데, 모든 학생들이 이 문제를 해결하려고 노력했다. 학생들은 기꺼이 위험을 감수하려고 했다. 내가 칠판에 이 문제를 다 썼을 때 2명의 학생들은 암산만을 활용하여 정답을 제시했다. 전체 82%의 학생들이 5분 이내에 다양한 전략을 사용하여 문제를 성공적으로 해결했다. 어려움을 겪었던 3명의 학생들 중에 2명은 제대로 문제를 해결하고 있었고 단순한 계산 오류만 범하였고, 세 번째 학생은 많은 시행착오를 거쳐 답을 찾아냈다. 말할 것도 없이 나는 몹시 놀랐다. 어느 정도로는 학생들이 성공할 것이라고 예측하기는 했지만, 학생들이 이 과제에 대해서 이렇게 빠른 속도로, 그리고 편안하게 문제를 해결할 것이라고는 예상하지 못했다. (The University of Chicago School Mathematics Project, 2001, pp. 204-205).

최근에 점수가 높아지고는 있지만, NAEP의 결과를 보면, 많은 미국 학생들이 분석이나 생각을 필요로 하는 문제를 어려워한다. 사실 4, 8, 12학년에 걸쳐 시행되는 NAEP의 2007년 자료를 보면, 4학년과 8학년에서 능숙한 수준 이상에 도달한 학생들의 비율이 1990년 이래로 계속 높아지고 있다(Kloosterman et al., 2004; Kloosterman & Lester, 2007; www.nationsreportcard.gov/math_2007/). 능숙한 수준에 도달한 4학년 학생들은 5개의 NAEP 내용 영역의 문제를 해결할 때 통합된 절차적 지식과 개념적 이해를 적용할 것으로 기대된다.

미국의 학생들은 일반적으로 대부분의 교과서에 등장하는 한 번의 절차로 해결되는 문제들은 잘 해결하는 반면에, 특히 한 가지 이상의 산술 연산을 적용해야 하는 비정형화된 문제나 여러 단계의 절차를 통해 해결되는 문제는 어려워한다. NAEP의 검사에는 학생들에게 답뿐만 아니라 자신의 해결방법을 설명하게 하는 "주관식(extended-constructed-response: ECR)" 문항이 포함되어 있다. 모든 학년의 학생들은 선택형 문항이나 "단답형(short-constructed-response: SCR)" 문항(학생들이 답을 써야 하기는 하지만, 해결 방법을 설명하지는 않아도 되는 문항)에 비해 이 주관식 문항을 어려워하는 경향이 있다. 가장 최근의 NAEP에서 주관식 문항과 단답형 문항에 대한 학생들의 수행능력에 대한 분석이 아직 나오지는 않았지만, 이전 학년도에 대한 분석 결과는 꽤 분명하다. "1992년과 2000년에 각각 시행된 단답형 문항에 대해서 옳게 반응한 4학년 학생들의 비율은 25개의 공통 문항 중 20개의 문항에서 유의미하게 증가하였고, 나머지 5개의 공통 문항에 대해서는 유의미한 차이가 나타나지 않았다"(Arbaugh, Brown, Lynch, & McCraw, 2004). 이 연구자들은 2000년도 NAEP의 결과를 분석한 결과, 1990년대에는 미국의 4학년 학생들이 정형화된 뺄셈 문장제를 해결하는 기능이 향상되었다고 보고했다. 곱셈에 관한 문장제에서 4학년 학생들의 수행능력은 지난 10년 동안 다소 일관되었지만, 나머지가 있는 나눗셈 문장제에서는 향상이 있었다(Kloosterman et al., 2004, 2007).

문제해결을 통한 수학학습

학교 수학수업의 주된 목표는 학생들이 배우고 있는 수학을 이해하게 하는 것이고, 이 목표는 이 책 전반에 걸쳐 강조된다. 예를 들어, 학생들이 세 자리 수의 뺄셈이나 분수의 덧셈, 또는 원의 넓이를 구하는 방법을 배우는 것은 분명히 중요하지만, 이것만으로는 충분하지 않다. 학생들은 또한 학창시절 및 그 이후의 삶에서 만나게 되는 익숙하지 않은 상황에서 융통성 있게 그리고 적절하게 활용할 수 있도록 수학적 개념과 절차를 이해해야 한다. 예를 들어, 그림 6-1에 제시된 퀼트 패턴의 색칠된 부분(하얀색이 아닌 부분)을 분수로 나타내는 것은 분수에 대한 답을 얻어낼 뿐만 아니라, 학생들이 그 답을 어떻게 알게 되었는지에 대한 논의를 이끌 수 있는 문제이다. 또한 학생들에게 주어진 분수를 나타내는 퀼트 패턴을 스스로 만들어 보게 하거나 서로 교환해 보게 할 수도 있다. 점판을 사용한 블록 디자인을 하는 데 도움을 얻을 수 있다. (학생들이 수학적 이해를 구성하도록 어떻게 퀼트 블록을 사용하는지에 대한 논문은 Westegaard, 2008을 참조하시오.)

학생들에게 정확하게 문제를 해결하는 방법을 가르치고 학생들이 익숙해질 때까지 연습하게 하는 방법은 효과적인 것처럼 보이나, 실제로는 그다지 효과적이지 않다. 학생들에게 스스로 방법을 생각하라고 하는 대신에 어떻게 하는지 알려주게 되면 학생들은 잘 기억하지 못하거나 그 아이디어를 나중에 적용하지 못한다. 학생들이 문제에 직면하게 하여 스스로 해결해보도록 하고 그 결과를 논의하게 할 때 학생들의 수학적 이해를 증진할 수 있다(O'Donnell, 2009; Wood, Williams, & McNeal, 2006).

다음은 문제해결을 통해 수학을 가르치는 데 도움이 되는 몇 가지 '지침'이다.

- **지침 1: 학생들에게 문제가 되는 수학을 제공하여라.** 이 지침이 의미하는 것은 학생들에게 도전이 되는 문제를 제시하고, 학생들이 어려움을 겪게 하고, 학생들이 사용하는 접근 방법을 탐색하고 의미를 부여하도록 돕는 것이 중요하다는 것이다. 모든 학생들이 문제해결 경험으로부터 혜택을 받을 수 있다. 이러한 수업방법은 많은 교사들에게 아마도 익숙하지 않을 것이고, 많은 사람에게 의심스럽게 여겨질 수도 있다. 좋은 교사는 분명하고 완벽하게 설명을 잘해서 학생들이 어려움을 전혀 겪을 필요가 없게 해야 한다고 생각할 수도 있다. 그러나 학생들은 실제로 도전적인 문제를 해결하는 경험을 통해 자신들의 수학적 이해를 증진시킬 수 있는 것이다.

그림 6-1 각 퀼트 블록에서 진하게 색칠된 부분을 분수로 나타내면?

문제해결 수업을 하라는 말은 방대한 양의 문제를 찾아서 풀어보게 하는 것을 의미하지 않는다. 대신에, 학교 교육과정에 포함된 일상적인 수학적 도전에 대해서 학생들이 무엇을 해야 하는지 즉각적으로 말해주는 대신에 학생들 스스로 해결해 보도록 허용하는 것을 의미한다. 예를 들어, 뺄셈의 개념을 이해하고는 있지만, 여러 자리 수의 뺄셈을 해본 경험이 없는 초등학교 학생들이 있다고 생각해 보자. 문제에 기반을 둔 접근 방법으로 여러 자리 숫자를 포함하는 뺄셈 문제를 가르칠 때는, 교사가 먼저 (579 − 342처럼) 받아내림이 필요 없을 때 어떻게 뺄셈을 하는지 학생들에게 제시한 다음에 (523 − 279처럼) 받아내림이 필요할 때 어떻게 하는지를 설명하지 않는다. 오히려 교사는 이 두 가지 경우에 대해서 뺄셈이 어떻게 같은지, 그리고 어떻게 다른지에 대해서 학생들 스스로 생각해 보고 두 번째 유형의 문제를 해결하는 방법을 알아내게 할 것이다.

- **지침 2: 문제를 해결하기 위해서 사용한 방법에 초점을 두어라.** 학생들에게 익숙하지 않은 문제를 해결하게 할 때, 학생들은 자신의 해결 방법에 대해서 서로 말을 하고, 방법을 비교하며 장점 및 단점을 생각해 보도록 격려해야 한다. 문제 523 − 279에 대해서 어떤 학생들은 279에서 523까지 더해 올라가는 방법을 생각할 수 있다(279 + 1 = 280, 280 + 20 = 300, 300 + 223 = 523, 따라서 279와 523의 차이는 1 + 20 + 223 즉 244이다). 다른 학생은 다음과 같이 생각할 수도 있다. "523 − 279는 어렵지만, 이것은 524 − 280(각 수에 1을 더하기)과 같다는 것을 알지, 그리고 이것은 다시 544 − 300(각

수에 20을 더하기)과 같지. 아! 544 − 300은 계산하기 쉽지! 답은 244! 따라서 523 − 279도 244야!" 다른 학생들은 수모형으로 523을 나타내고 블록 279개를 빼기 위해서 일부 큰 블록을 작은 블록으로 교환하는 것에 대해서 생각할 수도 있다. 이 방법은 전형적인 지필 방법과 가장 흡사하다.

학생들이 문제를 이해하도록 도전받을 때 학습이 시작된다. 학생들이 문제를 해결하기 위한 방법을 찾을 때 학습은 지속된다. 학생들이 서로 자신들의 접근 방법을 공유할 때 학습은 확장된다. 어떤 방법이 더 쉬운지 그리고 더 어려운지에 대해서 생각할 때, 그리고 왜 다양한 방법이 가능한지에 대해서 서로 의문을 제기할 때, 학생들의 수학적 이해가 깊어진다.

- **지침 3: 적절한 시기에 적절한 것을 말하여라.** 문제해결 접근방법을 활용하여 수학을 가르치는 교사들은 언제 정보를 공유할 것인지, 그리고 언제 학생들이 스스로 방법을 찾도록 내버려 둘 것인지를 결정해야 한다. 너무 빨리 말해 주면 도전정신 및 학습효과는 약화되겠지만, 학생들이 문제를 전혀 해결하지 못하고 있을 때 그냥 내버려 두지 않는 것 또한 중요하다.

다음은 적절한 시기에 적절한 것을 말하기 위한 몇 가지 제안이다. 첫째, 학생들에게 수학의 기호(분수, 소수, 퍼센트, 연산, 식의 표기법 등)를 제시하고 이에 대한 전문적인 언어를 정의하는 것(차, 몫, 사각형, 중앙값과 같은 단어의 의미 등)은 괜찮다(사실 중요하다). 단어와 기호는 모두 단지 사회적인 관례이기 때문에 학생들이 스스로 이러한 것을 '발견'할 수 없다. 그러나 이러한 것들에 대해서 학생들에게 말하기에 가장 좋은 시점은 학생들이 수학적 노력을 하는 과정에서 자연스럽게 이런 것들이 등장할 때이다.

두 번째, 학생들이 특정 전략을 발견하지 못했을 때, 교사가 학생들에게 또 다른 문제해결 전략을 말해 주는 것은 괜찮다. 중요한 것은 학생들로 하여금 자신의 해결 방법과 친구의 해결 방법, 그리고 교사가 제안한 방법을 비교하게 하는 것이다.

마지막으로, 문제해결에 대한 논의시간에 제기된 중요한 수학적 아이디어를 강조해야 한다. 문제를 해결하는 동안 학생들은 여러 가지 중요한 수학적 아이디어를 발견할 것이다. 교실에서 이러한 발견을 인식하고 말하도록 안내하는 것은 교사의 임무이다.

문제해결에서 성공 요인들

문제해결은 가르치기도 어렵고 배우기도 어렵다. 성공적인 문제해결자와 그렇지 못한 문제해결자에 대한 특징, 문제에 대한 특징, 학생들이 좀 더 성공적인 문제해결자가 되도록 돕기 위한 수업 전략과 교실 요건에 대한 연구 결과를 살펴보면, 다음과 같이 일반화를 할 수 있다(McClain & Cobb, 2001).

- 아동들은 학교에 들어가기 전부터 많은 문제해결을 경험한다. 학생들이 이미 알고 있는 것에 기초해서 수업을 해야 한다.
- 학생들은 저학년에서부터 문제해결을 시작할 수 있다. 문제해결에 참여하기 위해서 학생들이 능숙한 계산 능력을 갖출 필요는 없다.
- 학생들의 문제해결 능력은 그들의 발달 수준과 관련된다. 학생들에게 적절한 난이도의 문제를 제시해야 한다.
- 학생들이 다양한 문제를 접할 때 사용할 수 있도록 여러 가지 문제해결 전략을 가르쳐야 한다. 학생들에게 동일한 전략을 사용하여 여러 가지 문제를 해결해 보게 하고, 한 가지 이상의 전략으로 하나의 문제를 해결해 보도록 격려해야 한다. 이러한 노력으로 인해 학생들은 왜 특정 문제에 더 적절한 전략이 있는지 인식할 수 있을 것이다. 또한 학생들은 새로운 유형의 문제에 적합하도록 전략을 조정할 수 있어야 한다.

학생들의 문제해결 기능에 영향을 미치는 주된 요소는 지식, 신념과 애착, 통제, 그리고 사회문화적 요소이다. 교사는 문제해결을 가르칠 때 이러한 모든 요소의 영향에 대해서 인지하고 있어야 한다.

- **지식**. 학생들은 새로운 문제와 자신들이 과거에 풀어봤던 문제를 서로 연결하는 것을 배워야 한다. 학생들은 문제 사이의 구조적인 유사성을 인식하는 것을 배워야 하고 각 유형의 문제를 해결하기 위해 적절한 접근 방법을 선택하는 것을 배워야 한다. (이것이 매슬로의 인용문과 어떻게 관련되는지 알겠는가?) 즉, 학생들은 문제의 핵심 단어와 같은 피상적인 특징에 의존하는 대신에 문제에 대한 명백한 이해에 기초해서 문제해결 방법을 선택해야 한다. 예를 들어, 문제에 **모두 합해서**(in all)라는 단어가 있다고 해서 항상 덧셈을 하라는 뜻이 아니며, 마찬가지로 **얼마나 남았는가**(how many left)라는 단어가 항상 뺄셈을 하라는 뜻은 아니라는 점을 알아야 한다.
- **신념과 태도**. 학생들의 문제해결 능력은 종종 학생들의 태도, 자신감, 문제해결자로서 자기 자신에 대한 신념과 강한 상관관계를 갖는다. 교사는 모든 학생들이 훌륭한 문제해결자가 될 수 있다는 교사의 믿음을 학생들에게 보여야 한다. 교사는 또한 학생들이 스스로 문제해결 전략과 접근 방법을 개발하도록 격려해야 한다. 문제를 해결하는 방법은 유일하다고 믿는 교사는 문제해결자가 된다는 것이 무엇을 의미하는지, 수학을 한다는 것이 무엇인지 학생들이 진짜로 경험하는 것을 막게 된다.
- **통제**. 학생들이 문제해결에 대한 자신들의 생각을 점검하고 통제하는 것을 배우는 것은 매우 중요하다. 연구에 의하면 훌륭한 문제해결자는 종종 처음에 자신이 문제를 이해했는지를 확인하고 문제를 해결한 다음에 자신들의 방법을 검토하면서, 그 해결 방법이 어떻게 개선 또는 향상되었는지, 그리고 그 문제가 다른 문제와 어떤 점에서 같고 다른지 등을 생각하는 데 상당한 시간을 사용하는 것으로 드러났다. 대조적으로 미숙한 문제해결자는 충동적인 경향을 보이며 종종 문제에 제시된 숫자가 무엇을 의미하는지를 거의 고려하지 않고 바로 수를 계산하려 하고, 어떤 해결 방법이 가장 생산적인 방법인지 생각하지 않는 경향이 있다고 한다. 교사는 학생들이 자신들의 생각을 점검하고 반성하며 통제하는 것을 격려할 수 있는 과제와 활동을 제시해야 한다.
- **사회문화적 요인**. 수업 분위기는 학생들이 교실 밖의 경험을 통해서 자연스럽게 개발해 온 문제해결 전략을 사용하고 더 개발할 수 있도록 격려해야 한다. 또한 (학생들 간의 논의, 협력, 공유, 상호 격려와 함께) 수업 분위기 자체는 학생들이 좀 더 능숙한 문제해결자가 되도록 돕는 데 중요한 역할을 한다. 문제를 효율적으로 사용하기 위해서 교사는 포함되는 시간, 도움의 정도, 필요한 자원, 테크놀로지의 역할, 교실 운영 방침에 대해서 고려해야 한다.

적절한 문제의 선택

문제해결을 통하여 수학을 가르치기 위해서는 학생들에게 제시하는 문제를 계획하고 조정해야 할 필요가 있는데, 이를 통해 학생들은 다양한 문제해결 전략을 사용하고 자신들의 해결방법을 분석하고 기록하며 논의할 기회를 갖게 된다. 수학을 가르칠 때, 아마도 교사는 교과서를 활용하도록 기대되기 때문에 교과서를 가장 효율적으로 사용하는 방법을 먼저 생각할 필요가 있다. 우선 각 단원에 포함된 가장 핵심적인 수학적 아이디어를 생각한다. 그런 다음, 교과서에 있는 문제를 보면서 학생들이 그 중요한 수학적 아이디어를 포함하는 활동에 참여할 수 있도록 어떻게 문제를 활용할 것인지 생각한다. 이러한 목표를 달성하기 위해서 추가적인 문제를 찾도록 노력하되, 문제를 선택할 때는 앞에서 논의한 지침을 생각한다. 교사가 선택한 문제가 지나치게 특이하거나 독창적일 필요는 없다. 대부분의 좋은 문제는 꽤 단순하다. 때때로 효율적인 접근 방법은 교과서에 제시된 아이디어를 학생들이 배우기 전에, 강조하고 싶은 수학적 아이디어를 정확하게 포함하고 있는 문제를 학생들에게 제시하는 것이다. 예를 들어, 학생들이 곧 곱셈을 배울 예정이라면, 다음과 같은 문제를 제시할 수 있을 것이다. 18명의 학생들이 각각 연필 3개씩 갖는다면 모두 몇 개의 연필이 필요한가? 학생들의 접근 방법을 살펴보면 교사는 학생들이 이미 알고 있는 것과 사용하는 전략이 무엇인지 파악할 수 있고, 학생들은 이 문제를 해결하기 위해서 노력하는 동안 동일한 크기의 묶음이라는 중요한 아이디어에 대해서 생각할 수 있을 것이다.

다음 목록은 다양한 문제 유형과 각 유형의 예제를 제시한 것이다.

- 학생들이 다양한 방법으로 수학적 아이디어를 표현해 보게 하는 문제

  (C) 10을 두 부분으로 가르는 방법에 대해서 생각해 보아라. 10을 두 부분으로 가를 수 있는 방법을 보여주는 그림을 그려라. 그 그림에 맞는 이야기를 만들어라. 그림에 맞는 식을 써라.

  (D) 18÷6=3이라는 식에 대해서 구슬을 가지고 이야기를 만들고 그림을 그려라. (그림 6-2는 2명의 3학년 학생들이 이 문제에 답한 것을 나타낸 것이다.)

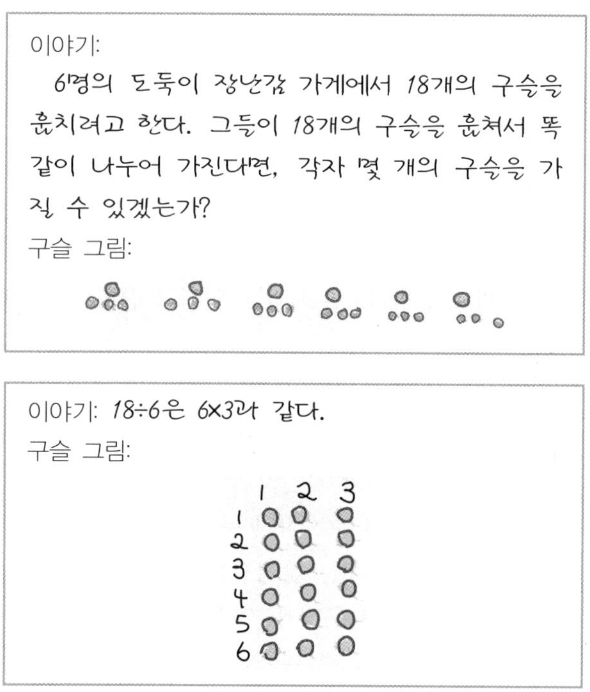

그림 6-2 18÷6=3에 대해서 2명의 3학년 학생들이 만든 이야기

- 학생들에게 수치적 개념이나 기하학적 개념을 탐구하게 하는 문제

  (E) 가로 6cm, 세로 6cm인 정사각형으로 시작하여라. 이 정사각형의 넓이는 36cm^{2}이다. 이 정사각형과 동일한 넓이를 가지는 다른 모양의 도형을 얼마나 많이 만들 수 있는가? 각 도형에 대해서 너의 생각을 설명하여라. 예를 들어, 넓이가 36cm^{2}인 직사각형을 얼마나 많이 만들 수 있는가? 삼각형은 얼마나 많이 만들 수 있겠는가? 넓이가 36cm^{2}인 사다리꼴이나 평행사변형도 생각할 수 있는가? 이 넓이를 가지는 다른 모양도 생각해 볼 수 있는가? (Tayeh & Britton, 2005).

- 학생들에게 어림해 보게 하거나 요구되는 정확도의 정도를 결정하게 하거나, 수학을 실제 상황에 적용해 보게 하는 문제(예: 어떤 것을 사거나, 재거나, 만드는 것)

  (F) 유진이는 시리얼 1상자에 치리오스(cheerios)가 몇 개나 있는지 궁금했다. 유진이의 동생인 유민이는 백만 개가 들어 있다고 예측했지만, 유진이의 언니인 성은이는 한 상자에 백만 개의 치리오스가 들어갈 수는 없다고 말했다. 425g 시리얼 상자에 치리오스가 몇 개 있는지 유진이가 어떻게 예측할 수 있을까? 만약 성은이가 옳다면, 백만 개의 치리오스를 담기 위해서는 상자가 몇 개나 필요할까? (텍사스 주에 있는 1학년 학생들과 4학년 학생들이 이 문제를 어떻게 해결했는지 Tayeh, 2006/2007을 보아라.)

  (G) 성현이는 아빠와 함께 토끼 울타리를 만들려고 한다. 창고에서 울타리의 코너에 사용할 수 있는 4개의 막대기와 36m의 철사줄을 찾았다. 성현은 이 재료를 가지고 여러 가지 직사각형 모양의 울타리를 만들 수 있다. 성현이가 만들 수 있는 직사각형 모양의 울타리를 3개 찾아보아라. 가장 큰

넓이를 가진 직사각형 울타리는 어떻게 만들 수 있는가?

(H) 젤리 60g은 1790원에 팔고 90g의 젤리는 2790원에 판다. 어느 것을 사는 게 좋은가?

- 학생들에게 매우 큰 수나 매우 작은 수를 개념화하게 하는 문제

  (I) 백만 시간 동안 살 수 있는가?

  (J) 종이 한 장은 얼마나 두꺼운가?

- 학생들에게 논리를 사용해 보게 하거나, 추론해 보게 하거나, 전략을 생각해 보게 하거나, 추측을 점검해 보게 하거나, 정보가 합리적인지 판단해 보게 하는 문제

  (K) 학생 3명이 병에 들어 있는 젤리 콩이 몇 개인지 추측했다. 학생들의 추측은 각각 80, 75, 76이었다. 한 학생은 정답과 1개 차이가 났고, 다른 한 학생은 4개만큼 차이가 났으며, 나머지 한 학생은 옳게 추측했다. 이 병에 젤리 콩이 몇 개 있겠는가?

  (L) 너와 친구는 주사위 2개를 가지고 있다. 주사위를 던진 다음에 주사위에 나온 두 수를 더할 것인지 곱할 것인지 네가 선택할 수 있다. 만약 네가 곱하기를 선택하면 네 순번에서는 항상 곱해야 하고, 네 친구는 자기 순서에서 항상 더해야 한다. 네가 더하기를 선택하면 네 친구는 곱하기를 해야 한다. 네가 먼저 게임을 한다. 승자는 주사위를 던져서 먼저 그 답을 12로 만드는 사람이다. 더하기와 곱하기 중에 무엇을 선택할 것인가? 어떻게 생각했는지 설명하라(Stenmark & Bush, 2001).

- 학생들에게 여러 단계를 수행하게 하거나 하나 이상의 전략을 사용하게 하는 문제

  (M) 제민은 주머니에 10000원을 가지고 있다. 영화 티켓을 사는 데 5500원을 사용했다. 극장에서는 팝콘과 음료수를 특별히 할인하여 3790원에 판다. 제민이가 이 팝콘과 음료수를 산다면, 1450원짜리 아이스크림을 사기에 충분한 돈이 남겠는가?

  (N) 이번 학년도에 며칠 동안 학교에 나왔는가?

이와 같은 문제들을 학생들에게 제시하는 것 이외에 교사는 학생들에게 개방형 문제, 즉 두 개 이상의 정답을 갖는 문제를 제시해야 한다. 개방형 문제에서 정답은 문제를 해결하기 위해 선택한 방법에 달려 있다(물론, 이때 답은 합리적이어야 한다.) 학생들은 개방형 문제에 여러 가지 다른 방법으로 접근하기 때문에, 모든 수준의 학생들이 어느 정도의 성공을 경험하게 하기 위해서는 이런 개방형 문제가 좋다. 개방형 문제는 특히 협력이 필요한 집단 과제로 적합한데, 이 경우 학생들은 문제해결에 관련된 수학적 아이디어와 계획하는 기술을 탐구하고 자신들의 생각을 명료하게 하며 자신들이 내린 결정이 타당한지 알아볼 기회를 가지는 학급 논의 시간이 있어야 한다. 전형적인 교과서 문제는 거의 개방형 문제가 아니지만, 이것을 조금만 바꾸면 종종 개방형 문제로 바꿀 수 있다(Kabiri & Smith, 2003). 그림 6-3은 전형적인 문제와 이것을 개방형 문제로 바꾼 예를 제시한 것이다.

(O) 그림 6-3은 식당 메뉴를 보고 주문하는 문제에 대해 전형적인 문제와 개방형 문제를 제시한 것이다. 이러한 문제는 대부분의 교사와 학생들에게 익숙한 유형이다(Kabiri & Smith, 2003, p.187).

그림 6-3에 제시된 것과 같은 개방형 문제에서는 학생들이 문제를 해결하기 위해서 높은 수준의 수학을 행하게 하고 수학에 초점을 맞출 수 있도록 적절한 제한을 둘 때보다 효과적이다. 물론 그러한 제한은 임의적인 것이 아니라 합리적이거나 실제적으로 보이게 하는 것도 중요하다. 문제(O)에서는 기훈이 13000원을 가지고 있다는 것과 비디오 게임에 1500원을 사용한다는 것, 그리고 음식 1가지, 반찬 2가지, 디저트 1가지를 주문해야 한다는 제한을 두고 있다. 물건 목록을 보고 물건을 구입하는 것과 관련된 문제에서는 학생들이 5개에서 10개 사이의 물건을 사야 하고, 100원보다 싼 물건이나 5000원보다 비싼 물건은 없고, 전체 물건 값은 17500원과 20000원 사이

메뉴	
반찬	
달걀찜	3500원
김말이	2250원
야채샐러드	1500원
구운 감자	1750원
감자튀김	1000원
음식	
불고기 백반	6950원
철판볶음밥	8950원
잔치국수	4500원
비빔밥	5950원
햄버거	4950원
디저트	
과일샐러드	3250원
치즈케이크(1조각)	2450원
아이스크림	3150원

전형적인 문제: 기훈, 정은, 민서, 보람, 하늘은 저녁을 먹기 위해서 자신들이 좋아하는 식당에 갔다. 하늘은 김말이, 철판볶음밥, 과일샐러드를 주문한다. 민서는 잔치국수만 주문하고 다른 반찬이나 디저트를 주문하지 않는다. 이 두 가지 주문을 하려면 돈이 얼마나 필요한가? (Houghton Mifflin, 2002, p.54).

개방형 문제: 기훈은 13000원을 가지고 식사를 하려고 한다. 기훈은 음식 1가지, 반찬 2가지, 그리고 디저트 1가지를 주문하려고 한다. 기훈은 주문을 기다리는 동안 비디오 게임을 하기 위해서 1500원을 사용할 것이다. 기훈이 선택할 수 있는 주문 방법을 3가지 찾아보아라. 어떻게 계산했는지 그리고 이 문제에 대해서 어떻게 생각했는지 설명하여라.

그림 6-3 두 가지 형태의 메뉴 문제: 전형적인 문제와 개방형 문제(출처: Kabiri & Smith, 2003, p.187)

에 있어야 한다는 제한을 둘 수 있다. 만약 교사가 문제와 관련된 적절한 제한을 말해주지 않으면 학생들은 단순히 무엇을 사야 하는지 논쟁하는 데 대부분의 시간을 사용할 것이고 돈을 어떻게 사용하는지를 계산하거나 예측하는 데는 시간을 거의 활용하지 않을 수도 있다. 물론 이런 활동은 학생들에게 즐거움을 줄 수는 있으나 정작 수학은 거의 포함되어 있지 않게 된다.

<수업자료 6-1>은 문제-기반 초등학교 프로그램인 *Investigations in Number, Data, and Space*에서 채택한 개방형 문제(P)를 제시한 것이다. 학생들은 7개의 직사각형을 자른 다음, 이것을 큰 것에서부터 작은 것 순서로 배열해야 한다. 한 3학년 교사가 이중 언어를 사용하는 자신의 교실에서 이 문제를 적용한 결과를 보고하였는데, 학생들이 길이와 넓이에 대해서 생각하게 하는 데 효과적이었다. 이 문제를 통해 학생들은 자신의 서로 다른 능력 수준에서 여러 가지 방법으로 접근할 수 있었다. 학생들이 자신의 생각에 대해서 어떻게 대화하고 있는지에 대한 교사의 설명은 대단히 흥미롭다(Dwyer, 2003).

그림 6-4와 그림 6-5에 제시된 문제 (Q)와 (R)은 다른 종류의 개방형 문제를 제시한 것이다. 두 문제의 수치적인 답을 찾는 것은 전혀 어렵지 않다(따라서 모든 사람이 동일한 답을 찾을 수 있어야 한다). 그 답을 찾기 위해서 얼마나 많은 서로 다른 방법과 흥미로운 방법을 사용하느냐가 이 문제의 핵심적인 부분이다.

(Q) 그림 6-4a는 각 타일이 적어도 하나의 인접하는 다른 타일의 변과 맞닿을 수 있도록 5개의 정사각형 타일을 배열한 펜토미노를 나타낸 것이다. 종이와 가위를 사용해서 얼마나 다양한 펜토미노를 만들 수 있는가? 모든 가능한 펜토미노를 다 찾았는지 어떻

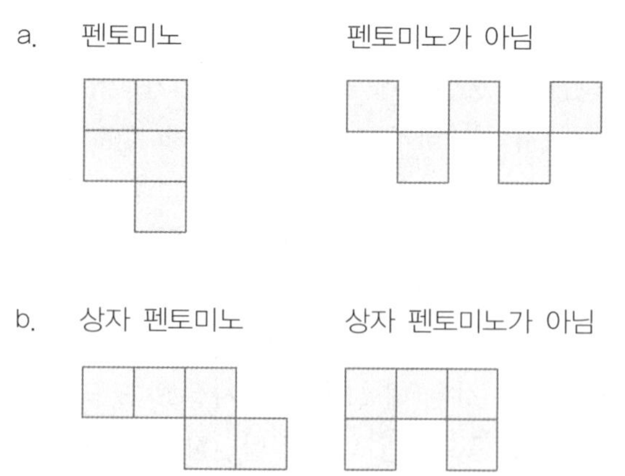

그림 6-4 몇 개의 상자 센토미노를 만들 수 있는가?

수업자료 6-1

가장 큰 직사각형은 어느 것인가?

학습목표: 여러 가지 방법으로 '가장 큰' 것을 결정하고, 직사각형을 덮는 타일의 수를 찾음으로써 직사각형을 순서대로 나열하게 한다.

학년수준: 2~3

자료: 색깔 타일(6-8명당 1통씩). 각 학생마다 가위, 풀, 검정 종이, 다양한 종류의 크기와 모양을 가진 7-10개의 직사각형 그림이 있는 학습지(날씬한 것, 뚱뚱한 것, 가로의 길이나 세로의 길이가 동일한 직사각형 몇 개 등). 활동 2에서는 넓이를 찾기 위해서 직사각형을 색깔 타일로 덮는 활동을 하기 때문에, 색깔 타일로 딱 맞게 덮을 수 있도록 직사각형의 크기를 선택하여라. 직사각형을 크기 순서로 배열하지 마라. 직사각형에 A, B, C 등으로 이름을 붙여라.

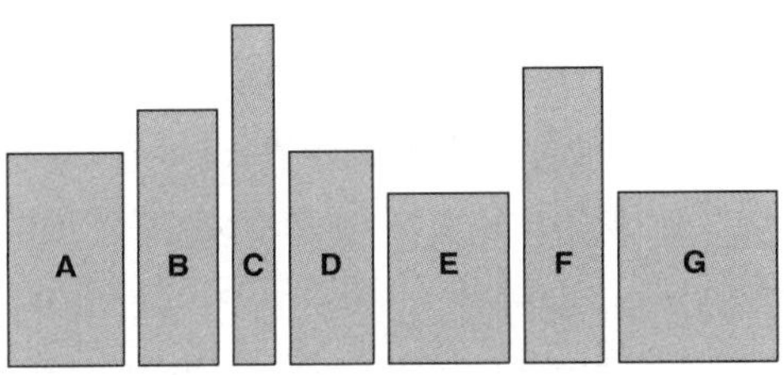

활동 1: 직사각형을 순서대로 나열하기

A. 짝 활동

짝과 함께 직사각형을 가장 작은 것부터 가장 큰 순서로 종이에 배열하게 하고, 순서를 정한 후에 풀로 붙이게 하라. (교사는 학생들이 말하는 것과 하는 것을 관찰해야 한다. 두 학생이 서로 순서를 달리 배열할 수도 있고 그래서 서로 동의하지 않을 수도 있다. 이 문제는 의도적으로 애매하게 만들어졌다. 중요한 것은 학생들이 자신들의 추론을 어떻게 정당화하는지 관찰하는 것이다.)

B. 전체논의

전체 활동으로 학생들을 모아 놓아라. 한 쌍의 학생들에게 직사각형을 어떻게 배열했는지 발표하게 하여라. (예를 들어, 일반적으로 학생들이 배열하는 방법은 각 직사각형의 긴 변을 세로로 '서게' 하고 가장 큰 것부터 작은 순으로 배열하는 것인데, 여기서 높이가 같은 경우는 가로의 길이가 긴 것을 큰 것으로 간주한다.) 학생들이 어떻게 순서를 정했는지 설명하게 하여라. 다른 방법으로 배열한 학생들이 있는지 물어보고 있다면 다르게 배열한 종이를 보여주면서 어떻게 했는지 설명하게 하여라. 예를 들어, 어떤 학생들은 모든 직사각형을 '눕혀 놓고' 배열했을 수도 있고, 또는 높이보다는 넓이를 고려해서 순서를 정했을 수도 있다. 어떤 직사각형이 '큰' 것인지, 그리고 어떤 직사각형이 '작은' 것인지 결정하는 여러 가지 방법에 대해서 학생들이 말하도록 격려하여라.

활동 2: 직사각형을 덮기

모든 직사각형을 보이게 놓은 다음 학생들에게 이 직사각형이 초콜릿이라고 상상하라고 말여라. 어느 것이 가장 많은 초콜릿이겠는가? 어느 것이 가장 적은 초콜릿이겠는가? 어떻게 이것을 알아낼 수 있는가? 학생들은 아마 여러 가지 방법을 제안할 수 있다. 한 가지 방법은 이것을 색깔 타일로 덮어보는 것이다. 각 색깔 타일은 초콜릿 하나의 넓이를 나타낼 수 있다.

A. 짝 활동

원래의 직사각형이 그려진 새로운 종이를 나눠주어라. 학생들에게 짝 활동으로 각 정사각형을 덮는 데 색깔 타일이 몇 개 필요한지 찾게 하여라. 각 정사각형 안에 찾은 숫자를 써야 한다.

B. 전체논의

학생들을 모아 발견한 것을 비교하게 하여라. 학생들이 발견한 결과에 대해서 놀라워하는가? 동일한 숫자의 타일로 덮이는 직사각형이 있었는가? 이러한 직사각형이 서로 동일한 크기라고 생각하는지, 아니면 다른 크기라고 생각하는지 논의하게 하여라. (만약 학생들이 다르다고 생각하면, 어느 것이 '더 큰지' 그리고 그 이유는 무엇인지 질문하여라) 활동 1(직사각형을 순서대로 나열하기)에서는 '큰' 직사각형처럼 보였는데, 활동 2(직사각형을 덮기)에서는 '큰' 직사각형이 아닌 것이 있었는가?

활동의 출처: Akers, J., Battista, M., Godrow, Al, Clements, H. D., & Sarama, J. "Shapes, Halves and Symmetry" from *Investigations in Number, Data, and Space: Grade 2*. Menlo Park, CA: Dale Seymour Publications, 1996, pp 52-54.

게 확신할 수 있는가? 그림 6-4b는 상자를 만들 수 있는 펜토미노와 만들 수 없는 펜토미노를 나타낸 것이다. 열린 상자를 만들 수 있는 펜토미노를 몇 개 만들 수 있는가?

(R) 그림 6-5는 구슬을 한 패턴으로 배열한 것이다. 몇 개의 구슬이 있는가? 가능한 여러 가지 방법으로 개수를 세거나 계산해 보아라.

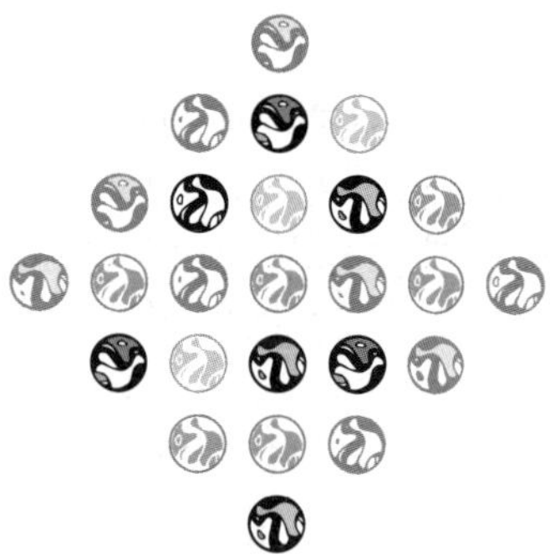

그림 6-5 그림에 있는 구슬의 개수를 알기 위한 방법을 몇 가지 찾을 수 있는가?

문제 찾기

학생들의 도전정신을 자극하는 문제는 어디에서 찾을 수 있는가? 대부분의 교과서는 많은 종류의 문제를 제시하고 있으며, 종종 전형적인 형태의 교과서 문제를 쉽게 개방형 문제로 변경할 수 있다는 점을 앞에서 제시했다. 이와 더불어 학생들을 지적으로 자극하고 도전하게 만드는 문제들을 찾을 수 있는 자료들이 있다. 다음은 이러한 문제를 찾기 위해서 교사가 할 수 있는 것들이다.

- 이 장에 인용된 논문과 책을 찾아보아라.
- 여러 웹 사이트를 찾아보아라.
- 당신 스스로 문제를 만들어 보아라(신문이나 지역사회의 이벤트로부터 아이디어를 활용할 수도 있다). 예를 들어, 워싱턴 D.C.의 체리 축제와 관련된 활동을 설명하는 신문에서 비롯된 광범위한 문제를 찾아볼 수 있다(Silbey, 1999).
- 특히 학생들의 질문이나 추측에서 자연스럽게 비롯되는 상황을 사용하여라. 예를 들어, 도둑에 관한 이야기를 읽은 다음에 학생들은 다음과 같이 생각할 수 있다. "은행 강도가 일억 원을 훔쳤다면 그 돈은 얼마나 무거울까? 이 돈을 주머니에 넣고 도망갈 수 있을까? 쇼핑백에 넣고는 도망갈 수 있을까?" 또 다른 예로는 학생들이 펜토미노 문제(Q)를 해결하는 동안 모든 펜토미노의 모양을 정확히 5개의 정사각형 타일로 만들었음에도 불구하고 어떤 펜토미노의 둘레의 길이는 10이고 어떤 펜토미노의 둘레의 길이는 12라는 것을 알고 얼마나 놀랐는지에 대한 한 교사의 이야기를 읽어라. 이 이야기에서는 학생들이 기대하지 않은 발견 덕분에 다양한 종류의 추측을 만들어 내고 탐색하게 되었다(P. Whitin, 2004).
- 전문적인 모임에서 문제해결 분과에 참가하여라. 다른 교사들과 문제를 공유하여라.
- 학생들에게 문제를 만들어 서로 공유하게 하여라.
- 이야기에 포함되거나 관련된 수학적 문제를 해결하기 위한 맥락으로 아동용 도서를 활용하여라(Ameis, 2002; Bay-Williams & Martinie, 2004; Bresser, 2004; Burns & Sheffield, 2004a, 2004b; Whitin & Whitin, 2004).

문제를 쉽게 찾아 활용할 수 있도록 문제를 목록화한 문제 파일을 만드는 것이 좋다. 수학 내용, 전략, 아니면 아이디어를 어떻게 활용할지에 대해서 생각하고 문제들을 목록화한다. 문제 카드를 두꺼운 종이로 만들어서 학생들이 개별적으로 또는 모둠별로 반복해서 사용할 수 있게 할 수도 있다.

학생들이 문제를 만들어보게 하기

학생들의 문제해결 기능을 개발할 수 있도록 돕기 위해서 학생들에게 자신들만의 문제를 만들어보고 공유하며 해결해 보도록 하는 것은 좋은 방법이다.

문제를 만들어봄으로써, 학생들은 문제를 어떻게 구조화하는지 배울 수 있고, 비평적인 사고와 추론 능력을 개발할 수 있으며, 자신의 생각을 분명하게 표현하는 것을 배울 수 있다.

학생들에게 익숙한 문제를 수정하게 함으로써 문제 만들기를 시작하게 하는 것은 종종 도움이 된다. 예를 들어, 3학년 학생들은 전형적인 이야기 *The Doorbell Rang*(Hutchins, 1986)이라는 이야기를 읽고 다음과 같은 문제를 만들 수 있다. 엄마가 12개의 쿠키를 구웠다. 2명의 아이들이(또는 4, 6, 12) 똑같은 개수의 쿠키를 먹고 싶어 한다면, 각각 몇 개의 쿠키를 먹을 수 있는가? 이 문제를 여러 가지 방법으로 재진술할 수 있다. 간단하게는 숫자를 변경할 수 있다. 사실 일부 숫자를 조금 바꾸는 것은 실제로 문제의 난이도에 거의 영향을 미치지 않는다(예: 18개의 쿠키와 6명의 아이들의 경우와 12개의 쿠키와 2명의 아이들은 별반 차이가 없다.) 하지만 일부 숫자를 변경함으로써 많은 차이를 야기할 수도 있다(예: 12개의 쿠키를 8명이 나눠먹는 경우나, 12개의 쿠키를 5명이 나눠 먹는 경우는 나머지나 분수가 포함되기 때문에 더 어렵다.) 이 문제를 개방형 문제로 바꿀 수도 있다. 아이들이 몇 명인지 결정하지 않음으로써 1개 이상의 답이 나오게 할 수 있다. 즉, 엄마가 18개의 쿠키를 구워서 아이들에게 쿠키를 자르지 않고 똑같이 나눠주려고 한다. 몇 명의 아이들에게 나눠줄 수 있는가? 문제를 설정하는 또 다른 흥미로운 방법은 알려진 정보와 미지의 정보를 서로 교환하는 것이다. 예를 들어 위의 문제에서 쿠키의 개수를 미지의 값으로 바꾸는 것이다. 즉, 엄마는 많은 쿠키를 구웠다. 엄마에게는 2명의 아이들이 있는데(또는 4, 6, 12명), 각 아이들이 3개씩 가졌다. 엄마가 구운 쿠키는 몇 개였는가?

학생들이 문제를 만드는 데 도움이 되는 네 가지 원리가 있다(Moses, Bjork, & Goldenberg, 1990).

- 학생들이 문제에 주어진 다양한 정보에 관심을 갖게 한다. 문제에서 제시된 정보(**알려진 것**), 학생들이 찾아야 하는 정보(**미지의 것**), 답을 찾기 위한 **제한**. "만약 ~이라면(what if)" 형태의 질문들을 학생들이 만들어보게 한다. 예를 들어, 알려진 정보를 다르게 바꾼다면 어떻게 될까? 문제에서 주어진 것과 미지의 것을 서로 바꾸면 어떻게 될까? 문제의 조건을 바꾸면 어떻게 될까?
- 익숙한 수학 주제나 개념으로 시작한다.
- 학생들이 새로운 질문이나 문제를 만들 때 **모호함**(확실히 알지 못하는 것이나 알기를 원하는 것)을 활용하도록 한다.
- 문제의 범위(즉, 특정한 문제에서 활용할 수 있는 수의 범위)에 대한 아이디어를 학생들에게 가르쳐라. 문제의 범위를 확장하거나 제한하는 것은 문제를 변화시키는 흥미로운 방법이다. 예를 들어, 그 곱이 24가 되는 3개의 수를 찾으라는 문제는 그 범위를 0과 자연수 전체, 짝수, 정수(양의 정수와 음의 정수 모두), 또는 심지어 분수와 소수로 하느냐에 따라서 매우 달라진다.

학생들이 어떻게 문제를 변경할 수 있는지 또는 재진술할 수 있는지에 대해서 깊이 있게 생각하도록 돕는 수업 분위기를 만드는 데 교사는 중요한 역할을 한다. 문제를 논의할 때 "만약 ~이라면?"이라는 질문을 자주 하고, 학생들에게 추측해 보게 하며 문제를 재설정하게 함으로써 탐구하는 자세가 무엇인지 모델로 보여줄 수 있다.

학생들에게 (이미 주어진 문제를 수정하게 하기보다는) 스스로 문제를 만들어보게 하는 것도 유용하다. 일반적으로 이 방법은 학생들이 익숙한 문제를 수정해보는 경험을 많이 가져본 다음에 할 때 가장 효과적이다. 학생들에게 스스로 문제를 만들어보라고 할 때, 특정한 목표나 제한을 분명하게 하는 것이 중요하다. 그렇지 않으면 단지 학생들의 창의성을 시험하는 과제밖에 되지 않을 수도 있다(수학적 내용이 전혀 없는 환상적인 이야기를 쓸 수도 있고, 너무 복잡해서 아무런 해결방법도 가능하지 않은 문제를 만들 수도 있다). 예를 들어, 다음과 같이 주어진 식이나 그림에 맞는 문장제를 써보게 함으로써 목표나 제한을 정해 줄 수 있다.

- 50×5=250에 맞는 문장제를 써라.
- 12−8=4에 적당한 비교형 문장제를 만들어라. (비교형 뺄셈 문제가 무엇인지 모른다면, 분리형 뺄셈 문제 및 부분−전체형 뺄셈 문제와 함께 이러한 문제 유형을 정의하는 9장을 참조하여라.)
- 아래에 제시된 수형도에 적합한 곱셈 문장제를 만들어라. (예: 두 종류의 아이스크림과 세 종류의 토핑을 가지고 6가지 아이스크림선데이를 만들 수 있다.)

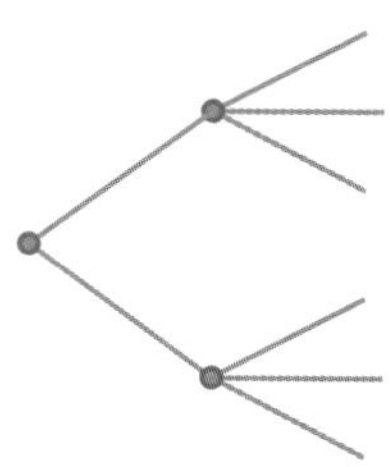

학생들이 문제를 만드는데, 잡지의 광고, 신문 사설, 각종 기록물, 세일 광고 등에서 찾을 수 있는 상황이나 정보가 효과적일 수 있다. 한 6학년 교사는 자신의 학생들에게 아주 생소한 정보가 포함된 곱셈이나 나눗셈 문제를 만들어보게 하였다. 학생들은 다음과 같은 창의적인 문제를 만들어 내기도 하였다.

태풍 루카스가 자메이카에 가까이 접근함에 따라 밤 12시부터 풍속이 증가하기 시작하였다. 이때부터 10분마다 풍속이 2배로 증가하였고 5개의 나무가 뿌리째 뽑혔다. 12시 30분에 풍속은 시간당 120마일이었다. 밤 12시의 풍속은 얼마였겠는가?

학생들은 문제를 쓰는 것도 배워야 하는데, 이때 국어 수업과 통합하여 지도하는 것이 효과적이다. 글쓰기 워크숍(writing workshop) 방법을 사용할 수 있는데, 이 방법에서는 브레인스토밍과 예비 글쓰기(prewriting), 쓰기, 친구들 간의 검토 및 비평, 다시쓰기, 편집해서 출간하기로 구성된다. 학생들이 만든 문제를 게시판이나 카드(다른 학생들이 해결할 수 있도록), 학급용 문제집으로 출간할 수도 있다. 위에서 언급한 6학년 교사는 소규모의 연구 자금을 받아서 같은 교육청에 있는 다른 6학년 학급에 자기 교실에서 만든 문제집의 복사본을 한 부씩 배부할 수 있었다. 이 교사의 학생들은 자신들의 책을 다른 6학년 학생들에게 전달하기 위해서 이 학교에서 저 학교로 자랑스럽게 돌아다녔고, 자기 또래의 다른 학생들에게 자신들의 문제해결 경험을 소개하였다. 한 3학년 교사는 학생들이 '수학자의 의자'에 앉아서 자신들이 만든 문제를 친구들에게 풀어보게 할 수 있게 하였다(Hildebrand, Ludeman, & Mullin, 1999). 이 교사는 학생들이 만든 문제를 문제의 속성, 문제의 구조, 학생들의 언어 사용 측면에서 각각 1점에서 4점의 점수를 부여하였다.

계산기와 컴퓨터의 활용

35년 이전에 휴대용 계산기가 확산된 이래로 계산기를 활용해서 학생들이 더욱 능숙한 문제해결자가 되도록 도울 수 있다는 점이 인식되어 왔다. 물론 수업의 초점이 지필 계산이나 암산을 하는 데 있다면, 학생들에게 계산기를 사용하게 해서는 안 된다. 그러나 수업의 초점이 문제해결이나 개념 발달에 있다면 계산기는 종종 중요한 도움이 되는데, 이에 대해서는 10장에서 더 자세히 논의된다. 다음과 같은 경우에 학생들이 계산기를 사용하는 것을 고려해야 한다.

- 인위적인 자료보다는 실제 자료를 사용한 문제나 복잡한 문제를 학생들이 해결할 때
- 지겹고 많은 시간이 필요한 계산을 피하거나, 학생들이 정확히 계산하는 것에 대한 불안감을 감소시키려 할 때
- 계산기의 특정한 기능을 활용해서 학생들이 수학적 대상, 개념, 연산 등을 탐구하도록 할 때

계산기는 소수 형태로 답을 제시하기 때문에, 문제를 해결하는 동안 학생들이 계산기를 활용하다보면 놀라기도 하고 도전적인 순간을 맞기도 한다. 예를 들어 다음 문제를 생각해 보자. "버스 1대당 34명의 학생들을 수송할 수 있다면, 489명의 학생들을 운송하기 위해서 버스 몇 대가 필요한가?" 이 문제를 해결하는 학생들은 계산기에 차례대로 489÷34에 해당하는 키를 눌렀고 계산기의 답이 14.382352임을 보고 놀랐다. 이 답을 어떻게 해석해야 하는가? 이 경우에 계산기의 답을 활용해서 나눗셈, 나머지, 분수－소수의 동치관계 등에 대해서 말할 수 있는 좋은 기회로 삼을 수 있다.

한 교육자의 연구에 따르면, 한 5학년 학생이 수학 문제를 탐구하는 데 계산기를 매우 흥미롭게 사용했다고 한다(Battista, 2003). 이 학생은 3학년 학생이 그 곱이 9가 되는 자연수의 쌍을 찾는 것을 들었다. 이 학생은 그 질문에 대한 답이 9×1, 1×9, 3×3이라는 것을 쉽게 알았다. 그러나 이 질문을 사용해서 다음과 같이 관련된 문제를 생각하게 되었다. 이 문제에서 분수나 소수를 사용할 수 있다면 곱해서 9가 되는 다른 수들을 더 찾을 수 있을까? 이 학생은 암산만으로도 꽤 많은 수의 쌍을 찾아낼 수 있었다($4\frac{1}{2}\times 2$, 6×1.5, $8\times 1\frac{1}{8}$, $4\times 2\frac{1}{4}$ 등). 이 학생은 이후 30분 동안 다른 가능성을 찾아서 브레인스토밍하고 그 답을 계산기로 점검해 보았다. 나중에 한 어른이 이 학생에게 "얼마나 많은 쌍이 가능하지?"라고 물어보았다.

학생: "십억 개" (잠시 멈춘다.) "모든 수에 대해서 하나씩 있어요. 10을 10의 100제곱한 수(googolplex) 곱하기 10을 10의 100제곱한 수 분의 9$\left[\frac{9}{\text{10을 10의 100제곱한 수}}\right]$ 처럼요." (이 학생에게 googolplex라는 단어는 상상할 수 없는 큰 수를 의미한다. 이 학생은 책을 읽다가 이 용어를 발견했다고 한다.) (Battista, 2003, p.273)

이 학생은 계산기가 없으면 쉽게 탐구할 수 없는 도전적인 수학 문제를 해결하는 데 계산기를 하나의 도구로 사용하고 있다.

계산기를 활용한 유명한 문제해결 활동은 '고장 난 키' 활동이다. 학생들에게 일련의 문제를 제시하고 나서 계산기를 사용해야 하는데, 계산기의 특정 키들이 고장 난 것처럼 생각하라고 말하는 것이다. (여기서 말하는 '고장 난 키'는 숫자 키, 연산 키, 또는 이 둘의 조합이 될 수도 있다. 학생들의 기억을 돕기 위해 작은 테이프를 학생들에게 나눠주고 이 '고장 난 키'에 붙이게 하면 학생들에게 도움이 된다.) 다음과 같은 문제를 가정해 보자. 키 '3'이 고장 난 상태에서 5×39를 계산하여라. 학생들은 고장 난 키를 사용하지 않기 위해서 여러 가지 방법을 제안할 수 있는데, 예를 들어, 40－1＋40－1＋40－1＋40－1＋40－1, 또는 (5×29)＋(5×10), 또는 (5×40)－5를 생각할 수 있다. 교사는 학생들이 자신들의 해결 방법과 다양한 연산에 대해서 말하고 비교할 수 있게 해야 한다. (Ellis, Yeh, & Stump, 2007에서 4학년 학생들과 5학년 학생들이 '8' 키 또는 곱하기 키를 사용하지 않고 88×8을 어떻게 계산했는지에 대한 이야기를 읽을 수 있다.)

컴퓨터 또한 중요한 문제해결 도구가 될 수 있다. 계산기와 마찬가지로, 컴퓨터를 활용해서 학생들은 실제 자료를 사용하는 문제를 다룰 수 있다. 그러나 컴퓨터를 사용하여 학생들은 예를 들어, 도표나 그림을 포함하는 문제와 같이 다른 유형의 문제 또한 경험할 수 있게 된다. 예를 들어, 학생들은 학급 친구들에게서 좋아하는 음악 유형에 대한 자료를 모은 다음, 이 자료를 스프레드시트에 기입한 후 그 자료를 나타내기 위해서 원그래프나 히스토그램을 생성할 수 있다. 학생들은 또한 이와 같은 음악적 선호도가 다른 학년의 학생들 간에, 또는 남학생과 여학생 사이에 차이가 있는지 판단할 수 있다. 학생들은 학년 수준이나 성별에 따라 자료를 구별할 수 있고 한 그룹과 다른 집단의 선호도를 비교하는 히스토그램을 그릴 수 있다.

여러 소프트웨어 프로그램을 활용해서 다양한 문제해결 경험을 제공할 수 있다. 예를 들어, *Numbers*

*Undercover*라는 프로그램을 통해서 계산을 할 수 있다. *The Factory Deluxe*와 같은 프로그램을 사용해서 공간 시각화를 도입할 수 있다. *Math Shop*을 통해서 문제해결에 관한 직접적인 경험을 제공할 수도 있다. *The Cruncher*를 활용하면 새 CD 플레이어를 사기 위해서 몇 주 동안의 용돈을 모아야 하는지와 같은 실생활 문제를 해결하기 위한 스프레드시트 기능을 익힐 수도 있다.

전형적인 초보 수준의 프로그래밍 언어인 *Logo*와 *BASIC* 역시 풍부한 문제해결 경험을 제공한다. 이러한 컴퓨터 언어를 이용함으로써 학생들은 앞으로 일어날 것들에 대해서 추측해보고, 실제로 일어난 것을 확인하고, 다른 것을 시도해 볼 수도 있다. *Geometer's Sketchpad*와 같은 도구를 이용하여 학생들은 기하 도형을 만들어보고 추측하며 관계를 탐색할 수 있다. 예를 들어, 학생들은 삼각형, 사각형, 다른 다각형의 내각의 합을 알아본 후, 10개의 변을 가진 다각형의 내각의 합을 예측해 볼 수도 있다.

최근에 World Wide Web은 수학교육에 매우 중요한 자료를 제공해 준다. 웹에서 교사와 학생들은 도전적이고 흥미로운 수학 문제를 찾을 수 있고, 실생활 문제해결을 위한 자료를 찾을 수 있으며, 여러 가지 수학 문제와 의문들에 대한 답을 찾을 수도 있다.

문제해결 전략

헝가리 태생의 수학자 폴리아(George Polya)는 문제해결의 전형적인 4단계 모델을 제안했다 (Polya, 1973).

1. 문제를 **이해하여라.**
2. 문제를 해결하기 위한 **계획을 세워라.**
3. 계획을 **실행하여라.**
4. 해결방법을 검토하기 위해 **되돌아보아라.**

이 모델은 대부분의 초등학교 수학 교과서의 문제해결 수업에서 사용되는 문제해결 접근 방법의 근간을 이루고 있다. 그러나 폴리아의 모델을 문자 그대로 해석하면 그다지 유용하지 않을 수도 있다. 단순한 문제를 제외하고는 각 단계를 엄밀한 순서로 지키는 것은 거의 가능하지 않다. 게다가 각 단계가 각각 분리된 것도 아니고 항상 필수적으로 모든 단계를 수행할 필요도 없다. 예를 들어, 학생들은 문제를 이해하려고 하다가 자신도 모르는 사이에 계획을 수립하는 단계에 이르기도 한다. 또는 문제를 이해하는 것만으로 계획 없이 해를 얻게 되기도 한다. 또한 이 단계들을 순서대로 거친다고 해서 해답을 얻는 데 항상 도움이 되는 것도 아니다. 많은 학생들이 읽고 생각하고 다시 읽는 (그리고 또다시 읽고 또다시 읽는) 끝없는 과정에 빠져버려서 결국은 포기해 버리기도 한다.

학생들이 생산적인 방법으로 이 단계들을 이용할 수 있도록 도울 수 있는 특별한 전략이 필요하다. 폴리아 자신도 이러한 많은 전략(발견술)을 기술했고, 많은 교과서에서도 학년 수준에 맞게 일련의 전략들을 제시하고 있다. 그러나 폴리아의 모델 자체와 이 전략을 구분하는 것이 중요하다. 폴리아의 4단계 모델은 문제를 어떻게 해결하는지에 대한 일반적인 청사진을 제공한 것인 반면에, 전략은 학생들이 수학적 상황을 해석하고 기술하는 것을 돕거나 문제해결 과정의 여러 단계에서 전진할 수 있도록 돕기 위한 도구이다(Lesh & Zawojewski, 2007).

이 절에서는 학생들이 다양한 종류의 문제를 해결하는 데 도움이 되는 7가지 전략에 대해서 논의한다 (표 6-1 참조). 많은 교과서에서 문제해결 전략을 체계적으로 소개한다. 여기서 논의되는 전략들 중 일부를 다루지 않는 교과서를 현재 활용하고 있다면,

표 6-1 유용한 문제해결 전략 목록

실제로 해 보기	추측하고 확인하기
그림이나 도표 그리기	거꾸로 풀기
규칙 찾기	유사하지만 더 간단한
표 만들기	문제해결하기

그 교과서의 영역과 계열을 참고하여 어디에 그런 전략을 삽입할 수 있을지 계획을 세울 수도 있을 것이다.

학생들이 문제해결 전략을 배우도록 돕기 위하여 다른 보조 교과서를 찾아볼 수도 있다(예: Charles, Lester, & Lambdin, 2005). 물론 수업 시간에 논의한 전략만 학생들이 사용하게 제한해서는 안 된다. 그 대신에 학생들이 새로운 상황에 접근하기 위해서 자신만의 아이디어를 만들도록 격려해야 한다. 수업 시간에 논의하지 않은 전략을 일부 학생들이 성공적으로 사용했다면 그 아이디어를 학급 전체 학생들과 공유하도록 해야 한다. 또한 그 새로운 전략에 이름을 붙여서 나중에 전체 논의에서 그 전략을 쉽게 참고할 수 있도록 해야 한다. 학생들이 쉽게 참고할 수 있도록 게시판에 문제해결 전략을 목록으로 만들어 붙여 놓을 수도 있다. 예를 들어, 큰 수를 포함한 문제를 풀기 시작할 때 유용한 방법은 그 문제와 유사하면서 더 작은 수를 포함한 단순한 문제를 풀어보는 것이라고 영희가 발견했다고 하자. 영희가 이와 같은 아이디어를 전체 학급 논의 시간에 발표했을 때, 교사는 이 전략을 '단순화하기 전략'이라고 이름을 붙이자고 제안할 수 있다. 이렇게 함으로써 후속 문제해결 논의에서 학생들에게 주어진 문제를 해결하기 위해서 단순화하기 전략을 사용하는 것이 유용한지 질문할 수 있다.

이제 각각의 문제해결 전략을 개발하는 데 사용할 수 있도록, 수학적 주제와 학년 수준을 망라하여 전형적인 문제와 함께 특정한 문제해결 전략을 논의할 것이다. 대부분의 문제는 여러 가지 전략들 중 어느 전략으로든 해결될 수 있다. 그러나 이와 같은 경우에도, 주어진 문제에 대해서 특정 전략이 다른 전략들보다 효과적인 경우가 종종 있다. 이러한 이유 때문에 학생들은 자신이 편하게 사용할 수 있는 여러 가지 전략을 알아야 한다. 때때로 학생들은 한 문제를 해결하기 위해서 한 가지 이상의 전략을 사용해야 할 수도 있다. 여러 가지 전략을 알고 있어야 학생들이 다양한 종류의 문제를 해결할 수 있게 된다. 게다가 한 전략으로 문제가 해결되지 않으면, 학생들은 다른 전략을 사용하게 되는데, 이를 통해 학생들은 해답에 이르는 길을 찾는 자신의 능력에 대해 자신감을 키울 수 있다.

아래 소개될 문제들을 읽어나갈 때 잠시 멈춰서 먼저 문제를 해결해보아라!

실제로 해 보기

실제로 해 보기 전략은 학생들이 문제에 제시되어 있는 것을 시각화할 수 있도록 도와준다. 이 전략을 활용할 때, 학생들은 문제에 제시된 행동을 직접 수행해 보거나 대상을 조작해 본다. 이 전략을 지도할 때, 실제 구체물을 사용할 필요는 없다는 점을 학생들에게 강조해야 한다. 예를 들어, 동전이 문제에 제시되어 있다고 해서 실제 돈을 가지고 해 볼 필요는 없으며 50원, 100원과 같은 표시를 한 물건만 있으면 된다. 아마도 학생들은 쉽게 대체할 물건들을 제시할 것이다. 그러나 중요한 것은 학생들의 관심이 물건이 아닌 행동에 있어야 한다는 것이다.

저학년에서는 간단한 실생활 문제를 활용해서 실제로 해보기 전략을 개발할 수 있다.

(1) 학생 6명이 교탁 앞에 서 있다. 5명이 더 나와 섰다. 교탁 앞에 서 있는 학생은 몇 명인가?

고학년에서 문제가 좀 더 어려워지면, 학생들이 실제로 해 보기 전략을 사용하는 것은 아마도 비현실적이 될 수도 있다. 그러나 문제를 간단하게 변형하여 실제로 해 보기를 시행해 봄으로써 행동의 패턴을 찾을 수 있다면 이 전략의 유용성을 알게 될 것이다. 또는 문제 상황이 여러 가지 단계를 필요로 한다면, 포함되는 행동에 대해서 단순히 **생각**하면서 각 단계에서 실제로 해 볼 때 어떻게 될 것인지를 기록할 수도 있다.

(2) 한 학급에 24명의 학생들이 있다. 각 학생이 그 반의 다른 친구들에게 각각 밸런타인 카드 1장을 주려고 한다. 이 반에서 교환되는 밸런타인 카드는

모두 몇 장인가? 실제로 해보기 전략을 사용하여 이 문제를 해결하려면 우선 각자 몇 장의 밸런타인 카드를 가져와야 하는지를 생각해야 한다. 첫 번째 학생은 다른 친구들에게 카드를 주기 위해서 23장을 가져와야 하고, 두 번째 학생도 똑같이 가져 와야 하니까 23장이고, 등등).

(3) 어떤 사람이 애완견 한 마리를 60,000원에 사서 70,000원에 팔았다. 그리고 그것을 다시 80,000원에 산 후 90,000원에 팔았다. 이 사람은 장사를 하여 얼마의 이익 또는 손해를 본 것인가?

그림이나 도표 그리기

실생활 문제를 해결하기 위하여 어쩌면 지난주에도 여러분은 그림 그리기 전략을 사용했는지 모른다. 일련의 복잡한 지시를 따라서 누군가의 집을 찾아야 한다면 여러분은 아마 그 길에 대한 약도를 그렸을 것이다. 아니면 방을 다시 정리하면서 가구를 어디에 놓아야 할지 그림으로 그려보기도 한다. 그림이나 도표 그리기 전략을 사용하면, 문제에 제시된 서로 다른 정보들을 좀 더 분명하게 나타나게 함으로써 정보들 사이의 관계를 알게 된다.

이 전략을 가르칠 때, 학생들에게 자세한 그림을 그릴 필요는 없다는 점을 강조해야 한다. 그 대신에 문제를 표현하는 데 필수적인 것만 그리도록 한다. 예를 들어, 한 교실의 아이들에 관한 문제라면, 막대기 모양(또는 단지 원)으로 아이들을 표현할 수 있고, 정사각형으로 교실을 나타낼 수 있다. 학생들의 옷이나 교실의 벽을 그릴 필요가 없다는 뜻이다.

다음 두 문제는 학생들이 그림이나 도표 그리기 전략을 사용할 수 있는 것들이다.

(4) 성현이 이모는 부엌 벽에 일직선에 똑같은 간격으로(접시 사이의 간격과 벽 끝으로부터의 간격 모두 일정하게) 6개의 예쁜 접시를 장식용으로 걸어 놓으려고 한다. 각 접시의 지름은 8인치이고 벽의 가로 길이는 104인치이다. 접시 간의 간격을 얼마로 하면 되는가? (Hartweg, 2004, 2005). 4학년 학생 2명이 이 문제를 어떻게 해결했는지 그림 6-6을 보아라.

(5) 높이 15cm인 병의 바닥에 달팽이가 있다. 매일 이 달팽이는 5cm 기어 올라갔다가 저녁에는 3cm 미끄러져 내려온다. 이 달팽이가 병의 꼭대기까지 올라가려면 며칠이 걸리겠는가? (주의: 답은 $7\frac{1}{2}$일이 아니다. 왜 아닌지 그림을 그려 설명하여라!)

교사는 때때로 학생들이 문제를 만들 수 있도록 그림이나 도표를 제시함으로써, 이 전략을 기초 자료로 활용할 수도 있다. 예를 들어, 학생들에게 다음 그림을 보여주면 학생들은 두 차가 충돌하기 전에 얼마나 많이 갈 수 있는지, 또는 충돌하기까지 얼마나 걸릴 것인지와 같은 문제를 쉽게 만들 수 있을 것이다.

(6)

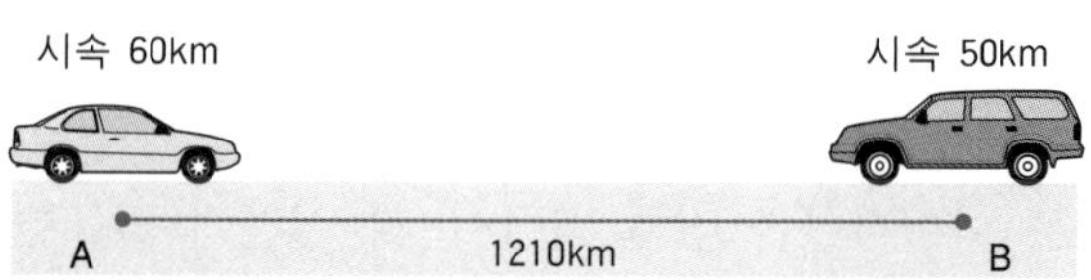

규칙 찾기

NCTM의 《학교수학을 위한 원리와 규준》(2000)에 따르면, '규칙, 관계, 함수'를 이해하는 것은 (유치원부터 12학년에 이르기까지 모든 학년에 걸쳐서) 대수 영역에서 주된 목표 중의 하나이다. 규칙을 인식하고 진술하며 확장하고 일반화하는 것은 대수적 사고의 중요한 부분이다. 저학년 아동들은 그림이나 수에서 규칙을 찾는 학습 활동을 많이 경험하게 한다. 학생들은 문제를 해결할 때, 훨씬 더 능동적인 방법으로 규칙을 찾게 되는데, 예를 들어, 표를 만들어보면서 어떤 규칙이 있는지 찾아보는 것이다.

다음은 1992년 NAEP에 제시되었던 문제이다.

(7) 점들의 규칙이 다음과 같이 제시되어 있다. 각 단계에서 더 많은 점이 추가된다. 각 단계에서 추

가되는 점의 개수는 이전 단계에서 추가된 개수보다 더 많다. 이 규칙은 무한히 반복된다.

경화는 20단계의 점의 개수를 알아내야 하는데, 20개의 그림을 모두 그려서 세고 싶지는 않다. 경화가 어떻게 할 수 있는지 설명하고, 경화가 찾아야 하는 점의 개수를 제시하여라(Strylianou, Kenney, Silver, & Alacaci, 2000 참조).

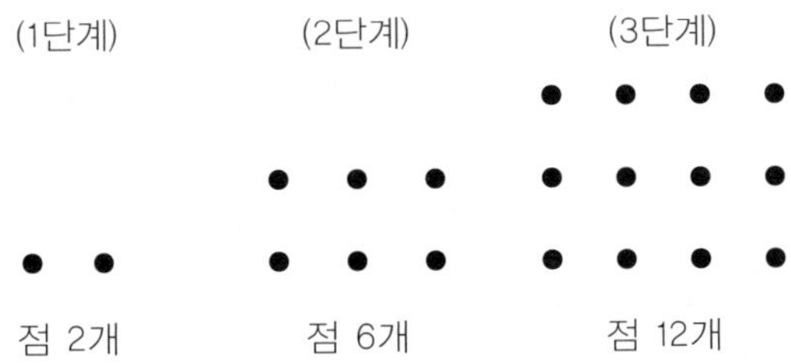

그림 6-7은 4명의 학생들이 점의 개수를 찾기 위해서 규칙 찾기 전략을 어떻게 사용했는지 제시한 것이다.

다음은 규칙 찾기 전략이 유용한 또 다른 문제이다.

(8) 90,000명이 사는 도시에서, 한 사람이 3명의 사람에게 어떤 소문을 퍼뜨리기 시작한다. 그 소문을 들은 사람은 15분마다 다른 세 사람에게 소문을 이야기한다면, 이 도시에 소문이 모두 퍼지는 데 걸리는 시간은?

표 만들기

정보를 표로 조직하면서 학생들은 종종 규칙을 발견할 수 있고 빠진 정보를 확인할 수도 있다. 많은 양의 정보를 분류하고 순서 짓기 위해서 표를 만들어 보는 것은 효율적인 방법이다. 또한 표를 만들어 봄으로써, 현재까지 시도해본 것을 기록하게 되니까 학생들은 비생산적인 방법을 반복할 필요가 없어지고, 동일한 계산을 반복할 필요도 없어진다. 다음 두 문제는 표 만들기 전략을 유용하게 사용할 수 있는 문제이다.

성현이 이모는 부엌 벽에 일직선에 똑같은 간격으로 접시 6개를 장식용으로 걸어 놓으려고 한다. 각 접시의 지름은 8인치이고 벽의 가로 길이는 104인치이다. 접시 간의 간격을 얼마로 하면 되는가? (Hartweg, 2004, 2005).

4학년 학생인 정민은 그림을 그리지 않고 이 문제를 해결하려고 하였다. 정민은 접시 사이의 간격을 얼마로 해야 하는지 알아내기 위해서 벽의 가로 길이를 나눌 필요가 있다는 것을 이해했다. 이 학생의 학습지를 보면 104를 6과 8로 각각 나누려고 했음을 알 수 있다.

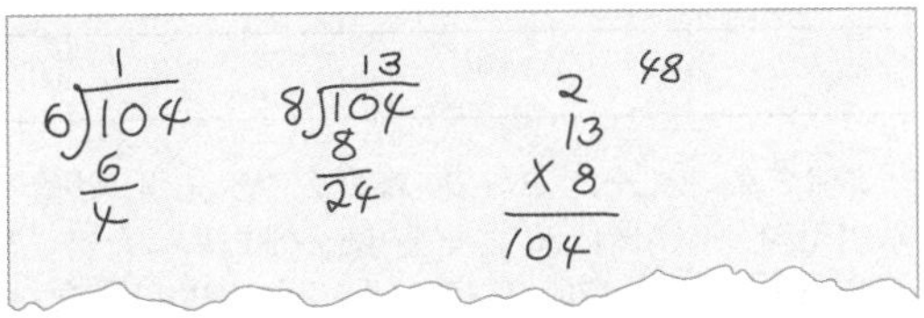

정민은 다음과 같이 자신의 생각을 설명했다. "6으로 나누면 나머지가 있으니까 6으로 나누면 안 된다는 것을 알았어요. 그래서 8로 나눴더니 13이 나왔어요. 그런 다음 13에 8을 곱해서 점검해 보니까 104가 나왔어요." 왜 6과 8을 나누는 수로 선택했는지 질문하자, 정민은 문제에서 6개의 접시가 있고 그 지름이 8이라고 답했다. 정민은 답이 13이라고 믿었으나 그 13이 무엇을 의미하는지를 설명하지는 못하였다. 정민이는 문제에서 제시된 관계를 이해하는 데 도움이 되는 그림이 없었기 때문에, 이 문제를 해결할 수 없었다.

서희는 정민의 학급친구이다. 서희의 해결 방법은 아래와 같다.

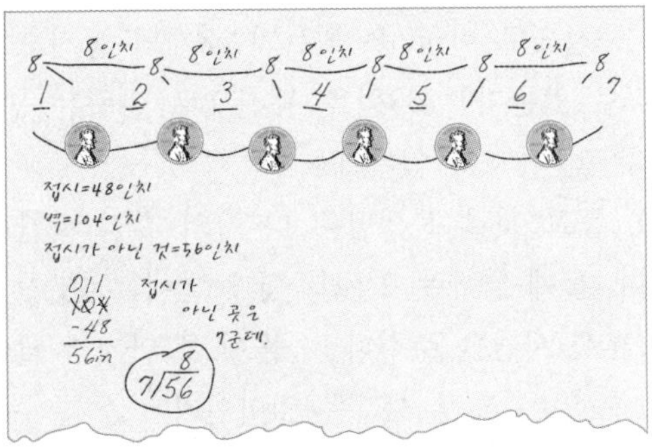

서희는 6개의 접시를 나타내기 위해서 종이에 동전을 붙였고 각 지름이 8인치이므로 접시 전체는 48인치가 된다는 것을 알았다. 그런 다음, 104에서 이 수를 빼서 남는 공간의 전체 길이가 56인치라는 것을 알았다. 서희는 벽에서 '접시가 없는 7개의 공간'을 세었고, 56을 7로 나눠서 이들 각각의 공간이 8인치라는 것을 알아냈다.

그림 6-6 접시 걸이 문제에 대한 2명의 4학년 학생들의 해결방법(출처: Harweg, 2004/2005, pp.280, 282)

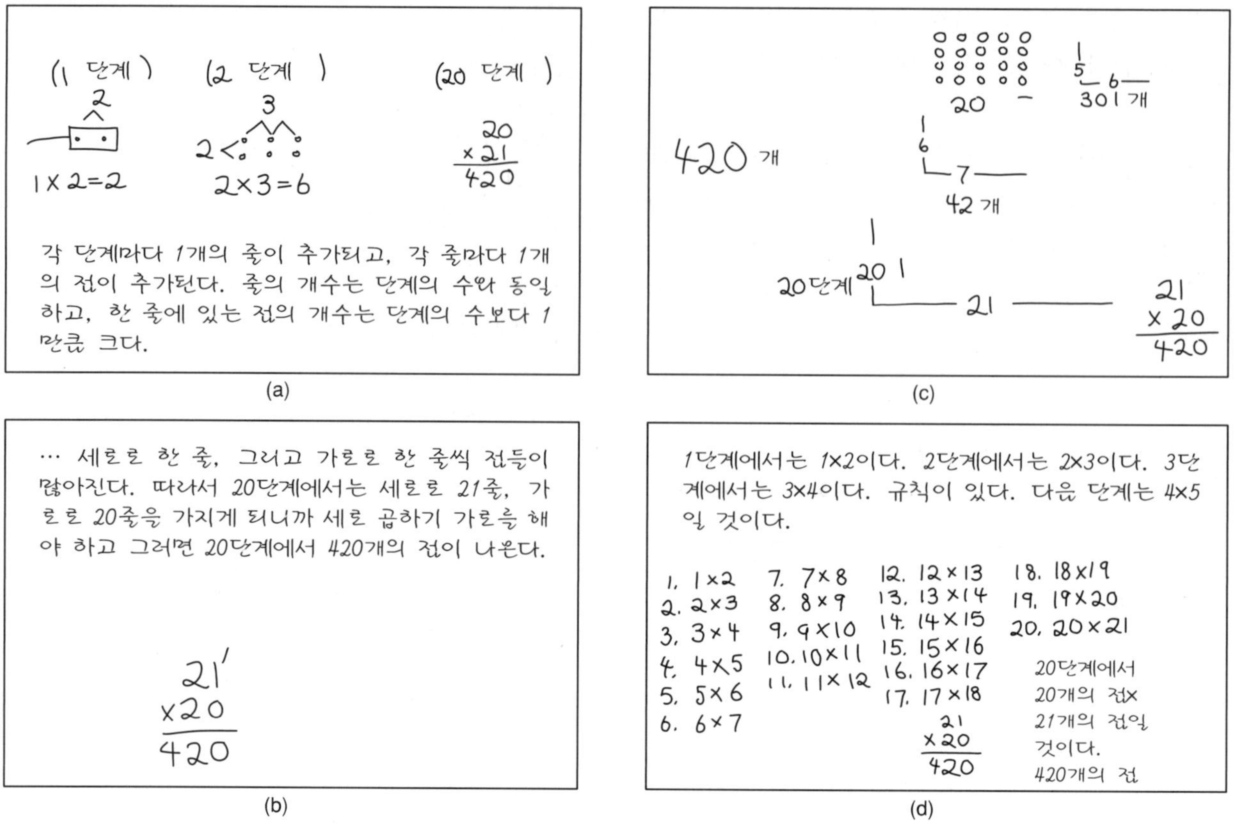

그림 6-7 경화의 점들의 개수를 찾기 위해 사용된 전략의 예(출처: Stylianou et al., 2000, p.138).

(9) 250원을 9개의 동전으로 바꿀 수 있는가? 17개의 동전으로 바꿀 수 있는가? 8개의 동전으로 바꿀 수 있는가? 250원을 동전으로 바꾸는 방법은 모두 몇 가지가 있는가?

(10) 등교 첫날 선생님은 1분간의 휴식 시간을 주셨다. 둘째 날에는 2분간, 셋째 날에는 4분간 등으로 휴식 시간을 주신다면, 둘째 주 마지막 날에 가질 수 있는 휴식 시간은 얼마인가?

문제 (10)에서 다루고 있는 수학적 아이디어는 다른 상황으로도 진술될 수 있는데, 그러한 변형은 문제의 난이도를 바꾸어 놓을 수 있다. 변형을 통해 학생들은 서로 다른 문제 사이의 구조적인 유사성을 찾아보는 연습을 할 수 있게 되는데, 이것은 훌륭한 문제해결 기능과 밀접하게 관련된 능력이다. 다음은 문제 (10)을 변형한 것이다.

(11) 누군가가 당신에게 15일 동안의 일거리를 주었다. 그런데 수당을 받는 방법을 당신이 선택할 수 있도록 했다. 첫날 10원을 받고, 둘째 날 20원을 받고, 다음날 40원을 받고 이렇게 매일 바로 전날 수당의 두 배씩을 받을 수 있다. 또는 첫날에 1,000원을 받고 둘째 날에 2000원을 받고, 다음날 3000원을 받고 이렇게 매일 바로 전날의 수당보다 1,000원씩 더 받을 수도 있다. 어떤 방법을 선택하겠는가? 그리고 그러한 선택의 이유는 무엇인가?

교과서에서는 빈번히 학생들에게 표를 읽어보라고 하거나 이미 구조화된 표를 완성해 보라고 함으로써, 표를 만드는 전략을 가르친다. 그러나 학생들 스스로 처음부터 표를 구성하는 방법을 학습하는 것 또한 중요하다. 어떤 형태의 표를 만들어야 하

표 6-2 문제 (11)을 해결하기 위한 스프레드시트

매일 2배씩 받는 방법			매일 1000원씩 추가하는 방법	
일수	일별 수당	누적 수당	일별 수당	누적 수당
1	10	10	1000	1000
2	20	30	2000	3000
3	40	70	3000	6000
4	80	150	4000	10000
5	160	310	5000	15000

는지(예: 몇 개의 줄과 열이 각각 필요한지), 각 열과 줄에 어떤 명칭을 부여해야 하는지 등을 스스로 결정할 필요가 있다. 이러한 기능을 학생들에게 가르치기 위해서 교사는 학생들에게 정보를 수집하고 이것을 보고하기 위해서 표를 만들어야 하는 문제를 제시할 수 있다. 스프레드시트는 이러한 과제에 유용한데, 문제 (10)과 (11)에서 사용할 수 있다. 표 6-2는 문제 (11)을 해결하기 위해서 학생들이 사용할 수 있는 스프레드시트의 시작 부분을 나타낸 것이다.

추측하고 확인하기

수년 동안 학생들이 추측하는 것은 그다지 강조되지 못해 왔다. 물론 아무렇게나 추측하는 것은 좋은 문제해결이 아니지만 자신이 알고 있는 것을 추측에 통합한다면, 추측은 유용한 전략이 될 수 있다. 즉, 이런 추측은 제멋대로의 추측이라기보다는 합리적인 추측이다. 이런 지적인 추측을 할 때는 문제의 관련된 측면에 주의 깊게 주목하면서 이전에 유사한 문제를 해결해 본 경험에서 얻은 지식을 근간으로 하게 된다. **추측하고 확인하기 전략은 지적인 추측을 반복하는 것으로써, 이전의 추측에서 알게 된 것을 활용해서 후속 추측을 더 잘하게 하는 것이다.** 학생들은 한 가지 추측을 하고 그 추측이 맞지 않음을 발견한 다음에, 또 다른 추측을 하는데 오히려 정답에서 더 벗어나는 경우가 많다. 그러나 학생들이 이렇게 무작위로 추측할 때, "너는 단지 추측만할 뿐이잖아."라고 조롱하듯 말하는 대신에 추측을 효율적으로 정교하게 하는 방법을 학생들이 배우도록 도와주어야 한다. 다음 문제를 생각해 보자.

(12) 엽서 한 장을 부치는 데는 270원, 편지 한 통을 부치는 데는 420원의 우표가 필요하다고 하자. 준병이는 친구 12명에게 우편을 보내는 데 우표 값으로 3990원을 사용했다. 준병이가 보낸 편지는 몇 통이고 엽서는 몇 장인가?

유경이가 먼저 편지 6통, 엽서 6장이라고 추측했다고 가정하자. 이 경우, 전체 우표 값은 4140원이다(너무 크다). 유경이가 무작위로 다른 추측을 하지 않게 하는 것이 교사의 임무이다. 그 대신에 다음 번 추측에서는 편지의 개수를 6통보다 적게 해야 한다는 점을 유경이가 이해하도록 도와야 한다. (왜 그런가?) 유경이는 이번에 편지가 4통이라고 예측할 수 있고, 따라서 엽서는 8장이 되니까 전체 우표 값은 3840원이 된다(너무 작다). 이제 편지는 4통보다 많아야 하고 6통보다는 작아야 한다는 것을 유경이가 이해하는지 살펴봐야 한다. 즉, 유일한 가능성은 편지를 5통으로 추측하여 편지 5통, 엽서 7장이라고 추측하는 것인데, 유경이가 이렇게 추측하면 단지 2개의 잘못된 추측으로부터 답을 찾는 기쁨을 경험하게 되는 것이다. 이는 무작위로 추측하는 것보다 더 효율적인 방법일 것이다.
다음 세 문제는 학생들에게 추측하고 확인하기 전략을 가르칠 때 사용할 수 있는 것들이다.

(13) 한 식당에서 두 가지 맛이 섞인 밀크셰이크를 판매한다. 이 식당에서는 28가지의 서로 다른 밀크셰이크를 제공할 수 있다고 자랑한다. 이 식당에서 사용하는 맛은 모두 몇 가지인가?

(14) 혜원이는 다트판에 4개의 화살을 던졌는데 각 화살이 모두 다른 수에 맞았다. 혜원이가 얻은 점수는 25점이다. 혜원이가 맞힌 수들을 구하여라.

(15) 1에서 6까지의 수를 단 한 번씩만 사용하여 아래 6개의 원에 써 넣어라. 삼각형의 각 변에 있는 수들의 합은 9가 되어야 한다.

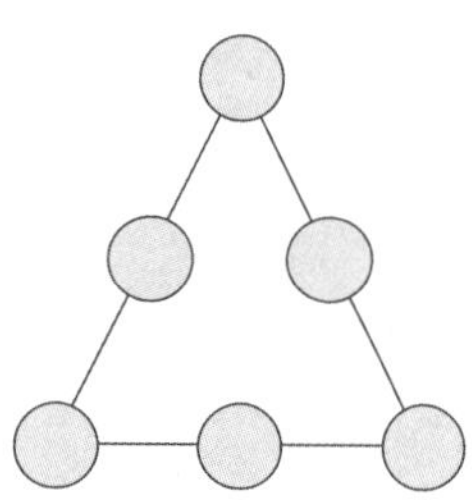

거꾸로 풀기

문제에서 결과나 마지막 상태를 제시하고 학생들에게 초기 조건이나 시작 상태를 찾아내는 문제를 해결할 때, 거꾸로 풀기 전략을 사용해야 한다(끝에서부터 처음으로 거꾸로 풀어나감으로써 많은 미로 문제를 해결할 수 있다). 다음은 주어진 결과로부터 거꾸로 풀기 전략을 사용한 문제들이다.

(16) 다음 덧셈표를 완성하여라.

+			3			
	12		11	15		
6		6			7	
2			5	9		
						13
5						14

(17) 상미는 과자를 구워서 반은 내일 먹기로 남겨두었다. 나머지 반을 동생 2명과 똑같이 나누었더니 각자 4개의 과자를 갖게 되었다. 상미가 구운 과자는 모두 몇 개였는가?

단순화하기

주어진 문제를 해결하는 방법을 아는 학생들은 그와 유사한 두 번째 문제가 더 어렵다고 하더라도 대개 그 문제를 해결할 수 있다. 관계들이 더 분명하게 드러나는 쉬운 문제를 해결하면서 얻게 된 통찰과 이해를 활용하여 학생들은 더 어려운 문제를 해결할 수 있게 된다. 주어진 문제가 너무 어려워 보이면 학생들은 본 문제를 잠시 치워놓고, 단순화하기 전략을 적용할 수 있다. 그런 다음 동일한 방법을 적용하여 원래의 문제를 해결하려고 한다.

어떤 문제들은 단지 큰 수나 복잡한 규칙을 포함하고 있기 때문에 학생들이 문제해결 방법을 찾는데 어려움을 겪는다. 비슷하지만 더 간단한 문제를 먼저 풀어봄으로써 학생들은 원래의 문제를 어떻게 해결할지 알 수 있다. <수업자료 6-2>는 큰 수 64 때문에 어려워진 문제를 해결하기 위해서 단순화하기 전략을 어떻게 사용할 수 있는지 제시한 것이다.

수|업|자|료|6-2

단순화하기

학습목표: 어려운 문제를 접했을 때, 그와 유사하지만 더 간단한 문제를 생각해 보고 해결해 봄으로써 원래 주어진 문제를 해결한다.
대상학년: 4~5학년

지도상의 유의점
"유사하지만 더 간단한" 문제해결 전략을 사용하는 예로써 첫 번째 문제를 모든 학생들이 함께 풀도록 한다. 그런 다음 후속 문제는 학생 스스로, 짝과 함께, 또는 모둠별로 해결하게 한다.

문제
오목 대회에 64명의 학생들이 참가한다. 학생들은 개별적으로 경기를 한다. 각 경기에서 진 사람은 토너먼트에서 탈락하고, 이긴 사람은 마지막 한 명이 남을 때까지 계속해서 경기를 하게 된다. 마지막에 남은 사람이 승자이다. 승자를 가리기 위해서 경기를 몇 번 해야 하는가?

이해하기
토너먼트의 첫 번째 라운드(round)에서는 몇 번의 경기를 하게 되는가? (64명이 짝으로 경기를 하므로 32게임) 무엇을 알아내려고 하는가?(승자를 가리기 위해서 치러야 하는 경기의 수)

계획하기
우선 풀어볼 수 있는 더 간단한 문제가 있는가? (경기자가 2명만 있다면, 3명만 있다면, 4명만 있다면, 몇 번의 경기를 해야 하는가?) 이와 같은 유사한 문제들로부터 원래 문제를 해결하는 데 도움이 되는 규칙을 찾을 수 있는가?

해결하기

경기자의 수	해야 할 경기	전체 경기의 수
2(A와 B)	A:B	1
3(A, B, C)	A:B, C:(AB 중 승자)	2
4(A, B, C, D)	A:B, C:D, (AB 중 승자): (CD 중 승자)	3
5(A, B, C, D, E)	A:B, C:D, E:(AB 중 승자), (앞 경기의 승자): (CD 중 승자)	4
임의의 수		경기의 수는 항상 경기자의 수보다 1만큼 작다

지도상의 유의점: 경기자들을 A, B(또는 이름을 써도 좋다) 등으로 이름 붙이고 선을 그려서 누가 이기고 다음에 누구와 경기를 해야 하는지를 그림으로 그려보는 것이 학생들에게 도움이 될 수 있다. 표를 만들어보는 것은 꼭 필요하지는 않으나, 발견한 정보를 전시하는 데 도움이 된다.

반성하기
더 간단한 문제를 해결해 보는 것이 원래 문제를 해결하는 것을 어떻게 도와줬는가? (작은 수로 생각해보는 것이 더 쉽고, 규칙을 찾을 수 있다.)
이 문제들을 해결해 보시오

1. 유민이와 5명의 친구들 각자는 1개의 스티커를 다른 5명에게 각각 나눠주었다. 나눠준 스티커의 개수는 모두 몇 개인가?
2. 색역필 상자에는 상자의 밑면만 제외하고 상자의 모든 옆면과 윗면에 어떤 색깔인지 이름이 붙어 있다. 10개의 상자가 선반 벽에 일렬로 배열되어 있다. 이 상자들을 움직이지 않고 몇 개의 이름을 볼 수 있는가?
3. 방과 후에 8명의 학생들이 광대(clown)클럽에 참가한다. 매일 각 학생은 다른 광대 각각에 대한 웃긴 얼굴을 하나씩 만든다. 광대스크랩북을 만들기 위해서 학생들은 모든 광대얼굴을 사진 찍었다. 매일 스크랩북에 추가되는 광대 사진은 몇 개인가?

출처: Francis Fennell et al.(1999)의 *Silver Burdett Ginn Mathematics*, pp.62-63

(18) 오목 대회에 64명의 학생들이 짝으로 경기한다. 진 사람은 경기에서 탈락하고, 이긴 사람은 마지막 한 명의 승자가 나올 때까지 계속 경기한다. 마지막 승자를 뽑기 위해서 경기를 몇 번 해야 하는가? (<수업자료 6-2>를 보면, 더 간단한 문제를 해결하는 것에 대한 수업을 하기 위해서 이 문제를 사용한 것을 알 수 있다.)

다음 문제는 '복잡한' 수 32.7 때문에 어렵다. 이 문제를 어떻게 해결해야 할지 모르는 학생들은 예를 들어, 리터당 30km 그리고 15L짜리 탱크처럼 더 간단한 수로 대체해서 생각해 볼 수 있을 것이다. 이렇게 하면서 학생들은 두 수를 곱하는 것을 인식할 수도 있다.

(19) 우리 차는 L당 32.7km를 달린다. 연료 탱크가 14L짜리인데 이것을 가득 채웠다고 하면, 연료를 넣지 않고 얼마나 많이 달릴 수 있는가?

문제를 해결하기 위해서 몇 단계로 나눠서 생각해야 할 때, 학생들은 최종 질문에 대한 답을 찾기 전에 중간 단계의 '숨겨진' 질문에 답을 해야 할 필요가 있다는 것을 인식하도록 도와줘야 한다. 다음 문제와 같이, 숨겨진 질문에 답하는 것은 먼저 더 간단한 문제를 해결하는 형태이기도 하다.

(20) 정선이가 고양이에게 주려고 할인 중인 생선맛 먹이 6개를 산다면, 얼마를 지불해야 하는가? (숨겨진 질문: 생선맛 먹이 1개의 세일 가격은 얼마인가?)

할인	정가에서 30원 할인
고양이 먹이	
맛	1개당 정가
불고기	80원
간	50원
닭고기	150원
생선	120원

학생들은 다음 문제에 너무 많은 숫자가 포함되어 있어서 이 문제가 어렵다고 생각할 수 있다.

(21) 19개의 원에 1에서 19까지의 수를 써 넣어 같은 줄 위에 있는 세 수의 합이 모두 같게 되도록 하여라.

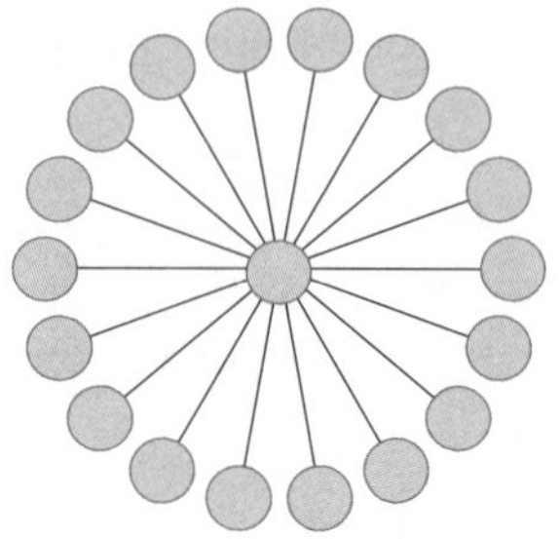

학생들은 우선 더 간단한 숫자 1부터 5까지, 1부터 7까지, 또는 1부터 9까지 유사한 규칙으로 원에 대입해 보면서 이 문제를 해결하려고 시도해 볼 수 있다. 예를 들어, 전과 비숍(Jeon & Bishop, 2008)의 연구에서는 5학년 학생들이 이와 관련된 문제, 즉 9개의 수가 필요한 바퀴에 '9개의 수'를 배열하는 문제를 어떻게 탐색했는지 설명하였다. 각 학생은 각자의 '시작 수'(예를 들어, 10)와 '뛰어 세기 수'(예를 들어, 4)를 정해서 일련의 9개의 수를 만들어냈다(이 경우, 10, 14, 18, 22, 26, 30, 34, 38, 42). 그런 다음 학생들은 이 수를 9개의 바퀴에 배열하는 방법을 생각했다. 학생들은 우선 더 간단한 일련의 9개 뛰어 세기 수를(예를 들어, 시작 수를 1로 하고, 뛰어 세기 수를 1로 하여 1, 2, 3, … 9를) 배열해 봄으로써 자신들의 수를 어떻게 배열하면 좋을지 생각할 수 있게 되었다.

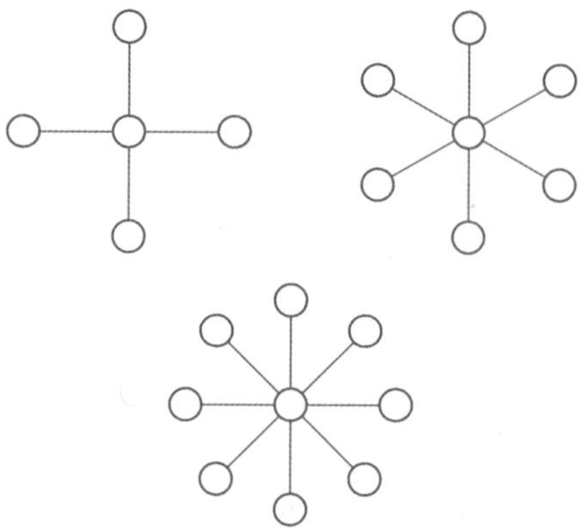

학생들이 문제를 이해하지 못할 때, 교사는 학생들에게 자신의 말로 그 문제를 말해 보게 할 수 있다. 학생이 문제를 어떻게 진술하는지를 들어보면, 그 학생이 이해하지 못한 것이 무엇인지를 파악할 수 있다. 또한 학생들에게는 문제에서 찾아야 하는 것이 무엇인지를 스스로 알게 하는 데 도움이 될 수도 있다. 또한 교사는 중요하지 않은 단어를 사용하지 않거나, 학생들이 좀 더 쉽게 이해할 수 있는 방법으로 문제를 재진술할 수도 있다. 학생들이 문제를 이해할 수 있도록 아래 문제를 재진술해 보시오.

(22) 역수의 합이 정수가 되는 서로 다른 세 정수를 구하여라.

(23) 가게에서 똑같은 가격의 물건을 몇 가지 샀다. 각 물건 가격의 일의 자릿수만큼 물건을 샀다. 그랬더니 물건 값이 모두 225원이었다. 산 물건은 몇 개인가?

반성하기의 중요성

문제를 해결한 후 문제, 답, 문제해결 과정을 반성하게 하면, 문제해결에서 비롯되는 몇몇 가장 중요한 학습이 이루어진다. 더 중요한 것은 학생들이 자신들의 사고 과정과 문제를 해결할 때 활용한 전략을 검토할 때 발생하는 학습일 것이다(Lesh & Zawojewski, 2007). 연구에 의하면, 학생들이 더 나은 문제해결자가 되도록 돕는 가장 좋은 방법 중의 하나는 자신들의 사고에 대해서 교사와 또는 학생들끼리 논의하게 하는 것이다. 2장에서는 자신의 사고에 대해서 생각하기인 메타인지의 중요성에 대해서 살펴보았다. 학생들이 메타인지 능력을 개발하고 그럼으로써 수학 능력을 개선하도록 돕기 위해서 수업 시간에 문제해결 다음에 반성하는 단계를 정기적으로 가져야 한다.

문제에 대해 반성하기

학생들이 문제를 해결한 다음에 일반화하도록 돕는 것이 중요하다. 일반화는 문제를 다른 문제와 연결하는 것이다. 모든 문제해결자는 자기 스스로 "이 문제는 내가 전에 보았거나 해결해 본 다른 문제들과 어떻게 같고 다른가?"라는 중요한 질문을 계속 되묻는 습관을 가져야 한다. 문제의 맥락이나 세부 내용은 매우 다르지만 구조적인 측면에서는 매우 유사한 문제들이 있다. 문제나 답의 상세한 측면에 초점을 맞추기보다는 그 문제가 구조적으로 다른 문제들과 얼마나 유사한가에 초점을 둘 때 종종 의미가 더 클 수 있다.

답에 대해 반성하기

교사가 학생들에게 "네가 해결한 것을 잊지 말고 검토해야 한다."라고 말할 때 이는 대개 학생들이 어떤 부주의한 오류를 범하지 않도록 문제해결 과정을 다시 검토해봐야 한다는 것을 의미한다. 그러나 더 중요한 종류의 검토는 문제의 답이 합리적인지에 대해서 반성해 보는 것이다. 문제해결자는 한걸음 물러나서 자신의 답이 타당한지 스스로에게 질문하는 것을 배워야 한다. 문제의 답이 한 가지 이상인지 생각해 보는 것과 마찬가지로 문제를 해결하기 전에 답을 어림해보는 것도 도움이 될 수 있다. 문제의 답에 대해서 건전하게 의심을 품어보는 것은 문제해결을 위해서 중요하다.

해결 과정에 대해서 반성하기

우리는 학생들에게 단 하나의 정답을 요구하는 문제를 주로 제시한다. 거의 모든 교과서의 문제들이 그렇다. 그러나 실생활에서는 두 개 또는 그 이상의 접근 방법이 가능한 경우가 많은데, 대부분의 흥미로운 수학 문제들 역시 그렇다. 더욱이 한 문제를 여러 가지 방법으로 접근해 봄으로써 학생들은 그 문제를 더 잘 이해하게 된다. 예를 들어, 이 장에서 제시했던 문제들을 생각해 보자. 아마도 여러분은 특정한 문제를 특정한 문제해결 전략으로 분류한 것에 동의하지 않을 수 있다. 즉, 그 문제를 해결하기 위해서 다른 전략을 사용했을 수도 있다. 그러나 적절히 분류했다고 생각하는 문제들조차도 종종 여러 가지 다른 전략으로 해결될 수 있을 것이다. (실제로 해보고 확인해 보아라!)

또한 문제를 여러 가지 다른 방법으로 접근하는 것을 뛰어 넘어, 학생들이 해결 과정에 대해서 폭넓게 반성해 보게 하는 것도 중요하다. 학생들이 문제해결 과정의 각 단계에서 자신들이 행한 것 — 예를 들어, 찾은 사실이 무엇인지, 활용한 전략은 무엇인지, 어떤 것이 생산적이었고, 어떤 것이 그렇지 못했는지 등 — 에 대해 고려해야 한다. 때때로 학생들에게 숫자가 주어지지 않은 유사한 문제를 제시함으로써 이런 방법을 배우게 할 수 있다. 이때 학생들은 문제의 구체적인 사실보다는 관계를 파악하는 데 주목하게 된다. 문제에 어떤 숫자가 포함되었든지 간에 학생들이 답을 어떻게 찾아야 할지 생각할 때, 학생들은 해결 과정에 좀 더 분명하게 초점을 두게 된다. 여러 학생들에게 어떻게 생각하였는지 말해보게 함으로써, 여러 가지 다른 방법을 이용하여 동일한 답을 찾을 수 있다는 것을 학생들이 깨닫게 할 수 있다.

학생들이 문제해결 과정을 이해하도록 돕기 위해서 학생들에게 문제를 어떻게 풀었는지 적어보게 하고, 어떤 측면에서 성공적이었고 어떤 측면에서 그렇지 못했는지 파악해 보면서 자신의 문제해결 과정을 평가해 보도록 격려하는 방법도 있다.

자신의 사고에 대해서 반성하기

훌륭한 문제해결자는 일반적으로 자신의 사고에 대해서 잘 생각한다. 즉, 메타인지에 능숙하다. 훌륭한 문제해결자는 자신이 가진 기능과 이미 알고 있는 것을 점검하고 새로운 문제를 해결하기 위해서 그 기능과 지식을 어떻게 사용할 것인지 생각하며, 자신들이 행하고 있는 것에 대해 판단한다. 고학년의 학생들은 저학년의 학생들보다 이런 측면에서 더 낫지만, 이러한 종류의 반성하기를 정기적으로 가르치고 그런 경험을 많이 하게 되면, 모든 학생들이 메타인지 능력을 개발하도록 도울 수 있다.

학생들이 문제를 해결하는 동안, 그리고 문제를 해결한 후 반성하는 단계에서 자신들의 사고에 대해서 생각할 때 스스로 물어볼 수 있는 일련의 질문 목록을 알려주는 것은 효과적인 지도 방법이다. 예를 들어, 다음과 같은 질문들을 게시판에 붙여 놓아서 학생들이 필요할 때 참조하게 할 수 있다.

- 이 문제는 내가 전에 보았던 문제와 비슷했는가? 그렇다면, 어떻게 같았고, 어떻게 달랐는가?
- 이 문제는 내가 예상한 것보다 더 쉬웠는가?(또는 더 어려웠는가?) 왜 그런가?
- 이 문제는 내가 예상한 것보다 해결하는 데 더 많은 또는 더 적은) 시간이 걸렸는가?
- 어디서 어려움을 겪었는가? 그 어려움을 어떻게 해결했는가? 내가 사용할 수 있었던 다른 방법이 있는가?
- 나의 해결방법에 대해서 얼마나 자신감을 가지고 있는가? 왜 그런가?

학생들의 문제해결 돕기

지금까지 보아왔듯이, 학생들이 적절한 도전 의식을 가지고 해를 찾을 수 있는 적당한 문제를 제시함으로써 학생들이 수학을 이해하도록 도울 수 있다. 모든 학생들이 가치 있는 문제해결 경험을 가지도록 수업 시간을 어떻게 조직하고 운영할 것인지에 대해서 주의 깊게 생각해야 한다. 이를 위해 특별한 도움을 필요로 하는 학생들, 즉 특히 수학에 재능이 있는 학생들뿐만 아니라 학습의 어려움을 겪고 있는 학생들에게 주의 깊은 관심을 기울여야 한다. 다양한 학생들로 이루어진 전체 학급을 대상으로 문제해결 수업을 어떻게 구조화할지 생각하는 것은 쉽지 않다. 중요하게 고려해야 할 것은 시간 운영, 수업 운영, 그리고 개인차 고려 등이다.

시간 운영

문제해결을 통해 수학을 효과적으로 지도하려면 시간이 필요하다. 학생들은 문제를 생각하고 관계들에 대해서 따져보고, 해를 찾기 위한 방법을 탐구하는 데 시간이 필요하다. 학생들이 너무 쉽게 문제를 포기하지 않고 계속해서 해결해 보도록 격려해야 한다. 풀이 방법을 잘 알고 있는 연습문제를 해결하는 것에 비해 풀이 방법을 모르고 있는 문제를 해결하는 데 시간이 더 많이 소요된다. 이 장의 앞에 제시된 과제 (A)와 (B)를 보아라. (A)보다 (B)를 해결하는 데 더 많은 시간이 소요되지 않는가? (A)는 단순한 연습문제인 반면에, (B)는 아마도 진짜 문제이기 때문일 것이다. 또한 학생들이 자신의 해결방법을 공유하고 비교하며 서로에게 배워가는 것을 돕는 데 시간이 필요하다. 이전에 계산 및 다른 기능을 숙달하기 위해 사용했던 시간을 문제해결 시간으로 할당하면서 수업 활동을 재조직함으로써 문제해결을 위한 시간을 확보할 수 있다. 학생들이 문제를 해결하는 동안 계산 기술을 활용하고 연습할 수 있기 때문에 문제해결 자체에 시간을 할애하는 것이 가능하다.

수업 운영

문제해결을 가르칠 때, 어떤 경우에는 전체 학급을 대상으로, 또 어떤 경우에는 모둠별로 또는 짝 활동이나 개별적으로 가르치는 것이 유용하다는 것을 알게 될 것이다.

대집단 수업(전체 학급을 대상으로 가르치는 것)은 새로운 문제해결 전략을 제시하고 개발하는 데 효과적이며, 동일한 문제를 해결하는 데 다른 전략들이 어떻게 활용될 수 있는지 탐색하는 데 효과적이다. 학생들의 관심을 문제의 구조에 두게 하고, 학생들이 한 가지 전략이나 해결 방법을 찾도록 돕기 위한 발문을 한 다음에, 학생들이 다른 전략이나 다른 해결 방법을 사용해 보도록 이끌어 나가고, 한 문제에서 다른 문제들로 일반화하도록 격려할 수 있다. 그러나 실제로 전체 학급 학생들이 함께 문제를 풀도록 한다면, 일부 학생들은 다른 학생들이 문제를 이해하기도 전에 답을 찾을 수도 있다. 그런 경우에 학습 속도가 늦은 학생들은 그다지 도움을 얻지 못한다. 더욱이 일부 학생들에게 적절하게 도전하고 싶은 의욕을 주는 문제가 다른 학생들에게는 너무 뻔한 연습문제가 될 수도 있고, 너무 어려워서 불가능한 문제가 될 수도 있다. 문제해결에 대한 논의는 대집단에게 가능하지만, 실제로 문제를 해결하는 과정은 개별적으로, 짝 활동으로, 또는 모둠별로 진행해야 한다.

소집단 수업은 문제해결 능력과 흥미에 따라 학생들을 모둠별로 조직하여 학습하게 하는 방식이다. 소집단 수업을 통해 학생들은 협력하여 학습하며 소집단의 모든 학생들에게 적절한 난이도의 문제를 가지고 공부할 기회가 된다. 소집단 내에서 함께 문제를 해결하고 논의하며 아이디어를 공유하고 대안적인 것을 찾아 논쟁하며 해법을 검증할 때, 학생들은 불안감을 적게 갖는다. 또한 각 문제를 해결하는 데 시간이 더 걸릴 수는 있으나 혼자 문제를 해결할 때보다 집단별로 문제를 해결할 때 일반적으로 더 광범위한 종류의 문제를 해결할 수 있다. 연구에 의하면, 문제해결방법을 단순히 들을 때보다 학생들이 집단별로 문제의 의미와 해결방법을 논의할 때 더 나은 결과를 성취할 수 있다고 한다. 집단 활동은 분명히 수학에 대해서 의사소통을 증진하는 수단이 된다.

짝 활동은 수준이 비슷하든지 아니면 약간 능력 수준이 차이가 나든지 간에 서로를 가르칠 수 있기 때문에 유용하다. 다른 학생들에게서 배우는 또래학습은 위의 두 가지 상황 모두에서 발생할 수 있다.

개별적으로 문제를 풀게 하는 활동은 학생들이 자신의 속도대로 진행해 가면서 자신에게 가장 편안한 전략을 사용하도록 하기 때문에 꼭 필요하다. 교실에 문제를 준비하여 학생들이 편한 시간에 문제를 풀어보게 할 수 있다. 이러한 목적을 위해 게시판, 문제 코너, 문제 파일 등을 사용할 수 있다.

개인차 고려

문제해결을 통해 수학을 배우는 학생들의 능력, 그

리고 그러한 능력을 증진하기 위해 필요한 도움의 정도와 종류는 학생들마다 큰 차이가 있다. 문제해결 수업을 하는 동안 능력이 다른 학생들을 다르게 도전하게 함으로써 여러 수준의 학생들을 다룰 수 있는 다양한 방법이 있다(Diezmann et al., 2003).

보정 전략(compensatory strategies)은 개별 학생들이 자신들의 특정한 학습 성향에 따라 사용할 수 있는 특별한 전략이다. 학생들의 필요에 따라 이러한 전략들이 다를 수도 있으나, 어떤 전략은 거의 모든 학생들에게 도움이 된다. 특히, 이러한 전략은 학생들이 어려운 문제를 해결하게 할 때 중요한데, 이러한 전략에는 다음과 같은 것들이 있다.

- 자신의 학습 방법에 맞는 방법을 활용하기. 예를 들어, 시각적으로 학습하는 경향이 있는 학생들은 문제를 표현해 보고 그림을 그려서 해결 방법을 찾게 한다. 다른 학생들은 문제에 대해 말하거나 구체적 조작물을 활용할 수 있다.
- 가장 자신있는 방법 — 예를 들어, 행동, 기호, 단어, 또는 구체적 조작물 — 으로 자신의 생각을 의사소통하거나 문제해결 방법을 기록하기. 때때로 학습 도우미는 학생이 문제를 해결하는 동안 할 수 있거나 말할 수 있는 것과 해결 과정을 지필로 기록하는 데 필요한 것 사이의 간격을 메울 수 있도록 도울 수 있다.
- 문제를 더 잘 이해하기 위해서 자신의 말로 문제를 말해 보기. (앞에서 언급했듯이 이것은 단순화하기 전략의 변형이다.)

다음은 특별한 도움이 필요한 학생들에게 중요한 전략들이다.

- 문제를 큰 소리로 읽거나 다른 학생에게 문제를 설명하게 함으로써 문제해결을 시작하게 하기. 학생들이 문제해결을 시작하게 하기 위해 더 간단한 문제를 제기할 수도 있고, 원하면 참조할 수 있는 힌트 카드를 미리 준비해 놓을 수도 있다.
- '내가 해결할 수 있는 수학 문제의 종류'라는 저널이나 카드 파일을 만들도록 돕기.
- 추상적인 추론이나 읽기에 어려움을 가진 학생들에게는 '내가 아는 것'과 '내가 알아낼 필요가 있는 것'을 요약하게 함으로써 문제를 분해할 수 있도록 여분의 시간을 허용하기. 또는 교사나 다른 학생들이 이 학생들을 위해 그렇게 할 수도 있다. 이러한 종류의 어려움을 가진 학생들은 이런 방법으로 문제를 분해하게 되면 문제를 이해하고 해결하는 데 더 성공적일 수 있다. (학생들이 문제를 더 잘 이해하도록 돕는다는 것은 학생들에게 문제해결 방법을 말해주는 것은 아니라는 점을 인식하는 것이 중요하다. 대신에, 무엇이 기대되고 어떤 전략들을 사용할 수 있는지 찾아내도록 학생들을 도와야 한다.)

모든 학생들의 문제해결을 돕기 위해 수업을 조정하는 여러 가지 방법이 있지만, 이러한 조정은 학습 장애를 가진 학생들에게 특히 중요하다.

- 능력 수준이 다른 학생들이 다른 방법으로 접근할 수 있는 문제를 제시하여라.
- 일부 학생들을 지명하여 문제를 말해보도록 하여라. 이렇게 함으로써 모든 학생들이 문제를 더 잘 이해할 수 있도록 도울 수 있다.
- 짝이나 모둠별 학생들에게 학급의 다른 친구들에게 자신들의 해결 방법을 공유하게 하여라. 그런 다음 그 모둠의 한 학생에게(때때로 특별한 도움이 필요한 학생에게) 문제를 해결하면서 그 모둠에서 논의했던 것에 대해서 말하게 하여라.
- (특별히 시각이나 공간-운동 장애를 갖고 있는 학생들에게는) 종이 대신에 휴대용 칠판이나 화이트보드에 쓰게 하여라.
- (집중하는 데 특별히 어려움을 가진 학생들에게) 조용한 장소에서 문제를 해결해 보게 하여라.

학습 장애를 가진 많은 학생들은 문제해결을 통해 학습하기보다는 모방을 통한 학습에 초점을 맞춘 수업 방식에 익숙해져 있기 때문에, 이러한 새로운 접근 방법에 맞추려면 시간이 필요하다. 교사의 역할은 적당한 지원과 도움을 제공하되 각 학생이 적절한 수준의 난이도를 가진 문제를 해결해보면서 도전하게 하는 것이다. 뛰어난 학생을 위해서 미리 확장된 문제를 준비함으로써 이 학생들이 다른 학생들에 비해 주어진 문제를 성공적으로 빨리 끝내면 그 확장된 문제에 대해 생각해보게 해야 한다. 보다 일반화된 문제, 더 큰 수를 가진 문제, 또는 다른 제한을 가진 문제로 주어진 문제를 확장할 수 있다. 예를 들면 다음과 같다.

(24) 유진이는 쿠키 20개를 갖고 있다. 유진이가 이 쿠키를 (자르지 않고) 자신과 친구 1명과, 자신과 친구 2명과, 자신과 친구 3명과, 자신과 친구 4명과 똑같이 나눈다면 각 경우에 몇 개의 쿠키가 남겠는가?
(25) 유진이는 쿠키를 몇 개 가지고 있는데, 정확히 몇 개인지는 모른다. 그런데 남는 쿠키 없이(그리고 쿠키를 자르지 않고) 친구 1명, 2명, 3명, 4명, 또는 5명과 똑같이 나눠 가질 수 있다. 유진이가 가질 수 있는 최소한의 쿠키는 몇 개인가?

문제 (24)는 나눗셈을 시작하는 3학년 학급에 적합하고, 문제 (25)는 더 도전적인 문제를 필요로 하는 학생들에게 적합한 확장된 문제이다.

문화적 연계성

미국을 비롯한 여러 나라의 수학교육과정은 기초 기능을 강조하는 방향과 문제해결을 강조하는 방향 사이를 오락가락해 왔다. 연구자들에 따르면, 앞으로 고등 기능을 가진 더 많은 인력이 필요하기 때문에 이에 대한 반응으로 21세기 초에는 전 세계적으로 문제해결 쪽에 더 많은 초점과 관심을 기울이게 되는 것 같다고 한다(Lesh & Zawojewski, 2007; Maclean, 2001).

문제해결이 학교 수학수업에 통합되는 방식은 각 나라마다 서로 다르다. TIMSS에서, 일본 학생들은 가장 높은 시험 점수를 얻은 반면에, 미국 학생들의 점수는 꽤 낮았다. 흥미롭게도, TIMSS 연구에서는 여러 나라의 실제 수업에 대한 비디오 테이프를 수집했고, 이를 통해 일본 수업과 미국 수업이 어떻게 다르게 구조화되는 경향이 있는지 알 수 있다(Shimizu, 2003; Stigler & Hiebert, 1999).

TIMSS 연구에서 수집된 미국 수업은 일반적으로 두 단계로 이루어져 있으며, 학생들이 많은 '문제'를 해결하는 것으로 드러났다(그러나 이러한 문제들은 대개 진짜 문제라기보다는 단지 연습문제였다).

1. 교사가 예시 문제를 해결하는 방법을 시범 보이거나 설명했다.
2. 학생들은 개별적으로 수많은 문제들(실제로는 연습문제들)을 해결했고, 교사는 어려움을 겪는 학생들을 개별적으로 도와줬다.

대조적으로, 전형적인 일본 수학수업은 초등학교의 경우 45분으로 이루어졌는데, 4개(또는 때로 5개)의 단계로 구성되어 있었고, 일반적으로 하나(또는 많아야 두 개)의 진정한 문제에 초점을 두었다.

1. 교사가 복잡한 문제를(학생들이 전에 보지 못한 도전적인 문제를) 제시했다.
2. 학생들은 개별적으로 또는 짝 활동으로 그 문제를 해결했다.
3. 전체 학급은 교사의 조정 아래 그 문제에 대한 여러 학생들의 접근 방법을 논의했다. 교사가 정리했다.

학생들은 시간이 허용되면 원래 문제를 해결한 다음 선택 사항으로 자신의 능력에 맞추어 확장된 문제에 도전했다. 미국 수업과 일본 수업 간의 핵심적인 차이점은 학생들이 원래 문제를 해결하는 동안 교사가 하는 역할이다(Shimizu, 2003). 일본 교사는 교실을 돌아다니면서 안내와 도움을 줄 뿐만 아니라 학생들이 문제에 접근하는 여러 가지 다른 방법에 주목한다. 일본 교사는 후속 수업 논의에서 어떤 학생들을 지명할지 계획하고 있다. 대조적으로 미국 교사는 손을 든 학생은 누구든지 간에, 정답을 말할 것 같은 학생, 또는 장난치고 있는 학생을 지명하는 것 같다. 미국 교사는 문제를 해결하기 위해서 학생들이 선택한 접근 방법에 대해 그리고 수업 논의시간에 어떤 순서로 그러한 접근 방법을 논의할 것인지에 대해서는 덜 생각하는 것 같다.

일본 교사들은 문제를 제시하기 전에 학생들이 그 문제를 해결하기 위해 활용할 것 같은 접근 방법(그리고 어떤 오류를 범할 것인지)에 대해 생각하고, 논의시간에 이러한 접근 방법에 대해 말할 순서를 결정한다. 교사들이 교실을 순회하는 동안 특정한 해결 방법을 찾아보고, 학생들의 생각을 발표하게 할 때 특정 학생들을 지명할 순서를 계획한다. 예를 들어, 교사는 주어진 문제를 옳은 방법으로 해결했으나 매우 노력을 많이 한 방법으로 해결한 학생을 먼저 지명한다. 그런 다음, 교사는 옳지 않은 여러 가지 방법으로 해결한 학생들을 지명하여 그 답이 정확한지 학생들이 논쟁하고 공통적인 오류를 논의하고 이해하게 한다. 이후에 교사는 우아하면서 평범하지 않은 방법으로 해결한 학생들을 지명한다.

시미즈(Shimizu, 2003)는 다음과 같이 말하였다.

> 일본 교사들에게 수업은 드라마로 간주되어, 적어도 하나의 클라이맥스 즉, 야마바(山場, やまば, 절정)에 이르게 한다. 사실 일본 교사들의 수업 계획에 있어서 핵심적인 특징은 이 야마바를 중심으로 자신들의 수업을 주의 깊게 구조화하는 것이다. 따라서 전체 논의가 시작될 때, 학생들은 다른 친구들이 제시한 해결 방법을 주의 깊게 듣고 자신의 아이디어를 발표한다. 왜냐하면 이러한 논의 중에 수업의 하이라이트인 야마바가 나타나기 때문이다. (p.207)

시미즈는 또한 일본 교사들에게 배울 수 있는 5가지 실제적인 제안을 다음과 같이 제시하였다.

- **제안 1: 학생들의 방법에 이름을 붙여라.** 전체 논의시간에 학생들이 제시한 방법에 대해서 주인 의식을 갖게 하고 학급 전체 논의를 좀 더 흥미롭게 논의를 이끌어라.
- **제안 2: 칠판을 효과적으로 사용하여라.** 가능하다면, 수업 시간에 논의한 모든 것을 칠판에 조직적으로 기록하고 지우지 마라. 이를 통해 학생들은 여러 가지 다른 해결 방법을 비교하고 수업의 마지막에 전체 수업의 개요를 파악할 수 있다.
- **제안 3: 학생들의 아이디어를 다듬기 위해 전체 논의시간을 활용하여라.** 일본 단어 네리아게(neriage)는 번역하면 '광을 내는'이라는 말인데, 이는 전체 논의시간에 일어나야 하는 것을 기술한 것으로, 다양한 학생들의 아이디어를 한데 모아 하나의 일관된 수학적 아이디어를 만들어 가야 한다는 뜻이다.
- **제안 4: 문제, 문제에 사용되는 수, 맥락을 주의 깊게 선택하여라.** 교사는 학생들이 발표할 것이라고 예상되는 다양한 반응에 대해서 생각해 보고 이에 기초하여 문제를 선택해야 한다.
- **제안 5: 다양한 문제해결 방법을 격려하는 방법을 고려하여라.** 교사가 4개의 다른 해결 방법을 예측했는데, 학생들이 2개만 제시했을 때, 다른 2개의 대안적인 접근 방법이 수업의 목표에 중요하다면, 학생들이 그 문제에 대해 다른 방법으로 생각해 보도록 안내할 수 있는 질문을 교사가 미리 계획하고 있어야 한다. (p.213)

일본 교사들은 가르칠 수학 내용과 제시할 문제 사이의 관계에 대해서 주의 깊게 생각하는 것의 중요성을 알고 있다. 그리고 문제해결을 통해 지도할 때 학생들의 반응을 예측하는 것이 수업 계획의 중요한 일면이라는 것을 인식하게 한다.

요약

문제해결은 수학의 가장 중요한 기능 중의 하나로 수학과 교육과정에 스며들어 있어야 한다. 학생들은 단순한 연습문제가 아니라 진짜 문제에 대한 많은 경험을 필요로 한다. 미국 학생들은 정형적인 문제해결 수행 능력은 개선되고 있는 반면에, 비정형적인 문제에 어려움을 보이는 경향이 있다. 문제해결을 통해 학생들이 수학을 이해하는 것을 도울 수 있다.

문제해결을 통해 수학을 지도하는 지침으로는 (1) 학생들에게 문제가 되는 수학을 허용하기, (2) 문제를 해결하기 위해 사용한 방법에 초점을 맞추기, 그리고 (3) 적절한 시간에 적절한 것을 말하기이다. 학생들의 문제해결 기능에 영향을 미치는 요인은 지식(학생들이 아는 것과 새로운 문제를 연결하는 것), 신념과 태도(자신감과 좋은 태도), 통제(자신의 사고를 점검하고 방향을 지시하는 능력), 그리고 사회문화적 요인이다(문제를 해결하기 위해서 학교 밖의 경험을 활용하는 것과 교실 분위기). 문제를 통한 효과적인 지도는 적절한 유형의 문제를 선택하고(적절한 기능을 점검하고 적절한 난이도를 가지는 문제), 좋은 문제를 발견하며, 학생들이 문제를 만들어보도록 하고 계산기와 컴퓨터를 적절하게 사용하는 것을 의미한다.

학생들이 다양한 종류의 문제해결 전략을 사용하도록 격려해야 한다. 학생들이 문제해결 기능을 개발하도록 돕는 중요한 전략에는 실제로 해보기, 그림이나 도표 그리기, 규칙 찾기, 표 만들기, 추측하고 확인하기, 거꾸로 풀기, 단순화하기 등이 있다. 문제해결에 참여한 후에 학생들이 반성하는 것을 배우는 것은 매우 중요하다. 학생들은 주어진 문제가 다른 문제들과 어떤 점에서 같고 어떤 점에서 다른지를 이해하기 위해서 문제에 대해서 반성하고, 문제의 답이 합리적인지 확실히 하기 위해서 답에 대해서 반성하며, 자신이 적절한 전략을 사용했는지 평가하기 위해서 해결과정에 대해서 반성하고, 가장 중요하게 문제에 대해서 어떻게 생각했고 왜 그렇게 생각했는지 자신의 사고에 대해서 반성해 보아야 한다.

교사는 시간을 적절히 조정하여 수업을 운영하며(학생들이 짝이나 개별적으로 문제를 해결할 뿐만 아니라 대집단 수업과 소집단 수업을 활용하면서), 개별 학생들의 필요에 부합하도록 수업을 조정하는 전략을 활용함으로써 학생들 각각의 요구에 대처하면서 특별한 도움이 필요한 학생들을 포함하여 모든 학생들이 문제해결을 배우도록 도와야 한다.

연습문제

01. 문제해결은 이해에 기초하여 학습하는 핵심적인 과정이다. 진짜 문제와 단순한 연습문제는 어떻게 다른가?

02. 문제해결을 통해 수학을 가르친다는 말은 어떤 의미인가? 이러한 접근 방법을 안내하기 위한 지침에는 어떠한 것들이 있는가?

03. 전형적인 수학 문장제를 제시하고, 이것을 변형하여 개방형 문제로 만드시오.

04. 특정한 학년 수준에 내용 주제를 선택하시오(예를 들어, 수, 기하, 자료). 그 주제를 가지고 다음 전략 각각으로 해결될 수 있는 흥미로운 문제를 적어도 하나씩 만드시오. 규칙 찾기, 그림이나 도표 그리기, 표 만들기.

05. 답을 찾는 것이 문제해결의 마지막 단계가 아닌 이유는 무엇인가? 답을 찾은 후에 훌륭한 문제해결자가 해야 하는 것을 설명하시오.

연구문제

01. 이 장에 있는 문제 하나를 골라서 두 명의 학생에게 제시하시오. 각 학생이 사용하는 전략을 확인해 보시오. 학생들의 해결 방법으로부터 알게 된 것에 기초하여 다음번에 이 학생에게 제시할 문제를 선택하고 왜 그 문제를 선택했는지 설명하시오.

02. 학생들이 수학수업에 참여하거나 수학적인 탐색

을 하는 초등학교 수업을 관찰하시오. 학생들이 문제해결 전략을 사용하는 증거를 나타내는 예들의 목록을 만드시오. 학생들이 하고 있거나 말하는 것이 무엇인지, 그리고 어떤 과제가 사용되고 있는지 말하시오. 교사의 역할은 무엇이었는가?

03. 이 장에 제시된 문제 파일에 다른 문제들 특히 비정형적인 문제와 개방형 문제를 추가하시오. 많은 수학교육 웹 사이트를 보면 흥미로운 문제들을 찾을 수 있다. 이 문제들을 해결해보고 유용하다고 발견된 전략을 확인하시오. 가장 유용한 방법으로 이 문제들을 분류하시오.

04. 문제해결에 중점을 둔 게시판을 계획하여 보시오.

05. 문제해결을 통해 수학을 지도하는 방법에 대해 Lester와 Charles(2003)가 편집한 책 중 한 장을 읽으시오. 이에 대해 간단히 요약하고 비평하시오.

06. 고전적이면서 매우 재미있는 아동용 도서, Counting on Frank(Clement, 1994)를 읽어보시오. 문제해결 수업을 위한 동기유발의 한 방법으로 4~6학년의 학생들에게 이 책을 읽힐 수업 계획을 세워보시오.

07. 이중 언어를 사용하는 3학년 학생들에게 문제해결을 가르치는 것을 보고한 Dwyer(2003)을 읽어보시오. 학생들이 해결한 문제를 풀어보고 이 문제의 어떤 특징 때문에 여러 수준의 학생들이 이 문제를 풀 수 있는지, 그리고 다양한 집단의 학생들을 위한 여러 가지 접근 방법에 대해 기술하시오.

08. 수학적 문제해결을 위한 맥락으로 퀼트 블록을 사용하는 여러 방법을 제안한 Westegaard(2008)을 읽어보시오. 퀼트 블록을 포함된 문제를 통해 접근 가능한 수학 개념을 찾아보고, 그 개념을 학생들이 탐색하도록 문제에 근거한 수학 수업안을 설계하시오.

09. 스프레드시트를 사용하여 이 장의 문제 (10)과 (11)을 해결하시오.

10. 이 장에 제시된 문제들 중에서 학생들이 계산기를 사용하는 것이 좋다고 생각되는 문제를 골라 보시오. 그런 특정한 문제를 선택한 이유를 설명하고, 각 문제에 대해 계산기를 어떻게 사용할 것인지 말해 보시오.

아동용 추천도서

Murphy, S. J. *The Penny Pot.* New York: HarperCollins, 1998.

Sciedzka, J. *Math Curse*. New York: Viking, 1995.

Zaccaro, E. *Challenge Math for the Elementary and Middle School Student.* Bellevue, IA: Hickory Grove Press, 2000.

제7장 수 감각과 수 세기

"할 수 있다면 언제든지 세어라."
- 갈톤(Francis Galton, 통계학자, 유전학자, 심리학자)

이 장의 핵심 질문

1. 훌륭한 수 감각의 특징은 무엇인가?
2. 분류는 수 세기를 위해서 왜 필요한가?
3. 합리적인 수 세기의 특징은 무엇인가?
4. 수 감각의 초기 단계에서 즉각적인 인지는 왜 중요한가?
5. 아동들의 수 감각을 개발하는 데 계산기가 어떤 도움을 줄 수 있는가?

서론

이 책은 1부와 2부로 나뉘었는데, 2부에서는 특정한 수학 주제와 관련하여 수업 전략, 수업 방법, 학습 활동에 대해서 논의할 것이다. 이 장은 2부의 첫 번째 장으로서 수 감각에 대하여 다룰 것이다.

수 감각

수 감각을 정의하기는 상식을 정의하기와 마찬가지로 쉽지 않지만, 몇 가지 특징이 있다.

- 수 개념과 수의 연산을 이해한다.
- 수와 연산을 다룰 수 있는 유용한 전략을 개발한다.
- 정확하고 효율적으로 계산하고, 오류를 찾아내며, 계산결과가 타당한지를 안다.
- 수학적 판단을 하기 위하여 융통성 있는 방법으로 수 감각을 이용하는 능력이나 경향이 있다.
- 수는 유용하며, 수를 이용한 일이 유의미하고 중요하다는 점을 안다.

이러한 특성들을 보면, 수 감각을 가진 사람은 수를 이해하고 수를 일상생활에서 효과적으로 사용할 수 있다. 초등학교 수학 프로그램은 아동의 수 감각을 개발하는 데 매우 중요한 역할을 한다.

수 감각에 대한 이러한 생각은 브라우넬(Brownell)의 유의미 학습을 생각나게 한다(2장 참조). 학생들이 학교에서나 학교 밖에서 수를 효과적으로 사용하게 하려면, 수의 개념을 유의미하게 개발시켜야 한다. 학생들의 수 감각 개발을 돕기 위해서는 적절한 모델을 제시하고, 적절한 문제를 제시하고, 수에 대해서 사고하도록 하고, 수 감각을 육성하는 교실 환경을 조성할 필요가 있다.

수 감각은 학생들이 갖거나 갖지 못하거나 둘 중에 하나로 정해지는 특성이 아니다. 수 감각의 발달은 일생에 걸쳐서 이루어지는 과정으로, 초등학교에서의 수 감각은 아래와 같은 몇 가지 단계를 거쳐서 발전한다.

1. 전(前) - 수 개념 개발
   - 분류
   - 규칙성
2. 초기 수 개념 개발
   - 수의 보존성
   - 묶음 인식
   - 비교(일대일 대응)와 순서 짓기
   - 수 세기 원리
   - 수 세기 전략
   - 기준 개발

이러한 단계는 0과 자연수 개념을 이해하기 위한 기초를 제공하며 사칙연산에 대한 머릿셈과 필산뿐만 아니라 기본 구구를 이해하기 위한 중요한 발판이 된다. 1장에서 논의했던 미국의 공통핵심수학규준(CCSSM)에서는 초기 수 감각과 수 개념 발달에 대한 성취수준을 제시하였다(표 7-1).

이제 수 감각의 몇 가지 예를 살펴보자. 수 5는 아동들에게 어떤 의미일까? 이것은 많은 것을 의미할 수 있다. 가령, 어떤 아동들에게 5는 현재의 나이 또는 내년의 나이를 의미할 수 있다. 또한 유치원에 들어갔을 때의 나이일 수도 있다. 그림 7-1은 아동들이

표 7-1 분류와 수 개념에 대한 공통핵심수학규준(CCSSM)

분류하기 및 분류된 물건의 수 세기
• 물건을 주어진 범주로 분류할 수 있다. • 각 범주에 있는 대상의 수를 셀 수 있다. • 각 범주를 크기순으로 나열할 수 있다.
수 이름과 수의 계열
• 100까지 10씩, 1씩 셀 수 있다. • 주어진 수부터 시작하여 이어서 셀 수 있다. • 0부터 20까지의 수를 쓸 수 있다. • 물건의 수를 0부터 20까지의 숫자로 표현할 수 있다.
물건의 수 세기
• 수와 양 사이의 관계를 이해할 수 있다. – 물건을 셀 때, 올바른 순서대로 수 이름을 말하고 수 이름과 물건을 일대일 대응시킬 수 있다. – 마지막으로 말한 수 이름이 물건의 수라는 것과 물건의 배열에 상관없이 물건의 수는 같다는 것을 이해할 수 있다. – 연속된 수는 1씩 커진다는 것을 이해할 수 있다. • 선형, 격자, 원으로 배열된 20개 정도의 물건을 셀 수 있다. • 흩어져 있는 10개 정도의 물건을 셀 수 있다. • 1부터 20까지의 수를 보고, 해당하는 수의 물건을 세어서 제시할 수 있다.
수의 비교
• 더 많은지 더 적은지, 또는 같은지를 판단할 수 있다. • 숫자로 쓴 1부터 10까지의 수를 비교할 수 있다.

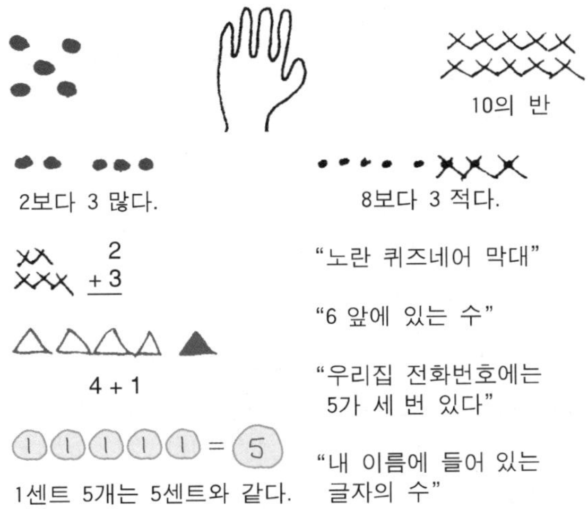

그림 7-1 아동들이 제시한 수 5의 의미

제시한 수 5에 대한 몇 가지 해석과 사용의 예이다.

아동들은 수 세기를 하기 오래전부터 수에 대한 감각을 개발하기 시작한다. 예를 들어, 어린 아동들도 다음과 같은 질문에 답할 수 있다.

> 몇 살이니? [2]
> 채널 몇 번을 보고 있니? [13]
> 몇 층에 살고 있니? [4]
> 여동생이 몇 명이니? [1]

이러한 초기 경험을 통하여 수 이름뿐만 아니라, 기호 채널 번호를 13 또는 층을 4로 표현하는 기호를 도입할 수 있다. 이 수 이름과 기호는 소리와 시각적 인식을 통하여 기억된다. 그러나 이 개념들에 대한 지식만으로는 수를 완전히 이해했다고 볼 수 없다.

한 가지 중요한 점은 이러한 경험들이 수의 중요한 특성을 강조하고 있다는 것이다. 그 중요한 특성은 바로 추상화이다. 숫자 5는 다섯을 나타내기 위해서 사용된 기호이지 다섯이 아니다. '개'라는 단어는 개를 나타내는 것이지 개는 아닌 것과 같은 이치이다. 모델이나 그림은 수를 나타내는 데 사용된다. 예를 들어, 다음 자전거 그림을 보고 질문에 답해보자.

바퀴가 몇 개인가?

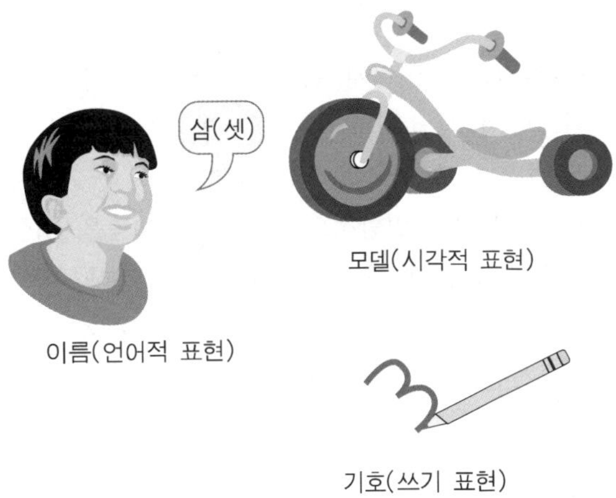

바퀴의 수는 언어적 표현(삼, 셋)과 기호(3)와 연결될 수 있다. 물론 수는 어떤 하나의 상황만으로 표현될 수 없다. 그림 7-1에 제시된 수 5의 여러 가지 의미는 '다섯'이라는 개념이 여러 가지 다른 상황들과 어떻게 관련되어 있는지를 보여준다. 아동들이 수 감각을 어떻게 개발하는지에 대한 연구를 통하여, 여러 가지 다양한 경험을 많이 할수록 그들이 경험으로부터 수 개념을 더 잘 추상화한다는 점이 분명해졌다 (Fuson, 2003: Kilpatrick et al., 2001; Payne & Huinker, 1993). 수 개념과 수 감각을 개발하게 하는 것은 수업에서 매우 중요한 부분이다. 따라서 이 장의 목적은 수 감각과 아동들의 수 감각 개발에 대하여 살펴보는 것이다.

전(前)-수 개념

수는 어느 곳에서나 볼 수 있으며, 아주 어린 아동들조차도 매우 많은 초기의 수 개념을 경험한다. 이들 경험의 대부분은 수 자체에 대한 경험이라기보다는 초기의 수 개념을 형성하기 위한 기초와 나중의 기능 발달을 위한 토대가 된다. 이러한 경험을 **전(前)-수 개념**이라고 한다. 교사는 아동들이 그러한 경험을 잘 이용하도록 도와주어야 한다. 학생들마다 전-수 개념의 발달 단계는 서로 다르겠지만, 이 전-수 개념은 결과적으로 의미 있는 수 세기 기능과 수 감각을 개발하기 위해서 중요한 것이다. 아동이 학교에서 직접 수를 가지고 수 개념을 배우기 전에 모든 전-수 개념을 경험해야 하고 완수해야 하는 것은 아니다. 일반적으로 전-수 개념을 위한 활동은 수를 통한 활동과 동시에 이루어진다. 비록 학생들마다 학습 경로가 다르겠지만, 세는 것이 무엇이든 분류하는 것부터 시작한다.

분류하기

분류는 실세계를 학습하는 데 기초적인 것으로서, 수를 고려하여 이루어질 수도 있고 수를 고려하지 않고서도 이루어질 수 있다. 예를 들어, 아동들은 수를 고려하지 않고서도 남자아동 집단과 여자아동 집단으로 분리할 수 있다. 그것이 바로 분류이다. 분류 기능은 유의미한 수 세기를 하기 위한 선결 요건이다. 아동들이 교실에 여자 아동이 몇 명 있는지 알고 싶다면, 먼저 여자 아동들을 인식할 수 있어야 한다(즉, 분류할 수 있어야 한다). 따라서 아동들은 수 세기를 하기 전에 무엇을 셀 것인지를 알아야 하며, 무엇을 셀 것인지를 인식하는 데 도움을 주는 것이 분류이다.

분류는 읽기, 과학, 사회와 같은 다른 과목에도 자연스럽게 적용된다(Gallenstein, 2004). 예를 들어, 알파벳에서 자음과 모음을 인식하기 위해서는 분류가 필요하다. 마찬가지로 잡초와 꽃을 구분하거나 식물의 줄기와 잎을 구분하기 위해서도 분류가 필요하다. 사회 과목에서 알파벳 M으로 시작하는 주의 이름이나 21세기의 대통령 이름을 열거하는 것은 분류 활동이다. 어린 아동은 개와 고양이, 파충류와 포유류, 좋아하는 장난감과 좋아하지 않는 장난감을 구분하는 것을 배운다. 이것들은 모두 분류의 실제 예이다. 분류는 아동으로 하여금 주변의 사물을 이해하게 할 뿐만 아니라 융통성 있게 사고하도록 한다. 사물을 다양한 방법으로 분류해봄으로써 사고기능을 개발할 수 있다.

어떤 대상들을 분류하기 위해서는 각 대상이 주어진 특성을 갖고 있는지의 여부를 판단해야 한다. 어떤 특정한 대상에 대한 분류에 아동들이 동의하지 않는다면, 그들이 분류한 방법과 과정을 설명하게 한다. 이러한 유형의 논의는 NCTM 규준에서 제시한 하나의 목표로서, 아동들이 자신의 수학적 사고를 설명해야 할 필요성을 느끼게 하는 초기 단계이다. 이 점에서 '**더 많은, 더 적은, 많은, 하나도 없는**'과 같은 단어들이 어떤 집합의 수를 나타내는 데 사용되지만, 분류가 없다면 수 세기도 없다.

분류를 통하여 우리는 무엇을 셀 것인지에 대해서 의견일치를 보게 된다. 예를 들어, 단추에 대한 다음과 같은 질문을 생각해 보자. 구멍이 두 개인 플라스틱 단추는 몇 개인가? 이 질문에 대한 답은 '몇 개'라고 말하는 수이다. 이런 방식으로 수가 사용될 때, 그 수를 **기수**(cardinal number)라고 한다. 그러나 특정한 기수를 찾기 전에, 먼저 어떤 단추가 플라스틱이고 그중에서 구멍이 두 개인 단추는 어떤 것인지를 판단하여야 한다. 일단 분류가 이루어지면 세어야 하는 대상이 잘 정의된 것이고 셀 준비가 된 것이다.

이야기를 통하여 분류를 경험시킬 수도 있다. *Dave's Down to Earth Rock Shop*(Murphy, 2000)와 같은 책은 분류뿐만 아니라 시각적 변별에 대한 연습도 제공한다.

논리 블록이라고도 하는 속성 블록은 분류 활동을 위한 훌륭한 모델이며, 논리적 사고를 개발하는 데 도움이 된다. 이 블록은 두꺼운 종이로 만들 수 있는데, 나무나 플라스틱으로 만들어서 판매하는 것도 있다. 속성 블록은 색, 모양, 크기 등과 같은 몇 가지 속성에서 서로 다르다. 예를 들어, <수업자료 7-1>에 제시된 24개짜리 블록을 살펴보자. 각 블록들은 세 가지 속성으로 분류된다.

크기: 큰 것, 작은 것(L, S)
색: 파란색, 빨간색, 초록색(B, R, G)
모양: 사각형, 삼각형, 오각형, 원(S, T, P, C)

첫째 블록은 '크고 파란 사각형'이라고 부를 수 있

다. 나중에 고학년에서는 이 블록을 LBS와 같은 기호로 나타낼 수 있겠지만, 이 단계에서는 각 블록을 말로 명확하게 묘사하는 것이 학습 목표이다. 아동들은 블록을 조작하고 묘사함으로써, 구체적 모델과 서로 다른 표현 방식을 자연스럽게 연결하기 시작한다. 24개의 블록들 중에서 어떤 블록들은 일부 속성에서 같지만, 모든 속성이 같은 블록은 없다. 이것으로 <수업자료 7-1>에 제시된 "나는 누구일까?" 게임을 할 수 있다. 이러한 활동은 아동이 논리적 사고와 의사소통 기능을 개발하는 데 도움이 된다. 이 활동을 하면서 아동은 짝짓기, 비교, 모양과 같은 기초적인 개념뿐만 아니라 집합, 부분집합, 서로소인 집합을 비형식적으로 탐구한다.

아동들이 합집합과 교집합을 경험하면서 의사소통과 언어가 더욱더 발달될 수 있다. 서로소인 두 집합(공통부분이 없는 두 집합)의 합집합은 덧셈에 대한 자연스러운 모델이다. 합집합은 논리 접속사인 '**또는**(or)'을 탐구하는 데 사용될 수 있다. 예를 들어, 아래 그림과 같이, 삼각형과 사각형의 합집합은 삼각형 **또는** 사각형인 모든 속성 블록을 포함하는 집합이다.

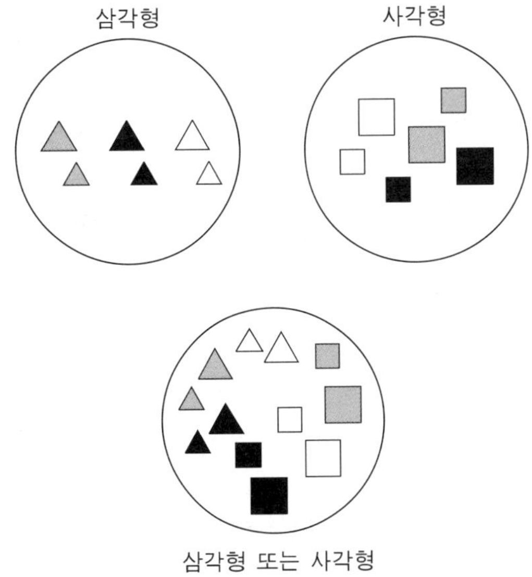

수|업|자|료|7-1

나는 누구일까?

학습목표: 속성 블록을 이용하여 분류와 추론 능력을 개발한다.

대상학년: 2~4학년

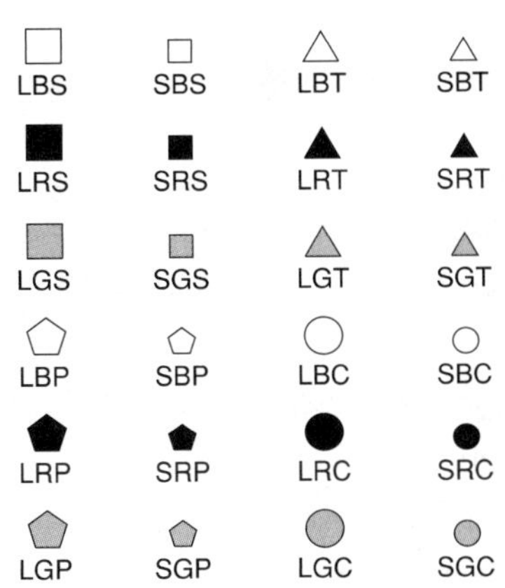

• 아래 제시된 속성을 보고 나에 해당하는 속성 블록을 찾아보자.

A. 나는 변이 세 개이다.
나는 파란색이다.
나는 크다.
나는 ____________이다.

B. 나는 초록색이다.
나는 정사각형이다.
나는 ____________이다.

C. 나는 파란색이 아니다.
나는 초록색이 아니다.
나는 ____________색이다.

D. 나는 크지 않다.
나는 변이 네 개보다 많다.
나는 초록색이다.
나는 ____________이다.

• 자기만의 속성을 만들어서 친구와 "나는 누구일까?" 게임을 해 보자.

마찬가지로 교집합은 논리 접속사 **'그리고(and)'**를 탐구하는 데 사용될 수 있다. 속성블록을 사용하여 오각형 **그리고** 파란색인 속성블록을 찾아본다. 아동은 아래와 같이 고리 안에 이것들을 놓을 수 있을 것이다.

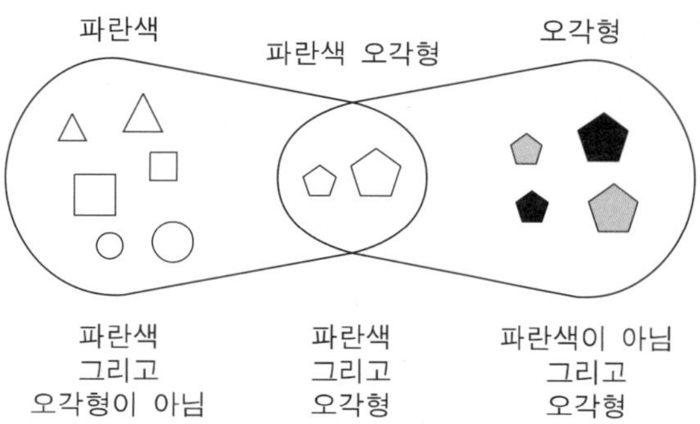

위의 그림과 같은 배열을 이용하면, 아동들이 파란색이고 오각형이 아닌 블록들과 같은 부분집합을 인식하는 데 도움이 된다. 어떤 관계를 묘사하는 데 **'아니다(not)'**를 사용하는 것은 발달에서 중요한 단계이다.

논리 접속사 **'그리고'**, **'또는'**, **'아니다'**는 아동이 속성에 따라 블록을 분류하는 데 도움이 된다. 예를 들어, <수업자료 7-2>에 제시된 '규칙성을 찾아 기차 만들기'는 아동들에게 속성 블록을 분류하고, 규칙성을 찾고, 논리적 사고를 할 수 있는 기회를 제공한다. 이러한 자료를 통한 구조화된 활동은 모든 학년의 아동들에게 도움이 된다.

속성 블록은 학생들의 참여를 거의 보장하지만, 그러기 위해서는 교사가 적극적인 역할을 해야 한다. 아동들이 속성 블록을 가지고 활동할 때, 교사는 관찰과 질문을 통하여 그들의 사고 과정을 파악할 수 있다. 아동의 행동을 관찰함으로써 그들이 어느 정도 알고 있는지를 알 수 있다. 예를 들어, 파란색이고 삼각형인 블록을 고르라고 했을 때, 어떤 아동은 파란색이지만 삼각형이 아닌 블록을 고를 수도 있다. 또 다른 아동은 파란색이 아닌 삼각형을 고를 수도 있다. 물론 교사의 질문을 잘못 들어서 그렇게 반응할 수도 있을 것이다. 그러나 추가 질문을 해 보면, 이 두 아동은 **'그리고'**라는 단어의 의미를 이해하지 못하였거나 두 가지 속성을 동시에 고려할 수 없다는 것을 파악할 수 있다. 아동들을 주의 깊게 관찰하고 질문함으로써, 교사는 그들의 사고를 더 잘 이해할

수업자료 7-2

규칙성을 찾아 기차 만들기

학습목표: 속성 블록을 이용하여 규칙성을 인식하고 관계를 파악한다.

대상학년: 2~4학년

기차의 각 칸은 앞 칸과 한두 가지 속성에서 같거나 아니면 한두 가지 속성에서 다르다.

- 각 기차에서 규칙을 찾아보고, 빠진 칸을 그려 넣으시오.

기차 A 

기차 B 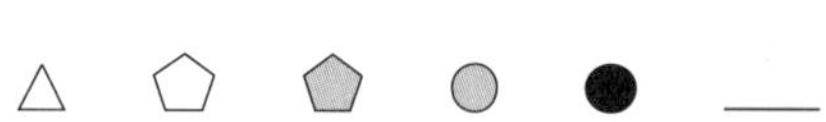

기차 C 

기차 D 

이들 중에서 한 가지 속성만 달라지는 기차는?
이들 중에서 두 가지 속성만 달라지는 기차는?

- 이들 가운데 답이 오직 하나인 속성은 어느 것인가?
- 나의 차례:

블록 □부터 시작한다. 기차의 앞 칸과 정확하게 한 가지 속성에서만 차이가 있는 6칸짜리 기차를 만들어라.

블록 ■부터 시작한다. 기차의 앞 칸과 정확하게 한 가지 속성만 같은 6칸짜리 기차를 만들어라.

수 있으며, 결국에는 좀 더 적절한 학습 활동을 개발할 수 있을 것이다.

아동들의 관찰 기능을 강화시키고 수 개념을 형성하기 위한 기반을 마련하기 위해서는 다양한 경험들이 필요하다. 다음과 같이 아동이 돈을 세는 경우를 생각해 보자.

10원 10원 50원

돈은 모두 얼마인가?
동전의 개수를 세면 세 개.
10원으로 세면 일곱 개.

이 예를 보면, '세 개 또는 일곱 개'와 같은 수 이름 자체만으로 답하는 경우는 거의 없음을 알 수 있다. "동전 세 개"라고 답했다면, 실제로 세어진 대상과 **집합수**(즉, 몇 개인가?)를 묘사한 것이다. 또한 세어진 대상은 잘 정의되거나 분명하게 이해되어야만 한다. 만일 세고 있는 대상에 어떤 혼동이 있다면, 수 세기에서 불일치가 생길 것이 확실하다.

규칙성

수학은 규칙성 또는 패턴에 관한 학문이다. 규칙성을 창안하고, 구성하고, 묘사하기는 문제해결 기능과 관련이 있으며, 수학학습의 중요한 부분을 차지한다. 규칙성은 기하학적 속성(모양, 대칭), 관계적 속성(수열, 함수), 물리적 속성(색, 길이, 개수), 또는 정서적 속성(좋아함, 싫어함)으로 나뉘기도 한다. 예를 들어, 아동이 좋아하는 색의 목록을 작성했다면, 그것은 물리적 속성(색)과 정서적 속성(좋아함)을 포함하는 규칙성 찾기를 한 것이다.

수 감각과 수학적 탐구는 이처럼 규칙성 찾기로 발달한다. 저학년에서는 규칙성을 통하여 수 감각, 순서 짓기, 수 세기, 수열을 학습할 수 있다. 고학년에서는 규칙성 찾기가 기본 구구에 대한 사고 전략(9장에서 논의됨)과 대수적 사고(14장에서 논의됨)를 개발하는 데 도움이 된다.

규칙성 탐구는 적극적인 지적 활동을 요구하며 때로는 신체적 활동도 요구한다. 규칙성 찾기를 할 기회는 무궁무진하다. 여기서는 수학적 아이디어를 개발하는 데 사용될 수 있는 네 가지 유형의 규칙성 탐구에 대해서 살펴보기로 한다.

규칙성 복사하기 아동들에게 규칙성을 보여주고 '그것처럼' 만들어 보게 한다. 아동들에게 보여줄 규칙성은 다양한 형태를 취할 수 있다. 가령, 아동들에게 아래와 같이 구슬이 꿰어진 줄을 보여준 다음에 그것과 동일하게 만들게 할 수 있다.

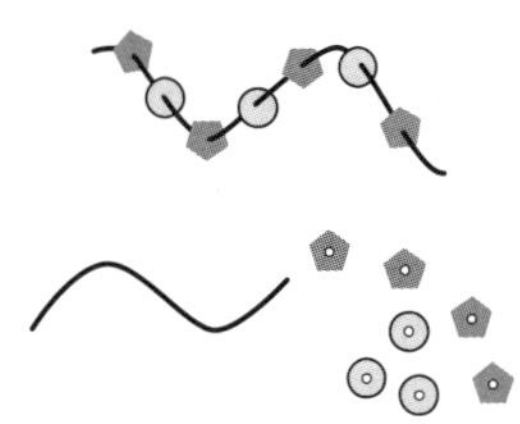

또는 패턴블록을 사용하여 동일한 배열을 만들게 할 수도 있을 것이다. 이 활동에서 학생들은 주어진 것과 같은 블록들을 선택해야 하고, 그것들은 같은 순서로 배열해야 한다.

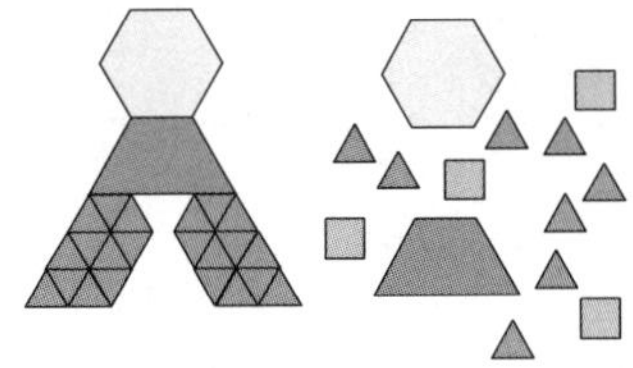

이 활동에서 학생들은 제시된 것과 같은 블록들을 선택해야 하고, 그것들을 같은 순서로 배열해야 한다. 또는 점판 위에 도형을 만든 다음, 빈 점판 위에 그 도형을 복사하게 한다.

다음 것 찾기 <수업자료 7-2>에 제시된 기차 만들기는 규칙성 탐구에서 '다음 것 찾기'에 해당하는 문제이다. 이 경우에 '다음 것'은 기차에서 다음 칸을 의미한다. 좀 더 쉬운 규칙성 찾기의 예로 퀴즈네어(Cuisenaire) 막대로 이루어진 '계단'을 생각해 보자.

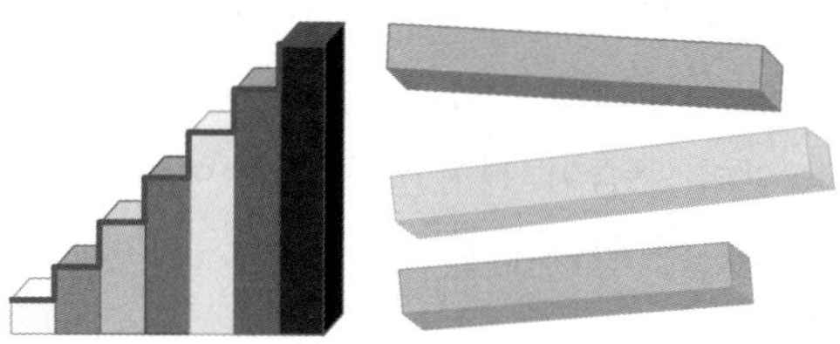

여기서 아동들에게 다음 계단에 해당하는 막대를 찾아보라고 할 수 있다. '다음 것 찾기'는 자연스럽게 규칙성을 확장하는 활동으로 발전한다.

규칙성 확장하기 아동들에게 한 가지 규칙성을 보여주고 그것을 계속하게 한다. 예를 들어, 블록이나 접착 종이로 만들어진 첫째 규칙성을 보고, 그 규칙성을 계속해서 만들게 할 수 있다.

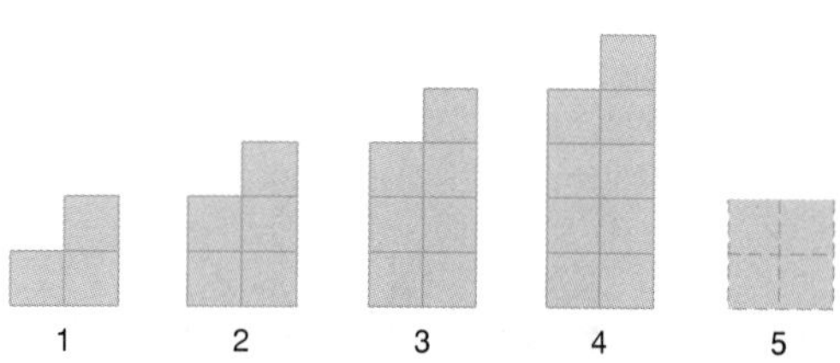

이러한 시각적 규칙성은 여러 가지 중요한 수학적 아이디어를 탐구하는 데 기초가 된다는 점에 주목할 필요가 있다. 위의 그림과 같은 규칙성은 홀수와 짝수를 구분하는 데 사용될 수 있다. 즉, 규칙성으로 제시된 위의 그림을 보면, "모두 직사각형에 작은 정사각형 조각이 한 개 더 추가되어 있다."는 공통적인 성질을 관찰할 수 있다. 이러한 관찰을 통하여 홀수를 나타내는 대수적 표현인 $2N+1$로 발전할 수 있다(14장과 18장 참조).

규칙성 만들기 아동들은 자신의 규칙성을 만들어낼 수 있는 기회가 필요하며, 또 그렇게 하고 싶어 한다. 때로는 그들이 만든 규칙성이 상당히 창의적이며, 높은 수준의 수학적 사고를 포함하고 있는 경우도 있다.

언어와 의사소통은 규칙성 활동에서 중요한 요소이다. 교사는 아동들이 규칙성을 찾을 때, '생각을 소리 내어 말하도록(think out aloud)' 해야 한다. 아동들에게 왜 그런 조각을 선택하였는지 또는 왜 그렇게 하였는지에 대해서 질문해야 한다. 오류유형 7-1과 같이, 아동들은 종종 교사가 예상한 것과는 다른 규칙성을 발견하기도 한다. 교사는 아동들이 발견한 규칙성을 배우고 이해하도록 노력해야 하며, 그들의 생각을 다른 사람들과 공유하도록 격려해야 한다.

[오류유형 7-1]

- 학생들에게 아래와 같은 수열을 제시한 다음, 다음 세 수를 찾아보게 한다.

1, 2, 4, ___, ___, ___

- 아래와 같은 여러 가지 다른 규칙이 가능하다.

1, 2, 4, 1, 2, 4	설명: 반복되는 규칙
1, 2, 4, 4, 2, 1	설명: 좌우 대칭되는 규칙
1, 2, 4, 7, 11, 16	설명: 2는 1보다 1 크고, 4는 2보다 2 크고, 7은 4보다 3 크고 11은 7보다 4 크고, 16은 11보다 5 크다.
1, 2, 4, 8, 16, 32	설명: 앞의 수에 2를 곱하면 그 다음 수가 된다.

- 규칙성을 탐구할 때는 항상 학생들에게 자신이 찾은 규칙을 설명하게 해야 한다.

초기의 수 개념

세지 않고서도 어떤 양의 많고 적음을 비교하고 인식하는 것은 본격적인 수 세기 활동을 위한 중요한 경험이다. 시각적 비교는 적은 개수를 인식하는 데 도움이 된다. 피아제와 다른 연구자들의 연구에 의하면, 어린 아동들에게는 이러한 시각적인 수 인식이 불안정할 수 있다고 한다(Kilpatrick et al., 2001). 하지만 이것은 수 개념 발달에서 중요한 단계이다.

수의 보존성

주어진 수는 변하지 않는다는 **수의 보존성**은 아동의 사고를 반영한다. 교사는 아동의 수의 보존성 결여를 인식해야 하며, 초기의 수 개념과 수 세기 개발에 있어서 수의 보존성의 중요성을 이해해야 한다. 이러한 현상은 여러 가지 형태로 나타나지만, 여기서는 수 세기와 수와 관련된 한 가지 예를 살펴보기로 하자.

교사와 5~6세 아동이 나란히 두 줄로 배열된 블록을 지켜보고 있다. 교사가 아동에게 검은색 블록이 많은지 흰색 블록이 많은지 비교하게 한 다음, 아래와 같은 대화를 시작하였다.

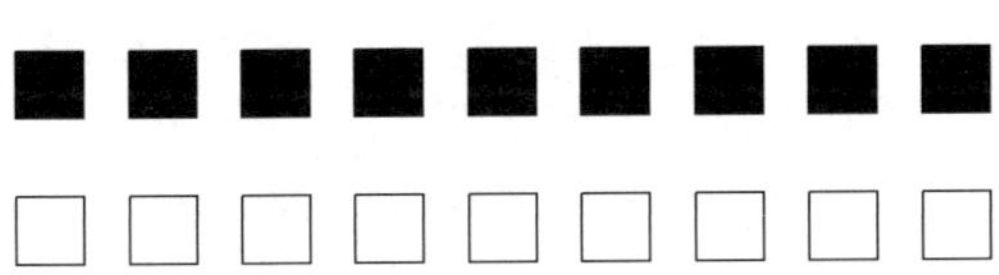

교사: 검은색 블록은 몇 개지요?
학생: [그것들을 세면서] 아홉 개요.
교사: 흰색 블록은 몇 개지요?
학생: [다시 세면서] 아홉 개요.
교사: 검은색 블록이 더 많은가요, 흰색 블록이 더 많은가요?
학생: 같아요.

이제 교사는 흰색 블록을 아래와 같이 펼쳐 놓는다.

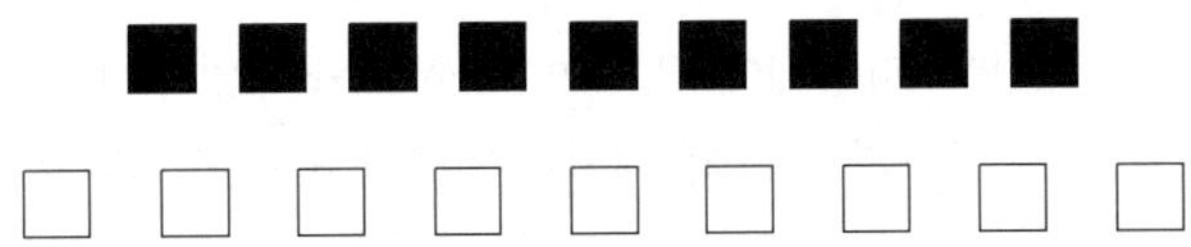

교사: 검은색 블록은 몇 개지요?
학생: 아홉 개요.
교사: 흰색 블록은 몇 개지요?
학생: 아홉 개요.
교사: 검은색 블록이 더 많은가요, 흰색 블록이 더 많은가요?
학생: 흰색 블록이 더 많아요.
교사: 검은색 블록이 아홉 개, 흰색 블록이 아홉 개라고 말한 것 같은데.
학생: 맞아요. 그렇지만 [흰색 블록을 가리키며] 이쪽 아홉 개가 더 커요.

이 예는 어린 아동이 배열이나 배치에 따라서 개수가 변한다고 생각하는 전형적인 사례이다. 위의 아동은 블록의 배열을 펼쳐 놓으면 블록의 개수가 변한다고 믿고 있기 때문에, "이쪽 아홉 개가 다른 아홉 개보다 커요."라고 말하였으며 자신의 추론에 아무런 문제가 없다고 생각한다. 결국 이 단계에 있는 아동들은 어떤 대상의 개수는 배열에 따라서 달라질 수 있다고 믿는다.

아래와 같은 구슬 묶음을 살펴보자.

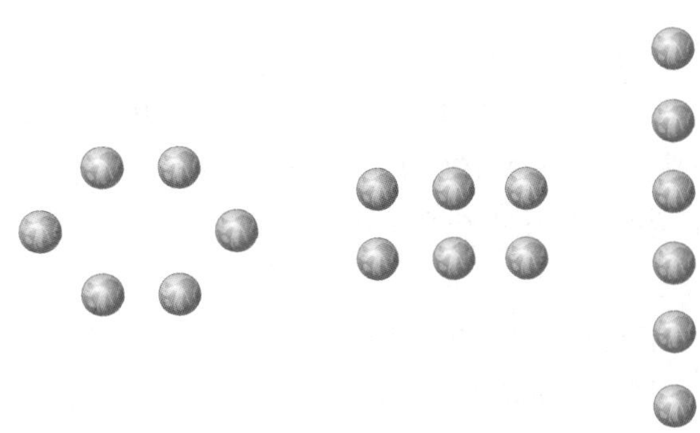

어떤 아동은 각 묶음의 구슬을 여섯 개라고 세었지만 한 묶음이 다른 묶음보다 더 많다고 말한다. 어른들에게는 "이쪽 여섯"이 "저쪽 여섯"보다 더 많다고 하는 것이 터무니없어 보이겠지만, 이 책에 제시

된 다른 예들을 보면 아동의 논리와 어른의 논리가 매우 다르다는 것을 알 수 있다.

보존성은 피아제에 의하여 주로 연구되었으며 이후 많은 연구의 주제가 되었다. 5세나 6세 이전의 아동들은 수의 보존성을 이해하기 어렵다. 이 연령의 아동들은 한 집합 내에서 사물을 움직이는 것이 사물의 개수에 영향을 주지 않는다는 것을 깨닫지 못한다. 대부분의 유치원생 또는 많은 1~2학년 아동들은 보존성을 이해하지 못한다. 수 세기는 잘하지만 보존성에는 여전히 미숙할 수 있다. 이러한 일이 일어날 때마다 수의 불변성을 인식하도록 하는 수업 활동이 적용되어야만 한다.

묶음 인식

분류하기와 비교하기에서 경험하는 규칙성 찾기는 수 감각을 형성하는 데 도움이 된다. 실제로 수 세기를 하기 전부터 아동들은 작은 수 — 즉 코 하나, 두 손, 바퀴 세 개 — 를 인식한다. 연구에 따르면, 대부분의 아동들은 학교에 들어가기 전에 수 세기를 하지 않고서도 세 개 이하의 개수를 인식할 수 있다(Clements & Sarama, 2011).

사물이 '몇 개인지를 즉시 인식하는' 기능을 **즉각적 인지**(subitizing)라고 한다. 'subitizing'은 라틴어로 '즉각적인(suddenly)'이라는 뜻이다. 이 즉각적인 인지는 아동들에게 개발시켜야 할 중요한 기능이다. 사실 1학년의 수업목표 중 하나는 작은 개수에 대한 즉각적인 인지 능력을 개발하는 것이다. 다섯 또는 여섯 개까지의 양에 대한 시각적 인식은 다음과 같은 몇 가지 이유에서 중요하다.

1. **시간을 절약한다.** 작은 묶음으로 수를 인지하는 것은 그 묶음에 속하는 각각을 일일이 세는 것보다 훨씬 더 빠르다.
2. **강력한 수 개념을 개발하는 데 도움을 준다.** 작은 묶음을 바로 인지할 수 있는 아동은 "3은 2보다 더 많다 그리고 3은 4보다 적다."와 같은 순서 관계를 일찍부터 인식한다.
3. **세련된 수 세기 기능을 개발하는 데 도움이 된다.** 작은 묶음을 바로 인지하는 아동은 바로 인지한 묶음부터 수 세기를 하기 때문에 수 세기를 훨씬 더 빠르게 할 수 있다.
4. **덧셈과 뺄셈의 발달을 촉진한다.** 덧셈과 뺄셈의 초기 활동은 사물의 조작으로부터 시작한다. 아동이 사물의 개수를 작은 묶음으로 인식할 수 있다면 결합하거나 분리해야 하는 작은 개수를 세지 않아도 되기 때문에, 연산 자체의 활동에만 집중할 수 있다.

시각적 인식은 주사위나 도미노에 있는 점의 개수를 파악하는 기능에서도 볼 수 있다. 실제로 이러한 교구들은 시각적 인식 기능을 개발하고 연습하기 위한 자연스럽고 흥미로운 자료이다. 아동들이 나이가 들어감에 따라, 사물의 개수를 인식하는 능력은 계속 발전하지만 그 능력에는 한계가 있다. 특정한 배열은 좀 더 쉽게 인식되거나 즉각적인 인지가 가능하다. 예를 들어, 아래의 배열을 살펴보자.

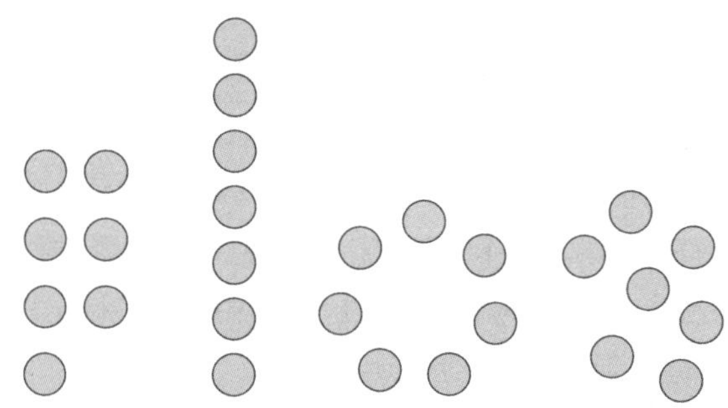

아동들은 일반적으로 직사각형 배열을 가장 쉽게 인식하며, 그 다음으로 선형, 원형을 쉽게 인식하는 반면에, 흩어진 배열을 가장 어렵게 인식한다. 주어진 배열을 어떤 묶음으로 인식하지 못한다면, 많은 양을 인식하는 데 어려움을 겪는다. 대상들이 카드나 도미노에서 볼 수 있듯이 공통적인 모양으로 배열되어 있을지라도, 6 또는 8 이상의 배열을 즉각적으로 인지할 수 있는 사람은 별로 없다. 예를 들어, 다음과 같은 새의 그림을 살펴보자.

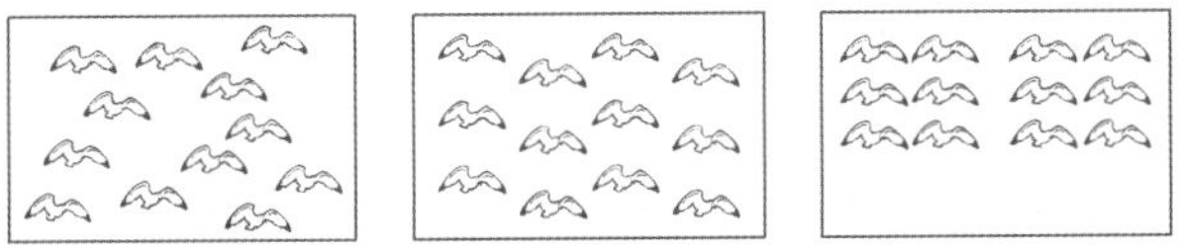

새는 몇 마리인가? 각각의 그림에는 새가 12마리씩 있지만, 아마 여러분은 다양한 방법으로 세었을 것이다. 왼쪽에 있는 그림에는 분명한 묶음이 없기 때문에, 여러분은 모든 새를 하나씩 세었거나 또는 어떤 부분집합에 있는 새의 개수를 즉각적으로 인지한 다음에 나머지를 세었을 것이다. 다른 두 그림에는 몇 가지 자연스러운 묶음 — 즉, 3씩 네 묶음과 6씩 2묶음 — 이 가능하다. 직접 세거나 부분집합으로 만들지 않고서 더 큰 묶음을 인식하는 것은 훨씬 더 어렵다. 그럼에도 작은 묶음에 대한 인식, 즉 즉각적인 인지는 더 큰 묶음의 개수를 세는 데 강력한 수단이다. 클레먼츠와 사라마(Clements & Sarama, 2007)는 즉각적인 인지는 수 세기를 위한 필수조건이라고 주장하였다.

비교(일대일 대응)와 순서 짓기

양의 비교는 수 세기를 학습하는 데 있어서 또 다른 중요한 부분이며, 수에 대한 지식의 발달에 있어서도 필수적이다. 비교는 아동들이 교실에서 자료를 사용할 때 자주하는 활동이다. 교사 주도의 비교 활동을 하면서 다음과 같은 질문을 할 수 있다.

모든 사람이 종이 한 장을 갖고 있는가?
의자가 더 많은가, 책상이 더 많은가?

이러한 질문은 직접적으로 또는 간접적으로 비교와 관련되며, 이러한 비교를 통하여 일대일 대응이라는 매우 중요하고 강력한 수학적 개념을 이끌 수 있다. 그림 7-2의 (a)를 보고 다음과 같은 질문을 생각해 보자. 하트가 더 많은가, 사람 모양의 과자가 더 많은가? 과자가 접시 위에 흩어져 있다면, 일일이 세는 것이 해결책이 될 수 있다. 그러나 과자가 그림 7-2의 (b)와 같이 일렬로 정렬되어 있다면, 세지 않고

(a) (b) (c)

그림 7-2 비교를 위한 모델: (a) 세기 (b) 세지 않고 물리적 비교 (c) 일대일 대응

직접 비교할 수 있을 것이다. 때로는 그림 7-2의 (c)와 같이, 서로 연결하여(실로 연결하거나 선 또는 화살표를 그려서) 일대일 대응을 시키면, 시각적으로 나머지를 확인하여 비교할 수 있다. 이 경우에 일대일 대응을 통하여 과자보다 하트가 하나 더 많다는 것을 확인할 수 있다. 사물의 개수를 확인하기 위하여 卌와 같은 계수로 표시하는 과정은 일대일 대응의 개념에 기초한 것이다.

비교를 할 때, 학생들은 중요한 속성과 관련 없는 속성을 구별할 수 있어야 한다. 예를 들어, 그림 7-3의 (a)에서 나뭇잎을 더 많이 가진 사람은 보미인가 선미인가? 제시된 나뭇잎들은 크기, 모양, 색에서 매우 다양하다. 그렇지만 대응이 이루어지는 절차는 같다.

비교를 위하여 두 집합의 원소들을 나란히 정렬하는 데 정사각형 모양의 종이나 색인 카드를 사용하면 도움이 된다. 이 경우 그림 7-3의 (b)와 같이, 각 카드에 나뭇잎을 하나씩 놓은 다음 바닥을 같게 하여 쌓으면 비교하기 쉽다. 이 방법은 정보를 그래프로 표현한 것이며, 빠르고 정확한 시각적 비교를 가능하게 한다.

그림 7-3에 제시된 예를 보고 같은 의미를 포함하고 있는 몇 가지 다른 언어적 표현이 가능하다.

보미는 선미보다 나뭇잎을 많이 갖고 있다.
선미는 보미보다 나뭇잎을 적게 갖고 있다.

아동은 '**더 많다, 더 적다, 같다**'와 같은 관계적 표현에 익숙해질 필요가 있다. 이러한 표현에 익숙한 다음에는 좀 더 구체적인 표현이 가능하다.

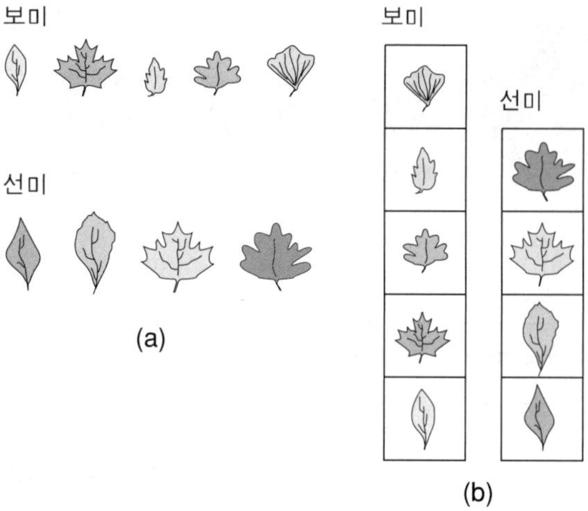

그림 7-3 비교를 위한 모델: (a) 세기 (b) 세지 않고 물리적 비교 (c) 일대일 대응

> 보미는 선미보다 나뭇잎을 한 개 더 많이 갖고 있다.
> 선미는 보미보다 나뭇잎을 한 개 더 적게 갖고 있다.

이 경우에, 순서와 연속의 개념이 개발되고 있는 것이다. 아동들은 4는 5와 3 사이에 있는 수일 뿐만 아니라 3보다 1 크고 5보다 1 작은 수라는 것을 깨닫게 된다. 이러한 관계의 이해에는 5 > 4(5는 4보다 크다) 또는 4 < 5(4는 5보다 작다)와 같은 비교 및 순서 짓기가 포함된다. 수들 사이의 관계를 서로 다른 방식으로 표현하고 설명하는 것은 수 개념에서 중요한 단계이다.

두 개 이상의 대상들 사이에서 비교가 이루어지면, 순서 짓기를 할 수 있다. 그림 7-4에 제시된 모델들은 **하나 더 많다**와 **하나 더 적다**의 개념을 나타낼 뿐만 아니라 5의 개념을 제시하고 있다. 이러한 모델을 사용하면 아동들은 4와 5를 연결할 수 있게 된다. 예를 들어, 아동들은 다음과 같이 말할 것이다.

> 노란 막대는 보라색 막대보다 한 칸이 더 길다.
> 5카드는 가운데 하트가 하나 더 있는 것을 빼면 4카드와 같다.

이러한 모델과 규칙성을 많이 경험함으로써 아동들은 수를 추상화할 수 있으며 수들 사이의 관계를 이해할 수 있다.

그림 7-4에 제시한 퀴즈네어 막대와 연결 블록은 **하나 더 많다**와 **하나 더 적다**의 개념을 분명하게 보여준다. 예를 들어, 5 > 4, 4 > 3, 3 > 2와 같이 순서 관계를 잘 보여준다. 이를 통하여 5 > 4 > 3 > 2의 순서 관계를 이해할 수 있다.

퀴즈네어 막대의 계단은 **더 많다**의 개념은 설명할 수 있지만, 계단의 길이가 분명해지기 전까지는 얼마나 더 많은지를 설명할 수 없다. 만일 단위 막대의 길이를 확인하지 않고 각각의 막대를 사용한다면, 각각의 막대에 특정한 수를 부여할 수 없을 것이다. 따라서 퀴즈네어 막대는 카드나 연결 막대와는 다른 수 개념 개발 모델이다.

다른 모델보다 0을 아주 분명하게 설명하는 모델이 있다. 예를 들어, 길이가 0인 막대는 하트의 개수가 0인 카드보다 이해하기가 더 어렵다. 따라서 자연스러워질 때까지는 적절한 모델(수직선과 같은)을 사용해서 조심스럽게 0을 도입해야 한다. 무엇인가 존재하기는 하는데 없음을 나타내는 수로 0을 사용하

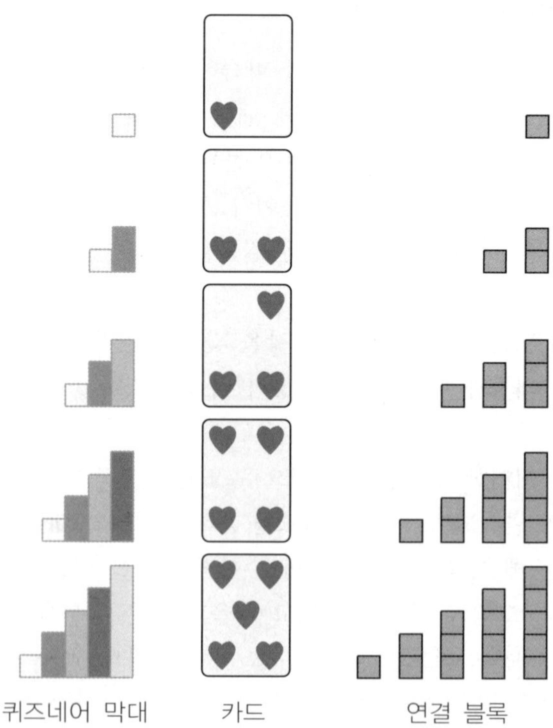

그림 7-4 하나 더 많다와 하나 더 적다의 세 가지 모델

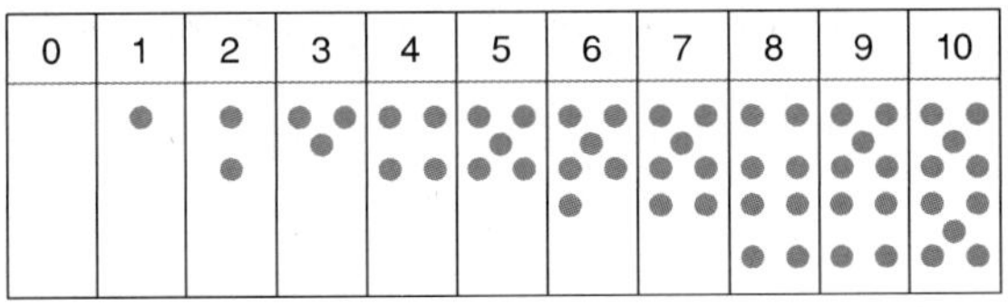

| 그림 7-5 0부터 10을 나타낸 점

게 함으로써 '0'과 '아무것도 없다(nothing)'를 구별하도록 도와주어야 한다. 예를 들어, 게임에서 점수를 말할 때, "3 대 없음(nothing)"이라고 말하기보다는 "트윈즈 3 베어즈 0"이라고 말하는 것이 더 낫다.

10까지의 수 개념을 개발할 때, 그들 사이의 여러 가지 규칙성을 발견하고 인식하고 사용하고 논의하는 것이 중요하다. 다양한 관계를 보여주는 많은 규칙성을 그림 7-5에서 찾을 수 있다.

예를 들어, 수 7은 점 5개에 점 2개가 더 있음을 보여준다. 수 10은 점 5개가 두 번 있음을 볼 수 있다. 위의 그림에서 수 6은 점 5개와 점 1개로 보이지만, 그림 7-6과 같이 다른 표현들이 가능하며, 이것에 대해서 학생들과 탐구하고 논의해야 한다. 예를 들어, 그림 7-6(b)에서 6은 점 3개짜리 한 묶음, 점 2개짜리 한 묶음, 점 1개짜리 한 묶음으로 표현될 수 있다. 또한 (a)와 (d)처럼 3개씩 두 묶음으로, 또는 (c)처럼 2개씩 세 묶음으로 표현될 수도 있다. 이 상황에서는 덧셈이나 곱셈에 대해서 언급할 필요는 없지만, 이러한 관찰은 나중에 이들 연산을 학습할 때 도움이 된다.

7부터 10까지의 수에 대해서도 위와 유사한 표현과 응용이 있어야 한다. 예를 들어, 일주일이 7일이라는 것은 7개씩 한 묶음이며, 정육면체의 꼭짓점의 개수인 8은 4개씩 두 묶음이며, 틱텍토(tic-tac-toe) 게임의 칸 수인 9는 3개씩 세 묶음을 나타낸다. 또한 학생들에게 같은 수를 여러 가지로 표현하게 함으로써, 수의 보존성을 확인하게 할 수 있다. <수업자료 7-3>은 1부터 6까지의 수를 학습하기 활동이다.

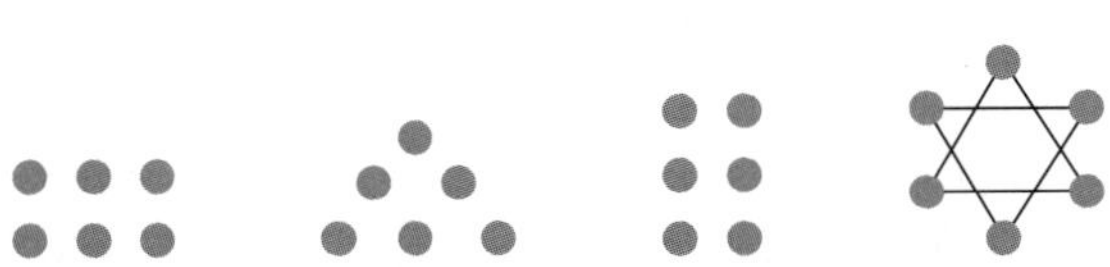

(a) (b) (c) (d)

| 그림 7-6 6의 여러 가지 표현

수|업|자|료|7-3

점수는 얼마인가?

학습목표: 같은 수에 대한 서로 다른 시각적 표현을 인식한다.
대상학년: K~1학년

- 아동들에게 빈 카드를 나누어 준다.
- 빈 카드에 점의 개수를 1부터 6까지 그리게 한다.
- 아래와 같이 점의 배열을 서로 다르게 하여 3세트를 만들게 한다.

- 카드를 섞은 다음, 한 아동이 한 장을 선택한다.
- 다른 아동들에게 점의 개수가 같은 카드를 찾게 한다.
- 이 활동을 여러 번 반복한다.

<심화활동>
- 카드 한 장을 선택한 다음, 아동들에게 점의 개수가 하나 더 많은(또는 하나 더 적은) 카드를 찾게 한다.
- 카드 세 장을 선택하여 가장 큰 것부터 가장 작은 순서로 배열하게 한다.
- 7부터 10까지의 카드를 더 만들게 한 다음, 같은 활동을 하게 한다.

수 세기

수 세기란 무엇인가? 이것은 아동이 수의 값을 이름으로 부르는 것으로 아주 복잡한 과정이다. 수 세기 과정을 좀 더 자세히 들여다보면, 사물이 몇 개나 있는지를 아는 데에는 두 가지의 서로 다른 행동이 포함되어 있다. 아동은 '하나'에서부터 시작하는 일련의 수 이름을 순서대로 말해야 하며, 각 수의 이름을 부를 때마다 사물을 한 개씩 가리켜야 한다.

아동은 어른이나 나이가 더 많은 아동들을 모방함으로써 이들 수 이름을 배운다. 어린 아동들은 처음 수 세기를 연습할 때는 종종 수 이름을 관습적인 순서로 말하지 않는다. 어떤 어린 아동은 "하나, 둘, 다섯, 여덟, 열다섯, 열둘, 여섯, 백"이라고 말하는데 이것은 이상한 것이 아니다. 이러한 수 세기가 이상하게 들릴 수도 있겠지만, 아주 자연스러운 현상이다. 이것은 수 세기에 필요한 수 이름과 수의 순서를 모두 기억해야 하는 아동의 어려움을 반영하고 있다.

나중에 아동들은 사과, 블록, 카드, 돌, 나무 조각, 꽃잎 등을 셀 수 있을 것이다. 그림 7-7의 사진에 제시된 꽃잎의 개수를 세어보자. 이 사진은 수 세기를 연습할 수 있는 아주 흥미로운 상황을 제공하며, 수는 자연 속의 어느 곳에서나 존재하고 있다는 점을 상기시켜준다.

블록이나 꽃잎과 같은 대상은 **이산적 대상**(즉, 그 자체가 다루기 쉽고 세기 쉬운 것)이다. 컵에 들어 있는 물의 양이나 사람의 몸무게와 같은 **연속적 대상**은 세어지기보다는 측정된다.

그림 7-7 자연에서의 수 세기 연습을 위한 모델(출처: photoDisc/Getty Images, Digital Vistion/Getty Images)

수 세기의 원리

아동은 수를 어떻게 세는가? 실제 수 세기 상황을 살펴보자. 조개 7개를 센다고 가정해보자. '합리적인 수 세기를 하는 아동'이라고 부르게 될 이 아동은 그림 7-8과 같이 조개를 셀 때마다 각각의 수 이름을 말한다. 물론 합리적인 수 세기를 하는 아동은 마지막으로 말한 수 이름 '일곱'이 전체 개수 즉, 조개의 집합수라는 것도 인식하고 있다.

성인인 여러분은 아마도 수 세기를 하기 위하여 얼마나 많은 노력을 했는지 잘 기억하지 못할 것이다. 그러나 아동들을 관찰해 보면, 수 세기 전략이 다양하고 수년에 걸쳐서 순차적으로 발달해 가는 과정이라는 것을 알 수 있다(Fuson, 2003a, 2003b; Schwerdtfeger & Chan, 2007). 다음은 수 세기 과정에서 기본적으로 요구되는 네 가지 원리이다.

1. **일대일 대응의 원리**. 세어지는 각 대상은 단 하나의 수 이름이 할당되어야 한다. 그림 7-8과 같이, 각각의 조개와 수 이름 사이에는 일대일 대응이 성립되어 있다.
2. **안정된 수 이름의 원리**. 일련의 수 이름은 대상을 셀 때마다 항상 고정된 순서로 사용되어야 한다.

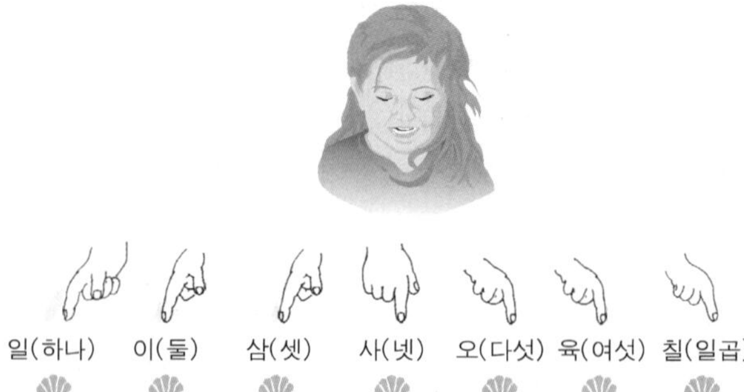

그림 7-8 합리적인 수 세기: 올바른 순서와 올바른 대응

그림 7-8의 아동은 '하나'에서 시작하여 '둘, 셋, … 일곱'이라는 특별한 순서로 진행하고 있다.

3. **순서 무관의 원리**. 대상을 세는 순서는 문제가 되지 않는다. 따라서 어떤 대상에서나 시작할 수 있고 어떤 순서로든지 셀 수 있다.
4. **기수의 원리**. 마지막으로 사용된 수 이름이 대상의 개수이다. 이 원리는 수 세기를 통하여 몇 개인지를 파악하는 것이다. 어떤 대상을 먼저 세는지 또는 어떤 순서로 세는지에 상관없이, 마지막에 말한 대상의 수 이름이 센 묶음의 집합수이다.

이러한 수 세기 원리를 알고 있는 아동들도 수 세기를 할 때 혼동하거나 불안정할 수 있다. 그러나 연구에 따르면, 수 세기를 많이 경험하거나 격려하면 어린 아동들도 직접 가르치지 않고도 효과적인 수 세기 전략을 개발할 수 있다고 한다(Clements & Sarama, 2007). 교사가 이러한 원리를 알고 있다면, 아동의 수 세기 기능의 수준을 파악하는 데 도움이 될 것이다. 이러한 원리를 충분히 이해한 상태에서 아동들을 주의 깊게 관찰하면, 아동이 저지르는 수 세기의 실수를 정확하게 파악할 수 있을 것이다. 일단 문제점이 진단되면, 그 문제점에 초점을 맞추어 지도할 수 있다.

수 세기에는 몇 가지 단계가 있으며, 각 단계는 하나 이상의 수 세기 원리가 반영되어 있다. 예를 들어, 어떤 아동은 대상을 정확하게 셀 수 있지만 몇 개인지를 모르는 경우도 있다. "책상 위에는 조개가 몇 개나 있니?"라는 질문에 어떤 아동은 그림 7-8과 같이 "하나, 둘, 셋, 넷, 다섯, 여섯, 일곱"이라고 올바르게 세어놓고도, 이 질문의 답을 말하지 못한다. 이 아동은 마지막으로 말한 수 이름이 몇 개인지를 말해준다는 것을 깨닫지 못한 것이다.

그림 7-8의 조개는 선형으로 배열되어 있기 때문에, 직사각형이나 흩어진 배열보다는 세기 쉽다. 수 세기를 하기 전에 아동에게 대상을 조직적으로 배열하게 하면, 대상을 두 번 세거나 빼먹는 수 세기 오류의 가능성을 줄이는 데 도움이 된다.

기계적인 수 세기 기계적인 수 세기를 하는 아동은

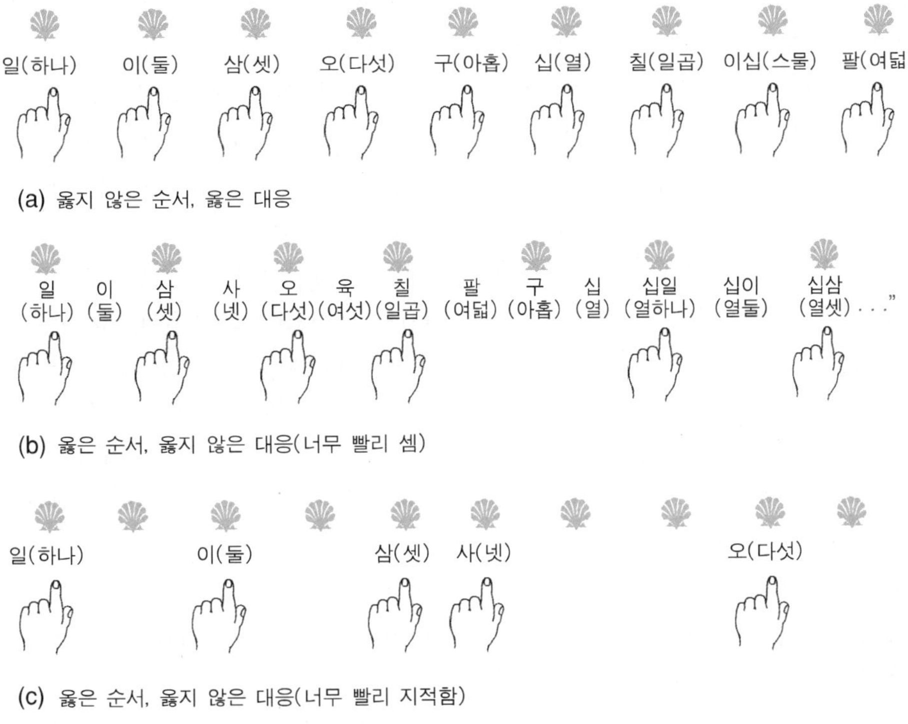

그림 7-9 기계적인 수 세기의 오류

몇 가지 수 이름을 알고 있지만, 그림 7-9(a)와 같이 올바른 순서로 알고 있지 않다. 이 경우에 아동은 수 이름을 말하겠지만 그 수 이름은 올바른 순서가 아니다. 이러한 아동들은 같은 대상을 여러 번 '셀' 수도 있으며, 셀 때마다 다른 수 이름의 순서를 사용할 것이다. 이러한 오류를 범하는 아동들에게는 두 번째 수 세기 원리인 **안정된 순서의 원리**에 초점을 맞춘 지도가 필요할 것이다.

수 이름의 순서를 올바르게 알고 있더라도 기계적인 수 세기를 하는 아동은 세는 대상과 수 이름 사이의 옳은 대응을 유지하지 못한다. 그림 7-9(b)를 보면, 기계적인 수 세기를 하는 아동이 대상을 가리키는 것보다 더 빨리 수 이름을 말하기 때문에, 수 이름과 세는 조개의 수가 일치하지 않는다. 또한 기계적인 수 세기를 하는 아동은 그림 7-9(c)와 같이 수 이름을 말하는 것보다 더 빨리 대상을 가리키기도 한다. 이러한 기계적인 수 세기를 하는 아동은 대상을 가리키기는 하지만 가리킨 각각의 대상에 해당하는 수 이름을 말하지 못한다. 이러한 유형의 오류를 범하는 아동들에게는 수 세기를 천천히 하게 하거나 일대일 대응의 중요성을 강조하면 도움이 된다.

올바른 수 세기를 하기 위해서는 앞에서 언급한 네 가지 원리를 잘 알아야 한다. 그렇지 않으면 아동은 수 이름을 순서대로 말하지 않거나 세는 각 대상에 수 이름을 적절히 대응시키지 못한다. 일대일 대응은 기계적인 수 세기와 합리적인 수 세기를 구분하는 결정적인 원리이다. 수 세기에서 일대일 대응을 할 수 있다는 것은 매우 큰 발전이며 합리적인 수 세기를 위한 선결 요건이다.

합리적인 수 세기 합리적인 수 세기에서도 세는 대상에 수 이름을 순서대로 올바르게 말하는 것이 중요하다. 그러나 이 외에도 합리적인 수 세기를 하는 아동은 일대일 대응을 사용할 뿐만 아니라 세는 대상의 개수에 대해서도 답할 수 있다. 합리적인 수 세기를 하는 아동은 수 세기의 네 가지 원리 모두를 구현할 수 있다.

합리적인 수 세기는 모든 초등학교 1학년 아동들에게 중요한 기능이다. 아동은 이러한 기능의 발달을 통하여 자신의 발전을 알게 되고 자신의 성취를 자랑으로 여기게 된다. 1학년 초에 어떤 아동은 10까지, 어떤 아동은 20까지, 어떤 아동은 30까지, 어떤 아동은 50까지 셀 수 있으며, 100까지 세는 아동은 그리 많지 않을 것이다(Fuson, 2003). 표 7-1에 제시한 바와 같이, CCSSM은 유치원 아동들에게 100까지 세는 것을 성취기준으로 제시하고 있다. 이를 위해서는 규칙적인 연습을 하게 해야 하며 각각의 아동별로 가능한 한 큰 수까지 세도록 격려해야 한다.

수 세기 전략

일단 10 또는 20까지의 합리적인 수 세기가 숙달되면, 더 효율적이고 세련된 수 세기 전략이 도입되어야 한다.

앞으로 세기 앞으로 세기는 어떤 수에서 시작하여 올바른 순서로 수의 이름을 말하여 세는 방법이다. 예를 들어, 동전 8개에 동전 3개가 더해졌을 때, 8에서 시작하여 '아홉, 열, 열 하나'로 셀 수 있으며, 또는 78에서 시작하여 '칠십 구, 팔십, 팔십 일', 또는 98에서 시작하여 '구십 구, 백, 백 일'로 셀 수 있다. 앞으로 세기는 이미 센 동전 8개에 동전 3개가 더해졌을 때, 전체 개수를 세는 방법이다. 앞으로 세기를 연습하면 중요한 규칙을 발견하게 한다. 또한 앞으로 세기는 덧셈의 발달에 있어서 핵심적인 전략이다(Thomas, Tabor, & Wright, 2011).

아동이 앞으로 세기나 거꾸로 세기를 하기 위해서는 시작하는 수를 인식해야 하고 앞뒤의 수를 알고 있어야 한다. 즉, 8에서 시작했다면, 8 바로 이전의 수와 이후의 수를 알고 있어야 한다. 연구에 따르면, 모든 수 세기 원리를 알고 있는 아동들일지라도 어떤 수의 앞과 뒤에 오는 수를 혼동하거나 확실하게 알지 못한다(Fuson, 2003a, 2003b).

거꾸로 세기 거꾸로 세기는 특정한 지점에서 시작해서 반대 순서로 수 이름을 정확하게 말하여 세는 것이다. 예를 들어, “보미는 토끼 22마리를 갖고 있었는데 3마리를 잃어버렸다.”라는 문제를 거꾸로 세기로 풀면, “스물 하나, 스물, 열아홉”으로 센 다음 19마리라고 답할 수 있다. 초보 단계에서는 거꾸로 세기를 로켓 발사와 관련시킬 수 있다(카운트다운 — 5, 4, 3, 2, 1, 발사). 거꾸로 세기는 나중에 뺄셈의 발달에 도움이 된다.

수업자료 7-4

달력 속의 수

학습목표: 달력을 이용하여 앞으로 세기와 거꾸로 세기를 할 수 있다.
대상학년: 2~3학년

- 아래의 달력을 관찰해 보자.

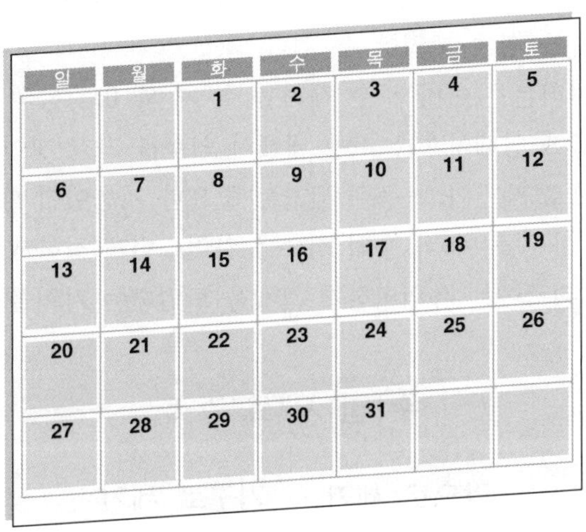

1. 달력에는 많은 규칙이 들어 있다. 어떤 규칙이 있는가?
2. 7일부터 7일 뒤의 날짜와 요일?
3. 5일부터 1주일 뒤의 날짜와 요일?
4. 월요일부터 시작해서 7일을 앞으로 세었다면, 그 날은 무슨 요일인가?
5. 일요일부터 시작해서 4일을 뒤로 세었다면, 그 날은 무슨 요일인가?
6. 30일로부터 5일 전의 날짜와 요일은?
7. 21일로부터 5일 뒤의 날짜와 요일은?
8. 11일로부터 7일을 앞으로 세었다면, 그 날짜와 요일은?
9. 27일로부터 7일을 뒤로 세웠다면, 그 날짜와 요일은?
10. 계산기를 사용해서 자신의 문제를 만들어라. 그 문제를 친구에게 풀어보게 해라.

수 세기 수업에는 앞으로 세기뿐만 아니라 거꾸로 세기 연습도 포함시켜야 한다. 거꾸로 세기 — “5, 4, 3, 2, 1” — 는 아동들로 하여금 수열을 형성하도록 하며, 각각의 수를 다른 수들과 여러 가지 방식으로 관련짓게 한다. <수업자료 7-4>는 달력을 이용하여 앞으로 세기와 거꾸로 세기를 연습하는 방법이다.

수직선은 앞으로 세기와 거꾸로 세기를 학습하는 데 또 다른 모델이 될 수 있다. 수직선은 교실의 벽이나 바닥에 그려서 사용할 수 있다.

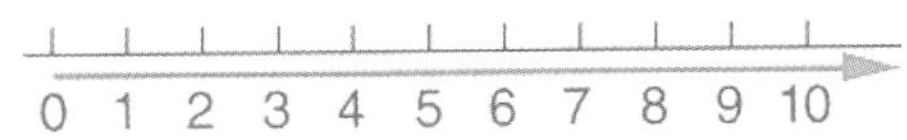

수직선은 수의 순서를 시각적으로 잘 보여주는 좋은 모델이지만, 아동들이 수를 셀 때 오류유형 7-2와 같은 오류를 범하지 않도록 지도해야 한다.

일단 수직선을 확실하게 이해하면, 수직선은 시작점 A에서 B까지 앞으로 세거나 시작점 B에서 A로 거꾸로 셀 수 있는 훌륭한 모델이 될 수 있다.

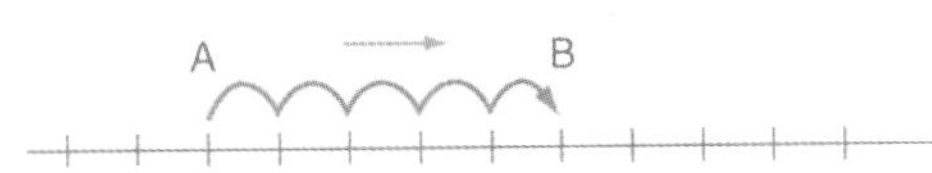

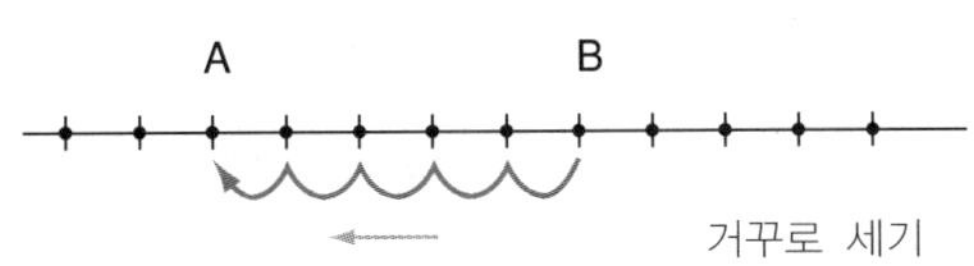

수직선에서 앞으로 세기가 덧셈의 모델이 되듯이, 거꾸로 세기는 뺄셈의 모델이 된다. 예를 들어, 아래 수직선에서 B를 시작점으로 하여 5칸을 거꾸로 센다. 이 활동 모델을 통하여 $7-5=2$임을 알 수 있다.

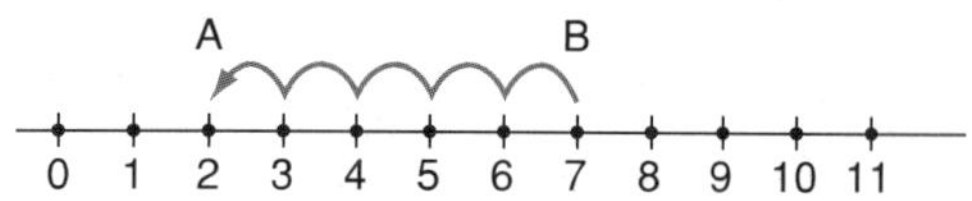

아래와 같이 바뀐 수직선에서 B로부터 5칸 거꾸로 세면 $3-5=-2$의 모델이 되며, 정수를 자연스럽게 도입할 수 있는 방법이다.

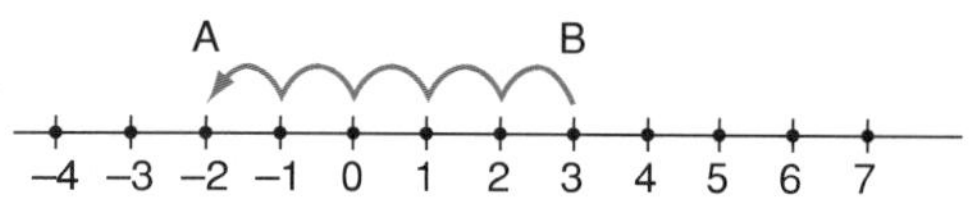

수직선은 끝이 없기 때문에 -1인 B로부터 5를 거꾸로 세면 또 다른 연산의 모델이 된다. 예를 들어, 아래 수직선에서 B는 -1을 나타내며, 결국 $-1-5=-6$을 나타내는 모델이다.

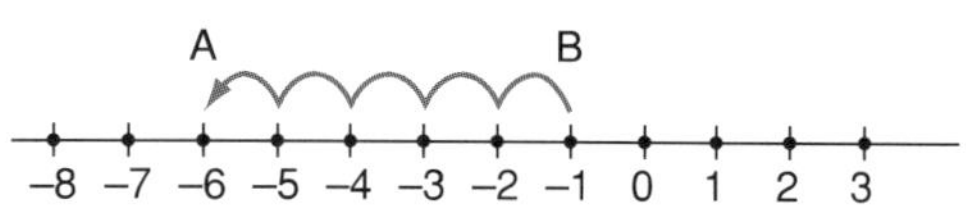

따라서 수직선의 각 점을 정확한 수로 표시하는 것이 중요하다. 아동들은 수직선에 모든 수들을 나타낼 수 없기 때문에, 수직선의 일부만 볼 수 있다는 점도 알아야 한다. 또한 수직선의 일부는 특정한 수에 초점을 맞추어 제시하는 경우도 있다.

마치 어른들이 알파벳을 거꾸로 말하는 것을 어려워하듯이, 많은 아동들이 거꾸로 세기를 어려워한다. <수업자료 7-5>는 계산기를 사용하여 앞으로 세기와 거꾸로 세기를 하는 활동이다. 계산기는 거꾸로 세기 능력을 향상시키는 데 큰 도움이 되는 교구이다. 많은 아동들이 계산기를 사용하면 거꾸로 세는 것이 앞으로 세는 것만큼이나 쉽다는 것을 알고는 놀라워한다. 계산기로 거꾸로 세기를 하면 0과 음의 정수를 쉽게 도입할 수 있다.

여러분은 아마도 수 세기를 할 때 왜 0과 음의 정수를 도입해야 하는지에 대해서 의문을 가질 것이다. 앞으로 세기와 거꾸로 세기는 중요한 기능이기 때문에, 아동들은 0과 음의 정수를 자연스럽게 접하게 되며, 결국에는 유의미하게 그것을 도입하는 기회를 얻

[오류유형 7-2]

- 과제: 보미와 성민이는 얼마나 떨어져 있는가? 일반적인 오답은 3과 5이다.

- 원인: 3과 5로 답하는 이유는 아래와 같다.
  - 오답 3: 두 사람 사이에 점이 3개 있으니까 거리는 3이다.
  - 오답 5: 두 사람이 밟고 있는 점 2개와 그 사이에 있는 점 3개를 합하면 거리는 5이다.
- 지도방법: 수직선에서 두 사이의 거리는 두 점 사이의 길이 즉, 간격을 의미한다는 것을 인식시킨다.

수|업|자|료|7−5

앞으로 세기 … 거꾸로 세기

학습목표: 계산기를 사용하여 수 세기와 수 감각을 개발한다.
대상학년: 1~3학년

- 계산기를 사용한다. 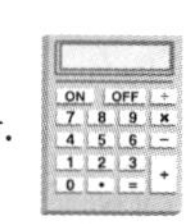 1 + 1을 입력한다. = = = =, … 누른다. 8이 되면 멈춘다. 다음 수를 예상한다. 15까지 수를 센다. 화면을 가린다.

화면에 어떤 수가 나올 것이라고 생각하는가? 내 생각이 맞는지 화면을 확인한다.

4 + 1 : ____, ____, ____, ____, ____, ____,
4 − 1 : ____, ____, ____, ____, ____, ____,
10 − 1: ____, ____, ____, ____, ____, ____,
0 + 2 : ____, ____, ____, ____, ____, ____,
0 − 2 : ____, ____, ____, ____, ____, ____,

게 된다. 더욱이 대부분의 어린 아동은 이미 0과 음의 정수에 대해서 직관적 지식을 갖고 있기 때문에, 계산기에서 거꾸로 세기 활동을 통하여 수직선 위에서 0과 음의 정수를 나타낼 수 있다.

뛰어 세기 뛰어 세기는 수 이름을 하나씩 말하는 대신에 둘씩, 다섯씩, 열씩, 또는 다른 값만큼씩 말하면서 센다. 시작점과 방향은 선택사항이다. 뛰어 세기는 <수업자료 7-6>과 같이 다양한 규칙성을 제공할 뿐만 아니라, 수 세기 연습을 제공하고 곱셈과 나눗셈을 준비하는 활동이기도 하다.

몇몇 스포츠에서 점수를 계산하는 방식을 보면, 뛰어 세기를 확인할 수 있다. 즉 농구에서는 2점, 3점씩, 그리고 미식축구에서 2점, 3점, 6점, 7점, 8점씩 점수가 커지는 것을 알 수 있다. 앞으로 세기, 거꾸로 세기와 더불어 뛰어 세기는 금전 거래에서 동전을 계산하는 수 세기의 준비 단계이다. 즉, 아동에게 아래의 동전을 보여주고 가장 큰 값의 동전을 고르게 한 다음 거기서부터 앞으로 세어 보게 하면, "50, 55, 60, 65"로 동전을 셀 수 있다. 이러한 수 세기 경험은 아동들이 돈을 계산하는 데 도움이 된다(Chandler & Kamii, 2009).

수|업|자|료|7-6

뛰어 세기

학습목표: 100까지의 수 배열표를 사용하여 뛰어 세기를 하고 규칙을 찾는다.
대상학년: 2~3학년

- 계산기와 수 배열표를 사용하여 센다.
  - 5부터 시작하여 5씩 뛰어 센다.
  - 센 모든 수에 원으로 표시한다.
  - 규칙을 찾는다.
- 이번에는 3부터 시작하여 3씩 뛰어 센다.
  - 센 모든 수에 원으로 표시한다.
  - 규칙을 찾는다.
- 다음 수 중에서 원으로 표시될 수는 어느 것인가?

동전 세기는 매우 중요하고 유용한 기능이다. 아동들 또한 그 중요성을 인식하고 있다. 이 기능은 가능하면 저학년에서부터 도입되어 확장되어야 한다. 당연하겠지만, 동전 세기와 관련된 대부분의 어려운 점은 수 세기 자체에 대한 결함으로 나타난다. 따라서 교사는 아동들이 정확하고 빠르게 뛰어 세기를 할 수 있도록 많은 노력을 기울여야 한다.

수 기준 개발

수 기준은 많은 구체적 경험을 통하여 내면화되고 여러 해에 걸쳐서 축적된 것이다. 예를 들어, 수 5와 수 10(한 손의 손가락의 개수와 두 손의 손가락의 개수)은 초기 수 기준이다. 아동은 손가락 넷이 손가락 다섯보다 하나 적은 것으로, 그리고 여덟은 다섯보다 셋 많거나 열보다 둘 적은 것으로 인식한다.

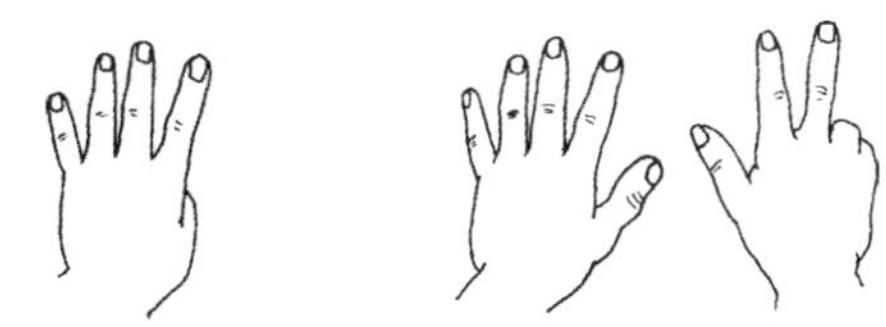

"다섯보다 하나 적다" "다섯보다 셋 많다" "열보다 둘 적다"

또 다른 초기의 수 기준으로는 아래와 같은 오틀(5×1 배열)과 십틀(5×2 배열)이 있다.

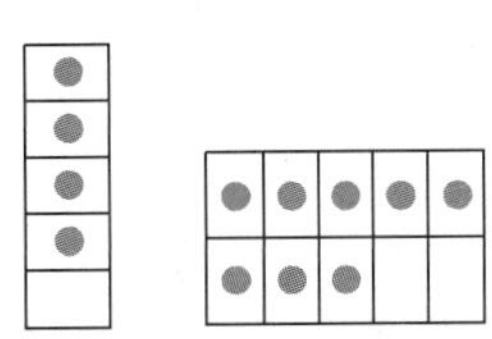

일본에서는 5와 10에 대한 초기의 수 기준으로 십틀과 **소로반**(soroban; 수판과 유사한 것)을 사용하였는데, 이것은 수 세기, 양에 대한 빠른 인식, 암산에

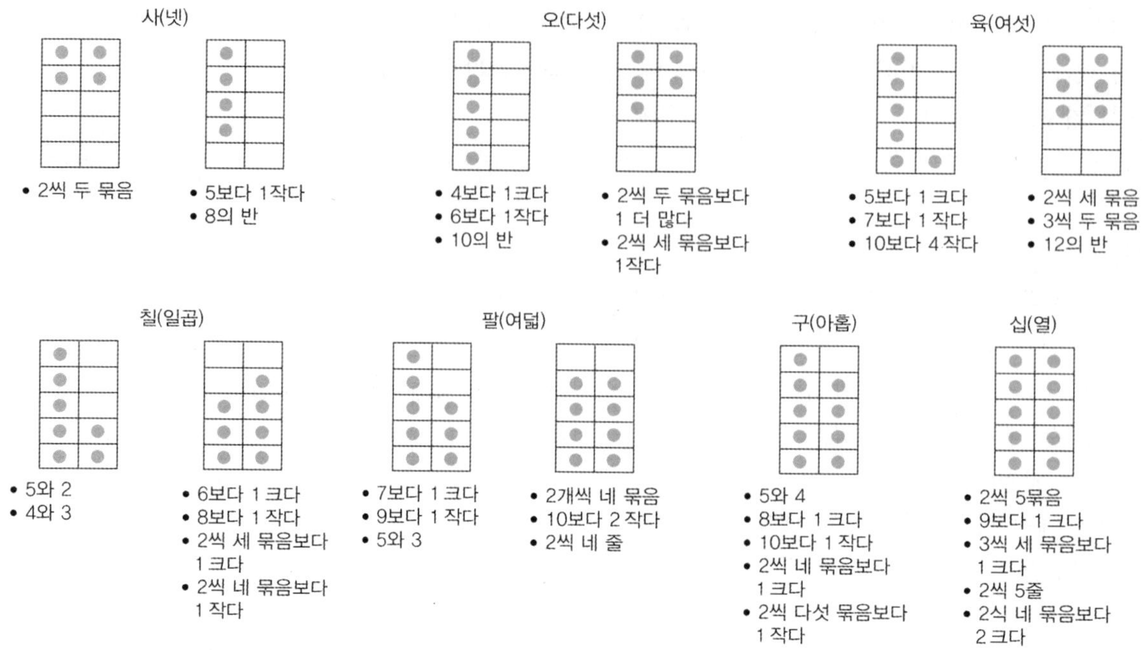

그림 7–10 십틀을 이용한 수들의 표현과 관계

도움이 된다(Shigematsu, Iwasaki & Koyama, 1994).

그림 7-10은 아동들이 십틀에서 수를 다양하게 표현할 때 구성될 수 있는 관계들을 나타낸 것이다. 이러한 관계들은 아동들이 수에 대해서 융통성 있게 생각하도록 하며, 그럼으로써 수 감각을 증진시킨다. 또한 십틀을 통한 이러한 경험은 자릿값뿐만 아니라 덧셈, 뺄셈, 곱셈, 나눗셈의 발달을 촉진시킨다.

대부분의 아동들은 10이 특별한 수라는 것을 아주 일찍부터 깨닫는다. 수 개념 발달의 초기 단계에서 10에 대한 가장 특이한 점은 1과 0의 두 자리 수로 표현되는 최초의 수라는 것이다. 손가락과 발가락이 10개씩이라는 점 이외에도, 아동들은 게임을 하거나 돈을 바꿀 때 등 많은 상황에서 수 10을 접하게 된다. 이러한 경험은 10의 다양한 표현에 대한 논의로 발전될 수 있다.

2개씩 다섯 묶음을 볼 수 있나요?
5개씩 두 묶음을 볼 수 있나요?
4, 3, 2, 1의 배열을 보면 볼링이 생각나지요?

수 10은 우리의 수 체계에 기반이 되는데, 이것에 대해서는 8장에서 자세하게 설명할 것이다.

십틀은 규칙성을 촉진하고, 수에 대한 묶임 인식을 개발하고, 자릿값을 이해하게 하는 데 가장 효과적인 모델의 하나이다. 십틀은 계란 상자를 잘라서 만들 수도 있고, 종이나 판지에 간단히 선을 그어 사용할 수도 있다. 십틀은 강력한 조직자이고 다양한 사고 전략과 암산을 위한 기초를 제공하는 데 도움이 된다. 먼저 아동들은 그림 7-11에 제시한 것과 같이, 십

그림 7–11 십틀을 이용한 8의 표현

틀에 바둑알이나 점과 같은 카운터를 사용하여 주어진 수를 여러 가지로 표현하도록 한다. 십틀에서 같은 수를 여러 가지 묶음으로 표현하게 함으로써 다양한 규칙성을 발견하고 논의하도록 해야 한다.

집합수, 순서수, 명목수

지금까지 우리는 수 개념 발달에 있어서 몇 가지 중요한 사항들에 대해서 논의하였다. 우선 중요한 것은 주어진 집합의 개수를 세어 정확한 수 이름을 제시하는 것이다. 수의 이러한 측면을 **집합수**(cardinal number)라고 하는데, "몇 개인가?"라는 질문에 대한 답이다. 수 개념에서 또 다른 중요한 측면은 사물을 순서대로 배열하는 것인데, 이것을 **순서수**(ordinal number)라고 하며, "몇 번째인가?"라는 질문에 대한 답이다.

주어진 순서대로 사물을 순서 짓거나 배열하는 것은 순서수를 도입하는 첫 단계이다. 순서는 크기, 시각, 나이, 경주에서 등수와 같은 어떤 기준에 의하여 정해진다. 그러나 일단 순서가 정해지면, 수 세기 과정은 수 이름을 만들어낼 뿐만 아니라 그 수의 위치에 해당하는 대상을 지칭하게 된다. 즉, 사다리의 단을 셀 때, 수 1은 첫째, 수 2는 둘째, 수 3은 셋째, … 등으로 정해진다.

많은 아동들은 학교에 들어오기 전부터 첫째, 둘째, 셋째와 같은 몇몇 순서수를 알고 있다. 다음과 같은 진술들은 순서수에 대한 초기 경험으로서 매우 중요하다.

알파벳의 첫째 글자는 A이다.
범수는 그 줄에서 둘째이다.
창희는 달리기에서 셋째였다.

순서수와 집합수를 학습하는 데 무엇보다 중요한 것은 초기 수 개념의 발달이다. 무엇을 먼저 가르칠 것인지에 대해서는 걱정하지 않아도 된다. 두 가지 모두를 강조하는 것이 중요하다.

수의 또 다른 측면은 사물에 수로 이름을 붙이거나 분류하는 것으로 명목수(nominal number)라고 한다. 예를 들어, 운동 선수의 등번호, 자동차 번호판의 번호, 우편번호, 전화번호 등이 여기에 해당한다. 명목수는 대상을 확인하기 위한 기본 정보를 제공하는 것으로, 순서수적 측면과 집합수적 측면을 고려할 필요는 없다.

집합수, 순서수, 명목수를 사용할 때, 아동들은 그 용어를 구분할 필요는 없다. 이러한 구분은 문제 상황에서 다음과 같은 질문을 함으로써 비형식적으로 이루어질 수 있다.

체스판에는 말이 몇 개나 있는가?
셋째로 들어온 선수는 누구인가?
네 전화번호는 무엇인가?

이러한 질문들은 아동들이 수에 대해서 깊이 생각하게 할 뿐만 아니라 수의 다양한 용도를 설명하는 데 도움이 된다.

숫자 쓰기

어린 아동들은 일반적으로 글자뿐만 아니라 숫자 쓰기에도 어려움이 있기 때문에, 숫자 쓰기에 시간을 너무 많이 할애하지 않는 것이 좋다. 어린 아동들이 숫자 쓰기를 어려워하는 첫 번째 이유는 쓰기에 요구되는 미세한 근육이 덜 발달했다는 점이고, 두 번째 이유는 눈과 손 사이의 조정 능력이 부족하기 때문이다. 이 두 가지 문제점은 어린 아동이 숫자 쓰기를 어려워하거나 불가능하게 만든다. 만일 아동들에게 성급하게 기호화를 강요한다면, 불필요한 좌절과 불안을 유발시킬 수 있다. 따라서 숫자 쓰기보다는 수 개념 발달과 수들 사이의 관계에 초점을 맞추도록 해야 한다.

어린 아동들은 일반적으로 수 기호(숫자)를 쓰기 훨씬 전부터 숫자를 인식하고 정확하게 말할 수 있다. 많은 아동이 일찍부터 스스로 숫자 쓰기를 시작하며, 그로부터 큰 성취감을 느낀다. 그러나 아동들의 쓰기 기능은 유치원 때보다는 초등학교 2학년 때 훨씬 더 빠르게 발달한다.

아동들은 다음과 같이 숫자의 윤곽을 따라 그리면서 숫자 쓰기를 배우기 시작해야 한다.

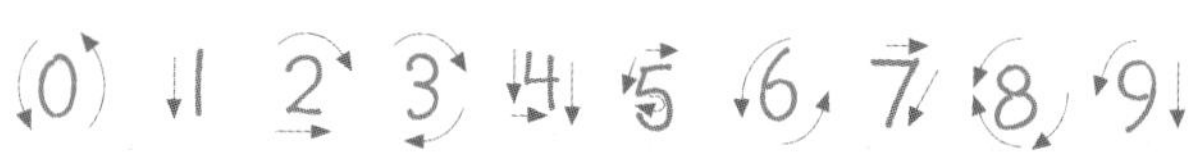

교과서에 따라 지도하는 방식이 약간씩 다르지만, 대체로 다음과 같이 시작점과 방향이 제시된다.

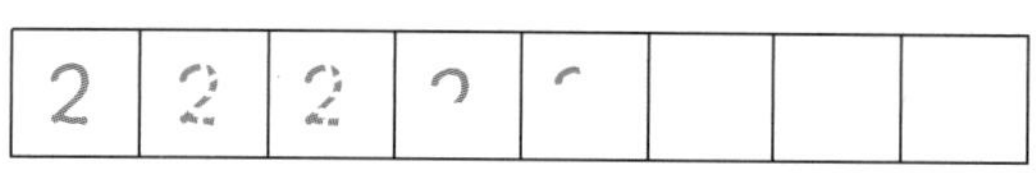

쓰려고 하는 숫자 옆에 해당하는 사물의 개수를 그리게 하면, 수 개념과 상징적 표현을 연결하는 데 도움이 된다. 아동이 숫자 쓰기를 배울 때, 쓰기 기능은 '수학'과는 별도로 이루어지는 활동이 되도록 해야 한다. 즉, 아동은 쓰기 기능을 지필 계산 문제에 적용하기 전에 이 기능에 숙달되고 그것을 자유롭게 사용할 수 있어야 한다. 그렇지 않으면, 숫자를 쓰는 동안에 주의가 흐트러지고, 결국에는 그들이 하고 있는 수학에 집중하지 못하게 된다.

많은 아동들은 그들 스스로 필요한 쓰기 기능을 개발한다. 이러한 아동들에게는 약간의 지도와 점검이 필요하다. 그러나 다른 아동들은 체계적이고 단계적인 절차를 통하여 도와줄 필요가 있다. 숫자 쓰기를 배우는 최선의 방법은 없지만, 몇 가지 도움이 되는 방법이 있다. 아동이 자신 있게 숫자 쓰기를 할 때까지 아동의 손을 잡고 안내하는 것이 도움이 된다. 그 다음에는 숫자의 윤곽을 따라 그리도록 하는 것이 도움이 된다. 다음에 제시한 제안들이 모든 아동들에게 필요한 것은 아니지만, 몇몇 아동들에게는 도움이 될 것이다.

- 숫자의 모양을 오려낸다. OHP를 사용해서 칠판이나 벽에 숫자를 비춘 다음에 아동들에게 숫자의 윤곽을 따라 그리게 한다.

- 숫자를 쓸 수 없는 아동 뒤에 숫자를 쓸 수 있는 아동을 서게 한다. 능숙한 아동은 앞의 아동의 등에 손가락을 이용하여 숫자를 천천히 쓴다. 앞의 아동은 그 숫자가 무엇인지 말하고, 칠판이나 허공에 그것을 쓴다. 이 방법은 촉감을 요구하는 활동으로서, 아동들의 쓰기 기능을 더 잘 발달시키도록 돕는다.

- 사포를 잘라서 만든 숫자나 끈으로 만든 숫자를 종이에 붙인다. 각 숫자마다 아동이 손가락으로 따라 그릴 수 있도록 시작점을 지정해 준다. 이 방법은 숫자를 거꾸로 쓰는 아동들에게 특히 효과적

이다.

- 숫자를 투명한 필름으로 덮은 다음 따라 그리게 한다. 수성펜으로 숫자를 따라 그리는 연습을 하게 한다.
- 숫자를 쓰는 데 어려움을 겪는 아동들에게 계산기가 도움이 된다. 계산기의 화면을 통하여 숫자에 대한 시각적 기억이 남게 되며, 복잡한 숫자 쓰기에 대한 부담을 덜어준다.

숫자는 여러 가지 모양으로 바꾸어 쓸 수 있다는 사실도 언급해야 하지만, 깊이 다룰 필요는 없다.

4 4 4 4

위와 같은 여러 형태의 숫자에 어느 정도 익숙해지면, 숫자 4가 인쇄되어 제시되거나 또는 시계나 계산기의 디지털 화면에 나타날 때 혼동하지 않을 것이다. 일상생활에서는 디지털 숫자가 널리 사용되기 때문에, 아동으로 하여금 이 형태의 숫자에 익숙해지도록 하는 계획된 수업이 요구된다.

문화적 연계성

아동들은 다른 나라의 수 이름이나 숫자를 학습하는 것을 좋아한다. 이것은 그들의 세계관을 확장하며 자기 나라의 수 체계를 새롭게 조명하는 기회가 될 것이다. 훌륭한 교사는 학생들의 문화에 관심을 가져야 하며, 교실 내에 존재하는 다양한 문화를 공유하고 학습하는 기회로 삼아야 한다.

어느 문화에서나 수 세기와 초기 수 개념은 개발된다. 미국을 포함하여 유럽에서 사용되는 수 기호(숫자)는 서로 유사하지만, 아시아에서 사용되는 것과는 차이가 있다. 그림 7-12는 몇몇 나라에서 0부터 10까지의 수를 어떻게 표현하고 읽는지를 나타낸 것이다. 이 그림을 보면, 스페인어로 quatro는 영어로 four를 의미하며, 변의 개수가 4개인 사변형과 연결된다. 마찬가지로 독일어로 null은 공집합의 집합수를 의미하는 것으로 영어에서는 zero와 같은 의미이다. 일본과 중국에서는 수 3에 대한 수 이름으로 모두 san을 사용하지만, 수 3에 대한 기호는 서로 다

수	영어	스페인어	독일어	일본기호	일본어	일본어	중국기호	중국어
0	Zero	*Cero*	*Null*	○	*Rei*		零	*Ling*
1	One	*Uno*	*Eins*	一	*Ichi*	*Hitotsu*	一	*Yi*
2	Two	*Dos*	*Zwei*	二	*Ni*	*Futatsu*	二	*Er*
3	Three	*Tres*	*Drei*	三	*San*	*Mittsu*	三	*San*
4	Four	*Quatro*	*Vier*	四	*Yon, Shi*	*Yottsu*	四	*Si*
5	Five	*Cinco*	*Funf*	五	*Go*	*Itsutsu*	五	*Wu*
6	Six	*Seis*	*Sechs*	六	*roku*	*Muttsu*	六	*Liu*
7	Seven	*Siete*	*Sieben*	七	*Nana, Shichi*	*Nanatsu*	七	*Qi*
8	Eight	*Ocho*	*Acht*	八	*Hachi*	*Yattsu*	八	*Ba*
9	Nine	*Nueve*	*Neun*	九	*Kyuu*	*Kokonotsu*	九	*Jiu*
10	Ten	*Diez*	*Zehn*	十	*Juror Ju*	*To*	十	*Shi*

그림 7-12 0부터 10까지를 나타내는 여러 나라의 기호와 수 이름

르다.

이들 국가의 수 세기 체계는 서로 다르지만, 모든 아동들은 앞에서 논의한 것과 동일한 수 세기 원리를 적용하여 수 세기를 배운다. 중국, 일본, 타이완과 같은 아시아 국가의 학생들은 수 세기와 수 세기 결과를 의사소통하기 위하여 자기 나라의 수 체계를 학습한다. 그러나 계산기를 포함한 테크놀로지의 국제적 유용성이 커지고 있기 때문에, 이들 국가의 학생들도 인도-아라비아 수 체계에 익숙해질 필요가 있다. 따라서 아시아의 학생들은 자국에서 사용되는 고유한 숫자와 수 이름 뿐만 아니라 인도-아라비아 숫자를 인식하고 사용할 수 있어야 한다.

일본의 수 세기 체계는 다른 나라에 비하여 좀 복잡하다. 그림 7-12를 보면, 일본에서는 수 4와 7에는 두 가지의 수 이름이 사용되고 있다. 예를 들어, 4의 수 이름은 yon이나 shi가 사용되고 있다. 어느 것을 사용해도 상관없으나, 최근에 와서는 shi보다는 yon을 더 많이 사용되고 있다. 1년 중 7월은 shichi-gatsu이라고 하는 반면에, 7엔은 nana엔이라고 읽는다. 더욱이 일본은 10까지의 수에 대해서 두 가지의 수 이름 체계를 갖고 있다. 또한 일본의 수 세기 체계에서는 수 0에 해당하는 수 이름이 빈칸으로 남아 있다. 일본에서는 1부터 수 세기를 하기 때문에, 일본에는 0에 해당하는 수 이름이 없다. 10 이후의 수 체계에 대해서는 다음 장에서 자세히 알아볼 것이다.

미국의 순서수를 배우기 위해서는 first, third, sixth와 같은 새로운 단어를 암기해야 한다. 반면에 중국의 순서수는 훨씬 더 쉽다. 중국의 순서수를 만들기 위해서는 각각의 수 앞에 단지 di를 붙이면 된다. 즉, one을 the first로 만들려면, yi 앞에 di를 붙여서 di yi라고 하고, six를 sixth로 만들려면, liu 앞에 di를 붙여서 di liu라고 한다. 수 세기에 문화가 어떻게 영향을 미쳤는지에 대한 이러한 예들은 서로 다른 문화적 배경을 갖고 있는 아동들이 수 세기를 배우는 데 도움이 될 것이다.

요약

훌륭한 수 감각은 차후의 계산력 발달에 있어서 필수 조건이다. 어린 아동들은 작은 묶음(5개 또는 6개로 이루어진)의 대상을 시각적으로 인식하고(즉각적인 인식), 그 개수를 올바르게 말할 수 있어야 한다. 즉각적인 인식은 시간을 절약하고, 좀 더 세련된 수 세기 기능을 개발시키며, 차후의 덧셈과 뺄셈의 발달에 도움이 된다. 작은 묶음에서 대상의 개수를 시각적으로 인식하는 활동은 **더 많다, 더 적다, 앞에 뒤에, 하나 더 많다, 하나 더 적다**와 같은 중요한 용어를 도입하고 사용하는 기회를 제공한다. 더 나은 수 감각을 개발시키기 위해서는, 5까지의 수를 가르칠 때 규칙성에 초점을 맞추어야 하고 시각적 인식 기능을 강조해야 한다. 오틀과 십틀, 수직선, 100까지의 수배열표, 계산기와 같은 모델은 아동들이 10까지 그리고 그 이상의 수들 간의 관계를 탐구하고 이해하는 데 있어서 훌륭한 도구이다.

수 세기 기능은 아동이 학교에 들어가기 전부터 시작되지만, 숫자를 쓰기에 적절한 시기가 되기 전까지는 세심하고 체계적인 지도하에 개념 발달이 이루어져야 한다. 합리적인 수 세기를 하기 위해서는 일대일 대응의 원리, 안정된 수 이름의 원리, 순서 무관의 원리, 기수의 원리와 같은 수 세기 원리를 따라야 한다.

수 세기에는 여러 가지 수준이 있지만, 궁극적으로 기계적인 수 세기부터 시작해서 앞으로 또는 거꾸로 세기, 뛰어 세기로 발전한다. 수 세기 기능은 초등학교 중간 학년에서도 계속 발전하며, 때로는 일생을 통하여 점점 더 세련되게 발전한다. 말로 하는 수 세기는 집합수, 순서수, 명목수와 같은 수들을 쓰는 기능으로 발전한다.

0부터 10까지의 수에 대한 수 개념과 수 세기 기능은 나중에 더 큰 수의 유의미한 발달에 필수적이다. 아동들은 사물의 집합, 수 이름, 숫자, 수들 사이의 순서 관계를 확실히 이해해야 한다. 이러한 지식은 초등학교 수학의 성공적인 학습에 기초가 되고 큰 수와 자릿값을 이해하는 데 필수적이다.

연|습|문|제|

01. 학부모들에게 자녀의 시각적 인지 기능의 향상을 돕도록 부탁하는 가정통신문을 보냈다고 가정해 보자. 어떤 학부모가 "5개의 묶음을 인식하는 것은 왜 배워야 하나요? 결국 그냥 세면 되는데요." 라고 질문하였다. 이 질문에 대하여 어떻게 답변할 것인가?

02. 이 장에서는 수 세기의 네 가지 원리를 살펴보았다.
    - a. 각각의 원리가 의미하는 바를 자신의 말로 설명하시오.
    - b. 합리적인 수 세기를 하는 데 각각의 원리가 필요한 이유를 설명하시오.
    - c. 한 가지 원리를 선택하고, 아동이 그 원리를 이해하는 데 도움이 되는 활동을 제시하시오.

03. 기계적 수 세기와 합리적 수 세기의 차이점을 설명하시오.

04. 수의 보존성은 무엇을 의미하는가? 왜 그것의 발달이 수 감각에서 중요한가?

05. 다음 질문에 답하는 데 수 세기가 어떻게 사용되는지 설명하시오.
    - a. 7층과 15층 사이에는 몇 개의 층이 있는가?
    - b. 영주가 어떤 책의 16쪽까지 읽었다면, 21쪽까지 읽기 위해서는 몇 쪽을 더 읽어야 하는가?

06. 즉각적인 인식은 무엇인가? 이 기능은 아동들에게 왜 중요한가?

연|구|문|제|

01. 교실에서 아동들이 수 세기 하는 것을 관찰하여 보시오. 어떤 수 세기의 오류가 발생하는지 알아보시오. 어떤 수 세기 원리가 반영되었는지 알아보시오.

02. K~2학년 수학수업에서 사용되고 있는 교사용 지도서를 찾아보시오. 아동의 수 세기를 발달시키는 데 계산기, 교과서가 어떻게 사용되고 있는지 설명하시오.

03. <수업자료 7-1>과 <수업자료 7-2>와 같이, 속성 블록을 사용하여 규칙성과 논리적 추론 활동을 실시하시오. <수업자료 7-2>의 기차 A에 대해서 아동들은 몇 가지 조각을 찾아내었는가? 아동들은 한 가지 조건이 다른 기차와 두 가지 조건이 다른 기차를 똑같이 어려워하는가? 정답이 여러 개 있다는 점에 대해서 아동들은 어떻게 느끼는가?

04. Anthony & Walsh(2004)가 쓴 0에 관한 논문을 읽어보시오. 아동이 갖고 있는 0에 대한 오개념을 기술하고, 아동에게 0을 더 잘 이해시킬 수 있는 방법에 대하여 논의하시오.

05. 이전 교과서와 현행 교과서를 비교하시오.
    - a. 각 교과서에서 아동이 1학년을 시작할 때 그리고 1학년을 마칠 때까지 기대하는 수 세기의 범위는 어느 정도인지 알아보시오.
    - b. 수 감각을 개발하기 위한 활동의 예를 찾아보시오. 학년 수준별로 활동을 기술하시오.

06. <수업자료 7-4>와 <수업자료 7-5>는 계산기를 이용한 수 세기 활동이다. 수업시간에 이 수업자료를 활용하시오. 아동들은 계산기를 사용한 경험이 있는가 아니면 처음 사용하는 것인가? 아동들은 어림잡아 수 세기 하는 것을 편안하게 생각하는가? 어떤 현상이 나타났는지 기술하시오.

07. NCTM의 웹 사이트 http://www.nctm.org/standars/content.aspx?id=24600에 접속하여 Calculator

and Hundreds Boards 활동을 해보시오. 5를 입력하고 다른 수를 계산기에 반복해서 기호를 입력하시오. 자릿값 판은 어떻게 바뀌었는가? 이 가상의 도구가 수업 도구로 어떻게 사용될 수 있는지 기술하시오. 이 가상의 도구가 휴대용 계산기나 종이로 된 자릿값 판보다 더 나은 장점은 무엇인가?

아동용 추천도서

Anno, M. *Anno's Counting Book.* New York: Thomas Y. Crowell, 1977.

Giganti, P. *How Many Snails? A Counting Book.* New York: Greenwillow Books (Pearson K-12), 1998.

Murphy, S. *Dave's Down-to-Earth Rock Shop*. New York: HarperCollins, 2000.

Murphy, S. *Just Enough Carrots*. New York: HarperCollins, 1997.

Schlein, M. *More Than One*. New York: Greenwillow Books, 1996.

Wahl, J., & Wahl, S. *I Can Count the Petals of a Flower*. Reston, VA: NCTM, 1976.

Zaslavsky, C. *Count on Your Fingers African Style*. New York: Crowell, 1980.

제8장 수 감각의 확장: 자릿값

"자릿값이 없었다면, 수도 없었을 것이다."
- 가우스(Carl Friedrich Gauss, 수학자)

이 장의 핵심 질문

1. 우리가 현재 사용하고 있는 수 체계의 4가지 중요한 특징은 무엇인가?
2. 자릿값 개념의 개발에 수의 합성과 분해는 왜 중요한가?
3. 아동들이 수의 구체적 표현에서 기호적 표현으로 이행하게 하는 데 어떻게 도움을 줄 것인가?
4. 자릿값 개념의 개발에 계산기는 어떤 도움이 되는가?
5. 100까지의 수 배열표는 규칙성과 자릿값 사이의 관계를 탐구하는 데 어떻게 활용할 수 있는가?

서론

아동들은 수의 의미를 개발해야 하며, 학교 안과 밖에서 수가 어떻게 사용되는지에 대해서 알아야만 한다. 수에 대한 의미를 개발한다는 것은 NCTM(2000)의 규준에서도 잘 나타나 있듯이, 수 감각을 자릿값으로 확장시키기 위한 몇 가지 개념과 기능을 이해하는 것이다. 자릿값은 수를 이해하고 의미를 형성하는 데 핵심적인 것이며, 우리의 수 체계에서 매우 중요한 기본 개념이다. 유명한 수학자인 가우스는 "자릿값이 없었다면, 수도 없었을 것이다."라고 말하면서 자릿값의 중요성을 강조한 바 있다. CCSSM(표 7-1과 표 8-1)에서도 제시했듯이, 자릿값은 수를 이해하고 의미를 형성하는 데 핵심적인 것이며, 수 체계의 근간을 이루는 개념 중 하나이다. 표 8-1은 학년별 자릿값의 학년별 발달 수준과 자릿값에 대한 이해가 학년별로 어떻게 전개되고 있는지, 그리고 자연수와 소수 학습으로 어떻게 확장되는지를 보여주고 있다.

자릿값은 수 세기에서 조직적인 구조를 제공한다. 더 큰 수를 세는 데에도 이와 같은 원리가 적용된다. 큰 수에 대한 표현은 수의 연산에 대한 유의미한 학습에 기초한다. 즉 9에서 10, 99에서 100, 999에서 1000으로의 세기에서 자릿값은 기호적으로 또는 언

| 표 8-1 자릿값에 관한 성취기준(CCSSM)

1학년: 자릿값의 이해

• 두 자리 수에서 십, 일이 각각 몇 개씩 있는지 이해한다. 세부적으로 다음을 이해한다.
  • 10은 일이 10개임을 알고, '십'이라고 부른다.
  • 11부터 19까지의 수를 10과 낱개로 분해할 수 있다.
  • 10, 20, 30, 40, 50, 60, 70, 80, 90은 십이 1, 2, 3, 4, 5, 6, 7, 8, 9개임을 안다.
• 십의 자리와 일의 자리에 대한 의미에 기초하여 두 자리 수를 비교하고, 그 결과를 기호(>, <, =)로 나타낸다.

2학년: 자릿값의 이해

• 세 자리 수에서 백, 십, 일이 각각 몇 개씩 있는지 이해한다. 예를 들어, 706은 백이 7개, 십이 0개, 일이 6개인 수이다. 세부적으로 다음을 이해한다.
  • 100은 십이 10개임을 알고, '백'이라고 부른다.
  • 100, 200, 300, 400, 500, 600, 700, 800, 900은 백이 1, 2, 3, 4, 5, 6, 7, 8, 9개임을 안다.
• 1000 이내의 수를 센다: 5씩 뛰어 센다, 10씩 뛰어 센다, 100씩 뛰어 센다.
• 십진법을 사용하여 1000까지의 수를 읽고 쓴다.
• 백의 자리, 십의 자리와 일의 자리에 대한 의미에 기초하여 세 자리 수를 비교하고, 그 결과를 기호(>, <, =)로 나타낸다.

3학년: 자릿값 및 연산의 특징 이해
• 자릿값을 사용하여 자연수를 10 또는 100에 가깝게 어림한다. • 1000 이내의 수의 덧셈과 뺄셈을 능숙하게 한다. • 한 자리 수와 10부터 90의 곱셈(예를 들어, 9×80, 5×60)을 한다.
4학년: 여러 자리의 자연수에 대한 자릿값의 이해
• 여러 자리의 자연수에서 특정 자릿값은 오른쪽에 있는 자릿값의 10배임을 안다. • 십진법을 사용하여 여러 자리의 자연수를 읽고 쓴다. 자릿값의 의미에 기초하여 여러 자리의 수를 비교하고, 그 결과를 기호(>, <, =)로 나타낸다. • 자릿값을 이용하여 여러 자리의 수를 특정 자리까지 어림한다.
5학년: 자릿값 체계에 대한 이해의 확장
• 여러 자리의 자연수에서 특정 자릿값은 오른쪽에 있는 자릿값의 10배이고, 왼쪽에 있는 자릿값은 $\frac{1}{10}$ 배임을 안다.

어적으로 중요한 부분이다. 같은 방식으로, 9에 1을 더해서 10, 99에 1을 더해서 100, 999에 1을 더해서 1000이 되는 과정에서, 자릿값의 변화를 다시 경험하게 된다. 이처럼 한 자리에서 두 자리, 두 자리에서 세 자리, 세 자리에서 네 자리로의 자릿수 변화는 자릿값을 이해하는 데 기초적인 것이다. 이러한 자릿값은 0과 자연수뿐만 아니라 나중에 배우게 되는 소수에서도 중요한 역할을 한다.

우리의 기수법 체계

우리의 기수법 체계라고 말하고 있지만 그것은 다문화적이기 때문에 '우리의' 것이라고 말하는 것은 문제가 있을 수 있다. 다만 그것이 우리 인류의 문화적 유산의 일부분이라는 점에서 '우리의' 기수법 체계라고 말하는 것이다. 인류의 역사를 보면, 우리의 기수법 체계는 수세기에 걸쳐서 발전되고 정련되어 왔음을 알 수 있다(Zaslavsky, 2003). 우리가 사용하고 있는 소위 인도-아라비아(Hindu-Arabic) 기수법 체계는 인도 사람들이 발명하여 아라비아인들을 통하여 유럽으로 전파되었다. 하지만 수많은 나라와 문화가 이 기수법 체계의 발전에 기여했을 것이다.

인도-아라비아 기수법 체계는 다음과 같은 네 가지 중요한 특징을 갖고 있다.

1. **자릿값** : 숫자의 위치는 그 값을 나타낸다. 예를 들어, 23에서 2는 '2십' 즉 20을 나타내며, 이것은 32에서 2는 '2일' 즉 2는 서로 다른 수학적 의미를 갖는다.
2. **밑이** 10: 밑(base)이라는 용어는 모임을 뜻한다. 즉, 십진법에서 10은 새로운 모임을 결정하는 값이다. 십진법에서는 0부터 9까지 10개의 숫자를 사용한다.
3. **0의 사용**: 없음을 나타내는 0은 어떤 것이 존재하지 않음을 기호적으로 나타낸 것이다. 예를 들어, 309에서 100의 자리와 1의 자리에는 수가 존재하지만 10의 자리에는 아무 것도 없음을 나타낸다.
4. **가법성**: 수는 확장된 표기법으로 나타낼 수 있으며 각 자릿값의 합을 의미한다. 예를 들어, 123은 100 + 20 + 3이라는 확장된 표기법을 축약한 것이다.

이러한 특징은 기수법 체계를 효율적으로 만들며 수 감각의 발달에 기여한다. 즉, 아동들이 일단 이러한 특징을 이해하게 되면, 수(큰 수이거나 작은 수이거나)의 형태를 파악하고 해석하는 것도 자연스럽게 발달한다.

로마 숫자도 우리 사회에서 오늘날 여전히 사용되고 있지만, 계산을 목적으로 사용되지는 않는다. 로마 숫자는 인도-아리비아 기수법과는 차이가 있다. 즉, 로마 숫자는 자릿값, 0을 나타내는 기호, 밑이 없다. 결과적으로, 로마 숫자로 계산을 수행하는 것은 매우 어렵고 복잡한 과정이다.

자릿값의 본질

덧셈, 뺄셈, 곱셈, 나눗셈 알고리즘을 의미 있게 학습하고 사용하기 위해서는 자릿값에 대한 이해가 필수적이다. 자릿값 개념은 수 세기와 암산과 같은 다양한 경험(예를 들어, 100원에 50원을 더해 150원 구하기)을 통하여 발달한다. 자릿값의 발달은 수 감각을 증진시키며, 다음과 같은 두 가지 중요한 개념에 바탕을 두고 있다.

- **묶기와 교환하기에 대한 명백한 규칙이 있으며 일관적으로 지켜진다.** 이 개념은 그림 8-1의 게시판에 반영되어 있다. 이 게시판은 자릿값에서 10으로 묶기의 중요성을 다시 한 번 상기시킨다. 우리가 사용하고 있는 십진법은 10개의 일을 1개의 십으로(또는 1개의 십을 10개의 일로) 교환하고, 10개의 십을 1개의 백으로, 10개의 백을 1개의 천으로 교환하는 특성을 갖고 있다. 이러한 양방향의 교환하기(예를 들어, 10개의 십을 1개의 백으로 또는 1개의 백을 10개의 십으로)가 모두 강조되어야 한다. 왜냐하면 상황에 따라 각각의 교환하기를 적절하게 활용해야 하기 때문이다. 교환하기는 수의 합성과 분해와 관련이 있다(Goodrow & Kidd, 2008). 또한 1보다 작은 수인 소수의 교환하기에 대해서도 주목해야 한다. 즉, 1은 10개의 $\frac{1}{10}$로(또는 10개의 $\frac{1}{10}$이 1로), 10개의 $\frac{1}{100}$이 1개의 $\frac{1}{10}$로(또는 1개의 $\frac{1}{10}$이 10개의 $\frac{1}{100}$로) 교환될 수 있다.
- **숫자의 위치는 표현되는 수를 결정한다.** 예를 들어, 3042의 2와 2403의 2는 서로 다른 양을 나타낸다. 3042의 2는 2를, 2403의 2는 2000을 나타낸다. 한편 두 수에서 0은 두 가지의 서로 다른 역할을 하고 있다. 즉, 0은 위치상의 값을 나타내기도 하지만, 그 위치에 해당하는 양이 없음을 나타내기도 한다. 0의 개념은 초등학교 수학 전반에 걸

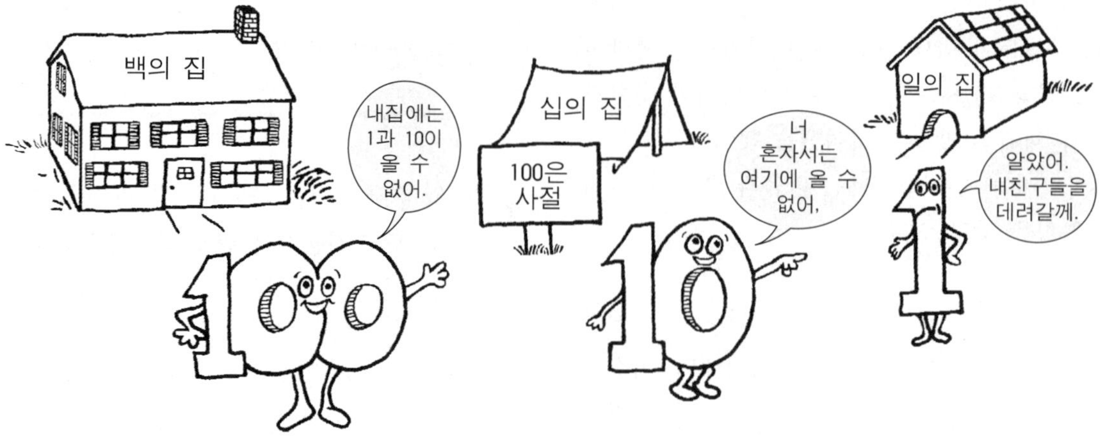

그림 8-1 자릿값 개념을 나타내는 게시판

쳐 계속해서 확장되고 발달될 것이지만, 아동들은 일찍부터 그리고 자주 자릿값에서 0의 역할을 경험할 필요가 있다.

인도-아리비아 수 체계에서, 자릿값은 모든 수가 10개의 숫자(0~9)를 사용해서 표현될 수 있음을 의미한다. 자릿값 없이 수를 표현할 때의 문제점을 생각해 보자! 각각의 수를 표현하기 위해서는 개별적이고 독특한 기호가 필요할 것이다. 인간의 기억 용량은 금방 초과할 것이고, 우리들은 우리가 기억할 수 있는 기호에 해당하는 극소수의 수들만 사용할 수밖에 없을 것이다.

아동들이 수를 입으로 세거나 수를 기계적으로 암송하는 것을 보고 마치 자릿값의 개념을 이해한 것으로 해석하는 경우가 종종 있다. 그러나 정확하게 셀 수 있는 아동들조차도 자릿값에 대한 개념을 이해하지 못하는 경우가 많다. 대부분의 경우에, 자릿값에 대한 혼동이나 오개념은 수 세기와 교환하기와 관련된 실제적 경험의 부족에서 그 원인을 찾을 수 있다. 7장에서 설명한 것과 유사한 초기의 실제적 세기 활동은 자릿값 개념을 유의미하게 이해하는 데 필수적이다.

자릿값 개념은 취학 전부터 경험할 수 있다. 예를 들어, 많은 아동들이 텔레비전의 채널 번호, 전자레인지의 요리 시간, 아파트의 호수 등에서 한 자리 수와 두 자리 수를 구분한다. 아동들은 아파트의 201호와 102호는 서로 다르다는 것을 일찍부터 알고 있다.

모델링-비묶음 자료와 묶음 자료

아동들이 자릿값 개념을 개발하는 데 도움이 되는 자료는 두 가지 유형 — 즉, 비묶음 자료와 묶음 자료 — 이 있다. 비묶음 자료에는 콩, 블록, 빨대 등이 있는데, 아동들은 이것들을 그림 8-2와 같이 묶음으로 나타낸다. 콩 10개가 한 묶음으로 만들어지면, 이 콩 묶음은 1개의 컵에 담기거나 막대에 붙일 수 있다. 이렇게 막대에 붙여진 콩들은 이제 묶음 자료가 된다.

묶음 자료는 아동들이 그것을 사용하기 전에 이미 묶음으로 만들어진 자료이다. 그림 8-2는 묶음 자료의 세 가지 예를 보여주고 있다. 자릿값 개념을 형성하고 개발하는 데 구체적 자료를 이용한 실제적 경험이 필수적이다. 연구에 따르면, 자릿값에 대한 수업은 언어적 표현과 기호적 표현을 동시에 연결할 수 있는 구체적 모델에 초점을 맞출 필요가 있다 (Freer-Weiss, 2006; Thompson, 2000; Wearne & Hiebert, 1994).

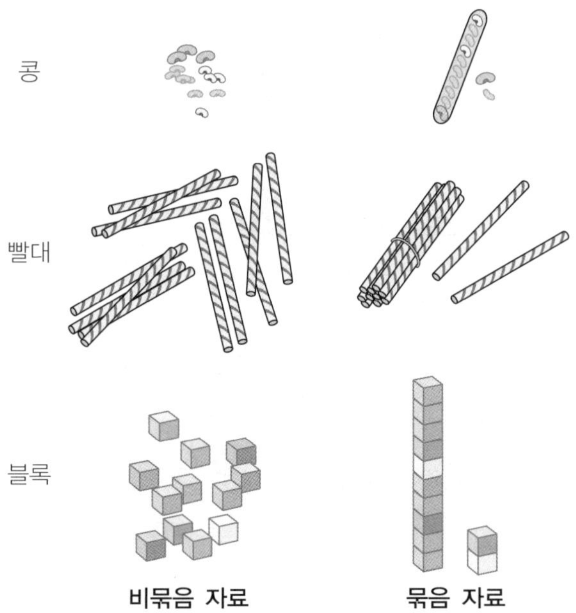

그림 8-2 자릿값 개념을 개발하기 위한 비묶음 자료와 묶음 자료

모델링 – 비례적 모델과 비(非)비례적 모델

자릿값 모델은 비례적인 모델도 있고 비례적이지 않은 모델도 있다. 수 모형과 콩 막대, 아이스크림 막대는 모두 비례적 모델이다(그림 8-2). 비례적 모델에서 십에 해당하는 물건의 크기는 일에 해당하는 물건의 크기의 10배이며, 백에 해당하는 물건의 크기는 십에 해당하는 물건의 10배이다. 측정은 또 다른 비례적 모델을 제공한다. 예를 들어, 미터 막대, 센티미터 막대는 세 자리 수를 모델화하는 데 사용될 수 있다.

비비례적 모델에서는 크기 간의 비례 관계가 유지되지 않는다. 돈은 일상생활에서 사용되는 비비례적 모델로서, 크기 간의 비례 관계가 유지되지 않는다. 가령, 십 원짜리 10개는 백 원짜리 1개보다 크기는 크지만 그 값은 같다. 값으로 보면 백 원은 십 원의 10배지만 크기는 비례하지 않는다.

그림 8-3은 아동들이 자릿값뿐만 아니라 큰 수를 이해하는 데 효과적인 비례적 모델과 비비례적 모델을 예시하고 있다. 그림 8-3에 제시되어 있는 모델은 모두 세 자리 수, 123을 나타낸다. 여러 가지 다양한 모델을 사용함으로써, 아동들이 자릿값의 개념을 특정한 모델에만 한정하지 않게끔 할 수 있다. 실제로 핵심적인 수업 목표는 어느 한 가지 구체적 모델에 한정하여 자릿값 개념을 개발하는 것이 아니라, 모든 모델에서 나타나는 공통성을 추상화하게 하는 것이다.

그림 8-3에 제시된 비비례적 모델 중에서, 주판과 구슬은 유사한 모델이지만 차이가 있다. 주판 모델에서는 주판알의 위치가 교환하기의 기초를 제공하지만, 구슬 모델에서는 구슬의 색이 교환하기의 기초가 된다. 가령, 구슬 모델에서 회색 색 구슬 10개는 검은색 구슬 1개로, 검은색 구슬 10개는 흰색 구슬 1개로 교환할 수 있다. 교환하기 판을 활용하면 각 구슬의 색깔이 나타내는 값을 순서대로 정렬하는 데 도움이 된다. 주판 모델에서는 주판알이 고정된 순서로 정렬되어 있다. 색깔의 구분은 적절한 교환하기를 초기에 확립하는 데 중요하기는 하지만, 가능한 한 빨리 모델의 색깔보다는 그 위치에 관심을 집중하도록 지도되어야 한다. 장기적으로 보았을 때, 중요한 것은 주판알이나 칩의 색깔이 아니라 그 위치이다.

비비례적 모델은 크기와 관련이 없기 때문에, 아동들은 모델 사이의 교환 관계를 이해해야 한다. 즉, 아동들은 십진법 관계를 이해해야 하는데 이 관계를 이해하고 개발하는 데는 많은 시간이 걸린다. 이러한 개념은 아동들에게 교환 규칙에 기초한 추상화를 도입하는 것이다. 아주 어린 아동들은 종종 크기의 비례성에 집중하는 경향이 있다. 예를 들어, 어린 아동들이 500짜리 동전 한 개와 100원짜리 동전 한 개 또는 두 개와 교환하기도 하고, 1000원짜리 지폐보다는 100원짜리 동전 몇 개를 더 좋아하기도 한다. 두 가지 모델(비례적 모델과 비비례적 모델)이 모두 중요하므로 반드시 소개해야 하지만, 비례적 모델이 보다 구체적이기 때문에 비비례적 모델로 이행하기 전에 비례적 모델을 확실하게 이해할 필요가 있다.

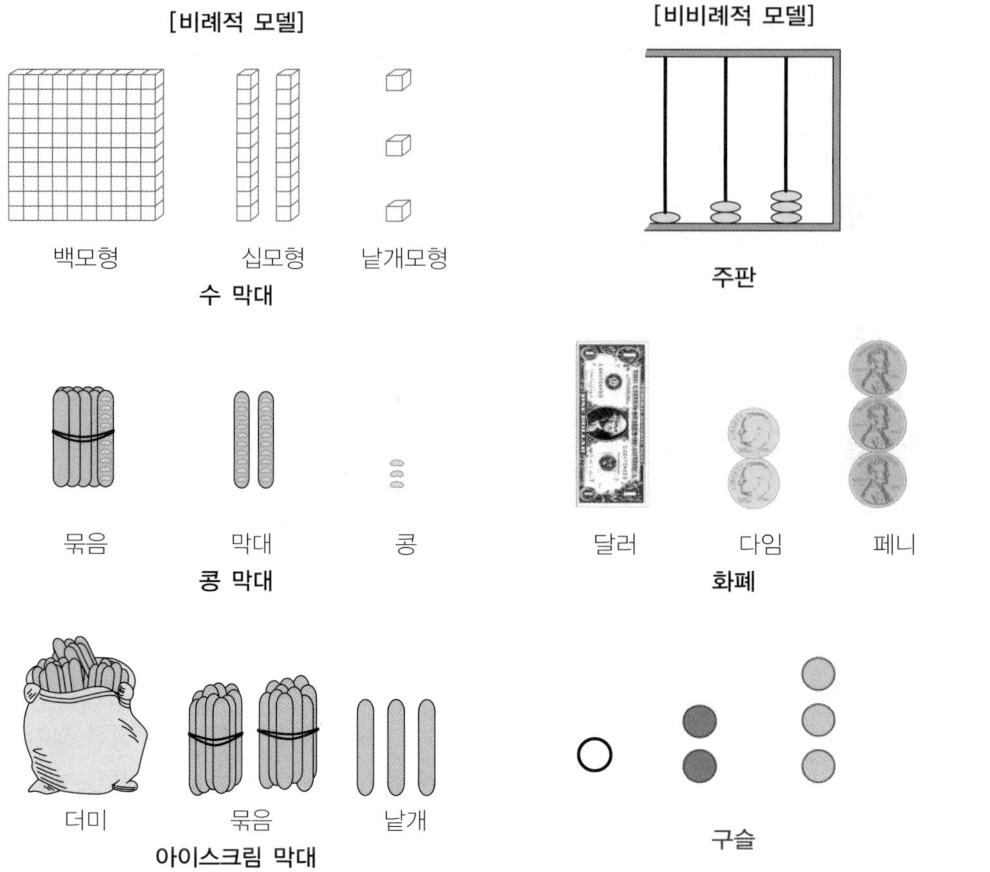

| 그림 8-3 자릿값 모델: 비례적 모델과 비비례적 모델

묶기와 교환하기

아동들은 대상을 세어보고, 그것을 십씩, 백씩, 천씩 묶은 것을 교환하고, 그 결과에 대하여 이야기해 보는 경험을 해야 한다. 콩 막대와 십틀은 이러한 세기와 묶기 경험을 제공할 수 있는 초기 모델을 제공한다. 아동들이 이 모델을 활용하여 세기와 묶기를 연습할 때, 이 모델에 여러 가지 자료들(예를 들어, 콩, 단추, 블록, 다른 산가지)을 적용할 수 있다. 이 비묶음 자료는 아동들에게 중요한 경험을 제공하며, 묶음 자료를 사용하기 위한 준비 단계이다.

그림 8-4는 묶기를 하지 않은 콩들을 10씩 묶는 것으로부터 묶음 자료인 콩막대로 이행하고, 콩막대의 수량을 기호로 표현하는 것으로 이행하는 과정을 나타낸 것이다. 콩 10개를 콩 막대 1개로 바꾸는 것은 수 10이 낱개 10으로 이루어진다는 것을 보여주는 것이다.

비묶음 자료가 세기와 묶기를 위한 연습을 제공하기는 하지만, 수량이 증가함에 따라 콩을 세어서 모델을 구성하는 것은 지루하고 시간이 많이 걸릴 것이다. 예를 들어, 엄청나게 많은 콩더미는 인상적이고 보여줄 만 하지만, 학생들이 좁은 책상에서 사용하기에는 매우 불편하다. 큰 수를 나타내기 위한 모

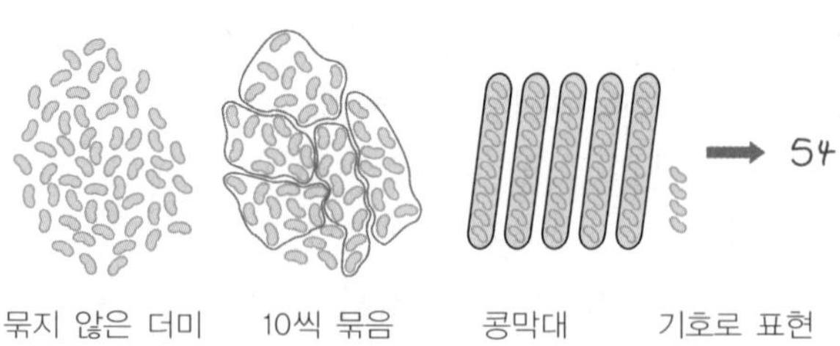

| 그림 8-4 구체물에서 기호로 이행

델로서는 묶음 자료를 사용하는 것이 더 쉽다.

10으로 묶기와 교환하기는 수 감각을 발달시키는 문제해결 활동을 제공하며, 암산 능력을 개발하기 위한 기회를 제공한다. 아동들이 큰 더미를 셀 때 10으로 묶어 세게 하는 것은 다음과 같은 목적에 부합된다. 첫째, 아동들이 센 것을 잊어버렸을 때, 십으로 묶어 놓았다면 다시 세기 쉽다. 즉, 전체 더미를 다시 세는 것보다 십의 묶음을 조사함으로써 실수를 보다 쉽게 점검할 수 있다. 그러나 묶기 활동의 가장 중요한 목적은 묶기를 통해 미지의 수량을 해석 가능한 형태로 조직하는 방법을 아동들에게 제시하는 것이다. 이처럼 십으로 묶기 과정은 자릿값의 기초가 된다.

자릿값 개념의 도입

잘 알려져 있듯이, 미국의 아동들에게 가장 어려운 수 이름은 바로 11, 12, 13, 14이다. 그 이유는 이 수 이름들이 일정한 규칙에서 벗어나기 때문이다. 따라서, 자릿값의 개념을 개발하고 수 이름 짓기를 확립하는 데, 11~19까지의 수(teen number)부터 시작하는 것보다는 더 큰 수부터 시작하는 것이 좋다.[2)] 11~19까지의 수를 읽고 세는 데 일관성이 없기 때문에 아동들은 혼동하게 된다. 따라서 자릿값을 통한 수 세기 규칙을 익히기 위하여 20 이상의 수부터 시작하는 것이 더 낫다. 11~19까지의 수는 다른 수들과 달리 그 이름에서 자릿값의 특징을 갖지 않는다. 11~19까지의 수가 forty-one, forty-two, …, forty-nine 등과 같이 일관된 자릿값의 특징을 갖기 위해서는 onety-one(1의 십과 1개의 일), onety-two, ..., onety-nine 등으로 이름을 다시 붙여야 한다. 일본과 같은 여러 나라에서는 11~19까지의 이름도 더 큰 수의 이름과 마찬가지로 일관성이 있다(Yoshikawa, 1994). 수를 세고, 이름 짓고, 표현하기 위한 용어는 국가별로 차이가 있다.

수 25가 의미하는 바는 무엇인가? 수 25는 25개의 일로 생각할 수 있지만, 2개의 십과 5개의 일로도 생각할 수 있다. 또한 1개의 십과 15개의 일로, 낱개 5개의 5묶음으로도 생각할 수 있다. 아동들은 다양한 방법으로 수를 생각하는 경험을 해야 한다. 여러 가지 방법으로 수를 합성하고 분해하는 능력은 훌륭한 수 감각을 반영하는 것이다. 예를 들어, 돈 25원은 일 원짜리 동전 25개, 십 원짜리 동전 2개와 일 원짜리 동전 5개, 십 원짜리 동전 1개와 일 원짜리 동전 15개와 같은 다양한 조합으로 생각할 수 있다. 또한 달걀 25개는 2다스(12개)와 1개, 여섯 개짜리 4묶음과 1개로 나타낼 수 있다. 미터법 측정에서 25센티미터는 20센티미터와 5센티미터로 생각할 수 있고, 0.25미터로도 생각할 수 있다. 훌륭한 수 감각을 갖고 있는 아동들은 각각의 수 표현 방식이 언제 유용한지를 알고 있다.

물론 자릿값 개념을 확실히 익히기 위해서는 십 모델과 일 모델이 필요하다. 돈 모델과 콩 막대와 같은 다양한 모델을 사용할 수 있다. 콩 막대 모델을 사용할 경우, 25는 다음과 같이 몇 가지 다른 방식으로 표현될 수 있다.

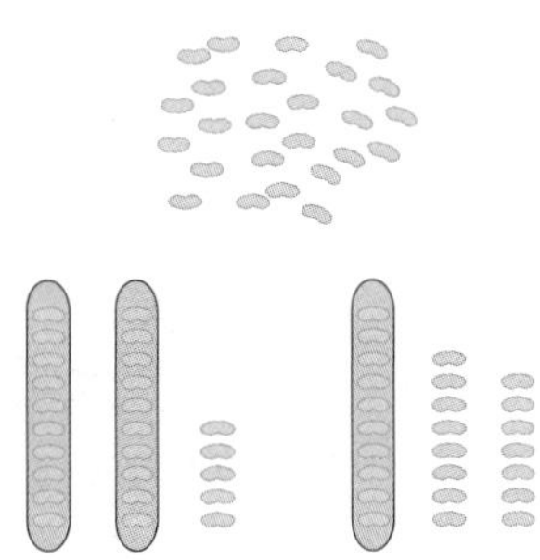

어떤 방식이 더 좋은가? 이 질문에 대한 답은 25개의 콩으로 무엇을 할 것인가에 달려 있는데, 각각의 방식이 유용한 상황이 따로 존재하기 때문이다. 가령 맨 위의 것은 몇몇 사람들에게 나누어 줄 때 유용하다. 아래의 두 방식은 그것을 셀 때 더 유용하다.

2) 여기서 언급하고 있는 문제는 영어에서 일어나는 현상으로서, 우리말에서는 이러한 문제가 일어나지 않는다(역자 주).

어떤 양을 특정한 모델로 표현할 때, 최소한의 개수로 나타내는 것이 자릿값에서는 매우 중요하다. 초기 단계에서 그 중요성을 확립하는 것은 나중에 다음과 같은 실수를 방지하는 데 도움이 될 것이다:

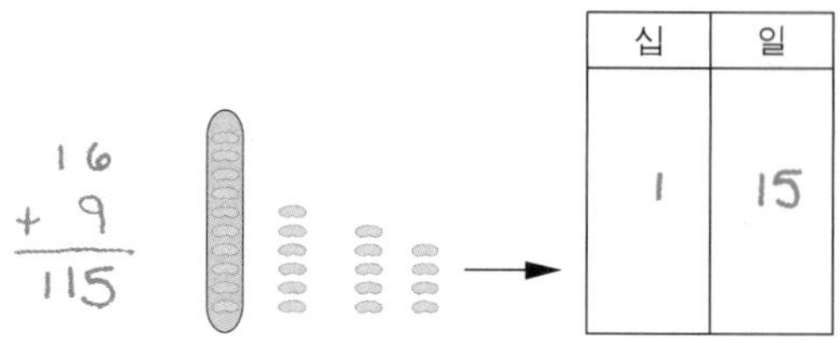

자릿값 판(즉, 일의 자리)에 10개 이상이 놓여 있기 때문에 교환하기가 이루어져야 한다. 10개의 일과 1개의 십을 교환함으로써 더 적은 개수로 나타낼 수 있으며, 25는 아래와 같이 유의미하게 표현될 수 있다.

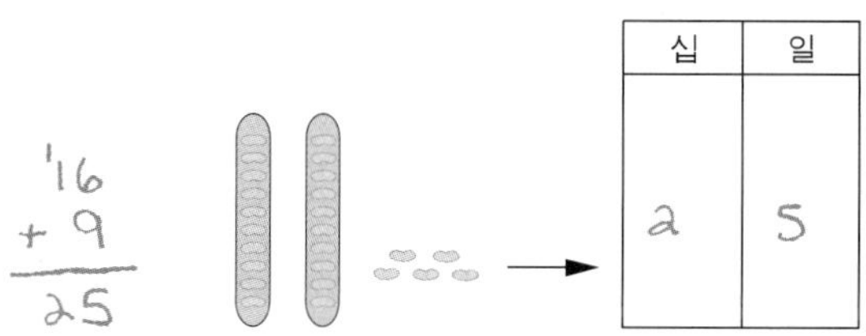

그림 8-5는 구체적 모델로부터 기호적 표현으로의 진행을 나타내고 있다. 유의미한 학습을 하기 위해서는 구체적 모델과 기호적 표현을 연결하는 다리를 여러 번 왔다 갔다 해야만 한다. 모델을 언어와 연결할 때는 세심한 주의를 기울여야 한다. 아동이 자신의 모델에 대하여 유창하게 말할 수 있는 단계가 되면, 25를 다양한 방식으로 설명하도록 하는 것이 바람직하다.

많은 아동들이 수의 자릿수를 바꿔서 쓰거나 읽는 오류를 범한다. 이러한 오류는 일반적으로 부주의로 야기되지만, 난독증(dyslexia)으로 알려진 장애의 증상일 수도 있다. 어떤 경우든 간에, 중요한 것은 아동들이 수의 자릿수를 바꿔서 쓰거나 읽은 결과의 차이점을 이해해야 한다는 것이다. 예를 들어, 25와 52를 생각해보자. 아래와 같은 십틀은 이 두 수를 나타내는 데 편리한 모델이다.

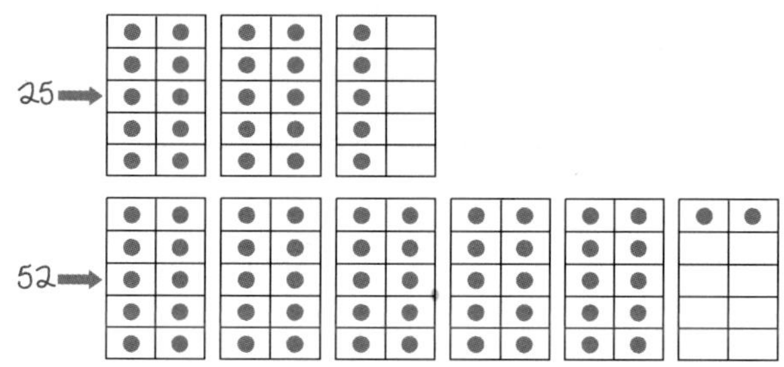

이 모델은 25와 52가 구성된 숫자는 같지만 자릿값 때문에 그 크기가 다르다는 물리적 차이점을 시

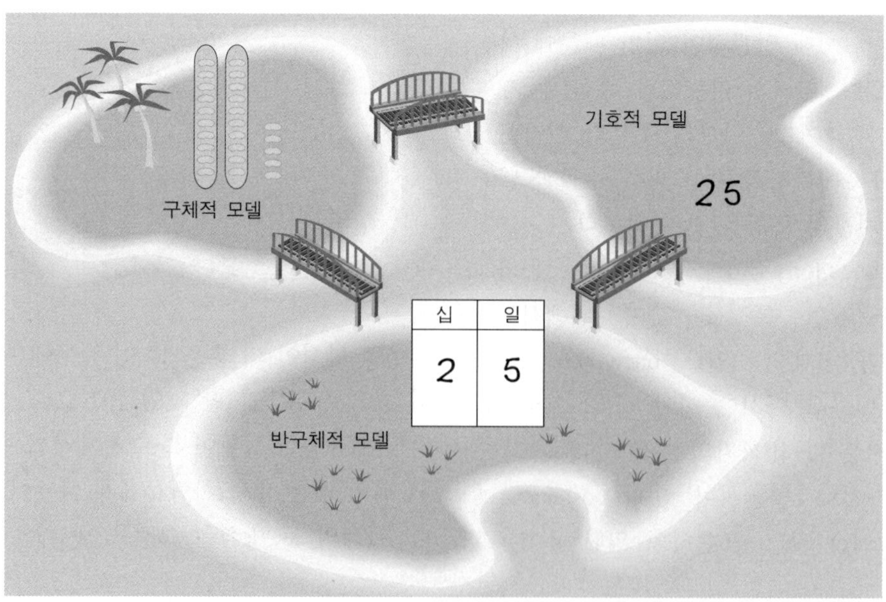

그림 8-5 자릿값에 대한 구체적 모델로부터 기호적 표현으로의 진행

각적으로 보여준다. 두 수의 차이를 확실하게 알기 위해서, 아동들은 모델로 표현된 수를 비교하고 그 차이에 대하여 이야기해야 한다.

수량을 10씩 묶는 것은 자릿값을 잘 나타낼 줄 뿐만 아니라 세는 것도 쉬워진다. 예를 들어, 아래의 두 단추더미의 개수는 같다. 왼쪽은 한 줄로 길게 배열되어 있는 반면에, 오른쪽은 10개짜리 묶음과 낱개로 배열되어 있다. 각 더미에는 단추가 몇 개씩 있는가?

각 더미의 단추 개수를 세는 데 어떤 배열이 더 용이한가? 어떤 배열이 용이한지 그 이유를 설명하게 함으로써, 10씩 묶기가 큰 수량의 수 세기와 표현을 어떻게 용이하게 하는지를 논의하게 할 수 있다.

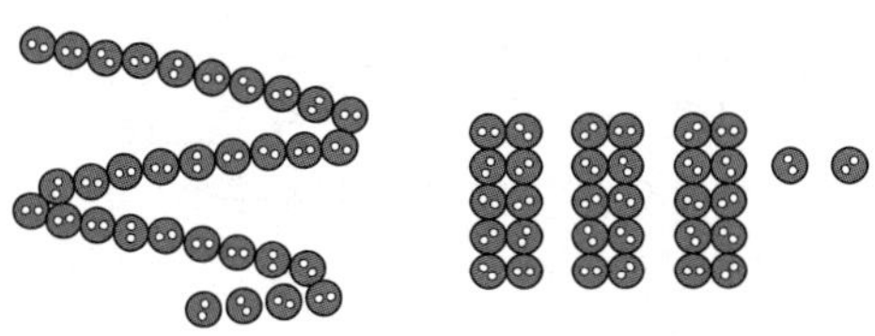

그림 8-6에 제시된 바와 같이, 수 모형과 자릿값판은 가법성을 모델화하고 확장된 표기법을 예시하는 데 사용될 수 있다. 그림 8-6에 제시된 종이 띠는 수모형과 확장된 형태의 기호를 연결시켜는 모델로서 자릿값의 핵심 개념을 고찰하는 데 효과적이다. 123은 1개의 백, 2개의 십, 3개의 일로 구성되어 있지만, 123을 3으로 나누는 경우에는 그것을 12개의 십과 3개의 일로 생각하는 것이 훨씬 쉽다.

즉, 123을 다음과 같이 생각할 수 있다.

백	십	일
1	2	3

백	십	일
	12	3

아동들에게 같은 수를 여러 가지 방식으로 이름짓게 하면, 수 감각을 증진시키는 데 도움이 된다. <수업자료 8-1>은 자릿값 개념을 강화하고 암산 기능을 개발하기 위한 활동이다.

총점수는 각각의 원 안에 들어있는 화살의 개수를 세어서 계산한다. 원의 크기에 따라 1점짜리, 10점짜리, 100점짜리로 나뉜다. 점수를 계산하기 위해서는 일씩, 십씩, 백씩 묶음으로 세어야 하기 때문에, 이를 통하여 자릿값과 암산을 연습할 수 있다. 〈수업자료

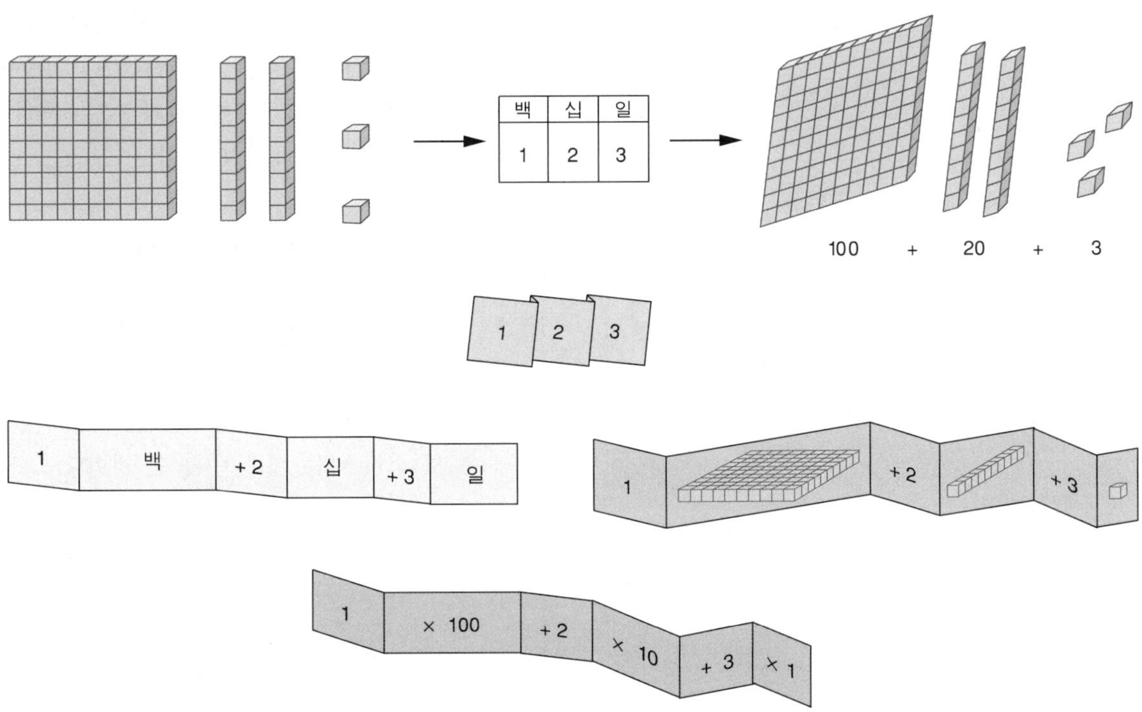

그림 8-6 자릿값 개념을 강화하기 위하여 모델과 기호를 연결하기

수|업|자|료|8-1

점수는 얼마인가?

학습목표: 자릿값 개념을 개발하기 위하여 일씩, 십씩, 백씩 수 세기를 할 수 있다.
대상학년: 2~3학년

- 과녁을 맞힌 점수를 계산하여라.

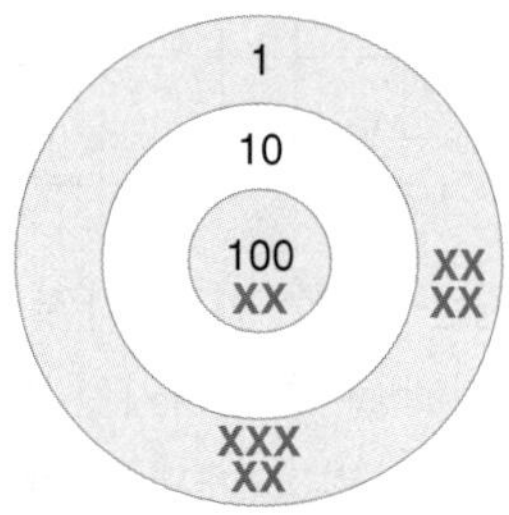

209
점수

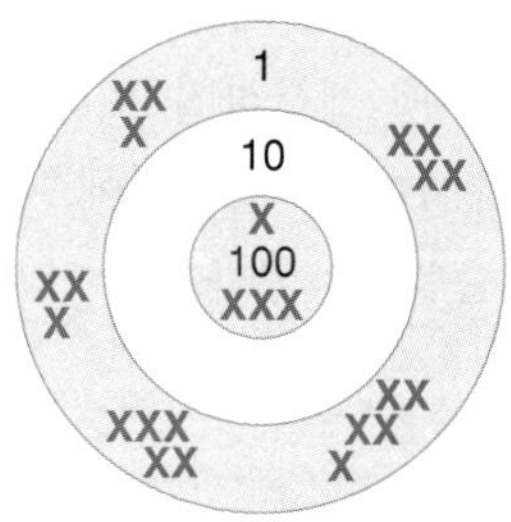

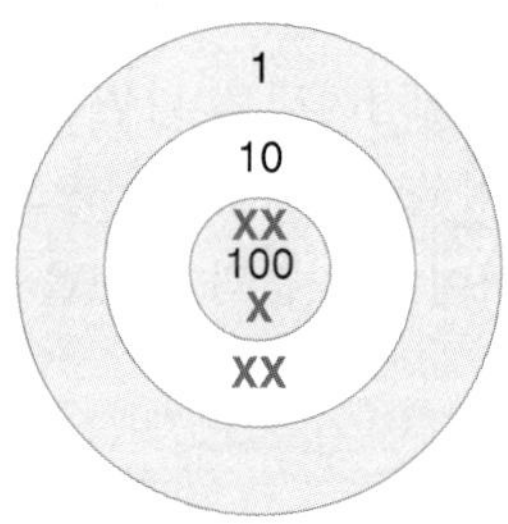

____ 점수　　　　____ 점수

- 각각의 점수가 나오려면, 화살을 어떻게 맞혀야 하는지 과녁에 표시하여라.

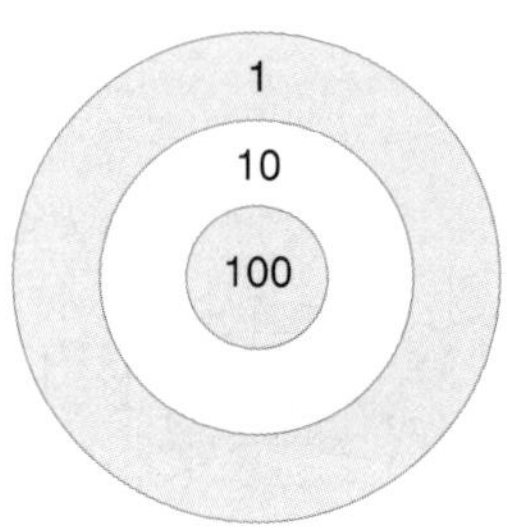

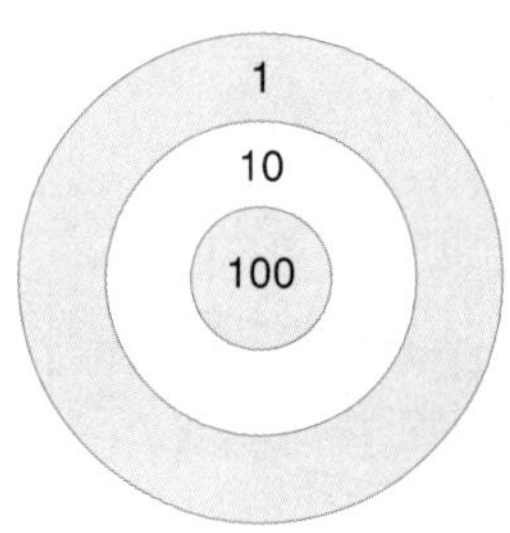

204 점수　　　　402 점수

8-2〉는 자릿값을 탐구할 수 있는 활동이다.

소리 나는 대로 수 이름을 쓰는 것이 논리적으로 보이겠지만, 오류가 발생하는 원인이 되기도 한다. 그림 8-6은 아동들이 구두 언어에서 문자 표현으로 이행할 때 발생하는 오류를 해결하는 데 유용한 모델을 소개하고 있다. 오류유형 8-1과 8-2는 흔히 발생하는 두 가지 오류를 제시한 것이다.

수|업|자|료|8-2

뛰어 세기

학습목표: 100까지의 수 배열표를 사용하여 뛰어 세기를 하고 규칙을 찾는다.
대상학년: 1~3학년

- 0, 1, 2, …, 9가 적힌 카드를 준비한다.
- 학생들에게 카드를 5장 준다.
- 가지고 있는 카드 중 세 장을 이용하여 다음의 수를 만들게 한다.

A. 세 자리 수 ___ ___ ___
B. 가장 큰 세 자리 수 ___ ___ ___
C. 가장 작은 세 자리 수 ___ ___ ___
D. 가장 크고 짝수인 세 자리 수 ___ ___ ___
E. 십의 자리가 짝수인 세 자리 수 ___ ___ ___
F. 200보다 큰 세 자리 수 ___ ___ ___
G. 600보다 작은 세 자리 수 ___ ___ ___
H. 100과 400 사이의 세 자리 수 ___ ___ ___

[오류유형 8-1]

- 오류: '육십일'이라고 말하고 601이라고 쓰거나 '백이십삼'이라고 말하고 100203이라고 썼다.
- 원인: 이 아동은 자릿값의 원리를 적용하지 않은 채 소리 나는 대로 수를 쓴 것이다.
- 지도방안: 자릿값 판 위에 수 모형으로 나타내보고 그것을 수로 기록하게 하면 도움이 될 것이다.

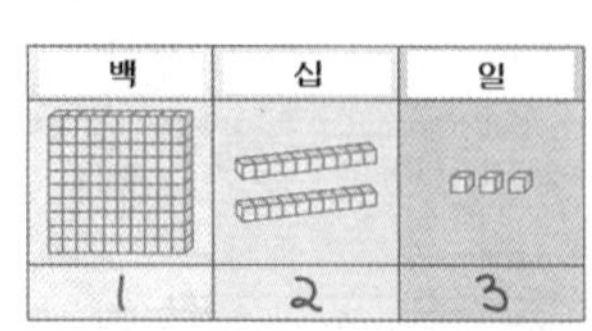

[오류유형 8-2]

- 오류: 아래 수 모형을 보고 13이라고 썼다.

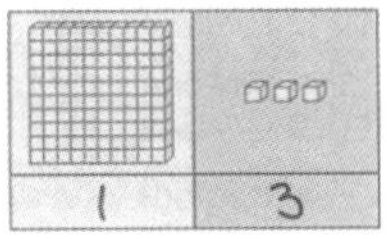

- 원인: 자릿값의 위치를 나타내는 0의 역할을 잘 모르고 있기 때문에 오류가 발생했다.

- 지도방안: 이 아동은 수 모형이 보이는 대로 1(십)과 3(일) 즉, 13이라고 쓴 것이다. 아래와 같이 자릿값 판 위에 놓인 두 수가 서로 다르며, 빈칸은 0으로 나타낸다는 것을 인식하게 한다.

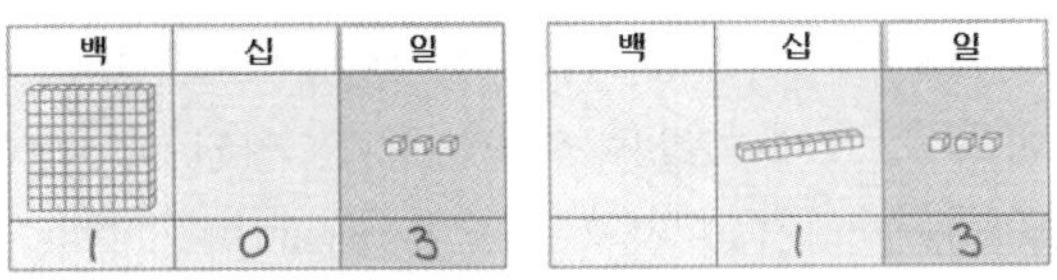

자릿값 개념의 확장

연구에 따르면, 많은 아동들이 100보다 큰 수의 상대적 크기를 이해하지 못한다(Fuson, 2003; Payne & Huinker, 1993). 이러한 현상은 여러 가지 요인으로부터 기인하는데, 그중 한 가지 요인은 아동들이 큰 수의 상대적 크기를 시각적으로 인식하도록 하는 모델을 경험하는 기회가 부족하다는 것이다. 123은 아래와 같이 여러 가지 방식으로 표현될 수 있다.

백이십삼
12개의 십과 3개의 일
$100+20+3$
$1(100)+2(10)+3$
$1(10^2)+2(10^1)+3$

큰 수에 대해서도 아동들은 그림 8-6에 제시된 것과 같은 모델을 다양하게 사용할 수 있다. 예를 들어, 십진 블록에 대하여 자릿값 판을 사용하면, 백, 십, 일이 표시된 자릿값 판의 왼쪽에 또 다른 자릿값 판을 놓는다. 그림 8-7은 9에서 10으로, 99에서 100으로 999에서 바뀌는 과정을 나타낸 비례적 모델이다.

그림 8-7은 아동들이 교환의 원리를 이해하자 마자 바로 사용되어야 한다. 실제로 이러한 수의 확장 과정은 수학적 추상화의 힘을 보여주는 것이다. 즉, 새로운 자리가 추가될 때마다 엄청나게 큰 비례적 모델을 써야 하는 문제가 발생한다. 아동들은 비례적 모델로 더 큰 수를 나타내는 것이 쉽지 않다는 것을 바로 인식하게 된다. 그러나 큰 수에 대한 수 감각을 지속적으로 개발하는 것은 학교수학의 주요 목표 중 하나이다(Kastberg & Walker, 2008).

그림 8-8은 같은 숫자로 이루어져 있지만 그 값이 서로 다른 두 수를 나타내고 있다. 즉, 2130과 1032는

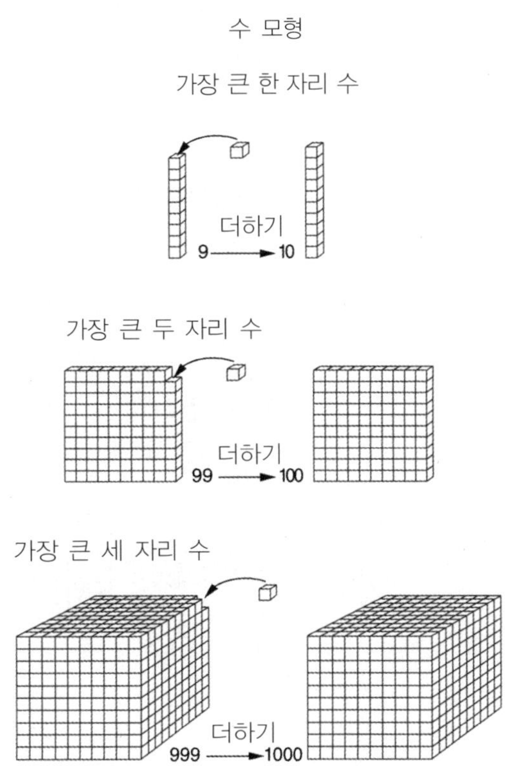

그림 8-7 고쳐 묶기와 자릿값의 관계를 나타내는 비례적 모델

어떻게 다른가? 이 질문에 대한 논의를 통하여 자릿값에 대한 지식과 수 감각이 향상될 것이다. 같은 숫자를 이용하여 다른 수를 나타내는 활동은 아동들이 정확한 자릿값 표현의 중요성을 인식하는 데 도움을 준다. 2130과 1032는 같은 숫자로 이루어졌지만, 두 수를 모델로 표현해보면 완전히 다름을 알 수 있다. 두 수를 기호로 표현해도 서로 다르다. 예를 들어,

> 2130은 '이천백삼십'이고 이것을 확장된 형태로 표현하면, $2(1000)+1(100)+3(10)$ 또는 $2(10^3)+1(10^2)+3(10^1)$이 된다.
> 1032는 '천삼십이'이고 이것을 확장된 형태로 표현하면, $1(1000)+3(10)+2$ 또는 $1(10^3)+3(10^1)+2(10^0)$이 된다.

확장된 표기법에서 사용된 10의 세제곱, 제곱과 같은 용어가 수 모형과 어떻게 연결되는지에 주목할 필요가 있다. 이러한 유형의 경험은 수 감각을 발달시키고 맨 앞의 숫자의 중요성(이 경우에는 천의 자리 숫자)을 인식하게 하는 데 도움이 된다.

수의 자릿수가 커질수록 맨 앞의 숫자에 집중하도록 아동들을 지도해야 한다. 맨 앞의 숫자에 주목하는 전략은 암산과 어림셈뿐만 아니라 수의 크기를 비교하고 순서 짓는 데 활용될 수 있다.

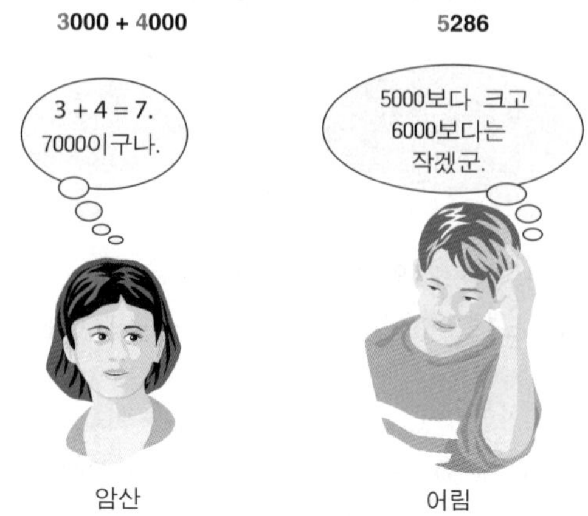

그림 8-9는 백만을 수 모형으로 어떻게 나타내는지를 보여준다. 큰 수를 이름 짓거나 모델로 표현하는 것 이외에, 그 크기를 어림잡는 것은 훨씬 더 어렵다. 아동들에게 다음과 같은 질문을 해 본다.

> 우리는 지금까지 며칠이나 살았을까?(10살이라면 3650일일 것이다.)
> 우리는 지금까지 몇 시간이나 살았을까?(10살이라

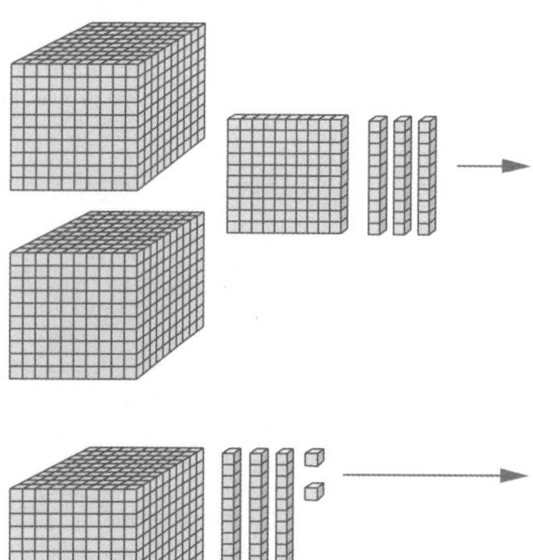

천	백	십	일
2	1	3	0

천은 몇 개인가? [2]
백은 몇 개인가? [1]
십은 몇 개인가? [3]
일은 몇 개인가? [0]
이 수를 말할 수 있는가?
[이천 백 삼십]

천	백	십	일
1	0	3	2

천은 몇 개인가? [1]
백은 몇 개인가? [0]
십은 몇 개인가? [3]
일은 몇 개인가? [2]
이 수를 말할 수 있는가?
[천 삼십 이]

그림 8-8 천 자리 판을 활용하여 두 수를 비교하기

면 87,600시간일 것이다.)

다음과 같은 자릿값 판은 큰 수를 표현하는 데 자연스럽게 확장될 수 있다.

조				억				만				일			
천	백	십	일	천	백	십	일	천	백	십	일	천	백	십	일

네 자리마다 마디를 끊어서 천, 백, 십, 일로 수를 읽는 방법은 네 자리의 수뿐만 아니라 더 큰 수에도 적용된다[2]. 즉, 수를 네 자리씩 끊어서 만, 억, 조로 읽고 각 마디 안의 수는 천, 백, 십, 일로 읽는다.

그림 8-10에 제시된 것과 같은 개방형 문제는 아동들이 큰 수에 대해서 추측하고 어림하게 하는 데 도움이 된다. 아동들은 여러 가지 답을 공유하고 백만, 십억을 이해하는 다양한 방식에 대해서 논의함으로써 수 감각을 향상시킨다. <아동용 추천도서>에 제시한 *Earth Day-Hooray!*, *The Rajah's Rice: A Mathematical Folktale from India*, *Can You Count to a Googol?*은 큰 수가 사용되는 실생활의 예와 그것을 기호로 표현하는 방법을 제시한다. 또한 *The Wonderful World of Mathematics: A Critically Annotated List of Children's Books in Mathematics*(Thissen et al., 1998)과 *Math and Literature: Grades K-1 and 2-3*(Burns & Sheffield, 2004)와 같은 책은 아동들이 큰 수를 폭넓게 이해하고 인식하는 데 도움이 될 것이다.

얼마나 클까?

◂ 백만은 …

- 백만 원은 천 원짜리로 _____장.
- 백만 일은 약 _____년.
- 백만 킬로미터는 지구를 약 _____번 도는 거리.

◂ 십억은 …

- 십억 원으로 살 수 있는 자전거는 약 _____대.
- 십억 초는 약 _____년.
- 십억 명이 살 수 있는 도시는 _______.

그림 8-10 큰 수의 크기를 생각하게 하는 질문

맨 앞의 숫자 전략은 자연스럽게 더 큰 수로 확장되어 적용될 수 있다. 예를 들어, 다음과 같이 맨 앞의 숫자가 같은 두 수를 제시하여 그 크기를 비교하

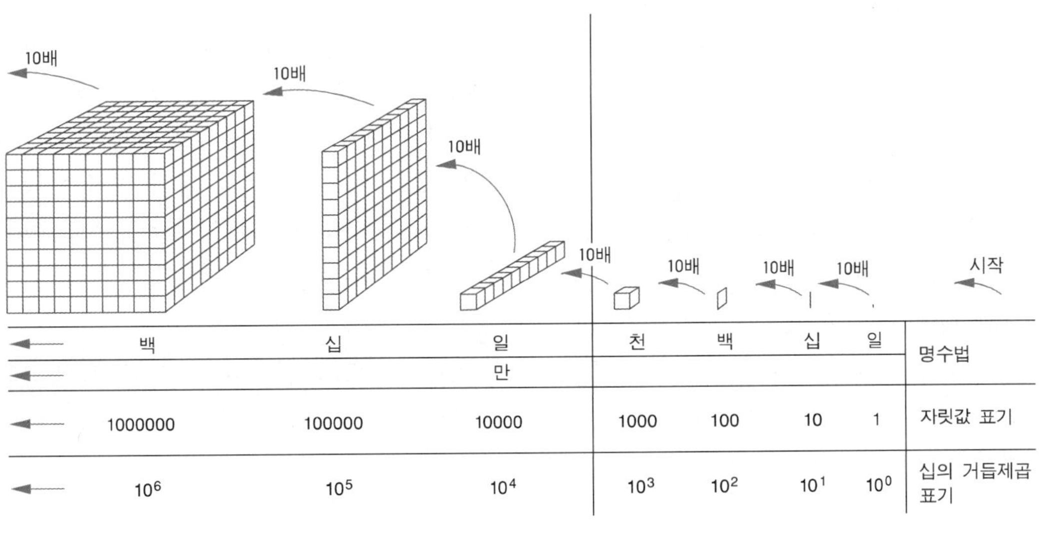

그림 8-9 백만에 대한 기호적 표현과 구체적 모델의 연결

2) 미국의 경우에는 세 자리씩 마디를 끊어서 thousands, millions, billions, trillions로 읽고 각 마디 안의 수는 hundreds, tens, ones로 읽는다(역자 주).

게 한다(a). 그런 다음에는 맨 뒤 자리의 숫자가 같은 두 수를 비교하게 한다(b).

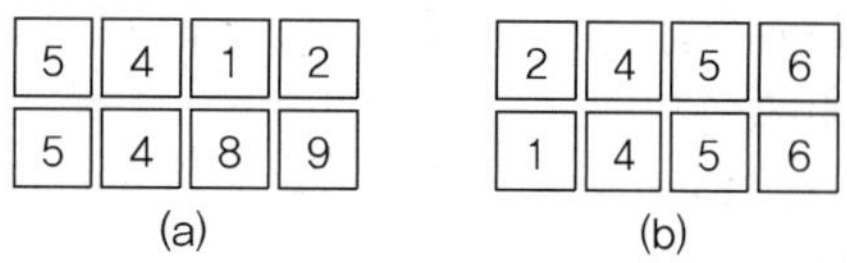

(a) (b)

학생들은 맨 앞자리를 사용하여 큰 수를 비교하여 순서 지을 수 있다. (a)와 같이 맨 앞자리의 숫자가 같으면, 다음 자리의 숫자를 비교해야 할 것이다. 그러나 이 방법은 같은 자리의 수일 때만 사용할 수 있다. 예를 들어, 2456과 896을 비교할 때는 이 방법을 사용할 수 없다.

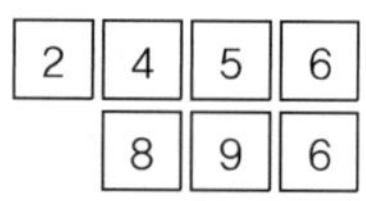

<수업자료 8-3>에는 두 가지의 수 배열표가 제시되어 있다. 첫 번째 배열표는 1부터 100까지의 수, 두 번째 배열표는 0부터 99까지의 수가 적혀 있다. 두 번째 배열표의 장점은 각 행에서 십의 자릿값이 항상 같다는 것이다. 첫 번째 배열표에서는 십의 자릿값이 마지막 열에서 바뀌지만, 0부터 시작할 때 발생하는 혼동을 방지할 수 있다. 이 두 가지 수 배열표는 자릿값, 규칙성, 암산, 대수적 사고 등을 탐구하는 데 사용될 수 있다.

수 배열표는 또한 수 세기와 암산 능력을 개발하는 데 사용될 수 있다. 예를 들어, 46 + 30은 46, 56, 66, 76과 같이 암산으로 계산될 수 있는데, 이러한 암산 능력은 수 배열표에서 십씩 세기를 연습함으로써 자연스럽게 길러질 수 있다. 더 나아가서, 46 + 29는 46, 56, 66, 76을 센 다음에 1만큼 뒤로 이동하여 75를 찾을 수 있다. 십씩 세고 난 다음에 앞으로 또는 뒤로 이동하는 것은 수를 보정하는 것이며, 수를 융통성 있게 사용하고 생각하는 것이다.

다음은 100까지의 수 배열표의 일부이다. 이것을 이용하면 규칙성과 일반화가 어떻게 대수 사고로 발전하는지를 알 수 있다.

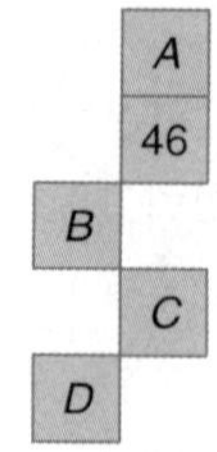

100까지의 수 배열표의 규칙성을 이용하면, 다음과 같이 쉽게 수를 찾을 수 있다:

$A = 46 - 10$
$B = 46 + 10 - 1$
$C = 46 + 20$
$D = 46 + 30 - 1$

46을 N이라고 가정해보자. 시작하는 수가 N으로 바뀌었더라도 수를 찾는 방법은 다음과 같이 유사하다.

$A = N - 10$
$B = N + 10 - 1$
$C = N + 20$
$D = N + 30 - 1$

이러한 활동을 통하여 대수적 사고를 개발하는 데 변수와 규칙성의 역할을 경험할 수 있다.

세 자리 수에 대한 모델링을 통하여, 각 자리 수를 재배열했을 때 그 값이 어떻게 변하는지를 보여줄 수 있다. 즉, 134, 314, 413이 물리적으로 어떤 차이가 있는지를 다음과 같이 쉽게 알 수 있다.

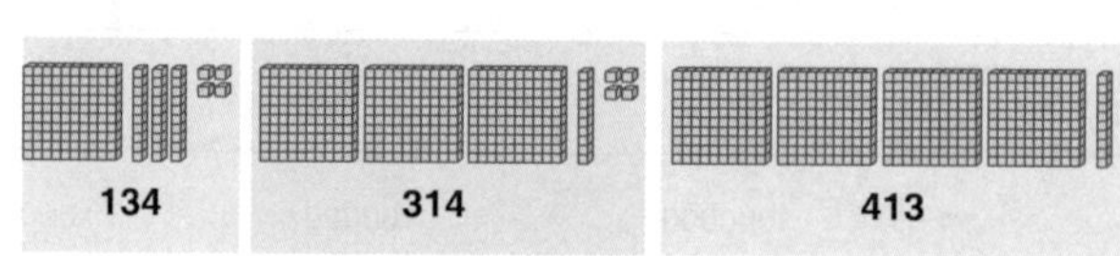

위의 수 막대를 보면, 413은 314보다 약 100 정도 크고, 134는 314보다 100 이상 작다는 것을 알 수 있다. 크기를 비교할 때 맨 앞의 숫자(front-end)에 주목하는 능력도 수 감각의 중요한 부분이다.

수 세기와 규칙성

뛰어 세기를 연습하면 수 세기를 훨씬 더 쉽게 할 수 있다. 7장에서 사용되었던 100까지의 수 배열표는 뛰어 세기를 연습할 수 있는 훌륭한 도구이다.

세기와 규칙성을 인식하는 데 계산기를 활용할 수도 있다. 계산기로 수 세기를 할 때, 화면에 나타나는 결과를 보고 언제 어떤 숫자가 바뀌는지를 인식할 수 있다. <수업자료 7-5>는 계산기로 수 세기를 하는 활동을 나타낸 것이다. 아동들은 계산기로 일씩 세면서, 오른쪽 숫자(일의 자리)는 셀 때마다 매번 바뀌는 반면에 그 다음 숫자(십의 자리)는 잘 바뀌지 않으며 세 번째 숫자(백의 자리)를 바꾸기 위해서는 훨씬 더 많이 세어야 한다는 것을 관찰할 수 있다. 그림 8-11과 같이, 아동들은 계산기로 1씩, 10씩, 100씩 셀 때 화면에 나타나는 결과를 관찰함으로써 자릿값의 성질을 확실하게 이해할 수 있다.

계산기를 활용한 수 세기 활동은 자릿값과 관련된

수|업|자|료|8-3

학습목표: 수 배열표를 활용하여 자릿값과 규칙성을 탐구한다.

대상학년: 1~3학년

1	2	3	4	5	6	7	8	9	10
11	12	13	14	15	16	17	18	19	20
21	22	23	24	25	26	27	28	29	30
31	32	33	34	35	36	37	38	39	40
41	42	43	44	45	46	47	48	49	50
51	52	53	54	55	56	57	58	59	60
61	62	63	64	65	66	67	68	69	70
71	72	73	74	75	76	77	78	79	80
81	82	83	84	85	86	87	88	89	90
91	92	93	94	95	96	97	98	99	100

↑ 다섯째 열

0	1	2	3	4	5	6	7	8	9
10	11	12	13	14	15	16	17	18	19
20	21	22	23	24	25	26	27	28	29
30	31	32	33	34	35	36	37	38	39
40	41	42	43	44	45	46	47	48	49
50	51	52	53	54	55	56	57	58	59
60	61	62	63	64	65	66	67	68	69
70	71	72	73	74	75	76	77	78	79
80	81	82	83	84	85	86	87	88	89
90	91	92	93	94	95	96	97	98	99

▾ 수 배열표를 이용하여 다음 질문에 답하여라.
- 다섯째 열에 있는 수들의 공통점은 무엇인가?
- 넷째 열과 여섯째 열의 수들은 어떤 점에서 같고 어떤 점에서 다른가?
- 임의의 한 칸을 선택해서 앞으로 10칸을 더 세면 어디에 멈추게 되는지 말해보아라.
- 임의의 다른 칸을 선택해서 앞으로 10칸을 더 세면 어디에 멈추게 되는지 말해보아라.
- 이 활동을 여러 번 해보고 나서, 어떤 규칙성이 있는지 말해 보아라.

▾ 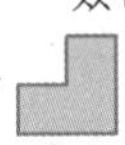 모양으로 조각을 오려낸 다음 수 배열표 위에 놓아라.
- 어떤 수들을 덮고 있는가? 그것을 어떻게 알아냈는지 말해 보아라.
- 다른 위치로 옮겨서 놓아보고 어떤 수들을 덮고 있는지 말해 보아라.
-  모양과 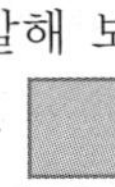 모양으로 수 배열표를 덮은 다음, 어떤 수들을 덮고 있는지 말해 보아라.

▾ 조각 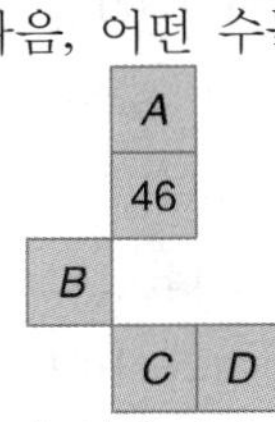

은 100까지의 수가 적힌 수 배열표의 일부이다.
- 수 배열표를 이용하여 A, B, C, D를 찾아보아라.
- C를 찾을 수 있는 두 가지 방법을 말해 보아라.
- 46을 N이라고 가정했을 경우, A, B, C, D를 찾아보아라.

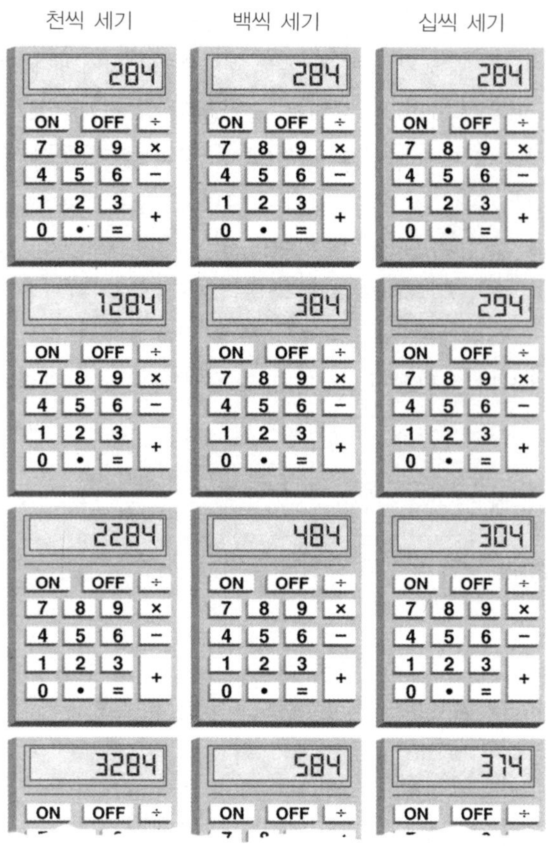

▌**그림 8-11** 자릿값의 규칙성을 예시하기 위한 계산기로 수 세기

규칙성을 논의할 수 있는 다양한 기회를 제공한다. 또한 계산기를 활용한 수 세기는 큰 수를 더 잘 이해하게 하기 때문에, 학생들의 수 감각 발달에 도움이 된다. 예를 들어, 아동들에게 계산기로 1부터 1000까지 1씩 세게 하면, 이 수의 크기를 더 잘 이해하게 된다. 이 활동을 발전시키면, 아동들은 1000까지 1씩 세는 데 걸리는 시간, 1,000,000까지 1000씩 세는 데 걸리는 시간, 100까지 0.1씩 세는 데 걸리는 시간은 거의 같다는 점을 깨닫게 될 것이다.

한 4학년 학생은 이 활동을 하고 나서, "그렇다면 1,000,000에 들어 있는 1000의 개수와 1000에 들어 있는 1의 개수가 같다는 것을 의미하는군요."라고 말하였다. 이것은 자릿값과 큰 수에 대한 심층적인 이해와 발전된 수 감각을 반영하는 것이다.

그림 8-11에 나타낸 바와 같이, 10씩, 100씩, 또는 1000씩 셀 때 일의 자리는 전혀 바뀌지 않는다. 그러나 10씩 셀 때 십의 자리는 매번 바뀌며 백의 자리는 열 번 셀 때마다 바뀐다. 큰 수를 셀 때 나타나는 이러한 규칙성을 관찰함으로써 아동들은 자릿값의 성질을 쉽게 이해할 수 있다.

거꾸로 세기를 통하여 자릿값의 규칙성을 확인할 수 있다. 그림 8-12와 같이 계산기를 사용하면, 10에서 시작하여 5씩, 10씩, 백씩 등으로 거꾸로 세었을 때 그 결과를 쉽게 확인할 수 있다. 아동들에게 훨씬 큰 수(또는 훨씬 작은 수)를 셀 때에 나타나는 규칙성을 관찰하게 하면, 자릿값의 성질이 양수와 음수 모두에 적용된다는 점을 인식하는 데 도움이 된다.

앞에서 살펴보았듯이, 100까지의 수 배열표는 수 세기와 자릿값과 관련된 규칙성을 인식하는 데 유용

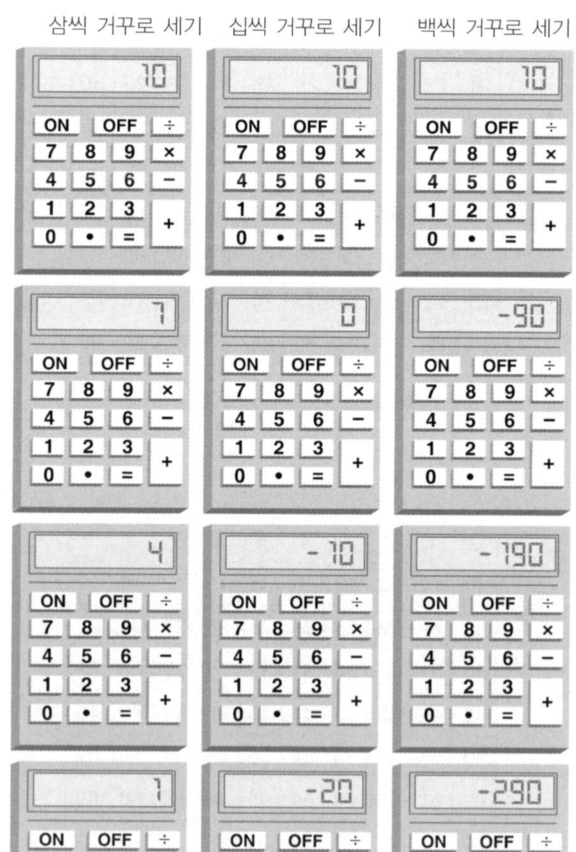

▌**그림 8-12** 음수에서 자릿값 규칙성을 예시하기 위한 거꾸로 세기

한 모델이다. 100까지의 수 배열표에서 10씩 수 세기를 하는 활동은 <수업자료 8-3>에 제시하였다. <수업자료 8-4>는 1000까지의 수 배열표로 확장된 수 세기 활동이다. 예를 들어, 다음과 같은 1000까지의 수 배열표의 일부를 생각해보자.

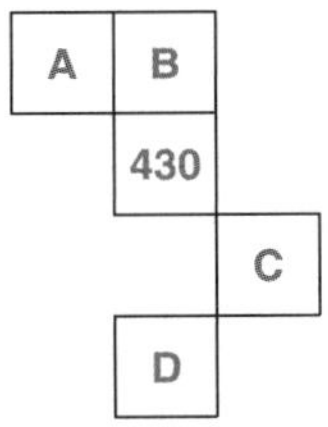

1000까지의 수 배열표의 규칙성을 이용하면, 다음과 같이 쉽게 수를 찾을 수 있다.

$A = 430 - 100 - 10$

$B = 430 - 100$

$C = 430 + 100 + 10$

$D = 430 + 200$

430을 N이라고 가정하면, 이 활동은 대수적 사고로 발전될 수 있다.

$A = N - 100 - 10$

$B = N - 100$

$C = N + 100 + 10$

$D = N + 200$

이 활동은 또한 학생들의 수 감각을 개발할 것이며, 중요한 암산 기능을 연습하는 데 도움이 될 것이다.

수를 세 자리씩 구분하는 데 콤마를 사용하지 않는 나라들도 여럿 있다. 가령 2346457을 2 346 457과 같이 쓰는 나라도 있다. 수의 마디를 콤마 대신에 빈 공간으로 구분한 것이다. 미국의 일부 신문, 잡지, 교과서에서는 이런 방식으로 수를 적고 있다. 이러한 변형은 수 읽기와 쓰기에 대해 교육적으로 시사하는 바가 크다. 특히 아동들은 수를 좀 더 명확하고 분명하게 쓸 수 있어야 한다.

수|업|자|료|8-4

1000까지의 수 배열표에서 10의 제곱씩 세기

학습목표: 1000까지의 수 배열표를 이용하여 10씩, 100씩 뛰어 세기를 하고 규칙성을 확인한다.

대상학년: 2~3학년

10	20	30	40	50	60	70	80	90	100
110	120	130	140	150	160	170	180	190	200
210	220	230	240	250	260	270	280	290	300
310	320	330	340	350	360	370	380	390	400
410	420	430	440	450	460	470	480	490	500
510	520	530	540	550	560	570	580	590	600
610	620	630	640	650	660	670	680	690	700
710	720	730	740	750	760	770	780	790	800
810	820	830	840	850	860	870	880	890	900
910	920	930	940	950	960	970	980	990	1000

- 10씩 세어라.
  - 임의 한 칸을 택해서 시작한다.
  - 앞으로 10칸을 세어서 멈춘 칸의 수를 말하여라.
  - 다른 임의 칸을 택해서 앞으로 10칸을 센다.
  - 이 활동을 몇 번 실시한 다음, 발견한 규칙성을 말하여라.
  - 1000까지의 수 배열표에서 "몇 백"을 세는 가장 빠른 방법을 설명하여라.
- 100씩 세어라.
  - 240에 300을 더하기 위하여 수 배열표를 어떻게 사용했는지 설명하여라.
  - 240에 290을 더하기 위하여 수 배열표를 어떻게 사용했는지 설명하여라.
- 100까지의 수 배열표와 1000까지의 수 배열표 연결하기
  - 100까지의 수 배열표가 1000까지의 수 배열표를 사용하는 데 어떻게 도움이 되었는지 설명하여라.

어림하기

수 감각의 발달에 중요한 것 중의 하나는 어림한 수(예를 들어, 우리나라의 총 부채)와 정확한 수(예를 들어, 비행기 사고로 인해 사망한 승객의 수)를 구분하여 인식하는 것이다. 대략적인 값은 어림하기와 관련이 있으며, 이것은 우리의 일상생활에서 자주 접하는 것이다.

어림하기를 하기 위해서는 자릿값을 이해해야 하고 수를 읽을 수 있어야 한다. 일반적으로 어림하기는 수를 다루기 쉽게 만들거나 정확한 값을 알 필요가 없을 때 이루어진다. 수를 어떻게 어림할 것인지는 어떻게 사용할 것인지에 달려 있다. 예를 들어, 프로야구 경기의 관람자 수가 54,321명이라고 하자. 관람자 수를 몇십으로 어림하면 54,320이고, 몇백으로 어림하면 54,300이 될 수 있지만, '약 54,000명' 또는 '50,000명 이상' 또는 '60,000명 이하'로도 어림할 수 있다. 왜냐하면 이 어림값들은 의사소통하기에 훨씬 쉽고 편리하기 때문이다.

어림 기능이 발달함에 따라, 아동들은 어림하는 규칙이 매우 다양하며 획일적이지 않다는 것을 알아야 한다. 가령 현행 미국 교과서에서는 5로 끝나는 수를 어림하는 두 가지 다른 규칙을 다음과 같이 제시하고 있다.

(a) 5를 0으로 바꾸고 5 앞의 자릿수에 1을 더한다.
(b) 5를 0으로 바꾼다. 5 앞의 자릿수가 짝수이면 그대로 두고, 5 앞의 수가 홀수이면 그것에 1을 더한다.

어떤 규칙을 적용하더라도 75는 80으로 어림된다. 하지만 85는 규칙 (a)에 따르면 90으로 어림되고, 규칙 (b)에 따르면 80으로 처리된다. 어떠한 규칙도 항상 옳거나 최상일 수 없지만, 교과서마다 다른 어림 규칙을 제시하고 있기 때문에 아동들을 혼란스럽게 할 수 있다. 이러한 혼란을 방지하기 위해서는 아동들이 특정한 어림 규칙을 정말로 이해했는지를 확인해야 한다.

어떤 어림 규칙을 사용하든 간에, 처리된 수의 정확성은 제시된 문제 상황에 따라 달라진다. 예를 들어, 아래와 같이 길이가 74센티미터인 막대를 생각해 보자.

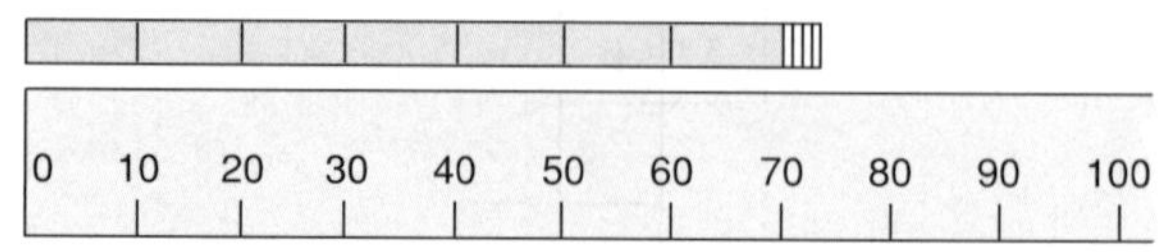

이 막대는 70센티미터에 가까운가, 80센티미터에 가까운가? [70센티미터] 0미터에 가까운가, 1미터에 가까운가? [1미터]

10센티미터에 가깝게 어림한다면, 그 길이는 70센티미터가 될 것이다. 1미터에 가깝게 어림한다면, 그 길이는 1미터이다. 수를 어떻게 어림할 것인지는 어림값을 어떻게 사용할 것인지에 달려 있다. 예를 들어, 위의 막대를 천으로 감싸고자 한다면, 10센티미터에 가깝게 어림해서 70센티미터로 어림해서는 안 될 것이다. 결국 1미터에 가깝게 어림해야만 천을 감쌀 수 있을 것이다. 아동들은 아무런 계획 없이 수를 어림해서는 안 되며, 수를 어림하기 전에 수를 어디에 사용할 것인지에 대해 충분히 생각해야 한다.

다음은 주어진 상황에서 어림한 수를 해석하는 문제로서 NAEP에 제시된 것이다.

> 공룡의 길이는 10피트 단위로 어림했을 때 80피트인 것으로 보고되었다. 공룡의 실제 길이는 얼마였겠는가?

이 개방형 문제에서 75~84피트가 정답으로 인정되었다. 4학년 학생들의 20%만이 올바르게 답하였으며, 26%는 90이라고 답하였고 48%는 다르게 답하였다. 이것은 어림한 결과를 주의 깊게 해석할 필요가 있음을 보여주는 것이다.

수 모형은 큰 수를 어림하는 기능을 발달시킬 수 있는 자연스러운 방법을 제공한다. 다음의 질문들은 어림하기에 필수적인 **"어디에 더 가까운가?"**라는 아이디에 초점을 두고 있다.

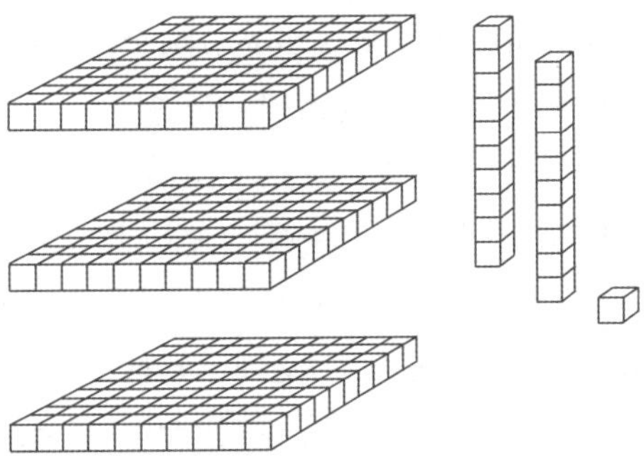

이것은 300보다 더 많은가? [예]
이것은 400보다 더 많은가? [아니오]
이것은 300과 400 중 어디에 더 가까운가? [300]

이 모델은 또한 아동들이 350이 300과 400의 중간이라는 것을 인식하는 데 도움이 될 수 있다.

아래와 같은 롤러코스터 모델은 어림하기 기능을 개발하는 데 유용하게 사용될 수 있다. 아동들이 수직선을 이해한다면, 롤러코스터 모델은 어림을 하는 데 효과적인 도구가 될 수 있다.

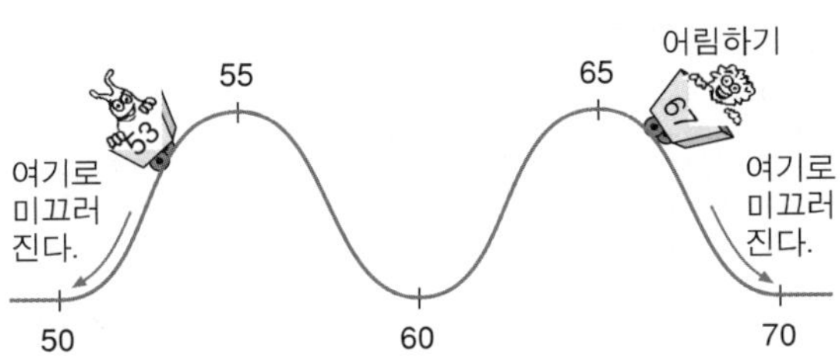

아동들은 롤러코스터가 어떤 지점에서 멈출 때 어떤 일이 일어날 것인지를 알고 있다. 또한 롤러코스터가 꼭대기에 있을 때는 어떤 방향으로든 굴러갈 수 있다. 이러한 관찰은 "수가 5로 끝나면, 다음 계곡으로 내려간다."와 같은 특별한 어림 규칙을 논의할 수 있는 기회를 제공한다. 어림하기에서는 마지막 자릿수에 주목하게 된다. 아동들은 어림하는 목적이 수를 처리하기 쉽게 만들기 위한 것이며, 더 중요한 것은 의미 있어야 한다는 점을 인식해야만 한다.

아동들은 다양하게 어림해보는 경험을 해야 한다. 예를 들어, 아래의 가격을 생각해 보자.

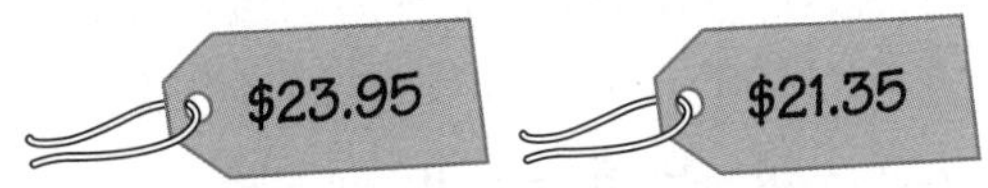

이 두 가격을 같은 수로 어림하려면 어떻게 해야 하는가? [10의 자리까지 나타냄]
각각의 물건을 사는 데 필요한 돈을 결정하기 위해서는 두 가격을 어떻게 어림해야 하는가? [25달러 또는 30달러]

이러한 실생활 문제 상황은 아동들로 하여금 어림의 장점과 어림한 결과 모두에 대해서 생각하게 할 것이다. 유의미한 어림하기는 다양한 문제 상황 속에서 연습함으로써 향상될 것이다.

문화적 연계성

수의 발달 특히, 수 읽기에 있어서는 문화적, 언어적으로 차이가 있음을 알 수 있다. 가령 일본과 같은 아시아권의 언어에는 수 읽기에 있어서 규칙성이 있는 반면에, 영어와 스페인어에는 일관된 규칙성이 없다. 그림 8-13과 같이 영어와 스페인어의 경우, 11부터 20까지의 수 읽기에는 20 이상의 수 읽기에 적용되는 일관된 규칙성이 없다. 반면에 중국어, 일본어, 한국어[3]의 경우에는 11부터 20까지의 수 읽기에 일관된 규칙성이 있다. 이들 세 나라의 언어에는 자릿값의 규칙성이 일관성 있게 적용되고 있다. 예를 들어, 일본의 경우 20부터 90까지 십의 자릿수는 '*ju*'이고, 200부터 900까지 백의 자릿수는 '*hyaku*', 2000부터 9000까지 천의 자릿수는 '*sen*'이다. 이러한

3) 원서에는 한국어에 대한 언급이 없었으나, 수를 읽는 규칙성이 일본어, 중국어와 같기 때문에 여기에 포함시켰다(역자 주).

일관된 규칙성은 자릿값의 개념을 강화하는 동시에 수를 쉽게 읽을 수 있도록 한다.

그림 8-14는 중국 문자로 수를 나타낸 것이다. 큰 수에서 자릿값과 가법성이 어떻게 표현되었는지 살펴보자. $751 = 7(100) + 5(10) + 1$이다. 그러나 751을 중국 문자로 쓰면, **七五一**이며, 이것은 글자 그대로 칠백 오십 일을 의미한다. 중국 문자를 잘 안다면, 인도-아라비아 수를 중국 문자로 또는 중국 문자를 인도-아라비아 수로 나타내는 것은 매우 쉽다(Uy, 2003).

또 한 가지 흥미로운 점은 영어에서는 세 자릿수마다 끊어 읽는데, 중국어와 일본어에서는 네 자릿수마다 끊어서 읽는다. 미국의 수 체계에서는 1000의 제곱마다 읽는 단위가 달라진다. 즉, 일, 십, 백으로 읽은 다음에는 천의 자리로 가서 일, 십, 백으로 읽고, 그 다음에는 백만 자리로 가서 일, 십, 백으로 읽는다. 중국과 일본의 수 체계는 천 단위가 아니라 만 단위에 기초하고 있다. 일본에서는 10,000을 "*man*"이라고 읽는다. 미국에서는 30,000을 "*thirty thousand*"라고 읽지만, 일본에서는 30,000을 "*san man*"이라고 읽는다.

수학적 개념 자체는 문화에 관계없이 보편적이지만, 문화와 관련된 언어는 그렇지 않다. 가령 영어에서는 20보다 큰 두 자리 수를 읽을 때 십의 자리를 먼저 읽고 그 다음에 일의 자리를 읽는다. 즉, 35를 "*thirty-five*"라고 읽는다. 그런데 아라비아에서는 이 두 자리 수를 다르게 읽는다. 가령 45는 "*five forty*"라고 읽는다. 345는 "*three hundred five forty*"라고 읽고, 8345는 "*eight thousand three hundred five forty*"라고 읽는다. 즉, 큰 수를 읽을 때 십의 자릿수보다 일의 자릿수를 먼저 읽는다.

미국과 영국의 명수법에도 약간 차이가 있다. 예를 들어, 미국과 영국에서 'million'은 'thousand thousand'이다. 그러나 'billion'이 미국에서는 'thousand million

10까지의 수										
영어	One	Two	Three	Four	Five	Six	Seven	Eight	Nine	Ten
스페인어	Uno	Dos	Tres	Cuatro	Cinco	Seis	Siete	Ocho	Nueve	Diez
중국어	*Yi*	*Er*	*San*	*Si*	*Wu*	*Liu*	*Qi*	*Ba*	*Jiu*	*Shi*
일본어	*Ichi*	*Ni*	*San*	*Yon,Shi*	*Go*	*Roku*	*Nana, Shichi*	*Hachi*	*Kyuu*	*Ju*
한국어	일, 하나	이, 둘	삼, 셋	사, 넷	오, 다섯	육, 여섯	칠, 일곱	팔, 여덟	구, 아홉	십, 열
10부터 20까지의 수										
영어	Eleven	Twelve	Thirteen	Fourteen	Fifteen	Sixteen	Seventeen	Eighteen	Nineteen	Twenty
스페인어	*Once*	*Doce*	*Trece*	*Catorce*	*Quince*	*Diez y seis*	*Diez y siete*	*Diez y ocho*	*Diez y nueve*	*Veinte*
중국어	*Shi yi*	*Shi er*	*Shi san*	*Shi si*	*Shi wu*	*Shi liu*	*Shi qi*	*Shi ba*	*Shi jiu*	*Er shi*
일본어	*Ju ichi*	*Ju ni*	*Ju san*	*Ju yon*	*Ju go*	*Ju roku*	*Ju nana*	*Ju hachi*	*Ju kyuu*	*Ni Ju*
한국어	십일, 열하나	십이, 열둘	십삼, 열셋	십사, 열넷	십오, 열다섯	십육, 열여섯	십칠, 열일곱	십팔, 열여덟	십구, 열아홉	이십, 스물
20 이상의 수										
영어	Twenty-one	Twenty-two	Twenty-three	Twenty-four	Twenty-five	Fifty	Hudred	Thousand	Ten thousand	Hudred thousan
스페인어	*Veinte y uno*	*Veinte y dos*	*Veinte y tres*	*Veinte y cuatro*	*Veinte y cinco*	*Cincuenta*	*Cien*	*Mil*	*Dos mil*	*Cien mil*
중국어	*Er shi yi*	*Er shi er*	*Er shi san*	*Er shi si*	*Er shi wu*	*Wu shi*	*Pai*	*Chien*	*Wan*	*Shi wan*
일본어	*Ni ju ichi*	*Ni fu ni*	*Ni fu san*	*Ni ju yon*	*Ni ju go*	*Go ju*	*Hyaku*	*Sen*	*Man*	*Ju man*
한국어	이십일, 스물하나	이십이, 스물둘	이십삼, 스물셋	이십사, 스물넷	이십오, 스물다섯	오십, 쉰	백	천	만	십만

그림 8-13 여러 언어에서 20까지의 수 읽기

零	0	영	十	10	십
一	1	일	百	100	백
二	2	이	千	1,000	천
三	3	삼	萬	10,000	만
四	4	사	十萬	100,000	십만
五	5	오	百萬	1,000,000	백만
六	6	육			
七	7	칠			
八	8	팔			
九	9	구			

그림 8-14 중국어 명수법

=1,000,000,000'이지만, 영국에서는 'million million=1,000,000,000,000'이다. 아동들은 이러한 문화적 차이를 인식하고 이해해야 한다.

요약

아동들이 수학적 소양을 갖추기 위해서는 우리의 수 체계를 확실하게 이해해야 한다. 아동들은 수 체계의 네 가지 특징 — 즉, 0의 역할, 가법성, 십진법, 자릿값 — 을 구별할 수 있어야 한다. 이를 위해서는 수 세기와 교환하기에 대한 다양한 경험(특히, 10으로 묶기)이 반드시 필요하다.

아동들이 콩 막대, 수 막대, 주판과 같은 다양한 모델을 통하여 수 개념을 이해한 다음에는 그 결과를 체계적으로 조직하고 기록하는 방법을 배워야 한다. 자릿값 판은 양을 시각적으로 표현하고 기호로 표현하는 데 도움이 된다. 이처럼 구체적인 것과 추상적인 것의 연결은 자릿값 개념의 발달에 핵심적인 것이며, 이후의 모든 수 개념의 발달에도 매우 중요하다.

자릿값 개념은 오랜 기간에 걸쳐서 발달한다. 교환하기 규칙이 자릿값 개념의 초기 발달에 중요한 역할을 하지만, 자릿값의 중요성과 위력에 대한 인식은 수학학습 전반에 걸쳐서 발전되고 정련되며 확장된다. 자릿값 개념을 통하여 아동들은 수를 분해하고 합성할 수 있으며, 동치 표현을 인식하기 시작한다. 우리는 또한 서로 다른 언어와 문화 속에서 자릿값이 어떻게 반영되어 있는지를 살펴보았다. 언어적 차이는 있지만, 각기 다른 언어 속에 표현된 자릿값의 중요성과 유용성은 같다.

자릿값에 대한 이해는 수를 세고 연산을 하는 데 필수적이다. 자릿값은 며칠, 몇 주, 또는 특정한 학년에 가르쳐지거나 완성되는 것이 아니다. 다시 말해서, 자릿값 개념은 연산이 도입되기 전에 완벽하게 개발되는 것이 아니다. 왜냐하면 자연수의 덧셈, 뺄셈, 곱셈, 나눗셈에 대한 경험은 자릿값의 이해에 있어서 중요한 경험이기 때문이다. 뒤에 도입하는 소수에 대한 경험도 자릿값 개념을 확장하는 데 중요한 역할을 한다. 예를 들어, $\frac{1}{10}$, $\frac{1}{100}$, $\frac{1}{1000}$과 같은 작은 수를 다루는 활동은 교환하기 개념에 기초하고 있으며, 수를 읽는 데에도 유사한 규칙성이 적용된다. 따라서 초등학교 저학년에서 도입된 자릿값의 개념은 초등학교 전 학년에 걸쳐서 통합되고 확장되어야 한다.

연습문제

01. 수 체계의 네 가지 특징은 무엇인가? 한 가지 특징을 골라서 그것을 시각화하여 설명하시오.
02. 세 가지의 자릿값 모델을 적용하여 201과 120의 차이를 설명하시오.
03. 비례적 모델과 비비례적 모델의 차이점을 예를 들어 설명하시오.
04. 자릿값 개념을 설명하는 데 10년, 100년, 1000년의 개념을 어떻게 적용할지 기술하시오.

05. 계산기에 가능한 한 큰 수를 입력한 다음 그 수를 읽어보시오. 이 수의 자릿수는 몇 개인가? 이 수에 1을 더한 다음, 계산기에 어떤 일이 일어났는지 설명하시오.

연|구|문|제|

01. 아동에게 “17, 30, 200 앞에 오는 수는 무엇인가? 39, 209 뒤에 오는 수는 무엇인가? 40과 47 사이에는 10이 몇 개나 있는가?”와 같은 질문을 해보자. 아동들이 이 질문에 답할 때 사용하는 용어를 살펴보시오. 이러한 질문에 대한 아동들의 대답이 아동들의 수 감각에 대한 생각과 수준을 이해하는 데 어떻게 도움이 되었는지 설명하시오.

02. 아동들에게 <수업자료 8-4>에 제시된 1000까지의 수 배열표를 제시한 다음 규칙성을 찾게 하시오. 아동들에게 찾아낸 규칙성에 대해서 말해보게 하고, 이어서 또 다른 규칙성에 대해서 말해보게 하시오. 아동들이 규칙성을 인식하는 데에는 시간이 많이 걸리므로 충분한 시간을 주어야 한다. 각각의 아동들이 찾아낸 규칙성의 목록을 작성하여 서로 비교하시오.

03. 아동들이 큰 수 개념을 이해하는 데 도움이 되는 여러 가지 모델이 존재한다. 유용한 구체적 모델을 소개한 여러 논문들(Ellett, 2005; Joslyn, 2002; Losq, 2005; Thompson, 2000)이 있다. 이 논문들 중 한 편을 조사하여 큰 수에 대한 아동들의 이해를 심화할 수 있는 방법을 기술하시오.

04. *Number Sense and Operation*(Burton et al., 1993), *Developing Number Sense in the Middle Grades* (Reys et al., 1991), *Number Sense*(McIntosh, et al., 1997)를 읽어보자. 아동들이 큰 수를 더 잘 이해하는 데 유용하다고 생각하는 활동을 선택하여 그 활동을 어떻게 실시할 것인지 기술하시오.

05. 인터넷 검색 사이트에서 ‘100까지의 수 배열표’, ‘1000까지의 수 배열표’를 찾아보자. 몇 개의 유용한 사이트를 선택하여 이를 활용하는 세 가지 방법을 간략히 기술하시오.

아동용 추천도서

Berry, D. *The Rajah's Rice: A Mathematical Folk tale from India.* New York: W.H. Freeman, 1994.

Clements, A. *A Million Dots.* New York: Simon & Schuster, 2006.

Murphy, S. J. *Earth Day-Hooray!* New York: HarperCollins, 2004.

Schwartz, D. M. *How Much Is a Million?* New York: Lothrop, Lee & Shepard Books, 1985.

Schwartz, D. M. *If You Made a Million.* New York: Lothrop, Lee & Shepard Books, 1989.

Wells, R. E. *Can You Count to a Googol?* Morton Grove, IL: Albert Whitman, 2000.

제9장 연산의 의미와 기본 구구

"집이 벽돌로 지어지듯이, 수학은 사실들로 만들어진다.
그러나 벽돌을 모아 놓는다고 해서 집이 될 수 없듯이
사실들을 모아놓은 것을 수학이라고 할 수 없다."
- 푸앵카레(Poincaré, 1854-1912, 프랑스 수학자)

이 장의 핵심 질문

1. 학생들에게 사칙연산의 기본 구구를 본격적으로 가르치기 전에 해야 하는 필수적인 선수 활동은 무엇인가?
2. 아동들이 연산의 의미를 개발하는 데 도움이 되는 활동의 일반적인 계열은 무엇인가?
3. 세 가지 뺄셈 상황은 무엇인가? 네 가지 곱셈 유형은 무엇인가?
4. 기본 구구를 위한 사고 전략은 어떻게 가르쳐야 하는가?
5. 덧셈, 뺄셈, 곱셈, 나눗셈 구구를 학습하기 위한 중요한 사고 전략을 설명하시오.

서론

수학적 아이디어를 논의하는 기회는 초등학교 수학수업에서 매우 중요한 요소이다. 이것은 초등학교 수학수업, 특히 아동들이 연산의 의미를 이해하기 시작할 때 중요하다. 덧셈, 뺄셈, 곱셈, 나눗셈에 대한 이해와 각 연산에 대한 기본 구구에 대한 지식은 나중에 수행되는 모든 연산활동에 기초가 된다. 본격적인 연산을 효과적으로 수행하기 위해서는 사칙연산의 개념을 폭넓게 개발할 필요가 있다. 각각의 연산이 다양한 물리적 모델을 사용하여 표현된다면, 사칙연산의 의미는 쉽게 이해될 것이다. 이러한 경험은 연산이 여러 가지 서로 다른 상황에서 사용될 수 있다는 점을 인식하는 데 도움이 된다. 아동들은 또한 각 연산에 적용되는 성질과 연산 사이의 관계를 이해해야 한다.

기본 구구에 대한 학습은 아동들이 사칙연산을 수행하는 데 필요한 첫 단계이다. 아동들은 자릿값과 수학적 성질에 대한 이해를 바탕으로, 이 기본 구구를 이용하여 자연수의 덧셈, 뺄셈, 곱셈, 나눗셈을 수행할 수 있다. 유명한 수학자인 푸앵카레도 지적했듯이, 수학 분야는 광범위하기 때문에 기본 구구만으로 구성된다고 볼 수 없겠지만, 기본 구구는 산술이라는 집을 짓는 데 핵심적인 벽돌이다. 모든 종류의 수(자

학년	성취기준
유치원	합치기와 더하기를 덧셈을 이해하고, 덜어내기와 분리하기를 뺄셈으로 이해한다.
1학년	덧셈과 뺄셈이 포함된 문제를 표현하고 해결한다. 덧셈과 뺄셈 연산의 특징을 이해하고 두 연산 사이의 관계를 안다. 이어서 세기, 10으로 만들기, 덧셈과 뺄셈의 관계와 같은 전략을 사용하여 20 이내의 덧셈과 뺄셈을 한다. 덧셈식과 뺄셈식을 이해한다. 자릿값과 연산의 특징을 이용하여 덧셈과 뺄셈을 한다.
2학년	덧셈과 뺄셈이 포함된 문제를 표현하고 해결한다. 20 이내의 덧셈과 뺄셈을 한다. 2학년 말에는 한 자리 수의 덧셈 구구를 암기한다. 곱셈을 묶음 상황으로 이해한다. 자릿값과 연산의 특징을 이용하여 100 이내의 덧셈과 뺄셈을 능숙하게 한다.
3학년	곱셈과 나눗셈이 포함된 문제를 표현하고 해결한다. 곱셈의 특징을 이해하고 곱셈과 나눗셈의 관계를 안다. 100 이내의 곱셈과 나눗셈을 한다. 3학년 말에는 한 자리 수의 곱셈 구구를 암기한다. 사칙연산이 포함된 문제를 해결하고, 산술적인 규칙성을 파악하고 설명한다. 자릿값과 연산의 특징을 이용하여 여러 자리 수의 연산을 한다.

그림 9-1 연산에 관한 성취기준(CCSSM)

연수, 분수, 소수, 퍼센트)에 대한 지필 계산을 능숙하게 하기 위해서는 연산의 의미를 이해해야 하며, 기본 구구를 바로 기억해낼 수 있어야 한다. 계산기를 사용하면 쉽게 계산할 수 있지만, 계산기의 버튼을 눌러서 구한 답의 타당성을 검사하기 위해서는 연산의 의미와 기본 구구에 대한 지식이 여전히 중요하다. 또한 연산의 의미와 기본 구구는 일상생활에서 사용되는 어림셈이나 머릿셈을 하는 데도 중요한 역할을 한다. 지필 계산, 계산기 계산, 머릿셈, 어림셈 등의 어떤 연산을 수행하든 간에 연산의 의미와 기본 구구는 필수적이다.

그림 9-1은 미국의 공통핵심수학규준(CCSSI)에서 제시한 연산의 의미 및 기본 구구와 관련된 성취기준을 나타낸 것이다. 이 장에서는 여기서 제시된 성취기준에 초점을 맞추어 논의할 것이다.

아동의 수 감각과 연산 능력 기르기

연산 수업의 궁극적인 목표는 아동들이 덧셈, 뺄셈, 곱셈, 나눗셈을 할 뿐만 아니라, 보다 중요하게는 문제해결 상황에서 각각의 연산을 언제 적용하는지를 알게 하는 것이다. 또한 아동들은 필요할 때 기본 구구를 빨리 회상해 낼 수 있어야 한다.

아동들이 이러한 연산 기능을 습득하고 이해하도록 교사는 어떻게 도울 수 있을까? 먼저 각 아동이 무엇을 알고 있는지를 파악하는 것으로부터 시작해야 한다. 그 다음에는 아동들이 이전에 구성해 놓은 수 개념에 대한 그들의 지식을 바탕으로 발전시켜야 한다(Kouba & Franklin, 1993, 1995). 학교에 입학한 아동들은 연산에 대하여 어떤 점에서는 준비가 되어 있지만, 형식적인 연산 활동을 위한 준비는 되어 있지 않다. 이러한 연산 활동을 위해서는 다음과 같은 네 가지 선행 요건이 중요하다. (1) 능숙한 수 세기, (2) 구체적 상황에서의 다양한 경험, (3) 많은 문제해결 상황에서의 경험, (4) 수학적 아이디어를 의사소통할 수 있는 언어적 경험.

능숙한 수 세기

연구에 따르면(Baroody, Lai, & Mix, 2006; Clements & Sarama, 2007), 아동들은 학교에 입학하기 오래 전부터 수 세기를 적용하여 덧셈, 뺄셈, 곱셈, 나눗셈을 포함하는 문제를 해결한다. 시간만 충분히 주어진다

세어보면 : 1, 2, 3, 4, 5, 6

셀 수 있지만, 곱셈을 사용하는 것이 더 효율적이다.
$5 \times 6 = 30$

그림 9-2 연산을 사용할 때의 효율성을 보여주는 예

면, 자연수를 다루는 모든 문제는 수 세기로 해결될 수 있다. 그러나 수 세기를 통하여 문제를 해결하는 것이 항상 효율적인 것은 아니기 때문에, 아동들은 좀 더 어려운 계산을 수행하려면 다른 효율적인 절차를 사용할 수 있어야 한다. 그림 9-2는 수 세기 방법과 곱셈을 비교한 것으로써, 곱셈이 보다 효율적임을 알 수 있다.

그럼에도 수 세기는 초기의 연산 활동에서 핵심적인 부분이다. 아동들은 앞으로 세기와 거꾸로 세기뿐만 아니라 2씩, 3씩으로 뛰어 세기를 할 수 있어야 한다(7장 참조). 아동들은 묶음과 배열을 비교하고 분석하는 데 있어서 수 세기를 할 수 있어야 한다. 그러나 좀 더 능숙하게 계산하기 위해서는 수 세기 이상의 것이 필요하다.

구체적 상황에서의 다양한 경험

아동들은 수학적 연산을 이해하기 위해서 문제 상황에서의 많은 경험과 물리적 대상을 다루어보는 경험이 필요하다. 수학적 사실과 기호를 아동 자신이 시각화할 수 있는 경험과 연결시킬 수 있다면, 연산에 대한 이해는 향상될 것이다. 구체적 조작물은 연산을 다루는 후속 활동뿐만 아니라 사칙연산 구구를 이해하는 데도 도움을 준다. 조작물은 또한 사칙연산과 실세계 문제해결 상황을 연결하는 역할을 한다. 구한 답이 맞는지 확인하고 싶을 때, 조작물을 이용하여 확인할 수도 있다.

많은 문제해결 상황에서의 경험

문제해결 상황은 수학적 개념의 이해, 고등 사고 및 문제해결 기능의 개발, 다양한 수학적 개념의 응용을 위한 수학학습에 사용된다. 수학학습이 문제해결 상황에서 이루어질 때, 더 효과적이라는 연구 결과도 있다(Fuson, 2003a, 2003b). 문장제를 해결하기 위해서는 읽기, 독해, 표현, 계산 기능이 요구된다. 아동들은 일반적으로 일단계 문장제는 별로 어려워하지 않으나 다단계나 복잡한 문제는 좀 더 어려워한다.

다른 수학 내용과 마찬가지로, 사칙 연산을 숙달하는 데 다양한 문제 상황이나 맥락이 사용되어야 하며, 계산력이 완성될 때까지 지속적으로 활용되어야 한다. 아동들은 수학을 문제를 해결하는 수단으로 생각할 필요가 있다. 즉 아동들은 문제를 해결하는 과정에서 알고 있는 수학적 지식을 적용하고, 답에 도달하기 위해서 가능한 방법을 구상하며, 구한 답이 타당한지를 검증한다. 학생들은 수학이란 실생활에 적용되는 하나의 도구라는 점을 알아야 한다. 대부분의 아동들은 계산이 일상생활에서 사용된다는 것을 이미 알고 있다. 따라서 수학수업은 아동들의 일상적 경험과 관련지을 필요가 있다. 또한 학생들은 $6 \times 8 = n$이나 $9 \times 2 = n$도 역시 문제가 될 수 있다는 점을 알아야 하고 풀 수 있어야 한다. 아동들은 "나는 그 답을 몰라 하지만 풀 수는 있어."라는 태도를 가져야 한다.

수학적 아이디어를 말하고 쓰는 언어적 경험

아동들은 수학에 대해서 말하고 쓰는 경험이 필요

하다. 경험을 말이나 글로 표현하게 함으로써 의미를 형성하게 할 수 있다. 구체적 조작물과 문제는 수학에 대하여 의사소통하기 위한 매개물이 될 수 있다. 연산과 기본 구구에 대한 초기의 모든 수업에서 언어는 매우 중요한 역할을 한다. 《학교수학을 위한 원리와 규준》(NCTM, 2000)에서는, 의사소통에 대한 권고안을 제시하면서 언어의 역할에 대하여 심도 있게 논의하였으며 추가로 몇 가지 중요한 정보를 제공하였다.

종종 구체물의 사용이 너무 일찍 중단된 채, 기호로의 전환이 너무 성급히 이루어지고 있다. 그러나 오히려 구체물의 사용이 계속되어야 하며 기호의 사용과 병행되어야 한다. 구체물을 통한 활동이 충분히 이루어졌을 때, 기호를 도입해야 한다. 앞에서 설명했듯이, 아동들은 주어진 상황에서 일어나고 있는 일에 대해서 이야기하고 쓰고 있다. 이러한 언어적 활동을 통하여 아동들은 기호를 구체물의 조작이나 문제 상황과 관련시키게 된다.

구체물을 다루면서 일어나는 일에 대하여 의사소통할 때 아동들이 학습하는 말이나 글과 같은 언어적 표현은 기호 체계가 수학적 연산과 어떻게 관련되는지를 이해하는 데 도움이 된다. 아동들에게 말하고 쓰고 모델링하게 함으로써, 각각의 기호가 무엇을 지시하는지를 파악하게 할 수 있다. 아동들이 다양한 경험에 대해서 또래나 교사와 많은 이야기를 나눈 후에 연산을 도입해야 한다. 또한 연산을 공부하면서 접하게 되는 수학적 아이디어에 대해서 계속해서 이야기하도록 지도할 필요가 있다. 처음에는 자신의 생각을 그림으로 표현하게 하고 글로 쓸 수 있게 되면 수식이나 글로 자신의 생각을 표현하게 한다.

연산의 의미 개발

아동들은 다양한 문제 상황에서 활동하면서 자연스럽게 사칙연산을 접하게 된다. 이러한 문제 상황에서 활동하고 그것을 표현함으로써(예를 들어, 실제로 해보기, 물리적 모델 사용, 그림 그리기), 아동들은 덧셈, 뺄셈, 곱셈, 나눗셈의 의미를 개발하기 시작한다. 기본 구구의 발달과 뒤에 다루게 될 여러 자릿수의 계산 능력은 이러한 연산에 대한 확실한 이해를 바탕으로 한다.

숙달된 계산력과 연산의 이해는 수학교육의 중요한 목표 중의 하나이다. 다음은 사칙연산의 의미를 개발하는 데 도움이 되는 활동의 일반적 계열이다.

1. 구체적 — 구체물로 모델링: 다양한 언어적 문제 상황과 구체적 조작물을 사용하여 연산을 수행하고 모델링한다.
2. 반구체적 — 그림으로 표현: 그림, 도표 등을 사용하여 연산 과정을 모델링한다. 구체적인 것과 기호적 표현을 연결하는 역할을 한다.
3. 추상적 — 기호로 표현: 기호(특히, 수나 수식)를 사용하여 연산을 표현한다.

이처럼 아동들의 경험은 구체적인 것으로부터 반구체적인 것을 거쳐 추상적인 것으로 연결된다. 사칙연산은 분명히 서로 다른 것이지만, 그들 사이에는 중요한 연관성이 있다. 아동들은 구체물을 통한 모델링, 그림으로 표현, 기호적 경험을 통하여 그 연관성을 이해하여야 한다. 이러한 연관성은 다양한 경험을 바탕으로 한 수업을 통하여 개발될 수 있다.

- 덧셈과 뺄셈은 역연산이다.

$$5+8=13 \rightarrow 13-5=8$$

- 곱셈과 나눗셈은 역연산이다.

$$6\times 4=24 \rightarrow 24\div 4=6$$

- 곱셈은 반복된 덧셈(동수누가)으로 볼 수 있다.

$$6\times 4 \rightarrow 6+6+6+6$$

- 나눗셈은 반복된 뺄셈(동수누감)으로 볼 수 있다.

$$24\div 6=4 \rightarrow 24-6-6-6-6=0$$

덧셈과 뺄셈

그림 9-3은 덧셈을 표현하는 데 사용될 수 있는 다양한 모델(바둑알, 연결 막대, 양팔 저울, 수직선)을 예시하고 있다. 각각의 모델은 덧셈이 "모두 몇 개인지를 구하여라."라는 의미임을 설명하고 있다. 덧셈을 위한 모델은 뺄셈에서도 사용될 수 있다. 각 모델은 뺄셈의 세 가지 상황을 설명하는 데 적용될 수 있다.

분리 또는 구잔 분리(seperation) 또는 구잔(take away)은 어떤 양에서 특정한 양만큼을 떼어 낸 다음에 남은 양이 얼마인지를 알아보는 것이다. 연구에 의하면(Gibb, 1956), 이 뺄셈 상황은 아동들이 학습하기 가장 쉬운 것이지만, 덜어낸다는 말만 계속해서 사용하면 이 뺄셈 상황이 유일한 것이라고 생각하거나 다른 두 가지 뺄셈 상황에 대해서는 잘못 이해하는 결과를 초래하기도 한다. 이러한 점에서, $8-3=5$를 "8에서 3을 덜어내면 5와 같다."라고 표현하기보다는 "8 빼기 3은 5이다."와 같은 뺄셈식으로 읽는 것이 중요하다. 분리 또는 구잔은 뺄셈의 세 가지 상황 중 한 가지일 뿐이다.

> 평재는 풍선을 7개 가지고 있다. 그중 4개를 친구들에게 나누어주었다. 남은 것은 몇 개인가?

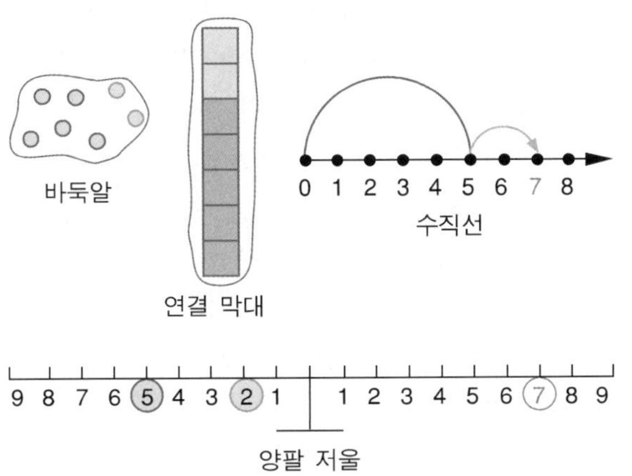

| 그림 9-3 덧셈을 위한 모델($5+2=7$)

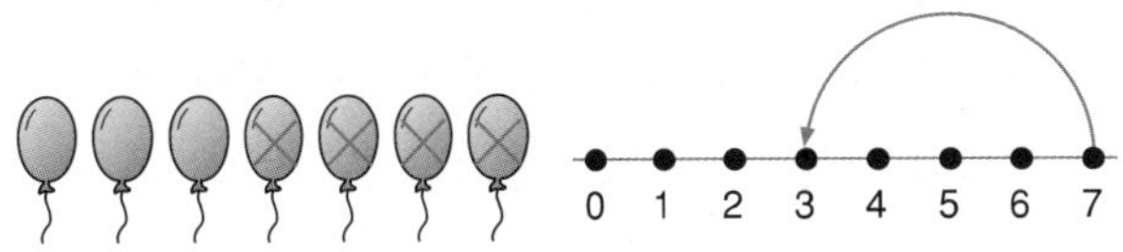

$7-4=\square$

비교 또는 구차 비교(comparison) 또는 구차(finding the difference)는 두 양을 서로 일대일 대응시킨 다음에 그 차이를 구하는 상황이다.

> 평재는 풍선을 7개 가지고 있고 민재는 4개를 가지고 있다. 평재는 민재보다 풍선을 몇 개나 더 가지고 있는가?

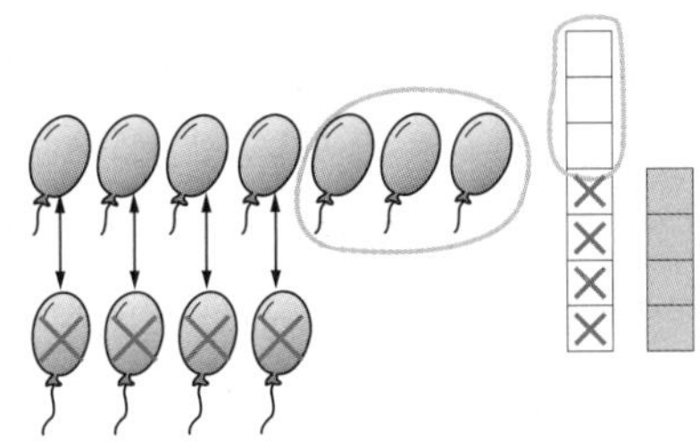

$7-4=\square$

부분-전체 뺄셈 상황에서는 한 집합이 논리적으로 두 개의 부분집합으로 분리될 수 있다. 즉 전체 양과 일부분의 양을 알고 있을 때 나머지 부분의 양을 구하는 상황이다. 이 부분-전체(part-whole) 뺄셈 상황에서는 더해지거나 덜어내는 것이 없는 정적인 상황이다.

> 평재는 풍선을 7개 가지고 있다. 그중 4개는 빨간색이고 나머지는 파란색이다. 파란색 풍선은 몇 개인가?

$7-\square=4$

많은 뺄셈 문제는 '더해진 수 찾기(missing addend)' 문제로 생각하고 해결하는 것이 도움이 된다. 왜냐하면 뺄셈 문제를 '덧셈으로 생각하기' 전략으로 해결할 수 있기 때문이다. 예를 들어, 위의 문제를 "4 더하기 얼마는 7이 되는가?"라는 덧셈으로 생각하여 풀 수 있다.

연산의 의미 개발에 있어서 아동이 구체물을 사용하여 모델링하거나 각 연산의 예를 실행하는 것과 같은 다양한 경험을 제공하는 것은 매우 중요하다. 예를 들어, 문장제나 스토리텔링은 합치기를 덧셈으로, 분리하기를 뺄셈으로 생각하게 하는 데 활용할 수 있다. 어떤 아동은 칩, 동전, 단추와 같은 구체물을 가지고 활동할 수 있다. 또 어떤 아동은 그림을 그리거나 수를 쓰는 것이 더 편할 수도 있을 것이다. 그러나 너무 일찍부터 기호를 사용하게 하는 것은 바람직하지 않다. 구체물을 옮기거나 세기를 통하여 덧셈과 뺄셈에 대하여 생각하게 하는 것은 이 활동의 가장 중요한 요소이다. 기호는 물리적 조작을 보완하는 것으로 도입되어야 한다. 기호는 구체적 조작을 할 때 일어나는 일을 기록하는 수단을 제공한다. 수와 연산에 대한 활동이 진행됨에 따라 기호화의 양을 늘리는 것이 좋다.

곱셈과 나눗셈

덧셈과 뺄셈의 의미를 개발하는 데 사용되었던 경험의 계열 — 구체적에서 영상적, 기호적으로 — 이 곱셈과 나눗셈에도 적용되어야 한다. 그러나 곱셈·나눗셈 문제와 덧셈·뺄셈 문제의 가장 중요한 차이점은 문제에 들어 있는 수들이 서로 다른 종류를 의미한다는 것이다. 예를 들어, "혜영이는 카드 두 상자를 갖고 있다. 각 상자에는 24장의 카드가 있다. 혜영이가 갖고 있는 카드는 모두 몇 장인가?"라는 문제를 생각해 보자. 이 문제는 $24 \times 2 = 48$로 나타낼 수 있다. 여기서 첫 번째 인수 24는 각 집합의 크기 즉, 원소의 개수를 의미하고, 두 번째 인수 2는 같은 크기의 집합이 몇 개인지를 의미한다. 세 번째 수 48은 곱으로서 전체의 개수를 의미한다. "사과와 배는 더할 수 없어."라고 말하는 사람들은, 덧셈과 뺄셈 문제에서

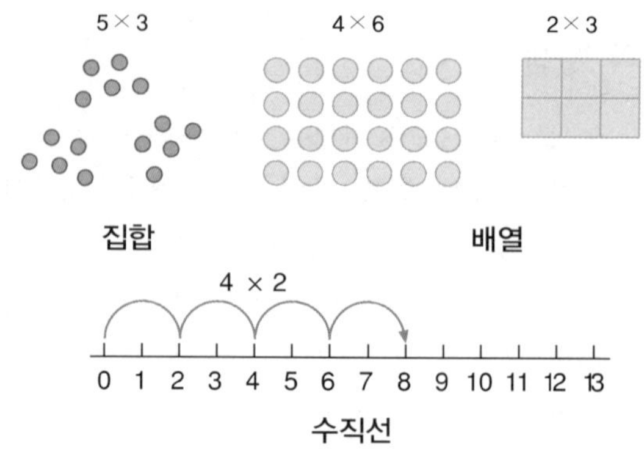

그림 9-4 곱셈에 일반적으로 사용되는 모델

모든 개수를 말하기 위해서는 공통의 속성을 부여해야 한다고 주장한다. 가령 사과의 개수와 배의 개수를 '과일'이라는 공통의 속성의 개수로 정하면, 사과와 배를 더할 수 있다. 반면에 카드 문제에서는 수의 속성이 모두 다르다. 즉, 24는 상자당 카드의 개수, 2는 상자의 개수, 48은 전체 카드의 수를 의미한다.

그림 9-4는 곱셈 상황을 시각화하는 데 일반적으로 사용되는 모델 즉, 집합, 배열, 수직선을 예시한 것이다. 연구에 따르면, 아동들은 곱셈과 나눗셈 상황을 다양한 모델로 표현하고 그 표현들 사이의 관계를 설명할 때, 곱셈과 나눗셈을 잘 이해하는 것으로 나타났다(Kouba & Franklin, 1993, 1995; Verschaffel, Greer, & De Corte, 2007).

연구자들은 곱셈을 네 가지 구조 즉, 묶음, 비교, 조합, 넓이와 배열로 구분한다(Greer, 1992). 초등학생들은 궁극적으로 네 가지 구조 모두를 알아야 하겠지만, 이 중에서 처음 두 구조(동일 집합과 비교)가 포함된 문제는 초등학교에서 가장 자주 등장하는 것이다. 여기서 설명하는 네 가지 곱셈 구조는 교사들이 곱셈의 다양한 구조를 이해하는 데 도움이 될 것이다. 그렇다고 해서 교사가 각 곱셈 구조의 이름을 아동들에게 가르치라는 의미는 아니다. 교사는 학생들이 곱셈과 나눗셈이 포함된 다양한 문제 상황에 접하도록 노력해야 한다.

묶음(equal-group) 가장 일반적인 곱셈으로서 같은 개수씩 묶어 놓은 집합을 동수누가로 처리하는

상황이다. 즉, 집합의 개수와 크기가 제시되면, 이 문제(전체 개수는 몇 개인가)는 덧셈으로 해결할 수 있다. 앞서 언급한 혜영이의 카드 문제가 바로 동수누가 문제이다. 또한 동수누가 상황에서 전체의 개수를 알지만 집합의 수 또는 집합의 크기를 모른다면, 이 문제는 나눗셈으로 해결될 수 있다. 이 중 어느 것을 모르냐에 따라 나눗셈 상황은 두 가지 유형으로 구분된다. 이 두 가지 유형은 바로 등분제와 포함제이며 뒤에서 언급할 것이다.

비교 뺄셈의 비교(comparison) 문제에서는 두 집합을 일대일 대응시켜서 두 집합의 크기를 비교하였다. 마찬가지로 곱셈의 비교 문제에도 두 집합이 포함되어 있지만 일대일 대응으로 해결하지는 않는다. 곱셈의 비교 상황에서는 한 집합이 다른 집합의 몇 배인가를 찾는 것이다. 한 예로, “수정이는 크리스마스 선물을 마련하는 데 350원을 썼다. 동원이는 수정이의 3배를 썼다. 동원이가 쓴 돈은 얼마인가?” 이 경우에 수정이가 지출한 금액과 동원이가 지출한 금액이 비교되고 있으며, 이 문제는 곱셈으로 해결된다. 그러나 이 문제에는 덧셈과 뺄셈의 비교 문제에 제시된 “얼마나 더 썼는가?”는 질문이 포함되어 있지 않다. 그 대신에 이 문제에는 “몇 배인가?”라는 질문이 포함되어 있다. 이 문제를 동원이가 지출한 금액에 대한 정보를 제시한 다음, 수정이가 지출한 금액 또는 몇 배인지를 구하는 문제로 변형한다면, 이 문제는 나눗셈으로 해결될 수 있다. 예를 들어, (a) “동원이는 크리스마스 선물을 마련하는 데 수정이의 3배인 1050원을 썼다. 수정이가 쓴 돈은 얼마인가?” (b) “수정이는 크리스마스 선물을 마련하는 데 350원을 썼으며, 동원이는 1050원을 썼다. 동원이가 쓴 돈은 수정의 몇 배인가?”

조합 조합(combinations) 문제에 들어 있는 두 인수는 서로 다른 두 집합의 크기를 나타내며, 그 곱은 두 집합의 원소를 짝지은 순서쌍이 몇 개인지를 의미한다. 예를 들어, 네 가지의 아이스크림 맛에 두 가지의 토핑을 첨가하여 서로 다른 아이스크림을 만든다고 생각해 보자. 이때 “몇 가지의 종류의 아이스크림을 만들 수 있을까?”라는 질문은 순서쌍의 문제로서 곱셈으로 해결될 수 있다.

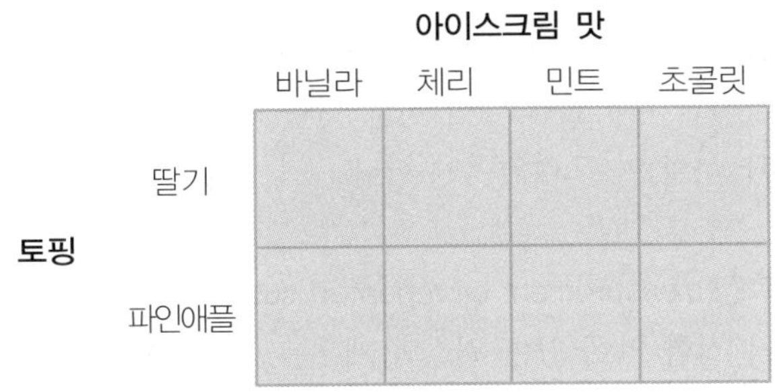

조합 문제의 다른 예로는 5종류의 셔츠와 4종류의 바지가 있을 때 가능한 조합의 개수, 3종류의 고기, 2종류의 치즈, 2종류의 빵으로 만들 수 있는 샌드위치의 개수 등이 있다.

넓이와 배열 넓이와 배열(area and array)은 곱셈의 전형적인 예이다. 직사각형의 넓이는 단위 정사각형으로 덮은 다음 그 개수를 세어서 구하거나 또는 이 과정을 좀 더 간편하게 한다면 직사각형의 가로와 세로(단위 정사각형의 변의 개수)를 곱해서 구한다. 마찬가지로 직사각형 배열 — 예를 들어, 극장의 좌석과 같이 이산적이고 셀 수 있는 대상 — 의 전체 개수는 가로열의 개수와 세로열의 개수를 곱하여 구한다. 배열 모델은 곱셈을 시각화하는 데 특히 효과적이다. 이 배열 모델은 아동이 타일, 기하판, 모눈종이를 이용하여 직사각형을 만들었던 이전의 활동으로부터 자연스럽게 확장시킬 수 있다.

다음은 2×3 또는 3×2 직사각형의 모델을 나타낸 것이다. 각 직사각형은 6개의 작은 정사각형을 포함하고 있다. 아동들에게 다양한 수를 가지고 여러 가지 직사각형을 만들어 보게 하는 것은 곱셈 개념을 위한 좋은 선수경험이 될 것이다.

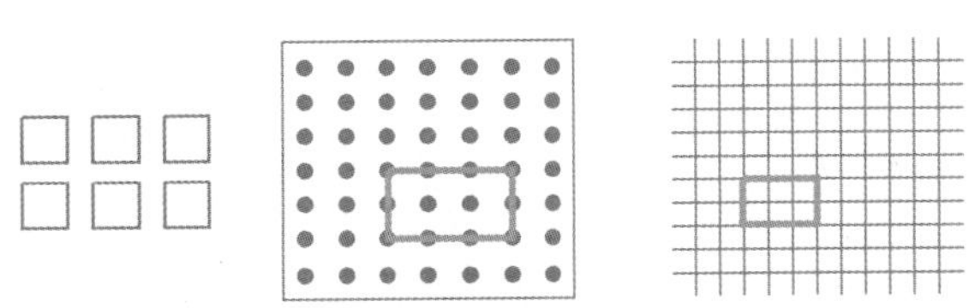

타일 점판 모눈종이

<수업자료 9-1>은 곱셈 개념을 경험시키기 위한 활동이다. 대상의 묶음, 수직선, 배열은 곱셈을 나타내는 데 효과적이었듯이, 나눗셈을 나타내고 동수누감과 나눗셈과의 관계를 보여주는 데에도 유용하다. 하지만 나눗셈에 대한 서로 다른 두 가지 유형(측정과 분할)이 고려되어야 한다.

측정(measurement or repeated subtraction) 측정은 각 집합 안에 있는 원소의 개수를 알 때 집합의 개수를 구하는 나눗셈 상황으로서 포함제라고도 한다.

수|업|자|료|9-1

직사각형 만들기

학습목표: 곱셈식을 시각적으로 표현하기 위하여 타일로 직사각형 만들기

대상학년: 3학년

- 주어진 개수의 타일로 직사각형을 만들 수 있는 방법은 몇 가지나 있는가?
- 그 방법을 곱셈식으로 쓰시오.

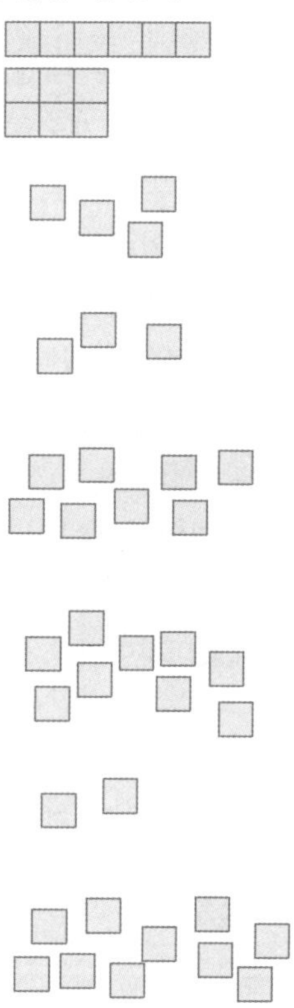

6 타일 — 1 × 6 또는 6 × 1 / 2 × 3 또는 3 × 2

4 타일 — ____ 또는 ____ / ____

3 타일 — ____ 또는 ____

8 타일 — ____ 또는 ____ / ____ 또는 ____

9 타일 — ____ 또는 ____ / ____

2 타일 — ____ 또는 ____

10 타일 — ____ 또는 ____ / ____ 또는 ____

지혜는 사탕을 12개 가지고 있다. 그것을 한 사람당 3개씩 나누어 주려고 한다. 몇 사람에게 나누어 줄 수 있는가?

여기서 우리는 지혜가 사탕을 12개를 가지고 있고 사탕이 모두 없어질 때까지 3개씩 나누어 주는 상황을 상상할 수 있다. 사탕 12개를 3개짜리 몇 묶음으로 만들 수 있는지 측정하는 것이다. 즉, $12 \div 3 = \square$ 또는 $\square \times 3 = 12$.

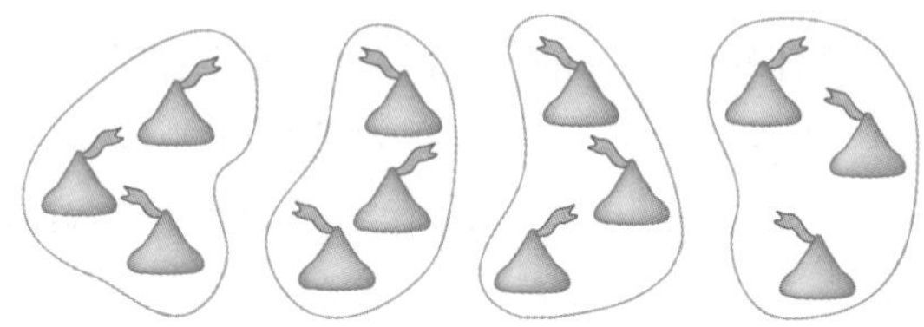

한 사람　두 사람　세 사람　네 사람

길이가 10m인 리본으로 2m짜리 리본을 몇 개나 만들 수 있는지를 측정하는 문제는 측정 상황의 또 다른 예이다. 10m인 리본을 2m씩 계속 자르는 상황을 생각한다면, 2m짜리 리본이 몇 개인지를 쉽게 측정할 수 있다.

분할(partition or sharing) 분할은 전체를 똑같은 개수의 원소가 들어 있는 묶음으로 분할했을 때 각 묶음의 원소의 개수를 구하는 나눗셈 상황으로서 등분제라고도 한다. 측정 상황과 달리, 분할 상황에서는 이미 집합의 개수를 알지만 각 집합에 들어갈 원소의 개수를 알지 못한다.

다정이는 조개껍데기를 15개 가지고 있다. 친구 5명에게 똑같이 나누어 주려면 한 사람에게 몇 개씩 나누어 주어야 하는가?

여기서 다정이가 친구 다섯 명에게 한 개도 남지 않을 때까지 한 개씩 차례대로 나누어 주는 상황을 생각한다면, 한 사람당 몇 개를 갖게 되는지를 알 수 있다. 즉, $15 \div 3 = \square$ 또는 $5 \times \square = 15$.

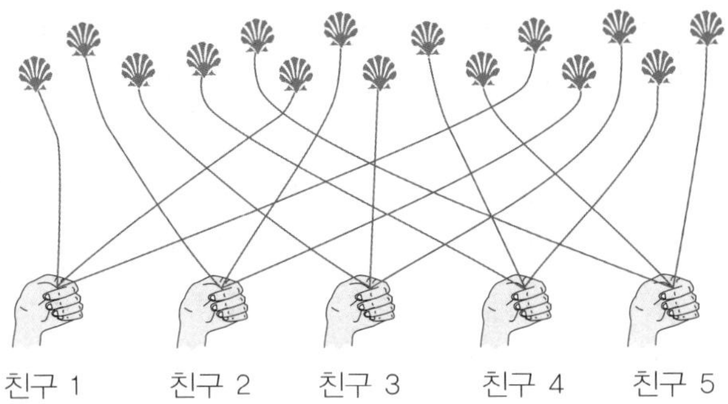

분할(등분제) 상황을 그림으로 보여주기는 어렵지만 아동들에게 실제로 실행해 보게 하면 비교적 쉽다. 카드 게임을 할 때 카드를 나누어 주는 경우도 분할의 한 예이다.

아동들이 측정(포함제)이나 분할(등분제)과 같은 용어를 배우거나 나눗셈 문제에 그런 이름을 붙일 필요는 없다. 다만 제시된 문제가 나눗셈을 요구하는지를 판단하는 것이 중요하며, 또 나눗셈 상황에서 두 가지 유형을 인식하게 하는 것이 중요하다. 그러나 교사가 학생들에게 이 두 가지 유형의 예들을 경험시키기 위해서는 두 가지 나눗셈 상황에 대해서 잘 알고 있어야 한다.

수학적 성질

각 연산의 수학적 성질을 이해하는 것은 연산을 이해하고 사용하는 데 매우 중요하다. 이러한 이해는 연산을 수행하기 위해서 반드시 필요한 선수 학습은 아니지만, 연산에 대한 이해의 한 부분으로 개발되어야 한다.

그러나 초등학교에서는 이러한 수학적 성질들을 정확하게 진술하거나 그 이름을 알게 하는 데 수업의 목표를 두어서는 안 된다. 오히려 수업의 목표는 아동들이 교환법칙, 결합법칙, 분배법칙, 항등원의 성질을 이해하고 각각의 성질을 효과적으로 사용하게 하는 데 두어야 한다. 표 9-1은 각 성질의 의미와 아동이 이해해야만 하는 것을 설명하고, 기본 구구를 사용하고 학습하는 데 수학적 성질이 어떻게 도움이 되는지를 예시하고 있다.

수학적 성질을 이해했다는 것은 언제 그것이 적용되는지를 아는 것이다. 예를 들어, 덧셈과 곱셈은 교환법칙이 성립하지만, 뺄셈과 나눗셈은 그렇지 않다.

표 9-1 초등학생을 위한 수학적 성질

성질	수학적 언어	아동의 언어	어떻게 도움이 되나
교환법칙	모든 수 a, b에 대하여, $a+b=b+a$, $a\times b=b\times a$	$4+7=11$이면 $7+4=11$이다. 4×7을 알고 있다면 7×4도 알 수 있다.	외워야 하는 덧셈이나 곱셈 구구의 개수를 100개에서 55개로 줄일 수 있다.
결합법칙	모든 수 a, b, c에 대하여, $(a+b)+c=a+(b+c)$, $(a\times b)\times c=a\times(b\times c)$	셋 이상의 수를 더하거나 곱할 때 어떤 수부터 시작하든 상관없다.	둘 이상의 수를 더하거나 곱할 때 쉬운 것부터 택하여 시작할 수 있다. 예를 들어, $37\times5\times2$는 $(37\times5)\times2$보다는 $37\times(5\times2)$ 즉, 37×10으로 계산하는 것이 더 쉽다.
분배법칙	모든 수 a, b, c에 대하여, $a(b+c)=ab+ac$	8×12는 $8\times10+8\times2$와 같다. 곱하기 쉬운 수로 분리하면, $8\times(10+2)=8\times10+8\times2$와 같다.	어려운 구구는 작고 기억하기 쉬운 수로 쪼갤 수 있다. 예를 들어, 8×7은 $(8\times5)+(8\times2)$ 즉, $40+16$과 같다.
항등원	0을 포함하는 모든 자연수 a에 대하여, $a+0=a$ $a\times1=a$	어떤 수에 0을 더하면 그 값은 자기 자신이다. 어떤 수에 1을 곱하면 그 값은 자기 자신이다.	이 성질이 이해되면, 0을 포함하는 19개의 덧셈구구와 1을 포함하는 19개의 곱셈 구구는 쉽게 기억될 수 있다.

7 − 3은 3 − 7과 같지 않다.
28 ÷ 7은 7 ÷ 28과 같지 않다.

많은 아동들은 교환법칙의 개념을 이해하는 데 어려움을 겪는다. 즉, 수의 순서에 상관없이 단순히 "큰 수에서 작은 수를 뺀다."거나 "큰 수를 작은 수로 나눈다."라는 생각을 갖고 있다. 따라서 아동들이 뺄셈과 나눗셈에서는 계산의 순서가 중요하다는 점을 이해하도록 하기 위해서는 세심한 지도가 필요하다.

사칙연산의 기본 구구

연산의 의미에 대한 개념이 발달함에 따라, 이제 수업은 수의 결합에 초점을 두기 시작한다. 이러한 수의 결합을 일반적으로 기본 구구(basic facts)라고 한다.

- 덧셈 구구는 두 개의 한 자리 수와 그 합으로 구성된다. 덧셈 구구는 0 + 0부터 9 + 9까지 모두 100개가 있다(그림 9-5).
- 뺄셈 구구는 덧셈과 뺄셈의 역연산 관계에 의거하여 구성된다. 100개의 뺄셈 구구는 두 개의 한 자리 수의 합과 한 자리 수의 더하는 수에 대한 차이로부터 나온다.

+	0	1	2	3	4	5	6	7	8	9
0	0	1	2	3	4	5	6	7	8	9
1	1	2	3	4	5	6	7	8	9	10
2	2	3	4	5	6	7	8	9	10	11
3	3	4	5	6	7	8	9	10	11	12
4	4	5	6	7	8	9	10	11	12	13
5	5	6	7	8	9	10	11	12	13	14
6	6	7	8	9	10	11	12	13	14	15
7	7	8	9	10	11	12	13	14	15	16
8	8	9	10	11	12	13	14	15	16	17
9	9	10	11	12	13	14	15	16	17	18

그림 9-5 100개의 덧셈 구구

- 곱셈 구구는 한 자리 수인 두 인수와 그것의 곱으로 구성되며, 0 × 0부터 9 × 9까지 모두 100개이다.
- 나눗셈 구구는 곱셈과 나눗셈의 역연산 관계에 기초하며, 0으로 나누는 것을 제외한 90개로 구성된다. 0으로 나누는 것이 불가능하기 때문에 0으로 나누는 것은 제외한다.

아동들은 일반적으로 기본 구구를 숙달하는 데 다음 세 단계를 거친다.

1. 세기 전략 : 구체물 세기나 말로 세기
2. 추론 전략 : 이미 알고 있는 구구나 관계를 이용하여 모르는 구구 이해
3. 숙달 : 기본 구구에 대한 자동화

덧셈과 뺄셈 구구에 대한 발달과 숙달은 일반적으로 유치원이나 초등학교 1학년부터 시작되며, 곱셈과 뺄셈 구구가 숙달되는 3학년과 4학년까지 계속된다. 그러나 아동들 간에는 기본 구구를 익히는 데 많은 차이가 있다는 연구가 보고되고 있다. 미국의 모든 주에서 자체적으로 수학 규준을 갖고 있을 때, 어떤 주에서는 1학년에 덧셈 구구를 숙달해야 하는 것으로 정하였으나, 어떤 주에서는 3학까지 숙달하면 되는 것으로 정하였다. 곱셈 구구를 숙달하는 학년도 3학년에서 6까지 주별로 많은 차이가 있었다. 이러한 혼란을 피하기 위하여 CCSSM에서는 기본 구구에 대한 규준을 정하여 모든 주에서 따르도록 하였다. CCSSM에서는 덧셈 구구와 뺄셈 구구는 2학년 말까지, 곱셈 구구와 나눗셈 구구는 3학년 말까지 숙달하도록 정하였다(그림 9-1 참조).

어떤 아동은 몇 년이 지나도 기본 구구를 숙달하지 못하는 경우도 있다. 그 이유는 무엇인가? 이러한 경우는 어떤 것을 기억하지 못하는 학습 장애 때문에 발생하기도 한다. 계산기를 사용함으로써 기억을 잘하지 못하는 아동의 수학학습을 도와줄 수 있다. 또는 어떤 아동은 곱셈적으로 생각하는 능력이 부족하기 때문에 곱셈 구구를 숙달하는 데 어려움을 겪

을 수 있다(Clark & Kamii, 1996).

기본 구구를 숙달하는 데 어려움을 겪는 원인은 두 가지로 볼 수 있는데, 어떤 경우든 교사가 도움을 줄 수 있다. 첫째, 수에 대한 기초적인 이해가 개발되지 않은 경우이다. 따라서 기본 구구를 이해하지 않은 채 기계적으로 암기하거나 암기하는 과정에서 무의미한 기호 조작에 그치게 된다. 결과적으로 이런 아동은 기본 구구를 기억하는 데 어려움을 겪게 된다. 둘째, 기억하는 기능 자체가 교사에 의하여 가르쳐지지 않았거나 아동들이 이해하지 못하는 비효율적인 전략으로 가르쳤기 때문이다. 교사는 이와 같은 결함 모두를 치료할 수 있는 방법을 강구해야 하는데, 다음과 같은 세 단계를 따르면 도움이 될 것이다.

1. 아동의 현재 상태에서 시작한다.
2. 기본 구구를 이해시킨다.
3. 기억하는 방법에 초점을 맞춘다.

아동의 현재 상태에서 시작한다

아동들 중에는 이미 기본 구구의 일부를 알고 학교에 들어오는 경우가 있다. 예를 들어, '하나에 하나는 둘', '둘과 둘은 넷', 심지어는 '다섯과 다섯은 열'이라고 말하는 아동들을 흔히 볼 수 있다. 그들은 2에 하나 더 있으면 3이 되고, 6에 아무것도 더하지 않으면 여전히 6이라는 것을 알 수도 있다. 그러나 $6+7=13$이라는 것은 모를 수 있으며, 더욱이 '+'와 '='과 같은 기호의 의미에 대해서는 명확한 개념을 갖고 있지 않다.

마찬가지로 그들은 세 개에서 두 개를 빼면 한 개가 남는다는 것도 알 수 있다. 그러나 $3-2=1$과 같이 기호화된 수식이나 "3 빼기 2는 1과 같다."와 같은 문장은 이해하지 못할 수 있다. 한 개에 5원인 껌을 3개 사면 그 값은 15원이라는 것은 알 수 있지만, $5\times3=15$라는 것을 이해하지는 못할 수도 있다. 또한 과자 8개를 4명이 똑같이 나누어 가지면 한 사람이 2개씩 갖게 된다는 것은 알지 모르지만, $8\div4=2$라는 것은 모를 수 있다.

다시 말해서, 어린 아동들은 구구가 포함된 간단한 문제는 풀 수 있지만 그 구구를 인식하지 못하거나 쓰지 못할 수도 있다. 많은 아동들은 $4+2=n$과 같은 수식이 다음과 같은 문제라는 것을 알지 못한다.

$$\begin{array}{r} 4 \\ +\,2 \\ \hline \end{array}$$

아동이 알고 있는 것을 조직하고, 이미 알고 있는 것과 학습해야 할 것 사이의 간격을 메우기 위해 학습 내용을 구성하고, 기본 구구와 기호화된 수식에 대한 의미를 깨닫게 하는 것은 교사의 과제이다.

집단 토의, 구체물 조작 활동 및 지필 활동에 대한 관찰 또는 면담을 통해서 개개의 아동이 무엇을 알고 있는지를 파악하는 것부터 시작할 필요가 있다. 많은 교사들이 학기 초에 개인별 평가표를 사용하여 아동들의 현재 상태를 파악한다. 이 평가표의 목적은 다음을 알아보기 위한 것이다.

- 아동이 연산에 대한 개념을 갖고 있는가?: 덧셈, 뺄셈, 곱셈, 나눗셈이 포함된 문장제를 제시했을 때, 그 문제 상황을 모델화할 수 있는가? 문제를 해결할 수 있는가? 자신이 구한 답을 정당화할 수 있는가? 수식으로 표현할 수 있는가? 사용한 연산이 무엇인지 알고 있는가?
- 아동들이 이해하고 있는 구구는 무엇인가?: 주어진 구구를 그림으로 설명할 수 있는가? 주어진 그림을 구구로 표현할 수 있는가?
- 구구에 대한 답을 구하기 위해 사용하는 전략은 무엇인가?: "$7+9=16$이라는 것을 어떻게 알았는가?"라는 질문에 대하여 타당하게 답할 수 있는가?
- 외우고 있는 구구는 무엇인가?: 구구를 계산하지 않고서도 3초 안에 답할 수 있는가?

위와 같은 정보는 수업을 계획하는 데 사용될 수 있다. 곱셈의 의미를 이해하기 위하여 조작적 자료를 이용한 활동이 더 필요한 아동은 누구인가? $17-8$과 $8+9$의 관계를 아는 데 도움이 필요한 아동은 누구인가? 특정한 수부터 이어서 세는 것이 모두 세는 것보다 더 빠르다는 것을 아동들은 인식하고 있는가? 수 세기에서 기본 구구의 숙달로 넘어가는 데 연습과 훈련이 필요한 아동은 누구인가? 교사는 아동들의 개별적인 현재 상태와 필요에 부응해야 하며(3장에서 논의한 바와 같이), 빠뜨린 연결 고리를 메워주고 이해와 숙달을 강화시키기 위한 수업과 활동을 제공해야 한다.

기본 구구를 이해시킨다

아동들이 기본 구구를 학습하도록 도와주기 위해서는 그들의 사고를 조직하고 구구들 간의 관계를 알게 하는 것에 강조를 두어야 한다. 아동들은 구구를 숙달하기 위한 연습에 앞서 그 구구를 기억하기 위한 전략을 세워야 한다. 연구자들은 다음과 같이 지적한다.

> 구구가 어떻게 학습되고 가르쳐야 하는지에 대한 견해는 지난 십수 년 동안 많은 변화가 있었다. 오랫동안 한 자릿수의 산술에 대한 학습은 훈련과 연습을 통하여 자동화될 때까지 구구를 기억하는 데 주로 초점을 두었지만, ... 최근의 접근 방식은 아동의 발견과 비형식적 전략을 통한 구구의 점진적 개발에 초점을 두고 있다(Verschaffel et al., 2007, p.560).

일반적으로 가수(더하는 수)나 인수(곱하는 수)가 5보다 큰 수의 구구는 대부분의 아동들에게 어렵겠지만, 개개의 아동에게 특히 어려운 구구가 어떤 것인지를 파악하는 것이 더 중요하다. 많은 교과서, 참고서, 컴퓨터 프로그램이 일반적으로 어려워하는 구구에 대한 연습을 강조하지만, 이와 더불어 특정 아동에게 특히 어려운 구구를 기록해 두고 이에 대한 별도의 연습을 하도록 해야 한다.

어떻게 하면 기본 구구가 의미 있게 조직될 수 있는가? 교과서에 제시되는 일반적인 방식은 결과가 같은 구구끼리 묶는 것이다(예를 들어, 합이 6인 구구: $0+6=6$, $1+5=6$, $2+4=6$ 등등). 다른 방식은 세 수 사이의 관계를 유형별로 조직하는 것이다(예를 들어, '2, 3, 5'는 $3+2=5$, $2+3=5$, $5-3=2$, $5-2=3$). 또 다른 방식은 '사고 전략'으로 구분하여 제시하는 것이다(예를 들어, 가수가 1인 모든 구구, 또는 $7+7$과 같이 '같은 수를 거듭 더하는' 구구). 기본 구구를 가르치는 순서에는 정해진 방식이 없다. 따라서 교사는 아동들의 상태를 고려하여 전문적인 판단을 내려야 하며, 때로는 교과서에 제시된 구구의 순서를 수정할 수도 있어야 한다.

어떤 주어진 구구를 기억하는 데 다양한 사고 전략이 사용될 수 있다. 사고 전략은 기본 구구의 답을 결정하는 데 효율적인 방법이다. 전략이 효율적일수록 학생들은 두 수의 합, 차, 곱, 몫에 대한 정확한 답을 더 빨리 알아낼 수 있고, 궁극적으로는 이들 구구를 재빠르게 회상할 수 있을 정도로 숙달하게 된다.

연구에 의하면(Fuson, 2003), 특별한 사고 전략은 아동들이 기본 구구를 학습하는 데 도움이 된다. 구구에 대한 이해는 아동이 사용하는 일련의 사고 전략을 통해서 발달된다. 이러한 사고 전략 중 어떤 것은 구체적인 자료를 사용하거나 수 세기 전략일 수 있다. 또 다른 것은 모르는 구구를 알아내기 위해서 이미 알고 있는 구구를 사용한다는 점에서 보다 발전되고 성숙된 전략이다. 교사는 아동들이 구구를 잘 회상하도록 보다 발전되고 효율적인 전략들을 개발하도록 도와주어야 한다. 이런 사고 전략이 구구를 회상하는 데 어떻게 도움이 되는지에 대해서는 다음 절에서 자세하게 다룰 것이다.

많은 아동들은 수 세기 전략, 특히 손가락으로 수 세기에 주로 의존하기 때문에, 기본 구구를 회상하는 보다 효과적인 방법을 개발하는 데 실패한다. 예를 들어, 한 아동이 $4+5$의 합을 구하기 위하여 손가락 4개를 센 다음 5개를 더 셀 수 있다. 이 전략은 일시적으로는 완벽하게 받아들여질 수 있지만, $4+5$가 주어질 때마다 이 수 세기 전략이 반복되어서는 안 될 것이다. 이 아동은 4부터 수 세기를 하는 전략으로부터 벗어나 "$4+4=8$이니까 $4+5$는 9이다."라는 사고 전략 또는 보다 효율적인 다른 전략으로 이동하지 않으면 안 된다. 궁극적으로는 4 + 5 = 9라는 구구를 특별한 노력 없이 재빠르게 회상할 수 있어야 한다. 어떤 아동들은 자기 스스로 새로운 사고 전략을 찾아내기도 하지만, 대부분의 아동들은 직접적인 지도가 필요하다. 아동들이 특정한 전략에 익숙해졌다고 판단되면, 그 전략을 충분히 연습해야 한다. 다시 말해서, 학생들이 구구를 암기하기 위한 연습을 하기 전에 다음과 같은 것을 할 수 있어야 한다.

- 주어진 기본 구구와 관련된 구구들을 말하고 쓸 수 있다.
- 주어진 기본 구구의 답이 어떻게 나왔는지를 설명하고 답이 맞는지를 증명할 수 있다.
- 주어진 기본 구구를 두 가지 이상의 방법으로 풀 수 있다.

구구를 기억하는 방법에 초점을 맞춘다

다음과 같은 장면을 생각해 보자. 아동들이 짝을 지어 계산기에 숫자를 입력하고 서로 돌려보고 있다. 어떤 아동들은 카드 게임을 하고 다른 아동들은 보드 게임을 하고 있다. 몇몇의 아동은 컴퓨터 키보드에 숫자를 입력하느라 바쁘다. 또 어떤 아동들은 개별적으로 플래시 카드(그림, 글자 등이 적힌 학습용 카드)나 구구 삼각형(number triangle) 활동을 하고 있다. 이들은 무엇을 하고 있는 것인가? 아마 기본 구구를 연습하고 있을 것이다.

아동들이 덧셈, 뺄셈, 곱셈, 나눗셈 알고리즘을 능숙하게 처리하고 어림셈과 머릿셈에 익숙해지려면, 기본 구구를 재빨리 그리고 자동적으로 회상할 수 있어야 한다. 기본 구구의 궁극적인 수업 목표는 능숙하고 효율적인 계산 능력을 갖게 하는 것이다. 다음은 기본 구구를 연습하는 중요한 원리들이다.

- 기본 구구를 암기하려고 하기 전에 이해해야 한다.
- 외우려는 목적을 갖고 반복 연습해야 한다. 암기가 강조되어야 한다. 이때부터는 설명을 하는 시간이 아니다.
- 반복 연습은 5분~10분 정도로 짧아야 하며 거의 매일 하도록 한다. 한 번에 몇 개의 구구만을 암기하려고 해야 하며 이미 암기된 구구도 끊임없이 반복해서 연습해야 한다.
- 아동은 구구를 외우는 자신의 능력에 자신감을 가져야 하며, 교사는 좋은 결과에 대해서 칭찬을 해야 한다.
- 반복 연습 활동은 다양하고 흥미로우며 도전적이어야 하고 열심히 참여하도록 제시되어야 한다.

컴퓨터 소프트웨어는 플래시 카드, 게임, 녹음테이프 연습과 같은 전통적인 학습 활동을 자연스럽게 보완해 줄 수 있다. 구구를 연습하는 대부분의 소프트웨어는 시도한 문제의 개수와 정답의 개수에 대한 기록을 보여준다. 어떤 프로그램은 정답을 찾는 데 걸린 시간을 보여주기 때문에, 학생들로 하여금 숙달되게 할 뿐만 아니라 속도와 경쟁하도록 유도할 수 있다. 효율적인 전략과 빠른 회상이 연습의 목표이기 때문에, 아동들에게 3~4초 이내의 짧은 반응 시간 안에 답하게 하는 것이 중요하다. 컴퓨터 소프트웨어는 학생의 향상 정도에 대한 누적 기록을 보여주기 때문에 아동들은 이것을 좋아한다. 이런 컴퓨터 프로그램은 아동 자신이 알고 있는 구구와 모르는 구구를 진단할 수 있게 한다. 또한 아동은 완전한 숙달을 목표로 자기 자신과 경쟁하기 때문에 내적인 동기유발이 될 수 있다.

플래시 카드를 이용할 때, 아동은 세트 전체를 가지고 하되 알고 있는 것과 모르는 것을 분류해 놓는 것이 좋다. 모르는 카드에 초점을 맞추어 반복 연습을 하기 위해서는 이미 알고 있는 카드를 따로 분류해 놓을 필요가 있다. 모르는 카드를 반복 연습한 다음에는 다시 모든 카드를 검토하여 새로 학습한 카드는 아는 카드로, 잊어버린 카드는 모르는 카드로 분류한다. 그러고 나서 모르는 카드에 초점을 맞추어 반복 연습을 계속한다. 이런 연습 방식은 학생의 향상 정도를 확인하게 하며, 반복 연습이 더 필요한 구구에 더욱더 집중하게 한다.

교사는 특정한 덧셈 구구와 곱셈 구구가 교과서에

많이 또는 적게 제시되어 있는지를 확인할 필요가 있다. 교과서에 어렵거나 큰 수가 포함된 구구가 많이 제시되어 있지 않다면, 학생들은 그것들을 연습할 기회가 적어질 것이다. 어떤 교과서에는 5보다 큰 수가 포함된 구구가 2부터 5까지의 수가 포함된 구구보다 훨씬 적게 나와 있으며, 0과 1이 포함된 구구는 아주 드물었다. 그렇다면 교과서에 많이 나와 있지 않은 구구 특히, 6부터 9까지의 수가 포함된 좀 더 어려운 구구에 대한 연습이 필요할 것이다.

게임으로 하는 반복 연습의 몇 가지 유형이 <수업 자료 9-2>에 제시되었다. 모든 연령의 아동들은 반복 연습하는 방법으로 이러한 게임을 좋아한다. 이러한 게임 활동은 교과서, 학습서, 컴퓨터 소프트웨어 등의 반복 연습 방법들을 보완해줄 것이다.

기본 구구를 위한 사고 전략

다음의 네 절에서는 덧셈, 뺄셈, 곱셈, 나눗셈 구구를 위한 사고 전략에 대해서 논의하고 그것을 가르치기 위한 방법을 설명할 것이다.

덧셈 구구를 위한 사고 전략

앞의 그림 9-5에는 덧셈 100개가 제시되어 있다. 이 덧셈 구구표는 아동에게 완성된 형태로 제시되기보다는 점진적이고 체계적으로 구구를 배우면서 표의 빈칸을 채우도록 해야 한다. 하지만 덧셈 구구표에서 규칙성을 찾게 하기 위하여 완성된 형태의 구구표를 제시하는 것은 교육적으로 의미 있는 활동이며, 구구표를 읽는 방법을 배우는 데도 도움이 된다. 예를 들어, 교사는 덧셈 구구표를 가지고 아동들에게 다음과 같은 질문을 할 수 있다.

- 덧셈 구구표에는 어떤 규칙성이 있는가? (가령 가로열과 세로열 모두 1씩 커진다).
- 가장 큰 합은 무엇인가? 이때 어떤 수가 더해지는가? 이 합에 대해서 덧셈식을 쓸 수 있는가?
- 합이 5인 모든 합에 원을 그려라. 덧셈 구구표에서 5는 왜 6번 나오는가? 합이 5가 되는 덧셈식을 쓸 수 있는가?
- 덧셈 구구표에서 가장 많이 나오는 합은 무엇인가? 이 합에 대한 덧셈식을 쓸 수 있는가?

이와 같은 질문들은 아동들이 덧셈 구구의 윤곽을 그려보게 하는 데 도움이 된다. 또한 아동들이 나중에 덧셈 구구에 숙달했을 때의 학습 목표가 무엇인지를 인식하게 하는 데 도움이 된다. 덧셈 구구를 가르치기 위한 사고 전략에는 교환법칙, 1과 0 더하기, 같은 수끼리 더하기, 바로 이어서 세기, 10으로 만들기 등이 있다. 구구에는 한 개 이상의 전략이 적절하게 적용될 수 있다.

교환법칙 교환법칙을 적용하면 배워야 할 덧셈 구구가 반으로 줄어든다. 더하는 수의 순서를 바꾸어도 그 합에는 영향을 미치지 않는다. 아동들은 파란 공 2개와 노란 공 3개의 합과 파란 공 3개와 노란 공 2개의 합이 같다는 것을 깨달았을 때, 이 교환법칙을 경험한다.

덧셈 구구를 학습하는 과정에서 아동들은 다음과 같은 덧셈식을 보거나 쓸 것이다.

$$\begin{array}{r} 2 \\ +\,5 \\ \hline \end{array} \quad \text{와} \quad \begin{array}{r} 5 \\ +\,2 \\ \hline \end{array}$$

또는

$$2+5=\square \quad \text{와} \quad 5+2=\square$$

아동들은 "두 수를 더할 때 어떤 수가 먼저 나오든

기본 구구를 연습하기 위한 게임

〈덧셈 빙고〉

학습목표: 빙고 게임을 이용하여 덧셈 구구를 익힌다.
대상학년: 1~2학년

- 참여하는 사람마다 각각의 빙고판과 몇 개씩의 말(칩이나 바둑알)이 필요하다.

9	6	17	11	5
5	8	10	3	7
15	11	마음대로	13	14
7	9	2	1	12
2	13	11	18	17

▾ 게임 규칙
- 한 사람이 카드를 하나 뽑아 거기에 적힌 더하는 두 수를 읽는다.
- 다른 사람들은 자신의 빙고판에 그 합을 구하여 말을 놓는다.

각 카드에 해당하는 답이 없을 수도 있다.

어떤 합이 여러 개 나올 수도 있지만 말은 하나씩만 놓는다.

말 5개를 대각선을 포함하여 한 줄에 먼저 놓는 사람이 이긴다.

〈곱셈 게임〉

학습목표: 게임을 이용하여 곱셈 구구를 익힌다.
대상학년: 3~4

▾ 두꺼운 종이로 만든 다음과 같은 돌림판과 게임판을 만들어 사용한다. 각 경기자는 판에 놓을 말이 필요하다.
- 참여하는 사람마다 각각의 빙고판과 몇 개씩의 말이 필요하다.
- 순서를 정해서 돌림판을 2번 돌려서 나온 두 수를 곱한다. 게임판 위에서 답을 찾아 그 수 위에 말을 올려놓는다.
- 자기 말끼리 변이나 꼭짓점이 닿는 칸에 있으면 1점을 얻는다.
- 올려놓을 칸을 찾지 못하면 다음 사람에게 순서가 넘어간다.

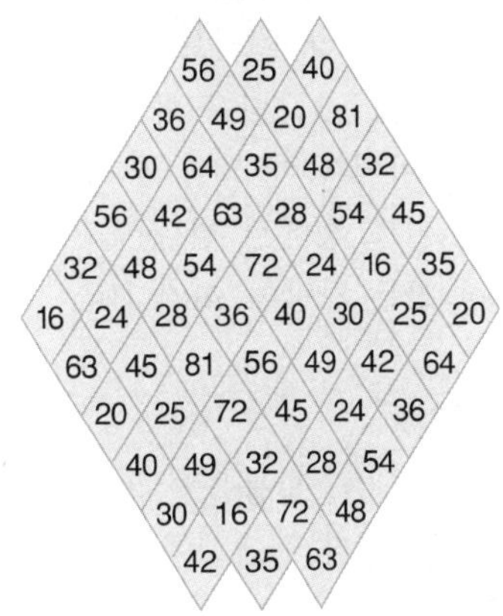

- 다음 차례의 사람이 돌림판을 돌리기 전까지 시간을 준다.
- 10번씩 한 후에 가장 많은 점수를 얻는 사람이 이긴다.

〈0이 이긴다〉

학습목표: 게임을 이용하여 수 감각을 개발하고 덧셈 구구와 뺄셈 구구를 익힌다.
대상학년: 2~3학년

▾ 0부터 18까지의 숫자가 적힌 19장의 카드 2벌을 준비한다.

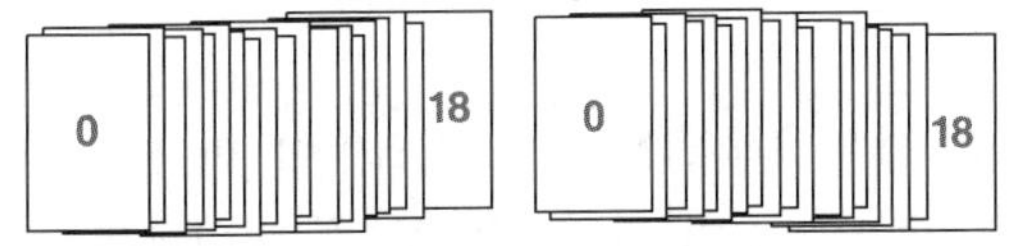

▾ 게임 규칙

- 카드를 섞은 다음, 각 사람에게 4장씩 나누어주고 나머지는 가운데에 뒤집어 놓는다.
- 각자 자기 카드 4장을 가지고 덧셈이나 뺄셈을 하여 0이 되도록 한다. 예를 들어, 갖고 있는 카드가 다음과 같다고 생각해보자.

6	10	2	6

- $10-6+2-6=0$ 또는 $6+6-10-2=0$ 등등
- 한 판씩 돌아갈 때마다 각 경기자는 원하면 자기 순서에서 1장씩을 바꿀 수 있다. 맨 처음 카드를 바꾸려는 사람은 뒤집어 놓은 카드 더미에서 한 장을 뽑은 다음, 버릴 카드를 다른 사람들이 볼 수 있게 내려놓는다. 다음 사람부터는 뒤집어 놓은 카드 더미에서 한 장을 뽑거나 다른 사람이 내려놓은 카드 중에서 한 장을 가져온다.
- 0을 먼저 만든 사람이 이긴다!

〈구구 확인하기〉

학습목표: 다양한 퍼즐 활동을 이용하여 곱셈 구구와 나눗셈 구구를 익힌다.

대상학년: 3~4학년

- 아래의 빈칸을 채운다.

5	7	*35*
4	*9*	36
5	8	
9		81
	6	48

▾ 구구 5개를 완성하고 시계와 연결하여라.

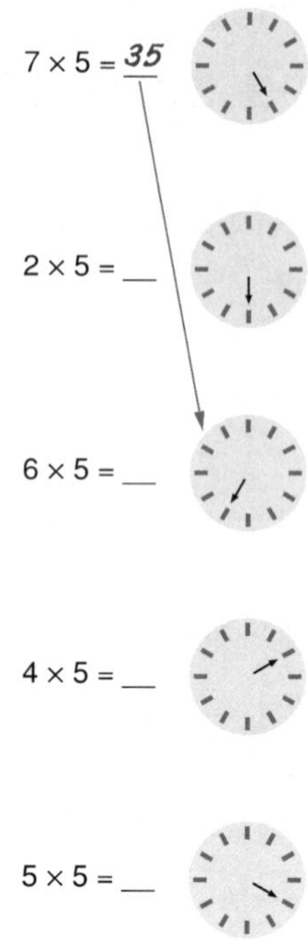

- 다음에 오는 수에 맞게 빈칸을 채워라.

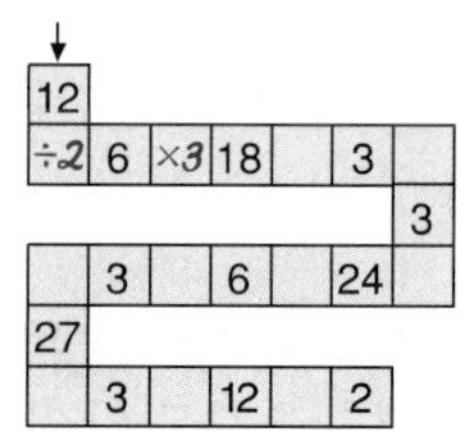

- 가운데 원의 수와 중간 원의 수를 곱하여라.

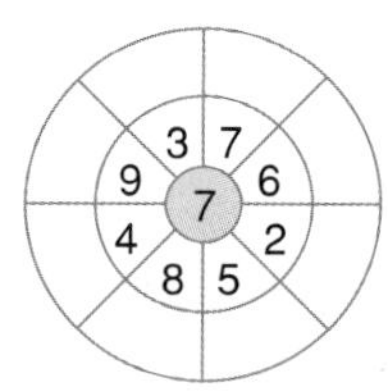

간에 그 합은 같다."는 것을 깨달아야 한다. 이러한 개념을 자기 자신의 말로 표현할 수 있어야 하지만, 교환법칙이라는 용어를 알 필요는 없다. 다시 말해서, 교환법칙이라는 용어를 앵무새처럼 따라 말하는 것이 아니라 그 개념을 이해하고 활용할 수 있어야 한다. 또한 더하는 수의 순서는 상관없다는 개념을

+	0	1	2	3	4	5	6	7	8	9
0	0	1	2	3	4	5	6	7	8	9
1	1	2	3	4	5	6	7	8	9	10
2	2	3	4	5	6	7	8	9	10	11
3	3	4	5	6	7	8	9	10	11	12
4	4	5	6	7	8	9	10	11	12	13
5	5	6	7	8	9	10	11	12	13	14
6	6	7	8	9	10	11	12	13	14	15
7	7	8	9	10	11	12	13	14	15	16
8	8	9	10	11	12	13	14	15	16	17
9	9	10	11	12	13	14	15	16	17	18

그림 9-6 교환법칙의 사고전략에 의해 유도된 덧셈 구구

확인하는 데 계산기를 사용하면 도움이 된다. 아동에게 '5 + 8 ='과 '8 + 5 ='와 같은 결합을 컴퓨터에 입력하게 한다. 여러 가지 결합을 입력하여 그 결과를 보면, 더하는 순서는 결과에 영향을 미치지 않는다는 개념을 쉽게 확인할 수 있다. 그림 9-6의 덧셈 구구표를 보면, 대각선을 중심으로 왼쪽과 오른쪽에 똑같이 각각 45개의 덧셈 구구가 있다. 이 대칭적인 모습은 교환법칙으로 인하여 익혀야 할 덧셈 구구의 개수가 45개로 줄어들었음을 보여준다.

1과 0 더하기 대부분의 아동들은 어떤 수에 1을 더하는 것을 쉽게 생각한다. 실제로 아동들은 입학하기 전부터 이 개념을 알고 있으며, 그렇기 때문에 이것을 다시 이해시키기보다는 그 규칙성을 인식하게 하고 쓰는 연습을 시키면 된다. 이 초기 개념을 강화하기 위해서는 구체물을 가지고 하는 경험을 먼저 한 다음, 다음과 같은 지필 활동을 하게 한다.

5 + 1 = □

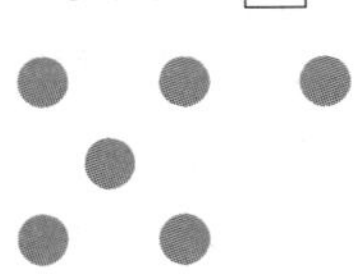

그런 다음에는 규칙성을 인식하게 한다.

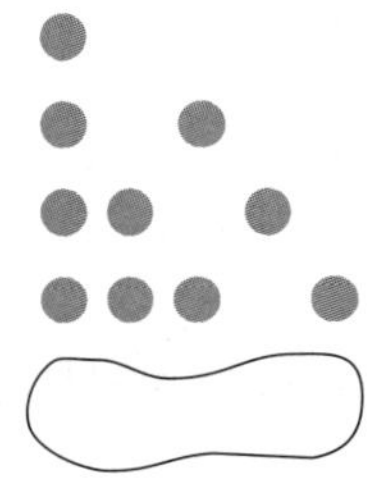

1
1 + 1 = □
2 + 1 = □
_ + 1 = □
4 + 1 = □

0을 더하는 전략은 더하는 수에 0이 포함된 구구에 적용된다. 이 구구들은 "어떤 수에 0을 더해서 그 값은 변하지 않는다."라는 일반화의 경험을 통하여 학습되어야 한다. 이 개념은 아동이 '더 없음(영)'을 더해도 그 합은 항상 같다는 사실을 인식할 수 있는 많은 구체적 경험으로부터 나온다. 그러한 다음에는 다음과 같은 규칙성을 인식하는 활동에 초점을 둔다.

○	1 + 0 = □	0 + 1 = □
○○	2 + 0 = □	0 + 2 = □
○○○	3 + 0 = □	0 + 3 = □
○○○○	4 + 0 = □	0 + 4 = □

0을 더하는 것이 어른들에게는 쉬울지 모르지만, 아동들에게는 가장 어려운 전략 중 하나일 수 있다. 없음을 더하는 것을 시각화하는 것이 쉽지 않기 때문에, 0을 더하는 상황을 구체적인 모형으로 나타내는 것은 쉬운 일이 아니다. 따라서 0을 포함하는 구구에 대한 학습은 아동들이 다른 구구 전략들을 완전히 이해할 때까지 뒤로 미루는 것이 좋다.

같은 수끼리 더하기 같은 수끼리 더하기 전략은 4 + 4나 9 + 9와 같이 더하는 두 수가 같은 구구에 적용된다. 대부분의 아동들은 이러한 구구를 쉽고 빠르게 배우며, 학교에 들어오기 전부터 이미 줄줄 외우기도 한다. 같은 수 구구를 친숙한 상황과 연결시키면, 그것들을 기억하는 데 도움이 된다. 예를 들어, 두 손은 5 + 5 = 10, 계란판 두 줄은 6 + 6 = 12, 달력에서 두 주는 7 + 7 = 14를 보여준다. 구체물을 가지고 학습한 다음에는 아래와 같이 그림 그리는 활동을 한다.

4 + 4 = □　　　　8 + 8 = □

유사한 전략으로서, 같은 수끼리 더하기보다 '하나 더 많은' 또는 '하나 더 적은'을 적용할 수 있다.

7 + 8 = □　　7 + 7 = 14
7 + 8은 하나 더 많으므로
7 + 8 = 15

7 + 6 = □　　7 + 7 = 14
7 + 6은 하나 더 적으므로
7 + 6 = 13

그림 9-7은 이상 네 가지 사고 전략이 적용된 덧셈 구구를 나타낸 것이다.

이어서 세기 이 전략은 더하는 두 수 중 하나가 1이나 2일 때 가장 쉽게 사용될 수 있다. 예를 들어,

6 + 2 = □　　6… 7… 8
2 + 6 = 8

처음에 아동들은 7장에서와 같이 모임에 있는 모든 대상을 셀 것이다.

아동은 더하는 두 수 중에서 더 큰 수인 6부터 시작하여 7, 8로 이어서 세는 것을 학습할 필요가 있다(물론 교환법칙에 대한 이해가 전제되어야 한다). 어린 아동들이 종종 이어서 세기를 하지만 더 큰 수부터 이어서 세지는 않는다. 따라서 아동들에게 다음과 같은 활동을 적용하여 이 전략을 가르칠 필요가 있다.

(a) 0과 1 더하기 전략으로 유도된 덧셈 구구

+	0	1	2	3	4	5	6	7	8	9
0	0	1	2	3	4	5	6	7	8	9
1	1	2	3	4	5	6	7	8	9	10
2	2	3								
3	3	4								
4	4	5								
5	5	6								
6	6	7								
7	7	8								
8	8	9								
9	9	10								

(b) 같은 수끼리 더하기와 유사 전략으로 유도된 덧셈 구구

+	0	1	2	3	4	5	6	7	8	9
0	0	1								
1	1	2	3							
2		3	4	5						
3			5	6	7					
4				7	8	9				
5					9	10	11			
6						11	12	13		
7							13	14	15	
8								15	16	17
9									17	18

그림 9-7 네 가지 전략으로 유도된 덧셈 구구

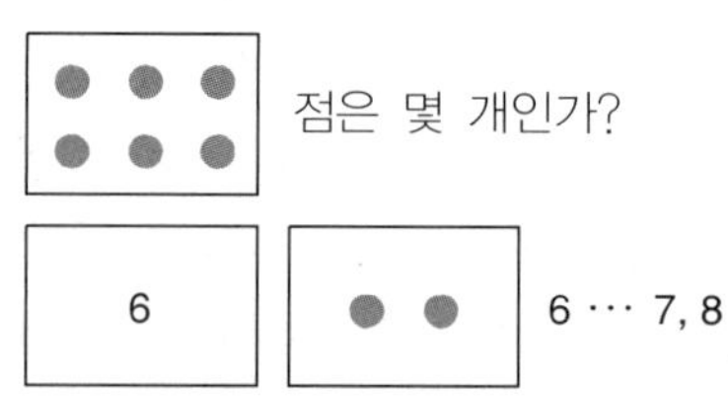

6 + 2 = □

이어서 세기 전략은 그림 9-8에 나타낸 바와 같이 더하는 수에 1이나 2가 포함된 덧셈 구구를 학습하는 데 효율적이다. 그러나 더하는 두 수가 모두 2보다 큰 경우(예를 들어, 6 + 8 = 14, 5 + 8 = 13, 또는 9 + 8 = 17)에는 이 전략이 효율적이지 않다. 둘 이상을 이어서 세는 것은 느릴 뿐만 아니라 오류가 발

+	0	1	2	3	4	5	6	7	8	9
0										
1		2	3	4	5	6	7	8	9	10
2		3	4	5	6	7	8	9	10	11
3		4	5							
4		5	6							
5		6	7							
6		7	8							
7		8	9							
8		9	10							
9		10	11							

그림 9-8 이어서 세기 전략으로 유도된 덧셈 구구

생할 가능성이 높다. 불행하게도 어떤 아동은 언제나 세기 전략을 사용하는 습관이 있기 때문에 중고등학교를 졸업한 이후에도 좀 더 효율적인 전략을 개발하지 못한다. 기본 구구의 학습에서 궁극적으로 중요한 것은 숙달(빠른 속도 및 정확성)이기 때문에 세기 전략에서 벗어나도록 해야 한다. 비효율적인 전략으로 인하여 기본 구구를 숙달하지 못하는 학생들은 보다 높은 수준의 수학을 학습하는 데 어려움을 겪기도 한다.

합이 10이 되는 결합 이용하기 두 수의 합이 10이 되는 결합에는 9개 — 즉, $1+9$, $2+8$, $3+7$, $4+6$, $5+5$, $6+4$, $7+3$, $8+2$, $9+1$ — 가 있다. 덧셈의 교환법칙을 적용하면 9개의 결합은 5개로 줄어든다. 9개의 결합 중에서 5개는 앞의 사고 전략(이어서 세기 전략이나 같은 수끼리 더하기 전략)에서 언급하였다. 언급하지 않은 '새로운' 구구는 $3+7$(또는 $7+3$)과 $4+6$(또는 $6+4$)이다. 이 장의 끝부분의 문화적 연결성에 다시 언급하겠지만, 미국 학생들은 전통적으로 10이 되는 결합을 다른 나라의 학생들보다 적게 사용하는 경향이 있다. 그 이유는 미국 교과서에서 이 전략을 별로 강조하지 않기 때문이기도 하지만, 부분적으로는 영어의 언어적 구조 때문이다.

10을 만들어서 더하기 더하는 수 하나는 다른 더하는 수와 결합하여 10이 될 수 있도록 분해된다. 그 다음에는 첫 번째 더하는 수의 나머지 부분이 10에 더해져서 최종적인 답이 된다. 이 전략은 더하는 수 중 하나가 8 또는 9일 때 가장 쉽게 사용된다. 하지만 아동들이 합이 10이 되는 결합을 잘 알고 있다면, 10으로 만들어서 더하기 전략은 여러 상황에서 유용하게 사용될 수 있다. 예를 들어,

$8+5=\square$ $8+2=10$이고

$5=2+3$이니까 $10+3=13$

즉, $8+5=(8+2)+3=10+3=13$

$8+2=10$을 알고 있는 아동은 2를 찾아내기 위하여 5를 $2+3$으로 분해한다. 2는 8에 더해져서 10을 만드는 데 사용된다. 아래와 같은 십틀은 10을 만들어서 더하는 것을 시각적으로 보여주기 때문에, 이 전략을 가르치는 데 도움이 된다. 또한 먼저 오틀을 가지고 활동한 다음에 십틀로 옮겨가면 학습장애 학생들에게 특히 도움이 된다는 연구(Funkhouser, 1995)가 있다.

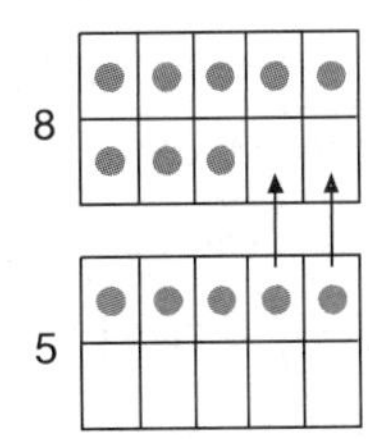

$8+5=10+3=\square$

이 전략을 효율적으로 사용하기 위해서는 10이 되는 결합을 잘 알고 있어야 한다. 또한 이어서 세는 것보다 10을 만드는 것이 더 쉽다는 것을 깨달아야 한다. 아동들은 $3+10=?$, $10+7=?$, $9+10=?$와 같은 질문에 대해서 즉각적으로 답할 수 있어야 한다.

10이 되는 결합과 10을 만들어서 더하기 전략이 사용된 덧셈 구구는 그림 9-9와 같다.

+	0	1	2	3	4	5	6	7	8	9
0										
1										10
2									10	11
3								10	11	12
4							10		12	13
5						10			13	14
6					10				14	15
7				10					15	16
8			10	11	12	13	14	15	16	17
9		10	11	12	13	14	15	16	17	18

그림 9-9 10이 되는 결합과 10을 만들어서 더하기 전략으로 유도된 덧셈 구구

구구를 회상해 내는 데는 대부분 한 가지 이상의 전략이 사용될 수 있다. 이러한 사실은 아동들도 알고 있어야 한다. 그렇게 되면 아동들은 구구를 회상하는 데 여러 가지 방법을 적용하려고 노력할 것이며 전략들 사이의 관계를 이해하게 될 것이다. 그림 9-10으로부터 알 수 있듯이, 1과 0 더하기, 같은 수끼리 더하기, 이어서 세기, 10이 되는 결합, 10을 만들어서 더하기 전략을 이용하여 구구 100개를 완성하였다. 100개의 덧셈 구구 중 거의 대부분은 다른 구구와의 다양한 관련성으로부터 유도될 수 있기 때문에, 아동들에게 구구들 사이의 관련성 및 규칙성을 찾아보게 해야 한다.

+	0	1	2	3	4	5	6	7	8	9
0	0	1	2	3	4	5	6	7	8	9
1	1	2	3	4	5	6	7	8	9	10
2	2	3	4	5	6	7	8	9	10	11
3	3	4	5	6	7	8	9	10	11	12
4	4	5	6	7	8	9	10	11	12	13
5	5	6	7	8	9	10	11	12	13	14
6	6	7	8	9	10	11	12	13	14	15
7	7	8	9	10	11	12	13	14	15	16
8	8	9	10	11	12	13	14	15	16	17
9	9	10	11	12	13	14	15	16	17	18

그림 9-10 모든 사고 전략으로 유도된 덧셈 구구

또한 아동들은 다음과 같이 자신만의 독특한 전략을 발견할 수도 있다.

$6+7=\square$ 5+5=10을 안다.
6은 5+1이고 7은 5+2이므로
10+3 즉, 13이다.

$6+8=\square$ 같은 수끼리 더하기를 적용하면 된다.
6에 1을 더하고 8에서 1을 빼면 문제는 7+7이 되고 그래서 14이다.

뺄셈 구구를 위한 사고 전략

각각의 덧셈 구구에는 관련된 뺄셈 구구가 있다. 어떤 수학교육과정에서는 이 두 가지 연산을 동시에 가르치기도 한다. 앞에서 강조했듯이 덧셈과 뺄셈은 역연산의 관계가 있기 때문에, 이 두 연산에 대한 구구의 학습은 같은 구구족의 관점에서 학습된다. 두 연산에 대한 구구가 동시에 가르쳐지지는 않더라도 같은 구구족이라는 생각이 적용된다. 그림 9-11에는 같은 구구족을 이용하여 구구를 연습하는 몇 가지 자료들이 제시되어 있다. 구구 삼각형은 엄지로 삼각형의 한쪽 구석을 가린 다음 다른 두 수의 관계를 구하는 활동이다. 마찬가지로 구구족 카드는 한 쪽의 숫자를 안보이게 덮은 다음 다른 두 수 사이의 관계를 파악하는 활동이다.

덧셈 구구는 뺄셈 구구를 학습하고 회상하기 위한 주된 사고 전략이다. 따라서 아동들이 덧셈과 뺄셈 구구에 대한 관계를 인식하고 생각하고 사용할 있도록 지도해야 한다. 예를 들어,

$15-7=\square$ $7+\square=15$
$7+8=15$
그러므로 $15-7=8$

뺄셈 구구를 위한 다른 전략들에는 1과 0 빼기, 같은 수끼리 더하기, 거꾸로 세기, 이어서 세기 등이 있다.

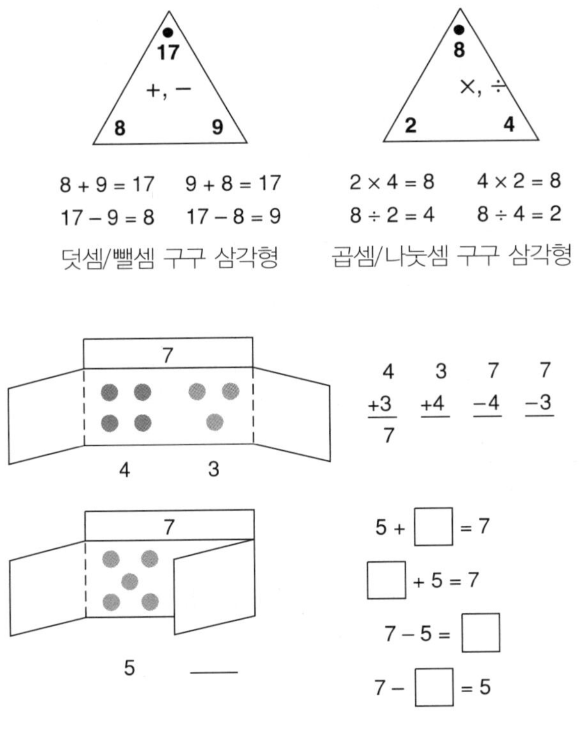

| 그림 9-11 덧셈과 뺄셈의 구구족의 예

1과 0 빼기 1과 0 더하기 전략을 학습한 대부분의 아동들은 0과 1이 포함된 뺄셈 구구를 쉽게 알아낸다. 아동들은 덧셈 구구에서 사용되었던 자료를 사용하고 유사한 규칙성을 관찰하기 때문에 더 쉽게 학습할 수 있다.

같은 수끼리 더하기 같은 수끼리 더하기 전략은 덧셈 구구보다 뺄셈 구구를 위해 더 분명하게 가르칠 필요가 있다. 그렇게 하기 위해서는 아동들이 덧셈에 대한 같은 수 전략을 알고 있다는 것을 전제로 하지 않으면 안 된다. 예를 들어,

$16-8=\square$ $\quad 8+\square=16$

$8+8=16$

그러므로 $16-8=8$

거꾸로 세기 거꾸로 세기 전략은 덧셈의 이어서 세기 전략과 관련이 있다. 빼는 수가 1 또는 2일 때 가장 효율적이다. 다른 전략들과 마찬가지로 아동이 주어진 수부터 거꾸로 세어 나가는 데 도움이 되는 문제와 조작적 자료를 사용한다.

$9-2=\square$ $\quad 9...8, 7$

$9-2=7$

이어서 세기 이어서 세기는 그 차가 1 또는 2일 때 가장 쉽고 효율적인 전략이다. 예를 들어,

$8-6=\square$ $\quad 6...7, 8$

$8-6=2$

이어서 세기 전략은 "얼마나 더 필요한가?"라는 더하기와 관련될 수 있다. 아동들이 뺄셈 문제를 해결하는 데 덧셈 구구를 사용하게끔 해야 한다. 이것은 $6+\square=8$과 같이 미지수를 구하는 덧셈 상황에 특히 가치가 있다. 많은 아동들에게 이어서 세기 전략은 매우 강력한 뺄셈 전략이다(Fuson, 2003).

곱셈 구구를 위한 사고 전략

곱셈은 더하는 수가 모두 같은 경우의 특별한 덧셈으로 보기도 한다. 곱셈 문제의 답은 더하기나 수 세기로 구할 수도 있지만, 더 빠르게 구하기 위하여 곱셈이 사용된다.

곱셈 개념에 대한 지도는 묶음, 수, 덧셈에 대한 개념이 발달하는 유치원에서부터 시작한다. 1, 2학년의 아동들은 둘씩, 다섯씩, 열씩 셀 수 있고 나중에는 셋씩, 넷씩 또는 다른 수로 묶어 셀 수 있다. 이러한 경험은 곱셈 구구에서 나타나는 규칙성을 이해하는 기초가 된다. 7장에서 설명했듯이, 계산기를 사용하면 곱셈의 규칙성에 관한 개념을 개발하는 데 도움이 된다. 아동들은 계산기에서 반복 수행하는 기능을 사용하여 6을 두 번 하면 12, 6을 세 번 하면 18 등을 깨닫게 된다.

그림 9-12와 같이 기본 곱셈 구구는 한 자리 수인 두 인수와 그 곱으로 구성된다. 곱셈 구구는 아동들에게 의미 있게 이해되기 전까지는 표나 차트의 형태로 제시되어서는 안 된다. 곱셈 구구는 문제 상황, 구체물을

×	0	1	2	3	4	5	6	7	8	9
0	0	0	0	0	0	0	0	0	0	0
1	0	1	2	3	4	5	6	7	8	9
2	0	2	4	6	8	10	12	14	16	18
3	0	3	6	9	12	15	18	21	24	27
4	0	4	8	12	16	20	24	28	32	36
5	0	5	10	15	20	25	30	35	40	45
6	0	6	12	18	24	30	36	42	48	54
7	0	7	14	21	28	35	42	49	56	63
8	0	8	16	24	32	40	48	56	64	72
9	0	9	18	27	36	45	54	63	72	81

그림 9–12 100개의 곱셈 구구

통한 조작적 경험, 다양한 사고 전략을 통하여 개발되어야 한다. 곱셈 구구표는 연산과 구구에 대한 이해를 개발하는 과정의 마지막 결과로 제시되어야 한다.

지금까지 곱셈을 위한 사고 전략의 개발에 대한 연구는 덧셈과 뺄셈만큼 그리 많지 않았지만, 최근에는 이와 관련된 연구가 늘고 있다(Verschaffel et al., 2007). 곱셈 구구를 위한 사고 전략은 아동이 각각의 구구를 구하는 데 효율적인 방법을 제공한다. 이러한 전략으로는 교환법칙, 뛰어 세기, 동수누가, 곱을 아는 부분으로 분해하기, 1과 0으로 곱하기, 규칙성 찾기 등이 있다.

교환법칙 교환법칙은 덧셈에서와 마찬가지로 곱셈에서도 적용된다. 이것은 학생들이 곱셈 구구를 배우는 데 도움이 되는 기본 전략이다. <수업자료 9-1>에서도 이 성질을 강조하였다. 계산기 역시 이 개념을 강화하는 데 유용하게 사용될 수 있다. 아동들은 예를 들어, 4×6과 6×4를 곱할 수 있어야 하며 그 답은 둘 다 24임을 안다. 이러한 많은 결합을 시도해본 다음, 학생들은 인수의 순서는 상관이 없다는 것을 말로 설명할 수 있어야 한다. 그림 9-13은 덧셈에서와 같이 교환법칙이 적용되고 난 다음에 55개의 곱셈 구구로 줄어들었음을 보여준다.

뛰어 세기 뛰어 세기 전략은 2씩, 5씩 뛰어 세기에 가장 효과적이지만, 좀 더 연습하면 3씩, 4씩과 같은

×	0	1	2	3	4	5	6	7	8	9
0	0	0	0	0	0	0	0	0	0	0
1	0	1	2	3	4	5	6	7	8	9
2	0	2	4	6	8	10	12	14	16	18
3	0	3	6	9	12	15	18	21	24	27
4	0	4	8	12	16	20	24	28	32	36
5	0	5	10	15	20	25	30	35	40	45
6	0	6	12	18	24	30	36	42	48	54
7	0	7	14	21	28	35	42	49	56	63
8	0	8	16	24	32	40	48	56	64	72
9	0	9	18	27	36	45	54	63	72	81

그림 9–13 교환법칙의 사고 전략에 의하여 유도된 곱셈 구구

배수(또는 다른 배수)에도 쉽게 적용할 수 있다. 5씩 뛰어 세기를 예로 들면,

$5 \times 4 = \square$ 　　 5, 10, 15, 20

$5 \times 4 = 20$

시계에서 5분 단위로 뛰어 세는 활동은 5씩 뛰어 세기를 연습하는 좋은 방법이다. 2씩, 5씩 뛰어 세는 전략으로 알 수 있는 곱셈 구구는 그림 9-14와 같다.

동수누가 동수누가 전략은 인수 중의 하나가 5보다 작을 때 가장 효율적으로 사용될 수 있다. 이 전략은 다음과 같이 곱셈을 덧셈으로 바꾸는 방법이다.

×	0	1	2	3	4	5	6	7	8	9
0										
1										
2			4	6	8	10	12	14	16	18
3			6			15				
4			8			20				
5			10	15	20	25	30	35	40	45
6			12			30				
7			14			35				
8			16			40				
9			18			45				

그림 9–14 뛰어 세기 전략에 의하여 유도된 곱셈 구구

$6 \times 3 = \square$　　$6 + 6 + 6 = 18$

$6 \times 3 = 18$

이 전략은 곱셈에 대한 한 가지 해석에 기초하고 있기 때문에, 아동들은 구체물이나 조작물을 통한 많은 경험을 해야 한다. 이 연산에 대한 개념뿐만 아니라 이 전략을 개발하는 것을 돕기 위한 부수적인 경험을 제공하는 데 그림 그리기와 계산기가 사용될 수 있다. 그림 9-15는 이러한 생각을 예시한 것이다. 그림 9-16은 이 전략을 이용하여 학습할 수 있는 곱셈 구구를 나타낸 것이다.

곱을 이미 알고 있는 부분으로 분해하기 아동들이 몇몇 구구를 확실하게 알고 있다면, 이 알고 있는 구구를 사용하여 다른 구구를 유도할 수 있다. 곱을 분해하기 전략은 곱셈에 대한 분배법칙에 기초하고 있다. 이 전략은 '한 묶음 더', '알고 있는 구구의 두 배', 또는 '알고 있는 5단 구구'로 나누어 볼 수 있다.

▶ 다음 점들을 보아라.

- 7개씩 묶어라. 몇 묶음인가?
- 점은 모두 몇 개인가?
  세어 보아라: 7 , __, __, __
  더하여라: $7 + 7 + 7 + 7 = \square$
  곱하여라: $7 \times 4 = \square$

▶ 계산기를 사용하여 다음을 해 보아라.
  $7 + 7 + 7 + 7 + 7 = \square$
  $5 + 5 + 5 + 5 + 5 = \square$

- 보다 쉬운 방법을 알고 있는가? 더 쉬운 방법을 써 보아라.

____

____

| 그림 9-15 곱셈의 시각화

×	0	1	2	3	4	5	6	7	8	9
0										
1										
2			4	6	8	10	12	14	16	18
3			6	9	12	15	18	21	24	27
4			8	12	16	20	24	28	32	36
5			10	15	20					
6			12	18	24					
7			14	21	28					
8			16	24	32					
9			18	27	36					

| 그림 9-16 동수누가 전략에 의하여 유도된 곱셈 구구

- **한 묶음 더**는 거의 모든 곱셈 구구에 사용될 수 있는 개념이다. 어떤 수의 특정한 배수 N을 알고 있다면, 다음에 오는 배수는 그 수에 N을 더하면 된다. 예를 들어, 5×3을 구하려면 $5 \times 2(10)$에 5를 더하여 15임을 알 수 있다. 아래의 예와 같이, 덧셈 과정에 받아 올림이 필요하다면 계산이 약간 어려워질 수 있다.

$7 \times 8 = \square$　　$7 \times 7 = 49$

$7 \times 8 = 49 + 7 = 56$

각각의 구구는 인수의 다음 배수를 학습하는 데 도움이 될 수 있다. 배열 모델을 사용하여 이 모델을 설명하면 효과적이다. 아동들에게 각 줄에 있는 점의 개수를 말하게 하고 전체 배열에 대한 곱셈 구구를 써 보게 한다.

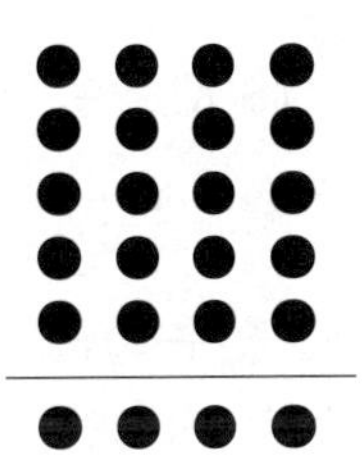

$4 \times 5 = \square$

$4 \times 1 = \square$

$4 \times 6 = \square$

- **알고 있는 구구의 두 배** 전략은 위의 전략의 변형이다. 이 전략은 곱하는 수가 4, 6, 8일 때 적용되는데, 그 이유는 반으로 나누어져야 하기 때문이다. 즉, 곱은 반으로 나눈 각각의 두 배가 된다.

$8 \times 6 = \square$　　$8 \times 3 = 24$

8×6은 8×3의 두 배이므로 $24 + 24$

따라서 $8 \times 6 = 48$

어떤 아동은 덧셈을 머릿셈으로 계산하는 데 어려움이 있을 수 있다. 이 경우에는 다음과 같이 모델을 사용하여 이 전략을 시각적으로 보여주면 도움이 된다.

7개씩 2는

7개씩 2는

$7 \times 4 = \square$

아동들이 이 전략에 익숙해지면, 다음과 같이 배열을 여러 가지 방법으로 나누어서 전체 배열에 대한 곱셈 구구를 쓸 수 있다.

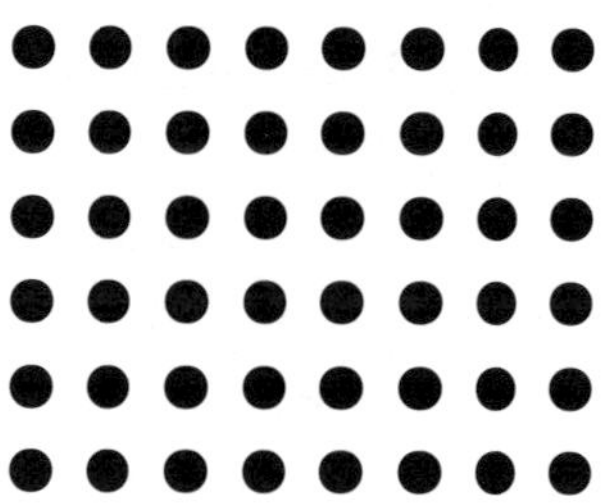

위의 배열(8×6)에 대해서 몇 가지 방법이 가능하다.

$8 \times 5 = 40$과 $8 \times 1 = 8$ 그러므로

$8 \times 6 = 40 + 8 = 48$

또는

$4 \times 6 = 24$이고 8×6은 4×6의 두 배이므로

$8 \times 6 = 24 + 24 = 48$

- **알고 있는 5단 구구** 전략은 인수가 큰 어떤 문제에도 유용하지만, 특히 인수가 6과 8인 경우에 가장 효과적이다. 왜냐하면 6×5와 8×5는 모두 10의 배수이므로 받아올림을 하지 않고서도 나머지를 쉽게 더할 수 있기 때문이다. 예를 들어, $6 \times 5 = 30$을 알고 있다면 6×7을 쉽게 구할 수 있다.

$6 \times 7 = \square$　　$6 \times 5 = 30$

$6 \times 2 = 12$

따라서 6×7은 $30 + 12 = 42$

곱을 이미 알고 있는 부분으로 분해하기 전략으로 해결되는 곱셈 구구는 그림 9-17과 같다.

×	0	1	2	3	4	5	6	7	8	9
0										
1										
2										
3										
4							24	28	32	36
5							30	35	40	45
6					24	30	36	42	48	54
7					28	35	42	49	56	63
8					32	40	48	56	64	72
9					36	45	54	63	72	81

그림 9-17 곱을 이미 알고 있는 부분으로 분해하기 전략에 의하여 유도된 곱셈 구구

1과 0 곱하기 1과 0이 포함된 곱셈 구구는 일반적으로 곱셈에 관한 초기 경험으로부터 배운다. 아동들은 "어떤 수에 1을 곱하면 그 수는 변하지 않는다."와 "어떤 수에 0을 곱하면 0이 된다."라는 것을 일반화할 수 있어야 한다. 그림 9-18은 이 전략으로 학습된

×	0	1	2	3	4	5	6	7	8	9
0	0	0	0	0	0	0	0	0	0	0
1	0	1	2	3	4	5	6	7	8	9
2	0	2								
3	0	3								
4	0	4								
5	0	5								
6	0	6								
7	0	7								
8	0	8								
9	0	9								

그림 9-18 1과 0 곱하기 전략에 의하여 유도된 곱셈 구구

곱셈 구구이다.

규칙성 찾기 규칙성 찾기는 많은 곱셈 구구에 유용하다. 가장 유용하고 흥미로운 규칙성은 9단에서 찾을 수 있다. 9가 포함된 곱셈 구구의 곱을 살펴보자. 각 곱에서 각 자리 숫자의 합은 항상 9이다. 또한 각 곱에서 10의 자릿수는 9에 곱해지는 인수보다 항상 1이 작다.

$9\times1=9$	$0+9=9$
$9\times2=18$	$1+8=9$
$9\times3=27$	$2+7=9$
$9\times4=36$	$3+6=9$
↑ 10의 자릿수 3은 4보다 1이 작다.	↑ 36의 각 자리 숫자의 합은 9이다.

9×5를 같은 방법으로 생각해 보자. $9\times7=\square$를 같은 방법으로 해 보아라.

$9\times5=\square$ 십의 자릿수는 5보다 1이 작으므로 ➜ 4
각 자리 숫자의 합은 9이므로
$4+\square=9$ ➜ 5
따라서 $9\times5=45$

아동들에게 그림 9-12와 같은 구구표에서 규칙성을 찾아보게 한다. 예를 들어, 2, 4, 6, 8단의 가로줄과 세로줄은 모두 짝수이며, 1, 3, 5, 7, 9단의 가로줄과 세로줄은 짝수와 홀수가 교대로 나온다. 왜 그런가?

또한 아동들에게 마술과 같은 '손가락 곱셈'을 소개하면 좋을 것이다(그림 9-19). 실제로 손가락 곱셈은 마술이 아니라 곱셈 구구표에 들어 있는 규칙성을 이용한 것이다.

나눗셈 구구를 위한 사고 전략

초등학교에서 나눗셈을 가르치는 데는 많은 시간이 필요하다. 최근에는 계산기의 사용이 증가하는 추세이고, 그에 따라 계산기를 사용하여 아동의 부담을 덜어주어야 한다고 주장하는 교육자도 많이 있다. 그럼에도 아동들은 나눗셈 과정과 나눗셈 구구를 이해하고 있어야 한다. 나눗셈 구구는 간단한 나눗셈 상황에 빠르게 반응하고 나눗셈의 본질이나 곱셈과의 관련성을 더 잘 이해하는 데 도움이 된다.

뺄셈에서 '덧셈으로 생각하기'가 중요한 전략이었듯이, '곱셈으로 생각하기'는 나눗셈 구구를 이해하고 회상하는 데 도움이 되는 일차적인 사고 전략이다. 나눗셈은 곱셈의 역연산이다. 즉, 나눗셈 문제는 한 인수와 그 곱의 결과를 알고 있을 때 다른 인수를 찾는 것이다. 곱셈 구구표(그림 9-12)는 나눗셈 구구에도 사용될 수 있다. $54\div9=\square$를 구하려면 곱셈 구구표의 9단에서 54에 해당하는 수 6을 찾으면 된다. 일반적으로 학생들은 나눗셈 구구를 곱셈 구구와 분리해서 학습하지 않는다. 즉, $8\times6=48$과 같은 곱셈 구구를 기억하여 $48\div6=8$과 같은 나눗셈 구구를 구한다.

계산 상황이나 실생활 상황의 나눗셈 문제는 대체로 곱셈 구구와 직접 연결되지 않는다. 예를 들어, $49\div6$을 생각해 보자. 49와 6을 포함하는 곱셈 구구는 없다. 그러면 어떻게 해야 하는가? 이 상황에서 대부분의 사람들은 구구표의 6단을 빨리 회상하여 49에 가장 가까운 구구를 찾으려고 할 것이다($6\times7=42$는 너무 작고 $6\times8=48$도 작고 $6\times9=54$는 너무 크다). 이러한 생각을 통하여 "$49\div6$은 몫이 8이고 나머지가 1이다."라고 결론을 내린다. 아동들은 이런 방식으로(몫과 나머지) 생각하는 연습을 해야 한다.

덧셈과 뺄셈에서와 마찬가지로 구구족은 곱셈과 나눗셈에도 유용하게 사용된다.

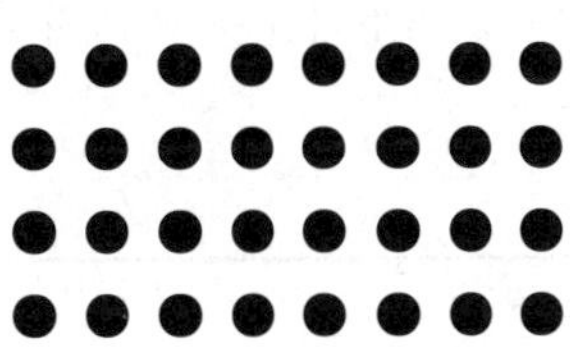

$8\times4=32$
$4\times8=32$
$32\div8=4$
$32\div4=8$

곱셈과 나눗셈의 역연산 관계 때문에 나눗셈은 곱셈으로 표현될 수 있다.

$$42\div6=\square \quad ➜ \quad 6\times\square=42$$

결국 나눗셈 문제는 곱셈 문제에서 미지수를 찾아 해결할 수 있다. 일반적으로 곱셈 구구가 먼저 학습되기 때문에, 아동들은 보다 어려운 나눗셈 구구를 구하

손가락 곱셈(9단)

1. 두 손의 손바닥이 아래로 향하게 놓는다.
2. 9×3을 구하기 위하여 왼손의 중지를 접는다.
3. 접은 손가락의 왼쪽 손가락들은 10의 자리를 나타낸다. 접은 손가락의 오른쪽 손가락들은 1의 자리를 나타낸다. 그래서 답은 27.
4. 9×5를 구하기 위하여 왼손의 엄지를 접는다. 이 방법을 적용하여 9×1부터 9×9까지의 곱을 구하여라.

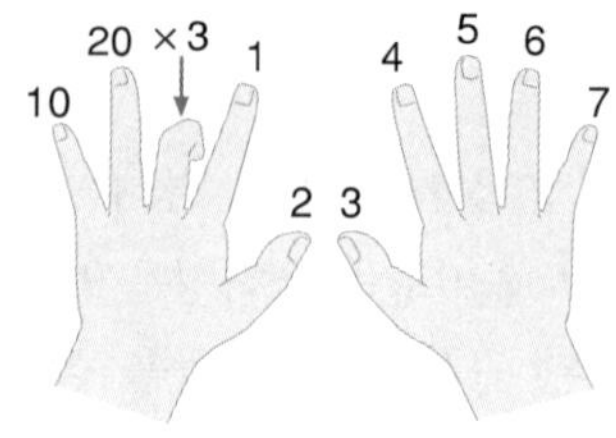

3 × 9 = 20 + 7 = 27

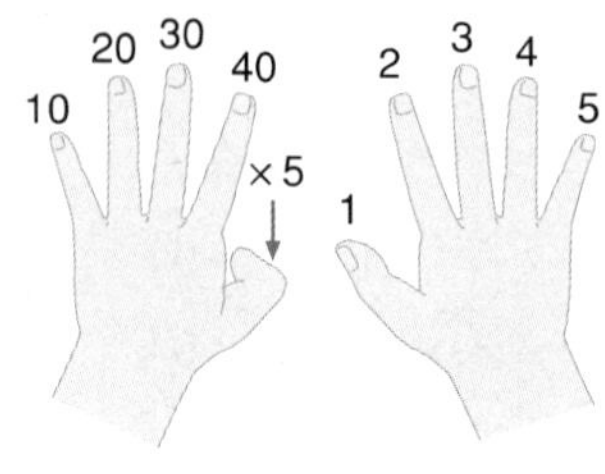

5 × 9 = 40 + 5 = 45

손가락 곱셈(6단~10단)

1. 두 손의 손바닥이 위로 향하게 놓는다.
2. 두 인수가 6 이상인 곱셈에 적용한다. 즉, 6×6부터 10×10까지의 곱셈에 적용할 수 있다.
3. 각각의 인수에 대하여 10과의 차를 구한다.
   - 8×9를 알아보자.
   - 인수 8에 대해서 10−8=2이므로 왼손의 손가락 2개를 접는다.
   - 인수 9에 대해서 10−9=1이므로 오른손의 손가락 1개를 접는다.
4. 접지 않은 손가락의 개수를 센다(10, 20, 30, 40, 50, 60, 70).
5. 접은 손가락을 보자. 왼손의 접은 손가락의 개수와 오른손의 접은 손가락의 개수를 곱한다(2×1=2).
6. 그래서 8×9=70+2=72.
7. 이 방법을 적용하여 6×6부터 10×10까지의 곱을 구하여라.

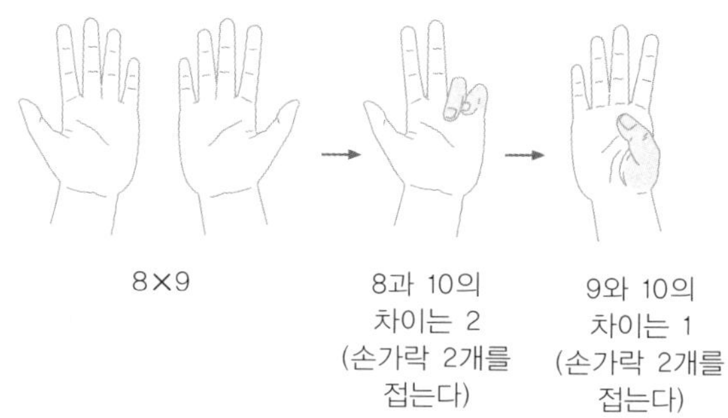

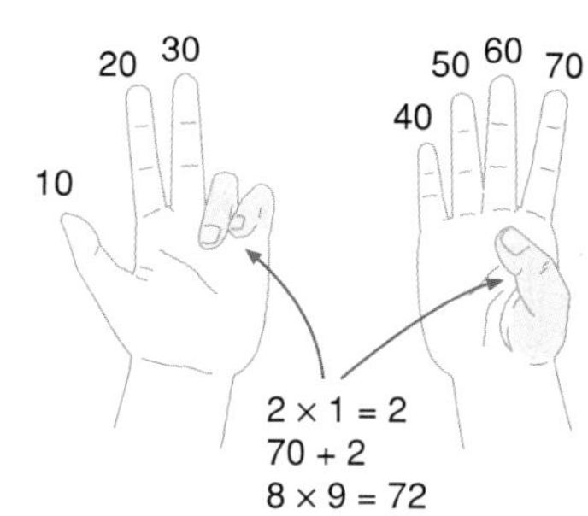

그림 9–19 손가락 곱셈

는 데 이미 알고 있는 것을 적용하여 해결할 수 있다. 더욱이 나눗셈은 뺄셈과 관련이 있어서 나눗셈 문제는 동수누감(repeated subtraction)으로 해결할 수 있다.

12÷3=?

12−3−3−3−3=0(3을 네 번 뺐음)

따라서 12÷3=4

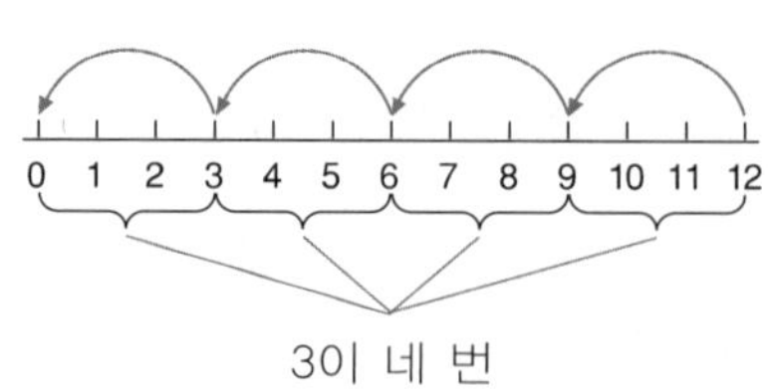

곱셈을 동수누가로 생각했듯이 나눗셈을 동수누감으로 생각할 수 있다는 점은 중요하다. 실제로 아동

들이 나중에 여러 자릿수의 나눗셈을 계산할 때, 나눗셈 알고리즘이 결국 반복된 뺄셈이라는 것을 인식하기 위해서는 나눗셈을 동수누감으로 이해할 필요가 있다.

앞에서도 언급했듯이 많은 아동들은 거꾸로 세기를 어려워한다. 거꾸로 뛰어 세기는 이어 세기보다 훨씬 더 어렵다. 다음은 거꾸로 뛰어 세기의 두 가지 예이다.

15 ÷ 3 = □ 15, …, 12, 9, 6, 3, 0
3을 5번 뺐으므로
15 ÷ 3 = 5

28 ÷ 7 = □
28 − 7
21 − 7
14 − 7 } 7을 4번 뺐으므로
7 − 7
0
28 ÷ 7 = 4

좀 더 생산적인 방법은 '곱셈으로 생각하기'이다. 곱셈 구구를 잘 알고 있다면, 35 ÷ 7 = □은 "7에 무엇을 곱하면 35가 될까?"로 생각하여 쉽게 구할 수 있다. 쉽게 인식되지 않는 나눗셈 구구에 대해서는 곱을 부분으로 분해하여 생각하면 도움이 된다. 이 전략은 곱셈 구구에 대한 지식뿐만 아니라 각 부분을 기억하는 능력이 있어야 한다. 곱셈에서와 같이 배열을 이용한 활동은 기호와 연결시키는 데 도움이 된다.

35 ÷ 7 = □ 2 × 7 = 14와
3 × 7 = 21을 안다.
14 + 21 = 35
2 + 3 = 5
따라서 35 ÷ 7 = 5

일반적으로 아동들은 1로 나누는 것을 별로 어려워하지 않는다. 그러나 나눗셈에 0이 포함되어 있을 때는 주의해야 한다. 0을 어떤 수로 나누는 것과 어떤 수를 0으로 나누는 것은 서로 다르다. 0을 6으로 나누면(0 ÷ 6) 그 결과는 0이다. 이것은 곱셈 0 × 6 = 0으로 확인할 수 있다.

그러나 어떤 수를 0으로 나누는 것은 불가능하다. 예를 들어, 6 ÷ 0 = □을 풀기 위해서는 0 × □ = 6의 해가 있어야 한다. 그러나 이 식이 참이 되는 □의 값은 없다. 따라서 6 ÷ 0은 해가 없다. 0을 0으로 나누는 경우도 마찬가지다. 이것이 어떤 수를 0으로 나누는 것은 수학에서 정의하지 않는 이유이다. 교사들이 0으로 나누는 것과 0을 나누는 것 중에서 어떤 것이 가능한지를 기억하는 데 어려움을 겪듯이, 아동들도 어려움을 겪는다. 그렇기 때문에 아동들이 이 개념을 완전히 이해하기 전까지 많은 경험이 필요하다.

나눗셈을 위한 사고 전략은 다른 연산을 위한 사고 전략보다 훨씬 가르치기 어렵다. 나눗셈 사고 전략에는 기억해야 할 것이 더 많으며 고쳐 묶는 과정이 필요하다. 예를 들어, 나눗셈 전략으로 뛰어 세기를 사용할 경우, 아동들은 몇 번 뛰어 세기를 했는지를 기억해야만 한다. '곱셈으로 생각하기'는 나눗셈을 위한 가장 효율적인 사고 전략이다. 또한 나눗셈을 효율적으로 하기 위해서는 곱셈 구구를 빠르고 정확하게 회상할 수 있는 능력이 필수적이다.

문화적 연계성

전 세계의 여러 나라에서 덧셈 구구가 어떻게 학습되는지에 대해서 연구한 결과, 학자들은 몇 가지 흥미로운 공통점뿐만 아니라 차이점을 발견하였다. 모든 문화에 걸쳐서 공통적인 현상은 덧셈 구구와 뺄셈 구구를 학습하는 자연스런 단계가 있다는 것이다. 모든 학습자들은 이전의 초기 방법으로부터 보다 세련된 덧셈 방법을 매우 자연스럽게 개발한다 (Fuson, 2003, p.73).

이 자연스런 과정의 첫 번째 단계에는 7장에서 논의했듯이 여러 가지 형태의 수 세기가 적용된다. 두 묶음의 대상을 더할 때, 처음에는 각각 분리하여 센 다음(1, 2, 3 그리고 1, 2, 3, 4) 전체를 센다(1, 2, 3,

4, 5, 6, 7). 그 다음에는 더하는 수(3)를 단순히 언급하고 바로 이어서 세기를 한다(4, 5, 6, 7). 이제부터는 대상이 없이도 손가락이나 청각적 규칙성을 이용하여 수의 경로를 유지하면서 이어서 세기를 할 수 있다.

곧이어 사람들은 큰 수를 작은 수나 기억하기 쉬운 수로 분해하여 덧셈을 하기 시작한다. 예를 들어, 큰 수의 덧셈에 같은 수끼리 더하기, 1 더하기, 작은 수의 결합으로 분해하기를 적용한다. 즉, $3+4$를 $3+3+1=6+1=7$로 생각하여 해결할 수 있다.

여러 나라 특히, 아시아 국가와 일부 유럽 국가에서는 '10으로 만들기' 사고 전략을 사용하는 단계로 발전한다. 이 전략은 각 나라에서 사용되고 있는 언어에 영향을 받는다. 7장의 문화적 연계성에서 언급했듯이, 영어 이외의 다른 많은 언어에는 10부터 19까지의 수를 10과 나머지로 분명하게 나타낸다. 즉, 이들 국가에서는 '구, 십, 십-일, 십-이, 십-삼'과 같이 10과 나머지로 수 세기를 한다. 하지만 영어권에서는 12까지 셀 때, 'ten, eleven, twelve'로 세기 때문에 10과의 관계가 확실하게 드러나 있지 않다. 그 다음의 수들(thirteen, fourteen, fifteen, sixteen, seventeen, eighteen, nineteen)은 10과의 관계가 분명하기 때문에, 'teen'은 'ten'을 의미한다는 것을 인식하면 그 크기를 명확하게 알 수 있다.

몇몇 나라에서 '기본'이라고 생각되는 구구는 미국에서 말하는 '기본 구구'와 같지 않다. 예를 들어, 한국의 기본적인 덧셈 구구는 그 합이 10 이하가 되는 결합에 초점을 맞추고 있다. 가령 한국에서는 $7+8$을 기본 구구로 보지 않기 때문에, 아동들은 더하는 수 중 하나를 분해하여 기본 구구를 만든다. 즉, 7과 8을 더하기 위하여 한국의 아동들은 '$7+3=10$ 또는 $8+2=10$'을 먼저 생각하고 '5가 더 있기 때문에 15'라고 생각한다. 이러한 접근 방식은 한국 학생들의 높은 학업 성취 수준을 반영하는 것이라고 볼 수 있다. 아시아의 여러 나라들에서는 이러한 '10으로 만들기' 방법을 강조하기 때문에, 대부분의 아동들이 1학년 말쯤에는 한 자릿수의 덧셈을 능숙하게 수행한다.

영어를 사용하는 미국과 캐나다의 아동들은 언어적 특성으로 인하여 '10으로 만들기' 방법으로 쉽게 전환하지 못하기 때문에, 미국의 교과서에 '10으로 만들기' 전략을 도입해야 한다고 생각할 것이다. 그러나 실제로 "미국의 초등학교 교육과정은 다른 나라에 비하여 수준이 낮은 편이며, 수학 내용을 늦게 도입하는 경향이 있다"(Fuson, 2003, p.74). 미국 아동들은 합이 10 이하의 덧셈과 뺄셈 구구를 거의 1학년 내내 학습한다. 2학년이 되어서도 여전히 그것을 다시 복습하고 있으며, 많은 아동들이 합이 10 이상인 구구의 학습을 어려워한다. 고학년이 되어서도 여전히 이어서 세기를 하는 아동들이 많이 있다.

영어와 스페인어를 사용하는 미국 학생들을 대상으로 실시한 연구 결과, 흥미로운 점은 미국의 1학년 아동들에게도 수 세기 방법에서 벗어나 좀 더 개념적인 방법으로 덧셈 구구를 생각하게끔 가르치는 것이 가능하다는 것이다. 이 연구에 따르면, 학습 장애를 갖고 있거나 영어 구사 능력이 부족한 학생들을 포함하여 미국의 1학년 학생들에게 기본 구구 전체를 가르칠 수 있다(Fuson, 2003a, 2003b).

요약

0을 포함한 자연수를 계산하는 기능은 문제해결 경험을 통하여 발달한다. 이 장에서는 아동들이 사칙연산(덧셈, 뺄셈, 곱셈, 나눗셈)의 기본 구구를 개발하고 그 의미를 이해하도록 어떻게 도와줄 것인지에 대해서 논의하였다. 수 세기, 구체적 상황, 문제해결 상황, 수학적 개념에 대한 말하기와 쓰기와 같은 경험이 중요하다. 이러한 경험은 구체물을 이용한 조작적 활동으로부터 출발하여 그림을 이용한 반구체적 표현을 거쳐서 기호를 이용한 추상적 표현으로 진행된다. 덧셈은 "모두 몇 개인가?"를 찾는 것을 의미하지만, 여러 가지 다양한 뺄셈 상황(분리, 비교, 부분-전체)과도 관련이 있다. 곱셈 상황에는 묶음, 비교, 조합, 넓이와 배열이 있다. 측정(포함제)과 분할(등분제)은 나눗셈 상황이다. 아동들은 연산을 이해함과 동시에 수학적 성질에 대해서도 학습해야 한다.

이 장의 뒷부분에서는 각 연산의 기본 구구에 초점을 맞추었다. 기본 구구를 위한 다양한 사고 전략은 아동들이 수 세기에서 벗어나 보다 발전되고 효율적인 방법으로 구구를 구하는 데 도움이 된다. 또한 아동들이 기본 구구를 빠르게 회상하게끔 숙달시키는 방법으로 반복 연습에 대한 특별한 제안들이 논의되었다.

연습문제

01. 덧셈과 곱셈의 기본 구구를 가르치는 데 어떤 수학적 성질이 특히 도움이 되는가?

02. 다음의 계산을 수행할 때 아동이 사용할 수 있는 사고 전략을 기술하시오.

$8+3=\square$　　$8\times5=\square$　　$7+8=\square$

$18\div3=\square$　　$16-7=\square$

03. 각각의 덧셈 구구 전략(즉, 교환법칙, 1과 0 더하기, 같은 수끼리 더하기, 이어서 세기, 10이 되는 결합, 10으로 만들기)이 적용되는 덧셈 구구 3가지를 나열하고, 각각의 전략을 사용할 때 아동들이 어떤 생각을 할지 설명하시오.

04. 뺄셈 구구에서 거꾸로 세기 전략이 효과적인 경우는 언제인가? 예를 들어보시오. 거꾸로 세기 전략이 효과적이지 않은 구구의 예를 들고, 다른 효과적인 전략을 적용하여 설명하시오.

05. 실생활 상황에서 나눗셈은 두 가지 유형 즉, 측정(포함제)과 분할(등분제)이 있다.

(1) $24\div6$이 적용되는 측정(포함제) 상황의 문장제를 만드시오. 만든 문제의 답을 설명하기 위한 그림을 그리고 그 답이 타당한 이유를 간단하게 진술하시오.

(2) $24\div6$이 적용되는 분할(등분제) 상황의 문장제를 만드시오. 만든 문제의 답을 설명하기 위한 그림을 그리고 그 답이 타당한 이유를 간단하게 진술하시오.

연구문제

01. 최근에 출판된 2, 3, 4학년용 교과서를 검토하시오. 교과서에 사칙연산의 기본 구구가 어떻게 제시되어 있는지 분석하시오. 구구들은 어떻게 묶어져 있는가? 사고 전략들은 제시되어 있는가? 사고 전략이 제시되어 있다면, 이 장에서 논의한 사고 전략과 어떤 차이가 있는가? 기본 구구를 가르치는 데 이 교과서를 어떻게 활용할 것인가? 교과서를 보충할 수 있는 구체적 조작물이나 경험을 설명하시오.

02. 사칙연산을 이해하는 데 도움이 되는 도서를 찾아보시오(예를 들어, 〈아동용 추천도서〉에서). 문학 작품 속에 제시된 문제에는 어떤 연산이 들어 있는지 알아보시오. 아동들에게 이야기를 들려준 다음 그 문제를 풀게 하고 이야기 속에 포함된 연산을 써 보게 한다.

03. 아동들에게 제한된 시간에 구구를 해결하는 시험을 실시하고 관찰하시오. 어떤 행동과 감정이 나타나는가? 시험 결과는 어떻게 활용될 수 있겠는가? 아동들에게 실시한 이 시험에 대해서 적어도 5명의 아동 또는 어른과 면담하시오. 그들의 경험에 대해서 그들은 무엇을 말하였는가?

04. 기본 구구를 숙달하지 못한 학생들을 위하여 5학년 또는 6학년 교사들이 무엇을 했는지에 대해서 교사들과 면담하시오. 교사들은 기본 구구를 위한 사고 전략에 대해서 교육을 받은 적이 있는가? 그들은 수업 활동이나 숙제에 계산기를 활용하는가? 기본 구구에 어려움을 겪는 학생은 학급당 몇 명인가? 가장 어려운 구구는 무엇인가?

05. *The Empty Number Line in Dutch Second Grade*(Kein, Beishuizen, & Treffers, 2002)나 *The Empty Number Line: A Useful Tool or Just Another Procedure?*(Bobis, 2007)을 읽어보시오. 이 논문들에서는 여러 자릿수의 덧셈과 뺄셈을 위한 모델로 0이 표시되어 있지 않은 수직선을 사용하였다. 저자들이 덧셈과 뺄셈을 위한 모델로 0이 표시되어 있지 않은 수직선을 사용한 교육적 또는 심리적 이유는 무엇인가?

06. 아동들이 기본 구구를 학습하는 데 도움이 되는 컴퓨터 프로그램을 찾아보시오. 상업용으로 출시된 프로그램도 많이 있을 것이다. 대부분의 프로그램들은 구구를 빠르게 반응하게 하는 연습에 초점을 맞추고 있지만, 구구를 위한 사고 전략은 강조하고 있지 않다. 시중에 출시된 기본 구구용 컴퓨터 프로그램을 검토해보고 그 결과를 보고서로 작성하시오. 보고서에는 다음과 같은 질문에 대한 답변이 포함되어야 한다.

- 프로그램은 아동들이 기본 구구를 위한 전략을 학습하는 데 도움이 되는가?
- 프로그램은 학생들의 발전 과정을 분명하게 보여주는가?
- 학생들의 반응에 따라 프로그램에서 다음에 제시되는 구구가 바뀌는가?
- 구구를 빠르게 회상하는 데 효과적인가?
- 아동들은 프로그램 사용을 좋아하는가? 그 이유는?
- 교실에 컴퓨터가 있다면 이러한 프로그램을 사용하겠는가?
- 이 프로그램을 다른 교사에게 추천하겠는가? 그 이유는?

아동용 추천도서

Dahl, Michael. *Starry Arms: A Book about Counting by Fives.* Minneapolis, MN: Picture Window Books, 2005.

Dahl, Michael. *Toasty Toes: Counting by Ten.* Minneapolis, MN: Picture Window Books, 2006.

Hulme, J. N. *Counting by Kangaroos: A Multiplication Concept Book.* New York: Scientific American Books for Young Readers, 1995.

Menotti, A. *How Many Jelly Beans?* San Francisco, CA: Chronicle, 2012.

Merriam, E. *12 Ways to Get to 11.* New York: Simon & Schuster, 1993.

Murphy, S. J. *Spunky Monkeys on Parade.* New York: HarperCollins, 1999.

Sierra, J. *Counting Crocodiles.* Orlando, FL: Gulliver Books, Harcourt Brace, 1997.

Wakefield, A. *Those Calculating Crows!* New York: Simon & Schuster Books for Young Readers, 1996.

제 10 장 계산 방법: 계산기, 머릿셈, 어림셈

"머릿속으로 계산할 수 있다면, 그렇게 해라."
- 조셉 레이(Joseph Ray, 1800년대 유명한 수학 교과서 저자)

이 장의 핵심 질문

1. 학생들이 사용해야 하는 계산 방법에는 무엇이 있는가?
2. 계산기 사용에 대한 잘못된 신념에는 어떤 것이 있는가?
3. 머릿셈 전략에는 무엇이 있으며, 교사는 어떻게 학생들의 머릿셈 능력을 신장시킬 수 있는가?
4. 어림셈 전략에는 무엇이 있으며, 교사는 어떻게 학생들의 어림 능력을 신장시킬 수 있는가?
5. 어림셈에서 조정은 왜 필요한가?

서론

계산은 수 세기로부터 시작하여 머릿속으로 계산하는 것으로 발달해 왔다. 그러나 계산이 복잡해지면서 수판이나 지필 계산과 같은 다른 계산 기술이 그에 상응하여 발달해 왔다. 최근에는 계산기가 널리 사용되고 있다. 계산기와 지필 계산을 현명하게 활용하는 것이 수업 목표 중 하나이다. 예를 들어, 45×1000은 계산 결과를 쉽고 효율적으로 구할 수 있기 때문에 이를 지필 계산이나 계산기를 활용하는 것은 좋지 않다. 조셉 레이(Joseph Ray)의 충고 "머릿속으로 계산할 수 있으면 그렇게 해라."는 아직도 좋은 교훈이 되고 있다.

여러 가지 계산 방법을 사용해서 계산을 하는 능력은 유용할 뿐만 아니라 반드시 필요하다. CCSSM에서도 머릿셈 전략, 지필 계산 알고리즘, 어림셈 전략을 강조하고 있다. 또한 "학생들은 계산을 능숙하게 할 수 있어야 하며 계산 결과를 타당하게 어림할 수 있어야 한다."고 언급하고 있다. 이것은 0과 자연수, 분수, 소수의 연산 모두에 해당한다.

역사적으로 초등학교 수학에서는 다른 계산 방법에 비해 지필 계산이 훨씬 더 강조되어 왔다. 이것은 학생들이 자신에게 익숙한 방법을 사용하는 경향이 있으며 그 결과 다른 효율적인 계산 방법이 있음에도 지필 계산을 사용하는 경향이 있다는 것을 의미한다. 교사로서 여러분은 학생들이 다양한 계산 방법을 학습하고, 그 계산 방법이 필요한 때를 알도록 하기 위해 수업에서 다음 사항에 대한 균형을 유지하는 것이 필요하다.

모든 계산은 제시된 문제를 파악하고 그 문제를 해결하기 위해서는 계산이 필요하다는 인식으로부터 출발한다. 그림 10-1에서는 모든 계산에서 두 가지 기본적인 의사결정을 해야 한다는 것을 알 수 있는데, 첫째는 요구되는 계산 결과의 유형을 결정해야 하고, 둘째는 그 계산 결과를 얻는 가장 적절한 방법을 결정해야 한다. 첫 번째 의사결정은 어림값이 적절한지, 정확한 값이 요구되는지에 대한 문제이다. 두 번째 의사결정은 계산기를 사용할 것인지, 머릿셈으로 가능한지, 지필 계산이 가장 적절한지에 대한 문제이다. 일단 계산 방법이 결정되고 계산이 수행되었다면, 그 결과의 타당성을 검토해야 한다. 학생들이 적절하고 효율적인 계산 방법을 선택하고 사용하게 함으로써 그들의 수 감각을 개발하게 할 수도 있다.

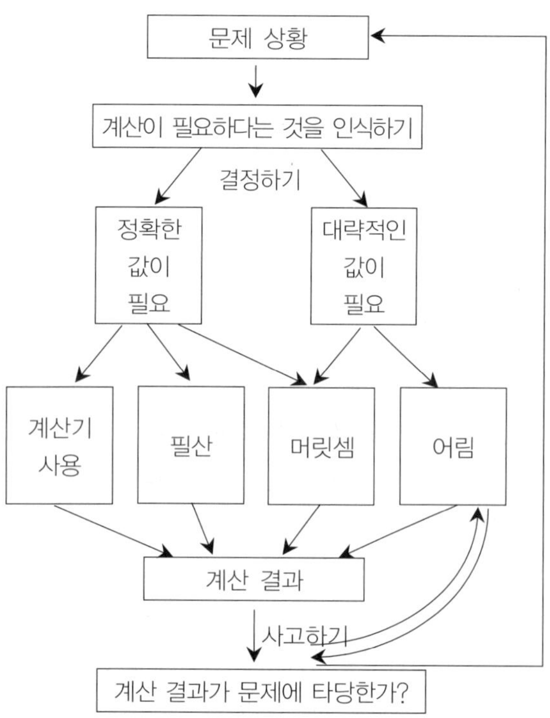

그림 10-1 계산에 대한 의사결정과 방법

이 장에서는 먼저 여러 가지 계산 방법에 따라 수업 시간을 어떻게 분배해야 하는지에 대해 논의한다. 다음으로 계산기 사용의 단점에 대한 잘못된 신념을 논의하는 과정에서 계산기 사용에 대해 생각해 보고자 한다. 그러고 나서 학생들에게 머릿셈을 지도하는 방법을 생각해 보고, 머릿셈을 통해 학생들이 얻을 수 있는 이점에 대해 논의한다. 이어서 어림 전략을 지도하는 방법과 적절한 어림 전략을 선택하는 방법에 대해 논의한다. 마지막으로 계산 방법을 선택하고 사용하는 데 있어서 문화적 차이에 대해 생각해 본다.

계산 수업에서 균형 유지하기

교사로서 여러분은 어떤 계산 방법을 학교에서 가르치는 것이 중요하며, 각각의 계산 방법을 지도하는 데 어느 정도의 시간을 할애해야 하는지를 생각해 보아야 한다. 실생활에서 사용하는 수학적 계산의 80% 이상은 지필 계산이 아닌 머릿셈과 어림셈이다. 그러나 연구에 따르면, 미국에서는 계산에 할애된 초등학교 수학 시간의 70~90%를 지필 계산에 중점을 두고 있다고 한다(Reys & Reys, 1998). CCSSM에서는 이러한 기조를 계속 유지하고 있다. CCSSM 보고서를 분석한 결과, '수와 연산'에서 지필 계산이 차지하는 비율은 약 80% 정도로 머릿셈이나 어림셈보다 훨씬 많다.

계산과 관련해서 계산기 사용을 금지해야 한다는 의견부터 지필 알고리즘을 가르치지 말아야 한다는 의견까지 다양한 제안이 있다. 또 교육자들은 적절한 계산 방법을 선택하는 것을 학생들에게 지도해야 한다고 요구하고 있다. 예를 들어, National Research Council의 보고서에서는 다음과 같이 제안한다.

> 어른들이 실생활에서 계산기를 사용하는 것처럼, 학생들도 학교생활 전반에 걸쳐 계산기를 사용할 수 있어야 한다. 보다 중요한 것은 학생들이 언제 계산기를

> 사용해야 하고, 언제 계산기를 사용하지 말아야 하는지를 아는 것이다. 학생들은 계산기를 사용하면서 언제 어림값을 구해야 하는지, 언제 정확한 값을 구해야 하는지, 계산 결과의 타당성을 검증하기 위해 답을 어떻게 어림하는지, 연필이나 계산기를 사용할 수 없을 때 머릿셈으로 어떻게 문제를 해결하는지를 학습해야 한다(Kilpatrick, Swafford, & Findell, 2001, p.47).

대부분의 사람들은 각 계산 방법의 중요성을 인식하고 있으며, 미국의 초등학교에서 전통적인 계산 방법보다 또 다른 계산 방법을 가르치는 데 수업 시간의 균형을 유지해야 한다고 제안한다. 각각의 계산 방법을 지도하는 데 몇 %의 시간을 할애해야 하는가? 이 문제에 대한 답은 학생들의 발달 수준에 달려 있다는 것이 분명하지만, 여전히 확실하게 답하기는 어렵다. 그림 10-2는 과거(1875년과 1975년)와 현대(2010년)의 여러 가지 계산 방법에 수업 시간을 할애하는 대략적인 비율과 미래(2025년)에 보다 균형이 이루어진 형태를 나타낸 것이다.

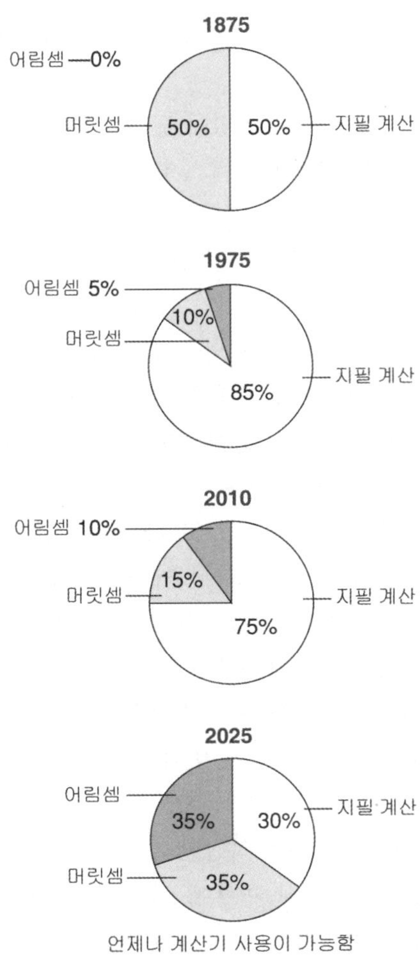

그림 10-2 초등학교에서 과거, 현재, 미래에 여러 가지 계산 방법에 수업 시간을 할애하는 비율

계산기나 스프레드시트와 같은 테크놀로지의 활용으로 인하여 지루한 지필 계산에 시간을 허비할 사람은 이제 거의 없을 것이다. 지난 수년 동안 지필 계산에 대한 수업 할애 비율이 감소하고 있다는 것에는 논쟁의 여지가 없을 것이다. 이전에 복잡한 지필 계산을 능숙하게 하는 데 할애되었던 시간을 다른 계산 방법을 지도하는 데 이용할 수 있게 되었다. 이러한 시간의 대부분은 학생들의 수 감각 개발이나 계산기 사용, 머릿셈, 어림을 포함해서 다른 계산 방법을 선택하고 사용하는 능력을 개발하는 데 할애되었고, 앞으로도 그럴 것이다. 지금까지의 경험과 학생들의 미래를 생각해 보면, 여러분은 계산을 지도할 때 여러 가지 계산 방법의 균형을 유지하는 방법을 개발해야 한다.

계산기

계산기 사용에 대해 NCTM에서는 "모든 학생들이 항상 계산기를 적절하게 사용할 수 있어야 한다."고 권고하고 있다. 이 권고에 따르면, 학생들의 수학적 지식이 성장하고 변화함에 따라 계산기에 대한 요구도 늘어난다고 제안한다. 학생들의 신발이 커지는 것과 마찬가지로 계산기에 대한 요구도 커진다. 초등학교 저학년 학생들이 요구하는 계산기는 초등학교 고학년 학생들이나 중학교 학생들이 요구하는 계산기와 다르다. 전자 회사에서는 분수 계산기, 공학용 계산기, 그래픽 계산기와 같은 계산기로 이러한 필요에 부응하고 있다.

교사로서 여러분은 학생들이 계산기가 모든 문제

를 해결해 주는 것은 아니라는 것을 알게 하는 것을 포함하여 계산기를 적절하게 사용하는 방법을 이해하도록 도와야 한다. 또한 교사는 학생들에게 새로운 도구인 계산기를 스스로 탐구할 수 있는 시간을 주어야 하며, 계산기를 올바르게 다루는 방법도 가르쳐야 한다.

더불어 학부모와의 의사소통을 통해 여러분이 학급에서 계산기를 사용하게 하고 있음을 알려야 하고, 그들에게 계산기를 사용하는 방법과 사용하는 이유를 이해시킬 필요도 있다. 종종 그림 10-3에 제시된 동의서가 도움이 될 수 있다.

계산기는 학교에서 20년 이상 사용되어 오고 있지만 계산기 사용에 대한 잘못된 신념이 계속되고 있으며, 이러한 이유로 학부모와 의사소통을 하는 것이 중요하다. 이 절에서는 이러한 잘못된 신념을 제시하고자 한다.

- 잘못된 신념: 계산기를 사용하면 사고를 하지 않게 된다.
- 사실: 계산기 자체는 사고를 하지 않는다. 학생들은 여전히 사고를 해야 한다.
- 잘못된 신념: 계산기를 사용하면 학생들의 수학 성취도가 낮아진다.
- 사실: 계산기는 학생들의 수학 성취도를 높일 수 있다.
- 잘못된 신념: 계산기를 사용하면 항상 계산을 빨리 할 수 있다.
- 사실: 머릿셈을 하는 것이 더 빠른 경우도 있다.
- 잘못된 신념: 계산기는 계산을 할 때만 유용하다.
- 사실: 계산기는 수업 도구로도 유용하다.

학부모님께

2학년에서는 여러 가지 방법으로 계산기를 사용하고 있습니다. 계산기를 사용해서 수 세기나 규칙을 찾기도 하고, 소수와 같은 새로운 주제를 탐구하기도 하며, 복잡한 계산을 포함하는 문제를 해결하기도 합니다. 저희 교사는 조기에 계산기를 다양하게 사용하는 것이 학교 안팎에서 계산기를 현명하게 사용하도록 돕는다고 믿고 있습니다.

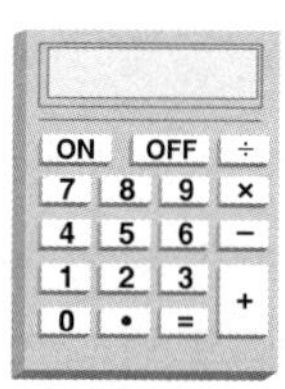

계산기를 사용하는 방법에 대해 관심이 있으시면, 학생들에게 계산기 사용법에 대해 물어보십시오. 또 학생들의 수준을 넘어서는 질문이 있다면 제가 도와드리겠습니다.

그림 10-3 초등학교 저학년에서 계산기 사용에 대한 학부모 동의서(예시)

계산기 사용은 사고를 요구한다.

교사는 학생들(또는 학부모)에게 계산기 자체는 사고를 하지 못하며 단지 명령을 따를 뿐이라는 점을 분명히 해야 한다. 예를 들어, 다음 문제를 해결하기 위해 계산기를 사용하는 학생들을 생각해 보자.

> 버스 한 대에 학생 32명이 탈 수 있다. 학생 1000명이 타려면 몇 대의 버스가 필요한가?

계산기가 어떤 키를 어떤 순서로 눌러야 하는지를 결정할 수 있는가? 계산기가 계산 결과를 해석할 수 있는가? 두 질문에 대한 답은 분명히 '아니오'이다.

이 문제는 계산기를 사용하든, 사용하지 않든지 초등학생들에게 어려운 문제이다. 계산기를 효율적으로 사용하기 위해 학생들은 계산기를 사용하지 않을 때와 마찬가지로 1000을 32로 나누어야 한다는 것을 인식해야 한다. 그러고 나서 계산기의 어떤 버튼을 어떤 순서로 누를지를 결정해야 한다. 또 계산 결과(31.25)를 적절하게 해석해야 한다. 즉, 결과가 의미하는 것이 버스 31대인가, 32대인가?

이 문제에서 볼 수 있는 바와 같이, 계산기가 사고를 억제하는 것은 아니다. 사실상 적절하게 사용하면, 계산기는 학생들이 복잡한 계산에서 벗어나 보다 많은 시간 동안 계산 이후에 일어나는 중요한 문제해결 과정을 경험하게 하기 때문에 일반적으로 사고를 촉진한다.

계산기 사용은 학생들의 수학 성취도를 향상시킬 수 있다.

Rakes et al(2011)의 연구에 의하면, "수학수업에서 계산기를 사용하면 수학적 기능에 부정적인 영향을 주기보다는 수학적 개념의 이해 및 수학에 대한 태도에 긍정적인 영향을 준다."고 한다. 더욱이 "계산기를 사용하는 학생들은 수학에 대한 좋은 태도를 갖게 되며, 특히 수학에 대한 좋은 자아 개념을 갖게 된다."는 연구(Hembree & Dassart, 1992)도 있다. 반면에 많은 학부모들과 교사들은 학생들이 지나치게 계산기에 의존해서 계산을 하지 못하게 될까 우려하고 있다. 그러나 반대로 계산기를 사용하면 수학에 대한 학생들의 태도를 개선하며 문제 상황에 직면했을 때 더 오랫동안 문제에 매달리게 한다는 연구들도 있다(Chval & Hicks, 2009; Ellington, 2006). 교사로서 여러분은 이러한 우려를 고려하여 학생들에게 계산기를 효율적으로 사용하는 방법을 제시해야 하고, 학부모가 그러한 우려를 극복할 수 있도록 도와주어야 한다.

계산기를 사용하는 것이 항상 계산을 가장 빨리 할 수 있는 방법은 아니다.

위의 버스 문제에서 볼 수 있듯이, 계산기는 복잡한 계산을 빠르고 쉽게 만들어준다. 그러나 단순한 계산을 할 때는 상황이 달라진다. 2345×67이나 $34567\div89$를 계산할 때는 계산기를 사용하면 빨리 계산할 수 있다. 그러나 4×40, $99+99+99+99$, $\frac{1}{2}+\frac{1}{4}$, $1000\div25$와 같은 계산은 계산기 버튼을 누르는 데 시간이 걸리기 때문에 계산기를 사용하는 것보다 머릿셈이 더 빠르다. <수업자료 10-1>과 같은 활동을 활용하면, 학생들에게 어떤 계산에서는 머릿셈이 빠르고, 어떤 계산에서는 계산기가 빠른지를 인식시킬 수 있을 것이다.

계산기는 계산 이외에도 유용하게 사용된다.

계산기의 가장 분명한 사용 목적은 계산이지만, 계산 과정에서 많은 수학적 아이디어를 보여줄 수 있다. 예를 들어, <수업자료 7-4, 7-5>에서 볼 수 있듯, 계산기를 사용해서 앞으로 세기, 거꾸로 세기를 하면 규칙성이 나타나고, 학생들에게 중요한 기능을 학습할 기회를 제공하며, 곱셈 구구나 나눗셈 구구와 같은 중요한 지식을 학습하게 한다. 고학년 학생들은 계산기를 사용해서 10의 거듭제곱(10, 100, 1000)이나 소수(0.1, 0.01, 0.001)와 같은 패턴을 탐구할 수 있다. 학생들이 계산기를 효율적으로 사용하는 방법을 안내하는 자료도 있다(Judd, 2007; Masalski & Elliot, 2005; Moss & Grover, 2007 참조).

교사는 수업의 주된 목적이 계산 기능 습득이 아닌 수업에서는 계산기를 사용해서 계산을 할 수 있게 해야 한다. 그리고 계산기가 그러한 계산 기능 학습에서도 유용하다는 생각을 가지고 있어야 한다. 초등학교 저학년 수학수업의 중요한 목표인 기본적인 연산 구구 습득 시에는 계산기 사용이 방해가 될 수 있다. 연산 구구는 어림과 머릿셈뿐만 아니라 장기적으로는 수 감각 개발에도 바탕이 된다.

계산기를 언제 사용하는 것이 적절한가? 계산기의 위아래를 뒤집어 놓고 알파벳을 판독하게 하거나 계산기를 사용해서 지필 계산 결과를 확인하는 것은 계산기 사용에 대한 학생들의 동기를 유발시킬 것이지만, 그런 활동이 교육적으로도 가치가 있는지에 대해서는 의문이다. 이것은 계산기가 게임기이고, 더 나쁘게는 계산기를 사용하는 것은 부정행위이며, 계산은 지필로 해야 하고, 계산기는 단지 답을 확인하는 데만 사용되어야 한다는 메시지를 학생들에게 전달할 수 있다. 수업 시간에 계산기를 사용하는 교사가 많을수록 계산기를 사용하는 창의적이고 생산적인 방법도 많아진다는 것을 밝힌 연구가 있다(Sutton & Krueger, 2002). 교실에서 계산기는 계산 도구와 수업 도구, 두 가지 목적으로 사용된다. 계산기는 다음의 경우에 **계산 도구**로 사용되어야 한다.

- 문제해결력을 신장시키고자 할 때
- 복잡한 계산을 수행하는 부담을 없애려고 할 때
- 의미에 초점을 두고자 할 때
- 계산 실수에 대한 불안을 없애려고 할 때
- 학습 동기와 자신감을 부여하려고 할 때

계산기는 다음의 경우에 **수업 도구**로 사용되어야 한다.

- 규칙성을 탐구하고자 할 때
- 개념 발달을 지원할 때
- 수 감각을 키우려 할 때
- 창의성과 탐구를 신장시키려고 할 때

계산기는 또한 계산 절차를 학습하는 데 어려움이 있는 학생들을 위한 안전망을 제공하기도 한다. 예를 들어, 계산기는 전통적인 계산 절차를 사용하는 데 어려움이 있거나 불가능한 학생들에게도 학습의 기회를 제공하여 문제해결에 참여하게 한다(Thompson & Sproule, 2005).

수|업|자|료|10-1

계산기와 암산: 언제 사용하는가

학습목표: 학생들이 계산기가 적절한 계산 유형과 머릿셈이 적절한 계산 유형을 구분하도록 돕는다.
대상학년: 3~5학년

- 학생들을 2명씩 나눈다. 두 학생 중 한 학생은 계산기를 사용해서 계산을 하고, 다른 학생은 머릿셈으로 계산을 해야 한다.
- 칠판에 한 번에 한 문제씩 제시한다.
- 두 사람 중 계산을 빨리 한 학생이 손을 든다. 나중에 계산을 한 학생은 손을 들지 않아도 된다.
- 학생들이 모든 문제를 계산한 후, 계산을 빨리 하여 손을 든 학생에게 계산기와 머릿셈 중 어느 것을 사용했는지를 질문한다. 계산 결과가 옳으면 아래의 표에 표시한다.

계산 문제	계산기를 사용해서 먼저 정답을 구한 경우	머릿셈으로 먼저 정답을 구한 경우
1. 4×100	□	□
2. 400+50+8	□	□
3. 99+99+99+99	□	□
4. 1000−200	□	□
5. 50+50+50+50+50+50	□	□
6. $\frac{1}{2}+\frac{3}{4}$	□	□
7. 6300÷7	□	□
8. 10×10×10×10	□	□
9. 0.75+0.25+0.50	□	□
10. $1.00−$0.25	□	□

- 칠판에 목록을 작성한다. 한쪽에는 대체로 계산기를 사용해서 먼저 정답을 구한 계산 문제를 쓰고, 다른 한쪽에는 대체로 머릿셈으로 먼저 정답을 구한 계산 문제를 쓴다.
- 목록을 보면서 계산 문제의 차이에 대해 논의한다.

머릿셈

머릿셈은 계산기나 종이, 연필과 같은 도구 없이 "머릿속에서" 행해지는 계산 방법이다. 머릿셈은 어린 아동들이 글을 쓰기 전부터 계산을 하는 방법을 개발한다는 사실에 비추어 볼 때 계산을 수행하는 자연스러운 방법이다. Clements & Sarama(2007)는 학생 스스로 개발한 머릿셈 전략과 그들에게 의미가 있는 다양한 머릿셈 전략을 제시하였다. 이러한 전략들의 일부는 취학 전에 개발한 것들이다.

조화수와 분해하기 전략을 이용한 머릿셈

머릿셈은 기본적인 연산 구구를 개발하는 데 사용되었던 사고 전략을 기초로 개발되며(9장 참조), 학생들의 기본적인 연산 구구의 숙달을 자연스럽게 확장시킨다. 기본적인 연산 구구의 확장은 보다 강력한 머릿셈 전략과 기능을 개발하는 초석이 된다. 기본적인 연산 구구의 확장은 다음과 같은 다양한 형태를 취한다.

- 4 + 5 = 9는 40 + 50 = 90나 400 + 500 = 900으로 확장된다.
- 자릿값 개념을 675 − 200이나 675 − 50과 같은 뺄셈에 활용한다.
- 기본적인 연산 구구와 자릿값 개념을 통합하여 47 + 16 = 47 + 10 + 6이고 47 + 10 = 57, 57 + 6 = 63임을 인식한다.
- 수를 좀 더 다루기 쉬운 형태로 분해한다. 예를 들어, 18 + 17을 계산하기 위해 17을 2 + 15로 분해할 수 있다(그림 10-4). 그러면 18 + 17 = 18 + 2 + 15이고, 18 + 2 = 20, 20 + 15 = 35이다. 또는 또 다른 방법으로, 18을 10 + 8, 17을 10 + 7로 분해한다. 그러면 18 + 17 = 10 + (8 + 7) + 10이고, 8 + 7 = 15, 10 + 15 = 25, 25 + 10 = 35가 된다. 이 두 가지 해결 방법은 기본적인 연산 구구와 자릿값 개념을 사용하고 있지만, 머릿셈을 쉽게 수행하기 위해 수를 분해하는 방법은 서로 다르다.

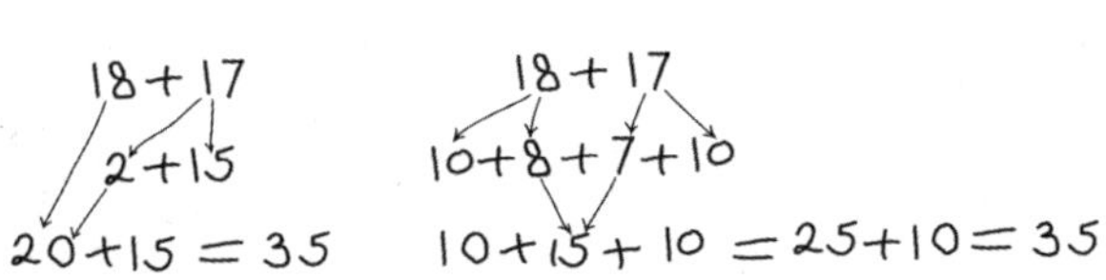

그림 10-4 분해하기 전략을 이용한 머릿셈

위의 마지막 두 예에서 볼 수 있듯, 머릿셈에서는 종종 조화수(compatible number), 즉 서로 "어울리는" 수를 사용한다. 이런 수들은 결합하면 10과 같이 쉽게 계산할 수 있는 수가 된다. (예를 들어, 2와 8은 더하면 10이 되기 때문에 조화수이다.) 십틀을 사용하면 다음과 같이 10이 되는 다양한 조합을 볼 수 있다.

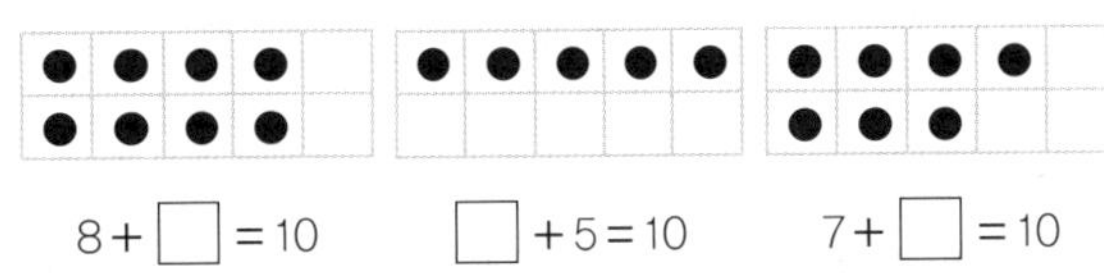

조화수를 사용하면 8 + 7 + 22 + 5 + 13과 같은 식을 쉽게 머릿셈할 수 있다. 예를 들어, 어떤 학생이 8과 22가 조화수이고(8 + 22 = 30, 즉 10×3), 7 + 13 역시 조화수임(7 + 13 = 20, 즉 10×2)을 인식할 수 있다.

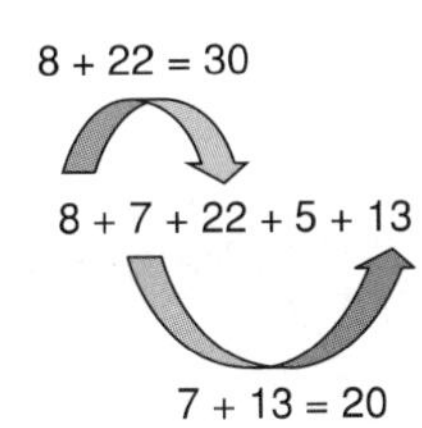

그러면 30 + 20 = 50, 50 + 5 = 55로 생각하여 계산을 마치게 된다.

위의 식에 대해 다음과 같이 사고하여 다르게 계산하는 학생도 있다. 8 + 7 = 15, 15 + 5 = 20, 22 + 20 = 42이고, 13 = 10 + 3이므로 42 + 10 = 52, 52 + 3 = 55이다. 이것을 계산하는 방법은 다양하지만, 이러한 방법들에는 수 감각이 반영되어 있으며 기본적인 연산 구구나 10 또는 10의 배수에 대한 유창성이 중요하

4	6	1	6	3	8
3	7	6	5	2	2
5	4	2	5	4	1
2	6	2	3	4	9
3	8	2	6	8	2
2	1	7	1	4	6

그림 10-5 합이 10이 되는 인접한 두 수나 세 수를 찾으시오(적어도 8개의 경우가 있다).

43	7	16	25	25	16
23	20	34	42	19	34
27	30	21	8	31	11
18	50	29	37	13	39
32	0	47	15	17	40
10	40	3	35	20	10

그림 10-6 합이 50이 되는 인접한 두 수나 세 수를 찾으시오(적어도 8개의 경우가 있다).

다는 점이 반영되어 있다. 학생들이 사용하는 다양한 전략을 이해하고, 학생들의 전략을 서로 이해하게 돕는 것은 머릿셈 전략 개발에 재미를 더해준다.

조화수를 사용하는 능력을 개발하는 첫 번째 단계는 그러한 수들을 인식하도록 학습시키는 것이다. 그림 10-5와 그림 10-6은 이것을 연습하는 방법이다. 이러한 연습은 조화수가 매우 다양하며, 더해서 10이나 50, 또는 쉽게 머릿셈할 수 있는 다양한 조합을 포함한다는 점을 알게 한다.

머릿셈을 하는 많은 유용한 전략이 있다. 교사는 학생들이 문제해결 전략을 개발하도록 도울 수 있는 것처럼, 머릿셈 전략을 개발하도록 도울 수 있다.

43+48을 머릿셈으로 계산하는 방법을 생각해 보자. 그림 10-7은 0과 자연수의 덧셈에 일반적으로 사용되는 몇 가지 전략을 제시한 것이다. 이러한 전략을 여러분도 사용해 보라. 머릿셈은 융통성과 수 감각을 신장시키며, 수를 창의적이고 효율적으로 사용하는 능력을 신장시킨다. 여러 가지 형태의 머릿셈에서 학생들이 사용할 수 있는 전략에 대해 생각해 보자.

- 학생들은 165 + 99와 같은 자연수 덧셈을 여러 가지 방법으로 해결할 수 있다. 예를 들어 "나는 165에서 1을 빼고 99에 1을 더하였다. 그러고 나서 164 더하기 100을 계산하였더니 264가 되었다."
"나는 165와 100을 더해 265를 만들고, 거기서 1을 빼었더니 264가 되었다."
- 4×600, 4×6000과 같은 곱셈에서 학생들은 곱셈 구구 4×6 = 24를 활용하고, 여기에 자릿값에 대한 이해를 결합할 수 있다. 예를 들어, "4×600은 100이 4×6이고, 이것은 100이 24이므로 2400이다."
"4×6000은 1000이 4×6이고, 이것은 1000이 24이므로 24000이다."

문제	전략	계산 방법
43 + 48	큰 자리 수부터 더하기	40 더하기 40은 80, 3 더하기 8은 11, 80 더하기 11은 91이다.
43 + 48	뛰어 세기	10씩 뛰어 세기를 하면 48, 58, 68, 78, 88이고, 1씩 뛰어 세기를 하면 89, 90, 91이다.
43 + 48	10 만들기	48 더하기 2는 50, 50 더하기 40은 90, 90에 1을 더하면 91이다.
43 + 48	2배하기	48 더하기 48은 96이다. 43은 48보다 5 작기 때문에 96 빼기 5는 91이다.
43 + 48	조화수 만들기	43과 7은 더하면 50이 되기 때문에 조화수이다. 50 더하기 40은 90이고, 90에 1을 더하면 91이다.
43 + 48	나누어서 더하기	48을 두 수로 나누어서 각각을 더한다. 43 더하기 8은 51이고, 40을 더하면 91이다.

그림 10-7 0과 자연수의 덧셈에 활용되는 일반적인 전략의 예

- 1200÷4와 같은 나눗셈에서 학생들은 나눗셈 구구 12÷4=3을 활용하고, 여기에 자릿값에 대한 이해도 결합할 수 있다. 예를 들어, "1200은 100이 12이므로 1200÷4는 100이 12÷4이고, 100이 3이므로 300이다."

기본적인 연산 구구와 자릿값을 결합하는 전략을 통하여 학생들은 다양한 규칙성과 관계를 탐구할 수 있다. 그리고 계산기와 머릿셈을 결합함으로써 학생들은 보다 광범위한 규칙성과 관계를 탐구하게 되고, 이를 통해 자신이 추측한 것과 발견한 것을 시뮬레이션할 수 있을 것이다. 예를 들어, 학생들은 4×6, 4×60, 4×600, 4×6000과 같은 곱셈식에서 규칙성과 관계를 탐구할 것이고, 계산 결과에서 어떤 점이 같고 어떤 점이 다른지를 말할 수 있을 것이다. 또 다른 탐구 활동으로 학생들에게 4×600, 40×60, 400×6, 4000×0.6의 계산 결과가 왜 같은지를 이야기하게 할 수 있다. 머릿셈은 사려 깊은 분석을 가능하게 하고, 그림 10-8에 나타난 것과 같이 서로 다른 전략을 사용하더라도 동일한 결과를 얻을 수 있다는 것을 알게 하기 때문에 학생들에게 융통성 있는 사고를 장려한다. 각 전략은 그것을 사용한 학생에게는 의미가 있지만, 다른 학생에게는 생소할 수 있다. 학생들은 사용한 머릿셈 전략을 서로 교환하고 논의함으로써 좀 더 자유롭고 융통성 있게 사고하는 것을 학습한다. 이와 같이 공유하고 설명하는 것은 머릿셈 기능을 발달시키는 데 중요한 부분이며, 종종 학생들이 새로운 전략을 학습하도록 돕는다.

머릿셈 강조하기

교사는 학생들이 머릿셈을 하면서 여러 가지 기능을 개발하고 그것에 대해 보상받을 수 있는 다양한 활동에 참여하게 해야 한다. 교사는 모든 학생들이 동일한 전략을 사용해서 문제를 해결하게 하기보다 학생 자신에게 의미 있는 전략을 사용하게 해야 한다. 다음은 학생들에게 강조해야 할 것을 제시한 것이다.

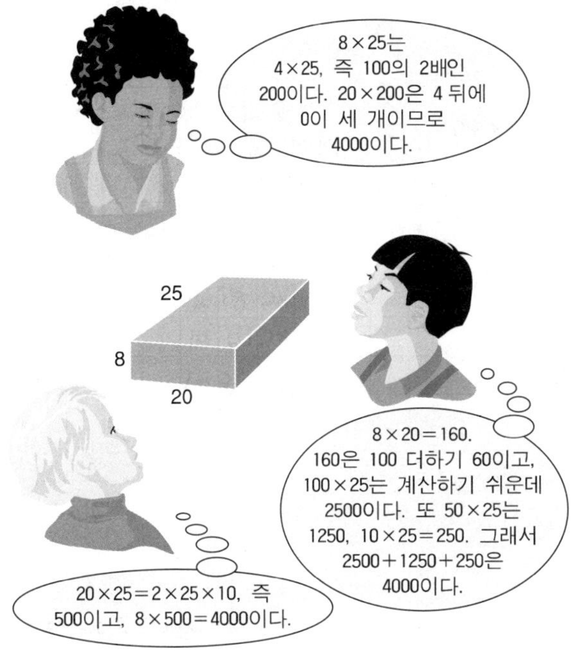

그림 10-8 상자의 부피는 25×8×20이다. 학생들은 서로 다른 방법으로 부피를 구한다.

- 지필 계산이나 계산기를 사용하기 전에 항상 머릿셈을 한다.
- 머릿셈을 하기 쉬운 수를 사용한다.

문제	사고 방법
397×4=?	400×4=1600 3×4=12 1600−12=1588
\$6.98+\$7.98+\$9.98=?	7+8+10=25 3×2센트=6센트 \$25−6센트=\$24.94

- 쉬운 방법을 찾는다.

문제	사고 방법
2×3×7×5=?	2×3=6 6×5=30 30×7=210 또는 2×5=10 3×7=21 10×21=210
6×8×19×0=?	곱하는 수 중 한 수가 0이므로 곱은 0이다.

- 논리적 추론을 사용한다.

문제	사고 방법
15×120 = ?	계산 결과는 10×120과 20×120의 가운데 값이다. 1200과 2400의 가운데 값은 1800이다. 또는 계산 결과는 10×120과 10×120의 반을 더한 값이다. 1200 + 600 = 1800이다.

- 수 체계에 대한 지식을 활용한다.

문제	사고 방법
56 − 24 = ?	50−20 = 30 6−4 = 2 30 + 2 = 32 또는 54−24 = 30이므로 56−24 = 32이다.

머릿셈이 왜 강조되어야 하는가? 학생들이 머릿셈 기능을 개발하도록 도와야 하는 몇 가지 이유가 있다.

- **머릿셈은 매우 유용하다**. 성인들은 모든 계산의 $\frac{3}{4}$ 이상을 머릿셈으로 한다. 우리는 학생들의 삶에서 유용하게 활용될 수 있는 이러한 실제적인 기능을 조기에 개발할 수 있도록 장려해야 한다.
- **머릿셈은 계산을 수행하는 가장 직접적이고 효율적인 방법이다.** 예를 들어 어느 연구에서는 200 − 5는 지필 계산보다 머릿셈이 좀 더 효율적임을 보였다. 학생들은 계산 결과에 대해 의미 있는 판단을 할 것이고, (지필 계산에서 자주 나타나는 오류인) 205라고 답하지는 않을 것이다. 중학년 학생들도 $\frac{3}{4}-\frac{1}{2}$과 같은 계산을 할 때 지필 계산보다는 머릿셈을 더 쉽게 여긴다(McIntosh, Reys, & Reys, 1995).
- **머릿셈은 학생들이 비판적 사고 능력, 수 감각, 창의적인 문제해결력을 개발하도록 돕는 데 가장 좋은 방법이다.** 학생들은 전략을 이해하고 사용해야 한다. 이 과정에서 학생들은 여러 가지 머릿셈 방법이 있음을 인식하게 되고, 교사는 학생 자신에게 의미가 있는 간단하고 경제적인 방법을 찾도록 도와주어야 한다.
- **머릿셈을 능숙하게 하는 것은 어림 기능을 개발하는 데도 도움이 된다.** 머릿셈을 할 때 학생들은 대안적인 알고리즘이나 표준화되지 않은 방법을 사용하기 때문에 머릿셈은 어림의 기초가 된다.

머릿셈과 지필 계산 지금까지 살펴본 바와 같이 머릿셈을 수행하는 여러 가지 효율적인 방법이 있다. 더구나 머릿셈을 능숙하게 수행하는 과정에서, 학생들은 수학적 통찰을 얻게 되고, 그들의 삶에 도움이 되는 기능도 익히게 된다. 그러나 불행하게도 학생들은 2학년 이상이 되어야 머릿셈을 접하게 되며, 그들이 사용하는 전략도 지필 알고리즘을 머릿셈에 그대로 적용한 것이다(McIntosh et al., 1997). 예를 들어, 165 + 99를 머릿셈할 때 학생의 전형적인 반응은 다음과 같다. “5와 9를 더하면 14가 된다. 1을 받아올림하고, 6 더하기 9 더하기 1은 15이다. 1을 받아올림하면 2가 된다. 그래서 264가 된다.”

많은 학생들은 위와 같이 필산 알고리즘을 머리속으로 계산하는 것을 머릿셈이라고 생각한다. 그러나 머릿셈에 대한 이러한 생각은 이 장에서 논의하는 머릿셈과는 다른 개념이며, 필산 알고리즘을 머릿속으로 계산하는 것은 실용성이 떨어진다.

문제는 지필 계산을 연습시키면 학생들은 머릿셈에서도 지필 계산을 적용할 가능성이 높아진다는 점이다. 이것은 국제적인 딜레마이다. 예를 들어, 연구에 따르면 캐나다와 미국 학생들이 사용한 머릿셈 전략과 일본 학생들이 사용한 머릿셈 전략은 서로 다르며, 세 나라 모두 학생들이 가장 많이 사용한 전략은 필산 알고리즘을 머릿속으로 계산하는 것이었다. 필산 알고리즘을 머릿셈에 적용한 점은 학교에서 필산 알고리즘을 강조했다는 점을 반영한다. 불행하게도 이 전략을 사용함으로써 융통성 있고, 효율적인 머릿셈 전략이 억제되고 있다(Reys & Yang, 1998; Shigematsu et al., 1994). 교사로서 여러분은 학생들이 필산 알고리즘에 의존하지 않고 머릿셈을 할 수 있도록 학생 자신이 개발한 융통성 있는 전략을 사용하게 해야 한다.

머릿셈 기능을 개발하기 위한 지침 학생들의 머릿셈 기능 개발을 도우려면 다음의 지침을 따른다.

- **학생들에게 머릿셈을 강조한다.** 학생들은 머릿셈이 가능할 때에도 지필 계산을 수행하며 그것을 선호한다는 것이 분명하다. 학생들에 따르면, 학교에서는 머릿셈이 강조되지 않을뿐더러 심지어 무시된다고 한다. 교사들이 '어떻게 했는지 설명해 보아라.'라고 할 때 학생들은 이것을 머릿셈을 하면 안 되는 것으로 해석한다고 교육자들은 말한다. 따라서 1000×945를 머릿셈으로 빠르고 쉽게 계산할 수 있지만 학생들은 다음과 같이 불필요하고 비효율적인 필산 알고리즘을 사용해야 한다고 생각하면서 지필 계산을 시도한다.

```
     9 4 5
  × 1 0 0 0
  ---------
     0 0 0
   0 0 0 0
 0 0 0 0 0
9 4 5 0 0 0
-----------
9 4 5 0 0 0
```

- **학생들이 선호하는 머릿셈 전략을 파악한다.** 선택의 기회가 주어지면 4학년 이상의 학생들은 계산기나 머릿셈보다는 지필 계산을 선호한다는 연구 결과가 있다. 예를 들어, 대부분의 5학년 학생들은 1000×945를 머릿셈으로 쉽게 계산할 수 있지만 계산기나 지필로 계산을 한다고 한다(McIntosh & Sparrow, 2004). 이러한 선택은 전형적으로 머릿셈을 수행하는 학생들의 경험과 자신감 부족에서 기인한 것이다. <수업자료 10-2>는 0과 자연수 계산에서, <수업자료 10-3>은 분수 계산에서 학생들이 선호하는 계산 방법을 알아보는 방법 중 하나이다. 머릿셈이 좀 더 효율적인 경우에도 계산기나 지필 계산을 선호하는 학생들이 있다면, 그러한 선호도를 바꾸기 위해 학생들이 머릿셈 기능을 개발할 수 있도록 도와주어야 한다.

수업자료 10-2

어떻게 계산할까?

학습목표: 여러 가지 계산 방법을 현명하게 사용하게 한다.

대상학년: 3~4학년

	머릿셈	계산기	지필 계산
60×60	□	□	□
945×1000	□	□	□
450×45	□	□	□
24×5×2	□	□	□
45×19	□	□	□
0.25×9×4	□	□	□
4×15	□	□	□
50×17×2	□	□	□

다음과 같이 표시한다.

- 계산기를 사용해서 계산을 하려면 계산기란에 표시를 하시오.
- 머릿셈으로 계산을 하려면 머릿셈난에 표시를 하시오.
- 지필 계산을 하려면 지필 계산란에 표시를 하시오.

- **필산 알고리즘을 사용해서 머릿셈을 하는 학생들이 있는지를 알아본다.** 학생들에게 머릿셈을 한 방법을 설명하게 하면 사용한 전략과 사고 방법을 알 수 있다.
- **수업의 일부로 머릿셈을 체계적이고, 규칙적으로 포함시키는 계획을 세운다.** 체계적으로 주의를 기울이고 연습을 하면 학생들의 머릿셈 기능은 향상된다. 교사는 학생들이 의미 있는 전략과 사고 방법을 개발하도록 도와야 한다. 학생들은 스스로 이러한 머릿셈 전략과 사고 방법을 개발할 수도 있고, 다른 사람으로부터 학습한 전략을 적용할 수도 있다.
- **한 번에 약 10분 정도 연습 시간을 갖게 한다.** 많은 교사들은 학생들을 한 줄로 세워놓고 'Follow Me'와 같은 활동을 활용한다("3×4+10−4+20…"에서 교사가 "3 곱하기 4"라고 하면 첫 번째 학생

수업자료 10-3

어떻게 계산할까?

학습목표: 여러 가지 계산 방법을 현명하게 사용하게 한다.

대상학년: 4~5학년

	머릿셈	계산기	지필 계산
$\frac{1}{2}+\frac{1}{4}$	□	□	□
$1-\frac{1}{3}$	□	□	□
$\frac{3}{4}+\frac{3}{4}$	□	□	□
$\frac{1}{5}+\frac{1}{6}$	□	□	□
$\frac{1}{2}+\frac{5}{6}$	□	□	□
$1\frac{1}{2}+2\frac{3}{4}$	□	□	□
$2-\frac{3}{4}$	□	□	□
$\frac{1}{2}-\frac{1}{3}$	□	□	□

다음과 같이 표시한다.

- 계산기를 사용해서 계산을 하려면 계산기란에 표시를 하시오.
- 머릿셈으로 계산을 하려면 머릿셈난에 표시를 하시오.
- 지필 계산을 하려면 지필 계산란에 표시를 하시오.

이 "12"라고 하고, 교사가 다시 "더하기 10"이라고 하면 다음 학생이 "22"라고 한다….) 다른 활동으로 '오늘의 목표'가 있는데, 이 활동에서 학생들은 계산을 한 결과가 특정한 날의 날짜가 되도록 해야 한다(그림 10-9 참조). 목표 수를 날짜 이외의 다른 것으로 바꾸어 이 활동을 변형할 수도 있다. 예를 들어, "오늘의 목표는 100"이라 하고, 학생들에게 100이 되는 여러 가지 계산식을 만들게 할 수 있다. 또 예를 들어 "덧셈과 뺄셈을 사용해서"나 "특이한 방법으로"와 같이 질문을 바꿀 수도 있다. 이런 형태의 활동은 학생들에게 머릿셈을 연습할 수 있는 기회를 주며, 학생들이 사용한

오늘의 목표: 5월 24일	
세 수를 더해서 24를 만들어보자	한 수에서 다른 수를 빼서 24를 만들어 보자
가능한 답 $8+8+8$ $20+2+2$ $10+10+4$	가능한 답 $30-4$ $25-1$ $100-76$
두 수를 곱해서 24를 만들어 보자	분수를 사용해서 24를 만들어 보자
가능한 답 4×6 8×3 24×1	가능한 답 $23\frac{1}{10}+\frac{9}{10}$ $48\times\frac{1}{2}$ $24\frac{1}{2}-\frac{1}{2}$

그림 10-9 '오늘의 목표' 활동 방법

사고 방법이나 전략, 계산의 복잡성에 대한 통찰을 가지게 한다.

- **자신감을 갖게 한다.** 처음에는 3×99, 84의 $\frac{1}{2}$과 같이 쉽게 계산할 수 있는 것부터 시작하고, 그러고 나서 5×75, 96의 $\frac{2}{3}$와 같이 난이도를 높인다. 조화수를 이용하면 머릿셈에 대한 자신감을 높일 수 있을 뿐만 아니라 수 감각도 개발할 수 있다.
- **창의성을 강조한다.** 머릿셈을 수행하는 방법은 한 가지만 있는 것이 아니며, 특정한 방법이 다른 방법에 비해 효율적이고 흥미로울 뿐이다. "어떻게 머릿셈했니?"와 같은 질문을 통해 독창적인 머릿셈 전략을 알아볼 수 있다. 예를 들어, 60×15를 머릿셈한 학생들이 사용한 전략은 다음과 같다.

"10 곱하기 60은 600이고, 5 곱하기 60은 300이다. 600 더하기 300은 900이다."
"60 곱하기 10은 600이고, 600의 반은 300이므로 600 더하기 300은 900이다."
"60은 4 곱하기 15이므로 이 식은 4 곱하기 15 곱하기 15이다. 15의 제곱은 225이고, 4를 곱하면 900이다." (이것은 8학년 학생의 설명이다.)

위에서 알 수 있듯, 학생들은 머릿셈 전략을 스스로 개발하며, 그렇게 개발된, 학교에서 가르치지 않은 전략들의 힘이 보고된 바 있다(McIntosh & Sparrow, 2004).

- **머릿셈인가, 어림셈인가?** 학생들은 계산 결과가 대략적인 어림셈과 계산 결과가 정확한 머릿셈의 차이점을 인식할 수 있어야 한다.

어림셈

어림셈은 정교하거나 정확한 계산을 하지 않고 타당한 의사결정을 하기에 충분한 답을 만들어내는 과정이다. 실생활에서는 어림셈을 사용해야 하는 다양한 상황이 존재한다. 어림셈은 전형적으로 머릿셈으로 한다. 그림 10-10은 계산 전, 계산 중, 계산 후의 세 과정에서 학생들이 어림을 사용해서 계산을 어떻게 하는지를 보여준다.

- 정확한 계산을 하기 전 학생들은 어림셈을 사용해서 구해야 하는 것이 무엇인가에 대한 감각을 얻을 수 있다.
- 계산을 하는 도중 학생들은 어림셈을 사용해서 계산을 바르게 하고 있는지를 확인할 수 있다.
- 계산을 한 후 학생들은 어림셈을 사용해서 계산 결과에 대해 반성을 하고 그것이 타당한지를 결정할 수 있다.

이와 같이 어림셈을 다양하게 활용할 수 있다는 것을 인식하게 되면서 학생들은 어림의 힘을 인식하게 되고, 어림셈을 전체적인 계산 과정에 필수적인 부분으로 보게 된다.

(a) 계산을 하기 전

(b) 계산을 하는 중

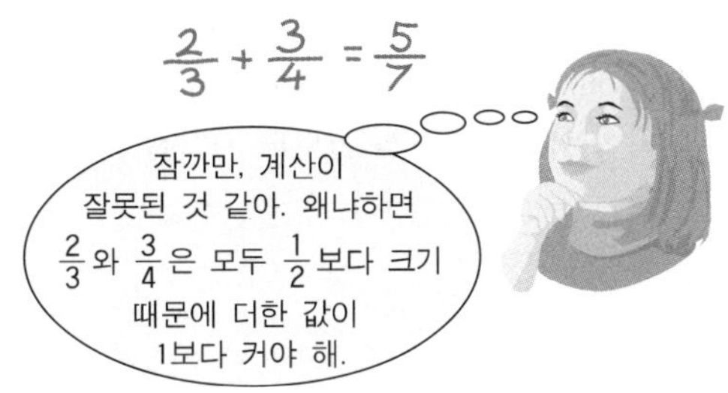

(c) 계산을 한 후

그림 10-10 어림셈을 하는 다양한 순간

어림셈에 대한 이론적 배경

지필 계산에 익숙한 학생들이 반드시 어림셈을 잘하는 것은 아니다. 연구 결과에 따르면, 계산 규칙과 절차를 암기하는 것이 어림셈을 활용하는 데 도움이 되지 않는다고 한다(Alajmi & Reys, 2007; Reys & Yang, 1998). 오류유형 10-1은 많은 아동들이 어림셈에서 범하는 오류를 나타낸 것이다. 즉, 정확한 값을 구한 다음, 그것을 어림하는 오류이다. 이러한 방법은 어림셈의 강점을 반영하지 못했기 때문에, 훌륭한

[오류유형 10-1]

- 과제: 43×51을 어림셈하시오.
- 오류: 43×51을 계산해서 2193이라는 정확한 답을 구한 다음, 2200이나 2000으로 어림함.
- 원인: 학생들은 정확하게 계산을 하고 난 다음에 어림하는 것을 어림셈으로 생각하고 있기 때문에 이러한 오류가 발생한 것이다.
- 지도방안: 학생들에게 머릿셈으로 어림셈을 하도록 한다. 예를 들어, 두 수의 앞자리에 초점을 두어(40×50) 2000으로 어림셈한다. 때로는 아동들이 지필 계산을 할 수 없도록 시간을 제한한다.

어림셈 전략이 아니다.

머릿셈 기능과 수 감각은 어림셈 기능을 개발하는 데 훌륭한 기초가 된다. 교사는 수업에서 어림셈에 체계적으로 주의를 기울임으로써 학생들의 어림셈 기능을 향상시킬 수 있다. 어떤 경우에는 극적으로 성장하지만 대부분의 경우 어림셈 기능이 발달하는 데는 오랜 기간이 걸린다. 따라서 지속적으로 학생들에게 어림셈을 할 수 있는 기회가 주어져야 한다.

어림셈에 대한 학습은 먼저 학생들에게 정확한 값에 초점을 두지 않는 수학의 자연스러운 영역에 직면하게 한다. 어린 학생들은 어림에 대해 말할 때 **약**, **거의**, **대략**과 같은 단어를 사용할 것이다. 학년이 올라가면서 학생들은 수학적인 답을 기술할 때 **대강**이나 **근접한**뿐만 아니라 **근삿값**, **타당한**, **타당하지 않은**과 같은 단어들을 사용하게 된다. 실생활에서 발견된 부정확성을 말로 기술하는 데 익숙해지고 자신감이 생기게 되면, 수 감각이 개발될 뿐만 아니라 어림 기능도 개발될 것이다.

교사는 학생들에게 어림이 대략적인 값이기 때문에 오차가 포함되어 있다는 것을 인식시켜야 한다. 어림은 정확한 값만을 구해야 한다는 사고방식과는 다른 사고방식이다. 특정한 어림 전략을 지도하기 전에 정확한 값만을 구해야 한다는 학생들의 사고방식을 바꿀 수 있도록 도와주어야 한다. 이러한 변화는 어림이 필수적이고 실제적인 기능이라는 것을 학생들이 인식했을 때 시작된다. 이것이 정확한 계산 절차와 더불어 여러 가지 문제에서 어림셈을 지속적으로 강조해야 하는 이유이다.

또한 학생들의 어림값에 대해 즉각적인 피드백을 제공하는 것도 중요하지만 초기에 지나치게 비판적이지 않도록 한다. 학생들에게 어림값을 얻은 방법을 설명하는 이런 논의를 통해 학생들은 어림값을 구한 절차를 명확히 이해하게 될 것이고, 주어진 문제에서 어림을 하는 새로운 접근방법을 제안할 수도 있기 때문이다. 또 대략적인 값을 구하는 절차인 어림셈이 정확한 값을 구하는 절차인 머릿셈과 같지 않다는 것을 학생들에게 이해시켜야 한다.

학생들에게 어림 전략을 개발하도록 돕는 한 가지 열쇠는 수에 대해 융통성 있게 사고하도록 장려하는 것이다. 예를 들어, 학생들이 418+349를 어림한다고 생각해 보자. 한 학생은 다음과 같이 사고할 것이다. "400+300은 700이다. 49+18은 100보다 작다. 따라서 합은 700과 800 사이이다." 이 방법은 앞자리 수(leading, front-end) 어림셈을 사용한 것이다. 다른 학생은 다음과 같이 사고할 수 있다. "418은 약 400이고, 349는 약 350이므로 합은 약 750이다." 이 학생은 수를 어림하기 좋은 수로 반올림한 후 수 감각을 이용해서 조정하고 있다.

머릿셈과 마찬가지로, 학생들에게 어림셈을 수행하는 다양한 전략을 개발하게 하는 것도 중요하다. 즉, 학생들은 문제와 문제에 포함된 연산이나 수에 대해 사고하는 것을 학습해야 하며, 고정된 전략만을 사용해서 어림값을 만들어내도록 해서는 안 된다. 성인들은 어림을 할 때 반올림만을 생각하지만 학생들에게는 선택할 수 있는 다양한 어림 전략을 개발하도록 해야 한다. 다음에서는 이러한 어림 전략에 대해서 논의할 것이다.

앞자리 수 어림셈(front-end estimation)

앞자리 수 어림셈 전략은 다양한 상황에 활용할 수 있는 기본적이고 강력한 방법이다. 앞자리 수 어림셈에서는 (1) 앞자리 수를 확인하고, (2) 그 수의 자릿값을 확인한다. 그림 10-11은 앞자리 수를 사용해서 어림값을 어떻게 구하는지를 보여준다. 앞자리 수 어림셈 전략의 고유한 장점은 문제에 학생들이 어림셈해야 하는 수가 모두 제시된다는 점이다. 이것을 통해 학생들은 빠르고 쉽게 어림값을 구할 수 있다. 앞자리 수 전략은 또한 수 감각을 사용해서 계산 방법에 대해 사고하도록 한다.

교사는 앞자리 수 어림셈을 통해 구한 어림값이 최솟값이고, 다음에서 논의하는 것처럼 남은 자리 수를 활용해서 어림값을 조정해야 한다는 것을 학생들에게 이해시켜야 한다.

그림 10-11 앞자리 수 어림셈

조정

수 감각은 여러 측면을 가지고 있는데, 그중 하나가 어림값이 정확한 값보다 큰지, 작은지를 인식하는 능력이다. 학생들의 어림 기능이 발달하면서 조정 또는 상보를 통해서 초기의 어림값을 조정하는 것은 자연스러운 일이다. 학생들은 초기의 어림값을 얻기 위해 어떤 전략을 사용하였든지 이 조정 과정을 수행할 수 있다.

예를 들어, 앞자리 수 어림을 사용해서 4219 + 7912 + 2446의 합을 13000이라고 제시한 학생이 어림값을 어떻게 조정하는지를 보자(그림 10-11). "앞 자리 수를 제외한 나머지 자리의 수가 모두 0이라면 합은 정확하게 13000이 된다. 그러나 나머지 자리의 수가 모두 0이 아니므로 합은 13000보다 커야 한다 …." 그러고 나서 학생들은 백의 자리 수를 고려할 것이고, 어림값을 올림할 것이다. 좀 더 자세하게 말하자면, 백의 자리 수를 모두 더한 다음(2+9+4), 14500으로 올림한다.

그림 10-12는 이런 유형의 조정이 점심을 사먹기에 충분한 돈을 가지고 있는가와 같이 실생활 문제를 해결하는 데 어떻게 적용되는지를 보여준다. <수업

그림 10-12 큰 자리 수 어림과 조정

수|업|자|료|10-4

큰 자리 수 어림셈

학습목표: 큰 자리 수를 이용하여 합을 어림하고 조정한다.

대상학년: 3~5학년

- 앞자리 수 어림셈은 빠르고, 타당하며, 머릿셈으로 수행된다. 다음을 어림셈하시오.

1.

$1.03
$2.51
$1.59

큰 자리 수 어림셈
____보다 가까운 값으로 조정하기
$5보다 크다 ____
$5보다 작다 ____

2.

$8.53
$6.57
$3.95

큰 자리 수 어림셈
___보다 가까운 값으로 조정하기
$20보다 크다 ____
$20보다 작다 ____

3.

$5.19
$0.41
$0.59
$1.44

큰 자리 수 어림셈
____보다 가까운 값으로 조정하기
$7보다 크다 ____
$7보다 작다 ____

4.

$0.27
$6.57
$5.95
$0.19
$8.53

큰 자리 수 어림셈
___보다 가까운 값으로 조정하기
$20보다 크다 ____
$20보다 작다 ____

자료 10-4>는 학생들이 큰 자리 수 어림 전략을 사용한 후 조정을 하는 것을 연습할 수 있는 활동이다.

어림을 지도할 때, 초기에 사용한 어림 전략과 문제에 포함된 연산에 관계없이 어림값을 조정해야 한다는 것을 학생들에게 이해시켜야 한다.

조화수

머릿셈과 마찬가지로, 조화수(compatible numbers; 자연스럽게 어울려서 머릿셈하기 쉬운 수)를 사용하면 어림셈에도 도움이 된다. 예를 들어, $\frac{14}{31}+\frac{2}{7}$는 계산하기 복잡하지만, $\frac{14}{31}$를 $\frac{1}{2}$로 생각하고 $\frac{2}{7}$를 $\frac{1}{4}$로 생각하면 $\frac{3}{4}$으로 빠르고 쉽게 계산할 수 있다.

• 주어진 수는 조화수가 아니다.	• 주어진 수는 조화수이다.	• 조화수를 이용해서 어림값을 구하시오.
38 + 67 + 49 + 56	→ 35 + 65 + 50 + 50	?
64 × 8	→ 60 × 8	?
$\frac{60}{8}$	→ $\frac{64}{8}$	?
$4\overline{)2637}$	→ $4\overline{)2800}$	?
$19\overline{)3947}$	→ $19\overline{)3800}$	?
$\frac{1}{4}\times 7\times 968$	→ $(\frac{1}{4}\times 8)\times 1000$	?

그림 10-13 다양한 연산에서 조화수 사용

그림 10-13은 다양한 연산에서 조화수가 어림셈을 얼마나 쉽게 만드는지를 보여준다. 어림셈에서 조화수를 사용하는 것은 문제에서 주어진 수를 쉽게 연산할 수 있는 수로 어림하는 것을 의미한다. 그림 10-13에서 64와 8은 곱셈에서는 조화수가 아니지만(즉 64×8은 머릿셈으로 계산하기 어렵다), 나눗셈에서는 조화수이다(64 ÷ 8은 머릿셈으로 쉽게 계산할 수 있다). 유사하게 60과 8은 나눗셈에서 조화수가 아니지만 곱셈에서는 조화수이다. 따라서 조화수는 수 자체뿐만 아니라 연산에 따라 달라진다.

조화수 전략은 나눗셈에서 특히 유용하다. 예를 들어, 그림 10-14에서 학생들은 주어진 문제에서 7과 2800, 6과 3000이 왜 조화수인지를 생각해 볼 필요가 있다. 여러 가지 나눗셈에서 '서로 조화수인 수'를 생각해 보게 하고, 그 수들이 왜 조화수인지를 생각해 보게 하는 것은 학생들의 사고를 장려하고, 수 감각

| 그림 10-14 나눗셈에서 조화수 전략 사용

에 대한 통찰을 줄 것이다. 예를 들어, 학생들에게 7029÷23을 어림할 때 활용할 수 있는 조화수를 생각해 보게 하면, 다음과 같은 아이디어를 생각해 낼 것이다.

- 7029는 6900에 가까운 수이고, 69는 23으로 나눌 수 있다. 따라서 23과 69는 나눗셈에서 조화수이다. 6900을 23으로 나누면 300이고, 이것은 타당한 어림값이 된다.
- 8000은 20으로 나눌 수 있으므로 20과 8000은 나눗셈에서 조화수이다. 8000을 20으로 나누면 400이지만, 8000이 7029보다 크기 때문에 400은 정교한 어림값은 아니다.
- 75는 25로 나눌 수 있기 때문에 75와 25는 나눗셈에서 조화수이다. 7500을 25로 나누면 300이고, 7500은 7029에 가까운 수이기 때문에 300은 타당한 어림값이다.

조화수는 또한 덧셈에서도 사용된다. 다음의 예에서 학생은 처음에는 큰 자리 수 전략을 사용했지만 이 어림값을 조정하는 과정에서 조화수를 사용하고 있다.

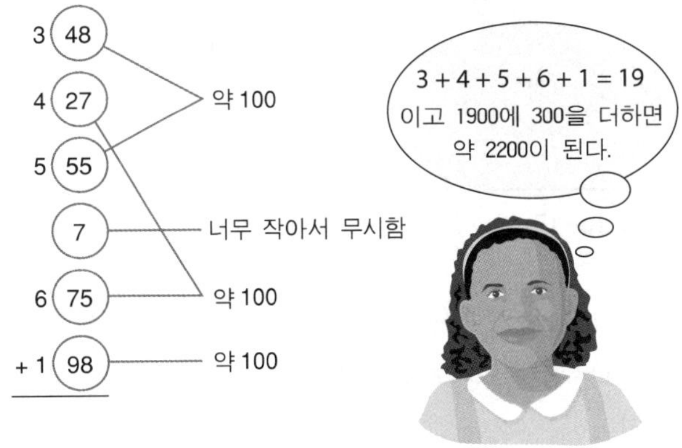

융통성 있는 끝수처리

계산하기 쉬운 수로 끝수처리하는 것은 매우 유용한 어림 전략이다. 끝수처리는 문제에 주어진 수를 바꾸고, 재조직하고, 재구성하기 때문에 앞자리 수 어림보다 정교한 전략이다. 어림에서 끝수처리를 할 때 학생들은 융통성 있는 끝수처리를 해야 한다. 융통성 있는 끝수처리는 주어진 수에 가깝고 조화수인 수로 끝수처리하는 것을 의미한다. 그림 10-13은 융통성 있는 끝수처리가 모든 형태의 수와 모든 형태의 연산에 적절하지만 특히 곱셈에 적절하다는 것을 보여준다.

그림 10-15는 학생들이 동일한 문제에서 어떻게 다르게 끝수처리를 하는지를 보여준다. 끝수처리를 어떻게 하느냐에 따라 계산 결과가 달라지지만, 그 결과는 모두 타당한 어림값이다. 학생들은 어림셈 전략

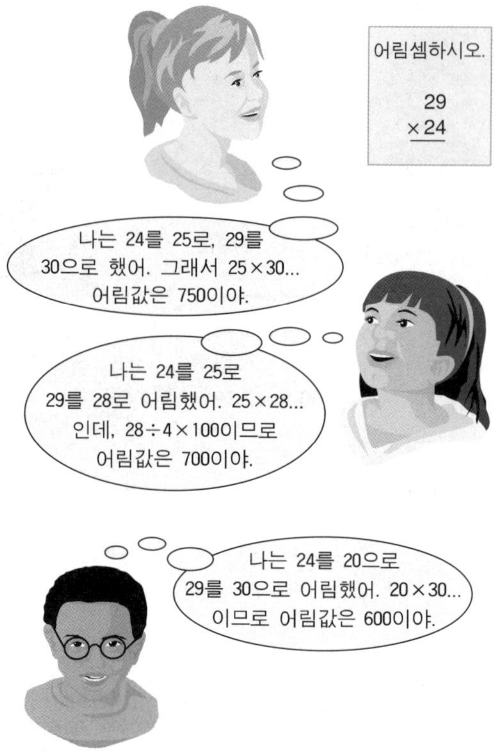

그림 10-15 융통성 있는 끝수처리와 다양한 어림값

을 자유롭게 선택할 수 있음을 알아야 하는 동시에, 사용하는 어림 전략에 따라 어림값도 달라진다는 것을 인식하는 것이 중요하다. 하나의 어림값보다는 타당한 어림값의 범위를 선택하게 함으로써 학생들의 수 감각을 개발하고, 학생들 스스로 전략을 선택하고 사용하게 한다.

그림 10-15에 제시된 문제에서는 어림값이 얼마인가라는 질문 이외에 어림 과정에 대한 사고를 유발하기 위해 다음과 같은 질문이 수반되어야 한다.

수를 어떻게 바꾸었는가?
그 수를 왜 바꾸었는가?

학생들은 다른 대안에 대해서도 생각해 보아야 하고, 어느 대안이 최선인지를 추론하는 것도 필요하다. 다음의 예에서는 자연스럽게 "어떤 수로 어림하려고 합니까? 왜 그렇게 생각합니까?"와 같은 질문들이 수반되어야 한다.

또 교사는 학생들에게 끝수처리된 수를 보정하기 위해 어림값을 조정하게 해야 한다. 다음의 예에서 학생은 끝수처리를 사용해서 초기의 어림값을 구하였다.

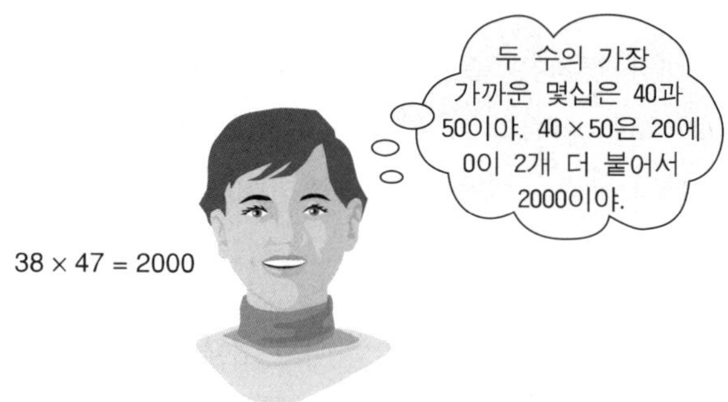

그러고 나서 학생은 초기의 어림값을 조정하였다.

그림 10-16은 다른 몇 가지 예이다. 앞의 세 예는 끝수처리 절차를 보면 크게 어림되었는지, 작게 어림되었는지 알 수 있지만, 마지막 예에서는 분명하지 않다. 학생들은 어림을 할 때 사용한 수에 대해서도 깊이 생각해 보아야 한다. 예를 들어, 소수의 곱셈과 나눗셈에서 단순히 소수점을 찍는 규칙을 따르다보면, 오류유형 10-2와 같은 오류가 발생한다.

학생들이 머릿셈에 익숙해지면 끝수처리를 융통성 있게 사용해서 어림값을 만들어낸다. 학생들은 전통

문제	끝수처리한 어림값	조정된 어림값
42×61	40×60 = 2400	2400보다 조금 크다
39×78	40×80 = 3200	3200보다 조금 작다
8.78×5.896	9×6=54	54보다 조금 작다
3.7×3.2	4×3=12	약 12
$5\frac{1}{8}\times6\frac{8}{9}$	5×7=35	약 35

그림 10-16 끝수처리를 사용해서 곱을 어림한 후 조정하는 다양한 방법

[오류유형 10-2]

- 과제: 534.6×0.545=291357을 보고 소수점을 찍어라.
- 오류: 291357에서 왼쪽으로 소수점 4칸을 이동해서 29.1357로 답을 구함.
- 이유: 학생들은 결과의 타당성을 생각하지 않은 채, 기계적인 절차에 의해서 소수점을 4칸 이동했기 때문에 이러한 오류가 발생한 것이다.
- 지도방안: 학생들에게 소수의 크기(0.545)에 주목하게 해서 그것이 절반이라는 점을 상기시킨다. 그렇게 해서, 534.6의 절반 정도이기 때문에 29.1357이 아니라 291.357임을 알게 한다.

적인 끝수처리 규칙보다는 직관에 의존해서 학습하게 되고, 그 결과 머릿셈하기 쉬운 수로 끝수처리를 하게 된다. 이것은 그림 10-15에서 본 바와 같이, 문제에서 주어진 수가 같을지라도 학생들에게 쉬운 수가 무엇이냐에 따라 학생들은 다르게 어림셈한다는 것을 의미한다.

군집 어림셈(clustering)

군집 또는 평균 전략은 합을 어림할 때 평균을 사용한다. 수들이 특정한 값 주변에 모여 있을 때, 학생들은 다음의 두 과정을 거쳐 수들의 합을 어림할 수 있다.

1. 수들의 평균, 즉 수들이 모여 있는 특정 값을 어림한다.
2. 수의 개수를 곱한다.

그림 10-17은 실제로 이 전략을 사용하는 예를 제시한 것이다. 다음과 같은 질문이 학생들이 이 전략을 이해하는 데 도움이 될 수 있다.

수들이 어떤 수의 주변에 모여 있는가?
이 수가 왜 어림된 평균이 되는가?
왜 어림된 평균에 수의 개수를 곱하는가?

그림 10-17과 유사한 문제에서 합을 어림할 때 학생들이 이 전략을 능숙하게 사용할 수 있도록 지도

그림 10-17 덧셈에서 군집어림 전략 사용

해야 한다.

군집 전략은 수들 간의 차가 크지 않은 수들(즉 어떤 수 주변에 모여 있는 수들)의 합을 빨리 어림하는 데 적절한 전략이기 때문에 사용이 제한되어 있다. 이 전략의 장점은 각 수의 가장 큰 자리 수나 끝수처리한 수를 하나씩 더하는 과정이 생략되어 있다는 점이다.

어림 전략 선택하기

많은 경우 동일한 문제에서 여러 가지 어림셈 전략을 사용할 수 있다. 전략을 선택하는 것은 주로 학생들에게 달려 있고, 또한 포함된 수나 연산에 달려 있다. 교사는 여러 가지 어림셈 전략이 있음을 학생들에게 인식시켜야 하고, 그러한 전략을 성공적으로 사용할 수 있는 능력을 개발하도록 도와주어야 한다. 다음은 교사들에게 유용한 지침이다.

- **학생들에게 어림을 강조하고, 어림셈이 필요한 문제를 제시한다.** 예를 들어, 학생들에게 78 + 83은 머릿셈하여 정확한 값을 구하게 하지만, 78342 + 83289는 어림셈을 하게 할 수 있다. 이를 통하여 수가 너무 복잡해서 정확한 답을 계산하기보다는 답을 어림셈하기를 원한다는 것을 학생들에게 보여줄 수 있다.
- **학생들에게 정확한 답을 계산한 후 반올림해서 어림값을 구하는 것이 아니라는 것을 확인시킨다.** 연구 결과에 따르면, 학생들은 종종 이 전략을 사용한다(McIntosh & Sparrow, 2004). 불행히도 이것은 잘 간파되지 않는다. 교사는 학생들이 실제로 어림을 하는지를 알아보기 위해 그들과 이야기를 나누거나 관찰해야 한다.
- **학생들에게 어림값을 어떻게 구했는지 말하게 한다.** 학생들마다 어림에 대해 고유한 접근을 개발한다. 이러한 접근들을 서로 공유하게 함으로써, 학생들은 서로의 전략을 보다 잘 이해하게 된다.
- **처음부터 정답이 하나라는 생각을 버리게 한다.** 학생들이 "정답이 하나인" 또는 "가장 옳은" 어림값을 생각하지 않도록 한다. 이것은 같은 문제에서도 서로 다른 어림값이 채택될 수 있다는 것을 학생들이 인식할 수 있도록 돕는다. 이를 위한 한 가지 방법으로 어림값이 정확한 값에 얼마나 가까운지, 어떤 범위에 있는 어림값이 타당한지를 알아보게 할 수 있다. 이것은 정답이 하나라는 생각을 없앨 수 있을 뿐만 아니라, 일반적으로 학생들이 사용하는 서로 다른 어림셈 전략을 볼 수 있으며, 그러한 서로 다른 전략을 학습할 수 있는 기회를 제공해 준다. 이러한 경험을 통해 학생들은 타당한 어림값이 여러 개 존재할 수 있다는 생각을 보다 쉽게 받아들일 수 있게 된다.

수|업|자|료|10-5

작게 아니면 크게?

학습목표: 크게 또는 작게 어림하는

대상학년: 4~6학년

- 다음 상황은 실제 값보다 크게 어림해야 하는가? 아니면 작게 어림해야 하는가?

1. 소풍 준비를 위해 쓸 수 있는 돈은 60000원이다. 물건을 카트에 담으면서 물건의 값을 실제 값보다 크게 어림하는 것이 좋은가, 작게 어림하는 것이 좋은가?
2. 자동차 판매원과 이야기하면서 자동차의 주행거리에 대해 질문을 하였다. 자동차 판매원이 자동차의 주행거리를 실제 값보다 크게 어림해야 한다고 생각하는가, 작게 어림해야 한다고 생각하는가?
3. 공항에 도착하는 데는 약 1시간이 걸린다. 공항에 도착하는 데 걸리는 시간을 실제 값보다 크게 어림해야 하는가, 작게 어림해야 하는가?
4. 연료 탱크에 연료가 약 $\frac{1}{4}$ 있고, 다음 주유소까지는 100㎞ 남았다. 1ℓ당 자동차의 주행거리를 어림할 때 실제 값보다 크게 어림해야 하는가, 작게 어림해야 하는가?

- **학생들에게 어림을 해야 하는 실생활 상황을 생각해 보게 한다.** 이를 통해 학생들은 상황에 따라 정확한 값보다 크게 어림해야 하는 때와 작게 어림해야 하는 때를 결정하면서 비판적 사고력을 기를 수 있다. 〈수업자료 10-5〉는 그러한 사고를 기를 수 있는 몇 가지 상황을 제시한 것이다.

National Research Council에서도 초등학교부터 머릿셈과 어림셈에 체계적으로 주의를 기울이는 것이 중요하다는 것을 강조하고 있다. NRC에서는 학생들에게 "수 감각을 심화시키는 수단으로 머릿셈과 어림셈에 필요한 기능을 개발하고 활용하는" 기회를 제공해야 한다고 주장하고 있다(Kilpatrick et al., 2001).

문화적 연계성

수십 년 동안 아시아 국가의 학생들이 국제 수학 성취도 평가의 지필 계산에서 우수한 성적을 거두었고(Lemke et al., 2004), 머릿셈 능력도 뛰어났다. 이러한 결과는 초등학교의 수업이 머릿셈과 지필 계산 기능을 개발하는 데 초점을 두고 있기 때문으로 보인다.

일본과 대만에서는 머릿셈과 지필 계산이 수학교육과정의 통합적인 부분을 차지하고 있지만, 어림셈은 국가 수준의 교육과정에서 그렇게 강조되고 있지 않다(Yoshikawa, 1994). 사실상 정확한 계산에 대한 강조 때문에 일본과 대만 학생들은 어림셈의 가치를 높이 평가하지 않는다. 정답이 하나가 아닌 상황에 익숙하지 않은 한 일본 학생은 다음과 같이 말했다. "나는 어림셈을 좋아하지 않는다. 나는 그것이 악마의 방법이라고 생각한다."(Yoshikawa, 1994) 이것은 단지 일본이나 대만뿐만 아니라 미국을 포함하는 다른 나라에서도 어림셈 지도에 있어서 어려운 점일 것이다.

지필 계산에 능숙한 학생들이 어림도 잘한다는 가정을 하고 있지만, 많은 연구에서는 반대 결과가 나타났다. 예를 들어, 표 10-1과 같이 복잡한 지필 계산을 하는 데 우수한 기능을 보였던 대만 학생들이 동일한 계산을 어림셈하는 데는 낮은 수행 능력을 보였다(Reys & Yang, 1998). 표에 제시된 문제들은 지필 계산을 하면 복잡하지만 어림을 하면 쉽게 해결할 수 있다는 점에 주목할 필요가 있다.

대만의 6학년 학생 중 ⅔는 $\frac{12}{13}+\frac{7}{8}$을 정확하게 계산할 수 있었다. 이 연산에서 두 분수는 1보다 약간 작고, 그래서 그 결과는 2보다 작다. 그러나 같은 학생들 중에서 2라고 어림한 학생은 ¼ 정도였고, 나머지 절반 이상은 19나 21이라고 어림하였다. 표 10-1에

표 10-1 지필 계산 문항과 그에 따른 어림 문항에 대한 대만 6학년 학생들의 성취도

정확한 답을 요구하는 지필 계산 문항		6학년 학생들의 정답률
$\frac{12}{13}+\frac{7}{8}$		61
최선의 답을 선택해야 하는 어림 문항		
정확한 답을 계산하지 않고 $\frac{12}{13}+\frac{7}{8}$의 타당한 어림값에 O표 하시오.	A. 1	10
	B. 2*	25
	C. 19	36
	D. 21	16
	E. 모른다	13
정확하게 계산한 곱셈식에 소수점을 찍으려 한다.	A. 29.1357	87
534.6×0.545＝291357	B. 291.357*	11
어림을 활용하여 소수점을 찍으시오.	C. 다른 답	2

*는 정답을 나타낸다.

제시된 다른 연산(즉, 534.6×0.545)는 필산 알고리즘을 사용할 경우 매우 복잡한 계산이지만, 0.545가 약 $\frac{1}{2}$이라는 것을 인식하면 타당한 어림값으로 291.357을 선택할 수 있다. (500과 600 사이에 있는 어떤 수와 $\frac{1}{2}$을 곱하면 계산 결과는 250과 300 사이이고, 291.357이 세 개의 답지 중 가장 타당한 답이 된다.) 그럼에도 대만 학생들 중 거의 90%가 29.1357을 선택하였고, 쿠웨이트의 8학년 학생들도 유사한 결과를 나타내었다(Alajmi & Reys, 2007). 분명히 29.1357은 타당한 답이 아니지만 "소수점 아래 자리 수를 센다."는 규칙을 적용하면 이 답을 얻게 된다. 두 분수의 합($\frac{12}{13}+\frac{7}{8}$)을 어림하는 데 있어서 낮은 성취도는 미국의 2차 NAEP에서 나타난 13세 학생들의 결과와 유사하다. 두 분수 모두 1보다 약간 작기 때문에 합은 2보다 약간 작아야 한다. 미국과 대만 모두 절반 이상의 학생들이 19나 21을 선택하였다. 이것은 정확한 답 이면에 깔린 학생들의 이해와 타당한 어림값을 만들어내는 학생들의 능력을 확인해야 한다는 점을 보여준다.

어림셈의 낮은 성취도는 호주, 쿠웨이트, 일본, 스웨덴, 미국을 포함해서 많은 나라에서 나타난다(Reys et al., 1999). 어느 국가든 학생들이 어림셈에 자신감을 가질 수 있도록 돕는 것이 필요하다. 이것은 여러분에게 어림셈에 대한 관점을 극적으로 변화시키고, 성취도를 향상시킬 수 있는 기회를 제공할 것이다.

요약

교사들은 학생들이 여러 가지 계산 방법을 선택하고 활용하는 자신감과 기능을 개발하도록 도와야 한다. 따라서 교사는 각 방법에 사용할 시간을 균형 있게 안배해야 한다.

NCTM에서는 모든 학생들에게 적절한 계산기를 사용하게 해야 한다고 권고하고 있다. 교사들은 계산기 사용에 대한 잘못된 신념에도 불구하고 계산기를 활용해야 하고, 학생들과 학부모들이 초등학교 수학 수업에서 계산기가 유용한 도구가 될 수 있음을 이해할 수 있도록 도와야 한다. 여기서 중요한 점은 다음과 같다. 계산기 활용은 사고를 요구한다. 계산기 활용은 학생들의 학업성취도를 향상시킬 수 있다. 계산기는 계산뿐만 아니라 수업 도구로도 유용하다.

머릿셈은 많은 계산을 수행하는 자연스러운 방법이다. 머릿셈 기능은 기본적인 연산 구구의 확장, 자릿값의 활용, 수의 분해, 조화수를 활용한 머릿셈에 목표를 둔 모든 것을 포함하고 있다. 학생들은 종종 효율적인 머릿셈 전략을 개발하는데, 교사들이 이것을 강조하고 보상하는 것이 중요하다. 머릿셈은 많은 계산을 수행하는 가장 직접적이고 효율적인 방법이며, 학생들의 비판적 사고 기능과 수 감각을 개발하도록 도우며, 어림셈 기능 개발에도 기여한다. 교사들은 학생들이 필산 알고리즘을 활용하여 머릿셈을 하지 않도록 주의해야 한다.

어림셈은 정확한 값이 아닌 대략적인 값을 만들어낸다. 어림셈은 기대되는 답에 대한 직관을 얻을 수 있고, 계산을 잘 하였는지를 확인하며, 계산 결과의 타당성을 검증할 수 있기 때문에 계산 전, 계산 중, 계산 후에 유용하다. 교사들은 정확한 값만을 고집하는 학생들의 마음을 바꾸어 어림셈의 힘과 유용성을 인식할 수 있게 해야 한다. 어림셈 전략에는 큰 자리수 어림, 조화수 사용, 융통성 있는 끝수처리, 군집 전략이 있다. 사용된 전략에 관계없이, 학생들은 타당한 어림값을 얻기 위해 초기의 어림값을 조정하는 것을 학습해야 한다. 학생들이 어림셈 전략을 잘 선택하고 활용하도록 돕기 위해서는 어림셈을 장려하고 보상하는 문제 제공하기, 학생들에게 정확한 답을 계산한 후 끝수처리해서 어림값을 구하면 안 된다는 것을 인식시키기, 어림값을 구한 방법을 설명하게 하기, 답이 하나라는 인식을 극복하도록 돕기, 어림셈이 필요한 실생활 상황을 생각해보게 하기 등이 있다. 다른 문화권의 연구에서는 필산과 머릿셈을 잘하는 학생이 반드시 어림셈을 잘하는 것은 아니라는 것을 보여준다.

연|습|문|제|

01. 다음 인용한 글은 4학년 학생이 교사가 원하는 것을 말한 것이다.

"머릿셈한 것은 글로 쓸 수 없기 때문에 선생님께서는 우리가 머릿셈하는 것을 좋아하지 않는다고 생각한다. 그리고 선생님께서는 우리가 계산기를 너무 많이 사용하고 공부를 하지 않을까 봐 계산기를 사용하는 것도 좋아하지 않는다. (생략) 선생님께서는 우리가 무엇을 하고 있고, 문제해결 과정에서 무엇을 잘못했는지를 알아야 하기 때문에 우리가 지필 계산을 하는 것을 좋아하신다."

여러분이 이 교사와 이야기를 할 수 있는 기회를 가졌다고 생각해 보자. 여러분은 이 교사에게 어떤 이야기를 할 것인가?

02. 다음과 같은 학부모의 말에 여러분은 어떻게 반응할 것인가?

"학생들이 계산기를 사용하면 사고를 하지 않으려고 하기 때문에 학교에서는 계산기를 사용하지 말아야 합니다."

03. 그림 10-2를 다시 보시오. 여러분은 수업에서 어느 정도의 시간을 계산에 할애해야 한다고 생각하는지 정하시오. 그렇게 생각한 이유를 생각해 보시오.

04. 많은 나라에서 어림셈에 대한 학생들의 성취도가 지필 계산에 대한 성취도보다 낮게 나타난 이유를 제시하시오.

05. 다음은 5학년 학생이 499×7을 머릿셈한 방법을 기술한 것이다. "위에 499를 쓰고, 아래에 7을 쓴다. 3을 쓰고 6을 받아올리고, 9를 쓰고 6을 받아올리고, 7 곱하기 4는 28이고 6을 더하면 34이다." 여러분은 이 학생의 머릿셈 방법이 가장 좋은 방법이라고 생각하는가? 왜 그렇게 생각하는지 설명하시오. 이것을 머릿셈으로 계산할 수 있는 다른 전략을 기술하시오.

06. 어림셈을 할 때 학생들에게 허용할 수 있는 답의 범위를 인식할 수 있도록 하는 것이 왜 중요한지를 설명하시오.

07. 다음 진술이 옳지 않은 이유를 설명하시오. "나는 여러분이 먼저 답을 어림한 후, 정확한 값을 계산하고, 어림값과 정확한 값이 얼마나 차이가 나는지를 알아보았으면 합니다."

연|구|문|제|

01. 적어도 두 학생에게 99+165를 암산해 보게 하고, 머릿셈한 방법을 질문하시오. 학생들이 사용한 전략을 기술하시오.

02. 성인 몇 명에게 29×24를 어림해 보게 하고, 어림값을 구한 방법을 말하게 하시오. 그림 10-16에 제시된 끝수처리 전략을 사용한 사람은 누구인가?

03. 표준화된 성취도 검사지를 선택한다. 검사지를 검토하여 이 검사지가 머릿셈과 어림셈을 평가하는 데 어느 정도의 비중을 두고 있는지를 알아보시오. 머릿셈이나 어림셈을 평가하는 평가 문항의 장점과 단점에 관해 논의하시오.

04. 논문 "Tech-knowledge & diverse learner"(Suh, 2010)을 읽어보시오. 테크놀로지를 사용했을 때 얻을 수 있는 장점 5가지를 기술하고, 학생들의 다양한 요구를 충족할 수 있는지 설명하시오.

05. 논문 "Calculators as Learning Tools for Young Children's Explorations of Number"(Huinker, 2002)를 읽어본다. 이 논문을 요약하고, 계산기를 활용해서 어린 학생들에게 수 개념을 탐구할 수 있는 기회를 제공할 수 있는 활동을 제시하시오.

06. 논문 "Counting is for the birds"(Jones, 2010)을 읽어보시오. 학생들의 어림셈 활동을 기술하고, 머릿셈이 어림셈 과정에 어떻게 도움이 되는지 설명하시오.

07. 어떤 계산기는 연산을 수행할 때 산술 논리를 사용한다. 예를 들어, 계산기에 3+5×4라고 입력하면 계산기에는 32=(3+5)×4라고 나타난다. 반면에 다른 계산기에는 대수 논리를 사용해서 23=3+(5×4)라고 나타난다. 각각의 계산기를 사용할 때 다음 두 문제를 어떻게 해결하는지 설명하시오. (a) (253−85)/4; (b) 253−(85/4)

08. 웹 사이트 http://www.learner.org/resources/series32.html에 들어가서 Choose a Method 비디오를 보고, 다음 물음에 답하시오.
- 여러분은 학생들이 머릿셈과 어림셈을 수행하는 것을 보았는가? 각각의 예를 기술하시오.
- 학생들은 계산을 쉽게 할 수 있는 조화수를 어떻게 만들었는가?
- 학생들 스스로 계산 방법을 선택하였다고 생각하는가? 그 이유를 제시하시오.
- 만약 여러분이 이 수업을 한다면, 어떤 차이가 있겠는가? 설명하시오.

아동용 추천도서

Goldstone, B. *Great Estimations*. New York: Henry Holt and Company, 2006.

Murphy, S. J. *Coyotes All Around*. New York: HarperCollins, 2003.

Neuschwander, C. *Amanda Bean's Amazing Dream*. New York: Scholatic, 1998.

Pinczes, E. J., & MacKain, B. *One Hundred Hungry Ants*. Boston, MA: Houghton Mifflin, 1993.

제11장 표준적인 그리고 대안적인 계산 알고리즘

"그녀는 고양이 가죽을 벗기는 현명하고 교묘한 방법을 한 가지 이상 알고 있었다."

- 마크 트웨인(Mark Twain, 아서 왕 궁전의 코네티컷 양키, 1889)

핵심 질문

1. 계산 알고리즘은 무엇인가? 아동들의 알고리즘 이해를 돕는 데 구체적 교구가 어떻게 그리고 왜 유용한가?
2. 교사가 아동들의 덧셈 알고리즘을 어떻게 도울 수 있는가? 모든 아동이 똑같은 덧셈 알고리즘을 사용해야 하는가?
3. 두 가지 표준 뺄셈 알고리즘은 무엇이며 아동들은 그것을 어떻게 개발하는가?
4. 분배법칙이 곱셈 알고리즘을 하는 데 어떻게 도움이 되는가?
5. 곱셈을 위한 부분-곱 알고리즘이 무엇이며 전통적인 곱셈 알고리즘과 어떻게 관련되는가?
6. 왜 아동들은 전통적인 나눗셈 알고리즘을 터득하는 것을 가장 어려워하는가?
7. 수의 합성(또는 분해)이 표준적인 뺄셈 알고리즘을 이해하는 데 필수적인 이유는 무엇인가?

서론

수백 년 동안, 계산 알고리즘이라 불리는 지필 계산 과정에 의한 계산 기능이 수학교육의 필수적 요소로 간주되어 왔다. 그러나 계산 지도에는 최근 몇 년간 많은 변화가 있었다. 교사가 알고리즘을 제시하고 시범을 보이는 대신에, 학생들 스스로 계산 방법을 구성하고 개발하는 것이 더 강조되기 시작하였다. 계산은 교사가 일러주는 계산 과정을 단지 기억하는 것이기보다는 학생이 정답에 이르는 자신의 방식을 추론하게 하는 문제해결의 과정으로 여겨지고 있다.

이와 같은 변화는 학생들이 대안적인 알고리즘을 탐구할 수 있음을 의미하기도 한다. 여러 자리 수의 계산을 하는 데 다양한 방법을 생각해 보고 경험한 학생들은 좀 더 유연하고 효율적이다. 이 장의 서문에서 마크 트웨인이 제안하였듯이, 고양이 가죽을 벗기는 방법이 한 가지 이상 있음을 아는 것이 중요하다.

교사가 으레 제시하는 알고리즘은 몇 세기에 걸쳐 다듬어져 온 것들이다. 그것들은 매우 효율적이지만, 학생들이 계산하면서 생각하는 방법을 반드시 반영한 것은 아니다. 계산의 정확성과 효율성이 중요하지만, 계산기와 컴퓨터의 도입으로 인하여 손으로 여러 쪽을 계산하지 않아도 되기 때문에 효율성이 그렇게까지 중요한 것은 아니다. 그 대신 오늘날의 교실에서 계산에 대한 학생들의 추론과 사고에 관심을 갖는 것이 중요하다. 공통핵심수학규준(CCSSM)에서는 학생들이 표준적이지 않은 알고리즘을 이해할 수 있어야 한다는 성취기준을 제시하고 있다. 예를 들어, 학생들은 "자릿값의 개념에 바탕을 둔 전략과 알고리즘을 사용하여 덧셈과 뺄셈을 할 수 있어야 하며, 덧셈과 뺄셈 사이의 관계를 이해할 수 있어야 한다."

앞 장에서 언급했듯이, NCTM(2000)의 《학교수학을 위한 원리와 규준》은 학년군별(Pre-K~2, 3~5, 6~8 학년)로 갖추어야 하는 연산 감각, 기본 구구와 계산에 대해 기대하는 바를 수와 연산 기준에 포함하고 있다. NCTM 지침서가 출판된 이후 수년 동안, 미국

표 11-1 덧셈과 뺄셈에 관한 CCSSM의 성취기준

학년	성취기준
1학년	• 자릿값의 개념을 사용하여 덧셈과 뺄셈 연산의 성질을 이해할 수 있다. – 구체적 모델이나 그림을 이용하여 100 이내의 덧셈을 할 수 있고, … 자릿값을 바탕을 둔 전략, 연산의 성질, 덧셈과 뺄셈 사이의 관계를 이해하고, 이 전략을 지필 계산 방법과 연결시키고 사용된 추론을 설명할 수 있다. • 구체적 모델이나 그림을 사용하여 10(10–90)씩 뺄 수 있고, 자릿값을 바탕으로 둔 전략, 연산의 성질, 덧셈과 뺄셈 사이의 관계를 이해하고, 이 전략을 지필 계산 방법과 연결시키고 사용된 추론을 설명할 수 있다.
2학년	• 자릿값의 개념을 이용하여 덧셈과 뺄셈의 성질을 이해할 수 있다. – 자릿값의 개념을 바탕으로 한 전략, 연산의 성질, 덧셈과 뺄셈의 관계를 이용하여 100까지의 덧셈과 뺄셈을 능숙하게 할 수 있다. – 자릿값의 개념을 바탕으로 한 전략, 연산의 성질을 이용하여 두 자리 수를 네 개까지 더할 수 있다. – 구체적 모델, 그림, 자릿값의 개념을 바탕으로 한 전략, 연산의 성질, 덧셈과 뺄셈의 관계를 이용하여 1000까지의 덧셈과 뺄셈을 할 수 있다. – 세 자리 수의 덧셈과 뺄셈에서 십의 자리나 백의 자리로의 고쳐묶기를 이해할 수 있다. • 자릿값의 개념, 연산의 성질을 이용하여 덧셈과 뺄셈 전략이 어떻게 작용하는지 설명할 수 있다.
3학년	• 자릿값의 개념, 연산의 성질을 이용하여 여러 자리 수의 연산을 할 수 있다. – 자릿값의 개념을 바탕으로 한 전략, 연산의 성질, 덧셈과 뺄셈의 관계를 이용하여 1000까지의 덧셈과 뺄셈을 할 수 있다.
4학년	• 자릿값의 개념, 연산의 성질을 이용하여 여러 자리 수의 연산을 할 수 있다. – 표준적인 알고리즘을 이용하여 여러 자리 수의 덧셈과 뺄셈을 능숙하게 할 수 있다.
5학년	• 자릿값의 개념, 연산의 성질을 이용하여 소수의 연산을 할 수 있다. – 구체적 모델, 그림, 자릿값의 개념을 바탕으로 한 전략, 연산의 성질, 덧셈과 뺄셈의 관계를 이용하여 소수점 둘째 자리까지의 소수의 덧셈과 뺄셈을 할 수 있고, 덧셈과 뺄셈 사이의 관계를 이해하고, 이 전략을 지필 계산 방법과 연결시키고 사용된 추론을 설명할 수 있다.
6학년	• 자릿값의 개념, 연산의 성질을 이용하여 여러 자리 수의 연산을 할 수 있다. – 표준적인 알고리즘을 이용하여 여러 자리 수의 소수의 덧셈과 뺄셈을 능숙하게 할 수 있다.

내 주들은 그들 나름의 교육과정 지침과 프레임워크를 발전시켜 왔다. 이 문서는 때때로 어느 학년 수준에서 어떠한 개념과 구구, 혹은 기능이 숙달되어야 하는지에 관한 구체적인 권고가 되기도 한다. 그러나 최근 연구에서 흥미롭고 혼란스러운 결과가 있는데 이는 학생들이 자연수에 대한 네 가지 기본 연산(덧셈, 뺄셈, 곱셈, 나눗셈)을 언제 숙달해야 하는지에 대해 주들 간의 합의가 없다(Reys, 2006)는 것이다. 어느 주에서는 학생들이 유치원에서 여러 자리 수의 덧셈과 뺄셈을 시작해야 한다고 기대하는 반면, 다른 주에서는 3학년 때까지 미루어야 한다고 권고하기도 한다. 실제로 모든 주에서 여러 자리 수의 덧셈과 뺄셈은 1학년에서부터 6학년에 걸쳐서 지속적으로 숙달해야 하는 대상으로 인식되고 있다. 여러 자리 수의 곱셈과 나눗셈은 일반적으로 3학년과 4학년에서 주로 이루어지며, 4학년 혹은 5학년에서 완전히 숙달이 이루어져야 한다고 본다. 반면에 어떤 주에서는 곱셈과 나눗셈의 숙달은 6학년까지 미뤄도 된다고 보고 있다. 또한 오로지 한 주에서만 덧셈이 1학년 말까지 숙달되어야 한다고 권고하는 반면, 15개 주에서는 4학년 말까지 이루어져야 한다고 보며, 3개 주에서는 6학년 말이라고 보고 있다. 이렇게 혼란스러운 주별 성취기준의 문제점을 인식하고, NCTM(2006)은 핵심사항을 출판하여 계산을 포함하는 매우 중요한 수학 개념과 기능에 관한 "학년별 성취기준"을 구체화하였다. 그 이후 2010년에 CCSSM은 공통핵심규준을 개발하여 모든 주가 받아들이도록 하였다(CCSSI, 2010). 표 11-1(덧셈과 뺄셈)과 표 11-2(곱셈과 나눗셈)는 계산 방법과 알고리즘의 개발과 숙달에 관한 CCSSM의 성취기준을 제시한 것이다.

계산기가 비록 계산 부담을 줄여주는 데 유용하다고는 하지만, 종이와 연필 위주로 이루어지는 알고리즘 사용 능력은 여전히 학생들에게 본질적인 것이라고 여겨진다. 중요한 것은 학생들이 특별한 문제에 적절한 계산 방법을 선택하고 사용하며, 그 결과가

표 11-2 곱셈과 나눗셈에 관한 CCSSM의 성취기준

학년	성취기준
3학년	• 자릿값의 개념, 연산의 성질을 이용하여 여러 자리 수의 연산을 할 수 있다. – 자릿값의 개념을 바탕으로 한 전략과 연산의 성질을 이용하여 한 자리에 몇십을 더할 수 있다.
4학년	• 자릿값의 개념, 연산의 성질을 이용하여 여러 자리 수의 연산을 할 수 있다. – 자릿값의 개념을 바탕으로 한 전략, 연산의 성질을 이용하여 자리 수끼리의 곱셈과 두 자리 수끼리의 곱셈을 할 수 있다. 격자 모델, 넓이 모델, 식을 사용하여 곱셈을 설명할 수 있다. – 자릿값의 개념을 바탕으로 한 전략, 연산의 성질, 곱셈과 나눗셈의 관계를 이용하여 피제수가 네 자리 수이고 제수가 한 자리 수인 나눗셈의 몫과 나머지를 구할 수 있다. 격자 모델, 넓이 모델, 식을 사용하여 나눗셈을 설명할 수 있다.
5학년	• 여러 자리의 소수 연산을 할 수 있다. – 표준적인 알고리즘을 이용하여 여러 자리의 자연수 곱셈을 능숙하게 할 수 있다. – 자릿값의 개념을 바탕으로 한 전략, 연산의 성질, 곱셈과 나눗셈의 관계를 이용하여 피제수가 최대 네 자리 수이고 제수가 두 자리 수까지인 나눗셈의 몫과 나머지를 구할 수 있다. 격자 모델, 넓이 모델, 식을 사용하여 나눗셈을 설명할 수 있다. – 구체적 모델이나 그림, 자릿값의 개념을 바탕으로 한 전략, 연산의 성질, 곱셈과 나눗셈의 관계를 이용하여 소수점 둘째 자리까지의 소수의 곱셈과 나눗셈을 할 수 있다. 이 전략을 지필 계산 방법과 연결시키고 사용된 추론을 설명할 수 있다.
6학년	• 여러 자리 수의 연산을 능숙하게 하고, 공약수와 공배수를 찾을 수 있다. – 표준적인 알고리즘을 이용하여 여러 자리 수의 나눗셈을 능숙하게 할 수 있다. – 표준적인 알고리즘을 이용하여 여러 자리 수의 곱셈과 나눗셈을 능숙하게 할 수 있다.

타당한지를 판단하는 것이다.

개념적 이해와 계산의 숙달 사이의 균형은 계산 숙달을 발달시키는 데 본질적이다. 이와 같은 향상된 능력을 개발하기 위한, 계산 지도 지침은 다음과 같다.

- 간단한 계산의 명확한 이해와 숙달
- 발전된 수학 탐구를 위해, 지필 알고리즘을 사용한 지루한 계산 지도의 지양
- 서로 다른 수학적 상황에 적합한 — 빠른 머릿셈으로부터 컴퓨터의 사용까지 — 광범위한 계산과 어림셈 기법 사용의 촉진
- 테크놀로지를 적절하게 활용하는 기능 및 계산 결과를 문제 상황으로 전환하는 능력의 개발
- 계산의 타당성 여부의 확인 방법 제공 (수와 알고리즘 감각, 어림기능)

수년에 걸쳐, 교육자들은 네 가지 기본 연산을 위한 알고리즘을 지도하는 데 있어 몇 가지 모델을 발달시켜 왔다. 이 모델을 발달시키는 취지에는 학생들 스스로 수학을 학습하는 데 능동적으로 참여하여야 한다는 생각이 있다. 학생들은 표준적인 연산 알고리즘 혹은 대안적인 방법을 사용하는 것이 더 편안할 수 있다. 이 장에서는 정확한 답 혹은 대략적인 답을 필요로 하는지에 따라 적절한 계산 방법을 선택하도록 학생들을 지도하는 것이 중요하다는 점을 강조할 것이다.

이해를 통한 알고리즘 지도

덧셈, 뺄셈, 곱셈, 나눗셈에 관한 연산 숙달은 계산하는 여러 방법을 사용할 줄 알고 여러 가지 방법 사이의 관계를 인식하는 것이다. 이러한 능력은 학생들이 특별한 알고리즘에 관한 절차를 배워야 가능해지지만, 학생들은 절차적 이해를 가능하게 해 주는 개념적 이해도 지녀야 한다. 교사는 알고리즘을 가르치는 데 초점을 맞추면서, 학생들이 계산 숙달과 개념 이해 사이의 균형을 잡고 잘 연결시키도록 도와주어야 한다(NCTM, 2000, p.35). 그러기 위해서는 학생들에게 알고리즘을 기계적으로 익히기보다 이해를 통해 배우는 것이 중요하다는 것을 인식시켜야 한다.

알고리즘 학습을 위한 교구의 역할

알고리즘을 이해하도록 하는 데 구체적 조작 자료의 사용은 필수적이다. 구체적 조작 자료는 실생활 문제 상황과 추상적 알고리즘 사이의 다리가 되어, 기호에 의한 표현이 실제 사물과 활동을 나타낸다는 것을 점차적으로 인식하도록 도와준다. 학생들이 구체물을 다룰 수 있는 충분한 시간을 주어야 하며, 그림이나 기호로 이행할 수 있도록 해야 한다. 연결 큐브, 수 막대, 아이스크림 막대, 콩 막대와 콩, 단추 등과 같은 자료들은 문제 상황을 표현할 때 사용되는데, 이는 학생들이 알고리즘을 언제, 어떻게 수행할 것인가를 이해하는 데 도움을 준다.

자릿값 개념의 중요성

0과 자연수 계산에 대한 각 알고리즘은 자릿값 개념에 바탕을 두고 있는데, 이에 대해서는 8장에서 언급한 바 있다. 학생들은 알고리즘을 효과적으로 사용할 수 있기에 앞서, 이와 같은 개념에 대하여 확실하게 이해해야 한다. 자릿값 개념을 고쳐묶기(renaming) 개념과 직접 연계시키는 것은 각 연산에 대한 알고리즘이 탐구되고 개발되는 데 필수적인 단계이다. 여러 가지 다양한 교환 활동을 제공한 다음 달리 이름 붙이기 활동이 뒤따르게 된다.

낱개 138을 열 개씩 묶음과 낱개로 다시 묶어라.
138은 열 개씩 ____ 묶음이고 낱개가 ____ 개다.

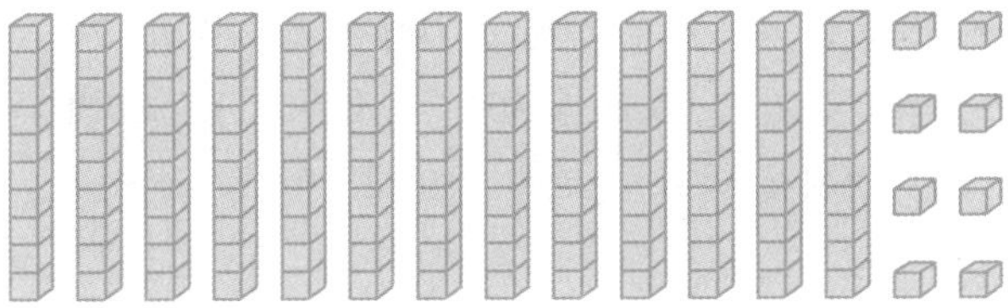

46을 열 개씩 묶음과 낱개로 나타내어라.

46은 열 개씩 ____ 묶음이고 낱개가 ____ 개이다.

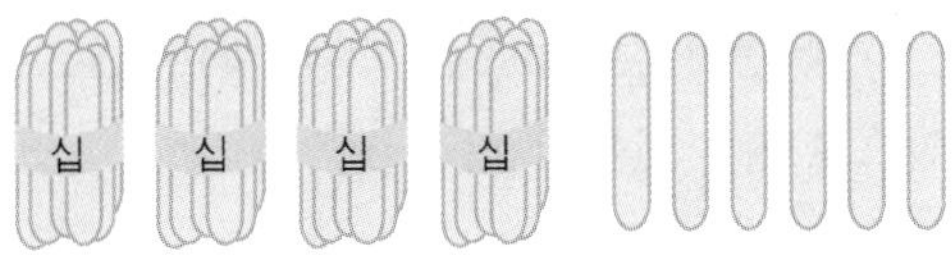

- 열 개씩 7묶음과 낱개 16개는 열 개씩 8묶음과 낱개 ____ 개이다.

십	일
7	16

십	일
8	6
~~7~~	~~16~~

- 35는 열 개씩 2묶음과 낱개 ____ 개이다.

십	일
3	5

십	일
2	?
~~3~~	~~5~~

- 열 개씩 5묶음과 낱개가 3개인 수를 일의 자리의 수가 더 많도록 고쳐 묶어라.

십	일
5	3

십	일
4	13
~~5~~	~~3~~

- 열 개씩 6묶음과 낱개가 5개인 수를 서로 다른 다섯 가지 방법으로 나타내어라.
- 37을 가능한 한 서로 다른 방법으로 나타내어라.

이 마지막 활동에 대하여 여러 가지 다양한 아이디어가 나올 것이다. 학생들은 때때로 생각하는 그 이상의 여러 가지 방법으로 해결한다.

여러 자리 수를 계산하는 알고리즘의 개발은 자릿값에 대한 학생들의 이해를 바탕으로 해야 한다.

자릿값에 대한 이해는 자릿값의 핵심 개념 — 사물의 개수를 열 개씩 묶고 그 묶음을 다시 열 개씩 묶은 것과 같은 — 과 묶음을 나타내는 표현의 구조 사이를 연결짓는 것이다(Wearne and Hiebert, 1994, p.273).

덧셈

기본 연산에 대한 숙달은 Pre-K~2학년의 목표이며, 묶기와 수 세기와 같은 여러 다양한 경험을 통하여 숙달된다. 학생들은 여러 대상을 대하면서, 덧셈에 대한 구체적인 이해를 발달시킨다. 학생들은 대상을 함께 움직이며 대상의 전체 수를 알아내기 위해 수 세기 전략을 사용한다. 처음에는 모든 것을 다시 세면서 시작할 수 있으며, 이후에 이러한 전략은 때때로 더 효율적인 수 세기 전략으로 바뀌기도 한다. 학생들이 덧셈을 어떻게 하는지 좀 더 살펴보면, 다양한 어림셈과 계산 전략이 나타난다.

1학년 교실에서 수업을 한다고 가정해 보자. 고쳐 묶기(예컨대, 52를 십이 5이고 일이 2로 달리 이름붙이기 등)에 관한 간단한 복습 활동을 한 후에 다음 문제를 제시한다.

교석과 태영은 야구 카드를 모았다. 교석은 27장, 태영은 35장 가지고 있다. 이 두 학생은 야구 카드를 모두 몇 장 가지고 있는가?

구하게 될 답의 타당성에 주의를 기울이게 하기 위해, 다음과 같은 발문으로 시작할 수 있을 것이다.

두 학생이 카드를 50장보다 많이 가지고 있을까요? 왜 그렇게 생각하나요?

100장보다 많이 가지고 있을까요? 왜 그렇게 생각하나요?

그리고 나서 4~5명으로 구성된 각 모둠에 카드나 종이쪽지를 주고, 답을 예상하여 종이에 쓰도록 지시한 다음, 그것이 왜 옳은지 설명하도록 준비시킨다. 그 학생들에게 카드를 주는 대신에 타일, 수 막대, 주판, 혹은 그림 그리기와 같이 수학 문제를 푸는 데 익숙한 것들을 사용하게 한다. 다른 때에는 모둠으로 푸는 대신 개별적으로 문제를 해결하도록 하고 그들이 수행한 과정에 대해 설명을 기록하게 한다. 학생들은 전략을 탐구하고 고안하며, 서로 다른 사고 방법들 사이의 관련성을 이해해야 한다. 각 모둠별로 혹은 개별적으로 답을 구한 후, 문제를 해결한 방법에 대하여 학급 전체 논의가 필요하다. 아마도 교사는 칠판 위에 각 설명의 요점을 기록하는 것이 필요할 수도 있다.

- 1모둠은 카드 27장과 35장을 모두 센 다음 모든 카드를 하나씩 세었다.

$$27 + 35 = 62$$

- 2모둠은 열 장씩 2묶음과 남은 7장, 열 장씩 3묶음과 남은 5장을 만들었다.

```
 열씩 2묶음 + 7
 열씩 3묶음 + 5
 ──────────────
 열씩 5묶음 + 12, 이는 열씩 6묶음 + 2, 또는
                  62로 나타낼 수 있다.
```

- 3모둠은 20과 30이 50이 되고, 7과 5는 12가 된다는 것을 알았다.

```
   20 + 7
 + 30 + 5
 ────────
   50 + 12, 또는 62
```

- 4모둠은 언니가 가르쳐 준 방법대로, 먼저 5 + 7을 하여 12를 얻은 후 일의 자리에 2를 적고, 10의 자리에 1을 올리고 난 후, 그것을 20과 30과 함께 더하여 60을 얻어 결과 62를 적는다. 교사는 이 문제에 대한 사고 과정을 기록하기 위한 다른 방법을 보여준다.

```
   1
   27       27
 + 35     + 35
 ────     ────
   62       12
            50
          ────
            62
```

- 5모둠은 4모둠과 거의 동일한 방법이지만, 7과 5를 더하기 전에 20과 30을 더하는 것을 고려했다는 점에서 약간 다르게 하였다.

```
   27
 + 35
 ────
   50
   12
 ────
   62
```

- 6모둠은 계산하기 쉽게 십의 자리 수로 계산한 다음 조정하였다. 또 그들은 다른 방법으로도 풀어 보임으로써 자신들의 답을 확인하였다.

```
   27 + 3 = 30         27 − 5 = 22
 + 35 − 3 = 32       + 35 + 5 = 40
 ─────────────       ─────────────
            62                  62
```

- 7모둠은 27 + 5 = 32를 구한 다음 32 + 30 = 62를 구했다. 이 학급의 어떤 학생들은 27 + 30 = 57, 그리고 난 다음 57 + 5 = 62를 생각해냈다.

모든 학생들은 자신들이 맞았다고 확신하였으며, 그 이유를 말할 수 있었고, 다른 모둠의 결과도 옳다는 것을 확인하였다! "모든 모둠의 답이 62가 나왔다고 해서 62가 정말 정확한 답인가요?"라고 묻자 몇몇 학생들이 "아니오!"라고 하면서, "27은 30에 가까우므로 30으로 보고 이에 35를 더하면 65가 되지만, 27은 30보다 3이 작기 때문에 그 답은 62라고 해야 합리적이에요."라고 말하였다. 어떤 아동은 왼쪽에서 오른쪽 방향으로 계산했는데, 이는 종종 학생들이 그들 자신의 알고리즘을 구성할 때 그렇게 한다는 연구 결과(Kamii, Lewis, & Livingston, 1993)와 같다. 그들 모두가 조작 자료를 사용한 것은 아니지만, 학생들이 쓴 알고리즘은 그들이 조작했던 자료를 모델화한 것이었다. 또는 자신들이 학교 밖에서 "고안한" 과정을 사용하였다. 학생들에게 수가 어떻게 서로 어울리는지, 그리고 어떻게 십진법이 머릿셈을 도울 수 있는지에 관해 생각할 기회를 자주 주었다면, 계산하는 데 그들의 생각을 좀 더 유연하게 할 수 있었을 것이다.

표준적인 덧셈 알고리즘

계산은 지필 계산뿐만 아니라 머릿셈으로도 가능하다. 아동들은 이것을 인식해야 하며, 아울러 한 자리 수나 두 자리 수를 포함하는 많은 덧셈을 머릿셈으로 할 수 있으며 또 그렇게 해야만 한다. 고쳐묶기를 하는 많은 활동은 아동들에게 덧셈 알고리즘을 취급하기 위한 바람직한 기초가 된다. 언니가 가르쳐준 방법에 의존한 모둠(4모둠)만이 표준 알고리즘에 가까웠다.

	생각하기
1	7+5=12
27	일의 자리에 2를,
+ 35	십의 자리에 1을 쓴다.
62	2+3+1=6 (10이 6)

학생들이 이와 같은 알고리즘을 사용하지 않았다고 해서 놀랄 일은 아니다. 이것은 수세기에 걸쳐 다듬어진 결과이다. 이것은 효율적이기 때문에 일반적으로 사용되고 있으나(다른 알고리즘보다 복잡하지 않음) 자세하지는 않다. 아마도 12에서 받아 올린 수 1을 십의 자리에 써야 한다는 것을 알려줄 필요가 있다. 학생들이 왜 그렇게 되는지에 대한 이해 없이 표준 알고리즘을 시도할 경우, 그들에게 직관적으로 의미가 있던 방법으로 덧셈을 할 때보다 더 많은 오류를 범할 수 있다. 이런 이유에서 학생들이 그림 11-1과 같은 활동을 통하여 이 개념을 발전시키는 것이 중요하다. 여기에서 학생이 십진 블록을 이용하여 일 모형 10개와 십 모형 1개를 교환함으로써 "받아올림하는" 경험을 하게 된다.

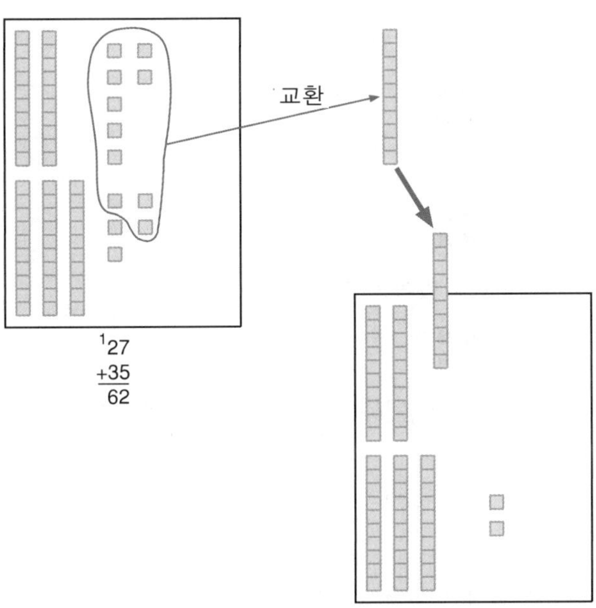

그림 11-1 표준 덧셈 알고리즘에서 수 모형을 활용한 받아올림 이해

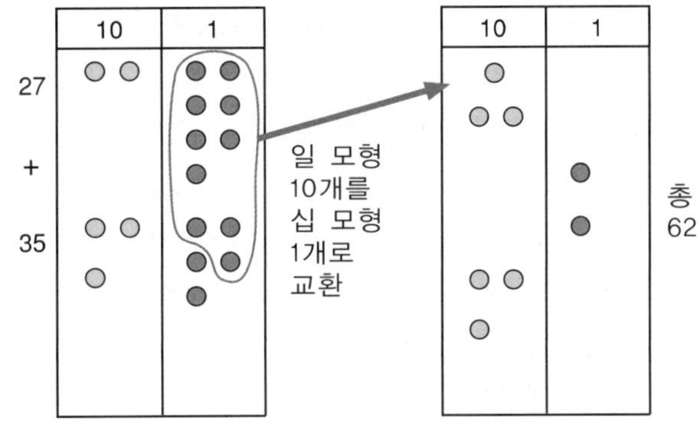

그림 11-2 표준 덧셈 알고리즘을 모델링하기 위한 바둑알과 자릿값 판의 사용

각 모둠의 학생들이 서로 다른 방법으로 계산한 내용을 공유함으로써, 학생들은 서로 가르치고 배우게 된다. 어느 시점에서 교사는, 아동들과 함께 표준 알고리즘을 논의할 것인데, 그것은 학생들이 개발한 방법들보다 축약되었고 어른들이 더하는 방법이라고 설명할 것이다. 그림 11-2와 같이 바둑알과 자릿값 판을 사용하면 표준 알고리즘을 소개하기 전에 받아올림을 표시하는 자연스러운 과정을 제공할 것이다.

부분-합 덧셈 알고리즘

5모둠이 사용한 알고리즘은 표준 알고리즘과 유사하지만, 모든 부분-합이 분리되어 보이기 때문에 좀 더 명료한 편이라서 받아올림하는 데 실수를 덜 하게 된다. 5모둠은 오른쪽에서 왼쪽으로 더하는 것보다 좀 더 자연스러운, 왼쪽에서부터 오른쪽으로(10의 자리 먼저, 다음에 1의 자리) 더하였다. 그러나 이와 같은 부분-합 알고리즘은 1의 자리에서 시작하여, 이어서 10의 자리 등등(4모둠이 보여주었듯이)으로 계산하는 방법과 동일하게 작용한다. 부분-합 알고리즘은 덧셈(학생들의 최종 목표)의 대안적인 알고리즘으로 사용될 수 있으며 혹은 과도기적 알고리즘(표준 알고리즘으로 다가가는 중간 과정)으로 유용하다. 그러나 이상적으로는 학생들 스스로 찾아낸 것으로 이해하기 가장 손쉬운 그 방법을 사용하도록 해야 한다.

교사가 학생들에게 제시한 다음 문제는 13과 54의 덧셈 문제이다. 최근까지 교사는 이와 같이 받아올림이 없는 문제를, 받아올림이 있는 27과 35와 같은 덧셈 문제보다 훨씬 먼저 도입했다. 그러나 이런 유형의 문제들을 분리하여 지도하는 것은 연산과 알고리즘에 대한 오개념 형성을 초래할 수도 있다는 사실을 깨닫게 되었다. 학생들에게 처음부터 받아올림이 포함되어 있는 덧셈과 포함되지 않은 덧셈이 함께 들어 있는 문제들을 계산하도록 하는 것이 좀 더 현실적이고 교육적으로 더 의미가 있다.

다음 덧셈 문제들은 그 절차를 단순히 백의 자리까지 받아올림하는 확장에 불과하다.

437	437	254	672
+ 25	+ 521	+ 283	+ 188

학생들은 두 자리 이상의 수에 대한 계산 경험을 충분히 가짐으로써, 거기에도 별다른 어려움이 없다는 것을 인식해야 하며, 계산기가 없어도 계산은 할 수 있어야 한다. 그러나 대부분의 계산 연습은 두 자리 수의 경우에 중점을 두고 있다.

10, 100 등의 배수를 더하는 것은 좀 더 간편한 경우이다. 이것은 학생들이 머릿셈과 어림셈을 하는 데 필요할 뿐만 아니라, 지필 계산을 수행하는 데 있어서도 중요한 기능이다.

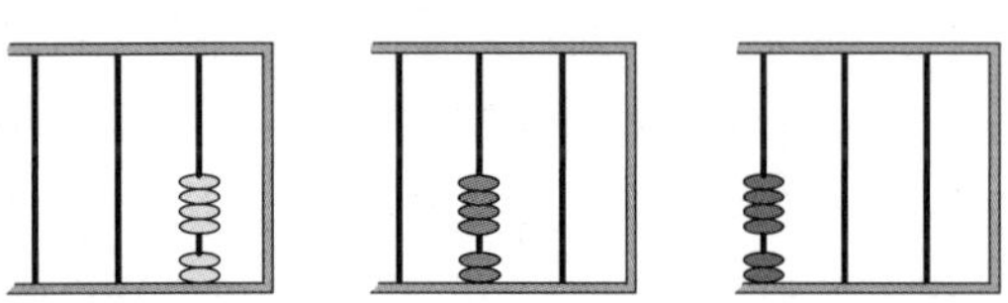

4	40	400
+ 2	+ 20	+ 200

아동이 덧셈을 할 때(다른 연산에서도 마찬가지), 구한 답이 대략적으로 맞는지 확인하기 위해 어림을 하도록 권장해야 한다. 조화수의 사용은 강력한 어림 전략이다. 덧셈 알고리즘을 좀 더 깊이 이해하게 하고, 머릿셈 연습 및 어림 기능의 신장을 위한 몇 가지 문제해결 활동이 <수업자료 11-1>에 제시되어 있다.

수|업|자|료|11-1

블록으로 규칙성 탐구하기

학습목표: 덧셈을 포함하는 머릿셈과 어림셈 숙달을 위해 어울리는 수 이용하기

대상학년: 1~3학년

▼ ■ 속에 알맞은 수를 써 넣어라.

52	29	■8	452
+ 16	+ 36	+ 21	+ ■7
6■	■5	79	489

▼ 구름 속에 제시된 숫자만 사용하여 아래 합이 되도록 덧셈 문제를 만들어라.

4 4	_ _	_ _
+ 4 6	+ _ _	+ _ _
9 0	8 8	7 0
(4, 6)	(3, 5)	(7, 3)

▼ 2, 4, 6, 8을 각 경우에 한 번씩만 사용하여 다음을 해결하여라.

- 가장 작은 합

  ■■
+ ■■

- 가장 큰 합

  ■■
+ ■■

- 100에 가까운 합

  ■■
+ ■■

▼ 다음 수만을 사용하여 다음에 알맞은 수를 구하여라.

24	40	22	15	31	14

- 합이 64인 두 수
- 합이 70보다 큰 두 수
- 합을 한 수의 일의 자리의 수가 8인 두 수
- 합이 93인 세 수

받아올림이 있는 (두 자리 수)+(한 자리 수)

17+4, 47+8 또는 3+28 등과 같이 받아올림이 있는 (두 자리 수) + (한 자리 수) 계산은 때때로 "끝자리에 맞추어 더하기(adding by endings)"라 불리는 전략에서 사용된다. 이 경우 두 자리 수는 한 자리 수의 앞뒤 어느 쪽에도 올 수 있다.

두 자리 수와 한 자리 수의 덧셈은 많은 실생활 문제에서 나타난다. 예를 들면, 89센트짜리 물건을 사고 6센트의 세금을 낼 때 지불해야 하는 돈은 얼마인가? 이 기능은 곱셈에서도 필요하다. 어떤 아동은 이어세기 전략을 사용하여 이 계산을 할 것이며, 이는 명백히 이와 같은 덧셈 문제를 해결하는 한 방법이기도 하다. 그렇지만 이어세기 전략은 효율적이지 못하다. <수업자료 11-2>에서는 9+5, 19+5, 29+5 등과 같은 덧셈 사이의 관계에 초점을 맞추었다. 이 활동의 결과, 아동은 다음을 깨닫게 된다.

- 각각의 예에서, 9+5=14이기 때문에 합의 일의 자리는 모두 4이고, 십의 자리는 1 이상일 것이다.
- 9+5의 합이 10보다 4 크기 때문에 19+5의 합은 20보다 4 크고, 29+5의 합은 30보다 4 크다.
- 59+5에 대해서는, 일의 자리는 4이고 십의 자리는 6(5+1)일 것이다.

아동들은 27+32와 같이 일의 자리끼리 더하고 난 다음 십의 자리끼리 더하는 과정을 밟지 않고도, 위와 같은 덧셈을 자동적으로 수행할 수 있어야 한다.

기본적인 덧셈 구구 전략(9장에서 기술되었던 것과 같은)에 대한 수 감각과 방법을 이미 알고 있는 학생들은 받아올림이 있는 문제를 덜 어려워할 것이다. <수업자료 11-2>에서와 같이 규칙을 보면서 친구들 및 교사와 함께 설명할 수 있도록 의견을 나누는 것은 머릿셈이 좋아지게 할 뿐 아니라, 받아올림이 있는 덧셈 기능을 향상시킨다.

수|업|자|료|11-2

규칙성 찾기

학습목표: 덧셈의 머릿셈 기능을 개발하기 위하여 관찰된 규칙성 이용하기
대상학년: 1~2학년

▾ 아래 덧셈을 하여라.

3 + 6 = 9
13 + 6 = 19
23 + 6 = 29
53 + 6 = □
83 + 6 = □

▾ 덧셈 4+8은 14+8을 계산하는 데 어떤 도움을 주는가?

4	14
+8	+8
12	22

▾ 다음을 계산해 보시오.

9	19	29	39	79	89
+5	+5	+5	+5	+5	+5

7	17	27	37	47	87
+3	+3	+3	+3	+3	+3

뺄셈

덧셈과 마찬가지로 여러 자리 수의 뺄셈을 하기 위해서는 기본 구구와 자릿값에 대한 사전지식이 필요하다. 교환하기 혹은 받아올림의 경험은 어느 자릿값 열에 있는 10은 왼쪽의 1과 서로 교환할 수 있다는 생각을 발달시키기 위해 중요하다. 예를 들어, 37은 십짜리 3개와 일짜리 7개 혹은 십짜리 2개와 일짜리 17개, 혹은 십짜리는 하나도 없어도 일짜리 37개가 될 수 있다는 생각에 익숙해야 한다.

이런 방식으로 생각하면, 학생들은 의미 있는 뺄셈 전략을 세우는 데 유연성을 갖게 될 것이다. 마찬가

지로, 뺄셈 알고리즘을 배우기 전에 뺄셈이 포함되어 있는 다양한 문제해결 상황을 경험할 필요가 있다.

표준 뺄셈 알고리즘

최근 수년 동안 가르쳐 오고 있는 뺄셈의 표준 알고리즘은 분해 알고리즘(decomposition algorithm)이다. 이는 피감수를 분해하기 또는 고쳐묶기와 같은 논리적 과정을 포함한다. 다음은 십이 9이고, 일이 1인 수를 십이 8이고 일이 11인 수로 고쳐 묶는 예를 나타낸다.

```
            생각하기
  8 1
  Ø 1     11 − 4 = 7 (일이 7)
 −2 4      8 − 2 = 6 (십이 6)
  6 7
```

학생들은 마치 덧셈에서 그랬던 것처럼 뺄셈의 경우에도 다른 알고리즘을 종종 개발한다. 학생들은 왼쪽에서부터 오른쪽 방향으로 뺄셈을 시도할 수도 있는데, 어쩌면 혼동이 생길지도 모른다. 그러나 학생들은 수에 대해서 심사숙고하여 다음과 같은 대안을 구상하기도 한다.

```
  74
 −58                 70 + 4
  20        또는     −50 − 8
  −4                  20 − 4 = 16
  16

                      1       1
       74      58      58      58      74
또는  −58  →  +    →  + 6  →  +16  →  −58
               74      74      74      16
```

알고리즘을 이해하기 위해서 학생들은 구체적 조작물을 사용하여 문제를 해결하는 과정과 필산 알고리즘으로 해결하는 과정을 연결시킬 필요가 있다. 학생이 구체적 조작 자료와 기호 사이의 연결성에 집중하도록 하는 발문은 매우 중요하다. Rathmell과 Trafton(1990, p.168)이 제기한 문제를 활용하는 다음의 예를 살펴보자.

점심 급식을 먹지 않겠다고 표시한 아동은 61명이었다. 이들 가운데 점심을 먹으러 집에 간 아동은 22명이었다. 나머지는 도시락을 가지고 왔다. 도시락을 가지고 온 아동은 몇 명인가?

무엇을 구하려고 하는가? (몇 명이 도시락을 가져왔는가?)

구하고자 하는 것이 60보다 클 것이라고 혹은 작을 것이라고 생각하는가? (작을 것이다. 왜냐하면 점심 급식을 하지 않는 학생이 61명이고 그들 중 몇 명은 집에 가서 점심을 먹었기 때문이다.)

점심 급식을 하지 않겠다고 한 학생은 몇 명인가? (61)
점심을 먹으러 집에 간 아동은 몇 명인가? (22)

이것을 어떻게 설명할 수 있는가? (61을 보이기 위해 큐브를 사용한 후 22개의 큐브를 분리한다.)

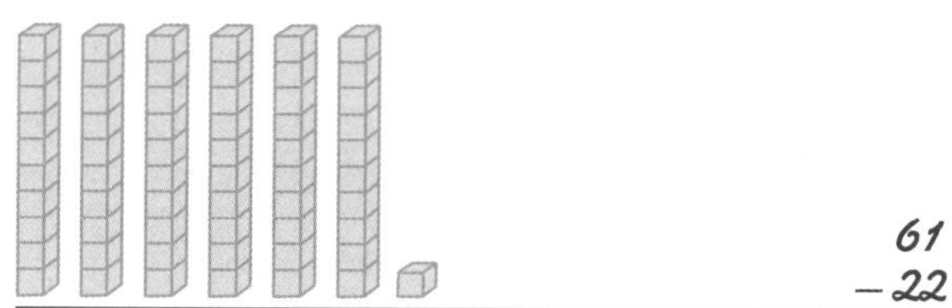

우선 일의 자리를 뺀다고 하자. 2를 빼기에 일의 자리는 충분한가? (아니오.)

일의 자리를 어떻게 해야 더 얻을 수 있는가? (우리는 10의 자리의 막대를 바꿔치기할 수 있다.)

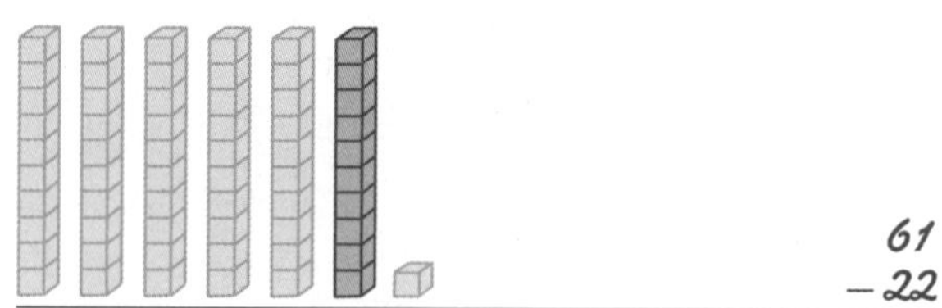

일의 자리를 위해 10의 자리를 바꿔치기한다면 일의 자리는 몇 개를 얻을 수 있는가? (10)

이제 일이 몇 개인가? (11)

그리고 십의 자리는 몇 개인가? (5)

십이 5개이고 일이 11개인 수는 얼마인가? (61)

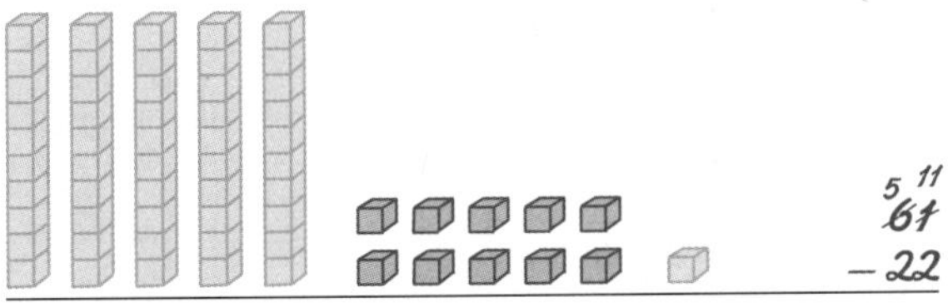

이제 일의 자리에서 2를 뺄 수 있는가? (네. 일이 11개이고, 11은 2보다 많아요.)

11 − 2는 얼마인가? (9)

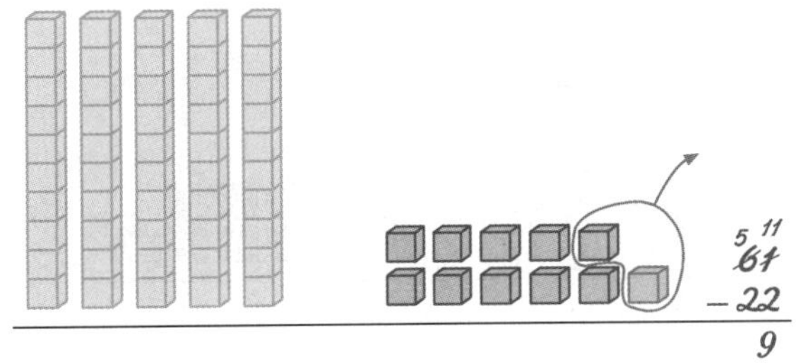

다음은 무엇을 빼야 하는가? (십의 자리)

십이 5인 수에서 십이 2인 수를 빼면 얼마인가? (십이 세 개)

수|업|자|료|11-3

학습목표: 수 막대를 이용하여 덧셈과 뺄셈의 고쳐 묶기에 대한 학생들의 이해 돕기

대상학년: 1~5학년

학생 수: 2~5명

준비물: 수 모형, 각 학생을 위한 자릿값 판(세 칸으로 나누어진 종이 전지), 주사위 2개

자릿값 판

백 모형	십 모형	일 모형

〈백 모형 먼저 가져오기 놀이〉

놀이 시작 전: '뱅커' 한 명을 뽑는다.

놀이 방법: 한 사람이 먼저 주사위 두 개를 던져서 나온 눈의 수를 더한다. 그런 후, 나온 수를 뱅커에게 요청한다. 예를 들어, 그림처럼 주사위 4와 5가 나오면 일 모형 9개를 요청한다.

자릿값 판 위에 그 조각을 올려놓는다. 자릿값 판 위 어디에도 10개 이상의 조각을 놓을 수 없다. 원하면 백 모형과 일 모형을 바꿀 수 있다. 교환이 모두 끝나면, 다음 사람의 차례가 된다. 백 모형을 먼저 갖는 사람이 이긴다.

〈백 모형 먼저 없애기 놀이〉

놀이 시작 전: '뱅커' 한 명을 뽑는다. 뱅커가 백 모형을 나누어 주면, 자신의 자릿값 판에 올려놓는다.

놀이 방법: 주사위 두 개를 던져서 나온 눈의 수를 더한다. 그런 후, 나온 수만큼 뱅커에게 준다. 수 모형은 쪼갤 수 없기 때문에 교환이 이루어져야 한다. 자신의 수 모형 모두를 뱅커에게 먼저 주는 사람이 이기게 된다.

백 모형 먼저 없애기 놀이에 대한 질문

1. 주사위를 한 번 던져서 십 모형 한 개를 없앨 수 있는가?
2. 주사위를 한 번 던져서 십 모형 두 개를 없앨 수 있는가?
3. 주사위를 한 번 던져서 놀이에서 이길 수 있는가?
4. 모든 조각을 없애는 데 최소한 주사위를 몇 번 던져야 하는가?
5. 모든 조각을 없애는 데 최대한 주사위를 몇 번 던져야 하는가?

변형: 5학년과 6학년이 도전하도록 천 모형 먼저 가져오기 놀이나 천 모형 없애기 놀이로 확장한다. 두 주사위를 더하는 대신 곱하게 할 수 있다.

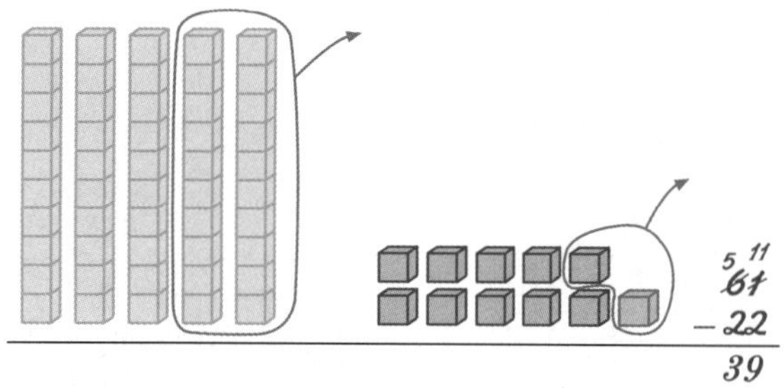

점심 도시락을 먹는 아동은 몇 명인가? (39)

이 답은 의미가 있는가? 왜인가? (네. 39는 40에 가깝기 때문에 말이 돼요. 점심 급식을 하지 않은 학생은 60명쯤 돼요. 집에 간 친구들은 20명쯤 돼요. 60−20=40. 그래서 도시락을 가져온 친구는 40명쯤 돼야 해요. 왜냐하면 39는 40에 가깝기 때문이에요.)

열 개씩의 묶음을 백 개씩의 묶음으로 또는 그 반대로 고쳐 묶어 보는 경험도 도움이 된다. <수업자료 11-3>은 덧셈이나 뺄셈에서의 고쳐묶기를 이해시킬 수 있는 십진 블록을 이용한 놀이이다.

피감수에 0이 있는 경우의 뺄셈에서는 특별한 주의가 요구된다. 만일 일의 자리에 0이 있다면 이는 그다지 어렵지 않다. 따라서 다음 예에서, 50은 십이 4, 일이 10인 수로 고쳐 묶을 수 있다.

```
  4 10
 8 5̸ 0̸
− 2 3 7
```

십의 자리에 0이 있는 경우, 특히 일의 자리에서도 고쳐 묶을 필요가 있을 경우에는 더욱 어려워진다. 다음 그림 11-3에서는 그 단계를 나타내고 있다.

가장 어려운 경우는 피감수에 0이 두 개 이상 포함되어있는 뺄셈이다. 이 경우의 뺄셈은 백의 묶음을 십의 묶음으로, 그런 다음 다시 십의 묶음을 낱개로까지 거듭하여 받아내림을 하는 방법으로 계산된다.

```
                     9 10      9 10
           4 10     4 1̸0̸     4 1̸0̸
  500      5̸0̸0      5̸0̸0      5̸0̸0
− 257    − 257    − 257    − 257
                             243
```

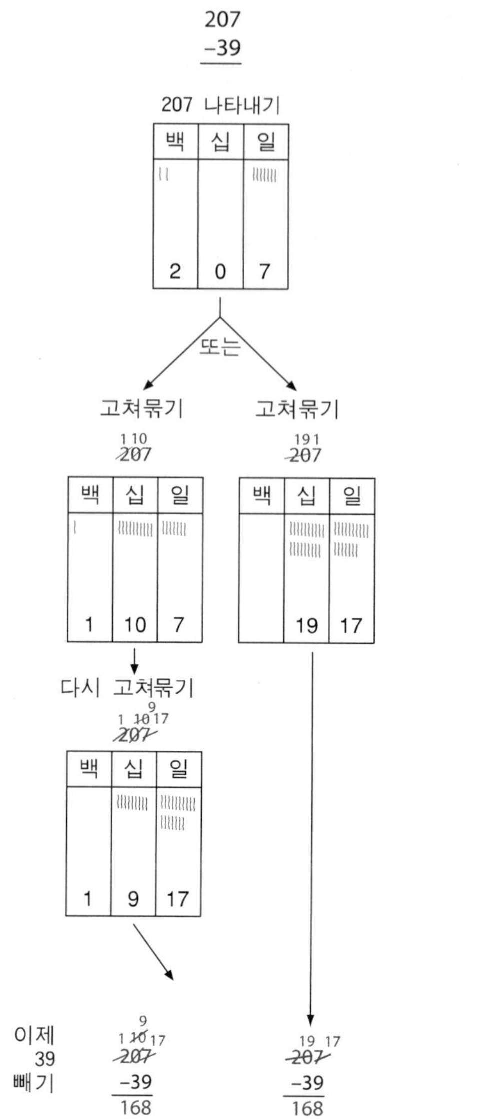

그림 11-3 뺄셈 모델

학생이 이해 없이 단지 외워서 이 절차를 학습한다면 실수를 해도 알아채지 못하고 올바르게 고칠 수도 없을 것이다. 자릿값에 대한 경험은 아동들이 이런 문제에 대처하기 위한 준비 단계에서 중요한 활동이다. 500을 백이 4, 십이 10인 수, 또는 백이 4, 십이 9, 일이 10인 수로 고쳐 묶을 수 있다는 것을 분명히 이해해야 한다. 그러면 피감수에 0이 두 개 이상 있는 경우에 당면하여 거듭 고쳐 묶기에 대한 필요성을 보다 쉽게 인식하게 되고, 한 번에 모두 고쳐 묶을 수 있게 될 것이다.

$$\begin{array}{r} 500 \\ -283 \\ \hline \end{array} \qquad \begin{array}{r} {}^{4\,9\,10} \\ \not{5}\not{0}0 \\ -283 \\ \hline \end{array}$$

500 = 백이 4, 십이 9, 일이 10

대안적으로 500이 십짜리 50개와 같음을 이해할 수 있다면, 고쳐묶기를 해서 십짜리 49개와 일짜리 10개로도 생각할 수 있을 것이다. 예컨대 207 − 39에서, 아동들은 위와 비슷하게 207을 십이 19, 일이 17인 수로 한 번에 고쳐 묶을 수 있다. 그러나 이렇게 해야 할 필요성이 모든 아동들에게 쉽게 인식되지는 않는다. 두 번에 걸친 고쳐묶기를 선호하는 아동들은 그렇게 하도록 허용해야 한다.

부분-차 뺄셈 알고리즘

이해 없이 뺄셈하는 방법을 배운 학생의 공통적인 오류는 받아내림을 전혀 고려하지 않고 단순히 각 열에 있는 수를 따로따로 항상 큰 수에서 작은 수를 빼는 것이다. 예를 들어, 한 학생이 다음과 같이 틀리게 쓸 수 있다.

$$\begin{array}{r} 523 \\ -385 \\ \hline 262 \end{array}$$

학생이 이러한 실수를 하게 되면, 몇 개의 단순한 문제(23 − 19 또는 34 − 15와 같은)를 모델링하게 하여 16과 21이 왜 틀린 답인지를 확인하게 하는 것이 중요하다.

그러나 위의 방법을 변형하면 올바른 뺄셈 전략이 될 수 있다. 이는 앞에서의 '부분-합 알고리즘'과 비슷하기 때문에 '부분-차 알고리즘'이란 이름을 갖게 되었다. 각 열에서 뺄셈은 왼쪽에서 오른쪽이든, 오른쪽에서 왼쪽이든 순서에 상관없이 할 수 있다. 먼저 열끼리 각 뺄셈의 결과를 적고, 다음에는 최종 답을 구하기 위해 부분-차들을 결합한다. 여기서 아래에 있는 수가 위에 있는 수보다 큰 경우, 고쳐묶기에 관해 걱정하지 않아도 되고 단지 얼마나 더 빼야 하는지 적으면 된다는 점이 중요하다. 예를 들어, 20 − 80을 하는 경우, − 60을 쓴다. (어른은 아마도 이 경우 음수 60이라고 생각할 것이다.) 하지만 학생들은 "20으로 시작해서, 20을 빼면 0이 되지. 그렇지만 나는 60을 더 빼야 하는데"와 같이 생각할 것이다. 이 절차의 다음 단계는 부분 차들을 결합하는 것이다. 만약 학생이 기초적인 뺄셈 구구는 잘 알고 있고, 10과 100의 곱을 해 봤다면, 다음 단계를 머릿속으로 하는데 큰 어려움이 없을 것이다(예를 들어, 200 − 60 = 140을 머릿속으로 하고, 이어서 140 − 2 = 138을 머릿속으로).

$$\begin{array}{r} 523 \\ -385 \\ \hline 200 \\ -\ \ 60 \\ -\ \ \ 2 \\ \hline 140 \\ -\ \ \ 2 \\ \hline 138 \end{array}$$

곱셈

아동은 곱셈 알고리즘과 씨름하기 전에 자릿값, 전개 방법, 분배법칙은 물론 기본 곱셈 구구에 대해 완전히 이해하고 있어야 한다. 다른 연산과 마찬가지로 곱셈 알고리즘을 도입하기 전에 각 필수조건에 대하여 복습해야 한다. 또 아동이 지필을 이용하지 않고 머릿셈으로 계산할 수 있는 어떤 상황이나 문제를 개발하는 것도 바람직하다.

한 자리 수의 곱셈

자료를 사용하여 곱셈의 의미를 강화시킬 때, 아동들이 생각한 것들에 대하여 이야기할 수 있도록 권장해야 한다.

$$\begin{array}{r} 14 \\ \times\ 2 \\ \hline \end{array} \qquad \begin{array}{r} 14 \\ +14 \\ \hline \end{array}$$

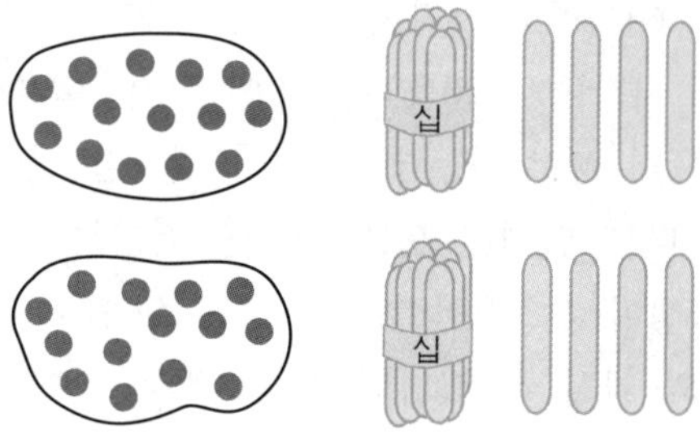

$14 \times 2 = 14 + 14$

이러한 모델을 보면서 14는 십짜리 1개와 일짜리 4개의 묶음으로 볼 수 있듯이 14×2는 십짜리 1개와 일짜리 4개의 두 묶음으로 볼 수 있다. 이는 분배법칙을 나타낸다.

$$\begin{aligned} 14 \times 2 &= (10+4) \times 2 = (10 \times 2) + (4 \times 2) \\ &= 20 + 8 = 28 \end{aligned}$$

배열도 곱셈의 의미와 시각적인 이미지를 개발하기 위해 사용될 수 있다.

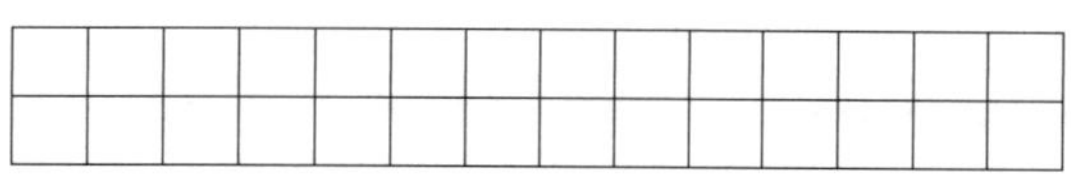

14×2

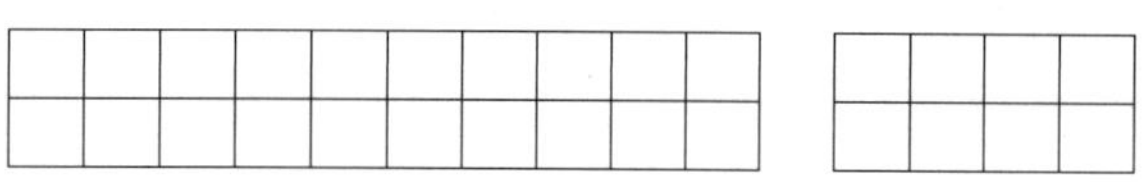

10×2 4×2

교구와 함께 사용할 때에는 자릿값에 대한 생각에 유의한다.

십	일
ǀ 1	4 ǀǀǀǀ
ǀ 1	4 ǀǀǀǀ
2	8

십	일
1	4
×	2
2	8

확장된 알고리즘은 아동이 쉽게 개발하거나 구성할 수 있다.

$$\begin{array}{r} 14 \\ \times\ 2 \\ \hline \end{array} \qquad \begin{array}{l} \text{십이 1 일이 4} \\ \times \qquad\qquad 2 \\ \hline \text{십이 2 일이 8} \end{array} \qquad \begin{array}{r} 14 \\ \times\ 2 \\ \hline 8 \\ +20 \\ \hline 28 \end{array} \quad \begin{array}{l} \\ \\ 2 \times 4 = 8 \\ 2 \times 10 = 20 \\ 20 + 8 = 28 \end{array}$$

부분-곱 곱셈 알고리즘

곱셈을 위한 부분-곱 알고리즘(그림 11-4)은 확장된 알고리즘의 한 형식으로써, 곱셈에 의해 얻어진 각 곱이 분리된 줄에 기록된 다음 더해진다. 덧셈을 위한 부분-합 알고리즘이 대안적인 알고리즘이었던 것처럼 부분-곱 알고리즘도 곱셈에 매우 유용하다.

전통적인 곱셈 알고리즘은 부분-곱 알고리즘으로부터 발전한 것이다. 전통적인 알고리즘에서는 그 합을 쓰기 전에 부분-곱이 머릿속에서 더해진다. 어떤 경우에는 이러한 전통적인 방법이 좀 더 효율적이지만(왜냐하면 덜 써도 되기 때문에), 단계별로 이해하기가 쉽지 않고 오류를 범하기 쉽다(왜냐하면 단계를 머릿속으로 결합해야 하기 때문에).

분배 법칙은 학생들이 부분-곱 알고리즘과 전통적인 알고리즘 사이의 관계를 이해하는 데 도움이 된다(그림 11-4 참조). 학생들이 124×7과 같은 곱셈을 볼 때마다 학생들은 $(100\times7)+(20\times7)+(4\times7)$을 찾아 계산할 수 있는지 생각해 보아야 한다. 마찬가지로, 59×4를 $(50\times4)+(9\times4)$로 생각할 수 있다. 혹은 곱셈이 머릿속으로 되었다면, 아마도 $59\times4=(60\times4)-(1\times4)$로 생각할 수 있을 것이다. <수업자료 11-4>에는 분배법칙을 사용하는 데 주안점을 둔 여러 활동들이 포함되어 있다.

$$\begin{array}{rl} 57 & \\ \times\ \ 3 & \\ \hline 21 & (3\times7) \\ +150 & (3\times50) \\ \hline 171 & \end{array} \qquad \begin{array}{rl} 452 & \\ \times\ \ 7 & \\ \hline 14 & (7\times2) \\ 350 & (7\times50) \\ +2800 & (7\times400) \\ \hline 3164 & \end{array}$$

$3\times57=(3\times50)+(3\times7)$

$7\times452=(7\times400)+(7\times50)+(7\times2)$

전통적 알고리즘

$$\begin{array}{r} 372 \\ \times\ 28 \\ \hline 2976 \\ 744\ \\ \hline 10416 \end{array}$$

부분-곱 알고리즘

$$\begin{array}{rl} 372 & \\ \times\ 28 & \\ \hline 16 & (8\times2) \\ 560 & (8\times70) \\ 2400 & (8\times300) \\ 40 & (20\times2) \\ 1400 & (20\times70) \\ 6000 & (20\times300) \\ \hline 10416 & \end{array}$$

그림 11-4 전통적인 곱셈 알고리즘과 부분-곱 알고리즘의 비교

수|업|자|료|11-4

어떤 수가 알맞을까?

학습목표: 곱셈이 있는 어림 기능을 위한 수 퍼즐 이용하기

대상학년: 3~5학년

▾ ○와 □ 속에 넣을 수 있는 수들을 추측해 보아라.

그 수를 쓰고 나서, 정답인지 계산기로 확인해 보아라. 첫 시도에서 옳으면 2점, 둘째 시도에서 옳으면 1점을 주어 점수를 매겨 보아라.

④ ⑥ ⑦ ⑧ [32] [48] [68] [82]

○ × □ = 408 ○ × □ = 272
○ × □ = 476 ○ × □ = 336
○ × □ = 384 ○ × □ = 492

▾ 다음 □ 속에 알맞은 수를 2, 3, 4 중에서만 골라 넣어라.

□□ × □	□□ × □	□□ × □	□□ × □
4 6	6 6	8 4	1 2 6

▾ 다음 □ 속에 알맞은 수를 4, 6, 8, 9 중에서만 골라 넣어라.

- 곱이 가장 크게 하여라.

□□□ × □

- 곱이 가장 작게 하여라.

□□□ × □

격자 곱셈 알고리즘

격자 곱셈 방법은 많은 사람에게 익숙하지는 않지만 흥미로운 알고리즘이다.

각각의 곱셈 문제에 대해, 각 정사각형 내부에는

방법 1
(부분-곱
알고리즘)

```
  368
×  26
   48
  360
 1800
  160
 1200
 6000
 9568
```

방법 2
(격자 곱셈 알고리즘)

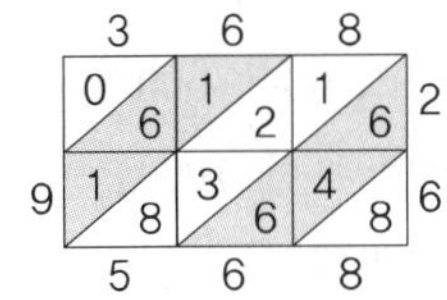

|그림 11-5 부분-곱 알고리즘과 격자 곱셈 알고리즘의 비교

아래 왼쪽 부분에서 오른쪽 윗부분으로 그어지는 대각선으로 이루어진 직사각형 모양의 상자를 그린다. 직사각형의 위와 오른쪽에 곱하는 두 수를 적는데, 각 정사각형마다 각 자리 수를 적는다. 상자 안의 대각선의 격자는 부분-곱의 수를 적는 데 도움을 줄 것이다. 사람들은 이 방법을 좋아하는데 그 이유는 곱하면서 자릿값에 대해 생각하거나 여러 개의 0을 쓸 필요가 없어서이다. 격자 곱셈은 매우 오래된 방법이다. 이 방법이 이탈리아에서 1400년대에 처음 사용되었다는 기록이 있지만 실제로는 900년 전에 인도에서 사용되었다고 역사학자들은 믿고 있다.

그림 11-5는 같은 곱셈 문제(368×26)가 부분-곱 알고리즘(방법 1)으로, 격자 곱셈 알고리즘(방법 2)으로 해결되는 방법을 보여주고 있다. 방법 2의 답은 어디에 있는지 보이는가? 방법 1에 있는 각 열의 수를 보고 방법 2에서 각 대각선에 나타난 수를 비교해 보아라. 예를 들어, 방법 2에 있는 대각선은 방법 1에 있는 각 열(일, 십, 백, 천)과 대응된다. 방법 2가 어떻게 작동하는지 설명할 수 있는가?

10의 곱과 10의 배수

10의 거듭제곱을 유연하게 다루는 능력은 이해를 바탕으로 곱셈 알고리즘을 처리하는 데 매우 중요한

선수요건이다. 대부분의 아동들은 10으로 곱하는 셈을 쉽게 할 수 있으며, 점차 큰 수를 이해하게 되면 100과 1000으로 곱하는 것까지도 쉽게 확장된다. 어떤 수에 10을 곱하면, 모든 자릿수는 왼쪽으로 한 자리씩 움직인다. 예를 들어, 763×10=7630에서 700은 7000이 되고, 60은 600이 되고, 3은 30이 된다. 마찬가지로 어떤 수에 100을 곱하면, 모든 자릿수는 왼쪽으로 두 자리씩 움직인다. 자릿수가 왼쪽으로 이동하는 것은 소수에서 오른쪽으로 이동하는 것보다는 훨씬 쉬운 편이다(Flores, 2007). 아동들에게 일련의 예를 보여 준 다음, 곱의 각 자리의 수는 왼쪽으로 한 자리씩 이동한다는 점에 주목하게 하고 그 이유를 논의하게 한다.

20, 30, 200, 300 등으로 곱하는 것은 10과 100으로 곱하는 것을 확장시킨 것이다. 예를 제시한 다음 어떤 규칙이 있지는 알아보도록 한다. 예를 들어, 3×50을 생각해보게 한다.

3×5=15
3×(십이 5)=십이 15=150
3×50=150
다음에는 4×50을 생각해 보게 한다.
4×5=20
4×(십이 5)=______=______
4×50=______

2×300과 같은 백의 곱셈에도 같은 방식이 적용될 수 있다.

2×3=6
2×(백이 3)=백이 ______=______
2×300=______

0의 곱

피승수에 0이 있을 때에는 곱이나 부분곱에 미치는 영향에 대해 특별한 주의가 필요하다. 많은 아동들이 0을 무시하는 경향이 있다. 따라서 306×9의 답을 다음과 같이 낼 수도 있다.

```
 5
306
× 9
───
324
```

아동들은 어림을 하고 나서 그들이 구한 답이 근사치인지 아닌지 결정하는 방법을 알고 있다. 머릿속으로 더해보는 것보다 부분곱을 분리하여 쓰는 것이 0 때문에 일어나는 자릿값 오류를 피할 수 있다. 앞의 문제에서 부분곱을 54와 0과 2700으로 쓸 것이다. 자릿값 표를 이용하여 계산절차를 전개식으로 나타내게 하면 정확한 계산절차를 이해하는 데 도움이 된다.

이러한 접근방법은 학생들이 이미 구체물을 이용한 개별적 이해와 분배법칙에 대한 이해를 바탕으로 하기 때문에 가능하다.

```
                 어림하기
      306        3×9=27
    ×   9        300×9=2700
```

천	백	십	일
	3	0	6
			9
2	7	5	4

306×9=(300+6)×9
=(300×9)+(6×9)
=2700+54
=2754

두 자리 수의 곱셈

승수가 두 자리 수인 곱셈을 할 때가 되면 아동들에게 조작 자료의 사용은 성가신 것이 된다. 모눈종이는 구체적 조작 자료와 기호 사이를 연결하는 교량 역할을 한다. 그림 11-6에서 보는 바와 같이, 모눈종이는 곱셈을 기록하고 관찰하는 새로운 방법을 제시할 수 있다. 수 막대와 같은 조작 자료들은 이전에 학습한 절차들과 이 곱셈 계산을 관련짓는 데 사용될 수 있지만, 그림 11-7에서 보는 바와 같이 기호를 이용하는 계산으로의 이행이 점진적으로 강조되어야 한다.

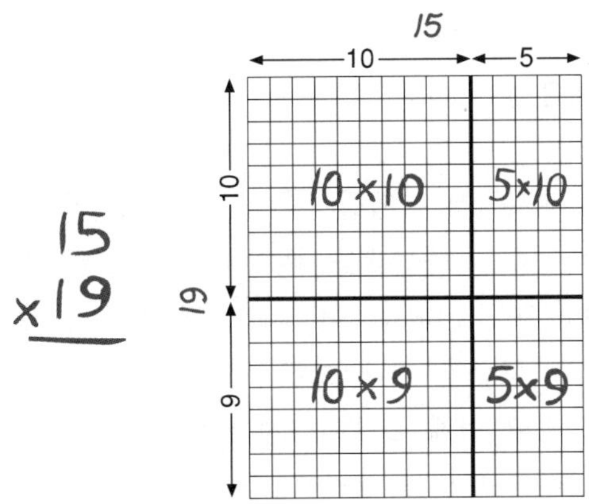

| 그림 11-6 두 자리 수의 곱셈을 위한 모눈종이의 활용

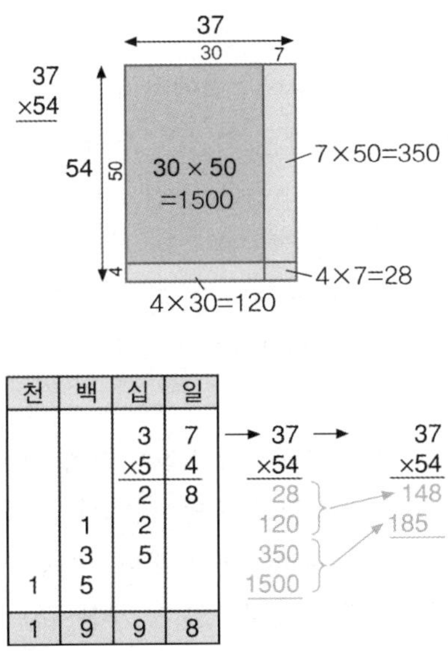

| 그림 11-7 두 자리 수의 곱셈

새로운 개념을 학생들이 이전에 획득한 지식을 바탕으로 한 이해와 연결짓는 것은 매우 중요하다. 두 자리 수 혹은 세 자리 수를 곱하는 과정은 한 자리 수를 곱하는 과정의 확장임을 알아야 한다. 마찬가지로 배열을 사용하여 이 과정을 보여주는 것은 곱해지는 수가 무엇이건 간에 본질적으로 같은 것이다. 더욱이 중간 학년의 대수에서 기호 처리에 관해 배우기 시작할 때, 학생들은 이항식을 곱하는 새 아이디어를 여러 자리 수 곱셈에 관한 이전의 이해와 연관시킬 수 있어야 한다. 왜냐하면 그림 11-8과 같이

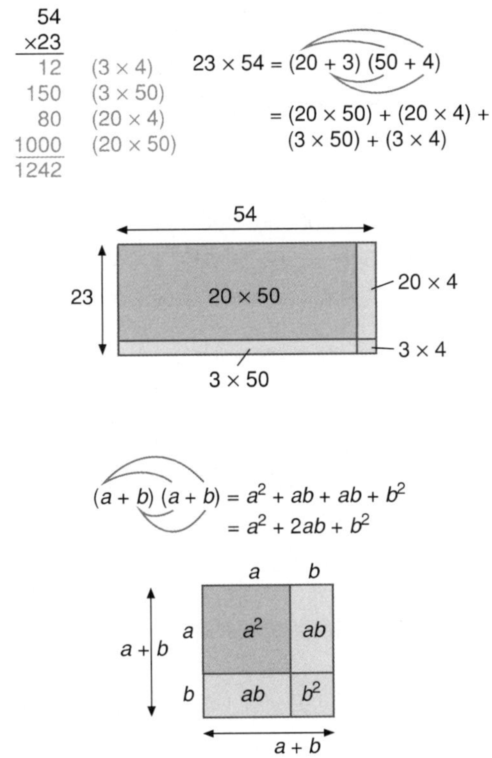

| 그림 11-8 곱셈 아이디어를 대수로 확장하기

두 이항식을 곱하는 방식은 두 자리 수의 곱셈을 하는 방식과 같기 때문이다. 이 두 가지 곱셈 방식은 분배법칙으로 설명할 수 있다.

큰 수의 곱셈

계산기의 표시 창에 나타내기에는 너무 큰 수를 포함한 계산 문제를 해결하기 위해 계산기를 어떻게 사용할 수 있을까? 아동들이 계산기로 곱셈을 수행할 때 계산기의 용량을 초과하는 경우가 있을 것이다. 경우에 따라서는 입력되는 수가 계산기가 보여줄 수 있는 수보다 더 클 수도 있다. 또는 곱을 계산기의 표시 창에 나타내기에 너무 클 수도 있다. 예를 들어, 다음과 같은 곱셈을 하려고 사칙계산용 계산기에 입력하면 계산기에는 오류가 표시될 것이다.

$$\begin{array}{r} 2345678 \\ \times \quad 4003 \\ \hline \end{array}$$

이와 같은 경우가 발생했을 때에는 그 답을 어림해 보도록 한 다음, 계산기와 함께 머릿셈과 분배법칙을 이용하도록 권장해야 한다.

어림하기
4000×2000000=8000000000
(4 다음에 0이 3개) 곱하기 (2 다음에 0이 6개)는
3+6=9이기 때문에 4×2=8 다음에 0이 9개

계산하기
(4003=4000+3=(4×1000)+3
4×2345678=9382712(계산기 이용)
9382712×1000=9382712000(머릿셈)
3×2345678=7037034(계산기 이용)
9382712000+7037034를
계산하기(지필 또는 계산기: 앞의 세 자리 938은 떼어 놓았다가 나중에 더하는 방식으로)

위와 같은 예들은 곱셈에 대한 이해가 문제해결 기능과 연관되어 답을 구하기 위해 어떻게 계산기와 함께 사용될 수 있는지를 보여 준다. 계산기의 사용, 머릿셈, 지필 계산이 한 문제를 풀기 위해 통합될 수 있다. 이는 또한 계산기를 사용할 때의 알고리즘이 일반적으로 사용되고 있는 지필 계산 알고리즘과 다르다는 것을 상기시켜 준다.

나눗셈

나눗셈은 의심할 여지없이 아동들이 숙달하기에 가장 어려운 알고리즘이며 그 이유는 다음과 같다.

- 다른 연산이 오른쪽에서부터 시작하는 반면, 나눗셈은 왼쪽에서 시작한다.
- 나눗셈 알고리즘은 기본 나눗셈 구구뿐만 아니라 뺄셈과 곱셈도 수반한다.
- 나눗셈 알고리즘에는 많은 상호작용이 있으며, 계산의 위치가 일정하지 않다.
- 어림을 통하여 가정몫을 설정해야 하는데, 첫 어림에서 꼭 성공하는 것은 아니며 둘째 어림에서도 실패할 수 있다.

많은 교사들은 복잡한 나눗셈을 가르치기 위해 그리고 아동들은 나눗셈을 배우기 위해 모두 애를 쓰고 있다. 30년보다 더 이전에 손에 쥘 만한 크기의 계산기가 등장한 이래 모든 사람이 나눗셈 문제를 빨리 그리고 쉽게 풀 수 있게 되면서, 수학교육자들은 복잡한 나눗셈 알고리즘의 지나친 강조는 배우는 데 시간 낭비가 될 수 있다고 지적한 바 있다. *An Agenda for Action*(NCTM, 1980, p.6)에서는 다음과 같이 지적하고 있다.

> 대부분의 학생은 수학수업에서 0과 자연수의 나눗셈에 거의 1년 가까운 기간을 소비하는데, 막대한 투자에 비해 얻는 소득은 점점 줄어든다. …… 대부분의 복잡한 문제를 빠르고 정확하게 계산하기 위해 계산기를 사용하는 것은 일상생활의 기능적 측면에 지대한 공헌을 하고 있다.

미국의 국가학업성취도평가(NAEP)에 계산기를 사용할 때와 사용하지 않을 때를 비교하기 위한 몇 문항이 출제되었다. 제4차 평가에서 3학년 학생에게 $3\overline{)42}$ 이라는 문제를 제시하였다. 계산기를 사용하지 않도록 했을 때는 20% 정도의 학생이 정답을 산출하였고, 계산기를 사용하도록 했을 때는 약 50%의 학생이 바르게 답하였다(Lindquist et al., 1988). 제6차 평가에서 한 문항에 대해서, 계산기를 활용했다고 밝힌 학생의 82%가 정답을 산출했으며, 계산기를 사용하지 않았다고 밝힌 학생들 중 35%만 정답을 맞혔다(Kenney and Silver, 1997). 더욱 극적인 현상은 제2차 평가에서 나타났다(Carpenter et al. 1981). 9세, 13세, 17세의 아동들에게 제수가 두 자리 수인 나눗셈 한 문제를 제시하였다. 9세 아동들은 아직 제수가 두 자리 수인 나눗셈을 배우지 않았기 때문에, 계산기를 사용하도록 하였다. 비교를 위하여, 13세와 17세 학생들 중 일부는 계산기를 사용하게 하였고, 일부는

계산기를 사용하지 못하게 하였다. 계산기를 사용하지 않은 13세 아동들은 46%의 정답률을, 17세 아동들은 50%의 정답률을 보였다. 계산기를 사용한 경우에는 각각 82%와 91%까지 정답률이 높게 상승하였다. 그리고 계산기를 사용한 9세 아동들은 50%의 정답률을 보였다. 17세 학생들이 몇 년 동안이나 나눗셈을 연습했음에도, 그들 중 절반이 나눗셈을 제대로 수행할 수 없다는 사실을 고려해볼 때, 그들이 계산을 성공적으로 수행할 수 있게 해주는 도구를 사용하게 한다는 것, 즉 그들의 미래 생활을 위해 필요한 도구를 사용하도록 하는 것은 타당하다고 볼 수 있지 않을까?

NCTM의 규준에서는 "오늘날과 같은 과학기술사회에서, 교사는 계산이 수행되고 어떻게 그것을 가르쳐야 할 것인지에 대해 재고해야 한다."고 강조하고 있다. 학생들이 언제 나눗셈이 적절하고, 나눗셈 문제의 답을 어떻게 어림하는지 이해하도록 도와주는 것이 중요하다. 우선 제수가 한 자리 수인 나눗셈을 지도하는 데 초점을 두어야 하며, 이어서 제수가 두 자리 수인 나눗셈을 지도하여 나눗셈이 어떻게 행해지는지 이해시키도록 해야 한다. 좀 더 복잡한 나눗셈을(30초 이상 소요되는 어떠한 나눗셈도) 지필 계산으로 해결하는 것은 이미 어른들의 과거사에 지나지 않는 일이다. 따라서 학교는 낡은 기술의 숙달을 위해 수많은 시간들을 아동들이 허비하도록 요구해서는 안 된다. 교사들도 이런 것들을 가르치기 위한 시간적 여유를 가질 수 없다. 대신에 어림 기능을 사용하여 몫의 범위를 정하여야 하고, 그럼으로써 계산기에 의한 답의 타당성을 판단하여야 한다. 그러한 어림셈은 제수가 한 자리인 나눗셈에도 사용되어야 하며, 그리고 실제로 덧셈, 뺄셈, 곱셈 모두에 사용되어야 한다.

한 자리 수의 나눗셈

나눗셈 수업은 실제 상황 문제로 시작하는 게 중요하다. 가장 중요한 점은 학생들이 나눗셈에 관한 모든 것을 이해하도록 해야 한다는 점이다. 학생들이 나눗셈을 하는 데 있어서 나머지가 있는 나눗셈 문제를 제시하지 말아야 할 이유는 전혀 없다. 학생들은 나눗셈 상황을 블록이나 바둑알을 사용하여 모델화하고 자신의 생각을 설명하도록 해야 한다. 교사는 학생들이 그들의 생각을 종이 위에 분명하고 효과적으로 기록하는 방법을 알도록 도와주어야 한다. 그래서 지필식 알고리즘에 대한 학습은 구체적으로 이루어진 것이 무엇인지를 기록하는 학습으로 바뀌게 된다.

예를 들어, Burns(1991)는 3학년 아동들에게 문제를 주고, 답을 구하기 위해 사용했던 방법과 구한 답에 대하여 설명하게 하였다. 그중 한 문제는 구슬 54개를 4명에게 똑같이 나누어주는 문제였다.

- **모둠 1:** 각각의 아동은 13개씩 가질 수 있다고 생각한다(쌓기나무 54개를 센 다음 그것을 네 묶음으로 나눈 후). 쌓기나무를 한 사람에 한 개씩 차례대로 나누어 주었기 때문이다. 2개가 남아서 몸이 아픈 브라이에게 주었다.

- **2모둠:** 우리는 54개를 가지고 있었다. 먼저 한 사람에게 10개씩 주었다. (40개를 썼다.) 14개가 남았기 때문에 각 사람들은 다시 3개씩 가지고 "마법사"가 2개를 가졌다. 따라서 각자 13개씩 가질 수 있다.

- **3모둠:** 우리는 54개의 구슬을 꺼내서 1, 2, 3, 4로 번호를 붙여 나갔다. 그리고는 1이 몇 개인지 세어 보았다. 각자 13개의 구슬을 가질 수 있다는 것을 알았고, 다른 2개는 잃어버렸다.

- **4모둠:** 나는 54를 썼다. 12개를 덜어내서 42가 되었다. 다시 12개씩 두 번 덜어내어 18이 되었다. 또다시 12개를 덜어내었더니 6이 되었다. 그 다음에는 4개를 덜어냄으로써 2가 되었다. 2개를 각각 반으로 나누어 4개의 "반"을 만들었다. 각 사람들은 13개와 반을 가진다.

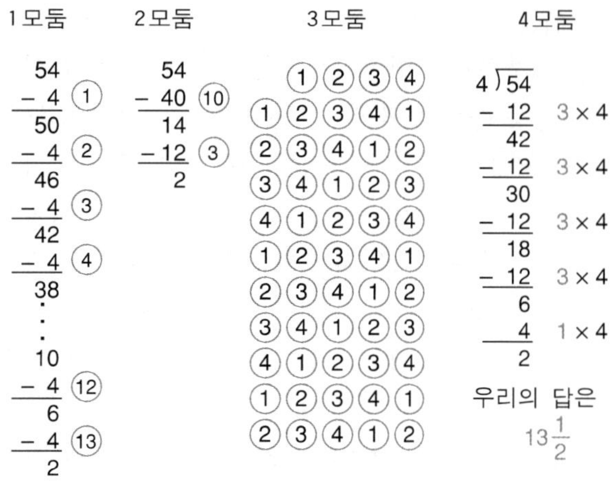

그림 11-9 1~4모둠의 해결 방법

Burns는 아동들이 서로의 방법을 듣는 기회를 가짐으로써 나눗셈 문제를 해결할 수 있는 서로 다른 접근 방법들을 알 수 있을 뿐 아니라, 나눗셈이 다양한 방법으로 수행될 수 있음을 학습한다고 지적하였다. 교사는 학생들에게 그들의 각기 다른 설명이 기호적으로는 약간 다르게 기록될 수 있지만 결국 항상 같은 결과를 가져오는 이유를 알도록 도와주어야 한다. 각 모둠이 어떻게 기록하였는지 보기 위해서 그림 11-9를 참조하여라.

분배 알고리즘

분명히 나눗셈 계산에 대한 답을 찾아내고 기록하는 수많은 방법이 있고, 다른 방법보다 효율적인 방법이 있다. 나눗셈을 할 때에는 보통 두 개의 알고리즘이 자주 쓰이고 있으며 둘 다 효과적이다. 분배 알고리즘(distributive algorithm)은 가장 보편적인 것이다. 954달러를 4명이 똑같이 나누는 문제를 생각해 보자(그림 11-10a 참조).

이 문제에 대해 분배 알고리즘을 사용할 때, 900을 가능한 많이 나눈다(800은 200씩 네 명으로 나눌 수 있다.). 얼마나 각 사람에게 줄 수 있는지(200)를 기록한다. 아래에 전체(800)를 기록한다. 적절한 열 위치에 이들 수를 적으면서 자릿값은 보존해야 한다. "빼서 아래로" 가져와 아직 100과 50(또는 십짜리 15개)이

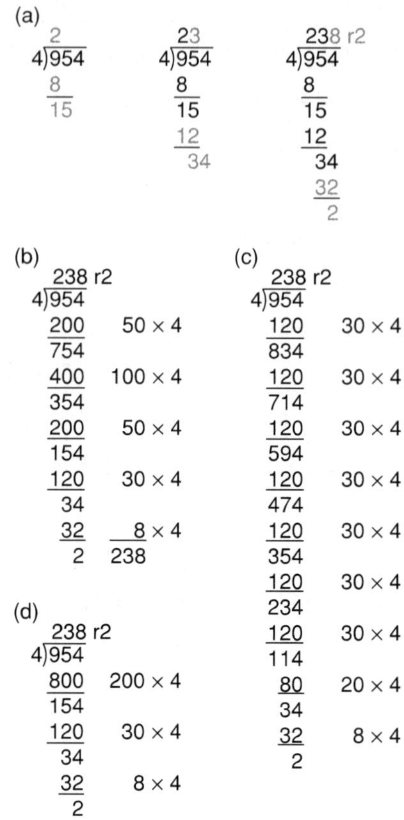

그림 11-10 분배 나눗셈 알고리즘(a)과 누감 알고리즘(b~d)의 예

남아 있음을 주목한다. 가능한 한 많은 십짜리를 나누어 각 사람에게 돌아가는 수를 맨 위에 기록하고, 총 나눈 수를 아래에 기록하고, 아직 나눌 게 남아있는지 보고 빼면서, 이 과정을 다시 시작한다. 십씩 15개 중 12개를 4명에게 각각 3개씩 나누어 위에 3을 쓰고(십 자리에) 아래에는 12를 쓴다. 이제 다시 "빼서 아래로" 가져오면, 아직도 십짜리가 3개, 일 짜리가 4개(혹은 일짜리 34개) 남아 있다. 다시 한 번, 가능한 한 많이 나누고, 이번에는 8을 위에 쓰고, 32를 아래에 적고 뺀다. 이제 2만 남았다. 954달러로 시작해서 4명에게 각각 238달러를 나누어 주고 2달러가 남게 된다.

누감 알고리즘

분배 알고리즘만큼 알려지지는 않았지만, 학생들

이 나눗셈을 학습하기 위한 직관적이고 간단한 방법이다. 누감 알고리즘(subtractive algorithm)은 대부분의 아동들이 배우기에 더 쉬운데, 그것은 몫의 수정이 그다지 필요 없기 때문이다. 같은 나눗셈을 푸는데 누감 알고리즘이 어떻게 사용되는지 그림 11-10b의 예를 참조하여라. 네 명이 나누어야 하는 954달러가 있다. 아마도 각 사람에게 50달러씩(그러면 200까지 나눔) 주는 걸로 시작하자. 그럼 그걸 빼고 나면 아직 754달러가 남아 있다. 확실한 건 너무 작게 나누는 걸로 시작할 필요는 없다는 것이다. 이제 각 사람에게 100달러씩 준다(그러면 400달러가 됨). 그래도 아직 354달러가 남아 있다. 다시 각자에게 50달러씩 줄 수 있다(그럼 154달러가 아직 남음). 이제 50달러씩 나눠줄 만큼 충분하게 안 남아서 아마도 30달러씩 줄 수 있을 것이다(그러면 34달러가 남게 됨). 이제 각 사람에게 8달러씩 나누어준다(2달러가 남는다). 각자에게 나누어진 총합은 \$50 + \$100 + \$50 + \$30 + \$8, 즉 \$238로 위에서 표준 알고리즘으로 구한 답과 같게 나온다. 여기서 사용한 누감 알고리즘은 임의로 해 보는 방법이다. 이 방법 대신에 30달러를 계속적으로 나누어주는 방법으로 한다면 시간이 오래 걸릴 수도 있다(그림 11-10c 참조). 반면에 꽤 효율적으로 했다면 그 답은 표준 알고리즘 방법과 거의 비슷할 것이다(그림 11-10d 참조)

누감 알고리즘에서 사용된 사고 과정은 앞의 구슬 문제에서 2모둠과 4모둠의 풀이 과정에도 나타나 있다. 두 모둠 모두 54÷4를 계산하였는데, 4모둠은 12개의 구슬이 4사람에게 똑같이 나누어줄 수(각자에게 3개씩) 있음을 인식하게 된다. 그래서 처음에 12개의 구슬을 나누면서(아직 42개 남음) 시작하였다. 다음으로, 매번 12씩 나누었다(30개가 남고 다음으로 18개, 다음으로 6개가 남음). 마침내 마지막으로 남은 6개 중 4개를 나누면서 2개를 남겼다(놀랍게도 남은 것들을 반씩 쪼갰다). 각 사람은 4회에 걸쳐 3개씩 받았고(총 12개) 1개와 1/2개 구슬을 더 받았으므로, $54 \div 4 = 13\frac{1}{2}$이 답이다.

대조적으로 2모둠은 처음부터 54개 중 40개를 4명이 나눌 수 있다(각 사람이 10개씩)고 생각했다. 그러면 아직도 14개 남고, 남은 14개를 4명이 나누어서 각 사람은 10 + 3개의 구슬을 갖고 2개 구슬이 남았다.

누감 알고리즘을 사용하면, 각 단계에서 학생은 제수의 어떠한 곱이라도 뺄 수 있다. 과정이 얼마나 더 효율적이고 얼마나 많은 단계를 거치느냐에 따라, 시간이 좀 더 걸릴지라도, 답은 정확할 것이다. 학생이 지극히 효율적이라면, 누감 알고리즘은 거의 전통적인 나눗셈 알고리즘과 흡사할 것이다. 그래서 누감 알고리즘은 전통적인 알고리즘의 역할을 할 수도 있을 것이며 학생들은 대안적인 알고리즘으로 배울 수 있을 것이다.

아동들이 위와 같은 알고리즘을 이해할 수 있도록 도와주는 한편, 그들이 탐구할 수 있는 여건을 마련해 줄 필요가 있다. 다른 연산들과 마찬가지로, 아동들은 자신의 알고리즘을 개발하는 경향이 있다. 다음 예에서와 같이, 많은 아동들은 수에 관한 추론이 내포된 수 감각을 이용하기도 한다.

52÷7
52를 7로 나누는 것은 49를 7로 나누는 것에 가깝지만 3이 남는다. 따라서 몫은 7이고, 나머지는 3이다.

85÷5
20을 5로 나누면 4이다. 80에는 20이 네 번 들어 있다. 그러므로 4×4 = 16, 그리고 5가 하나 더 남아 있다. 따라서 몫은 17이다.

69÷4
69 = 60 + 9. 60을 4로 나누면 몫이 15이고 9를 4로 나누면 몫이 2, 나머지가 1이다. 따라서 답은 17, 나머지 1이다.

답을 찾는 방법이 매우 다양하다는 사실이 믿어지기 시작했는가? 가능한 알고리즘을 모두 보았다고 생각할 바로 그때, 어쩌면 또 다른 학생이 새로운 알고리즘을 떠올리고 있을 것이다! 이 과정을 즐겨야한다. 학생들과 함께 탐구자가 되어야 한다(Boerst, 2004; Fusion, 2003; Gregg & Gregg, 2007; Hedges, Huinker, & Steinmeyer, 2005).

하지만 교사는 또 다른 역할을 하게 된다. 여기서 살펴본 모든 알고리즘이 정확했기 때문에, 학생들이 틀린 알고리즘을 개발하지 않을 것이라는 의미는 아니다. 학생들은 오류를 범할 수 있다. 교사는 이 가능성에 대해 주시할 필요가 있다. 그리고 학생들이 알고리즘의 과정이 일반화될 수 있는지를 증명할 필요성을 인식하도록 해야 한다. 또한 학생들의 활동 결과를 수집하여, 자릿값에 대한 지식의 부족, 기초적 원리에 대한 이해의 부족, 다른 잘못된 이해로 인하여 발생하는 일관성 있는 오류유형을 인식할 필요가 있다. 일관성 있는 오류유형에 대해서는 Ashlock(1994)의 연구를 참고하면 도움을 받을 수가 있다. 이 자료는 오류 패턴을 인지하는 데 도움을 줄 뿐만 아니라, 학생들의 오류를 수정하는 데 구체적인 시사점을 제공해 준다.

다른 연산과 마찬가지로, 자릿값 표와 다양한 조작 자료를 함께 활용하여 활동하는 것이 중요하다. 학생들은 문제 상황을 마음속에 지니고 있어야 하며, 나눗셈은 단순히 알고리즘에 따라 처리하는 것이 아니라, 어떤 것을 나누는 과정이라는 점을 잊지 말아야 한다. <수업자료 11-5>와 <수업자료 11-6>에서와 같이, 다양한 경험은 학생들에게 나눗셈 알고리즘을 능숙하게 다룰 수 있도록 도와줄 수 있다.

나눗셈 알고리즘에서는 타당한 답을 결정하는 것이 특히 어렵지만, 발문을 잘하면 그것을 이해하는 데 도움을 줄 수 있다. 몫을 결정하는 필수적인 첫 단계는 몫의 크기를 어림해 보는 것이다. 839÷6을 생각해보자.

> 839에는 6씩 10만큼 들어갈 수 있는가? [예. 6씩 10은 단지 60밖에 안됩니다.]
> 그렇다면 6씩 100만큼에 대해서는 어떤가? [예. 됩니다. 6이 100이면 600입니다.]
> 6씩 200의 경우는 어떤가? [아뇨. 6이 200이면 1200입니다.]
> 따라서 몫은 100과 200 사이에 있으며, 아마 100에 더 가까울 것이다.

이번에는 187÷3을 살펴보자.

> 백의 자리를 3으로 나눌 수 있나? [아니오.]
> 십씩 묶음은 3으로 나누기에 충분한가? [예, 십씩 묶음은 18개나 있으니까요.]
> 따라서 몫은 두 자리 수가 되고, 그것이 십씩 6이라고 결정할 수 있다.
> 그러므로 답은 60과 70 사이의 수가 된다.

수업자료 11-5

□ 속에 알맞은 수 넣기 게임

학습목표: 나눗셈이 포함된 논리적 추론과 수 감각을 개발하기 위한 놀이 활용하기
대상학년: 3~5학년

- 몇 명의 친구끼리 두 팀으로 나누어서 게임을 진행한다.
  - 각 편의 주장을 선출하여 차례를 정한다.
  - 주장은 나눗셈 문제를 내고 게임판 위에 패턴을 덧붙이면서 첫 판을 시작한다.
  - 각 팀의 경기자는 □ 속에 들어갈 숫자에 대해 교대로 질문한다. 예컨대, A팀의 한 경기자는 2가 들어가는 □가 있는지를 물을 수 있고, 다음에 B팀의 한 경기자는 7이 들어가는 □가 있는지를 물을 수 있다.
  - 만약 문제에 숫자가 나타나면 주장은 적당한 □ 속에 그 숫자를 써 넣는다.
  - 팀은 자기 팀에서 채운 □의 수로 득점한다. 만약 어떤 판에서 숫자를 채운 □가 하나도 없으면 그 판의 팀 점수는 0점이 된다.
  - 더 많은 점수를 얻은 팀이 그 판에서의 승자가 된다. (만약 모든 □가 채워지기 전에 문제를 추측해 맞히면 그 판의 승자가 되고, 남아 있는 □의 수만큼 보너스 점수를 얻게 된다.)

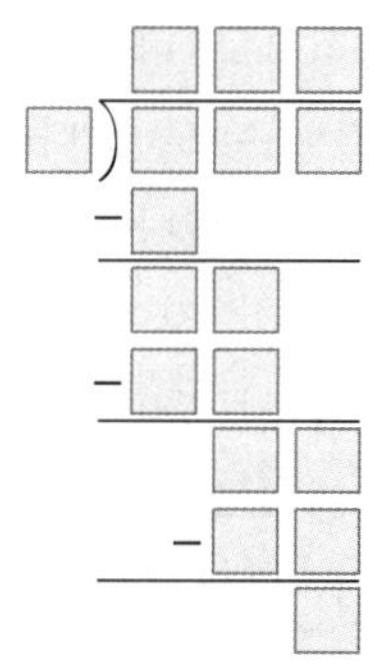

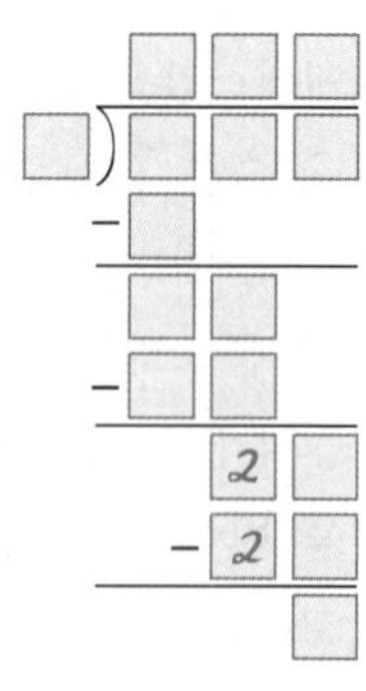

- 몇 판의 게임을 통해 최종 승자를 결정한다.

수|업|자|료|11-6

나눗셈 문제 만들기

학습목표: 나눗셈을 포함하는 수 감각을 기르기 위한 수 놀이하기

대상학년: 3~5학년

- 다음 나눗셈 문제를 만들어라.
  - 피제수가 47이고 제수가 3
  - 피제수가 81이고 제수가 5
- 다음 나눗셈 문제를 만들어라.
  - 몫이 6, 나머지는 2
  - 몫이 10, 나머지는 4
  - 몫이 23, 나머지는 5

- 다음 나눗셈 문제를 만들어라.
  - 제수가 6, 몫은 15, 나머지는 3
  - 제수가 3, 몫은 25, 나머지는 2
  - 제수가 83, 몫은 11, 나머지는 6

이 같은 방법은 몫의 범위를 초기에 인지할 수 있도록 하는 데 도움을 준다. 그것은 또한 알고리즘에 의미를 부여하는 한편 유익한 어림 기술을 발전시키는 데 도움을 준다.

두 자리 수의 나눗셈

제수가 두 자리 수인 나눗셈의 학습은 나눗셈 알고리즘을 숙달시키는 데 초점을 두기보다는 몫을 어림하고 나눗셈 전략을 학습하는 데 초점을 두어야 한다. 대부분의 어른들은 계산기를 사용하여 큰 수의 나눗셈을 하기 때문에, 아동들이 큰 수에 대한 나눗셈 기능을 익히기 위해 몇 달 몇 년을 허비해야 할 이유는 없다. 이러한 맥락에서, 두 자리 수의 나눗셈에 대하여 CCSSM에서도, "5학년은 자릿값의 개념을 바탕으로 한 전략, 연산의 성질, 곱셈과 나눗셈의 관계를 이용하여 피제수가 최대 네 자리 수이고 제수가 두 자리 수까지인 나눗셈의 몫과 나머지를 구할 수 있어야 한다."(CCSSI, 2010, p.35)고 제안하였다.

제수가 두 자리 수인 나눗셈의 개발은 제수가 한 자리 수인 나눗셈의 경우와 마찬가지로 구체에서 추상으로 진행한다. 기호를 사용하여 나눗셈 식을 푸는 데에는 많은 연습이 필요하지만, 구체적 자료를 이용하여 절차를 개발해 간다면 곧 능숙하게 될 것이다. 계산기는 수들 사이의 관계에 대한 이해를 강화시키는 데 사용된다. 예를 들어, 아동들은 계산기를 사용하여 다음과 같은 문제의 미지수를 찾을 수 있다.

X ÷ 45 = 159 나머지 13
7683 ÷ X = 98 나머지 39
4745 ÷ X = 46 나머지 7
X ÷ 73 = 89 나머지 3
69783 ÷ 23 = X 나머지 Y
16972 ÷ 23 = X 나머지 Y

나머지가 있는 나눗셈

아동들은 나눗셈 계산을 시작하는 때부터 나머지를 접하게 된다. 나머지가 있는 문제는 나중으로 미루고, 항상 나누어 떨어지는 나눗셈에 대한 학습부터 시작하는 것은 자연스럽지 못할 뿐만 아니라 비효율적이다. 문제가 구체적 수준에 머물러 있는 한 나머지에 대한 개념은 오히려 쉽다. 다양한 상황을 몇 가지 예로 들면 다음과 같다.

- 사탕 17개를 3명에게 나눈다. (각 학생은 5개의 사탕을 받고 2개를 남긴다. 또는 자를 수 있는 사탕이라면, 각자 5개 사탕과 $\frac{2}{3}$개의 사탕을 갖는다.)
- 밸런타인 카드를 하나 만드는 데 장식 3조각이 필요하다. 17조각의 장식이 있다면, 카드를 얼마나 만들 수 있는가? (5장을 만들 수 있다, 아마도 남은 2조각은 버리게 되거나, 다음을 위해 남겨둘 것이다.)
- 3명의 아동이 차 한 대에 탈 수 있다. 만약 17명의

아동이 견학을 간다면 몇 대의 차가 필요한가? (6대의 자동차가 필요하다. 5대로는 15명을 태울 수 있고, 남은 2명은 차가 올 때까지 기다려야 할 것이다. 6대로는 17명을 태우고, 한 자리가 남을 것이다.)

- 17명의 학생들을 3모둠으로 나누어라. (각 모둠을 5명으로 구성하고, 남은 2명은 점수기록도우미가 될 수 있거나, 또는 6명으로 이루어진 2모둠과 5명으로 이루어진 한 모둠으로 구성할 수 있다.)

실생활 문제에서는 나머지가 각각 다르게 처리됨을 주목하라. 사탕 문제에서는, 자연수 5와 나머지 $\frac{2}{3}$가 답일 수 있다. 밸런타인 문제에서는 오직 자연수 부분만 포함할 수 있다(나머지는 버려지거나 무시되거나). 학급 견학 문제에서는 나머지를 무시할 수 없기 때문에 (얼마나 작은가에 상관없이) 올림을 하게 된다. 모둠 문제에서는 나머지를 처리하기 위한 뭔가가 필요하게 된다(혹은 모든 사람을 포함하려면 똑같은 사이즈가 아닐 수도 있다).

그러므로 학생들에게 실생활 문제 상황에서 등장하는 나머지를 어떻게 처리할 것인지 생각해 보게 하는 것이 중요하다.

계산기로 계산할 경우, 나누어 떨어지지 않는 나눗셈의 결과는 소수 형식으로 표현되며, 따라서 이와 같이 몫이 정수가 아닐 때 아동들은 나머지를 해석하는 방법에 대하여 학습해야 한다(13장 참조).

처음에 다음과 같은 방법으로 나머지를 쓸 수 있도록 지도한다.

$$\begin{array}{r} 2 \\ 6\overline{)\,13} \\ \underline{12} \\ 1 \end{array}$$ 몫 2 나머지 1

$$\begin{array}{r} 5 \\ 5\overline{)\,27} \\ \underline{25} \\ 2 \end{array}$$ … 2

나머지가 나타나는 일상생활 장면을 강조하는 것과 그 장면에서 "나머지 2"를 어떻게 이해할 것인가를 결정하는 것이 중요하다. <수업자료 11-7>에 제시된 게임 활동은 나머지를 확인하는 연습을 제공한다.

> **수업자료 11-7**
>
> **나머지 게임**
>
> 학습목표: 나눗셈이 있는 머릿셈을 연습하기 위한 놀이 활용하기
>
> 대상학년: 3~5학년
>
> 준비물:
>
> - 두꺼운 종이로 만든 놀이판
> - 0에서 9까지의 숫자가 적힌 4벌의 카드
> - 각 경기자의 득점 표시 도구인 말
>
> 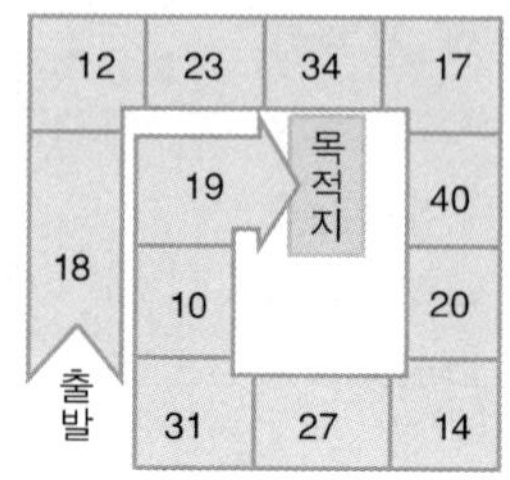
>
>
> 놀이 규칙:
>
> 1. 카드를 모두 엎어 놓는다.
> 2. 첫 경기자가 카드 한 장을 뽑는다.
>   - 경기자는 첫 번째 차례에서, 놀이판의 첫 수를 뽑은 카드에 적힌 수로 나눈다.
>   - 나머지에 해당하는 칸만큼씩 말을 앞으로 이동시킨다. 나머지가 0일 경우에는 말을 움직이지 못한다.
>   - 다음 차례에서는, 직전 차례에서 옮겨 두었던 말이 놓여 있는 위치의 놀이판의 수를 피제수로 하여 나눗셈을 한다.
> 3. 다음 경기자도 이와 같은 요령으로 게임을 진행한다.
> 4. "목적지"에 도착하려면 남아 있는 정확한 칸 수를 움직일 수 있어야 한다. 목적지에 가장 먼저 도착하는 경기자가 승자가 된다.

계산기는 나머지가 있는 나눗셈 문제를 해결하기 위해 사용될 수도 있지만, 정확한 답은 아동들이 하는 사고에 달려 있다. 다음 문제를 생각해보자.

한 대의 버스에 아동 36명이 탈 수 있다. 만약 아

동 460명이 연주회에 가려면 버스가 모두 몇 대 필요한가?

연구 보고에 의하면, 앞의 문제는 계산기의 사용여부에 상관없이 아동들이 해결하기에는 어렵다고 한다. 계산기를 사용하지 않는 경우에는 12 나머지 28이라고 답하는 경우도 있고, 계산기를 사용한 경우에는 12.777이라고 답하는 경우도 있었다. 아동들은 그들의 답이 타당한지 결정하는 것보다 그 답을 좀 더 정확하게 산출하려는 경향이 있다. 타당한 답은 13대의 버스일 것이다(12대는 꽉 차서 가고 마지막 버스는 몇 개의 빈자리가 있는 채로 갈 것이다).

계산 알고리즘 학습을 넘어서

계산 알고리즘을 사용하는 방법에 대한 학습을 넘어서 학생들이 더 학습해야 할 중요한 것이 있다. 즉, 계산 방법을 적절하게 선택하고, 계산한 결과를 검산하는 전략을 개발하고, 적절하게 조직되고 잘 짜인 연습을 통하여 계산을 숙달해야 한다.

적절한 방법 선택하기

NCTM의 규준과 제10장의 논의에서 명확히 했듯이, 아동은 계산하기에 적절한 수단을 선택할 수 있어야 한다. 종종 필산이 더 낫기도 하고, 때로는 머릿셈이 더 효과적이기도 하다. 그 밖의 경우 계산기를 사용하는 것이 이 두 경우보다 더 낫고, 때로는 단지 어림만 필요할 수도 있다. 학생들이 자신들의 답을 정당화할 수 있도록 격려함으로써 자신의 생각에 대하여 통찰하게 할 수 있다. 아동들은 각각의 방법이나 도구가 언제 적절한지 토론해야 하며, 그러한 선택을 위한 연습이 필요하고, 자신의 선택이 합리적이라는 점을 명백히 하기 위한 논의가 이어져야 한다. 그들은 이것이 각자 자신의 개인적 결정이라는 것을 깨달아야 한다. 한 아동이 계산기를 사용하여 해결하고자 하는 문제를 다른 아동은 머릿셈으로 계산하게 되는 수도 있다.

검산

계산하기 전에 답을 대강 어림해 보는 것이 중요한 것처럼 계산한 후에 검산하는 것도 중요하다. 보편적으로, 덧셈과 뺄셈이 서로를 검산하기 위해 사용되듯이, 곱셈과 나눗셈도 서로를 검산하기 위해 사용된다. 유감스럽게도 검산이 그 답의 정확성 여부를 확인해야 하는 목적을 언제나 달성하는 것은 아니다. 실제로 아동들에게 검산하라고 말하더라도, 아동들은 종종 억지로 검산을 하는 경향이 있다. 즉, 실제로 검산을 해보지도 않고 계산 결과가 맞다고 판단한다. 아동들은 검산의 목적을 반드시 이해해야 하며, 만약 검산 결과의 해가 원래의 해와 일치하지 않을 경우 아동들은 무엇을 해야 하는가에 대해서도 이해해야 한다.

계산기가 다른 여러 가지 기능을 제공할 수 있지만, 교사는 검산에서의 계산기 사용을 간과해서는 안 된다. 그렇지만 필산결과를 검산하는 주된 방법으로 사용되어서는 안 된다. 계산하는 데 많은 시간을 소비하자마자 바로 계산기로 검산하도록 하는 것은 좋은 방법이 아니다. 어림은 답의 한계를 정할 수 있는 수단으로서, 그리고 계산한 답의 정확성을 확인하는 수단으로서, 폭넓은 의미로 사용되도록 해야 한다. "계산기를 사용하여 검산하라."는 말은 일반적으로 어림을 하고 난 후에 계산을 수행할 때에만 계산기를 사용하라는 의미이다.

계산 숙달하기

덧셈, 뺄셈, 곱셈, 나눗셈에 관한 계산 숙달은 초등 수준의 수학교육에서는 매우 중요한 부분이다. 그러나 숙달시키기 위해서는 개념적 이해와 계산적 숙달의 균형과 연계를 필요로 한다(NCTM, 2000, p.35). 이해가 동반되지 않은 과도한 연습은 때때로 잊어버리기 쉽거나 틀리게 기억될 수 있다는 연구 보고가 있다(Hiebert, 1999; Kamii & Dominick, 1998). 반면에 원하는 정도의 계산을 숙달하는 데에는 연습이 학생들을 돕는 중요한 역할을 한다. 교사는 개념적인 이해를 도와주고 길러주면서 연습의 기회를 조심스럽게 제공해야 한다. 만약 학생이 추론을 사용한다면, 계산 숙달을 발달시키는 데 연습이 훨씬 더 도움이 될 것이다.

많은 종류의 컴퓨터 소프트웨어 구입이 가능하다. 생각 없이 알고리즘 연습만 시키는 것보다는 그 이상의 것을 찾아보는 것이 바람직하다. 대부분의 프로그램이 시각적으로 매우 매력적이며, 이야기 형식으로 다양한 캐릭터를 등장시킨다. 그러나 문제해결과 어림셈이 포함된 프로그램은 별로 없다. 어떤 것들은 아동들의 참여를 끌어내는 게임을 사용하기도 한다. 소프트웨어가 이미 활용하고 있는 학습자료를 능가하는 장점이 있는지를 살펴보아야 한다. 꼭 필요하지는 않지만 있으면 편리하다는 이유로 컴퓨터 소프트웨어를 활용하는 것이 아니라, 수학적으로 안내되는 유용한 컴퓨터 소프트웨어를 찾아야 한다.

활동지는 계산 능력을 숙달시키는 데 사용될 수 있다. 어떤 활동지는 계산을 완료함으로써 얻어지는 답을 사용하여 풀 수 있는 미스터리 형태로 제시되어 있다. <수업자료 11-8>은 그러한 형태의 활동지를 보여준다. 이 예에서, 곱셈 문제에 대한 답이 미스터리 수를 찾는 단서를 제공한다. 학생은 미스터리 수를 알아내는 데 이 단서를 체계화하여야 한다. 이런 종류의 활동지가 학생에게 필요한 연습을 제공하기도 하지만, 너무 남용할 경우 계산 숙달을 가져오기보다는 자칫 생각 없이 하는 연습이 될 수 있으므로 유의해야 한다.

수업자료 11-8

나는 어떤 수인가!

학습목표: 미스터리를 풀기 위해 곱셈 연습하기
대상학년: 3~4학년

- 방법: 아래의 각 곱셈 문제를 풀어보시오. 답들 중 일부는 미스터리 수를 찾는 데 단서를 줄 것입니다. 문제의 답은 동그라미를 치고, 다른 단서는 지우시오. 미스터리 수를 찾는 데 단서를 이용하시오.

1. 15 × 9	2. 51 × 21	3. 63 × 24	4. 68 × 21
5. 77 × 2	6. 18 × 15	7. 22 × 14	8. 69 × 66
9. 18 × 9	10. 72 × 9	11. 88 × 18	12. 34 × 31

답	힌트
162	나는 100보다 작다.
189	나는 100보다 크다.
1502	나는 짝수이다.
1071	나는 홀수이다.
1085	나는 3으로 나누어진다.
1308	나는 4로 나누어진다.
280	나는 5로 나누어진다.
647	나는 3의 곱이다.
4554	나는 5의 곱이다.
1607	나는 10의 곱이다.
208	자릿수의 합은 짝수이다.
1428	자릿수의 합은 홀수이다.

문화적 연계성

미국에서 전형적으로 가르치는 계산 알고리즘이 전 세계적인 것은 아니다. 다른 나라에서는 다른 식으로 지필식 계산을 한다. 만약 다른 나라에서 학교를 다녔거나, 부모가 유럽이나 남미 같은 지역에서 교육을 받은 학생의 경우, 그들 학부모가 자녀에게 계산 학습을 도와주려고 할 때 혼란이 야기될 수도 있다. 교사는 대안적 알고리즘이 유용함을 파악하는 것이 도움이 될 것이다. 학생들에게 그들이 푸는 방법을 설명시켜 봄으로써 다른 알고리즘을 사용할 때 발생하는 오류를 알아낼 수 있다. 때로는 익숙하지 않은 알고리즘이 어떻게 가능한지 알아내기 위해

주의를 갖고 생각해봐야 할 때도 있을 것이다.

예를 들어, 미국에서 360÷8을 가르치는 전형적인 방법은 아래와 같다.

```
   45
8)360
  32
   40
   40
    0
```

이것과 동일한 계산은 다른 나라에서는 아래와 같이도 된다.

```
360 )8
 40  45
  0
```

때때로 이 방법은 쿠바식 나눗셈으로 알려져 있다. 왜냐하면 비록 이와 같은 같은 표기법이 아랍, 라오족, 베트남, 네덜란드, 폴란드와 같은 다른 나라에서도 사용되고 있지만, 많은 쿠바 이민자들이 1960년대에 미국 플로리다로 이주하였을 때 미국에 알려졌기 때문이다(Hirigoyen, 1997).

다른 방식으로 뺄셈을 하는 학생들도 있다. 특히 동수첨가방법(equal additions 또는 add-tens-to-both)은 유럽과 라틴 아메리카의 여러 나라에서 사용되고 있다. 실제로 미국에서는 뺄셈에서 지금의 표준화된 분해 알고리즘이 널리 알려지기 전에 동수첨가 알고리즘도 함께 가르쳤다. 동수첨가 알고리즘은 아직도 많은 나라에서 가르치고 있다(Ron, 1998). 동수첨가 알고리즘에서는 피감수와 감수에 같은 수를 더해준다. 아래 예에서, 피감수와 감수에 10이 더해진다. 즉, 일짜리 10개는 피감수(91)에 더해졌고, 십짜리 한 개는 감수(24)에 더해졌다.

```
    1
    91      생각하기
 - ³2̸4      11 − 4 = 일 7개
 ─────      십이 9개 − 3개 = 십이 6개
    67
```

이 알고리즘은 수들(91과 24) 사이의 차이는 양쪽에 같은 수를 더해주어도 같아지기 때문에 가능하다(즉 91 − 24 = (91 + 10) − (24 + 10)). 이것을 수직선에 그려보면 이해하는 데 도움이 된다. 수직선상에 91과 24 사이의 거리는 뺄셈을 하는 경우와 같아진다. 수직선의 양쪽 수를 똑같이 움직여도(10) 두 수 사이의 차이의 결과는 같게 남는다. 각 수에 10을 더하는 이유는 뺄셈을 하면서 꾸어 오거나, 받아내림이 없게 하기 위함이다. 비록 이 알고리즘이 많은 사람들에게 생소하게 보일지 모르겠지만, 이 방법을 사용해 온 사람들은 쉽고 사용하기 매우 편하다고 여긴다. 중요한 것은 개개인이 알고리즘을 할 때, 무엇을 그리고 왜 계산하는지 이해하는 것이다. 전통적인 연구에서 전형적인 분해 알고리즘과 동수첨가 알고리즘이 유의미하게 가르쳐진다면 시간과 정확도에서 매우 효율적임을 보여주고 있다(Brownell, 1947). 세 번째 뺄셈 알고리즘은 일본인이 사용하는 방법으로, 빼는 과정에서 덧셈이 사용된다. 일본식 방법을 사용하여 531 − 398을 계산하기 위해서 먼저 398의 '9로 이루어진 보수'를 판단해야 하고 그러고는 그 수를 531에 더하고, 최종 답을 얻기 위해 조정을 한다. 어느 수의 '9로 이루어진 보수'는 9에서 각 자리의 수를 빼서 얻어지는데, 398의 '9로 이루어진 보수'는 601이다(왜냐하면 999 − 398 = 601). 601을 531에 더해서 1132를 얻는다. 천의 자리에 있는 숫자 1을 제거하고 일의 자리에 1을 더하여 133을 얻어 답을 얻게 된다(531 − 398 = 133). (어떻게 이렇게 되는지 그 이유는? 힌트: 먼저 999 − 398 = 601을 생각해 보아라. 알고리즘에서 다음 무슨 일이 생기는가?)

전 세계적으로 많은 다른 흥미로운 알고리즘이 사용되고 있다. 그 방법들의 정당성을 인식하고 그 방법을 사용할 권리를 인정해 주는 것은 모든 학생의 문화적 배경을 지지해준다는 점에서 중요하다(Civil, Planas, & Quintos, 2005; Philipp, 1996 참조).

요약

비록 계산 기능이 아동의 수학적 성취의 필수적 요소로 판단되고 있으나, 교육과정에서 계산

기능의 역할과 그것을 가르치는 방법은 변화하고 있다. 학생들이 계산 알고리즘을 학습하는 데 도움을 주기 위해서는 기본 계산을 요구하는 문제를 통해 그들 스스로 추론하도록 격려해 주는 것이 필요하다. 각 연산에 대한 알고리즘의 발달에는 구체적 조작 자료, 자릿값 아이디어와 어림셈의 사용이 포함된다. 알고리즘의 발달을 위해 여러 제안을 하였고, 많은 대안적인 알고리즘을 제시하였다. 계산기의 사용에 대해서는 다른 자료를 사용하는 활동뿐 아니라 알고리즘을 사용하는 많은 활동과 함께 제시하였다.

연|습|문|제|

01. 아래와 같이 학생이 고안한 알고리즘을 분석해 보아라. 항상 성립되는 것인가? 그렇다면, 이 방법을 사용하는 다른 두 가지 이상의 예를 제시하시오. 그렇지 않다면, 왜 이 방법이 작동하지 않는지 설명하시오.

a. 뺄셈 — 가수(addend)가 빠진 덧셈으로

```
                   1          11          111          111
 3452           1784        1784         1784         1784
-1784  →  +        8  →  +    68  →  +    668  →  + 1668
           ---------    --------     ---------     -------
             3452        3452         3452          3452
```

b. 뺄셈 — 받아내림할 때 10에서 빼고 그 다음에 더한다.

```
                      10          1010          1010
   410              3410         23410         23410
  3452             3452          3452          3452
 -1784    →      -1784    →    -1784    →    -1784
 -----           -----         -----         -----
     6              26           326          1326
 +   2           +  42         + 342         + 342
                                              -----
                                              1668
```

c. 뺄셈 — 왼쪽에서부터 오른쪽으로 하고 받아내림이 필요할 때 감한다.

```
                    1            11           111
  3452            3452          3452          3452
 -1784    →      -1784    →    -1784    →    -1784
 -----           -----         -----         -----
  2               27            277           2778
                  1             16            166
```

d. 나눗셈 — 10의 자리 수와 1의 자리 수를 제수(divisor)로써 곱셈을 하여 누감 알고리즘으로 뺀다.

```
      2058   r20
23 ) 47354
      40
       7
       6
      135
      100
       35
       15
      204
      160
       44
       24
       20
```

02. 바둑판 종이에 12×17을 배열로 보이기 위해 도식화해 보시오. 배열에서 각 부분곱이 어떻게 모델과 연결되는지 그 모델을 12×17을 위한 부분-곱 알고리즘과 연계하시오.

03. 52－25, 91－79, 47－18과 같이 받아내림이 있는 뺄셈이 내재된 문제를 생각해 보자. 만약 2학년을 가르치고 있다면 어떻게 시도할 것인가? 받아내림이 있는 뺄셈을 하기 전에 학생은 무엇을 이해하는 게 중요한가?

04. 6학년 교사라고 가정해 보자. 여러 자리 수 곱셈에서 몇 학생이 계속해서 똑같은 실수를 하고 있다. 15×23, 173×234를 계산하는데, 곱한 후 자리를 옮겨 적어주어야 하는데 이를 잊고 있는 듯하다. 다음과 같이 풀고 있다.

```
  23          23
 ×15         ×15
 ---         ---
 115         115
 23     ⇒     23
 ---         ---
 345         138

  234          234
 ×173         ×173
 ----         ----
  702          702
 1638    ⇒    1638
 234           234
 -----        ----
 40482        2574
```

이 학생들을 도와주기 위하여 무엇을 할 수 있을까? 그 학생들의 실수를 교정하기 위해 무엇을 할 것인가?

05. 4578÷7 문제에서 누감 알고리즘을 이용하여 몫

을 구하시오. 다음으로, 적어도 세 단계 이상, 혹은 이 알고리즘의 유연한 성질을 보여주는 첫 번째 시도보다는 최대 세 단계 적게, 알고리즘을 다시 시도해 보시오.

06. 35÷6이 포함되는 문장제를 만들어 보시오. 단, 정확한 계산의 답($5\frac{5}{6}$)이 아닌, 실생활 상황에 적합한 답이 나오게 하시오. 첫 번째 35÷6의 문장제에서는 적절한 답으로 5가 나오게 하시오. 두 번째 35÷6의 문장제에서는 적절한 답으로 6이 나오게 하시오.

연구문제

01. 방문할 수 있는 교실의 학년 수준에 맞는 교과서와 교사용 지도서를 선택하여 계산에 대한 수업계획을 분석하시오. 구체적인 것에서 추상적인 것까지 어떤 단계가 수업에 포함되는가? 교사가 어떻게 계산을 가르치는지 교사와 이야기해 본다. 그 교과서/교재가 충분한가? 어떻게? 사용하는 구체적 조작 교구는 무엇인가? 어떻게?

02. 받아올림이 있는 두 자리 수끼리의 덧셈에 대한 이해력을 측정할 수 있는 평가 문항을 3개 작성하시오. 왜 그것을 선정하였는지 설명해 보시오. 몇 명의 학생들에게 선정한 것을 시도해 보고 그들의 반응을 분석해 본다.

03. 한 교사에게 지필 계산(나이와 학년에 비해 덧셈, 뺄셈, 곱셈, 나눗셈)에 어려움을 겪고 있는 학생을 지도한 경험이 있는지 물어본다. 학생의 문제가 무엇인지 파악해 본다. 이 장에 기술된 대안적인 알고리즘 중 하나를 활용해 보도록 제안해 보도록 한다.

04. 어떤 사람들은 학생들 스스로 표준 알고리즘을 발견할 것 같지 않기 때문에, 학생 스스로 그들 자신의 계산 알고리즘을 발명하게 하는 것을 걱정하기도 한다. 일반적으로 빠르고 효율적인 표준 알고리즘은 발명과 수정의 시간을 거치면서 세련되게 정련되었다. 왜 표준(전통적인) 알고리즘을 직접 학생들에게 가르치지 않는 것인가? 표준 알고리즘을 직접적으로 가르쳐야 하는가에 대해 동의하는지 반대하는지 당신의 생각을 정리하여 기술해 보시오.

05. 이 장에서 소개한 네 연산의 순서를 생각해 보자. 학생들에게 가르치는 순서가 중요하다고 생각하는가? 그 이유는? 네 연산 사이의 관계에 대해 분석하여 기술해 보시오.

06. "지금, 우리는 계산기가 있으므로, 큰 수의 나눗셈을 버려야 한다." 이에 대해 찬성하는지 반대하는지 당신의 의견을 피력해 보시오.

07. 3학년 또는 4학년 교과서를 골라, 곱셈 알고리즘의 발달 과정을 추적해 보시오. 어떻게 도입되고 있는가? 아동이 어떤 단계를 거치도록 하고 있는가? 또는 3~6학년에서 교과서 시리즈를 하나 골라, 나눗셈 알고리즘의 발달 과정을 추적해 보시오. 어느 학년에서 자연수 나눗셈이 처음으로 등장하는가? 자연수 나눗셈이 포함되어 있는 가장 높은 학년은 무엇인가? 이 교과서에서는 학생들 스스로 생성하는 알고리즘을 포함하고 있는가? 혹은 전통적인 큰 수의 나눗셈 그 이상의 것이 포함되어 있는가?

08. "Creative Arithmetic: Exploring Alternative Methods (Ellis & Yeh, 2008)"란 제목의 논문을 읽어 보자. 이 논문에서 빼고 곱하는 데 있어서 몇 가지 다른 방법을 소개하고 있다. 두 자리 수 뺄셈과 세 자리 수 뺄셈 문제를 만들어 보고, 이 논문에서 제시한 방법을 어떻게 사용할 것인지 기술해 보시오. 두 자리 수 곱셈 문제를 만들어 이 논문에 제시된 방법으로 어떻게 지도할 것인지 기술해 보시오. 학부모, 이웃들, 혹은 친구에게 그들이 아는 다른 방법의 뺄셈과 곱셈 방법이 있는지 알아보시오. 그들에게 설명해 보시오. 다른 문제를 만들어 보고 그들의 방법을 사용해 본다. 왜 그들의 방법이 계산에 적용되는가?

09. "Computational Fluency, Algorithm, and Mathematical Proficiency: One Mathematician's Perspective(Bass, 2003)"란 제목의 논문을 읽어 보자. 계산 알고리즘의 유용성을 평가하는 데 있어서 Dr. Bass가 중요하다고 판단하는 5가지를 사용하여, 세 가지 곱셈 알고리즘(부분-곱 방법, 격자식 곱셈 방법, 전통적인 방법)의 상대적인 유용성을 분석해 보자.

10. 웹이나, 지역 학교나, 학교 혹은 대학의 교육용 소프트웨어 자료 중에서 사용가능한 반복연습용 소프트웨어 프로그램을 찾아보시오.

11. 나눗셈에서, 계산기는 나머지를 소수로 제공한다(예를 들어, 476÷23 = 20.69565217). 간단한 계산기를 사용하여 나머지를 분수로 찾는 서로 다른 두 방법을 기술해 보시오.

12. 인터넷 검색은 교사들이 수학 활동지를 구성할 수 있는 많은 웹 사이트 정보를 제공한다. 이 중 한 사이트를 찾아서 연산 기능을 연습시킬 수 있는 활동지를 제작해 보아라. 당신이 만든 활동지를 언제, 왜 추천하는지 설명해 보시오.

아동용 추천도서

Anno, M. *Anno's Magic Seeds*. New York: Philomel Books, 1999.

Calvert, P. *Multiplying Menace: The Revenge of Rumpelstiltskin*. Watertown, MA: Charlesbridge Publishing Co., 2006.

Dodds, D. A. *The Great Divide*. Cambridge, MA: Candlewick Press, 1999.

Murphy, S. J. *Too Many Kangaroo Things To Do*. New York: HarperCollins, 1996.

Murphy, S. J. *Divide and Ride*. New York: HarperCollins, 1997.

제12장 분수와 소수: 의미와 연산

"미국인 4명 중 5명은 분수를 어려워한다."
- 작자 미상

이 장의 핵심 질문

1. 분수의 세 가지 의미는 무엇이며, 부분-전체 모델은 무엇을 의미하는가?
2. 학생들이 분수를 이해할 수 있도록 어떻게 도울 수 있을까? 그리고 학생들이 분수의 순서와 동치분수에 대한 이해를 돕기 위해 구체물, 그림 모델을 어떻게 사용할 수 있을까?
3. 자연수를 어림하여 더하고 빼기 위해 사용하는 어림 전략을 학생들이 어떻게 사용하는지 기술해 보고, 분수와 소수 문제에서 답의 타당성을 어떻게 판단하는지 설명해보시오.
4. 분수 또는 소수의 덧셈, 뺄셈, 곱셈, 나눗셈에 대한 학생들의 개념적인 이해를 돕기 위해서 모델을 어떻게 사용하면 좋을까?
5. $\frac{a}{b}$는 $\frac{1}{b}$이 a개라는 것을 이해하는 것이 등분모 분수의 덧셈과 뺄셈을 하는 데 어떻게 활용되는지 설명하시오.

서론

도입부에 제시된 인용문 "미국인 4명 중 5명은 분수를 어려워한다."는 분수에 대한 많은 사람들의 반응을 단적으로 표현한 것이다. 분수와 소수는 오랫동안 많은 학생들에게 이해하기 어려운 장애물로 인식되어 왔다. 그 이유 중 하나는 학생이 분수와 그 연산에 대해 확실하게 개념적 기초가 이루어지지 않은 상태에서 교사가 기호로 표현하게 하면서 계산을 서두르기 때문일 것이다. 따라서 이 장의 대부분은 분수의 개념적 발달과 연산의 기초가 되는 과정을 집중적으로 다룰 것이다.

모두가 알고 있듯이, 분수와 소수와 관련된 개념은 복잡하다. 그러나 두 가지 다소 단순하지만 강력한 개념인 **등분할**(partitioning)과 **동치**(equivalence)는 그 개념들의 많은 부분을 서로 연결시킬 수 있다. 등분할은 똑같이 나누는 것이다(8명이 케이크 한 판을 나누는 것은 케이크를 똑같은 8조각으로 나누는 것을 의미한다. 네 사람이 6개의 캔디바를 나누는 것은 6개의 캔디바를 똑같은 크기의 네 부분으로 나누는 것을 의미한다). 동치는 같은 양의 다양한 표현에 초점을 두고 있다(케이크의 4분의 3은 그 케이크의 8개 중 6개와 같은 양이다. 그러므로 $\frac{3}{4}$은 $\frac{6}{8}$과 같다). 동치는 분수 간의 관계뿐만 아니라 소수와 분수와의 관계라는 점에 주목해야 한다. 예를 들어, $\frac{1}{2}$, $\frac{5}{10}$, 0.5 모두 절반이라는 똑같은 양을 표현하는 3가지의 다른 방법이다. 소수는 분수의 또 다른 표현이다. 하지만 분수는 임의로 나누어진 부분들을 표현할 수 있는 반면에, 소수는 10의 거듭제곱(100, 1000 등)으로 나뉜 것만 표현할 수 있다.

이 장에서는 분수를 먼저 집중적으로 다루겠지만, 소수를 공부하기 전에 분수를 먼저 공부해야 함을 의미하지는 않는다. 분수에 대한 기초를 배우고 난 후에, 바로 소수표기를 도입할 수도 있다. 사실 소수 계산은 대부분 분수 계산보다 더 쉽고, 분수 계산에 대한 공부가 완전히 끝나기 전에 의미 있게 미리 배울 수도 있다.

기술공학에서는 거의 대부분 소수를 사용하기 때문에 분수학습의 중요성에 대하여 이의를 제기할 수도 있겠지만, 분수는 일상생활에서 중요하며 이후의 수학학습에 필수적이므로 분수에 대한 능숙한 계산력을 개발시켜야 한다(Kilpatrick et al., 2001).

분수의 개념

NCTM(2000)의 《학교수학을 위한 원리와 규준》에서는 아동들에게 분수와 소수에 대해서도 수 감각과 함께 그 개념을 발달시킬 기회를 주어야 한다는 것을 강조하고 있다. 그런데 NAEP의 문항들을 자세히 검토해 보면, 분수의 기초가 되는 개념이나 모델이 4학년까지도 잘 발달되지 못하는 것으로 나타났다. 고학년 학생들은 분수를 그림 모델과 관련시킬 수는 있다 하더라도 이들 모델이 문제를 푸는 데 도움이 될 수 있음을 깨닫지 못하고 있다(Wearne & Kouba, 2000). 단지 암기에 의존하는 전통적인 방법보다는 구체물, 그림, 용어, 실세계 그리고 기호적인 다양한 표현을 강조하는 내용으로 학생들에게 필요한 개념적 이해를 돕도록 해야 한다(Cramer, Post, & DelMas, 2002).

분수와 자연수의 차이점

자연수(0을 포함해서)와 분수 사이에는 몇 가지 차이점이 있다.

1. 분수와 자연수는 모두 정해진 수량을 나타낸다. 분수는 두 개의 자연수(즉, 분모와 분자)로 표현된다. 모든 자연수는 분수지만, 모든 분수는 자연수일 수 없다.
2. 자연수는 한 가지 의미(즉, 몇 개인지)를 갖고 있지만, 분수는 여러 가지 의미를 갖고 있다. 분수의 의미에 대해서는 다음 절에서 자세하게 다룰 것이다.
3. 자연수를 나타내는 기호는 오직 한 가지이지만, 같은 분수라도 그것을 나타내는 기호는 많다. 예를 들어, 두 개를 의미하는 기호는 2뿐이지만, $\frac{3}{5}$, $\frac{6}{10}$, $\frac{18}{30}$은 같은 크기를 나타내는 분수이다.
4. 두 개의 자연수 사이에는 자연수가 유한개 존재한다. 예를 들어, 3과 7 사이에 존재하는 자연수는 4, 5, 6뿐이다. 5와 6 사이에는 자연수가 존재하지 않는다. 그러나 두 개의 분수 사이에는 분수가 무한개 존재한다. 예를 들어, $\frac{3}{8}$과 $\frac{5}{8}$ 사이에는 $\frac{4}{8}$가 존재할 뿐만 아니라, $\frac{7}{16}$, $\frac{8}{16}$, $\frac{9}{16}$도 존재한다.
5. 자연수로 풀 수 없지만 분수로 풀 수 있는 문제가 있다. 예를 들어, 진수는 파이 2개를 8명에게 나누어 준다고 할 때, 자연수로 답을 구할 수는 없다.

분수의 세 가지 의미

대부분의 초등학교 수학과 교육과정에서는 분수에 대한 세 가지 의미, 즉 '부분－전체', '몫', 그리고

'비'를 다루고 있다. 대부분의 분수 학습은 부분-전체라는 의미에 기초를 두고, 다른 두 의미에 대해서는 거의 주안점을 두지 않고 있다. 이들 나머지 두 가지 의미를 무시하는 것이 학생들에게 분수에 대해 어려움을 느끼게 하는 원인이 될 수 있다.

부분-전체 부분-전체로서의 분수의 의미는 전체를 똑같은 크기의 부분으로 나눔을 나타낸다. 예를 들어, $\frac{3}{5}$의 부분-전체 해석은 전체를 5등분하고 그중 3개를 고려한다는 의미이다. 이 분수는 다음과 같은 영역 모델로 나타낼 수 있다:

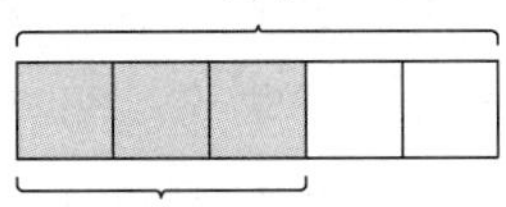

몫 $\frac{3}{5}$은 3÷5의 몫으로도 생각할 수 있다. 이 해석은 역시 분할 상황으로부터 발생한다. 예를 들어, 과자 20개를 5명에게 나누어준다고 가정해 보자. 각자에게 한 개의 과자를 똑같이 나누고, 또 다른 과자 한 개를 나누고, 이런 식으로 5명 모두에게 똑같은 양의 과자가 분배될 때까지 계속한다면, 이 과정은 수학적으로 20÷5로 나타낼 수 있고, 각 학생은 과자 4개를 갖게 될 것이다.

하지만 과자를 3개만 가지고 있고 여전히 5명에게 나누어 주기를 원한다면? 즉, 3÷5를 생각해 보자. 각자 얼마만큼의 과자를 가지게 될까? 과자 한 개를 통째로 가지게 되는 사람이 있을까? 과자 그림을 이용하여 문제를 푸는 방법은 그림 12-1에 제시하였다.

비율 분수 $\frac{3}{5}$은 여학생 10명에 대한 남학생 6명과 같은 비의 상황으로도 나타낼 수 있다. 이것은 남학생 3명과 여학생 5명을 비교하는 것이다. 교실에서 이와 같은 비를 만들 수 있는 또 다른 상황은 무엇이 있을까?

이 해석은 앞의 두 가지 해석('부분-전체'으로서의 분수, '몫'으로서의 분수)과는 개념적으로 완전히 다르다는 것을 알 수 있다. 이 장에서는 앞의 두 가지 해석에 대해서만 고려한다.

부분-전체로서의 분수 모델

'영역, 길이, 집합, 넓이'의 네 가지 속성은 부분-전체로서의 분수를 모델링하는 데 효과적이다. 영역 속성은 가장 구체적이고 학생들이 쉽게 조작할 수 있기 때문에 분수를 해석하는 데 가장 자주 사용되는 모델이다. 이 모델은 몫으로서의 분수에 대한 설명을 위해서도 사용될 수 있다. 물론 들이, 부피, 시

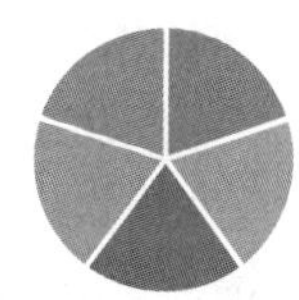

3개의 과자로 시작한다. 각 과자를 5등분한다.

각 사람은 각 과자의 $\frac{1}{5}$씩 차지한다.

따라서 각 사람이 얻는 과자는

$$\frac{1}{5}+\frac{1}{5}+\frac{1}{5} \text{ 또는 } \frac{3}{5} \text{ 또는 } 3\div5=\frac{3}{5}$$

그림 12-1 몫으로서의 분수에 대한 설명의 예

간 등과 같은 다른 속성들도 역시 모델로 사용될 수 있다.

영역 모델 영역은 가장 구체적이고 아동들이 가장 쉽게 조작할 수 있기 때문에, 가장 많이 사용되는 모델이다. 넓이 모델의 특별한 형태인 영역 모델에서, 영역은 전체(단위)이고 부분은 크기와 형태가 동일(합동)하다. 아래와 같이, 직사각형을 서로 합동이 되도록 5조각으로 나누어 그중 3조각을 색칠하였다. 이렇게 색칠한 부분을 분수로 나타내면 $\frac{3}{5}$이다.

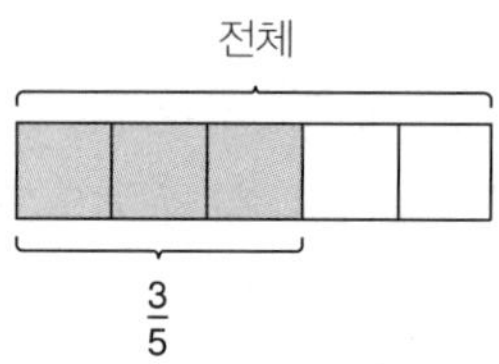

영역은 원이나 직사각형, 정사각형 또는 삼각형 등 어떤 형태도 될 수 있다. 영역 모델을 사용할 때에는 다양한 모양을 다룸으로써, 학생이 분수는 항상 "원의 어느 부분"이라고(영역이 원인 경우) 생각하지 않도록 해야 한다.

그림 12-2에서 보는 바와 같이, 학생들이 그리거나 분할하는 데 가장 쉬운 영역 모델은 직사각형이다(각 형태를 셋으로 등분한다면 어느 것이 가장 쉬운지 알아보아라). 원은 전체를 인식하기 쉽다는 이점이 있지만 직사각형의 장점을 능가하지 못하기 때문에 이 장에서는 주로 직사각형을 사용할 것이다.

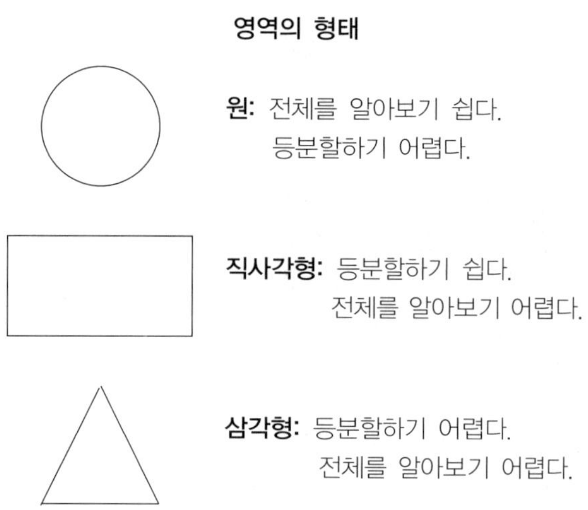

| 그림 12-2 영역 모델의 유형

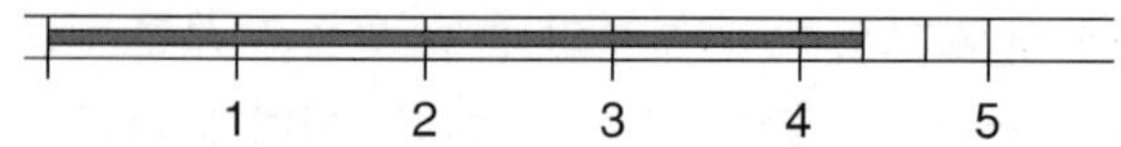

| 그림 12-3 $4\frac{1}{3}$의 길이 모델

길이 모델 임의의 단위길이는 분수 부분으로 등분할될 수 있다. 학생은 길고 가느다란 종이 띠를 반으로, 반의 반 등으로 계속 접을 수 있다(등분할). 추후에 이는 수직선 위의 점에 분수를 대응시키면서 길이를 등분할하는 데 사용할 수 있다. 예를 들어, 그림 12-3에서와 같이 학생들이 $4\frac{1}{3}$이 $4+\frac{1}{3}$이 됨을 깨닫도록 돕기 위해 4와 5 사이의 거리(단위 길이)를 셋으로 등분할할 수 있다.

하지만 학생들이 길이 모델을 이해하기 전에 수직선에서의 사전 경험이 많이 필요하다. 예를 들어, 수직선이 주어진 분수의 부분으로 나뉘어 있음에도 주어진 분수를 수직선에 정확하게 나타낼 수 있는 아동은 4학년의 $\frac{1}{3}$밖에 되지 않았다는 보고가 있다(Kloosterman et al., 2004). 수직선을 사용하면서 생기는 많은 미묘함 때문에, 수직선에 대해서는 분수의 의미에 대한 논의에서 다시 다루도록 한다.

집합 모델 집합 모델은 한 집합을 하나의 전체(단위)로 사용한다. 어떤 학생들은 12개의 사물의 모임을 하나의 단위로 인식하지 못하기 때문에 이 모델을 이해하는 데 때때로 어려움을 겪는다. 1996년의 NAEP에서, 4학년의 $\frac{3}{4}$에 해당하는 학생들이 주어진 분수에 대해 영역 모델을 정확히 맞힌 데 반해, 집합 모델을 정확히 맞힌 학생들은 절반밖에 안 되었다(Wearne & Kouba, 2000). 그런데 1996년부터 2000년까지 이 두 과제들에 대해 상당한 향상이 있었다(Kloosterman et al., 2004). 학생들이 어려워했던 또 다른 이유는 집합에 포함되어 있는 사물을 실제로

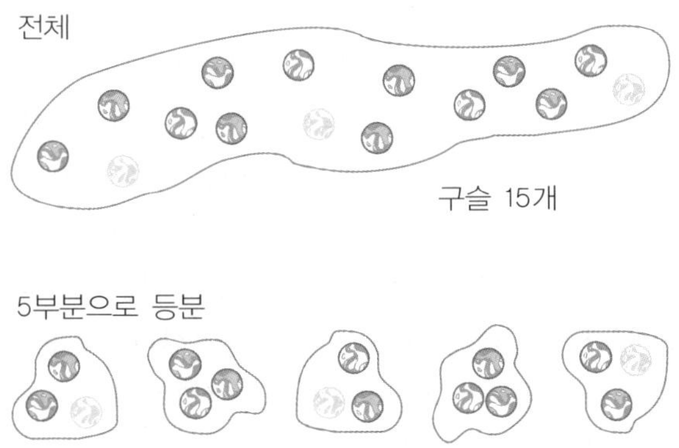

- 각 부분은 $\frac{1}{5}$
- 두 부분은 $\frac{2}{5}$
- 세 부분은 $\frac{3}{5}$
- 네 부분은 $\frac{4}{5}$
- 다섯 부분은 $\frac{5}{5}$ 또는 전체

그림 12-4 집합 모델의 예

삼등분, 사등분, 오등분 등으로 분할하는 경험을 많이 하지 않았기 때문이다. 그림 12-4는 구슬 15개를 한 집합으로 하여 5부분으로 등분하는 과정을 나타낸 것이다.

넓이 모델 넓이 모델은 영역 모델을 포함하는 좀 더 일반적인 모델이다. 영역 모델에서 각 부분이 똑같은 모양이어야 한다는 제한을 없앤 것이다. 단지 넓이만 같으면 된다. 이 모델을 사용하기 전에, 아동은 두 개의 다른 모양이 같은 넓이를 가지는 경우에 대하여 어느 정도 생각해 두어야 한다. 이 모델은 저학년보다는 중학년(3학년이나 4학년 정도)에게 더 적당하다.

분수의 이해

표 12-1은 분수의 개념 발달과 관련하여 CCSSM이 제시한 성취기준을 나타낸 것이다. CCSSM에서는 단위분수(분자가 1인 분수)를 강조하면서, 아동들은 $\frac{3}{5}$을 $\frac{1}{5}$이 3개로 볼 수 있어야 한다고 하였다. 이것은 분수의 개념과 분수의 연산을 이해하는 데 매우 중요한 역할을 한다. 또한 CCSSM에서는 아동들이 수직선 위에 분수를 표현해보는 것을 강조한다. 이를 통해 아동들은 수직선 위의 한 점과 대응하는 분수는 하나밖에 없음을 이해할 수 있다.

표 12-1 분수 개념에 관한 CCSSM의 성취기준

학년	성취기준
2학년	• 원과 직사각형을 2, 3, 4등분할 수 있다. 등분한 부분을 ‘이분의 일’, ‘삼분의 일’, ‘사분의 일’과 같은 용어로 표현하고, 전체를 ‘이분의 일’ 2개, ‘삼분의 일’ 3개, ‘사분의 일’ 4개로 나타낼 수 있다. 조각의 모양이 달라도 같은 크기를 나타낼 수 있음을 인식할 수 있다.
3학년	• 전체를 b조각으로 등분했을 때 한 조각을 분수로 나타내면 $\frac{1}{b}$이라는 것을 이해하고, $\frac{a}{b}$는 $\frac{1}{b}$ 크기의 조각이 a개라는 것을 이해할 수 있다. $\frac{1}{b}$의 $\frac{a}{b}$를 수직선 위에 나타낼 수 있다. 두 분수의 크기가 같으면 동치분수임을 이해할 수 있다. 분수를 비교할 수 있다. 분수를 비교할 때 전체가 같아야 한다는 것을 인식할 수 있다. 분수를 비교하고 기호 >, =, <로 표현할 수 있다.
4학년	• 분모가 서로 다른 분수를 비교할 수 있다. $\frac{a}{b}$는 $\frac{(a\times n)}{(b\times n)}$와 동치임을 시각적 모델을 사용하여 설명할 수 있다. 이 원리를 이용하여 동치분수를 만들 수 있다. 공통분모나 공통분자를 만들거나 $\frac{1}{2}$과 같은 기준 분수를 이용하여 분모와 분자가 서로 다른 분수를 비교할 수 있다.
5학년	• 분수를 분자 나누기 분모로 해석할 수 있다. 자연수의 나눗셈으로 답이 분수나 대분수인 문장제를 해결할 수 있다.

분수의 개념을 이해시키기 위해서는 부분-전체의 의미, 영역 모델과 같이 가장 간단한 의미와 모델로 시작하는 것이 좋다. 이 모델을 소개하고 분수와 관련된 언어 및 기호를 도입한 후에, 또 다른 부분-전체(길이, 집합, 넓이) 모델을 소개할 수 있다. 학생들이 이전에 이러한 개념적 배경을 갖고 있더라도, 이러한 사전 경험이 없는 학생들을 위해 다시 강조할 필요가 있다.

등분할

등분할에서 중요한 것은 전체를 동일한 부분으로 구분하면서 동등하게 나누는 것이다.

전체가 무엇이건 간에 하나의 단위로 규정된다. 우선 전체는 직사각형의 예처럼 학생들에게 명백하여야 한다. 전체가 영역 모델이라면 각 부분은 크기가 같아야 하고 모양이 같아야 한다. 길이 모델이라면, 각 부분은 같은 길이를 가져야 한다. 집합 모델이라면, 각 부분은 같은 개수의 사물로 이루어져야 한다. 모델이 무엇이든 간에, 아동은 전체를 동일한 부분으로 분할하는 것을 학습한 다음에 그 부분들을 분수로 기술하도록 한다.

아동에게 등분할을 해 보게 하자. 예를 들어, 각 아동에게 친구와 나누어 가질 "막대 사탕"(막대 사탕 크기의 종이조각)을 준다. 그리고 어떻게 나눌 것인지 "막대 사탕"을 접어 보게 한다. 아래 점선과 같이 접으면 두 사람에게 "공평한 나눔"이 되는지에 대하여 말하게 한다.

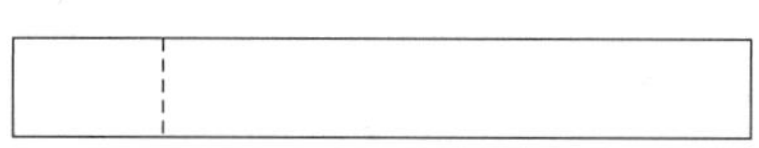

다른 예들을 통하여 3, 4, 6, 8명에게 똑같이 나누는 문제로 발전시킨다. 5명에게 똑같이 나누는 것과 같이 좀 더 어려운 분할 문제를 위해 이미 표시가 되어 있는 종이조각을 이용할 수 있다. 학생들이 일정 영역을 동일한 부분으로 등분할하고, 말로 표현하고, 부분을 세는 과정에 익숙해지면 다음 모델로 발전시킨다.

아동들은 물건들을 동일하게 나누기(집합 모델)를 좋아한다. 예를 들어 구슬 15개를 몇 명의 친구들과 나누는 것은 학생들에게 흥미를 끄는 활동이다. 분수를 언급하지 않으면서 학생에게 집합을 분할하는 경험을 하게 해야 한다. 이것은 자연수의 나눗셈과 분수에 대한 배경 지식을 제공한다. 예를 들어, 한 아동에게 15개의 장난감을 5명에게 나누게 할 수 있다. 그 다음에는 주어진 장난감의 수가 주어진 사람 수대로 똑같이 나누어질 수 있는지에 초점을 두어야 한다. 예를 들어, 15개의 장난감을 다음과 같이 주어진 사람 수로 등분할 수 있는지 질문해 본다.

2명에게는? (아니오)
3명에게는? (예)
5명에게는? (예)
4명에게는? (아니오)
6명에게는? (아니오)
7명에게는? (아니오)

학생들이 이러한 질문들에 대해 일단 이해하게 되면, 집합 모델을 사용할 수 있다(예를 들어, 집합을 다섯 개로 등분할함으로써 $\frac{1}{5}$을 발견할 수 있다). 이 모델로부터 학생은 다음과 같은 질문에 답할 수 있다.

15의 $\frac{1}{5}$은 얼마인가요? (3)

15의 $\frac{2}{5}$는? (6)

15의 $\frac{3}{5}$은? (9)

이러한 경험은 아동에게 많은 실제적인 문제들을 풀게 하고, 분수의 곱셈에 대한 준비가 된다. 예를 들어 구슬 3개의 4묶음과 같이, 구슬의 수를 판단하는 경우에 사용되는 곱셈적 추론에 대한 사전 경험을 제공하기도 한다. 이는 3학년 학생들이 분수의 개념뿐만 아니라 곱셈과 나눗셈의 개념을 이해하는 데도 적절한 활동이다.

용어

등분할 개념이 발달하면, 바로 2분의 1, 3분의 1, 4분의 1 등과 같은 용어를 소개한다. 용어는 전체에 대한 부분이라는 점을 강조하기 위하여 다음과 같은 질문을 한다. "전체가 되려면 $\frac{1}{5}$은 몇 개 있어야 하는가?" "$\frac{1}{8}$은 몇 개가 있어야 하는가?" "$\frac{1}{24}$은?" NAEP의 수학 평가에서, 4학년 학생의 절반만이 4분의 1이 4개가 되어 전체가 됨을 정확히 알고 있었다 (Wearne & Kouba, 2000).

세기

일단 아동이 분수와 관련하여 부분이란 용어에 익숙해지면, 부분을 세기 시작한다. 이 과정은 사과를 세는 것만큼 쉽지만, 아동은 자기가 무엇을 세고 있는지를 알 필요가 있다. 세기를 연습하는 활동의 예가 <수업자료 12-1>에 제시되어 있다.

부분의 수를 세는 것은 크기와 동치분수에 관한 질문으로 연결될 수 있다. 예를 들어, 4분의 1이 세 개 있는 것과 8분의 1이 5개 있는 것 중 어느 것이 더 큰가? 2분의 1이 몇 개면 8분의 1 네 개와 같게 되는가? 분수의 부분을 세는 것은 얼마만큼 더 있어야 전체가 되는지에 대한 이해를 돕는다. 예를 들어, 학생이 모델을 이용하여 5분의 3을 세었다면, 5분의 2가 있으면 전체가 됨을 알 수 있다. 분수의 부분을 세는 것은 가분수와 대분수에 대한 학습으로 이어질 수 있다. 예를 들어, 아동 세 명이 그들이 갖고 있는 4분의 1 조각들을 모두 세는 경우, 세 번째 아동이 수 세기를 하면서 4분의 9, 4분의 10이라고 말할 수도 있다. 그리고 세 아동은 2와 4분의 1, 2와 4분의 2 등을 갖게 됨도 알 수 있다. 그들이 4분의 12라는 소리를 듣게 되면, 이는 3이 됨을 발견할 수 있다. 이는 역시 동분모 분수의 덧셈과 뺄셈으로 자연스럽게 유

수업자료 12-1

분수 막대

학습목표: 분수 막대를 이용하여 등분할을 이해하고 분수의 부분 세기 익히기.

대상학년: 3~5학년

준비물: 각 아동별로 서로 다른 색깔의 종이 띠 (3″×9″) 4개

분수 막대 준비: 각 아동은 푸른 종이 띠를 반으로 접고, 접힌 선을 따라 검정색으로 줄을 긋고, 그 뒤에 $\frac{1}{2}$이라고 쓴다.

같은 방법으로 다른 색 종이 띠에 $\frac{1}{3}$, $\frac{1}{4}$, $\frac{1}{6}$의 분수를 만들게 한다.

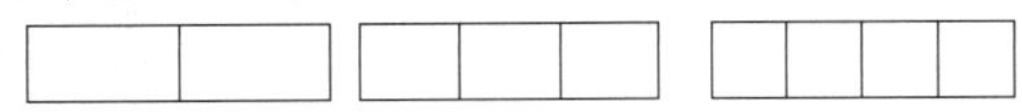

활동:

- 아동에게 $\frac{1}{4}$ 띠의 부분들을 세도록 한다.

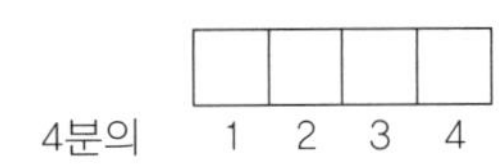

- 각자 다른 띠의 부분들을 세게 한다(예를 들어 $\frac{1}{6}$, $\frac{2}{6}$, $\frac{3}{6}$, …).
- 두 명의 아동에게 두 개의 띠에 있는 $\frac{1}{4}$을 세도록 한다.

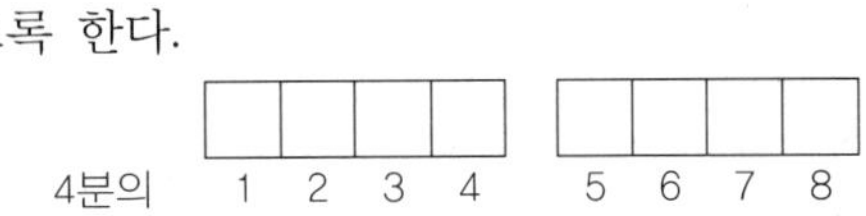

- $\frac{8}{4}$은 두 개의 전체이고, $\frac{6}{4}$은 하나의 전체와 $\frac{2}{4}$ 등을 알게 한다.
- 각자에게 $\frac{1}{6}$의 6부분 모두를 세게 한다.
- $\frac{11}{6}$이나 $\frac{23}{6}$을 보이기 위해 얼마나 많은 띠가 필요한지 말하도록 한다. 4명씩 짝을 지어 실험해보게 한다.

도될 수 있다.

등분할, 분수의 부분 읽기, 부분 세기와 같은 초기 아이디어를 갖게 되면, 다른 분수 모델을 소개해도 된다. 예를 들어 <수업자료 12-2>는 길이 모

델을 사용하고 있고, 기호를 사용하지 않고 오로지 분수 용어만 사용해서 집합 모델을 연결시키고 있다.

기호

기호와 용어 모두 아동이 기호의 의미를 이해할 때까지 함께 혹은 번갈아 사용되어야 한다.

> 분수 기호를 사용하는 것은 아동이 쉽게 말로 용어를 사용하면서 이름을 부르고, 세고 비교할 수 있게 된 후에 도입되어야 한다. …… 기호 쓰기는 말하기와 같은 방법으로 발달된다. 같은 종류의 질문이 사용되지만, 모델과 말하기는 기호와 연관되어야 한다(Payne, Towsley, & Huinker, 1990, p.185).

이 관계를 다음과 같이 나타낼 수 있다.

수|업|자|료|12-2

막대 나누기

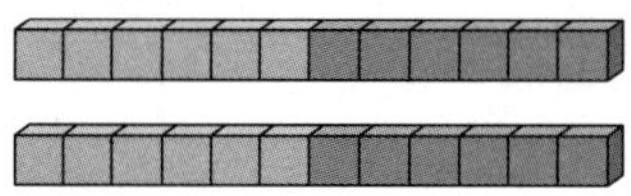

학습목표: 막대를 똑같이 나누는 방법을 살펴보고 분수의 부분과 각 동일한 부분의 양의 이름 붙이기.
대상학년: 1~2학년
준비물: 유니픽스 혹은 다른 연결 큐브
도입: 각 학생들에게 유니픽스 막대 12개를 주고 이를 12-막대라고 부르게 한다. 이제부터 12-막대를 갖고 2분의 1, 3분의 1, 4분의 1, 6분의 1을 나타내게 한다.

질문:

1. 12-막대를 같은 길이로 나누게 한다(2등분하기).
질문: "나눈 부분을 분수로 나타내면 무엇인가요? [$\frac{1}{2}$]
"$\frac{1}{2}$을 나타내는 부분이 몇 개가 있어야 12-막대를 이루나요?" [2]
"$\frac{1}{2}$을 나타내는 부분은 큐브 몇 개로 이루어져 있나요?" [6]
"12의 $\frac{1}{2}$은 무엇인가요?" [6]

2. 12-막대를 같은 길이를 갖는 세 부분으로 나누게 한다.
질문: "각각 나눈 (분수) 부분이 무엇인가요? [$\frac{1}{3}$]
"$\frac{1}{3}$ 몇 개가 12-막대를 이루나요?" [3]
"각 $\frac{1}{3}$에는 큐브 몇 개가 있나요?" [4]
"12의 $\frac{1}{3}$은 무엇인가요?" [4]

3. 12-막대를 같은 길이를 갖는 여섯 부분으로 나누게 한다.
질문: "각각 나눈 (분수) 부분이 무엇인가요? [$\frac{1}{6}$]
"$\frac{1}{6}$ 몇 개가 12-막대를 이루나요?" [6]
"각 $\frac{1}{6}$에는 큐브 몇 개가 있나요?" [2]
"12의 $\frac{1}{6}$은 무엇인가요?" [2]

4. 12-막대를 같은 길이를 갖는 네 부분으로 나누게 한다.
질문: "각각 나눈 (분수) 부분이 무엇인가요? [$\frac{1}{4}$]
"$\frac{1}{4}$ 몇 개가 12-막대를 이루나요?" [4]
"각 $\frac{1}{4}$에는 큐브 몇 개가 있나요?" [3]
"12의 $\frac{1}{4}$은 무엇인가요?" [3]

심화:

1. 12-막대의 $\frac{2}{3}$와 $\frac{3}{4}$에는 몇 개의 큐브가 있는가? $\frac{2}{4}$와 $\frac{5}{6}$와 같은 분수의 경우는 어떠한가?
2. 10-막대($\frac{1}{2}$과 $\frac{1}{5}$) 혹은 16-막대($\frac{1}{2}$, $\frac{1}{4}$, $\frac{1}{8}$)와 같은 다른 막대를 사용하여 보아라.

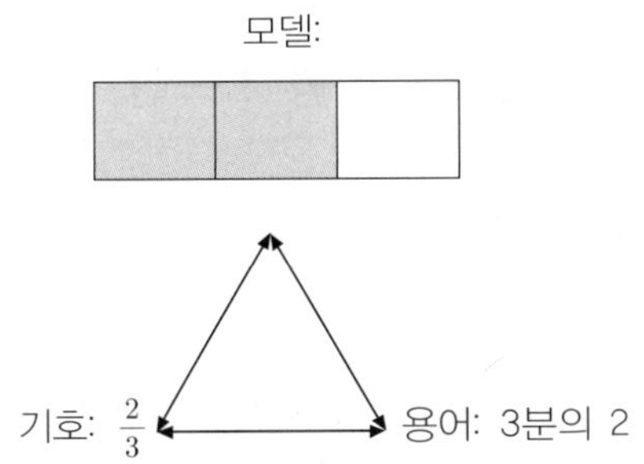

아동이 모델과 용어를 대응시킬 수 있을 때, 용어 "3분의 2"를 기호 $\frac{2}{3}$로 쓴다고 말해 준다. 그런 후 아동은 다른 표현과 연결할 기회를 많이 갖도록 한다.

연결 1. 모델과 용어
연결 2. 모델과 기호
연결 3. 용어와 기호

교과서에서는 일반적으로 위의 과제 중 연결 2(모델에서 기호로 가는)에 중점을 두고 있으므로, 이에 관한 많은 예들을 발견할 것이다. 그러나 기호로부터 모델을 만들어내는 활동은 거의 없다. 연결 3은 구두 활동을 요구하므로, 문제와 답을 읽을 시간적 여유를 줄 필요가 있다. 분수를 읽을 때 분수 용어(예: 4분의 3)를 사용하게 한다.

모델 그리기

종이를 접거나 그림을 선택하는 분수에 관한 모델링 경험은 분수의 부분을 그리는 활동으로 확장되어야 한다. 학생들은 그림으로 분수의 부분도 그릴 수 있어야 한다. 직사각형은 아마도 분수의 부분을 가장 그럴듯하게 그릴 수 있는 모양이다. 학생들에게는 가능한 정확히 그리도록 해야 하지만, 그림이 완벽하지 않다고 걱정할 필요는 없다. 예를 들어, 다음 두 그림 중 어느 것이 $\frac{2}{3}$를 나타내는 그림이라고 볼 것인가?

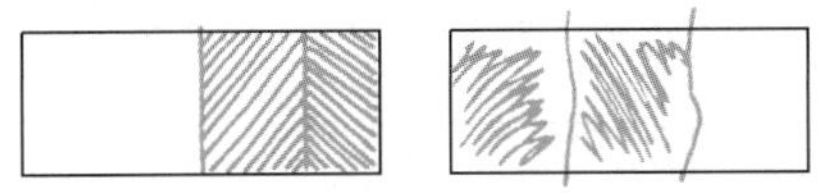

민수가 그린 그림　　민희가 그린 그림

민수가 그린 그림은 민희가 그린 그림보다 깔끔하지만, 세 부분이 같아야 한다는 점을 놓친 것 같다. 민희는 $\frac{2}{3}$에 대한 의미를 이미 알고 있기 때문에, 좀 더 깔끔하게 그릴 수 있도록 도와주면 된다.

분수의 이해 확장

학생들의 오류를 자세히 살펴보면, 학생들은 분수에 대한 지식을 확장하여 모델에 대해서 더 깊이 이해할 필요가 있다는 것을 알 수 있다. 이 절에서는 앞서 살펴본 분수 모델 네 가지를 확장하는 방법에 대해서 알아보고, 아울러 전체를 인식하는 것이 중요하다는 점과 부분이 주어졌을 때 전체를 구하는 것에 대해서 논의할 것이다.

모델의 확장

영역 모델 학생들은 서로 다른 방법으로 등분할을 할 수 있어야 한다. $\frac{a}{b}$를 b개 중에서 a개라는 생각에 너무 집착하다 보면, 〈오류유형 12-1〉과 같은 오류가 발생할 수 있다. 아동들이 동치분수를 찾는 방법을 배우기 전에 같은 분수에 대해서 서로 다르게 명명할 수 있는 기회가 있어야 한다.

예를 들어, 각 아동에게 종이 한 장을 3등분으로 접고 $\frac{2}{3}$를 표시하게 한 다음, 다른 방향으로 반을 접게 한다. 학생들에게 전체가 몇 부분으로 나누어지는지(6), 그중 한 부분은 분수로 어떻게 나타내는지($\frac{1}{6}$) 묻는다. 다음에는 표시된 부분이 무엇인지 묻고, $\frac{2}{3}$나 $\frac{4}{6}$가 정확한 답임을 확인시킨다. $\frac{2}{3}$와 $\frac{4}{6}$는 같은 양을 나타내기 때문에 그들을 동치분수라고 한다고 말해 준다.

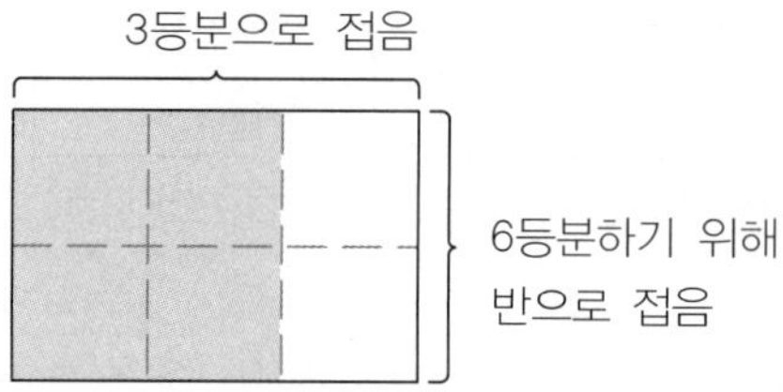

$\frac{2}{3}$를 나타낸 부분은 $\frac{4}{6}$와 같다.

아래와 같은 또 다른 직사각형 모델로 옮긴다. 학생들에게 종이를 양쪽 방향으로 접을 수 있음을 확인시킨다. 학생들에게 삼등분, 사등분을 나타내게 한 후, $\frac{1}{4}$, $\frac{2}{4}$, $\frac{3}{4}$, $\frac{1}{3}$, $\frac{2}{3}$ 그리고 $\frac{4}{12}$과 $\frac{8}{12}$과 같이 $\frac{1}{3}$, $\frac{2}{3}$를 나타내게 한다. 어떤 학생들은 부분을 표현하기 위해 다른 모델 위에 부분을 나타내게 칠할 수도 있다.

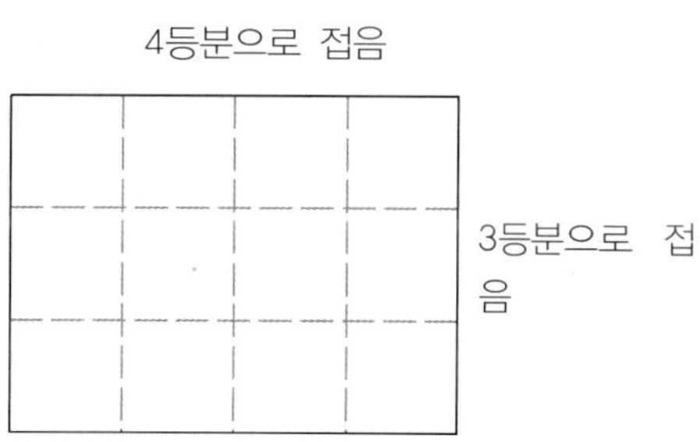

종이 접기로 더 많은 예제와 연습을 한 후에는 그림으로 나타낼 수 있어야 한다. 직사각형의 그림 위에 종이 접는 과정을 순서대로 기록하게 함으로써 종이 접기와 모델 그리기를 연계하도록 연습시킨다.

넓이 모델 학생들은 영역 모델(각 부분이 합동)에서 각 부분의 넓이가 같은 넓이 모델로 이행해야 한다. 물론 이렇게 하기 위해서는 넓이에 대한 이해가 선행되어야 한다. 〈오류유형 12-1〉과 같이, C와 D는 색칠한 부분의 넓이가 전체의 $\frac{1}{4}$이다.

다음은 학생들이 도형판 위에 $\frac{1}{2}$을 표현한 것들이다. 윗줄에 있는 세 가지는 각 부분이 서로 합동이지만, 아랫줄에 있는 것들은 합동이 아니다. 도형판에 표현한 것이 $\frac{1}{2}$이라는 것을 어떻게 설명할 수 있을까?

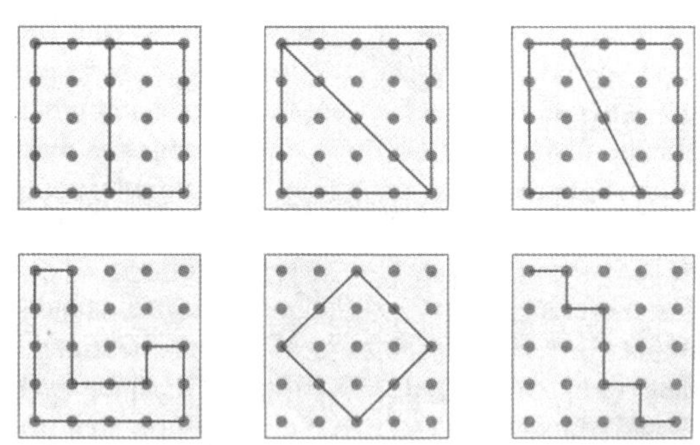

[오류유형 12-1]

- 과제: 색칠한 부분이 $\frac{1}{4}$을 나타낸 것은 어느 것인가?

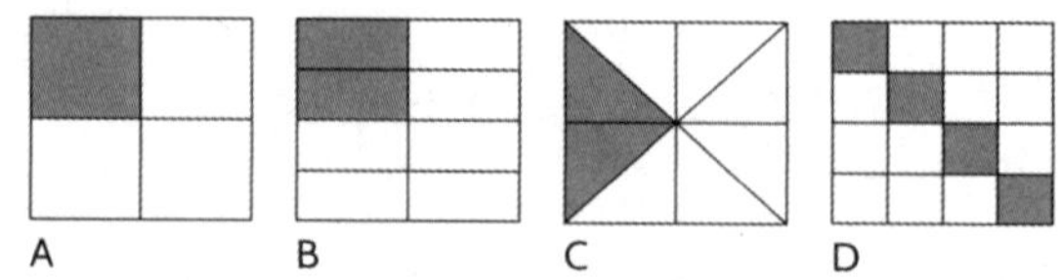

- 오류: 일부 아동은 A만 4조각으로 나뉘어져 있기 때문에 A만 옳다고 답한다.

- 원인: A는 영역 모델이며 가장 단순하게 4조각 중 1조각을 색칠하였다. B와 C는 8조각으로 나뉘어 있기 때문에 분모를 8로 생각하는 경향이 있다. D는 16조각으로 나뉘어 있기 때문에 분모를 16으로 생각하는 경향이 있다.

- 지도방안: 학생들에게 이 모델을 케이크라고 생각하게 한다. 케이크를 4명이 나누어 먹으려면 한 사람당 얼마나 먹을 수 있는지 생각해 보게 한다.

집합 모델 여러 사람이 물건을 나누는 경험을 바탕으로 등분할의 개념이 시작된다. 많은 책에서도 등분할에 대한 고려없이 집합 모델을 소개한다. 예를 들어, 아래 두 가지 예를 살펴보자.

도넛의 $\frac{3}{4}$은 작은 도넛이라고 대답한 아동의 표현은 옳지만, 직사각형의 $\frac{3}{4}$은 회색이라는 말은 옳지 않다. 도넛 예에서 아동은 4개 중에서 3개의 도넛이 작다는 것을 이해하고 그래서 그 분수를 $\frac{3}{4}$이라고 하였다. 그렇다면 직사각형 예에서 아동이 4개 중에 3조각이 회색이라고 추론하는 것은 논리적인가?

우리는 모르는 사이에 '… 중에서(out of)'라는 표현을 쓰면서 이러한 사고를 하도록 한다. '… 중에서'는 분수를 단지 두 자연수로서만 이루어진 것이라고 생각하게 할 뿐만 아니라 위의 경우처럼 행동하게 만든다. Siebert와 Gaskin(2006)은 이러한 어려움에 대해 사려 깊게 논의한 바 있다. '… 중에서'라는 표현은 아동들이 집합 모델을 이해하는 데 도움이 되지 않으며, 등분할과 어떻게 관련 있는지 설명해 주지 못한다. 또한 아동들이 어떠한 속성(성질)에 초점을 두어야 하는지를 알아내는 데 도움을 주지 못한다.

수직선 모델 〈오류유형 12-2〉를 살펴보자. 이것은 아동들이 수직선에서 범하는 오류의 하나에 불과하다. 최근 연구에서는 수직선과 관련하여 많은 유형의 오류들이 밝혀졌다. Shaughnessy(2011)는 수직선에 분수와 소수를 표시할 때 나타나는 아동들의 생각을 연구하였다.

[오류유형 12-2]

- 과제: X표 한 부분을 분수로 나타내어라.

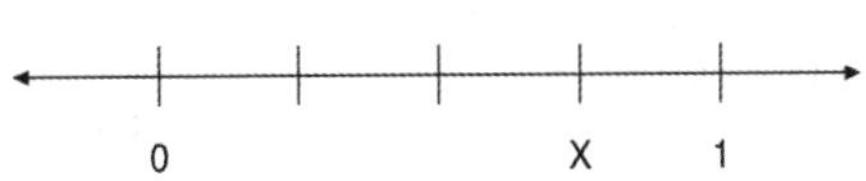

- 오류: $\frac{4}{5}$
- 원인: 수직선의 칸을 세지 않고 표시를 세었다.
- 지도방안: 분수 막대와 같은 구체물에서 수직선으로 이행할 수 있도록 한다.

아동들에게 수직선 위에 단위 분수를 나타내게 할 때, 아동들이 보이는 실수를 더 소개하면 다음과 같다.

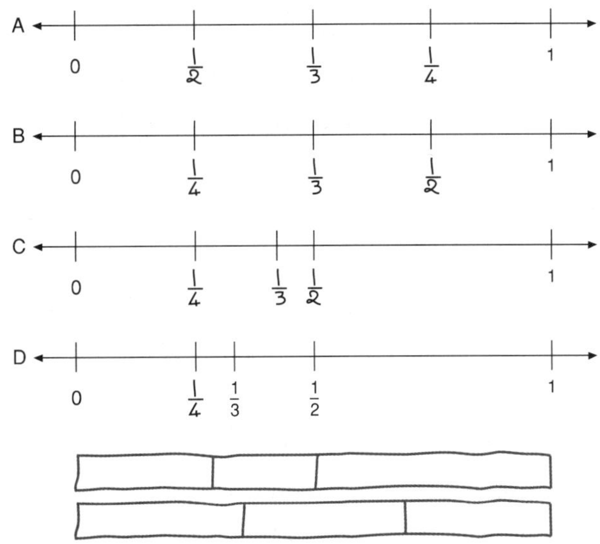

학생 A는 분수를 고려하지 않고 분모의 순서대로 나타내고 있다. 학생 B는 순서는 맞았지만, 수직선 위에 위치를 타당하게 나타내지는 못했다. 학생 C는 0과 1 사이 절반되는 위치에 $\frac{1}{2}$을 놓았다. 하지만 0과 $\frac{1}{2}$ 사이의 절반에 $\frac{1}{4}$이 위치하는지를 알고 있는지는 명확하지 않다. 그 증거는 $\frac{1}{3}$을 $\frac{1}{2}$ 가까이에 놓았기 때문이다. 학생 D는 길이 모델에 의존하여 분수의 위치를 나타냈다. 세분화되지 않은 수직선 위에 분수의 위치를 나타내는 것은 매우 어려운 과제이다. 아동들은 그림으로 나타냄으로써 좀 더 정확하게 할 수 있지만, 얼마만큼 정확해야 하는지는 의문의 여지가 있다. 학생 D가 무엇을 생각하고 있는지는 명확하지 않다. 학생 D가 그린 그림을 보면, 아래 그림의 왼쪽 직사각형은 $\frac{1}{3}$을 나타낸다. 이 아동은 끝쪽에 0에서 1까지 거리의 $\frac{1}{3}$을 표시하면서 이 모델을 길이(거리) 모델로 성공적으로 전환하였다.

위의 예에서는 0과 1 사이의 수직선만을 보여주고

있지만, 아동들은 음의 정수 부분과 1보다 큰 범위를 포함하여 수직선을 이해하여야 한다. 아동들에게 때때로 0에서 2까지의 수직선에서 $\frac{1}{2}$을 표시하라고 하면, 1의 위치에 표시하곤 한다. $\frac{1}{2}$이 위치한 곳이 아니라, 0과 2 사이 절반이 무엇인지 질문해 본다. 아동들은 수직선에서 단위는 1, 즉 0과 1 사이의 거리라는 것은 깨달아야 한다. 학생들은 종종 음수는 0의 왼쪽에 위치한다고 생각하고, "분수는 작기 때문에 0보다 작다."라고 잘못 추측한다. 수직선에 대한 학생들의 이해와 지도 방법에 대해서는 Saxe et al.(2007), Petit, Laird, & Marsden(2010)을 참고하시오.

부분에서 전체 인식

〈오류유형 12-3〉을 살펴보자. 누구의 답이 정답이라고 생각하는가? 이러한 혼동은 전체가 무엇인지에서 출발한다.

〈수업자료 12-3〉은 $\frac{3}{4}$의 예와 예가 아닌 것(nonexamples)을 나타내고 있다. 이는 영역, 길이, 집합, 넓이와 같은 다양한 모델에 관해 이해하고 있는지 평가하는 방법을 제공한다. 먼저 교사가 스스로

[오류유형 12-3]

- 과제: 검은색을 분수로 나타내시오.

- 오류: 선희는 $\frac{1}{3}$라고 답했고, 정희는 $\frac{1}{2}$이라고 답했다. 누가 옳은가?
- 원인: 이 과제는 분명하지 않다. 선희는 3개 중 1라고 생각하고 답한 것이다. 정희는 검은색이 전체의 절반에 해당한다고 생각한 것이다.
- 지도방안: 과제를 분명히 하거나 두 대답의 차이점을 논의한다. 학생들에게 두 사람의 답이 정답이 되도록 문제를 수정하도록 한다.

자가 평가를 한 다음에 학생들과 함께 하는 평가로 사용한다. 학생들에게 가장 쉬운 예는 무엇이라고 생각하는가?

대부분의 학생들은 전체에서 부분은 쉽게 인식한다. 그러나 분수의 일부분이 주어질 때 전체를 찾아내는 데에는 한계를 나타내기도 한다. 아래의 5학년 교실 수업은 이에 대한 이해를 돕는다.

교사: 만약 이 그림이 케이크 한 개의 $\frac{3}{5}$이라면, 이 케이크 전체를 그릴 수 있나요?

케이크의 $\frac{3}{5}$

미영: 기다란 얇은 케이크가 되겠네요.
가영: 그것은 $\frac{2}{5}$가 어떻게 잘렸나에 달렸어요.
교사: 둘 다 맞아요. 케이크가 어떻게 잘렸는지 모르면 그 케이크가 원래 어떤 모양이었는지 정확히 말하기 힘들 거예요. 그럼 케이크의 여기 오른쪽이 잘렸다고 가정하지요.(오른쪽을 가리키면서) 이제, 무엇을 알 수 있나요?
길수: 5개의 똑같은 조각 중 3개가 남은 거예요. 이 케이크를 3조각으로 똑같이 자른다면 $\frac{1}{5}$이 얼마나 큰지 알 수 있어요.

케이크의 $\frac{3}{5}$

옥희: 잘려진 $\frac{2}{5}$를 더하면 될 것 같아요. 미영이 말대로 기다란 케이크야!

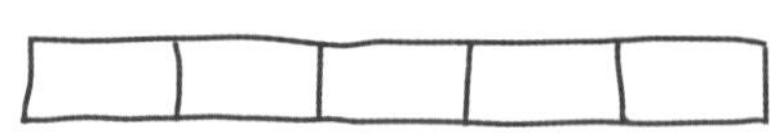

케이크 전체

교사는 과제를 주며 학급 토의를 계속해서 이끈다. 예를 들어, 막대(길이 모델)의 $\frac{2}{7}$ 혹은 사탕 한 상자(집합 모델)의 $\frac{3}{5}$(12개)을 주고 전체를 알아보게 한

수|업|자|료|12-3

$\frac{3}{4}$

학습목표: $\frac{3}{4}$에 대한 이해 정도를 측정한다.

대상학년: 3~5학년

- 다음 모델 중 전체의 $\frac{3}{4}$을 나타낸 것은 무엇인가? 그렇게 생각하는 이유는 무엇인가?

A. 전체: 커다란 직사각형

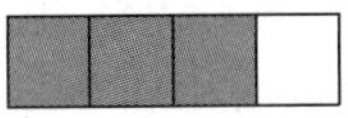

F. 전체: 커다란 직사각형

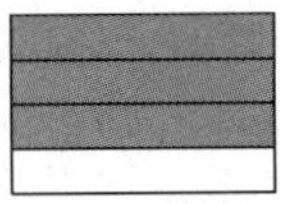

B. 전체: 상자에 들어있는 구슬

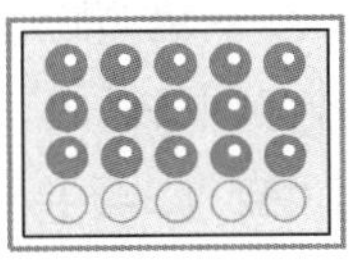

G. 전체: 상자에 들어있는 사탕

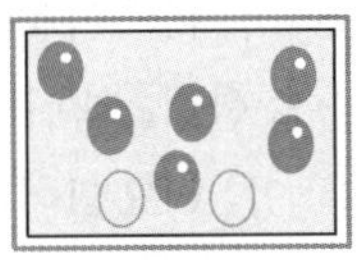

C. 전체: 커다란 직사각형

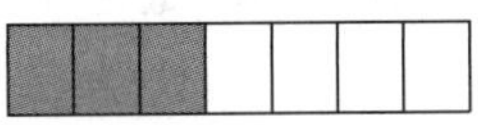

H. 전체: 커다란 직사각형

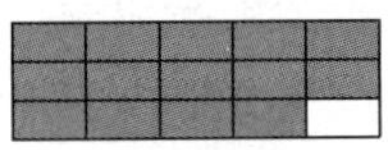

D. 전체: 커다란 직사각형

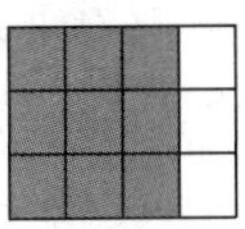

I. 전체: 커다란 삼각형

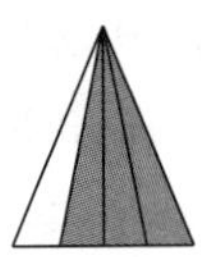

E. 전체: 상자에 들어있는 모양들

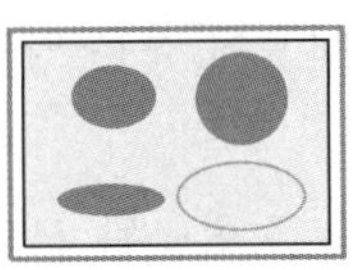

J. 전체: 커다란 직사각형

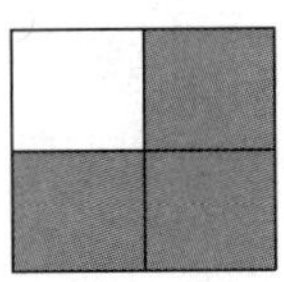

다. 아동들은 여러 문제를 개인별로 푼 다음 각자 자신의 방법을 서로 공유한다. 이러한 종류의 과제에 $\frac{8}{5}$과 같은 가분수와 $1\frac{2}{3}$와 같은 대분수도 포함시켜서 1보다 큰 분수에 대한 아동들의 이해 정도를 파악할 수 있다.

대분수와 가분수

모델을 통하여, 분수의 개념을 학습하는 초기부터 자연스럽게 대분수와 가분수를 도입할 수 있다. 분수의 각 부분(4분의 1, 4분의 2, 4분의 3, 4분의 4, 4분의 5(여기 하나의 전체가 있고 그 외의 4분의 1조각이 있네!))을 세는 활동으로부터 시작한다. 이는 자연스럽게 가분수(1보다 큰 분수)와 대분수(자연수와 분수로 이루어진) 사이의 동치 관계를 살펴보게 된다.

다음 모델은 대분수에 대한 자연스러운 표현이다.

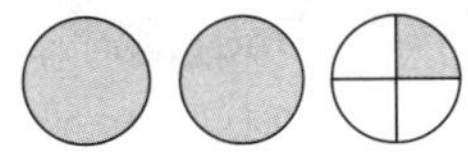

이 모델을 모두 4등분하면, $\frac{1}{4}$이 9개 있고, 가분수 $\frac{9}{4}$라는 표현이 된다.

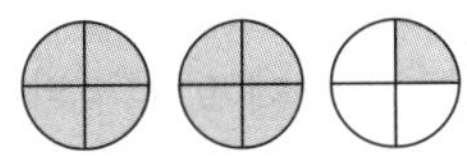

이 그림은 학생들이 $2\frac{1}{4}$과 $\frac{9}{4}$가 동치임을 이해하는 데 도움이 된다. 아동들이 대분수와 가분수에 관한 경험을 하도록 하기 위해, 가능한 한 많은 모델을 사용하고 그 모델들을 대분수와 가분수 모두로 표현하게 한다. 아동들이 이러한 과정에 익숙해지면, 모델을 사용하지 않고 한 형태에서 또 다른 형태(가분수↔대분수)로 바꾸는 연습이 필요하다. 그러나 기계적인 계산을 서두르지 말고, 아동들이 문제를 충분히 생각할 수 있도록 한다. 다음 예에서, 세라가 어떻게 $8\frac{2}{3}$를 가분수로 바꾸는지 알아보자. 세라는 하나의 전체는 분수 조각들도 동등하게 바꾸어 표현할 수 있음을 이해하고 있다(예를 들어, $\frac{1}{5}$이 다섯 개, $\frac{1}{6}$이 여섯 개면 전체 1을 만든다).

세라: 1은 $\frac{1}{3}$이 세 개란 걸 알아요. 그래서 8 안에 $\frac{1}{3}$이 몇 개 있는지 알아봐야 해요. 이건 $\frac{1}{3}$이 세 개 있는 8묶음, 즉 $\frac{1}{3}$ 24개와 같아요. 이제 두 개의 $\frac{1}{3}$을 더하면 $\frac{26}{3}$이 돼요.

아동들은 또한 그 반대의 과정(가분수를 대분수로, 예를 들어, $\frac{17}{6}$을 $2\frac{5}{6}$로 바꾸기)도 충분히 생각할 수 있어야 한다. 이 경우에는, 아동들의 생각은 다음과 같을 것이다. 6개의 $\frac{1}{6}$은 전체를 만드니까 17은 전체를 두 개 만들고 $\frac{1}{6}$이 5개가 된다. 그래서 $\frac{17}{6}$은 $2\frac{5}{6}$가 된다. 만약 아동들이 분수의 몫으로서의 의미를 안다면, 17÷6(계산 결과가 $2\frac{5}{6}$가 되는)으로써 $\frac{17}{6}$을 생각해낼 것이다.

분수의 크기 비교와 동치분수

수를 이해한다는 것은 그들도 수이며, 그래서 크기를 비교할 수 있고, 더하고, 빼고, 곱하고, 나눌 수 있다는 것을 아는 것이다. 수업 목표는 아동들이 분수의 크기를 비교하고 기호적으로 동치분수를 찾는 것이다. 이때 교사는 학생들이 구체물과 기호를 연결하도록 도와주어야 한다. 아동들은 어느 것이 더 많고, 어느 것이 더 짧으며, 어느 것이 더 큰지 등을 알고 싶어 하기 때문에 분수를 순서 짓는 많은 문제들은 아동들의 관심을 사로잡는다. 동치분수는 분수의 이해와 연산(덧셈, 뺄셈, 곱셈, 나눗셈)의 수행에 있어서 핵심적인 개념이다.

구체적 모델에서 기호적 모델

구체적 모델 아동들은 구체적 모델을 만들 수 있으며, 그것을 이용하여 순서를 매기거나 동치분수를 찾을 수 있다. 예를 들어, <수업자료 12-1>에서와 같이 분수 막대를 만들 수 있고, 그 다음에 $\frac{2}{3}$나 $\frac{3}{4}$ 중 어느 것이 더 큰지를 알기 위하여 그것들을 사용한다. 막대의 길이가 $\frac{2}{3}$가 되도록 3등분하여 접고, $\frac{3}{4}$이 되도록 4등분하여 접으면 크기 비교를 위한 구체적 모델이 만들어진다.

분수 막대는 동치분수를 찾아내기 위한 구체적 모델로 사용될 수 있다. 예를 들어, $\frac{1}{3}$막대와 $\frac{1}{6}$막대를 비교함으로써 $\frac{2}{3}$는 $\frac{4}{6}$와 같게 됨을 눈으로 확인할 수 있다. 간단한 모델로는 직사각형과 종이 모델을 들 수 있다. 하지만 아동들은 다양한 표현 방법을 활용해 보아야 한다. 패턴 블록은 어린 아동들이 쉽게 사용할 수 있는 모델이다. <수업자료 12-4>는 분수의 크기를 비교하고 동치분수를 찾기 위하여 패턴 블록을 활용하여 수업을 어떻게 계획할 수 있는지 보여준다.

그림 모델 아동들은 또한 분수를 크기대로 나열하기 위하여 그림 모델을 사용할 수 있다. 예를 들어, 분수 막대는 아동으로 하여금 $\frac{7}{9}$과 $\frac{8}{10}$ 중 어느 것이 더 큰지 결정하는 데 도움을 준다. 이 막대들은 동치분수를 확인하는 데 사용될 수 있다. 예를 들어, $\frac{1}{2}$, $\frac{2}{4}$, $\frac{3}{6}$, $\frac{4}{8}$, $\frac{6}{12}$은 길이가 같기 때문에 같은 양을 표현한다는 것을 확인할 수 있다.

아동들은 분수를 나타내는데, 정형화된 모델이 없더라도 그들 나름대로 그림 모델을 그려서 문제를 풀 수 있다. 예를 들어, 다음 문제를 학생들에게 제시했다고 가정하자. "재희는 케이크의 $\frac{1}{3}$을 먹었고, 성훈은 케이크의 $\frac{2}{7}$를 먹었다. 누가 더 많이 먹었는가?" 이 문제는 다음과 같이 해결할 수 있다.

1. 아동들에게 크기가 동일한 두 케이크에서, 한 케이크는 가로로 3등분을, 다른 케이크는 세로로 7

수|업|자|료|12-4

패턴 블록의 활용

학습목표: 구체적 모델을 사용하여 부분-전체의 분수 나타내기

대상학년: 3~5학년

준비물: 패턴 블록

여기서 사용할 패턴 블록의 네 가지 기본 모양은 정육각형(노란색), 정삼각형(녹색), 마름모(파란색), 사다리꼴(빨간색)이다. 학생들에게 각 모양의 여러 세트를 제공한다.

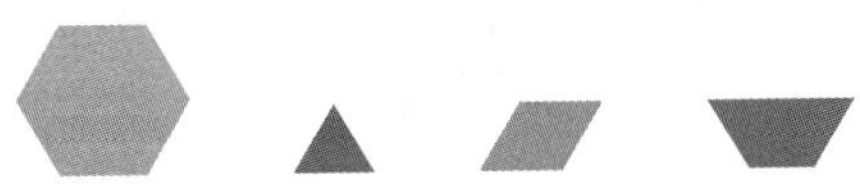

아동들에게 모양을 만들어 보게 하면서 다른 조각들로 어떻게 정육각형이 만들어지는지 탐구할 수 있는 기회를 제공한다.

아이디어 하나:

정육각형을 전체로 보고 다른 각 조각의 크기를 알아본다. 다음을 보이기 위해 각 조각을 이용한다.

$\frac{2}{6}=\frac{1}{3}$ $\frac{3}{3}=1$ $\frac{3}{6}=\frac{1}{2}$ $\frac{2}{3}>\frac{1}{2}$ $2\frac{2}{3}=\frac{8}{3}$

아이디어 둘:

다음 모양으로 이루어진 두 개의 정육각형을 전체로 이용한다.

노란색 부분을 덮기 위해  조각을 이용한다. 모두 몇 개의 조각이 필요한가? 전체의 얼마가 되면 마름모가 되는가? 전체의 얼마가 사다리꼴이 되는가? $\frac{3}{4}$이 $\frac{2}{3}$보다 크다는 것을 보이기 위해 조각을 이용한다.

아이디어 셋:

분수의 부분을 나타내는 조각을 아동에게 주고 전체를 만들어보게 한다.

만약  이 $\frac{2}{3}$라면, 전체는 무엇인가?

만약  이 $\frac{3}{4}$이라면, 전체를 만드시오.

만약  이 $\frac{1}{5}$이라면, 전체를 만드시오

만약  이 $\frac{2}{5}$라면, 전체를 그리시오.

등분하게 하고, 아래와 같이 각각 $\frac{1}{3}$과 $\frac{2}{7}$를 표시하게 한다.

3등분 7등분

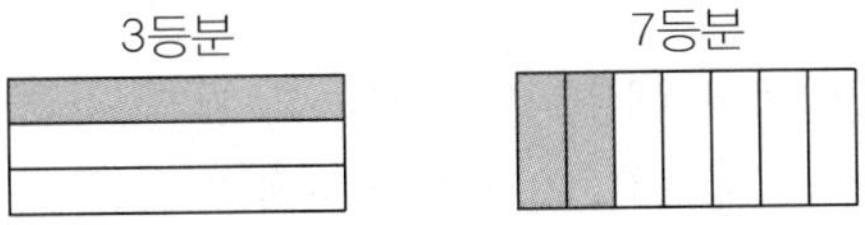

재희 성훈

2. 색칠된 부분 중에서 어떤 것이 더 크다고 말하기 어렵다는 걸 인식하게 한다.
3. 아동들에게 크기가 동일한 두 케이크를 더 그리게 한다. 하지만 두 케이크 모두 아래와 같이 가로로 3등분하고 세로로 7등분하게 한다.

3등분과 7등분 모두 보여준다.

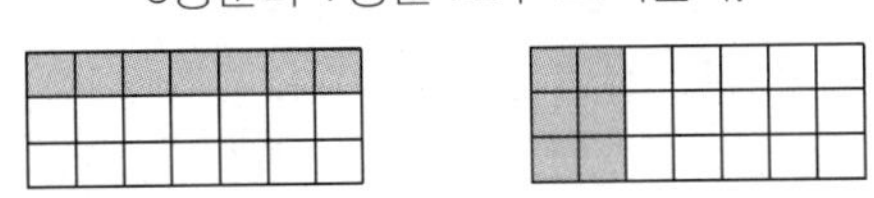

재희 성훈

4. 이제 아동들은 재희가 7조각 먹었고 성훈이 6조각을 먹어서 재희가 더 많이 먹었음을 이해하게 된다. (즉, $\frac{1}{3}$은 $\frac{2}{7}$보다 더 크다.)

이 방법은 흔히 사용되는 방법이지만, 학생들이 이 문제를 풀기 위한 다른 방법을 찾아낼지도 모른다. 또한 가로로 3등분을, 세로로 7등분한 그림을 이용하여, 분수의 덧셈과 뺄셈뿐만 아니라 기호적 방법으로 분수의 크기를 비교하는 것도 도울 수 있다.

기호적 표현 단위가 같은 두 길이(78m와 20m)를 비교하는 것은 단위가 다른 두 길이(83m와 7,040cm)를 비교하는 것보다 쉽다. 마찬가지로, 동분모인 두 분수($\frac{3}{5}$과 $\frac{2}{5}$)를 비교하는 것이 이분모인 두 분수($\frac{2}{3}$과 $\frac{5}{7}$)를 비교하는 것보다 쉽다. 수학에서는 어려운 상황을 때때로 좀 더 간단한 상황으로 바꾸는 경우가 있다. 분수에서는 분모가 다른 분수들로 인한 어려움을 해결하기 위해 같은 분할로 표현될 수 있는 분모 즉, 공통분모를 찾는다.

공통분모를 갖는 분수로 표현함으로써 $\frac{1}{3}$과 $\frac{2}{7}$를 비교하기 위해 앞에서 살펴본 케이크 분할을 다시 생각해보자. 일단 직사각형이 3등분, 7등분의 양쪽으로 분할되면, 그것은 21개로 등분된다. 아동들은 $\frac{1}{3}$은 21개 부분 중에 7개, 즉 $\frac{7}{21}$이 되고, $\frac{2}{7}$는 21개 부분 중에 6개, 즉 $\frac{6}{21}$이 된다는 것을 쉽게 인지할 수 있다. 즉, $\frac{7}{21}$은 $\frac{6}{21}$보다 크므로, $\frac{1}{3}$은 $\frac{2}{7}$보다 크다.

$\frac{2}{3}$와 $\frac{4}{6}$와 같이 동치분수를 나타내는 여러 모델들을 경험한 학생들은 동치분수 개념에 익숙하지만, 기호적으로 동치분수를 구하는 방법에는 익숙하지 않을 수도 있다. 동치분수를 구한다는 것은 분자, 분모에 같은 수를 곱하거나 나누어도 크기는 변하지 않는다는 일반화로 설명된다. CCSSM에서는 이것을 $\frac{a}{b}=\frac{(a\times n)}{b\times n)}$이라고 표현하였다. 이러한 일반화를 이끄는 한 가지 방법은 종이 접기 모델로 시작하여 그 과정을 기호적으로 설명하는 것이다.

1. 종이 한 장을 4등분한 후, 네 부분 중 세 개를 칠하여 $\frac{3}{4}$의 모델을 만든다. $\frac{1}{4}$이 몇 개(4)인지, 몇 개가 칠해졌는지(3) 기록한다. 그런 후, 8등분하기 위해 다른 방향에서 반으로 접는다.

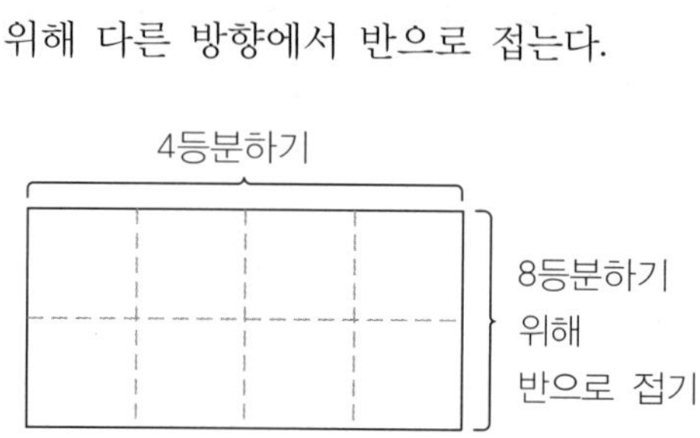

2. 아동들에게 4등분된 모델을 제시하고 종이를 또 반으로 접으면 어떻게 되는지 물어본다. 똑같은 부분을 두 배로 만들 수 있다. (4×2 = 8)

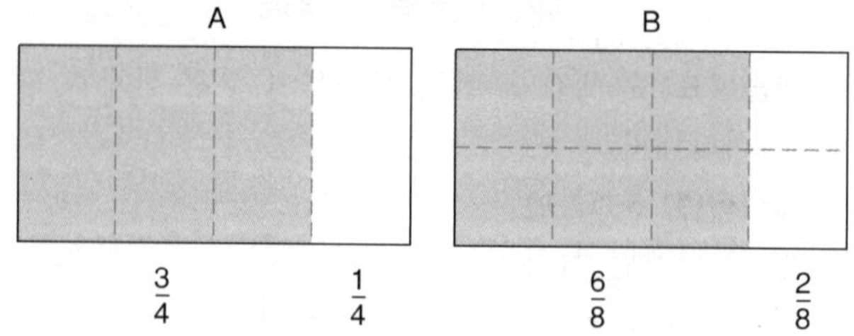

3. B에서 칠해진 부분의 개수도 두 배가 된다. (3×2 = 6)
4. 이 모델을 기호적으로 나타내면:

$$\frac{3\times 2}{4\times 2}=\frac{6}{8}$$

이러한 예들을 더 많이 다룬 후에, 아동들은 분모, 분자에 같은 수를 곱해도 그 결과가 같다는 것을 일반화할 수 있어야 한다. 이후에 아동들이 분수 곱셈을 배우게 될 때, 어떤 분수에 1을 곱해도 같다는 것을 이전에 학습했음을 깨닫게 될 것이다. 아동들은 이미 곱셈의 항등원 법칙($a\times 1=a$)을 사용한 것이다.

역으로 8개의 부분 조각에서 시작하여 어떻게 4개의 부분 조각을 얻게 되는지를 8개의 부분을 2로 나누고(8÷2) 색칠한 6개의 부분을 2로 나누어서(6÷2) 설명할 수도 있다. 이 경우에, 이 모델을 기호적으로 나타내면 다음과 같다.

$$\frac{6}{8}=\frac{6\div 2}{8\div 2}=\frac{3}{4}$$

이런 형태의 예는 분모, 분자를 같은 수로 나누면 동치분수가 된다는 것으로 일반화된다.

이와 더불어, 어떤 분수가 특정한 분모를 가진 분수로 표현될 수 있는지에 대한 이해가 필요하다. 예를 들어, 분모가 4인 분수들은 분모가 8, 10, 12인 분수들로 표현될 수 있는가? 직사각형을 세로로 줄을 그어서 분모가 4인 분수를 나타낸 다음에, 가로로 선을 그으면 분모가 8, 10, 12인 분수로 표현할 수 있는지를 쉽게 탐구할 수 있다. 학생들은 곧이어 분수에는 곱셈적 관계가 있다는 것을 알게 될 것이다. 예를 들어, 분모가 4의 배수이면 동치분수로 표현할 수 있다.

분수의 크기 비교 방법의 확장

추론 전략을 사용하여 분수의 크기 비교 분수를 비교하는 데 여러 가지 모델(구체적, 그림, 기호)이 있겠지만, 기초가 튼튼한 아동들은 종종 수학적 소양의 다섯 종류 중 하나인 적절한 추론을 이용하기도 한다(1장의 그림 1-3 참조). 다음 각 쌍에서 어느 것이 더 큰 것인지 말해 본다.

1. $\frac{3}{7}$과 $\frac{5}{7}$
2. $\frac{1}{5}$과 $\frac{1}{7}$
3. $\frac{4}{5}$와 $\frac{6}{7}$
4. $\frac{3}{8}$과 $\frac{3}{5}$
5. $\frac{9}{11}$와 $\frac{2}{13}$
6. $\frac{18}{25}$과 $\frac{9}{13}$

초등학교에서 학생들이 사용한 추론 전략을 살펴보자(다음은 각 쌍에서 학생들이 사용한 추론 전략들이다).

1. 가은: 그건 쉬워. 어떤 것의 5배는 같은 것의 3배보다 많다는 거잖아. 여기서 어떤 것은 $\frac{1}{7}$이야.
2. 나은: 나는 파이를 생각해 봤어. '5등분'의 의미는 5사람이 나누는 것이고, '7등분'의 의미는 7사람이 나누는 것을 의미해. 그래서 '5등분'으로 나누는 게 더 크기 때문에 $\frac{1}{5}$은 $\frac{1}{7}$보다 커.
3. 동수: 어떤 사람이 각 파이의 마지막 조각을 먹었다면, $\frac{1}{5}$조각을 먹은 것은 $\frac{1}{7}$조각보다 더 많이 먹었다는 뜻이야. 그래서 7조각으로 나눈 파이에 더 많이 남아있으니까 $\frac{6}{7}$이 더 커(몇 명의 학생들은 아직 동수가 말하는 게 무슨 뜻인지 보기 위해 그림을 관찰하는 게 필요했다).
4. 민수: 분자가 같아. 그래서 8등분의 3조각이 5등분의 3조각보다 작아.
5. 병훈: $\frac{9}{11}$는 $\frac{1}{2}$보다 크고, $\frac{2}{13}$는 그 이하야. 그래서 $\frac{9}{11}$가 더 커.
6. 수아: 나는 같은 분자를 갖게 하는 방법을 썼어. 각각 25등분과 26등분에 18이므로 25등분한 게 더 크잖아. 그래서 $\frac{18}{25}$이 더 클 거야.

기준점 처음에 아동들은 $\frac{1}{2}$, $\frac{1}{3}$, $\frac{1}{4}$과 같은 친근한 분수로부터 이해를 발전시켜 나가는 것이 중요하다. 그렇게 함으로써 $\frac{1}{7}$, $\frac{1}{11}$, $\frac{1}{25}$과 같이 어렵게 느껴지는 분수들을 앞의 이러한 분수들과 관련 짓도록 한다. 학생들의 이해를 돕기 위해서 좀 더 어려운 분수를 다루어 보는 것도 좋은 방법이다. 예를 들어, 다음의 분수들 모두 $\frac{1}{2}$에 가깝다는 것을 쉽게 알 수 있다.

$$\frac{6}{11} \quad \frac{11}{23} \quad \frac{19}{35} \quad \frac{44}{90} \quad \frac{354}{700} \quad \frac{800}{1605} \quad \frac{100001}{200000}$$

더욱이 $\frac{1}{2}$보다 큰 분수와 $\frac{1}{2}$보다 작은 분수를 쉽게 알아낼 수 있다. 학생들도 분모와 분자가 좀 더 작은 분수로부터 시작함으로써 기준 분수 $\frac{1}{2}$에 가까운 분수에 대해 직관을 키울 수 있다.

또한 아동들은 분수가 0에 가까운지, 아니면 1에 가까운지를 구분할 수 있어야 한다. 그렇게 되면 $\frac{13}{25}$, $\frac{2}{31}$, $\frac{5}{6}$, $\frac{4}{11}$, $\frac{21}{20}$과 같이 공통분모를 찾는 데 시간이 걸릴 것 같은 분수들을 순서대로 나열하기 위해 기준점 0, $\frac{1}{2}$, 1을 이용하게 될 것이다. 다음 수직선에서 보여주는 기준점을 이용하여 쉽게 알 수 있다. 즉, $\frac{13}{25}$은 $\frac{1}{2}$보다 약간 더 크고, $\frac{4}{11}$는 $\frac{1}{2}$보다 약간 더 작고, $\frac{2}{31}$는 거의 0에 가깝고, $\frac{5}{6}$는 1보다 약간 더 작고, $\frac{21}{20}$은 1보다 약간 더 크다. 그래서 결국 올바른 순서는 $\frac{2}{31}$, $\frac{4}{11}$, $\frac{13}{25}$, $\frac{5}{6}$, $\frac{31}{20}$이다.

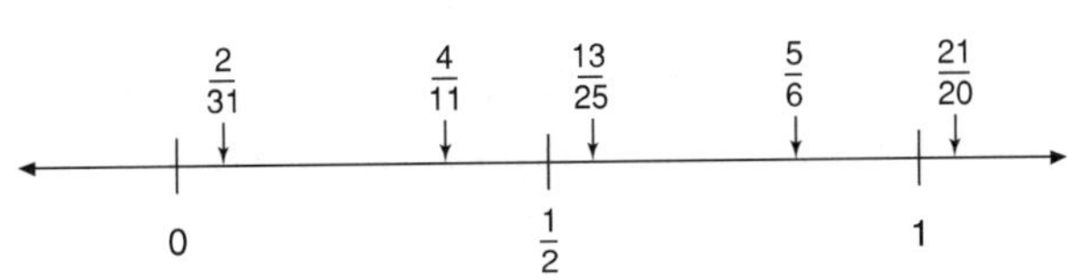

아동들은 또한 분수 계산을 제대로 했는지 확인하고 답을 어림하는 데 기준점을 사용하기도 한다. 예를 들어, $\frac{3}{5}$과 $\frac{6}{7}$이 각각 $\frac{1}{2}$보다 크다면, 아동들은 $\frac{3}{5}+\frac{6}{7}$의 합은 1보다 크기 때문에 $\frac{9}{12}$가 답이 될 수 없다는 것을 안다.

두 분수 사이의 분수 찾기 두 자연수 사이에는 다른 자연수가 존재할 수도 있고 아닐 수도 있다. 예를 들어, 3과 8 사이에는 4개의 자연수(4, 5, 6, 7)가 있지만, 5와 6 사이에는 자연수가 하나도 없다. 한편 어떠한 두 분수라도, 그 사이에는 무한개의 분수가 존재한다. 이러한 현상을 분수의 **조밀성**(density property)이라고 한다.

어떤 두 분수라도 그 사이에는 다른 분수가 있음을 보기 위한 활동을 학생들과 한다. 결국 두 분수 사이에는 매우 많은 분수가 있음을 알게 될 것이다. 수직선의 두 주어진 점(A와 B)을 이용할 수도 있을 것이다. 학생들도 주어진 두 점 사이에 많은 점들이 있음을 알 수 있을 것이다.

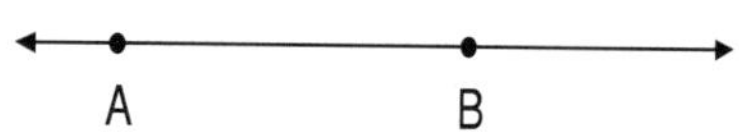

이 점들의 분수 이름을 찾는 것은 학생들에게는 그다지 쉬운 일은 아니다. 점 A가 $\frac{3}{8}$이고 점 B가 $\frac{6}{8}$이라고 가정하자. 학생들에게 이들 두 분수 사이에 어떤 분수가 있는지 질문한다. $\frac{3}{8}$과 $\frac{6}{8}$ 사이에 $\frac{4}{8}$와 $\frac{5}{8}$가 있음은 명백하다. 학생들에게 $\frac{4}{8}$와 $\frac{5}{8}$ 사이에 어떤 분수들이 있는지 알아보도록 한다. 수직선으로 질문을 계속하고 수직선 위의 연관된 점들을 보여줌으로써 학생들이 두 분수 사이에 많은 분수가 존재한다는 생각을 갖는 데 도움을 줄 수 있다.

분수에 대해 확고한 개념적 이해를 하고 있는 학생들은 주어진 두 분수 사이에 있는 분수를 찾기 위하여 여러 가지 다양한 전략을 찾아낼 것이다. 다음 주어진 분수 사이에 있는 분수를 찾게 한다. 학생들이 구체적 모델, 그림 모델, 동치 소수, 혹은 동치 분수와 같은 다른 전략을 사용하는지 살펴보자.

1: $\frac{3}{5}$과 $\frac{4}{5}$

2: $\frac{1}{4}$과 $\frac{1}{2}$

3: $\frac{3}{7}$과 $\frac{4}{7}$

4: $\frac{3}{8}$과 $\frac{3}{7}$

동치분수 찾는 방법의 확장

주어진 분모로부터 동치분수 찾기 아동들이 분모와 분자 모두에 같은 수를 곱해도 같아진다는 일반적 원리를 이해했다면, 이제 다음과 같이 기호적으로 동치분수를 찾을 수 있다.

연습 A: $\frac{2}{3}=\frac{\square}{12}$

연습 B: $\frac{4}{6}=\frac{\square}{3}$

연습 A에서, 학생들은 "3에 얼마를 곱하면 12가 될까"라는 생각을 해야 한다. 일단 그것이 4라고 생각한다면, 다음과 같이 쓸 수 있다.

$$\frac{2}{3}=\frac{2\times 4}{3\times 4}=\frac{8}{12}$$

연습 B에서는 "6을 2로 나누면 3이 되니까, 4를 2로 나누면 2가 되겠네."라고 생각할 수 있을 것이다.

$$\frac{4}{6}=\frac{4\div 2}{6\div 2}=\frac{2}{3}$$

첫째 예는 주어진 수와 그 배수의 공통분모를 찾아야 하는 사고 유형이다. 둘째 예는 분수의 약분과 같은 사고 유형이다.

또한 학생들은 주어진 분수를 특정한 분모를 가진 동치분수로 나타내는 것이 불가능할 때도 있다는 점을 알아야 한다. 예를 들어, $\frac{5}{12}$는 12를 4로 나누어 3이 되더라도 분모가 3인 분수로 바꿀 수 없다. 왜냐하면 5를 4로 나누어 자연수로 나타낼 수 없기 때문이다. 마찬가지로 $\frac{2}{3}$는 분모가 5인 분수로 나타낼 수 없다.

공통분모를 갖는 동치분수 찾기 이것은 분수의 덧셈과 뺄셈에 필요한 기능이다. 공통분모는 두 분모를 곱해서 구할 수 있다. 예를 들어, 분모가 5와 3인 두 분수의 공통분모는 5×3을 해서 15가 된다. 그러나 이 방법을 적용하면, 항상 가장 작은 공통분모가 구해지는 것은 아니다. 가령, 위의 방법으로 $\frac{5}{6}$와 $\frac{1}{4}$의 공통분모를 구하면, 6×4, 즉 24가 된다.
이것은 가장 작은 공통분모가 아니다. 두 분모의 배수를 나열한 다음 첫 번째 공배수를 찾으면, 가장 작은 공통분모를 구할 수 있다.

6의 배수: 6 12 18 24
4의 배수: 4 8 12 16 20 24

즉, 12는 첫 번째 공배수이므로, 분모가 6과 4인 분수의 공통분모는 12가 된다.

분수의 덧셈과 뺄셈

아동들이 자연수와 $\frac{1}{2}$과 같은 기준 분수를 사용하여 답을 어림할 줄 알게 되면, 분수 연산에 대해 더 잘 이해하게 된다. 예를 들어, $3\frac{2}{3}+4\frac{5}{6}$에 대한 답을 실제로 계산하기 전에, 계산 결과가 7보다 크다는 것을 알 수 있어야 한다. 사실 $\frac{2}{3}$와 $\frac{5}{6}$는 모두 $\frac{1}{2}$보다 크기 때문에, 계산 결과는 8보다 커질 것이다. 이런 형태의 수와 연산 감각을 발달시키면 문제에 대한 합리적인 답을 더 쉽게 구할 수 있게 될 것이다.

교사의 목표는 아동들의 분수의 덧셈과 뺄셈에 대한 이해를 돕는 것이다. 분수의 연산에 치중한 나머지 이해에 초점을 두지 못한 것이 사실이다. 다음 문제는 NAEP(Carpenter et al., 1981. p.36)의 가장 유명한 예제 중 하나로서 13세와 17세 학생들에게 제시한 선다형 문제이다(시간을 제한했음).

$\frac{12}{13}+\frac{7}{8}$의 답을 어림셈하여라.

답안으로는 1, 2, 19, 21, 그리고 "모른다."가 제시되었다. 13세 아동들은 정답인 2(24%)보다는 19(28%)와 21(27%)을 더 많이 선택하였다. 그러나 이 문제를 지필 계산으로 계산하라고 했을 때는 잘 풀었다. 이것은 아동들이 타당한 답에 대한 이해가 없음을 나타내는 것이다. 좀 더 최근의 연구(Petit et al., 2010)에 따르면, 유사한 문제에 대해서 학생들은 덧셈을 할 수 있었지만 어림셈을 하지 못하거나 자신의 답을 정당화하지 못하였다. 표 12-2는 분수의 덧셈과 뺄셈에 대하여 CCSSM이 권고한 성취기준이다.

$\frac{2}{3}+\frac{1}{4}$과 같은 기호적인 표현으로 분수의 덧셈과 뺄셈을 시작하는 대신에, 결합과 분해가 포함된 문제로부터 시작하는 것이 좋다. 그림 모델과 더불어 이들 상황을 포함하는 문제 상황은 다음과 같은 점에

표 12-2 분수의 덧셈과 뺄셈에 관한 CCSSM의 성취기준

학년	성취기준
4학년	• 동분모 분수의 덧셈과 뺄셈을 할 수 있다. $\frac{a}{b}$는 $\frac{1}{b}$이 a개임을 이해할 수 있다. $\frac{a}{b}$를 분모가 b인 분수들의 합으로 분해할 수 있다. 분수의 덧셈과 뺄셈을 합병과 분리 상황으로 이해할 수 있다. 동분모 분수의 덧셈과 뺄셈이 포함된 문장제를 해결할 수 있다.
5학년	• 동치분수를 이용하여 이분모 분수의 덧셈과 뺄셈을 할 수 있다. 이분모 분수의 덧셈과 뺄셈이 포함된 문장제를 해결할 수 있다. 기준 분수와 수 감각을 이용하여 분수의 어림셈을 할 수 있고, 구한 답의 타당성을 설명할 수 있다.

서 중요하다.

- 분수의 덧셈, 뺄셈은 자연수의 덧셈, 뺄셈과 비슷한 문제를 푸는 것이라는 것을 이해하도록 돕는다.
- 어느 것이 더 합리적인 답이 되는지에 대한 생각을 하게 한다.
- 분모가 다른 분수의 덧셈이나 뺄셈을 할 때 공통분모가 왜 필요한지에 대해 알게 한다.

자연수의 덧셈과 뺄셈 문장제에 관해 아동들이 아는 바를 이용하여 분수의 덧셈과 뺄셈 방법을 도입한다. 아동들이 분수 부분을 어떻게 세는지(예: $\frac{1}{7}$ 세 개에 $\frac{1}{7}$ 두 개가 더해지면 $\frac{1}{7}$이 다섯 개가 된다.) 그림 모델을 이용하여 두 분수를 어떻게 비교하는지 이해하고 있다면, 분수의 결합 문제와 분해 문제를 해결할 수 있을 것이다. CCSSM에서도 $\frac{6}{9}$은 $\frac{2}{9}+\frac{4}{9}$, $\frac{5}{9}+\frac{1}{9}$, $\frac{3}{9}+\frac{2}{9}+\frac{1}{9}$, $\frac{3}{9}+\frac{3}{9}$과 같이 여러 가지 방법으로 분수를 분해하는 경험을 강조하고 있다.

그림 12-5에 있는 문장제를 생각해보자. 아주 어린 아동들도 문제 A를 푸는 데는 별 어려움이 없다. 그리고 규칙을 따로 배우지 않아도 문제 B를 풀 수 있다면 분수에 대해 개념적 이해를 하고 있다. 아동들에게 각각을 어떻게 풀었는지 제시하게 하고 두 문제가 서로 어떻게 비슷한지(가령 두 문제 모두 2와 1 더하기가 포함되어 있다. 문제 A에서는 세라의 사과 2개와 명수의 사과 1개를, 문제 B에서는 세라의 파이 $\frac{1}{5}$ 두 개와 명수의 파이 $\frac{1}{5}$ 한 개를 더해야 한다.) 설명하게 한다. 비록 단순하다 할지라도, 처음 두 문제를 그림으로 그리게 한다. 그런 다음 문제 C를 풀어보게 한다. 문제 C가 두 문제와 어떻게 비슷한지, 어떻게 다른지 토의한다. 만약 아동들이 도움을 요청하면, 케이크를 나타내기 위해 직사각형을 그리도록 한다.

문제 A

세라는 사과 2개를 먹고, 명수는 사과 1개를 먹었다. 두 사람 모두 몇 개의 사과를 먹었는가?

문제 B

세라는 파이의 $\frac{2}{5}$를 먹었고, 명수는 파이의 $\frac{1}{5}$을 먹었다. 두 사람 모두 얼마만큼의 파이를 먹었는가?

문제 C

세라는 케이크의 $\frac{2}{3}$를 먹었고, 명수는 그 케이크의 $\frac{1}{4}$을 먹었다. 두 사람 모두 얼마만큼의 케이크를 먹었는가?

그림 12-5 세 개의 연결된 문제들

아동들은 문제 C를 여러 가지 방법으로 해결할 것이다. 두 분수를 비교하기 위하여 그림으로 나타낸다면, 다음과 같을 것이다.

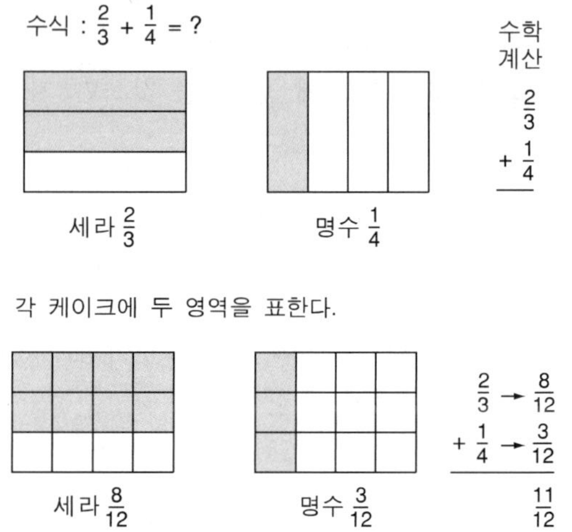

위의 그림은 명수가 케이크의 $\frac{3}{4}$을 먹고, 세라가 $\frac{2}{3}$를 먹었을 때를 설명하는 데도 사용될 수 있다. 다르게 칠해진 그림은 명수가 케이크의 $\frac{9}{12}$를 먹었음을 나타낸다. 그래서 결국 두 사람이 $\frac{17}{12}$을 먹었을 것이고, 이는 케이크 한 판과 다른 판의 $\frac{5}{12}$를 먹었다고도 말할 수 있다.

여기서 중요한 점은 분수를 더할 때, 전체(단위)는 같다고 가정한다는 점이다. 즉 예를 들어, 세라가 케이크 한 판의 $\frac{2}{3}$를 먹고, 명수가 케이크 한 판의 $\frac{3}{4}$을 먹었다는 이야기는 두 판의 케이크가 있었으며 그 크기는 같았다고 가정하는 것이다. 만약 세라가 작은 케이크의 $\frac{2}{3}$를 먹고, 명수가 큰 케이크의 $\frac{3}{4}$을 먹었다면, 두 사람이 모두 얼마만큼 먹었는지 혹은 누가 더 많이 먹었는지 판단하기 전에 먼저 두 케이크의 상대적인 크기를 알아야 한다.

대분수 덧셈은 진분수 덧셈보다 그렇게 어려운 것이 아니다. 진분수 덧셈을 할 수 있는 아동들은 $5\frac{2}{3}+3\frac{3}{4}$과 같은 계산을 어떻게 하는지 알 수 있다. 자연수 부분을 더하여 8을 얻고, 분수끼리 더하여 $\frac{17}{12}$을 얻게 되고, 아동들은 두 분수의 합이 $9\frac{5}{12}$임을 보이기 위해 $\frac{17}{12}$이 $1\frac{5}{12}$가 된다는 지식을 이용한다.

위의 덧셈 방법처럼 두 진분수의 뺄셈도 가능하다. 비교가 포함된 뺄셈 문제로 시작하라. 예를 들어, 문제 C(그림 12-5)에서 세라가 명수보다 얼마나 더 많이 먹었는가? 이 답을 찾기 위해 같은 모델을 사용할 수 있다. 분수의 크기를 비교하는 것은 실생활 상황에서 매우 중요하다. 가분수나 대분수의 뺄셈은 조금 더 어려운데, 이것은 아동이 대분수를 다른 대분수로 바꾸어 보지 못했기 때문이기도 하고, 또는 고쳐묶기에 대한 이해가 부족하기 때문이기도 하다. 분수 막대와 같은 모델을 사용하면, 아동들이 고쳐묶기가 필요할 때 동치 분수의 유용성을 파악하는 데 도움을 준다. 예를 들어, $6\frac{3}{7}-2\frac{4}{7}$와 같은 뺄셈에서 $6\frac{3}{7}$을 $5\frac{10}{7}$으로 고쳐묶기를 해야 한다. 아동에게 1은 $\frac{7}{7}$이고 6은 $5+\frac{7}{7}$임을 알려주어 고쳐묶기에 대한 이해를 도울 수 있다. 따라서 $6\frac{3}{7}$은 $5+\frac{7}{7}+\frac{3}{7}$ 또는 $5\frac{10}{7}$이 된다.

만약 아동이 분수의 고쳐 묶기를 어려워하면, 다음 모델로 $6\frac{3}{7}=5\frac{10}{7}$을 나타내면 도움이 될 수 있다.

$6\frac{3}{7}$은 자연수 6 더하기 $\frac{3}{7}$

$6\frac{3}{7}$은 자연수 5 더하기 $\frac{7}{7}$ 더하기 $\frac{3}{7}$, 즉 $5\frac{10}{7}$

학생들은 뺄셈이 더 많은 단계를 거치기 때문에 덧셈보다 어렵다고 여긴다. 학생들은 덧셈과 마찬가지로 뺄셈에서도 공통의 분모를 갖는 동치분수를 구할 수 있어야 한다. 그러나 대분수 뺄셈에서 분수 부분이 작은 데서 큰 것을 빼야 할 경우, 고쳐묶기를 해야 한다. 앞의 예($6\frac{3}{7}-2\frac{4}{7}$)는 $\frac{3}{7}$에서 $\frac{4}{7}$를 뺄 수 없기 때문에 $6\frac{3}{7}$을 $5\frac{10}{7}$으로 고쳐묶기를 해야 한다.

공식을 대입하는 방식으로 뺄셈 문제를 해결하는 경우, $2-1\frac{3}{5}$과 같은 문제에서 학생들은 난관에 봉착하게 된다. 대조적으로 이 뺄셈을 머릿속으로 그림을 그릴 수 있는 학생과 $\frac{2}{5}+\frac{3}{5}$이 전체를 만들 수 있음을 아는 학생은 아무 생각 없이 계산하기보다는 이 문제를 통하여 수학적 사고를 하게 될 것이다. 물론 이러한 학생들은 1장에서 언급되었던 수학적 소양 중 절차적 유창성은 부족할 수 있다. 분수를 확고히 이해한 학생들은 전통적인 알고리즘에만 의존하지 않고 스스로 더하고 빼는 방법을 찾아낼 수도 있을 것이다.

분수의 곱셈과 나눗셈

아동들이 분수의 연산이 포함된 문제를 해결할 때, 분수 연산의 의미를 알고 사용하는지 살펴보아야 한다. 또 자연수 연산에 주어지는 의미가 분수 연산으로 확장되어야 한다. 그러나 자연수 연산의 의미가 분수 연산으로 직접적으로 확장되지는 않는다. 예를 들어, 두 분수를 곱하는 경우 자연수의 곱셈처럼 동수누가로 되지는 않는다. 또 다른 차이점은 두 자연수를 곱할 때는 그 계산 결과가 곱해지는 두 자연수 중 어느 것보다 항상 더 크지만, 두 진분수를 곱하면 계산 결과는 곱해지는 두 분수 중 어느 것보다도 항상 작게 된다. 아동들은 때때로 뭔가를 나누면 더 작아진다고 생각한다. 그러나 자연수를 진분수로 나누면 그 몫은 그 자연수보다 더 커지게 된다. 표 12-3은 분수의 곱셈과 나눗셈에 대하여 CCSSM이 권고한 성취기준이다.

| 표 12-3 분수의 곱셈과 나눗셈에 관한 CCSSM의 성취기준

학년	성취기준
4학년	• 분수×자연수를 계산할 수 있다. $\frac{a}{b}$는 $\frac{1}{b}$의 배수이며($\frac{3}{4}$은 $\frac{1}{4}\times3$), $\frac{a}{b}$의 배수는 역시 $\frac{1}{b}$의 배수임($\frac{3}{4}\times5$는 $\frac{1}{4}\times15$)을 이해할 수 있다. 문장제를 시각적 분수 모델과 식으로 나타내고 해결할 수 있다.
5학년	• 분수×분수를 할 수 있다. 어떤 분수와 1보다 작거나 큰 분수의 곱셈 결과가 어떻게 달라지는지를 이해할 수 있다. 자연수÷단위분수, 단위분수÷자연수를 할 수 있다. 분수의 곱셈과 나눗셈이 포함된 문장제를 해결할 수 있다.
6학년	• 분수의 몫을 계산하고 해석할 수 있고, 분수÷분수가 포함된 문장제를 시각적 분수 모델과 식으로 나타내고 해결할 수 있다.

곱셈

분수의 곱셈 알고리즘은 가장 간단한 것 중의 하나이다. 분자끼리 곱하여 분자를 구하고 분모끼리 곱하여 분모를 구하면 된다. 이 계산 절차는 몇 분 내에 가르칠 수 있다(그러나 많은 연습을 하지 않으면 몇 초 내에 잊어버린다). 그러나 단순히 이 계산 절차만을 가르치면 아동은 그것이 왜 그렇게 되고 또는 어느 때 그것을 사용하는지에 대해 이해하지 못한다. 따라서 알고리즘을 가르치기 전에, 곱셈의 의미를 이해하게 하고, 답의 크기에 대하여 생각하게 하고 알고리즘이 작용하는 이유를 알게 하는 것이 바람직하다.

이제 자연수×분수, 분수×자연수, 분수×분수와 같은 서로 다른 세 경우를 살펴볼 것이다. 각각의 경우에서, 분수의 곱셈을 자연수 곱셈의 의미와 연결시킬 것이다. 예를 들어, 4×3은 4씩 3묶음을 의미하며, 또 4×3은 변의 길이가 4와 3인 직사각형의 넓이라는 개념을 이용할 것이다. 여기서는 연산을 이해시키는 것이 주된 목적이지 중학교에서 배울 알고리즘을 가르치려는 것이 목적은 아니다.

분수×자연수 다음 문제로 시작해 보자.

> 각각 $\frac{4}{5}$조각씩 담겨 있는 피자 세 판을 가지고 있다. 피자는 모두 얼마만큼 있는가?

구슬이 4개씩 담겨 있는 주머니 3개의 문제와 어떻게 같은지 학생들에게 질문한다. 이 질문은 자연수끼리의 곱셈과, 자연수×분수 사이의 유사점을 발견하는 데 도움이 될 것이다. 4씩 3묶음을 어떻게 구했는가? 구슬이 4개씩 담긴 주머니 3개에서 구슬을 꺼내어 하나씩 센다. 마찬가지로 $\frac{4}{5}$씩 3묶음을 구하려면, 피자가 $\frac{4}{5}$씩 있는 피자 판 3개에서 피자를 꺼내서 $\frac{1}{5}$조각의 개수를 셀 수 있다. 이러한 방법은 아래와 같은 그림으로 설명할 수 있다.

4×3

4씩 3묶음은 12

$\frac{4}{5}\times3$

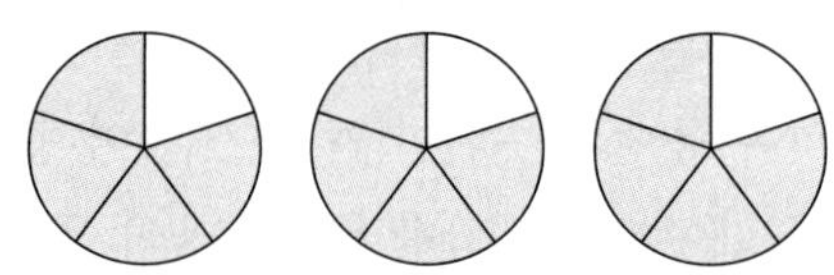

$\frac{4}{5}$씩 3묶음은 $\frac{1}{5}$이 12개

4씩 3묶음을 4×3으로 기호화하면, $\frac{4}{5}$씩 3묶음은 $\frac{4}{5}\times3$으로 기호화할 수 있다.

그 다음으로 4×3은 4+4+4=12와 같은 동수누가로 생각할 수 있다. $\frac{4}{5}\times3$도 같은 방법으로 접근하면 다음과 같다.

$$\frac{4}{5}+\frac{4}{5}+\frac{4}{5}=\frac{12}{5}$$

그림들을 이용하여 이 문제를 해결한 후에, 그림이나 동수누가를 사용하지 않고 문제를 해결할 수 있

는지 살펴본다. 용어 사용에 대해 강조한다. 예를 들어, $\frac{2}{3}\times5$를 논의하는 과정에서 아동들에게 이를 읽어 주고 주의 깊게 듣도록 한다.

> $\frac{2}{3}\times5$는 $\frac{2}{3}$씩 5묶음이다. 이것은 $\frac{1}{3}$이 10개, 즉 $\frac{10}{3}$이 된다.

자연수×분수 다시 다음의 문제로부터 시작해 보자.

> 24병이 들어가는 상자의 $\frac{3}{4}$을 가지고 있다. 모두 몇 개의 병이 있는가?

아동이 집합 모델로 분수를 공부해 왔다면, 구체물을 이용하여 이런 문제를 풀었던 경험이 있을 것이다. 이제부터 아동들은 이 문제를 기호적으로 해결해야 하고 곱셈과 연결시킬 수 있어야 한다.

먼저 이 문제가 왜 곱셈 문제가 되는지 생각해 보게 한다. "만약 24병이 들어가는 상자 5개를 가지고 있다면, 병의 총 개수를 구하기 위하여 무엇을 해야 할까?" 아마도 24×5를 계산할 것이다. 마찬가지로 상자가 20개이면 병은 모두 24×20개가 될 것이고, 상자가 53개이면 병은 모두 24×53개가 된다. 따라서 상자가 $\frac{3}{4}$개이면, $24\times\frac{3}{4}$으로 구할 것이다.

다음으로 24의 $\frac{3}{4}$을 어떻게 구하는지 물어본다. 우선 전체를 4개의 같은 크기로 등분한다. 그러면 각 부분은 6개가 될 것이다. 다시 말해서, 우선 24의 $\frac{1}{4}$을 구하면 6이 되고, $\frac{3}{4}$은 $\frac{1}{4}$의 3배가 되므로, 6×3=18이다. 따라서 $24\times\frac{3}{4}=18$이다. 이 사고 과정은 다음과 같이 요약된다.

$24\times\frac{3}{4}=\square$

생각하기

24의 $\frac{1}{4}$은 6이야.
$\frac{3}{4}$은 3배만큼 있는 거야.
즉 6×3이야.
6×3=18.

얼핏 보기에, 이 과정은 분자끼리 곱하고 분모끼리 곱하는 보통의 알고리즘과는 다르게 보인다. 먼저 집합 24를 4로 나누고 3을 곱한다. 표준 알고리즘을 적용할 때에는 먼저 24×3을 한 후 4로 나눈다.

이러한 유형(자연수×분수)에 접근하는 또 다른 방법은 교환법칙을 사용하는 것이다. 즉, $\frac{3}{4}\times24$와 $24\times\frac{3}{4}$가 같다는 것을 아동들이 알게 하여, 위에서 논의된 절차(자연수×분수)에 의하여 $\frac{3}{4}\times24$를 구할 수 있다. 그러나 아동들은 24의 $\frac{3}{4}$이 $\frac{3}{4}$씩 24묶음과 같음을 실제로 이해하지 못한다. 교환법칙을 이용한 이러한 접근이 쉬울지는 몰라도, 곱셈에서 "~의"란 의미를 설명할 수 없게 된다.

분수×분수 다음 문제를 생각해 보자.

> $\frac{3}{4}$에이커의 땅을 갖고 있는데 그중 $\frac{5}{6}$에 나무를 심으려고 한다. 나무를 심은 땅은 모두 몇 에이커인가?

아동들은 이 문제가 곱셈 문제가 되는지 그 이유를 알 필요가 있다. 아래와 같은 그림을 그려 보여줌으로써 이 문제는 직사각형의 넓이와 관련이 있어서 결국 곱셈과 관련이 있다는 걸 이해하게 된다. 첫 번째 그림에서, 1에이커의 땅을 4등분하고, 소유한 부분($\frac{3}{4}$)을 나타낸다.

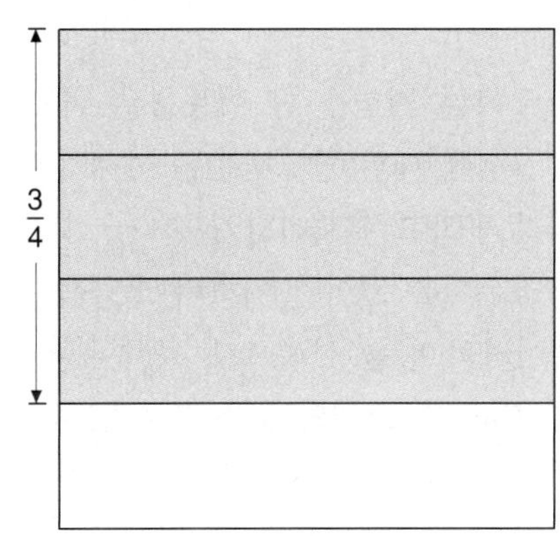

소유한 땅 ($\frac{3}{4}$에이커)

다음 그림에서, 1에이커의 땅은 6등분되어 있고 소

유한 땅의 $\frac{5}{6}$에는 나무가 그려져 있다. 전체 넓이 중 나무가 심어져 있는 부분을 찾기 위해 작은 직사각형이 몇 개가 되는지 찾도록 한다. 24개의 작은 직사각형이 있기 때문에 각각은 $\frac{1}{24}$이다. 작은 직사각형 15개에 나무가 심어져 있기 때문에 이 땅의 $\frac{15}{24}$에 나무가 심어져 있다.

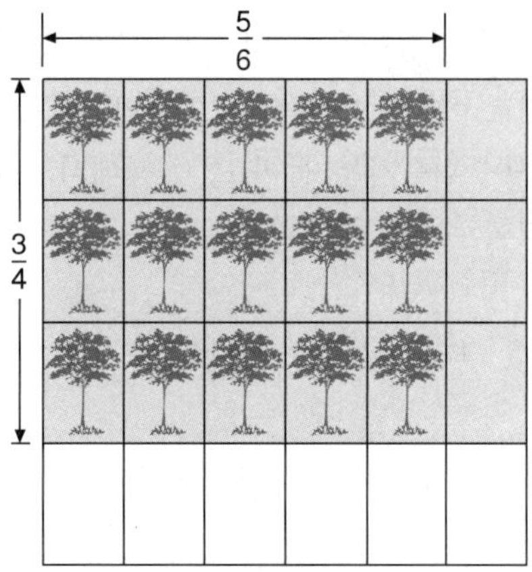

소유한 땅의 $\frac{5}{6}$

이 그림은 아동들이 나무를 심은 직사각형의 넓이는 $\frac{3}{4}\times\frac{5}{6}$임을 볼 수 있도록 도와주며, 그래서 그 넓이는 $\frac{3}{4}\times\frac{5}{6}$로 구해진다.

이 모델은 아동이 직사각형의 넓이를 구하는 경험을 하고 난 후에 천천히 소개될 필요가 있다. 분수×분수 결과를 표로 만들어 본다(결과를 약분하지 말 것). 아동들에게 분수끼리의 곱셈에서 규칙성을 찾아보도록 한다.

넓이를 구하는 경험을 한 아동들은 이 모델로 분수끼리의 곱셈에 대한 알고리즘을 이해하게 될 것이다(분자끼리 곱하고 분모끼리 곱한다). 그 절차가 어떻게 작용하는지를 보이기 위하여 그림을 사용할 수 있다. 1에이커의 땅을 한쪽으로 4등분, 다른 쪽으로 6등분하여 4×6, 즉 24개의 동등한 조각(24는 분모)을 만든다. 나무는 3그루씩 5줄에 심어져서 3×5 = 15는 분자가 된다. 기호로 나타내면 다음과 같다.

$$\frac{3}{4}\times\frac{5}{6}=\frac{3\times 5}{4\times 6}=\frac{15}{24}$$

여기서 앞의 상자 문제로 돌아가, 아동에게 이 과정이 상자 문제에 대해서도 성립함을 확인하게 한다. 아동들에게 어떤 자연수도 분수로 표현할 수 있음(예: $6=\frac{6}{1}$)을 확인시킨다. 이는 분수 중 하나가 자연수라도 분자끼리 곱하고 분모끼리 곱하는 알고리즘을 사용할 수 있음을 이해시키는 데 도움이 된다.

나눗셈

곱셈과 마찬가지로 일반적인 알고리즘을 적용하기는 쉽지 않다. 왜 그럴까? 분수의 나눗셈에서는 왜 제수의 역수를 곱하는가? 자연수÷자연수의 예를 통해서, 분수÷분수의 계산 원리를 알아보자.

다음 문제를 생각해보자.

> 10피트 길이의 리본으로 2피트 길이의 머리 리본 몇 개를 만들 수 있을까?

학생들은 이 문제를 전체에는 2피트 조각이 몇 개가 있는지 또는 10에는 2가 몇 개 있는지를 찾는 것으로 이해해야 한다. 다음 그림은 실생활에서 이 문제를 어떻게 해결하는지 보여주고 있다.

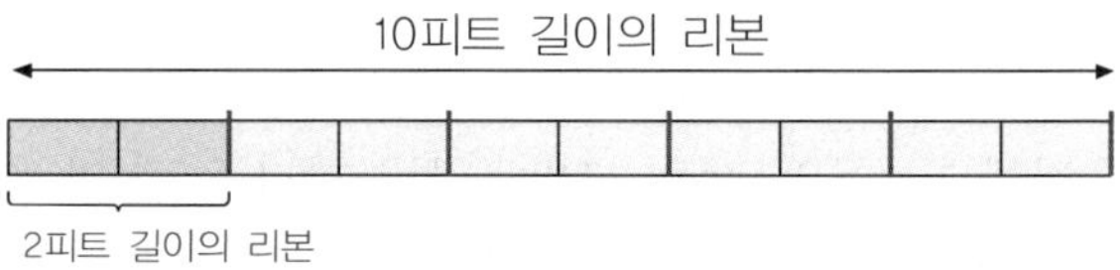

학생들은 10피트에 5개의 2피트 리본이 포함되어 있음을 알 수 있다. 이는 10÷2 = 5로 기호화될 수 있다.

이제 10피트에 들어있는 $\frac{1}{2}$피트 길이의 리본의 수(즉, $10\div\frac{1}{2}$은 무엇인가?)를 찾기 위해, 이 그림을 1피트 대신 $\frac{1}{2}$피트로 수정할 수 있다. 아래 그림은 3피트에서 $\frac{1}{4}$피트 리본의 수를 찾을 때 적용될 수 있다.

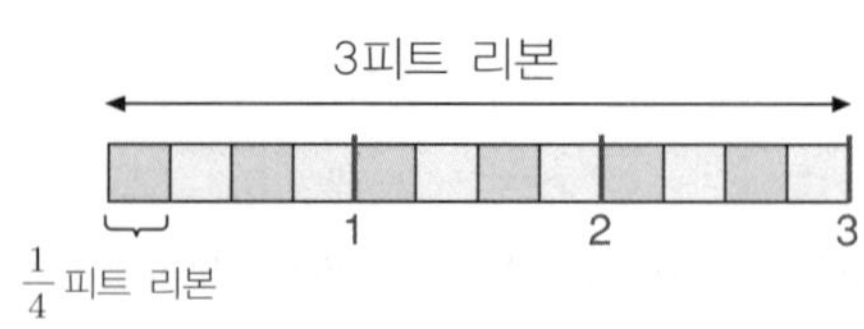

이 문제는 3에 $\frac{1}{4}$이 몇 개 들어가는지($3 \div \frac{1}{4}$)를 구하는 것이다. 학생들은 3피트에 12개의 $\frac{1}{4}$피트 리본이 있음을 알 수 있다. 또한 학생들이 4씩 3묶음(3×4)의 리본이 있음을 알도록 해야 한다. 즉,

$$3 \div \frac{1}{4} = 3 \times 4$$

이제 학생들에게 6피트 리본에 $\frac{3}{4}$피트 조각이 몇 개 있는지 찾기 위해 그림을 그려보게 한다. 학생들은 아래 그림처럼 $\frac{3}{4}$피트의 길이를 표시할 것이다.

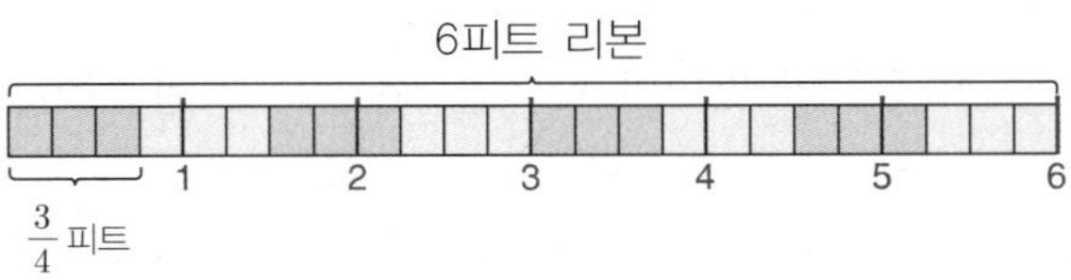

먼저 $\frac{1}{4}$씩 표시를 하고 난 후, $\frac{1}{4}$을 세 개씩 묶는다. 이는 4를 곱하고 3으로 나누는(또는 $\frac{1}{3}$을 곱하는) 것이다. 학생이었을 때, 아마도 제수의 역수를 곱했던 다음과 같은 방법을 배웠을 것이다. 이를 기호로 표현하면 다음과 같다.

$$6 \div \frac{3}{4} = 6 \times 4 \div 3 \quad \text{또는} \quad 6 \times (4 \div 3) \quad \text{또는} \quad 6 \times \frac{4}{3}$$

이러한 문제에서, 학생들은(어른조차도) 어느 일정 크기의 조각으로 가능한 한 많은 조각으로 나눈 후 남은 조각에 대해 어려움을 겪는 일이 종종 있다. 이런 경우, 다음과 같은 문제를 만들어 학생들이 이해하도록 도와준다.

> 2피트짜리 리본을 갖고 있는데 가능한 한 많이 $\frac{3}{4}$피트 리본으로 자르고 싶다. 1피트 리본으로부터 각각 하나씩 잘라낼 수 있기 때문에 적어도 두 개를 만들 수 있다. 그렇다면 세 개를 만들 수 있는가?

학생들은 이 문제를 다음 그림처럼 접근할 수 있다.

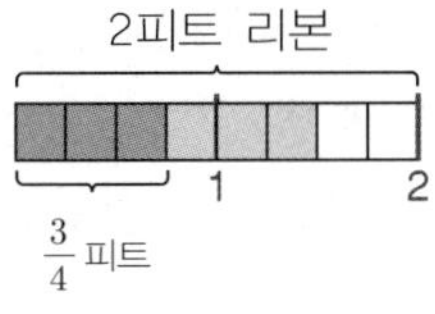

학생들은 두 개의 $\frac{3}{4}$피트 리본으로 자를 수 있지만(색이 칠해진 두 부분을 가리키며), 나머지 부분(색이 칠해지지 않은)은 다음의 $\frac{3}{4}$피트 리본으로 충분치 않음을 알 수 있다. 그들에게 이제 만들 수 있는 부분은 무엇인지 질문한다. 그들은 색칠이 안 된 부분이 $\frac{3}{4}$피트 리본의 $\frac{2}{3}$임을 알아야 한다. 이로부터 아동들은 $2\frac{2}{3}$리본(각각의 길이는 $\frac{3}{4}$피트)을 만들 수 있다고 답할 수 있어야 한다.

마지막 예($2 \div \frac{3}{4}$)와 같은 문제를 풀어봄으로써 아동들은 제수가 피제수보다 큰 나눗셈 문제를 추론할 수 있다(예를 들어, $\frac{1}{3}$피트 리본은 $\frac{1}{2}$피트 리본 몇 개가 되는가?($\frac{1}{3} \div \frac{1}{2}$). 이 질문은 $\frac{1}{2}$피트 리본을 몇 개나 만들 수 있는가를 묻는 것이다. 아동들에게 $\frac{1}{3}$피트 리본으로는 $\frac{1}{2}$피트짜리 리본을 $\frac{2}{3}$개 만들 수 있음을 확인시키기 위해 그림을 그려 보게 한다.

소수 개념의 발달

소수 개념을 도입할 때에는 학생들이 이미 알고 있는 분수나 자릿값과 같은 다른 지식과 소수를 연결시켜야 한다. 가르치는 과정에서 이들의 연계성을 고려하여야 하지만, 여기서는 편의상 따로 다루도록 한다. 또한 때때로 맥락적 상황이 수학을 이해하는 데 도움을 주기 때문에(Irwin, 2001), 학생들에게 일상생활에서 익숙한 경험을 소수와 연결시키는 것이 중요하다.

십진 분수와의 관련성

이 장의 도입부에서 언급했듯이, 소수는 바로 10분의 1, 100분의 1 등과 같은 분모가 10의 거듭제곱인 분수의 또 다른 표현 방법이다. 따라서 소수를 이해하기 위해서는 분모가 10의 거듭제곱인 분수를 이해하는 것이 중요하다.

$\frac{1}{10}$ $\frac{1}{10}$에 대한 소수 표기를 도입하기 전에, 아동이 분수에 대한 그들의 사전 지식으로부터 $\frac{1}{10}$에 관하여 얼마나 알고 있는지 알아본다. 아동은 단위 1을 10등분한다는 것은 똑같은 부분이 10개가 된다는 것을 이해해야 한다. 또한 분수에 대한 모델, 용어, 기호를 연결시킬 수 있어야 한다. 그리고 10개의 $\frac{1}{10}$이 자연수 1이 되고, 7개의 $\frac{1}{10}$은 자연수 1보다 작으며, 27개의 $\frac{1}{10}$은 정수 1보다 크다는 사실을 알아야 한다.

아동이 이러한 배경 지식을 갖고 있다면, 0.3이 $\frac{3}{10}$을 나타내는 새로운 기호라는 것을 학습할 준비가 된 것이다. 이제 자릿값의 개념을 새로운 표기법으로 연결시킨다(8장의 자릿값 참조). 또한 0.3과 $\frac{3}{10}$은 모두 "10분의 3"으로 읽을 수 있다는 것을 강조한다. 또 $\frac{27}{10}$, 즉 $2\frac{7}{10}$을 2.7이라고 쓰고, "2와 10분의 7"로 읽는다. 여기서 연결어 '**와**'는 소수점 대신이라는 점을 강조한다. 이런 식으로 소수를 크게 읽는 것은 소수와 분수 개념을 연결하는 데 도움이 된다. 소수와 분수 표기에 대한 연습을 위한 간단한 게임이 <수업자료 12-5>에 기술되어 있다.

$\frac{1}{100}$을 도입하기 전에, 학생들은 아래 삼각형과 같이 (모델과 기호, 기호와 용어, 용어와 모델) 모두 연결되어 있음을 확인해야 한다.

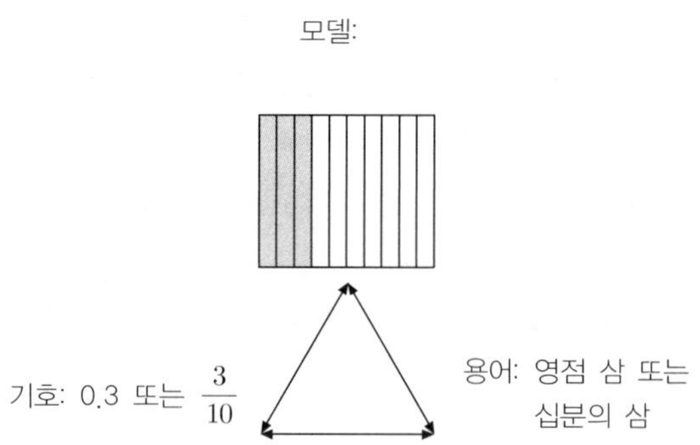

$\frac{1}{100}$ 소수 둘째 자리까지 확장하기 위해, 먼저 아동들에게 10×10 모눈이 그려진 $\frac{1}{100}$ 모델을 나누어준다. 한 단위(전체 정사각형)는 1이고, 각각의 작은 정사각형은 $\frac{1}{100}$임을 확인시킨다. $\frac{3}{100}$, $\frac{7}{100}$, $\frac{10}{100}$, $\frac{21}{100}$ 등을 10×10 모눈지에 나타내게 한다.

그런 다음 아동들이 $\frac{1}{10}$ 열을 2개 표시하고 작은 정사각형 3개를 더 표시하게 한다. 전체에서 얼마의 부분이 덮였는지 묻는다. $\frac{2}{10}+\frac{3}{100}$이나 $\frac{23}{100}$이라는 답을 유도한다. 그런 다음, 다음과 같이 쓰게 한다.

$$\frac{23}{100}=\frac{2}{10}+\frac{3}{100}$$

이제 자릿값 개념과 소수표기 0.23을 연결시킨다. 0.2 = 0.20임을 보이기 위하여 모델을 이용한다. 계속해서 삼각관계, 즉 모델, 기호, 용어를 연결시킨다. 이 예들은 100분의 1에 대한 간단한 소개에 지나지

수|업|자|료|12-5

동전 던지기를 할까요?

학습목표: 분수 혹은 소수로 수를 표기한다.
대상학년: 3~5학년
준비물: 종이와 연필(학생들), 동전 한 개(교사)

방법

- 교사는 수를 읽는다.
- 아동들은 그 수를 소수나 분수로 쓴다.
- 아동들은 그 수를 옳게 쓰면 1점을 받는다.
- 교사가 동전을 던진다.
  - 동전의 앞면이 나오면, 소수로 쓴 아동들은 1점을 받는다.
  - 동전의 뒷면이 나오면, 분수로 쓴 아동들이 1점을 받는다.

제시될 수:

10분의 2	1과 10분의 3
10분의 7	22와 10분의 5
5와 10분의 7	34와 10분의 0
11과 10분의 4	

도전 문제:

10분의 16　　5와 10분의 11

않는다. 100분의 1과 10분의 1을 연계시키는 데 도움을 주기 위해 모델을 다시 사용하는 것이 필요하다. 다른 자릿값 모델에 관해서는 8장을 참조하라. 이 모델을 바꾸어 소수로 보여줄 수도 있다.

$\frac{1}{1000}$과 기타 소수 학생들은 종종 0.234 혹은 0.0003과 같이 작은 소수를 잘 이해하지 못한다. 왜냐하면 이들 소수를 덜 강조했기 때문이기도 하지만, 학생들이 소수 둘째 자리 수까지 배우면 그 외의 모든 소수도 일반화할 것이라고 기대하기 때문이다. 이러한 분수는 모델화하기 힘들기 때문에, 더 작은 소수들을 가지고 하는 학습의 대부분은 근본적으로 자릿값으로 설명되어야 한다. 그러나 소수 셋째 자리 수는 $\frac{1}{100}$의 $\frac{1}{10}$로 이해되어야 하고, 모델을 통하여 이해시켜야 한다.

분수를 소수로 나타내기 소수가 신중하게 도입되었다면, 학생들은 소수를 분수로 표기할 수 있고 분모가 $\frac{1}{10}$, $\frac{1}{100}$ 등으로 된 분수를 소수로 표기할 수 있어야 한다. 예를 들어, $\frac{2}{10}$와 $\frac{23}{100}$을 "10분의 2"와 "100분의 23"으로 읽거나 듣고, 0.2와 0.23으로 쓸 수 있어야 한다.

그러나 분모가 $\frac{1}{10}$, $\frac{1}{100}$ 등으로 표현된 분수를 소수로 표현할 수 있다는 것이 다른 분수를 소수로 표현할 수 있음을 의미하는 것은 아니다. 학생들이 분수와 소수 사이의 관계를 이해하려고 노력하지만, 때때로 분수에 대한 몫의 의미는 제대로 이해하지 못한다. 예를 들어, 학생들은 $\frac{4}{5}$가 '4 나누기 5'임을 이해하지 못한다. 아동은 몫이 1보다 작음을 깨달아야 한다. 다음 상황을 보면, 이는 분명하다. 예를 들어, 4개의 쿠키를 가지고 있는데 이를 5명에게 나누어주려고 한다면, 각각의 사람은 1개의 쿠키보다 적게 받게 될 것이다. 아동은 4를 5로 나누기 위하여, 4는 4.0과 같음을 알아야 하고 소수를 나눌 수 있어야 한다. 학생들이 이것을 이해하게 되면, $\frac{4}{5}$가 0.8과 같음을 확인하게 위해 계산기나 전통적인 알고리즘을 사용할 수 있다. 동치 분수를 이해한 학생들은 또한 $\frac{4}{5}=\frac{8}{10}=0.8$임을 알아야 한다. 두 가지 방법 모두 동일한 소수가 됨을 확인하게 하는 것도 중요하다. 어떠한 분수도 나눗셈 방법을 사용하면 소수(혹은 딱 떨어지지 않는 경우는 소수 어림셈)로 바꿀 수 있다.

아동은 여러 가지 재미있는 규칙성들을 탐구할 수 있다. 이 중 어떤 것은 계산기로 조사할 수 있다. 예를 들어, 분모가 9인 분수와 동치인 소수를 조사해 보자.

$$\frac{1}{9}=0.11111\cdots$$

$$\frac{2}{9}=0.22222\cdots$$

$$\frac{3}{9}=0.33333\cdots$$

이렇게 끝없이 계속되는 패턴을 보이기 위하여 이 중 몇 개는 필산으로 계산해 보여야 한다. 만일 계산기만 사용한다면, 학생들은 $\frac{1}{9}=0.11111111$(계산기 화면에 나온 자릿수만큼)로 생각할지도 모른다.

마찬가지로 학생들에게 $\frac{1}{3}$의 의미를 알게 함으로써 $\frac{1}{3}$이 0.33, 0.333, 또는 0.3333과 같지 않다는 것을 알게 해야 한다. $\frac{1}{3}=0.33$이라면, 1을 3등분한 각각이 0.33이 될 것이다. 따라서 전체는 $0.33+0.33+0.33$, 즉 0.99가 되어 결국 이 결과는 1이 아닌 것이다. 마찬가지로 $\frac{1}{3}$은 0.3333과 같지 않음(비록, 이것이 더 나은 근삿값이긴 하지만)을 확인할 수 있다.

자릿값과의 관련성

소수에 대한 자릿값 해석은 아동들이 소수 연산을 이해하는 가장 유용한 방법이다. 이제 소수에서 자릿값 개념을 어떻게 개발하고, 소수의 크기를 비교하고 반올림하는 데 그것이 어떻게 사용되는지 살펴보도록 하자.

학생들은 자릿값에 대하여 무엇을 알고 있는가? 수 2463을 예로 들어 보자. 3학년 정도의 아동들은 그 자릿값(일의 자리, 십의 자리, 백의 자리, 천의 자리)과 각 자리의 숫자(3, 6, 4, 2)도 알 수 있다. 예를 들어 4는 400을 의미함을 알고 있다. 또한 아동들은 그 자리들이 어떻게 채워지는지도 배웠다. 즉, 일의 자리는 일을 단위로 시작하고, 이들 10개를 묶어서 새로운 단위(십의 자리)를 만들고, 십의 자리를 묶어서 새로운 단위(백의 자리)를 형성한다.

소수에서 자릿값 개념을 도입할 때도 마찬가지로 1을 단위로 시작한다. $\frac{1}{10}$을 10개 묶어서 1이 되는 새로운 단위 $\frac{1}{10}$자리(소수 첫째 자리)를 만든다. 이 새로운 단위를 자릿값 체계에 나타내기 위하여, 1의 자리 뒤에 소수점을 사용한다. 아동들에게도 10개의 $\frac{1}{10}$은 1이 된다는 것을 이해시킨다(마치 임의의 단위를 10개 모으면 바로 그 다음 단위가 되는 것 같이). 또한 아동들은 어떤 수에서 $\frac{1}{10}$의 자리를 알 수 있어야 한다. 이러한 소수에 대한 자릿값 해석은 분수로서의 소수에 대한 해석과 통합되어야 한다.

소수 둘째 자리를 도입할 때에도, 다시 그 자릿값에 관한 설명이 함께 이루어져야 한다. 예를 들어, 51.63과 같은 수에서, 아동은 소수 첫째 자리의 수와 소수 둘째 자리의 수뿐만 아니라 그 자리들 사이의 관계도 말할수 있어야 한다($\frac{1}{100}$은 $\frac{1}{10}$의 $\frac{1}{10}$이다. 혹은, $\frac{1}{100}$ 10개는 $\frac{1}{10}$ 1개와 같다). 비슷한 방법으로 소수 셋째 자리까지 도입한 후, 아동들은 모든 자리의 소수로 일반화할 수 있어야 한다.

분수와 소수 사이의 관계를 연결할 수 있는 방법으로 소수를 읽게 하면 효과적이다. 예를 들어, 24.09를 "이십사점 영구"로 읽기보다는 "24와 100분의 9"로 읽는 것이다.

소수를 어려워하는 학생들을 돕기 위해 자릿값 판을 사용할 수 있다. 예를 들어, 32.43을 생각해 보자.

십	일	영점 일	영점 영일
3	2	● 4	3

이 소수는 32와 $\frac{43}{100}$ 또는 32와 $\frac{4}{10}$와 $\frac{3}{100}$으로 나타낼 수 있다. 또한 $\frac{3243}{100}$으로 볼 수도 있다. 이 수를

$\frac{8}{100}$을 써라.

십	일	영점일	영점영일
		● 0	8

아동은 소수 첫째 자리가 0이라는 것을 알아야 한다.

$\frac{29}{100}$는 어떻게 되는가?

십	일	영점일	영점영일
		● 2	9

아동은 2개의 $\frac{1}{10}$과 9개의 $\frac{1}{100}$이 있다는 것을 알아야 한다.

$\frac{29}{10}$는 어떻게 되는가?

십	일	영점일	영점영일
	2	● 9	

아동은 1이 2개, $\frac{1}{10}$이 9개 있다는 것을 알아야 한다.

자릿값 판의 4.3을 보아라. 십의 자리는 얼마인가?

십	일	영점일	영점영일
	4	● 3	

아동은 십의 자리는 없다는 것을 알아야 한다.

소수 둘째 자리는 얼마인가?

십	일	영점일	영점영일
	4	● 3	0

아동은 4.3은 4.30과 같다는 것을 알아야 한다.

그림 12-6 소수 자릿값 판을 사용한 예

표현하는 또 다른 방법은 무엇이 있을까?

학생들은 그림 12-6과 같은 질문에 대하여 자릿값 판에 이를 나타냄으로써 소수에 대한 이해를 더 쉽게 할 수 있다.

아동들에게 자신의 생각을 계속해서 설명하게 하고 자릿값 판과 모델을 관련시키게 하지 못한다면, 아동들은 자릿값 판을 기계적으로 사용할 것이다. 자릿값 판에서 수가 없는 자리에 0을 써 넣는 것만으로는 충분하지 않다. 예를 들어, 4.3은 4.30과 같은 이유를 논의해 보는 것이 중요하다.

[오류유형 12-4]

- 과제: 0.3, 0.25, 0.125 중에서 가장 큰 수는 어느 것인가?
- 오류: 0.125라고 답함.
- 원인: 소수점을 고려하지 않은 채 자릿수가 많은 것을 선택하였다.
- 지도방안: 아동들에게 수직선 위에 0.5, 0.1, 0.9를 표시하게 한 다음, 크기순으로 나열하게 한다. 이 소수들은 기준 분수인 0, 0.5, 1과 가까운 수들이다. 0.3과 0.25를 확대하여 어떤 것이 더 큰지 판단하게 한다. 그런 다음에는 수직선에서 0.125를 찾게 하고 0.3이나 0.25보다 큰지, 작은지를 판단하게 한다.

아동들이 소수를 완전히 이해하기까지는 시간이 걸린다. 이 과정에서 〈오류유형 12-4〉와 같이 오류가 발생할 수 있다. 〈수업자료 12-6〉은 소수에 대한 아동들의 오개념을 파악하는 데 도움이 되는 활동이다.

수|업|자|료|12-6

소수의 이해

학습목표: 소수의 개념을 이해한다.

대상학년: 4~6학년

1. 담긴 물의 양을 소수로 나타내어라.

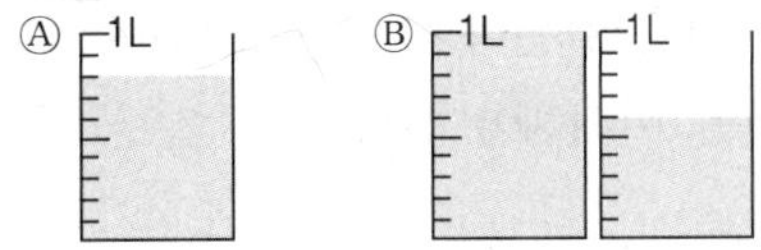

2. 수직선 위에 A, B, C에 해당하는 수를 써라.

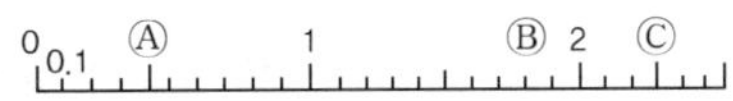

3. 0.09, 0.74, 1.02, 1.13을 수직선 위에서 표시하여라.

4. 소수 마방진을 완성하여라.

		0.6
	0.5	
0.4		

소수의 크기 비교와 반올림하기

소수의 크기 비교와 반올림 학습은 소수의 이해와 자연수의 크기 비교와 반올림 능력을 바탕으로 해야 한다. 이러한 소수에 대한 이해는 소수를 자릿값으로 설명할 수 있고, 예를 들어, 0.2와 0.20 또는 0.200이 같다고 생각할 수 있는 능력이다. 두 소수의 크기를 비교할 때, 23.61과 23.9 중에 어느 것이 더 큰지에 대해 다음과 같이 논의할 수 있다.

동수: 2361이 239보다 더 큰 것처럼, 23.61이 자리를 더 차지하기 때문에 더 크다고 생각해.

지니: 그렇지만 이 둘 모두(23.61과 23.9) 23에 좀 더 있는 거잖아. 그래서 소수 부분을 비교해야 된다고 생각해.

동수: 그래, 자연수처럼 되는 게 아니구나.

지니: 그런 셈이지. 큰 자리에서부터 시작해 보자. 십의 자리 수도 같고, 일의 자리 수도 같으니 소수점 첫째 자리의 수를 살펴보자. 9가 6보다 크니까 23.9는 23.61보다 큰 거야.

동수: 네가 하는 대로 따라왔는데, 지금 9와 61이 있는데 61이 더 큰 거잖아.

지니: 하지만 9는 10분의 1이 9개 있는 것이고, 61은 100분의 1이 61개 있는 거잖아. 수 모형으로 해 볼까?

동수: 좋아. 수 모형이 있었지. … 10분의 1 9개는 십

모형 9개, 혹은 백 모형 90개였지. 그러니까 100분의 1이 90개이니까 이게 더 크네.

이 대화에서 보듯이, 소수에 관한 표기 방법과 그 의미를 올바르게 이해한다면 소수를 비교하는 방법을 찾아낼 수 있다.

24.78과 같은 소수를 소수 첫째 자리까지 반올림할 때, 자연수에서와 같은 질문이 필요하고, 아동은 24.7 = 24.70이라는 것을 이해해야 한다.

소수의 연산

소수가 분수보다 유리한 점 중의 하나는 계산이 훨씬 더 쉽고 근본적으로 자연수와 똑같은 규칙을 따른다는 것이다. 소수에 대한 연산 알고리즘을 가르칠 때, 자릿값의 설명과 자연수의 알고리즘을 대응시키면서 설명해야 한다(소수 연산을 위해 제10장과 제11장 참조). 계산기가 널리 사용되고 있으므로, 알고리즘에 들이는 시간만큼 답이 타당한지 아닌지를 살펴보는 데도 시간을 들이는 것이 중요하다. 즉, (제10장에서 기술된 바처럼) 어림셈하는 기능이 중요하다.

수업자료 12-7은 어림 기능이 요구되는 활동의 예이다. 학생들이 질문에 답하는 데 조화수를 사용하도록 한다. 소수 계산을 배우기 전에 이러한 유형의 질문을 이용할 수 있다. 예를 들어, 잉글랜드의 인구는 5천만, 스코틀랜드는 5백만에 가까우므로 잉글랜드는 스코틀랜드 인구의 10배에 가깝다.

덧셈과 뺄셈

소수에 대한 개념이 잘 발달된 아동들은 자연수의 알고리즘을 소수의 덧셈과 뺄셈으로 확장하여 적용할 수 있다. 아동들은 다음의 유의사항을 알아야 한다.

수|업|자|료|12-7

답을 구하라

학습목표: 소수 어림셈하기

대상학년: 4~5학년

▾ 다음 표를 이용하여 물음에 답하여라.

국가	넓이(천 ㎢)	인구(백만 명)
잉글랜드	130.422	50.714
북아일랜드	14.144	1.733
스코틀랜드	78.772	5.103
웨일즈	20.761	2.977

▾ 다음 물음에 답하여라.

- 잉글랜드는 스코틀랜드보다 얼마나 더 넓은가?
- 네 나라의 넓이의 합은 얼마인가?
- 네 나라의 인구의 합은 얼마인가?
- 웨일즈의 인구는 북아일랜드 인구의 두 배인가?
- 잉글랜드의 넓이는 웨일즈 넓이의 여섯 배인가?

- 같은 단위끼리 덧셈이나 뺄셈을 할 것(소수점 첫째 자리끼리, 소수점 둘째 자리끼리)
- 자연수에서 했던 것처럼 소수의 소수점 자리에 따라 다시 묶기

소수의 덧셈이나 뺄셈의 어려움은 주로 가로셈이거나, 문장제로 주어지거나, 또는 51.23 + 434.7과 같이 서로 다른 자리의 수로 표현될 때 주로 발생한다. 이러한 어려움을 해결하기 위해서는 아동들에게 처음에는 답의 근삿값(480 정도)을 구하는 데 초점을 맞추게 하는 것이 바람직하다. 어떤 아동들은 아래와 같은 자릿값 판을 사용하는 것이 도움이 되기도 한다.

	백	십	일	영점 일	영점 영일
		5	1 ●	2	3
+	4	3	4 ●	7	
	4	**8**	**5** ●	**9**	**3**

곱셈과 나눗셈

자연수에 소수를 곱하고 나누는 계산은 소수끼리 곱하거나 나누는 계산보다 개념적으로는 더 쉽다. 그것은 구체적인 계산을 함으로써 좀 더 이해하게 된다. 다음 문제를 생각해 보자.

책상 6개를 이어 놓는다. 각 책상의 길이는 2.3m이다. 책상들을 이어놓은 길이는 얼마인가?

학생들은 앞에서 공부한 곱셈으로부터 이것이 곱셈 문제라는 것을 파악할 것이다. 물론 학생들은 이 문제를 소수를 더함으로써 풀 수 있다는 것도 알아야 한다.

$$2.3\times6=2.3+2.3+2.3+2.3+2.3+2.3=13.8$$

그러나 아동들은 동수누가에서 벗어나 두 자연수의 곱셈으로 이동했듯이, 소수와 자연수의 곱셈으로 발전해야 한다. 소수의 자릿값을 확실히 이해한 학생은 소수의 곱셈을 다른 방식으로 생각할 수 있다. 예를 들어, 2.3은 $\frac{23}{10}$이고, 그래서 2.3×6은

23의 십분의 일
× 6
138의 십분의 일, 즉 13.8

마찬가지로 아동은 2.37×6이 2.37이 $\frac{237}{100}$이라는 것을 알 수 있다. 그래서

237의 백분의 일
× 6
1422의 백분의 일, 즉 14.22

모눈종이를 이용하면, 138의 $\frac{1}{10}$이 13.8이라는 것을 기억하는 데 도움이 될 것이다. 이 방법을 사용할 때, 우선 학생들로 하여금 타당한 답을 어림해 보도록 한다. 예를 들어, 2.37×6은 12보다 클까? 142 정도일까?

학생들이 소수 곱하기 소수를 하는 데 단지 소수의 자릿수를 세는 규칙을 기억하게 하기보다는 다음과 같이 모형화하면 도움이 된다.

"가로 1.9미터 세로 3.2미터의 땅의 넓이는 얼마일까?"

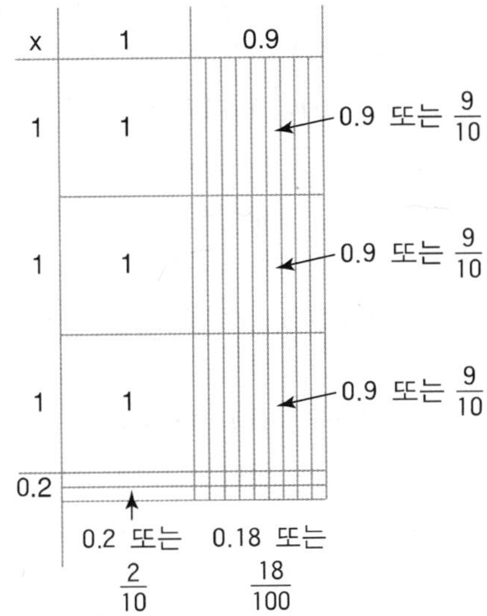

부분을 더한다.

$1+1+1=3$

$\frac{9}{10}+\frac{9}{10}+\frac{9}{10}=\frac{27}{10}$ 또는 2.7

총합을 구한다.

3.
2.7
0.2
0.18
6.08

학생들은 $6.08m^2$가 적절한 답인지에 대해 토의해 볼 필요가 있다. "3m×2m로 이루어진 현관의 넓이는 얼마일까?"라고 학생들에게 질문한다.

자연수 나눗셈에 사용되었던 등분제 알고리즘은 소수를 자연수로 나누는 데에도 사용될 수 있다. 다음 문제를 생각해보자.

한 식초 회사가 123.2만 리터의 식초를 고객 8명에

게 똑같이 나누어 주었다. 각 고객은 얼마만큼의 식초를 받았을까?

먼저 타당한 답을 찾아보게 한다.

각 고객은 10만 리터보다 많이 받았을까?
[네, 그러면 80만 리터밖에 안 되므로]
각 고객은 20만 리터 이상 받았을까?
[아니오, 그러면 160만 리터가 되므로]
답은 얼마일까?
[10만과 20만 리터 사이이다.]

그림 12-7과 같이 나눗셈을 유도해 보자.

학생들은 소수끼리의 곱셈뿐만 아니라 소수끼리의 나눗셈 능력을 갖추어야 한다. 소수의 곱셈과 나눗셈에 숙달하기 위해서는 소수의 덧셈과 뺄셈보다는 더 많은 연습이 필요하다. 그 이유는 학생들의 자연수끼리의 곱셈과 나눗셈 능력이 덧셈과 뺄셈 능력만큼 확고하지 않기 때문이다. 학생들의 소수의 계산력 숙달을 돕기 위해 게임이나 연습자료뿐만 아니라 <수업자료 12-8>과 같은 활동자료를 활용하는 것도 좋은 방법이다.

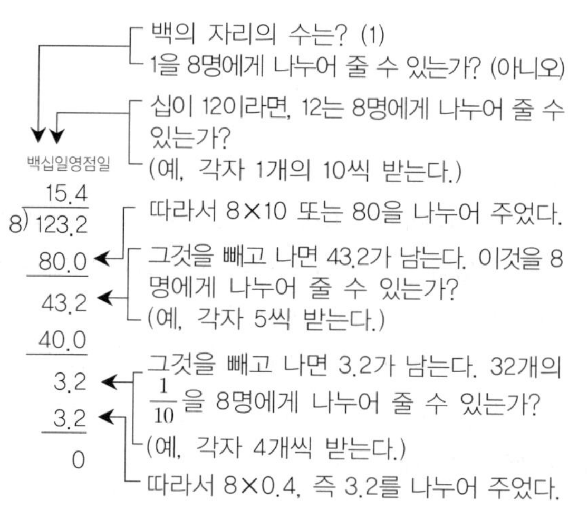

| 그림 12-7 소수÷자연수 나눗셈 유도하기

수|업|자|료|12-8

플러그인 퍼즐

학습목표: 소수 감각을 기른다.
대상학년: 4~5학년

- 다음 소수를 사용하여 빈칸을 채워라.

8.3 4.2 5.5 3.1 7.6 6.7

다음 곱셈과 나눗셈을 하여라. 나눗셈에서는 소수 둘째 자리까지 계산하여라. 네 가지 연산 결과의 합을 구하여라.

__×__= □
__÷ 5 = □
__×__= □
__÷ 3 = □
합 □

- 가장 큰 합으로 얼마를 얻을 수 있는가?
- 50보다 더 큰 합을 얻을 수 있는가?
- 100보다 더 큰 합을 얻을 수 있는가?

- 아래 문장이 참이 되도록 다음 4개의 소수들을 괄호 속에 배열하라(괄호 안을 먼저 계산한다는 점을 잊지 말 것).

5.13 4.24 3.84 3.16
(____ × 5) + ____ = (4 × ____) + ____

- 아래 문장이 참이 되도록 주어진 소수 중에서 2개를 골라라.

21.21 42.42 36.36 63.63 27.27
(____ ÷ 7) × 8 = (____ ÷ 9) × 6

문화적 연계성

B.C. 3500년경 이집트인들은 기록된 역사상 분수를 처음 사용하기 시작한 문화권 중 하나였다. 그러나 그들의 상형문자를 보면 모든 분수는 단위 분수의 합으로 기록하였다. 예를 들어, $\frac{3}{4}$은 $\frac{1}{2}+\frac{1}{4}$로, $\frac{2}{3}$는

$\frac{1}{2}+\frac{1}{6}$로 기록하였다. 그러나 $\frac{3}{5}=\frac{1}{5}+\frac{1}{5}+\frac{1}{5}$과 같이 반복된 분수를 사용하지는 않았다. 그럼 $\frac{3}{5}$은 어떻게 나타냈을까? 5명이 파이 3개를 나누어 먹는 실제 상황을 생각해보자. 모든 파이를 반으로 자르면 일단 한 사람당 $\frac{1}{2}$을 가질 수 있다. 그러면 $\frac{1}{2}$이 남는다. 나머지 $\frac{1}{2}$을 5명이 나누어 가지면 $\frac{1}{10}$씩 더 갖게 된다. 결국 $\frac{3}{5}=\frac{1}{2}+\frac{1}{10}$이 된다. $\frac{7}{8}$은 어떻게 표현할지 생각해 보시오.

소수는 952년에 Abul Hassa Al-Uqlidisi가 쓴 *Book of Chapters on Indian Arithmetic*이란 책에서 발견되었다. 이 저자는 19를 2로 계속해서 5번 나눈 결과를 ˈ059375라고 나타냈다. 0 위에 있는 표시(ˈ)는 오른쪽으로 소수 부분이 시작됨을 의미한다. 이것을 미국과 영국에서는 0.59375로 쓴다. 그러나 유럽의 다른 나라에서는 '.(점)' 대신 ',(콤마)'를 사용하여 0,59375로 나타내기도 한다. 이처럼 수는 국제적인 언어라고 여기지만 표기 방식에는 차이가 있다.

4학년에서 분수의 어떠한 부분을 강조하는냐에 따라 국가 간에 상당한 차이를 나타내고 있다(Mullis, Martin, Gonzalen, & Chrostowski, 2004). 일본의 경우, 4학년의 절반에 해당하는 학생만이 분수의 개념을 확실히 갖고 있다고 보고, 5학년이 되어서야 등분모 분수의 덧셈과 뺄셈을 가르친다. 미국의 경우에는 대부분의 4학년 학생들이 분수의 덧셈과 뺄셈에 관한 경험뿐 아니라 분수에 대한 개념적 이해를 하고 있다고 보고 있다. 싱가포르의 경우는 모든 학생들이 그와 같은 두 가지 경험을 모두 갖고 있다고 본다. 다른 나라에서 온 학생들이 있는 경우, 분수를 다룬 경험과 기능이 다양하리라 예상할 수 있다.

일본의 경우, 학생들은 분수를 4학년에서 배우기 시작하며, 진분수, 가분수, 대분수의 개념을 배우게 된다(Wantabe, 2006). 학생들은 측정 상황에서 분수를 이해하기 시작하며 분수는 하나의 양임을 강조한다. 이 점은 미국의 많은 학생들이 분수를 분수적 사고보다는 두 수로 이루어진 자연수라고 생각하는 것과는 대조적이다. 일본의 경우 5학년에서 동치분수, 분수의 크기 비교, 몫으로서의 분수, 분수와 소수의 관계를 배운다. 6학년이 될 때까지 분수의 연산은 배우지 않는다.

어떤 나라는 분수 연산을 가르치기 전에 소수 연산을 가르치는 반면, 그 반대로 가르치는 나라도 있다. 많은 나라에서 소수를 표현하는 데 점(.) 대신에 콤마(,)를 사용하기도 한다. 어떤 나라에서는 분모 부분을 읽고 난 후 분자 부분을 읽기도 한다.

요약

분수에 대한 세 가지 의미에는 '부분－전체', '몫', 그리고 '비율'이 있다(이 장에서는 '부분－전체'에 초점을 두었다). 부분－전체의 의미를 위한 유용한 모델로는 영역, 길이, 집합, 넓이 같은 특성이 포함된다. 영역 모델은 아동들이 가장 이해하기 쉬운 모델이며, 직사각형은 영역을 나타내기 가장 쉬운 모양이다. 아동들의 분수 이해를 돕기 위해 등분할(동등하게 분할)의 중요한 개념으로 시작하며, 분수의 부분에 대한 용어와 부분을 세는 방법을 소개한다. 아동들이 용어, 기호, 모델을 연결 짓도록 도와준다. 아동들이 분수의 부분으로부터 전체를 파악할 수 있으며, 동치분수에 대해 이해할 수 있는지 확인한다. 분수의 크기를 비교하고 동치분수를 찾는 데 구체적 모델, 그림 모델, 기호적 표상을 활용한다. 아동들이 어림하는 데 기준점을 사용하는지, 풀이 결과의 타당성을 확인하는지 점검한다. 대분수와 가분수를 이해시키는 데 모델을 활용한다.

분수의 덧셈과 뺄셈을 가르치기 위해, (1) 분수의 덧셈과 뺄셈이 자연수의 경우와 유사함을 알고, (2) 답의 타당성을 확인하고, (3) 왜 공통 분모가 필요한지를 이해하는 데 도움이 되는 문제상황과 그림 모델로 시작한다. 아동들이 (1) 곱셈의 의미를 이해하고, (2) 답의 크기를 예상하는 데 도움을 줄 수 있는 방법으로 분수의 곱셈을 지도한다. 중학년에서는 곱셈의 알고리즘(분모끼리, 분자끼리 곱하는)이 왜 가능한지 확인하게 한다. 분수×자연수로 시작하여, 자연수×분수, 그 다음으로는 분수×분수의 순서로 지도한다. 나눗셈에서는 그림 모델을 이용하여 자연수에서의 등분할을 분수의 나눗셈으로 연결시킨다.

연|습|문|제|

01. 분수의 부분－전체의 의미는 길이와 집합과 같은 특성을 이용하여 지도할 수 있다. $\frac{3}{4}$에 대한 부분－전체 모델 4가지를 제시하시오.

02. $\frac{3}{4}$을 3가지 다른 의미로 설명하시오.

03. 분할이란 무엇인가? 이 과정은 나눗셈 및 분수에 어떻게 관련되는가?

04. 그림 모델을 사용하여 두 분수의 크기를 비교하는 방법을 설명하시오.

05. $2\frac{3}{5}$은 $\frac{13}{5}$과 왜 동치인지 그림으로 보이시오. $2\frac{3}{5}$은 $1\frac{8}{5}$와 왜 동치인지를 설명하시오.

06. 기준 분수는 무엇인가? 어떻게 기준점을 활용하는가? 분수의 기준점을 사용하여 풀 수 있는 분수의 크기를 비교하는 문제를 고안해 보시오.

07. 분수의 곱셈은 자연수의 곱셈과 어떻게 다른가?

연|구|문|제|

01. <수업자료 12-3>의 과제를 사용하여 적어도 3명의 학생과 면담하시오. 어떤 분수 모델이 아동이 이해하기에 가장 어려운가?

02. 패턴 블록(<수업자료 12-4> 참조)을 이용하여 분수를 위한 두 가지 활동을 고안하시오.

03. <오류유형 12-1, 12-2, 12-3> 중에서 어느 것이 가장 많이 일어나겠는가? 그 이유는?

04. 여러분이 초등학교 시절 분수를 어떻게 배웠는지 기술하시오. 그 경험들은 분수를 이해하는 데 도움이 되었는가?

05. Cramer & Whitney(2010)가 쓴 논문을 읽어 보자. 이 장에서 논의된 것과 관련하여 어떤 점을 지적하고 있는가?

06. *Putting Essential Understanding of Fractions into Practice*(Chval, Lanin, & Jones, 2013)에는 초등학생으로부터 다양한 반응을 이끌어낼 수 있는 11개의 과제가 들어있다. 한 가지 과제를 선택하여 학생들에게 풀게 하고 어떻게 응답하는지 기술하시오.

07. 분수를 입력하는 기능이 있는 계산기로 실험하여 보시오. 그러한 계산기를 사용하면 분수의 어떠한 기능과 이해가 중요하게 되는가?

아동용 추천도서

Dodds, D. A. *Full House: An Invitation to Fractions.* Somerville, MA: Candle Wick Press, 2007.

Hutchins, P. *The Doorbell Rang.* New York: Greenwillow Books, 1987.

Murphy, S. J. *Jump, Kangaroo, Jump!* New York: HarperCollins, 1999.

Napoli, D. J. *The Wishing Club: A Story About Fractions.* New York: Henry Holt, 2007.

Pallotta, J., & Bolster, J. *The Hershey's Milk Chocolate Fraction Book.* Needham, MA: Title Wave Press, 1999.

제13장 비(비율), 비례식, 퍼센트: 의미와 적용

"우리는 그 어떤 것에 대해서 1%의 100만분의 1도 모른다."
- 에디슨(Thomas Edison)

이 장의 핵심 질문

1. 비는 비율과 어떻게 다른가?
2. 교사는 비례식에 대한 학생들의 이해를 돕기 위해 그들의 직관을 어떻게 이용할 수 있는가?
3. 학생들이 비례식을 구하는 데 왜 곱셈적 방법을 쓰기보다는 덧셈적 방법을 잘못 사용한다고 생각하는가?
4. 퍼센트에 관한 개념을 갖게 하는 데 어떤 모델이 도움이 되는가?

서론

"내 차는 1리터당 15㎞를 달린다."
"엄지손가락 둘레의 두 배는 손목 둘레와 같다."
"올해 우리 가족의 수입이 10% 늘어났다."
"그녀의 월급은 내 월급의 세 배이다."
"생활비가 지난 8년 동안 세 배가 되었다."
"복권에 당첨될 확률은 백만분의 일보다 작다."
"1달러로 12온스의 음료수 혹은 1달러 50센트로 16온스의 음료수를 살 수 있다. 이 중 어떤 음료수가 더 싼가?"

이와 같은 표현들은 비, 비율, 퍼센트가 사용되는 예이다. 이러한 예들은 양적인 사고의 대부분이 관계적이라는 사실을 보여준다. 여기서 중요한 것은 실제의 수 그 자체라기보다는 그러한 수들 사이의 관계이다. 곱셈적 관계를 강조함으로써 학생들이 실생활에서 그러한 관계를 사용하는 많은 기회를 제공할 수 있다.

CCSSM에서는 초등학교 학생들이 분수, 비, 비례식, 퍼센트를 써서 적절한 관계를 표현할 수 있어야 한다고 권고하고 있다. 표 13-1을 보면, 비와 비율, 비례식, 퍼센트에 대한 학습은 주로 6학년에서 이루어지지만 3학년부터 6학년에 걸쳐서 기본적인 개념들이 발달되어야 한다.

표 13-1 비와 비율에 대한 6학년 성취기준(CCSSM)

학년	성취기준
6학년	• 비의 개념을 이해하고, 두 양 사이의 관계를 비로 나타낼 수 있다. • 비(a:b)와 비율($\frac{a}{b}$)을 이해하고, 비가 포함된 상황을 비율로 나타낼 수 있다. • 비와 비율을 이용하여 실생활 문제와 수학적 문제를 해결할 수 있다.

비, 비례식, 퍼센트를 시작하는 예로서, 다음 세 가지 카펫의 값을 생각해 보자.

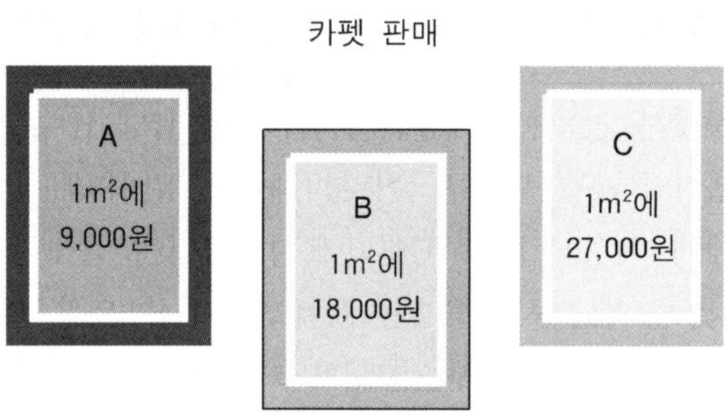

카펫 A와 카펫 B, 카펫 B와 카펫 C의 가격 차이는 9,000원이다. 하지만 B는 A보다 2배 비싸고, C는 A보다 3배 비싸면서 B보다 50% 더 비싸다. 상대적인 가격을 비교해 보면, 중요한 것은 가격 그 자체가 아니라, 가격 사이의 관계이다.

비 또는 비율

비는 사물을 비교할 때 사용하는 수학적 개념이다. 걸리버 여행기에서 엄지손가락 둘레를 손목 둘레로나 목 둘레로 비교하는 것은 일련의 비를 나타낸다. 비교에 대한 아동의 초기 경험 중에는 비를 포함하는 경우가 종종 있다. 예를 들면, 한 아동이 3장의 스티커를 100원짜리 동전 하나에 샀다고 했을 때, 비율은 100원짜리 동전 하나에 스티커 3장이다.

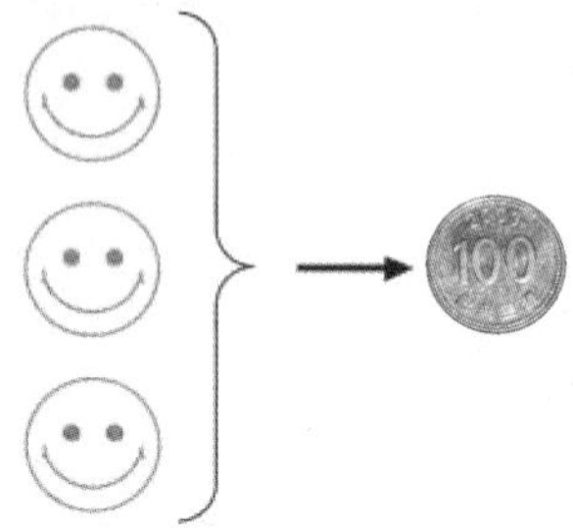

이 비는 "하나에 대한 세 개"로 읽고 1에 대한 3의 비, 3:1, 또는 $\frac{3}{1}$로 써야 한다. 이 가운데 어떤 것을 써도 상관없다.

스티커와 100원짜리 동전 하나의 비는 3:1로, 스티커와 50원짜리 동전의 비는 3:2로, 스티커와 10원짜리 동전의 비는 3:10으로 표현될 수 있다.

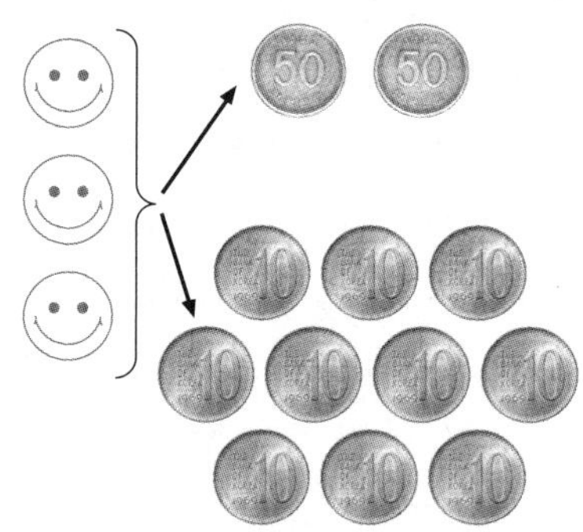

또한 이 비는 반대로 스티커 3개에 대한 10원짜리 동전 10개로 표현될 수 있으며, 10:3으로 혹은 몫인 $\frac{10}{3}$으로 표현될 수 있다. $\frac{10}{3}$과 같이 비율로 나타내면 스티커 1개당 가격을 쉽게 알 수 있으며 비가 잘 적용된 예이다. 여러 개의 물건 값을 알면, 물건 하나의 값을 계산할 수 있다.

비에 관한 초기 경험은 아동이 비에 관련된 두 가지 수를 동시에 생각하게 하는 활동이어야 한다. 아동이 동전 같은 구체물을 사용하거나 그림을 그리면서 (3개의 스티커, 동전 2개)와 같은 순서쌍에 대해 생각해 보게 해야 한다. 여러 가지 모델이 곱셈의 연산을 비와 직접적으로 연결시키도록 도와준다.

화폐(100원짜리 동전 한 개는 50원짜리 동전 2개, 50원짜리 동전 한 개는 10원짜리 동전 5개 등)를 갖고 하는 활동은 비에 대한 자연스럽고 의미 있는 경험을 제공한다. <수업자료 13-1>은 비례표를 작성하면 여러 가지 비를 시각적으로 나타낼 뿐만 아니라, 비가 둘 혹은 그 이상의 수의 승법적인 관계에 기초하고 있다는 것을 깨닫게 한다. 또한 이 비례표에는 아동들이 관계를 탐색하고, 공식을 만들어 내고, 대수적인 사고를 촉진하는 규칙들이 포함되어 있다.

가격(예를 들어, 음료수 두 병에 990원, 30g에 1990원, 12개에 880원 등)은 비에 관한 의미 있는 상황을 제공한다. 화폐 모델은 비를 둘 이상으로 자연스럽게 확장시킨다. 예를 들면, 순서쌍(2, 4, 20)은 100원짜리 동전 2개, 50원짜리 동전 4개, 10원짜리 동전 20개를 관련시킨다. 비에 관한 여러 가지 실생활의 예는 *Each Orange Had 8 Slices: A Counting Book*(Giganti, 1992)에 소개되어 있다.

패턴은 때때로 비로 연결된다. 예를 들어, 그림 13-1의 체인 A에서 검은색 고리와 회색 고리의 비는 2 대 3이다. 체인을 확장하면 두 개의 검은색 고리 다음에 세 개의 회색 고리가 오고, 다음에 두 개의 검은색 고리가 오게 된다. 체인 B를 확장하면 네 개의 검은색 고리 다음에 여섯 개의 회색 고리가 오고 다음에 네 개의 검은색 고리가 오는, 다른 패턴을 보인다. 체인 B에서 회색에 대한 검은색의 비는 4 대 6이다. 체인 C는 체인 A를 두 배하여 어떻게 체인 B(4 대 6)와 같이 검은색 대 회색의 같은 비를 만드는지 보여주고 있다. 체인 B와 C는 같은 길이(10개의 고리)이고 각 체인은 검은색(4)과 회색(6)의 같은 고리 수를 갖는다. 이는 2:3과 4:6이 같은 비(다른 패턴을 보일지라도)임을 보여주고 있다. 아동은 아마도 2에 대한 3의 비, $\frac{3}{2}$ 또는 3:2를 표현하는 데 "세 개의 회색 고리가 두 개의 검은색 고리와 연결되어 있다."와 같이 써서 표현을 연계하는 것이 좋을 것이다.

수|업|자|료|13-1

동전에 대해 알아보자

학습목표: 비례표에 있는 동전 값을 이용하여 패턴과 비율을 이해하고 대수적 관계 알아보기
대상학년: 4~6학년

▾ 규칙성을 사용해서 다음 표를 완성하시오.

100원짜리 동전	1	2		4	5	6
50원짜리 동전	2	4	6	8		12
10원짜리 동전	10	20	30		50	60

▾ 질문에 답하여 빈칸을 채우시오.
- 가로줄에서 찾아볼 수 있는 규칙성을 설명하시오.
- 100원짜리 동전에 대한 50원짜리 동전의 비를 쓰시오. ____________
- 50원짜리 동전에 대한 10원짜리 동전의 비를 쓰시오. ____________
- 100원짜리 동전에 대한 10원짜리 동전의 비를 쓰시오. ____________

▾ 다음을 해보시오.
- 100원짜리 동전 8개에 대하여 50원짜리 동전은 몇 개가 필요한가? ____________
  서로 다른 두 가지 방법으로 해 보시오.
- 100원짜리 동전 10개에 대하여 10원짜리 동전은 몇 개가 필요한가?
  서로 다른 두 가지 방법으로 해 보시오.
- 다음 자리에 알맞은 수를(표에 나와 있지 않은 수로) 세 개씩 써 보시오. ________
  50원짜리 동전 자리에 올 수 있는 수 ____
  10원짜리 동전 자리에 올 수 있는 수 ____
- 다음 자리에 알맞지 않은 수를(표에 나와 있지 않은 수로) 세 개씩 써 보시오.
  50원짜리 동전 자리에 올 수 있는 수 ____
  10원짜리 동전 자리에 올 수 있는 수 ____
- 100원짜리 동전, 50원짜리 동전, 10원짜리 동전 자리에 올 수 있는 수를 모두 합하여 처음으로 20,000원을 넘기 위해서는 100원짜리 동전 몇 개가 필요한가? ____

체인 A : 2개의 검은색 고리와 3개의 회색 고리 — BBGGG

체인 B : 4개의 검은색 고리와 6개의 회색 고리 — BBBBGGGGGG

체인 C : 2개의 검은색 고리와 3개의 회색 고리 — BBGGGBBGGG

그림 13-1 동치인 비를 나타내는 체인

지금까지 체인의 한 부분(회색 고리)에 대한 체인의 다른 부분(검은색 고리)의 비를 다루면서 부분-부분의 관점에서 그림 13-1에 나타난 체인 활동을 살펴보았다.

그림 13-2는 부분－부분, 부분－전체의 관점에서 비와 비율을 나타낸 것이다. 같은 체인이라도 관점에 따라 비와 비율이 달라진다. 연구에 의하면, 아동들은 이처럼 서로 다른 관점에서 비와 비율을 말할 수 있어야 하며, 비교되는 대상이 무엇인지 분명히 알아야 한다(De Araujo, 2013; Lobato & Ellis, 2010).

이제 부분－전체(전체에 대한 부분)의 관점에서 체인 문제를 살펴보기로 하자. 예를 들어, 각 체인에 있는 검은색 고리(부분)의 수와 (전체) 고리의 수 사이의 비를 생각해 보자. 체인 A에서 그 비는 2 대 5이며 체인 B와 C의 경우 4 대 10이 됨으로써, 두 비는 역시 동일함을 알 수 있다. 같은 모델일지라도 부분 대 부분은 2 대 3이고 부분 대 전체는 2 대 5가 되듯이, 보는 관점에 따라 다른 비를 나타낼 수 있다. 비를 다룰 때에는 비교되는 것이 무엇인지에 주목하여야 한다. [오류유형 13-1]은 비교하는 대상이 무엇인지를 분명히 하는 것의 중요성을 보여준다.

부분-부분		부분-전체	
검은색-회색	회색-검은색	검은색-전체	회색-전체
2:3, $\frac{2}{3}$	3:2, $\frac{3}{2}$	2:5, $\frac{2}{5}$	3:5, $\frac{3}{5}$

그림 13-2 부분-부분, 부분-전체의 비와 비율

[오류유형 13-1]

- 과제: 동물에 대한 토끼의 비를 구하시오.

- 오류: "4 대 8"이라고 답함.
- 원인: 이렇게 답한 아동은 토끼와 소를 비교한 것이다. 즉, (부분 : 전체)를 비교하지 않고 (부분 : 부분)을 비교한 것이다.
- 지도방안: 부분-부분 비교와 부분-전체 비교의 차이점을 인식하도록 해야 한다. 동물 전체에 대한 토끼의 비는 4:12이고, 비율은 $\frac{4}{12}$이다.

아동은 "1000원에 비디오 게임 3가지", "2배나 긴", "절반" 등과 같이 여러 가지 형태로 비를 만나게 된다. 실생활에서 나타나는 예는 아동들이 비를 더 잘 인식하고 이해하도록 도와준다. 예를 들어, 음식을 하면서 여러 값이 포함되어 있는 비를 다루면서 요리법을 조정하기도 한다. 다른 예로는, 견과류가 들어 있는 캔에서 호두 대 아몬드 대 땅콩의 비가 3:5:10, 비료부대 겉표지에 인, 질소, 칼륨의 비를 "8－12－20"으로 적은 것을 볼 수 있다. 이 예는 비의 순서와 각각의 비가 무엇을 나타내는지 이해하는 것이 중요함을 보여준다. <수업자료 13-1>에서 (2, 10)과 같은 순서쌍은 50원짜리 동전 2개와 10원짜리 동전 10개로 표현될 수 있다. 비가 둘, 셋, 혹은 그 이상의 수를 갖는다고 해도, 그 수의 본질이 알려질 때까지 그 비는 거의 의미를 갖지 못한다. <수업자료 13-1>과 그림 13-2에서 제시된 구체적 모델은 학생들이 비에 관한 의미를 형성하는 데 도움이 된다.

표 13-2는 서로 다른 유형의 운송수단의 수에 따른 바퀴 수를 비로 나타내는 표이다. 이 비에 관한 표는 다양한 패턴을 포함하고 있으며, 다른 비를 시각적으로 이해하는 데 도움을 준다. 예를 들어, (두발자전거

표 13-2 두발자전거, 세발자전거, 사륜차의 개수와 바퀴의 수를 비교하는 비례표

운송수단의 수	1	2	3	4	5	6
두발자전거의 바퀴 수	2	4	6	8	10	12
세발자전거의 바퀴 수	3	6	9	12	15	18
사륜차의 바퀴 수	4	8	12	16	20	24

바퀴 수) 대 (세발자전거 바퀴 수)는 2:3, 6:9, 또는 10:15로 표현되며, (사륜차의 개수) 대 (사륜차 바퀴의 수)가 1:4, 4:16, 또는 6:24로 표현될 수 있음을 보여준다.

아동은 때때로 비를 기록하는 데 사용되는 여러 가지 기호를 혼동할 수도 있다. 이러한 혼동은 기호를 그에 적절한 모델과 연결시키고, 학급에서의 토론을 통해 최소화할 수 있다. 비로 표현하기 전에 바둑알이나 바퀴 그림을 모델로 사용할 수도 있다. 또한 정보를 조직하기 위하여 비례표를 작성할 수도 있다. 일단 비를 기호로 기록하고 나면, 비례표에 제시된 정보와 비가 적용되는 상황에 초점을 맞추어 토론하도록 안내하여, 아동이 수학에 관해 이야기하도록 한다. 예를 들면, 표 13-2에서 다음과 같은 질문은 비의 개념에 관련된 수학을 언어화하고 기술하는 기회를 제공한다.

3대의 두발자전거와 6개의 바퀴가 있다면, 비는 3 대 6인가 또는 6 대 3인가?

비가 4 대 8이면, 두발자전거는 몇 대인가?

6대의 두발자전거가 있다면, 바퀴는 몇 개 있겠는가?

두발자전거 대 바퀴 수의 비는 무엇인가?

6대의 두발자전거 대신에 그 절반이 있다면 바퀴는 모두 몇 개인가? 두발자전거 대 바퀴 수의 비는 무엇인가?

비는 여러 가지 방법으로 만들 수 있음(예: 부분 대

체인 A

체인 B

체인 C

검은색 대 회색의 비는 2 대 3 혹은 2/3

검은색 대 회색의 비는 4 대 5 혹은 4/5

검은색 대 회색의 비는 2 대 3 혹은 6/8

그림 13-3 비의 조합은 분수의 합과는 다르다.

부분, 부분 대 전체)을 이해하는 것 이외에, 아동은 비를 결합시키는 것은 분수를 합하는 것과 같지 않음을 알아야 한다. 예를 들어, 그림 13-3에서 체인 A는 2개의 검은색 고리와 3개의 회색 고리($\frac{2}{3}$의 비율)가 있고, 체인 B는 4개의 검은색 고리와 5개의 회색 고리($\frac{4}{5}$의 비율)가 있다. 체인 A와 B를 합쳐서 6개의 검은색 고리와 8개의 회색 고리($\frac{6}{8}$의 비율)의 체인 C를 만들 수 있다. 그러나 분수의 합 $\frac{2}{3}+\frac{4}{5}$는 $\frac{6}{8}$(합은 $1\frac{7}{15}$이다)이 되지 않는다. 비의 덧셈은 분수의 덧셈처럼 이루어지지 않는다. 물론 비의 다양한 표현의 동치성(예: 2 대 3, 2:3 그리고 $\frac{2}{3}$)을 이해시키고 이들 표현을 실생활 모델로 연결시키는 것은 중요하다. 그러나 비로 표현된 관계를 이해시키는 게 더 중요하다. 수에 대한 이해력이 좋은 어린 학생들 중에는 "~의 두 배만큼"이나 "~의 절반만큼" 같은 표현을 사용하기도 한다. 아동들이 이와 같은 표현을 사용할 때가 바로 각각의 표현을 연결시키고 가역적 사고를 개발시킬 수 있는 좋은 기회이다.

비례식

비례식은 둘 또는 그 이상의 비가 같은지, 즉 동치인지를 표현하는 식이다. 예를 들어, 비 2:3은 비 4:6과 같다. 두 비(예, 2:3 과 4:6)는 비례적이지만, 두 비(예, 2:3과 4:8)는 비례적이지 않다고 말할 수 있

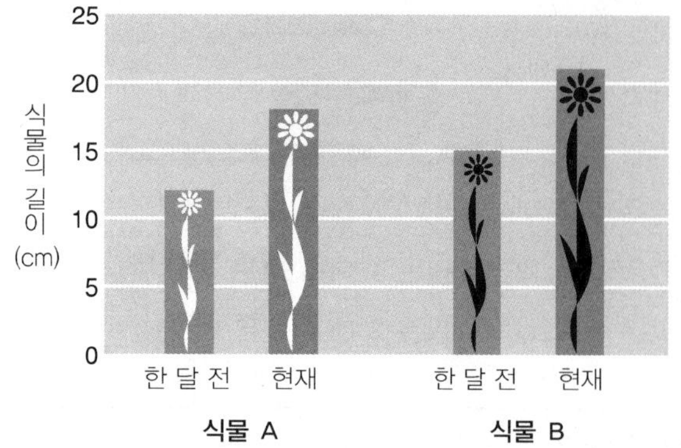

그림 13-4 어떤 식물이 더 많이 자랐는가?

다. 비례 관계를 이해하고 이들 관계를 다루는 것을 비례적 추론이라고 하며, 초등학교 수학의 "정점"이라고도 한다(Cramer, Post, & Currier, 1993). 비례적 추론은 고등 수준의 사고를 요하며, 많은 대수적 주제와 직접 연결되기 때문에 "정점"이라고 한다. 비례적 추론이 무엇인지 맛보기 위하여 그림 13-4에 제시되어 있는 다음 문제를 살펴보자.

> 한 달 전, 식물 A는 12cm이었고 식물 B는 15cm이었다. 현재 식물 A의 키는 18cm이며 식물 B의 키는 21cm이다. 더 많이 자란 식물은 무엇인가?

두 식물 모두 6cm 자랐으므로 식물이 자란 절대량을 비교하여 둘 모두 똑같이 자랐다고 결론지을 수 있다. 또는 처음 높이와 관련지어 얼마나 자랐는가에 초점을 두고 곱셈적 혹은 상대적 비교를 할 수도 있다. 이렇게 보면, 식물 A는 처음 길이의 $\frac{6}{12}$이 자란 반면, 식물 B는 처음 길이의 $\frac{6}{15}$이 자랐으므로, 식물 A가 더 자랐다고 말할 수도 있을 것이다. 물론 이 두 결론은 절대적 비교 대 상대적 비교로서 서로 다른 방법을 반영한 올바른 결론이다. 그러나 비례적 추론은 절대적이라기보다는 상대적인 방식의 비교를 말하며, 이 능력은 피아제의 인지 발달 수준에서 형식적 조작기의 전형적인 특징이다(2장 참조).

[오류유형 13-2]는 덧셈적 사고와 곱셈적 사고를 혼동하기 때문에 흔히 나타나는 오류이다. 연구에 따르면, 이러한 유형의 오류는 단순한 부주의에 의한 결과가 아니라, 곱셈적 사고를 해야 하는데 덧셈적 사고를 했기 때문에 발생한 것이며, 비와 비례식에 대한 학생들의 오개념으로부터 기인한다(Labato & Ellis, 2010).

[오류유형 13-2]

- 과제: 아래 두 직사각형은 닮음 도형이다. 변 L의 길이를 구하여라.

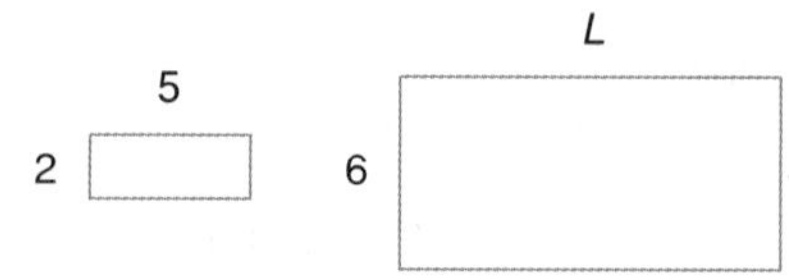

- 오류: "L = 9"라고 답함.
- 원인: 두 직사각형의 세로의 차이를 이용한 것이다. 즉 2와 6의 차이는 4이기 때문에, 5에 4를 더해서 9를 구한 것이다.
- 지도방안: 두 도형은 닮은 도형이기 때문에 변의 길이는 비례적이어야 한다는 점을 강조한다. 즉, 세로의 비율인 $\frac{6}{2} = 3$을 찾아야 한다. 그리고는 작은 직사각형의 가로 길이를 그 비율로 곱하여 $5 \times 3 = 15$를 구해야 한다.

그림 13-4와 [오류유형 13-2]는 (식물 길이) 대 (식물 길이), (변의 길이) 대 (변의 길이)와 같이 동일한 양을 비교하기 때문에 비슷한 문제라고 볼 수 있다. 그러나 비례적 추론이 필요한 문제 중에는 동일하지 않은 양을 비교하는 경우도 있다. 예를 들어, 다음 상황을 생각해보자. A가게에서는 과자 3봉지를 510원에 팔고, B가게에서는 같은 과자 4봉지를 640원에 판다.

이러한 문제를 보면서, 교사의 첫 번째 과제는 학생들이 문제가 무엇을 묻고 있는지 파악하도록 돕는 것이다. 이 문제의 경우, "어느 가게에서 과자를 사는 것이 싸게 사는 것일까?" 또는 "과자 한 개당 가격이 싼 가게는 어디인가?"와 같은 질문을 한다. 다음으로, 학생들이 문제에 접근하는 방법을 찾도록 도와주어야 한다. 예를 들어, 다음과 같은 비에 관한 표를 만들어 보게 한다.

A가게		
과자의 개수	1	3
가격		510원

B가게		
과자의 개수	1	4
가격		640원

또 다른 방법으로 아래와 같이 이중 수직선을 그리게 할 수 있다.

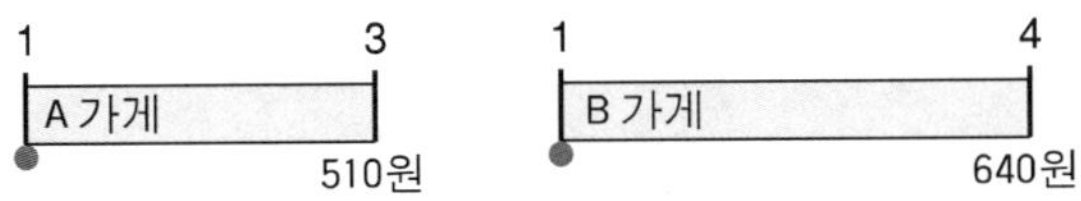

이 두 모델을 사용하여, 학생들이 두 가게의 과자 가격을 표시하는 동일한 방법을 찾게 한다. 즉, 두 모델을 이용하여 아동들은 다음 같이 가격을 동일하게 표시하는 방법을 찾을 수 있다.

3 : 510원 = 1 : C 또는 3/510원 = 1/C → 1/170원
= 1 : C, 그래서 C = 170원

4 : 640원 = 1 : C 또는 4/640원 = 1/C → 1/160원
= 1/C, 그래서 C = 160원

즉, A가게에서 과자 하나의 가격은 170원인 반면, B가게의 과자 하나의 가격은 160원이 나왔다. 이 결과는 결국 B가게의 가격이 더 싸다는 것을 보여준다. (물론 이 답은 두 가게의 과자의 맛을 고려한 것은 아니다.)

학생들은 학교나 일상의 삶에서 주어진 문제 상황에서 비슷하거나 비슷하지 않은 양을 비교해야 하는 상황을 종종 접하게 된다. 일반적으로 아동들은 이러한 동일하지 않은 양이 포함된 비례문제를 곱셈 대신에 덧셈으로 해결하는 오류가 적어질수록 이 문제를 쉽게 해결한다.

위 과자 문제는 공통분모를 갖는 분수를 비교함으로써 해결할 수 있다. 비를 비율 $\frac{1}{170}$과 $\frac{1}{160}$로 나타낼 수 있으며, 다음과 같이 공통분모 2720(17×16×10 = 2720)으로 바꿀 수 있다.

$$\frac{1}{170}=\frac{16}{2720} \text{ 대 } \frac{1}{160}=\frac{17}{2720}$$

이는 A가게에서는 2720원에 과자 16개를 사는 데 비해, B가게에서는 같은 가격에 과자 17개를 살 수 있으므로 더 싸게 살 수 있다.

비례적 추론이 요구되는 다른 문제를 살펴보자.

> 10마리의 말을 기르는 데 4에이커의 목초지가 필요하다고 가정해 보자. 15마리 말을 기르는 데는 몇 에이커의 땅이 필요한가?

이러한 문제를 푸는 데 학생들에게 알고리즘을 가르치기보다는 학생들의 직관이나 그들이 갖고 있는 계산 능력을 사용하게 하는 게 좋다. 그림 13-5는 이 문제에 대한 학생 5명의 답변을 보여주고 있다. 광수와 같이 많은 학생들은 그림을 그리거나 구체물을 사용했으며, 동수와 같은 학생들은 패턴을 볼 수 있도록 목록을 작성해 보았으며, 창수와 같은 학생들은 비에 관한 표를 만들어 동치분수의 지식을 이용하기도 하였고 정수와 같이 단위 비율을 이용하기도 하였지만, 병수와 같은 학생들은 아직도 잘못된 전략을 사용하고 있었다. 비례식이 포함된 문제를 해결하는 데는 여러 가지 방법이 있다(Ercole, Frantz, & Ashline, 2011).

병수의 방법은 보통 비율 문제를 풀 때 "의심스러우면 일단 더하자."(Miller & Fey, 2000)와 같은 오개념을 반영하고 있다. 비율의 개념은 곱셈과 매우 밀접한 관련성이 있는데 학생들은 이를 적절하게 연결짓는 데 어려움을 겪는다. 학생들에게 옳은 방법과 잘못된 방법을 공유하게 함으로써 이러한 중요한 개념을 알게 할 수 있다.

비례적 추론이 필요한 세 가지 유형의 문제(Kilpatrick et al., 2001; Miller & Fey, 2000)를 다루어 보았다. 과자 문제는 수를 비교하는 문제이고, 에이커당 말 문제(그림 13-5)는 미지수를 찾는 문제이며, 닮은 직사각형 문제(오류유형 13-2)는 닮음비를 이용하여 크기를 구하는 문제이다.

학생들이 여러 방법으로 많은 문제를 해결함으로써 일단 비례식에 관한 감각을 갖게 되면, 미지수가 포함된 문제를 좀 더 대수적인 방법으로 해결하게 할 수 있다. 예를 들어, 다음 문제를 생각해 보자.

풍선 3개에 480원이라면, 풍선 12개는 얼마인가?

초등학교 고학년 학생들이 이 문제를 풀기 위해 이중 수직선을 사용한 시각적 모델은 다음과 같다.

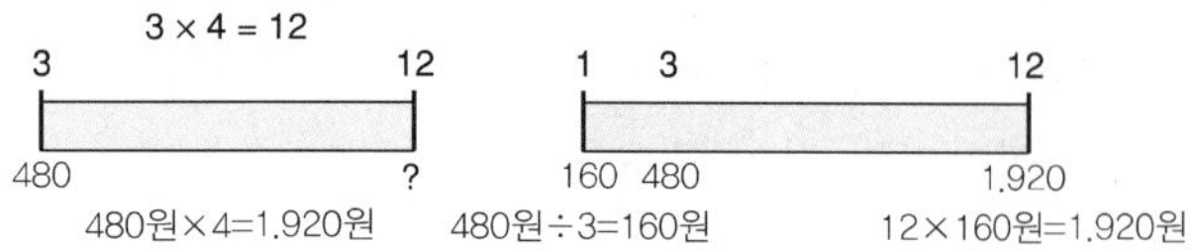

a. 패키지 – 가격 전략에 의하면,
풍선 3개는 480원
그래서 풍선 12개는 3×4
그래서 480×4는 1,920원

b. 단위 – 가격 전략에 의하면,
풍선 3개는 480원
그래서 풍선 한 개 값은 160원
12개 풍선 값은 160원×12, 즉 1,920원

중학년 학생들은 다음과 같은 여러 가지 대수적 방정식을 사용할 것이다.

$\frac{3}{480}=\frac{12}{\square} \Leftarrow \frac{\text{풍선 3개}}{\text{480원}}$ 를 $\frac{\text{풍선 12개}}{\square}$ 로 생각하기

(기호 □는 풍선 값)

$\frac{3}{12}=\frac{480}{\square} \Leftarrow \frac{\text{풍선 3개}}{\text{풍선 12개}}$ 를 480원 : □ 으로 생각하기

$\frac{480}{3}=\frac{\square}{12}$ 이 경우 학생들은 어떻게 생각할까?

$\frac{12}{3}=\frac{\square}{480}$ 이 경우 학생들은 어떻게 생각할까?

아동은 이러한 비가 동치라는 것을 인식하여야 하며 자신의 선택에 따라 다양한 표현을 자유롭게 할 수 있어야 한다.

<수업자료 13-1>에 나와 있는 100원짜리 동전과 50원짜리 동전의 비교에는 1 : 2 = 2 : 4, 2 : 4 = 3 : 6과 같이 동치인 여러 가지 비가 포함되어 있다. 동치가 되는 비의 개념은 매우 중요하며, 아동에게

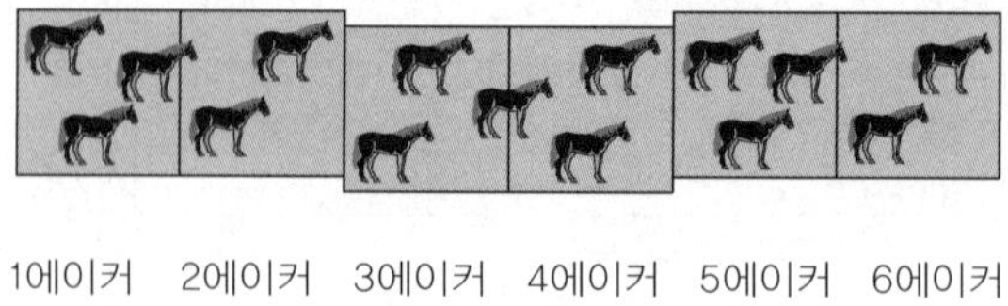

광수: (그림이나 도식을 이용) 그림을 그려보면 6에이커가 돼.

동수: (패턴을 이용) 다음과 같이 되는 걸 알아냈어.
- 10마리 말은 4에이커의 목초지가 필요해.
- 20마리 말은 8에이커의 목초지가 필요해.

두 수의 사이를 보니 15마리의 말은 6에이커가 필요해.

창수: (비례표 만들기) 다음과 같이 해 보았어.

말의 마리 수	10	15
에이커 수	4	?

내 생각에 10 대 4는 5 대 2이고, 15 대 6과 같아. 그래서 6에이커가 필요해.

정수: (단위 비율 이용) 10을 4로 나누면 에이커당 $2\frac{1}{2}$ 마리가 나와. 그러니까 15마리를 위한 에이커는 15를 $2\frac{1}{2}$ 로 나누면 돼. 즉, $(15\div\frac{5}{2})=15\times\frac{2}{5}$ 가 돼서 6에이커가 나와.

병수: (틀린 덧셈/뺄셈 전략을 사용) 에이커의 수보다 말의 마리 수가 6 많네(10–4). 그래서 15에서 6을 빼면 9에이커가 나왔어.

그림 13–5 말과 목초지 문제에 대한 학생들의 풀이 방법

여러 가지 방법으로 이에 대한 이해를 확고히 하게 할 수 있다. 예를 들어, 그림 13-6은 50원짜리 동전 하나에 10원짜리 동전 5개의 결과를 $y=5x$ 로 표현되는 표를 보여주고 있다. 이 표를 통하여 규칙성을 발견하고, 대수적 관계를 탐구하고, 모든 비가 일정함을 발견할 수 있다. 이처럼 비가 일정하다는 것, 즉 비의 불변성에 대한 이해는 비례적 추론에서 핵심적

x	y
1	5
2	10
3	15
4	20
5	25
6	30
7	35

그림 13-6 50원짜리 동전 수(x)에 대한 10원짜리 동전 수(y) 비교표

인 요소이다(Lobato & Ellis, 2010).

비례식에 대한 이해를 돕는 또 다른 방법으로는 어림 기능을 이용하는 것이다. 다음 문제를 생각해 보자.

> 송어는 3초 동안 5.8미터를 헤엄친다. 이 속도로 19초 동안 얼마나 헤엄칠 수 있을까?

학생들은 다음과 같이 생각할 수 있다.

> 그건 대략 3초 동안 6미터, 또는 1초당 2미터이네. 2m 곱하기 20초는 40미터가 나오네.

다른 학생들은 다음과 같이 말할 수 있다.

> 19초는 약 6 곱하기 3초니까, 대략 6미터 곱하기 6은 36미터가 될 거야.

각각의 어림 전략은 서로 달랐지만, 두 가지 답은 모두 타당하다. 이러한 유형의 어림 사고는 매우 의미가 있기 때문에 더욱 강조되어야 한다. 이 방법들은 대략적인 값을 알아내기 위해 비를 어림하는 방법을 사용하고 있다. 이러한 종류의 경험을 하다보면, 수들을 잘못 인식하여 타당하지 않은 답을 구하는 실수를 줄일 수 있다. 비례식을 세우는 데 실수하는 학생들의 예를 살펴보자.

$$\frac{5.8}{3} = \frac{19}{\square}$$

그러고는 n = 9.8이라고 답함.

여기서 비례식을 세우는 데 나타난 학생의 실수는 무엇인가? 이 학생은 자신이 실수하고 있다는 것을 어떻게 판단할 수 있을까? 올바른 답은 무엇이었을까? 대략적인 값을 생각해내는 어림 방법은 이 학생이 9.8이 비합리적인 답임을 깨닫도록 하며, 사용한 절차를 다시 검토해 보게 하는 데 도움이 된다.

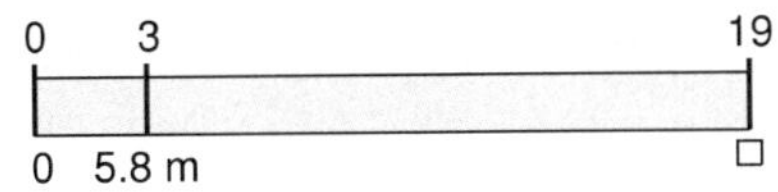

물론 위의 그림을 이용하여 $\frac{3}{5.8} = \frac{19}{\square}$와 같은 정확한 비례식을 세우게 할 수 있지만, 또한 9.8은 타당하지 않은 답이라서 받아들이지 않게 할 수도 있다. 그림 13-7은 NAEP(Kenney, Lindquist, & Heffeman, 2002)에서 4학년에게 제시한 문제에 대한 정답과 오답의 예이다. 오답의 경우, 학생들이 이 문제를 곱셈의 문제로 보기보다는 덧셈 구조의 문제로 인식하고 있음을 보여준다. 전체적인 정답률은 매우 낮아서, 올바른 설명과 함께 정답을 한 학생은 전체의 6%로 나타났으며, 설명 없이 정답만 제시하거나 맞는 방법을 사용하였지만 실수를 한 학생들이 7%로 나타났다. 4학년의 대부분(86%)이 틀린 답을 한 것이다.

학생들에게 익숙한 실생활에서의 비례식 적용을 알아보자(Reeder, 2007). 실생활 상황으로는 요리방법, 다른 크기의 사진들, 지도, 그림이나 모형의 확대 및 축소 등이 있다. 컴퓨터 화면상에서나 사진을 찍으면서 줌인이나 줌아웃을 하면서 실물의 크기와 새로 만들어진 이미지 사이의 비를 표현할 수 있다. 비와 비례식의 개념은 기하 문제와 자연스럽게 관련된다. 기하와의 자연스럽고 밀접한 관련성은 닮음에서 찾아볼 수 있다. 만일 두 도형에서 변의 비가 같다면, 즉 비례적이면 두 도형은 닮음이다. 따라서 모든 정사각형은 닮음이지만 직사각형은 그렇지 않다. 그림 13-8은 닮은 직사각형들을 보여준다. 5개의 직사각형에서 가로와 세로 길이 사이의 비는 일정하다. 예를 들어, 가장 작은 직사각형에서 그 비는 2:6이고

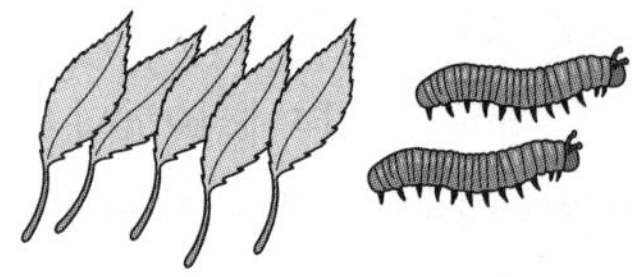

4학년 학급에서 2마리의 애벌레를 키우는 데 매일 5장의 잎사귀가 필요하다. 12마리의 애벌레를 키우기 위해 매일 몇 장의 잎사귀가 있어야 하나?

답 ____________________

어떻게 답을 구했는지 그림, 용어, 수를 사용하여 설명하여라.

정답 　　　　　　　　오답

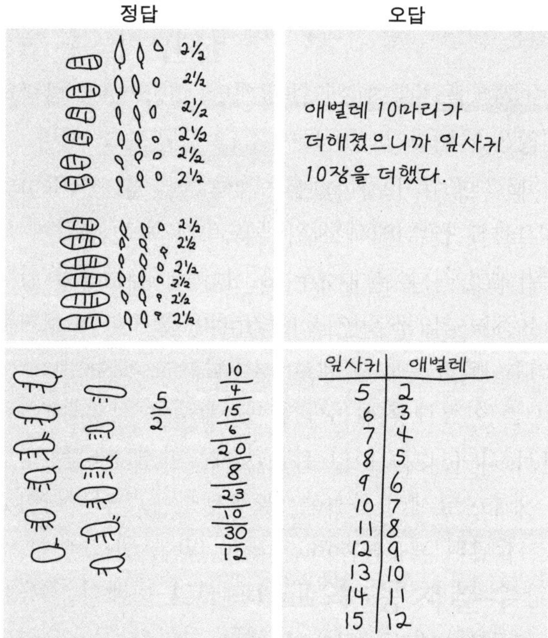

| 그림 13-7 학생들의 비율을 포함하는 문제 해결의 예

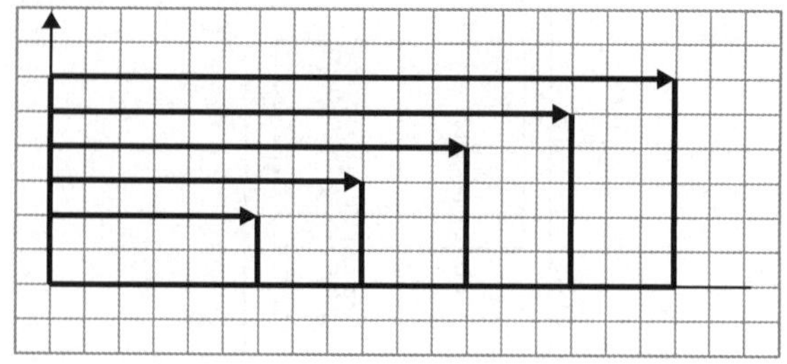

(a)

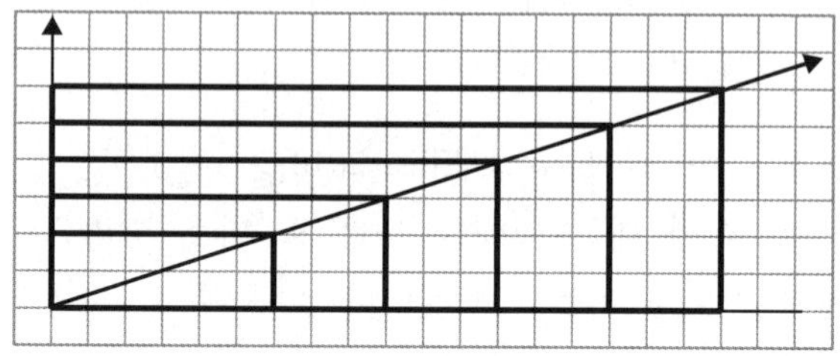

(b)

가로의 길이	2	3	4	5	6
세로의 길이	6	9	12	15	18

(c)

| 그림 13-8 닮음 직사각형과 비례표

가장 큰 직사각형의 비는 6:18이다. 그림 13-8(b)에 있는 직사각형에서 각 꼭짓점을 통과하는 대각선은 일정한 기울기(즉, 높이:가로의 길이)를 나타낸다. 그림 13-8(a)와 그림 13-8(b)에서 확인할 수 있다. 그림 13-5(c)에 나타난 비에 관한 표는 각 쌍을 이루는 변의 길이를 나타내며 각각의 비가 동치임을 나타낸다. 이 규칙성은 표뿐만 아니라. 그래프로도 확장될 수 있다. 2:6, 3:9 또는 5:15와 같은 비는 서로 동치이며 그 기울기는 $\frac{1}{3}$이다.

Anno's Math Ganes(Anno, 1987)와 같은 아동용 도서는 비와 비례식을 탐구하고 그것을 퍼센트와 관련시키는 다양하고도 흥미로운 상황을 제공한다. 비례적 추론을 탐구하는 데 도움이 되는 아동 도서를 활용해 보자(Thompson, Austin, & Beckmann, 2002; Martinie & Bay-Williams, 2003).

퍼센트

신문을 보거나 TV를 시청하다 보면 수학적 개념 중 가장 흔하게 사용되는 것이 퍼센트라는 것을 알 수 있다.

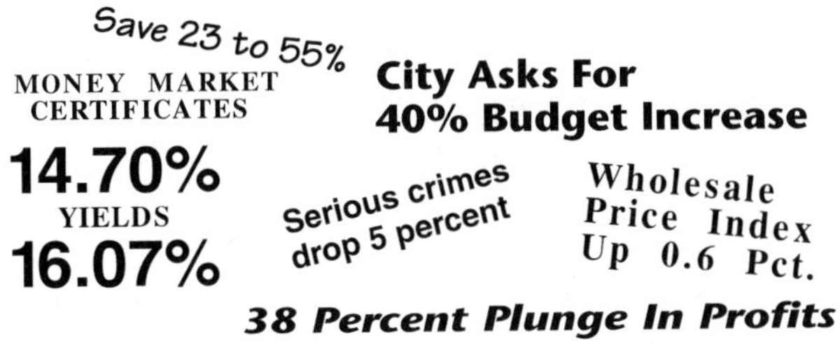

퍼센트에 대한 이해가 쉬운 것 같지만, 그렇지 않다는 증거도 많이 있다. 퍼센트를 잘못 사용하는 예는 중학교 학생이나 성인들에게서도 일어난다. 아주 기본적인 개념조차도 명료하지 않음을 보여주는 치명적인 오류들이 빈번하게 나타나기도 한다(Gay & Aichele, 1997). 예를 들어, NAEP에서는 17세의 학생과 성인의 약 $\frac{1}{3}$이 다음 문제를 풀지 못했다고 보고하였다.

학생의 5%가 결석했다면, 몇 명 중의 5명이 결석한 것인가?

그들은 100이 퍼센트에 대한 비교의 기초가 된다는 것을 알지 못한 것이 확실하다.

놀랍게도 퍼센트와 관련된 오개념, 왜곡, 혼동의 예는 쉽게 찾아볼 수 있다. 그 예들을 제시하면 다음과 같다.

- "가격을 100% 인하하였습니다." 만일 이 광고가 옳다면, 물건은 공짜라는 것이다. 아마도 가격을 50% 인하하였다가 옳을 것이다. 본래 4000원짜리 물건을 2000원에 할인해서 팔았다면, 이 광고는 할인 가격에 근거해서 100% 산정한 것이지, 본래 가격에 근거한 것은 아니다.
- "인터뷰한 모든 의사의 75%가 우리 제품을 추천했습니다." 이러한 주장은 회사의 효과적인 광고가 될 수도 있다. 그러나 만일 "우리가 인터뷰한 4명 중에서 3명이 우리 제품을 추천했습니다."라고 광고했다면, 소비자들의 반응은 아주 다를 것이다. 퍼센트는 종종 포함되어 있는 수를 왜곡할 수 있기 때문에, 오용될 수 있다. 퍼센트는 100이라는 공통 근거 때문에 비교를 용이하게 해 주지만, 실제 표본의 크기를 과장하는 경우도 있다.

아동들에게 다음 질문에 대해 토론해 보게 하고 실생활의 예를 제시하게 함으로써 퍼센트에 관한 감각을 발달시킬 수 있다.

- 케이크 하나의 50%를 먹을 수 있는가?
- 케이크 하나의 100%를 먹을 수 있는가?
- 케이크 하나의 150%를 먹을 수 있는가?
- 가격이 50% 오를 수 있는가?
- 가격이 100% 오를 수 있는가?
- 가격이 150% 오를 수 있는가?
- 가격이 50% 내릴 수 있는가?
- 가격이 100% 내릴 수 있는가?
- 가격이 150% 내릴 수 있는가?

퍼센트를 이해하기 위해서는 분수, 소수, 비, 비례식을 완벽하게 학습하는 데 필요한 새로운 기능이나 개념 이상의 것을 필요로 하지 않는다. 사실 퍼센트는 순수한 수학적 주제는 아니며, 특정한 표기 체제를 적용한 것에 지나지 않는다. 학교수학 프로그램에서 퍼센트를 가르치는 것은 사회적인 유용성에 근거하여 정당화할 수 있다.

소수, 분수와 같이 퍼센트도 두 수 사이의 관계를 나타낸다. 퍼센트는 100을 기준으로 한 특별한 비이며 모든 비 가운데 가장 광범위하게 사용된다. 퍼센트는 "백 가운데 하나", "매 백 번마다"를 의미하는 "*per centum*"에서 파생되었다. 따라서 퍼센트의 근원은 소수나 분수보다 비와 더 밀접하게 관련되어 있다. 25%는 비 25:100 혹은 비율 $\frac{25}{100}$이며, 이는 소수(0.25) 및 분수($\frac{1}{4}$)와 연계된다.

학생들이 퍼센트를 이해하였다고 볼 수 있는 것은 언제부터인가? 학생들이 여러 가지 방식으로 퍼센트를 사용할 수 있다면 이해하였다고 볼 수 있다. 예를 들어, 학생이 25%를 이해했다면 다음 과제를 해결할 수 있다.

- 여러 상황에서 25%를 찾아라.
  타일로 바닥의 25%를 채워라.
  주어진 상품 가격에서 25% 할인된 가격을 계산하여라.
  우리 반 학생의 25%에 대해 조사하여라.

위와 같은 여러 상황에서, 25%에 대한 어림은 적절하고 핵심적이라 할 수 있다.

- 25%의 특성을 밝혀라.
  컵에 있는 우유의 25%는 절반보다 작다.
  컵에 있는 우유의 25%가 쏟아졌다면 75%가 남아 있다.
- 25%를 5%, 50%, 100%와 같은 퍼센트 또는 $\frac{1}{4}$, $\frac{1}{2}$과 같은 수와 비교하여라.
  25%는 50%의 절반이며, 100%의 $\frac{1}{4}$이며, 5%의 5배이며, $\frac{1}{2}$보다 작고, $\frac{1}{4}$ 또는 $\frac{25}{100}$와 같다.

초기 퍼센트 개념은 아동 도서를 연계하여 발달시킬 수 있다. 예를 들어, *Grizzle Gazette*(Murphy, 2003) 도서는 여러 가지 방법으로 퍼센트를 표현하고 있다.

퍼센트의 이해

퍼센트는 아동이 분수와 소수를 철저하게 이해하고 난 이후에 도입되어야 한다. 퍼센트는 보통 5~6학년에 도입되기는 하지만 초등학교에서 광범위하게 학습되지는 않는다. CCSSM에서는 6학년 학생들이 기준량을 100으로 했을 때의 비율로 퍼센트를 구할 수 있어야 한다고 제시하였다(예를 들어, 30%는 $\frac{30}{100}$).

초기에 아동들은 퍼센트 개념에 관해 다양한 경험을 할 필요가 있고 이들 경험은 여러 가지 구체적 모델 및 실생활과 관련되어야 한다. 일반적으로 문제해결 상황에서 퍼센트를 적용하여 계산하는 것은 나중에 취급된다. 퍼센트가 100개 중에 일부를 의미한다는 것을 이해하고 퍼센트에 관한 올바른 영상적 표현을 갖고 있는 아동들은 그렇지 않은 아동들보다 퍼센트 문제를 해결하는 데 성공적이다. 아동들은 퍼센트 상황에 대한 판단을 할 때, 초기에는 자연스럽게 기준점(benchmarks)을 사용한다는 연구가 있다(Lembke & Reys, 1994). 공통의 퍼센트 기준점과 10%, 25%, 33%, 50%, 75%에 대한 분수, 소수를 알 수 있도록 아동들을 도와주면 문제해결 상황에 대한 퍼센트 감각을 쉽게 적용할 수 있다.

퍼센트는 초반부에서 친숙한 모델을 사용하여 소개되어야 한다(Gay & Aichele, 1997). 미국의 화폐 단위인 1달러는 100센트이기 때문에 퍼센트, 분수, 소수와 자연스럽게 연계된다. 예를 들면, 25센트는 0.25달러, 즉 1달러의 $\frac{1}{4}$이며, 1달러의 25%이다.

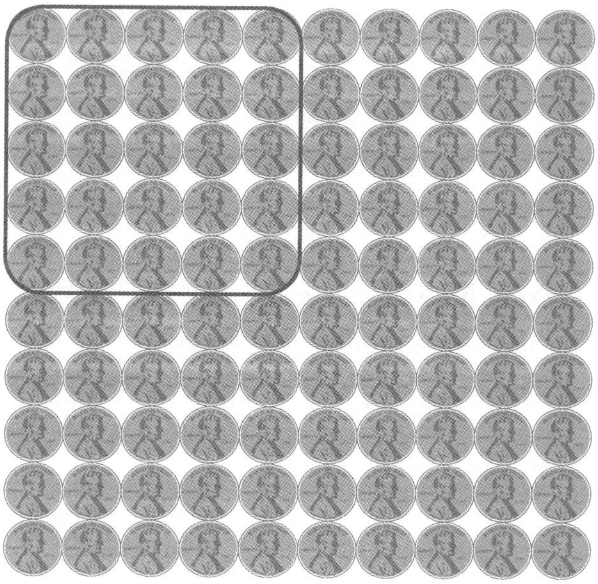

이 모델은 50%, 90%, 5%, 100%, 99%, 1%, 200%와 같이 다양한 퍼센트를 보여주는 데 이용될 수 있다.

이러한 퍼센트는 여러 가지 다양한 상황과 모델로 제시되어야 한다. 예를 들어, 10개씩 색깔을 번갈아서 꿴 100개의 구슬 꾸러미에서 각 색깔은 50%를 나타낸다.

다음 두 직사각형 모양의 격자판 역시 50%를 보여준다.

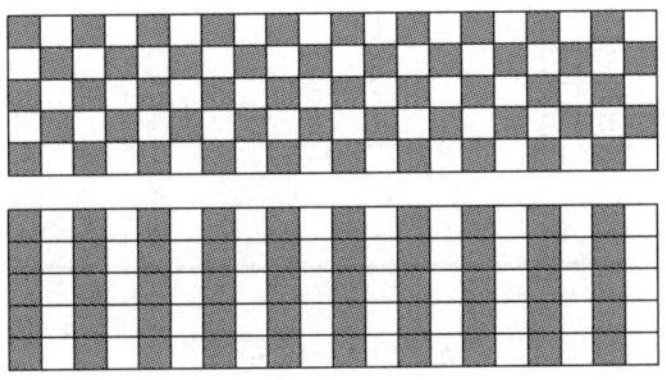

퍼센트 막대도 퍼센트를 보여주는 예이며 이 막대는 75%를 나타낸다.

미터자는 쉽게 구할 수 있으며 효과적인 또 다른 모델이다. 미터자의 일부분을 종이로 덮은 후, 학생들에게 덮인 부분이 얼마나 되는지 퍼센트로 어림해 보게 한다. 또한 100%의 개념을 되살리기 위해, "미터자의 몇 %가 종이로 덮여 있지 않나요?"라고도 질문한다. 이 모델은 여러 다른 상황들(25%, 50%, 1% 등)로 제시되고 논의될 수 있다. 그런 과정에서 종이로 덮은 부분과 덮지 않은 부분의 합은 항상 100%가 됨을 이해하게 된다. 퍼센트 막대는 퍼센트와 소수를 연계시키는 데에도 사용될 수 있다.

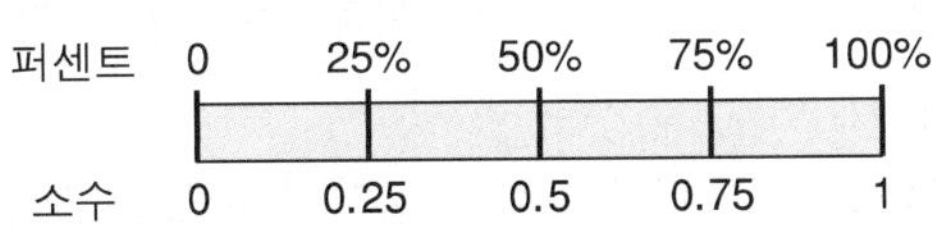

원으로 만들어진 분수 타일도 분수와 퍼센트를 연계하는 다양한 표현을 제공할 수 있다.

퍼센트에 관한 이러한 초기 경험은 100을 포함하는 변환 활동으로 이어져야 한다. 미국학력평가 분석 결과, 소수 0.42와 0.9를 퍼센트로 올바르게 나타낼 수 있는 학생은 7학년 학생의 31%에 불과했다. 이 자료는 퍼센트와 소수 및 분수 사이의 관계에 대한 학생들의 이해가 매우 취약함을 보여주는 것이다. 아동들에게 수 막대, 퍼센트 막대를 활용하게 하면, 퍼센트에 대한 구체적 모델을 제공해 주며, 소수와 퍼센트 사이의 관련성을 이해하는 데 도움이 된다.

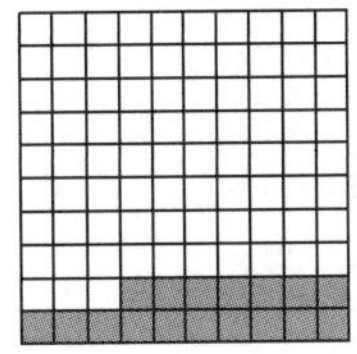

퍼센트	분수	소수
17%	$\frac{17}{100}$	0.17

그림 13-9 17%의 모델과 기호

그림 13-9는 동일한 그림을 분수, 소수, 퍼센트와 같이 기호로 표현하는 예를 보여준다. 작은 정사각형 조각은 1%를 나타내고, 커다란 정사각형은 100%를 나타냄을 강조한다. 이 모델을 사용하여 퍼센트를 분수와 소수로, 또는 그 반대로 바꾸는 활동을 많이 해야 한다. 분수, 소수, 퍼센트를 바꾸어 주는 계산기도 아동이 패턴이나 관계를 발견하는 데 유용할 것이다.

퍼센트에 대한 기본 단위를 100으로 하는 것은 상당히 중요하며, 50%는 분수 $\frac{50}{100}(=50\times\frac{1}{100})$으로 인식되어야 한다. 또한 무한히 많은 동치분수들($\frac{1}{2}, \frac{2}{4}, \frac{3}{6}, \cdots, \frac{50}{100}, \cdots$)이 50%를 나타냄을 아는 것도 중요하다.

<수업자료 13-2>는 비형식적이기는 하지만 의미 있게 구조화된 방법으로 주요 개념을 발전시킬 수 있는 자연스러운 방법을 제공한다. 네 가지 활동은 아동의 퍼센트 개념을 심화·발전시켜 줄 것이다. 활동 B, C, D에서는 퍼센트로 나타내기 전에 관련 자료를 모으고 기록하게 한다. 여러 가지 기본 수(십 막대 10개, 1원짜리 동전 100개, 칩 20개)의 사용은 비와 퍼센트 사이의 관련성을 강화시켜 준다. 각각의 활동에 대한 답은 수집된 자료에 따라 달라지지만, 어떤 규칙성이 나타날 것이다. 교사가 던지는 몇몇 질문들은 의미 있는 토론을 가능하게 할 것이다. 예를 들면, 각각에서 퍼센트의 합은 100%가 되는가? 왜 그럴까? 그렇지 않은 경우를 생각해 볼 수 있을까? 등이다.

퍼센트 가운데 특별히 어려운 부분은 0%와 1% 사이에 있는 퍼센트의 값이 작은 경우이다. 예를 들면, "$\frac{1}{2}$% 지방 함유 우유"에서와 같이 $\frac{1}{2}$%는 쉽게 이해

수업자료 13-2

퍼센트 이용

학습목표: 모델을 사용하여 양을 퍼센트로 관련시키기

대상학년: 4~5학년

A. 다음 원을 색칠하여라.

- 25%는 빨간색
- 50%는 파란색

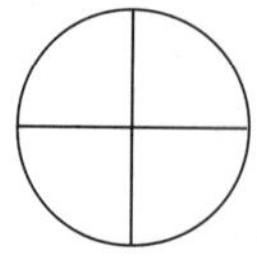

칠해지지 않은 부분은 몇 %인가?

B. 3가지 색깔 사용하기(파란색, 초록색, 노란색)

각각의 직사각형을 한 가지 색으로만 칠하여라. 모든 직사각형을 칠하여라.

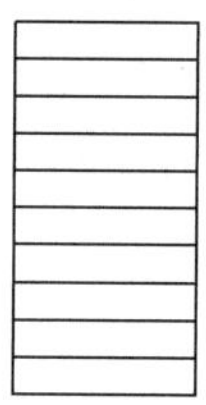

	색칠한 수	색칠한 퍼센트
파란색	____	____
초록색	____	____
노란색	____	____

C. 100개의 동전을 상자에 넣고 흔들어라.

앞면이 나온 동전의 수를 세어라.
뒷면이 나온 동전의 수를 셀 필요가 있는가?

	수	퍼센트
앞면	____	____
뒷면	____	____

D. 포커 칩이 20개 있다. 각각의 색이 나온 수를 세어라.

	수	퍼센트
검은색	____	____
회색	____	____
흰색	____	____

되지 않는다. 그림 13-10과 같은 시각적인 표현은 $\frac{1}{2}$%가 1%보다 적다는 것을 보여주는 데 도움이 될 것이다.

이에 대한 이해를 위해서는 앞에서 말한 대로 각각의 작은 정사각형이 1%를 나타낸다는 것을 알고 있어야 한다. 모든 퍼센트에서와 같이 이 퍼센트도 분수 혹은 소수로 기호적으로 나타낼 수 있다. 이 장의 도입부에서, 에디슨은 "우리는 그 어떤 것에 대하여 1%의 100만분의 1도 모른다."라고 말하였다. 분명히 이것은 매우 작은 값이며, 이 퍼센트는 다음과 같이 분수나 소수의 양으로 연결된다.

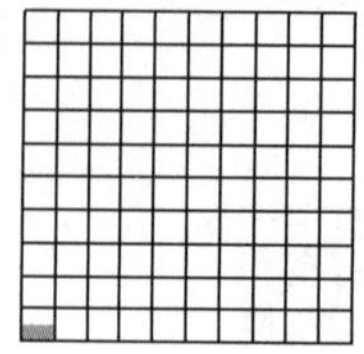

퍼센트	분수	소수
$\frac{1}{2}$	$\frac{\frac{1}{2}}{100} = \frac{1}{200}$	.005

그림 13-10 $\frac{1}{2}$%의 모델과 기호화

$$1\%\text{의 } \frac{1}{1{,}000{,}000}\text{은 } \frac{1}{100}\text{의 } \frac{1}{1{,}000{,}000}\text{이며, 이는 } \frac{1}{100{,}000{,}000} \text{ 또는 } 0.00000001\text{이다.}$$

위와 같은 계산은 훌륭한 방법이지만, 초등학교에서는 분수와 소수의 동치성을 보여주는 대수적인 훈련에 많은 시간을 들이는 것보다 작은 퍼센트의 상대적인 크기를 직관적으로 이해하게 하는 것이 더 중요하다.

100%보다 큰 퍼센트로 발전시키는 것은 도전적인 일이며, 역시 모델을 통해 이루어져야 한다. 일단 하나의 주어진 영역이 100%를 나타낸다고 이해되고 나면, 100%보다 큰 퍼센트를 나타내기 위하여 하나 이상의 영역이 추가로 사용될 수 있을 것이다. 예를 들면, 234%는 완전히 칠해진 두 개의 큰 정사각형과 부분적으로 칠해진 하나의 정사각형으로 표현될 수 있다(그림 13-11 참조).

퍼센트의 응용

퍼센트에 관한 초기 경험은 0%, 50%, 100%와 같은

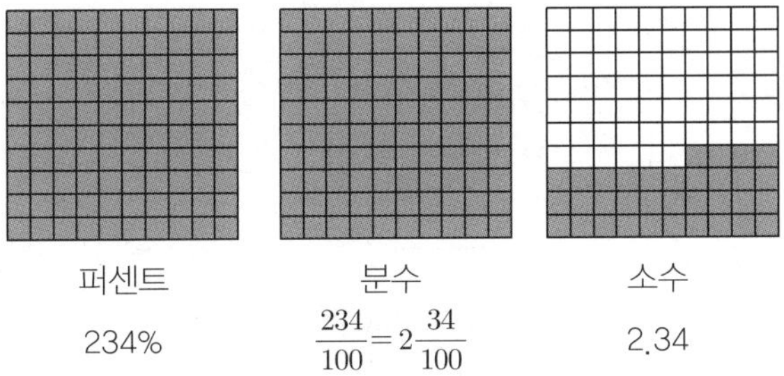

그림 13-11 234%의 모델과 기호화

중요한 기준점을 세우는 데 도움이 된다. 10%와 90%와 같은 기준점은 그 이후에 검토되어야 한다. 기준점에 익숙해지면 퍼센트를 접했을 때 이를 사용함으로써 개념적인 이해를 확고히 할 수 있다. 아동들은 10%는 작고, 50%는 절반이며, 90%는 거의 한 단위 전부에 가깝다는 것을 이해하게 된다. <수업자료 13-3>은 시각적인 어림을 통해 퍼센트를 적용하는 기회를 제공한다. <수업자료 13-3A>에서 민수가 쌓은 동전 더미는 100%를 의미하면서 다른 양을 어림하는 기준점의 역할을 한다. 100%의 의미는 <수업자료 13-3B>에서처럼 컵이 가득 채워진 것을 의미하는 반면, <수업자료 13-3C>에서는 상대적 비교가 필요하다. 이러한 모든 활동에서 퍼센트를 결정하기 위해서는 정확한 계산보다는 어림이 사용되어야 한다.

초등학생들은 퍼센트 문제를 기호적인 방법으로 해결하기보다는 유의미한 방법으로 해결하여야 한다. 공통적인 퍼센트 기준점을 사용해서 퍼센트 문제를 머릿셈으로 푸는 방법에 대해 토론해보게 한다. 형식적인 방법이 요구될 때에도 어림값을 얻기 위해 먼저 비형식적인 방법을 사용하는 것이 그러한 감각을 증진시키며 형식적인 방법으로 얻어진 결과가 합리적이란 점에 초점을 맞추게 하는 데 도움이 된다.

퍼센트는 실생활의 다양한 문제해결 상황에서 계속 접하게 되지만, 퍼센트를 포함하는 기초적인 문제는 다음 세 가지이다. 퍼센트 문제를 푸는 데에는 여러 가지 방법이 있지만 여기서는 초등학교와 중학교 교과서에 전형적으로 소개되는 비와 방정식의 두 가지를 제시하려고 한다(Lo & Ko, 2013). 이들 방법을

수업자료 13-3

퍼센트 어림하기

학습목표: 기준점 10%, 50%, 90%를 실제 양에 연결시키기

대상학년: 4~5학년

A. 민수는 1원짜리 동전 100개를 갖고 있다. 다음 중 누가 1원짜리 동전 90개, 50개, 10개를 갖고 있는지 어림해 보자.

B. 다음 중 어느 컵이 10%, 50%, 90% 채워져 있는지 판단하기 위해 어림해 보자.

C. 다음 중 검정돌이 전체의 10%, 50%, 90% 가까이 채워진 것은 어느 것인가?

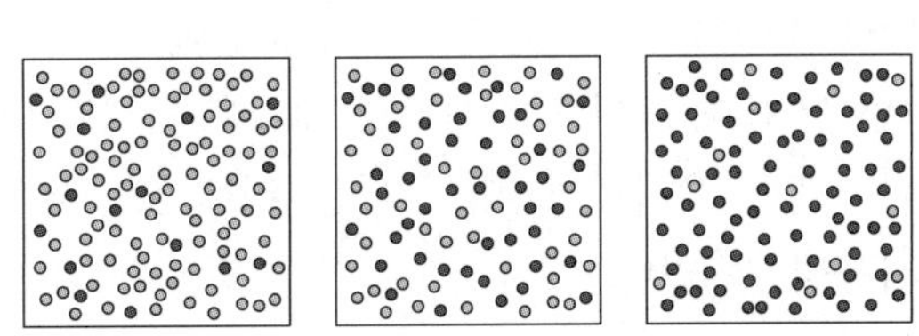

효과적으로 사용하려면 단순한 방정식과 비례식을 푸는 능력뿐 아니라 퍼센트와 비율의 개념도 확실하게 이해하고 있어야 한다. 이러한 기능은 여러 해에 걸쳐 발달되는 것으로 성급하게 도입해서는 안 된다.

방정식 방법에서는 다음의 방정식이 사용된다.

$$\text{전체} \times \text{퍼센트} = \text{부분}$$

방정식에서는 처음에 두 개의 값이 주어지면 다음 세 번째인 미지의 값을 얻기 위해 방정식을 풀면 된다. 비례 방법은 a(부분)가 c(전체)의 b(퍼센트)로 주어진 경우이다. 변수들은 동치인 비율 혹은 비례식으로 제시된다.

$$\frac{b(\text{퍼센트})}{100} = \frac{a(\text{부분})}{c(\text{전체})}$$

학생들은 이미 알고 있는 세 개 값으로 비례식을 세운 다음 알고자 하는 값인 네 번째 것을 푼다. 이제 세 가지 유형의 다음 퍼센트 문제를 살펴보고 비형식적인 방법과 형식적인 방법 모두를 사용해서 어떻게 풀 수 있는지를 생각해보자.

- 주어진 수의 퍼센트를 구하기
  영주는 신문 배달로 한 달에 60,000원을 벌었다. 그리고 다음 달에는 10%를 더 벌 것이다. 얼마만큼 더 벌겠는가?

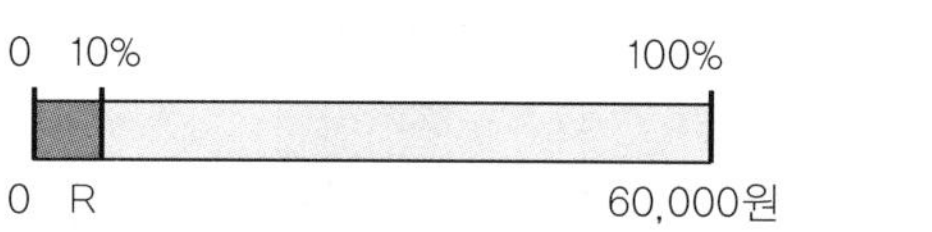

R/60,000원 = 10%/100% R/10% = 60,000원/100%

이 문제의 맥락은 더 벌어들이는 액수가 60,000원보다는 꽤 적을 것이라는 것이다. 이는 암산으로도 풀 수 있을 것이며 그림 13-12와 같이 모델화할 수 있다.

그림 13-12에 나타낸 직사각형 배열은 퍼센트 막대 모형과 매우 유사하며, 여러 다른 비례식을 세우는 데 사용될 수 있다.

두 비례식 모두 R = 6,000원이 나온다. 계산이 간단하므로 이런 유형의 문제가 갖는 난이도가 낮게 보

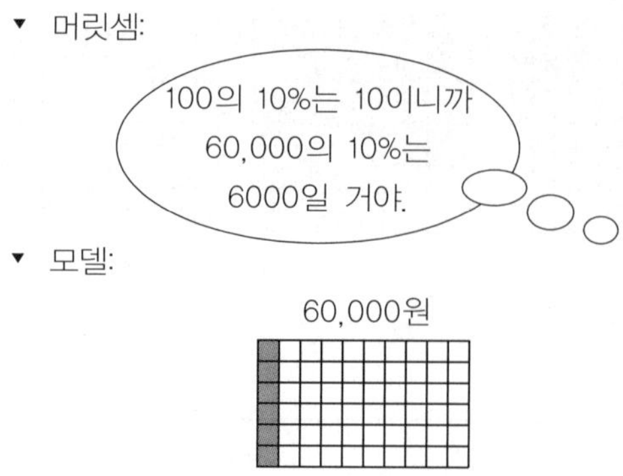

그림 13-12 어떤 수의 퍼센트를 찾는 머릿셈 전략과 모델

일 수도 있다. 그러나 제7차 미국학력평가에 의하면 8학년 학생의 절반 정도만이 이런 문제를 풀 수 있었다(Silver & Kenney, 2000).

- 주어진 수를 다른 수의 몇 %인가를 계산하기
  '베어스' 팀은 20번의 시합 중 15번을 이겼다. 승률은 몇 %인가?

해를 구하는 데는 다음과 같이 2가지 다른 방법이 있다.

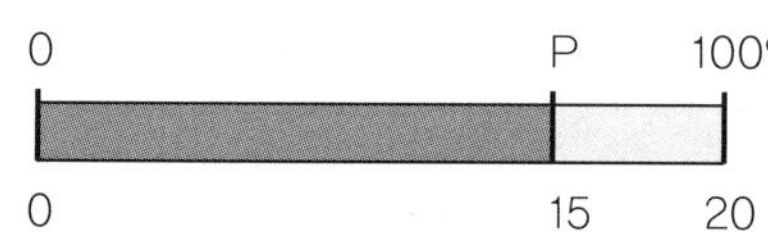

P/100% = 15/20 or P/15 = 100%/20

방정식을 이용하는 방법: P×20 = 15
P = 15/20 = 0.75 = 75%

직관적으로 볼 때, 베어스 팀이 모든 게임에서 이기지 못했기 때문에 답이 100%보다 작다는 것은 명백하다. 마찬가지로 절반 이상은 승리했기 때문에 답은 50%보다 클 것이다. 이 상황은 그림 13-13으로 모델화할 수 있다.

퍼센트 막대는 같은 결과가 나오는 다른 비례식을 세우는 데 도움이 된다. 또한 이 계산은 쉽지만, 미국

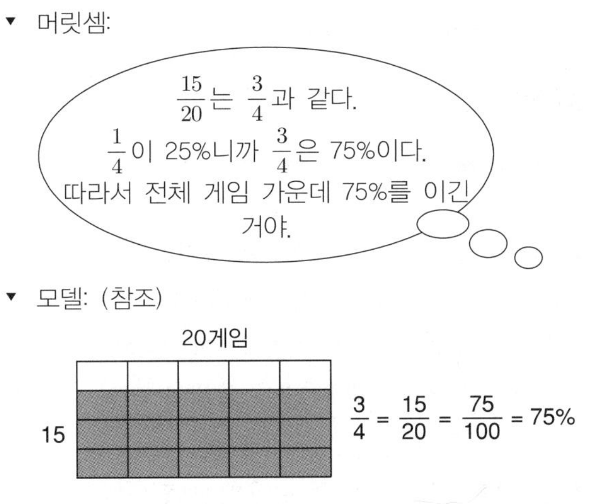

그림 13-13 어떤 수가 다른 수의 몇 %인지 찾아내는 머릿셈 전략과 모델

학력평가의 결과는 학생들이 퍼센트에 대해 가지고 있는 어려움이 어떤 것인지를 보여준다. 예를 들면, 7학년 학생 중 "30은 60의 몇 %인가?"라는 문제에 올바르게 답한 학생은 43%였다. 그러나 "9는 225의 몇 %인가?"라는 문제에 올바르게 답한 학생은 20%였다(Silver & Kenney, 2000).

- 퍼센트만이 주어져 있을 때 전체를 구하기
  50% 할인한 코트의 가격이 40,000원이었다. 원래 가격은 얼마였는가?

상식적으로 원래 가격은 40,000원보다 클 것이라는 것이 명백하다. 추측-확인 방법은 이런 유형의 문제를 푸는 데 대단히 효과적인 전략이다. 예를 들면, 원래 가격을 60,000원으로 추측했다면, 할인된 가격은 30,000원으로 너무 낮다. 이 방식을 동일하게 계속한다면 결국에 정답인 80,000원을 구할 수 있을 것이다. 이 문제도 머릿셈으로 풀 수도 있고, 그림 13-14와 같이 모델화할 수 있다.

퍼센트 막대는 각각의 해결방법에 대한 기초를 제공한다(여기서 OP는 원래 가격을 의미한다).

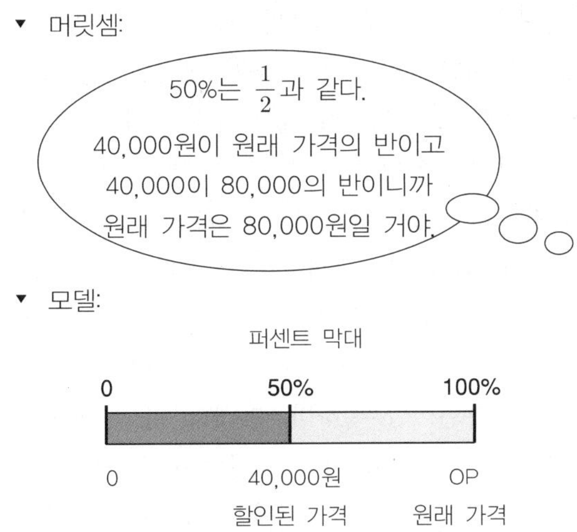

그림 13-14 퍼센트가 주어졌을 때 전체를 구하는 머릿셈 전략과 모델

비례를 이용하는 방법:

$$\frac{50\%}{100\%} = \frac{40{,}000\text{원}}{OP} \quad OP = 80{,}000\text{원}$$

방정식을 이용하는 방법:

$$OP\text{의 } 50\% = 40{,}000\text{원}$$

$$OP = \frac{40{,}000\text{원}}{50} \times 100 = 80{,}000\text{원}$$

이 유형의 문제는 좀 더 어렵다는 연구 결과가 있다(Silver & Kenny, 2000). 퍼센트 문제에 대한 성취도가 저조하다는 것은 퍼센트가 좀 더 의미 있게 지도되어야 함을 시사한다. 문제가 완전히 이해되기 전에 특정한 한 가지 방법을 강조하는 것은 학생의 혼란을 유발하고 그 결과 이에 대한 성취도도 저조하게 나타날 것이다. 초등학교 수업에서는 무엇을 했는지 그리고 무엇이 합리적인 답인지에 관해 생각하고 말하도록 강조해야 한다. 지필 계산으로 문제를 푸는 데 노력을 들이기 전에 교사 주도하에 토론이 이루어져야 한다. 퍼센트 문제에 대한 답을 구하는 것을 초기에 강조하게 되면 어떠한 의식적인 사고 없이 기계적으로 답을 계산하게 만들 수 있다.

학생들은 퍼센트가 포함된 문제를 해결할 때 양적 사고를 해야 한다. 연구자들은 한 가지 방법으로 가르치는 것을 지지하지 않는다. 교사는 다양한 퍼센트 문제를 제시한 다음, 여러 가지 해결방법을 찾도록 이끌어야 한다. 학생들이 실제 문제를 해결하는 과정에서 자신의 해결방법을 말하도록 한다. 이러한 언어화는 자신의 해결방법을 명료화하는 데 도움이 된다. 또한 답의 타당성에 대해서도 생각하도록 한다.

이와 같이 덜 형식적이고 직관적인 접근은 하나의 특정한 방법을 강조할 때 얻을 수 있는 구조화와 안정성의 측면이 부족하다. 그러나 몇 가지 중요한 장점이 있다. 이러한 접근은 아동이 스스로 문제를 이해하고 답할 수 있도록 해 주며, 하나의 방법을 아무 생각 없이 맹목적으로 적용하는 경우를 줄일 수 있다.

문화적 연계성

비, 비례식, 퍼센트는 전 세계에 걸쳐서 수학 교과 내용의 중요 요소이다. 모든 나라에서 비례적 사고가 포함된 문항에 대해 낮은 성취도를 보이고 있으며, 이 개념을 개발하는 데 필요한 인지적 과정도 모든 나라에서 유사하다. 예를 들어, 프랑스 아동을 대상으로 한 피아제의 많은 연구와 인지 과정에 대해 그가 제안한 사고의 단계는 미국을 포함한 여러 나라에 적용되고 있다. 여러 나라의 연구에서도 비례적 사고는 형식적 조작기 수준에서 일관성 있게 작용하는 높은 수준의 사고임이 보고되고 있다 (Kilpatrick et al., 2001; Lamon, 2007).

퍼센트는 대부분의 나라에서 가르치는 공통적인 주제인데, 퍼센트 계산 과정이 능숙하지 않은 다른 나라 학생들의 경우 기본 원리에 대한 이해가 부족하다는 보고가 있다. 예를 들어, 일본의 6학년 학생의 절반만이 48의 100%가 48임을 올바르게 답하였다는 보고가 있다(Reys, 1993). 비, 비례식, 퍼센트는 세계 어느 나라건 간에 교사와 학생 모두에게 도전적인 주제임에 틀림없다.

요약

비는 둘 또는 그 이상의 수를 비교한다. 비는 돈(10원짜리, 50원짜리, 100원짜리 동전 사이의 관계), 측정(1피트에 12인치), 가격(290원에 3개), 축척, 청사진과 같이 여러 가지 형태를 취할 수 있고 다양하게 적용될 수 있다. 비례표는 비가 포함된 규칙성을 살펴보는 데 매우 유용한 모델이다.

비례식은 둘 혹은 그 이상의 비 간의 관계를 나타낸다. 비례식과 함께, 비는 문제해결능력은 물론 계산 능력을 숙달하는 기회를 제공한다. 비례식은 수들 사이에 관계가 있는 문제의 답을 찾는 수단을 제공한다. 이러한 관계는 덧셈적(절대적) 혹은 곱셈적(상대적)인 것이다. 아동들은 때때로 특히 양을 다루는 곱셈적 사고를 요하는 문제에서 덧셈적 사고를 적용하곤 한다. 아동들이 곱셈적 사고 혹은 비례적 사고를 적용하는 능력은 중요한 수업 목적이며, 비례적 사고가 초등학교 수학의 정점이라고 불리는 까닭이다. 이중수직선의 사용은 아동들이 비례적 추론을 하는 데 매우 유용한 모델이다.

비례적 추론은 수학자체뿐만 아니라 그 개념의 발달 측면 모두에서 복잡한 개념이다. 그러나 비례적 추론은 대수적 사고를 가능하게 하기 때문에 학생들이 학습해야 할 중요한 기능이다. 비와 비례식은 비교 단위가 100인 퍼센트를 학습할 수 있는 자연스러운 수단을 제공한다. 퍼센트보다 실용적으로 활용되는 수학의 내용이 흔하지 않기 때문에, 퍼센트의 개념을 의미 있고 체계적으로 발달시키는 것은 매우 중요하다. 기본적인 퍼센트 개념을 이해시키기 위하여 구체적 모델을 사용해서 가르쳐야 한다. 퍼센트 개념의 핵심은 100%, 50%는 물론 90%, 10%, 1%에 대한 기준점을 개발하는 것이다. 이러한 기준점은 퍼센트가 포함된 문제를 해결하고 그들 해결 결과의 타당성을 판단하는 데 중요한 역할을 한다.

연|습|문|제|

01. 비를 이용해서 1시간 동안, 혹은 일생 동안의 심장 박동 수를 어떻게 어림할 수 있는지 설명해 보시오. 문제를 푸는 데 계산기나 스프레드시트를 어떻게 사용할 수 있는가?

02. 두 양을 비교하는 데 비례식이 어떻게 사용되는지 설명해 보시오.

"24온스의 복숭아 통조림이 1900원이고 32온스 통조림은 2650원이라면 어느 것이 더 싼가?"

03. 저녁 식사 값 48,000원에 대한 15%의 봉사료를 계산해 보시오. 그 양의 10%를 생각해 보는 것이 왜 유용한지 그 이유를 설명해 보시오.

04. 정호는 연봉이 4,500만원이다. 연봉이 10% 올랐다. 그 다음해, 회사는 사업의 손실로 인해 모든 급여를 10% 줄였다. 정호는 "나는 지난해보다 더 적게 벌었어."라고 말했다면 그의 생각이 옳은가? 이유를 말해 보시오.

05. 다음 문제에 대한 해를 무엇이라고 생각하는지 설명해 보시오. "한 도시의 인구가 200,000명에서 220,000명으로 늘어났다. 몇 퍼센트 늘어났는가?" 이 문제를 푸는 두 가지 방법을 나타내 보시오.

연|구|문|제|

01. 5학년이나 6학년 학생에게 다음 질문을 한다.

"가로가 2cm이고 세로가 2.4cm인 디자인이 있다. 가로로 5cm 확대한다면, 세로는 얼마가 될까?"

학생들에게 설명하게 하고 답을 말하게 한다. 학생들이 더하고 있는지 확인한다(즉, 3cm 더하는 경우라면, 가로는 5cm, 세로는 5.4cm가 될 것이다). 학생들이 곱셈적 사고로 바르게 하였다면 그들이 사용한 방법을 발표하게 하시오.

02. 5학년이나 6학년 학생에게 다음 질문을 한다.

"80,000원의 50%는 무엇인가? 50의 100%는 무엇인가? 우유갑에 쓰여 있는 %는 무엇을 의미하는가? 200% 인상이 가능한가?"

각 질문에 대해 학생들이 설명하게 하시오. 학생들이 퍼센트에 대해 이해하고 있다고 생각하는가? 그 이유를 말해 보시오.

03. 비는 최상의 구매를 위하여 이용될 수 있다. 동일한 제품의 서로 다른 가격을 비교하여 비를 구하기 위해 지역신문 광고를 이용하시오. "양이 더 커질수록, 단위가격은 더 낮아진다."라는 주장을 반박할 수 있는가?

04. "Strip Diagrams: Illuminating Proportions"(Cohen, 2013), "Proportional Reasoning"(Miller & Fey, 2000), "Improving Middle School Teachers' Reasoning About Proportional Reasoning"(Thompson & Bush, 2003), "Assessing Proportional Reasoning"(Bright, Joyner, & Wallis, 2003)를 읽어 보시오. 학생들의 비례식에 대한 이해를 돕기 위한 연구 결과를 기술해 보시오.

05. "Our diets May Be Killing Us"(Shannon, 1995)이나 "Diet, Ratios, Proportions: A Healthy Mix"(Telese & Abete, 2002), "Making Sense of Percent"(Metz, 2003)를 읽어 보시오. 비와 비율 수업을 할 때 이 아이디어를 어떻게 활용할 수 있는지 설명해 보시오.

07. "The Legend of Paul Bunyan"(Bohl, Oursland, & Fince, 2003) 또는 "Using Literature as a Vehicle to Explore Proportional Reasoning"(Thompson, Austin, & Beckmann, 2002)의 논문을 읽어보시오. 학생들이 비와 비례식을 이해하는 데 어떻게 이 이야기들이 도움이 되는지 그 방법을 논의해 보시오.

아동용 추천도서

Anno, M. *Anno's Math Games*. New York: Philomel Books, 1987.

Bair, S. *Rock, Brock, and Savings Shock*. Morton Grove, IL: Albert Whitman & Co., 2006.

Giganti, P. Jr., *Each Orange Had 8 Slices: A Counting Book*. New York: Greenwillow Books, 1992.

McCallum, A. *Beanstalk: The Measure of a Giant*. Watertown, MA: Charlesbridge Publishing Co., 2006.

Murphy, S. J. *The Grizzly Gazette*. New York: HarperCollins, 2003.

Swift, J. *Gulliver's Travels*, 1726.

Walton Pilegard, V. *The Warlord's Puppeteers*. Gretna, LA: Pelican Publishing Company, 2003.

제14장 대수적 사고

"대수를 공부하라고 충고하고 싶습니다.
…… 머리가 훨씬 덜 복잡할 것입니다."
- 새뮤얼 존슨(Samuel Johnson, 1709~1784)

이 장의 핵심 질문

1. 초등학교 학생들을 위한 대수적 사고의 의미는 무엇인가?
2. 학생들의 대수적 사고와 아이디어를 개발하는 데 규칙성이 어떻게 도움이 되는가?
3. 학생들이 문제를 해결하는 동안 대수적으로 사고하도록 어떻게 도울 수 있는가?
4. 학생들의 관계에 대한 이해를 활용하여 변수의 개념을 개발하도록 어떻게 도울 수 있는가?
5. 모델링, 일반화, 정당화는 서로 어떻게 연결되어 있는가?

서론

영국의 작가이자 사전 편찬자인 새뮤얼 존슨(Samuel Johnson)은 1700년대 후반에 창고 포장 직원들에게 이 장 처음의 인용문을 말했다. 이 사람은 혼란스러운 생각을 방지하기 위해서 모든 사람들이 대수를 공부하는 것이 중요하다는 점을 알았다. 여러분도 이 장을 공부하면서 대수적 사고가 아이들로 하여금 산술에 대한 자신들의 사고를 어떻게 명확히 할 수 있도록 도와주는지 이해하기를 바란다.

전통적으로 아이들은 산술에 대해서 견고한 기초를 쌓은 후에야 대수를 공부하기 시작했다. 따라서 산술을 잘하지 못하는 많은 학생들은 대수를 공부할 기회조차 가지지 못하였다. 20세기 후반의 연구에서는 초등학교 학생들이 대수를 공부할 준비가 되는 수업을 받아야 한다고 지적하였다. 보다 중요한 것은, 이런 학생들은 산술 개념과 기능에 대해 더 깊이 있게 이해하게 되고 더 나은 문제해결자가 되었다는 점이다(Carpenter, Franke, & Levi, 2003).

1장에서 제시한 수학에 대한 5가지 관점에서 "수학" 대신에 "대수"를 대입해 보면 초등학교에서 왜 대수를 공부해야 하는지에 대한 근거와 방법을 이해하게 될 것이다.

1. **대수는 패턴과 관계에 대한 연구이다.** 패턴과 관계는 그 자체로서 중요하고, 패턴과 관계를 공부함으로써 자연스럽게 대수적 아이디어를 개발하게 된다.
2. **대수는 생각하는 방법이다.** 대수는 상황을 모델링하고, 모델링한 것을 분석하고, 아이디어를 일반화하고 정당화하는 전략을 제공한다.
3. **대수는 질서와 내적 일관성을 갖는 예술이다.** 대수적 사고를 하는 아동들은 수학의 저변에 깔려 있는 구조와 성질을 더 잘 이해하게 된다(Carpenter & Levi, 2000).
4. **대수는 신중하게 정의된 용어와 기호를 사용하는 일종의 언어이다.** 이러한 용어와 기호를 통해서 실세계 상황과 수학에 대해서 의사소통하는 아동들의 능력이 향상된다.
5. **대수는 도구이다.** 과거에 많은 대수 과목에서 대수를 도구로 제시하였다. 그러나 종종 학생들은 그 도구의 복잡함만 배우고, 이를 실제적인 방법이나 의미 있는 방법으로 활용하는 것을 배우지 못했다. NCTM의 **원리와 규준**은 대수에 대한 이러한 제한된 접근 방법을 추천하지 않고 이 책에서도 이런 방법을 권장하지 않는다. 대수는 도구이지만 의미 있어야 하고 유용해야 한다.

대수를 초등학교에서 가르친다는 것은 이미 꽉 차 있는 교육과정에 또 하나의 주제를 추가하는 것을 의미하지 않는다. 이는 교육과정에 있는 수학을 활용하여 학생들이 대수적 사고를 개발하도록 돕는다는 것을 의미한다. 이 장은 문제, 규칙성, 관계라는 주제에 대한 논의로 시작하는데, 이런 주제들은 이 장의 나머지 부분에서 대수적 사고를 형성하기 위해 사용될 것이다. 초등학생들에게 적절한 대수적 언어와 기호를 논의한 다음에, 모델링, 일반화, 정당화를 통해서 학생들이 대수적 사고를 개발하는 것을 돕는 방법을 살펴볼 것이다.

문제, 패턴, 관계

초등학교에서 대수 지도는 교육과정의 핵심적인 수학적 주제들에 기초해야 한다. 문제, 패턴, 관계는 초등학교 수학의 핵심적인 부분이다. 이 장 전체에 걸쳐서 대수적 사고와 연계된 방법을 제시하기 위해서 이 세 가지 주제를 다룰 것이다. 이 절을 읽는 동안 문제를 해결해 보고 패턴을 확장하며 질문에 답해야 하고, 이런 주제들이 대수적 사고를 개발하기 위해서 어떻게 활용될 수 있는지 스스로 질문해 보아야 한다. 이후에 이러한 세 가지 주제와 대수적 사고를 연결하여 논의할 것이다.

문제

정형 문제와 비정형 문제 유형 모두 대수적 개념과 사고를 개발할 좋은 기회를 제공한다. 그러한 몇 가지 문제를 목록화하는데, 대수적 관점에서 이 장의 후반부에서 그 문제를 살펴 볼 것이다.

정형 문제 정형 문제는 종종 계산을 익히기 위한 연습문제로 간주되지만 대수적 이해를 위해 사용될 수도 있다. 모든 교과서에서 다음과 같은 정형 문제들을 발견할 수 있을 것이다.

A. 현수는 생일 전에 장난감 트럭 8개를 가지고 있었다. 그런데 생일 파티에서 몇 개의 장난감 트럭을 더 받게 되었고 그날 저녁 트럭을 세어보니 15개였다. 생일파티에서 현수가 받은 트럭은 몇 개인가?

B. 혜린이는 연필 24개를 필통 4개에 넣었는데 각 필통마다 동일한 수의 연필을 넣었다. 각 필통에 연필 몇 개씩을 넣었는가?

C. 민수는 모래놀이를 하려고 바구니 4개를 들고 바닷가에 갔다. 각 바구니에는 모래삽 3개와 갈퀴 2개가 들어 있다. 민수가 바닷가에 들고 간 도구는 모두 몇 개인가?

또한 아래와 같은 문제는 대수적 추론을 경험할 수 있는 계산 연습이다.

1. $45+29=74$ ⟶ $45+49=?$
2. $45+20=65$ ⟶ $45+15=?$
3. $53-16=37$ ⟶ $53-36=?$

비정형 문제 많은 비정형 문제, 특히 패턴 찾기 문제나 수의 퍼즐 문제는 그 자체로 대수적인 접근 방법을 제시한다. 다음은 우리가 이 장에서 사용할 **패턴 찾기 문제**이다.

D. 아래와 같이 5×5 크기의 **정사각형**에는 정사각형이 모두 55개 있다면, 6×6 크기의 정사각형에는 정사각형이 모두 몇 개 있는가? $N \times N$ 크기의 정사각형으로 일반화할 수 있는가? 이 문제는 매우 자연스럽게 일반화를 경험하게 할 수 있다. 모든 크기의 정사각형에 대해서 일반화한 답을 나타내기 위해서 대수가 필요하다.

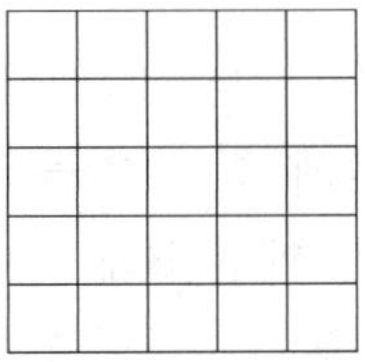

E. 가정에서 직사각형 모양의 **정원**을 만들려고 하는데, 이 정원은 가로와 세로 각각 1m인 보도블록으로 둘러싸여 있다. 가로와 세로의 길이가 모두 1m인 정원을 둘러싸기 위해서는 보도블록이 8개 필요하고, 가로와 세로의 길이가 각각 1m와 2m인 정원을 만들기 위해서는 10개가 필요하다. 이 두 정원에 필요한 타일의 수를 정당화하기 위한 그림을 그려보시오. 가로와 세로의 길이가 각각 1m와 8m인 정원을 만들기 위해서 필요한 보도블록은 모두 몇 개인가?

F. 정육면체 모양의 큰 블록은 정육면체인 작은 블록으로 이루어져 있다. 큰 블록은 가로, 세로, 높이에 각각 4개의 작은 블록으로 이루어져 있다. 큰 블록의 표면을 색칠해야 한다. 이때 작은 블록 중에서 색칠된 면이 6개, 5개, 4개, 3개, 2개, 1개 또는 0개인 블록은 각각 몇 개인가?

다음은 이 장에서 사용하게 될 **수 퍼즐**(number puzzles)이다. 한번 풀어보시오. 왜 그렇게 되는지 설명할 수 있는가?

1. 수 하나를 골라 거기에 4를 더하시오. 그 합을 2배한 다음 6을 빼시오. 그리고 2로 나누고 1을 빼시오. 어떤 수가 되는가? 왜 그렇게 될까?
2. **달력**에서 연속 3일(예를 들어, 화요일, 수요일, 목요일)을 3주 선택하시오(예를 들어, 7월의 8일~10일, 15일~17일, 22일~24일). 선택한 9일의 숫자의 합을 쉽게 찾을 수 있는 방법이 있는가?

패턴

패턴은 학생들이 자신의 세계를 조직하고 수학을 이해하도록 돕기 때문에 수학의 중요한 부분이다. 표 14-1은 규칙성에 대하여 CCSSM에서 제안한 성취기준이다. 7장에서는 학생들이 수에 대해서 생각하도록 돕기 위해서 어떻게 패턴을 사용할 수 있는지 논의했다. 여기서는 대수적 아이디어를 쌓기 위해서 두 가지 종류의 패턴, 반복 패턴과 증가패턴을 활용할 것이다. CCSSM에서는 반복된 패턴을 강조하지 않지만, 여기서는 반복된 패턴을 포함시켰다. 왜냐하면 반복 패턴의 규칙이 한 가지로 정의되지 않더라도 패턴을 찾는 데는 여러 가지 방법이 있다는 것을 강조하기 위함이다. 자신의 생각을 정당화하는 것은 대수적 추론의 한 부분으로서 매우 중요하다.

표 14-1 규칙성과 관련한 성취기준(CCSSM)

학년	성취기준
3학년	덧셈표나 곱셈표에서 산술적 규칙을 찾고, 연산의 성질을 이용하여 규칙을 설명할 수 있다.
4학년	주어진 규칙에 따라 수나 모양으로 패턴을 만들 수 있다. 규칙 자체에 드러나지 않은 패턴을 찾을 수 있다.
5학년	주어진 규칙을 이용하여 두 개의 수 패턴을 만들 수 있다. 수 패턴 사이의 관계를 찾을 수 있다. 두 개의 패턴에서 대응하는 항으로 이루어진 순서쌍을 만들고, 그 순서쌍을 좌표평면에 그래프로 그릴 수 있다.

반복 패턴 반복 패턴에는 계속해서 반복되는 핵심 요소가 있다. 가장 간단한 반복 패턴의 한 유형은 다음과 같이 교차하는 패턴이다.

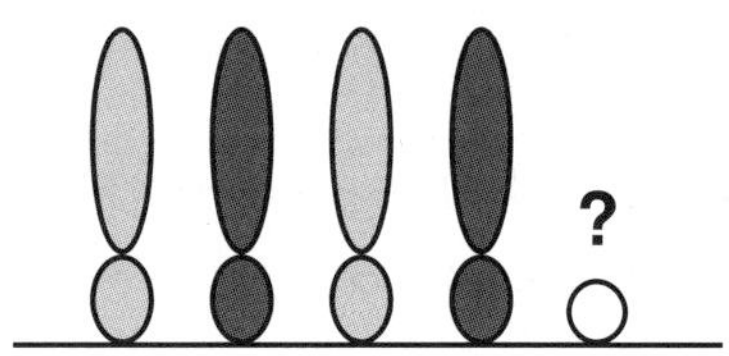

이 간단한 패턴을 이용해서 학생들이 패턴을 가지고 어떻게 공부할 수 있는지 알아볼 수 있는 질문을 많이 제기할 수 있다. 다음에 어떤 색깔이 와야 할까요? 이 질문에 대한 대답은 보이는 것만큼 단순하지 않다. 왜냐하면 이 패턴에 대해서 생각할 수 있는 방법이 많기 때문이다. 어떤 아이들은 단순히 회색과 검은색이 교차하는 패턴이기 때문에(즉, 핵심 요소는 회색 다음에 검은색이라는 것), 다음에 오는 색깔은 회색이어야 한다고 말할 것이다. 다른 아이들은 회색 1개에 검은색 1개, 다음은 회색 1개에 검은색 2개, 그 다음은 회색 1개에 검은색 3개 등이 되는 패턴이기 때문에(즉, 핵심은 반복될 때마다 매번 검은색이 하나씩 증가하는 것), 다음에 오는 색깔은 검은색이어야 한다고 말할 수도 있다. 종종 학생들이 어떤 생각을 하는지 알기 어렵기 때문에 학생들에게 자신의 생각을 설명해 보도록 하는 것이 중요하다. 또한 아이디어를 서로 나누다 보면 학생들은 패턴을 찾는 여러 가지 다른 방법들을 생각하게 된다. 이와 같은 패턴에 익숙해지면, 학생들은 다른 패턴으로 확장하거나 자신만의 패턴을 만들 수 있다.

연구에 따르면, <수업자료 14-1>에 제시된 것처럼 학생들은 그림 모델을 가지고 패턴을 기술하고 확장함으로써 패턴을 인식하고 생각하는 것을 시작해야 한다. 학생들이 패턴에서 모르는 부분을 확인할 수 있게 되면 학생들에게 다른 방법으로 패턴을 볼 수 있도록 격려하여 그 패턴을 확장할 수 있는 다른 방법을 찾게 한다. “이 패턴을 어떻게 설명할 수 있습니까?” 또는 “이 패턴을 어떻게 확장할 수 있습니까?” 같은 질문을 한다. 이와 같은 질문을 통해 학생들은 대수적으로 생각하는 방법을 배우게 된다.

아래에 있는 반복 패턴에서 핵심 요소를 찾을 수 있습니까?

패턴 A: ■ ■ ◇ ■ ■ ◇ ■ ■ ◇ ■

패턴 B: ○ ■ ○ ■ ■ ○ ■ ○ ■ ■

패턴 C: ♠ ♣ ♠ ♣ ♣ ♠ ♣ ♠ ♣ ♣

패턴 A에서 핵심 단위는 3개의 도형이며 검은색 정사각형 2개 다음에 흰색 마름모 1개이다. 이것이 계속해서 반복된다. 패턴 B에서 핵심 단위는 5개로 흰색 원 1개, 검은색 정사각형 1개, 흰색 원 1개, 검은색 정사각형 2개이다. 패턴 C에 있는 핵심 단위는 패턴 B에 있는 핵심 단위와 동일하다는 것을 알 수 있는가?

미국의 국가학업성취도평가(NAEP) 중 수학 평가의 연구 결과에 따르면, 4학년 학생들은 패턴을 이어가는 요소를 찾는 것보다 (<수업자료 14-1>의 문제 2에 있는 것처럼) 한 패턴의 중간에서 모르는 요소를 확인하는 것을 종종 더 어려워한다고 한다(Kloosterman,

수업자료 14-1

패턴에 대해서 생각하기

학습목표: 패턴을 인식하고 설명하며 확장하기
대상학년: 1~2학년

학생들에게 다양한 패턴을 제공하면서 다음과 같은 질문을 한다.

- 이 패턴을 어떻게 설명할 수 있니?
- 빈 공간에 어떤 모양 (또는 대상)이 와야 할까? 왜?
- 이 패턴들이 서로 비슷하니? 어떻게?

1. 다음에 어떤 패턴 블록 모양이 와야 할까?

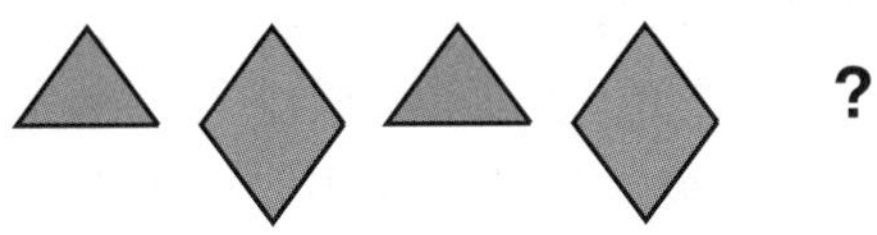

2. 다음 일련의 모양에서 한 가지 모양이 없어졌어. 어떤 모양과 어떤 색깔을 넣어야 할까? 왜?

3. 어떤 동물을 다음 자리에 넣어야 할까? 왜?

2004). 이러한 어려움은 아마도 학생들에게 비어 있는 부분을 채우라고 하기보다는 단순히 패턴을 계속해서 만들어보라고 더 자주 요구한 결과일지도 모른다. 따라서 학생들에게 두 가지 종류의 질문을 다 해야 한다.

증가 패턴 앞에서 제시한 정사각형 문제는 증가 패턴이다. 증가 패턴은 반복 패턴처럼 반복되는 것이 아니라 변화가 계속된다. 아래와 같이 문제를 글로 제시한 다음, 그림을 그려서 패턴을 찾게 할 수도 있다.

> 먼저 1항의 1×1 정사각형과 2항의 2×2 정사각형으로 시작해라. 3항부터 5항까지의 정사각형을 그려라. 다음은 한 아동이 그린 것이다.

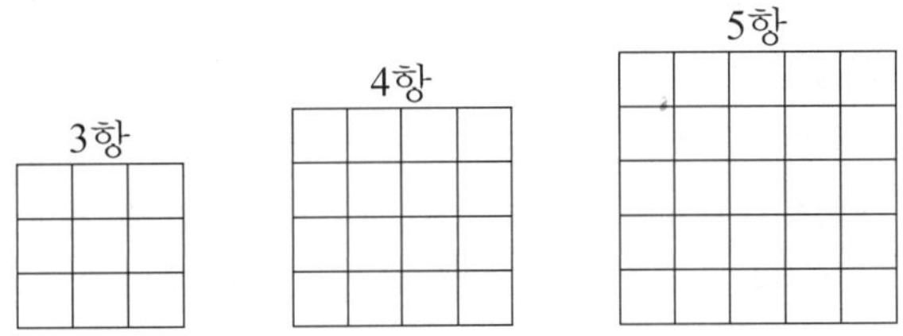

반면에 정원 문제는 그림으로만 제시한 다음, 패턴을 찾게 할 수도 있다.

> 흰색 정사각형은 정원을 나타내고, 회색 정사각형은 보도블록을 나타낸다. 다음 그림(4항)은 어떻게 될까? 그림을 그려서 5항과 6항을 나타내어라.

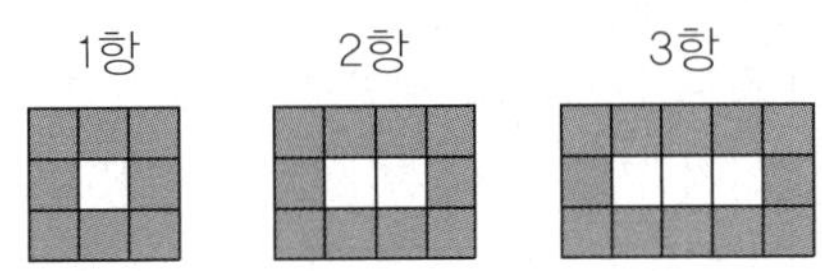

이와 같이 그림으로 표현함으로써 증가 패턴이 되는 수 패턴의 분석과 강력하게 연결할 수 있다. 수학과 교육과정에서는 종종 학생들에게 증가하는 수 패턴이나 수의 계열을 계속 만들어보도록 요구하는 질문을 한다. 예를 들어, [오류유형 14-1]에 제시된 과제를 살펴보자.

[오류유형 14-1]

- 과제: 다음에 오는 수는 무엇인가?

  1, 2, 4, ______

- 오류: 아동은 '6'이라고 답함.
  교사는 "아니야, 틀렸어."라고 답함.

- 원인: 교사는 모든 수학 문제는 한 개의 정답만 존재한다고 신념을 갖고 있다.

- 지도방안: 교사는 아동에게 6 다음에 오는 수는 무엇인지 질문하고 자신의 규칙을 설명하게 해야 한다.

전통적으로 초등학교 학생들에게는 이와 같은 수 패턴만 제시해왔는데, 이때 연속되는 항 사이의 차이는 일정한 수이다. 그러나 수 패턴이 항상 그렇게 간단해야 할 필요는 없다. 반복 패턴과 마찬가지로 증가 패턴도 여러 가지 방법으로 생각할 수 있고, 패턴이 증가하는 여러 가지 방법을 학생들이 찾아볼 수 있도록 도울 필요가 있다. 예를 들어, 다음과 같은 수 패턴을 고려해 보자.

패턴 A: 1, 2, 4, …

패턴 B: 1, 4, 9, 16, 25, …

패턴 C: 1, 1, 2, 3, 5, …

패턴 A를 공부하는 한 4학년 교실에서, 민서는 이 수열의 다음 수는 5라고 제안했다. 교사가 5 다음의 수는 무엇인지 질문하자, 민서는 7이라고 대답했다(1, 2, 4, 5, 7, …). 민서가 어떤 패턴을 생각하고 있는지 알겠는가? 어떤 학생들은 다음과 같이 민서의 패턴을 말했다. “민서는 수 2개를 쓰고 그 다음 수를 건너뛰고, 다시 그 다음 수 2개를 썼어요.”, “민서는 3의 배수가 되는 수들, 3, 6, 9를 건너뛴 거예요.”, “민서는 1을 더하고 그 다음 2를 더하고 다시 1을 더하고 2를 더한 거예요.” 혜림이는 민서와 다른 패턴을 제안했다. “저는 그 패턴이 8, 16 이렇게 계속된다고 생각해요. 그냥 간단히 2배하는 것이죠.” 시현이는 “저는 그 패턴이 1, 2, 4, 6, 9, 12 이렇게 계속된다고 생각해요.”라고 말했다. 시현이가 생각하는 규칙이 무엇인지 알 수 있겠는가?

이 에피소드는 교사가 학생들을 지도할 때 고려해야 할 몇 가지 중요한 아이디어를 제시해 주고 있다. 첫째, 교사가 보는 대로 학생들이 패턴을 볼 것이라고 예측하지 말아야 한다. 학생들이 자신의 생각을 설명하는 것이 중요하다. 또한 패턴을 찾고 이를 설명하는 데 있어서 한 가지 이상의 방법이 있다는 것을 학생들이 알게 해 주는 것도 중요하다.

패턴 B는 사각수(제곱수)의 수열이다. Wells와 Coffey(2005)는 이러한 수열에 전혀 익숙하지 않은 2학년 학생들에게 이 수열을 제시했다. 한 학생이 연속한 수의 차이가 3, 5, 7, 9임을 알고 이것을 이용하여 패턴을 계속 만들 수 있었다. 다음에 오는 수와의 차이가 11이어야 하므로, 수열의 다음 수는 36이 되어야 한다. 다른 학생은 단지 11, 13, 15라고 차이만 적었다. 또 다른 학생은 반복 패턴의 핵심으로 그 5개의 요소를 활용해서 다음에 올 세 수는 1, 4, 9라고 적었다. 이것은 어떤 면에서는 옳은 답이 될 수 있다. 학생들이 이 수열에서 반복 패턴은 가능하지 않다는 것을 알도록 어떻게 문제를 제시할 수 있는지 생각해 보아라. 네 번째 학생은 다음에 올 세 수를 34, 43, 52라고 적었다. 이 아이는 무엇을 생각하고 있는가?

패턴 C는 피보나치수열이다. 다음에 올 수는 8과 13이다(1, 1, 2, 3, 5, 8, 13, …). 13 다음에 올 수를 찾아낼 수 있는가? 일단 규칙을 알게 되면 수열을 만들어내는 것은 쉽다. 그러나 많은 사람들이 (아이들뿐만 아니라 어른들도) 그러한 규칙을 즉각적으로 알아보지는 못한다. 학생들에게 패턴을 대수적으로 표현하도록 가르치기 전에 패턴을 인식하고 분석하는 연습을 하도록 해야 한다.

관계

아동들이 대수적 개념과 생각을 개발하도록 돕기 위해서 두 종류의 관계, 즉 **수의 성질**과 **함수**를 탐구하려고 한다. 또 하나의 관계인 **등식 관계**(equality relation)는 모든 대수뿐만 아니라 이 두 관계의 기초가 된다.

어린 아이들도 크기나 양에 대해서는 같다는 개념 즉, 동등성을 이해한다. 아주 어린 아이들조차 자신의 쿠키가 다른 사람의 쿠키와 크기가 같은지 다른지, 블록으로 만든 탑이 다른 사람의 것과 높이가 같은지 다른지, 또는 자신이 갖고 있는 공깃돌의 개수가 다른 사람과 같은지 다른지를 알아차린다. 그러나 크기나 양 측면에서 “같음(the same as)”을 나타내고, 두 양의 관계를 같음 또는 다름으로 표현하도록 하는 수학 프로그램은 거의 없다. 이러한 점에서 균형저울은 두 양을 관계 짓는 훌륭한 모델이다(Mann, 2004). <수업자료 14-2>는 초등학교 학생들이 탐색할 수 있는 몇 가지 예를 제시하고 있다.

수|업|자|료|14-2

균형을 맞춰주세요

학습목표: 어떻게 저울의 균형을 맞출 수 있는지 탐색하기

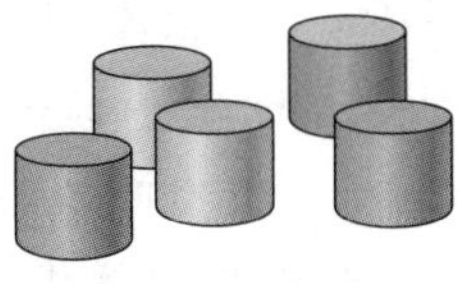

대상학년: 균형 저울, 1~3학년
준비물: 무게 추(1-10 그램) 또는 1-10 단위의 무게를 재는 용기(각각 2개씩)
(주의: 무게를 만들기 위해 유니픽스 큐브를 용기에 채울 수 있다.)

학생들에게 물어볼 질문

A. 이 저울의 양쪽에 다음과 같이 무게 추를 올려놓으려고 한다. 어느 것이 균형을 이룰까?

좌측	우측
4	4
3	8
2와 3	5
3과 4	6
1, 2와 3	6

B. 좌측에 무게 5를 놓으면, 균형을 이루기 위해서 우측에는 얼마를 놓아야 할까?
C. 한쪽에 무게 3을 놓고 다른 쪽에 무게 7을 놓으면 무게 3을 가진 쪽에 얼마를 더 놓아야 저울이 균형을 이룰까?
D. 좌측에 무게 8을 놓고 우측에 무게 2를 놓은 다음, 좌측에 무게 6을 더하면 저울이 균형이 될까?
E. 양쪽에 무게 6을 놓아 저울이 균형을 이루었다. 계속 저울이 균형을 이루게 하려면 양쪽에 얼마를 더할 수 있을까?
F. 내가 가지고 있는 무게 추는 3, 4, 5, 7뿐이다. 저울에 무게 추 모두 또는 몇 개를 올려놓아서 균형을 이루게 할 수 있을까?
G. 10개의 다양한 무게 추 각각을 사용해서 저울이 균형을 이루게 할 수 있을까?

수의 성질 9장의 표 9-1은 수의 일부 수학적 성질(교환성, 결합성, 분배성, 항등원)을 정리해 놓은 것이다. 이 장에서는 이러한 수의 성질을 대수적 사고를 향상하기 위해서 어떻게 활용할 수 있는지 논의할 것이다. 다음은 수학적 성질과 연산의 의미에 기초하여 학생들이 관계를 탐색할 수 있게 하기 위한 몇 가지 예이다. 어떤 문장이 사실이 아닌가? 왜 그런가?

1. 주어진 수에 임의의 수를 더한 다음, 그 합에서 더했던 수를 빼면 원래 주어진 수가 된다.
2. 주어진 수에서 0을 빼고, 그 차에 주어진 수를 더하면, 합은 원래 주어진 수의 두 배가 된다.
3. 어떤 두 수를 곱하면 그 곱은 각각의 두 수보다 크다.
4. 양의 정수를 진분수로 나누면, 그 몫은 처음의 양의 정수보다 크다.

함수 두 개의 수 집합이 있는데, 첫 번째 집합의 각각의 수는 두 번째 집합의 오직 한 수와 관계가 있다고 가정하자. 함수는 이러한 관계를 나타내는 방법이다. 아동들은 매우 비형식적인 방법으로 함수가 작용하는 방법을 탐구할 수 있다. 예를 들어, 아동들은 한 모둠에 있는 남자 아이의 수가 손의 개수와 어떤 관계를 가지는지 탐구할 수 있다. 3, 4, 10명의 남자아이들이 있을 때 손이 모두 몇 개가 있을지 학생들에게 물어보아라. 그런 다음 아래에 제시한 바와 같이 표에 숫자를 쓰게 하여라.

남자 아이의 수	3	4	10	6	11	5	11
손의 개수	6	8	20				

학생들로 하여금 이 표를 완성하게 하여라. 교사는 학생들이 남자 아이의 수와 손의 개수 사이의 관계, 즉 함수에 초점을 두기를 원할 것이다. 이런 이유 때문에 표에서 1부터 12까지 남자 아이의 수를 차례로 쓰지 않는 것이 좋다. 그래서 학생들은 손의 개수의 패턴은 모둠에서 남자 아이가 한 명씩 추가될 때마

다 2씩 증가된다는 패턴을 쉽게 볼 수 없게 된다(아래의 표를 보시오).

남자 아이의 수	1	2	3	4	5	6	7	8	9	10
손의 개수	2	4	6	8	10	12	14			

학생들이 함수를 탐구해 볼 수 있게 하는 다른 비형식적인 방법은 아래 그림과 같이 여자 아이들의 수와 이 여자 아이들이 끈을 가지고 삼각형을 만들 때 만들어지는 삼각형의 개수 사이의 관계를 탐구하는 것이다.

남자 아이와 손의 개수 관계처럼 1:2가 아니라 이것은 3:1의 관계이다(3명의 여자아이마다 삼각형 1개). 일부 아이들은 이러한 관계를 일반적인 용어로 기술하는 데 어려움을 겪을 수 있는데, 그 이유는 여기서는 곱셈보다 나눗셈이 관련되기 때문이다. 다시 표에 숫자를 쓰는 것으로 활동을 시작하여라(이 경우에, 학생들이 관계를 알아보도록 돕기 위해서 여자 아이의 수를 순서대로 쓰는 것이 유용할 수 있다).

여자 아이의 수	3	6	9	12	15	18	21	24
삼각형의 수	1	2	3	4	5	6	7	8

때때로 입력값 하나마다 출력값 하나씩 만들어내는 기계를 활용해서 관계를 모델링할 수도 있다. 학생들은 기계가 하는 일이 무엇인지를 파악하고 그 관계를 기술해야 한다. 이러한 기계를 간단하게 만들 수도 있다. 예를 들어, 출력값은 항상 입력값보다 하나 더 많거나, 2배이거나, 또는 2만큼 작게 할 수 있다. 아래 함수표에 제시된 것과 같이 보다 복잡하게 기계의 입력값과 출력값을 관련지을 수도 있다. 이 관계는 2가지 규칙을 포함한다. 이 함수는 무엇인가?

함수표

입력	3	6	7			20	53
출력	7	13	15		29	41	

교사는 학생들이 입력값에서 출력값으로의 변화에 초점을 맞추도록 도와야 한다. 일부 아이들은 하나의 입력값에서 다음 입력값으로 어떻게 변화하는지에만 초점을 두는데, 이것은 입력-출력 관계를 이해하는 데 도움이 되지 못한다. 2005년과 2007년의 NAEP에서 위의 함수표에 있는 것과 동일한 관계(입력값을 2배한 다음 1을 더하는 것)를 가진 문제 2개를 4학년 학생들에게 제시하였다(http://www.nces.ed.gov/nationsreportcard에서 샘플 항목을 볼 수 있다). 한 문제에서는 입력값과 출력값을 관련짓는 규칙을 찾아야 했고, 다른 문제에서는 주어진 입력값에 대해 출력값을 찾아내야 했다. 두 시험 문제에서 공통적으로 많은 학생들이 처음의 입력값과 출력값 사이의 관계만 고려한 채 답을 선택했다. 예를 들어, 학생들은 7은 3보다 4만큼 크기 때문에 53에 대한 출력값으로 57을 선택하였다. 이 학년의 학생들은 종종 가법적으로 생각한다(처음의 출력값은 입력값보다 4만큼 크다). 학생들은 곱셈적인 함수를 경험할 필요가 있다. 학생들은 또한 한 가지 예에 의존하여 판단하는 경향이 있다. 그러한 규칙이 다음의 입력값-출력값 쌍(그리고 주어진 모든 쌍)에 적용되는지 학생들에게 물어볼 필요가 있다.

<수업자료 14-3>은 교사가 학생들의 수준에 맞춰

수|업|자|료|14-3

입력-출력 기계

학습목표: 함수 기계의 행동을 분석하기

대상학년: 3~4학년

나 박사는 입력-출력 기계를 발명했다. 동물들이 이 기계에 들어가면 이 기계는 동물의 무늬를 더하거나 빼거나 곱하거나 나눈다. 나 박사는 매일 동물들이 이 기계에 들어가고 나올 때마다 어떤 일이 벌어졌는지 기록해 왔다. 여러분이 할 일은 이 기록의 빈칸을 채우는 것이고 기계가 어떤 일을 했는지 알아맞히는 것이다.

	입력	출력
월	3줄의 줄무늬가 있는 스컹크	12줄의 줄무늬가 있는 스컹크
요	12개의 점이 있는 표범	48개의 점이 있는 표범
일	5줄의 줄무늬가 있는 얼룩말	___줄의 줄무늬가 있는 얼룩말
화	5개의 점이 있는 강아지	15개의 점이 있는 강아지
요	2개의 별 무늬를 가진 고양이	12개의 별 무늬를 가진 고양이
일	3개의 반점이 있는 토끼	___개의 반점이 있는 토끼
수	12개의 줄이 있는 말	6개의 줄이 있는 말
요	8개의 반점이 있는 돼지	4개의 반점이 있는 돼지
일	0개의 반점이 있는 소	___개의 반점이 있는 소
목	32개의 별 무늬를 가진 코끼리	16개의 별 무늬를 가진 코끼리
요	24개의 다이아몬드를 가진 코뿔소	8개의 다이아몬드를 가진 코뿔소
일	41개의 반점을 가진 하마	___개의 반점을 가진 하마
금	4개의 반점을 가진 개구리	11개의 반점을 가진 개구리
요	3개의 반점을 가진 두꺼비	9개의 반점을 가진 두꺼비
일	___개의 줄무늬를 가진 도롱뇽	15개의 줄무늬를 가진 도롱뇽

수정해서 사용할 수 있는 "함수 기계" 활동을 소개한다. 학생들은 기계(큰 상자와 함께 그 상자 안에 또는 상자 뒤에 아이가 있게 함)를 만드는 것을 좋아한다. 한 학생이 상자에 수를 하나 넣으면, 상자에 있는 학생은 규칙을 사용하여 출력값을 쓴다. 다른 학생들은 그 규칙을 알아맞힌다. 곱셈이나 2개의 간단한 연산을 포함하는 규칙을 제시한다.

대수 언어와 기호

학생들이 수에 대해서 배우는 동안 대수와 관련된 언어와 기호를 배울 수 있다. 이 절에서는 등식과 부등식, 변수, 수식과 방정식에 대해서 살펴보는데, 이것들은 초등학교 학생들에게 적합한 대수의 핵심적인 아이디어이기 때문이다.

초등학생들은 수와 연산 기호의 의미뿐만 아니라,

| 표 14-2 표현 및 문제해결과 관련한 성취기준(CCSSM)

학년	성취기준
유치원	간단한 덧셈과 뺄셈 문제를 물건, 그림, 식으로 표현할 수 있다.
1학년	합이 20 이하인 덧셈과 뺄셈 문제를 미지수 기호를 사용하여 식으로 표현할 수 있다. 그 식을 해결할 수 있다. 등호(=)의 의미를 이해할 수 있다.
2학년	합이 100 이하인 덧셈과 뺄셈 문제를 미지수 기호를 사용하여 식으로 표현할 수 있다. 그 식을 해결할 수 있다.
3학년	곱이 100 이하인 곱셈과 나눗셈 문제를 미지수 기호를 사용하여 식으로 표현할 수 있다. 그 식을 해결할 수 있다. 2단계 문장제를 문자(미지수)를 사용하여 식으로 표현할 수 있다.
4학년	곱셈과 나눗셈 문제를 미지수 기호를 사용하여 식으로 표현할 수 있다. 다단계 문장제를 문자(미지수)를 사용하여 식으로 표현할 수 있다.
5학년	수식에 대괄호, 소괄호, 괄호를 사용하고, 이 기호가 사용된 식을 풀 수 있다. 수식을 쓸 수 있고, 수식을 해석할 수 있다.
6학년	수를 대신하여 문자로 표현된 식을 쓰고, 읽고, 풀 수 있다. 연산의 성질을 이용하여 같은 식을 찾아내고 만들 수 있다. 등식과 부등식을 이해하고 풀 수 있다. 부등식을 표현하고 풀 수 있다. 한 변수가 다른 변수에 영향을 주는 실생활 문제를 변수로 표현할 수 있다. 그래프와 표, 식을 사용하여 종속변수와 독립변수의 관계를 분석할 수 있다.

아래와 같은 기호도 이해해야 한다.

$$= \quad \neq \quad < \quad > \quad \leq \quad \geq \quad \square \quad (\quad)$$

CCSSM에서는 표 14-2와 같이 문제를 표현하고 식을 해결하는 것을 강조하고 있다. 이것이 가능하기 위해서는 대수적 언어와 기호에 대한 이해가 필요하다.

학생들이 수학적 상황을 나타내는 식을 쓰기 시작할 때, 종종 기호와 단어를 혼합해서 사용한다. 이것은 자연스런 현상이며 의사소통에 도움이 되기도 한다. 예를 들어, 이전에 논의한 함수표에 대한 규칙을 어떤 학생은 "입력값 2배+1"이라고 쓸 수 있다. 궁극적으로 입력값을 x, 출력값을 y라고 하면, 아래의 표에 제시된 것처럼 그 변화는 $2x+1$, 즉 $y=2x+1$이라고 쓸 수 있다. 이러한 추상적인 표현이 궁극적인 목표이지만 처음부터 이렇게 쓸 필요는 없다.

x	y
3	7
5	11
6	13
	29
53	

등식과 부등식

앞에서 지적했듯이 어린 아이들은 똑같이 나누는 것과 저울의 균형을 맞추는 것을 이해한다. 그럼에도 어린 아이들은 등호를 어려워한다. 많은 학생들이 등호의 의미를 "답을 쓰는 것"으로 생각한다는 것은 잘 알려져 있다. 예를 들어, 1~6학년의 많은 아이들은 $8+4=\square+5$라는 수식을 참으로 만들기 위해서 □에 12 또는 17이 들어가야 한다고 대답한다. 연구에 따르면 1~2학년에서는 단지 5%의 학생들만, 그리고 3~4학년에서는 단지 9%의 학생들만 정답 7을 찾을 수 있었다(Carpenter & Levi, 2000). 전형적으로 이 학년의 학생들은 "같다"는 것이 무엇을 의미하는지, 그리고 기호로 된 식의 구조를 해석하는 방법을 배우지 않았다. 그러나 이 장에서 추천하는 것과 유사한 방법으로 수업을 한 후에는 학생들의 결과가 매우 많이 향상되었다(1~2학년에서 66%의 정답률과 3~4학년에서의 72%의 정답률). 등호의 의미 이해에 관한 더 많은 정보 및 연구는 Molina와 Ambrose(2006)가 쓴 논문을 읽어라.

<수업자료 14-2>에 제시된 것과 같은 활동을 소개함으로써 학생들이 등호(그리고 부등호)의 의미를 이

해하도록 도울 수 있다. 저울이 균형을 이룰 때 두 양은 서로 같다는 것을 학생들에게 말할 수 있다. 따라서 <수업자료 14-2>의 A부분의 관계는 다음 표와 같이 나타낼 수 있다.

좌측	우측	표현
4	4	$4=4$
3	8	$3\neq8$
2와 3	5	$2+3=5$
3과 4	6	$3+4\neq6$
1, 2와 3	6	$1+2+3=6$

더 크거나 더 작은 양을 나타내기 위해서 학생들이 부등호(<와 >)를 사용하는 것을 도울 수 있다. 학생들은 단어를 이용해서 관계를 기술하고, 그런 다음 기호를 사용할 수 있다. 예를 들어, 학생들은 "3은 8보다 작다."라고 말하고 $3<8$이라고 쓸 수 있다. 이와 유사하게, "12는 4보다 크다."라고 말하고 $12>4$라고 쓸 수 있다.

일상생활에서 등호는 여러 가지 다른 방법으로 활용된다. 예를 들어, 스프레드시트에서 등호는 컴퓨터에게 연산을 수행하라는 것을 의미한다. 교실에서 일련의 연산을 수행하라는 의미로 등호를 종종 부주의하게 사용하기도 한다. 다음 진술을 보라.

$$5+3=8-6=2\times5=10+14=24$$

등호의 의미는 무엇인가? 등호는 연산을 수행하는 단계를 나타내기 위해서 사용되었다. 화살표와 같이 다른 기호를 사용하는 것이 더 좋다. 분명히 $5+3$은 24와 같지 않다.

변수

교사는 **변수**(variable)의 세 가지 다른 활용 방법을 알고 있어야 한다. 초등학교에서 가장 빈번한 사용 방법은 미지수인데, 예를 들면 $3+\square=7$이라는 식에서 □는 이 식을 참으로 만드는 수를 위한 미지수이다. $3+a=7$과 같이 문자를 사용하는 것과 다를 바가 없다. 학생들은 변수를 나타내기 위해서 네모나 문자를 사용하는 것을 쉽게 생각한다.

변수는 또한 **일반화**에서도 사용되는데, 예를 들어, "자기 자신에서 자기 자신을 빼면 0과 같다."라는 일반화는 $a-a=0$으로 표현할 수 있다. 이 일반화에서 변수 a는 임의의 수를 나타내는데, 이는 미지수로서 하나의 수만을 나타내는 것과는 대조적이다.

변수는 또한 **공식**과 **함수**에서 사용된다. 남자 아이의 수(B)와 손의 개수(H)를 관련 짓는 함수는 $H=B\times2$로 표현될 수 있는데, 여기서 H와 B는 변수이다. 하나의 변수값이 달라지면, 다른 변수값도 또한 달라진다.

다음 표는 변수에 대한 이러한 3가지 용도를 요약한 것이다.

변수의 용도	표현	특성
미지수	$3+a=7$	특정한 값 a
일반화	$a-a=0$	a가 어떤 값이든 이 수식은 참이 된다.
함수	$H=B\times2$	B의 값이 결정되면 오직 하나의 H값이 결정된다.

수식과 방정식

수식(expression)은 문구(phrase)라고 생각하고, 방정식(equation)은 완전한 문장이라고 생각하면 된다. 예를 들어, 수식 $n+3$은 "n보다 3 큰 수"라는 문구를 나타낸다. 방정식 $n+3=7$은 "n 더하기 3은 7과 같다."라는 완전한 문장을 나타낸다. 학생들이 문구를 표현하는 방법을 알면 온전한 문장을 표현하는 방법을 아는 데 도움이 된다. 많은 초등학교 프로그램에서, $n+3=7$ 또는 $\square+3=7$과 같은 방정식은 미지수가 있기 때문에 **열린 식**이라고 부른다. 이와 대조적으로 등식 $4+3=7$은 미지의 값을 가지고 있지 않기 때문에, **닫힌 식**이라고 부른다.

학생들은 종종 열린 식을 만족하는 수는 단 하나만 있다고 생각한다. 2005년 NAEP의 수학 평가에서

4학년 학생들에게 제시한 이 문장을 생각해 보자(http://www.nces.ed.gov/nationsreportcard/mathematics/에서 샘플 문항을 보라). 학생들은 다음에 제시된 것보다 더 크게 표시된 네모에 맞는 숫자 타일(0부터 9까지)을 가지고 있다. 그렇지 않았다면, 학생들은 같은 수를 두 번 사용해도 된다고 생각했을 수도 있다.

> 시호는 계산기에 10보다 작은 수를 4개 입력했다. 그런데 두 번째 수와 네 번째 수를 잊어버렸다. 다음은 시현이가 기억하고 있는 것이다.
>
> $$8+\square-7+\square=10$$
>
> 두 번째 수와 네 번째 수가 될 수 있는 한 쌍의 수를 써라. (숫자 타일을 사용해도 좋다.)
> 두 번째 수와 네 번째 수가 될 수 있는 다른 한 쌍의 수를 써라.

약 $\frac{1}{3}$의 학생들이 두 가지 해답을 제시했고, 약 22%의 학생들이 한 가지 해답만을 제시했다. 학생들에게 도전이 되는 것은 모든 10가지 해결 방법을 찾는 것이다. 한번 찾아보아라. 각 쌍을 이루는 두 수의 관계는 무엇인가? 이 과제를 약간만 변형해서 사용하면 학생들의 수준에 따라 다양하게 사용할 수 있다.

> 숫자 0~9만을 사용해서 다음 열린 식의 답이 무엇인지 찾아라.
>
> A. $8-\square=2$
> B. $3<\square$
> C. $0>\square$
> D. $5+\square=\square+5$

A의 정답은 단지 하나만 있고, B의 정답은 여러 개의 자연수(4~9)이며, C의 부등식을 만족하는 자연수는 하나도 없고, 모든 수가 D를 만족한다는 점에 주의하여라. 학생들에게 A~D와 같은 다양한 형태의 열린 식을 제시함으로써 학생들이 모든 열린 식의 답이 단지 하나라는 생각을 갖지 않도록 도울 수 있다.

아동들은 변수가 들어 있는 식의 구조를 이해하지 못하기 때문에 미지수가 포함된 식을 푸는 데 어려움을 겪는다. 오류유형 14-2에 나타난 오류를 살펴보시오.

[오류유형 14-2]

- 과제: □에 들어가는 수는 무엇인가?

  $$3+7=\square+2$$

- 오류: 10 또는 12
- 원인: 이러한 유형의 표현에 익숙하지 않고 등호의 의미를 정확하게 알지 못하기 때문이다. 10이라고 답한 아동은 3+7의 계산 결과를 쓴 것이다. 12라고 답한 아동은 세 개의 수를 모두 더하는 것으로 생각하였다.
- 지도방안: 아동들에게 등호(=)의 의미를 이해하도록 해야 한다. 양팔 저울을 사용하여 양쪽이 같아지기 위해서는 어떻게 해야 하는지를 알아보게 한다.

모델링, 일반화, 정당화

NCTM의 대수 규준을 보면 학생들에게 수학적 모델을 사용하여 양적 관계를 표현하고 이해하기, 대수 기호를 사용하여 수학적 상황과 구조를 표현하고 분석하기, 다양한 상황에서 변화를 분석하기를 강조한다. 이 절에서는 모델링, 일반화, 정당화의 과정이 어떻게 초등학교 수학에서 서로 관련되는지를 알아볼 것이다.

정형 문제

다음의 논의를 통해 학생들이 정형 문제를 대수적으로 생각하도록 돕기 위해서 어떻게 교사가 모델링과 정당화를 사용할 수 있는지를 제시하고자 한다. 그러나 이러한 문제에 사용되는 등식은 수에 대한 일반화된 진술이 아니라 미지수로서의 변수를 포함하고 있기 때문에, 학생들에게 일반화를 가르치는 것으로 적절하지 않다.

모델링 많은 초등학교 교육과정에서는 정형 문제를 해결하기 위해서 등식을 사용하지만, 이러한 등식이 어디로부터 비롯된 것인지, 그리고 그 등식이 어떻게 수학적으로 이해할 만한 것인지를 학생들이 이해하도록 돕는 것을 강조하지는 않는다. 예를 들어 다음의 정형 문제를 생각해 보자.

> 현수는 장난감 트럭 8개를 가지고 있었다. 그런데 생일에 몇 개의 장난감 트럭을 더 받게 되었고 그 날 저녁 트럭을 세어보니 15개였다. 생일에 현수가 받은 트럭은 몇 개인가?

어린 아동들은 물리적 자료(구체적 모델)를 이용해서 이 상황을 모델링할 수 있다. 예를 들어, 아동들은 처음에 트럭 8개를 놓고 15개가 될 때까지 계속해서 트럭을 더해갈 수 있다. (많은 어린 아동들은 몇 대의 트럭을 더했는지 기억하는 것을 어려워할 것이고 여러 번 동일한 과정을 반복한 이후에야 비로소 원래의 트럭 8개를 별도로 놓는 것이 도움이 된다는 것을 깨닫게 될 것이다. 따라서 교사는 단지 초기의 자료를 합하거나 분리하는 더 단순한 문제를 가지고 정형화된 문제를 모델링해야 한다.) 물리적 자료를 사용하여 모델링을 한 후에, 아동들은 그림(반추상적 모델)을 그리기 시작할 수 있다. 처음 그림은 실제적인 그림일 것이다. 아동은 8개의 빨간 트럭을 그리고 한 번에 한 대씩 초록색 트럭을 그려서 전체 15개의 트럭이 되기 위해서는 7개의 트럭이 더 필요하다는 것을 알게 된다.

아동들을 격려하면 이제 아래와 같이 보다 추상적인 그림(단지 처음의 트럭 8개만을 제시하는 그림)을 그리기 시작한다.

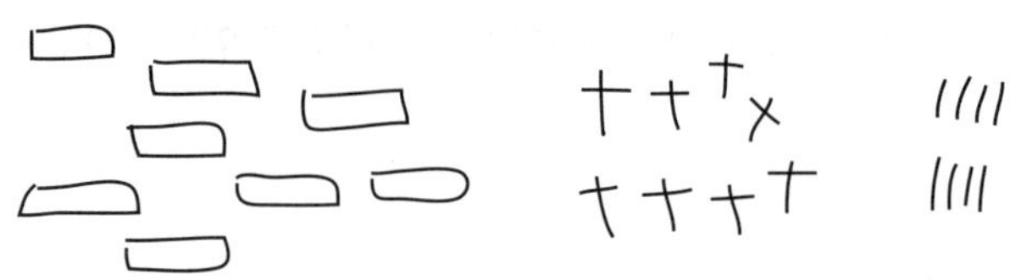

A B C

A를 그린 아동은 트럭을 나타내기 위해 유사한 외관을 가진 그림을 그린 반면에, B를 그린 아동은 트럭을 나타내기 위해 단지 t를 썼을 뿐이다. C를 그린 아동은 트럭을 단순화하여 그냥 표시만 했음에 주목하여라. 이 모든 것들은 실제 트럭을 그리는 것보다 훨씬 추상적이고 분명히 시간이 덜 든다. 교사가 이러한 방식으로 모델링하면 아동들은 이 단계로 이동해 갈 것이다.

물리적인 자료를 사용하든지 아니면 그림을 사용하든지 간에 모델링을 하는 목적은 정답을 찾는 것이다. 그러나 상황을 열린 식이나 등식(추상화된 모델)으로 표현하는 아이디어에 학생들이 관심을 갖게 하는 것이 좋다. 단순히 덧셈과 뺄셈이 포함된 문제를 표현하기 위해서 열린 식을 사용하는 데 익숙한 2학년 학생들이 보다 복잡한 문제에 대해서 어떻게 생각했는지 다음과 같이 설명했다.

> $8+\square=15$를 쓴 미선은 다음과 같이 설명했다. "현수는 트럭 8대를 가지고 있었어요. 그리고 몇 대를 더 가졌는데, 얼마나 더 가졌는지 모르기 때문에 더 가진 것은 네모예요. 현수는 트럭 15대를

가졌어요.”

15－8＝□를 쓴 성준은 다음과 같이 설명했다. “생일에 현수는 트럭 15대를 갖게 되었어요. 원래 현수가 가지고 있던 수를 빼면 생일에 몇 개를 받았는지 알 수 있고, 이게 찾아야 하는 것입니다.”

15＝8＋□를 쓴 유민은 다음과 같이 설명했다. “저는 양팔저울을 생각했어요. 여기에 (상상하는 저울의 좌측을 가리키며) 15를 놓고 다른 쪽에 8을 놓았어요. 마치 이전과 이후와 같은 것이지요. 15와 같아지게 하기 위해서 이전 쪽은 8을 변경해야 해요. 15와 같아지게 하기 위해서 8에 얼마를 더해야 합니다.”

슬기는 유민이에게 다음과 같이 질문했다. “균형을 이루기 위하여 15에서 얼마를 빼면 어떨까? 15－8＝□라고 쓸 수 있지 않을까?”

슬기에게 무엇을 물어볼 수 있을까? 문제를 모델링하기 위해서 열린 식을 쓰도록 학생들을 지도했던 교사는 슬기에게 그 식의 네모가 무엇을 의미하는지 질문했다. 현수가 받은 트럭의 수라고 슬기가 설명하자 그 수식이 슬기에게 의미 있는 것임을 알고 교사는 만족했다. 슬기는 “현수가 15대를 가지고 있었는데, 자기가 받은 것(네모)을 돌려주면 8대만 가지고 있는 셈입니다. 제가 쓴 식의 의미는 그렇습니다.”라고 말했다.

이런 종류의 논의는 학생들이 처음 식을 쓸 때 발생하지는 않는다. 이 학생들이 문제와 열린 식에 대해 이해하고 있는 정도를 살펴보아라. 이 학생들은 덧셈식과 뺄셈식의 구조, 등호의 의미를 이해했고 동일한 문제를 여러 가지 다양한 식으로 모델링할 수 있다는 것을 이해했다.

다른 정형 문제를 살펴보자.

혜린이는 연필 24개를 필통 4개에 같은 개수씩 넣었다. 각 필통에 연필 몇 개씩을 넣었는가?

이 문제를 열린 식이나 등식으로 어떻게 표현할 수 있을까? p가 각 필통에 들어있는 연필의 개수를 나타낸다고 할 때, 다음 각 식을 어떻게 설명할 수 있겠는가?

식 A: $4 \times p = 24$
식 B: $24 \div 4 = p$
식 C: $p + p + p + p = 24$
식 D: $24 - p - p - p - p = 0$

식 A는 문제의 곱셈적인 구조에 초점을 둔다. 이 식을 이해하기 위해서, 학생은 G×N＝T에서 G는 묶음의 수, N은 각 묶음에 있는 항목의 수, T는 전체 항목의 개수를 나타낸다는 것을 이해해야 한다. 식 B 역시 문제의 곱셈적인 구조에 초점을 두지만 이를 나눗셈의 형태로 나타낸 것이다. 식 C와 D는 문제의 덧셈적/뺄셈적인 구조에 초점을 둔 것이다. 이 식을 쓴 학생들은 다음과 같이 생각할 것이다. “한 묶음에 연필 p개를 넣고, 다른 묶음에 연필 p개를 넣고 이렇게 계속해서 묶음이 4개가 되니까 $p+p+p+p$는 연필 24개와 같음에 틀림없어.” 3학년과 4학년 학생들에게는 덧셈적인 사고에서 벗어나서 곱셈적인 사고로 옮겨가도록 도와야 한다. 즉, 이 시기의 학생들은 이 연필 문제를 단지 덧셈을 포함하는 문제로 보기 보다는 곱셈을 포함하는 문제로 보아야 한다.

이 두 문제와 이에 대한 학생들의 반응을 보면 학생들이 정형 문제라고 하더라도 문제를 여러 가지 다른 방법으로 바라본다는 것을 알 수 있다. 따라서 학생들에게 “이 문제를 해결하기 위해서 어떤 연산을 사용하겠습니까?”와 같은 질문을 시험 문제로 낼 때 주의해야 한다. 연필 문제에서 알 수 있듯이, 그러한 질문에 한 개 이상의 정답이 종종 있을 수 있다.

교사는 학생들에게 문제를 나타내는 열린 식을 쓰라고 할 뿐만 아니라, 주어진 열린 식에 부합하는 문제를 써 보게 해야 한다. 예를 들어, 다음은 등식 28－□＝12라는 등식에 알맞은 문제 4개이다.

해수는 쿠키 28개를 가지고 있었다. 점심 때 친구들에게 몇 개를 나눠줬더니, 12개만 남았다. 점심 때 친구들에게 나눠준 쿠키는 몇 개인가? (분리)

정미는 책 28권을, 성준은 책 12권을 가지고 있다. 정미는 성준이보다 몇 권 더 많은 책을 가지고 있는가? (비교)

양팔저울의 좌측에 1g짜리 무게 추가 28개가 있고, 우측에 1g짜리 무게 추가 12개가 있다. 이 저울이 균형을 이루게 하려면 좌측에서 추 몇 개를 내려놓아야 하는가? (동등화)

수현은 스티커 28개를 가지고 있다. 이 스티커 중 12개는 파랑색이고 나머지는 초록색이다. 초록색 스티커는 몇 개인가? (부분-전체)

이 문제들은 포함된 대상(쿠키, 책, 추, 스티커)이 다를 뿐만 아니라 포함된 활동의 유형(분리, 비교, 동등화, 부분－전체)도 다름에 주의해야 한다. 교사는 학생들이 이러한 4가지 유형의 문제를 모두 써 보는 경험을 가지게 해야 한다. 많은 수학 프로그램에서 학생들에게 동등화 유형의 문제를 써 보도록 요구하지는 않지만, 이것은 균형 잡기라는 아이디어와 동등성의 의미와 밀접하게 관련되기 때문에 중요하다고 생각한다. 동등화 유형을 통해 학생들은 추상적인 표현을 이해할 수 있는 다른 방법을 알게 되고, 등식을 이해하는 데 도움을 얻는다.

정당화 문제에 대한 해답이나 자신들의 접근 방법에 대해 학생들로 하여금 정당화해보도록 함으로써 학생들이 수학을 이해하도록 돕고, 자신의 지식과 기능 측면에서 자신감을 갖도록 도울 수 있다. 학생들이 열린 식을 공부할 때 이러한 원리를 적용해서 학생들의 해법을 정당화하도록 요구해야 한다. 예를 들어, 한 학생이 열린 식 $35+a=51$에 대한 답이 16이라고 말한다면, "어떻게 알았니?"라고 질문해야 한다. 이 경우처럼 답이 참인 경우에도 학생들에게 이렇게 질문해야 한다는 점에 유의하여라. 종종 시간 제약 때문에, 교사는 답이 틀린 경우에만 학생들에게 정당화하도록 요구하는 경향이 있다. 그렇게 한다면 학생들의 자신감에 부정적인 영향을 줄 수 있다.

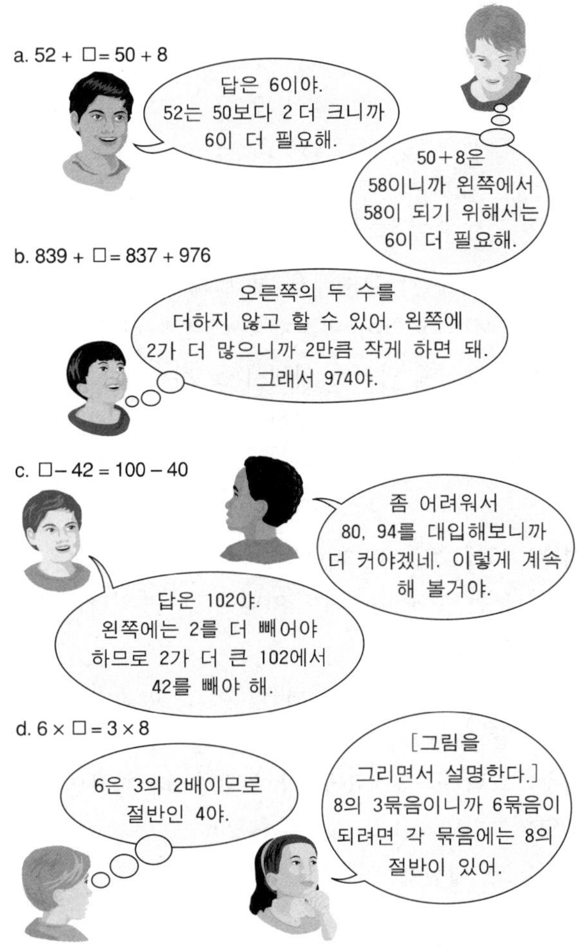

그림 14-1 열린 식의 답에 대한 설명

그림 14-1은 몇 가지 열린 식에 대해서 학생들이 어떻게 설명하는지를 나타낸 것이다. 학생들에게 생각한 바를 설명하게 하는 것은 정당화를 격려하는 방법이 된다. 학생들의 답은 동등화와 등식의 추상적 표현에 대한 이해를 바탕으로 한다. 각 학생의 설명을 이해할 수 있는지 없는지 한번 살펴보아라.

일반화 앞에서 언급한 바와 같이, 정형적인 연습은 자신의 답을 정당화하는 것뿐만 아니라, 일반화를 경험하게 한다.

1. $45+29=74$ ⟶ $45+49=?$
2. $45+20=65$ ⟶ $45+15=?$
3. $53-16=37$ ⟶ $53-36=?$

아동들에게 각 문제에서 첫 번째 수식과 두 번째 수식이 어떤 관련이 있는지 찾아보게 한다. 그리고 두 번째 수식에 답하기 위해서 첫 번째 수식을 어떻게 활용할 수 있는지 질문한다. 다음은 문제 1에 대하여 아동들이 논의한 것이다.

범수: 45에 20을 더 더하는 거니까 94가 돼요.
교사: 모든 수에 대해서도 이렇게 할 수 있다고 생각하나요?
도영: 두 수를 더하는 거니까 그것을 a, b라고 하고 답은 c라고 하면 돼요.
범수: 그럼 $a+b=c$에서 b에 20을 더 더하면 돼.
도영: 그러면 $a+b+20=c+20$.
영미: 20 대신에 d를 더한다면 $a+b+d=c+d$가 되겠네.
교사: 자, 이제 정리해보자.
영미: $a+b=c$이면, $a+b+d=c+d$이다.

모든 학생들이 위의 논의와 같이 일반화에 도달하지는 않겠지만, 덧셈과 뺄셈에 대하여 확실하게 이해하게 될 것이다.

패턴

모델링 교사는 어떤 경우에는 학생들에게 증가 패턴을 설명하라고 직접 물어볼 수도 있고, 어떤 경우에는 해를 구하는 과정에서 증가 패턴을 사용하게 되는 문제를 학생들에게 제시할 수도 있다. 어떤 경우든지 간에, 각 항을 나타내는 패턴을 표로 모델링함으로써 학생들은 자신의 사고를 조직하고 패턴을 기술하는 데 도움을 얻을 수 있다.

아래에 제시된 표는 아동들이 앞에서 제시한 정사각형 문제를 모델링할 때 찾아냈던 정보를 요약한 것이다.

정사각형 크기	1×1	2×2	3×3	4×4	5×5	6×6	⋯	N×N
정사각형 수	1	5	14	30	55		⋯	?

교사의 과제는 학생들로 하여금 이 패턴을 일반화하도록 도와줌으로써 학생들이 이를 기호로 표현하게 하는 것이다. 일반화를 고려하는 두 가지 방법이 있는데, **재귀적 방정식**(recursive expression)과 **명시적 방정식**(explicit equation)이 있다.

재귀적 방정식은 이전 항의 값이 주어졌을 때 다음 항의 값을 찾는 방법을 알려주는 식이다. 정사각형 문제에서, 한 항의 값을 안다면 다음 항의 값을 찾는 것은 그리 어렵지 않다. 즉, 5×5 크기의 정사각형에 55개의 정사각형이 있다는 것을 안다면, 6×6 크기의 정사각형에는 36개가 더 있다(즉, 91개)는 것을 찾을 수 있다. 재귀적 방정식은 어린 학생들에게 더 쉽다.

명시적 방정식은 한 항의 수가 정해지면 그 항의 값을 계산할 수 있게 한다. 정사각형 문제에서, 명시적 방정식은 정사각형의 크기가 정해지면 정사각형의 수를 계산할 수 있다. 명시적 방정식은 재귀적 방정식보다 더 강력한 표현이다. 왜냐하면 이전 항의 값에 대한 어떤 정보도 필요하지 않으면서, 임의의 항의 값을 계산할 수 있기 때문이다.

이제 정원 문제를 다시 생각해보자. 아래는 처음 세 개의 정원을 나타내는 그림과 처음 4개의 항에 대해 필요한 타일의 수를 나타내는 표이다.

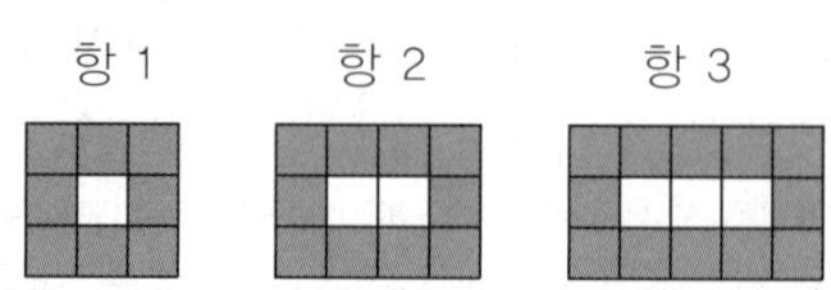

항	1	2	3	4	5		⋯	G
타일의 수	8	10	12	14			⋯	N

표를 사용하면, 정원의 수가 5개와 6개일 때 필요한 타일의 수가 몇 개인지 상대적으로 쉽게 찾아낼 것이다. 재귀적 방정식은 n+2로(매번 타일이 2개 더 많이 필요하다), 정원 3이 12개의 타일을 가지면 정원 4는 14개의 타일을, 정원 5는 16개의 타일을, 정원 6은 18개의 타일을 가지게 될 것이다. 어린 아이들은 인내심을 가지고 이것을 확장하여 정원 10, 또는 심지어 정원 33에 필요한 타일의 수도 말할 수 있을 것이다. 그러나 만약 학생들이 정원 200에 필요한 타일의 개수가 몇 개인지 알기를 원한다면 어떻게 될까? 명시적 방정식이 좀 더 유용할 것이다.

위에 제시된 정원의 그림을 다시 보자. 세어보지 않고 타일의 수를 알 수 있는 몇 가지 방법이 있다. 정원의 가로 길이가 어떠하든지 간에, 양쪽 끝에는 타일 3개가 있다. 정원 바로 위와 아래에 있는 타일의 수는 둘 다 항의 수(G)와 동일하다. 즉 2항에서 정원 위에 타일 2개, 정원 아래에 타일 2개가 있고, 3항에서 정원 위에 타일 3개, 정원 아래에 타일 3개가 있다. 따라서 모든 타일의 합(N)은 $N=3+3+G+G$(즉, 한쪽 끝에 타일 3개, 다른 쪽 끝에 타일 3개, 정원 위와 아래에 각각 타일 G개)라고 나타낼 수 있다.

정당화 학생들에게 이 문제들을 풀면서 패턴을 기술하거나 모델링하게 할 때, 학생들의 생각을 설명해 보게 하는 것도 중요하다. 이 단계에서 교사는 학생들에게 자신들의 모델을 정당화하게 하는 것이다. 예를 들어, 정원 패턴에서 한 학생은 $N=6+(2\times G)$, 다른 학생은 $N=(2\times 3)+(2\times G)$, 또 다른 학생은 $N=2+2(G+2)$라고 말할 수 있다. 그림을 보며 이 학생들이 자신들의 답을 정당화하기 위해서 자신들의 사고를 어떻게 설명할 것인지 살펴보아라. 물론 대수적으로 보면 이 모든 수식은 사실상 동치이므로 학생들은 나중에 대수를 공부할 때 이것들이 동치임을 알게 될 것이다. 초등학교 수준에서 중요한 것은 학생들이 모델과 패턴에 대해서 생각해야 하고 자신들의 생각을 설명하는 것이다.

초등학교 학생들에게 문제나 그림과 같이 상황이 들어 있지 않는 수 패턴을 제시할 때, 학생들로 하여

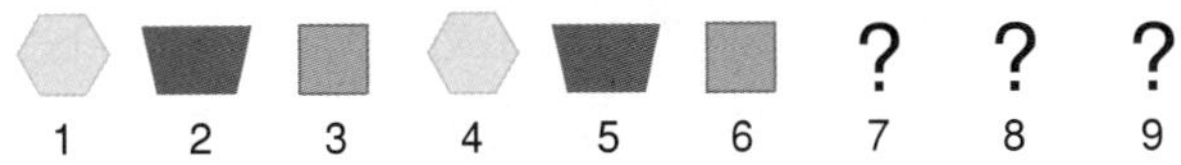

그림 14-2 각 항을 번호 매긴 반복 패턴

금 한 항을 다음 항과 관련짓는 재귀적 방정식의 형태이든지 또는 가능하다면 하나의 특정한 항의 값을 표현하는 닫힌 식의 형태로 그 규칙을 설명하도록 한다. 예를 들어, 패턴 2, 4, 6, 8, …을 제시할 때 학생들에게 "각 수는 이전 수보다 2만큼 크다."와 같은 재귀적 방정식을 알아내게 하거나 "10번째 수는 20이다."와 같은 닫힌 식을 찾아내게 격려할 수 있다.

일반화 패턴을 생성하는 규칙을 찾는 것은 일종의 일반화이다. 반복 패턴과 대수를 묶는 가장 강력한 방법 중의 하나는 증가 패턴에서처럼 항의 번호를 매기는 것이다. 이 간단한 전략을 사용하여 학생들이 패턴을 인식하고 일반화하도록 도울 수 있다. 예를 들어, 그림 14-2의 도형에 대한 반복 패턴을 살펴보자.

질문을 통해 학생들이 좀 더 일반적인 방법으로 패턴을 생각하도록 안내할 수 있다. 다음과 같은 질문을 제시하여라.

- 9번째 항에는 어떤 모양이 올까? 12번째 항에는? (둘 다 정사각형이다.)
- 16번째 항에는? (육각형) 어떻게 알 수 있지? (1항부터 시작하여, 매번 4번째 항 즉, 4, 8, 12, 16 등과 같은 항은 항상 육각형이 된다.)
- 정사각형이 되는 항에 대해서 무엇을 말할 수 있는가? (모두 3의 배수이다.)
- 20번째 항까지 패턴을 만들기 위해서 각 모양은 각각 몇 개씩 필요한가? (육각형 5개, 사다리꼴 5개, 정사각형 4개)

초등학교 고학년이 되면 학생들은 정사각형의 항들은 모두 3의 배수라고 기술할 수 있다. 이 학생들은 또한 육각형은 항상 정사각형보다 두 칸 앞에 나

오고, 사다리꼴은 정사각형보다 한 칸 앞에 나온다는 것을 알 수 있을 것이다. 학생들은 이제 기호를 사용하여 자신들의 생각을 기술할 수 있다. 정사각형의 위치는 3×s로 기술할 수 있는데, 여기서 s는 패턴에서 정사각형의 개수를 나타낸다. 따라서 첫 정사각형 (s = 1)은 세 번째 위치에 있다. 이는 육각형의 위치는 (3×s) − 2 (즉, 육각형은 정사각형보다 두 칸 앞에 있다)로 기술할 수 있음을 의미한다.

첫 육각형은 첫 번째 위치에 있고 두 번째 육각형은 네 번째 위치에 있다. 사다리꼴의 위치는(정사각형보다 한 칸 앞) (3×s) − 1로 표현할 수 있다. 이렇듯 기호를 사용한 일반화된 규칙은 나중에 나오게 되나, 임의의 자리에 있는 모양을 말해보게 하는 것은 곱셈과 나눗셈에 익숙한 학생들이 충분히 이해할 만한 것이다.

비정형 문제

이전 절에서 모델링, 일반화, 정당화를 분리해서 논의했지만, 이러한 과정은 서로 얽혀 있기 때문에 이 절에서는 특정한 문제, 함수, 또는 수의 성질에 따라 적합한 경우에만 각각을 논의할 것이다.

<수업자료 14-4>는 이 장의 처음에 제시했던 블록 색칠하기 문제의 확장된 활동이다. 이 활동에는 분석

수|업|자|료|14-4

블록 색칠하기

학습목표: 모델링과 일반화

대상학년: 5~8학년

자료: 작은 정육면체 모양의 블록

문제:

작은 블록들로 만들어진 큰 블록의 표면을 색칠한다고 할 때, 색칠된 면이 0개, 1개, 2개, 3개, 4개, 5개, 6개인 작은 블록의 개수는 각각 몇 개인가?

각 블록을 모델링하기:

1×1×1 블록에 대한 아래 표의 빈칸을 채워라. 2×2×2 블록를 만들고, 이를 참조하여 아래 표의 빈칸을 채워라. 3×3×3 블록과 4×4×4 블록에 대해서도 똑같이 하여라. 쉽게 하기 위해서 일부분은 수들이 채워져 있다. 4개의 면이나 5개의 면에 대한 칸은 왜 없는가?

일반화:

어떤 패턴이 있는가? 5×5×5 블록에 대한 수를 예상할 수 있는가? (여러분이 예상한 수가 맞는지 확인하기 위해서 5×5×5 블록을 만들어 봐야 할 수도 있다.) N×N×N 블록이라면 어떻게 될까? 여러분의 답을 정당화하여라.

	색칠된 면의 개수					전체
블록의 크기	0	1	2	3	6	작은 블록의 개수
1×1×1	0				1	1
2×2×2	0			8	0	8
3×3×3	1		12			
4×4×4						
5×5×5					0	125
N×N×N					0	

수	모델링 자료	대수
11	수를 선택함 11을 ◯으로 부름	11을 N으로 부름
11+4=15	4를 더함	N+4
15×2=30	2배로 함	(N+4)×2 또는 2N+8
30−6=24	6을 뺌	2N+8−6 또는 2N+2
24÷2=12	2로 나눔	$\frac{2N+2}{2}$ 또는 N+1
12−1=11	1을 뺌	N+1−1
11	답: 원래의 수	N

그림 14-3 수 퍼즐

하고 기술되어야 하는 여러 가지 패턴이 포함되어 있다. 이 활동은 5~8학년 학생들에게 적당하나, 교사도 한번 시도해 볼 만하다. 실제 블록을 가지고 모델링하는 단계를 거친 다음, 색칠된 면을 세는 체계적인 방법을 찾아보고, 표에 센 것을 기록하며, 일반화할 수 있는 규칙을 찾아보고 일반화를 정당화해 보아라. 패턴을 찾기 위해서는 모델링하고 5×5×5 블록까지 세어 보는 것이 필요할 수도 있고, 6×6×6 블록에 대해 시각화하는 것이 필요할 수도 있다. 각각의 큰 블록 안에 있는 작은 블록의 전체 수를 알아보는 것이 왜 도움이 되는가?

이 예에서 각 정육면체를 주의 깊게 세어본 학생들은 종종 그 수 패턴을 확장함으로써 다음의 큰 블록에 있는 수를 찾을 수 있지만, 일반적인 규칙은 2차식과 3차식을 포함하기 때문에, 학생들은 종종 한 면이나 또는 두 면에 색칠된 블록의 수를 표현하기 위한 대수적인 언어를 가지고 있지 않다. 그러나 학생들은 각 블록에 왜 정확히 3개의 면이 색칠된 8개의 더 작은 블록이 있는지, 그리고 임의의 블록에 대해 한 면만 칠해진 블록의 수를 정당화할 수 있어야 한다.

그림 14-3은 이 장의 앞부분에 제시되었던 수 퍼즐을 나타낸 것이다. 이와 같은 수 퍼즐 역시 학생들이 일반화에 대해서 생각하도록 돕는다. 첫째, 학생들이 다양한 수를 선택해서 퍼즐을 풀어보게 하여라. 그런 다음 자료를 사용해서 단계를 모델링하게 하여라. 학생들이 자료를 사용하는 동안 교사는 학생들이 연산에 대한 개념을 잘 알고 있는지 확인할 수 있어야 한다. 예를 들어, 일부 학생들이 "2를 곱하기"나 "2로 나누기"를 모델링하는 방법을 알지 못한다는 것을 발견하게 되면, 교사는 그 의미를 강화시켜 주어야 한다.

교사는 그림 14-3의 세 번째 칸에 제시된 바와 같이 퍼즐을 기호로 나타내는 단계로 이동해가야 한다. 학생들이 자료를 이용해서 행동을 모델링한 후에, 교사는 학생들에게 기호를 사용해서 단계를 기술해보도록 할 수 있다. 그렇게 함으로써 학생들이 얻을 수 있는 개념에 주목하여라. 예를 들어, 학생들은 2×(N+4)와 (2×N)+8은 둘 다 동일한 모델을 기술하는 기호 표현이기 때문에 두 식이 동치라는 것을 쉽게 알 수 있다.

대부분의 학생들은 모든 종류의 수 퍼즐을 좋아하는데, 특히 누군가가 가장 좋아하는 수와 같이 수를 예상해 보는 퍼즐을 좋아한다. 이런 종류의 퍼즐을 찾아보고 학생들이 먼저 퍼즐을 즐기게 만들어라. 그런 다음, 어떻게 퍼즐이 작용하는지 찾아보게 하면서 자료나 기호적 표현을 사용하여 자신들의 해법을 정당화하도록 하여라.

교사는 수 패턴의 맥락으로 달력을 사용하여 학생들이 대수적 사고를 할 수 있게 할 수 있다. 그림 14-4는 앞에서 수 퍼즐을 위한 맥락으로 사용했던 9

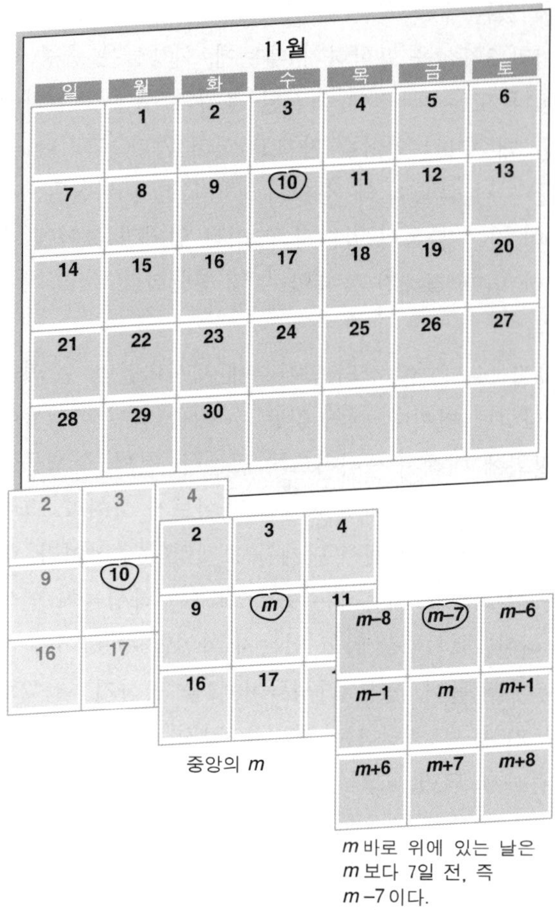

그림 14-4 달력 패턴

월의 달력이다. 저학년 학생들에게는 달력에서 한 주를 짚어가면서 수가 어떻게 바뀌는지 알아보게 한다. 또한 각 주의 특별한 요일을 정해서 세로로 짚어가면서 수가 어떻게 바뀌는지 알아보게 한다. 학생들은 이틀씩 건너뛰면 짝수라는 것, 9월 12일 다음의 금요일은 12보다 7일 더 많은 9월 19일이라는 것과 같은 패턴을 찾을 수 있을 것이다. (그림 14-4에 제시된 것과 같이) 학생들에게 3×3 정사각형 형태의 날짜에 들어 있는 모든 숫자의 합을 찾아보게 하여라. 동일한 크기의 여러 가지 다른 정사각형 형태의 날짜에 들어 있는 숫자의 합을 구해본 다음에 학생들은 그 합이 항상 중앙에 있는 수의 9배라는 것을 발견할 수 있다. 고학년 학생들은 왜 그렇게 되는지 이해할 수 있어야 한다. 그림 14-4에 제시된 것처럼, 중앙에 있는 수에 대해 문자(m)를 사용하고 정사각형 안의 다른 수들도 그 문자를 사용해서 표현하면 도움이 될 것이다. 9개 정사각형에 들어 있는 식의 합은 9×m임에 주목하여라. 초등학교 고학년 학생들은 이러한 일반화를 하는 데 어려움이 없어야 한다.

관계: 함수

함수는 증가 패턴과 같이 패턴으로 취급될 수 있다. 표를 만들고 패턴을 논의함으로써 교사는 학생들이 두 양을 관련짓는 일반적인 규칙(함수)을 찾도록 도울 수 있다. 이때 관계가 단지 하나의 연산만 포함한다면, 학생들은 쉽게 규칙을 찾을 수 있을 것이다. 예를 들어, <수업자료 14-3>에서 어떻게 기계가 작동하는지 월요일부터 목요일까지의 규칙을 진술하는 것은(R은 결과 즉 출력값이고, I는 입력값이다) 아래와 같이 쓸 수 있다.

월요일: $R = I \times 4$
화요일: $R = I + 10$
수요일: $R = I \div 2$
목요일: $R = I - 16$

금요일은 어떠한가? 그 기계는 하루 종일 동일한 일을 반복한다는 것을 기억하여라. 학생들은 다음과 같이 반응하는 경향이 있다. "개구리에 점 7개를 더하는 것 같아요. 그러나 이런 규칙이 두꺼비에게는 적용되지 않아요. 두꺼비에게는 3배의 점이 더해졌어요." 다음은 학생들이 올바른 방향으로 생각하도록 교사가 제시할 수 있는 일부 질문이다.

- 동물들이 처음에 들어갈 때보다 나올 때 점이 더 많아지는가? 적어지는가? (많아진다.)
- 같은 수를 더하면 되는가? (아니오.)
- 같은 수를 곱하면 되는가? (아니오. 두꺼비에게는 3배이지만 개구리나 도롱뇽에게는 3배가 아니다.)
- 기계가 연산 2개를 사용한다면 어떻게 될까? 기계가 곱한 다음에 더한다면 어떻게 될까?

학생들에게 빨리 생각하도록 재촉하지 말아야 한다. 학생들은 나중에 대수 공부를 하면서 이러한 문제를 해결하기 위한 특정한 기법을 배울 것이다. 그러나 이 시점에서는 추측해 보고 이를 확인하는 것이 중요하다.

최근의 TIMSS와 NAEP 평가에서 4학년 학생들에게 두 쌍의 수가 서로 어떻게 관련되는지 묻는 질문을 했다. 학생들은 종종 한 쌍의 수에는 적용되지만 다른 쌍에는 관련되지 않는 규칙을 찾았다. 학생들은 각 쌍이 동일한 관계를 가지고 있고 그래서 그것을 찾아야 한다는 것을 알지 못한 것이다. <수업자료 14-3>과 같은 활동은 학생들이 함수가 패턴을 표현하는 일반적인 아이디어를 깨닫도록 하는 데 도움이 된다.

교사는 학생들로 하여금 생각을 "원래대로 되돌리도록(undo)" 요구해야 한다. 예를 들어, <수업자료 14-3>을 사용할 때, 교사는 학생들에게 출력값을(동물이 어떻게 나왔는지) 말해준 다음, 들어갈 때 무늬

수업자료 14-5

규칙에서 그래프로

학습목표: 주어진 규칙에 따라 함수를 그래프로 나타내기. 그래프 분석하기.
대상학년: 4~6학년(그래프 그리기), 5~6학년(분석하기)
자료: 모눈종이

다음 각각의 규칙에 따라 수치를 나타내는 표를 만들어라. x는 0, 1, 2, 3, 4, 5라고 하자.

규칙 A

y = 2x + 1

표

x	y
0	1
1	3
2	5
3	7
4	9
5	11

그래프

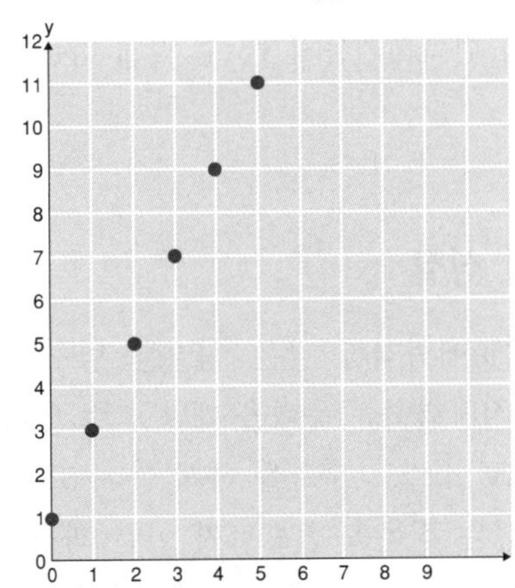

규칙 B: y = x
규칙 C: y = 2x
규칙 D: y = 4
규칙 E: y = 2x + 2
규칙 F: y = 2x + 4

1. 규칙 B와 규칙 C에 대한 그래프를 보아라. 두 그래프는 어떤 점에서 비슷한가? 두 그래프는 어떤 점에서 다른가?
2. 규칙 B와 규칙 D에 대한 그래프를 보아라. 두 그래프는 어떤 점에서 비슷한가? 두 그래프는 어떤 점에서 다른가?
3. 규칙 C와 규칙 E에 대한 그래프를 보아라. 두 그래프는 어떤 점에서 비슷한가? 두 그래프는 어떤 점에서 다른가?
4. 규칙 $y = 2x + 3$의 그래프와 규칙 E와 규칙 F를 비교하면 어떻게 될 것 같은가? 추측을 확인해 보아라.

가 몇 개가 있었는지 질문할 수 있다. 교육자들은 이것을 **생각의 가역성**(reversibility of thinking)이라 부르는데(Driscoll, 1999), 이는 대수적으로 생각하는 것을 배우기 위해서 학생들이 개발해야 하는 핵심적인 기술 중의 하나이다.

함수는 또한 수학 이외의 다른 교과목에서 변화를 공부하는 좋은 방법이다. 예를 들어, 과학 수업에서 학생들은 종종 식물이 어떻게 자라는지 또는 다른 자연 현상이 어떻게 변화하는지에 대한 자료를 모으는데, 그러한 변화가 발생하는 패턴은 종종 함수로 표현될 수 있다. 그러한 변화는 항상 단순한 규칙으로 표현되지 않을 수 있지만, 학생들은 자료를 그래프로 나타내어 변화를 모델링하고 규칙을 결정하는 데 도움이 되는지 알아볼 수 있다. <수업자료 14-5>는 학생들이 규칙(함수), 변수들의 순서쌍 그리고 그래프의 관계를 이해할 수 있게 한다.

등식(규칙), 수치 값을 나타내는 표, 그래프를 연결함으로써 학생들은 상황을 분석할 수 있게 된다. 학생들에게 그래프를 비교해보게 하는 질문을 제기하는 것은 한 가지 표현(규칙)의 변화가 다른 것(그래프)을 어떻게 변화시키는지 볼 수 있게 하는 첫 번째 단계이다.

관계: 수의 성질

학생들은 분배법칙과 같은 성질을 탐구함으로써 일반화하고 정당화하는 능력을 개발할 수 있다. 학생들이 전적으로 스스로 추측을 하게 할 수도 있고, 교사가 사려 깊은 질문을 함으로써 이런 과정을 시작할 수도 있다. 일부 교사들은 학생들의 추측과 함께 그 추측을 누가 했는지 학생 이름을 함께 적어서 전체 학급 학생들이 볼 수 있게 제시하기도 한다. 모든 수에 대해서 추측이 항상 참인지 아닌지 증거를 찾을 때마다 학생들은 이런 추측에 대해서 다시 생각해 볼 수 있다. 어떤 추측이 모든 수에 대해서 참이 아니라는 것을 증명하는 데는 단지 하나의 예만 필요하다는 점을 기억하여라. 예를 들어, "두 수를 곱하면, 그 곱은 항상 곱해진 각 수보다 크다."라는 추측

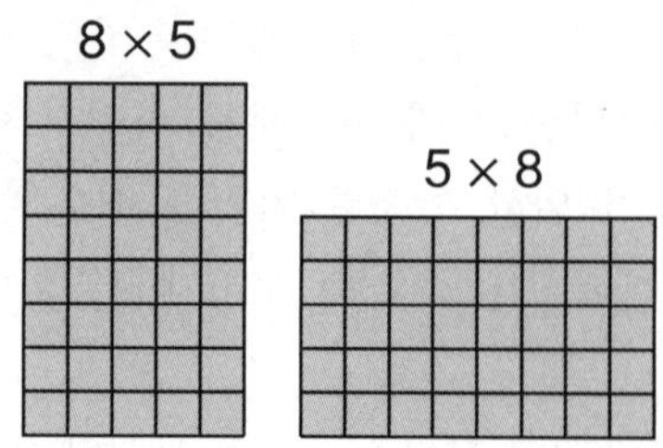

그림 14-5 8×5=5×8의 모델

을 생각해 보자. 이 추측은 양의 정수에 대해서는 항상 참이지만, 모든 정수에 대해서 항상 참인 것은 아니다. $0 \times 6 = 0$이라는 하나의 예를 보면, 곱(0)은 곱해진 수 중의 하나(6)보다 작다. 따라서 이 추측은 모든 수에 대해서 항상 참인 것은 아니고 그렇기 때문에 그 추측은 거짓인 셈이다. 추측이 참이 아니라고 증명하는 것은 참임을 증명하는 것만큼이나 중요하며, 더 간단하기도 하다.

어린 아동들은 많은 수학적 성질이 "맞게 작용하기 때문에" 그 성질을 직관적으로 사용한다. 예를 들어, 대부분의 1학년 학생들은 9부터 2만큼 세어 올라감으로써 $2+9$를 계산할 수 있다. 실제로 학생들은 임의의 두 수 a, b에 대해서 $a+b=b+a$로 진술될 수 있는, 덧셈에 대한 교환 법칙을 이용하고 있는 것이다. 물론 이와 같은 언어나 기호화는 매우 어린 아동들에게 너무 형식적이지만, 아동들은 구체적 대상을 이용하여 이것을 모델링함으로써 증명할 수 있다. 그림 14-5는 3학년과 4학년 학생들이 $a \times t = t \times a$ (곱셈에 대한 교환법칙)의 특정한 예가 되는 $8 \times 5 = 5 \times 8$을 모델링하기 위해서 연결 큐브를 어떻게 사용했는지 제시한 것이다(Carpenter & Levi, 2000).

이 그림은 특정한 경우만을 예시로 나타내지만, 학생들은 결국 이 모델이 제시하는 것은 큐브 배열의 한쪽 변을 돌리기만 하면 어떤 배열에 대해서든지 적용된다는 점을 찾아낼 수 있다. 이 모델은 모든 자연수에 대해서 교환 법칙이 성립한다는 것을 확신시키는가?

분배 법칙은 임의의 세 수 a, b, c에 대해서 $a \times (b+c) = (a \times b) + (a \times c)$라고 진술될 수 있다. 학생들은 이런 성질을 인식하지 않고서도 자연스럽게 이 성질을 사

용한다. 예를 들어, 이 장의 앞부분에 제시했던 다음 문제를 생각해 보자.

> 민선이는 모래놀이를 하려고 바구니 4개를 들고 바닷가에 갔다. 각 바구니에는 모래삽 3개와 갈퀴 2개가 들어 있다. 민선이가 바닷가에 들고 간 도구는 모두 몇 개인가?

일반적으로, 이 문제에 대해서 학생들은 다음 두 가지 방법 중의 한 방법을 이용한다.

1. 학생들은 각 바구니에 있는 도구의 개수를 찾기 위해서 먼저 모래삽의 수와 갈퀴의 수를 더한 다음(3+2), 그 합에 4를 곱한다. 이 과정은 (3+2)×4 또는 교환 법칙을 사용하여 4×(3+2)로 나타낼 수 있다.
2. 학생들은 먼저 전체 모래삽의 수(4×3)와 전체 갈퀴의 수(4×2)를 찾은 다음 이를 더해서 (4×3)+(4×2)로 나타낼 수도 있다.
3. 두 가지 방법을 통해 모두 동일한 정답 20을 찾을 수 있다는 사실은 분배법칙, 4×(3+2)=(4×3)+(4×2)임을 나타낸다.

구체적 자료를 사용해서 이 분배법칙을 어떻게 모델링할 수 있는가? 보다 일반적으로 이 성질을 어떻게 정당화할 수 있는가?

학생들에게 수학적 성질을 나타내는 예를 제시해서 학생들이 그러한 성질을 일반화할 수 있는지 알아보는 것이 중요하다. 먼저 학생들에게 닫힌 식을 제시하고 그 식이 참인지 증명하게 한다. 그런 다음, 학생들에게 유사한 열린 식을 제시한다. 마지막으로, 예로 제시한 수식이 나타내는 성질을 일반화하기 위한 추측을 해 보도록 학생들을 격려한다. 학생들이 즉각적으로 훌륭한 일반화를 할 수 있을 것이라고 기대하지 말아야 한다. 학생들에게 추가적인 예를 제시해 주거나 학생들 스스로 몇 개의 예를 더 만들어 보게 하는 것이 도움이 될 수도 있다. 학생들이 추측할 때 사용하는 단어들은 아마도 수정될 필요가 있을 것이다. 그런 추측을 어떻게 문장으로 나타낼 것인지 전체 논의를 함으로써 학생들이 수학적으로 기록하는 방법을 배우게 하는 것도 중요하다. 다음 표는 교사가 학생들과 함께 사용할 수 있도록, 닫힌 식과 열린 식, 그리고 이에 대응하는 일반화의 예를 제시한 것이다.

닫힌 식	열린 식	일반화 (수학적 성질)
79+0=79	37+□=37	0과 어떤 수를 더하면 그 수가 된다.
0×54=0	0×□=0	어떤 수에 0을 곱하면 0이 된다.
33−0=33	83−□=83	어떤 수에서 0을 빼면 원래 수가 된다.
67−67=0	3456−□=0	어떤 수에서 그 수를 빼면 0이 된다.
24×1=24	1002×□=1002	어떤 수에 1을 곱하면 원래 수가 된다.

이 예에서 일반화에 사용된 단어는 비형식적이지만 옳은 것이다. 학생들은 비형식적인 단어를 사용할 수 있기 때문에 교사는 학생들의 단어가 명확하고 옳은 것인지 아닌지 학생들이 스스로 생각해 보도록 도와줘야 한다. 예를 들어, 학생이 "어떤 수와 0을 빼면, 원래 수가 된다."라고 말한다면, 전체 학급으로 하여금 왜 이 문장이 명확하지 않은지 논의하도록 격려해야 한다("어떤 수와 0을 뺀다(subtract any number and zero)"는 것은 말이 되지 않는다).

종종 교사는 고학년의 학생들로 하여금 발견한 것을 대수를 이용하여 설명하도록 도울 수 있다. 따라서 대수를 활용하는 것에 교사가 익숙해야 한다. <수업자료 14-6>은 두 분수 사이에 새로운 분수를 삽입하기 위한 일반적인 법칙을 성현이가 만들 수 있도록 교사가 어떤 질문을 했는지, 그리고 분수 하나와 분수 두 개를 삽입해 보는 더 간단한 예에 대해서 성현이가 증명할 수 있도록 교사가 어떻게 도와주었는지를 제시하고 있다.

수업자료 14-6

분수 발견

학습목표: 두 분수 사이에 있는 분수를 찾기 위한 규칙 발견하기. 이 규칙을 대수적으로 증명하기.
대상학년: 6학년 이상

성현이는 2개의 특정한 유형의 분수 사이에 있는 분수를 찾는 규칙을 발견했다. 이 규칙을 발견할 수 있는지 다음 질문에 답해 보시오.

1. 성현이의 규칙은 다음 분수 쌍에는 들어맞았다.

   A. $\frac{1}{3}$과 $\frac{2}{3}$ B. $\frac{3}{5}$과 $\frac{4}{5}$ C. $\frac{4}{11}$와 $\frac{5}{11}$

   그러나 성현이의 규칙은 $\frac{3}{7}$과 $\frac{4}{9}$ 사이에 있는 분수를 찾는 데는 들어맞지 않았다.
   성현이의 규칙이 들어맞는 분수 쌍을 어떻게 기술할 수 있겠는가?
2. 성현이는 "한 쌍의 분수 사이에 있는 수를 찾기 위해 분자와 분모에 2를 곱했어요."라고 말했다. B에 대해 이렇게 했다.

   $$\frac{3\times 2}{5\times 2} \quad \frac{4\times 2}{5\times 2}$$

   이렇게 하면 $\frac{6}{10}$, $\frac{8}{10}$이 나오니까 $\frac{7}{10}$이 두 분수 사이에 있는 분수이다.
   이 규칙을 A와 B에도 시도해보시오.
3. 교사는 "이러한 분수 쌍 사이에 있는 분수를 두 개 찾기를 원한다면 어떻게 하겠니?"라고 질문했다. 성현이는 "사이에 있는 분수 1개를 찾기 위해서 2를 곱했으니까, 이번에는 3을 곱하면 될 것 같아요"라고 추측했다. 성현이의 추측을 위의 세 가지 쌍의 분수를 가지고 확인해 보시오.
4. 이러한 분수 쌍 사이에 있는 분수 3개를 찾기 위하여 추측한 것을 써보아라. 확인해보시오.
5. 더 많은 예를 가지고 시도해 보고 이러한 분수 쌍 사이에 있는 분수 n개를 찾기 위한 추측을 써 보시오.

도전 A. 사이에 있는 분수 1개와 2개를 찾기 위한 규칙은 이런 유형의 분수 쌍에도 적용된다는 것을 증명하시오. (힌트: 한 분수가 $\frac{a}{b}$라면 두 번째 분수를 어떻게 기술하겠는가?)

도전 B. 이와 같은 분수 쌍에 대해서 임의의 개수의(n) 분수에 적용되는 규칙을 증명하시오.

도전 C. 분모가 동일하지 않다면 어떻게 되겠는가? 방법을 찾을 수 있는가?

모델링, 일반화, 정당화의 다른 측면

이 절에서는 모델링, 일반화, 정당화를 강조하기 위해서 사용할 수 있는 문제, 패턴, 관계에 대한 예를 제시하였다. 이런 과정들을 종종 함께 제시할 수도 있지만, 또한 각각에 대해서 초점을 맞출 수도 있다. 예를 들어, 모델을 정당화하거나 일반화하지 않으면서 모델링할 수 있고, 모델링하거나 정당화하지 않은 일반화를 추측해낼 수도 있다. 그러나 무엇을 하든지 간에 정당화를 할 때 수학의 힘이 생기게 되는 것이다. 이것은 학생들이 수학을 이해하고 있는지를 알아보는 방법이기도 하다.

"일반화를 정당화하기 위해서 학생들이 전형적으로 사용하는 논쟁은 다음 3가지 범주로 요약될 수 있다. 권위에 호소하기, 예를 들어 정당화하기, 연역적인 논쟁"(Carpenter & Romberg, 2004, p.28). 이 연구자들에 따르면, 권위에 호소하는 것은 실제로는 정당화를 회피하는 것임을 강조한다. 예를 들어, 한 학생이 "우리 선생님이 분수의 나눗셈에서는 나누기 기호 뒤의 수에서 분자와 분모를 바꾼 다음 곱하라고 했어요."라고 말한다면, 이는 이렇게 계산하는 방법에 대한 수학적 정당화를 제시하는 것도 아니고, 분수 나눗셈에 대한 이해를 나타내는 것도 아니다. 대부분의 교과목에서와 마찬가지로 수학에서도 누군가 그렇게 하라고 했다는 이유만으로 그렇게 해서는 안 된다는 것을 학생들이 배울 필요가 있다. 그 대신에, 학생들은 왜 그렇게 하는 방법이 그럴듯한지(또는 그럴듯하지 않은지)를 이해할 필요가 있다.

이 장에서는 예에 의한 정당화와 비형식적 설명(형식적인 연역적 논쟁과 같이 엄밀하게 논리적이지 않은 설명)에 의한 정당화에 주로 초점을 두었다. 교사는 학생들로 하여금 모델을 만들고, 학생들이 할 수 있을 때 기호적 표현을 만들어내게 하며, 어떻게 일반화를 할 수 있는지 격려해야 한다. 이런 것들은 일반화를 이해하고 완전하게 일반화를 정당화하기 위

[오류유형 14-3]

- 과제: 다음 추측이 옳은지 판단하여라. "어떤 수 하나를 선택한다. 그 수에 5를 더한 다음 3을 뺀다. 그리고 그것에 2배한다. 그러면 답은 처음 선택한 수의 4배이다."

- 오류: 옳다. 왜냐하면 2를 선택해서 5를 더하면 7이 되고 또 3을 빼면 4가 된다. 4에 2배를 하면 8이 된다. 8은 2의 4배이다.

- 원인: 이 아동은 문제를 정확하게 이해하고 있지만, 한 가지 사례만을 가지고 정당화한 것이다.

- 지도방안: 이 아동에게 다른 수에 대해서도 그 추측이 맞는지 확인해보라고 한다. 또는 다른 친구들의 의견을 들어보게 한다.

한 중요한 단계인데, 어린 아동들도 이런 부분들을 다룰 수 있을 것이다.

[오류유형 14-3]을 살펴보고 교사가 어떻게 대처해야 할지 생각해보시오.

우리는 2학년인 수지와의 인터뷰를 요약함으로써 이 절을 마치려고 한다. 수지의 교사는 초등학교에서 어떻게 대수적 사고를 촉진할 수 있는지를 탐색하는 연구 모임에 참여하고 있었다. 이 반에서는 추측을 하고 정당화하도록 격려하였는데, 예를 들어, 교사는 수지에게 $a+b-b=a$임을 정당화하라고 했다. 이 인터뷰의 비디오를 보면(Carpenter & Romberg, 2004), 수지의 추측에 대한 생각을 알 수 있고, 교사가 어떻게 수지가 더 깊이 있게 생각하도록 격려하고 있는지 알 수 있다.

> 수지는 처음에는 여러 종류의 수를 가지고 많은 예를 사용해서 이 추측을 정당화할 것을 제안했다. 그러나 수지는 모든 수에 대해서 할 수 없음을 깨달았고, 몇 가지 예를 가지고 시도해 봄으로써 모든 수에 대해서 항상 참이라고 일반화할 수 없음을 알게 되었다. 교사는 수지가 수를 가지고 조작해보는 초기 전략으로부터 보다 일반화된 증명을 위해서 적절한 성질을 사용할 단계로 나아가고 있음을 알게 되었다. 예를 들어, 수지는 "한 수를 더한 다음 그 수를 그대로 빼면, 0이 된다는 것을 압니다."라고 말하였다. 그러고 나서 수지는 학급 친구들이 논의했던 두 가지 추측, 즉 $b-b=0$과 $a+0=a$를 사용하였다. 수지는 이 두 가지 추측이 참이라면, 자신의 추측 $a+b-b=a$도 참임에 틀림없다고 주장하였다(Carpenter & Romberg, 2004, pp.30-31).

이것은 어린 아동들이 연역적인 논쟁을 시작하는 것에 대한 좋은 예이다. 수를 가지고 하는 방법(수지가 처음에 했던 전략)보다 이 방법이 더 나은지 물어보았더니, 수지는 "이 방법이 더 낫지요. 왜냐하면 수를 가지고 하는 방법은 평생 동안 해도 모든 수에 대해서 다 시도해 보지 못할 테니까요. 그러나 이 방법은 한 가지만 하면 되고 그게 증명이 되니까요."라고 말하였다(Carpenter & Romberg, 2004, pp.30-31).

문화적 연계성

대수는 여러 문화에 뿌리를 두고 있다. 대수를 의미하는 영어의 Algebra는 방정식의 풀이와 관련된 규칙을 뜻하는 아랍어 'al-jabr'에서 유래된 것이다. 인도, 바빌로니아, 이집트, 그리스는 대수학의 발전에 크게 기여한 문화이다.

종종 산술의 일반화로 간주되는 전통적인 대수는 4세기에 개발되기 시작했다. 그러나 19세기에 이르러서야 비로소 중등학교에서 대수를 공부하기 시작했다. 20세기 동안 대수는 수학을 더 많이 공부하고자 하는 학생들에게 핵심적인 과목이 되어 왔다. 그러나 미국에서는 최근에 이르러서야 모든 학생들이 공부해야 하는 과목이 되었다. 이것은 꽤 오랫동안 모든 학생들에게 대수가 핵심적인 과목이 되어왔던 대부분의 다른 선진국의 상황과 대조적이다.

최근의 TIMSS 연구(Mullis et al., 2004)는 이 연구에 참여했던 나라들의 4학년 교육과정에 포함된 대수 주제에 대한 정보를 수집했다. 이 연구에서는 6개의 주제를 찾았는데, 그 주제는 패턴, 동등성, 등식에서 미지수 찾기, 간단한 등식, 주어진 규칙에 따라 관련된 수의 쌍 찾기, 주어진 쌍의 수에 관련된 규칙 찾기이다. 여러 나라에 걸쳐 가장 빈번하게 포함된 주제는 등식에서 미지수를 찾는 것이었고 그 다음은 패턴이었다. 학생들이 주어진 수의 쌍에 맞는 규칙을 찾아내게 하기보다는 주어진 규칙과 관련된 수의 쌍을 찾게 하는 나라가 더 많았다.

통계적으로 미국의 4학년 학생들은 대수에서 국제 평균보다 더 높았는데, 이러한 경향은 측정을 제외한 다른 영역에서도 그러했다. 전체 참여국 25개국 중에서 단지 6개국 학생들이 미국 학생들보다 통계적으로 더 잘했고, 미국 학생들은 다른 11개국 학생들보다 유의미하게 잘 수행했다. 물론 이것은 다른 나라에서 여러분의 수업에 참여하고 있는 개별 학생들이 대수에 대해서 얼마나 잘 아는지를 알려주지는 않는다. 주의 깊은 질문과 경청을 통해야만 그 학생들의 대수적 경험을 알게 될 것이다.

요약

NCTM의 대수 규준은 패턴과 관계, 대수적 기호를 사용해서 수학적 상황을 표현하고 분석하는 방법, 관계를 표현하고 이해하기 위해서 모델 사용하기, 다양한 맥락에서 변화를 분석하기를 강조한다. 우리가 이 장에서 대수적 사고를 개발하기 위한 주제로 문제, 패턴, 관계를 다루면서 이러한 아이디어를 살펴보았다. 이러한 주제들은 다른 교과목뿐만 아니라 수학교육과정의 모든 분야에서 나타난다. 학생들이 대수적으로 생각하도록 돕는다는 것은 또 하나의 주제를 추가한다는 것을 의미하지 않는다. 이것은 그러한 영역을 다르게 가르칠 필요가 있다는 것을 의미한다. 교사는 질문을 통해서 학생들이 대수적 개념과 대수적 사고 습관을 개발하도록 도울 수 있다. 학생들이 문제, 패턴, 관계를 모델링하도록 돕고 일반화하도록 격려하며 자신의 생각과 진술을 정당화하도록 해야 한다. 교사들은 학생들에게 질문을 제기하고 학생들이 학습하고 있는 모든 수학과 관련해서 자신들의 아이디어를 논의하고 방어하는 기회를 제공할 필요가 있다.

연|습|문|제|

01. 대수를 왜 초등학교에서 학습해야 하는가? 초등학교에서 학습하는 대수는 어떤 것인가?
02. 두 가지 유형의 패턴은 무엇인가? 두 가지 유형의 패턴은 어떻게 다른가? 두 가지 유형의 패턴은 어떻게 비슷한가? 특히 이 장에서 논의한 대수적 사고를 개발하는 데 그 두 패턴이 어떻게 비슷하고 어떻게 다른가?
03. 초등학교 학생들에게 어떤 대수적 언어와 기호가 필수적인가?
04. 열린 식과 닫힌 식의 차이는 무엇인가?
05. 정형 문제의 표현이 어떻게 대수적 사고를 향상시킬 수 있는가?
06. 대수적 사고를 기술하기 위해서 어떤 세 가지 과정이 활용되었는가? 각각에 대한 예를 들어 설명하시오.
07. <수업자료 14-4>에 있는 블록 색칠하기 문제를 완성하시오.
08. 수의 성질이라는 절에 있는 진술들을 정당화하시오.

연|구|문|제|

01. 학생들에게 수학적 문장이 참인지 거짓인지 질문하거나, 학생들의 초기의 잘못된 이해를 보여주는 문장제를 풀어보게 한다. 동등성, 수학적 문장, 정당화에 대한 학생들의 이해에 대해 무엇을 배웠는가?

02. <수업자료 14-3>에 있는 활동지나 스스로 설계한 활동지를 사용하시오. 학생들과 함께 예제 한 두 개를 해 보시오. 학생들이 입력-출력에 대한 규칙을 정당화하기 원한다는 것을 알겠는가? 학생들이 그 규칙에 맞지 않는 수를 찾을 수 있는가?

03. 5학년이나 6학년 학생들에게 정원 문제를 해결하게 하시오. 학생들이 8×1 형태의 정원으로 일반화하는 데 어려움을 겪는다면, 3×1과 4×1 형태의 정원을 그려보도록 하시오. 정원과 타일의 수 사이에 어떤 패턴을 찾을 수 있는지 학생들로 하여금 기술하게 하시오. 그렇게 함으로써 학생들이 더 큰 정원으로 일반화하는 데 도움이 되는지, 또는 학생들이 여전히 그림을 그릴 필요가 있는지 알아보시오. 문제를 잘 이해한 학생들에게는 x×1 형태의 정원에 필요한 타일의 개수가 몇 개인지 질문하시오.

04. 여러분의 대수 수업에 대한 경험은 어떠했는가? 이 장에서 추천된 배경 지식을 알고 있었다면 무엇이 달랐을 것이라고 생각하는가? 예를 들어 설명하시오.

05. 대수적 사고에서 왜 동등성이 중요한 아이디어인지 기술하시오.

06. 현재 교육과정 시리즈에서 대수 수업이라고 제시된 것을 찾아서 하나의 수업 아이디어를 선택하시오. 수업을 간단하게 요약하고 그 수업이 이 장에서 제시된 아이디어를 지지하는지 아니면 반대하는지 요약하시오.

07. NCTM의 Illuminations 웹 사이트에서 저울 균형 활동을 살펴보시오. 이 상호작용적인 저울 과제를 사용하여 수치적 표현이나 대수식을 다룰 수 있다. 이러한 활동을 활용하는 수업 계획을 설계하시오.

아동용 추천도서

Barry, D. *The Rajah's rice.* New York: W. H. Freeman, 1994.

Calmenson, S. *Dinner at the panda palace.* New York: HarperCollins, 1991.

Geringer, L. *A Three Hat Day.* New York: Harper & Row, 1987.

Murphy, S. J. *Beep, Beep, Vroom, Vroom!* New York: HarperCollins, 2000.

Swinburne, S. R. *Lots and Lots of Zebra Stripes*. Honesdale, PA: Boyds Mills Press, 1998.

제 15 장 도형

"기하학은 모든 그림의 토대가 되기 때문에,
나는 미술을 배우고 싶어하는 모든 젊은이들에게
기하학의 기초와 원리를 가르치기로 결심했다."
- 뒤러(Albert Durer, 예술가)

이 장의 핵심 질문

1. 왜 초등학교 수학교육과정에 도형이 포함되어야 하는가?
2. 어린 아동들과 초등학교 학생들은 도형에 대해서 무엇을 배워야 하는가?
3. 반 힐레(van Hiele)의 수준에 비추어볼 때 초등학생들이 도형에 대한 경험을 개발하도록 어떻게 안내해야 하는가?
4. 초등학교 학생들의 공간 추론과 공간 시각화 기능을 향상하기 위해서 도형과 관련해서 어떤 유형의 탐구가 도움이 되는가?
5. 도형에서 위치(location)와 이동(movement)은 어떤 역할을 하는가?
6. 합동과 닮음은 변환 기하학과 어떤 관련이 있는가?

서론

교사 중에는 기하학에 대하여 다음과 같이 반응하는 교사도 있을 것이다.

"아, 나는 결코 증명을 할 수 없었어."
"학생들이 어차피 이해하지 못하는데, 왜 기하학을 가르쳐야 하는 거지?"
"그 이외의 모든 것을 다 끝낸 후에 기하학을 가르치자."

이러한 반응에는 여러 가지 이유가 있다. 먼저, 고등학교 때 기하 수업이 만족스럽지 못했던 것과 같은 개인적인 경험에서 비롯될 수 있다. 다음으로 초등학교 학생들에게 추상적이고 정의에 입각한 접근 방법을 사용한, 부적절한 기하 교육과정에서 비롯되기도 한다. 또는 100년 이상 다양한 전문가 집단들이 기하학을 교육과정에 포함해야 한다고 권장하기는 했지만, 역사적으로 계산을 강조해왔기 때문이기도 하다.

여러분과 함께 일하는 교사 중에는 기하학에 대해 다음과 같이 반응하는 교사도 있을 것이다.

> "기하학을 잘하는 학생을 보면 놀랍다. 하지만 그런 학생이 항상 산술을 제일 잘하는 것은 아니다."
>
> "아동이 어떠한 발견을 했을 때 눈이 반짝이는 것을 보는 것은 얼마나 기쁜 일인지!"
>
> "어떤 학생들은 몇 시간 동안 기하학 문제에 몰두한다."
>
> "기하학을 통해 의사소통 기능을 다룰 기회를 얻게 되고 학생들이 지시에 따르도록 돕는 기회를 갖게 된다."
>
> "학생들이 기하학을 다룬 후에 보이는 공간 능력의 변화 때문에 나는 놀란다."
>
> "나는 학생들과 함께 공부하는 것을 좋아한다. 이전에는 결코 기하를 좋아하지 않았다."

왜 초등학교 수학교육에 기하학을 포함해야 하는가?

- 기하학은 학생들을 수행 능력과 지속성 측면에서 다른 수학 영역과 다른 방식으로 참여하게 한다.
- 기하학은 모양이나 그 성질에 대해서 의사소통할 수 있는 기회를 제공한다.
- 기하학은 추론 능력을 기를 수 있게 한다. 학생들은 도형에 대해서 추측하고 그 추측을 정당화할 수 있다. 예를 들어, 대칭축을 따라 이등변 삼각형을 접어봄으로써 학생들은 두 변이 합동이고 두 각이 합동이라는 것을 이해할 수 있다.
- 기하학은 교사로 하여금 다른 여러 수학 주제들을 가르치는 데 도움을 준다. 예를 들어 분수를 나타내는 모델, 곱셈을 나타내는 영역 모델, 그리고 대수적 표현을 가능하게 하는 수식과 같이 많은 표현 방법들이 본질적으로 기하학적이다.
- 기하학은 다른 수학 주제들과 밀접하게 관련이 있

표 15-1 기하학적 사고와 관련한 성취기준(CCSSM)

학년	성취기준
유치원	입체도형(3차원)과 평면도형(2차원)을 인식하고, 묘사하고, 이름 지을 수 있다. 사물의 상대적 위치를 묘사할 수 있다.
1학년	속성에 초점을 둘 수 있다. 정의하는 속성(예를 들어, 삼각형은 변이 세 개인 단일폐곡선이다)과 정의하지 않는 속성(예를 들어, 방향이나 색깔)의 차이점을 구분할 수 있다. 정의된 속성을 갖고 있는 도형을 만들거나 그릴 수 있다. 도형을 비교하고, 도형을 분해(예를 들어, 정사각형은 두 개의 삼각형으로 나눌 수 있다)하거나 합성하여 다른 도형을 만들 수 있다.
2학년	각의 수 또는 변의 수와 같이 특정한 속성을 갖고 있는 도형을 인식하고 그릴 수 있다.
3학년	서로 다른 범주에 속하는 도형이라도(예를 들어, 마름모, 직사각형 등), 같은 속성을 갖고 있으면(예를 들어, 네 변의 길이가 같다), 같은 속성은 더 큰 범주로 정의된다(예를 들어, 사변형)는 것을 이해할 수 있다. 마름모, 직사각형, 정사각형을 사변형의 예로 인식하고, 여기에 속하지 않는 사변형의 예를 그릴 수 있다.
4학년	평면도형에서 점, 선, 선분, 직선, 각(직각, 예각, 둔각), 수선, 평행선을 이해할 수 있다. 수선이나 평행선의 유무, 또는 특정한 크기의 각의 유무에 따라 평면도형을 분류할 수 있다. 평면도형의 대칭선을 인식하고 그릴 수 있다.
5학년	평면도형의 한 범주에 속하는 속성은 그 범주의 모든 하위 범주에도 적용된다는 것을 이해할 수 있다. 도형의 성질에 따라 평면도형을 위계적으로 분류할 수 있다.
6학년	좌표평면에 주어진 다각형을 그릴 수 있다. 입체도형의 전개도를 그릴 수 있다.

표 15-2 기하적 사고 수준(van Hiele 수준에 대한 Clements와 Battista의 수정 버전)

수준	설명	학생들의 반응 예
0수준 (사전인식)	아이들은 일부 시각적 단서에만 초점을 둔다.	삼각형을 보여주면 아이들은 곧은 선에 집중해서 정사각형이라고 말한다.
1수준 (시각적)	아이들은 전체로서 도형 모양을 본다. 아이들은 속성의 분석이 아니라, 시각화에 기초해서 성질을 묘사할 수 있다.	아이들은 "문처럼 생겼기" 때문에 직사각형이라고 말한다. 아이들은 세어봄으로써 직사각형의 변이 4개라고 말한다.
2수준 (묘사적/분석적)	아이들은 모양의 일부와 핵심 속성 간의 관계에 초점을 둔다.	아이들은 직사각형을 대응변이 같고 평행하며 4개의 직각을 가진 4개의 변을 가진 도형으로 묘사한다.
3수준 (추상적/관계적)	"학생들은 기하적 성질을 서로 관련짓고, 추상적인 정의를 만들며, 도형에 대해 필요조건과 충분조건을 구별한다."(Battista, 2007)	학생들은 "두 쌍의 대변이 평행하고 하나의 직각을 가진 사각형"이 직사각형의 충분한 정의라는 것을 안다.
4수준 (형식적 공리적)	학생들은 연역을 활용하여 명제를 증명한다. 이 수준은 형식적인 고등학교 기하 수업을 성공적으로 하기 위해 필요한 수준이다.	학생들은 주어진 공리를 이용하여 연역적 증명을 할 수 있다.

다. 이 장의 인용문에서 뒤러가 한 말을 보면, 그는 기하학을 아는 것이 예술가로서의 본질적인 것임을 이해한 것이다.

CCSSM에서는 길이, 넓이, 부피와 같이 측정할 수 있는 속성을 강조하기보다는 측정이 필요 없는 도형을 강조하고 있다. 측정에 대해서는 다음 장에서 자세하게 다룰 것이다. 도형의 개념에 대한 CCSSM의 성취기준은 표 15-1에 제시되어 있다.

아동들이 기하학적 개념을 어떻게 학습하고 사용하는지에 대한 논의를 하기 전에, 이와 관련한 연구들을 살펴보는 것이 좋을 것 같다. 네덜란드의 Dina van Hiele Geldof와 Pierre Marie van Hiele 부부는 기하학적 이해와 사고의 발달에 관한 연구를 통하여 기하 이해의 수준 모델을 제안하였다. Clements와 Battista(1992)는 이 모델을 연구한 다음, 표 15-2에 제시한 바와 같이 원래의 반 힐레 모델을 수정했다. 이 모델은 무엇을 해야 할지는 알려주지 않으나 활동을 분석하는 데 도움이 된다. 전통적으로 교사들은 학생들이 도형을 인식하고 이름을 붙이게 하는 것만을 주로 다룬다. 초등학교에서 경험하는 많은 도형 내용이 단지 시각적 수준(1수준)만을 필요로 하기 때문에, 왜 학생들이 고급 기하를 잘하지 못하는지 이해하는 것은 그리 어렵지 않다(Kloosterman et al., 2004). 초등학교와 중학교에서 학생들이 다음 두 수준으로 옮겨가도록 도울 필요가 있다.

아주 어린 아동들은 자신들이 지각할 수 있는 특정한 일부 시각적 단서에만 종종 관심을 갖는다. 이후에 아동들은 시각적 단서에 초점을 둔다. 직사각형처럼 보이기 때문에 직사각형이다. 이것은 강아지처럼 보이기 때문에 강아지라고 말하는 것과 비슷하다(1수준). 아동들이 강아지를 볼 때 여러 가지 강아지를 인식할 수 있는 것처럼 직사각형도 인식할 수 있다. 아동들은 어디에서 직사각형과 같은 모양을 볼 수 있는가? 문, 책, 탁자 위와 같이 직사각형의 예는 매우 많다. 유치원 아동들이라 할지라도 모양을 좀 더 분석적으로 바라보기 시작하는데, 예를 들어 직사각형은 4개의 변과 꼭짓점을 가지고 있는 것으로 묘사할 수 있다.

특별히 도형의 성질을 묘사하는 여러 가지 경험을 바탕으로(1수준, 시각적), 아동들은 모든 직사각형을 인식하기 시작하고 보다 주의 깊게 그 성질을 묘사하기 시작해서 2수준(묘사적/분석적)으로 옮겨간다. 이 수준에서 아동들은 모양이 같은 도형들(classes of shapes)에 대해 보다 정교하게 묘사할 수 있게 된다. 예를 들어, 아동들은 모든 직사각형은 4개의 변을 가지고 있고 두 쌍의 변이 평행하며, 변의 길이가 같고, 4개의 직각을 가진 것으로 기술할 수 있다. 그러나 이 수준의 아동들은 두 쌍의 변이 평행하고 하나의 직각을 가진 사각형으로 직사각형을 정의하는 것이 충분한 것인지를 인식하지 못한다. 이는 보다 추상적인 수준으로, 3수준(추상적/관계적)에 해당된다. 이 수준에서 학생들은 성질들 사이에 그리고 도형들 사이의 관계를 이해한다.

학생들이 동일한 활동을 할 때 교사는 종종 학생들이 여러 가지 다른 수준에 있음을 알 수 있고 질문을 통해 학생들이 더 깊이 있는 이해를 할 수 있도록 도울 수 있다. 이 절을 통해 이 수준들을 다시 생각해볼 것이다.

입체도형

우리는 기하적으로 표현되고 기술될 수 있는 3차원 세계에 살고 있다. 이 세계는 어린 아동들의 세계, 즉 아동들이 기하 감각을 탐구할 수 있는 세계가 되기 때문에 입체도형부터 시작해보고자 한다. 공이나 블록과 같이 아동들에게 익숙한 3차원 대상을 가지고 도형 탐험을 시작하는 것이 중요하다. 아동들은 공을 굴려보고, 아마도 블록도 굴려보려고 시도할 수 있다. 여러 가지 다른 경험을 통해 아동들은 이런 입체도형을 묘사할 수 있게 된다. 공과 같은 입체도형은 그 대상의 속이 비어 있다고 할지라도 입체(solid)라고 말한다. 즉 이 장에서 이런 모양들을 입체로 언급할 것이다. CCSSM에서는 2차원 도형(평면도형)과 3차원 도형(입체도형)을 구분하는 것을 강조하고 있다.

입체도형에 대한 개념이 어떻게 개발되는지 이해하기 위해서 이 절에서 그런 개념을 함께 논의한다. 그러나 이것이 평면도형을 고려하기 전에 이 모든 것을 논의해야 한다는 의미는 아니다. 학생들이 입체도형을 보다 분명하게 묘사하기 위해서는 평면도형에 대한 개념이 필요하기도 하다.

모델은 모든 기하에서 중요한 역할을 하는데 특히 입체도형에서 더욱 그러하다. 나무나 플라스틱으로 만들어진 입체를 구할 수 없다면, 이 절의 후반부에 제시된 모델과 같이 직접 만들 수 있다. 교사와 학생들은 특별한 이름을 갖지 않는 입체도형뿐만 아니라, 구(공), 원기둥(깡통), 각기둥(상자), 그리고 원뿔과 같이 특정한 모양을 가진 구체물을 수집해야 한다.

3차원 물체의 기하적 성질을 학습하는 것은 기하 학습에서 과정을 중시하고자 하는 목적을 강조할 수 있는 기회를 제공한다. 이 절은 이런 과정, 즉 묘사하기와 분류하기, 구성하기, 탐구하기, 발견하기와 같은 과정을 중심으로 구성된다.

묘사하기와 분류하기

아동은 둘 이상의 물체가 어떻게 기하학적으로 비슷한지 또는 다른지를 말하기 위해서 3차원 물체의 성질을 묘사할 수 있어야 한다. 묘사하기와 분류하기는 아동기부터 시작해서 초등학교 전반에 걸쳐 지속되어야 할 과정이다. 아동들이 알아야 할 목록에 새롭고 보다 복잡한 성질들을 추가할 수 있다. 묘사하기와 분류하기 활동은 아동들이 1수준의 사고를 개발할 수 있도록 돕고 반 힐레 모델의 2수준 사고를 향하게 한다. 묘사하기와 분류하기 활동은 고등학교 기하의 중요한 목표인 추상적/관계적(3수준) 사고를 개발하는 데 필수적이다.

다음의 여러 활동은 초급, 중급, 고급 수준의 학생들에게 적절한 용어와 성질을 제시한다. 고학년일지라도 3차원 활동을 해보지 않은 아동은 초급 활동에 묘사된 것과 같은 활동으로부터 얻는 것이 많을 것이다. 물론 고학년 학생들의 반응은 훨씬 세련될 것이다.

초급 활동 아동들은 자주 도형의 이름을 배우지만, 그 의미를 알고 이름을 사용하기 위해 필요한 분별력을 갖추지는 못한다. 초급 활동에서 교사는 아동들의 어휘에 기초하여 적절할 때 새로운 단어를 제시해야 한다. 입체도형의 이름을 사용할 수는 있지만, 아동들이 다음과 같은 활동을 할 때까지는 형식적으로 그 이름을 소개할 필요는 없다. "원뿔 그림을 모두 찾아라."와 같은 질문을 단순히 제시하는 것이 아니라 아동들에게 대답해 보게 하고 정당화하게 한다는 점에 주목하여라. 이런 활동들은 1수준에 해당되지만, 자신의 답에 정당화를 하면서 아동들이 2수준으로 옮겨가도록 도울 수 있다.

1. 나는 누구인가?

세 가지 물체(예를 들어 공, 원뿔, 상자)를 꺼내 놓는다. 그중 한 물체를 묘사한다(나는 전체적으로 둥글다, 나는 바닥이 평평하다, 또는 나의 면은 모두 평평하다). 교사가 어느 것을 묘사하고 있는지 학생들에게 물어보고, 왜 그 물체인지 그리고 왜 다른 물체는 안 되는지 말하도록 한다.

2. 쌓을 수 있는 것은 무엇인가?

모둠별로 여러 가지 입체도형을 제공하고, 쌓을 수 있는 것, 굴릴 수 있는 것, 미끄러지는 것에 따라 입체도형을 분류하게 한다. 보다 세련된 분류는 다음의 세 가지로 분류하는 것이다. 어느 면이 밑에 오더라도 쌓을 수 있는 입체도형, 어떤 방법으로 놓으면 쌓을 수 있지만 다른 방법으로는 쌓을 수 없는 입체도형, 어떠한 방법으로도 쌓을 수 없는 입체도형.

3. 두 도형이 어떻게 서로 비슷한가 또는 다른가?

전체 학급 논의에서 다음과 같은 두 입체 도형을 제시한다.

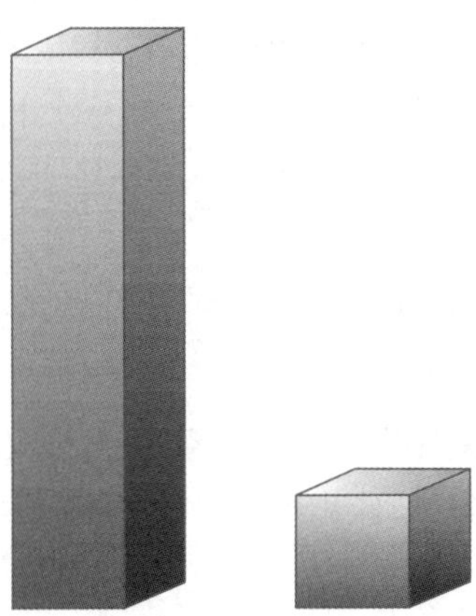

아동에게 위의 두 입체도형이 어떻게 비슷한지 또는 다른지를 말하도록 한다. 예를 들어 아동들은 다음과 같이 두 입체 도형을 비교할 수 있다.

"둘 다 전체적으로 평평하다."
"하나가 크다."
"한 입체도형이 더 큰 면을 가지고 있다."
"두 도형 모두 일부 정사각형인 면이 있다."
"두 도형 모두 6개의 면으로 되어 있다."

4. 속하지 않는 도형은 어느 것인가?

전체 학급 활동으로 다음과 같은 세 가지 입체도형을 제시한다.

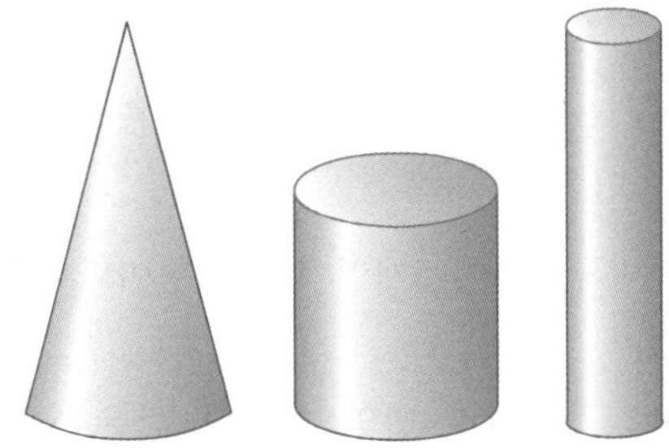

아동들에게 어느 것이 다른 두 개에 속하지 않는지 질문한다. 이 문제를 해결하는 방법은 많으므로 생동감 있는 논의를 하게 한다. 예를 들어, 어떤 아동은 A에는 꼭짓점이 하나 있기 때문에 속하지 않는다고 말할 것이다. 또 다른 아동은 B가 짧기 때문에 속하지 않는다고 말할 수 있고, 또는 가늘거나 그 밑면이 작다는 이유로 C가 속하지 않는다고 말할 수도 있다.

5. 몇 개의 면이 있는가?

면은 입체도형의 평평한 부분이다. 모둠별로 아동들이 다양한 모양의 입체도형에 있는 면의 개수를 세도록 한다. 그런 다음 6개의 면을 갖는 물체(상자, 책), 2개의 면을 갖는 물체(깡통), 면이 하나도 없는 물체(공)를 모으도록 한다. 아동들이 찾는 것을 보고 놀랄 것이다. 일부 아동들은 많은 면을 가진 입체도형에서 면의 개수를 세는 것을 어려워할 것이다. 교사는 테이프를 이용해서 아동들이 셀 때마다 번호를 매김으로써 도와줄 수 있다.

중급 활동 다음 활동은 일부 입체도형의 이름을 소개하고, 모서리, 면, 꼭짓점뿐만 아니라 크기(측정 성질)를 고려한다. 대부분의 사고는 2수준이고 용어와 아이디어는 초급 활동의 것보다 좀 더 수학적이다.

1. 모서리, 꼭짓점, 면

나는 누구인가? 모서리(2개의 면에 의해 만들어지는 선분)와 꼭짓점(3개 이상의 모서리가 함께 모이는 점)의 개념을 소개한 후, 모둠별로 아동들에게 다음 수수께끼를 풀게 한다.

- 나는 모서리가 8개인 입체도형이다. 나는 누구일까?
- 나는 모서리가 6개, 면이 4개인 입체도형이다. 나는 누구일까?
- 나는 꼭짓점이 5개인 입체도형이다. 나는 누구일까?
- 나는 꼭짓점과 면의 개수가 같은 입체도형이다. 나는 누구일까?
- 나는 면도 없고 꼭짓점도 없는 입체도형이다. 나는 누구일까?
- 나는 면이 한 개이고 꼭짓점이 없는 입체도형이다. 나는 누구일까?

2. 입체도형을 분류하기

정육면체, 원뿔, 각뿔, 원기둥, 구 각각에 대해 예인 것과 예가 아닌 것을 보여주면서 각 입체도형을 소개한다. 아래에 제시한 바와 같이, 2~3개의 원기둥과 2~3개의 원기둥이 아닌 것을 보여준다. 그런 다음 세 번째 입체도형 모음을 제시한 후 어떤 것이 원기둥인지, 그리고 어떤 것이 원기둥이 아닌지 아동들이 선택한다. 이와 같은 원기둥의 예를 수집하기가 어려울 수도 있기 때문에 그림을 사용할 수도 있다. 이 활동에서 중요한 부분은 논의 과정이다. 아동들에게 왜 그 물체가 원기둥인지 또는 원기둥이 아닌지 설명하도록 한다. 예를 들어, 많은 아동들이 A는 너무 "날씬하기 때문에" 원기둥이 될 수 없다고 생각한다. 이 아동들은 0수준, 즉 원기둥처럼 보이지 않는다고 생각하는 것이다. 모든 원기둥의 공통점이 무엇인지에 대해서 전체 학급에서 논의함으로써(원기둥은 합동인 원으로 이루어진 2개의 면을 가지고 있고 곡면으로 둘러싸여 있다) 학생들이 더 높은 수준의 사고를 하도록 도울 수 있다.

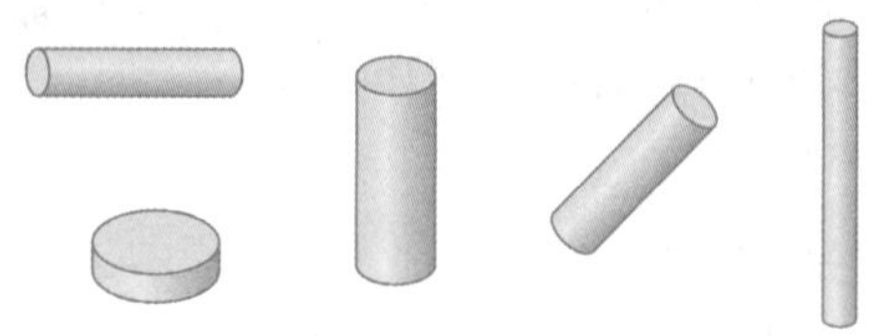
원기둥

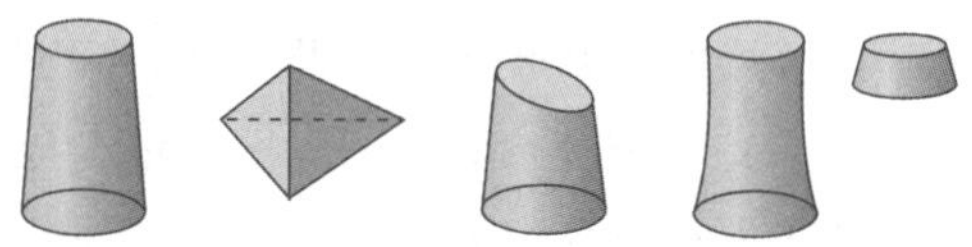
원기둥이 아닌 것

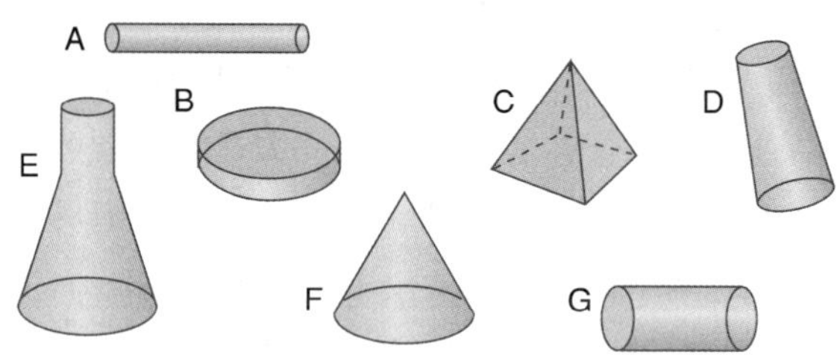

어느 것이 원기둥인가?

3. 입체도형 찾기

아동이 면의 크기와 모양, 모서리의 길이에 따라 입체도형을 탐색할 수 있도록 모둠별로 사용할 수 있는 일련의 활동카드를 만든다. 제공할 수 있는 단서는 어떤 입체도형을 다룰 것이냐에 따라 다르지만, 여기에 몇 가지 예를 제시한다.

- 두 면의 크기와 모양이 정확히 같은(즉 합동인) 입체도형을 찾아라.
- 세 면의 크기와 모양이 정확히 같은 입체도형을 찾아라.
- 모든 모서리의 길이가 같은 입체도형을 찾아라.
- 세 개의 모서리의 길이가 다른 입체도형을 찾아라.

고급 활동 이 활동은 입체도형에 대한 보다 주의 깊은 정의와 분류뿐만 아니라 평행인 면과 모서리, 그리고 수직인 면과 모서리의 성질에 초점을 맞춘다. 이 활동은 2수준의 활동이며 이전 활동보다 좀 더 세련된 기하 개념을 사용한다. 이 활동은 또한 한 가지 이상의 성질을 고려함으로써 학생들이 성질 간의 관계를 이해하도록 이끌어 주며 3수준으로 이동하도록 돕는다.

1. 평행인 면

이 활동은 평행인 선과 평행인 면을 소개한 이후에 할 수 있다. 이 활동은 실물의 면이 평행인 이유에 대한 질문으로 구성된다. 다음은 교사가 전체 학급 논의에서 사용할 수 있는 몇 가지 질문의 예이다.

왜 통조림 깡통의 윗면과 밑면은 평행인가?

왜 책장의 선반은 바닥에 평행인가?

왜 추운 기후의 집 지붕은 대개 지면과 평행이 아닌가?

왜 우유 곽의 앞면은 뒷면과 평행인가?

2. 수직인 모서리

<수업자료 15-1>에는 수직인 모서리에 초점을 맞춘 특정한 입체도형에 대한 단서가 제시되어 있다. 학생들에게 막대와 연결고리를 이용해서 그 입체도형을 만들어보게 한다. 신비한 물체를 모델링하기 위해서 사용될 수 있는 다양한 자료는 다음 절에 제시되어 있는 '모서리 모델'을 참고한다. 학생들은 자신들만의 신비로운 입체도형을 만들어 다른 친구들이 해결해 보게 하는 것을 즐긴다. 이러한 경험을 통해 학생들은 분명하고 정확하며 모순이 없도록 도형을 묘사할 좋은 기회를 가지게 된다.

3. 각기둥

이 활동은 직각기둥의 정의와 각기둥의 이름을 정하는 방법을 소개한다. (중급 활동의 2번에서처럼) 직각기둥의 예와 예가 아닌 것을 보여주고, 학생들에게 밑면과 옆면에 대해서 묘사하게 하면서 궁극적으로 **각기둥**의 정의(윗면과 아랫면이 합동이고 평행이며 직사각형인 옆면으로 이루어진 입체도형)를 알아내도록 한다. 그 다음 전체 학급 활동으로 각기둥의 이름을 어떻게 붙이는지 논의하게 한다. 학생들이 여러 가지 각기둥을 구별하는 방법을 결정할 수 있는지 살펴본다. 예를 들어 밑면이 삼각형이라면 그것은 삼각기둥이다.

수|업|자|료|15-1

입체도형의 신비

학습목표: 모서리가 수직이라는 특정한 조건을 가진 3차원 물체를 만들기

대상학년: 4~8학년

▸ 막대와 연결고리를 이용하여 다음 각각에 해당되는 것으로 추측되는 입체 도형을 만들어 보아라. 하나 이상의 입체도형이 가능하다고 생각된다면 단서 2를 보아라.

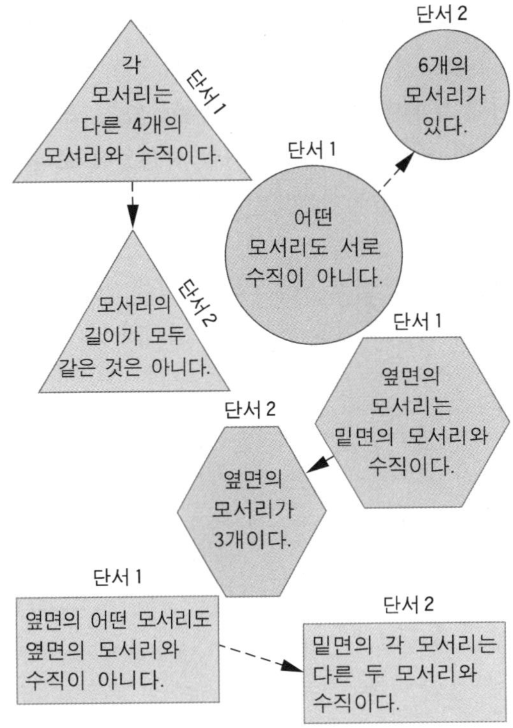

각기둥

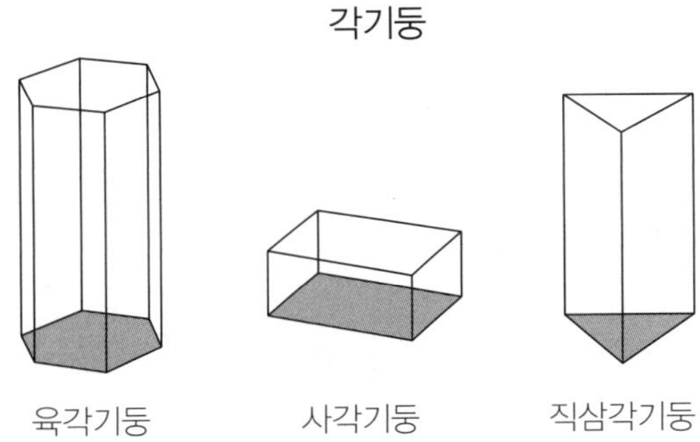

탐구하고 발견하기 위해 구성하기

아동들이 3차원 도형에 대해서 갖는 어려움 중의 하나는 입체도형을 시각화하는 것이다. 입체도형의 모델이 꼭 필요하지만 비싼 편이다. 아동들이 3차원 모델을 만들 수 있는 방법은 많이 있다. “면 모델(face models)”을 만드는 두 가지 방법과 “모서리 모델(edge models)”을 만드는 두 가지 방법을 소개하고자 한다. 면 모델(종이 튜브와 다면체 모양)은 면에 초점을 두는 반면에 모서리 모델(이쑤시개와 신문)은 모서리에 초점을 둔다. 아동들이 모델을 만들면서 종종 입체 도형의 많은 성질을 발견한다. 그러나 어떤 성질들은 아래에 제시된 것처럼 학생들이 보다 구조화된 탐색을 해야 발견되는 것도 있다.

면 모델 가장 쉽고 다용도로 모델을 만들 수 있는 방법은 두꺼운 종이를 활용하는 것이다. 그림 15-1을 보면 양 끝이 열린 각기둥의 튜브 모델을 어떻게 만드는지 알 수 있다. 튜브의 위를 따라 그리고 그 모양을 오려내어 튜브에 붙임으로써 이 모델의 윗면과 아랫면을 추가할 수 있다. 이 그림에서 제시하듯이, 여러 가지 모양의 각기둥을 만들 수 있고, 특이한 모양을 만들기 위해서 자를 수도 있다.

입체도형의 면이 모두 다각형이면 그 입체도형은 다면체(polyhedron)이다. 각기둥과 각뿔은 다면체이지만, 구, 원뿔, 원기둥은 다면체가 아니다. <수업자료 15-2>에 있는 탐색은 오일러(Euler) 공식의 특별한 경

종이와 접착테이프를 사용해서 다음과 같은 튜브를 만든다. 제시된 바와 같이 각각을 접고 테이프로 붙인다.

· 3개의 합동인 면을 가진 각기둥

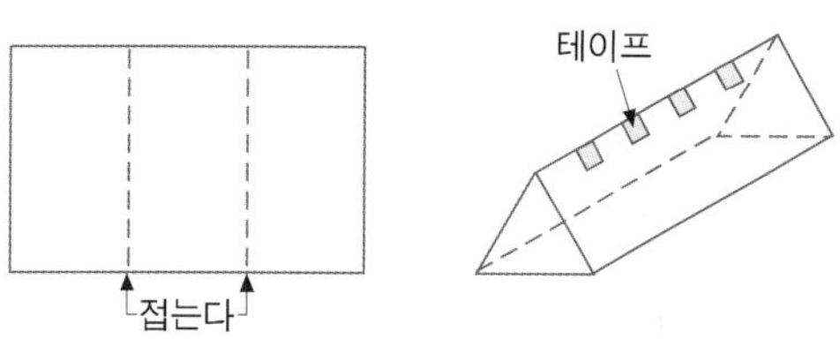

· 6개의 면을 가진 각기둥

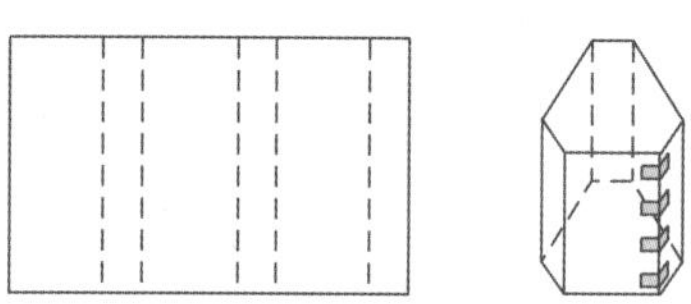

· 잘린 각기둥

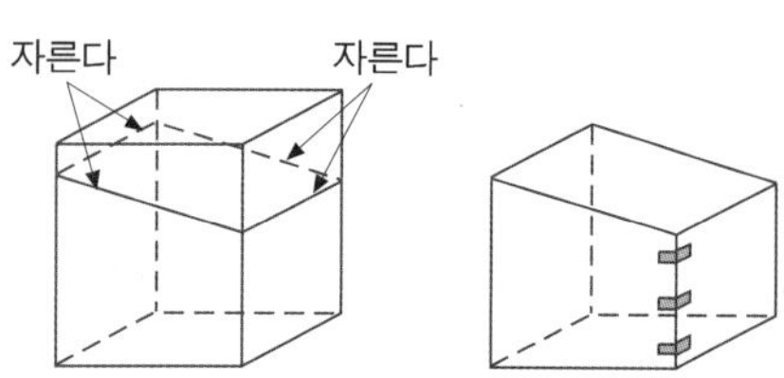

그림 15–1 각기둥의 성질을 생각하기 위한 튜브 만들기

수|업|자|료|15–2

무엇을 발견할 수 있는가?

학습목표: 각뿔의 꼭짓점, 모서리, 면 사이의 관계 탐구하기

학년수준: 4~5학년

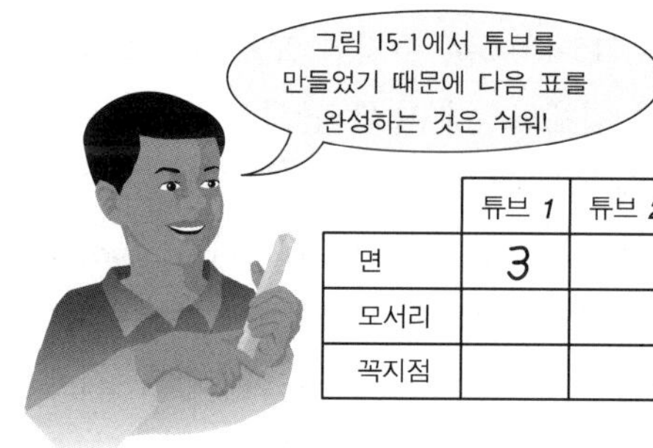

	튜브 *1*	튜브 *2*	튜브 *3*
면	3		
모서리			
꼭지점			

A. 튜브 1의 면의 개수를 세어라(윗면과 아랫면이 없으므로 그것은 세지 마라).

B. 튜브 1의 모서리의 개수를 세어라(윗면과 아랫면의 모서리를 잊지 마라).

C. 튜브 2에 대해서 A와 B를 반복하여라.
   - 면의 개수를 알 때, 모서리의 개수를 쉽게 구할 수 있는 방법이 있는가?
   - 추측을 써 보아라.

D. 튜브 1과 튜브 2의 꼭짓점을 세어라.
   - 면과 모서리의 개수를 알 때, 꼭짓점을 쉽게 구할 수 있는 방법이 있는가?
   - 추측을 써 보아라.

튜브 3에 대하여 여러분의 추측을 확인해 보아라.

우를 다루고 있다. [오일러 공식은 V+F=E+2로 다면체의 모서리(E), 면(F), 꼭짓점(V)의 개수가 서로 어떻게 관련되는지를 다룬다.] 이 활동에서 학생들은 양 끝이 열린 각기둥(튜브라고 부름)에서 모서리, 면, 그리고 꼭짓점의 수 사이의 관계를 탐색한다. 튜브에 대한 공식은 V+F=E가 된다. 학생들에게 두 개의 변수에 대한 다른 관계를 찾아보게 한다. 예를 들어, 학생들은 모서리의 수는 항상 면의 수보다 3배라는 것을 알아낼 수 있다(윗면과 아랫면을 세지 않고). 이는 E=3×F라는 대수적 표현 방법을 사용할 수 있는 또 하나의 기회가 된다.

모서리 모델 빨대, 파이프 클리너, 이쑤시개, 또는 다른 막대를 찰흙이나 테이프로 연결하여 모델을

수업자료 15-3

젤리과자 이쑤시개

학습목표: 모서리와 면의 개수가 주어졌을 때 3차원 도형을 만들기

대상학년: 4~6학년

자료: 젤리과자와 이쑤시개를 이용하여 3차원 모양을 만들어보아라. 다음은 몇 가지 예이다. 각 모양을 만들기 위해서 몇 개의 젤리과자와 이쑤시개를 사용했는가?

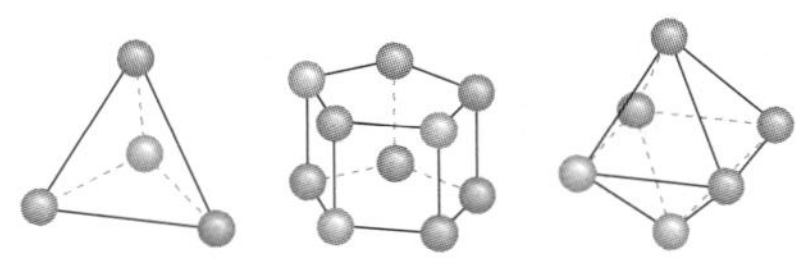

활동: 젤리과자와 이쑤시개의 수가 다음과 같이 주어졌을 때 입체도형을 만들어보아라.
다음과 같은 3가지 조건이 있다.

1. 이쑤시개 한 개에 젤리과자 2개(양 끝에 하나씩)를 사용할 수 있다.
2. 이쑤시개는 면의 외곽선을 나타내기 위해서만 사용되어야 한다(면을 가로지르는 이쑤시개는 없다).
3. 도형은 닫혀있어야 한다. 열린 곳이 없는 용기라고 생각하여라.

다음 A~L 중 어느 것이 가능한지, 그리고 왜 그런지 찾아보아라. 모양을 만들 수 있는 경우, 그 모양이 각기둥인지, 각뿔인지, 또는 다른 모양인지 말하여라.

문자	젤리과자	이쑤시개	가능? (예 또는 아니요)	도형 이름
A	6	9		
B	5	8		
C	8	5		
D	6	10		
E	7	12		
F	8	12		
G	10	15		
H	12	18		
I	8	14		
J	10	3		
K	6	12		
L	5	9		

1. 입체도형을 만들 수 없는 경우에 대해서 어떤 추측을 할 수 있는가?
2. 어떤 경우에 각뿔이 되는가? 수 사이의 관계는 무엇인가? 모델을 이용하여 이유를 설명하여라.
3. 어떤 경우에 각기둥이 되는가? 수 사이의 관계는 무엇인가? 모델을 이용하여 이유를 설명하여라.

만들 수 있다. 또한 이러한 목적으로 만들어진 적당한 가격의 상업적인 자료를 구입할 수도 있다. 어린 아이들은 이쑤시개와 작은 젤리과자(gumdrops)를 가지고 막대 모델을 만드는 것을 좋아한다. <수업자료 15-3>을 보면, 젤리과자(꼭짓점)의 수와 모서리(이쑤시개)의 수가 주어졌을 때 이 막대 모델을 사용해서 특정한 대상을 만드는 방법을 알 수 있다. 학생들이 좀 더 도전적인 과제를 필요로 하면, <수업자료 15-1>에 제시된 모양을 만들어보게 한다.

<수업자료 15-4>는 신문지 막대와 테이프로 3차원 도형을 만드는 방법이다. 일부 학생들은 종이를 단단하게 마는 것을 연습할 필요가 있을 수 있지만, 많은 도형 활동에서처럼 놀랍게도 학생들은 이런 활동을 쉽게 할 수 있다. 입체도형을 만들 때, 아동들은 삼각형, 정사각형, 또는 다른 다각형의 강도를 조사할 수 있다. 아동들은 자신들이 만든 각뿔이 견고한 구조물이지만, 정육면체가 제대로 서기 위해서는 버팀대가 필요하다는 것을 찾아내야 한다.

평면도형

평면도형에 대한 아동들의 지식을 확장하는 데 있어서 교사가 명심해야 할 몇 가지 일반적인 사항이 있다. 아동들은 처음에 모양을 전체적으로 인식한다(1수준). 즉, 삼각형은 누군가 삼각형이라고 불렀던 모양과 유사해 보이기 때문에 삼각형이다. 정삼각형의 밑변이 항상 종이의 아래와 평행을 이루는 정삼각형만 보았다면, 이러한 모양이 바로 아동들이 가지는 정삼각형의 이미지가 될 것이다. 교사는 왜 1학년 학생들이 삼각형을 모두 초록색으로 색칠하는지 이해하지 못할 수도 있다. 이 교사는 항상 패턴블록을 사용해 왔고 이것이 삼각형에 대한 아동의 이미지가 되었던 것임을 나중에서야 이해하게 된다.

아동들은 형식적인 정의가 아니라 예와 예가 아닌 것을 통해서 모양을 인식하기 시작해야 한다. <수업자료 15-5>는 삼각형의 예인 것과 예가 아닌 것을 제

수업자료 15-4

자신만의 각뿔 만들기

학습목표: 각뿔을 만들면서 탐색하기

대상학년: 5~6학년

- 다음의 쉬운 단계를 따라서 신문지로 "막대" 각뿔을 만들어보아라. 테이프를 이용하여 연결하여라.

1단계: 신문지 세 장을 구하여 한쪽 코너에서 다른쪽 코너까지 단단하게 말아라.

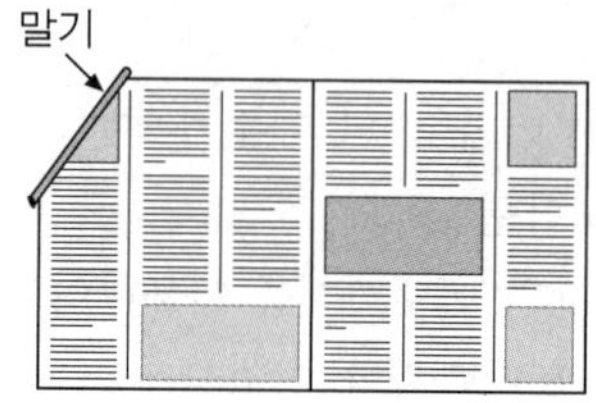

2단계: 테이프를 붙여서 막대를 고정시키라.

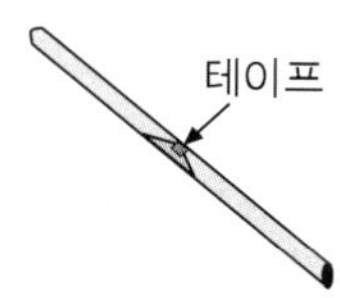

3단계: 몇 개의 막대를 만들어 아래와 같이 테이프로 붙여라.

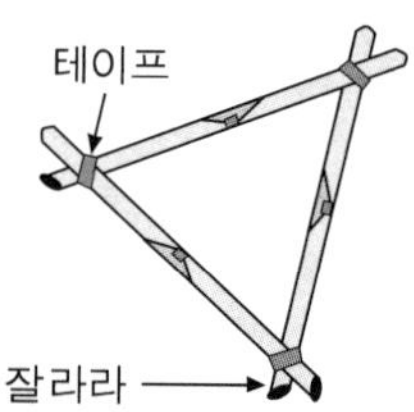

4단계: 같이 모아서 각뿔을 만들어라.

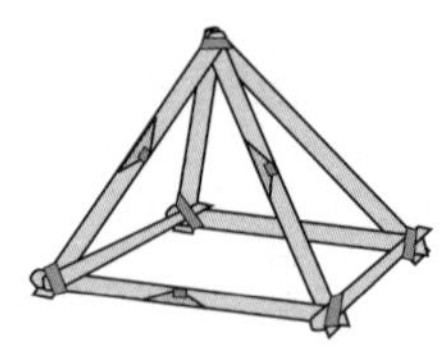

▾ 나의 차례

이 방법을 이용하여 정육면체와 같은 다른 3차원 도형을 만들어 보아라.

시해 준다. 이 활동에서 여러 가지 모양을 사용하는 이유는 무엇인가? 한 아동이 C, B, F, 또는 G가 삼각형이라고 말한다면, 각 경우에 삼각형의 어떤 속성을 제대로 이해하지 못한 것인가? D가 삼각형이라는 것을 학생이 알지 못한다면, 그 이유는 무엇이라고 생각하는가?

아동들은 실물에 대한 모델로서 도형을 인식할 필요가 있다. 예를 들어, 교사는 어린 아이들에게 원에 대한 '글'을 써 보게 할 수 있다. 원과 같은 모양은 무엇이 있을까? 아이들에게 예를 찾아보게 하고 그림을 그려보게 한다. 고학년 학생들에게는 좀 더 도전적으로 다음과 같이 특정한 대상이 특정한 모양을 하고 있는 이유에 대해 말해 보게 할 수 있다.

벽은 왜 직사각형 모양인가?
버팀대는 왜 삼각형 모양인가?
대부분의 버튼은 왜 원 모양인가?
종이는 왜 직사각형 모양인가?

수업자료 15-5

나를 찾아라

학습목표: 삼각형의 예인 것과 예가 아닌 것 찾기
대상학년: 2~6학년

▾ 다음은 삼각형이다.

▾ 다음은 삼각형이 아니다.

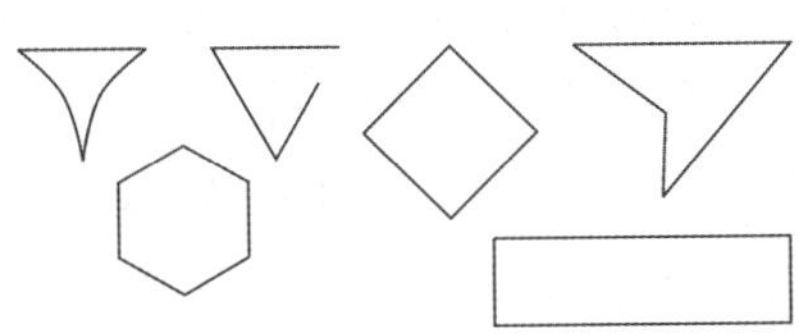

▾ 어느 것이 삼각형인가? 다른 도형은 왜 삼각형이 아닌지 말하여라.

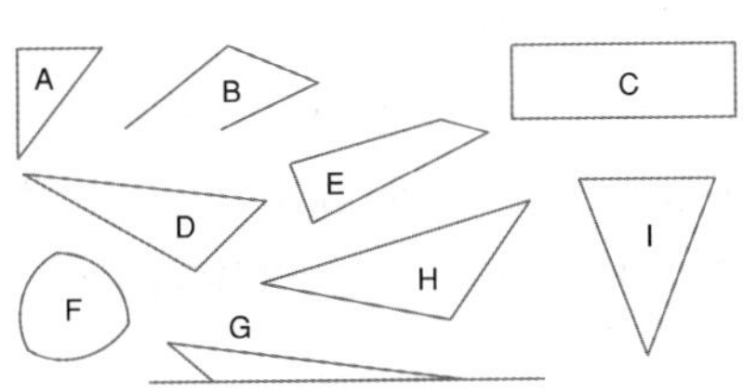

아동들은 또한 **삼각형, 정사각형, 직사각형, 원, 평행사변형**과 같이 일반적인 모양의 이름을 알아야 한다. 아동들은 또한 모양과 함께 사용되는 용어들도 인식해야 한다(예를 들어, 원의 **중심, 반지름, 지름, 원주**, 또는 다각형의 **변, 꼭짓점, 각**을 확인할 수 있어야 한다). 기존의 용어에 새로운 어휘를 연결지어 점차로 어휘를 쌓게 하여라. 예를 들어, 삼각형은 세발자전거(tricycle)와 삼각대(tripod)와 어떻게 비슷한가? 모든 용어와 관련해서 가장 중요한 것은 용어를 도입한 다음에 사용하는 것이다.

그동안 도형의 성질을 탐색하거나 문제를 해결할 기회를 많이 제시하지 못한 채 학생들에게 도형의 이름을 종종 가르쳐 왔다. 최근의 국가 평가를 보면, 미국 학생들은 도형의 이름은 알지만 복잡한 도형의 성질은 제대로 이해하지 못하는 것으로 드러났다(Kloosterman et al., 2004). 이 절에서는 각 성질을 개별적으로 논의하지만, 목표는 그림 15-2에 제시한 대로 아동들이 대답하게 하는 것이다. 학생들이 초점을 두는 용어와 속성의 차이점에 주목하라. 1수준 또는 2수준 초반의 시각적 단서에 기초해서 도형을 묘사할 수 있다. 자신들의 답을 설명하게 하거나 정당화하게 함으로써 성질을 깊이 있게 탐색하게 할 수 있다.

변과 꼭짓점

변의 수

아동들이 처음 관심을 갖는 성질 중의 하나는 변의 개수이다. 도형의 변이 너무 많지 않다면 아동들은 쉽게 도형의 변(선분)의 개수를 셀 수 있다. 그런 다음 아동들은 도형의 개수를 세기 시작한 곳을 표시해 둘 필요가 있을 수도 있다. 그렇지 않으면, 아동들은 무엇을 변으로 세야 하는지 어려움을 겪을 수 있

그림 15-2 도형 용어에 대한 지식을 나타내는 학생들의 반응의 예

다. 아동들은 다음에 소개되는 활동에 참여하면서 모양에 관해 많은 추측을 하고 용어를 배우기 시작하게 될 것이다.

1. 변이 몇 개인가?

패턴블록을 이용해서 이 간단한 활동을 할 수 있다. 이 활동을 위해 각 아동은 한 개의 도형만 가지고 있으면 된다.

- 하나의 수를 부르고 그 수만큼의 변이 있는 도형을 가진 아동을 일어서게 한다. 아무도 일어서지 않도록 2나 7같은 수도 불러본다.
- 모든 종류의 도형을 탐색하게 하도록 변의 개수가 3개, 4개, 5개, 6개, 그리고 0개인 경우를(원) 알아보게 한다.
- 각각 다른 도형의 예를 모든 아동이 볼 수 있는 곳에 놓고, 4개의 변을 갖는 도형이 어떻게 다른지 말하도록 한다(어떤 도형은 다른 도형보다 크고, 어떤 도형은 날씬하며, 어떤 도형은 기울어져 있다. 이 시점에서는 아동들의 일상 언어를 받아준다). 변의 개수가 도형을 결정짓지 않는다는 것을 인식하는 것이 중요하다.

2. 더 적은 것이 최선이다.

<수업자료 15-6>에서는 아동이 가능한 한 적은 수의 변을 갖는 새로운 도형을 만들기 위해 패턴블록을 붙여 놓는, 보다 진보된 활동을 소개한다. 두 명 이상의 아동들이 패턴블록 3개를 선택한다. 아동들이 도형의 변의 개수가 아니라, 각 블록의 변의 개수를 세는지 확인한다. 예를 들어, 영식이가 10이라고 말했다면 아마도 각 블록의 변을 세었을 가능성이 높다(오류유형 15-1).

3. 만들 수 있는가?

이 도전적인 활동에서 아동은 주어진 변의 개수를 갖는 도형을 도형판에 만든다. 각 아동에게 도형판과 고무줄을 한 개씩 나누어준다. 처음에는 간단한 도형을 만들게 한 다음 점진적으로 다른 조건을 추가한다. 예를 들면 다음과 같다.

- 4개의 변을 가진 도형을 만들 수 있는가?

수업자료 15-6

변의 수가 가장 적은 도형 만들기
(2명 이상의 게임)

학습목표: 가장 적은 수의 변을 가진 도형 만들기
대상학년: 1~3학년

- 이 게임을 함께할 짝을 선택한다.
  - 상자 안에 패턴 블록을 넣는다.
  - 각 경기자는 보지 않고 3개의 블록을 고르고, 그것을 붙여서 새로운 도형을 만든다.
  - 새로운 도형의 변의 수를 센다. 변의 수가 가장 적은 사람이 승자이다. 최소가 최선이다!
- 점수를 표에 기록하고 승자를 정하기 위해 몇 번 게임을 시행하라.

승현	4			
나라	4			

- 4개의 변을 가지면서 도형판에서 4개의 못만 만나는 도형을 만들 수 있는가?

[오류유형 15-1]

- 과제: <수업자료 15-6>에서 패턴 블록을 이용하여 새로운 도형을 만든 다음, 변의 수를 센다.

- 오류: 아동들은 새로운 도형의 내부에 있는 변을 포함해서 모든 블록의 변의 수를 세거나, 도형의 외부에 있는 모든 블록의 변수의 수를 세는 경향이 있다. 예를 들어, 나라가 만든 도형을 보고 변의 수가 10개라고 말하거나, 또는 변의 수가 외부에 6개, 내부에 2개 그래서 모두 모두 8개라고 대답하는 아동이 있다.

- 원인: 아동들이 이러한 과제에 대한 경험이 부족하기 때문에 이러한 오류가 나타난다.

- 지도방안: 아동에게 변의 수를 세어 보라고 해서 아동의 오류가 무엇인지 확인한다. 그 다음에는 새로 만든 도형의 본을 뜨게 한다. 이렇게 하면, 혼동이 되는 변이 없어지기 때문에 새로운 도형의 변을 정확하게 인식하게 할 수 있다.

- 4개의 변을 가지면서 도형판에서 6개의 못만 만나는 도형을 만들 수 있는가?
- 4개의 변을 가지면서 내부에 2개의 못만 있는(만나지는 않아야 한다) 도형을 만들 수 있는가?

꼭짓점의 수 꼭짓점의 수를 세는 것은 변의 수를 세는 것과 밀접하게 관련된다. 아동들이 각 도형의 변과 꼭짓점의 개수를 세어 보면, 어떤 다각형이든지 간에 변의 수와 꼭짓점의 수가 같다는 것을 쉽게 깨달을 것이다. 변의 개수를 세기 위해 제안된 활동들을 수정해서 꼭짓점의 수를 세는 활동으로 만들 수 있다.

변의 길이 도형에 대한 분류뿐만 아니라 도형의 정의 중 많은 부분은 변의 길이에 달려 있다. 가장 긴 변을 가진 도형을 찾아보거나 주어진 도형의 가장 짧은 변을 찾아보고 변의 길이를 재어 보게 함

으로써 아동들이 길이에 초점을 맞추도록 한다. <수업자료 15-7>에서는 아동이 특정한 방법으로 구체화된 변의 길이에 따라 도형판에 도형을 만들어 보는, 좀 더 어려운 활동의 예를 제시한다. 각 문항을 스스로 풀어보고 난이도(상, 중, 하)에 따라 각각을 분류하시오.

각의 크기 여러 가지 방법으로 도형의 각을 조사할 수 있다. 각에 대해서는 16장에 자세하게 소개하였다. 다음은 각과 관련하여 고학년 학생들이 발견할 수 있는 몇 가지 성질이다.

- 삼각형의 내각의 크기의 합은 180°이다.
- 사각형의 내각의 크기의 합은 360°이다.
- 이등변 삼각형의 두 밑각의 크기는 같다.
- 평행사변형의 대각의 크기는 같다.
- 변이 4개 이상인 다각형은 각의 크기가 같지 않아도 변의 길이가 같을 수 있다.
- 삼각형의 가장 긴 변의 대각이 가장 크다.

<수업자료 15-8>에 제시되어 있는 안내된 활동을 통해 학생들은 사각형의 내각의 크기의 합이 360°라는 것을 스스로 발견하게 될 것이다.

수|업|자|료|15-7

변을 보여주어라

학습목표: 특정한 수의 합동인 변을 가진 도형 만들기

대상학년: 5~8학년

▾ 도형판을 사용하여 다음 도형을 만들어 보아라.

1. 변이 4개이고 정확히 두 변의 길이가 같은 도형을 만들 수 있는가?
2. 변이 12개이고 모든 변의 길이가 같은 도형을 만들 수 있는가?
3. 변이 3개이고 모든 변의 길이가 같은 도형을 만들 수 있는가?
4. 변이 8개인데 그중 4변의 길이가 같고, 다른 4변의 길이가 같은 도형을 만들 수 있는가?
5. 변이 5개인데 그중 4변의 길이가 같은 도형을 만들 수 있는가?
6. 변이 4개인데 평행사변형은 아니면서 두 쌍의 변의 길이가 같은 도형을 만들 수 있는가?
7. 변이 3개인데 그중 두 변의 길이가 같은 도형을 만들 수 있는가?
8. 변이 7개인데 변의 길이가 모두 다른 도형을 만들 수 있는가?

대칭

실생활의 물건뿐만 아니라 기하 모양을 묘사할 때 두 종류의 대칭, 즉 선대칭 또는 반사 대칭(reflectional symmetry)과 회전 대칭(rotational symmetry)을 사용할 수 있다. 선대칭을 도입하기 위해 아동들에게 다음과 같은 두 눈사람을 비교하게 한다.

눈사람 하나가 한쪽으로 치우쳐 보인다고 아동들이 말하면, 양쪽이 대칭인지 아닌지 알아보기 위해서 눈사람 그림을 가운데로 접을 수 있다는 것을 알려준다. 대칭에 대한 아동의 첫 지각은 시각적이다(1수준). 이 시각적 지각을 이용하여 변이나 가장자리가 대칭인지 알아보기 위해서 접는다는 아이디어를 갖게 하여라. 거울이나 미라(Miras)를 가지고 아동들이 대칭(또는 반사) 아이디어를 탐색하게 할 수도 있다. 한 직선에 대하여 반사했을 때, 반사된 이미지가 원래의 도형과 일치하면, 그 도형은 선대칭 또는 반사 대칭 도형이다.

학생들에게 선대칭 도형의 대칭축을 찾아보게 한

수|업|자|료|15-8

사각형의 내각의 크기의 합은?

학습목표: 사각형과 삼각형의 내각의 크기의 합 탐색하기

대상학년: 5~8학년

▾ 사각형의 내각의 크기의 합을 알아보기 위하여 다음 방법을 시도하여라.

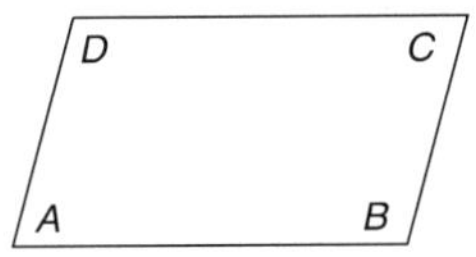

따라 그린 다음 잘라라

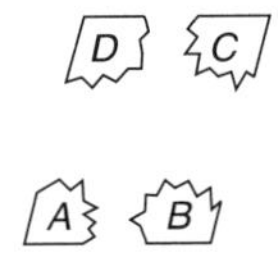

코너를 잘라라

한 점 주위로 모든 각을 모아라

도형의 이름 평행사변형

A+B+C+D의 크기의 합 360°

▾ 다음 사각형에 대하여 동일한 방법을 이용하여라. (한 점의 주위는 360°임을 상기하라)

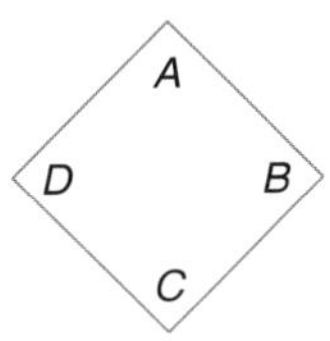

도형의 이름: ________

각의 크기의 합: ________

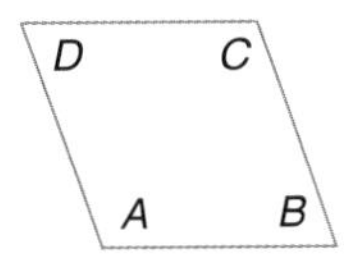

도형의 이름: ________

각의 크기의 합: ________

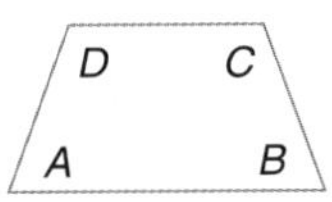

도형의 이름: ________

각의 크기의 합: ________

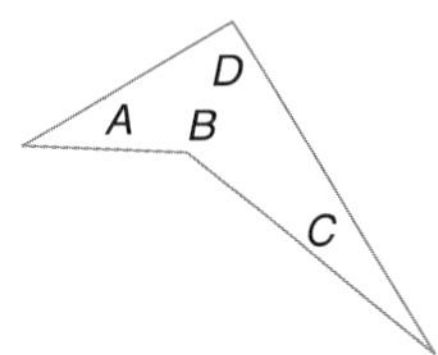

도형의 이름: ________

각의 크기의 합: ________

▾ 이제

- 변이 4개보다 많은 도형을 시도해 보아라.
- 변이 3개인 도형을 시도해 보아라.
- 변이 5개인 도형을 시도해 보아라.
- 어떤 결론을 내릴 것인가?

다. <수업자료 15-9>와 같은 활동을 하기 전에, 대칭축을 찾기 위해서 정사각형(4개의 대칭축), 정삼각형(3개의 대칭축), 원(무한개의 대칭축)을 접어보게 한다. 고학년 학생들은 접어보지 않고도 대칭축을 찾을 수 있는 경우도 있지만 일부 도형에서는 실수하기도 한다. 많은 학생들이 평행사변형에는 2개의 대칭축이 있다고 말한다(오류유형 15-2). 이것이 어느 경우에 참인지, 그리고 어느 경우에는 참이 아닌지 알아보기 위해서 스스로 알아보도록 한다. 학생들은 주위에 있는 물건들 중에서 대칭을 알아낼 수 있을 것이다. 교사는 대칭을 이루는 물건의 그림을 게시판에 붙여 놓을 수도 있다. 학생들은 또한 대칭적인 모양을 만드는 것을 좋아한다. 대칭적인 모양을 만드는 한 가지 방법은 종이를 접은 다음 그 접은 곳을 건드리지 않은 채 일부를 자르는 것이다. (2개의 대칭축을 가진 모양을 만드는 방법을 알 수 있겠는가?) 아동들이 대칭을 탐색할 수 있는 많은 컴퓨터 활동이 있다. Battista(2003)는 *Geometer's Sketchpad*를 이용한 선대칭 학습 활동을 소개하였다.

평행인 변과 수직인 변

도형에서 평행인 변과 수직인 변을 조사하는 것 이외에, 아동들은 평면, 이후에는 공간에서 평행인

수|업|자|료|15-9

대칭축이 몇 개인가?

학습목표: 대칭축의 수 확인하기

대상학년: 4~5학년

- 각 도형의 대칭축을 그려라.

[오류유형 15-2]

- 과제: 다음 평행사변형의 대칭축은 몇 개인가?

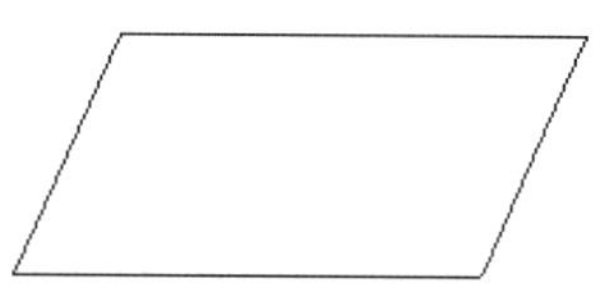

- 오류: "대각선 두 개요."라고 답함.
- 원인: 학생들은 두 대각선으로 자르면 반으로 접힐 것이라고 생각한다.
- 지도방안: 평행사변형을 실제로 잘라서 대각선으로 접어보게 해서 겹치는지 확인하게 한다. 다른 평행사변형(직사각형, 정사각형, 마름모)의 경우도 조사하게 한다.

직선과 수직인 직선을 구별할 필요가 있다. 평면에서 두 직선이 서로 만나지 않으면 평행이다(직선은 양 방향으로 무한히 연장 가능하다는 점을 기억한다.) 직선에 대한 또 다른 유용한 정의는 두 직선이 항상 같은 거리(즉 수직 거리)만큼 떨어져 있으면 평행이라는 것이다. 두 직선이 직각으로 만나면 수직이다.

학생들이 자기 주변에서 수직인 직선과 평행인 직선을 인식하는 것이 중요하다. 교실에서 수직인 직선과 평행인 직선을 찾아보게 한다. 학생들이 찾은 것을 칠판에 기록하고 다른 예를 찾을 때마다 추가한다. 다음과 같이 시작할 수 있다.

평행인 선

- 책의 대변
- 알파벳 E에서 가로선
- 칠판의 위와 아래

수직인 선

- 책의 인접한 모서리
- 알파벳 E에서 세로선과 가로선
- 벽의 가장자리와 바닥의 모서리

아동들에게 패턴 블록에서 평행인 변과 수직인 변을 찾게 할 수도 있다. 우선 한 쌍의 수직인 변이 있는 조각을 모두 찾도록 한 다음(없음), 두 쌍 이상의 수직인 변을 갖는 조각(정사각형)과 한 쌍의 평행인 변을 갖는 조각(사다리꼴)을 찾도록 한다. <수업자료 15-10>에 제시된 퍼즐을 이용해서 아동들이 특정한 수의 평행인 변을 갖는 도형을 만들도록 패턴 블록을 배열해 보게 할 수 있다.

다른 속성들

앞에서는 평면도형에서 가장 일반적인 속성들을 살펴보았지만, 평면도형을 이해하는 데 사용될 수 있는 몇 가지 속성들이 더 있다.

닫힘과 열림 이것은 단순하고 직관적인 개념이지

수|업|자|료|15-10

조각퍼즐

학습목표: 평행인 변을 가진 도형 만들기

학습자료: 패턴 블록

대상학년: 4~5학년

▾ 패턴 블록을 사용하여 다음 조각퍼즐을 해결하여라. 만든 도형을 그려라.

1. 두 개의 다른 조각을 사용하여 다음 도형을 만들어라.
   - 두 쌍의 변이 평행이다.
   - 한 쌍의 변이 평행이다.
   - 평행인 변이 없다.
2. 세 개의 다른 조각을 이용하여 다음 도형을 만들어라
   - 세 쌍의 변이 평행이다.
   - 두 쌍의 변이 평행이다.
   - 한 쌍의 변이 평행이다.
   - 평행인 변이 없다.
3. 다음 조각으로 만들 수 있는 도형 중에서 평행인 변을 최대 몇 쌍까지 만들 수 있는가?
   - 두 조각
   - 세 조각
   - 네 조각
4. 모든 조각을 다 이용하여 평행한 변이 없는 도형을 만들 수 있는가?

만, 이것을 확실하게 이해하지 못한 아동들이 다음과 같은 도형을 삼각형으로 인식한다. 즉, 도형의 닫힘과 열림을 신중하게 고려하지 않는다. 따라서 교사는 아동들이 닫힌 도형과 열린 도형을 구분하고 설명할 수 있는지 확인해 보아야 한다.

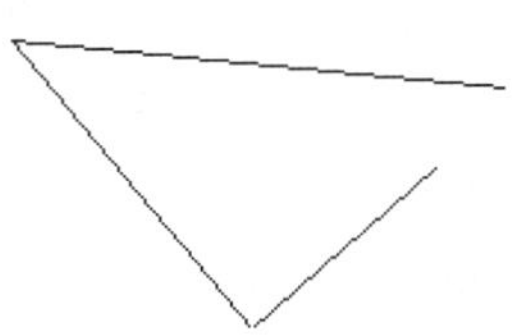

오목과 볼록 아동은 볼록 도형(모든 각이 180°보다 작은 다각형)만 접하게 되는 경우가 많다. 그러나 지금까지 제시한 많은 활동에는 오목 도형도 포함되어 있다. 아동이 도형을 만들 때 오목 도형은 다양한 방법으로 흥미를 북돋울 수 있을 것이다.

아동에게 다음과 같은 두 도형을 보여주고 어떻게 비슷하고 어떻게 다른지 설명하도록 한다.

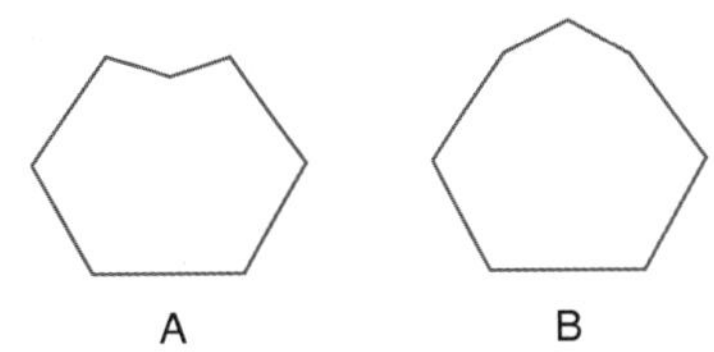

학생들은 아마도 도형 A를 스스로에게 '되돌아온다' 또는 '움푹 들어가 있다'라고 표현할 것이다. 그러면 **오목**과 **볼록**이라는 용어를 소개한다. 학생들에게 도형이 볼록 도형인지 오목 도형인지 분류하게 한 다음, 다음과 같은 질문에 대한 답을 탐구하게 할 수 있다.

- 변이 네 개(다섯 개, 여섯 개, 또는 일곱 개)이고 오목인 도형을 그릴 수 있는가?
- 변이 다섯 개(여섯 개, 일곱 개)이면서 두 곳에서 오목인(즉, 두 각이 각각 180°보다 큰) 도형을 그릴 수 있는가?
- 변이 여섯 개(일곱 개, 여덟 개)이면서 세 곳에서 오목인 도형을 그릴 수 있는가?

로고(Logo) 컴퓨터 프로그램에서는 거북이가 도형의 외각으로 회전하기 때문에 이런 활동을 로고에서 시도해 보는 것도 도전할 만하다. 각 도형을 어떻게 만들었는지 학생들에게 각 단계를 기록하게 한다.

높이 도형의 높이는 무엇을 밑변으로 보느냐에 달려 있다. 높이를 찾아 재어 보는 것은 도형의 넓이를 구하는 데 필수적이다. <수업자료 15-11>에서는 한 개의 도형이 여러 가지 높이를 가진다는 것을 학생들에게 이해시키기 위한 것이다. 삼각형 모델을 가지고 학생들이 활동을 한 다음에, 종이에 삼각형을 그리고 각 변과 각 높이를 다시 재어보게 한다.

수업자료 15-11

어떤 것이 나의 높이일까?

학습목표: 삼각형의 높이 확인하고 측정하기
대상학년: 4~5학년

▼ 딱딱한 종이로 다음과 같이 삼각형을 만들어라. 가로와 세로의 길이가 각각 20cm, 2cm인 띠를 오려라. 9cm, 4cm, 7cm의 선분을 표시하고 각각 A, B, C라고 이름을 붙여라. 다음과 같이 접고 테이프를 붙여라.

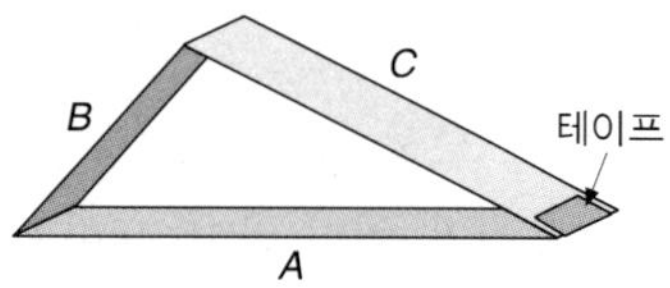

1. 변 A 위에 삼각형을 놓고, 이 변을 밑변이라고 하자.
   - 밑변의 길이는?
   - 높이는 어느 것인가?
   - 높이의 길이는?
2. 변 B 위에 삼각형을 놓고, 이제 이 변을 밑변이라고 하자.
   - 밑변의 길이는?
   - 높이는 어느 것인가?
   - 높이의 길이는?
3. 변 C 위에 삼각형을 놓고, 이제 이 변을 밑변이라고 하자.
   - 밑변의 길이는?
   - 높이는 어느 것인가?
   - 높이의 길이는?

도형의 분류 평행사변형을 결정하는 요소는 무엇인가? 어느 경우에 마름모가 정사각형이 되는가? 정다각형은 무엇인가? 학생들이 2차원 도형을 정의하는 성질을 이해하기 시작할 때 3수준으로 이동해 가고 있는 것이다. 삼각형, 사각형, 다각형에 대한 분류와 도형을 정의하는 일부 성질에 대해서 간단히 살펴보고자 한다.

삼각형 변이나 각으로 삼각형을 분류한다.

변	각
정삼각형: 세 개의 변이 합동 **이등변삼각형**: 적어도 두 개의 변이 합동 **부등변삼각형**: 합동인 변이 없다.	**예각삼각형**: 모든 각이 90°보다 작다. **직각삼각형**: 한 각이 90° **둔각삼각형**: 한 각이 90°보다 크다.

아동이 변과 각으로 삼각형을 정의하는 것을 배운 후에는, 이 두 분류 방법을 한꺼번에 사용할 수도 있다. 예를 들어, 직각이등변삼각형을 만들 수 있는가? 부등변둔각삼각형을 만들 수 있는가? 정삼각형이면서 직각삼각형이 되는 삼각형을 만들 수 있는가?

삼각형을 어떻게 정의하는가? 다음은 학생들이 적은 몇 가지 정의이다.

a. 삼각형은 3개의 변을 가진다.
b. 삼각형은 3개의 변과 3개의 각을 가진다.
c. 삼각형은 3개의 변을 가진 다각형이다.

위의 세 가지 진술이 모두 참이지만, 마지막 문장만이 삼각형을 정의한다. 3개의 변을 가지고 있으나 삼각형이 아닌 도형을 생각할 수 있는가? b의 예가 되지만 삼각형이 아닌 도형을 생각할 수 있는가?

사각형 사각형에는 특별한 이름이 많이 있다. 가장 흔한 이름은 평행사변형, 직사각형, 정사각형, 마름모, 사다리꼴, 연꼴이다. 이 사각형의 분류는 서로소가 아니다. 즉, 정의에 따라 한 도형이 여러 개의 범주에 속할 수 있다. 이를테면 직사각형은 또한 평행사변형이기도 하다. 이런 유형의 분류 과정은 학생들에게 변의 길이에 따라 삼각형을 분류하는 경우처럼 전체를 서로소인 집합으로 분할하는 것보다 어렵다. 이러한 분류를 하기 위해서는 단지 도형의 예를 인식하는 수준을 넘어서, 도형을 정의하는 성질을 이해해야 가능하다(3수준). 예를 들어, 평행사변형은 두 쌍의 대변이 평행인 사각형이다. 사각형이란 네 변이 있고, 닫힌(closed) 단일(simple) 도형임을 안다고 가정할 때, 다음 중 어느 것이 평행사변형인지 구별할 수 있는가? 다음 도형에는 어떤 다른 이름이 있는가?

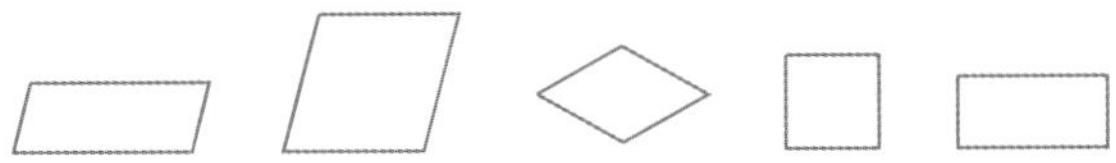

이 도형은 모두 평행사변형이다. 따라서 정사각형, 마름모, 직사각형은 모두 평행사변형의 특별한 형태이다.

짝과 함께 다음의 질문들에 대해 논의하게 한다. **마름모**는 모든 변이 합동인 평행사변형이다. 이는 정사각형이 마름모임을 의미하는가? 왜 그런가? **직사각형**은 직각을 가진 평행사변형이다. 이는 정사각형이 직사각형임을 의미하는가? 왜 그런가? 수세기 동안 도형에 대한 정의는 바뀌어 왔다. 어떤 시기에는 길쭉한 직사각형(oblongs)과 정사각형이라는 용어를 사용했는데, 길쭉한 직사각형은 정사각형이 아닌 직사각형이다.

이러한 관계를 어떻게 가르치기 시작할 것인가? 아동은 우선 도형의 많은 성질을 언어화하기 시작해야 한다. 예를 들어, 아동은 정사각형을 다음과 같이 묘사할 수 있어야 한다.

닫혀 있고, 네 변을 갖고(성질1)
대변이 평행이고(성질2)
모든 각이 직각이고(성질3)
모든 변이 합동인 도형(성질4)

성질 1과 2를 가지고 있으면 평행사변형이 되고 성질 1, 2, 3이 있으면 직사각형이 된다. 성질 1, 2, 4를 가지고 있으면 마름모가 되고, 성질 1, 2, 3, 4를 가지고 있으면 정사각형이 된다. <수업자료 15-12>를 통해 학생들에게 이러한 아이디어를 제시할 수 있다.

다각형 다각형은 변의 개수에 따라 이름이 붙는다.

3개의 변: 삼각형
4개의 변: 사각형
5개의 변: 오각형
6개의 변: 육각형
7개의 변: 칠각형
8개의 변: 팔각형

수업자료 15-12

나를 분류하여라

학습목표: 사각형을 분류하고 이름 짓기
대상학년: 4~5학년

▸ 각 도형에 대해서 해당되는 것을 표시하여라.

1. 사각형이다.
2. 두 쌍의 평행인 변을 가지고 있다.
3. 모든 각이 직각이다.
4. 모든 변이 합동이다.

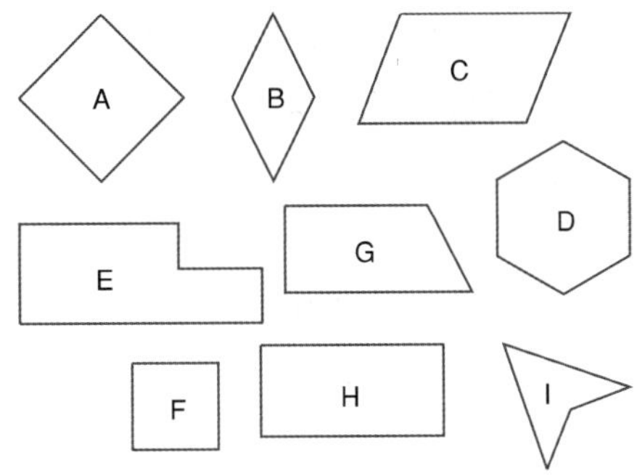

- 1과 2로 표시된 도형은 ______________이다.
- 1, 2, 3으로 표시된 도형은 __________일 뿐만 아니라 직사각형이다.
- 1, 2, 4로 표시된 도형은 ___________일 뿐만 아니라 _________이다.
- 1, 2, 3, 4로 표시된 도형은 정사각형일 뿐만 아니라 _______와 ________이다.

9개의 변: 구각형
10개의 변: 십각형

이러한 분류 구조는 어렵지 않지만 종종 학생들에게 정다각형만을 보여주는 경우가 많다. 따라서 학생들은 다음에 제시된 도형 중에서 모든 도형이 육각형임을 인식하지 못하고 첫 번째 도형만을 육각형이라고 생각한다.

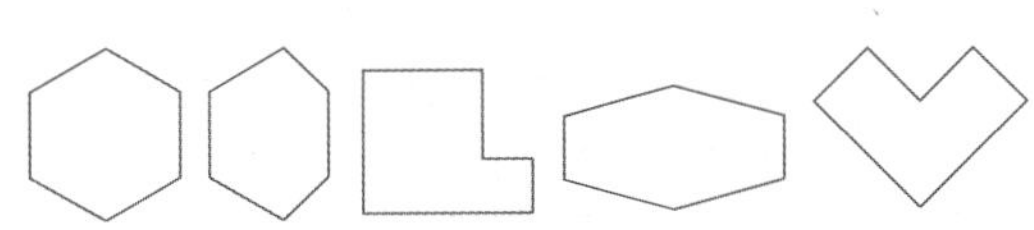

따라서 위와 같은 모양을 가진 실물을 생각해보도록 학생들을 격려해야 한다. 나이에 상관없이 학생들

은 자기 주변에서 다양한 모양의 다각형을 찾는 활동을 좋아한다. 학생이 시골에 산다면 자신이 보는 모든 다양한 모양의 오각형을(지붕을 가진 많은 건물의 변을) 그려보게 한다. 도시에 있는 건물은 종종 아름다운 기하 모양을 사용하기도 한다.

칠각형, 구각형, 십각형이라는 이름은 널리 사용되지 않으므로, 활동을 할 때 학생들에게 이러한 이름을 상기시켜주어야 한다. <수업자료 15-13>에서는 도형의 이름뿐만 아니라 여러 성질을 학습한다. 학생들은 어떤 모양에서 여러 가지 모양을 찾아야 하는데, 이러한 과제는 일부 학생들에게 어렵다.

수|업|자|료|15-13

나를 찾을 수 있나요?

학습목표: 주어진 성질에 따라 다각형을 색칠하기
대상학년: 5~8학년

▸ 다음의 디자인에서 제시된 각각을 찾을 수 있는지 알아보아라. 도형을 색칠하고 해당되는 문자로 표시하여라.

A. 삼각형-이등변
B. 삼각형-부등변
C. 사각형-대칭이 아님
D. 사각형-대칭축이 4개임
E. 오각형-오목
F. 오각형-볼록
G. 육각형-정확히 2쌍의 평행한 변을 가짐
H. 육각형-대칭적
I. 칠각형(7개의 변을 가짐)-대칭적
J. 칠각형-대칭이 아님
K. 팔각형

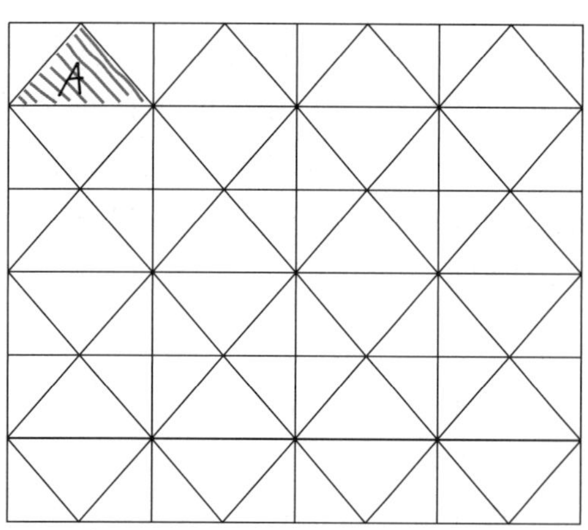

숨겨진 도형 학생들은 여러 가지 형태를 가진 도형에서 특정 도형을 인식하는 것을 종종 어려워한다. 2007년 NAEP에서는 4학년 학생들에게 그림 15-3과 같은 모눈종이 3장을 제공하였다. 학생들에게 각 모눈종이에서 정사각형 한 개씩을 그리도록 하였는데, 정사각형의 크기는 모두 같지 않아야 한다고 말해주었다. 또 다른 문제는 정사각형 대신에 삼각형을 그리는 것이었다. 학생들은 돌려지지 않은 정사각형을 찾는 것보다 돌려진 정사각형을 찾는 것을 어려워했다. 4학년 학생들 중 절반 이하의 학생들이 4개 중 3개의 정사각형을 그릴 수 있었으며, 더 적은 수의 학생들이 3개의 삼각형을 그렸다. 학생들에게 더 어려운 문제는 세 번째 문제로 직사각형(또는 정사각형)이 아닌 사각형을 그리는 것이었다.

이는 다음과 같은 3가지 사실을 상기시켜 준다.

1. 학생들은 여러 가지 크기와 방향에서 도형의 예인 것과 예가 아닌 것을 많이 볼 필요가 있다.
2. 항상 제시된 도형에서 성질만을 확인하는 것보다는 주어진 성질을 갖는 도형을 만들 필요가 있다.
3. 학생들은 일정한 모양 속에서 다른 형태의 모양을 보고 만드는 경험이 필요하다.

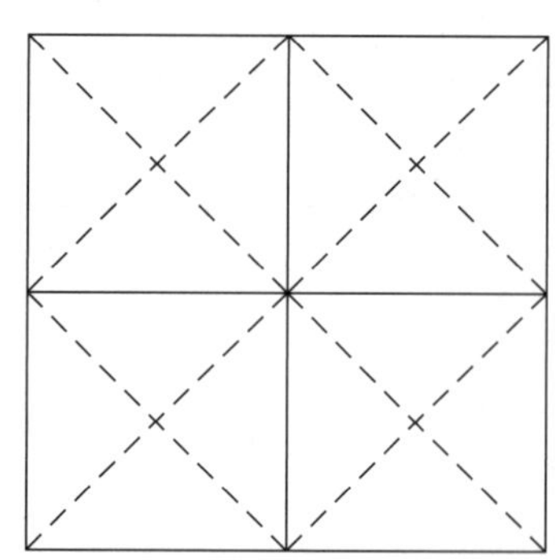

그림 15-3 2007년 NAEP의 모눈종이 문제를 나타내는 지도

위치와 위치 나타내기

전형적으로 초등학교의 도형 영역은 모양에 초점을 둔다. 그러나 도형에는 방향, 거리, 장소를 묘사하는 위치와 이동을 다루는 부분이 있다. 여러분이 있는 위치는 어디인가? 마루 위에 있는가? 아래에 있는가? 책상 앞에 있는가? 뒤에 있는가? 서랍장과 컴퓨터 사이에 있는가? 앞으로 5걸음 가면 어디에 있겠는가? 책상이 있는 곳에서 앞으로 5걸음 뒤로 3걸음 이동하면 책상으로부터 얼마나 멀리 떨어져 있겠는가?

위치와 이동을 조사함으로써 학생들은 자신들의 세계를 묘사하고 주위 환경에 순서를 정할 수 있는 방법을 알게 된다. 또한 위치와 이동을 조사함으로써 양수와 음수(앞으로 걸어가는 것과 뒤로 걸어가는 것)와 같은 수학적 개념을 쌓고 지도를 보는 기술과 같이 다른 과목과도 연결된 기능을 학습할 기회를 가질 수 있다. 학생들에게 이동한 방향과 거리를 묘사하게 하고 몇 번의 이동 후에 물체의 위치를 확인하게 함으로써 이동에 대한 경험을 하게 한다. 교실 바닥에 그림 15-4와 같이 일부 도시 지도를 붙이는 것으로부터 시작할 수 있다. 예를 들어 학생들에게 학교와 집 사이와 같이 특정한 위치 사이에 있는 블록 간의 거리와 방향을 묘사하게 한다. 학생들에게 신호등과 멈춤 표지판이 있는 횡단보도를 이용해서 집에서부터 학교까지 가는 방법을 묘사하게 하고, 학교에서 놀이터까지 가는 일련의 방향을 설명하도록 한다.

2005년 NAEP에서 학생들에게 간단한 격자 위에 학교라고 표시된 지점에서부터 집으로 표시된 지점까지 갈 수 있는 방법에 대해 질문하였다. 먼저 동쪽으로 2블록 가라는 방향이 제시되었다. 4학년 학생들 중 $\frac{2}{3}$ 이상이 나머지 2가지 방향을 제시할 수 있었다(북쪽으로 4블록 간 다음 동쪽으로 3블록). 그러나 나머지 학생들은 필요한 거리를 제시하지 못했다. 이는 4학년 그리고 이전 학년의 학생들이 잘 이해해야 하는 실제적인 기능이다.

학생들은 그림 15-5에 제시된 것과 같은 좌표 체계를 조사함으로써 좌표 개념을 형식화할 수 있다. 그림 15-5에 제시된 좌표 체계는 모든 사분면을 사용한다. 어린 아이들을 대상으로 한 프로그램에서는 음수를 소개하지는 않지만, 사실 음수를 사용하는 것은 아이들에게 자연스럽다. 지도 격자와 유사한 방법으로 단지 양의 사분면만으로 시작할 수도 있다. 이동과 위치를 함께 사용한다. 예를 들어, 어떻게 이동하

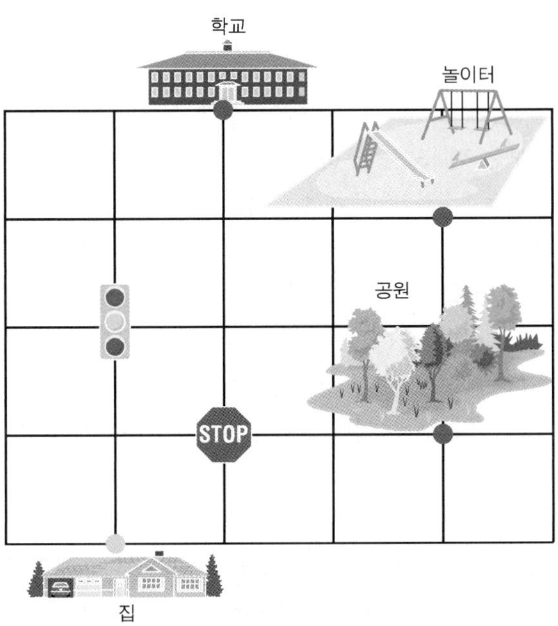

그림 15-4 위치를 나타내는 지도

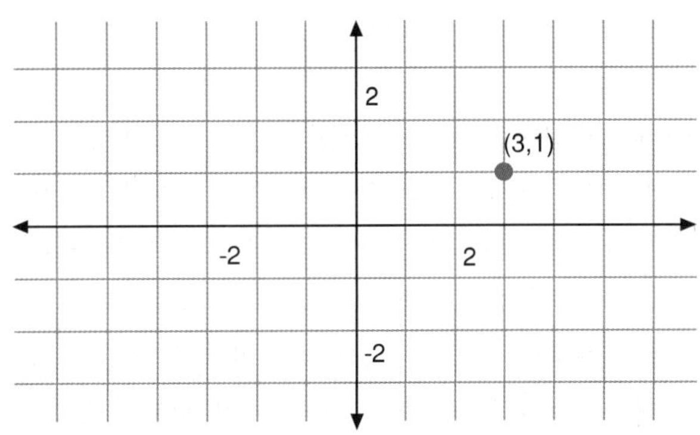

그림 15-5 공간 관계를 묘사하는 좌표 체계

는지 알려주고 그 위치를 학생에게 물어본다. 점 (3, 1)에 있다가 2공간을 움직이면 나는 어디에 있겠는가? (많은 답이 가능하다.) 예를 들어 (3, 2)와 (5, 6)과 같이 두 점을 알려주고 한 점에서 다른 점으로 어떻게 이동할 수 있는지 학생들에게 질문한다. (많은 답이 가능하다.)

수직선은 위치를 포함하는 표현 방법인데, 2차원이 아닌 직선상에서 이동을 표현하는 데 사용될 수 있다. 앞으로 5걸음, 뒤로 3걸음과 같은 이동을 수직선에 표현할 수 있다. 0에서 시작했다고 가정하면, 어디로 가겠는가? 아래 제시된 수직선은 이러한 이동을 나타낸다.

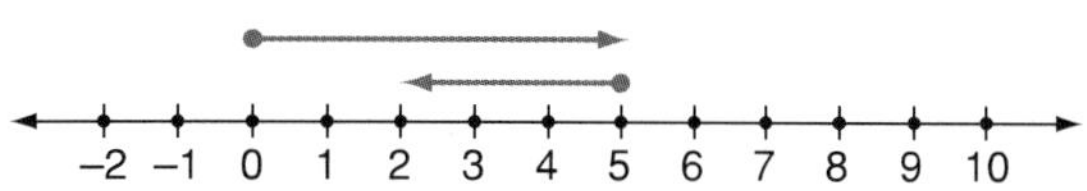

이 문제에는 시작점, 이동, 끝점이라는 세 가지 조건이 있다. 이 중에서 두 가지를 알면 나머지 한 가지를 찾아낼 수 있다. 그러나 이동은 여러 가지 방법으로 가능하다. 예를 들어, 2에서 시작해서 8에서 끝난다면, 어떤 방법으로 이동할 수 있겠는가? 가장 짧은 이동은 앞으로 6칸 가는 것이지만, 앞으로 4칸, 뒤로 3칸, 앞으로 5칸, 뒤로 4칸 등의 방법을 생각해 보시오. 끝점 8에 도착할 수 있는가? 몇 번이나 이동해야 가능한가? 전체 합쳐서 얼마나 멀리 이동해 보았는가?

로고(Logo) 프로그램이나 다른 컴퓨터 소프트웨어는 학생들에게 이동과 위치를 탐구하는 다양한 활동을 제공한다. 로고에서 각은 돌리기로 간주되고, 도형은 거북이가 지나가면서 펜으로 그리는 경로이다. 몇 개의 간단한 명령어만 알고 있으면(FD는 전진(ForwarD), BK는 후진(BacK), RT는 직각으로 돌기(RighT) 등), 아동은 그림을 그릴 뿐만 아니라 도형에 대한 가설을 세울 수 있다. 로고에서 중요한 특색은 거북이에게 회전하라고 지시할 때 사용하는 각이다. 그림 15-6에서 몇 가지 거북 명령어와 이 결과로 그려지는 그림을 볼 수 있다. 모든 각이 60도인 정삼각형을 그리기 위해서 거북이가 회전해야 하는 각은

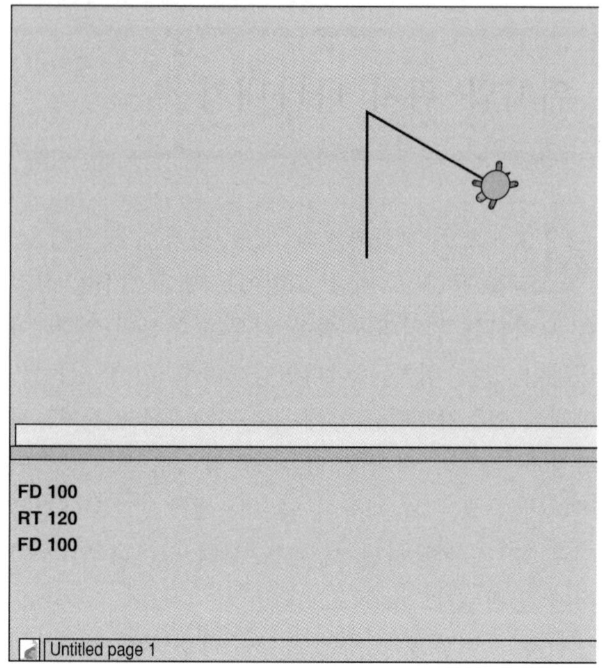

그림 15-6 로고 명령어: 거북이에게 정삼각형을 그리도록 지시하기

몇 도인가?

저학년의 학생들에게 NCTM의 Illuminations 웹 사이트에서 로고 시뮬레이션, 거북 연못(Turtle Pond)을 통해 로고를 탐구해 보게 한다. 이 활동에서 학생들은 거북이를 연못으로 이동시켜야 한다. 이 활동은 거북이가 그려지는 대상의 외각으로 회전한다는 감각을 갖게 하도록 학생들이 실제로 지시된 경로를 걸어보는 데 도움을 준다.

학생들은 좌표 체계에 점을 찍고 그림을 그리기 위해 점을 연결하는 것을 좋아한다. 이는 분명히 학생들이 점을 구성해 보게 하는 연습 활동이 될 수 있으나, 다소 낮은 수준의 활동이다. 학생들이 그림을 그리고 스스로 방향을 만들어보게 하는 것이 보다 도전적인 활동이다. <수업자료 15-14>는 모양과 모양을 변화시키는 도전적인 문제를 제시한다. 저학년을 가르치고 있다면, 좌표 격자와 관련하여 제시된 방법대로 도형을 그려보게 할 수 있다. 예를 들어, 학생들에게 제1사분면(모두 양의 좌표만을 가진 사분면)에 한 꼭짓점(3, 2)을 가지고 긴 변의 길이는

4이며 짧은 변의 길이는 3인 직사각형을 그리게 할 수 있다.

수|업|자|료|15-14

모눈종이 위의 모양

학습목표: 모눈종이의 다양한 모양을 탐색하기

대상학년: 4~6학년

학습자료: 모눈종이

시작: 이 문제를 오늘(또는 이번 주)의 문제로 이용하여라. 학생들이 다양한 해결 방법을 공유하게 하여라. 유일한 규칙은 꼭짓점이 모눈종이 위에 있어야 한다는 것이다.

1. 정사각형의 두 꼭짓점이 (2, 0)과 (4, 2)에 있다. 다른 두 꼭짓점은 어디에 있겠는가? (3가지 답이 가능하다)
2. 직각 삼각형의 두 꼭짓점이 (0, 0)과 (3, 0)에 있다. 세 번째 두 꼭짓점은 어디에 있겠는가? 몇 가지 답이 가능한가? 적어도 5가지 예를 제시하여라.
3. 평행사변형 ABCD는 (0, 0), (0, 4), (1, 3)에 꼭짓점을 가지고 있다. 그림에서 제시된 네 번째 꼭짓점의 좌표는 무엇이겠는가? 이 세 개의 꼭짓점을 가지는 다른 평행사변형을 찾고 네 번째 꼭짓점의 좌표를 제시하여라.

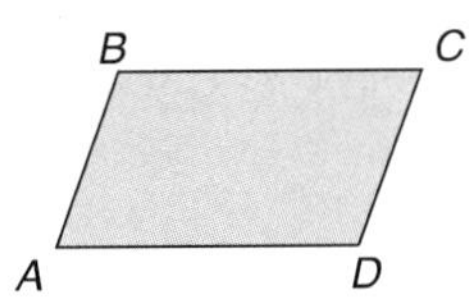

4. 아래 제시된 팔각형은 3×3 모눈종이에 제시되어 있다. 똑같은 크기의 모눈종이에 다른 팔각형을 그릴 수 있는가? 꼭짓점이 모눈종이의 교차점에 있어야 한다는 것을 기억하여라.
   a. 여러분이 그린 팔각형 중에서 어떤 도형이 대칭적인가?
   b. 여러분이 그린 팔각형 중에서 어떤 도형이 볼록인가?
   a. 어느 팔각형이 가장 넓은 넓이를 가지는가?
   b. 어느 팔각형이 가장 긴 둘레를 가지는가?

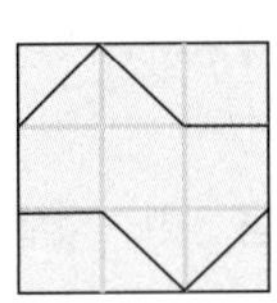

도형의 변환

기하는 종종 패턴으로 학습된다. 주변의 벽지나 그림 15-7에 제시된 3가지 벽지 패턴을 살펴보아라. 어떤 기본적인 디자인이 반복되는가? 기본적인 디자인이 어떻게 움직이는가? 여러분 자신의 말로 그 이동을 묘사해 보아라. **돌리기**, **밀기**, **뒤집기**와 같은 단어를 사용하였는가?

NCTM 규준은 학생들이 그림 15-8에 제시된 세 가

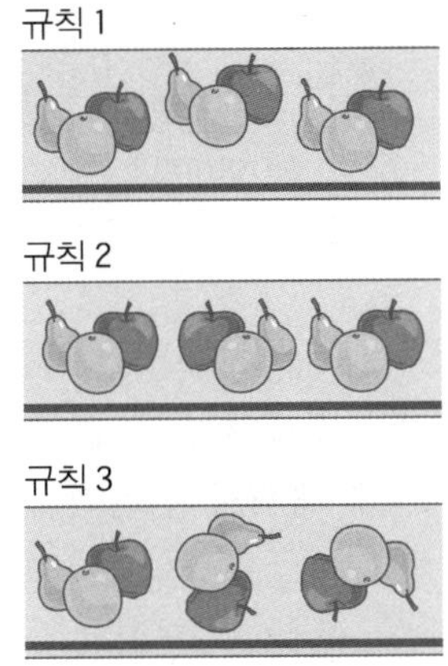

그림 15-7 벽지 패턴

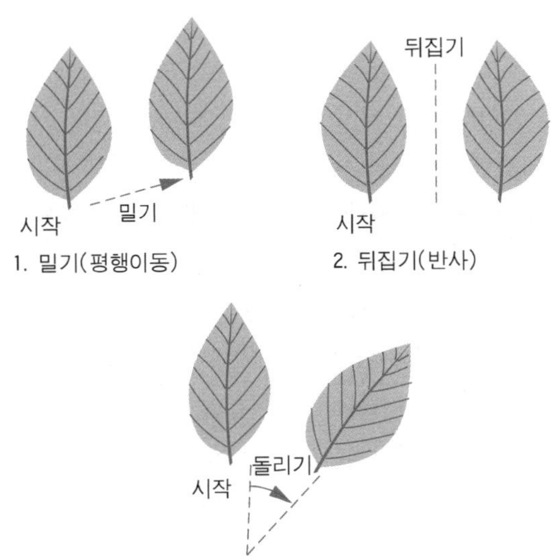

그림 15-8 합동을 결정하는 이동

지 도형의 변환, 즉 밀기(평행이동), 돌리기(회전이동), 뒤집기(대칭이동)에 익숙할 것을 권장한다.

연구에 따르면(Jacobson & Lehrer, 2000), 학생들이 변환을 탐색할 때 교사의 역할이 중요하다고 한다. 학생들에게 추측을 하고 자신들의 생각을 정당화해 보게 하면, 학생들은 변환에 대해 더 깊이 이해할 수 있게 된다. 예를 들어, 학생들에게 평행인 두 직선, 처음에는 직선 m에 대해서 그 다음에는 직선 l에 대해서 두 번 뒤집기를 한 결과와 같아지는 이동이 무엇일지 탐색해 보게 한다.

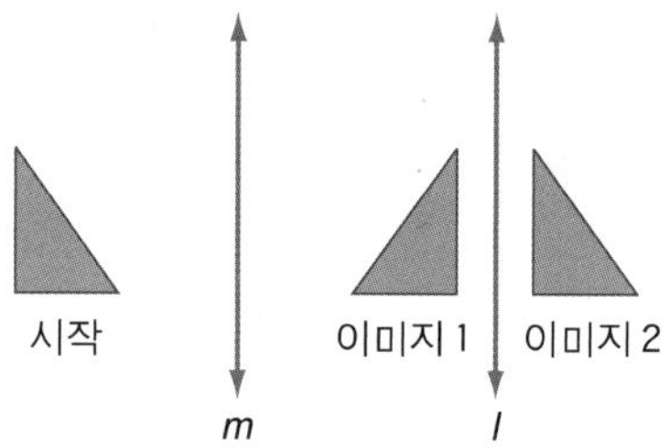

선이 평행하지 않다면 어떻게 될까? 선이 수직이라면 어떻게 될까? 처음에는 직선 l에 대해서 그 다음에는 직선 m에 대해서 뒤집기를 하면 어떻게 될까?

단순히 쳐다보는 것만으로 변환에 대해서 답할 수 있는 경우도 있지만, 여러 가지 다양한 문제를 해결하려면 다른 방법을 개발할 필요가 있다. 예를 들어, 어떤 상이 반사되었는지 알아보기 위해 대칭축을 접었던 것처럼 반사 중심축을 접을 수 있다. 회전이나 밀기를 알아보기 위해서 학생들은 도형을 따라 그린 다음 회전해 보고 밀어볼 수 있다. 초등학생들도 Geometer's Sketchpad와 같은 컴퓨터 프로그램을 통해 변환의 많은 특성을 탐구할 수 있다.

변환을 흥미롭게 응용한 것 중의 하나는 테셀레이션이다. 도형의 단순한 변환만으로도 재미있는 디자인을 만들어 낼 수 있다. 웹에서 많은 예를 찾을 수 있고, 논문 "Tessellating T-Shirts(Shockey & Snyder, 2007)"에서 간단한 예를 찾을 수 있다.

합동 두 도형의 크기와 모양이 같으면 그 두 도형을 **합동**이라고 한다. 어린 아이들은 한 도형이 다른 도형 위에 정확히 포개어지는 것을 볼 때 이러한 합동에 대한 개념을 이해하게 된다. 두 도형이 선분이라면 길이만 같으면 두 도형은 합동이다. 두 도형이 2차원 도형이고 합동이라면 그 두 도형의 넓이는 같다. 이에 대한 역은 참이 아니다. 즉, 두 도형의 넓이가 같다고 해서 그 두 도형이 항상 합동인 것은 아니다. 학생들은 이러한 개념을 이해하는 데 어려움을 겪을 수도 있고, 많은 중학교 학생들이 아래 제시된 평행사변형이 직사각형과 합동이라고 대답하기도 한다.

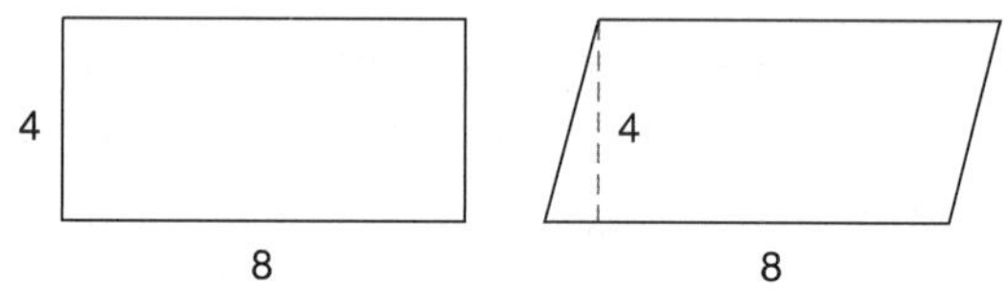

어린 아이들도 아래 제시된 두 개의 직각삼각형의 경우와 같이 크기와 모양이 같은 도형을 확인하는 데 어려움을 겪지 않는다. 아이들은 도형을 잘라서 한 도형을 다른 도형 위에 포개어 놓음으로써 이러한 아이디어를 확인할 수 있다. 따라서 학생들에게 두 도형이 크기와 모양이 같은지 알아보기 위해서 도형을 겹쳐 보게 한 다음에 점차 합동이라는 단어를 소개하고 사용하도록 지도한다.

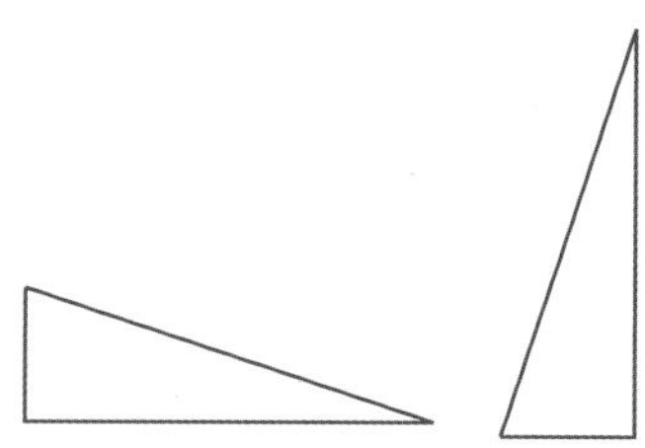

합동은 종종 변환을 통해서 탐구된다. 두 도형이 합동이라면, 세 가지 이동 방법 중의 하나 이상의 방법으로 두 도형을 겹쳐 놓을 수 있게 된다. 위에 제시된 삼각형을 다른 삼각형 위에 겹쳐 놓기 위해서 어떤 이동 방법을 사용할 수 있는가? 변환으로, 위에 제시된 직사각형과 평행사변형이 왜 합동이 아닌지 설명할 수 있는가?

닮음 또 다른 종류의 변환은 확대(또는 축소)이다. 아마도 복사를 할 때 이러한 용어를 사용해 보았을 것이다. 특정한 퍼센트로 확대하거나 축소할 때 종이 위에 있는 삼각형이 어떻게 변하는가? 이 두 삼각형을 닮음이라고 말한다.

닮음은 같은 모양과 마찬가지로 비슷하다는 것을 나타내기 위해서 사용되는 일상용어이다. 수학에서 닮음은 특정한 의미 또는 정의를 가지고 있다. 즉, 대응각이 같고 대응변이 동일한 비율을 가지고 있을 때 두 도형을 **닮음**이라고 한다. 우리는 또한 예를 들어, '모든 도형이 직사각형이다.'라는 것을 뜻하기 위해서 **같은 모양**이라고 말하기도 한다. 그러나 모든 직사각형이 닮음은 아니다. 따라서 닮음을 가르칠 때 교사는 닮음에 대한 직관적인 개념을 정교하게 해서 위에 설명된 수학적 정의에 부합하도록 가르쳐야 한다.

이러한 정의는 처음 가르칠 때는 너무 형식적이기 때문에 교사는 도형판과 점판을 사용하는 것으로 시작할 수 있다. 아이들은 도형판에 모양을 하나 만든 다음 이것을 더 작은 도형판에 옮길 수도 있고, 또는 도형판에 있는 모양을 보고 다른 크기의 종이에 복사할 수도 있다. 고학년 학생들은 도형의 변의 길이를 2배, 3배 등을 해 보면서 그 둘레와 넓이에 어떤 영향을 끼치게 되는지 알아볼 수 있다. 학생들이 비율을 배우게 되면 보다 엄밀한 방법으로 닮음을 탐색할 수 있게 된다. (닮음 삼각형은 13장에서 비례의 예로 논의된다.)

시각화와 공간 추론

여러분이 이 장에서 지금까지 소개된 활동을 해 왔다면 아마도 이미 이러한 세 가지 과정을 모두 사용해 왔을 것이다. 수직선, 좌표격자, 그리고 곱셈을 위한 직사각형 배열을 활용한 기하 모델링은 이 책 전반에 걸쳐 사용되어 왔다. 이 절에서는 이전의 논의에서 강조하지 않았던 시각화와 공간 추론을 살펴볼 것이다.

Battista(2007, p.483)는 공간 추론을 "공간상의 대상, 이미지, 관계, 변형을 이해하고, 조사하고, 사고하는 능력이다. 공간 추론에는 이미지를 일반화하는 것, 이미지에 대한 질문에 답하기 위해서 이미지를 조사하는 것, 이미지를 변형하고 조작하는 것, 그리고 다른 정신 조작을 수행할 때 이미지를 유지하는 것을 포함한다."라고 정의하였다.

물리적 자료와 그림 자료를 활용하기

시각화와 공간 추론을 개발하는 한 가지 방법은 이동 가능하고 분할 가능하며 합칠 수도 있고, 변형할 수도 있는 물리적 자료와 그림 자료를 이용하는 것이다. 연구에 따르면, 종이 모델, 플라스틱 또는 나무 소재의 기하 모양, 도형판, 입체도형과 같은 물리적 자료를 사용하면, 기하적 표현을 개발하는 데 도움이 되는데, 이런 자료들을 현명하게 사용해야 한다(Clements, 2004). 다른 모양을 만들기 위해서 재배열된 모양을 인식하는 능력 또는 모양 내에서 다른 모양을 보는 능력은 개발해야 할 중요한 능력이다. 학생들이 자료를 더 많이 가지고 공부할수록, 더 많은 방법으로 기하 모양과 성질을 시각화할 수 있다.

학생들은 디자인하는 것을 좋아하고 패턴 블록으로 그림 맞추기를 좋아한다. 이런 모든 유형의 활동은 시작 단계에 불과하기 때문에 학생들에게 활동을 확장하도록 격려해야 하는데, 예를 들어, 예측하고, 동일한 모양을 만들기 위한 다양한 방법을 탐색해 보며, 기하 용어를 사용하여 자신들이 만든 그림을 설명하고, 주어진 속성에 맞는 모양을 만들어보게 해야 한다. <수업자료 15-15>에서는 다른 모양을 만들기 위해서 모양을 조합하는 몇 가지 문제를 제시한다.

그림이나 모양은 중요한 도구이다. 예를 보지 않고서 직사각형이 무엇인지 배운다고 상상해 볼 수 있는가? 시각적 장애를 가진 학생이 있다면 이것에 대해 생각해봐야 한다. 그림이나 모양으로 그런 학생들을 어떻게 도와줄 수 있는가? 학생들이 느낄 수 있도록 선을 도드라지게 만든 모델(예, 고무줄)을 사용하

수|업|자|료|15-15

모양 만들기

학습목표: 주어진 특징에 맞는 모양 만들기
대상학년: 3~5학년
학습자료: 패턴 블록

- 필요한 만큼 블록을 사용하여라. 블록을 어떻게 사용했는지 그림으로 기록하여라.

1. 몇 가지 방법으로 육각형을 만들 수 있는가?
2. 조각 2개를 사용하여 삼각형을 만들 수 있는가? 조각 3개로는? 조각 4개로는? 조각 5개로는? 조각 6개로는?
3. 조각 4개를 사용하여 삼각형을 만드는 두 가지 다른 방법을 찾을 수 있는가?
4. 육각형 1개와 다른 조각들을 이용해서 마름모를 만들어라.
5. 육각형 1개와 다른 조각들을 이용해서 볼록 육각형을 만들어라. 다른 방법을 찾아라.
6. 육각형 1개와 다른 조각들을 이용해서 오목 육각형을 만들어라. 다른 방법을 찾아라.
7. 조각 3개, 4개, 5개, 6개를 가지고 비정형 육각형(모든 변의 길이가 다른 도형)을 만들어라.
8. 초록색 삼각형만을 이용하여 큰 삼각형을 만들어라. 몇 개의 삼각형을 사용했는가?
9. 파란색 마름모만을 이용하여 더 큰 마름모를 만들어라. 몇 개의 마름모를 사용했는가?
10. 빨간색 사다리꼴만을 이용하여 더 큰 사다리꼴을 만들어라. 몇 개의 사다리꼴을 사용했는가?
11. 노란색 육각형만을 이용하여 더 큰 육각형을 만들 수 없다. 왜 그런지 설명할 수 있는가?

는 것을 생각해본다. 어려움을 가진 학생들은 단지 이런 부류의 학생들만이 아니다. 많은 학생들이 의도한 것과는 다르게 다이어그램과 그림을 본다. 학생들이 물리적 자료를 이용해서 스스로 그림과 모양을 만들어보게 하는 것이 중요하다.

컴퓨터는 많은 학생들에게 여러 가지 기회를 제공하는 도구이다. 패턴 블록을 옮기고 자신의 활동을 기록하는 것을 어려워하는 학생들은 종종 모양 만들기 컴퓨터 프로그램을 사용할 수 있다. 컴퓨터는 또한 학생들이 탐구하려고 하는 많은 다른 모양의 예를 만들도록 도와준다. 예를 들어, <수업자료 15-11>에서는 삼각형 한 개만을 가지고 높이와 밑변을 탐색할 수 있었다. 컴퓨터에서는 이를 확장하여 많은 예를 만들 수 있고, 삼각형의 넓이를 구할 때 어느 변을 밑변으로 하든지 상관없다는 것을 깨닫게 해준다. 교과서에는 특별한 컴퓨터 프로그램이 제시되어 있을 것이다. 학교에서 어떤 프로그램을 사용할 수 있는지 알아보시오.

심상(mental image) 활용하기

물리적 자료를 사용하여 학생들이 기하학적 개념을 배우도록 도울 수도 있지만, 교사는 또한 학생들이 기하 모양에 대한 시각적 이미지를 개발하도록 도와야 한다. 학생들이 성숙할수록 교사는 학생들이 이러한 이미지를 머릿속에서 조작할 수 있게 도와야 한다. 예를 들어, 세로보다 가로가 긴 직사각형을 생각해 보아라. 이제 머릿속에서 그 직사각형을 오른쪽으로 90도 돌려라. 어떤 모양이 되는가? 우측 상단 구석에서 아래에 있는 변의 중간으로 선을 그려라. 어떤 두 도형이 만들어졌는가?

심적 이미지를 개발하도록 돕는 전형적인 과제 중의 하나는 도형의 대부분을 가리고 도형의 일부를 천천히 보여주면서 어떤 모양이 숨겨져 있는지 학생들에게 알아맞히게 하는 것이다. 아래에 있는 예를 보자. 교사가 초기에 사용할 수 있는 질문들이 있다. 그러나 이러한 특정한 질문들을 제기하기 전에 학생들이 어떤 모양이라고 생각하는지 먼저 제안해 보게 한다.

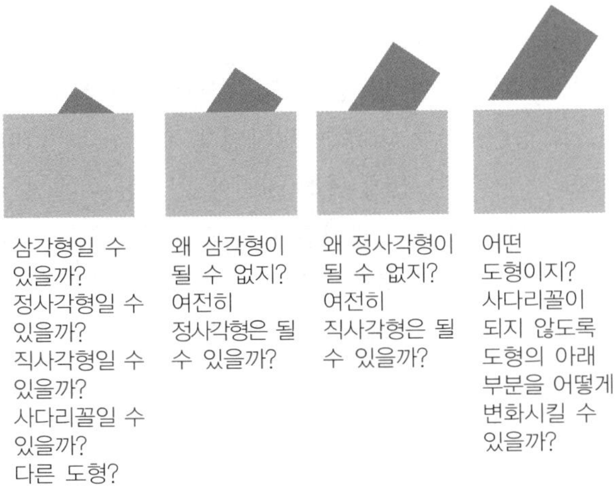

이와 유사한 또 다른 활동은 겹침(overlap) 문제에서 찾을 수 있다(Tayeh, 2006). 이 논문에는 두 개의 투명한 정사각형을 겹쳐보고 겹치는 모양이 어떤 모양인지 학생들에게 물어보는 문제에 대한 학생들의 풀이가 제시되어 있다. 이 논문을 읽기 전에 스스로 해 보시오. 학생들만큼 융통성 있게 사고하는가?

2차원 패턴을 접어서 3차원 패턴을 만들어보는 것을 시각화하는 것은 기하적 사고의 중요한 측면이다. 그 과정에서 접는 것을 시각화하거나 결정하기 위해서 공간 추론을 사용할 수도 있다. 5개의 연결된 정사각형으로 이루어진, 열린 정육면체(윗면이 없는)를 접어서 만드는 것을 상상해 보시오. 그림 15-9에 제시된 전개도 중에서 어느 것이 열린 정육면체가 되는가? 어느 정사각형이 밑면이 되는가? 이러한 시각적 조작을 머릿속에서 조작할 수 있는 능력은 그런 조작을 직접 물리적으로 해 보는 경험을 통해서 향상될 수 있다.

다른 관점에서 3차원 대상을 시각화하는 것은 기하의 또 다른 측면이다. 다른 각도에서 입체도형을

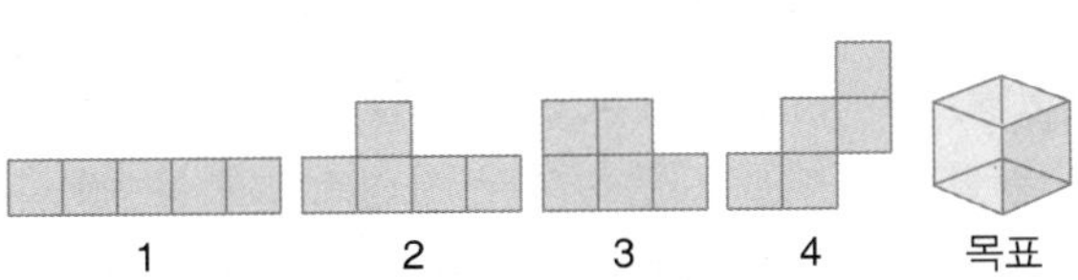

그림 15-9 열린 상자 모양이 되도록 접을 수 있는 도형은 어느 것입니까?

볼 때 어떤 일이 일어나는가? 여러분이 물 위에 떠 있는 각뿔 아래에서 수영하는 물고기라고 상상해 보아라. 그러면 각뿔의 전체 밑면을 볼 수 있을 것이다. 무엇을 볼 수 있는가? 학생들이 단지 하나의 면만 볼 수 있는 쉬운 위치에서부터 시작한 다음, 한 개 이상의 면을 볼 수 있는 위치로 이동한다. 새가 되어 정사각뿔의 꼭짓점에서 내려다보고 있다고 생각해 보자. 어떻게 보일 것인지 묘사할 수 있는가? 그런 다음 학생들에게 입체도형을 꺼내 놓고 다른 각도(아래에서, 밑에서, 바로 위에서, 입체도형의 두 면을 볼 수 있도록 돌려진 상태로 앞쪽에서)에서 입체도형을 보고 어떻게 보이는지 그려보게 한다.

학생들은 이러한 심적 이미지를 만들기 위해서 모델을 활용할 필요가 있다. 어린 아이들은 기본적인 입체도형을 가지고 면을 묘사하는 것으로부터 시작할 수 있다. 나무 소재 입체도형의 면을 고무찰흙으로 찍어서 복사본을 만든다. 한 면을 가지고 각 입체도형을 알아맞히게 한다. 면의 복사본을 만들지 않고 본을 떠서 그릴 수도 있지만 어린 아이들은 쉽게 복사본으로 활동할 수 있다.

학생들이 다른 관점에서 도형을 볼 수 있도록 돕는 방법 중의 하나는 정육면체로 만들어진 입체도형을 살펴보는 것이다. 학생들에게 정육면체로 입체도형을 만든 다음 정사각형 격자 종이에 다른 면을 그리게 한다. 이 과제를 다양하게 활용할 수 있다. 학생들에게 면을 그린 그림을 주고, 입체도형을 만들 수 있는지 알아본다.

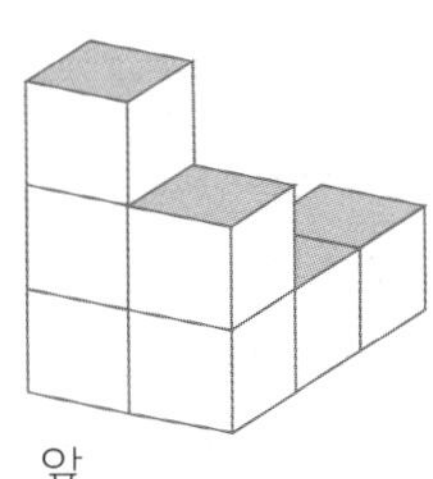

또는 아래 제시된 바와 같이 점종이를 활용하여 입체도형의 구조가 드러나게 그리도록 한다.

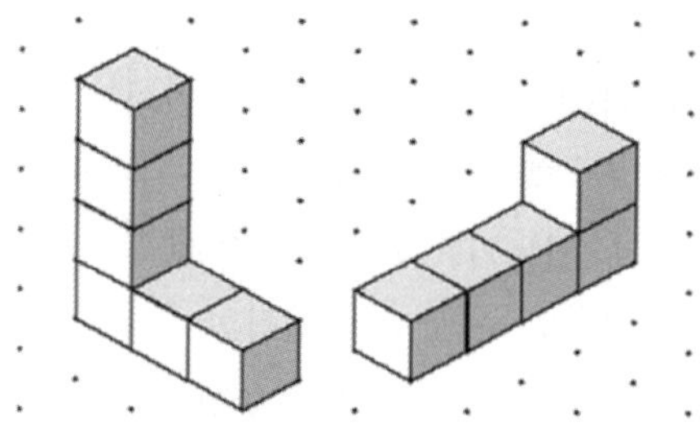

또 다른 시각화 과제는 입체도형을 절단해 보는 것이다. 종이로 만든 튜브를 잘라봄으로써(그림 15-1을 보아라) 학생들은 절단면을 볼 수 있게 된다. 절단할 수 있는 다른 대상을 활용하여(예, 오렌지, 원뿔 모양인 당근 또는 다른 입체도형 모양처럼 생긴 호박), 학생들이 절단면을 보도록 도울 수 있다. 또는 치즈를 먹을 때, 작은 정육면체 모양으로 치즈를 자른 다음, 절단면이 여러 가지 기하 모양을 나타내도록 각 정육면체를 잘라 본다. 삼각형이 보이도록 정육면체를 자를 수 있는가? 다른 삼각형은? 정사각형이 아닌 직사각형을 만들기 위해서 어떻게 정육면체를 자를 수 있는가? 오각형과 육각형도 시도해 본다.

문화적 연계성

도형은 여러 문화를 이해할 수 있는 기회를 제공한다. 다른 나라의 문을 웹에서 찾아보는 것은 흥미진진한 모험이 될 것이다. 우리는 13세기의 아프리카계 문을 찾았는데, 그 문은 아름답게 조각된 나무문이었고 모서리 주위에 복잡한 기하 패턴을 가지고 있었으며 중심에 밀이 담긴 주전자가 있었다. 멕시코계 문은 종종 많은 직사각형 패널을 가지고 있는데, 일부는 단조롭고 일부는 기하 디자인으로 장식되어 있기도 한다. 중국계 문은 정교하게 꾸며진 모양이다. 물론 각 국가의 문은 만들어진 시기, 사용가능한 재료, 만든 사람의 사회경제적 지위에 따라 다르다. 문이 없는 문화권이 존재하는 것에 대해 생각해본 적이 있는가? 직사각형이 아닌 문을 가진 문화권은 어디인가? 여러분의 이웃에서 볼 수 있는 문에서 어떤 도형을 볼 수 있는가?

각 문화는 예술 및 공예 작품(퀼트, 양탄자, 도자기, 보석, 등등)에 고유한 디자인을 활용한다. 어떤 문화의 역사든지 간에 특정 시기에 이러한 디자인의 상당 부분은 도형과 관련된다. 집과 다른 구조물 역시 독특한 기하적 성질을 갖는다. 미국의 집들은 삼각뿔이 혼합된 지붕에 직사각뿔 모양을 다양하게 변형시켜 이용한다. 이웃을 둘러보거나 직사각뿔 모양으로 만들어진 집에 대한 사진을 잡지에서 찾아보자. 어떤 다른 모양을 볼 수 있는가?

19세기에 Orson Squire Fowler는 팔각형 모양의 집이 가장 경제적이고(같은 넓이를 가진 바닥 공간에 대해 외장용 자재가 적게 들어감), 건강에 도움이 된다(더 많은 창문과 통풍이 가능함)고 주장했다. 이 사람은 몇 권의 책과 자신의 설계를 통해 자신의 아이디어를 주장했지만 단지 소수의 건축물만이 팔각형 모양이다. 건물이나 지붕의 구조를 위해 어떤 모양이 사용되는가? Zaslavsky(1989)는 둥근 모양의 집에 대하여 조사한 바 있다.

도형은 다른 나라의 학교에서는 다른 역할을 수행해 왔다. 프랑스 교육과정에서는 미국 교육과정보다 중학년에서 도형에 보다 초점을 두지만 저학년에서는 훨씬 덜 강조한다. "TIMSS 4학년 수학 평가에서 11개의 도형 주제가 있음에도 참여 국가의 교육과정에서 이러한 주제를 다루는 것은 다른 내용 영역보다 훨씬 다양했고, 각 주제를 배운 학생들의 비율도 매우 다양했다."(Mullis et al., 2004, p.213). 대부분의 주제가 여러 학년에 걸쳐서 제시되지만 주로 고학년에 속해 있다.

미국에서는 학생들에게 도형 용어를 가르치는 데 초등학교의 상당 시간을 할애하는 반면에, 일본 교육과정에서는 학생들이 도형 문제를 해결하는 과정에서 관련된 용어를 사용하면서 자연스럽게 용어를 배울 것을 기대한다. 많은 나라에서 사용되고 있는 도형과 관련된 용어는 다른 단어들과 매우 밀접하게 관련되어 있다. 예를 들어, 삼각형(triangle)의 삼(tri)은 스페인어 'tres' 또는 프랑스어 'trois'의 변형이다.

오늘날 교사는 여러 가지 다른 배경을 가진 학생을 만나게 될 것이다. 기하의 시각적인 특징은 여러 가지 활동을 가능하게 하고, 교사가 다양한 배경을 가진 학생들의 차이점을 조절할 수 있도록 한다.

요약

초등학교에서 기하는 대개 등한시되는 주제이지만, 직관적이고 비형식적인 방식으로 도형을 제시한다면 학생들에게 많은 이점을 줄 수 있다. 이 장은 이러한 유형의 비형식적 경험을 제공하는 다양한 활동 사례를 제시하고 있다. 입체도형을 다루면서 학생들이 3차원 모델을 만드는 방법뿐만 아니라 입체도형을 묘사하고 분류하는 방법에 대해 논의하였다. 평면도형에서는 도형의 성질을 중심으로 논의하였다. 단순히 기하 모양을 인식하는 것(수정된 반 힐레 0수준)으로부터 벗어나서 보다 높은 수준으로 옮겨갈 것을 강조했다.

도형은 우리가 살고 있는 공간을 묘사하고 이 공간상의 대상들 사이의 이동과 관계를 묘사하는 데 도움을 준다. 어린 아이들을 위한 아이디어를 제시했고, 좌표 체계를 활용하여 보다 형식적인 아이디어도 제시하였다. 도형의 변환 또한 우리가 사는 세계를 묘사하고 문제를 해결하는 데 사용된다. 학생들의 시각적 기능과 추론 능력을 신장하는 것은 도형의 중요한 부분이다. 궁극적인 목적은 문제를 해결하는 데 도형을 활용하고 주위 세계에서 도형을 감상할 수 있게 하는 것이다.

이 장에서는 학생들이 도형 영역에서 개념과 기능을 쌓아가도록 돕기 위한 몇 가지 방법만을 간단히 제시하였고, 문제를 제시하고 도형을 적용하는 몇 가지의 방법만을 다루었다. 교사가 사용할 수 있는 그 외의 흥미로운 주제와 활동들이 많이 있다. 교사는 그러한 활동들을 수집하여 수업에 활용해야 한다. 교사가 할 일은 이러한 아이디어를 현명하게 활용하여 학생들이 단순히 도형을 인식하는 데서 벗어나서 도형과 관련된 명제를 분석하고 정당화하며 기하학이 포함된 문제를 해결하기까지 도형에 관해 깊이 이해할 수 있도록 돕는 것이다.

연습문제

01. 학생들이 초급, 중급, 고급의 각 수준에서 배워야 할 입체도형의 세 가지 성질을 설명하시오.
02. 그림 15-2에 제시된 학생들의 반응 중 초급 수준의 반응과 중급 수준의 반응의 차이점을 설명하시오. 초급이나 중급 수준의 학생들보다 중학교 학생들은 어떤 내용을 더 포함하여 설명하는가? 이 학생들은 수정된 반 힐레 이론에서 어느 수준에 있다고 생각되는가?
03. <수업자료 15-5>에서 삼각형의 예와 예가 아닌 것을 포함한 이유를 말하시오.
04. 입체도형에 대한 초급 활동의 아이디어에 기초하여 중급 학생들을 위한 분류 활동을 고안하시오.
05. 사각형이 어떻게 분류될 수 있는지 설명하여라. 왜 정사각형은 직사각형의 한 유형인가? 직사각형의 정의에 정사각형을 포함시키지 않으려면 직사각형을 어떻게 정의해야 하는가?
06. <수업자료 15-9>의 활동을 완성하시오. 주변에서 선대칭을 갖는 대상의 목록을 10가지 이상 만드시오.

연구문제

01. 학생들과 함께 초급, 중급, 고급 수준에서 대상을 '묘사하기와 분류하기' 절에 제시된 3차원 활동

중의 하나를 시도해 보시오.

02. <수업자료 15-5>에 삼각형의 예와 예가 아닌 것을 제시하였다. 어린 아이들에게 합해 놓은 예를 보여주고 어떤 것이 삼각형이 아닌지, 그리고 왜 그렇게 생각했는지 정당화하게 하시오. 또는 <수업자료 15-12>를 활용하여 고학년 학생들이 사각형의 분류에 대해서 이해한 정도를 조사해 보시오.

03. K~8학년 학생들을 면담하여 그림 15-2에 제시된 두 가지 도형을 비교하게 하시오. 학생들의 반응과 이 책에 제시된 반응을 비교하시오.

04. <수업 자료 15-3>은 3차원 모양을 만드는 활동 중의 하나이다. 학생들과 이 활동을 하면서 학생들이 어떤 모양을 만드는지, 그리고 학생들이 모서리와 꼭짓점의 수를 말할 수 있는지 관찰하시오. 모서리와 꼭짓점의 수를 제시하면 학생들이 해당되는 도형을 만들 수 있는가?

05. <수업자료 15-6>은 어린 아이들을 위한 게임이고, <수업자료 15-10>은 도전적인 퍼즐이다. 이런 활동 중의 하나를 학생들과 해 보고 게임이나 퍼즐에 대해서 학생들이 어떻게 반응하는지 관찰하시오.

06. 교실에서 입체도형의 모델을 만들어보는 시간이 의미 있음을 설명하시오.

07. 다른 나라나 문화권의 일상생활에서 도형을 어떻게 사용하는지에 대한 문헌을 읽어 보시오. 어떤 점에서 차이가 있는지 설명하고 가르칠 때 이것을 어떻게 활용할 수 있을지 기술하시오.

08. 이 장에 제시된 아동용 추천도서나 관련된 책을 선택해서 읽어보시오. 도형을 가르칠 때 그 책을 어떻게 사용할 것인지 묘사해 보시오.

09. Geometer's Sketchpad에서 도형 그리기를 탐색해 보시오. 도형을 드래그하면 어떤 일이 벌어지는가? 초등학교 학생들에게 이와 같은 소프트웨어를 어떻게 활용할 수 있는가?

아동용 추천도서

Burns, M. *The Greedy Triangle.* New York: Scholastic, 1994.

Flournoy, V. *The Patchwork Quilt.* New York: Four Winds Press, 1991.

Friendman, A. *A Cloak for the Dreamer.* New York: Scholastic, 1994.

Grifalconi, A. *The Village of Round and Square Houses.* New York: Little, Brwon, and Company, 1986.

Hoban, T. *Spirals, Curves, Fanshapes and Lines.* New York: Greenwillow Books, 1992.

Prince, A. *Twenty-One Elephants and Still Standing.* Boston: Houghton Mifflin, 2005.

Tompert, A. *Grandfather Tang's Story.* New York: Crown, 1990.

Neuschwander, C. *Mummy Math.* New York: Henry Holt, 2005.

제16장 측정

"우리는 측정 가능한 것은 측정해야 하고
측정할 수 없는 것은 측정할 수 있게 만들어야 한다."
- 갈릴레오(Galileo)

이 장의 핵심 질문

1. 왜 초등학교 수학교육과정 전반에 걸쳐서 측정을 가르쳐야 하는가?
2. 측정 과정은 무엇이고, 왜 그 과정이 중요한가?
3. 왜 측정 단위와 관련된 개념을 개발하는 것이 중요한가?
4. 하나의 속성(예: 길이)을 측정하는 것과 다른 속성(예: 넓이)을 측정하는 것이 어떻게 비슷한가?
5. 측정 기능을 강화하기 위해서 어림을 어떻게 활용할 수 있는가?

서론

먼저, 측정을 왜 학교수학에서 가르쳐야 하는지를 생각해보고자 한다.

이유 1. 측정은 일상생활에서 유용하게 사용된다.
여기서 잠시, 지난 며칠 동안 수를 어떻게 사용했는지에 대해서 생각해 보자. 누군가에게 학교까지 차로 얼마나 걸리는지, 초콜릿 케이크 한 조각의 칼로리가 얼마인지, 가장 가까운 상점까지 얼마나 먼지, 커피를 몇 잔이나 마셨는지를 이야기한 적이 있는가? 이 모든 것이 측정이다. 갈릴레오가 언급한 이 장의 인용문을 보면, 갈릴레오가 측정의 중요성을 인식하고 있음을 알 수 있다.

이유 2. 측정은 수학적 개념 및 기능을 개발하고 학습하는 데 도움이 된다.
예를 들어, 저울을 이용하여 대상의 균형을 맞추기 위해서 그램의 수를 세어야 하고, 부피를 찾기 위해서 곱해야 하며, 분을 시간으로 바꾸기 위해서 나눌 수 있어야 하고, 어림값이 참값에 얼마나 근사한지 알기 위해서 뺄 수 있어야 하며, 삼각형의 둘레를 알기 위해서 더해야 한다. 단위의 수를 기록하기 위해서 학생들은 0과 자연수, 분수, 소수, 또는 음수까지도 사용할 수 있다.

	측정하기	반올림하기
문제	센티미터 단위로 못의 길이를 재어라.	573을 반올림하여 십의 자리까지 나타내어라.
	못의 길이는 몇 센티미터와 몇 센티미터 사이에 있는가? [5와 6]	573은 몇십과 몇십 사이에 있는가? [570과 580]
질문 1	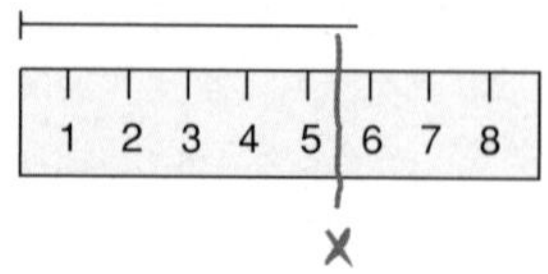	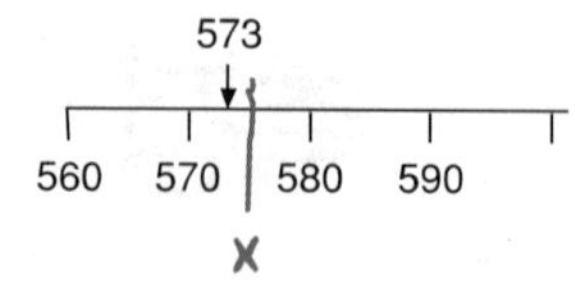
질문 2	5와 6의 중간 지점은 어디인가? (X 표시를 하여라.)	570과 580의 중간 지점은 어디인가? (X 표시를 하여라.)
질문 3	못의 길이는 5에 가까운가? 6에 가까운가? [6]	573은 570에 가까운가? 580에 가까운가? [570]

그림 16–1 측정하기와 반올림하기의 유사성

많은 기수법 모델은 측정에 기초하고 있다. 예를 들면, 수직선은 길이에 기초하고 있다. 곱셈 모델 중의 한 가지는 직사각형의 넓이를 이용한다. 또한 측정과 수 개념 둘 다를 기반으로 하는 개념과 절차가 있다. 그림 16-1에서 보는 바와 같이, 가장 근사한 단위로 측정한다는 것은 주어진 단위로 반올림하는 것과 비슷하다. 따라서 측정 개념은 수 개념을 보완하는 데 사용될 수 있다.

이유 3. 측정은 학교 교육과정의 다른 분야에서도 유용하게 사용된다.

만일 수학을 다른 교과와 관련지어 생각해 보려 한다면, 미술, 음악, 과학, 사회, 국어에서 측정을 어떻게 활용하는지 고려해 보아라. 다른 교과를 가르치면서 측정 기능을 바탕으로 하여 많은 것들을 성취할 수 있을 것이다.

이유 4. 측정은 학생들을 학습에 능동적으로 참여하게 하는 효과적인 방법이다.

측정은 다른 수학 주제를 어려운 일부 학생들까지 포함하여 많은 유형의 학생들을 수업에 참여시킬 수 있는 효과적인 방법이다. 학생들은 측정 과제를 자기 자신과 결부시킴으로써 과제의 유용성을 인식할 수 있을 것이다.

국제비교연구에 의하면 미국의 학생들은 다른 나라의 학생들보다 측정 분야에서 종종 수행 능력이 뒤떨어진다고 한다. TIMSS 2003 평가에서 미국의 4학년 학생들이 국제 평균보다 높지 못한 분야는 유일하게 측정 영역이었다. NAEP가 여러 해에 걸쳐 시행한 수학 평가로부터 얻어진 자료를 보아도 측정 항목에 대한 학생들의 수행 결과에 대해서 왜 관심을 가져야 하는지를 알 수 있다. 이 장에서 이 연구 결과를 읽으면서, 학생들이 측정을 더 잘 이해하고 측정 기능을 개발할 수 있도록 돕기 위한 교사의 역할에 대해서 생각해 보자.

공통핵심수학규준(CCSSM)에서는 측정과 관련하여 학생들이 측정 개념과 기능을 학습해야 하며, 측정을 통하여 다른 수학적 아이디어를 개발하고 실생활 문제와 수학적 문제를 해결할 수 있어야 한다는 성취기준을 제시하였다. 표 16-1은 측정에 대한 CCSSM의 성취기준을 요약하여 나타낸 것이다.

측정 과정

학생들이 어떻게 측정하고 어떻게 측정에 대해서 생각하느냐에 대한 많은 연구는 학생들의

표 16-1 측정의 개념 및 기능과 관련한 성취기준(CCSSM)

학년	성취기준
유치원	길이와 무게와 같은 측정의 속성을 기술하고 비교할 수 있다.
1학년	길이를 직접 비교하고 반복 단위를 사용하여 측정할 수 있다.
2학년	야드 자, 미터 자 등과 같은 적절한 도구를 선택하고 사용하여 길이를 측정할 수 있다. 인치, 피트, 센티미터, 미터 단위를 사용하여 길이를 어림할 수 있다. 서로 다른 단위를 사용하여 같은 길이를 측정하고 단위의 역할을 이해할 수 있다.
3학년	눈금이 $\frac{1}{2}$인치, $\frac{1}{4}$인치로 표시된 자료를 사용하여 길이를 측정할 수 있다. 넓이와 단위 정사각형의 개념을 이해할 수 있다. 단위 정사각형(미터법과 미터법이 아닌 것 모두)으로 넓이를 측정할 수 있다. 둘레가 포함된 문제를 풀 수 있고, 둘레는 같지만 넓이가 다른 직사각형, 또는 넓이는 같지만 둘레가 다른 직사각형을 탐구한다.
4학년	km, m, ㎝; kg, g; lb, oz; l, ml; hr, min, sec를 포함하여 하나의 단위 체계 내에서 측정 단위의 상대적인 크기를 알 수 있다. 큰 단위의 측정값을 작은 단위로 환산할 수 있다. 거리, 시간, 액체의 양, 부피, 돈이 포함된 문제를 해결할 수 있다. 직사각형의 넓이와 둘레를 구하는 공식을 적용할 수 있다.
5학년	단위 체계 내에서 측정 단위를 환산할 수 있다. 입체도형의 속성으로서 부피를 인식하고 부피 개념을 이해할 수 있다. 한 변의 길이가 1㎝, 1인치, 1피트인 단위 정육각형의 개수를 세어서 부피를 측정할 수 있다. 부피가 포함된 실생활 또는 수학적 문제를 해결할 수 있다. 직각기둥의 부피 공식을 적용할 수 있다.
6학년	삼각형, 사변형, 다각형을 직사각형으로 결합하거나 삼각형이나 다른 도형으로 분해해서 넓이를 구할 수 있다. 모서리의 길이로 직각기둥의 부피를 구할 수 있다. 좌표평면에 있는 수평선과 수직선의 길이를 구할 수 있다. 입체도형의 전개도를 이용하여 겉넓이를 구할 수 있다.

개념 발달에 초점을 두어 왔다. 또한 학생들에게 기회를 주었을 때 학생들이 무엇을 할 수 있는지를 알아보는 수업 연구들이 있다(Lehrer, 2003). 윌슨과 오스본(Wilson & Osborne, 1988, p.109)은 다음과 같이 제안했는데, 그 당시는 물론 오늘날의 상황에도 적용된다.

- 학생들은 교과서의 연습문제보다는 될 수 있는 대로 실제적인 문제를 가지고 자주 측정해야 한다.
- 학생들은 공통적인 참조물(referents)을 개발하고 수 감각을 초기에 적용해 보기 위해서 측정할 때 어림 기능을 개발해야 한다.
- 학생들은 수동적으로 관찰하기보다 직접 해보고 실험함으로써 활동 지향적인 측정 상황을 경험해야 한다. 그러한 활동에서 아이디어와 개념을 발전시키고 검증하는 것을 자극하기 위하여 토론을 권장해야 한다.
- 수업을 계획할 때는 측정 체계 전반에 걸쳐 전이되거나 활용되는 측정에 대한 중요한 아이디어를 강조하여야 한다.

측정이란 대상 또는 사건의 어떤 속성에 수를 부여하는 과정이다. 길이, 들이, 무게/질량, 넓이, 부피, 시간, 온도는 대부분의 초등학교 수학교육과정에서 측정할 수 있는 속성이다. 비록 이러한 각각의 속성은 서로 다르지만, 측정 과정은 모든 속성에 공통적이다. 표 16-2에 제시된 개요는 측정의 전반적인 과정 수업을 나타낼 것이며, 수업을 계획할 때 사용될 수 있다.

새로운 속성을 도입할 때, 학생들은 측정 과정을 반복해야 한다. 처음에는 비교에 초점을 두고 임의 단위와 세기를 활용하여 단위의 수를 기록한다. 그런 다음 표준 단위와 세기를 이용하고, 그 후에 도구 또

| **표 16-2** 측정 과정

Ⅰ. 대상을 비교함으로써 속성 확인하기
- A. 직관 비교
- B. 직접 비교
- C. 참조물을 통한 간접 비교

Ⅱ. 단위 선정하기
- A. 임의 단위
- B. 표준 단위

Ⅲ. 단위의 수 찾기
- A. 세기
- B. 도구 이용하기
- C. 공식 이용하기

Ⅳ. 단위의 수 기록하기

는 공식을 도입한다. 처음 배우는 속성에 대해서는 이러한 순환 과정을 반복한다. 몇 년에 걸쳐 일어날 수 있으나, 몇 개의 속성이 도입되고 난 다음에는 순환에 소요되는 시간이 짧아질 수 있고 실제 짧아져야 한다.

비교를 통하여 속성 확인하기

이해하면서 측정하기 위해서 학생들은 자신이 측정하고 있는 속성이 무엇인지 알아야 한다. 태도 점수로 태도라는 속성을 측정한다고 생각해보자. 태도의 기초 개념을 실제로 잘 이해하지 못하기 때문에 태도 검사 점수를 해석하는 것이 어렵다. 어린 아동이 넓이의 개념을 이해하지 못한다면 한 대상의 넓이를 측정하는 것이 어려울 수 있다. 각의 크기를 측정하는 데 어려움이 있는 학생들은 종종 각을 제대로 이해하지 못하고 있는 경우가 많다. 따라서 교사의 첫 번째 과제 중의 하나는 측정 가능한 속성을 이해하게 하는 것이다.

속성을 이해할 때 다음과 같이 세 가지 유형의 비교를 활용할 수 있다. 두 대상을 직관적으로 비교하기(두 대상이 동일하게 보이거나 다르게 보인다), 두 대상을 직접적으로 비교하기(두 대상을 나란히 배치해 놓는다), 두 대상을 간접적으로 비교하기(대상을 비교하기 위해 제3의 대상을 활용한다). 이러한 세 가지 유형을 비교할 때, 학생들은 특정한 속성 및 이와 관련된 어휘를 이해하게 될 뿐만 아니라, 수를 측정에 할당하는 데 도움이 되는 절차를 또한 학습하고 있는 것이다. 학생들이 각각의 속성에 대해서 비교 경험에 참여하는 것이 중요하기 때문에 이제 초등학교 수학 프로그램에서 공통적으로 다루는 속성 각각에 대해서 알아보고자 한다. 다음 내용을 읽으면서 세 가지 비교 유형 사이의 차이점을 말할 수 있는지, 그리고 각 유형이 어떻게 그 속성을 이해하는 데 활용될 수 있는지에 관해서 말할 수 있는지 생각해보자.

수|업|자|료|16-1

길이의 직관적 비교

학습목표: 물리적 대상의 길이를 직관적으로 비교하기

대상학년: K~1학년

자료: 막대, 스파게티, 연필, 크레용 같은 길고 가느다란 물건들

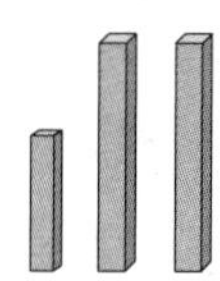

(a)

▼ 긴 물건 2개와 짧은 물건 1개를 들어라
- 아동에게 어떤 점이 다른지 말하게 하여라.
- 더 짧다, 더 크다, 더 길다와 같은 어휘를 사용하여라.
- 확연하게 길이만 다른 물건을 가지고 위의 내용을 반복하여라.

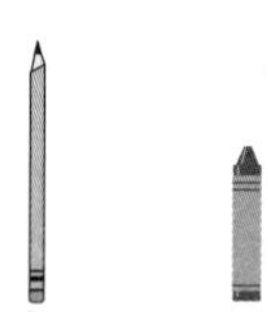

(b)

▼ 긴 연필 한 자루와 짧은 크레용 하나를 들어라.
- 어떻게 다른지 질문하여라. 색깔, 물건의 유형, 포장지, 지우개 등과 같은 대답을 예상하여라.
- 어느 누구도 크레용이 더 짧다든지 연필이 더 길다고 말하지 않으면, '어느 것이 더 긴가?'라고 질문하여라.

길이 길이는 대상의 속성들 중에 가장 쉽게 지각되는 것 중의 하나이다. 아주 어린 아동들조차 어느 정도 길이 개념을 가지고 있고 이와 관련된 어휘를 알고 있다. 그러나 이 아동들은 어른이 볼 때 길이에 대한 오개념을 종종 가지고 있다. 예를 들면, 아동은 허리띠가 곧게 놓여 있을 때보다 꼬여 있을 때 더 짧다고 말한다. 아동이 인지적으로 발달하고 구성적 경험을 하면서 이런 오개념은 없어진다. <수업자료 16-1>, <수업자료 16-2>, <수업자료 16-3>에는 PreK~2학년 동안의 시기에 적절한 비교 활동이 제시되어 있다.

<수업자료 16-1>에는 직관적 비교가 포함되어 있는데, 이 활동은 매우 어린 아동들을 위해 설계된 것이다. 많은 유치원 아동들도 이 과제를 쉽게 할 수 있지만, 일부 아동들은 대상이 지각적으로 다르지 않

수|업|자|료|16-2

길이의 직접 비교

학습목표: 물리적 대상의 길이를 직접적으로 비교하기

대상학년: K~1학년

자료: 길고 가느다란 물건들 한 상자와 '더 짧다', '같다', '더 길다'라고 쓴 종이

도입활동:

길이가 동일해 보이는 연필 두 개를 집어 들고 학급 전체에 다음과 같은 질문을 제시하여라. 어떤 연필이 더 긴지 질문하여라. 학생들이 서로 다른 의견을 제시해야 한다. 학생들로 하여금 책상 위에 두 연필을 세워보게 하여 길이를 비교하게 하여라. 기준선을 활용하여 학생들에게 물건을 직접적으로 비교할 기회를 제공한 다음에(짝꿍과 함께 키를 비교하거나 두 신발의 길이를 비교하는 것), 다음과 같은 센터를 만들어라.

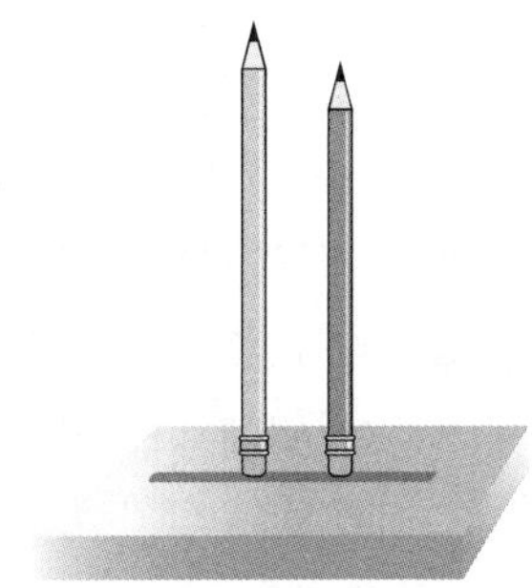

전개활동:

가운데에 물건들 상자를 놓고 기준이 되는 물건 하나를 선택하여라. 그 물건을 '같다'라고 쓰인 종이 위에 놓아라. 학생들에게 나머지 물건들을 아래와 같이 분류하게 하여라.

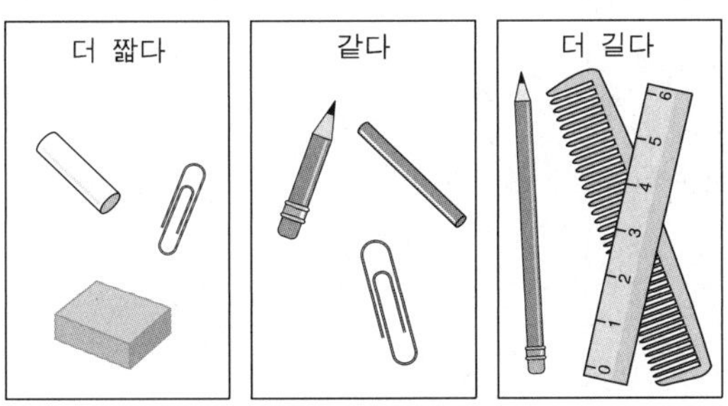

학생들은 기준이 되는 물건을 바꾼 다음 재분류할 수도 있다.

보충활동:

학생 개개인에게 단어나 기준에 대한 아이디어를 가르쳐 주어라. 학생들이 어떻게 그 범주로 물건들을 분류했는지 교사에게 보여주게 하여라. 학생들이 올바르게 배열한 물건에 대해서 먼저 물어보아라.

심화활동:

한 범주에 속하는 물건이 하나도 없도록 기준이 되는 물건을 선택하게 하여라. 학생들이 길이가 가장 짧은(긴) 물건을 선택한다면 더 짧은(더 긴) 범주에 속하는 물건은 없게 된다는 것을 일반화할 수 있는지 알아보아라.

을 때 어려워할 것이다. 이 활동의 시작 부분에서는 관련되지 않은 모든 부적절한 지각적 속성을 감춘다. 즉, 길이를 제외하고는 대상이 똑같다. 이것은 아동으로 하여금 길고 가느다란 속성으로서 길이 개념을 형성하도록 한다. 어느 것이 더 긴지 물어보지는 않으나 아이들에게 관찰한 것과 아는 것을 말해보게 한다. 이 활동의 두 번째 부분에서 여러 가지 많은 다른 속성(색깔, 기능 등)을 가진 물건이 사용되지만, 초점은 여전히 길이에 있다. 학생들이 다음과 같은 질문에 어떻게 대답하는지 교사가 평가할 수 있다. 학생들이 길이에 초점을 두는가? 학생들이 길이와 관련된 어휘를 아는가? 더 많은 질문을 던지고 학생들끼리 배울 수 있는 기회를 제공하여 어휘(특별히 '더 짧은')를 배울 기회를 갖지 못한 일부 학생들에게 보다 신경 쓸 필요가 있다. 3~5개의 물건을 가지고 다음과 같은 질문을 할 수도 있다. 어떤 물건이 가장 긴가? 어떤 물건이 가장 짧은가? 또는 어떤 물건이 가장 긴 물건보다 짧은가?

<수업자료 16-2>는 두 물건을 직접 비교하기 위해 공통 기준선 위에 나란히 놓아 보는 절차를 소개한 것이다. 직관적으로 길이가 달라 보이지 않는 두 물건을 비교하는 문제를 아동들에게 제시한다. 아동들에게 어떤 물건이 더 긴지 그리고 어떻게 자신들의 답을 정당화할 수 있는지 질문한다. 어느 누구도 두 물건을 공통선 위에 나란히 놓지 않으면 그렇게 하도록 제안한다. 길이에 따라(예를 들어 가장 짧은 것부터 가장 큰 것까지 배열하는 것) 물건을 차례로 배열하는 것으로 이 활동을 확장할 수 있다. 도전적인 과제가 필요한 학생들을 위해 순서 짓는 문제를 제시할 수 있다. 이 과제는 다중 비교를 필요로 하기 때문에 어린 아동들에게는 좀 더 어렵다. 아동들이 자를 사용할 때, 두 길이를(즉 물건과 자를) 직접 비교하는 것이다.

<수업자료 16-3>에서는 두 대상을 나란히 놓을 수 없을 때, 그 두 대상을 간접적으로 비교하는 문제를 제시하고 있다. 비교하기 위해 학생들은 길이를 표현해야 한다. 이 활동의 시작 부분에서 학생들에게 해결해야 할 문제를 제시한다는 점에 유의한다. 예를 들어서 교탁의 높이와 문의 폭 중 어느 것이 더 긴가? 학생들은 끈이나 연결할 수 있는 것을 이용하여 교탁의 높이와 문의 폭의 길이를 나타낼 수 있다. 그런 다음 학생들은 어떤 대상이 더 긴지 결정하기 위해서 끈이나 연결한 물건을 직접 비교할 수 있다. 이후에 길이를 나타내기 위해서 자를 사용할 수 있고, 수를 이용하여 간접 비교할 수 있다.

이러한 활동을 통하여 아동들은 길고 가느다란 물

수|업|자|료|16-3

길이의 간접 비교

학습목표: 두 대상의 길이를 간접적으로 비교하기

대상학년: 2~3학년

자료: 실 또는 연결할 수 있는 것, 색인 카드, 테이프, 학생들에게 보여주기 위해 선택한 교실 안의 물건들

설명: 직접 비교하기 위해 쉽게 움직일 수 없으면서 길이가 비슷한 두 대상을 찾아라. 예를 들어, 책상의 폭과 높이. 어느 것이 더 긴지를 학생들에게 질문하고, 어떻게 알 수 있는지 해결책을 생각해보게 하여라.

- ▼ 학생들이 제안한 방법을 논의하고 각 길이를 나타내기 위해 끈을 어떻게 활용할 수 있는지 보여준 다음에 비교하여라.
- ▼ 이와 같은 논의와 시범 후에, 두 명의 학생들에게 끈을 하나씩 나눠주고 교사가 표시해 둔 대상의 길이를 나타내게 하여라.
- ▼ 쉽게 길이를 비교하기 위해서 모든 길이의 '그래프'를 만들어라.

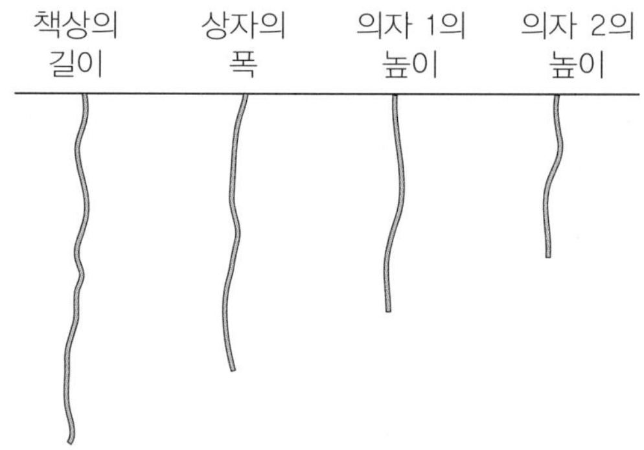

건의 속성으로서 길이를 이해하기 시작한다. 그러나 길이는 다른 방식으로도 사용된다. 예를 들면, 허리 둘레도 길이이다. 어린 아이들은 허리를 비교하기 위하여 또는 발목과 손목을 비교하기 위하여 끈을 사용할 수 있다. <수업자료 16-4>는 중학년 아동들에게 적합한 활동인데, 아동들은 캔의 둘레와 높이를 어림한 후, 끈을 이용하여 길이를 비교함으로써 자신들의 추측을 점검할 수 있다.

두 점 사이의 거리도 길이로 측정된다. 거리는 두 끝점 사이의 직선 경로를 생각해야 하기 때문에 길고 가느다란 대상의 물건보다 지각하기가 더 어렵다. 두 거리를 비교할 때, 더 가깝다, 더 멀다와 같은 단어를 사용할 수 있다. 또한 더 높다, 더 낮다와 같이 길이와 관련된 다른 단어들이 있고 이들 단어의 최상급도 있다.

한 영역 주변의 거리를 나타내는 둘레는 길이의 특수한 형태이다. 아동들이 자를 익숙하게 사용할 수 있다면, 끈이나 측정 테이프를 이용해서 한 영역 주변의 거리를 측정할 기회를 가져야 한다. 그런 다음 아동들은 둘레의 길이를 찾기 위해서 그 영역의 여러 가지 변의 길이를 더할 수 있다. 일상생활에서 둘레의 길이를 찾아야 하는 많은 문제들이 있는데, 예를 들어, 얼마나 많은 경계선이 필요한지를 결정하기 위해서 게시판 주변의 길이를 찾는다든지 또는 도시의 한 블록 또는 농장의 한 트랙 주변이 얼마나 먼지를 찾는다.

들이 들이는 "3차원 용기에 채울 수 있는 정도"를 말하는 속성이다. 두 용기를 보고 직관적 비교를 할 수 있지만, 어린 아이들은 종종 들이보다는 길이(높이)를 가지고 비교한다. 높은 용기와 낮은 용기 중에 어느 것에 더 많이 들어가는지 질문하면, 대부분의 아동들은 실제로 낮은 용기에 더 많이 들어감에도 높이가 높은 용기를 선택할 것이다. 따라서 직접 비교를 통해 들이 학습을 시작하는 것이 최선일 것이다.

직접 비교를 하기 위해서는 채우는 물질이 필요하다. 물과 모래를 사용하면 지저분하긴 해도 유아들조차 사용하기가 쉽다. 용기의 모양이 다양하기 때문에, 어느 쪽에 더 많이 들어가는지를 알기 위해서 아동은 한 용기를 채운 다음, 그것을 다른 용기에 부어볼 수 있다. 직접 비교로(하나를 채운 다음 이것을 다른 용

수|업|자|료|16-4

높이와 원주 비교하기

학습목표: 대상의 둘레와 높이 비교하기

대상학년: 3~4학년

자료: 다양한 크기의 캔(적어도 2명당 1개씩)과 끈. 아래에 제시한 바와 같이 캔에 이름을 붙이고 기록지를 만들어라. 캔을 찾을 수 없으면 종이를 접어서 다양한 크기의 캔을 만들어라.

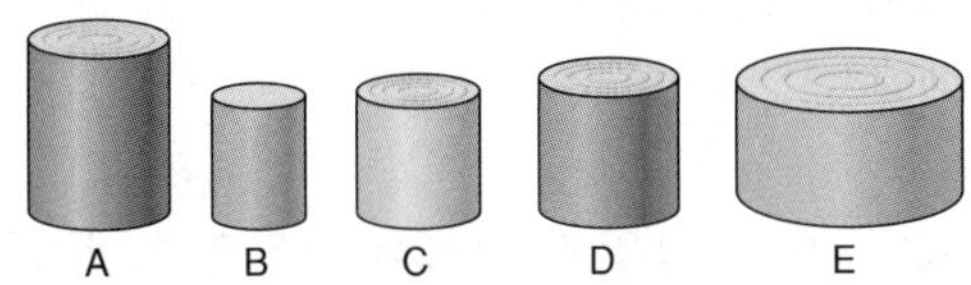

시작: 캔을 학생들에게 보여주면서, 캔의 둘레와 높이 중에 어느 것이 더 긴지 질문하여라. 학생들은 종종 이러한 비교에 대해 놀란다. 학생들에게 끈을 이용해서 둘레의 길이를 재 보게 하여 자신들의 추측을 정당화하게 하여라.

활동: 학생들이 짝과 함께 활동하도록 하여라. 학생들은 먼저 눈으로 봐서 둘레와 높이 중에 어느 것이 더 긴지 결정해야 한다. 그런 다음 끈으로 각 길이를 측정하여 자신들의 추측을 확인해야 한다. 아래와 같이 학생들에게 추측한 결과와 확인한 것을 표에 기록하게 하여라.

캔	내 눈으로	끈으로 비교해 본 결과
A	높이	둘레
B		
C		
D		

논의: 비교하기 쉬웠던 캔은 어느 것이고 어려웠던 캔은 어느 것인가?

그림 16-2 어느 용기에 씨가 더 많이 들어갈까? 왜 그렇게 선택했는지 말하여라.

기에 붓는 것) 실험을 한 후에야 아동은 직관적 비교가 포함된 활동을 할 수 있다. 예를 들면, 아동들에게 어느 용기에 더 많이 들어가는지를 추측하게 한 후에 그 결과를 함께 점검해 보는 활동을 하게 한다. 그림 16-2는 한 가지 가능한 비교 방법을 나타낸다.

두 용기를 직관적으로 또는 직접적으로 비교할 수 없을 때 간접 비교를 사용한다. 예를 들어, 입구가 작아서 한 용기에서 채웠던 것을 다른 용기에 붓기가 어려운 두 용기를 가지고 있다고 가정하자. 이때 입구가 크면서 크기가 같은 두 용기에 각각을 부어봄으로써 두 용기의 들이를 비교할 수 있다. 이 활동은 액체의 양을 확인하기 위해서 과학 실험실에서 눈금이 있는 메스실린더를 사용할 때 하는 활동과 비슷하다.

무게/질량 무게와 질량은 다르다. 질량(mass)은 물질(substance)의 양이고 무게(weight)는 그 물질에 중력을 가한 것이다. 달에서와는 달리 지구에서는 두 속성이 같다. 그러나 지구에서 무게가 60kg이면 달에 가면 10kg이 된다. 아동들은 이 두 속성에 대해서 같은 용어를 사용한다.

두 가지 속성에는 차이가 있다는 점을 알아야 하지만, 일상생활에서는 차이가 없기 때문에 그 차이를 아동들에게 강조할 필요는 없다.

두 대상을 손으로 들어보고 느낌에 따라 두 대상의 무게/질량을 직관적으로 비교할 수 있다. 아동들에게 여러 쌍의 물건(둘 중 하나는 다른 것보다 훨씬 무거운 것)을 주고 한 손에 하나씩 들어보게 한다. 아동들은 종종 더 큰 물건이 더 무거울 것으로 생각한다. 이런 아동들에게는 작으면서 무거운 것과 크면서 가벼운 것을 비교할 기회가 필요하다. 어느 것이 무거운지를 알기 위해서 아동들은 물건을 보는 것 이상의 무엇인가를 해야 한다는 것을 배워야 한다. 이런 경험을 쉽게 제공하는 방법은 아동들에게 뚜껑이 있는 동일한 두 용기를 비교해 보게 하는 것인데, 이때 두 용기는 다른 양으로 채워 있어야 한다. 예를 들어, 한 용기에는 추 3개를 넣고 다른 용기에는 추 14개를 넣을 수 있다.

두 대상의 무게 차이를 느낄 수 없을 때, 비교를 돕기 위해 양팔 저울이 필요하다. 양팔 저울을 소개할 때 아동들이 양팔 저울에서 무거운 물건이 있는 쪽이 "아래로 내려간다는" 것을 볼 수 있도록, 한 물건이 다른 물건보다 분명하게 더 무거운 것을 선택한다. 그림 16-3을 보면, 한쪽 돌이 더 크지만 그 돌이 더 무거운 돌은 아니라는 점을 알 수 있다.

아동들이 두 대상의 무게를 비교하는 여러 가지 활동을 구안할 수 있다. 한 가지 도전적인 활동으로, 뚜껑이 있는 5개의 동일한 용기에 무게가 다른 것으로 채운 다음 가장 가벼운 것부터 무거운 순서로 배열해 보게 할 수 있다. 직관적으로 질량이 다르지 않다면 이 과제에서는 저울을 이용해서 여러 번 비교해야 한다.

간접 비교는 무게 단위가 도입될 때까지 꼭 필요한 것은 아니다. 왜냐하면 두 대상 각각을 양팔 저울로 제3의 대상과 비교할 수 있다면, 그 두 대상을 직접

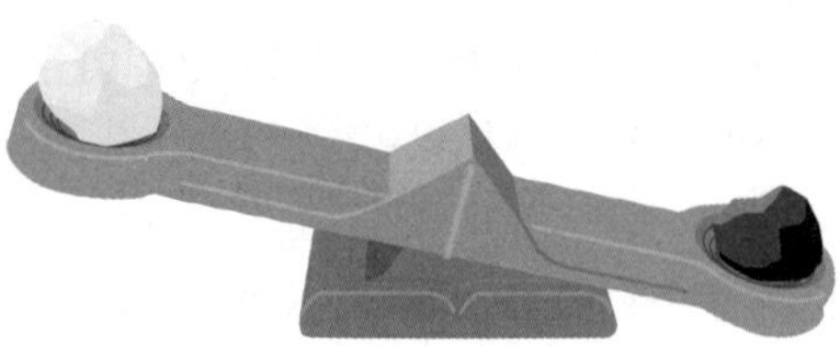

그림 16-3 어느 돌이 더 무거운지를 보기 위해서 저울 활용하기

비교하는 것이 훨씬 간단하기 때문이다.

넓이 넓이는 차이가 충분히 크고 모양이 비슷하다면 눈으로(직관적으로) 비교할 수 있는 평면 영역의 속성이다. 교사는 <수업자료 16-1>의 길이 활동을 변형하여 넓이 활동으로 활용할 수 있다. 두 가지 종이의 크기는 동일하고 다른 한 종이는 더 큰 것으로 준비한다. 아동들로 하여금 무엇이 다른지 말해 보게 하고 그 차이를 설명해 보게 한다. 학생들은 한 종이가 "더 큽니다."라고 말할 것이다. 이 영역의 "넓이가 더 크다"라고 말함으로써 학생들이 넓이에 관한 어휘를 배우게 한다.

첫 번째 직접 비교는 한 영역이 다른 영역 안에 포함되는 경우로 시작할 수 있다. 이 활동은 학생들에게 쉬우므로 A, B, C와 같은 영역을 비교해 보도록 도전적인 활동을 제시할 수 있다. 한 영역을 잘라낼 수 있다면, 하나를 다른 것 위에 포개어 놓음으로써 영역 B와 C를 비교하는 것은 상당히 쉽다. B 또는 C를 A와 비교하는 것은 더 어렵다. 아동이 **넓이의 보존**(넓이를 변화시키지 않고 영역을 잘라내어 재배열할 수 있다)에 대한 생각을 가지고 있다면, 이 경험은 의미 있는 활동이다. 그러나 어린 아동들이 제안하는 방법에 대해 교사는 놀랄 것이다. 종종 공식에 의존하는 고학년 학생들보다 어린 아동들은 훨씬 더 지각적이다.

A B C

만일 대상 중의 하나를 다른 대상 위에 올려놓을 수 없다면, 한 대상의 본을 뜨고 나서 이것을 이용하여 간접 비교할 수 있다. 예를 들어, 전기 스위치 덮개와 문고리와 같이 넓이는 비슷해 보이지만 움직일 수 없는 두 대상을 선택하여 비교하도록 한다.

넓이에 영향을 주지 않고 영역을 재배열할 수 있다는 것을 아동들이 이해하도록 하기 위하여 기하 활동을 포함한 많은 경험이 도움이 된다. <수업자료 16-5>

수업자료 16-5

크기가 같은가?

학습목표: 간접적으로 넓이 비교하기

대상학년: 2~3학년

자료: 아래와 같이 4개의 직각 이등변삼각형을 잘라라.

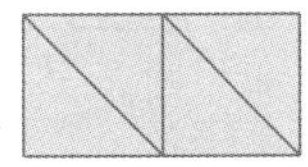

크기가 같은가?

1. 삼각형 2개로 모양 A, B, C를 각각 어떻게 만들 수 있는지 보여주는 선을 그려라.

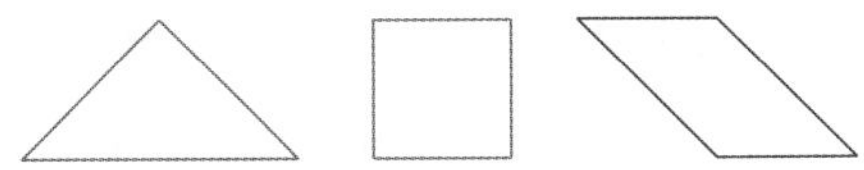

A B C

2. A, B, C 중에서 어떤 모양이 가장 작게 보이는가? 친구에게 왜 이 모양들의 넓이가 실제로는 같은 것인지 설명하여라. 다른 것은 무엇인가?
3. 삼각형 3개로 어떤 모양을 만들 수 있는가? 각각의 모양을 그려라.
4. 만든 각 모양의 넓이는 (삼각형을 단위로 활용해서) 얼마인가? 만약 위의 B에 제시된 정사각형을 단위로 한다면 그 넓이는 얼마가 되겠는가?

에서는 아동들에게 모양의 넓이를 논의하게 하고 있다. 이런 유형의 논의를 통해 아동들은 비교하기 위해 직각삼각형을 활용하면서 간접적으로 비교하는 목적에 초점을 맞추게 된다. 이 활동은 어린 아동들을 위해 설계된 것이지만, 이러한 경험을 가지지 못한 고학년 학생들에게도 적합하다. CCSSM에서는 3학년 학생들에게 도형의 넓이 찾기 활동을 도입할 것을 권장한다. 그러나 아동들에게 넓이를 구하는 공식을 도입하기 전에 먼저 직접 비교와 간접 비교를 통해서 넓이의 속성을 이해하도록 돕는 것이 중요하다.

부피 만일 부피를 "3차원 물체가 차지하는 공간"으로 생각한다면, 단위가 도입되기 전에는 직관적 비교 외에는 제시하기 어렵다. 따라서 4학년이나 5학년이

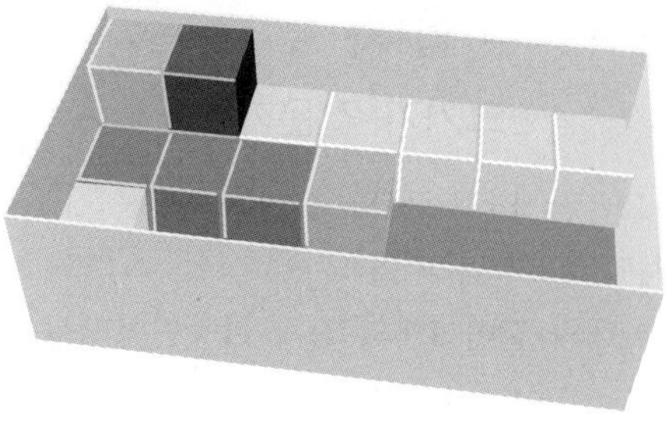

그림 16-4 블록 몇 개로 채울 수 있는가?

되기 전까지는 부피에 대해서 형식으로 도입하지 않도록 한다. 그러나 부피와 들이 사이에는 밀접한 관련이 있으므로, 쌓기나무, 공, 또는 다른 물체와 같이 액체가 아닌 것으로 용기를 채운다면, 저학년 아동들에게 기초적인 경험을 제공할 수도 있다. 그림 16-4에서는 상자를 채우기 위해 쌓기나무를 사용하는데, 학생들은 단위를 세어서 다른 상자의 부피와 비교할 수 있다. 전체 상자를 정확히 채워보지 않고서 필요한 쌓기나무의 개수가 모두 몇 개인지 학생들에게 도전적으로 탐색해보게 한다. 이와 같은 경험은 학생들이 부피 공식을 이해하는 데 핵심적이다. CCSSM에서는 5학년에서 부피(그리고 겉넓이)를 집중적으로 다룰 것을 권고한다.

각도 학생들은 각도기를 가지고 각도를 측정하는 것을 배우기 전까지 각도를 비교할 기회를 종종 가지지 못한다. 만약 각을 회전하는 것(시계 바늘처럼)으로 여긴다면, 아주 어린 아동들조차 지각적으로 두 각을(회전한 정도) 비교할 수 있다. 어린 아동들은 또한 회전해서 만들어지는 공간의 양을 비교함으로써 각을 직접 비교할 수 있다. 다음 두 각의 직접 비교를 살펴보자.

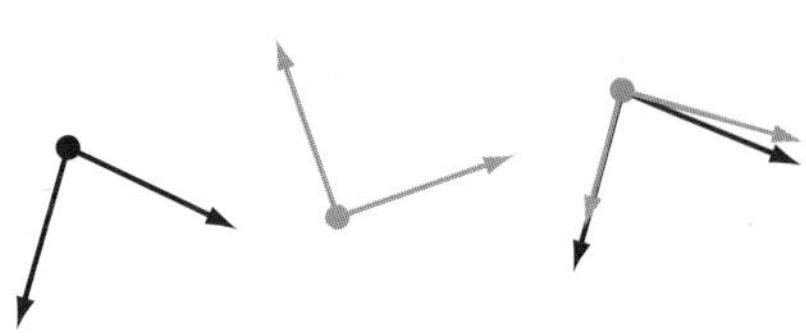

학생들은 한 각을 본 뜬 다음, 그 본 뜬 것과 다른 각을 비교함으로써 각을 간접적으로 비교할 수 있다. 이후에 학생들은 이러한 비교를 하기 위해서 각도기와 같은 도구를 활용할 수 있다.

온도 우리는 (감각적으로) 큰 온도의 차이를 느낄 수 있다. 온도계의 눈금 읽기를 도입하기 전에 아동들에게 두 물체 중에서 어느 것이 더 차가운지(또는 뜨거운지) 비교하게 할 수 있다. 또한 뜨겁거나 차가운 것(또는 덥거나 서늘한 시간대)에 대해 이야기할 수 있다. 그러나 이외에 도구(온도계) 없이 비교할 수 있는 것은 거의 없다.

시간 시간은 매우 추상적인 속성이다. 온도와 같이 시간은 볼 수 있는 대상의 속성이 아니다. 사건(대상이라기보다는)과 관련하여 측정할 수 있는 두 가지 속성, **발생 시각**과 **지속 시간**이 있다. "어제 체육관에 갔다.", "아침에 자습 시간이 있었다." 또는 "10월에 낙엽을 주웠다."와 같이 교사는 발생 시각을 기술하면서 시간을 가르칠 수 있다. 아동들은 요일, 달, 계절과 관련된 어휘를 개발할 필요가 있다. 학생들은 또한 "학교는 9시에 시작한다.", "12시에 점심을 먹는다." 또는 "30분 동안 놀 수 있다."와 같이 시와 분으로 어떤 사건이 일어난 것을 들을 필요가 있다. 아동들이 시간을 인식하면, 이와 같은 많은 학습이 자연스럽게 일어난다. 기회가 있을 때마다 항상 이러한 유형의 어휘를 사용한다.

만일 두 사건의 지속 시간이 크게 차이가 난다면, 아동들은 어느 사건이 더 오랫동안(지속) 일어났는가를 말할 수 있다. 이를 닦는 것과 책을 읽는 것 중에 어느 것이 더 오래 걸리는가? 사건의 지속 시간이 비슷한 경우, 아동들은 두 사건이 동시에 시작한다면 어느 쪽이 더 오래 지속되는가를 말할 수 있다(두 물체의 길이를 비교할 때 두 물체를 기준선 위에 놓고 어느 물체가 더 긴지 결정하는 것과 유사하다는 점에 주목하여라). 다음과 같은 아이디어를 이용하는 여러 가지 시합을 생각할 수 있다. 누가 경주에서 이겼는가? 누구의 종이 비행기가 더 오래 날았는가? 누가 더 오랫동안 눈을 감았는가? 또는 누가 더 오랫동안 뛰어올랐는가?

다른 속성 예를 들어 속도, 밀도와 같이 고학년 학생들에게 적합한 다른 측정 가능한 속성들이 많이 있다. 학생들이 속도와 밀도를 탐색할 수 있는 사이트나 과학 실험을 찾아본다.

단위 선정하기

아동들이 비교 활동을 통하여 속성에 대한 개념을 개발하기 시작한 후에, 나머지 측정 과정(Ⅱ~Ⅳ)을 차례로 학습할 수 있도록 도와주는 것이 중요하다. "이 연필이 얼마나 긴가?"라는 질문에 답하기 위해서, "이 연필의 길이는 내 엄지손가락보다 길다." 또는 "이 연필의 길이는 내 팔보다 짧다."라고 말할 수 있다. 이러한 대답은 길이가 대략 어느 범위에 있는지를 제시하는 상대적인 진술은 되지만, 길이를 정확하게 나타내는 것은 아니다. 정확하게 나타내기 위해서는 연필의 길이를 단위 길이와 비교할 필요가 있다. 클립과 같은 임의 단위를 사용하여 연필의 길이는 클립 7개만큼이라고 말할 수 있다. 또는 표준 단위를 사용하여 연필의 길이는 16㎝라고 말할 수 있다. 첫째, 단위를 선택해야 한다. 단위를 선택할 때 아래에 제시된 모든 개념을 고려한다.

이러한 개념은 오랜 시간에 걸쳐 발달된다. 각각의 개념에 대해서 여기서 소개된 활동 하나로는 충분하지 않을 것이기 때문에 교사는 유사한 활동을 포함시킬 필요가 있다. 임의 단위, 표준 단위, 또는 미터법에 기초한 단위이든지 간에 측정 활동을 하는 동안에 학생들이 다음과 같은 9가지 개념을 이해하는 데 도움이 되는 활동을 찾아보아라.

1. **단위는 항상 일정해야 한다.** 어린 아동들은 단위의 크기가 동일해야 한다는 것을 이해하지 못한다(Clements & Sarama, 2007). 아동들은 크기가 다른 연필을 이용해서 길이를 측정한 다음에 길이는 연필 6개만큼이라고 말하거나, 넓이를 덮어 볼 때 다른 모양을 사용한 후에 넓이는 8이라고 말할 수 있다. 이전에 논의한 대로 아동들은 다른 단위를 이용한 측정값을 비교하면서 이상하다는 것을 알아차리지 못할 것이다. 아동들은 여전히 측정을 단지 세는 것이라고 생각한다.
2. **측정 결과에는 수와 그 단위를 둘 다 써야 한다.** 센티미터 단위를 꼭 쓰도록 교사가 얼마나 많이 이야기했었는지를 기억하는가? 아마도 센티미터 단위로만 재었기 때문에 왜 꼭 단위를 써야 하는지 이해하지 못했을 수 있다. 동일한 대상을 여러 개의 다른 임의 단위로 재어볼 때, 아동들은 단위를 말해야 할 필요성을 더 잘 알게 된다. 책의 길이를 종이 띠, 지우개, 또는 정육면체로 재어보게 하거나, 어떤 대상의 무게를 볼트, 동전, 클립으로 재어보게 하는 과제를 통해서 어린 아동들에게 단위를 써 보게(또는 그려보게) 할 수 있다. <수업자료 16-6>에서는 아동들이 단위 기록의 중요성에 초점을 맞추게 하는 활동을 제시한다.
3. **같은 단위를 사용하면 두 측정값을 쉽게 비교할 수 있다.** 이 아이디어는 교사에게 분명해 보일 수

수업자료 16-6

임의 단위로 길이재기

학습목표: 여러 가지 임의 단위로 길이 측정하기, 측정값 비교하기

대상학년: 2~3학년

자료: 지우개, 클립, 책, 상자, 그리고 측정의 임의 단위로 사용할 수 있는 다른 물건

- ▼ 두 명의 아동에게 임의 단위와 측정해야 할 물건의 이름을 제시한다.
- ▼ 모든 사람이 볼 수 있는 장소에 학생들이 측정한 것을 기록하게 한다. 학생들이 단위를 기록하는지 관찰한다. (만약 기록하지 않으면 아래와 같은 논의를 한다.)
- ▼ 여러 가지 물건의 길이를 비교하기 위해서 아동들로 하여금 길이에 대한 정보를 활용하게 한다.
- ▼ 단위가 왜 필요한지 학생들에게 질문한다. 학생들에게 어떤 경우에 비교하기가 쉬운지 물어보고(동일한 단위로 측정한 경우) 다른 단위로 측정한 것에 대해서 무엇을 말할 수 있는지 질문한다.

도 있으나, 서로 다른 단위를 이용해서 측정한 결과를 비교해 보게 하면 아동들의 이해 정도를 알게 될 것이다. 어린 아동들은 비교할 때 종종 오직 수에만 의존한다. [오류유형 16-1]과 같이, 왼쪽 연필은 종이 띠의 6배만큼 길고, 오른쪽 연필은 종이 띠의 2배만큼 길다고 할 때, 몇몇 아동은 6으로 측정된 연필이 더 길다고 말할 것이다. 이 아동은 수와 단위를 조정할 수 있는 단계까지 아직 이르지 못했을 수 있다. 다른 단위를 사용하면 다른 수가 나오게 된다는 것을 깨닫기 위해서 특별한 도움을 필요로 하는 학생들은 동일한 대상을 여러 가지 다른 단위로 측정해 보는 경험이 더 많이 필요하다.

학생들이 같은 단위를 사용하여 크기를 비교하기가 쉽다는 것을 이해하게 되면, 예를 들어 3.4미터와 1459밀리미터를 비교할 때 또는 $\frac{4}{5}$와 $\frac{2}{3}$를 비교할 때 동일한 단위로 변환할 필요성을 이해하게 될 것이다.

4. **어떤 대상을 측정하는 데 한 단위가 다른 단위보다 적절할 수 있다.** 선택된 단위의 크기는 대상의 크기와 원하는 정확도에 의존한다. 항상 특정한 단위를 사용하라고 말하는 대신에 학생들에게 단위를 선택하게 한다면, 단위의 크기는 대상의 크기에 의존한다는 생각이 자연스럽게 개발될 수 있다. 이러한 개념을 개발할 수 있도록 "문의 높이를 구하기 위해서 책의 모서리와 클립 중 어느 것을 사용해야 하는가?", "큰 양동이에 물이 얼마만큼 채워질 수 있는지 알기 위해서 골무와 커피 잔 중 무엇을 사용해야 하는가?", "책의 길이를 알아내기 위해서 클립과 연필 중 어떤 것을 사용해야 하는가?"와 같은 질문을 한다.
5. **단위의 수와 단위의 크기 사이에는 역관계가 있다.** 동일한 물건을 세 가지 다른 단위로 측정할 때, 단위가 크면 클수록 더 작은 수가 필요하다는 것을 아동들이 알게 된다. 예를 들면, 각 아동에게 클립, 동전, 추를 이용해서 한 물건의 무게를 재도록 할 수 있다. 각 학생의 결과를 각각 그래프로 그려보게 한 다음 함께 비교해보면, 규칙이 분명하게 드러난다. 그림 16-5에 제시한 대로, 각 물건의 무게를 재는 데 항상 추보다 클립이 더 많이 필요하다. 따라서 클립은 추보다 가볍다. 이러한 아이디어를 강화하기 위해서 교사는 자를 소개할 때 여러 가지 단위의 자를 활용할 수 있다 (Clarkson et al., 2007). 해당 논문을 보면 활동에 대해서 자세히 알 수 있고 그러한 자를 어떻게 사용 가능한지 알 수 있다.

[오류유형 16-1]

- 과제: 어느 것이 더 긴가?

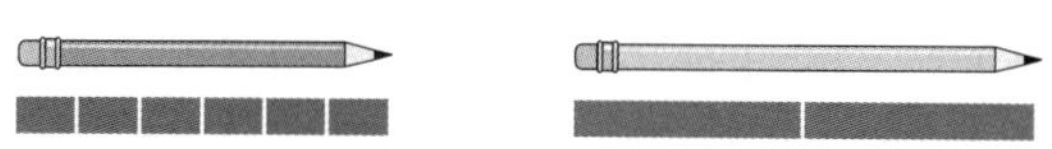

- 오류: "왼쪽 연필이 더 길어요. 이것은 6조각이에요."
- 원인: 이 아동은 단위를 고려하지 않은 채 단위의 개수만 세어서 길이를 판단한 것이다.
- 지도방안: 같은 사물을 주고 여러 가지 단위로 측정하는 경험을 하게 하여, 단위에 따라 단위의 수가 달라짐을 깨닫게 한다. 물론 두 연필을 직접 비교해보게 하는 경험도 필요하다.

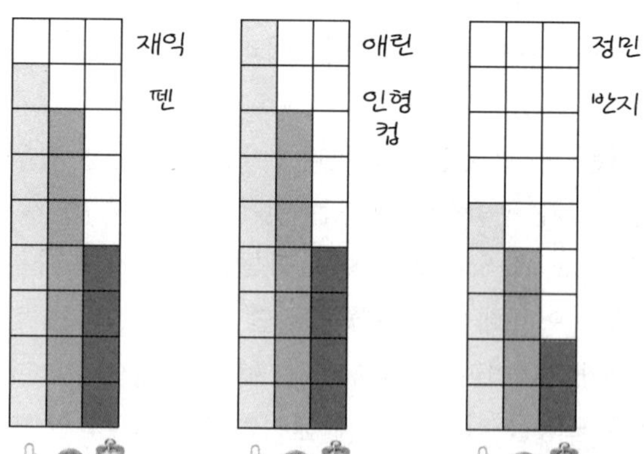

그림 16-5 물건의 무게에 대한 학생들의 그래프

6. **효율적으로 의사소통하기 위해서 표준 단위가 필요하다.** 단위에 대한 많은 개념들은 임의 단위와 함께 잘 개발될 수 있다. 동시에 단위로 측정하는 절차를 가르칠 수 있다(예: 단위를 나란히 정렬하는 방법, 저울을 사용하는 방법, 영역을 덮는 방법, 단위가 몇 번 들어가는지 기억하는 방법). 그러나 어느 시점에서 아동들은 표준 단위를 배울 필요가 있다. 표준 단위는 관습법(예: 인치, 파인트, 파운드)이나 미터법에 의한 것(예: 미터, 리터, 그램)이다. 불행하게도 미국에서는 두 가지 유형의 단위가 사용된다. 최근의 국가 평가에 의하면 미국의 아동들은 관습 단위를 더 잘 이해하고 있음이 분명하다(Blume, Galindo, & Walcott, 2007).

   표준 단위의 필요성을 제시하는 한 가지 방법은 측정의 표준 단위가 없을 때 크기에 대해서 의사소통하는 것이 어렵다는 점을 알려주는 이야기나 활동이다. "발이 얼마나 크지?(How Big Is a Foot?)"에서 제시되는 전형적인 이야기(아동용 추천도서 목록에서 Myller 참고)는 아동들이 표준 단위의 필요성을 이해하게 하는 흥미진진하고 재미있는 소재이다. 아동들에게 활용할 수 있는 흥미로운 활동은 레몬에이드와 같이 분말 음료를 만드는 것인데, 이때 매우 큰 컵으로 물을 담고 매우 작은 숟가락으로 분말을 담는다(분말 가루를 충분히 준비해서 아동들이 맛을 볼 수 있게 하여라).

7. **단위가 작을수록 좀 더 정확한 측정값을 구할 수 있다.** 모든 측정값은 근삿값이다. 아동들이 많은 실제 물건들을 측정하는 경우에 그 결과가 근삿값이라는 것을 충분히 알아차리지 못한 채 근사한 측정값을 기록했을 것이다. '약 6센티미터', '6센티미터보다 크다.', '6센티미터와 7센티미터 사이에 있다.'라고 말하는 연습은 이러한 아이디어를 개발하는 데 도움이 될 것이다. 좀 더 정확하게 측정할 필요성을 인식하게 하기 위해서 한 명에게는 길이가 27센티미터인 종이 띠를 주고, 좀 떨어져 앉아 있는 다른 한 명에게는 길이가 29센티미터인 종이 띠를 준다. 각 학생에게 그 종이 띠를 잴 도구로 10센티미터씩 표시된 자를 준다. 두 학생의 측정값을 제시한 후에 학급 전체에게 어떤 종이 띠가 더 긴지 말해보게 한다. 다음에 센티미터로 종이 띠를 측정하게 한다. 왜 더 작은 단위가 필요한지 논의한다.

8. **다른 단위를 만들기 위하여 단위를 결합하여 사용할 수도 있고, 단위를 더 작은 단위로 분해할 수도 있다.** 학생들에게 자신만의 도구를 만들어볼 기회를 제공하면 종종 단위(예, 밀리미터)를 결합하여 더 큰 단위(예, 센티미터)를 만들기도 한다. 학생들은 더 작은 단위를 만들기 위해서 단위를 분해하거나 분할해 볼 기회를 거의 가지지 못한다. 접어서 길이 단위의 분수 부분을 만들어 보거나, 넓이를 덮을 때 제곱 단위의 분수 부분을 이용함으로써 더 작은 단위로 분할해 보게 할 수 있다.

9. **단위는 측정되고 있는 속성과 맞아야 한다.** 길이는 길이 단위로 측정해야 하고 넓이는 제곱 단위(또는 그 영역을 덮는 다른 모양), 그리고 부피는 동일한 공간을 "채우는" 세제곱 단위로 측정해야 한다. 즉, 우리는 측정되는 대상을 동일한 유형의 단위로 비교한다. 학생들은 종종 넓이를 센티미터로 말하는데, 이는 학생들이 넓이를 계산하기 위해서 변의 길이를 사용하는 것만 배웠기 때문이다. 학생들은 공식을 서둘러 적용하느라 제곱 단위라는 개념을 놓치는 것이다.

단위의 수 찾기

단위의 수를 찾기 위해서 사용할 수 있는 세 가지 기법이 있다. 첫째는 단위를 세는 것인데, 이는 단순히 단위를 세거나 또는 덧셈이나 곱셈을 활용하여 세는 것이다. 둘째는 자와 같이 단위의 수를 말해주는 도구를 활용하는 것이다. 마지막으로, 단위의 수를 구하는 공식이 있다.

단위 세기 길이는 대부분의 아동들이 처음으로 측정하는 속성이다. 시작 활동으로는 임의 단위의 복사본을 이어 붙여 측정하려는 대상을 나타내는 것이다. 이전에 해 본 두 대상의 직접 비교 경험을 통해 아동들은 언제 길이가 같아지는지 알아야 한다. 그러나 일부 아동들은 틈이 없도록 그리고 겹치지 않도록 하면서 단위를 일렬로 배열할 필요가 있다는 것을 이해하지 못한다. 어린 아동들에게 너무 많은 정확성을 기대하지 말아야 한다. 그러나 이러한 기능을 지속적으로 강조할 필요가 있다. "책상의 길이는 몇 조각입니까?"와 같이 학생들에게 해결해야 할 문제를 제공한다. 모든 학생들은 연결 큐브와 같이 서로 연결할 수 있는 단위를 가지고 측정하는 것을 즐긴다. 이러한 단위들은 다루기 쉽고 틈이나 겹침이 없이 일렬로 배열하는 것이 쉽기 때문에 좋은 단위이다.

이후에 아동들은 단위 하나만을 선택해서 대상에 해당하는 단위의 수를 구할 수 있다(반복). 자보다 더 긴 대상을 재려고 할 때, 자를 적절하게 사용하려면 이와 같이 보다 발전된 기능이 필요하게 된다. 그러나 이러한 기능을 너무 일찍 강요해서는 안 된다. 만일 아동들이 단위를 움직이지 못하거나 끝을 표시하지 못한다면 이러한 기능을 나중으로 미루어야 한다.

만일 아동들이 임의 단위로 측정을 해 왔다면, 그 다음에는 표준 단위를 쉽게 사용할 수 있어야 한다. 아동들은 측정 과정을 잘 이해하고 있을 것이므로, 여기서의 목적은 표준 단위에 대한 감각을 갖게 하는 것이어야 한다. 데시미터(decimeter: 10cm)는 어린 아동들이 다루기에 적절한 길이이기 때문에 이를 이용해서 설명하려고 한다.

각 아동에게 가로 10센티미터(1데시미터) 세로 2센티미터인 종이 띠를 나눠준다. 이러한 종이 띠는 색인 카드를 잘라서 쉽게 만들거나 퀴즈네어 막대에서 10을 나타내는 막대를 이용할 수 있다. 다음은 데시미터에 대한 이미지를 개발하기 위해 아동들에게 비교하고 어림하며 만들어보게 하는 몇 가지 쉬운 방법이다.

- **1데시미터 목록 만들기.** (데시미터와 비교하기) 길이가 1데시미터가 되는 물건을 찾게 하는 문제를 제시한다. 아동들이 찾은 물건의 목록을 게시판에 적는다. 엄지손가락 끝에서 손목까지의 길이는 1데시미터일 것이다. 이는 쉽게 참조할 수 있는 것이다.
- **1데시미터 나타내기.** (데시미터 길이 어림하기) 아동을 둘씩 짝지어 놓고, 한 아동으로 하여금 사이가 1데시미터만큼 벌어지도록 두 집게손가락을 위와 아래로, 좌우로, 그리고 비스듬히 놓아보게 한다. 다른 아동은 매번 벌어진 정도가 1데시미터인지 점검하는 것인데, 다음에는 역할을 바꾸어 활동하게 한다. 또는 길이가 1데시미터가 되도록 자신의 이름을 써 보게 하거나 그림을 그리게 할 수도 있다.
- **1데시미터 쌓기.** (1데시미터 길이를 만들기) 동전, 칩, 클립, 콩, 쌓기나무 등으로 여러 센터를 만들게 한다. 한 센터에서 아동들은 칩으로 높이가 1데시미터가 되게 쌓는다. 또 다른 센터에서 길이가 1데시미터가 되도록 칩을 배열하게 한다.

아동들이 1데시미터의 길이에 어느 정도 익숙해진 다음에 데시미터로 측정하는 것을 시작할 수 있다. 물건의 길이를 어림한 다음 재어보게 하는 것은 좋은 시작 방법이다. 아동들이 데시미터 띠를 가지고 측정하면서, 띠를 여러 번 이어 붙이면서 재는 것이 가장 쉬운 방법이 아니라는 점을 이해해야 한다. 띠의 끝과 끝을 연결하되 색을 번갈아 가면서 테이프로 띠를 이어 붙이게 한다.

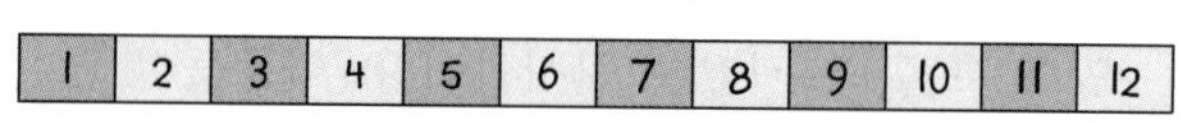

이제 아동들은 '데시미터 자'를 가진 셈인데, 여전히 단위를 세어야 한다. 잴 때마다 세기를 한 후에 누군가 그 띠에 수를 써 놓자고 제안하는지 살펴보아라. 이러한 활동은 아동으로 하여금 자가 어떻게 만들어지는지, 그리고 자신들이 단위를 세고 있다는 점을 이해하는 데 도움이 될 것이다. 대부분의 아동들은 단위의 중간에 수를 기입할 것이다. 자에는 어디에 수가 쓰여 있는가?

일단 아동들이 작은 물건을 데시미터로 측정하는

것에 익숙해진 후, 다음 단계는 매우 긴 것을 재는 것이다. 각 아동에게 10데시미터 자를 만들게 한다. 아동에게 이 단위는 1미터라고 부르며 더 긴 거리를 측정하는 데 이용된다고 말한다. 데시미터를 익히기 위해 제안한 활동과 유사한 활동을 통해 아동들은 미터에 익숙해질 수 있을 것이다. 단위를 결합해보거나 분할해보게 함으로써 아동들이 이미 사용해 보았던 단위와 관련이 되도록 새로운 단위를 도입해야 한다. 이를 통해 아동들이 새로운 단위를 이해하고 한 단위에서 다른 단위로 환산하는 것을 도울 수 있을 것이다.

아동들은 비교하기, 어림하기, 구성하기를 통해서 표준 단위에 익숙하게 된다. 학생들이 이러한 단위로 측정을 하면서 이에 대해 이해하게 될 것이다. 한꺼번에 너무 많은 표준 단위가 도입되지 않게 하는 것, 해당 연령대의 아동들이 다루기에 단위가 너무 크거나 작지 않아야 하고 측정된 수가 너무 크지 않아야 한다는 것 또한 중요하다. 표 16-3은 미국의 초등학교에서 가장 널리 사용되는 표준 단위와 그 단위를 도입하기에 적절한 학년 수준을 나타내는 지침이다. 지금까지 길이와 몇 가지 단위에만 집중했지만, 다른 많은 속성에 대해서도 이러한 아이디어를 생각할 수 있을 것이다. 제곱미터, 리터, 그램, 또는 제곱센티미터를 도입하는 방법에 대해서 생각해 보아라.

표 16-3 초등학생용 표준 단위(적절한 학년 수준)

속성	미터 단위	관습 단위
길이	데시미터(1~2) 센티미터(2~3) 미터(2~3) 밀리미터(3~4) 킬로미터(4~5)	인치(1~2) 피트(2~3) 야드(2~3) 마일(4~5)
무게	킬로그램(2~3) 그램(4~5)	온스(2~3) 파운드(2~3)
들이	리터(1~2) 밀리리터(4~5)	쿼트(2~3) 컵(1~2) 갤런(2~3)
넓이	제곱센티미터 (4~5) 제곱미터(5~6)	제곱인치(4~5) 제곱피트(4~5) 제곱야드(4~5)
부피	세제곱센티미터 (5~6) 세제곱미터(5~6)	세제곱인치(5~6) 세제곱피트(5~6) 세제곱야드(5~6)
온도	섭씨온도(2~3)	화씨온도(2~3)
시간		시(1~2) 분(1~2) 초(3~4) 일(K~1) 주(1~2) 달(K~1)

도구 사용하기 도구는 어떤 속성을 측정하기 위하여 사용된다. 초등학교에서 보다 공통적으로 사용하는 도구는 자, 저울, 눈금이 매겨진 용기, 온도계, 각도기, 시계이다. 다른 속성(넓이나 부피)은 도구를 이용하여 어떤 부분을 잰 후에 공식에 의해 측정값이 할당된다. 이후에 다른 속성은 하나 이상의 속성에 대한 측정값으로부터 유도된다. (예를 들면, 속도는 거리와 시간으로부터 유도된다.)

초등학교 교육과정에서 강조되는 것은 도구와 공식인데, 일부 아동은 이 두 가지 모두에 어려움을 느낀다. 이러한 어려움의 한 원인은 아동들이 무엇을 재고 있는지를 모르는 것과 측정한다는 것의 의미를 이해하지 못하기 때문이다. 이 장에서 지금까지 제시된 활동과 제안은 바로 이러한 것을 제대로 이해하기 위한 것들이다. 여기서는 아동들이 특수한 도구를 다룰 때 부딪히는 공통적인 문제와 적절한 기능을 개발하는 데 도움이 되는 몇 가지 방법을 알아본다.

자 자를 사용하면 단위의 수를 자동적으로 셀 수 있지만, 아동들은 자신들이 사용하고 있는 것이 어떤 단위인지를 알아야 하며 자를 제대로 놓아야 한다. 만일 자의 눈금에 사용되고 있는 단위만 표시되어 있다면 아동은 그 단위에 초점을 맞출 것이다. 예를 들어, 단위가 센티미터라면, 센티미터와 밀리미터가 아니라 센티미터만 표시된 자를 선택한다.

아동이 자를 가지고 실물을 측정하는 것이 중요하다. 아동들이 사용하고 있는 자보다 더 긴 대상을 재어보는 활동을 반드시 포함시킨다. 아동들은 자를 반복해서 이동시킬 수 있으며, 단위를 더하기 위한 덧셈 능력이 있는가? 예를 들면, 아동들이 25cm 자로 길이가 43cm 되는 것을 측정한다고 하자. 아동들은 25와 18을 더할 수 있는가? 물론 자릿값과 세기에 바탕을 둔 기법을 사용하여 25, 35, 36, 37, …, 43이라고 할 수 있다. 아동들 스스로 시도해 보게 한다. 아동들에게 해결할 문제를 제시한다면 아동들은 교사를 놀라게 할 것이다. 교사의 역할은 도움을 주는 질문을 하는 것이다.

고학년 아동들은 한 단위의 4분의 1, 8분의 1, 16분의 1에 가깝게 측정하는 것을 어려워할 것이다. 이런 어려움의 한 원인은 단위가 작다는 것에 있을지 모르지만(따라서 오류를 더 많이 범하게 된다), 이보다는 분수 이해와 자신감 결여, 4분의 1이라는 단위에 대한 이해 부족, 가장 가까운 단위로 재는 방법에 대한 의식이 부족하기 때문일 것이다. 한 단위로 측정할 때, 아동들은 단순히 가장 가까이 있는 큰 단위를 찾아서 결정하려는 경향이 있다. 그림 16-1에 제시된 예는 이 과정을 더 명확히 하는 방법에 대해 생각하도록 한다. 또한 "못의 길이는 어떤 두 단위 사이에 있는가? – $\frac{2}{4}$와 $\frac{3}{4}$ 사이, 또는 $\frac{3}{4}$과 $\frac{4}{4}$ 사이"라는 질문을 함으로써 단위를 강조하는 것이 도움이 될 것이다. 아동들은 어느 쪽에 더 가까운지를 결정하기 전에 이 질문에 대답할 수 있어야 한다. 분수와 길이 모델을 제대로 이해하면 가장 가까운 단위로 측정하는 데 도움이 될 것이다.

[오류유형 16-2]는 미국학력평가에서 출제되었던 문제와 유사한 것으로 자의 사용에 대한 문항을 나타낸 것이다. 4학년 학생들의 가장 일반적인 대답은 무엇이라고 생각하는가? 대부분의 아동들은 선분의 길이가 5인치라고 답하였다. 자를 사용할 때 시작점에 대한 이해가 필요하다.

[오류유형 16-2]

- 과제: 선분의 길이는 얼마인가?

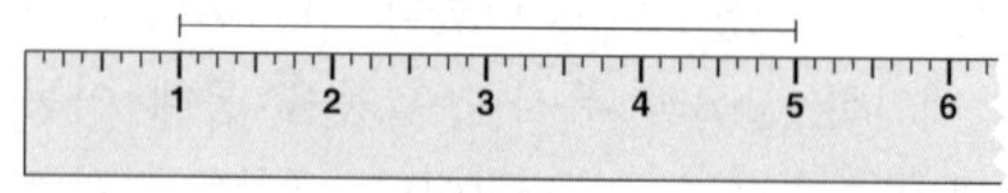

- 오류: "5"라고 답함
- 원인: 아동들은 1부터 세기 시작하기 때문에 1에서 측정을 시작하여 길이를 판단한 것이다.
- 지도방안: 자를 만들어 보는 활동이나 1이 첫 번째 단위의 끝에 놓인다는 것을 이해하는 것이 도움이 된다. 아동들이 여전히 어려워하면, 대상을 자와 직접 비교하는 것으로 되돌아가라(직접 비교에 대한 절에서 기술된 대로 기준선을 활용하여라).

지금까지 일부 아동이 자를 사용하는 것을 학습하는 데 겪는 어려움을 강조했지만, 실망할 필요는 없다. 아동들은 자를 사용하는 것을 좋아하며, 전반적으로 자를 잘 사용한다. 아동들이 대상을 측정할 뿐만 아니라 주어진 길이를 가진 선분이나 대상을 반드시 만들어 보게 한다. 연구에 따르면, 아동들은 측정하는 것보다 주어진 길이의 선분을 그리는 것을 더 어려워한다. 선분을 그려보는 경험이 부족하기 때문에 이러한 어려움이 발생할 수 있다.

눈금이 있는 도구 목욕탕 저울, 눈금이 새겨진 실린더, 온도계와 같은 도구가 디지털이거나 각각의 단위가 표시되어 있기만 하면 읽기 쉽다. 그러나 각 단위가 표시되지 않은 경우는 아동들이 어느 정도 어려움을 느낀다. 미국학력평가에서 학생들은 2도 간격으로 표시된 온도계를 읽는 데 어려움을 겪는 것으로 나타났다. 2003년 미국학력평가에 참여한 4학년 학생들 중 단지 40퍼센트만이 온도계가 84도를 나타낸다고 옳게 답하였다. 다른 40퍼센트의 학생들은 각각의 눈금을 1도로 봄으로써 82도라고 대답했다. 학생들에게 이러한 어려움은 오랜 기간 지속된다. 초등학교에서 수직선이 빈번하게 사용됨에 따라, 일부는 1 이외의 단위로 표시하는 것이 도움이 될 것이다.

아동들이 저울의 눈금을 좀 더 잘 인식하도록 돕는 한 가지 방법은 학생들 스스로 자신만의 도구를 만들어보게 하는 것이다. 예를 들면, 눈금이 다른 그래프를 그리거나 아동 스스로 실린더에 눈금을 매길 수 있다. <수업자료 16-7>에서는 아동에게 '실린더'를 만드는 방법에 대한 지침을 제시한다. 아동들은 이와 같은 측정 도구를 만들 수 있고 이를 이용해서 다른 용기의 양을 측정할 수 있다. 이 활동은 또한 어떤 수의 배수를 찾는 좋은 연습이 된다. 이 경우에 작은 용기를 채우는 데 6스푼이 필요하기 때문에 아동들은 6의 배수를 학습하고 있는 것이다.

시계 시계는 읽기에 가장 어려운 기구 중의 하나이지만, 제일 먼저 가르치는 것 중의 하나이기도 하다. 시계판 위의 눈금을 읽는 방법은 두 가지 이상(시, 분, 초)이 있을 뿐 아니라, (값을 알려주는) 바늘은 원을 그리며 움직인다. (예를 들어 자와 같이) 길이를 나타내는 눈금을 쉽게 읽는 아동들도 원형으로 움직이는 시계를 보고 어려워할 수 있다. 시간에 대해 학습하기에 적절하다고 정해진 나이는 없다. 교사는 한 학급 내에서도 아동들마다 능력이 다양하다는 것을 종종 발견할 것이다. 시간을 말하는 것과 관련된 다음의 기능들은 반드시 순서대로 발달하는 것은 아니다.

- 시침과 분침 그리고 그 바늘이 움직이는 방향을 확인한다.
- (분침이 12 위에 있는 것에 주목하면서) 몇 시라고 말하고, 몇 시인 것을 보여주기 위하여 시계 바늘을 돌린다.
- 몇 시 "이후"를 안다(예를 들면, 4시가 지났다).
- 5분 단위로 시간을 재고 말한다(예를 들어, 4시에서 20분 후)
- 분 단위로 시간을 말하기 위해서 5의 배수로부터 1분씩 세어 나간다(예를 들어, 25, 26, 27).
- 몇 시 "이전"을 알고(예를 들어, 10시 전이다) 몇 분 전인가를 말하기 위해 5와 1단위로 센다.
- 디지털 방식으로 시간을 기록한다(4:20).
- 디지털 시계와 아날로그 시계의 시각을 맞춘다.

이러한 기능들은 오랜 시간에 걸쳐 개발되어야 하고, 아동들은 바늘을 움직일 수 있는 시계를 가지고 있어야 한다. 학부모를 격려하여 교사가 시각 읽기를 지도하는 것을 돕게 한다.

만일 어린 아동들이 시계를 가지고 있다면 문제해결을 시작할 수 있다. 예를 들어, 아동들이 시 단위로 시간을 말할 수 있게 되면, "두 시간이 지나면 몇 시가 될까?"라는 질문을 던질 수 있다. 아동들이 시계에 더 익숙해지면, 그림 16-6에 나오는 것과 같은 좀 더 도전적인 질문을 던질 수 있다.

디지털 시계를 읽는 것이 아날로그 시계를 읽는 것보다 더 쉽지만, 그림 16-6에 제시된 문제를 해결할 때에는 디지털 시계의 경우가 더 어렵다. 일반적인 시계 읽기를 학습하면서, 아동들은 분과 시 사이의 관계를 학습하며 그러한 문제를 해결하는 데 사용하는 모델을 갖게 된다. 만일 모든 시계가 디지털

수업자료 16-7

나만의 도구 만들기

학습목표: 측정할 만한 용기 만들기
대상학년: 3~5학년
자료: 큰 유리잔, 숟가락, 작은 용기, 접착테이프, 물, 유성펜

▼ 다음 지시에 따라 하여라.

1. 유리잔의 옆면에 테이프를 붙인다.
2. 작은 용기에 숟가락으로 물을 채운다. 몇 스푼이나 필요한지 그 수를 적는다. 작은 용기를 비워서 유리잔에 넣는다. 물이 찬 곳에 표시를 하고, 숟가락의 수를 테이프에 적는다.
3. 작은 용기에 물을 다시 채운다. 유리잔에 붓고 표시한다.
4. 유리잔의 꼭대기까지 계속한다.

그림 16-6 시간 구하기 문제

시계라면, 교사는 시각을 읽게 하는 데 시간을 덜 들이겠지만, 시간 체계가 어떻게 운영되는지를 이해시키기 위해서는 더 많은 시간을 소비하게 될 것이다.

아동들은 종종 1시간이 60분이 아니라 100분이라고 착각하여 걸린 시간을 구하는 것을 어려워한다. 예를 들어, 2:48부터 4:05까지의 시간을 구하라고 하면 57분이라고 답하는 아동이 있다.

수학 과목과 역사 과목을 통합하여 시간과 시계의 역사에 대한 간학문적 단원은 고학년 학생들에게 흥미로운 것이 될 수 있다. 학생들은 시간 측정이 오랜 기간을 통하여 어떻게 발전되어 왔는지 살펴보는 것을 즐길 것이다. 이러한 활동의 좋은 자료는 아동용 추천도서에 제시되어 있는데(Branley, 1993), 모래시계, 해시계, 또는 다른 원시적인 시계를 만드는 활동이다.

각도기 각도기는 각을 이해하지 못하는 학생들에게는 종종 어려운 도구이다. 일반적으로 사용되는 각도기에는 두 가지 눈금이 있으므로 학생들은 먼저 어떤 눈금을 사용할지를 결정해야 한다. 특별히 직각이라는 기준각을 중심으로 각을 비교하게 하면 어린 아동들은 이미 그 각이 90도보다 큰 각인지 작은 각인지 알기 때문에 각도기의 눈금 읽는 것을 덜 어려워한다. 각의 크기를 어림해 보는 것(이 각은 직각의 반, 즉 45도 정도이다, 이 각은 시계에서 약 5분만큼 돌린 것과 같다, 또는 직각의 $\frac{1}{3}$은 30도 정도이다) 또한 학생들이 각도기를 이해하는 데 도움이 된다.

공식 활용하기 넓이, 둘레, 부피, 겉넓이를 구하는 공식은 보통 상급 학년에서 도입된다. 공식이 여러 측정 상황에서 필요하지만, 공식이 측정 속성의 이해와 측정 과정을 대신해서는 안 된다. 공식을 이용하는 기능을 개발해야 하지만, 학생들이 공식의 의미를 이해하도록 돕는 것을 약화해서는 안 된다.

넓이를 구하는 공식을 생각하기 전에, 학생들은 단위를 가지고 넓이를 비교할 기회와 단위 없이 넓이를 비교할 기회를 가져야 한다. 비교하기 위해서 한 영역을 다른 영역 위에 포개어 놓거나 또는 한 영역을 잘라내어 봄으로써 단위의 도움 없이 넓이를 비교하는 것에 대해서는 앞의 속성에 대한 학습에서 살펴보았다.

단위 넓이를 도입할 때, 다양한 유형(정사각형, 삼각형, 직사각형)의 단위로 영역을 덮는 경험을 시킨다. 영역의 넓이를 구하기 위해서 학생들은 단위의 수를 셀 수 있어야 한다. 여러 가지 모양을 덮어 봄으로써 학생들은 적절한 단계와 더 작은 단위를 활용할 필요성을 이해하게 될 것이다. 예를 들어, 처음에는 큰 정사각형으로 이 영역을 덮어보지만 좀 더 적절히 넓이를 알아보기 위해서 더 작은 정사각형으로 덮어 보게 된다.

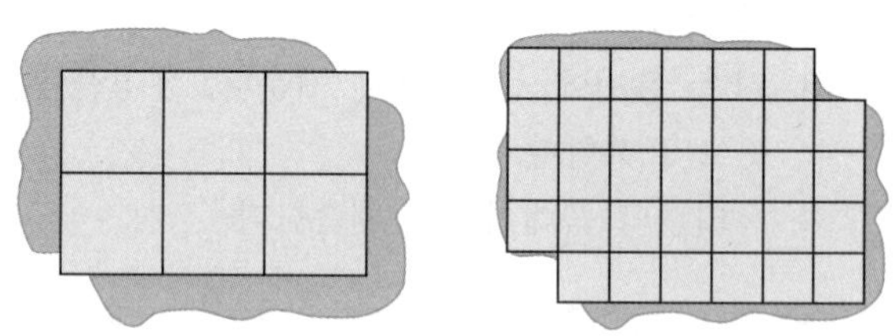

직사각형 직사각형의 넓이를 구하는 공식은 종종 아동들이 알게 되는 첫 번째 공식이다. 직사각형은 아동들이 곱셈에서 사용했던 모델이기 때문에 직사각형을 사용하는 것이 적절하다. 그림 16-7은 직사각형의 넓이 구하는 공식 $A = b \times a$(A는 넓이, b는 밑변,

a는 높이)를 유도하는 수업 활동의 계열을 나타낸 것이다. 이러한 공식의 형태는 $A = l \times w$(l은 가로, w는 세로)보다 다른 다각형의 경우로 일반화하는 데 유용하다.

아동들이 단위 정사각형을 가지고 측정할 때, 밑변과 높이가 정확한 단위의 수가 되지 않을 수도 있다. 교사는 처음에 학생들에게 그 모양을 덮기 위해 필요한 정사각형의 개수를 어림해 보게 할 수 있다. 나중에는 보다 작은 단위를 사용하거나 원래 단위의 일부분을 사용하는 아이디어를 개발할 수 있다.

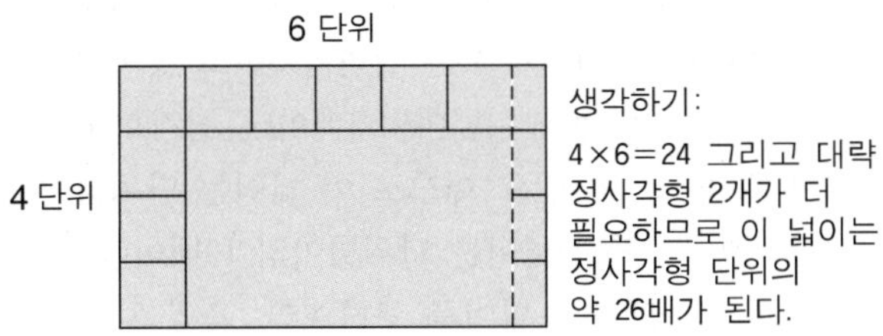

그림 16-7에 제시된 단계대로 지도해야 된다는 것은 아니다. 이 그림은 경험을 계열화하고 학생들의 이해정도를 평가하도록 도와주기 위한 개요일 뿐이다. 단계 중 일부를 하나의 활동으로 결합할 수는 있지만, 1단계나 2단계에 제시된 경험을 한 후에야 3단계를 해야 한다. 또한 아동들이 사전에 실물을 덮어보는 경험을 하지 않거나 왜 곱하는지를 이해하지 않았다면, 7단계를 할 때 문제가 일어날 수 있다.

아동들이 직사각형의 넓이를 배울 때에 겪는 어려움은 기본 개념을 이해하지 않고 넓이는 가로×세로(또는 밑변 곱하기 높이)라고 기계적으로 학습할 수 있다는 점이다. 예를 들어, 정사각형의 넓이를 구하려고 할 때 어려움에 봉착하게 된다. (정사각형은 어느 한 변이 다른 변보다 길지 않다!)

직사각형의 넓이 구하는 공식은 아래에 기술되는 다른 일반적인 모양의 넓이 구하는 공식을 개발하는 데 사용될 수 있기 때문에, 지금까지 직사각형의 넓이 구하는 공식을 중점적으로 다루었다. 모양들 사이에 시각적인 관련성을 찾을 수 있는지 살펴보아라.

평행사변형 다음에 제시된 바와 같이, 모든 평행사변

직사각형의 넓이 공식 유도

사전지식:
- 직사각형을 구별한다.
- 넓이를 직접 비교한다.
- 단위를 덮어봄으로써 측정값을 정한다.
- 곱셈 배열(array)로 모델화한다.

1단계: 임의 단위로 덮기

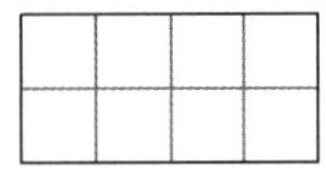

- 단위들로 직사각형을 덮어보는 것을 검토한다.
- 줄(row)의 수와 각 줄마다 몇 개씩 있는지를 곱함으로써 넓이 구하는 방법을 개발한다.

2단계: 표준 단위로 덮기

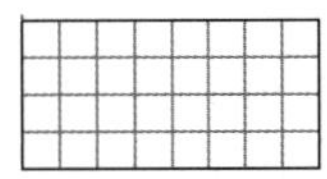

- 1 cm^2와 같은 표준적인 정사각형 단위 넓이를 사용한다.
- 줄의 수와 각 줄마다 몇 개씩 있는지를 곱함으로써 넓이 구하는 방법을 계속한다.

3단계: 쉬운 덮기 방법

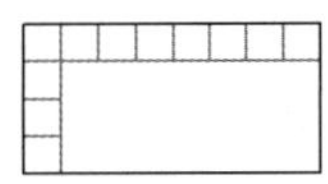

- 줄의 수와 각 줄에 몇 개씩 있는지를 아는 것만 필요하다는 것을 보여줌으로써, 전체 직사각형을 덮는 지름길을 개발한다.

4단계: 좀 더 쉬운 덮기

- 가로와 세로로 몇 개의 정사각형이 필요한지를 표시한다.
- 넓이를 구하기 위해 곱셈을 한다.

5단계: 밑변과 높이를 확인하기

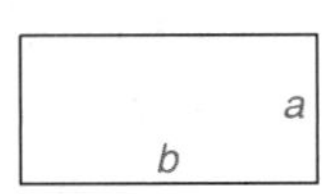

- 직사각형의 밑변과 높이를 확인한다(잘라놓은 직사각형으로 시작하여 그 밑변과 높이를 측정한다).

6단계: 넓이 공식

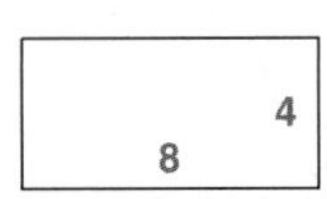

- 밑변과 높이를 측정한다.
- 밑변과 높이에 맞는 정사각형의 개수를 말한다.
- 줄의 수(높이)와 각 줄에서의 개수(밑변)를 곱한다.
- 공식 $A = b \times a$를 이용한다.

7단계: 실물에 공식을 적용하기

- 영역의 넓이와 실물의 넓이를 구하는 것을 연습한다.

그림 16–7 직사각형의 넓이 공식을 유도하는 계열

형은 쉽게 직사각형으로 변환된다. 학생들은 어렵지 않게 이러한 변환을 이해한다. 그러나 학생들은 종종 높이 대신에 평행사변형의 변을 사용한다. 학생들은 평행사변형의 높이를 측정하고 표시하는 경험을 할 필요가 있다. 도움을 필요로 하는 학생들은 평행사변형의 사본을 잘라서 높이를 재기 위해서(마치 키를 재는 것처럼 꼭대기에서 "바닥"까지 측정하는 것) 평행사변형을 세워볼 필요가 있다

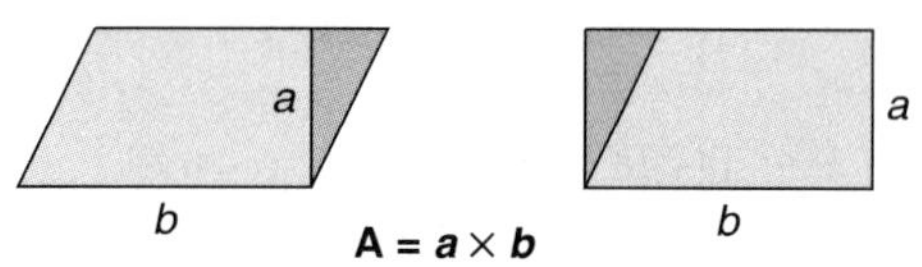

$A = a \times b$

삼각형 모든 삼각형은 평행사변형의 반이다. 학생들이 삼각형의 넓이 구하는 공식을 접하기 전에 모든 유형의 삼각형을 가지고 실험해보아야 한다. 각 학생에게 합동인 삼각형 2개를 잘라서 네 변을 가진 도형을 만들어 보게 한다. 자신들의 결과를 공유한 후에, 학생들은 아래와 같이 삼각형의 넓이는 평행사변형 넓이의 반이라는 논의를 이끌어낼 수 있어야 한다.

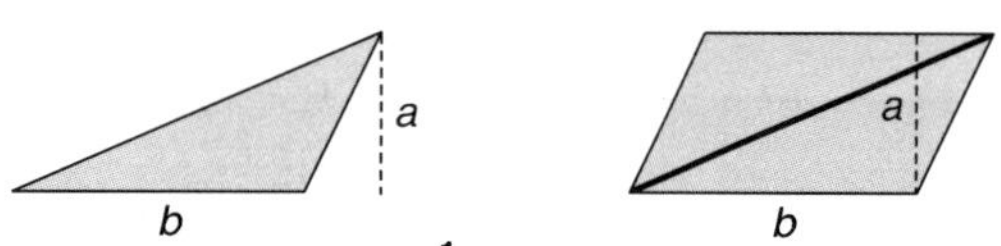

$A = \frac{1}{2}(a \times b)$

사다리꼴 합동인 사다리꼴 2개를 붙여놓으면 평행사변형을 만들 수 있다. 삼각형의 경우처럼 학생들이 다양한 사다리꼴을 가지고 실험하게 한다. 학생들이 공식을 일반화할 수 있는지 살펴보아라.

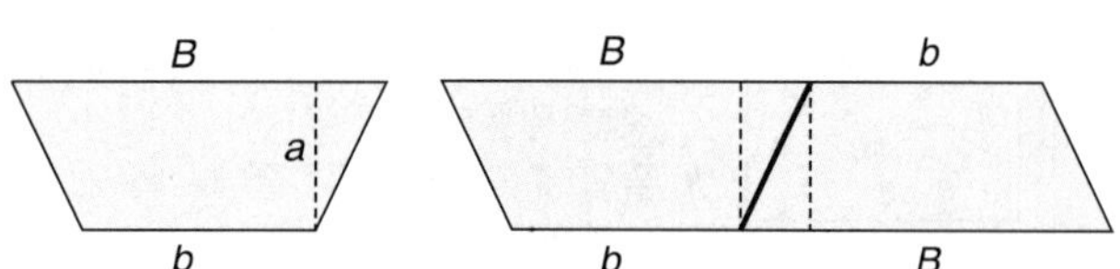

$A = \frac{1}{2}[a \times (b + B)]$

이러한 공식을 활용하는 방법을 학습한 후에, 학생들은 <수업자료 16-8>에 제시된 것과 같이 자신들이 알고 있는 넓이 공식을 활용하기 위해서 주어진 모양을 여러 가지 다른 작은 모양으로 자르는 경험을 할 필요가 있다. 모양을 자르는 방법은 다양하다. 이

수업자료 16-8

도형을 자르는 것은 어렵지 않다

학습목표: 익숙한 모양을 사용하여 불규칙적인 모양의 넓이 구하기

대상학년: 4~6학년

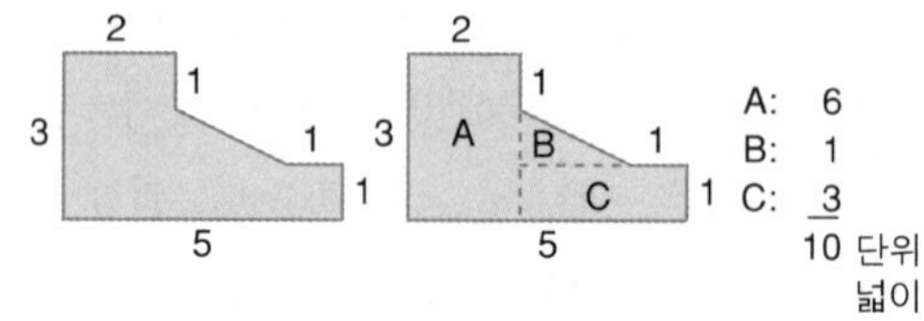

"직사각형 A는 2×3이므로 이 넓이는 단위넓이의 6배이다. 직사각형 C는 밑변이 3이고 높이가 1이므로 이 넓이는 단위넓이의 3배이다. 삼각형 B의 밑변은 2이고 높이는 1이므로 이 넓이는 단위넓이의 1배이다. 전체 넓이는 단위넓이의 10배이다."

▼ 다음 각 모양의 넓이를 구하여라. 음영 차이가 나는 부분은 없어진 부분을 나타낸다.

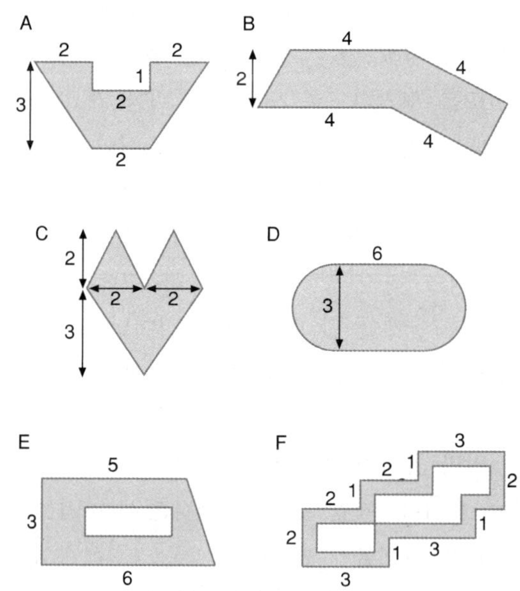

▼ 스스로 하기:

스스로 불규칙적인 도형을 만든 다음, 그 도형의 넓이 구하는 방법을 제시하여라.

활동을 할 때, 학생들로 하여금 모양을 분할하는 여러 가지 방법을 제시하게 한다.

측정 결과를 보고하기

측정 과정의 마지막 단계에서는 학생들이 수와 단위를 말하여야 한다. 이 장에서 지금까지 논의했던 속성은 연속량으로, 산술에서의 이산량(한 집합의 대상의 수)과 대조적이다. 대상 집합에 대해서 말할 때는 정확한 수를 사용한다. 그러나 특정한 단위를 사용하여 연속적인 속성을 측정할 때는 참값에 가장 근사한 수를 사용하게 된다. 본질적으로 우리는 이산적인 단위에 의해서 이러한 속성들을 표현할 수 있다고 간주해 왔다. 그러나 매우 어린 아이들조차도 연필의 길이는 정확히 6cm가 아니라는 것을 안다. "약 6센티미터" 또는 "6센티미터와 7센티미터 사이"라고 말하는 것에 대해서 생각해보아야 한다. 좀 더 정교한 측정값이 필요하다면, 원래의 단위를 더 작은 부분으로 나눈다. 우리는 그 길이를 $6\frac{1}{2}$센티미터라고 말한다. 이후에 학생들은 측정값의 정확성과 측정오차를 공부하게 될 것이다.

측정의 다른 측면

측정값을 구하는 것과 더불어 다른 중요한 측면이 있다. 여기서는 어림 측정, 측정값에 맞는 대상 만들기, 측정값 비교하기에 대해 알아볼 것이다.

어림 측정

어림은 측정 도구의 도움 없이 측정값에 도달하는 사고 과정이다. 측정 능력을 개발하는 데 어림을 포함하는 것은 여러 가지 이유가 있다. 첫째, 어림은 단위의 크기와 단위 사이의 관계를 강화하는 데 도움을 준다. 둘째, 어림은 실제로 적용되기 때문이다.

5학년 학생들에게 측정을 활용하여 직접 접근하기 어려운 대상을 어림해 보게 하였다. 이 학생들의 과학박물관에서의 모험에 대해서 읽어보고(Sedzielarz & Robinson, 2007), 이 장의 첫 인용문에 제시된 갈릴레오의 말을 다시 한번 생각해 보아라.

어림에는 주요한 두 가지 형태가 있다. 가장 보편적인 형태는 속성과 대상이 명명되고 측정값이 알려져 있지 않은 경우이다. 예를 들면, '너의 팔의 길이는 얼마나 되는가?'와 같은 경우이다. 또 다른 형태는 측정값을 알고 대상을 선택해야 하는 경우이다. 예를 들면, '너의 방에서 길이가 약 1m쯤 되는 가구는 무엇이냐?'와 같은 경우이다. 이 두 가지 종류의 어림 형태를 생각하면서 교사는 어림 활동을 확장해 나갈 수 있다. <수업자료 16-9>의 활동에서 이 두 가지 유형을 확인해 보자.

어느 유형의 어림이든지 간에 몇 가지 일반 전략을 활용할 수 있다. 아동들이 어림하기 위해서 사용하는 다양한 방법을 말해보게 하고 다음과 같은 전략들을 제시함으로써, 이들 전략을 개발하도록 도울 수 있다.

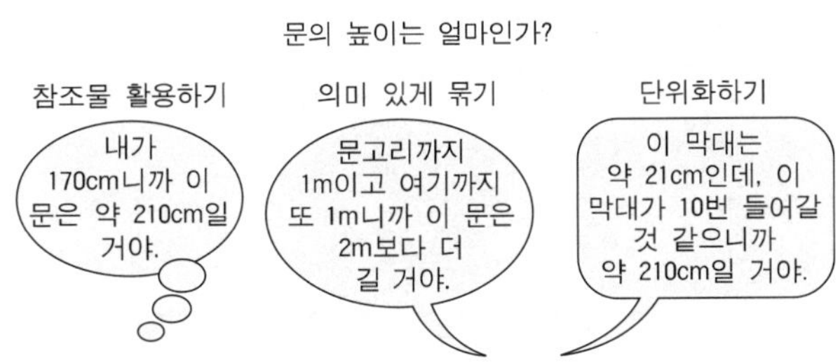

1. 한 가지 전략은 **참조물과 비교하기**(compare to a referent)이다. 만일 자신의 키가 1m 70cm라는 것을 알고 있다면, 자신의 허리쯤에 오는 아동의 키를 어림할 수 있을 것이다. 또는 길이가 2m인 게시판을 측정한다면, 이 크기에 대한 어느 정도의 아이디어를 가지게 될 것이다. NCTM 규준에 따르면, 어림측정을 돕기 위해서 보편적인 참조물이나 기준을 개발할 것을 강조한다. 앞에서 제안한 바와 같이 각 단위마다 참조물이 있다면 도움이 될 것이다.
2. 또 다른 전략은 **의미 있게 묶기**(chunking) 전략이다. 이 과정에서 대상을 여러 개의 부분으로 나누고 각각을 어림한다. 예를 들면, 집에서 도서관과

수|업|자|료|16-9

학습목표: 대상을 어림 측정하고, 측정값과 다른 대상을 비교하기
대상학년: 3~5학년

길이가 약 몇 cm인가?

	어림값	측정값
새끼손가락	______	______
코	______	______
발	______	______

A B C

약 두 컵을 담을 수 있는 것은?

10cm 그리기

어림으로 길이가 10cm되는 뱀을 그려라.

어림으로 길이가 10cm되는 나무를 그려라.

수요일의 문제

이 수박의 무게는 대략 얼마이겠는가?

이름	어림값
______	______
______	______

가장 잘 어림한 사람에게 소풍 가서 가장 큰 수박조각을 주겠음.

다음 상자 중에 각설탕 60개가 들어갈 것이라고 생각되는 것은 어느 것인가?

x *y* *z*

찾습니다!

교실에 무게가 1kg이 되는 것이 있다.

찾을 수 있겠는가?

다음 넓이는 얼마가 되는가?

교실바닥 ______________

책상 ______________

칠판 ______________

어림값은 금요일에 수집함.

가게를 거쳐 다시 집으로 돌아오는 동안 얼마나 많이 걸었는지 알고 싶다고 하자. 만일 집에서 도서관까지 약 1km라는 것과 도서관에서 가게까지도 대략 거리가 같다는 것, 가게에서 집까지는 약 2배 더 멀다는 것을 안다면, 모두 합쳐서 약 4km를 걸었던 것이다.

3. 의미 있게 묶기와 관련된 전략이 **단위화하기**(unitizing)이다. 이 경우 먼저 한 부분을 어림하고 이 부분이 전체에 몇 번 들어가는지를 어림하는 것이다. 예를 들어, 실을 약 3m 길이로 자르려고 한다고 하자. 이때 먼저 1m를 어림하고 이것을 세 번 반복하면 된다.

어림을 측정의 지도 과정에 포함시킬 때, 교사는 어림이 측정 활동의 자연스러운 일부분이 되도록 노력해야 한다.

1. 아동들에게 측정하기 전에 측정하려고 하는 대상이 얼마나 긴지 또는 무거운지 말할 수 있도록 한다.
2. 다른 교과목에 어림을 포함하는 방법을 찾는다.
   얼마나 멀리 뛰어 올랐는가?
   미술 프로젝트를 위해서 어느 정도 크기의 종이가 필요한가?
   이 책을 읽는 데 시간이 대략 얼마나 걸리겠는가?
3. 어림 자체를 위한 활동을 계획하거나 매일 수업을 시작할 때마다 할 수 있는 간단한 어림 활동을 학년별 또는 주별로 계획한다. <수업자료 16-9>에 제시된 몇 가지 아이디어를 참고하여 시작할 수 있다. 자신의 교실에 있는 것에 대해서 생각하기 시작하면, 다양하게 변형된 활동을 떠올릴 수 있을 것이다.

기억해야 할 한 가지는 어림값에 대해서 옳다 그르다 말하지 않아야 한다는 것이다. 아동들이 더 잘 어림하는 방법을 개발하도록 돕되, 낙담시키지는 말아야 한다. 아동들로 하여금 실제 측정을 하게 하여 어림값을 점검하게 한다. 어림값이 근사한지 아닌지 아동들이 알게 될 것이다. 여러분의 학급에서 누가 잘 어림하는지 찾아보면 놀라게 될 것이다.

측정값에 맞는 대상 만들기

지금까지는 주어진 대상을 측정하는 것에 초점을 두었다. 이와 동일하게 중요한 것은 주어진 측정값에 맞는 대상을 만드는 것이다. 예를 들어, 아동들은 종종 선분의 길이가 8센티미터라고 측정할 수 있지만, 길이가 8센티미터인 것을 그리라고 하면 어려워한다. 주어진 값에 맞는 넓이를 만들라고 하는 것은 더 어려운 문제이다. 이런 경우 종종 다른 제한점이 있기 때문에 어려움이 발생한다. 예를 들어, "넓이가 $8cm^2$인 직사각형을 만들어라."를 생각해보자. 직사각형의 변의 길이를 정수로 제한하지 않으면, 넓이가 $8cm^2$인 직사각형은 매우 많다. 이러한 제한을 적용하더라도 두 가지 다른 직사각형이 있을 수 있다(1×8, 2×4).

[오류유형 16-3]은 2003년 TIMSS 평가에 제시된 문항이다. 4학년 학생들의 국제 평균 정답률은 29%였다. 미국 학생들의 경우는 24%였다. 그러나 일부 나라에서는 절반 이상의 학생들이 13제곱센티미터가 되는 도형을 완성했다. 이 문제를 다음과 같이 변형하면 훌륭한 문제가 된다. 넓이가 13제곱센티미터가 되는 어떤 도형이든지 그려보는 문제, 넓이가 13제곱센티미터가 되는 직사각형을 그리게 하는 문제, 정사각형 6개와 절반의 정사각형을 보여주고 넓이가 13제곱센티미터가 되는 도형을 완성하는 문제.

이 예는 학생들이 과제를 역으로 바꾸어서 해결할 때 겪는 어려움을 강조하기 위해 제시한 것이다. 이 경우에 넓이가 13제곱센티미터인 도형을 그리라는 문제는 단순히 주어진 문제를 역으로 제시한 것이 아니다. 이 문제를 해결할 때 학생들은 다른 것들을 고려해야 하거나 다른 조건을 무시해야 하기 때문에 좀 더 깊이 있는 지식을 필요로 한다. 위의 TIMSS 문항에서 아동들은 대칭이 되는 도형을 그릴 생각을 하게 되지만 사실 문제를 해결하기 위해서는 대칭을 무시해야 한다.

[오류유형 16-3]

- 과제: 아래 모눈종이에 제시된 정사각형의 넓이는 1cm²이다. 넓이가 13cm²가 되도록 도형을 완성하는 선을 그려라.

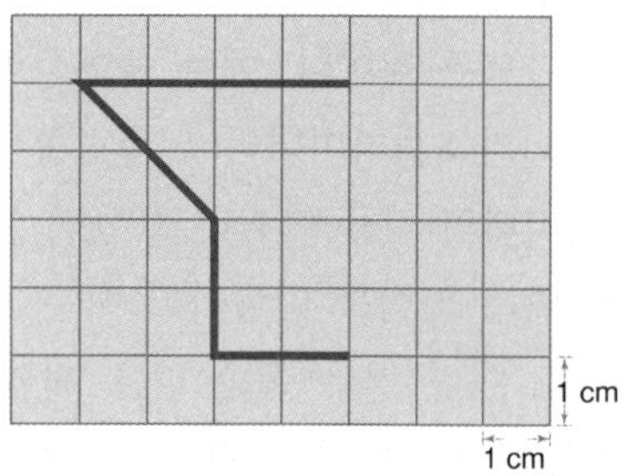

- 오류: 아동들은 넓이가 20cm²인 대칭도형을 그렸다.

- 원인: 아동들은 이처럼 넓이를 주고 해당하는 도형을 그리는 경험을 많이 해보지 않았기 때문이다.

- 지도방안: 아동들에게 이처럼 반대의 경우를 많이 경험하도록 한다. 또한 학급 전체 논의를 통해서 여러 가지 도형이 가능하다는 것을 인식하도록 한다.

측정값 비교

측정이 들어간 문제해결에는 종종 비교나 산술 연산이 포함된다. 이때 어떤 한 단위를 다른 단위로 바꿀(**환산**) 필요가 있게 되는데, 이러한 환산은 두 단위 사이의 **동치** 관계에 의존한다.

이 절에서는 관습 체계와 미터법 체계 내에서의 동치와 환산에 대해 알아볼 것이다. CCSSM에서 강조했듯이, 학생들은 각 체계에 정통해야 하며 체계 사이의 환산에만 의존해서는 안 된다. 그러나 학생들이 각 체계에서 서로 다른 단위에 대한 기준을 가지고 있고 어떻게 그 단위들이 서로 관련되는지 안다면 단위를 잘 이해하게 될 것이다. 예를 들어, 학생들은 리터는 쿼트보다 약간 더 많다는 것, 미터는 야드보다 조금 더 길다는 것, 또는 인치는 2센티미터보다 약간 더 길다는 것을 알아야 한다.

동치

새 표준 단위를 도입할 때는, 다른 단위와 관련시켜야 한다. 예를 들어, 밀리미터를 도입할 때 밀리미터는 더 작다는 것과 센티미터의 10분의 1이라는 것을 보임으로써 밀리미터를 센티미터와 관련시켜야 한다.

다른 단위를 사용한 후에, 아동들은 동치를 배워야 한다. 이 중에서 7일 = 1주, 60분 = 1시간, 12인치 = 1피트와 같은 동치는 반복하여 사용함으로써 알아야 한다. 아동들은 단위의 다른 동치관계들도 알아야 한다. 교육과정 지침서를 참조하여 학생들의 성취 수준이 무엇인지 알아보아라.

긴 단위 환산표를 억지로 암기하게 하지는 않더라도, 학생들은 보편적으로 사용되는 동치 관계를 알아야 한다. 표 16-4에 제시된 바와 같이 미터법 체계에서는 표준적인 접두사를 사용하고 단위 사이가 10배 관계가 되기 때문에 미터법과 관련된 과제가 더 쉽다. 이 표는 길이, 들이, 질량(또는 무게)에 대한 미터법 측정 단위 사이의 관계를 나타낸 것이다. 예를 들어, 미터(m)는 길이에 대한 기본 단위이다. 킬로미터(km)는 미터의 1000배이다. 데시미터(dm)는 1미터의 10분의 1이다.

아동들은 동치를 나타내는 단위 환산표를 활용할

표 16-4 가장 보편적으로 사용되는 미터법 단위

	킬로(k) 1000	기본 단위	센티(c) 0.01	밀리(m) 0.001
길이	킬로미터(km)	**미터(m)**	센티미터(cm)	밀리미터(mm)
들이		**리터(L)**		밀리리터(mL)
무게	킬로그램(kg)	**그램(g)**		

수 있어야 한다. 여기에는 몇 가지 기능이 필요한데, 아래 표와 함께 질문을 통해 제시하고자 한다.

단위	동치
1일	24시간
1시간	60분
1분	60초

1일은 몇 시간인가?
(이 답은 표만 직접 읽으면 된다.)
1일의 얼마가 1시간인가?
(이 답은 표에서 단위의 분수 관계에 대한 지식을 필요로 한다.)
1시간은 몇 초인가?
(이 답은 표에서 단위의 환산을 필요로 한다.)

많은 아동들에게 넓이와 부피의 동치 관계는 어려울 수 있는데, 그 이유는 이런 동치 관계가 종종 선형적인 동치로부터 유도되지 않기 때문이다. 예를 들어, $1m = 10dm$를 알아야 $1m^2 = 100dm^2$, $1m^3 = 1000dm^3$를 유도할 수 있는데, 이것은 선형적이지 않다. <수업자료 16-10>은 넓이에 대한 이러한 관계를 나타낸다. 아동들이 $10000cm^2 = 1m^2$를 안다면, 센티미터로 측정한 것을 다시 미터로 측정할 필요가 없다.

단위 환산

한 단위에서 다른 단위로 바꾸기 위해서 아동들은 두 단위 사이의 동치 관계를 알아야 한다. 그러나 이 정보만으로는 환산을 하는 데 충분치 않다. 학급 토론의 예를 보기로 하자.

교사: 너희들 중 몇 명은 숙제 때문에 애를 먹은 것 같구나. 도영이가 첫 번째 연습문제를 읽어주겠니? 모두 함께 보자.
도영: 몇 데시미터(dm)는 5미터(m)와 같아요.
[교사는 칠판에 dm = 5m라고 쓴다.]
교사: 구하려고 하는 것이 무엇인지 누가 말할 수 있겠니?

수업자료 16-10

정사각형 단위 사용하여 환산 문제 해결하기

학습목표: dm^2과 m^2 간의 동치 관계 알아보기
대상학년: 4~5학년

▼ 1제곱미터(m^2) 안에 1제곱데시미터(dm^2)가 몇 개 들어가는지 학생들에게 물어본다. 이러한 관계에 대한 표현은 다음과 같다.

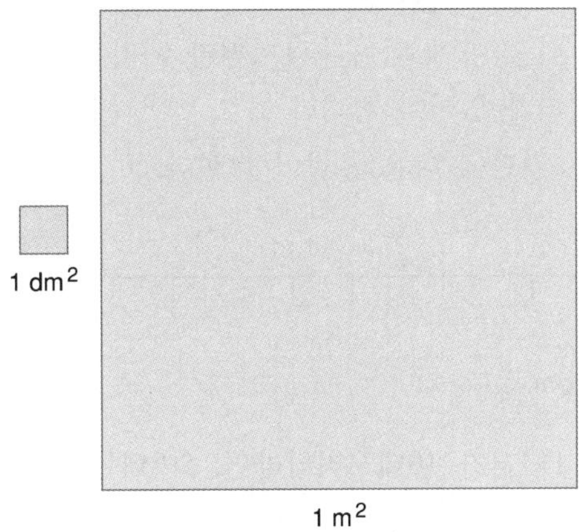

▼ 각 줄을 채우기 위해서는 정사각형 10개가 필요한데, 전체 10개의 줄이 있다는 것을 보여라. 결과적으로 $1m^2 = 100dm^2$.

10×10 = 100 정사각형

▼ 위에 제시된 그림과 모델을 이용하여 다음 질문에 답하여라.
- 정민이는 가로 3m, 세로 1m, 즉 $3m^2$인 옷감을 가지고 있다. 이 옷감은 몇 dm^2인가?
- 유진이는 가로 15dm, 세로 10dm인 담요를 가지고 있다. 이 담요는 몇 m^2인가?

준기: '5미터(m) 안에 몇 데시미터(dm)가 있는가?'입니다.

교사: 데시미터와 미터에 대해서 무엇을 알고 있지?

예림: 1데시미터는 이만큼 크고 1미터는 이만큼 큽니다.

교사: 모두 예림의 손을 볼 수 있었니? 미터와 데시미터 중 어느 단위가 더 크지? [미터] …그래, 그러니까 5미터가 되기 위해서는 5데시미터보다 더 많아야 할까 아니면 더 작아야 할까?

광수: 더 많아야 합니다. 1미터가 되기 위해서는 10데시미터가 있어야 합니다.

교사는 칠판에 다음과 같이 그린다.

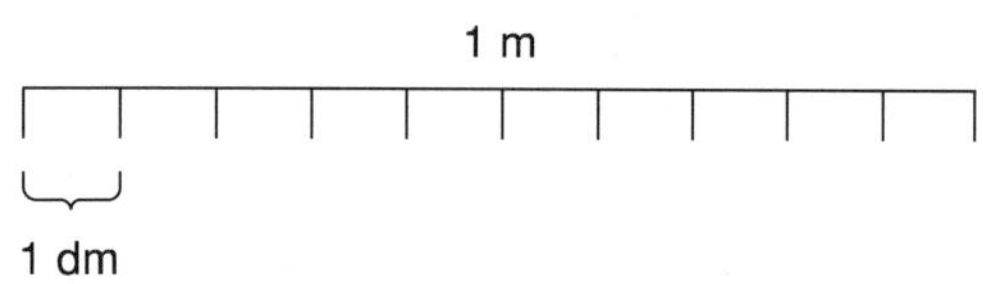

교사: 1미터가 10데시미터라면, 5미터는 얼마가 될까?

도영: 이제 알겠어요. 10데시미터가 5개, 즉 50데시미터입니다.

교사: 잘했다. 한 문제 더 해보자. 20cm= _____dm

나희: 센티미터가 더 작으니까 어떤 것을 측정할 때 더 많이 필요하게 됩니다. 그러니까 20처럼 많지는 않을 것입니다.

교사: 좋아. 답이 20보다는 작아야 한다는 것을 알고 있다.

경훈: 이렇게 그림을 그려보아요. 아, 20개의 표시를 모두 할 필요는 없습니다. 10센티미터(cm)가 1데시미터(dm)인 것을 아니까, 20에 10이 몇 번 들어있는지 알면 됩니다.

교사: 맞아. 이 경우 우리는 그냥 그림을 보고 2데시미터(dm)라는 것을 알 수 있어. 그런데 184센티미터(cm)라면 어떨까?

도영: 여전히 184에 10이 몇 번 들어가는지 알면 됩니다. 나눠보면 됩니다.

정수: 18데시미터입니다.

교사: 남아 있는 4는 어떻게 하지?

정수: 그것은 센티미터입니다. 184센티미터는 18데시미터와 나머지 4센티미터가 됩니다.

교사: 그것을 써 보기로 하자.

184cm = 18dm 4cm

자, 이제는 너희들 스스로 해보아라. 질문이 있으면 내가 도와줄게.

세라: 4센티미터(cm)는 데시미터의 10분의 4가 아닌가요? 그렇다면 그냥 18.4데시미터(dm)라고 쓸 수 없나요?

이 토론에서 환산할 때 사용할 수 있는 많은 좋은 기법이 드러난다. 첫째, 교사는 아동들에게 문제의 답이 주어진 수보다 더 큰지 작은지를 결정하게 하였다. 이는 아동들이 단위의 상대적인 크기를 아는 것과 단위가 작을수록 그 속성을 나타내기 위해서 더 많은 단위의 수가 필요하다는 것을 이해하는지에 달려 있다. 둘째, 교사는 아동들에게 단위 사이의 관계를 시각화해 보도록 시도하였다. 셋째, 교사는 사용되는 연산과 곱셈 및 나눗셈이 의미하는 것에 대한 이해를 관련지었다. 여러분이라면 세라의 질문에 어떻게 답하겠는가?

속성 관련짓기

두 가지 속성을 포함하는 활동은 아동들로 하여금 그 두 속성이 어떻게 관련되는지, 또는 한 속성이 다른 속성에 어떻게 의존하지 않는지를 아는 데 도움을 줄 수 있다. 예를 들면, 직사각형의 가로 또는 세로의 길이를 두 배함으로써 직사각형의 넓이가 어떻게 변하는지를 알 수 있다. 또 넓이는 같지만 모양이 다른 도형을 검토함으로써, 아동들은 넓이는 모양에 독립적이라는 것을 알게 될 것이다. 여러 가지로 변형하거나 확대하는 것이 가능하도록 몇 가지 활동을 제시하였다.

넓이와 모양

<수업자료 16-11>에서는 2~4학년 아동들에게 2개에서 4개까지의 정사각형을 사용하여 서로 다른 모양을 만들게 한다. 어린 아동들은 정사각형 타일을 활용하여 이 활동을 즐길 수 있다. 고학년 아동들에게는 이 활동을 확장하여 정사각형의 개수를 늘릴 수 있고, 꼭짓점이 아니라 반드시 정사각형의 변끼리 서로 닿아야 한다는 것과 대칭이동 또는 회전이동(15장 참조)에 의해 모양이 같아진다면 같은 모양으로 본다는 제한을 둘 수도 있다. 또 다른 도전적인 활동은 정사각형 모양의 격자 종이를 삼각형 모양의 용지로 변형하여 사용하는 것이다. 이런 활동을 통해 '넓이는 같지만 모양이 다를 수 있다.'는 것을 학생들이 일반화할 수 있도록 한다. 고학년의 학생들은 모양은 유사하나 넓이가 다른 경우를 탐색해야 한다.

수|업|자|료|16-11

넓이가 같은 여러 가지 모양을 만들 수 있어요!

학습목표: 넓이가 같은 모양 찾기
대상학년: 2~4학년
학습자료: 모눈종이, 정사각형, 색깔펜

▼ 서로 만나는 두 개의 정사각형을 가지고 만들 수 있는 모양을 제시하여라. 모눈종이 위에 그 모양을 색칠하여라.

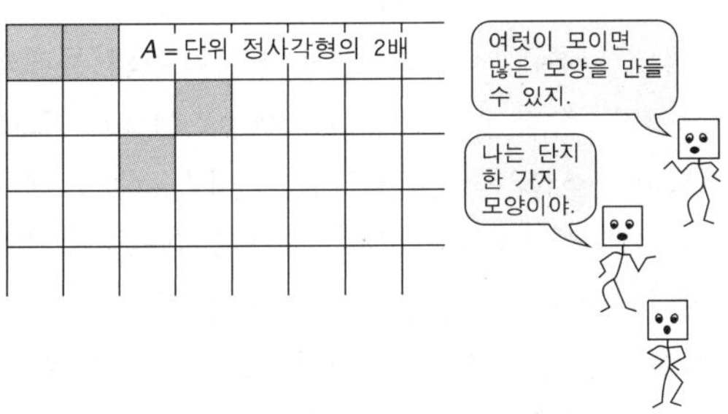

▼ 3개의 정사각형, 4개의 정사각형으로 만들 수 있는 모양이 몇 개인지 알아보아라.

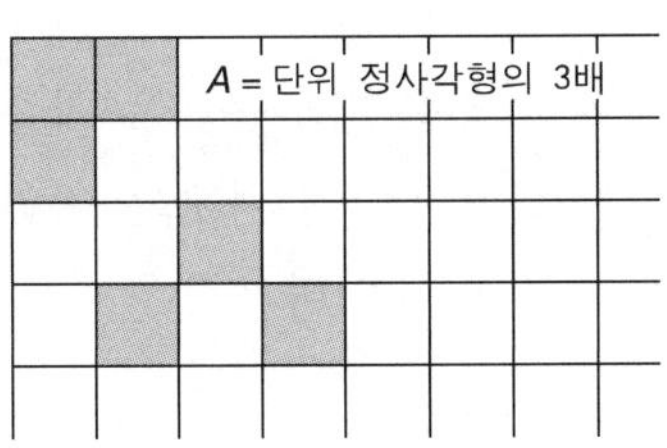

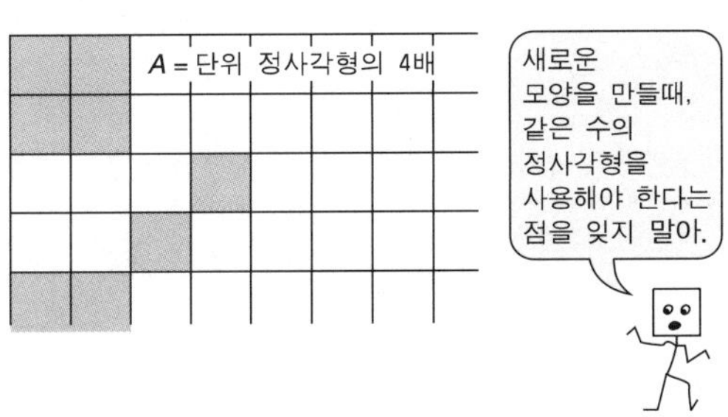

부피와 모양

<수업자료 16-12>에 제시된 것과 같은 활동은 쌓기나무를 가지고 할 수 있다. 이 활동은 부피가 같더라도 모양은 다를 수 있다는 일반화를 유도할 수 있게 할 뿐만 아니라 정수론(소수와 합성수)을 탐색할 기회도 제공한다.

둘레와 넓이

학생들은 둘레와 넓이를 가끔 혼동한다. 이러한 혼동은 넓이를 제대로 이해하지 못한 탓이기도 하고, 공식을 너무 빨리 도입하기 때문이기도 하다. 아동들에게 도형의 둘레가 동일하여도 넓이는 다를 수 있음을 보여주는 활동들이 많이 있다. <수업자료 16-13>은 이러한 활용의 예이다. 아동들은 또한 넓이가 같은 도형의 둘레가 서로 다를 수 있음도 알아야 한다. <수업자료 16-11>을 수정하여 각 모양의 둘레를 구하도록 하거나, 또는 5개의 정사각형으로 둘레의 길이가 가장 긴, 또는 가장 짧은 도형을 만들어 보게 할 수 있다. 지오보드를 이용하여 학생들은 모양을 만들어보고 그 모양의 넓이와 둘레를 점검할 수 있다. 예를 들어, 학생들에게 다양한 모양의 넓이와 둘레를 탐구하고 기록하게 한 후, 한 넓이(예를 들어 정사각형 6개)를 선택하고 둘레의 길이가 다른 모양을 몇 개 만들 수 있는지 보아라. 어떤 모양의 둘레가 가장 긴가? 어떤 모양이 둘레가 가장 짧은가?

수업자료 16-12

같은 부피, 다른 모양

학습목표: 주어진 부피를 갖는 여러 가지 형태의 입체도형 탐구하기

대상학년: 5~8학년

학습자료: 쌓기나무

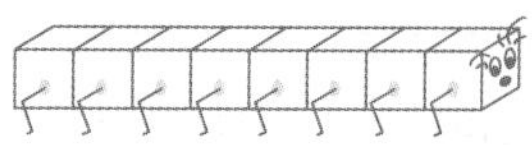

나는 8×1×1인 쌓기나무 8개입니다.
나의 부피는
8제곱단위이지요.

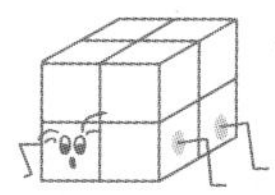

나는 2×2×2인 쌓기나무 8개입니다.
나의 부피는 역시
8제곱단위이지요.

▼ 쌓기나무 12개로 서로 다른 직육면체를 몇 개나 만들 수 있는지 알아보아라. 각각에 대해 가로, 세로, 높이와 부피를 기록하여라.

▼ 이번에는 각각 2, 3, 4,⋯, 17, 18개의 쌓기나무를 이용하여라.

▼ 정육면체의 수가 다음과 같을 때, 서로 다른 직육면체를 몇 개 만들 수 있는가?

- 소수: __________
- 두 소수의 곱: __________
- 완전제곱수: __________

▼ 정육면체 24개로 서로 다른 직육면체를 몇 개 만들 수 있는가?

수업자료 16-13

둘레와 넓이는 어떤 관계가 있을까요?

학습목표: 정해진 둘레로 넓이가 다른 모양 만들기

대상학년: 5~8학년

학습자료: 센티미터 모눈종이와 연필

▼ 둘레가 16cm인 직사각형을 몇 개 만들 수 있는가? 각 직사각형의 넓이를 구하여라.

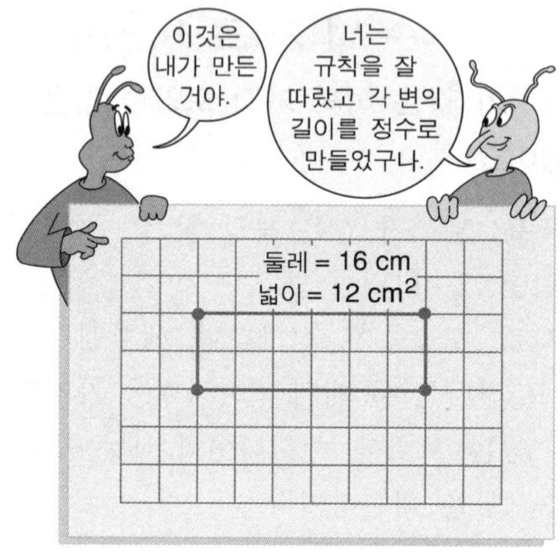

▼ 3명의 다른 학생들과 함께 직사각형의 둘레의 길이가 각각 8cm, 9cm, 10cm, 11cm, 12cm, 13cm가 되도록 만들어라. 주어진 각 둘레의 길이마다 여러분이 만들 수 있는 다른 모양의 직사각형이 몇 개인지 표를 만들어라.

▼ 직사각형의 둘레의 길이가 52cm라면 서로 다른 직사각형을 몇 개 만들 수 있다고 생각하는가? 여러분은 어떤 추측을 할 수 있는가?

부피와 겉넓이

도형의 넓이가 둘레와 일정한 관계가 없는 것처럼, 부피와 겉넓이의 관계도 마찬가지다. <수업자료 16-14>의 실험에서 옆면의 겉넓이와 부피 사이의 관계를 볼 수 있다. 이 활동은 아동으로 하여금 각기둥이나 원기둥(길고 가는 것과 짧고 굵은 것)을 만들 수 있도록 종이를 $\frac{1}{3}$이나 $\frac{1}{6}$로 접게 함으로써 변화를 줄 수 있다. 중학교에서 직육면체 공식을 학습한 후에 학생들은 <수업자료 16-14>에 나오는 여러 각기둥 부피를 계산할 수 있을 것이다.

수업자료 16-14

부피와 넓이는 어떤 관계가 있는가?

학습목표: 옆면의 넓이가 동일한 각기둥과 원기둥의 부피 탐색하기

대상학년: 5~8학년

학습자료: 종이, 테이프, 마른 충전재

▼ 종이를 사용하여 튜브 2개를 만들어라.

A.

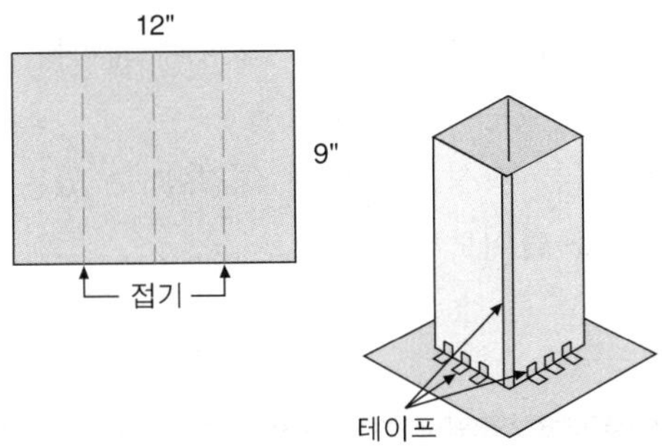

B.

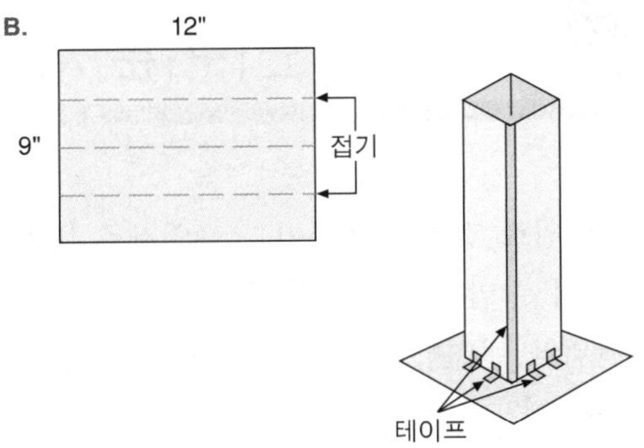

▼ 어느 쪽 튜브의 들이가 더 큰지 추측하여라. 아니면 두 개의 들이가 같은가? ________

▼ 각 튜브를 채우고 살펴보아라.

▼ 삼각기둥, 육각기둥, 팔각기둥, 원기둥 각각에 대해서 동일하게 실시해 보아라.

▼ 각 쌍에서 어떤 모양, 그리고 더 큰 것과 작은 것 중에서 어느 것의 들이가 더 많은지 추측할 수 있는가?

문화적 연계성

대부분의 나라에서 미터법 체계를 사용하기 때문에, 학생들이 미터 체계를 이해하고 사용할 수 있도록 준비시켜주는 것이 중요하다. 다른 나라의 학생들에게는 분명히 미국의 관습적인 측정 체계가 낯설 것이다. TIMSS 연구에서(Mullis et al., 2004, p. 217), "많은 나라의 4학년 수학교육과정에서 측정 주제를 매우 강조하고 있다."고 결론짓는다. 그러나 이것이 모든 학생들이 측정 개념과 기능을 많이 학습하고 실생활에 적용할 기회를 가졌다는 것을 의미하지는 않는다.

아동들은 과거에 사용되었던 측정 단위에 관심이 있을 수 있다. 한 모금(mouthful), 잭(jack), 포틀(pottle)이 모두 들이를 측정하는 단어였다는 것을 아는가? (한 모금은 꿀이나 기름을 팔기 위해서 사용되었다. 지거(jigger)는 2모금이었고, 잭은 2지거였으며 질(jill)은 2잭이었고, 컵은 2질이었으며, 파인트는 2컵, 포틀은 8컵 또는 2쿼트였다.) 측정은 물물교환 하는 데 매우 중요하였고, 교육받은 사람들은 사고파는 방법을 알아야 했다. 오늘날 많은 물건들은 사전에 측정되어 포장된 채로 팔린다.

예전 교과서를 살펴보면 미국에서 어떤 측정 단위를 사용했는지 알 수 있을 것이다. 그러나 다른 나라에서 여전히 사용 중인 단위를 조사해 보는 것도 다른 문화에 대한 지식을 넓히는 데 도움이 된다. 측정 단위에 대한 웹 사이트(http://www.unc.edu/~rowlett/units/)를 보면 "모자가 얼마만큼 큰가"와 같은 측정 체계뿐만 아니라 많은 다른 단위와 함께 이전 단락에서 제시된 모든 단위들이 제시되어 있다. 학생들 중에 측정에 대해 특정한 단어를 사용하는 학생들이 있다면 그 단어의 의미를 찾아보는 것도 좋은 학습자료이다. 다른 나라에서는 무게로 많은 물건을 판다. 예를 들어, 12개 묶음이 아닌 무게로 달걀을 살 수도 있다.

수업 시간에 측정 활동을 다른 문화와 관련짓는 것이 중요하다. 논문 "Freedom Quilts"(Neumann, 2005)는 아프리카인들이 측정과 기하를 적용하여 탈출로에 대한 메시지를 전달하기 위해서 퀼트를 어떻게 활용했는지를 보여주는 한 가지 예이다. 사회를 가르칠 때, 학생들이 배우는 주제에 대해서 측정 아이디어를 어떻게 포함시킬 것인지 늘 명심하도록 한다. 측정 활동을 설계할 때 기하에 대한 장에서 제안

한 문화적 연계성을 고려할 수도 있다.

요약

측정은 속성의 크기를 결정할 때 사용되는 과정이다. 측정 과정은 속성 확인하기, 단위 선택하기, 측정하려로 하는 대상을 그 단위와 비교하기, 단위의 수 찾기, 단위의 수로 나타내기로 구성된다. 아동들이 속성을 이해하도록 돕기 위해서 두 대상을 직관적으로, 직접적으로, 간접적으로 비교할 것을 제안한다. 단위를 선택할 때, 시간을 두고 개발되어야 할 9가지 개념들이 있다. 대상을 단위와 비교한다는 것은 측정하려고 하는 속성에 대해 그 대상을 나타내는 단위의 수를 찾는 것이다. 예를 들어, 연필의 길이를 cm로 비교하고 1cm가 몇 번 들어가는지 찾는 것이다. 아동들은 처음에 세기로, 나중에는 도구나 공식을 이용하여 수를 결정한다. 아동들이 측정에 대해서 학습하는 데 도움이 되는 방법으로 대상의 크기 어림하기, 동치인 측정값 찾기, 두 가지 속성 관련짓기가 제시되었다.

측정에 대한 학습은 수학이 얼마나 실제적인지 보여주고, 다른 수학적 아이디어를 개발하고, 수학을 다른 주제와 관련짓고, 많은 아동들에게 수학을 의미 있게 지도할 수 있는 기회가 된다.

연|습|문|제

01. 측정 과정의 다섯 단계는 무엇인가?
02. 대부분의 초등학교 수학교육과정에 포함되는 속성, 단위, 도구는 무엇인가?
03. 왜 수학 프로그램에 측정을 포함시켜야 하는가? 한 가지 이유를 선택하고, 측정이 어떻게 그 이유를 충족시키는지 예를 들어보시오.
04. 아동이 측정 활동을 할 때, 단위와 관련하여 개발해야 하는 9가지 개념은 무엇인가?
05. 측정 도구와 관련하여 학생들이 겪게 되는 3가지 어려운 점을 기술하시오.
06. 학생들은 왜 하나의 단위에서 다른 단위로 환산할 수 있어야 하는가?
07. <수업자료 16-8>에서 각 도형의 넓이를 어떻게 구할 수 있는지 제시하시오.
08. 서로 다른 속성을 어떻게 연결할 수 있는지 3가지 예를 들어보시오.

연|구|문|제

01. **임의 단위로 길이 측정하기.** <수업자료 16-6>을 참조해서 수업을 설계하고 수업을 실시한다. 측정 단위와 관련하여 학생들은 어떤 아이디어를 이해하는가?
02. **높이와 둘레 비교하기.** <수업자료 16-4>에 제시된 활동을 학생들과 함께 시도해보시오. 학생들이 무엇을 배웠는가? 캔의 둘레를 어떻게 어림잡을 수 있는지 보여주도록 이 활동을 변형한 후에 고학년 학생들에게 시도해 보시오.
03. **부피와 겉넓이의 관계는 무엇인가? 또는 둘레와 넓이의 관계는 무엇인가?** 학생들과 함께 <수업자료 16-13> 또는 <수업자료 16-14>를 시도해보시오. 기대된 대로 학생들이 속성을 연결할 수 있는지를 포함해서 가르친 경험을 기술해 보시오.
04. 학급에 자를 직접 다룰 수 없는 아동이 있다고 하자. 이런 상황에서 교사는 어떻게 하겠는가? 적어도 두 가지 해결 방안을 제시하시오.
05. mm를 도입하기 위한 활동에 기초하여 cm, g, L, cm^2 등을 도입할 때 활용할 수 있는 활동을 기술

하시오.

06. 한 학년을 선정해서 두 가지 유형의 어림하기(즉 알고 있는 대상의 측정값을 어림하는 것과 알고 있는 측정값에 적합한 대상을 찾는 것)를 포함하는 활동을 다섯 가지 설계하시오.

07. Teaching Children Mathematics 저널에 소개된, 하와이에서 채택한 러시아 교육과정에 대한 논문(Dougherty & Venenciano, 2007)을 읽어보시오. 그 학생들은 선분을 움직이지 않고 선분을 비교하는 문제를 어떻게 해결하는가? 자신들의 비교 방법을 기술하기 위해서 문자를 사용하는 것에 대해서 어떻게 생각하는가?

아동용 추천도서

Branley, F. M. *Keeping Time: From the Beginning and into the 21st Century.* Boston: Houghton Mifflin, 1993.

Davies, N. *Just the Right Size: Why Big Animals Are Big and Little Animals Are Little.* Somerville, MA: Candlewick Press, 2009.

Hightower, S. *Twelve Snails to One Lizard: A Tale of Mischief and Measurement.* New York: Simon & Schuster Books for Young Readers, 1997.

Murphy, S. J. *Room for Ripley.* New York: HarperCollins, 1999.

Myller, R. *How Big Is a Foot?* New York: Dell Publishing, 1991.

Reisberg, J. *Zachary Zormer: Shape Transformer.* Watertown, MA: Charlesbridge, 2006.

제 17 장 자료 분석, 통계, 확률

"수학적 사실은 엄밀하지만, 통계는 융통성이 있다."
- 마크 트웨인(Mark Twain, 1835~1910)

이 장의 핵심 질문

1. 자료분석, 통계, 확률이 학생들의 비판적 사고력 개발에 어떤 도움이 되는가?
2. 학생들의 자료 분석 기능을 어떻게 개발시킬 수 있는가?
3. 초등학교에서 가르쳐야 하는 기술 통계에는 무엇이 있는가? 그러한 기술 통계를 소개할 때 활용할 수 있는 예에는 어떤 것이 있는가?
4. 학생들이 확률에서 일반적으로 갖고 있는 오개념에는 어떤 것이 있는가?
5. 임의성과 확률은 어떤 관련이 있는가?

서론

자료 분석, 통계, 확률은 문제해결력과 비판적 사고력을 증진하고, 의사소통 능력을 강화하며, 수 감각을 개발하고, 계산을 활용할 수 있는 기회를 제공한다. 이러한 주제에 대한 학습은 수학학습이나 수학을 행하는 것에 대한 문제해결식 접근이나 탐구식 접근을 뒷받침한다. 결과적으로 통계와 확률은 초등학교 교육과정에서 매우 유용한 주제이다.

다음에서는 초등학교에서 자료 분석, 통계, 확률을 가르쳐야 하는 몇 가지 이유를 살펴보자.

- 학생들은 학교 밖 실생활에서 통계와 확률 개념을 매일 접하고 있다.

라디오, 텔레비전, 뉴스, 인터넷은 우리에게 정보를 쏟아내고 있다. 예를 들어, 뉴스에서는 국가의 경제나 사회에 대한 통계 자료, 여론 조사, 일기 예보, 의학, 사업, 금융, 스포츠 등에 대한 자료를 보도하고 있다.

최근 정보 처리 기술에 대한 요구가 25년 전과 비교해서 매우 커졌으며, 기술 공학의 발전은 몇 년 전에 비해 그런 기능을 중시하게 되었다. 소비자와 경영에 대한 많은 의사 결정은 시장에 대한 연구와 판매 현황에 근거를 두고 있다.

만약 이러한 자료를 현명하게 활용하고자 한다면, 그러한 정보를 효율적이고 효과적으로 처리할 수 있어야 한다. 정보에 근거해서 의사 결정을 할 수 있는 현명한 소비자는 통계와 확률을 이해하고 활용할 수 있어야 한다.

학생들이 학교 밖에서 접하게 되는 자료는 다음과 같이 그래프나 통계치, 확률의 형태로 표현된다.

그래프 어느 회사가 전 세계 축구화 판매에서 가장 많은 부분을 차지하는가?

회사별 전 세계 축구화 판매

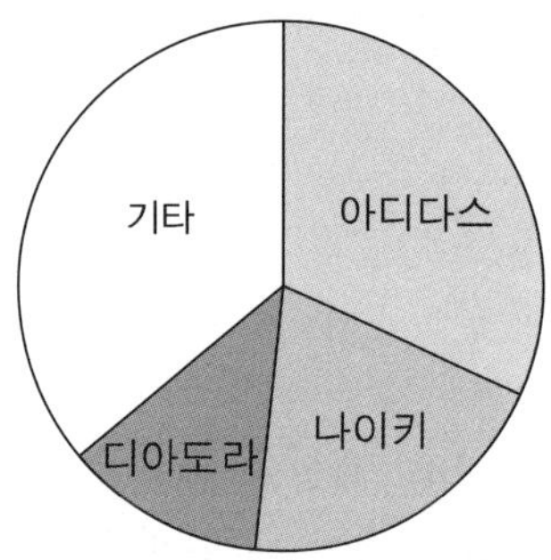

통계치 미국의 가계 수입의 중앙값은 $56,000이다.

확률 오늘 비가 올 확률은 0.35이다.

의미 있는 해석을 하려면 각 진술문을 이해해야 한다. 그러한 정보를 제시하는 상황과 형식이 매우 다양하지만 정보를 정확하게 해석하려면 수학을 응용해야 한다. 예를 들어, 일기 예보(소수, 퍼센트, 확률), 여론 조사(표본 추출, 측정 오차), 광고(사실 검증), 실업, 인플레이션, 에너지 공급 등을 포함하는 정부의 보도 자료(퍼센트, 예측, 탐구) 등에 포함된 수학 개념을 생각해 보자.

표 17-1은 통계와 확률에 대한 CCSSM의 규준을 요약한 것이다. 여기서는 일상생활에서의 자료 분석을 강조하고 있다. 자료에 대한 탐구 및 논의는 다른 교과와 연결시키고, 계산을 연습하고, 비판적 사고 기능을 개발할 수 있는 기회를 제공한다.

- **자료분석, 통계, 확률은 다른 수학 주제나 타 교과와 연결되어 있다.**

자료에 대한 학습은 교육과정 통합의 기회를 제공한다. 예를 들어, 유치원 학생들은 매일 누가 왔고 누가 오지 않았는지를 나타내기 위해 자신의 사진을

표 17-1 6학년 통계와 확률 성취기준에서의 강조점(전체 자료는 www.corestandards.org 참조)

통계적 다양성 이해
1. 통계적 질문은 자료의 다양성을 예측하는 것으로 인식할 수 있다. 예를 들어, “내 나이는 몇 살인가?”는 통계적 질문이 아니지만, “우리 학교 학생들의 나이는 몇 살인가?”는 학생들의 나이가 다양하다는 것을 예측해야 하기 때문에 통계적 질문이다.
2. 통계적 질문에 답하기 위하여 수집한 자료는 중심집중경향치, 산포도, 전반적인 분포로 설명되는 분포를 갖고 있음을 이해할 수 있다.
3. 수치적 자료의 대푯값은 하나의 수로 모든 자료의 특징을 요약한 것이며, 분포는 자료들이 하나의 수로부터 얼마나 벗어나 있는지를 나타내는 값이라는 것을 인식할 수 있다.
자료의 분포에 대한 요약 및 설명
4. 점 도표, 히스토그램, 상자 그림으로 수치 자료를 나타낼 수 있다.
5. 수치 자료를 상황과 관련하여 요약할 수 있다.
a. 관찰된 자료를 수로 기록한다.
b. 자료가 어떻게 측정되었고, 측정 단위가 무엇인지 등을 포함해서 조사한 자료의 속성을 기술한다.
c. 대푯값(평균, 중앙값, 최빈값)과 분포(범위, 사분위수 범위, 분산)를 수치로 제시하거나, 자료가 수집된 상황을 참조하여 전반적인 유형을 기술한다.
d. 자료의 형태와 유형에 따라 적절한 대푯값과 산포도를 선택한다.

사용해서 그림그래프를 만든다. 그렇게 함으로써 학생들은 기본적인 수 세기 기능을 연습한다. 3학년 학생들은 한 봉지에 들어 있는 사탕의 수를 어림하고, 그 어림값을 그래프로 나타낸다. 그러고 나서 실제로 사탕의 수를 세어본 후 실제 사탕의 수를 나타내는 두 번째 그래프를 그린다. 학생들은 어림값과 실제값을 서로 비교할 수 있다. 4학년 학생들은 학급 학생들의 키를 측정한 후, 평균, 중앙값, 최빈값, 범위를 구하여 자료를 좀 더 잘 이해하고 요약할 수 있다. 6학년 학생들은 주사위로 확률을 시뮬레이션을 하고, 분수, 소수, 퍼센트를 사용해서 그 결과를 제시한다.

통계와 확률은 또한 타 교과에도 통합되어 있다. 예를 들어, 2학년 학생들은 독서량을 막대그래프로 나타내어 그들이 읽은 책의 수와 유형을 기록할 수 있다. 여러 높이의 비탈길에서 자동차를 굴리는 과학 실험을 수행한 5학년 학생들은 각 높이에서 시행한 횟수에 대한 평균 거리를 구할 수 있을 것이다. 사회 교과에서는 인구나 지역에 대한 정보를 나타내기 위해 그래프나 표가 종종 활용된다. 체육 수업에서 학생들은 사전 신체검사 자료를 그래프로 나타내고, 이것을 학기말 사후 신체검사 결과와 비교할 수 있다. 교사들은 초등학교와 중학교 교육과정에 자료 분석을 통합시키는 방법을 찾아야 한다.

- **자료 분석, 통계, 확률은 의미 있는 상황에서 계산을 수행하는 기회를 제공한다.**

자료는 단순한 수가 아니라 상황과 관련된 수이다. 상황이 없는 수 12는 어떤 정보도 주지 못하지만, 출생 시 아기의 몸무게가 12파운드였다는 말에는 크기에 대한 의미가 포함되어 있다. 자료는 단순히 계산을 수행하기보다는 수에 대해 생각하고, 수를 활용하고, 수를 이해하고, 수를 해석하는 기회를 제공한다. 수를 활용하는 것은 또한 수 감각의 개발을 돕는다. 실제 자료를 활용하면 자료를 조작하는 방법을 선택해야 하고, 그 결과를 해석하는 것에 대해 의사 결정을 해야 한다. 따라서 통계와 확률은 초등학교에서

표 17-2 미국통계협회에서 제시한 통계 교육을 위한 수업과 평가에 대한 지침(2005)

미국통계협회(ASA): 지침		
과정 요소	**A수준**	**B수준**
Ⅰ. 문제 설정	• 교사들이 관심 있는 문제를 설정한다. • 문제를 교실 내 상황으로 한정한다.	• 학생들이 자신에게 관심 있는 문제를 설정하기 시작한다. • 문제를 교실 내 상황으로 한정하지 않는다.
Ⅱ. 자료 수집	• 차이를 알아보는 실험 설계는 하지 못한다. • 교실 내 학생들 조사 • 간단한 실험	• 차이를 알아보는 실험 설계를 인식하기 시작한다. • 표본 조사: 임의 추출을 활용하기 시작한다. • 비교 실험: 임의 할당을 활용하기 시작한다.
Ⅲ. 자료 분석	• 특정한 맥락에 분포의 특성을 활용한다. • 한 집단 내에서의 다양성을 나타낸다. • 개인과 개인을 비교한다. • 개인과 집단을 비교한다. • 집단 간 비교를 인식하기 시작한다. • 두 변수 사이의 관계를 관찰한다.	• 분석 도구로 분포의 특정한 속성을 활용하는 방법을 학습한다. • 한 집단 내에서의 다양성을 수량화한다. • 집단과 집단을 비교하여 제시한다. • 표본 오차를 인식한다. • 두 변수 사이의 관계를 수량화하거나 두 변수 사이의 관계를 간단한 모델로 나타낸다.
Ⅳ. 결과 해석	• 학생들은 자료 이상을 보지 못한다. • 교실 상황 이상으로 일반화하지도 못한다. • 서로 다른 상황에 있는 두 사람의 차이를 인식한다. • 두 변수 사이의 관계를 관찰한 후 제시한다.	• 학생들이 자료가 나타내는 것 이상을 볼 수 있다. • 표본이 모집단을 대표할 수도 있고 그렇지 않을 수도 있다는 것을 인식한다.

그 자체만을 위해서가 아니라 양적인 이해와 수학적 사고를 개발하는 효율적인 방법을 제공하기 때문에 가르친다.

- **자료 분석, 통계, 확률은 비판적 사고를 개발하는 기회를 제공한다.**

학생들이 자료 분석과 확률을 적용한 실험을 계획하고 수행하는 방법을 학습할 때, 그들은 불확실성이 포함된 질문에 답하는 데 도움이 되는 기능을 개발하게 되고, 그 결과 자료에 대한 해석을 바탕으로 결론을 도출하게 된다. 학생들이 통계를 사용해서 상황에 접근하는 방법을 학습하는 과정에서, 그들은 편견에 직면할 수 있기 때문에 논쟁거리에 대해 좀 더 일관성 있게 사고하며, 수치 정보를 활용해서 자신의 생각을 정당화하는 것을 배울 수 있다.

자료 분석, 통계, 확률은 독립적으로 다루어져서는 안 된다. 이들은 여러 가지 실제 상황에서 수학을 살펴보고 적용할 수 있는 기회를 제공한다. 예를 들어, 자연수, 분수, 소수, 퍼센트, 비와 비율은 다양한 상황을 이해하는 기본적인 아이디어이다. 그래프를 그리고, 통계와 확률을 수행하는 데 이러한 많은 계산 기능이 점검되고 정교화된다.

미국통계협회(The American Statistical Association)에서는 2005년에 통계 교육에서 수업과 평가를 위한 지침(GAISE: Guidelines for Assessment and Instruction in Statistics Education)을 개발하였다. 이 지침에는 통계적 소양의 발달을 위한 유치원 전부터 12학년까지의 교육과정을 개관하고 있다. 이 지침(표 17-2)은 두 수준 – A수준(저학년), B수준(중학년) – 에 걸쳐 통계적 소양이 어떻게 발달되는지를 기술하고 있다. GAISE의 지침에서는 학생들에게 문제를 설정하고, 자료를 수집하며, 자료를 분석하고, 결과를 해석하는 기회를 제공함으로써 통계적 소양의 발달을 증진시키고 있다.

통계적인 탐구는 일반적으로 (1) 문제 설정, (2) 자료 수집, (3) 자료 분석, (4) 결과 해석의 단계로 구성된다.

문제 설정

학생들에게 흥미가 있는 문제, 답을 바로 알 수 없는 문제, 학생들이 자료를 수집하고 분석하며 그 결과를 해석해야 하는 이유가 명확한 문제를 제시한다. 학생들은 자신의 문제를 탐구하고 싶어 하며, 이때 학습동기도 높아지기 때문에 학생들이 자신들의 문제를 찾도록 하는 것이 도움이 될 것이다(Bohan, Irby & Vogel, 1995). 초등학교 저학년 수준에서 교사는 학생들이 교실에서 자료 수집이 가능한 문제에 초점을 두고 문제를 설정하도록 한다. 중학교 수준에서는 학생들이 교실 밖에서 자료 수집을 할 수 있는 질문을 설정하도록 한다. 예를 들어, 그림 17-1과 같이 학생들에게 모눈종이에 자신의 이름을 쓰게 한다. 이 그래프는 길이로 학생들의 이름을 정렬하는 자연스러운 상황을 제공한다.
그리고 다음과 같은 질문을 할 수 있다.

누구의 이름이 가장 깁니까?
누구의 이름이 가장 짧습니까?
너의 이름과 길이가 같은 친구는 누구입니까?
어떤 길이가 가장 많습니까?

그림 17-1 그래프에 나타낸 학생들의 이름

Greg의 이름이 포함되어 있지 않습니다. Greg는 그래프의 어디에 나타내어야 합니까?

Tim보다 길이가 짧은 이름을 생각할 수 있습니까? 너의 이름보다 길이가 긴(또는 짧은) 이름을 찾아라.

학년이 올라갈수록 학생들에게 교실 밖에서 자료를 수집해야 하는 문제를 설정하도록 한다. 문제는 다양한 출처에서 여러 가지 주제를 이끌어낼 수 있다. <수업자료 17-1>에 몇 가지 예가 제시되어 있다. 탐구할 질문을 브레인스토밍하는 데 도움을 주기 위해 이러한 아이디어를 학생들과 공유할 필요가 있다.

자료 수집

적절한 문제가 설정되면, 학생들은 문제를 해결하는 데 필요한 자료를 수집하는 방법에 대한 계획을 세워야 한다. 이 단계에서는 의사소통 기능이 매우 중요하다. 성공적으로 자료를 수집하기 위해 학생들은 조사해야 할 문제를 명확히 해야 하고, 실험이나 시뮬레이션의 세부 단계를 개발해야 한다. 학생들은 다른 사람들과 의사소통을 하면서 조사 내용에 대한 세부 사항을 협상해야 한다. 또한 명확하고 효율적으로 기록하는 방법도 찾아야 한다. 학생들은 조사, 실험, 시뮬레이션 방법을 활용해서 자료를 수집할 수 있으며, 이 방법들 모두 헤아리기와 측정이 포함된다. 자료는 계수기(/)나 표에 정보를 표시하는 것과 같이 다양한 방법으로 기록할 수 있다. 또 자료를 기록하는 데 스프레드시트를 사용할 수도 있다. [오류유형 17-1]은 계수기를 사용할 때 발생할 수 있는 오류이다.

수|업|자|료|17-1

무엇을 알아볼까?

학습목표: 조사 계획을 세우고 실행할 수 있다.
대상학년: 4~5학년

1단계: 여러분이 답하고자 하는 질문에 대해 생각해 보자. 다음은 여러분이 활용할 수 있는 몇 가지 질문이다.

- **자신에 대한 질문:** 휘파람을 불 수 있는 사람은 누구인가? 소프트볼을 얼마나 멀리 던질 수 있는가? 우리 반 학생들의 키는 얼마인가, 눈의 색깔은 어떠한가, 신발 크기는 얼마인가, 가족의 수는 몇 명인가, 용돈은 얼마인가, 기르는 애완동물은 무엇인가?
- **의견이나 느낌에 대한 질문:** 분수에 대해 어떻게 생각하는가? 다른 행성에 생물체가 살고 있는가? 환경 오염을 막기 위해 무엇을 해야 하는가? 사회 과목에서 어느 나라를 공부하고 싶은가? 여러분이 가장 좋아하는 TV 쇼, 노래, 책, 스포츠, 색깔, 음식은 각각 무엇인가?
- **세계에 대한 질문:** 생일이 가장 많은 달은 언제인가? 학교 주차장에 있는 차 중 가장 인기 있는 차의 색깔은 무엇인가? 어느 브랜드의 초코 쿠키를 가장 좋아하는가? 우리가 하루에 사용하는 종이 타월은 몇 장인가? 콩의 성장에 있어 비료의 효과는 무엇인가? 어떤 종이 비행기가 가장 멀리 날아가는가?

나의 질문: ____________________

2단계: 다음 질문에 따라 조사 계획을 세우시오.

a. 어디에서 누구에게서 자료를 수집할 것인가?
b. 어떻게 자료를 수집할 것인가?
c. 얼마나 많은 자료를 수집할 것인가?
d. 언제 자료를 수집할 것인가?
e. 수집한 자료를 어떻게 기록할 것인가?
f. 자료 수집을 시작하기 전에 필요한 사항은 무엇인가?

3단계: 자료를 수집하시오.

[오류유형 17-1]

- 과제: 두 학생이 학교 앞을 지나가는 자동차와 트럭의 수를 다음과 같이 계수기로 나타내고 있다.

학생	자동차	트럭
철호		
주희	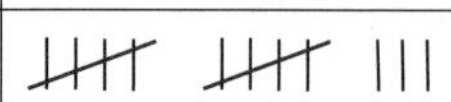	

- 오류: 계수기를 그릴 때 철호는 여섯 번째 막대로 대각선을 그린 반면에, 주희는 다섯 번째 막대로 대각선을 그렸다.

- 원인: 두 학생은 모두 수를 바르게 세었고, 계수기로 표시도 제대로 하였다. 그런데 계수기를 묶는 데 차이가 있다.

- 지도방안: 계수기를 5 또는 10씩 표시를 하면 5 또는 10씩 세기가 편리해진다. 6보다 5씩 세는 것이 편하기 때문에 합이 5가 되도록 막대를 4개 그린 후 다섯 번째 막대는 대각선으로 그린다는 것을 상기시킬 필요가 있다.

조사

조사된 자료는 정보를 수집한 것이다. 이러한 자료는 여론 조사 결과나, 어느 관문을 통과하는 차를 관찰한 결과, 어느 학급 학생들의 나이를 계수기(/)로 나타낸 것까지 광범위하다. 미국의 통계청(U.S. Census Bureau)에서 제시한 일련의 자료를 활용할 수도 있다. 활용할 수 있는 실제 자료는 학생의 흥미나 성숙도에 달려 있지만, 학생들이 수집한 자료는 학생들의 흥미를 증가시키고, 관련된 문제해결 활동을 지속적으로 유지하게 한다. 또 학생들은 컴퓨터 소프트웨어를 활용해서 조사를 설계하고, 컴퓨터에 반응을 직접 입력하게 할 수도 있다. 일단 자료가 수집되면 표나 여러 가지 형태의 그래프로 결과를 제시하는 프로그램도 있다.

<수업자료 17-1>에 제시된 각 질문은 학생들 스스로 자료를 수집할 수 있는 기회를 제공한다. 자료 수집 방법을 정교화하기 위해 학생들은 다음에 대해 생각해 볼 수 있다.

- 이 조사에서 답하고자 하는 질문은 무엇인가?
- 이 조사는 어디에서 수행해야 하는가?
- 이 조사는 언제 수행해야 하는가?

조사를 수행하기 전에 학생들이 위의 질문에 대해 생각해 보는 것이 왜 중요한가? 조사 계획을 세울 때 학생들은 구하고자 하는 정보를 얻기 위해 문제를 정교화하고 세련되게 할 필요가 있는데 이러한 경험 자체가 중요하고 가치 있다.

실험

실험은 조사에 비해 다소 발전된 형태이다. 학생들은 실험을 수행할 때 관찰과 기록뿐만 아니라 과학적인 방법도 동시에 활용한다. 예를 들어, 학생들은 식물의 성장에 어떤 유형의 비료가 효율적인지를 측정하는 실험이나 여러 가지 종이비행기의 비행시간을 비교하는 실험을 계획할 수 있다. 학생들은 어떤 휴지가 가장 흡수력이 좋은지를 결정할 수도 있다. 학생들은 회전판 게임을 하면서 이 게임이 모든 경기자에게 공평한지를 알아볼 수도 있다. 이러한 실험을 통하여, 학생들은 설정된 문제에 답을 하기 위해 자료를 수집하는 과정에 참여하게 된다.

시뮬레이션

시뮬레이션은 실험과 유사하지만 실생활에서 일어나는 것을 모델링하기 위해 난수표나 동전, 주사위, 회전판과 같은 도구, 컴퓨터 프로그램을 활용한다. 학생들은 "동전을 20번 던질 때 앞면은 몇 번 나오는가?"와 같은 확률 문제부터 시작할 수 있다. 다음으로 시뮬레이션을 수행하고 나온 자료를 기록한다. 컴퓨터를 이용하면 동전 20번, 200번, 2000번 던지기를 공정하면서도 빠르게 시뮬레이션할 수 있다. 시뮬레이션은 학생들이 경험적 확률이나 실험적 확률에 대한 통찰이나 이해를 얻는 데 도움이 된다.

표본은 학생들이 시뮬레이션할 수 있는 자료 수집 방법이다. 통계에서 여러분이 탐구하는 전체를 **모집단**이라고 한다. 실생활의 자료 수집에서는 전체 집단에서 자료를 수집하는 것이 불가능하거나 실용적이지 않을 때가 있다. **표본**은 모집단의 부분집합이다. 대중의 건강 문제나 소비 습관에 대해 보다 많은 것을 알아보거나 선거 결과를 예측하기 위해 표본을 활용한다. 특정한 표본을 활용하면 편향된 조사가 될 수 있다는 점을 인식하고, 이러한 편향성을 줄이는 방법을 논의하는 것이 중요한다. 예를 들어, 어느 학급에서 쉬는 시간에 활용할 새로운 게임을 구매하기 위해 학생 몇몇을 대상으로 조사를 한다고 생각해 보자. 조사 대상의 모집단은 그 학급 전체이지만 그 학급의 여학생만을 대상으로 인터뷰를 한다면, 그 결과는 남학생과 여학생이 원하는 것을 모두 반영하지 못할 것이다. 인터뷰를 할 학생들은 임의로 선정할 수 있는데, 이렇게 선정된 학생들은 전체 모집단의 의견을 반영한다고 볼 수 있다.

연구자들은 모집단 전체를 대상으로 조사하는 것이 불가능한 모집단에 대해서 보다 많은 것을 알 수 있도록 표본을 선정하는 방법을 개발하였다. 예를 들어, 어느 야생 생물학자가 어느 호수에 살고 있는 물고기의 수와 유형을 세고자 할 때, 그들은 표시를 하고 놓아준 다음 다시 잡아들이는 방법을 활용한다. 생물학자는 물고기를 여러 마리 잡아서 수를 세고, 그 물고기에 표시를 한 후 다시 놓아준다. 그리고 다시 좀 더 많은 표본을 추출하고, 그 표본에서 표시된 물고기 수와 표시되지 않은 물고기 수의 비율을 비교한다. 그러고 나서 생물학자는 선정된 표집에서 얻은 자료를 활용해서 물고기의 전체 모집단과 표시된 물고기와 표시되지 않은 물고기의 비율을 예측한다. Morita(1999), Quinn & Weist(1999)에는 이 기술과 콩, 과자, 게임을 활용해서 초·중학교 학생들이 시뮬레이션할 수 있는 방법이 제시되어 있다.

자료 분석: 그래프

자료를 수집한 후 분석하는 첫 번째 단계는 정보를 조직해서 결과를 해석하는 것이다. 그래프는 자료를 시각적으로 제시하거나 조직하는 데 사용될 수 있는 다이어그램의 한 형태이다. 초등학교 수준에서 학생들은 종종 그림그래프, 막대그래프, 원그래프를 접하거나 직접 그리게 된다. 학년이 올라감에 따라 학생들이 읽고 그리는 그래프의 유형은 늘어나고 점점 복잡해진다. 다양한 형태의 그래프를 그리고 해석하는 것과 관련된 지식은 수학수업에서 중요한 부분이기 때문에 초등학교 저학년에서 시작되어야 한다.

저학년 학생들의 자료에 대한 초기 학습은 그들 주변에 있는 구체물을 가지고 하는 활동에서 시작한다. 대상을 수집하고 수를 세는 것, 그 대상을 여러 범주로 분류하는 것, 조직된 형태로 제시하는 것은 좋은 수업의 예이다. 예를 들어, 학생들은 각자 가장 좋아하는 책을 가지고 와서 서로 협동하여 수집한 책을 정리할 수 있다. 실제 책을 한 줄로 배열하면 실물 그래프, 즉 구체물 그래프가 된다. 그림 17-1은 학생들의 이름에 포함된 문자의 개수를 보여주는 동시에 실물 그래프의 예이기도 하다. 자신과 관련된 자료를 다루면서 학생들은 자료의 개수를 세는 연습도 하게 된다. 학생들은 자료를 가지고 학습하면서 수 세기 기능을 연습할 수도 있다. 고학년 학생들은 수집하는 대상이 커지고, 대상을 10개씩 묶음으로써 자릿값 개념을 심화할 수 있다. 교사는 학생들이 실물 그래프, 즉 구체물 그래프에서 좀 더 상징적인 표현으로 이동할 수 있도록 돕는 방법을 찾아야 한다.

저학년 학생들을 위한 활동의 예로 실제 과일을 분류하게 할 수 있다. 먼저 각 학생에게 바구니에 있는 과일 중 가장 좋아하는 과일을 선택한 후, 그림 17-2(a)와 같이 탁자 위에 올려놓게 한다. 과일을 배열한 것은 실물 그래프로서, 구체적인 방법으로 학생

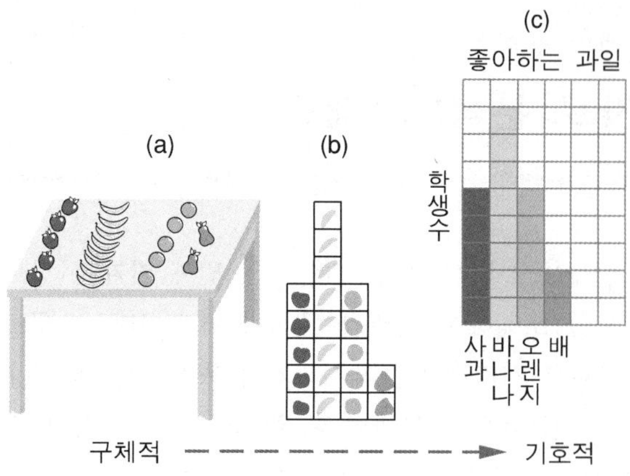

그림 17-2 그래프를 도입하는 방법

들의 선호도를 알 수 있다. 다음으로, 각 학생에게 종이 카드에 자신이 선택한 과일을 그리게 하고, 그 카드를 사용해서 그림 17-2(b)와 같은 그림-막대그래프를 만들게 한다. 비록 이 그래프는 정보를 나타내는 데 있어서 구체성은 떨어지지만, 대부분의 학생들은 그들의 선호도를 표현하는 유의미한 방법이라고 생각한다. 마지막으로 이러한 동일한 정보를 그림 17-2(c)의 막대그래프에 기호적으로 표현하게 할 수 있다. 또한 학생들에게 빈 종이를 주고, 그들에게 의미 있는 방법으로 자료를 정리하고 보고하도록 한다. 이 과정에서 학생들은 그들 자신과 다른 사람 모두에게 의미 있는 방식으로 정보를 의사소통하는 방법을 학습하게 된다(Folkson, 1996).

자료를 표현하는 방법에 관계없이 그래프에 대한 해석을 강조하는 질문을 할 수 있다. 그러한 질문은 다음과 같다.

그래프에서 알 수 있는 점은 무엇인가?
사과를 좋아하는 학생은 몇 명인가?
가장 많은 학생들이 좋아하는 과일은 무엇인가?
몇 가지 과일을 나타내었는가?
몇 명의 학생을 그래프에 나타내었는가?

이런 유형의 질문은 자료로부터 자연스럽게 알 수 있으며, 학생들이 질문하고 답하는 가치 있는 기회를 제공한다.

빠르고 쉽게 그래프 그리는 방법

초등학교 학생들에게 있어서 그래프를 그리는 과정은 각 그래프의 중요한 특징을 학습할 수 있도록 돕기 때문에 매우 가치 있는 활동이다. 그러나 몇몇 그래프는 다른 그래프에 비해 그리기가 매우 어렵고, 그래프를 그리는 긴 과정을 거쳐야 한다.

자료를 시각적으로 나타내는 주된 목적이 단순히 자료에 대해 보다 많은 것을 이해하고 결과를 쉽게 조사하는 것이라면, 학생들에게 인쇄된 그래프 종이에 직접 그래프를 완성하게 하는 대안적인 방법도 있다. 그림 17-2에 제시한 자료를 활용한다면, 자료를 수집하면서 바로 그래프로 표현할 수 있다. "스케치 그래프" 또는 "작업 그래프"라 불리는 이러한 그래프는 빠르게 그릴 수 있을 뿐만 아니라 자료의 개형을 시각적으로 나타낼 수도 있다. 이러한 그래프는 명료하기는 하지만 깔끔하지는 않다. 스케치 그래프는 제목이나 명칭이 필요 없고, 그래프를 그리는 데 시간을 소비하지 않아도 된다. 스케치 그래프는 구체물로 만들 수도 있고, 지필로 만들 수도 있다.

스프레드시트나 ThinkerplotsTM과 같은 통계 프로그램을 활용하면 그래프를 빠르게 그릴 수 있다. 또한 자료가 입력되면 학생들은 한 가지 이상의 그래프나 여러 가지 척도로 자료를 빠르고 쉽게 표현하고 인쇄할 수 있다. 그래핑 계산기는 그래프를 그리는 데 활용할 수 있는 또 다른 도구이다. 중학년 학생들을 위해 고안된 그래핑 계산기는 그림그래프, 막대그래프, 원그래프도 그릴 수 있다.

플롯

플롯(plot)은 자료를 시각적으로 나타내기 위해 사용하는 그래프의 한 유형이다. 최근 플롯은 정보를 효율적으로 나타낼 수 있을 뿐만 아니라 서로 다른 자료를 비교할 수 있기 때문에 잡지나 신문에서 빈번하게 활용되고 있다. 선 그림이나 줄기-잎 그림과 같은 플롯은 빠르고 쉽게 그릴 수 있고, 자료의 개형을 알아보는 스케치 그래프로도 사용될 수 있다.

선 그림 선 그림은 작은 범위의 수치 자료를 빠르게 나타내는 데 사용할 수 있다. 자료의 범위나 분포가 선 그림에 명확하게 나타난다. 그림 17-3은 선 그림이 모든 학년 수준에서 어떻게 성공적으로 사용될 수 있는지를 보여준다. 저학년 학생들은 막대그래프보다 선 그림을 쉽게 그릴 수 있고, 고학년 학생들은 선 그림을 그리면서 빠른 피드백을 받을 수 있다. 선 그림을 그리려면 동일한 척도의 눈금에 자료를 나타내어야 한다. 선 그림은 자료의 경향을 확인하고자 할 때 자료에 대한 빠른 시각적인 해석을 가능하게 한다.

학급 파티에서 3학년 학생들이 사탕을 한 봉지씩 받았다고 하자. 학생들은 자신의 봉지를 열어 봉지에 들어 있는 사탕의 수를 세어보자고 제안한다. 학급 학생들은 사탕의 수를 세기 시작하고, 각 학생은 자신의 봉지에 들어 있는 사탕의 수를 말한다. 학생들이 말한 사탕의 수를 칠판에 다음과 같이 썼다고 하자.

17, 19, 21, 20, 15, 18, 22, 17, 20, 18, 17, 18, 22, 17, 20

학생들은 자료에 대한 결론을 도출할 때까지 계속해서 논의를 한다. 자료를 보기 쉽고 이해하기 쉽도록 선 그림으로 나타내어 보자고 제안한다. 학생들은 가장 작은 수가 15, 가장 큰 수가 22임을 인식하고, 15에서 시작해서 22에서 끝나는 수직선을 그릴 것이다. 다음으로 각 수 위에 ×를 표시하여 자료의 빈도를 나타낸다. 그림 17-4는 완성된 선 그림을 나타낸다. 학생들은 17이 가장 많고, 다음으로 18과 20이라는 것을 쉽게 알 수 있다. 봉지에 사탕이 15개 들어 있던 학생은 기분이 좋지 않을 것이고, 사탕이 22개 들어 있던 학생은 행운이라고 느낄 것이다. 학급 학생들은 왜 각 봉지에 들어 있는 사탕의 수가 같지 않은지에 대해서도 논의할 수 있다.

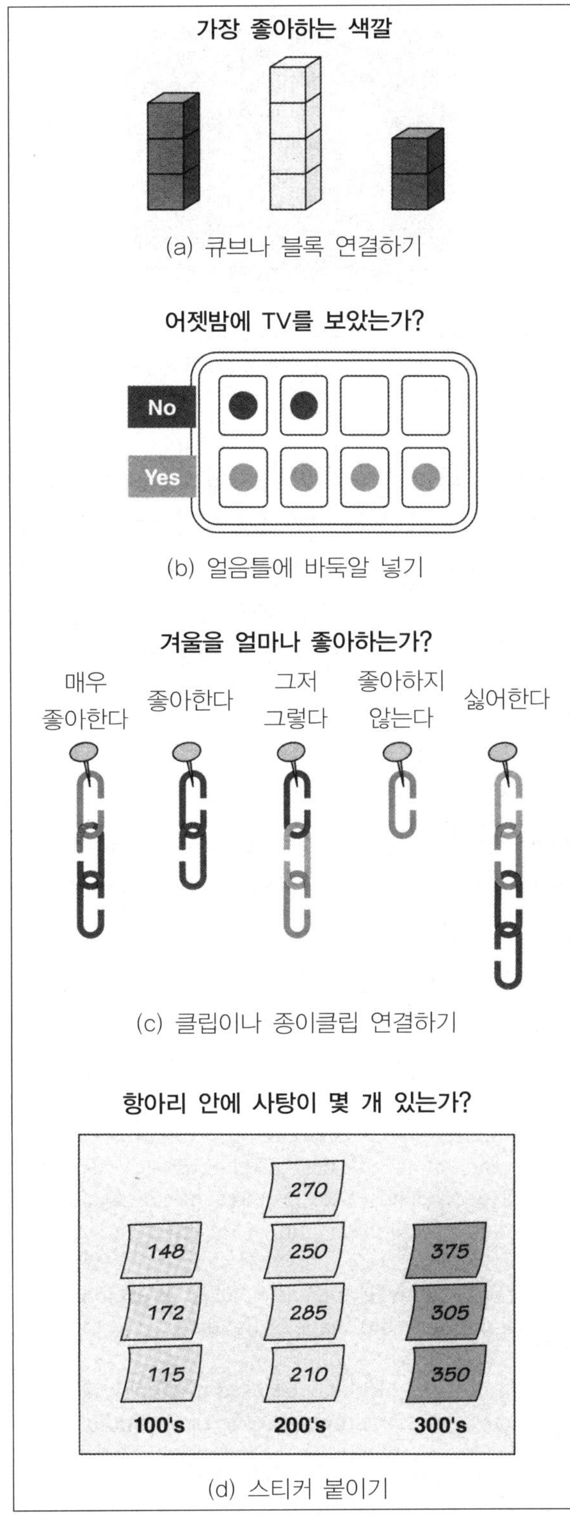

그림 17-3 빠르고 쉽게 그래프를 그릴 수 있는 재료

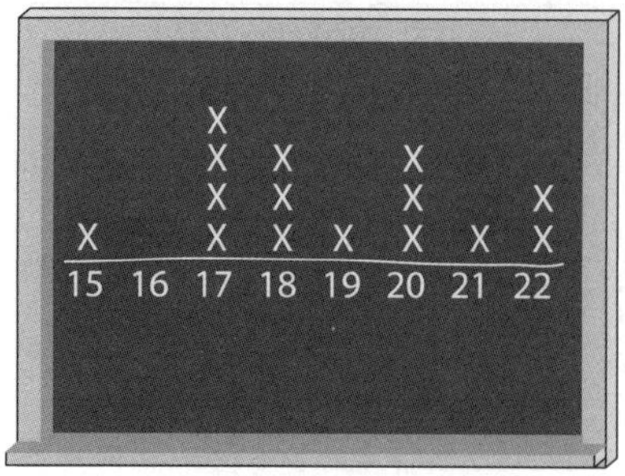

그림 17-4 각 봉지에 들어 있는 사탕의 수를 나타내는 선 그림

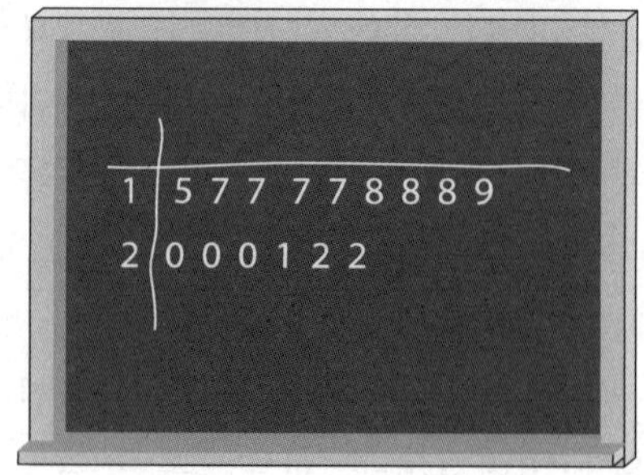

그림 17-5 각 봉지에 들어 있는 사탕의 수를 나타내는 줄기-잎 그림

줄기-잎 그림 줄기-잎 그림(Stem-and-leaf plots)은 자료를 빠르게 표현하는 또 다른 방법으로, 선 그림이나 막대그래프로 나타내는 것과는 다른 표현 방법이다. 일반적으로 선 그림이 10개 정도의 자료를 조직한다면, 줄기-잎 그림은 자료의 수를 몇십 개로 확장할 수 있다. 줄기-잎 그림은 선 그림에 비해 추상적이지만, 중학년 학생들은 성공적으로 활용할 수 있다.

줄기-잎 그림은 한 가지 이상의 방법으로 자료를 표현하는 데 유용하다. 선 그림으로 나타내었던 사탕에 대한 자료를 줄기-잎 그림으로 나타내어 보자(그림 17-5 참조). 먼저 각 수를 십의 자리와 일의 자리로 나눈다. 십의 자리 수는 "줄기"가 되고, 일의 자리 수는 "잎"이 된다. 이 자료에는 십의 자리 수가 2개, 즉 10과 20이라는 점을 주목한다. 선의 왼쪽에 십의 자리 숫자(1과 2)가 오도록 수직선을 긋는다. 일의 자리 숫자는 각 줄기의 오른쪽에 고르게 퍼지도록 쓰는데, 작은 수에서 큰 수의 순서로 쓴다. 완성된 줄기-잎 그림을 보면, 이 자료에서 17이 가장 빈번하게 나타난다는 것을 쉽게 알 수 있다. 또 이 자료의 배열에서 사탕의 수가 20개 이상인 봉지보다 10개 이상인 봉지가 더 많다는 것을 알 수 있다. 사탕이 20개 이상인 학생들은 행운이라고 느낄 것이다.

줄기-잎 그림은 하나의 그림에서 두 개의 자료를 비교하는 데도 활용할 수 있다. 어느 4학년 학급에서 학생들의 키에 대한 몇 가지 질문을 알아보고자 한다. 남학생과 여학생의 키를 비교하는 것은 몇 가지 흥미로운 논의거리를 제공한다. "어느 집단의 키가 더 큰가?", "어느 집단이 키의 변화가 큰가?"와 같은 질문이 자연스럽게 나타난다. 몇 가지 추측을 하게 한 후 학생들에게 자신의 키를 측정하고, 그 자료를 분석하게 한다. 그러고 나서 다음의 몇 단계에 걸쳐 줄기-잎 그림을 완성한다. 다음은 4학년 학생 27명의 키(여학생 15명, 남학생 12명)를 cm 단위로 제시한 것이다.

남학생	여학생
118 132 135 137	122 155 114 125
120 125 147 129	155 137 136 137
133 148 153 125	134 130 133 145
	148 148 147

자료를 전통적인 빈도 분포 대신, 그림 17-6과 같이 줄기-잎 그림으로 나타내었다. 줄기는 각 학생의 키에서 백의 자리와 십의 자리 수를 나타내고, 잎은 일의 자리 수를 나타낸다.

남학생	줄기	여학생
3	15	5 5
7 8	14	5 7 8 8
2 3 5 7	13	0 3 4 6 7 7
0 5 5 9	12	2 5
8	11	4

(줄기, 잎)

그림 17-6 남학생과 여학생의 키에 대한 줄기-잎 그림

따라서 그림 17-6의 아랫줄에 있는 8 | 11 | 4는 어느 여학생의 키가 114cm이고, 어느 남학생의 키가 118cm임을 의미한다. 줄기-잎 그림은 개별 측정값을 유지하면서 정리된 자료의 일반적인 개형을 나타낸다. 따라서 이 경우에는 두 집단에 대한 모든 학생의 정보를 알 수 있을 뿐만 아니라 그 자료의 시각적인 개형도 알 수 있다.

앞에서 언급된 빠르게 그릴 수 있는 그래프나 플롯 이외에도 학생들은 그리는 데 보다 많은 시간과 노력이 필요한 그래프도 다루어야 한다.

상자 그림 상자 그림(상자-수염 그림이라고도 불림)은 자료를 요약하여 산포도(자료의 흩어짐)를 나타내는 시각적 수단을 제공한다. 그림 17-7에 제시된 상자 그림은 남학생과 여학생의 키를 비교한 것이다.

중앙값은 중요한 기준점이다. 중앙값에 대해서는 뒤에서 상세히 논의할 것이다. 제1사분위수는 자료의 하위 절반에 대한 중앙값이고, 제3사분위수는 자료의 상위 절반에 대한 중앙값이다. 이것은 하위 절반과 상위 절반에 있는 자료의 중앙값을 각각 계산하면 된다. 사분위수 범위(IQR: interquartile range)는 산포도를 나타내는 측정값으로, 제3사분위수와 제1사분위수의 차이다. 그림 17-7에서 남학생의 사분위수 범위는 17(142−125)이고, 여학생의 사분위수 범위는 18(148−130)이다. 가장 작은 키와 가장 큰 키는 최솟값과 최댓값을 나타낸다. 제3사분위수와 최댓값, 제1사분위수와 최솟값을 연결한 선(수염이라고 불림)은 산포도에 대한 시각적인 지표를 제공한다.

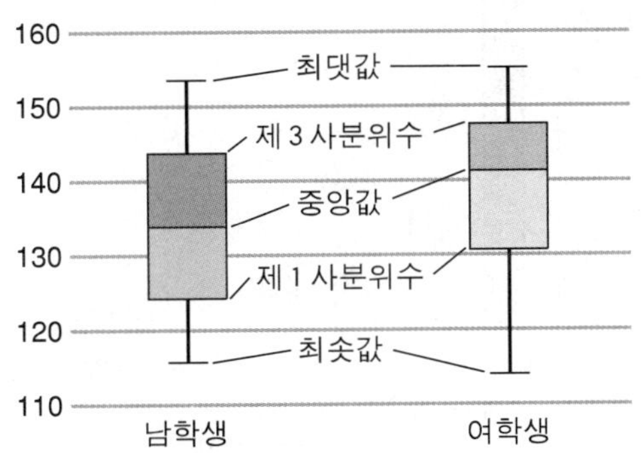

그림 17-7 남학생과 여학생의 키에 대한 상자 그림

상자 그림은 많은 것을 나타낸다. 예를 들어, 여학생의 키의 중앙값이 남학생의 키의 중앙값보다 크다는 것을 알 수 있다. 비록 두 집단의 사분위수 범위가 같다 할지라도 남학생의 키가 여학생의 키보다 상자에서 고르게 분포하고 있음을 알 수 있다. (왜 그런가? 남학생의 중앙값이 여학생의 중앙값보다 상자의 중앙에 위치하고 있다.) 상자 그림은 본질적으로 줄기-잎 그림이나 선 그림과 차이가 있다. 상자 그림은 집단의 많은 중요한 특징을 시각적으로 나타내는 동시에, 두 개 이상의 집단을 하나의 그래프에 나타내면 쉽게 비교할 수도 있다. 상자 그림의 각 영역이 자료의 25%를 나타내기 때문에 다양한 비교가 가능하다. 예를 들어, 여학생의 약 75%가 남학생의 50%보다 키가 크다. (남학생의 중앙값과 여학생의 제1사분위수의 높이가 거의 같다.) 상자 그림은 중학교 학생들이 그리기에 적절한 방법이다. 상자 그림은 중앙값이나 평균과 같은 기술 통계와도 연결된다. 또한 많은 표준화된 검사의 결과는 상자 그림으로 제시되기 때문에 비록 가르치지 않는다 하더라도 교사들은 이해하고 있어야 하는 중요한 그래프이다. 마지막으로 상자 그림은 자료를 비율로 바꾸어 나타내기 때문에, 자료의 양이 같지 않은 두 집단을 비교할 수도 있다.

그림그래프

그림그래프는 자료를 그림으로 나타낸다. 예를 들어, 학생들은 자신이 좋아하는 음식이나 기르고 있는 애완동물을 그림그래프로 나타낼 수 있다. 한 개의 그림이 대상 1개를 나타낼 수도 있고(그림 17-8), 여러 개를 나타낼 수도 있다(그림 17-9). 그림그래프를 적절하게 해석하기 위해서 학생들은 각 대상이 얼마를 나타내는지를 알아야 한다. 연구에 따르면, 학생들은 그래프를 해석할 때 각 그림이 나타내는 정보를 무시하는 경향이 있다(Friel, Curcio, & Bright, 1997).

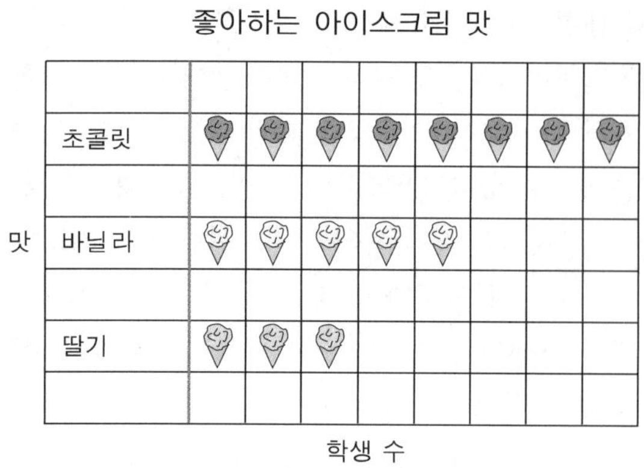

| 그림 17-8 각 그림이 대상 1개를 나타내는 그림그래프

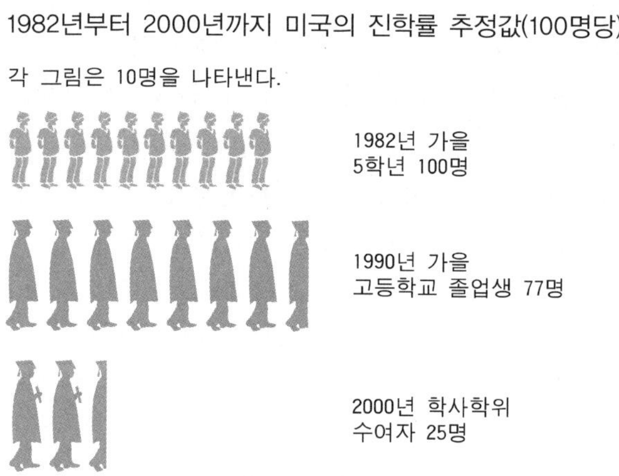

| 그림 17-9 각 그림이 여러 개의 대상을 나타내는 그림그래프(National Center for Education Statistics)의 조사, 추정, 발표)

막대그래프와 히스토그램

막대그래프는 주로 이산량 자료에 사용되고, 막대가 이들 자료를 나타낸다. 예를 들어, 월별 생일인 학생 수, 버스, 자동차, 도보로 통학하는 학생 수를 막대그래프로 나타낼 수 있다. 그림 17-10과 같이 그래프에 자료의 수치를 적접 제시할 수 있다. 막대그래프는 종종 자료의 범주를 시각적으로 빠르게 비교하기 위해 사용되고, 모든 연령의 학생들에게 적절하다.

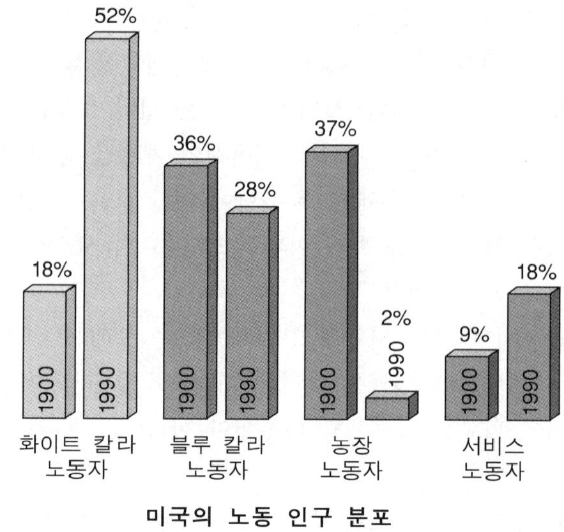

| 그림 17-10 값을 막대에 나타낸 막대그래프

히스토그램은 막대그래프와 같게 보이지만(그림 17-11), 두 그래프를 구분하는 몇 가지 중요한 차이점이 있다. 히스토그램은 이산량이 아닌 연속량에 활용된다. 따라서 자료는 연결된 막대와 구간으로 표현된다. 구간에 포함된 각각의 자료는 막대로 표시된다. 어느 학생이 인터넷을 22시간 사용한다면, 이 학생의 자료는 20시간과 29.99시간 사이에 포함된다. 각 구간은 구간의 최댓값을 제외한 모든 수를 포함한다. 따라서 막대그래프와 마찬가지로 히스토그램에서도 각각의 자료를 파악할 수 없다.

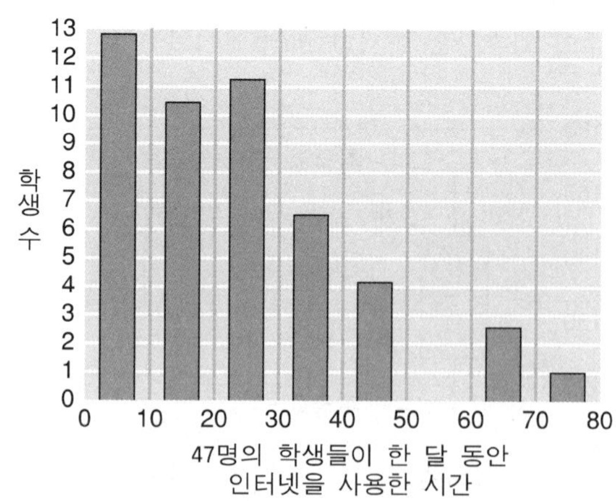

| 그림 17-11 한 달 동안 학생들의 인터넷 사용 시간을 나타내는 히스토그램

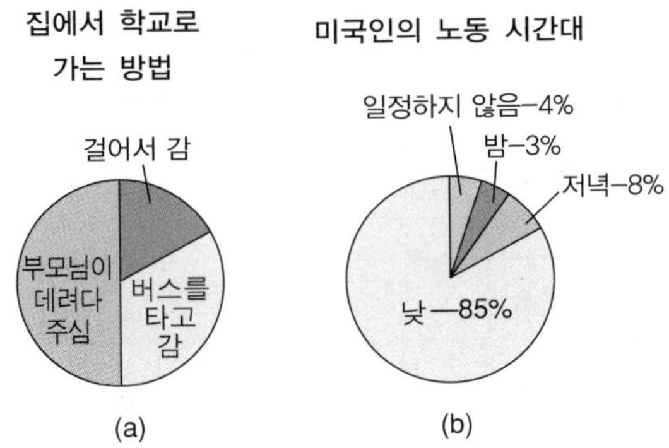

그림 17–12 원그래프

원그래프

원그래프는 그림 17-12와 같이 전체에 대한 비율을 나타내는 부채꼴로 이루어지며, 전체는 원으로 나타낸다. 원그래프는 해석하는 것이 쉬워서 널리 사용된다. 그러나 특정한 시점을 나타내고, 100%를 초과할 수 없다는 한계점을 가지고 있다. 예를 들어, 주당 용돈을 어떻게 사용하는지, 또는 학급 학생들이 좋아하는 색깔을 원그래프로 나타낼 수 있다. 초등학교 고학년 학생들은 원그래프를 읽고 해석할 수 있지만 원그래프를 효율적으로 그리기 위해서는 분수, 퍼센트, 비율, 각의 측정을 알아야 한다. 원그래프를 그리는 것은 중학교 학생들에게 더욱 적절하다.

선 그림과 줄기-잎 그림에서 알 수 있듯이, 동일한 자료를 서로 다른 방법으로 나타내는 것은 매우 유용하고 효율적이다. 예를 들어, 그림 17-2에서 막대그래프로 나타낸 자료는 원그래프로도 쉽게 나타낼 수 있다. 각 과일을 나타내는 서로 다른 색의 카드를 다음과 같이 연결할 수 있다.

그러고 나서 줄을 원으로 연결할 수 있다.

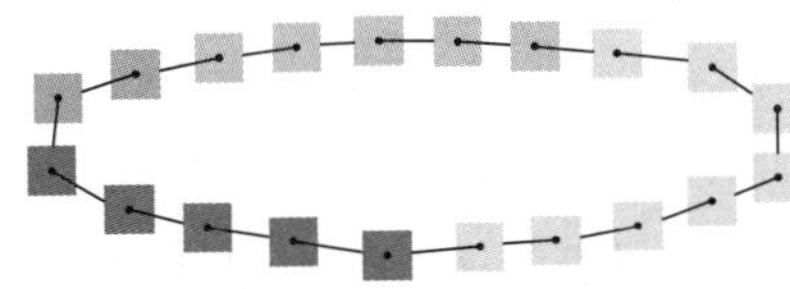

이러한 경험은 막대그래프와 원그래프를 연결시키는 데 도움이 된다. 또한 이러한 경험은 분수와 퍼센트를 탐구하는 자연스러운 상황을 제공한다. 예를 들어, 원그래프에서 과일의 $\frac{1}{4}$이 오렌지라는 것을 알 수 있다.

이 모델은 그림 17-13(a)와 같이 카드로 만든 원과 중심이 같도록 미터 테이프(즉 같은 단위로 표시한 100cm 종이 띠)를 놓아 확장할 수 있다. 색깔별 카드와 띠(즉 미터 테이프)에 표시된 눈금을 비교함으로써 퍼센트를 쉽게 읽을 수 있을 것이다.

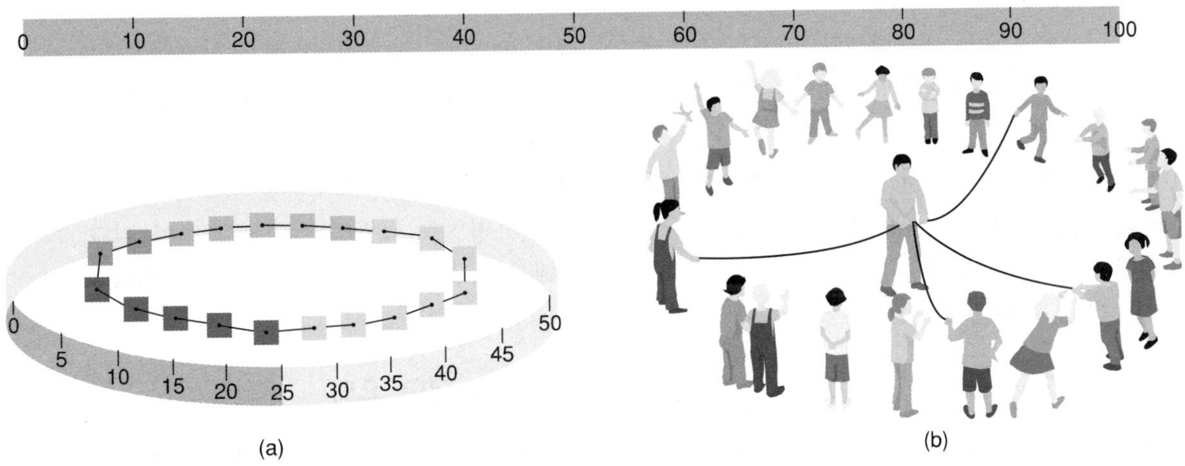

그림 17–13 원그래프의 자료를 해석하는 모델

보다 구체적으로 시각화하는 방법으로, 그림 17-13(b)와 같이 20명의 학생들이 원으로 둘러선 후 줄로 원 그래프의 부채꼴을 나타낼 수 있다. 그림 17-13에 제시된 모델들은 모두 쉽게 비율을 어림하거나 읽을 수 있고, 50% 이상의 학생들이 사과나 바나나를 선택했다는 결론에 쉽게 도달할 수 있다.

유사한 관찰을 그림 17-4에 제시된 막대그래프에서도 직접 할 수 있지만, 분수나 퍼센트를 포함하는 결론은 원그래프에서 보다 분명하게 나타난다. 스프레드시트와 같은 공학 도구는 자료를 막대그래프나 원그래프로 나타내는 데 유용한 도구가 될 수 있다. 막대그래프를 원그래프로 변환시키는 과정은 동일한 자료에 대한 서로 다른 관점을 제공하며, 연구에 따르면 그러한 다양한 관점을 개발하는 것이 학생들의 이해를 증진하는 데 도움이 된다(Shaughnessy, 2007).

꺾은선그래프

꺾은선그래프는 시간에 따른 경향성을 나타내는 데 유용하다. 꺾은선그래프에서 격자 위의 점은 연속된 자료를 나타내는 데 활용된다. 각 축을 나타내는 항목이 있으며, 그래서 제시된 자료를 적절하게 해석할 수 있다. 여러 가지 형태의 꺾은선그래프가 존재하고 활용되고 있지만, 이들은 모두 다음 세 가지 기본적인 가정을 포함하고 있다.

1. 자료는 이산량이 아닌 연속량이다. 이것은 자료가 연속적인 척도로 묶이고, 셀 수 없다는 것을 의미한다.
2. 점과 점 사이에 연속량 자료가 존재한다. 이러한 이유로, 점들을 연결한 선을 활용해서 점들 사이의 값을 해석할 수 있다.
3. 변화는 일차 함수(즉 직선)로 표현된다.

그림 17-14에 나타난 것과 같이, 꺾은선그래프는 하루 중 일조 시간, 기온, 강우량 등과 같이 시간에 따른 변화를 나타내는 데 특히 적절하다. 예를 들어, 학생들은 과학 실험에서 식물의 성장을 그래프로 나타낼 수 있다. 꺾은선그래프는 그림 17-15에 제시된 것처럼 여러 개의 자료를 비교하는 효율적인 수단이 될 수도 있다. 꺾은선그래프를 그리고 해석하기 위해 학생들은 가로축과 세로축을 검토하게 되는데, 이것은 좌표평면을 학습하는 데도 도움이 된다. 꺾은선그래프는 주로 중학교 수준에서 활용된다.

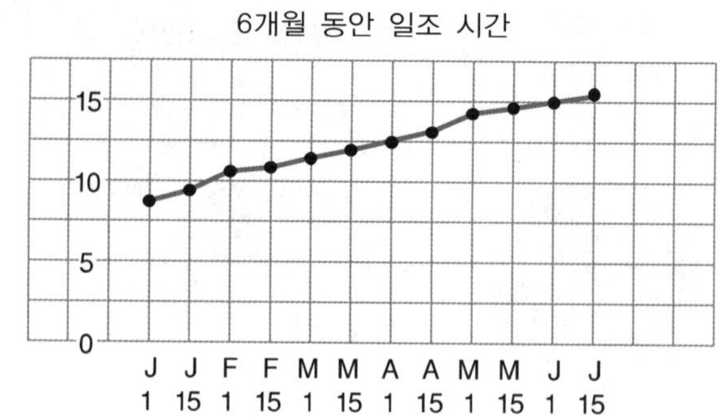

그림 17-14 한 개의 자료를 나타내는 꺾은선 그래프 꺾은선 그래프

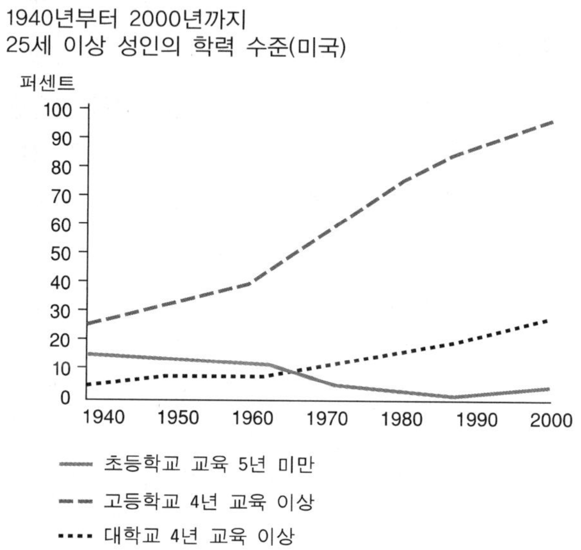

그림 17-15 여러 개의 자료를 비교하는 꺾은선그래프

그래프에 대한 요약

학생들이 자료를 나타내는 방법을 학습할 때 수업에서 이러한 그래프를 각각 다루는 것은 가치가 있다. 학생들은 그래프를 그리고, 그래프에 나타난 정

보를 해석하는 경험이 필요하다. 학생용 도서 *The Best Vacation Ever*(Murphy, 1997)에는 어느 여학생이 여름 휴가 계획을 세우기 위해 자료를 수집하고 표현하고 있다. <수업자료 17-2>에서는 학생들이 수집한 자료를 표현하는 계획을 세우는 데 도움이 되는 아이디어를 제시한다.

그래핑 계산기나 그래핑 프로그램을 이용하면 여러 가지 그래프를 손쉽게 그릴 수 있다. 테크놀로지를 이용해서 다양한 그래프를 그리게 되면 그래프에 대한 해석과 이해에 좀 더 중점을 둘 수 있게 된다. 학생들이 여러 가지 그래프에 익숙해지면, 각 그래프의 특징을 인식할 수 있게 된다. 그림 17-16은 초등

수|업|자|료|17-2

자료 공유하기

학습목표: 자료를 다루는 기능을 개발한다.
대상학년: 4~5학년

시작:
- 자료를 수집한다.
- 수집한 자료를 공유하기 전에 몇 가지 사항에 대한 동의가 필요하다.

그래프 그리기 전:
- 스케치 그래프를 그릴 것인가?
- 자료를 어떤 종류의 그래프로 나타낼 것인가?
- 한 가지 이상의 방법으로 자료를 제시할 수 있는가?
- 그래프 제목은 무엇인가?

결과 보고 전:
- 자료를 보고 답할 수 있는 질문은 무엇인가?
- 결과에 관심이 있을 사람은 누구인가?
- 우리가 발견한 점을 어떻게 보고할 것인가?

▾ 이러한 질문들은 왜 그래프를 그리거나 결과를 보고하기 전에 답을 해야 하는가?
▾ 그래프를 그리거나 결과를 보고하기 전에 답을 해야 하는 다른 중요한 두 가지 질문을 쓰시오.

1. ______________________
2. ______________________

그래프의 유형	특징
구체물 그래프	저학년 학생들이 사용함 그래프에 실제 사물을 올려 놓음
선 그림	빠르게 자료의 개형이나 변화, 분포를 확인할 수 있음 막대그래프와 같은 형태로 표현
줄기-잎 그림	개별 자료를 제시하는 데 효율적인 방법 막대그래프와 유사한 시각적 표현을 제공하는 동시에 개별 자료에 대한 보다 많은 정보 제공 줄기-잎 그림으로 나타내는 방법에 대한 이해가 필요 테크놀로지가 줄기-잎 그림의 활용을 조장함
그림그래프	신문이나 보고서에서 자주 접하게 됨 활용이나 해석이 일반적으로 용이하지만 시각적 오류를 야기할 수 있음 그래프에 제시된 그림이나 그리는 방법에 대한 이해가 필요
막대그래프	주로 이산량 자료에서 활용 신문이나 보고서에서 자주 접하게 됨 해석이 용이함 사용하는 척도나 코드에 대한 이해가 필요
히스토그램	연속량 자료나 구간으로 묶이는 자료에 활용 막대그래프와 유사하나 개별 자료를 알아볼 수 없음 범위가 크고 제한된 값을 가지는 자료를 나타내는 데 효율적임
원그래프	신문이나 보고서에서 자주 접하게 됨 전체, 즉 100%에 근거해서 부분의 비율을 나타냄 해석과 활용이 용이함 직접 그리려면 어렵지만 테크놀로지를 활용하면 쉬움
꺾은선 그래프	신문이나 보고서에서 자주 접하게 됨 연속량 자료에 활용됨 시간에 따른 패턴, 경향, 비교, 변화를 보이는 데 효율적임 가로축과 세로축을 이해해야 함 좌표평면 위에 있는 그래프를 학습하는 데 선수 학습이 됨
상자 그림	자료의 변화에 대한 유용한 정보를 제공함 해석을 위해 범위, 중앙값, 사분위수에 대한 지식이 필요 자료의 양이 같지 않은 두 자료를 비교하는 데 활용할 수 있음 테크놀로지로 인하여 사용이 권장되고 있음

그림 17-16 그래프의 특징

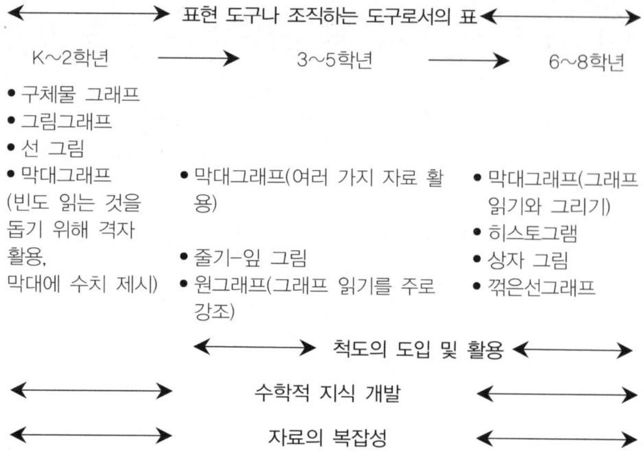

그림 17-17 그래프의 복잡성 및 도입 순서

학교나 중학교에서 접하게 되는 각 그래프의 특징을 나타낸 것이다. 여기서 초점은 이들 그래프의 특징을 암기하는 것이 아니라 각 그래프의 특징을 인식하는 것이다. 그래프를 선택할 때는 이런 장점을 활용하면서 동시에 그래프의 제한점도 고려해야 한다.

그림 17-17은 각 그래프의 복잡성을 고려하고 표 17-1과 17-2에서 제시한 CCSSM, GAISE와 일관성을 유지하면서 각 그래프를 제시하는 순서를 나타낸 것이다. 다시 말하지만 이런 정보를 암기하는 것은 중요한 것이 아니다. 오히려 그래프의 복잡성을 고려하여 어느 수준에서 어떤 그래프를 어떻게 하면 좀 더 잘 이해시킬 수 있는지를 인식하는 것이 중요하다.

자료를 왜곡하는 그래프

자료에 대한 감각을 개발하는 데 또 다른 중요한 구성 요소는 그래프를 비판적으로 검토하고, 제시된 자료를 올바르게 해석하는 능력이다. 그래프에서 자료의 경향성을 볼 수 있지만, x축과 y축의 척도가 그래프의 해석에 영향을 미친다. 예를 들어, 그림 17-18(a)의 그래프를 보면 집값이 매우 많이 떨어진 것처럼 보이지만(50% 하락), 동일한 자료를 나타내는 그림 17-18(b)의 그래프를 보면 집값이 완만하게 하락하는 것을 볼 수 있다. 중요한 것은 세로축을 어디서 시작하는가이다. 그림 17-18(a)는 $80000에서 시

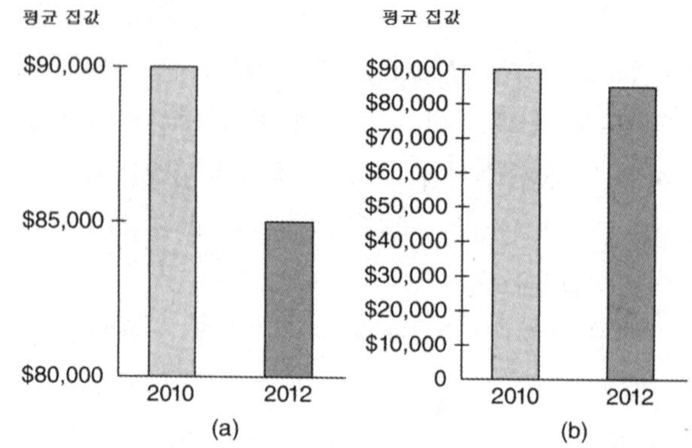

그림 17-18 주택의 평균 가격에 대한 서로 다른 그래프

작하지만, 그림 17-18(b)는 0에서 시작한다.

그림그래프에서도 자료의 왜곡이 일어날 수 있다. 예를 들어, 그림 17-19는 각 나라에서 수상한 올림픽 메달 수를 그림그래프로 나타낸 것이다.

메달 수를 비율에 맞게 나타내지 않았기 때문에 메달 수에 초점을 두면 그림그래프는 잘못 해석될 수 있다. 그림그래프에서 독일, 프랑스, 영국은 메달이 각각 2, 3, 4개이지만, 실제로는 각각 499, 523, 615개이다. 미국도 메달이 6개이지만 실제로는 약 2000개를 땄다.

종종 간단한 그림그래프도 자료의 왜곡을 야기할

그림 17-19 자료의 왜곡이 일어날 수 있는 그림그래프

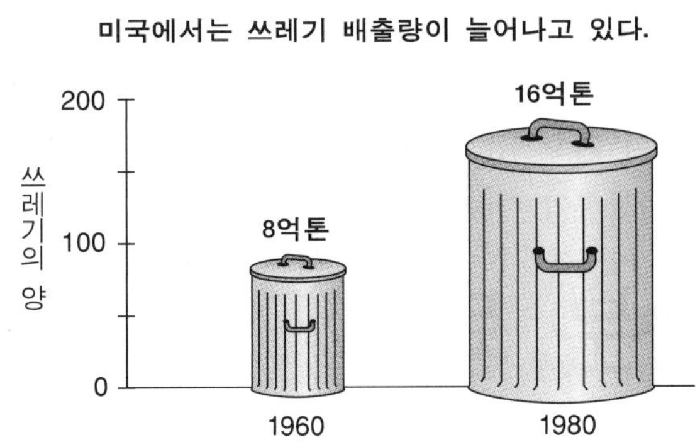

위의 그림그래프에는 잘못된 부분이 있다. 무엇인지 설명하시오.

답: 폭과 높이가 2배가 되었다.

| 그림 17-20 그래프 해석에 대한 8학년 국가 수준 평가 문항

수 있다. 예를 들어 그림 17-20에 제시된 그래프를 보자. 8학년 학생들에게 이 그래프가 왜 잘못되었는지를 설명하게 했다.

그림 17-20에 제시된 그래프의 설명에는 20년 동안 쓰레기의 양이 2배 증가했다고 하였지만, 그래프에 제시된 그림을 보면 폭과 높이가 각각 2배씩 늘어나서 넓이는 4배가 늘어나게 되고, 부피는 8배가 늘어나게 된다.

사람들은 시각적인 그래프에만 초점을 두고 그래프에 포함된 수치 자료를 무시하는 경향이 있다. 사실상 8학년 학생들의 10%만이 그림 17-20의 그래프에 포함된 문제를 인식했는데, 이 결과는 학생들이 주의 깊게 그래프를 탐구하도록 돕는 데 수업의 초점을 두어야 한다는 점을 시사한다.

그래프는 여러 가지 방식으로 사실을 왜곡할 수 있다. 예를 들어, 그림 17-21(a)의 그래프에서는 세 학생의 용돈의 변화를 나타낸다. 이 그래프를 보면, 연우는 용돈이 2배, 병주는 용돈이 3배, 창호는 용돈이 $\frac{1}{2}$배 증가하였다. 이 정보에 근거하면 병주는 만족감을 느낄 것이고, 창호는 불평을 할 것이다. 이 그래프에서 무엇이 잘못되었는가? 기계적으로는 옳다. 그러나 처음 용돈이 같지 않기 때문에 이 그래프는 전체에 대한 이야기를 하지 않고 있다. 그림 17-22에 제시된 실제 자료를 보자.

그림 17-21(b)를 보면, 그래프의 세로축이 달라지면서 보다 정확한 상황을 제시하고 있다. 동일한 자료에 대한 이러한 서로 다른 그래프는 그래프가 어떻게 자료를 왜곡하고 잘못된 정보를 제시하는지를 나타낸다. 그래프에 대한 건전한 의심은 그래프에서 개발해야 하는 중요한 기능이다. 학생들에게 자료를 왜곡하는 그래프를 그리게 하고, 그 그래프가 전달하는 메시지에 대해 논의하게 하자. 이것이 학생들로 하여금 자료를 왜곡하거나 부정확한 그래프에 대한 감각을 기르는 데 도움이 될 것이다.

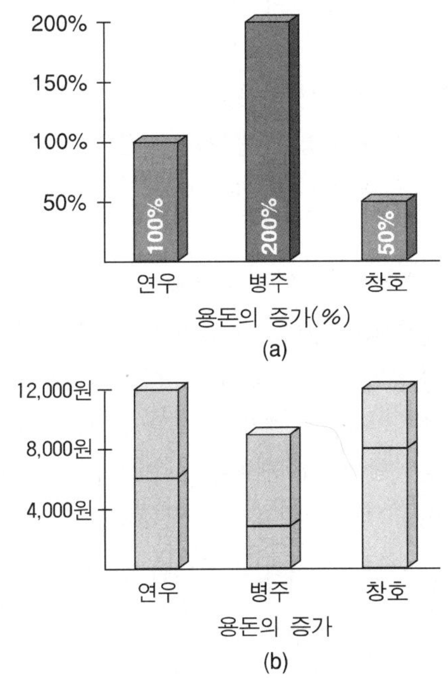

| 그림 17-21 그래프에서 자료가 왜곡되는 예

	처음 용돈	증가 크기	증가된 양	새로운 용돈
연우	6000	두 배	6000	12,000
병주	3000	세 배	6000	9,000
창호	8000	$\frac{1}{2}$배	4000	12,000

| 그림 17-22 연우, 병주, 창호의 용돈 정보

자료 분석: 기술 통계

자료를 분석하는 또 다른 방법은 기술 통계를 활용하는 것이다. 오늘날에는 너무나 많은 정보가 존재하기 때문에 그래프 이외의 다른 방법을 활용해서 자료를 단순화해야 할 필요가 있다. 자료에 대한 조직과 요약을 **기술 통계**라 부른다. 기술 통계는 일반적으로 널리 활용된다. 저학년에서는 자료 수집과 그래프를 통해 기술 통계가 소개되고, 이후 학년이나 중학교에서는 심화된 탐구나 연습을 통해 확장된다. 다음은 몇 가지 예이다.

"5학년 학생들 대부분은 10살이다."
"가계 수입의 중앙값은 4250만 원이다."
"오늘의 평균 기온은 29℃이다."

위의 진술문에는 수를 사용해서 현재의 상황이나 상태를 요약하고 있다. 기술 통계의 가장 대표적인 두 가지 유형이 대푯값과 산포도이다. 다음에 제시된 각각의 기술 통계에 대해 블록을 사용한 구체적인 예와 수를 사용한 예를 제시할 것이다. 어떤 학생들에게 있어서 구체적인 모델을 조작하는 것은 공식을 이해하는 것뿐만 아니라 파지력을 증진하는 데도 도움이 된다.

자료의 대푯값

대푯값은 많은 학생들이 들어본 적 있는 익숙한 통계 용어이다. 대푯값은 평균 온도, 가정의 평균 수입, 평균 점수, 평균 타율, 평균 기대 수명 등을 보고하는 데 활용된다.

일련의 수에서 중심 또는 가운데를 기술하기 위해 사용되는 수를 그 수들의 대푯값이라고 부른다. 여러 가지 형태의 대푯값이 있는데, 초등학교와 중학교에서는 일반적으로 세 가지, 즉 최빈값, 중앙값, 평균을 다룬다. 이러한 통계치를 구하는 알고리즘을 제시하는 것만으로는 충분하지 않다. 자료에 대한 감각을 개발하기 위해서는 계산을 도입하기 전에 구체적인 활동을 통하여 이들 각각을 의미 있게 개발해야 한다. 그러한 경험은 평균에 대한 개념적 지식과 이해를 제공한다. 스프레트시트나 소프트웨어 프로그램은 중학교 학생들이 여러 가지 수에 대한 여러 가지 기술 통계를 어떻게 구하는지를 탐구할 수 있는 활동을 제공한다(Wilson & Kraft, 1995).

최빈값 최빈값은 자료 중 가장 빈번하게 나타나는 수이다. 블록과 같은 구체물을 활용하면, 최빈값은 가장 빈번하게 나타나는 블록의 높이로 쉽게 확인할 수 있다. 그림 17-23을 보면, 9는 두 번 나타났지만 다른 수는 각각 한 번 나타났기 때문에 9가 최빈값이라는 것을 쉽게 알 수 있다. 그래프에서 말하면, 최빈값은 가장 큰 부분이다. 예를 들어, 막대그래프에서 가장 키가 큰 막대를 말한다. 그림 17-24(a)에서 가장 빈번하게 나타난 점수는 90점이고(이 점수는 두 번 발생하였다), 그래서 최빈값은 90이다. 최빈값은 수치 자료나 소위 범주형 자료라 불리는 수치가 아닌 자료에도 활용될 수 있다는 점에서 유용한 대푯값이다. 최빈값은 구하기 쉬우며, 특이값에 영향을 받지 않는다. 저학년 학생들은 그래프에서 어느 항목이 가장 많은 표를 얻는지에 관심이 있다. 따라서 대푯값에 대한 초기의 이러한 관심은 최빈값에서 시작하는

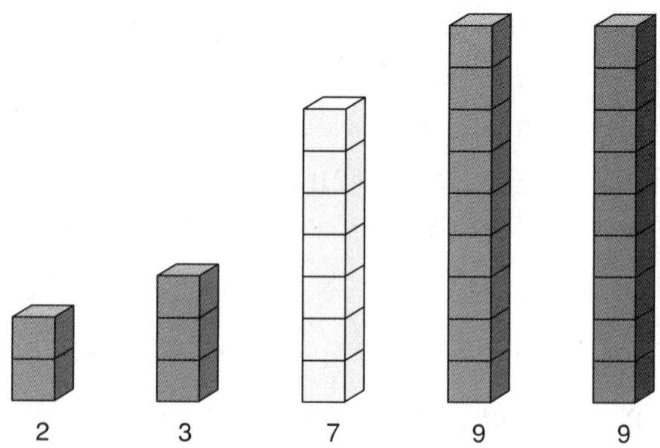

그림 17-23 학생들의 나이

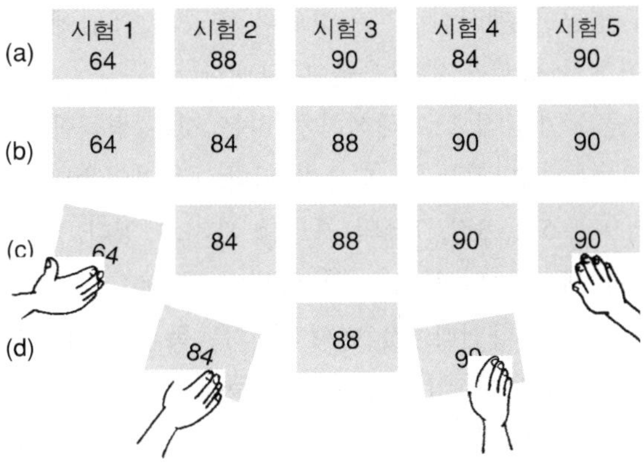

| 그림 17-24 5개의 시험 점수에서 중앙값을 구하는 모델

것이 좋다. 학생들은 교사가 수학적 용어인 최빈값을 도입하면, 그 용어를 활용하는 데도 편안함을 느끼게 된다.

한 학급에서 대다수의 학생들의 나이가 같기 때문에, 학생들의 나이는 최빈값을 적용하기에 아주 좋은 예이다. 사업에서도 최빈값에 의존하여 상품을 선택하는 경우가 많다. 예를 들어, 신발 가게 주인이라고 생각해보자. 판매한 신발 크기의 평균이나 중앙값은 판매할 신발을 주문하는 데 실제적인 도움이 되지 않는다. 그러나 가장 많이 팔리는 신발의 크기는 분명히 도움이 된다. 어떤 경우에는 가장 빈번하게 나타나는 값이 다수인 자료도 있다. 예를 들어, 한 학급의 학생들에게 나이를 물었더니 10살이 9명, 11살도 9명으로 가장 빈도가 높다면, 이 자료의 최빈값은 두 개가 된다.

중앙값 중앙값은 계산 없이 쉽게 구할 수 있는 또 다른 형태의 대푯값이다. 중앙값은 수치 자료에서만 활용할 수 있고, 순서대로 열거한 자료에서 중앙에 위치한 값이다. 중앙값은 주어진 자료를 개수가 같은 두 부분집합으로 나눈다. 따라서 중앙값을 중심으로 아래에 있는 자료의 수와 위에 있는 자료의 수가 같다. 중앙값은 설명하기도 쉽다. 그림 17-23에 제시된 학생들의 나이를 다시 생각해보자. 중앙값을 구하기 전에 먼저 수를 차례대로 정렬해야 한다. 예를 들어, 블록을 가장 작은 것에서 가장 큰 것순으로 정렬한다. 정렬이 되면, 가운데 수가 남을 때까지 바깥쪽 블록부터 양쪽에서 하나씩 제거한다. 그러면 가운데 나이가 7과 9 사이라는 것을 알 수 있다. 고속도로에서 중앙선을 비유로 들면, 통계에서 중앙값이 가운에 위치한다는 것을 학생들에게 상기시킬 수 있다. 자료가 범위 내에서 항상 대칭적으로 분포하는 것이 아니기 때문에 중앙값이 자료의 범위에서 가운데가 아니라는 점을 주목해야 한다. 이것을 시각적으로 표현하는 한 가지 방법은 자료의 수만큼 눈금이 있는 모눈종이를 준비하게 하는 것이다. 눈금에 자료를 순서대로 쓴 다음 모눈종이를 반으로 접는다. 접은 선이 중앙값이다. 학생들의 나이 예에서 중앙값은 단순하게 2~7세 학생의 수만큼 7~9세 학생이 있다는 것을 말한다.

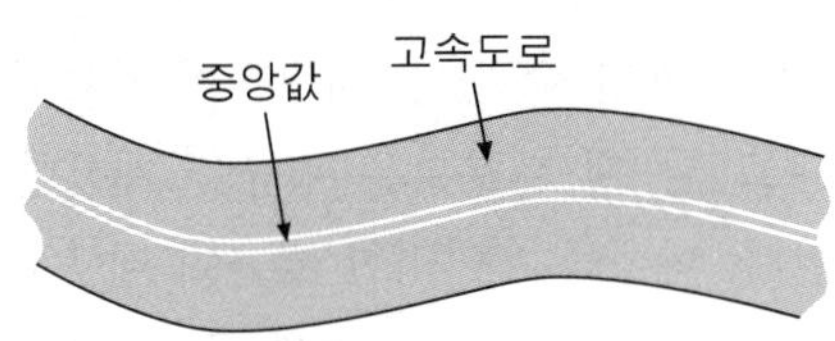

중앙값은 수를 가지고 모델링할 수도 있다. 예를 들어, 그림 17-24(a)에 제시된 다섯 개의 시험 점수를 생각해 보자. 그림 17-24(b)와 같이 가장 낮은 점수에서 가장 높은 점수 순으로 정렬을 하면, ~보다 크다, ~보다 작다, 순서대로 정렬하기 등을 학습할 수 있다. 가운데 수, 즉 중앙값을 구하기 위해 그림 17-24(c), 그림 17-24(d)와 같이 계속해서 가장 낮은 점수와 가장 높은 점수를 제거하자. 중앙값이 남을 때까지 이 과정을 반복한다. 그러면 중앙값으로 88을 얻게 된다.

그림 17-24에는 점수가 5개 있다. 17이라는 여섯 번째 점수가 있다고 생각해 보자. 그림 17-25(a)와 같

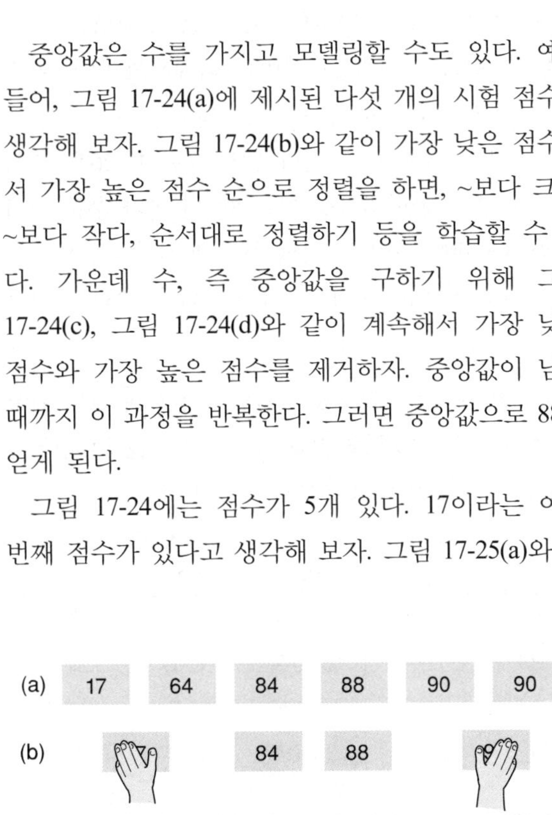

| 그림 17-25 6개의 시험 점수에서 중앙값을 구하는 모델

이 6개의 점수를 순서대로 정열하면 새로운 배열이 된다. 다시 두 장의 카드가 남을 때까지 반복해서 가장 낮은 점수와 가장 높은 점수를 제거하자. 그림 17-25(b)에 제시된 것처럼, 이 경우 중앙값은 두 점수의 가운데 수, 즉 86이 된다. 남은 두 점수를 더한 후 2로 나누면, 중앙값 (84+88)/2=86을 얻을 수 있다. GAISE에서는 학생들에게 처음으로 중앙값을 도입할 때는 중앙값이 자료 중 어느 한 값이 되도록 개수가 홀수인 자료를 활용할 것을 권고한다.

평균 이 대푯값은 포함된 모든 자료를 더한 후 자료의 개수로 나누어서 구하기 때문에 산술 평균이라 불린다. 초등학교 고학년 학생들은 평균을 이해할 수 있지만, 다른 대푯값에 비해 계산이 어렵다. 또 수치 자료에서만 사용할 수 있다. 사람들이 자료의 대푯값을 구한다고 할 때 대부분은 평균을 계산한다는 것을 의미한다. 학생들은 이러한 평균이 대푯값의 유일한 형태가 아님을 인식하는 것이 중요하다.

단순하게 평균을 구하는 알고리즘을 말하거나 활용할 수 있다고 해서 그 의미를 이해하고 있는 것은 아니다. 국가 수준의 평가에서도 평균을 해석하는 데 어려움이 있는 것으로 나타났다. 그림 17-26은 주어진 평균에 타당한 자료를 찾는 8학년 국가 수준 평가 문항이다. 40% 미만의 학생들이 네 경우를 모두 옳게 답하였다. 이러한 평가 결과는 많은 중학교 학생

아키라(Akira)는 월요일, 화요일, 수요일에 책을 읽었다. 하루 평균 10쪽을 읽었다고 한다. 다음의 경우가 가능한지, 가능하지 않은지를 표시하시오.

가능함	가능하지 않음	읽은 쪽수 월요일	화요일	수요일
A	Ⓐ	(a) 4쪽	4쪽	2쪽
Ⓑ	B	(b) 9쪽	10쪽	11쪽
Ⓒ	C	(c) 5쪽	10쪽	15쪽
D	Ⓓ	(d) 10쪽	15쪽	20쪽

그림 17-26 평균 해석에 대한 8학년 국가 수준 평가 문항 (동그라미 표시된 부분이 정답이다.)

들이 평균을 계산할 수는 있으나 평균의 개념에 대한 이해가 충분하지 않음을 나타낸다.

평균을 개념적으로 해석하게 하는 것은 평균에 대한 이해를 개발하는 데 도움이 된다. 네 명의 학생이 각각 9장, 5장, 3장, 7장의 카드를 가지고 있다. 그림 17-27(a)에 제시된 블록은 각 학생이 가지고 있는 카드의 수를 나타낸다. 첫 번째 해석은 똑같이 나눠가진다는 개념인데, 이 개념은 학생들에게도 익숙하다. 이러한 해석에서 평균은 자료가 고른가, 즉 다른 자료와 같은가를 나타내는 수치이다. 사람들은 종종 이것을 자료를 대표하는 것으로 생각한다. 학생들이 카드를 고르게 나누어 가져서 각 학생이 가진 카드의 수가 같은지를 알아보게 하면, 이 과정에서 각 학생이 평균 6장의 카드를 가진다는 것을 알게 된다(그림 17-27(b)). 학생들이 고르게 나누어 가진다는 해석을 경험하고 이것에 익숙해지면, 학생들은 학급 전체와 같은 큰 자료는 고르게 나누는 것이 귀찮다는 것을 인식하게 된다. 종종 학생들은 스스로 모든 수를 더

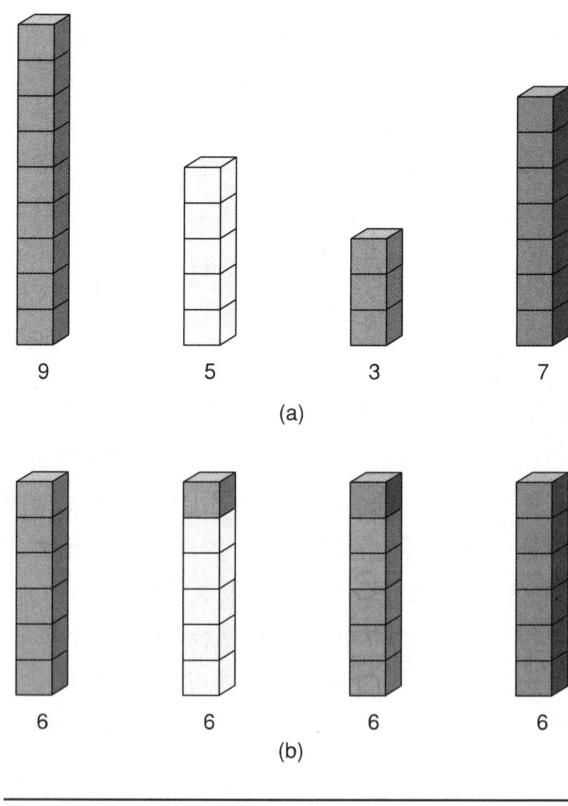

그림 17-27 평균에 대한 개념 모델

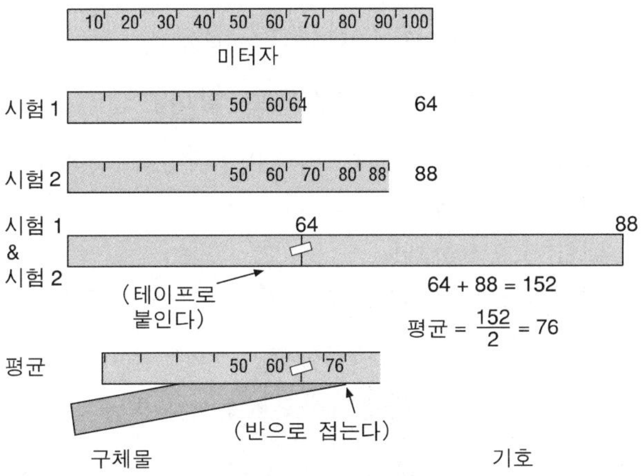

| 그림 17-28 점수를 나타내는 종이테이프의 길이를 활용해서 평균을 구하는 모델

한 후 나누는 알고리즘을 발견하게 되는데, 이것은 여러분이 구체물을 가지고 소개할 수도 있다. 또한 평균은 다음과 같이 계산하여 구할 수 있다.

$$평균 = \frac{9+5+3+7}{4} = \frac{24}{4} = 6$$

그림 17-28은 모든 수를 더한 후 나누어서 평균을 구하는 모델을 나타내는 것이다. 학생들에게 시험 점수를 종이테이프로 제시하고, 종이테이프의 길이가 시험 점수를 나타내게 한다. (예를 들어, 88점은 88cm, 64점은 64cm로 나타낸다.) 종이테이프를 사용해서 점수를 물리적으로 비교할 수 있다. (예를 들어, 두 번째 시험 점수가 더 높다는 것을 명확히 알 수 있다.) 평균 점수를 구하기 위해, 두 종이테이프를 이어 붙인 후(두 수를 더하는 것) 반으로 접는다(2로 나눈 것). 이 방법은 또한 종이를 접는 횟수를 1씩 증가할 때 0의 효과를 확인할 수도 있다. 위의 예를 활용해서 세 개의 시험 점수를 88, 64, 0이라 하자. 길이의 합은 여전히 152cm이다. 그러나 종이테이프를 반이 아니라 1/3씩 접으면 종이테이프의 길이는 50보다 작아진다. 따라서 평균 점수는 25점 이상 낮아졌다. 이 방법은 매우 효과적이고 분명하다.

일단 학생들이 고르게 나눈다는 개념에 익숙해지면, 그들은 고르게 나눌 수 없는 경우 나머지를 어떻게 해야 하는지에 대해 논의를 하게 될 것이고, 이것은 자연스럽게 소수와도 연결이 된다. 또한 학생들은 어떤 자료를 나눌 수 없는 이유, 평균을 계산할 수는 있어도 그 값 자체만으로는 의미가 없는 경우에 대해 논의할 수 있다.

예를 들어, 어떤 자료에서 가족당 아동의 수 평균이 2.5명이라고 하자. 학생들은 아동의 수 평균이 $\frac{5}{10}$명이나 $\frac{1}{2}$명이 될 수 없다고 지적할 것이다.

이러한 경험은 학생들이 평균과 관련된 기본적인 개념, 즉 평균은 구한 값들 사이에 있어야 하고, 자료에 있어서 전형적인 값이거나 균형을 유지하는 점이라는 것을 이해하는 데 도움이 된다.

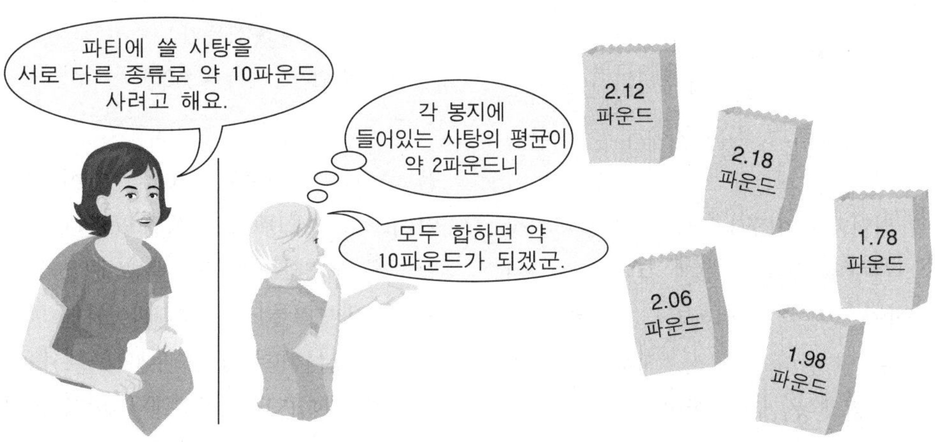

| 그림 17-29 평균을 구하는 기능과 어림 기능을 개발하기 위한 예시 문제

대푯값 선택하기 대푯값을 선택할 때 학생들은 자료에 따라서 대푯값이 어떤 영향을 받는지를 인식해야 한다. 예를 들어, 그림 17-24에서 다섯 번의 시험 점수의 평균은 83점이고, 중앙값은 88점이다. 그러나 그림 17-25에서 17과 같은 특이점이 포함되면, 평균은 (83점에서 72점으로) 매우 많이 떨어졌지만 중앙값은 (88점에서 86점으로) 변화가 매우 적었다. 평균의 단점 중의 하나는 특이점에 영향을 받는다는 것이다.

평균에 대한 이해는 어림이나 문제해결에서도 강력한 도구가 된다. 그림 17-29와 같은 문제들은 실생활에서 평균이나 어림을 적용할 수 있는 기회를 제공한다.

동일한 자료에 대해 평균, 중앙값, 최빈값을 구하는 것은 언제 특정한 대푯값을 사용해야 하는지에 대한 논의를 가능하게 한다. <수업자료 17-3>을 활용하여 학생들에게 평균, 중앙값, 최빈값을 구하게 할 수 있다. 그러나 보다 중요한 것은 이 대푯값 중에서 어느 값을 사용할지를 결정하는 것이다. 연봉에 있어서 평균 5,879,710달러보다는 중앙값 4,515,000달러나 최빈값 3,580,000달러가 연봉을 대표하는 값으로 적절해 보인다. 연봉 협상에서 선수와 소속 구단은 서로 다른 대푯값을 인용할 수 있다. 어떠한 목적에 어느 대푯값이 적절한지를 논의하는 것은 학생들에게 왜 서로 다른 대푯값이 존재하고, 그중 어느 것이 사용되는지를 이해하는 데 도움이 된다.

각각의 대푯값은 흥미롭고 의미 있는 방법으로 모델링되고 개발되어야 한다. 새로운 수학이 요구되지는 않지만, 대푯값에 대한 학습은 학생들이 학습하고 있는 많은 수학적 개념과 기능을 적용하는 수단을 제공한다.

통계는 일련의 기능과 기법 이상임을 확신시켜야 한다. 예를 들어, 평균을 구하는 것은 개발되어야 하는 중요한 기능이지만 통계 수업에서는 "구하는 방법"에서 멈추어서는 안 된다. 오히려 "대푯값이 언제 유용한가?"와 같은 질문이 제기되어야 한다.

예를 들어, 그림 17-8의 아이스크림에 대한 조사에서 8명이 초콜릿 맛, 5명이 바닐라 맛, 3명이 딸기 맛

수|업|자|료|17-3

무엇을 대푯값으로 할까?

학습목표: 평균, 중앙값, 최빈값을 계산하고, 목적에 맞게 대푯값을 결정하기

대상학년: 4~8학년

NBA 농구팀의 대략적인 연봉을 나타낸 것이다.

$13,000,000	$6,950,000	$2,299,000
$12,000,000	$5,450,000	$2,076,000
$10,106,000	$3,580,000	$1,424,520
$ 9,200,000	$3,580,000	$1,181,000

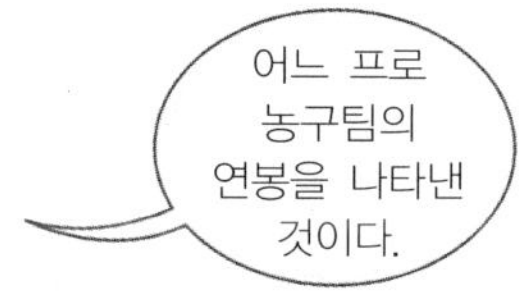

- 이 팀 연봉의 평균은 얼마인가?
- 이 팀 연봉의 중앙값은 얼마인가?
- 이 팀 연봉의 최빈값은 얼마인가?
- 당신이 구단주라면 무엇을 대푯값으로 보고하겠는가?
- 그러한 선택을 한 이유는 무엇인가?
- 선수들과 연봉 협상을 한다면 무엇을 대푯값으로 사용하겠는가?
- 그러한 선택을 한 이유는 무엇인가?

을 좋아하는 것으로 나타났다. 이 그림그래프에서는 아이스크림에 대한 학생들의 선호도를 분명하고 정확하게 제시하고 있다. 이러한 선호도는 수치가 아닌 자료, 즉 범주형 자료이다. 이러한 자료의 평균과 중앙값은 계산할 수 있지만 부적절하다. 사실상 이러한 자료에서 평균과 중앙값은 의미가 없다. 어떠한 통계치를 계산하기 전에 학생들이 답을 해야 할 질문이 무엇이고, 그 질문에 답하기 위해 어떤 통계치가 필

요한지를 논의하게 한다. 아이스크림의 맛과 같이 양적 자료가 아닌 자료는 도수분포표나 그래프로 분석을 하는 것이 좋다. 만약 대푯값이 요구된다면 최빈값을 활용하는 것이 가장 적절할 것이다.

"왜 평균으로 보고되어야 하는가?", "어떤 대푯값이 가장 적절한가?", "왜 그런가?", "어느 정도의 정확성이 요구되는가?"와 같은 질문도 해보아야 한다. 이러한 질문은 필수적이며, 정기적으로 물어보아야 한다. 이러한 종류의 논의는 학생들이 자료에 대한 감각을 개발하고자 할 때 도움이 된다. 초등학교에서 통계 수업은 기능을 개발하는 것 이상에 목표를 두어야 한다. 학생들은 통계치를 구하는 방법도 알아야 하지만 그러한 통계치가 무엇을 말하는지도 알아야 한다. <수업자료 17-4>는 대푯값을 히스토그램과 연결하는 방법을 제공한다.

수업자료 17-4

아이디어 모으기

학습목표: 대푯값과 히스토그램을 연결하여 히스토그램에서 평균, 중앙값, 최빈값 해석하기

대상학년: 5~8학년

다음의 히스토그램을 조사해 보자.

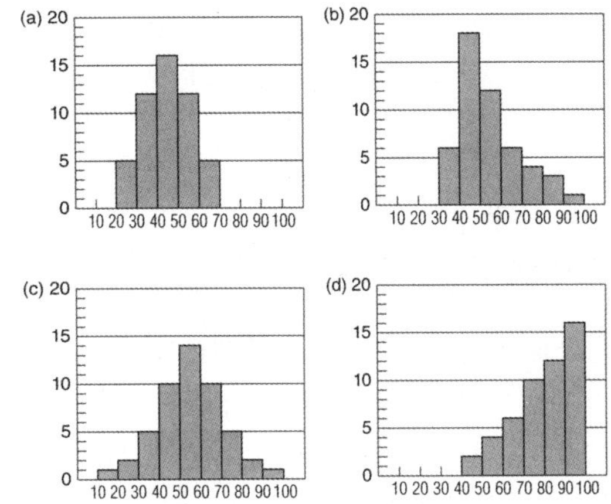

위의 히스토그램을 보고 물음에 답하시오.

1. 범위가 가장 큰 그래프는 어느 것인가?
2. 평균, 중앙값, 최빈값이 같은 그래프는 어느 것인가?
3. 평균이 가장 작은 그래프는 어느 것인가?
4. 중앙값이 평균보다 큰 그래프는 어느 것인가?
5. 최빈값이 평균보다 작은 그래프는 어느 것인가?
6. 범위가 가장 작은 그래프는 어느 것인가?

산포도

학생들이 대푯값을 탐구할 때, 중앙값과 최빈값이 같은 자료도 제시되어야 한다. 그림 17-30은 최근 10경기에서 두 명의 농구 선수가 득점한 점수를 나타낸 것이다. 자료를 비교하면 두 선수를 구분하는 데 산술평균, 중앙값, 최빈값이 도움이 되지 않는다는 것을 인식할 수 있다. 이러한 경우, 두 선수의 일관성에서의 차이를 알아봄으로써 산포도로 두 선수를 비교할 수 있다. 산포도는 자료가 얼마나 퍼져 있는지를 기술하기 위해 사용된다. 산포도 중의 하나로 범위가 있다. 범위는 자료의 최댓값과 최솟값의 차를 나타내는 간단한 측정값이다. 학생들은 최댓값이 최솟값보다 얼마나 큰지를 비교함으로써 범위를 구할 수 있다. 선수 1의 범위는 24에서 16을 뺀 8이고, 선수 2의 범위는 40에서 0을 뺀 40이다. 범위를 비교해 보면 선수 2의 점수가 산포도가 훨씬 크다는 것을 알 수 있다.

산포도에 대한 또 다른 측정값으로 사분위 범위가 있는데, 이것은 제3사분위수에서 제1사분위수를 빼면 구할 수 있다. (상자 그림에 대한 논의를 보시오.) 탐구할 수 있는 또 다른 산포도로 평균편차가 있다. 평균편차는 각 자료와 평균의 거리를 말하는데, 거리

	최근 10경기에서의 특점	평균	중앙값	최빈값
선수 1	16, 20, 20, 18, 22, 24, 20, 20, 20, 20	20	20	20
선수 2	10, 2, 20, 36, 4, 20, 38, 0, 30, 40	20	20	20

그림 17-30 농구선수 두 명의 득점 비교

선수 1		선수 2	
16	| 16−20 | = 4	10	| 10−20 | = 10
20	| 20−20 | = 0	2	| 2−20 | = 18
20	| 20−20 | = 0	20	| 20−20 | = 0
18	| 18−20 | = 2	36	| 36−20 | = 16
22	| 22−20 | = 2	4	| 4−20 | = 16
24	| 24−20 | = 4	20	| 20−20 | = 0
20	| 20−20 | = 0	38	| 38−20 | = 18
20	| 20−20 | = 0	0	| 0−20 | = 20
20	| 20−20 | = 0	30	| 30−20 | = 10
20	| 20−20 | = 0	40	| 40−20 | = 20
합	12	합	128
평균 편차	12÷10=1.2	평균 편차	128÷10=12.8

그림 17-31 최근 10경기에서 선수들의 득점에 대한 편차의 평균 계산

는 평균과 자료의 차에 대한 절댓값으로 구한다. 이들 거리에 대한 평균을 구하면 평균편차가 된다. 그림 17-31은 그림 17-30에 제시된 농구 선수 자료에 대한 평균편차를 구한 것이다. 평균편차를 보면 선수 2보다 선수 1이 일관성 있음을 알 수 있다.

범위, 사분위 범위, 평균편차를 도입해서 산도포를 측정하는 것은 이후 중등학교에서 분산이나 표준편차를 학습하는 데 도움이 되는 중요한 단계이다.

결과 해석

자료에 대한 감각

일단 자료가 수집되면 분석하고, 해석해야 한다. 수와 수 감각에 대한 학생들의 지식이 발달하는 것과 마찬가지로 통계나 **자료에 대한 감각**도 발달할 수 있다. 자료에 대한 감각은 학생들이 문제를 설정하고, 자료를 수집하며, 그래프를 그리고, 기술 통계를 구하며, 다양한 상황에서 해석을 하면서 점진적으로 발달한다. 자료에 대한 감각을 가진 학생들은 자료를 어떻게 해석해야 하는지를 결정할 수 있다. 학생들은 미디어 매체에 제시된 통계 정보를 읽고 평가할 수 있다. 학생들이 통계 용어를 사용해서 자료에 대한 추론을 할 때 자료에 대한 감각이 나타난다. 목표는 학생들의 절차적 지식(그래프를 그리는 방법이나 통계치를 계산하는 방법)과 개념적 지식(그래프나 통계치가 무엇을 전달하고자 하는가에 대한 이해)을 모두 개발하도록 하는 것이다.

자료를 해석하는 한 가지 방법은 질문을 활용하는 것이다. 학생들은 질문의 답을 조사하고, 자료로 답할 수 있는 질문에 대해서도 논의를 해야 한다. 그래프에 대한 이해는 세 가지 수준이 있는데 낮은 수준에서 높은 수준으로 발달한다. 여러분의 목표는 학생들이 낮은 수준의 사고를 넘어서서 높은 수준의 질문에 답하도록 지도하는 것이다.

- **자료 이해하기** 학생들은 답이 분명한 질문에 답을 할 수 있다. 예를 들어, "어느 선수의 평균득점이 가장 높은가?"
- **자료들 사이의 관계 이해하기** 학생들은 비교와 같은 방법으로 자료들 사이의 관계를 알고, 자료를 조작할 수 있다. 예를 들어, "중앙값이 평균보다 작은 선수는 몇 명인가?"
- **자료 이상의 내용 이해하기** 학생들은 예측이나 추리를 할 수 있다. 예를 들어, "어느 선수의 범위가 가장 작은가? 어느 선수가 가장 높은 득점을 할 것 같은가?"

그래프에 나타난 자료의 개형을 기술함으로써 자료를 해석할 수 있다. 학생들에게 자료의 특징을 기술하면서 "몰려 있음", "비어 있음", "퍼져 있음"과 같은 비형식적인 용어를 사용하게 할 수 있다. 교사는 학생들이 자료의 특징을 기술할 때 언급할 수 있는 단어를 게시판이나 목록 형태로 만들어 줄 수도 있다.

그래프 해석에 대한 또 다른 유용한 과제는 학생들에게 몇 가지 항목이 빠져 있는 '신비의 그래프'를 제시하고, 그 자료가 무엇을 나타내는지를 예측하게 하는 것이다. 예를 들어, 학생들은 팔, 다리, 머리 둘레와 같은 몸의 일부분을 측정할 수 있다. 18에서 24인치까지 측정값을 나타낸 그래프가 있다고 하자. 학생들에게 이 그래프가 몸의 어느 부분을 측정한 그래프인지를 생각해보게 할 수 있다. 이 활동에서는 또한 그래프에 항목을 표시하는 것이 중요하다는 것을 강조할 수 있다.

신비의 그래프를 변형한 이 활동은 그래핑 계산기나 계산기를 활용한 실험(calculator-based laboratory: 이하 CBL)을 활용하고 있다. CBL 작동 감지기를 이용해서 움직임을 나타내는 그래프를 만들 수 있다. 학생들에게 CBL 그래프를 제시하고, 움직이면서 제시한 그래프와 동일한 그래프를 만들게 한다. 예를 들어, 그림 17-32는 서로 다른 세 사람이 걸어간 것을 그래프로 나타낸 것이다. 가로축은 시간을 나타내고, 세로축은 작동 감지기로 탐지된 거리를 나타낸다. (a), (b), (c)를 관찰하고, 어느 그래프가 작동 감지기로 움직인 것을 나타낸 것인지 찾아보게 한다. (c)는 계속해서 앞으로 가지 않고, 가다가 돌아온 것을 나타낸 것이기 때문에 다른 그래프와 다르다. 이런 종류의 활동은 학생들에게 그래프의 축에 대해 생각하게 할 뿐만 아니라 각 그래프에 자료가 어떻게 나타나는지를 주의 깊게 생각해볼 수 있게 한다.

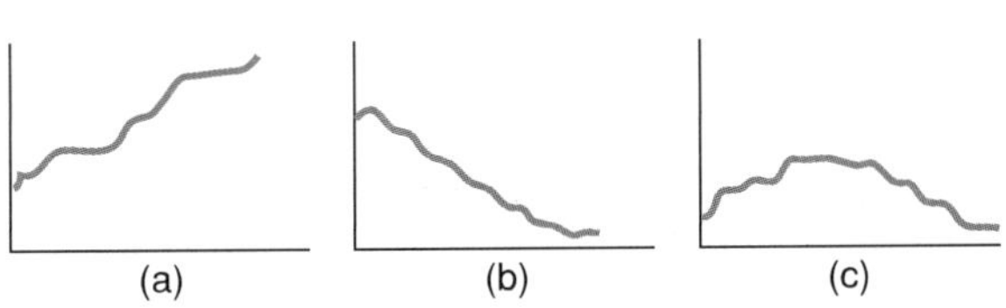

그림 17-32 시간에 따른 거리를 나타낸 그래프

결과에 대해 의사소통하기

일단 자료를 수집, 분석, 해석한 후에는 학생들이 발견한 것에 대해 의사소통하는 것이 필요하다. 문제해결에서와 같이 여기서도 결과를 뒤돌아보아야 한다. 이 과정에서 의사소통은 학생들이 자신의 사고를 명확히 하는 데 도움이 된다. 예를 들어, 학생들은 프로젝트를 통하여 정기적으로 활동일지를 완성할 수 있다. 또한 자료에 대해 전체 집단이나 소집단 토론을 할 수도 있다.

연구에 따르면, 읽기 수업에서 사용된 것과 유사하게, 자료를 분석할 때도 학생들에게 글쓰기 과정을 경험하도록 하는 것을 권장한다(Shaughnessy, 2007). 첫째, 학생들은 계획하기나 글쓰기 전 과정에 참여해야 한다. 둘째, 대략적인 글쓰기를 한다. 셋째, 학생들은 자신의 글을 수정한다. 마지막으로, 글을 발표하고 다른 사람들과 공유를 한다. 학생들은 자료에 관심이 있는 회사나 집단에 비즈니스 편지를 쓰게 할 수 있다. 이것은 교과들을 통합하는 기회를 제공한다.

학생들이 다른 사람들과 결과에 대해 의사소통하는 것을 학습하게 하는 것은 가치 있는 일이다. 최종 프레젠테이션에서는 구두나 지필 또는 둘을 모두 사용해서 의사소통할 수 있다. 학생들은 처음에 했던 질문에 답하는 방법을 학습해야 할 뿐만 아니라 그래프나 통계치를 사용해서 그들이 발견한 것을 의사소통하는 적절한 방법도 선택해야 한다. 학급의 다른 친구들을 위해 프레젠테이션을 할 수 있지만, 학교 밖에 있는 누군가에서 프레젠테이션을 하는 것도 의미가 있다. 예를 들어, 어느 학급에서 교실의 평균 넓이를 계산하고, 5학년 교실과 6학년 교실의 넓이를 비교하였다고 하자. 학생들은 그들이 발견한 것을 학교에서 교실 배정을 담당하는 교장선생님께 프레젠테이션할 수 있다. 다른 학생들은 학교에서 가장 인기 있는 급식과 가장 인기 없는 급식을 알아보는 자료를 수집했다고 한다. 자료가 정리되면, 학생들은 이 자료를 학교의 급식 담당 선생님께 프레젠테이션할 수 있다.

확률

일상적인 대화에서 어떤 사건이 일어날 가능성에 대해 이야기하는 경우가 자주 있다. 확률은 어떤 것이 일어날 가능성을 예측하기 위해 사용된다. 가능성이나 **확률**은 사건의 결과가 사전에 정해질 수 없는 상황에 적용된다. 다음은 확률에 대한 일반적인 진술의 예이다.

"비가 올 확률이 40%이다."

"어떤 직장에서 사고가 날 확률은 $\frac{1}{100}$보다 작다."

"이 환자가 회복할 가능성은 50 대 50이다."

"공부를 하면 아마도 시험에 통과할 것이다."

"나는 금요일에 시험을 볼 것이라고 확신한다."

처음 세 개의 진술은 일상생활에서 많이 쓰이며, 확률과 직접적인 연관이 있다. 반면에 아래에 있는 두 개의 진술은 일상적인 상황에서 종종 사용되지만 확률로 쉽게 인식되지는 않는다. 이런 모든 경우를 보면, 확률의 중요하고 기본적인 기능은 그 유용성에 있다. 확률의 유용성에 대한 학생들의 인식을 증진시키는 방법 중 하나는 매일 또는 주별로 신문, 잡지, TV에서 보았거나 라디오나 TV에서 들은 확률에 대한 목록을 작성하도록 하는 것이다.

확률에 대한 학습은 통계에 대한 학습과도 연결되어 있다. "종종 확률은 통계의 개념에 포함되지만, 학교 수학에서는 자료 분석, 기술 통계, 확률을 서로 연결시키지 못하고 있다. 확률을 활용하는 가장 강력하고 유용한 방법은 표본에서 도출된 통계치를 이해하는 것이다."(Stohl, 2005, p.350) 사실상 NCTM(2000)의 규준에 따르면, 확률에 대한 아이디어는 자료 수집, 자료 기술, 자료 해석의 기초가 된다. 확률은 형식적인 정의로 학습될 수 없고 그렇게 학습되어서도 안 된다. 오히려 다양한 예나 활동을 제시하는 것이 중요한 개념을 설명하고 규명하는 데 도움이 된다. 저학년에서는 확률을 비형식적으로 다루어야 한다. 그럼에도 모든 단계의 수업에서는 일어난 사건을 기술할 때 정확한 용어를 사용해야 한다. 이러한 용어는 확률 개념을 개발할 때 학생들에게 모델로 작용하며, 동시에 학생들이 사용하는 단어에 확률과 관련된 용어가 추가될 것이다. 초등학교 학생들이 이러한 몇몇 중요 개념과 용어를 경험하는 적절한 방법에 대해 살펴보자.

사건이 일어난 확률

확률을 포함하는 다음의 진술을 살펴보자.

동전을 던져 앞면이 나올 확률은 $\frac{1}{2}$이다.
6개의 면이 있는 표준 주사위에서 4의 눈이 나올 확률은 $\frac{1}{6}$이다.
2월 30일이 생일일 확률은 0이다.

이러한 예에서 동전을 던져 앞면이 나오는 것, 주사위에서 4의 눈이 나오는 것, 생일이 2월 30일인 것을 **사건** 또는 **결과**라고 한다. 확률에서는 사건에 0에서 1 사이의 수를 지정한다. 어떤 사건이 일어날 가능성이 클수록 큰 수가 지정되고, 그래서 어떤 사건이 확실하게 일어나면 그 사건에 대한 확률은 1이 된다. 이러한 수 대신 퍼센트를 사용하기도 한다. 예를 들어, 우리 교실의 학생들이 태어났을 확률은 1, 즉 100%이다. 다른 한편으로, 일어날 수 없는 사건에 대한 확률은 0, 즉 0%이다. 예를 들어, 어느 교실에서 2월 30에 태어난 학생이 있을 확률은 0이다. 따라서 모든 확률은 0과 1, 즉 0%와 100% 사이에 있다. 학년이 올라가면서 사건의 확률을 알 수 있는 상황에서 표본이나 시뮬레이션을 활용해서 불확실한 사건의 가능성을 수량화하는 상황으로 이동해야 한다. 학생들은 또한 이후 학년에서 분수에서 소수 또는 퍼센트로 확률을 바꾸어 사용할 수 있을 것이다.

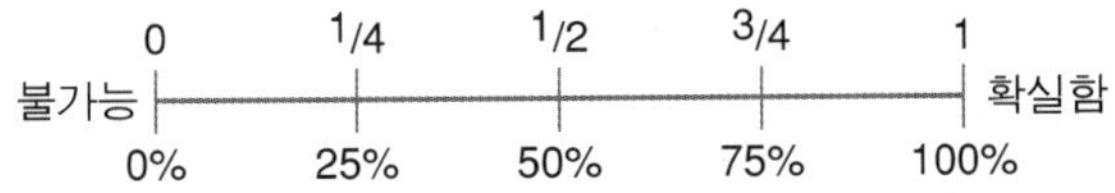

특정한 사건의 확률을 계산하기 전에 **확실한, 불확실한, 불가능한, 있음직한, 있음직하지 않은**과 같은 용어를 소개하고 논의하는 것이 중요하다. 비록 저학년이라도 대부분의 학생들은 불가능한, 확실한과 같은 용어에 익숙할 것이고, 의미 있는 예를 제시할 수 있을 것이다. 있음직한, 있음직하지 않은과 같은 용어는 학생들에게 익숙하지 않으며, <수업자료 17-5>와 같은 활동을 활용해서 주의 깊게 시작하는 것도 좋다. 각각의 카드를 분류하면서 카드를 각 상자에 넣은 이유를 설명하거나 논의할 수 있다. 이러한 활동은 그런 중요한 용어를 이해하고 정교화하는 데 필수적이다.

수업자료 17-5

가능한 사건은?

학습목표: 사건이 일어날 가능성 이해하기

대상학년: 3~5학년

▾ 주어진 진술을 가장 적절한 상자로 분류하시오.

불가능한	있음직하지 않은	있음직한	확실한

A. 서쪽에서 해가 뜬다.

B. 학교 매점에서 초코 우유를 판다.

C. 우리 반 어느 남학생의 키는 2m이다.

D. 우리 반 학생들은 모두 살아 있다.

E. 우리 반 학생들은 대부분 눈이 갈색이다.

F. 우리 반에는 왼손잡이보다 오른손잡이가 많다.

G. 내년에 가스 값이 오를 것이다.

H. 오늘 비가 올 것이다.

▾ 각 상자에 분류될 수 있는 진술을 쓰시오.

각 상자에 분류한 이유도 설명하시오.

<수업자료 17-5>의 하단에 제시된 심화 활동에서는 동일한 범주로 분류될 수 있는 진술문을 쓰도록 한다. 학생들은 몇 개의 진술문을 써야 하고, 그 종이를 돌려가면서 진술문을 분류한다. 확률에 대한 이러한 일반적인 용어에 익숙해지면 특정한 사건의 확률도 결정할 수 있게 된다.

<수업자료 17-6>의 활동은 학생들로 하여금 특정한 사건의 가능성을 알아보게 한다. 블록, 회전판, 주사위, 동전을 이용한 실험들은 종종 확률 개념과 용어를 소개하는 데 사용된다. 학생들은 확률의 용어를 사용해서 사건의 가능성에 대한 질문에 답을 하도록 요구하는 활동을 탐구할 수 있는 많은 기회를 가져야 한다.

표본 공간은 특정한 사건의 확률을 알아보기 전에 확립되거나 적어도 이해되어야 할 개념이다. 확률 문제에서 표본 공간은 모든 가능한 결과를 나타낸다.

학생들에게 특정한 사건에서 어떤 결과가 가능한지를 생각하도록 하는 또 다른 방법은 다음과 같은 몇 가지 일반적인 확률 상황을 탐구하게 하는 것이다. (1) 동전을 한 개 던지면, 앞면이 나오는가, 모서리로 서 있는가, 뒷면이 나오는가, 공중에 떠 있는가? (2) 컵을 바닥에 떨어뜨리면 바닥에 떨어져서 깨지는가, 공중에 떠 있는가, 깨지지 않고 바닥에 떨어지는가? 각각의 경우에 각각의 사건이 일어날지를 토의하게 한다. 예를 들어, 동전 한 개를 던지는 상황을 생각해 보자. 몇몇 학생들은 동전이 모서리로 서거나 공중에 떠 있지 않는다는 것을 인식할 것이다. 따라서 오직 두 가지 결과만이 일어나는데 이러한 두 가지 가능한 결과를 표본 공간이라고 한다. 학생들 스스로 사건을 만들고 그 사건에 대한 가능한 결과를 알아보게 하는 것도 좋은 경험이 될 것이다.

수|업|자|료|17-6

어느 사건이 일어날 가능성이 높은가?

학습목표: 어떤 사건이 일어날 가능성을 알아본다.
대상학년: 4~5학년

활동 1:

1. 주머니에 빨강 블록 4개를 넣는다면, 여러분은 어떤 블록을 뽑을 것이라고 확신하는가? 왜 그런가 또는 왜 그렇지 않은가?
2. 빨강 블록 4개가 들어 있는 주머니에 초록 블록 1개를 넣는다면, 여러분은 어떤 블록을 뽑을 것이라고 확신하는가? 왜 그런가 또는 왜 그렇지 않은가? 직접 실험을 해 보고, 그 결과를 기록하시오.
3. 빨강 블록 7개가 들어 있는 주머니에 초록 블록 3개를 넣는다면, 어느 한 블록을 뽑을 가능성이 다른 블록보다 더 많은가? 왜 그런가 또는 왜 그렇지 않은가? 직접 실험을 해 보고, 그 결과를 기록하시오.
4. 여러분 스스로 주머니에서 블록을 뽑는 실험을 해 보시오. 그리고 그 결과를 기록하시오.

활동 2:

Mary는 동전을 4번 던졌는데 4번 모두 앞면이 나왔다. 다섯 번째 동전을 던졌다. 다섯 번째 동전 던지기에서는 어떤 면이 나오겠는가?

a. 앞면
b. 뒷면
c. 앞면과 뒷면이 나올 가능성이 같다.

▾ 여러분의 답을 설명하시오. 여러분의 아이디어를 어떻게 검증할 수 있는가? 실험을 하고, 그 결과를 기록하시오.

일단 표본 공간을 알게 되면, 다음으로 특정한 사건의 확률을 계산하는 것이 자연스러운 흐름이다. 표 17-3에 기술한 바와 같이, 동전 한 개를 던질 때 앞면이 나올 확률은 앞면이 나온 경우의 수를 (앞면이나 뒷면이 나온) 모든 경우의 수로 나누는 것과 같다. 확률은 주로 분수로 표현되는데, 이것은 확률을 보고하고 해석하는 데 직접적이고 유용한 수단이 된다.

가능한 결과에 대한 논의는 표본 공간을 확인하고, 확률 개념을 규명하는 데 도움이 된다. 등분된 회전판을 활용하면서, 학생들은 일어날 사건의 확률에 대해 의문을 갖게 될 것이다. 경계선에 대한 문제가 논의의 출발점이 될 것이다.

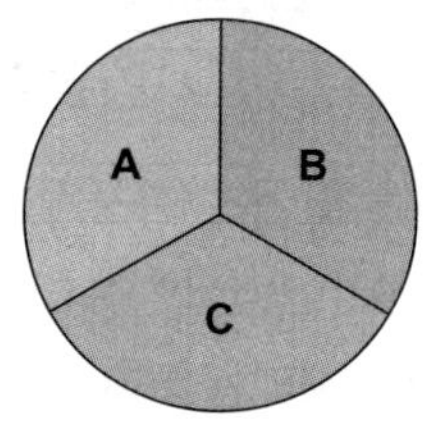

회전판이 D 영역에 멈출 수 있는가?
회전판이 경계선에 멈출 수 있는가?

위의 첫 번째 질문에 대한 답은 불가능이다. 두 번째 질문에 대해서도 일어날 가능성이 거의 없지만 일어날 수는 있으며, 만약 그러한 사건이 일어나면 어떻게 할지에 대한 활동 계획을 세워야 한다(아마도 회전판을 다시 돌려야 할 것이다).

<수업자료 17-7>은 자료 수집, 그래프로 결과 나타내기, 패턴 탐구하기를 포함한다. 이 활동에서는

표 17-3 어떤 사건의 표본 공간과 확률

문제	표본 공간	성공 횟수	확률
동전을 한 개 던져서 앞면이 나올 확률은 얼마인가?	H, T	1	1/2
동전을 두 개 던질 때 두 개 모두 앞면이 나올 확률은 얼마인가?	HH, HT, TH, TT	1	1/4
주사위를 한 개 던질 때 5의 눈이 나올 확률은 얼마인가?	1, 2, 3, 4, 5, 6	1	1/6
52장의 카드에서 한 장을 뽑을 때 스페이드가 나올 확률은 얼마인가?	52장의 카드	13	13/52 또는 1/4
알파벳 문자가 한 개씩 적혀 있는 종이에서 한 장을 뽑을 때 모음이 나올 확률은 얼마인가?	26개의 알파벳 문자	5(a, e, i, o, u)	5/26

자연스럽고 흥미로운 상황에서 표본 공간과 사건의 확률과 같은 확률에 대한 가치로운 아이디어를 활용한다. 학생들은 이 과정에 참여하면서 9장에서 제시된 기본적인 연산 구구를 개발하고 연습하게 된다. 이러한 활동은 또한 수학적 주제들이 어떻게 서로 연결되어 있고, 그러한 연결이 얼마나 중요한지를 설명해 준다.

학생들이 <수업자료 17-7>을 수행하였다면, 표 17-4를 조사하면서 확률의 또 다른 관점도 학습할 수 있다. 이 표는 주사위에서 나온 두 눈을 더한 결과(a)와 곱한 결과(b)를 요약한 것이다. 표 17-4(a)에서 한 대각선에 놓인 수는 눈의 합이 7인 경우를 보여준다. 또 표 17-4(a)는 각각의 합이 되는 여러 가지 경우를 보여준다. 두 눈의 합이 짝수인 경우가 많은가, 홀수인 경우가 많은가? 표 17-4(a)를 조사해 보면, 합이 짝수인 경우는 36번 중 18번으로, 반이라는 것을 알 수 있다.

표 17-4 두 주사위에서 나온 눈의 연산 결과

(a)

+	1	2	3	4	5	6
1	2	3	4	5	6	7
2	3	4	5	6	7	8
3	4	5	6	7	8	9
4	5	6	7	8	9	10
5	6	7	8	9	10	11
6	7	8	9	10	11	12

(b)

×	1	2	3	4	5	6
1	1	2	3	4	5	6
2	2	4	6	8	10	12
3	3	6	9	12	15	18
4	4	8	12	16	20	24
5	5	10	15	20	25	30
6	6	12	18	24	30	36

두 눈의 곱은 짝수인 경우가 많은가, 홀수인 경우가 많은가? 표 17-4(b)를 보면, 곱이 짝수인 경우가 많다는 것을 알 수 있다. 사실상 곱이 짝수인 경우는 36번 중 27번이고, 이것은 $\frac{3}{4}$에 해당한다. 이러한 현상이 왜 일어났는지를 분석하고 논의하는 것은 확률

수업자료 17-7

주사위 던지기

학습목표: 확률 실험을 수행한다.

대상학년: 4~8학년

▾ 다음을 시행하시오.

1. 짝을 정하고, 각각 아래와 같은 표를 만든다. 주사위 2개를 던졌을 때 눈의 합으로 어느 수가 많이 나올지를 예상한다.
2. 각각 주사위 2개를 던진다.
3. 주사위를 던져 나온 눈의 합을 구하고, 아래의 표에 /로 표시한다.
4. 표의 어느 한 칸에 그려진 /의 수가 10개가 될 때까지 주사위를 던지고 기록을 한다. 실제 결과와 예상한 결과를 비교한다.

2	3	4	5	6	7	8	9	10	11	12
			/							

함께 생각해 보자.

- 왜 표에 1에 해당하는 칸이 없는가? 13에 해당하는 칸이 왜 없는가?
- 표의 어느 칸에 그려진 /가 10개인가?
- 결과를 서로 비교하며 같은 점과 차이점에 대해 말해 보자.
- 합이 7인 경우가 합이 2인 경우보다 많은 이유를 설명하시오.
- 다음을 완성하시오: "나는 합이 4인 경우와 합이 □인 경우의 수가 같다고 생각한다."
- 합이 짝수인 경우와 합이 홀수인 경우의 수가 같다고 생각하는가? 왜 그런지 설명하시오.

이 활동을 확장해 보자.

주사위에서 나온 두 수를 더하는 대신 곱해 보자.

- 표의 가장 큰 수가 어떻게 바뀌어야 하는가?
- 서로 다른 곱으로 몇 개의 수가 필요한가?
- 어느 수가 나올 가능성이 가장 적은가?
- 곱이 짝수인 경우와 곱이 홀수인 경우의 수가 같다고 생각하는가? 왜 그런지 설명하시오.

을 수와 연산의 성질 및 관계와 연결시키는 데 도움이 된다. 예를 들어, 두 짝수의 곱은 짝수이고, 홀수와 짝수의 곱도 짝수라는 사실을 인식할 수 있다.

임의성

임의성은 확률을 학습하는 데 바탕이 되는 중요한 개념이다. 어떤 것이 임의성을 갖는다고 할 때는 그것이 우연 이외의 다른 요소에 의해서는 영향을 받지 않는다는 것을 의미한다. <수업자료 17-8>은 <수업자료 17-5>를 학습하는 데도 활용할 수 있으며, 특정한 상황에서 임의성을 논의하는 기회를 제공한다. 여기서 학생들은 학급에서 일어나는 사건들에 대해 생각하게 될 것이고, 이런 사건들이 일어난 확률이 0과 1을 나타내는 수직선의 어디에 위치하는지를 결정해야 할 것이다. 다음은 활동을 시작할 때 활용할 수 있는 질문이다.

> **수|업|자|료|17-8**
>
> **게임의 승자는?**
>
> 학습목표: 임의성의 개념을 탐구한다.
>
> 대상학년: 4~8학년
>
> 학생들은 제비뽑기를 한다. 각 학생은 한 번에 한 개의 이름을 뽑으며, 임의로 이름을 하나 뽑을 때 이름이 뽑힌 사람이 승자가 된다.
>
> - 다음의 각 진술문을 읽는다.
> - 학급의 학생들에 대해 생각한다.
> - 아래의 수직선을 확인하고, 각 진술문이 수직선의 어디에 해당하는지를 결정한다.
>
> A. 왼손잡이를 뽑으면 승자가 된다.
> B. 여학생을 뽑으면 승자가 된다.
> C. 학급 학생 누군가를 뽑으면 승자가 된다.
> D. 학생의 이름 중 이름에 쓰인 글자의 수가 성에 쓰인 글자의 수보다 적은 학생이 승자가 된다.
> E. 이름이 모음으로 시작하는 학생이 승자가 된다.
> F. 안경을 쓴 학생이 승자가 된다.
> G. 여러분이 승자가 된다.
> H. 양말을 신고 있는 학생이 승자가 된다.
> I. 여러분은 승자가 되지 못할 것이다.
>
> 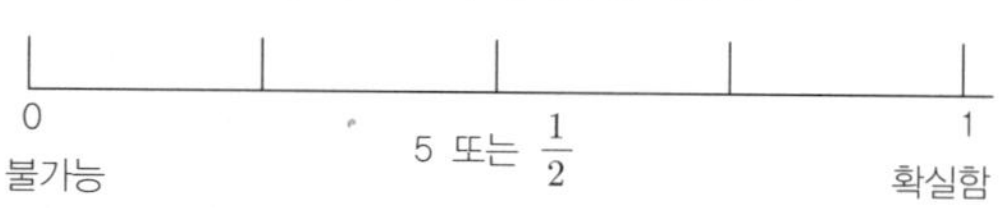
>

"이름을 임의로 뽑는" 것이 왜 중요한가?
제비를 뽑을 때 이름을 볼 수 있게 해야 하는가?
어떤 사람은 큰 종이에 이름을 쓰고 다른 사람은 작은 종이에 이름을 썼다면 이것이 문제가 되는가?

동일한 크기의 종이에 이름이 적혀 있지 않다면 제비뽑기는 임의성을 잃게 된다. 그리고 이런 일이 발생하면 어떤 사람에게는 이익이 될 것이고, 그 결과 공정한가, 공정하지 않는가의 개념이 중요하게 대두될 것이다.

공정한이라는 용어는 어떤 상황을 기술하는 데 사용된다. 예를 들어, "공정한 동전" 또는 "공정한 주사위"라 할 때 이는 임의성에 영향을 미치는 편향성이 존재하지 않음을 나타낸다. 사람들은 주사위의 특정 면이 잘 나오지 않는다는 것을 알아보기 위해 직접 주사위를 던져볼 수 있다. 또 주머니에서 공을 뽑을 때, 임의성과 공정성을 보장하기 위해서는 공을 잘 섞어야 하고, 눈을 감고 공을 뽑는 것이 중요하다. 아동용 도서 *No Fair!*에서는 주머니에서 물건을 뽑는 활동 중 어느 활동이 공정한지를 알아보는 두 학생에 대해 기술하고 있다.

공정하지 못한 경우나 임의성이 없는 경우에 대한 논의도 확률 개념의 발달에 포함시켜야 한다. 예를 들어, 주사위 두 개를 던져서 나온 두 수의 곱이 짝수이면 A경기자가 이기고, 두 수의 곱이 홀수이면 B경기자가 이긴다고 할 때 이 게임은 공정한가? 표 17-4(b)는 A경기자가 이길 확률이 B경기자가 이길 확률보다 높아 공정하지 않는 게임임을 나타내고 있다. 한편 두 주사위의 눈의 합으로 게임을 하는 경우(표 17-4(a)) 각 경기자는 게임에서 이길 경우의 수가 동일하며, 그 결과 공정한 게임이 된다. 두 주사위 눈의 합에 대한 게임을 수정해서 세 명의 경기자가 게임을 한다고 생각해 보자.

합이 1, 2, 3, 4이면 A경기자가 이긴다.
합이 5, 6, 7, 8이면 B경기자가 이긴다.
합이 9, 10, 11, 12이면 C경기자가 이긴다.

이 게임은 각 경기자에게 공정한가? 각 경기자가 게임에서 이길 경우의 수는 같은가? 표 17-4(a)를 분석해 보면, B경기자가 다른 경기자보다 게임에서 보다 많이 이길 수 있음을 알 수 있다. 학생들은 이 게임을 탐구하면서 모든 경기자에게 공정한 게임이 되려면 이 게임을 어떻게 수정해야 하는지를 알게 될 것이다.

사건의 독립성

사건의 독립성은 확률에서 중요한 개념이지만, 직관적으로 자연스럽게 개발되는 것은 아니다. 두 사건이 서로 독립적이라면, 어느 한 사건이 다른 사건의 결과에 전혀 영향을 미치지 않는다. 따라서 동전을 던져서 앞면이 나왔다 하더라도 다시 동전을 던지면 앞면이나 뒷면이 나올 가능성이 같아진다. 이것은 매우 간단하지만, [오류유형 17-2]와 같은 오류가 발생할 수 있다.

[오류유형 17-2]는 많은 학생들이 주사위는 "기억력"이 있고, 그래서 균형을 맞출 것이라고 생각하는 것과 관련이 있다. 사건의 수가 많아질수록 대부분의 사람들은 "평균의 법칙"이 다음에 일어날 사건에 영향을 미친다는 잘못된 가정을 한다. 이러한 오개념은 사건의 독립성 개념과도 상반된다. 연구에 따르면, 이를 위해 중학교에서는 사건의 독립성을 탐구하는 경험을 해야 한다고 제안한다(Jones, Langrall, & Mooney, 2007; Tarr & Jones, 1997).

학생들에게 자료를 수집하고, 그 결과에 대해서 논의하게 하는 것은 이러한 잘못된 생각을 없애는 데 도움이 된다. "실제 자료를 활용하는 것은 학생들에게 경험적 현상과 확률적 모델 사이의 차이를 인식하게 한다. 이러한 활동은 순수한 확률 게임을 넘어서서 다양한 실제 현상을 설명하고, 예측하고, 통제하는 데 있어서 이러한 모델의 유용성을 보여 준다."(Batanero & Sanchez, 2005, p.262) <수업자료 17-9>에서 학생들은 서로 다른 결과를 도출하게 되

[오류유형 17-2]

- 과제: 동전 한 개를 던져서 나온 다음의 결과를 학생들에게 제시한다:

  T H H H H

  "동전 한 개를 던지면 다음에 무엇이 나올까?"

- 오류: "뒷면이 나올 것이다." 앞면이 4개 나왔기 때문에 뒷면이 더 고르게 된다.

- 원인: 이 학생은 앞면과 뒷면이 고르게 나와야 한다고 생각하는 것 같다. 앞면이 나오는 비율과 뒷면이 나오는 비율은 거의 같다. 그러나 동전 한 개를 던지면 임의로 앞면이나 뒷면이 나온다. 그리고 동전이 이전의 결과를 기억하지 못하기 때문에 동전을 던질 때마다 앞면이나 뒷면이 나오는 결과는 서로 독립이다.

- 지도방안: 학생들에게 동전을 던지고 그 결과를 기록하게 하자. 다음은 동전을 20번 던진 결과이다: T T T T T H T H H H H T T H H T H H H H. 뒷면이 연속적으로 나온 경우도 있고, 앞면이 연속적으로 나온 경우도 있다. 학생들은 여러 가지 패턴을 발견할 수 있지만, 동전을 던진 전체에 대한 뒷면이나 앞면이 나온 비율이 50%에 가깝다는 것을 발견하게 된다. 동전을 던진 수가 많아질수록 앞면이나 뒷면이 나온 비율은 이론적인 기댓값인 1/2에 가까워질 것이다. 동전을 던진 수가 많아질수록 앞면과 뒷면이 나오는 비율은 점점 같아질 것이다.

수업자료 17-9

결과 예측하기

학습목표: 사건의 독립성 확인하기

대상학년: 4~6학년

▾ 주사위 1개를 6번 던지고, 나온 결과를 아래에 기록해 보자.

1	2	3	4	5	6

- 각 면이 한 번씩 나타났는가?
- 첫 번째 주사위에서 나온 결과가 두 번째 주사위에서 나온 결과를 예측하는 데 도움이 되는가? 세 번째 주사위에서 나온 결과를 예측하는 데는 어떠한가?

▾ 주사위 1개를 24번 던지고, 나온 결과를 아래에 기록해 보자.

1	2	3	4	5	6	7	8	9	10	11	12
13	14	15	16	17	18	19	20	21	22	23	24

- 각 면이 한 번씩 나타났는가?
- 나온 수가 같은 면은 어느 것인가?
- 어느 면이 가장 많이 나타났는가?
- 위의 결과는 주사위가 공정하지 않다는 것을 의미하는가?
- 위의 결과를 보면 주사위를 한 번 더 던질 때 어떤 면이 나올지를 알 수 있는가?

지만, 시행을 많이 한 후에는 어떤 패턴이 형성되고, 이들 질문에 대한 답도 유사해진다. 왜 그런가? 사건, 즉 주사위를 던지는 것이 서로 독립적이지만, 주사위를 던지는 시행 횟수가 많아지면 값은 기댓값이나 이론적인 수치에 가까워진다.

확률을 계산하기 어려운 복잡한 상황도 있다. 월드 시리즈에서 뉴욕 메츠가 이길 확률은 얼마인가? 여성이 대통령으로 선출될 확률은 얼마인가? 이러한 질문은 해결 방법이 간단하지 않기 때문에, 전문가는 확률을 근사적으로 추론한다. 확률을 구하는 사람이 누구냐에 관계없이 간단한 확률 상황에서 개발된 지식과 해석 기능은 다양한 상황에 적용될 수 있다.

문화적 연계성

이전 장들에서는 TIMSS에서 아시아 국가들이 성공하고 있음을 논의한 바 있다. 이들 많은 국가에서는 수학의 전반에 걸쳐 성공을 하였으며, 특히 계산에서 우수한 성취도를 보였다. TIMSS 수학 검사는 다섯 개의 내용 영역에서 4학년, 8학년 학생들을 검사하도록 설계되었다. '자료' 영역에서는 자료 분석과 확률에 대한 다음의 네 가지 주제에 대해 보고하고 있다. (1) 자료 수집 및 자료 조직, (2) 자료 표현, (3) 자료 해석, (4) 확률과 불확실성(Mullis, Martin, Ruddock, O'Sullivan, & Preuschoff, 2009). 8학년에서는 위의 네 주제를 모두 평가하지만, 4학년에는 확률이 포함되지 않는다.

TIMSS 2003 8학년 평가에서 상위 5개국은 싱가포르, 대한민국, 홍콩, 대만, 일본이다. 이들 나라들은 국제 평균보다 매우 높은 점수를 얻었다. 그러나 이들 나라 중 네 나라(일본 제외)의 자료에 대한 점수는 가장 낮게 나타났을 뿐만 아니라 몇몇 경우 다른 영역에 비해 점수가 매우 낮게 나타났다. 반면에 미국은 자료에 있어서는 가장 높은 점수를 나타내었으며, 8학년의 다른 영역 점수보다 17점이나 높게 나타났다.

보고된 교육과정 분석에 따르면, 많은 국가에서는 교육과정에서 자료 분석과 확률을 강조하지 않고 있다. 이것은 Mullis, Martin, Gonzalez, & Chrostowski(2004)에도 나타나고 있는데, 이들 국가에서는 자료가 수학과 교육과정의 중요 요소가 아니기 때문에 자료와 관련된 문제에 대한 학생들의 점수가 매우 낮게 나타났다. 학생들이 학습할 기회를 가지려면 그들이 배우는 수학 교과서에 중요한 내용으로 포함되어야 한다.

미국에서는 왜 자료에 많은 시간을 할애하고 있으며, 높은 성취도를 나타내고 있는가? Jones, Langrall, & Mooney(2007)은 확률적 사고의 중요성과 그에 대한 연구의 증가를 주된 두 가지 요인으로 제안하고 있다. 결과적으로 미국의 많은 교육과정 내용은 자료 분석, 통계, 확률에 많은 관점을 기울이고 있으며, 그 결과 학생들은 확률을 학습할 기회가 늘어나고 있다.

요약

자료 분석, 통계, 확률은 학생들에게 문제 해결력과 비판적 사고 기능을 개발시킬 기회를 제공할 뿐만 아니라 수학의 다른 주제나 다른 교과를 연결시키는 기회를 제공한다. 학생들은 그들에게 의미 있는 문제를 설정하고, 그 문제에 답을 하기 위해 자료를 수집하며, 자료를 분석하고 결과를 해석하는 데 도움이 되도록 자료를 표현함으로써 자료 분석의 과정에 참여하게 된다. 교사와 학생들은 함께 자료에 대한 문제를 설정하고, 결과를 분석하는 학생들의 능력을 확장하며, 의사소통을 통하여 성실하게 자료를 표현하는 방법을 찾게 한다.

초등학교에서 학생들은 여러 가지 형태의 그래프를 접하게 된다: 선 그림, 줄기-잎 그림, 그림그래프, 막대그래프, 히스토그램, 원그래프, 띠그래프, 상자 그림. 계산기나 다른 공학 도구, 프로그램을 사용해서 그래프를 그리는 것은 학생들에게 자료를 표현하는 여러 가지 방법을 실험할 기회를 제공하며, 동일한 자료에 대한 여러 가지 관점을 개발할 수 있게 한다. 이것은 자료에 대한 감각을 개발하도록 돕는다.

초등학교에서 학생들은 기술 통계치, 특히 산포도나 대푯값(평균, 중앙값, 최빈값)을 사용해서 자료를 분석하는 것을 학습한다. 목표는 이러한 통계치에 대한 기본적인 개념을 이해하고, 가장 적절한 대푯값을 선택하며, 의미 있는 방법으로 자료를 기술하도록 돕는 데 있다.

초등학교에서 확률적 사고는 공정한 것과 공정하지 않은 것에 대한 직관적인 개념을 형성하는 구체적인 활동이나 실험을 통해서 개발된다. 학생들은 사건에 대한 확률이 0과 1 사이라는 것을 알아야 하고, 각 사건의 확률을 구할 수 있어야 한다. 확률의 용어를 사용하는 능력은 실생활에서 중요한 기능이며, 수학학습에 대한 흥미를 조장하는 여러 가지 방법으로 탐구할 수 있다.

연|습|문|제|

01. 세 번의 평가 결과가 다음과 같았다: 68, 78, 88. 평균은 얼마이고, 중앙값은 얼마인가? 이 경우 왜 최빈값이 의미가 없는지를 설명하시오. 평균이 81점이 되려면 다음 평가에서 몇 점을 얻어야 하는가? 그 점수를 구하는 두 가지 방법을 설명하시오.

02. 길이가 3, 6, 6, 9인 연결 블록이 있다.

a. 이 블록을 활용해서 평균, 중앙값, 최빈값을 구하는 방법을 기술하시오.

b. 길이가 10인 연결 블록이 있다고 하자. 평균, 중앙값, 최빈값은 각각 변하였는가?

03. 다음 질문에 답을 하고, 그렇게 답을 한 이유를 설명하시오.

a. 최빈값이 1개 이상인 자료가 있을 수 있는가? 예를 들어 보시오.

b. 25명의 점수에 중앙값을 구하는 것이 쉬운가, 24명의 점수에 대한 중앙값을 구하는 것이 쉬운가?

c. 어느 자료에서 평균이 자료의 가장 큰 값과 같을 수 있는가? 어떻게 하면 그렇게 되는지 설명하시오.

04. 막대그래프와 히스토그램의 차이를 설명하시오.

05. 확률이 0과 1임을 논의하는 데 사용될 수 있는 활동을 두 가지 기술하시오.

06. 0, 1, 2, 3, …, 9까지 적힌 10장의 카드가 있다. 카드를 섞은 후 1장을 뽑을 때 다음이 왜 참인지 설명하시오.

a. 표본 공간은 10개의 사건이다.

b. 6을 뽑을 확률은 $\frac{1}{10}$ 이다.

c. 3을 뽑을 확률과 7을 뽑을 확률은 같다.

07. 많은 주의 복권에서는 다음과 같이 광고를 하고 있다: "복권을 사지 않으면 당첨될 수 없다." 이것은 "복권을 사면 당첨이 된다."는 것을 의미하는지? 설명하시오.

08. 자료를 해석하는 데 산포도(범위, 편차, 사분위 범위)가 유용한 예를 제시하시오.

연|구|문|제|

01. 설문조사를 계획하고 수행하고자 할 때 소집단 학생들에게 <수업자료 17-1>을 활용하시오.

02. Sakshaug & Wohlhuter(2001)가 소개한 그래프를 조사하시오. 이들 그래프를 활용해서 학생들과 질문을 만들고, 그 결과를 Sakshaug & Wohlhuter (2001)에 제시된 결과와 비교하시오.

03. 4-8학년 학생들과 <수업자료 17-2>를 활용해 보시오. 학생들과 논의한 여러 가지 그래프와 통계치의 특징은 무엇인가? 학생들이 보다 높은 수준의 질문을 형성하도록 어떻게 안내하였는가?

04. 여러분의 학교에서 사용하고 있는 초등학교 교과서의 내용과 범위를 조사하시오. 그래프가 처음 도입되는 것은 어느 수준인가? 그래프에 대한 어떠한 기능이 강조되고 있는가? 어떠한 통계 주제가 중요하게 포함되어 있고, 어느 정도의 수준인가? 확률에 대해서도 조사해 보시오.

05. 학생들이 주사위 실험을 수행하는 것을 보고 "놀이"라고 하는 교장 선생님께 어떤 말을 할 것인가?

06. NCTM에서 발간한 책인 *Making Sense of Data* (Lindquist et al., 1992)와 *Dealing with Data and Chance*(Zawojewski et al., 1991)를 검토하시오. 어떤 수업에서 활용할지를 정하시오.

07. 자료 분석과 확률에 대한 NCTM Navigations 시리즈(PreK-2, Sheffield et al, 2002; 3-5, Chapin, Komiol, MacPherson & Rezba, 2002; 6-8 probability, Bright, Frierson et al., 2003; 6-8, data analysis, Bright, Brewer et al., 2003)를 보고, 각 학년에 적절한 활동을 학생들에게 제시하시오. 어떤 일이 일어났는지를 논의하시오.

08. 신문이나 잡지를 조사해 보시오. 학생들이 조사할 수 있는 많은 그래프가 있을 것이다. 그래프가 사용된 여러 가지 목록을 작성하시오. 특정한 그래프(예를 들어, 그림그래프, 원그래프, 막대그래프)를 선택해서 왜 그 상황에서 그 그래프가 선택되었는지를 설명하시오.

09. 게임은 재미있을 뿐 아니라 확률에 대한 이해를 개발하는 데도 도움이 된다. *Dealing with Data and Chance*(Zawojewski et al., 1991)에 제시된 Mantana Red Dog 게임, *What Are My Chances?*(Shulte & Choate, 1996)에 제시된 게임 중 하나, *Chance Encounters: Probability in Games and Simulation* (Brutlag, 1996)에 제시된 "Cover up Game"을 해 보시오. 이들 게임을 학생들에게 어떻게 활용할지를 이야기해 보시오.

10. 확률이나 통계와 관련된 논문인 Jones(2005), Shaughnessy(2007), Friel et al.(2001) 중 하나를 읽으시오. 그 연구의 성질에 대해 논의하시오. 그 연구에서 제안된 수업 아이디어나 활동 중에서 특정한 개념을 학습하는 데 효율적인 수업 아이디어나 활동에 대해 생각해 보시오.

11. 스프레드시트, 그래픽 소프트웨어 또는 설문조사 소프트웨어, 그래픽 계산기와 같은 테크놀로지를 활용해서 자료를 표현하고 분석하여라. 학생들이 이러한 도구들을 어떻게 활용할 수 있는지를 평가하시오. 또한 학생들과 도구들을 활용해 보고, 평가를 해 보시오.

12. NCTM Illuminations 웹 사이트에 탑재된 활동들을 확인해 보시오. 초등학생들이 확률을 이해하는 데 도움이 되는 활동을 찾아보시오. 찾았다면 몇몇 학생들과 수행해 보시오.

아동용 추천도서

Arnold, C. *Charts and Graphs: Fun, Facts, and Activities*. New York: Franklin Watts, 1984.

Cushman, J. *Do You Wanna Bet? Your Chance to Find Out About Probability*. New York: Clarion Books, 1991.

Davies, J. *Tricking the Tallyman*, New York: Alfred A. Knopf, 2009.

Holtzman, C. *No Fair!* New York: Scholastic, 1997.

Leedy, L. *The Great Graph contest*, New York: Holiday House, 2006.

Murphy, S. J *The Best Vacation Ever*. New York: HarperCollins, 1997.

보충 학습자료

Bright, G. W., Brewer, W. McClain, K., and Mooney, E. S. *Navigating Through Data Analysis in Grades 6 through 8*. Reston, VA: NCTM, 2003.

Bright, G. W., Frierson, D., Jr., Tarr, J. E., and Thomas, C. *Navigating Through Probability in Grades 6 through 8*. Reston, VA: NCTM, 2003.

Burns, M. (2000). *About Teaching Mathematics: A K-8 Resource*. Sausalito, CA: Math Solutions.

Bright, G., Brewer, W., McClain, K. & Mooney, E. (2003). *Navigating through data analysis in grades 6-8*. Reston, VA: National council of Teachers of mathematics.

Chapin, S., Koziol, A., MacPherson, J., and Rezba, C. *Navigating Through Data Analysis and Probability in Grades 3 Through 5*. Reston, VA: NCTM, 2002.

Friel, S. "Teaching statistics: What's average?" In *The Teaching and Learning of Algorithms in School Mathematics, 1998 Yearbook* (ed. L. J. Morrow). Reston, VA: NCTM, 1998, pp. 208-217.

Quinn, R., and Wiest, L. "Reinventing Scrabble with middle school students." *Mathematics Teaching in the Middle School*, 5 (December 1999), pp. 210-213.

Sakshaug, L E. "Which graph is which?" *Teaching children Mathematics*, 6 (March 2000), pp. 454-455.

Sakshaug, L E., and Wohlhuter, K. A. "Rewponses to the Which Graph Is Which? problem." *Teaching Children Mathematics*. 7 (February 2001), pp. 350-353.

Sheffield, L., Cavanagh, M., Daccy, L., Findell, C., Greenes, C., & Small, M. (2002). Navigating through data analysis and probability in prekindergarten－grade 2, Reston, VA: National Council of Teachers of mathematics. Shulte, A. P., and Choate, S. A. *What Are My Chances?* Palo Alto, CA: Creative, 1996.

Zawojewski, J. (Ed.) *Dealing with data and chance*, Reston, VA: National council of Teachers of mathematics. Zawojewski, J. S., Brooks, G., Dinkelkamp, L., goldberg, E., Goldberg, H., Hyde, A., Jackson, T., Landau, M., Marting, H., Nowakowski, J., Paull, S., Shulte, A., Wagreich, P., and Wilmot, B. *Dealing with Data and Chance*. Reston, VA: NCTM, 1991.

제 18 장 수론

"즐긴 것은 결코 잊지 않는다."
- 헬렌 켈러(Helen Keller)

이 장의 핵심 질문

1. 초등학교에서 왜 수론을 학습하는가?
2. 수론에서 어떤 주제가 초등학교 수준에 적절한가?
3. 수론과 다른 교과를 연결할 수 있는 예를 제시하시오.

서론

수론(number theory)은 수세기 동안 연구되어온 것으로, 주로 정수에 초점을 둔 수학의 한 영역이다. 수년 동안 수론을 실제 상황에 적용하는 데는 많은 한계가 있었지만, 컴퓨터를 활용하게 됨으로써 난수 발생, 암호 이론, 암호학에서 중요하게 되었다. 이러한 응용은 대부분 초등학교 수준을 넘어서지만 초등학생들이 탐구할 수 있는 많은 주제들이 있다. 이러한 주제를 탐구하면서, 학생들은 헬렌 켈러의 인용문에 제시된 바와 같이 수학을 재미있게 경험하는 기회를 갖게 될 것이다. 이것은 많은 학생들이 수학을 즐기고 자신의 삶의 일부로 받아들일 수 있는 기회가 될 것이다.

수론을 학습해야 하는 이유

수론의 주제가 이러한 기회를 제공한다고 생각하는 데는 네 가지 이유가 있다. 다음에서는 각 이유를 간략하게 논의하고 그것을 활동으로 설명할 것이다. 여러분은 이러한 활동들 중 적어도 한 활동은 직접 해 보아야 한다.

이유 1. 수론은 수가 매력적일 수 있음을 보이는 주제이다. 고대부터 사람들은 수와 수 패턴에 매료되었다. 고대 사람들은 종종 수가 신비스러운 대상이라고 생각했고, 수 점술(numerology)이라 불리는 수학 분야가 유행하기도 하였다. 그러나 수론은 수의 수학적 속성을 다룬다. 여러분은 1시간이 왜 60분이라고 생각하는가? 이와 관련된 60의 속성은 무엇인가? 1시간을 50분이라고 해도 되는가?

이 장에서는 몇 가지 수 이론을 다룰 예정이지만, 먼저 수 배열에서 규칙이 얼마나 다양한지를 생각해 볼 것이고, <수업자료 18-1>에서는 삼각형으로 배열된 100까지의 수 배열표에 대해 생각해 볼 것이다. 또한 이 수 배열표에 나타난 규칙에 대해 알아보자.

수|업|자|료|18-1

무엇이 보이니?

학습목표: 100표에서 패턴을 탐구한다.
대상학년: 4학년 이상

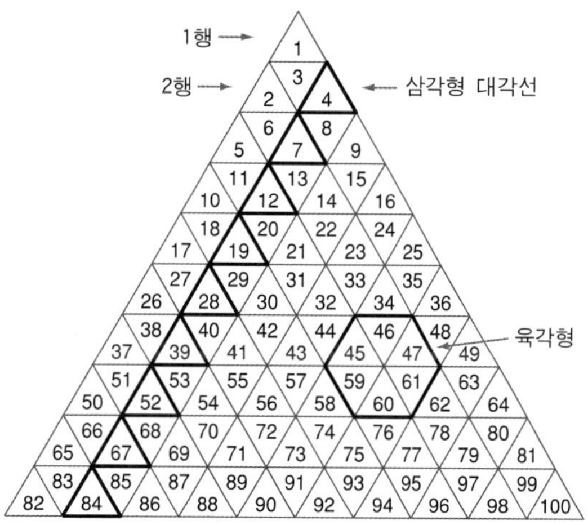

1. 제곱수는 어디에 있는가?
2. 홀수는 어디에 있는가?
3. (1과 3, 2와 6과 같이) 마름모 모양에 놓인 두 수의 합을 구하시오. 합을 계속해서 구하면, 합에서는 어떤 패턴이 있는가?
4. 각 행에 놓인 수들의 합을 구하시오. 합을 구하는 간단한 방법을 찾아보아라.
5. 육각형을 선택하시오. 수들의 합은 얼마입니까? 합을 구하는 간단한 방법을 찾아보아라.
6. 4와 7과 같이 삼각형 대각선에 놓인 인접한 두 수를 선택하시오. 두 수의 곱은 얼마입니까? 다른 수에도 규칙이 항상 같습니까?
7. 또 다른 패턴을 찾아 설명하여라.

이유 2. 수론은 종종 많은 수학적 추측을 가능하게 한다. CCSSM이 제시한 수학적 실행 중에는 타당한 논증이 포함되어 있다. 즉, 아동들은 초등학교부터 수학적 추측을 해야 하며 자신이 추측한 것이 타당한지에 대해서 논리적으로 정당화할 수 있어야 한다. 이 수준에서 학생들은 사물, 그림, 도형, 행동과 같은 구체적 모델을 이용하여 자신의 생각을 정당화 및 논증에 참여할 수 있다. 이 수준의 논증은 형식적으로 일반화되지는 않지만, 그 자체로 의미가 있다.

수론에서는 많은 추측들을 진술하기는 쉽지만 증명하기는 어렵다. 예를 들어, 골드바흐(Goldbach)의 유명한 추측은 4, 5학년도 이해할 수 있을 만큼 쉽다. 1732년 골드바흐는 2보다 큰 모든 짝수는 두 소수의 합으로 나타낼 수 있다고 추측했다. 예를 들어, 48은 두 소수 19와 29의 합과 같다. 10과 같은 수는 합으로 나타내는 방법이 한 가지 이상이다. 이 추측은 증명하지도 못하고 반증하지도 못했지만, 증명할 수 없다고 해서 학생들이 타당한 추측을 못하게 해서는 안 된다.

100까지 짝수에 대한 학생들의 추측을 검증하려면 소수를 찾아 규칙을 찾는 연습을 충분히 해야 한다. 교사는 표 18-1과 같이 차례로 짝수를 나열하고 학생들에게 소수의 합을 쓰게 한다. [오류유형 18-1]은 골드바흐의 추측을 확인하는 데서 흔히 나타나는 오류이다.

표 18-1 골드바흐의 추측

수	두 소수의 합
4	2+2
6	3+3
8	3+5
10	5+5, 3+7
12	5+7
14	7+7
16	

[오류유형 18-1]

- 과제: 골드바흐의 추측이 16에도 적용되는지 알아보아라.
- 오류: '7+9'라고 답함.
- 원인: 학생들은 종종 추측의 조건 중 일부에만 초점을 두는 경향이 있다. 예를 들어, 16은 7과 9의 합이라고 쓰는 경우가 있다. 특히, $12=5+7$이나 $14=7+7$이라는 것을 확인했다면 더욱 그러하다.
- 지도방안: 학생들에게 추측의 조건이 무엇인지 질문한다. 수는 짝수이어야 하고 (16은 짝수 맞음), 두 수의 합은 16이어야 하고(맞음), 두 수는 소수이어야 한다(9는 소수가 아니므로 틀림).

<수업자료 18-2>에는 가상의 인물이 말한 다섯 개의 추측을 제시하였다. 14장에서는 추측을 반증하기 위하여 반례를 찾았다. 이 추측들에 대해서도 그러한 반례를 찾을 수 있는가? 이 활동은 주로 여러분을 위한 것이지만, 도전거리가 필요하고 이러한 문제를 좋아하는 학생들에게도 활용할 수 있다. 이 장에서는 초등학생들의 수준에서 수학적 추측을 탐구하고 그 타당성에 대하여 논증할 수 있는 여러 가지 수학적 추측을 제시할 것이다.

이유 3. 수론은 수학적 기능을 확장하고 연습할 수 있는 방법을 제공한다. 종종 특정 주제에 대한 수업을 다양화할 수 있는 방법이 필요하다. 예를 들어, 5학년 학기 초 몇몇 학생들은 자연수의 약수 구하는 방법을 복습할 필요가 있다. 모든 학생들에게 이러한 복습이 도움이 될 수 있지만, 복습하는 데 동일한 시간이 필요한 것은 아니다. 너무 많은 복습이 필요하지 않은 학생들에게는 무엇을 하게 할 것인가? 수론에서는 종종 약수 구하는 것을 복습하면서 동시에 새로운 도전거리를 제시한다. 이 경우 과잉수, 부족수, 완전수

수|업|자|료|18-2

여러분은 이것을 믿습니까?

학습목표: 추측에 대한 반례를 제시할 수 있다.
대상학년: 5학년 이상

자연수에 대해 다음의 추측을 탐구해 보시오. 추측에 대한 반례를 찾을 수 있는지 알아보시오. 각 추측에는 수를 사용해서 예를 제시하고 있다.

1. Tinbach의 추측

모든 자연수는 두 소수의 차로 나타낼 수 있다.
(예) $14=17-3$　　$5=7-2$
　　$28=31-3$　　$11=13-2$

2. Zincbach의 추측

모든 자연수는 (0을 포함해서) 세 제곱수의 합으로 나타낼 수 있다.
(예) $3=1^2+1^2+1^2$　　$14=1^2+2^2+3^2$
　　$9=3^2+0^2+0^2$

3. Aluminumbach의 추측

모든 홀수는 세 소수의 합으로 나타낼 수 있다.
(예) $15=5+5+5$　　$11=3+3+5$
　　$21=7+7+7$

4. Brassbach의 추측

모든 제곱수는 약수가 3개이다.
(예) 4의 약수는 1, 2, 4로 3개이다.
　　25의 약수는 1, 5, 25로 3개이다.

5. Copperbach의 추측

소수의 곱은 홀수이다.
(예) $5\times3\times7=105$ (소수 3개)
　　$7\times3\times3\times5=315$ (소수 4개)

말을 조금만 바꾸면 위의 추측 중 일부는 참이 된다. 어느 추측인지 찾아 바르게 고치시오.

를 탐구할 수 있다(<수업자료 18-3> 참조). 이 장에서는 학생들이 여러 가지 수론의 주제들을 탐구하면서 기능을 연습할 수 있는 다른 예들도 제시할 것이다.

이유 4. 수론은 레크리에이션의 소재로도 활용될 수 있다. 수학이 레크리에이션이라고 생각해 본 적이 있는가? 수론은 학생들이 좋아하는 여러 가지 퍼즐 형태의 활동을 제공한다. 이것은 교육과정을 개별화하는 한 가지 방법이다. 학생들이 저마다 다양한

수|업|자|료|18-3

과잉수인가, 부족수인가, 완전수인가?

학습목표: 약수의 합을 탐구한다.
대상학년: 5학년 이상

방법

1. 어떤 수의 약수를 모두 구한다.
   어떤 수 자신을 제외한 모든 약수를 더한다.
2. • 그 합이 어떤 수 자신보다 크면, 그 수는 과잉수이다.
   • 그 합이 어떤 수 자신보다 작으면, 그 수는 부족수이다.
   • 그 합이 어떤 수 자신과 같으면, 그 수는 완전수이다.

예

- 18　$1+2+3+6+9=21$
  $21>18$　18은 과잉수이다.
- 35　$1+5+7=13$
  $13<35$　35는 부족수이다.
- 28　$1+2+4+7+14=28$
  $28=28$　28은 완전수이다.

과제

1. 학생들에게 100까지의 수를 과잉수, 부족수, 완전수로 분류하게 하시오.
2. 과잉수가 많은가, 부족수가 많은가?
3. 496과 8126이 완전수임을 보이시오.
4. 다음 추측을 탐구하시오: 과잉수 2개를 곱하면 그 곱도 과잉수이다.
5. 다음 추측을 탐구하시오: 부족수 2개를 곱하면 그 곱도 부족수이다.
6. 다음 추측을 탐구하시오: 완전수 2개를 곱하면 그 곱도 완전수이다.

수|업|자|료|18-4

마방진

학습목표: 마방진을 탐구한다.
학년수준: 1학년 이상
준비물: 1에서 9까지 숫자 카드, 3차 마방진

마방진은 가로, 세로, 대각선에 놓인 수들의 합이 같은 정사각형을 말한다. 아래 마방진에 숫자 카드를 배열하여 합이 15가 되도록 하시오.

낮은 수준:
3차 마방진에서 숫자 카드를 몇 칸 채워서 제시한다. 제시한 숫자 카드가 많을수록 퍼즐은 쉬워진다.

높은 수준:
다양한 수를 활용하시오.

- 2에서 18까지 짝수 9개를 이용하시오. 그러면 합은 30이 될 것이다.
- 5에서 45까지 5의 배수 9개를 이용하시오. 그러면 합은 75가 될 것이다.
- 4, 7, 10, 13, 16, 19, 22, 25, 28을 활용하시오. 그러면 합은 48이 될 것이다.
- 소수 0.2, 0.5, 0.8, 1.1, 1.4, 1.7, 2.0, 2.3, 2.6을 활용하시오. 그러면 합은 4.2가 될 것이다.
- 분수 $\frac{1}{5}$, $\frac{3}{5}$, 1, $\frac{7}{5}$, $\frac{9}{5}$, $\frac{11}{5}$, $\frac{13}{5}$, 3, $\frac{17}{5}$을 활용하시오. 그러면 합은 $5\frac{2}{5}$가 될 것이다.

종류의 운동이나 게임을 즐기는 것처럼, 퍼즐을 레크리에이션으로 즐길 수 있다. 퍼즐은 학생들이 탐구할 수 있는 도전거리임이 틀림없다.

그러한 퍼즐을 해결하면서 학생들은 기능을 연습하고, 수 감각을 개발하며, 문제 해결 전략을 활용한다. 예를 들어, 마방진에서 학생들은 가장 큰 두 수를 가로나 세로, 대각선의 같은 줄에 놓으면 안 된다는 것을 학습하게 된다(<수업자료 18-4> 참조). 이 활동은 지필로 수행할 수 있지만, 수 카드를 사용할 수도 있다. 먼저 이 활동을 카드로 수행하면 많은 학생들이 이 활동을 퍼즐로 생각한다. 둘째, 마방진을 완성할 때까지 잘못된 시도를 썼다 지웠다 하지 않아도 된다. 카드 사용의 단점은 학생들이 자신의 시도를 기록하지 못하기 때문에 동일한 시도를 계속해서 반복할 수 있다는 것이다. 이를 위해서는 각 시도를 기록하면 된다. 마방진에 사용되는 수를 변화시키거나 분수나 소수를 이용할 수도 있다. 마방진에 대한 보다 많은 정보와 활동은 PSB Mathline(http://www.pbs.org/teachers/mathline/concepts/historyandmaathematics/activity2.shtm)에 제시되어 있다.

초등학교 수학에서 수론

홀수와 짝수

수를 홀수나 짝수로 분류하는 것은 학생들이 처음으로 접하는 수론의 주제이다. 학생들은 2씩 뛰어 세면서(2, 4, 6, 8, 10), 이들 수에 특별한 것이 있다는 것을 학습한다. 즉 이 수들은 짝수이고, 나머지 수들은 홀수이다. 그러면 0은 무엇인가? 보다 정확하게 말하면 짝수는 2로 나누어떨어지는 수(즉 2로 나눌 때 나머지가 0인 수)이다. 0이 짝수임을 증명하기 위해서는 이 정의를 사용해야 한다.

학생들은 어떤 수가 짝수임을 정당화하기 위하여 수 세기를 사용한다. 0에서 시작해서 2씩 뛰어 세기를 한 수는 짝수이고, 1에서 시작해서 2씩 뛰어 세기를 한 수는 홀수이다. CCSSM에서는 2학년에서 짝수와 홀수를 두 가지 해석으로 도입한다. 첫 번째 해석에 따르면, 어떤 수를 크기 같은 두 수의 합으로 나타낼 수 있다면 짝수이다. 예를 들어, 14는 7과 7의 합으로 나타낼 수 있기 때문에 짝수이다. 두 번째 해석에 따르면, 어떤 수를 2개씩 묶을 수 있다면 짝수이다. 예를 들어, 14는 2개씩 7묶음이기 때문에 짝수이다. 이 두 가지 해석에는 어떤 차이점이 있는가? 9장에서 소개했던 나눗셈의 두 가지 의미와 어떤 관련이 있는가? 나중에 학생들은 모든 짝수는 2로 나누어떨어지는 반면에(즉 2로 나눌 때 나머지가 0), 모든 홀수는 2로 나눌 때 나머지가 1이라는 것을 학습한다.

짝수와 홀수를 구분하는 것은 매우 단순한 개념으로 보이지만, 4학년 학생들 중에서 70%만이 두 자리와 세 자리 수를 짝수나 홀수로 분류할 수 있었다. 아동들은 세 자리 수를 짝수인지 홀수로 분류하는 것을 왜 그렇게 어려워하는 것일까? [오류유형 18-2]에 제시된 아동들의 오류를 살펴보자. 이 오류는 2009년 NAEP에 제시된 과제에서 나타난 것이다. 이러한 오류를 찾아내고 설명할 수 있는 아동들은 절반도 되지 않았다. 아동들에게 자신의 추측을 정당화하게 하는 질문을 많이 하지 않았기 때문에, 이러한

[오류유형 18-2]

- 과제: 어떤 수에 1을 더하면 짝수인가, 홀수인가?

  $8 + 1 = 9$

  $4 + 1 = 5$

- 오류: "어떤 수에 1을 더하면 홀수가 된다."라고 답함.
- 원인: 이 아동은 몇 가지 사례만을 가지고 일반화한 것이다. 즉, 짝수에 대해서만 적용했다.
- 지도방안: 다른 수들에 대해서도 더 적용하도록 한다. 어떤 수에 '짝수'라는 단어를 추가하여 그 추측이 옳은지를 정당화하게 한다.

결과가 나타난 것으로 보인다.

5장에서는 두 홀수를 더하면 짝수가 된다는 추측을 정당화하는 학생을 제시하였다(그림 5-2 참조). 거기에서는 둘씩 짝을 짓는 아이디어와 그림을 사용하였다.

다음의 추측들은 2, 3학년 수준에서 도달할 수 있다. 학생들에게 5장에 제시된 학생이 정당화하는 것을 보이고, 학생들에게도 먼저 다음의 추측이 참인지 아닌지를 결정하고, 참이면 증명하고 거짓이면 그것을 반증하게 한다(거짓인 추측이 1개이다). 고학년 학생들에게는 합 대신에 곱에 대한 유사한 명제로 바꾸거나, 학생 스스로 추측을 만들고 그것을 확인하게 하면 그들의 수준에 적절할 것이다. 이들 중 한 가지는 잘못된 추측이다.

- 두 홀수의 합은 짝수이다.
- 두 짝수의 합은 짝수이다.
- 세 홀수의 합은 홀수이다.
- 홀수의 합은 항상 홀수이다.
- 짝수의 합은 항상 짝수이다.
- 두 홀수와 한 짝수의 합은 짝수이다.

다시 마방진의 예로 넘어가서(<수업자료 18-4> 참조), 짝수와 홀수가 마방진 문제를 해결하는 데 어떻게 도움이 되는지를 알아보자. 만약 1에서 9까지의 수를 사용한다면 홀수는 몇 개이고, 짝수는 몇 개인가? 아래에서는 홀수(o)와 짝수(e)의 배열을 나타내었다. 이것을 확인해 보시오. 홀수와 짝수의 개수가 올바른가? 각 행과 열, 대각선에 놓인 세 수의 합은 홀수인가? (1에서 9까지 수를 사용한 마방진에서는 합이 15가 되어야 한다는 점을 기억하시오.) 두 대각선에 왜 홀수만 놓을 수 없는가? 세 수의 합에 대한 추측을 활용해서 설명하시오.

e	o	e
o	o	o
e	o	e

이것을 활용하면 마방진을 완성하는 데 도움이 될 수 있다. 홀수가 놓인 행과 열을 보시오. 무엇을 알 수 있는가? 어떤 세 홀수를 더하면 합이 15가 되는가? [(3, 5, 7), (1, 5, 9)] 마방진에 이들 수를 써 넣으시오. 수를 쓰는 방법이 여러 가지임을 주목하시오. 한 가지 방법은 아래와 같다. 2, 4, 6, 8을 어떻게 놓아야 하는지를 알아보자. 약간의 수 감각을 활용해야 한다. 8을 9와 같은 행에 놓을 수 있는가? 2를 1과 같은 열에 놓을 수 있는가?

e	3	e
1	5	9
e	7	e

짝수와 홀수가 자연스럽게 활용되는 많은 예를 찾을 수 있다. 어떤 교과서는 정답지에 짝수 번호 문제의 답만 제시되어 있기 때문에 홀수 번호 문제의 답은 직접 구해야 했던 경우를 기억할 것이다. <수업자료 18-5>는 짝수와 홀수를 활용한 간단한 게임이다. 고학년 학생들에게는 처음부터 홀수 50개의 합을 구하게 할 수도 있다. (그림 5-6에서 제시한 계단식으로 합을 구하는 방법을 활용할 수 있다.) 학생들은 주사위 2개를 던져서 나온 눈의 합이 짝수인 확률을 구할 수도 있다(17장 참조).

약수와 배수

곱셈과 나눗셈에 대한 학습을 하면서 학생들은 또한 약수와 배수에 대한 학습도 시작하게 된다. CCSSM에서는 약수 찾기와 어떤 수가 주어진 수(1부터 100까지의 수)의 배수인지를 판단하게 하는 것을 강조하고 있다. 이 절에서는 약수와 배수를 살펴본 다음에, CCSSM에서 6학년의 학습 내용으로 제시하고 있는 공약수와 공배수에 대해서 알아볼 것이다.

약수 어떤 수의 약수는 나머지가 없이 그 수를 나눌

수업자료 18-5

모라(MORRA): 홀수와 짝수 게임

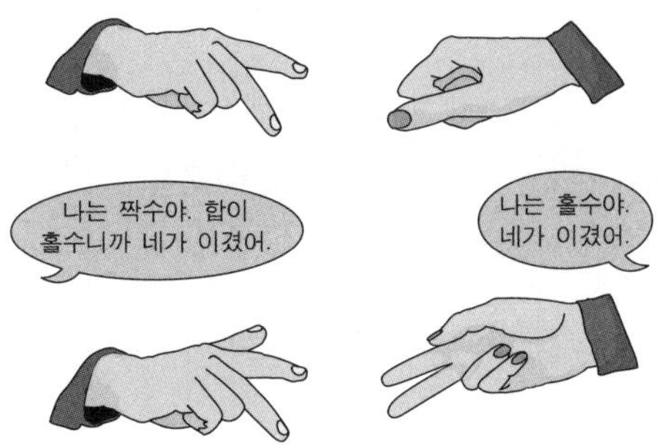

학습목표: 합이 짝수인지, 홀수인지 결정할 수 있다.

대상학년: 1학년 이상

모라는 고대부터 내려오는 게임이다. 고대 그리스와 로마에도 이 게임과 유사한 게임이 있었다. 여기에 제시된 게임은 2인용이다.

게임 규칙:

한 사람은 "홀수"로, 다른 사람은 "짝수"로 지정한다.

"시작"이라는 소리에 맞춰 두 사람은 다섯 손가락 중 아무것도 내지 않거나 몇 개를 낸다. (두 사람은 "1, 2, 3, 시작"라고 말하면서 게임을 시작한다.)

합이 홀수이면, 홀수로 지정된 사람이 1점을 얻고, 합이 짝수이면 짝수로 지정된 사람이 1점을 얻는다.

어느 한 사람이 지정된 목표 점수(10점)를 얻을 때까지 게임을 계속 한다.

변형

1. 한 팀에 두 명씩 두 팀으로 게임을 한다. 한 팀은 홀수로, 다른 팀은 짝수로 지정한다. 네 명이 낸 손가락 수의 합을 구하여 홀수냐 짝수냐에 따라 점수를 얻는다. 이것은 위의 게임과 동일하지만, 합이 커지고 4개의 수를 더해야 한다는 점에서 차이가 있다.
2. 3명이 게임을 한다. 한 사람은 0, 다른 사람은 1, 마지막 사람은 2로 지정된다. 다섯 손가락 중 아무 것도 내지 않거나 몇 개를 낸다는 규칙은 동일하다. 합을 3으로 나누어 나머지와 동일한 수로 지정된 사람이 점수를 얻는다.

수 있는 수를 말한다. 예를 들어, 15를 3으로 나누면 5이기 때문에(나머지가 없기 때문에) 3은 15의 약수이다. 약수를 구하는 또 다른 방법은 곱해서 15가 되는 두 수를 찾는 것이다. $3\times5=15$이기 때문에 3과 5는 15의 약수이다.

어린 아동들은 구체물을 사용해서 약수를 탐구하기 시작한다. 그림 18-1은 3학년 학생이 쓴 이야기이다. 교사는 학생들에게 어떤 수를 제시하고 그 수의 약수를 구하게 하였다. 병수는 사탕 12개를 여러 가지 묶음으로 나타내었으며, 그것에 대해서 이야기로 적었다.

학생들이 정사각형 타일이나 정사각형 그래프 종이를 사용해서 약수를 탐구하고 있다면, 학생들에게 정사각형 표현을 넓이와 연결시키도록 해야 한다. 예를 들어, 정사각형 12개로 직사각형을 만들어봄으로써 12의 약수를 탐구하게 한다.

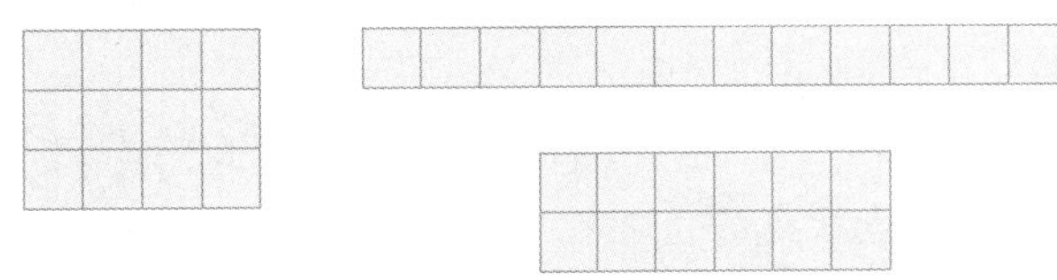

이것은 12가 3×4, 1×12, 2×6임을 보여준다. (세 직사각형의 변의 길이를 바꾸면 4×3, 12×1, 6×2가 되기 때문에) 실제로는 직사각형이 6개이다. 12의 약수는 1, 2, 3, 4, 6, 12, 즉 6개이다. 이것은 병수가 12를 똑같이 나눌 수 있었던 친구의 수와 같다.

고학년 학생들은 큰 수의 약수를 구하는 다른 방법이 필요하다. 예를 들어, 84의 약수는 무엇인가? 다음은 김 교사가 우수한 6학년 소집단 학생들과 나눈 대화이다.

교사: 84의 약수를 어떻게 구할 수 있을까?

정재: 1부터 84까지의 수로 나누어보면 됩니다.

보미: 아니야. 그렇게 하면 나눗셈을 84번 해야 해. 좀 더 쉬운 방법을 찾아야 돼.

명수: 모든 수는 1로 나눌 수 있어, 그래서 1은 약수야. 이것은 84도 약수라는 것을 의미해.

교사: 그 수를 적어 봅시다. 왜 그런지 알겠지요.

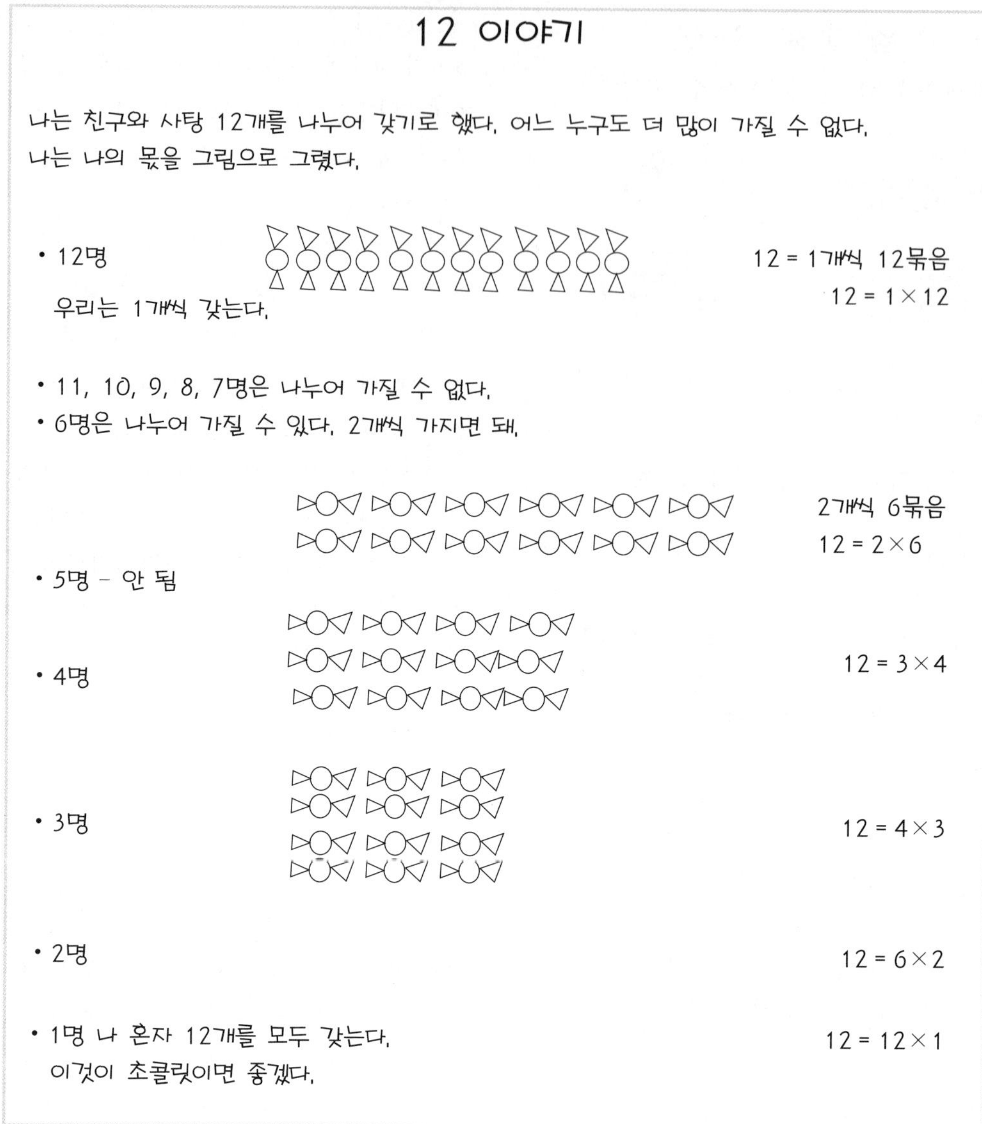

12 이야기

나는 친구와 사탕 12개를 나누어 갖기로 했다. 어느 누구도 더 많이 가질 수 없다.
나는 나의 몫을 그림으로 그렸다.

• 12명 우리는 1개씩 갖는다. — 12 = 1개씩 12묶음, 12 = 1×12

• 11, 10, 9, 8, 7명은 나누어 가질 수 없다.

• 6명은 나누어 가질 수 있다. 2개씩 가지면 돼. — 2개씩 6묶음, 12 = 2×6

• 5명 – 안 됨

• 4명 — 12 = 3×4

• 3명 — 12 = 4×3

• 2명 — 12 = 6×2

• 1명 나 혼자 12개를 모두 갖는다. 이것이 초콜릿이면 좋겠다. — 12 = 12×1

| 그림 18–1 병수가 쓴 12 이야기

1 84

라희: 2도 쉽습니다. 2×42는 84입니다.

보미: 나는 3을 확인해 볼게. 정재, 너는 4를 확인해 보고, 명수야, 너는 5를 확인해 보고, 라희는 6을 확인해 보자.

교사: 좋아요. 그러면 여러분이 발견한 것을 기록하겠어요. 표에 2와 42를 써야겠군요.

보미는 3과 28이 약수라고 했고, 정재는 4×21이라고 했으며, 명수는 5가 약수가 아니라고 했고, 라희는 6이 약수이고 그래서 14도 약수라고 했다. 교사는 학생들이 발견한 것을 짝을 지어 기록하였다.

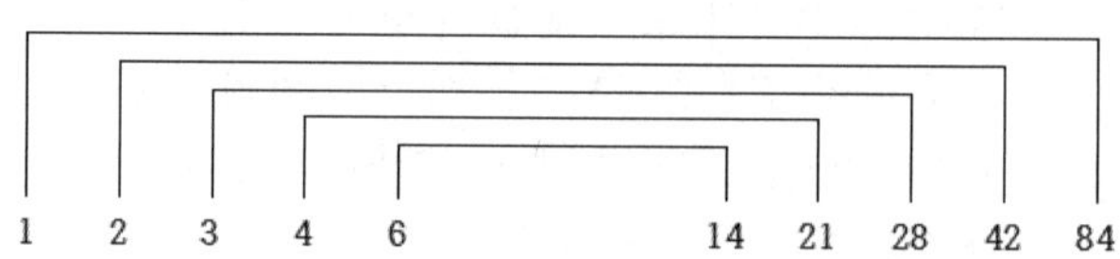

보미: 아이쿠, 아직도 확인해야 할 것이 남았네. 7, 8, 9, 10을 확인해 보자. 이제 네 번만 더 해보면 돼.

명수: 나는 5가 약수가 아니라 7을 해 봤다. 7×12야.

학생들은 8, 9, 10으로 84를 나눌 수 없다는 것을 발견했다.

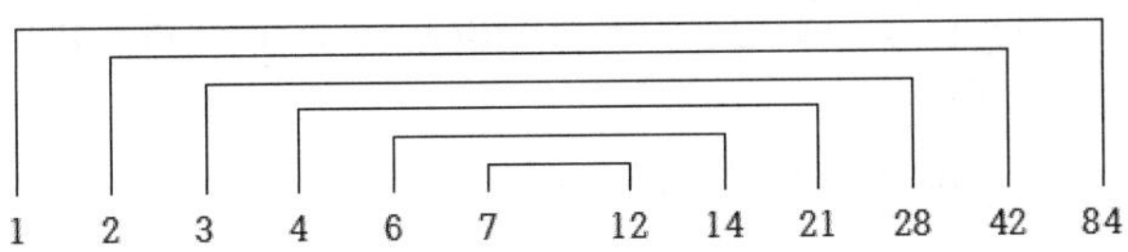

라희: 계산기에서 9로 나누어 보았더니 9.333이 나왔다. 또 11로 나누어 보았더니 7과 소수가 나왔다. 다음 수로 나누면 더 작은 수가 나와. 이 수들은 이미 모두 나누어 보았기 때문에 이제 그만해도 된다고 생각해.

정재: 선생님께서 왜 저렇게 기록을 하였는지 알겠어. 짝을 지으면 가운데로 와. 두 수가 만나면 이제 그만해도 돼.

교사는 소집단에서 라희와 정재가 말한 것을 탐구하였다. 그들은 충분한 수로 나누어 보았음을 이해하는 것으로 보였다. 이후 교사는 다른 예에서 "두 수가 만날 때"를 언급하면서 이에 대한 논의를 다시 하였다.

보미: 고마워. 생각했던 것만큼 힘들지는 않았어.

약수 찾기 게임은 2에서 36까지 수의 약수를 구하는 전통적인 게임이다. 학생들이 좋은 전략을 발견하게 되면, 소수나 합성수에 대한 탐구도 시작할 수 있다.

배수 어떤 수의 배수는 그 수와 다른 자연수의 곱을 말한다. 예를 들어 $4\times9=36$이기 때문에 36은 4의 배수이다. 어떤 수의 배수를 구할 때, 그 수에서 시작해서 그 수의 배수를 만들어 간다. 4의 양의 배수는 4, 8, 12, 16, 20, 24, 28, …이다. 4에 1, 2, 3, 4, …을 곱하면 이 수열이 만들어진다.

배수의 개념은 어렵지 않다. 어떤 수의 배수는 단지 그 수와 다른 수의 곱이다. 그러나 배수와 약수 사이에는 약간의 혼동이 일어난다. 이러한 혼동은 "36은 어떤 수의 배수인가?"라는 질문에서 야기된다. 이것은 실제로 약수를 요구하는 질문이다. (36은 4와 6의 배수이고, 다른 7개의 수의 배수이다.) 또 "4는 어떤 수의 약수인가?"라는 질문을 생각해 보자. 이 경우는 4의 배수에 대한 질문이다. 우리는 두 방향으로 모두 생각할 수 있어야 한다. 즉 7의 배수를 나열할 수 있어야 하고, 42가 어떤 수의 배수인지도 알아야 한다. 그러나 배수와 약수에 대한 학습을 시작할 때는 이들 용어를 배수와 약수를 구하는 경우로 사용해야 한다. 일반적으로 약수와 배수를 구하는 경우에 대한 학생들의 이해가 확고해졌을 때 다른 유형의 질문을 해야 한다.

최대공약수와 최소공배수 지금까지 한 수의 약수와 배수에 대해 알아보았다. 이제 여러 수를 고려하여 다음의 질문에 대해 알아볼 것이다: "두 수의 공통인 약수 중 가장 큰 수는 무엇인가(최대공약수)?", "두 수의 공통인 배수 중 가장 작은 수는 무엇인가(최소공배수)?" [오류유형 18-3]을 살펴보자.

이들 개념에 대한 이해는 주로 약수와 배수를 구하는 방법을 알고 있느냐에 달려 있다. 최대공약수를 구하는 알고리즘과 최소공배수를 구하는 알고리즘은 매우 유사하다. 이것은 이점인 동시에 약수와 배수를 제대로 이해하지 못하거나 왜 최대공약수나 최소공배수를 구하는지를 이해하지 못한 학생에게는 혼동을 야기할 수 있다. (최소공배수는 분수에서 가장 작은 공통분모를 구할 때 사용되며, 최대공약수는 분수

[오류유형 18-3]

- 12와 18의 최소공배수는 무엇인가?
- 오류: 아동 A는 '2'라고 답하였고, 아동 B는 '6'이라고 답하였다.
- 원인: 아동 A는 12와 18의 가장 작은 공약수를 제시하였다. 아동 B는 12와 18의 가장 큰 공약수를 제시하였다.
- 지도방안: 아동들에게 12와 18의 공배수를 나열하게 한다. 공통으로 들어가는 배수를 표시한 다음, 가장 작은 것을 찾게 한다.

를 약분할 때 사용된다. 그러나 계산기가 보급되면서 이런 기능은 옛날만큼 중요하지 않게 되었다.)

각각을 구하는 가장 간단한 알고리즘은 두 수의 약수나 배수를 나열하고, 나열된 수 중에서 가장 큰 수나 가장 작은 수를 찾는 것이다. 초등학교 수준에서 이것은 문제해결의 좋은 소재가 된다. <수업자료 18-6>은 옛날 교과서에서 발췌한 문제와 그 문제를 단순화한 것이다. 간단한 문제를 해결한 후 몇몇 학생들은 복잡한 문제도 해결할 수 있을 것이다.

소수와 합성수 **소수**는 약수가 2개, 즉 1과 자기 자신밖에 없는 1보다 큰 자연수를 말한다. 또 약수가 2개보다 많은 수를 **합성수**라 한다. 예를 들어, 13은 약수가 1과 13밖에 없기 때문에 소수이고, 10은 약수가 1, 2, 5, 10이기 때문에 합성수이다. 소수와 합성수는 4학년에서 처음으로 도입되지만, 매년 계속해서 다루어도 좋은 수학 주제이다.

약수를 구하는 부분에서 논의되었던 단위 정사각형을 배열해서 직사각형을 만들었던 활동도 또 다른 모델이 될 수 있다. 주어진 개수의 정사각형으로 2개의 직사각형만 만들 수 있다면 그 수는 소수이다. 예를 들어, 정사각형 13개로는 2개의 직사각형(1×13, 13×1)만을 만들 수 있기 때문에 13은 소수이다. 수직선에서 뛰어 세기 활동(<수업자료 18-7> 참조)은 어떤 수가 소수인지를 결정하는 모델이 될 수 있다.

소수를 구하는 또 다른 방법은 에라토스테네스(Eratosthenes)의 체를 활용하는 것이다. 먼저 한 줄에 수를 10개씩 순서대로 배열한다. 첫 번째 소수인 2에서 시작해서 2를 동그라미 하고, 나머지 2의 배수를 모두 지운다. 지워지지 않은 다음 소수로 넘어가서 그 소수를 동그라미 하고, 그 수의 나머지 배수를 모두 지운다. 이 과정을 계속하면 소수만 남게 된다. 에라토스테네스의 체에 대해 더 알고 싶다면 위키피디아 사이트(http://en.wikipedia.org/wiki/sieve_of_Eratosthenes)를 참고하기 바란다. <수업자료 18-8>은 수를 여섯 줄로 배열한 것으로 에라토스테네스의 체를 변형한 방법이다.

수업자료 18-6

옛날 문제, 요즘 문제

학습목표: 배수와 약수를 활용하는 문제를 해결할 수 있다.
대상학년: 4학년 이상

각 문제의 첫 번째는 1887년 수학 책에 제시된 것이다. 두 번째는 좀 더 작은 수를 사용하고, 오늘날의 용어로 바꾼 것이다.

카펫 깔기

폭이 각각 168인치, 196인치, 224인치인 세 개의 방이 있다. 세 방에 모두 사용할 수 있는 가장 큰 카펫은 어느 것인가?

Mr. Jud는 폭이 16피트, 24피트, 36피트인 세 방에 깔 카펫을 사야 한다. 그는 카펫을 자르지 않으려고 한다. 세 방에 모두 사용할 수 있는 가장 큰 카펫은 어느 것입니까?

언제 다시 만나는가?

네 사람이 동일한 지점에서 시작해서 정원을 돌려고 한다. A는 9분, B는 10분, C는 12분, D는 15분에 한 바퀴 돌 수 있다. 네 사람은 언제 다시 동일한 지점에서 다시 만나게 되는가?

Ann, Bella, Cid, Dan은 동네를 한 바퀴 돌려고 한다. 그들은 동시에 동일한 지점에서 출발한다. Ann은 4분, Bella는 6분, Cid는 8분, Dan은 9분에 동네를 한 바퀴 돌 수 있다. 네 사람이 모두 동시에 동일한 지점에 돌아오는 데는 얼마나 걸리는가?

땅 파기

일주일에 도랑을 A는 14로드, B는 18로드, C는 22로드, D는 24로드 팔 수 있다. 각 사람에 대한 일주일간 작업량으로 산출될 수 있는 가장 작은 수는 무엇인가?

Andy는 하루에 도랑을 4로드, Bev는 5로드, Cal은 6로드, Donna는 7로드를 팔 수 있다. Mr. B에 따르면, "땅을 파야 할 도랑이 있는데 너희 중 누군가가 며칠간 하루 종일 일했으면 좋겠다. 물론 너희 중 누군가가 다른 사람보다 일하는 시간이 길 수 있다." Mr. B가 확보할 수 있는 도랑의 최소 수는 얼마인가?

수|업|자|료|18-7

호퍼의 뜀뛰기

학습목표: 소수를 구할 수 있다.

대상학년: 4학년 이상

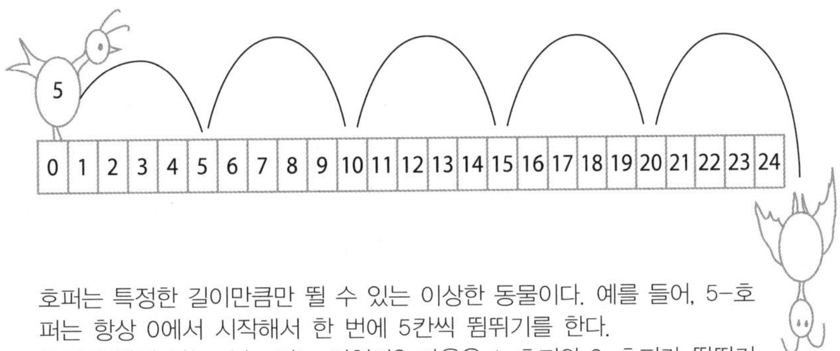

호퍼는 특정한 길이만큼만 뛸 수 있는 이상한 동물이다. 예를 들어, 5-호퍼는 항상 0에서 시작해서 한 번에 5칸씩 뜀뛰기를 한다.
호퍼가 땅에 닿는 수는 어느 것인가? 다음은 1-호퍼와 2-호퍼가 뜀뛰기를 한 것이다.

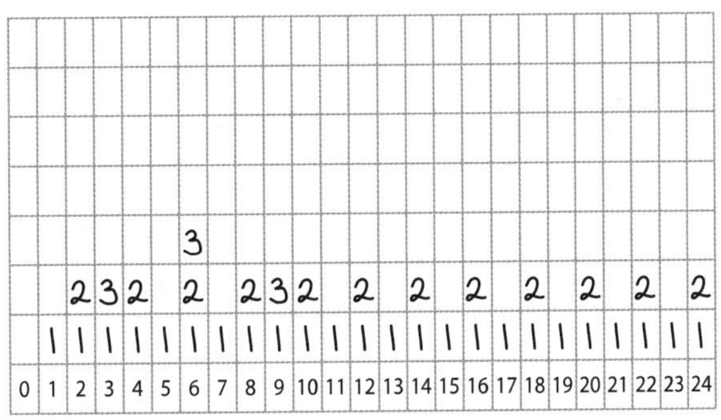

3-호퍼가 되어 보자. 먼저 3에 닿을 것이고(3 위에 3이라고 쓴다), 6에 닿을 것이며(6 위에 3이라고 쓴다), 계속 될 것이다. (9, 12, 15, 18, 21, 24 위에 3을 쓰게 될 것이다.)
4-호퍼, 5호퍼가 되어 보자. 이와 같은 방법으로 24-호퍼까지 되어 보자.

질문

1. 두 호퍼가 닿은 수는 무엇인가? 2, 3
2. 이 수들은 어떤 유형의 수인가? ________
3. 두 호퍼 이상이 닿은 수는 무엇인가? 6
4. 이 수들은 어떤 유형의 수인가? ________
5. 1은 어떤 유형의 수인가? ________

소인수분해 **산술의 기본 정리**에 따르면, 모든 합성수는 (곱하는 순서를 무시하면) 소수의 곱으로 유일하게 나타낼 수 있다. 예를 들어 12는 2×2×3으로 나타낼 수 있다. 이것을 12의 소인수분해라고 부른다.

어떤 수를 소인수분해하기 위해 초등학교에서 가장 일반적으로 사용하는 방법은 수형도이다. 다음은 3190에 대한 두 가지 수형도이다. 두 경우 모두 3190을 소인수분해한 결과는 2×5×11×29이다.

수|업|자|료|18-8

소수가 남는 체

학습목표: 2에서 102까지의 수 중에서 소수를 구할 수 있다.

대상학년: 5학년 이상

지침

1. 2에 동그라미를 하고, 나머지 2의 배수를 모두 지운다. 이와 같이 해 보시오.
2. 3에 동그라미를 하고, 나머지 3의 배수를 모두 지운다. 이와 같이 해 보시오.
3. 동그라미 하지 않거나 지워지지 않은 다음 수를 동그라미 하고, 그 수의 나머지 배수를 모두 지우시오.
4. 102까지 이것을 계속하시오. 그러고 나서 아래의 질문에 답하시오.

	(2)	3	~~4~~	5	~~6~~
7	~~8~~	~~9~~	10	11	12
13	14	15	16	17	18
19	20	21	22	23	24
25	26	27	28	29	30
31	32	33	34	35	36
37	38	39	40	41	42
43	44	45	46	47	48
49	50	51	52	53	54
55	56	57	58	59	60
61	62	63	64	65	66
67	68	69	70	71	72
73	74	75	76	77	78
79	80	81	82	83	84
85	86	87	88	89	90
91	92	93	94	95	96
97	98	99	100	101	102

질문

1. 어떤 유형의 수가 지워지지 않는가?
2. 어느 열에 소수가 있는가?
3. 이 열에 있는 수 중 소수가 아닌 수가 있다. 어느 수인가?
4. (2와 3을 제외한) 모든 소수에서 다음이 성립하는지를 확인하시오.

   어떤 자연수 n, m에 대하여 $(6\times n)+1$ 또는 $(6\times m)-1$의 형태이다. 예를 들어, $13=(6\times 2)+1$이고, $89=(6\times 15)-1$이다.

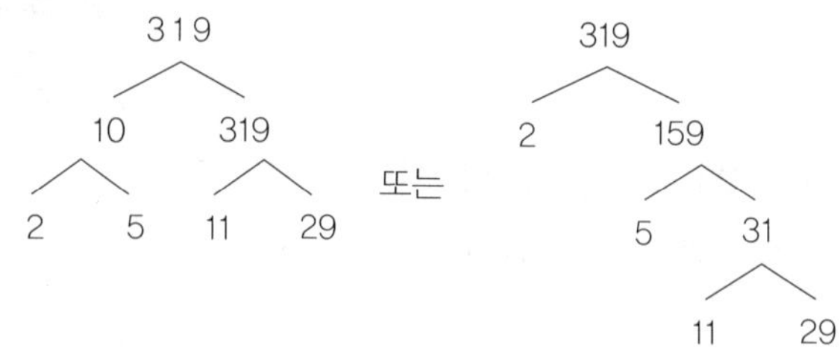

또 다른 방법은 나눗셈을 활용하는 방법으로, 소수로 반복해서 나누는 것이다. 나누는 수는 모두 소수이어야 한다. 계산이 끝났는지는 어떻게 아는가? 마지막에 나타난 몫은 어떤 유형인가?

```
 2) 3190
 5) 1595   3190을 2로 나눈 몫
11)  319
      29
```

각 수형도에 소수가 사용된다면 두 방법 사이의 공통점을 볼 수 있는가? 학생들이 어떤 방법을 사용하든 소인수분해한 결과는 $3190=2\times5\times11\times29$이어야 한다. $3190=10\times319$ 또는 $3190=2\times5\times319$와 같이 인수분해할 수는 있지만, 이것이 소인수분해는 아니다.

가분성

제부터는 가분성을 배수판정법과 추측의 두 가지 측면에서 볼 것이다. 임의의 수가 다른 수로 나누어질 때 나머지가 없다면 임의의 수는 다른 수로 나누어떨어진다고 한다. 84는 2로 나누어떨어지지만, 5로는 나누어떨어지지 않는다.

배수판정법은 머릿셈이나 필산으로 계산을 한 후 계산을 확인하는 것만큼 중요하다. 학생들은 2에서 12까지의 배수판정법을 학습해야 한다. 다음은 7의 배수판정법 중의 하나이다:

마지막 자리(일의 자리) 수를 두 배한 후 남은 자리 수에서 그것을 뺀다. 나머지를 쉽게 확인할 수 있을 때까지 이것을 반복한다. 만약 나머지가 7로 나누어떨어진다면 처음 수도 7로 나누어떨어진다. 예를 들어, 3941을 확인해 보자. 1을 두 배하고, 394에서 2를 뺀다. 그러면 392가 남는다. 2를 두 배하고, 39에서 그것을 빼면 35가 남는다. 35는 7로 나누어떨어지기 때문에 처음 수 3941도 7로 나누어떨어진다.

차라리 그냥 나누면 알 수 있지 않는가? 이러한 기계적인 규칙이 학생들에게는 별로 의미가 없을 수 있다. 그러나 그런 규칙을 발견하고 그것이 가능한 이유를 밝히는 것이 수학의 핵심이다.

오늘날 배수판정법은 어떤 규칙이 성립하고, 그 규칙이 왜 성립하는가를 탐구하는 기회를 제공하기 때문에 수학에서 흥미로운 주제가 되고 있다. 많은 학생들은 2나 5의 단 곱셈 구구에서 패턴을 발견해서 2와 5의 배수에 대한 규칙을 발견한다. 다른 수에 대한 규칙은 그렇게 분명하게 드러나지 않는다. <수업자료 18-9>는 3과 9에 대한 규칙을 발견하는 탐구활동이다. 학생들은 다음의 두 규칙을 추측할 수 있어야 한다.

- 어떤 수의 각 자리 수의 합이 3으로 나누어떨어지면, 그 수는 3의 배수이다.
- 어떤 수의 각 자리 수의 합이 9로 나누어떨어지면, 그 수는 9의 배수이다.

학생들이 <수업자료 18-9>의 질문에 명확하게 답을 하지 못한다면, 학생들과 표의 결과에 대해 토론을 하거나 보다 많은 예를 제시할 필요가 있다. 다음과 같은 질문을 하면 좋다. 더 큰 수에 대해서도 이 규칙을 적용할 수 있는가? 이 방법으로는 3과 9의 배수만을 확인할 수 있는가? 이 방법이 왜 옳은가?

나눗셈의 의미를 설명하는 모델을 조사하게 함으로써 마지막 질문에 대해 학생들이 추론하도록 도울 수 있다. 그림 18-2에 제시된 243의 모델을 사용해서 243에 대해 알아보자. 9로 나누는 것을 9명이 똑같이 나누는 것으로 생각한다면, 백 모형을 9명이 나누어가진다면 일 모형 1개가 남는다는 것을 알 수 있다.

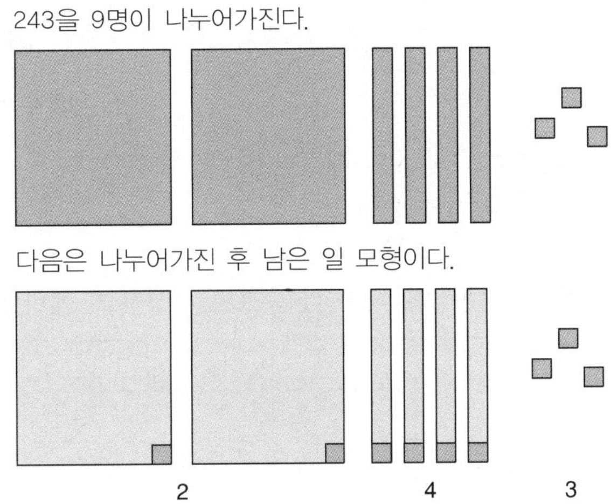

그림 18-2 243은 9로 나누어떨어지는가?

다른 백 모형에서도 일 모형 1개가 남을 것이다. 십 모형을 9명이 나누어가진다면 각각의 십 모형에서 일 모형이 1개 남을 것이다. 따라서 243을 9로 나누면 백 모형에서 일 모형 2개가 남고, 십 모형에서 일 모형 4개가 남으며, 처음의 일 모형 3개가 그대로 남게 된다. 그러면 남은 일 모형은 모두 9개가 되는데 이것을 9명의 사람이 하나씩 나누어가지면 된다. 따라서 243은 9로 나누어떨어진다.

학생들은 유사한 방법으로 다른 수의 배수판정법을 탐구할 수 있다. 100, 10, 1을 나누어가지는 관점을 활용한다면, 왜 243이 2나 5로 나누어떨어지지 않는지를 알 수 있는가? 일반적으로 말하면, 백 모형과 십 모형은 5명(또는 2명)이 나누어가질 수 있기 때문에 일 모형의 수만 확인하면 된다. 따라서 어떤 수가 2나 5로 나누어떨어지는지를 확인할 때는 일의 자리만 알아보면 된다.

4에 대한 배수 판정도 이와 같은 방법으로 세 자리 수를 가지고 정당화할 수 있다. 확인해 보시오. 고학년 학생들은 보다 큰 수를 탐구하고, 정당화 과정을 글로 쓸 수도 있다. 자릿값을 활용해 보자. 어떤 수가 몇천이라면 그 수를 9명이 똑같이 나눌 수 있는가? 어떤 수가 몇십만이라면 어떠한가?

배수판정법은 학생들에게 명제를 탐구할 수 있는 기회를 제공한다. 학생들은 배수판정법에 대한 다음의 추측(두 추측은 거짓임)을 탐구할 수 있다.

수|업|자|료|18-9

배수판정법의 발견

학습목표: 3과 9의 배수판정법을 탐구한다.

대상학년: 4학년 이상

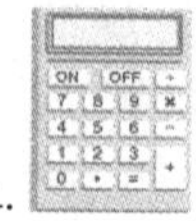

▾ 계산기를 사용해서 다음 표를 완성하고, 패턴을 찾으시오.

수	나누어떨어지는가?		각 자리 수의 합	각 자리 수의 합이 나누어떨어지는가?	
	3	9		3	9
456	예	아니오	4+5+6=15	예	아니오
891					
892					
514					
37					
78					
79					
1357					
1358					
1359					
1360					
1361					
1362					

▾ 다음에 대해 어떻게 생각하는가?

- 어떤 수가 3으로 나누어떨어진다. 그 수는 항상 9로도 나누어떨어지는가?
- 어떤 수가 9로 나누어떨어진다. 그 수는 항상 3으로도 나누어떨어지는가?
- 각 자리 수의 합은 무엇인가?
- 일련의 수 1357, 1358, 1359, …, 1362에서 알 수 있는 점은 무엇인가?

1. 어떤 수가 2와 3으로 나누어떨어진다면, 그 수는 6으로 나누어떨어진다.
2. 어떤 수가 2와 5로 나누어떨어진다면, 그 수는 10으로 나누어떨어진다.
3. 어떤 수가 12로 나누어떨어진다면, 그 수는 3과 6으로 나누어떨어진다.
4. 어떤 수가 2와 4로 나누어떨어진다면, 그 수는 8로 나누어떨어진다.
5. 어떤 수가 3와 6으로 나누어떨어진다면, 그 수는 12으로 나누어떨어진다.

학생들은 일반적으로 몇 개의 수를 시험해 봄으로써 추측을 이해하기 시작한다. 예를 들어, 첫 번째 추측에서 학생들은 다음과 같이 말할 것이다: “72를 가지고 생각해 보자. 72는 2와 3으로 나누어떨어진다. 그리고 6으로도 나누어떨어진다.” 어떤 학생들은 2, 3, 6의 배수를 모두 나열할 것이다.

2의 배수: 2, 4, 6, 8, 10, 12, 14, 16, 18, 20, 22, 24, 26, 28, 30, …

3의 배수: 3, 6, 9, 12, 15, 18, 21, 24, 27, 30, 33, 36, 39, 42, …

6의 배수: 6, 12, 18, 24, 30, 36, 42, 48, …

2의 배수와 3의 배수에 모두 포함되어 있는 수가 6의 배수에도 있음을 확인해 보시오. 다른 네 개의 추측도 확인해 보시오. 어떠한가?

수론의 다른 주제들

이 절에서는 수론의 다른 주제들을 제시하고, 각 주제에 대한 활동들을 제시하려고 한다. 여러분이나 여러분의 학생들이 심화된 탐구를 원한다면 웹사이트에서 더 많은 활동들을 찾을 수 있을 것이다.

서로소

1 이외에 공약수가 없는 두 수를 **서로소**라고 한다. 예를 들어, 8과 15는 1이 유일한 공약수이기 때문에 서로소이지만 8과 18은 2가 두 수의 공약수이기 때문에 서로소가 아니다.

<수업자료 18-10>은 저학년 학생들이 탐구할 수 있는 재미있는 탐구 활동이다(Bennett, 1978). 이 활동에서는 별 모양 패턴에 대해서도 많은 추측을 할 수 있지만, 여기서는 별 모양을 기하와 연결시키고 서로소인 수와 서로소가 아닌 수를 탐구하는 데 초점을 둘 것이다.

이 활동에서 점의 수를 9, 10, 12, 24, 30, 36으로 확장할 수 있다. 이 원들에서 몇 개의 점을 선택하면 점의 개수가 다른 원을 만들 수 있다. 예를 들어, 24개의 점이 있는 원에서 두 점을 없애고 세 번째 점만 남기면 8개의 점이 있는 원이 된다.

도형수

도형수 또는 그림수는 기하 모양과 관련된 수이다. 4, 9, 25와 같은 제곱수는 익숙할 것이다. 그러나 그 수들이 2^2, 3^2, 5^2이기 때문에 제곱수라고 부른다는

수업자료 18-10

학습목표: 별 모양 패턴을 탐구한다.
대상학년: 5학년 이상

(n, s) 별 모양은 동일한 간격으로 n개의 점이 있는 원에서 s칸만큼 이동한 점들을 연결하여 만든 것이다. 예를 들어 (12, 5) 별 모양은 12개의 점이 있는 원에 다음과 같이 그린 것이다:

원의 꼭대기 점(12시)에서 시계 방향으로(아래로) 다섯 칸 간 점과 연결한다.

그 점을 다시 다섯 칸 간 점과 직선으로 연결하는데, 이것을 계속한다.

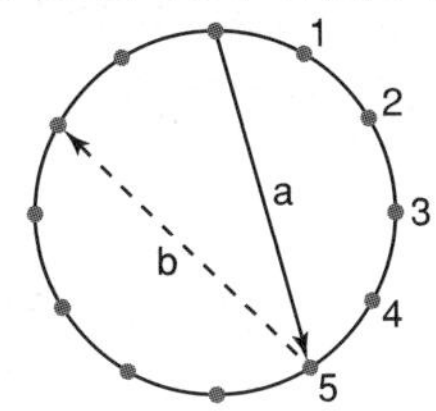

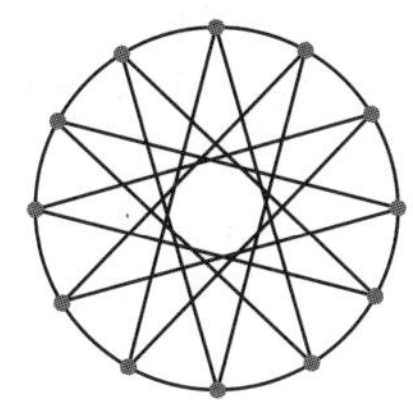

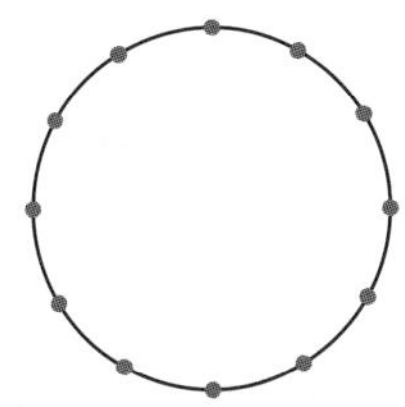

위와 같은 12개의 점이 있는 빈 원에서 학생들에게 다음의 별 모양 패턴을 만들게 하시오.

A. (12, 1)
B. (12, 2)
C. (12, 3)
D. (12, 4)
E. (12, 5)
F. (12, 6)
G. (12, 7)
H. (12, 8)
I. (12, 9)
J. (12, 10)
K. (12, 11)

모든 점을 연결하기 전에 시작점으로 돌아오면, (시계 방향으로) 다음 점에서 가서 다시 시작한다.

질문

1. 어떤 별 모양 패턴이 서로 같은가?
2. 어떤 별 모양 패턴이 (12, 5) 별 모양과 같은 길을 지나는가? (다른 별 모양으로 이동하기 전에 시작점으로 돌아오면 안 된다.)
3. (12, 1), (12, 2), (12, 3), (12, 4), (12, 6) 별 모양을 기하 용어로 어떻게 설명할 수 있는가?
4. 점의 수가 18개인 원에서 구간을 달리하여 별 모양 패턴을 만들어 보시오. 어떤 별 모양이 하나의 길로만 다니는지를 설명할 수 있는가?

것을 아는 사람은 많지 않다. 그 수들은 또한 아래와 같이 그림으로 나타내면 정사각형이 되기 때문에 사각수라고도 부른다.

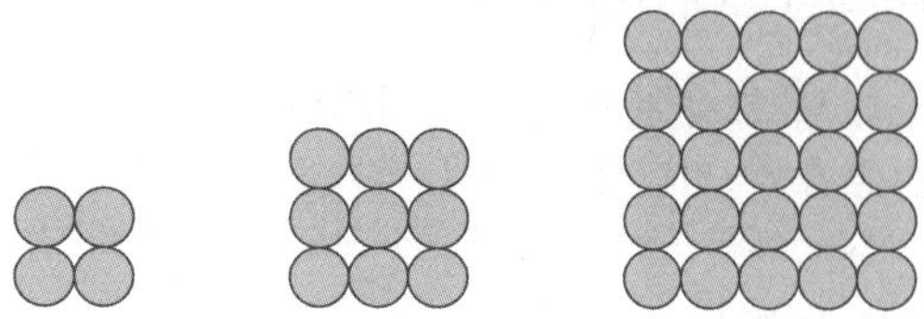

4 9 16

제곱수 배열에서는 여러 가지 패턴을 발견할 수 있으며, <수업자료 18-11>의 삼각수를 탐구하는 과정에서도 학생들은 이와 유사한 패턴들을 발견하게 될 것이다. 학생들은 또한 오각수, 육각수도 탐구할 수 있을 것이다.

모듈 산술

어떤 초등학교 책에는 모듈 산술을 시계 산술이라고 부른다. 시계에는 1에서 12까지의 정수만 있는 것처럼, 모듈 산술도 1부터 12까지의 정수에 기초한다. 이것은 mod 12라 부르는 12의 산술이다. 그러나 mod 12는 나머지에 대한 산술이기 때문에 12 대신에 0을 사용한다. 이것이 무엇을 의미하는지 mod 8을 탐구하면서 알아보자.

수|업|자|료|18-11

삼각수

학습목표: 삼각수를 탐구한다.

학년수준: 5학년 이상

아래와 같이 어떤 수만큼 점을 배열했을 때 삼각형이 되면 그 수를 삼각수라고 한다. 이 수열은 자연스럽게 발견되고, 문제해결에도 활용된다. 다음에서는 삼각수를 나타내기 위해 T_3과 같이 문자 T를 사용한다.

1. 다음 그림을 완성하여 처음 6개의 삼각수를 알아보시오.

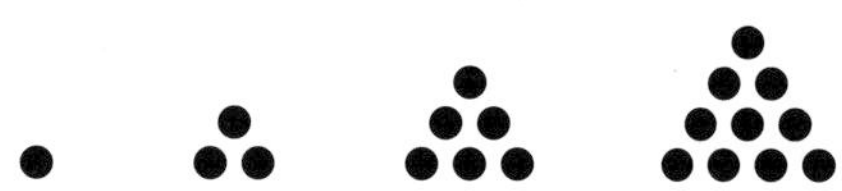

T_1 T_2 T_3 T_4 T_5를 그리시오 T_6를 그리시오

2. 다음 표를 완성하시오.

삼각수	T_1	T_2	T_3	T_4	T_5	T_6	T_7	T_8	T_9
점의 수									

질문

1. T_5를 구하기 위해 어떤 수를 5개 더해야 하는가? T_6를 구하기 위해 어떤 수를 6개 더해야 하는가?

2. T_4를 알고 있다면 T_5를 구하는 빠른 방법을 말해 보시오. 또 T_6를 알고 있다면 T_7를 구하는 빠른 방법을 말해 보시오.

3. T_{10}이 55라면 T_{11}은 얼마인가?

4. T_{100}은 얼마인가? 1부터 100까지의 합을 구하는 방법을 말해보시오.

5. 파스칼의 삼각형에서 삼각수를 찾을 수 있는가?

mod 8에서는(아래의 시계를 보시오) 0, 1, 2, ⋯, 7의 수가 사용된다. 이 수들은 우리가 사용하는 수 체계에서 사용하는 수와 같은 의미이다. 그러나 이 수가 전부이다. 6과 7의 합이 무엇이라고 생각하는가? 시계를 가지고 6시에서 시작해서 7시간을 더해 보자. 몇 시가 되는가?

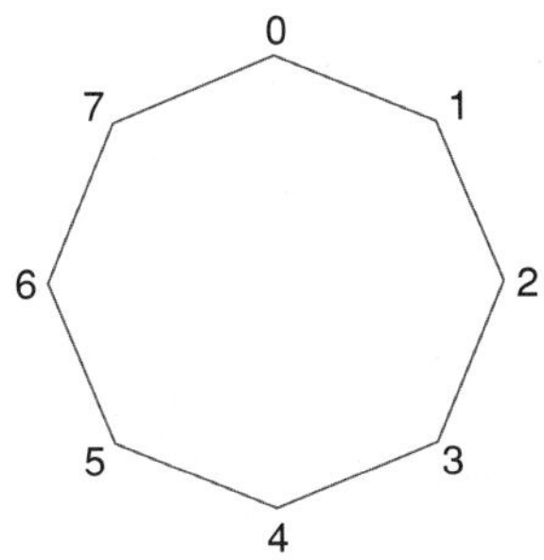

시계에서 합을 구한다면, 간단한 방법을 찾을 수 있다. 우리의 수 체계에서는 $6+7=13$이다. 13은 8시까지 있는 시계에서 한 바퀴 돌고, 5가 남는다. 따라서 $6+7=5$ mod 8이다. 13에서 8을 뺀 나머지는 얼마인가? 합이 35라면 몇 번을 회전해야 하는가? 그리고 마지막 회전 후 몇 시간이 남는가?

모듈 산술에 대한 많은 탐구가 가능하지만, 여기서는 미술과 연결시켜서 mod 4의 산술을 이용하여 퀼트를 만들 것이다. <수업자료 18-12>에서는 mod 4의 덧셈표와 곱셈표를 사용해야 한다. 학생들은 퀼트를 색칠하기 전에 두 표를 완성해야 한다.

학생들은 다른 모듈 산술을 이용하여 여러 가지 퀼트를 만들 수 있을 것이다. 예를 들어, 학생들은 mod 8과 8×8 정사각형을 이용하여 퀼트를 만들 수도 있을 것이다. 그림 18-3은 mod 4의 덧셈과 뺄셈을 바탕으로 하여 만든 두 가지 퀼트를 보여주고 있다.

수|업|자|료|18-12

모듈 퀼트

학습목표: 모드 덧셈표와 모드 곱셈표를 활용해서 퀼트를 만들 수 있다.
대상학년: 4학년 이상
준비물: 두 가지 색연필, 그래프 종이

지침: mod 4 퀼트는 다음의 단계에 따라 만든다.

1. 두 가지 색으로 아래에 있는 정사각형을 색칠하시오. 정사각형마다 색을 다르게 칠해야 한다.

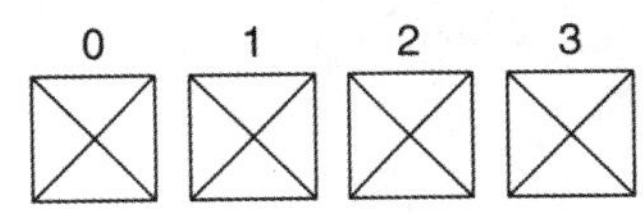

2. 모눈종이에 mod 4인 덧셈표와 곱셈표를 완성하시오.

+	0	1	2	3
0	0	1	2	3
1				
2				1
3		4		

×	0	1	2	3
0	0	0	0	0
1	0	1	2	
2				2
3		3		1

3. 위의 덧셈표나 곱셈표를 보고 모눈종이의 각 칸에 색칠을 하시오.

파스칼의 삼각형

파스칼의 삼각형은 확률과 매우 밀접한 관련이 있다. 여기에는 많은 패턴과 놀랄 만한 결과가 숨어 있는데, <수업자료 18-13>에서는 그중 몇 가지를 소개한다. 학생들이 다양한 패턴을 탐구하기 전에 각 행이 어떻게 만들어지는지를 알게 한다. (육각형 안에 있는 수는 바로 위에 있는 두 육각형 안에 있는 수의 합이다.)

앞에서 기술한 파스칼의 삼각형에 대한 활동은 http://www.shodor.org/interactive/activities/ColoringMultiples에서 볼 수 있고, 다른 탐구 활동은 http://mathforum.org/workshops/usi/pascal/petals_pascal.html에 제시되어 있다.

피타고라스 수

피타고라스 수는 $a^2+b^2=c^2$인 세 수 (a,b,c)를 말

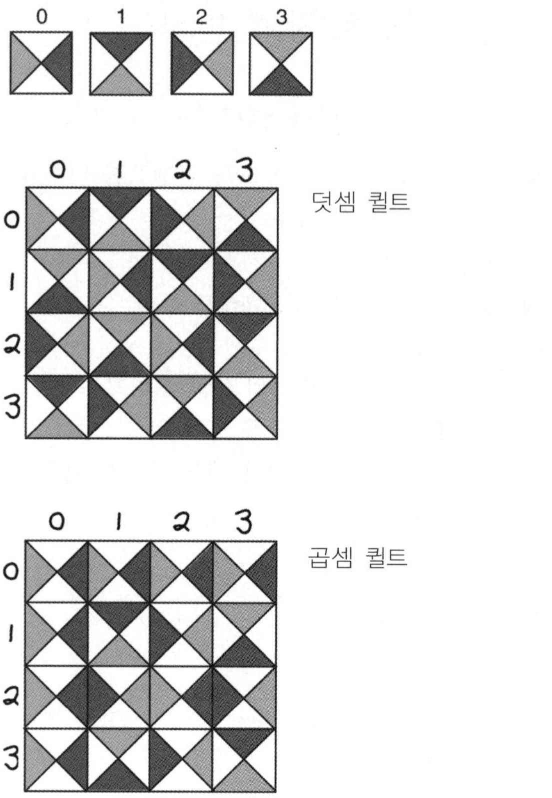

그림 18-3 mod 4를 이용한 두 가지 퀼트

한다. 우리는 기하 시간에 세 수 (3, 4, 5)를 배운 기억이 있다. 즉, 직각삼각형에서 두 변의 길이의 제곱의 합은 다른 한 변의 길이의 제곱의 합과 같다. 3^2+4^2이 5^2와 같은지를 확인해 보자.

피타고라스 정리를 그림으로 나타내면 아래와 같다. 그림에서 한 변의 길이의 제곱은 각 변을 한 변으로 하는 정사각형의 넓이임을 주목하시오. 예를 들어, 길이가 3인 변을 한 변으로 하는 정사각형의 넓이는 9이다. 검은색 정사각형과 흰색 정사각형의 넓이의 합은 회색 정사각형의 넓이와 같다.

수|업|자|료|18-13

파스칼의 삼각형

학습목표: 파스칼 삼각형에서 수 패턴을 탐구할 수 있다.

대상학년: 4학년 이상

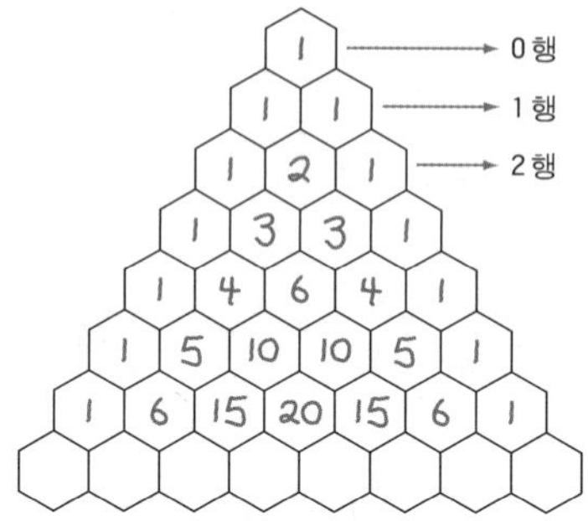

질문

1. 7행, 8행, 9행에는 각각 어떤 수들이 있는가?
2. 어떤 패턴을 볼 수 있는가?
3. 1행에서 6행까지 각 행에 포함된 수들의 합을 구하시오. (힌트: 각 행과 각 행에 놓은 수들의 합을 표로 나타내면 도움이 될 것이다.) 7행, 8행, 20행에 놓인 수들의 합은 각각 얼마라고 생각하는가?
4. (1행을 제외하고) 각 홀수 행에 놓인 수들을 보시오. 알 수 있는 점은 무엇인가? 9행에서도 그것이 참이라고 생각하는가?
5. 하나의 수를 선택하시오. 그 수가 포함된 행에서 그 수에서 왼쪽에 있는 수들을 차례대로 빼기, 더하기를 반복하시오. 예를 들어, 5행에 있는 두 번째 10을 선택하시오. 그러고 나서 다음과 같이 그 수에서 빼기와 더하기를 반복한다. 10−10+5−1. 계산 결과는 4이다. 파스칼의 삼각형에서 가장 가까운 4는 어디에 있는가? 다른 수로도 시도해 보시오. 여러분의 추측이 맞는가?

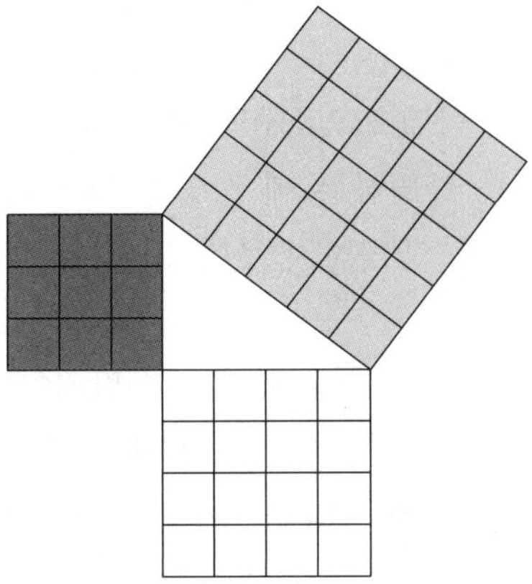

피타고라스 수를 만드는 여러 가지 방법이 있으며, 피타고라스 수에도 여러 가지 패턴이 있다. <수업자료 18-14>에는 초등학교 고학년 학생들이 탐구할 수 있는, 피타고라스의 수를 만드는 방법이 제시되어 있다. 계산기를 활용하면 복잡한 계산을 줄일 수 있을 뿐만 아니라 패턴을 탐구하는 재미를 더해 준다. 이 활동은 또한 피타고라스 수를 기하나 측정과도 연결시키는데, 학생들은 직각삼각형을 그린 후 피타고라스 정리가 성립하는지를 확인할 수도 있다.

피보나치 수열

어떤 수열은 이름이 있을 만큼 유명하다. 그러한 수열 중 하나가 피보나치 수열이다.

1, 1, 2, 3, 5, 8, 13, 21, 34, 55, …

이 수열이 어떻게 만들어졌는지 알겠는가? 처음 두 수는 1이고, 다음에 오는 수는 앞에 있는 두 수의 합이다.

이 수열은 쉽게 찾아볼 수 있는데, 자연이나 예술, 심지어 우리의 몸에서도 이 수열의 예를 찾을 수 있다. 어떤 책에서는 이 주제에 대해서만 소개할 만큼 내용이 풍부하다. 피보나치 수열을 탐구할 때 참고할 사이트로는 http://www.mcs.surrey.ac.uk/Pearsonal?R.Knott/Fibonacci/

수|업|자|료|18-14

피타고라스의 수

목표: 피타고라스의 수를 만들고, 탐구할 수 있다.
학년: 6학년 이상

다음은 피타고라스의 수를 만들 수 있는 표이다.

피타고라스의 수	#1	#2	#3	#4	#5	#6	#7
A	3	5	7	9			
B	4	12	24	40			
C	5	13	25	41			

1. 계산기를 활용해서 (3, 4, 5), (5, 12, 13), (7, 24, 25)가 피타고라스의 수인지 확인하시오. 즉 $3^2 + 4^2 = 5^2$임을 확인하시오.
2. #5에서 A는 어떤 수인가?
3. 각 피타고라스의 수에서 B와 C 사이에는 어떤 관계가 있는가?
4. B를 구해야 한다. 힌트: 동일한 색깔의 다른 세 수를 보아라. #5의 B는 어떤 수인가?
5. 위의 표에서 나머지를 채우고, 그것이 피타고라스의 수인지를 확인하시오.
6. 두 변이 각각 3cm, 4cm인 직각삼각형을 그리시오. 이 삼각형의 다른 한 변의 길이가 5cm인지를 확인하시오.
7. 다른 삼각형에서도 확인해보시오.

이 있는데, 역사, 자연, 예술, 간단한 퍼즐, 활동 등이 소개되어 있다. 다음 손 그림을 보시오. 제시된 수는 손가락 끝에서부터 첫 번째 관절, 두 번째 관절, 세 번째 관절, 네 번째 관절의 길이를 나타낸다. 이런 수를 본 적이 있는가? 자신의 손으로 확인해 보시오. 자신의 손가락 끝에서 첫 번째 관절까지의 길이가 2인 척도를 만들어야 한다.

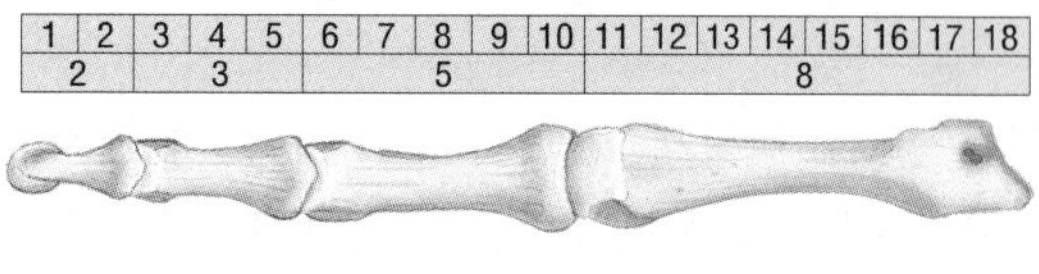

피보나치 수열은 여러분과 여러분의 학생들이 탐구할 수 있는 주제인 황금비와도 관련이 있다. 손 그림과 피보나치 수열이나 황금비를 포함하는 다른 관계는 http://goldnumber.net 사이트에서 확인할 수 있다.

문화적 연계성

수론의 뿌리는 수천 년 전 고대 시대에 두고 있다. 이 장에 소개된 이름만을 보더라도, 수세기 동안 영향을 받았음을 알 수 있다. 예를 들어, 짝수와 홀수 개념을 포함하는 모라(Morra) 게임은 고대 그리스와 로마에 기원을 두고 있다(수업자료 18-5).

피타고라스 정리($a^2 + b^2 = c^2$)를 발견한 피타고라스라는 사람은 기원전 500년 그리스에 살았다. 이 장에서 탐구했던 피타고라스 수는 이 정리에 의해 만들어졌다. 천 년이 지난 후 프랑스인 페르마(Fermat)는 피타고라스 수의 확장을 주장했다. 페르마의 마지막 정리는 2보다 큰 정수 n에 대하여 방정식 $a^n + b^n = c^n$을 만족하는 0이 아닌 정수해가 존재하지 않는다는 것이다. 예를 들어, $a^3 + b^3 = c^3$을 만족하는 정수는 존재하지 않는다. 수를 대입하여 실제로 그런지 확인해 보자. 페르마는 이것을 정리라 하였고 증명을 하였다고 주장했지만 발견되지 않았으며, 이것을 증명하는 데 350년이 걸렸다. 두 명의 미국인 수학자 와일즈(Wiles)와 테일러(Tayler)는 1994년 이 정리를 증명하는 데 성공했다. 그러니 학생들이 어떤 추측을 증명하지 못한다 할지라도 포기하지 마라.

피보나치는 13세기에 살았던 이탈리아인이다. 그의 유명한 수열은 초기에 인도에서 알려졌다. 파스칼 삼각형은 17세기에 살았던 프랑스인의 이름을 딴 것이다. 18세기와 19세기에 걸쳐 살았던 독일인 가우스(Gauss)는 모듈 산술의 아버지라 불린다. 어린 시절 그는 100까지 수의 합을 빨리 구해서 그의 선생님을 놀라게 했다.

벤저민 프랭클린(Benjamin Franklin)은 마방진에 매료되었다. 그는 다양한 크기의 마방진을 만드는 방법을 발견했다. 학생들도 수론의 주제에 매료될 수 있다. 이것들이 아주 오래된 주제이기는 하지만, 오늘날에도 탐구할 만한 가치가 있는 훌륭한 주제들이다. 여러분이 수에 대해 더 많은 것을 학습한 것처럼, 학생들에게도 그러한 기회를 제공할 필요가 있다.

요약

초등학교에서 수론의 주제들을 가르쳐야 하는 이유를 알아본 후 여러 가지 주제들을 살펴보았다. 제안된 활동이나 참고문헌에는 학생들의 필요에 부합하도록 교육과정을 차별화하는 방법이 제시되어 있다. 우리는 이러한 활동을 논리적 추론, 예술, 자연, 기하, 측정, 수에 대한 아이디어와 연결시켰다.

가장 중요한 것은 다양한 학생들이 즐길 수 있는 활동을 선택하는 것이다. 우리는 여기에 제시된 간략한 정보가 여러분에게 보다 많은 것을 학습할 수 있는 정보나 영감을 주어 학생들도 이러한 주제들을 탐구할 수 있기를 바란다.

연|습|문|제|

01. 초등학교에서 수론을 지도해야 하는 이유를 네 가지 열거하시오. 그리고 각각의 이유를 설명하시오.

02. 수론을 지도해야 하는 이유 중 여러분에게 의미가 있는 이유를 선택하시오. 여러분이 생각하기에 그 이유에 가장 부합하는 활동(이미 제안된 것 이외)을 제안하시오. (이 장에 있는 다른 활동이 될 수도 있고, 다른 장이나 다른 곳에서 찾을 수도 있다.)

03. 1에서 9까지 수를 사용하는 3차 마방진에서 각 줄에 놓인 세 수의 합이 15임을 정당화하시오. (힌트: 모든 수의 합을 구하여라.) (5장에 있는 그림 5-6을 참조하시오.) 1에서 16까지 수를 사용하는 4차 마방진에서 각 줄에 놓은 네 수의 합은 얼마인가?

04. 어떤 수의 약수를 모두 구하는 김 교사의 소집단 토의에서, 정재는 "두 수가 만나는" 점이 있다고 말했다. 이것이 무슨 의미인가? 여러분은 두 수가 만나는지 어떻게 아는가? 144, 200, 900에서 두 수가 만나는 수는 무엇인가?

05. 4장의 학생들을 평가하는 방법을 사용해서 홀수와 짝수, 소수에 대한 학생들의 이해를 어떻게 평가할 수 있는지 설명하시오.

06. 8 또는 11의 가분성에 대한 지도과정을 안내된 발견 수업으로 설계하시오.

연|구|문|제|

01. <수업자료 18-5>의 게임을 친구, 그리고 어린 학생과도 해 본다. 두 학생이 사용한 전략에는 어떤 차이점이 있는가?

02. <수업자료 18-7>의 활동을 소집단 학생들과 해 본다. 여러분은 학생들에게 어떤 질문을 할 것인가? 여러분이 기대하는 수학적 능력은 무엇인가?

03. 홀수와 짝수(또는 소수)에 대해 학생들과 면담을 한다. 이들 수에 대해 학생들은 어떤 개념을 가지고 있는가?

04. 6학년 학생인 Jasper는 <수업자료 18-8>에 제시된 체를 완성하였다. 그러고 나서 다음과 같이 말했다: "어떤 수가 소수라면 그 수는 6의 배수보다 1 크거나 1 작아야 한다." 소수 2와 3이 아니라면 이 명제는 참이다. 여러분 스스로 체를 완성한 후, Jasper가 이 사실을 어떻게 알게 되었는지를 설명하시오. 또 이 사실을 정당화하시오. (14장의 대수적 사실 중 몇몇을 검토해 보기를 바란다.) (힌트: 각 행을 대수적으로 표현해 본다. 예를 들어, 2행에 있는 모든 수는 어떤 정수 n에 대하여 $6n+2$로 표현할 수 있다.)

05. <수업자료 18-2>에 제시된 추측 중 하나를 선택해서 탐구해 보시오.

06. 좋아하는 수 하나를 선택하시오. 이 장에서 논의된 모든 수론의 주제를 활용해서 그 수를 설명해 보시오. (예를 들어, 소수인가? 그 수의 약수는 무엇인가? 파스칼의 삼각형에 포함되는 수인가?)

07. 교과서(4~6학년)를 조사하여 어떤 수론의 주제가 포함되어 있는지를 알아보시오.

08. http://nlvm.usu.edu/en/nav/frames_asid_202_g_3_t_1.html 를 활용해서 최소공배수를 구하는 방법을 찾아보시오. (힌트: 먼저 작은 수를 사용해서 두 수의 곱과 최소공배수과 최대공약수의 곱 사이의 관계를 알아보시오.)

아동용 추천도서

Bessinger, J., & Pless, V. *The Cryptoclub: Using Mathematics to Make or Break Secret Codes.* Wellesley, MA: A.K. Peters, 2006.

Goennel, H. *Odds and Evens*. New York: HarperCollins, 1994.

Hulme, J. N. *Wild Fibonacci: Nature's Secret Code Revealed.* Berkeley, CA: Trycycle Press, 2005.

Turner, P. *Among the Odds and Evens: A Tale of Adventure.* New York: Scholastic, 1999.

참고문헌

1장

Brownell, W. A. (August 2006). "The revolution in arithmetic." *Mathematics Teaching in the Middle School*, 12(1), 26-30. (Reprinted from *Arithmetic Teacher*, pp. 1-5, 1954, February).

Common Core State Standards Initiative(CCSSI). (2010). *Common core state standards for mathematics*. Washington, DC: National Governor Association Center for Best Practices and Council of Chief State School Officers. Retrieved from http://www.corestandards.org/

Ellington, A. J. (November 2003). "A meta-analysis of the effects of calculators on students' achievement and attitude levels in precollege mathematics classes." *Journal for Research in Mathematics Education, 34(5)*, 433-463.

Hirsch, C., Lappan, G., & Reys, B. (Eds.), (2012). *Curriculum issues in an era of common core state standards*. Reston, VA: NCTM.

Lambdin, D. V. (Ed.), (2010). *Teaching and learning mathematics: Translating research for elementary school teachers*. Reston, VA: NCTM.

Lambdin, D. V, & Walcott, C. (2007). Changes through the years: Connections between psychological learning theories and school mathematics curriculum. In M. E. Strutchins & W. G. Martin (Eds.), *The learning of mathematics, 69th yearbook* (pp. 3-25). Reston, VA: NCTM.

Lester, F. K., (Ed). (2007). *Second Handbook of Research on Mathematics Teaching and Learning*. Charlotte, NC: Information Age Publishing.

National Council of Teachers of Mathematics. (1989). *Curriculum and Evaluation Standards for School Mathematics*. Reston, VA: NCTM.

National Council of Teachers of Mathematics. (1991). *Professional Standards for Teachers of Mathematics*. Reston, VA: NCTM.

National Council of Teachers of Mathematics. (1995). *Assessment Standards for School Mathematics*. Reston, VA: NCTM.

National Council of Teachers of Mathematics. (2000). *Principles and Standards for School Mathematics*. Reston, VA: NCTM.

National Council of Teachers of Mathematics. (2014). *Principles to actions: Ensuring mathematics success for all*. Reston, VA: NCTM.

Reys, B.J. (Ed.). (2006). *The Intended Mathematics Curriculum as Represented in State-Level Curriculum Standards: Consensus or Confusion?* Charlotte, NC: Information Age Publishing.

Washburne, C. (1931, March). "Mental age and the arithmetic curriculum: A summary of the committee of sever0grade placement investigation to date." *Journal of Educational Research, 23(3)*, 210-231.

Wilson, L. D. (2007). "High-stakes testing in mathematics." In F. K.(Ed.), *Second Handbook of Research on Mathematics Teaching and Learning* (pp. 1099-1142). Charlotte, NC: Information Age Publishing, 2007.

2장

Brownell, W. A. (1935). "Psychological considerations in the learning and the teaching of arithmetic." In W. D. Reeves (Ed.), *The Teaching of Arithmetic, Tenth Yearbook of the National Council of Teachers of Mathematics*(1-31). Reston, VA: NCTM.

Bruner, J. (1086). *Actual minds, possible worlds*. Cambridge, MA: Harvard University Press.

Clements, D. H., & Sarama, J. (2009). *Learning and teaching early math: The learning trajectories approach*. New York: Routledge.

Coats, G. (2007, November). "middle school girls in the mathematics classroom." *Mathematics Teaching in the Middle School, 13(4)*, pp. 234-235.

Common Core State Standards Initiative(CCSSI). (2010). *Common core state standards for mathematics*. Washington, DC: National Governor Association Center for Best Practices and Council of Chief State School Officers. Retrieved from http://www.corestandards.org/

Cuoco, A., Goldenberg, E., P., & Mark, J. (1996). Habits of mind: An organizing principal for mathematics curricula. *Journal of Mathematical Behavior, 15*,

375-402.

Dienes, Z. P. (1960). *Building Up Mathematics*. London: Hutchinson Education.

Diezmann, C., Thornton, C., and Watters, J. (2003). "addressing the needs of exceptional students through problem solving." In F. K. Lester(Ed.), *Teaching Mathematics Through Problem Solving: Prekindergartne-Grade 6*(pp. 169-182). Reston, VA: NCTM.

Good, T. L., and Brophy, J. E. *(2003). Looking in Classrooms*, 4th ed. New York: Longmans.

Hiebert, J. (2003). "Signposts for teaching mathematics through problem solving." In R. I. Charles & F. K. Lester(Eds.), T*eaching Mathematics Through Problem Solving: Prekindergarten-Grade 6* (pp. 53-61). Reston, VA: NCTM.

Hiebert, J., and Grouws, D. (2007). The effects of classroom mathematics teaching on students' learning. In F. K. Lester, Jr.(Ed.), *Second handbook of research on mathematics teaching and learning*(pp. 371-404). Charlotte, NC: Information Age Publishing, 2007.

Holloway, J. (2004, February). "Closing the minority achievement gap in math." *Educational Leadership, 61(5)*, 84-86.

Jordon, W. J. (2010). Defining equity: Multiple perspectives to analyzing the performance of diverse learners. In A. Luke, J. Green, & G. Kelly (Eds.), *Review of research in education: What counts as evidence in educational settings? Rethinking equity, diversity and reform in the 21st Century*(pp. 142-178). Thousand Oaks, CA: Sage.

Kilpatrick, J., Swafford, B., & Findell, B. (Eds.), (2001). *Adding it up: Helping children learn mathematics*. Washington, DC: National Academy Press.

King, K., and Gurian, M. (2006, September). Teaching to the minds of boys. *Educational Leadership, 64(1)*, 56-61.

Kostelnik M., Soderman, A., and Whiren, A. *Developmentally Appropriate Curriculum: Best Practices in Early Childhoos Educaiton(3rd ed.)*. Upper Saddle River, NJ: Pearson Education, 2004.

Lubinski, S. T. (2007. November). What can we do about achievement disparities? *Educational Leadership, 65(3)*, 54-59.

Lubinski, S. T., Robinson, J. P., Crane, C. C., & Ganley, C. M. (2013, July). Girls' and boys' mathematics achievement, affect and experiences: Finds from ECLS-K. *Journal for Research in Mathematics Education, 44(4)*, 634-639.

Mewborn, D., and Cross, D. (2007). Mathematics teachers' beliefs about mathematics and links to students' learning.. In W. G. Martin, M. Strutchens, and P. C. Elliott (Eds.), *The Learning of Mathematics, 2007 Yearbook of the National Council of Teachers of Mathematics* (pp. 259-269). Reston, VA: NCTM.

Moschkovich, J. (2011). Language, culture, and equity in elementary school mathematics classrooms. In D. Lambdin (Ed.), *Teaching and learning mathematics: Translating research for elementary school teachers*(pp. 67-72). Reston, VA: NCTM.

National Council of Teachers of Mathematics. (1991). *Professional Standards for Teachers of Mathematics*. Reston, VA: NCTM.

National Council of Teachers of Mathematics. (2000). *Principles and Standards for School Mathematics*. Reston, VA: NCTM.

National Council of Teachers of Mathematics. (2014). *Principles to actions: Ensuring mathematics success for all*. Reston, VA: NCTM.

National Research Council. (199). *How people Learn: Brain, Mind, Experience, and School*. Washington, DC.: National Academy Press.

National Research Council. *Helping Children Learn Mathematics*. Washington, DC: National Academy Press, 2002.

Nebesniak, A., & & Heaton, R. (2010, September). Student confidence and student involvement. *Mathematics Teaching in the Middle School, 16(2)*, 96-103).

Piaget, J. (1972). *To Understand Is to Invent*. New York: Grossman.

Simon, M., Saldanha, L., McClintock, E., Karagoz, A. G., Watanabe, T., & Ozgur Zembat, I. (2010). A developing approach to studying students' learning through their mathematical activity. *Cognition and Instruction*, 28(1), 70-112.

Skemp, R. R. (2006). Relational understanding and instrumental understanding. *Mathematics Teaching in the Middle School, 12(2)*, 88-95.

Sutton, J., and Krueger, A. (Eds.). (2002). *ED Thoughts: What We Know About Mathematics Teaching and Learning*. Aurora, CO: McRel.

Trentacosta, J., & Kenney, M. (Eds.). (1997). *Multicultural and gender quity in the mathematics classroom*. Reston, VA: NCTM.

Vygotsky, L. S. (1962). *Thought and language. Cambridge*. MA: MIT Press.

3장

Abrams, J., and Ferguson, J. (2004, December 2004/2005, January). Teaching students from many nations. *Educational Leadership, 62(4)*, 64-67.

Barlow, A., & McCrory, M. (2011., May). Strategies for promoting math disagreements. *Teaching Children Mathematics, 17(9)*, 530-539.

Battista, M. T. (2010). The influence of technology on mathematics learning in elementary and middle school classrooms. In D. Lambdin (Ed.), *Teaching and learning mathematics: Translating research for elementary school teachers* (pp. 55-60). Reston, VA: NCTM.

Brodesky, A., Gross, F., McTigue, A., and Tierney, C. (2004, October). Planning strategies for students with special needs: A professional development activity. *Teaching Children Mathematics, 11(3)*, 146-154.

Brooks, L., A., & Dixon, J. K. (2013, September). Changing the rules to increase discourse. T*eaching Children Mathematics, 20(2),* 84-89.

Brown-Chidsey, R. (2007, October). No more "waiting to fail." *Educational Leadership, 65(2)*, 40-46.

Brown, D. L., Cady, J. A., & Taylor, P. M. (2009, May). Problem solving and the English language learner. *Mathematics Teaching in the middle School, 14(9)*, 533-539.

Brownell, W. A., and Chazal, C. B. (1935, September 1935). The effects of premature drill in third-grade arithmetic. *Journal of Educational Research, 29(1), 1*7-28.

Burns, M. (2007). *About Teaching Mathematics: A K-8 Resource(3rd* ed.). Sausalito, CA: Math Solutions Publications.

Cady, J. (2006). "Implementing reform practices in a middle school classroom, *Mathematics Teaching in the Middle School, 11(9)*, 460-466.

Common Core State Standards Initiative(CCSSI). (2010). *Common core state standards for mathematics*. Washington, DC: National Governor Association Center for Best Practices and Council of Chief State School Officers. Retrieved from http://www.corestandards.org/

Crown, W. (2003). Using technology to enhance a problem-based approach to teaching: What will and will not work.. In F. K. Lester (Ed.), *Teaching Mathematics Through Problem Solving: Prekindergarten-Grade 6* (pp. 217-228). Reston, VA: NCTM.

Daro, P., Mosher, F. A., & Corcoran, T. (2011). *Learning trajectories in mathematics: A foundation for standards, curriculum, assessment, and instruction* (CPRE Research Report #/RR-68). Philadelphia, PA: Consortium for Policy Research in Education.

Dean, C. B., Hubbell, E. R., Pitler, H., & Stone, B. J. (2012). *Classroom instruction that works* (2nd ed.). Alexandria, VA; ASCD.

Herrell, A. L., & Jordan, M. (2012). *Fifty strategies for teaching English language learners* (4th ed.). Boston, MA: Pearson.

Jacobs, V.R., and Kusiak, J. (2006). Got tools? Exploring children's use of mathematics tools during problem solving. *Teaching Children Mathematics, 12(9)*, 470-477.

Legnard, D. S., & Autin, S. L. (2012, November). The menu for every young mathematician's appetite. *Teaching Children Mathematics, 19(4)*, 228-236.

Marston, J. L., Muir, T., & Livy, S. (2013, March). Can we really count on Frank? *Teaching Children Mathematics, 19(7)*, 440-448.

Miller, P. C., and Endo, H. (2004, June). Understanding and meeting the needs of ESL students. *Phi Delta Kappan, 85(10)*, 786-791.

Murray, D. (2008). Differentiating instruction in mathematics for the English language learner. *Mathematics Teaching in the Middle School, 14(3)*, 146-153.

National Council of Teachers of Mathematics. (1991). *Professional Standards for Teachers of Mathematics*. Reston, VA: NCTM.

National Council of Teachers of Mathematics. (2000). *Principles and Standards for School Mathematics*. Reston, VA: NCTM.

National Council of Teachers of Mathematics. (2006). *Curriculum Focal Points for Prekindergarten through Grade 8 Mathematic*s. Reston, VA: NCTM.

National Council of Teachers of Mathematics. (2011). *Position statement on technology in teaching and learning mathematics*. Reston, VA: NCTM.

National Council of Teachers of Mathematics. (2014). *Principles to actions: Ensuring mathematics success for all*. Reston, VA: NCTM.

National Research Council. (2002). *Helping Children Learn Mathematics*. Washington, DC: National Academy Press.

O'Donnell, B., and Taylor, A. (2006, December 2006/2007, January). A lesson plan as professional development? You've got to be kidding! *Teaching Children Mathematics, 13(5)*, 272-278.

Payne, R. (2013). *A Framework for Understanding Poverty: A cognitive approach (5th ed.)*. Highlands, TX: aha! Process Inc..

Pitler, H., Hubbell, E. R., Kuhn, M., and Malenoski, K. (2007). *Using Technology with Classroom Instruction That Works*. Alexandria, VA: ASCD.

Rawding, M. R., & Wills, T. (2012, August). Discourse: Simple moves that work. *Mathematics Teaching in the Middle School, 18(1),* 47-51.

Rideout, V. J., Foehr, U. G., & Roberts, D. F. (2010). *Generation M2: Media in the lives of 8- to 18-years-olds*. Menlo Park, CA: Kaiser Family Foundation.

Roberts, S. K. (2007, August). Not all manipulatives and models are created equal. *Mathematics Teaching in the Middle School, 13(1)*, 6-9

Rubenstein, R. (2007, November). Focused strategies for middle-grades mathematics vocabulary development. *Mathematics Teaching in the Middle School, 13(4)*, 200-207.

Russell, S. J. (2012). *Kindergarten, investigations in number, data, and space. What comes next? Patterns and Functions*. New York: Pearson.

Smith, M., & Stein, M. (2008). Selecting and crating mathematical tasks: From research to practice. In J. Bay-Williams & K. Karp (Eds.), *Growing professionally: Readings from NCTM publications for grades K-8* (pp. 147-153). Reston, VA: NCTM.

Soucie, T., Radovic, N., & Svedrec, R. (2010, April). Making technology work. *Mathematics Teaching in the Middle School, 15(8)*, 467-471.

Stein, M., & Smith, M. (2010). The role of curricular materials in elementary school mathematics classroom. In D. Lambdin(Ed.), *Teaching and learning mathematics: Translating research for elementary school teacher* (pp. 61-65). Reston, VA: NCTM.

Thames, M., & Ball, D. L. (2010, November). What math knowledge does teaching require? *Teaching Children Mathematics, 17(4)*, 220-229.

University of Chicago School Mathematics Project. (2007). *Everyday Mathematics, Grade 3(3rd ed.). IL:* Wright Group/McGraw-Hill, 2007.

Wagener, L. (2009, October). A worthwhile task to teach slope. *Mathematics Teaching in the Middle School, 15(3)*, 168-174.

Wagreich, P. (2008). *Math Trailblazers: Grade 2* (3rd ed.). Dubuque, IA: Kendall/Hunt Publishing Co.

4장

Albert, L. R., Mayotte, G., and Sohn, S. C. (2002, March 2002). “Making observations interactive. *Mathematics Teaching in the Middle School, 7(7),* 396-401.

Badget, E. (1992, May). More than testing. *Arithmetic Teacher, 39(9)*, 7-11.

Black, P., & Wiliam, D. (1998). Assessment and classroom learning. *Assessment in Education, 5(1)*, 7-74.

Burns, M. (1985, February. The role of questioning. *Arithmetic Teacher, 32(6)*, 14-16.

Buschman, L. (2001). Using student interviews to guide classroom instruction: An action research project.” *Teaching Children Mathematics*, 8(4), 222-227.

Bush, W. S. (2001). *Mathematics Assessment: Cases and Discussion Questions for Grades K-5*. Restion, VA: NCTM.

Common Core State Standards Initiative(CCSSI). (2010). *Common core state standards for mathematics*. Washington, DC: National Governor Association Center for Best Practices and Council of Chief State School Officers. Retrieved from http://www.corestandards.org/

Collins, A. M. (Ed.). (2011). *Using classroom assessment to improve student learning*. Reston, VA: NCTM.

Diezmann, C. (2008, December) On the spot assessment. *Teaching Children Mathematics, 15(5)*, 290-294.

Dubon, L. P., & Shafer, K. G. (2010, February). Storyboards for meaningful patterns. *Teaching Children Mathematics, 16(6)*, 325-329.

Ellemor-Collins, D. L., & Wright, R. J. (2008, September). Assessing student thinking about arithmetic: Videotaped interviews. *Teaching Children Mathematics, 15(2)*, 106-111.

Fernandes, A, Anhalt, C. O., & Civil, M. (2009, October). Mathematical interviews to assess Latino students. *Teaching Children Mathematics, 15(2)*, 106-111.

Glanfield, F., Stenmark, J. K., and Bush, W. S. (2001). *Mathematics Assessment: A Practical Handbook for Grades K-2*. Reston, VA: NCTM.

Haberman, M. (1991). The pedagogy of poverty versus good teaching. *Phi Delta Kappan, 73*, 290-294.

Huffered-Ackles, K. Fuson, K. C., and Sherin, M.G. (2004, March). Describing levels and components of a math-talk learning community. *Journal for Research in Mathematics Education, 35(2)*, 81-116.

Labinowicz, E. (1985). *Learning from Children: New Beginnings for Teaching Numerical Thinking*. Menlo

Park, CA: Addison-Wesley.

Leahy, S., Lyon, C., Thompson, M., & Wiliam, D. (2005, November). Classroom assessment: Minute by minute, day by day. *Educational Leadership, 63*, 19-24.

Manouchehri, A., and Lapp, D. A. (2003, November). Unveiling student understanding The Role of Questioning in Instruction. *Mathematics Teacher, 96(8)*, 562-566.

Mewborn, D. S., and Huberty, P. D. (1999, December 1999). Questioning your way to the standards." *Teaching Children Mathematics, 6(4)*, 226-227, 243-246.

Moomaw, S., Carr, V., Boat, M., & Barnett, D. (2010, February). Preschoolers' number sense. *Teaching Children Mathematics, 16(6)*, 332-339.

Moon, C. J. (1993, September). Connecting learning and teaching through assessment. *Arithmetic Teacher, 41(1)*, 13-15.

Moskal, B. (2000, November). An assessment model for the mathematics classroom." *Mathematics Teaching in the Middle School, 6(3)*, 192-194.

Moyer, P. S., and Milewicz, E. (2002, December 2002). Learning to question: Categories of questioning used by preservice teachers during diagnostic mathematics interviews. *Journal of Mathematics Teacher Education, 5(4)*, 293-315.

National Council of Teachers of Mathematics. (1991). *Professional Standards for Teachers of Mathematics*. Reston, VA: NCTM.

National Council of Teachers of Mathematics. (1995). *Assessment Standards for School Mathematics*. Reston, VA: NCTM.

National Council of Teachers of Mathematics. (2000). *Principles and Standards for School Mathematics*. Reston, VA: NCTM.

National Council of Teachers of Mathematics. (2014). Principles to actions: Ensuring mathematics success for all. Reston, VA: NCTM.

Park, A. N. (2009, March). Can teacher questions be too open? *Teaching Children Mathematics, 15(7)*, 424-428.

Petit, M. M., & Zawojewski, J. S. (2010). Formative assessment in elementary school mathematics classroom. In D. V. Lambdin & F. K. Lester, Jr., (Eds.), *Teaching and learning mathematics: Translating research for elementary school teachers* (pp. 73-79). Reston, VA: NCTM.

Popham, W. J. (2008). *Transformative assessment*. Alexandria, VA: Association for Supervision and Curriculum Development.

Quinn, J., Kavanaugh, B., Boakes, N., & Caro, R. (2008, December). Two thumbs way, way up. *Teaching Children Mathematics, 15(5)*, 295-303.

Reinhart, S.C. (2000). Never say anything a kid can say! *Mathematics Teaching in the Middle School, 5(8)*, 478-483

Sanford, S. (1993). Assessing measurement in the primary classroom. In N. Webb (Ed.), *Assessment in the Mathematics Classroom, 1993 yearbook of the National Council of Teachers of Mathematics* (pp. 74-79). Reston, VA: NCTM, 1993.

Stenmark, J. K., and Bush, W. S. (2001). *Mathematics Assessment: A Practical Handbook for Grades 3-5*. Reston, VA: NCTM.

Stiggins, R. J. (2002, June). Assessment crisis: The absence of assessment for learning. *Phi Delta Kappan, 83(10)*, 758-765.

Strutchens, M., Lubienski, S. T., McGraw, R., and Westbrook, S. (2004). NAEP finding regarding race and ethnicity: Students' performance, school experiences, attitudes, beliefs, and family influences. In P. Kloosterman & . K. Lester (Eds.), *Results and interpretations of the 1990 Through 2000 mathematics assessments of the National Assessment of Educational Progress* (pp. 169-304). Reston, VA: NCTM.

Vacc, N. N. (1993, October). Questioning in the mathematics classroom. *Arithmetic Teacher, 41(2)*, 88-91.

Weiser, E., T. (2008, September). Students control their won learning: A metacognitive approach. *Teaching Children Mathematics, 15(2)*, 90-95.

William, D. (2007). Content then process: Teacher learning communities in the service of formative assessment. In D. B. Reeves (Ed.), *Ahead of the curve: The power of assessment to transform teaching and learning* (pp. 183-204). Bloomington, IN: Solution Tree Press.

5장

Amos, S. F. (2007, September). Talking mathematics.. *Teaching Children Mathematics, 14(2)*, 68-73.

Andrews, A., & Trafton, P. R. (2002). *Little Kids-Powerful Problem Solvers: Math Stories from a kindergarten Classroom*. Portsmouth, NH: Heinemann.

Ball, D. L., and Bass, H. (2003). Making mathematics reasonable in school. In J. Kilpatrick, W. G. Martin,

& D. Schifter (Eds.), *A Research Companion to Principles and Standards for School Mathematics* (pp. 27-44). Reston, VA: NCTM.

Buschman, L. (2003a). Children who enjoy problem solving. *Teaching Children Mathematics, 9*, 539-544.

Buschman, L. (2003b). *Share and Compare: A Teacher's Story About Helping Children Become Problem Solvers in Mathematics*. Reston, VA: NCTM.

Cai, J. (2010). Helping elementary school students become successful mathematical problem solvers. In D. V. Lambdin & F. J. Lester (Eds.), *Teaching and learning mathematics: Translating research for elementary school teachers* (pp. 9-14). Reston, VA: NCTM.

Campbell, P. F., & Rowan, T. E. (1997). Teacher questions 1 student language 1 diversity 1 mathematical power. In K. Trentacosta & M. J. Kenney (Eds.), *Multicultural and gender equity in the mathematics classroom: The gift of diversity, 1997 yearbook of the National Council of Teachers of Mathemtics* (pp. 60-70). Reston, VA: NCTM.

Common Core State Standards Initiative(CCSSI). (2010). *Common core state standards for mathematics.* Washington, DC: National Governor Association Center for Best Practices and Council of Chief State School Officers. Retrieved from http://www.corestandards.org/

Chapin S. G., and O'Connor, C.(2007). Academically productive talk: Supporting students' learning in mathematics." In W. G. Martin and M. E. Strutchens (Eds.), *The Learning of Mathematics, 69th Yearbook of the National Council of Teachers of Mathematics* (pp. 113-128). Reston, VA: NCTM.

Clements, L. L. (2004, September). A model for understanding, using, and connecting representations. *Teaching Children Mathematics, 11(2),* 97-103.

Cuoco, A. A. (ed.). (2001). *The Roles of Representation in School Mathematics, 2001 Year book of the National Council of Teachers of Mathematics.* Reston, VA: NCTM.

Curcio, F., Gurl, T., Artzt, A., & Sultan, A. (2013). *Implementing the common core state standards through mathematical problem solving: Grades 6-8.* Reston, VA: NCTM.

Devlin, K. (1996). *Mathematics: The science of patterns.* New York: Feeman and Company.

Fillingim, J. G., & Barrow, A. T. (2010, September). From the inside out. *Teaching Children Mathematics, 17(2)*, 80-88.

Franke, M. L., and Carey, D. A. (1997, January). Young children's perceptions of mathematics in problem-solving environments. *Journal for Research in Mathematics Education, 28(1)*, 8-25.

Goldin, G. A. (2003). Representation in school mathematics: A unifying research perspective. In J. Kilpatrick, W. G. Martin, & D. Schifter (Eds.), *A Research Companion to Principles and Standards for School Mathematics* (pp. 275-285). Reston, VA: NCTM.

Kilpatrick, J., Swafford, B., & Findell, B. (Eds.), (2001). *Adding it up: Helping children learn mathematics.* Washington, DC: National Academy Press.

Knuth, E. J., Choppin, J. M., & Bieda, K. N. (2009, November). Proof: Examples and beyond. *Mathematics Teaching in the Middle School, 15(4)*, 206-211.

Lampert, M., and Cobb, P. (2002). "Communication and language. In J. Kilpatrick, W. G. Martin, & D. Schifter (Eds.), *A Research Companion to Principles and Standards for School Mathematics* (pp. 237-249). Reston, VA: NCTM.

Leatham, K. R., Lawrence, K., and Mewborn, D. (2005). Getting started with open-ended assessment. *Teaching Children Mathematics, 11(8)*, 413-419.

Lester, F. K., and Charles, R. I. (2003). *Teaching Mathematics Through Problem Solving: Prekindergarten-Grade 6.* Reston, VA: NCTM.

Lubinski, C., & Otto, A. D. (2002, October). Meaningful mathematical representations and early algebraic reasoning. *Teaching Children Mathematics, 9(2),* 76-80.

Martin, W. G., & Kasmer, L. (2009, Devember/2005, January). Reasoning and sense making. Teaching *Children Mathematics, 16(5)*, 284-291.

McGivney-Burelle, J. M. (2004, December/2005, January). Connecting the dots: Network problems that foster mathematical reasoning. *Teaching Children Mathematics, 11(5),* 272-277.

Monk, S. (2003). "Representation in school mathematics: Learning to graph and learn. In J. Kilpatrick, W. G. Martin, and D. Schifter (Eds.), *A Research Companion to Principles and Standards for School Mathematics* (pp. 250-262). Reston, VA: NCTM.

Moschkovich, J. (2011). Language, culture, and equity in elementary school mathematics classrooms. In D. Lambdin (Ed.), *Teaching and learning mathematics: Translating research for elementary school teachers*(pp. 67-72). Reston, VA: NCTM.

National Council of Teachers of Mathematics. (2000). *Principles and Standards for School Mathematics.* Reston, VA: NCTM.

National Council of Teachers of Mathematics. (2001). *Navigations-Steering through principles and standards: Algebra in grades Pre-K-2 and grades 3-5*. Reston, VA: NCTM.

National Council of Teachers of Mathematics. (2009). *Focus in high school mathematics: Reasoning and sense making*. Reston, VA: NCTM.

National Council of Teachers of Mathematics. (2014). Principles to actions: Ensuring mathematics success for all. Reston, VA: NCTM.

Perry, J. A., and Adkins, S. L. (2002, September2). It's not just notation: Valuing children's representations." *Teaching Children Mathematics*, 196~201.

Russell, S. J. (1999). Mathematical reasoning in the elementary grades. In L. V. Stiff (Ed.), *Developing mathematical reasoning in grades K-12* (pp. 1-12). Reston, VA: NCTM.

Schwartz, S., & Curcio, F. (2013). *Implementing the common core standards through mathematical problem solving: Kindergarten-Grade 2*. Reston, VA: NCTM.

Shifter, D., Russell, S. J., & Bastable, V. (2009, November). Early algebra to reach the range of learners. *Teaching Children Mathematics, 16(4)*, 230-237.

Smith, S. P. (2003). Representation in school mathematics: Children's representations. In J. Kilpatrick, W. G. Martin, & D. Schifter (Eds.), *A Research Companion to Principles and Standards for School Mathematics* (pp. 263-274). Reston, VA: NCTM.

Tyminski, A. M., Richardson, S. E., & Winarski, E. (2010, April). Enhancing think-pair-share. *Teaching Children Mathematics, 16(8)*, 451-455.

Wood, T., and Sellers, P. (1996, May). Assessment of a problem- centered mathematics program: Third grade. *Journal for Research in Mathematics Education, 27(3)*, 337-353.

Wu, Z., An, S., King, J., Ramirez, M., & Evans, S. (2009, August). Second-grade professors: Using graphic organizers and the mathematician's chair enhances second graders' proficiency in solving word problems. *Teaching Children Mathematics, 16(1)*, 34-41.

Yackel, E., and Hanna, G. (2003). Reasoning and proof". In J. Kilpatrick, W. G. Martin, & D. Schifter (Eds.), *A Research Companion to Priciples and Standards for School Mathematics* (pp. 227-236). Reston, VA: NCTM.

6장

Akers, J., Battista, M., Godrow, A., Clements, H. D, and Sarama, J. (1996). *Halves and Symmetry: Investigations in Number, Data, and Space: Grade 2*. Menlo Park, CA: Dale Seymour Publications.

Ameis, J. A. (2002, January). Stories invite children to solve mathematical problems. *Teaching Children Mathematics, 8(5),* p. 260.

Arbaugh, F., Brown, C., Lynch, K., and McGraw, R. (2004). Students' ability to construct responses (1992- 2000): Findings from short and extended constructed-response items. In P. Kloosterman & F. K. Lester (Eds.), *Results and Interpretations of the 1990 Through 2000 Mathematics Assessments of the National Assessment of Educational Progress*(pp. 337-362). Reston, VA: NCTM.

Barrow, A. T. (2010, October). Building word problems: What does it take? *Teaching Children Mathematics, 17(3),* 140-148.

Battista, M. T. (2003). computer technologies and teaching geometry through problem Solving. In F. K. Lester & R. I. Charles (Eds.), *Teaching Mathematics Through Problem Solving: Prekindergarten-Grade 6*(pp. 229-238.). Reston, VA: NCTM.

Bay-Williams, J., and Martinie, S. (2004). *Math and Literature: Grades 6-8*. Sausalito, CA: Math Solutions Publications.

Bresser, R. (2004). *Math and Literature: Grades 4-6*. Sausalito, CA: Math Solutions Publications.

Burns, M., and Sheffield, S. (2004a). *Math and Literature: Grades K-1*. Sausalito, CA: Math Solutions Publications.

Burns, M., and Sheffield, S. (2004b). *Math and Literature: Grades 2-3*. Sausalito, CA: Math Solutions Publications.

Cai, J. (2003). What research tells us about teaching mathematics through problem solving. In F. K. Lester & R. I. Charles (Eds.), *Teaching mathematics through problem solving: Prekindergarten-Grade 6* (pp. 241-254). Reston, VA: NCTM.

Cai, J. (2010). Helping elementary school students become successful mathematical problem solvers. In D. V. Lambdin & F. J. Lester (Eds.), *Teaching and learning mathematics: Translating research for elementary school teachers* (pp. 9-14). Reston, VA: NCTM.

Common Core State Standards Initiative(CCSSI). (2010). *Common core state standards for mathematics*. Washington, DC: National Governor Association Center for Best Practices and Council of Chief State School

Officers. Retrieved from http://www.corestandards.org/

Charles, R. I., Lester, F. K., and Lambdin, D. V. (2005). *Problem Solving Experiences: making Sense of Mathematics.(Grades 3-8).* Parsippany, NJ:Dale Seymour.

Clement, R. (1991). *Counting on Frank*. Milwaukee, WI: Gareth Stevens Publishing.

Diezmann, C., Thornton, C., and Watters, J. (2003). Addressing the needs of exceptional students through problem solving. In F. K. Lester (Ed.), *Teaching Mathematics Through Problem Solving: Prekindergartne-Grade 6* (pp. 169-182). Reston, VA: NCTM.

Dwyer, J. (2003). Ordering rectangles: Which is bigger? In F. K. Lester & R. I. Charles (Eds.), *Teaching Mathematics Through Problem Solving: Prekindergarten-Grade 6* (pp. 143-147). Reston, VA: NCTM.

Ellis, M., Yeh, C., and Stump, S. (2007, December). Problem solvers: Rock, paper, scissors and solutions to the broken calculator problem. *Teaching Children Mathematics, 14(5)*, 309.

Hartweg, K. (2004, December/2005, Junuary). Solutions to the decorative plate hanging problem. T*eaching Children Mathematics, 10(5)*, 280-284.

Hiebert, J. (2003). Signposts for teaching mathematics through problem solving. In R. I. Charles & F. K. Lester (Eds.), T*eaching Mathematics Through Problem Solving: Prekindergarten-Grade 6* (pp. 53-61). Reston, VA: NCTM.

Hildebrand, C., Ludeman, C. J., and Mullin, J. (1999, March). Integrating mathematics with problem solving using the mathematician's chair. *Teaching Children Mathematics, 5(7)*, 434-441.

Hutchins, P. (1986). *The Doorbell Rang*. New York: Green Willow Books.

Jeon, K., and Bishop, J. (2008, February). Problem solvers: Solutions to the nine jumping numbers problem. *Teaching Children Mathematics, 14(6)*, 269-373.

Kabiri, M. S., and Smith, N. L. (2003, November). Turning traditional textbook problems into open-ended problems. *Mathematics Teaching in the Middle School, 9(3)*, 186-192.

Kloosterman, P. W., and Lester, F. K. (Eds.). (2004). *Results and Interpretations of the 1990 Through 2000 Mathematics Assessment of the National Assessment of Educational Progress*. Reston, VA: NCTM.

Kloosterman, P., and Lester, F. K. (Eds.). (2007). *Results and Interpretation of the 2003 Mathematics Assessment of the National Assessment of Educational Progress*. Reston, VA: NCTM.

Lesh, R., and Zawojewski, J. (2007). Problem solving and modeling. In F. K. Lester (Ed.), *Second Handbook of Research on Mathematics Teaching and Learning* (pp. 763-804). Greenwich, CT: Information Age Publishing.

Lester, F. K., and Charles, R. I. (2003). *Teaching Mathematics Through Problem Solving: Prekindergarten-Grade 6*. Reston, VA: NCTM.

Maclean, R. (2001). Educational change in Asia: An overview. *Journal of Educational Change, 2*, 189-192.

McClain, K., and Cobb, P. (2001, May). An analysis of development of sociomathematical norms in one first-grade classroom. *Journal for Research in Mathematics Education, 32(3)*, 236-266.

Midgett, C., and Trafton, P. R. (2001, May). Learning through problems: A powerful approach to teaching mathematics. *Teaching Children Mathematics, 7(9)*, 532.

Moses, B., Bjock, E., and Goldenberg, E. P. (1990). Beyond problem solving: Problem posing. In T. J. Cooney (Ed.), *Teaching and Learning Mathematics in the 1990s, 1990 Yearbook of the National Council of Teachers of Mathematics* (pp. 82-91). Reston, VA: NCTM.

Moskal, B. "An assessment model for the mathematics classroom." *Mathematics Teaching in the Middle School*, 6(3) (November 2000), pp. 192-194.

Moss, L. J., and Grover, B. W. "Not just for computation: Basic calculators can advance the process standards." *Mathematics Teaching in the Middle School*, 12(5) (January 2007), pp. 266-271.

National Council of Teachers of Mathematics. (2000). *Principles and Standards for School Mathematics*. Reston, VA: NCTM.

Polya, G. (1948). *How to Solve It*. Princeton, NJ: Princeton University Press.

Shimizu, Y. (2003). Problem solving as a vehicle for teaching mathematics: A Japanese perspective. In F. K. Lester & R. I. Charles (Eds.), *Teaching Mathematics Through Problem Solving: Prekindergarten-Grade 6* (pp. 205-214.). Reston, VA: NCTM.

Silbey, R. (1999, March). Waht is in the daily news? Problem- solving opportunities. *Teaching Children Mathematics, 5(7)*, 390-394.

Stenmark, J. K., and Bush, W. S. (2001). *Mathematics Assessment: A Practical Handbook for Grades 3-5*. Reston, VA: NCTM.

Stigler, J. W., and Hiebert, J. (1999). *The Teaching Gap:*

Best Ideas from the World's Teachers for Improving Education in the Classroom. New York: The Free Press.

Strylianou, D., Kenney, P. A., Silver, E. A., & Alacaci, C. (2000, October). Gaining insight into students' thinking through assessment tasks. *Mathematics Teaching in the Middle School, 6(2),* 136-143.

Tayeh, C. (2006, December/2007, January 2007). Solutions to the Cheerio count problem. *Teaching Children Mathematics, 13(5)*, 258-262.

Tayeh, C., and Britton, B. (2005, February). Make it 36. *Teaching Children Mathematics, 11(4)*, 330-331.

University of Chicago School Mathematics Project. (2001). *Everyday Mathematics: Teacher's reference manual (Grade K-3)* Chicago: Everyday Learning Corporation.

Westegaard, S. K. (2008, January). Using quilt blocks to construct understanding." *Mathematics Teaching in the Middle School, 13(6)*, 361-365.

Whitin, D. J., and Whitin, P. (2004). *New Visions for Linking Literature and Mathematics*. Urbana, IL: National Council of Teachers of English.

Whitin, P. (2004, November), Promoting problem-posting explorations. *Teaching Children Mathematics*, *11(2)*, 180-186.

Wood, T., Williams, G., & McNeal, B. (2006, May). Children's mathematical thinking in different classroom cultures. *Journal for Research in Mathematics Education, 37(3)*, 222-255.

Wu, Z., An, S., King, J., Ramirez, M., & Evans, S. (2009, August). Second-grade professors: Using graphic organizers and the mathematician's chair enhances second graders' proficiency in solving word problems. *Teaching Children Mathematics, 16(1)*, 34-41.

7장

Anthony, G. J., & Walsh, M. (2004, August). Zero: A "none" number. *Teaching Children mathematics*, *11(1)*, 38-42.

Bishop, J., Lamb, L., Philipp, R., Schappelle, B., & Whitacre, I. (2011, February). First graders outwit a famous mathematician. *Teaching Children Mathematics, 17(6)*, 350-358.

Bofferding, L, Kemmerle, M., & Murata, A. (2012, October). Making 10 my way. *Teaching Children Mathematics, 19(3)*, 164-173.

Cain, C., & Faulkner, V. (2012, January). Teaching number in the early elementary years. *Teaching Children mathematics*, *18(5)*, 288-295.

Chandler, C., & Kamii, C. (2009, March). Giving change when payment is made with a dime: The difficulty of tens and ones. *Journal for Research in Mathematics Education, 40(2)*, 97-118.

Clements, D. H., & Sarama, J. (2009). *Learning and teaching early math: The learning trajectories approach*. New York: Routledge.

Clements, D. H., & Sarama, J. (2011). Early childhood mathematics learning. In F. Lester (Ed.), *Second Handbook of Research on Mathematics Teaching and Learning*. (pp. 461-556). Charlotte, NC: Information Age Publishing.

Dougherty, B. J., Flores, A., Louis, E., & Sopian, C. (2010). *Developing essential understanding of number and numeration for teaching mathemtics in prekindergarten-Grade 2*. Reston, VA: NCTM.

Fuson, K. C. (2003b, February). Toward computational fluency in multidigit multiplication and division. *Teaching Children Mathematics 9(6)*, 300-305.

Gallenstein, N. (2004, September). Creative discovery through classification. *Teaching Children Mathematics, 11(2)*, 103-108.

Glanfield, F., Stenmark, J. K., and Bush, W. S. (2001). *Mathematics Assessment: A Practical Handbook for Grades K-2*. Reston, VA: NCTM.

Kamii, C., & Rummelsburg, J. (2008, March). Arithmetic for first graders lacking number concepts. *Teaching Children Mathematics*, *14(7)*, 389-394.

Kilpatrick, J., Swafford, B., & Findell, B. (Eds.), (2001). *Adding it up: Helping children learn mathematics*. Washington, DC: National Academy Press.

Schwerdtfeger, J., & Chan, A. (2007, March). Counting collections. *Teaching Children Mathematics, 13(7)*, 356-361.

Shigematsu, S., Iwasaki, H., and Koyama, M. (1994). Mental computation: Evaluation, curriculum and instructional issues from the Japanese perspective. In R. E. Reys & N. Nohda (Eds.), *Computational Alternatives for the 21st Century: Cross Cultural Perspectives from Japan and the United States* (pp. 19-30). Reston, VA: NCTM.

Thomas, J., Tabor, P., & Wright, R. (2010, January). First graders' number knowledge. *Teaching Children Mathematics, 17(5)*, 300-308.

Trespalacios, J., & Chanmberlin, B. (2012, March). Pearl diver: Identifying numbers on a number line. *Teaching Children Mathematics, 18(7)*, 446-447.

8장

Burns, M., and Sheffield, S. (2004a). *Math and Literature: Grades K-1*. Sausalito, CA: Math Solutions Publications.

Burns, M., and Sheffield, S. (2004b). *Math and Literature: Grades 2-3*. Sausalito, CA: Math Solutions Publications.

Common Core State Standards Initiative(CCSSI). (2010). *Common core state standards for mathematics*. Washington, DC: National Governor Association Center for Best Practices and Council of Chief State School Officers. Retrieved from http://www.corestandards.org/

Cooper, L., & Tomayko, M. (2012, May). Understanding place value. *Teaching Children Mathematics, 17(9)*, 559-565.

D'Ambrosia, B., & Kastberg, S. (2012, May). Understanding of decimal fractions. *Teaching Children Mathematics, 18(9)*, 555-564.

Ellett, K. (2005, April). Making a million meaningful. *Mathematics Teaching in the Middle School, 10(8)*, 416-423.

Fuson, K. (2003). Developing mathematical power in whole number operations. In J. Kilpatrick, W. G. Martin, & D. Schifter (Eds.), *A Research Companion to Principles and Standards for School Mathematics* (pp. 68-94). Reston, VA: NCTM.

Goodrow, A., & Kidd, K, (2008, September). Counting school days, decomposing number, and determining place value. *Teaching Children Mathematics, 15(2)*, 74-79.

Joslyn, R. E. (2002, March-April 2002). Using concrete models to teach large number concepts. *Arithmetic Teacher, 38*, 34-39.

Kastberg, S. E., & Walker, V. (2008, May). Insights into our understanding of large numbers. *Teaching Children Mathematics, 14(9)*, 530-536.

Larson, J., Jacobson, M., Den Ouden, K., & Basile, C. (2012, February). To infinity. *Mathematics Teaching in the Middle School, 17(6)*, 346-351.

Losq, C. (2005, February). Number concepts and special needs students: The Power of ten-frame tiles. *Teaching Children Mathematics, 11(6)*, 310-314.

Mack, N. (2011, September). Number knowledge. *Teaching Children Mathematics, 18(2)*, 100-109.

McIntosh, A., Reys, B. J., Reys, R. E., and Hope, J. (1997). *Number Sense: Simple Effective Number Sense Experiences: Grades 1-2, 3-4, 4-6, 6-8*. Palo Alto, CA: Dale Seymour.

Nugent, C. (2006, February). How many blades of grass are on a football field. *Teaching Children Mathematics, 12(6)*, 282-288.

Shaughnessy, M. (2011, March). Identifying fractions and decimals on a number line. *Mathematics Teaching in the Middle Grades, 17(7)*, 428-435.

Shifter, Russell, & Bastable, 2009

Shigematsu, S., Iwasaki, H., and Koyama, M., "Mental computation: Evaluation, curriculum and instructional issues from the Japanese perspective." In *Computational Alternatives for the 21st Century: Cross Cultural Perspectives from Japan and the United States* (eds. R. E. Reys and N. Nohda). Reston, VA: NCTM, 1994, pp. 19-30.

Thiessen, D. (Ed.). *(2001). Exploring Mathematics Through Literature*. Reston, VA: NCTM.

Thompson, I. (2000, November). Teaching place value in the UK: Time for a reappraisal? *Education Review, 51(3)*, 291-299.

Uy, F. (2003, January). The Chinese numeration system and place value. *Teaching Children Mathematics, 9(5)*, 243-247.

Wearne, D., and Hiebert, J. (1994, January). Place value and addition and subtraction. *Arithmetic Teacher, 41(5)*, 272-274.

Yoshikawa, S. (1994). Computational estimation: Curriculum and instructional issues from the Japanese perspective. In R. E. Reys & N. Nohda (Eds.), *Computational Alternatives for the 21st Century: Cross Cultural Perspectives from Japan and the United States* (pp. 51-62.). Reston, VA: NCTM.

Zaslavsky, C. (2003, November). The influence of ancient Egypt on Greek and other numeration systems. *Mathematics Teaching in the Middle Grades, 9(3)*, 174-176.

9장

Baroody, A.. (2006, August). Why children have difficulties mastering the basic number combinations and how to help them. *Teaching Children Mathematics, 12(1)*, 22-31.

Baroody, A. J., Lai, M. I., and Mix, K. S. (2006). The development of young children's number and operation sense and its implications for early childhood education. In B. Spodek & O. N. Saracho (Eds.), *Handbook of Research on the Education of Young Children*(pp. 187-221). Mahwah, NH: Erlbaum.

Bobis, J. (2007, Apri). The empty number line: A useful

tool or just another procedure? *Teaching Children Mathematics, 13(8)*, 410-413.

Common Core State Standards Initiative(CCSSI). (2010). *Common core state standards for mathematics*. Washington, DC: National Governor Association Center for Best Practices and Council of Chief State School Officers. Retrieved from http://www.corestandards.org/

Clark, F. B., and Kamii, C. (1996, january). Identification of multiplicative thinking in children in grades 1-5. *Journal for Research in Mathematics Education, 27(1)*, 41-51.

Clements, D. H., & Sarama, J. (2007). Early childhood mathematics learning. In F. Lester (Ed.), *Second Handbook of Research on Mathematics Teaching and Learning*. (pp. 461-556). Charlotte, NC: Information Age Publishing.

Funkhouser, C. (1995, May). Developing number sense and basic computational skills in students with special needs. *School Science and Mathematics, 95(5)*, 236-239.

Fuson, K. (2003a). Developing mathematical power in whole number operations. In J. Kilpatrick, W. G. Martin, & D. Schifter (Eds.), *A Research Companion to Principles and Standards for School Mathematics* (pp. 68-94). Reston, VA: NCTM.

Fuson, K. C. (2003b, February). Toward computational fluency in multidigit multiplication and division. *Teaching Children Mathematics 9(6)*, 300-305.

Godfrey, C., & Stone, J. (2013, September). Mastering fact fluency: Are they game? *Teaching Children Mathematics, 20(2)*, 96-101.

Klein, A. S., Beishuizen, M., and Treffers, A. (2002). The empty number line in Dutch second grade. In J. Sowder & B. Schappelle (Eds.), *Lessons Learned from Research* (pp. 41-43). Reston, VA: NCTM.

Kouba, V. L., and Franklin, K. (1993). Multiplication and division: Sense making and meaning. In R. J. Jensen (Ed.), *Research Ideas for the Classroom: Early Childhood Mathematics* (pp. 103-126). Reston, VA: NCTM, and New York: Macmillan.

Kouba, V. L., and Franklin, K. (1995, May). Research into practice: Multiplication and division: Sense making and meaning. *Teaching Children Mathematics, 1(9)*, 574-577.

National Council of Teachers of Mathematics. (2000). *Principles and Standards for School Mathematics*. Reston, VA: NCTM.

Reys, B.J. (Ed.). (2006). *The Intended Mathematics Curriculum as Represented in State-Level Curriculum Standards: Consensus or Confusion?* Charlotte, NC: Information Age Publishing.

Russell, S. J. (2010). Learning whole-number operations in elementary school classrooms. In D. V. Lambdin & F. K. Lester (Eds.), Teaching and learning *Mathematics: Translating research for elementary school teachers* (pp. 1-8). Reston, VA: NCTM.

Verschaffel, L., Gree, B., and De Corte, E. (2007). Whole number concepts and operations. In F. K. Lester (Ed.), *Second Handbook of Research on Mathematics Teaching and Learning* (pp. 557-628). Charlotte, NC: Information Age Publishing.

10장

Alajmi, A, and Reys, R.. (2007, May). Reasonable and reasonableness of answers: Kuwaiti middle school teachers' perspectives. *Educational Studies in Mathematics, 65(1)*, 77-94.

Alajmi, A, and Reys, R.. (2010). Examining eighth grade Kuwaiti students' recognition a and interpretation of reasonable answers. *International Journal of Science and Mathematics Education, 8*, 117-139.

Chval, K., & Hicks, S. (2009, March). Calculators in K-5 textbooks. *Teaching Children Mathematics, 15(7)*, 430-437.

Clements, D. H., & Sarama, J. (2007). Early childhood mathematics learning. In F. Lester (Ed.), *Second Handbook of Research on Mathematics Teaching and Learning*. (pp. 461-556). Charlotte, NC: Information Age Publishing.

Ellington, A. (2006, January). The effects of non-CAS graphing calculators on student achievement and attitude levels in mathematics: A meta-analysis." *School Science and Mathematics, 106(1)*, 16-26.

Hembree, R., & Dessart, D. (1992). Research on calculators in mathematics education. In J. T. Fey & C. R. Hirsch (Eds.). *Calculators in mathematics education. 1992 yearbook* (pp. 23-32). Reston, VA: NCTM.

Huinker, D. (2002, Februfary). Calculators as learning tools for young children's explorations of numbers. *Teaching Children Mathematics, 8(6)*, 316-321.

Jones, C. (2010, February). Counting is for the birds. *Teaching Children Mathematics, 16(6)*, 318-320.

Judd, W. (2007, February). Instructional games with calculators. *Mathematics Teaching in the Middle School, 12(6)*, 312-314.

Kilpatrick, J., Swafford, B., & Findell, B. (Eds.), (2001).

Adding it up: Helping children learn mathematics. Washington, DC: National Academy Press.

Masalski, W. J., & Elliot, P. C. (2005). *Technology supported mathematics learning environments.* Sixty-seventh yearbook. Reston, VA: NCTM.

Mcintosh, A., and Sparrow, L. (2004). *Beyond Written Computation.* Perth, Australia: MASTER, Edith Cowan University.

McIntosh, A., Reys, B. J., Reys, R. E. (1995, October). Mental computation performance in Australia, Japan and the United States. *Educational Studies in Mathematics, 29(3)*, 237-258.

McIntosh, A., Reys, B. J., Reys, R. E., & Hope, J. (1997). *Number Sense: Simple Effective Number Sense Experiences: Grades 1-2, 3-4, 4-6, 6-8*. Palo Alto, CA: Dale Seymour.

Moss, L. J., and Grover, B. W. (2007, January). Not just for computation: Basic calculators can advance the process standards. *Mathematics Teaching in the Middle School, 12(5)*, 266-271.

National Research Council. (1989). *Everybody Counts: A Report to the Nation on the Future of Mathematics Education*. Washington, DC: National Research Council.

Rakes, C. R., Ronau, R. N., Niess, M. L., Driskell, S., Pugalee, D., & Bush, S. (2011, January). *Research in mathematics instruction technology: Current trends and future demands*. Symposium presented at the annual meeting of the Association of Mathematics Teacher Educators, Irvine, CA.

Reys, B. J., & Reys, R. E. (1998, December). Computation in the elementary curriculum: Shifting the emphasis. *Teaching Children Mathematics, 5(4)*, 236-241.

Reys, R. E., & Reys, B. J. (2004). Estimation in the mathematics curriculum: A progress report. In A. McIntosh & L. Sparrow (Eds.), *Beyond written computation* (pp. 164-168). Perth, Western Australia: MASTEC: Mathematics, Science & Technology Education Centre.

Reys, R. E., and Yang, D. C. (1998, March). Relationship between computational performance and number sense among sixth and eighth grade students in Taiwan. *Journal for Research in Mathematics Education, 29(2)*, 225-237.

Shigematsu, S., Iwasaki, H., and Koyama, M. (1994). Mental computation: Evaluation, curriculum and instructional issues from the Japanese perspective. In R. E. Reys & N. Nohda (Eds.), *Computational Alternatives for the 21st Century: Cross Cultural Perspectives from Japan and the United States* (pp. 19-30). Reston, VA: NCTM.

Suh, J. (2010, April). Tech-knowledge & diverse learners. *Mathematics Teaching in the Middle School, 15(8)*, 440-447.

Star, J, Kenyon, M., Joiner, R., & Rittle-Johnson, B. (2010, May). Comparison helps students learn to be better estimations. *Teaching Children Mathematics, 16(9)*, 557-563.

Sutton, J., and Krueger, A. (Eds.). (2002). *ED Thoughts: What We Know About Mathematics Teaching and Learning*. Aurora, CO: McREL.

Thompson, T, and Sproule, S. (2005, March). Calculators for students with special needs. *Teaching Children Mathematics, 11(7)*, 391-395.

Yoshikawa, S. (1994). Computational estimation: Curriculum and instructional issues from the Japanese perspective. In R. E. Reys & N. Nohda (Eds.), *Computational Alternatives for the 21st Century: Cross Cultural Perspectives from Japan and the United States* (pp. 51-62). Reston, VA: NCTM.

11장

Ashlock, R. B. (2010). *Error Patterns in Computation*, 9th ed. New York: Merrill.

Bass, H. (2003, February). Computational fluency, algorithms, and mathematical proficiency: One mathematician's perspective. *Teaching Children Mathematics, 9(6)*, 322-327.

Benson, C. C., Wall, J. J., & Malm, C. (2013, April). The distributive property in grade 3? *Teaching Children Mathematics, 19(8)*, 233-236.

Boerst, T. A. (2004, November). Division discussions: Bridging student and teaching thinking. *Teaching Children Mathematics, 11(3)*, 233-236.

Brownell, W. A. (1947, November). An experiment on 'borrowing' in third-grade arithmetic. *Journal of Educational Research, 41(3)*, 161-171.

Burns, M. (1991, April). Introducing division through *problem- solving experiences. Arithmetic Teacher, 38(8)*, 14-18.

Carpenter, T. P., Corbitt, M. K., Kepner, H. S., Jr., Lindquist, M. M., & Reys, R. E. (9181). *Results from the Second Mathematics Assessment of the National Assessment of Educational Progress*. Reston, VA: NCTM.

Civil, M., Plannas, N., and Quintos, B. (2005). Immigrant parents' per-spectives on their chidren's mathematics.

Zentralblatt fur Didaktik der Mathematik(ZDM) 37(2), 81-89.

Common Core State Standards Initiative(CCSSI). (2010). *Common core state standards for mathematics*. Washington, DC: National Governor Association Center for Best Practices and Council of Chief State School Officers. Retrieved from http://www.corestandards.org/

Ellis, M., and Yeh, C. (2008, February. Creative arithmetic: Exploring alternative methods. *Teaching Children Mathematics, 14(6)*, 367-368.

Flores, A. (2007, October). On my mind: The finger and moon. *Mathematics Teaching in the Middle School, 13(3)*, 132-133.

Fuson, K. (2003a). Developing mathematical power in whole number operations. In J. Kilpatrick, W. G. Martin, & D. Schifter (Eds.), *A Research Companion to Principles and Standards for School Mathematics* (pp. 68-94). Reston, VA: NCTM.

Gregg, J., & Gregg, D. (2007, August). Interpreting the standard division algorithm in a 'candy factory' context. *Teaching Children Mathematics 14(1)*, 25-31.

Hedges, M., Huinker, D., & Steinmeyer, M. (2005, May) Unpacking division to build teachers' mathematical knowledge. *Teaching Children Mathematics 11*, 478-483.

Hiebert, J. (1999, January). Relationships between research and the NCTM standards. *Journal for Research in Mathematics Education, 30*, 3-19.

Hirigoyen, H. (1997). Dialectal variations in the language of mathematics: A source for multicultural experiences. In J. Trentacosta (Ed.), *Multicultural and Gender Equity in the Mathematics Classroom: The Gift of Diversity, 1997 Yearbook of the National Council of Teachers of Mathematics* (pp. 164-168). Reston, VA: NCTM.

Kamii, C., & Dominick, A. (1998). The harmful effects of algorithms in grades 1-4. In L. J. Morrow & M. J. Kenney (Eds.), *The Teaching and Learning of Algorithms in School Mathematics: 1998 Yearbook of the National Council of Teachers of Mathematics* (pp. 130-140). Reston, VA: NCTM.

Kamii, C., Lewis, B. A., & Livingston, S. J. (1993, December). Primary arithmetic: Children inventing their own procedures. *Arithmetic Teacher, 41(4)*, 200-203.

Kenney, P. A., & Silver, E. A. (Eds.). (1997). *Results from the Sixth Mathematics Assessment of the National Assessment of Educational Progress*. Reston, VA: NCTM.

Lindquist, M. M., Brwon, C. A., Carpenter, T. P., Kouba, V. L, SIlver, E. A., & Swafford, J. O. (1988). *Results from the fourth mathematics assessment of the National Assessment of Educational Progress*. Reston, VA: NCTM.

Martin, J. F. (2009, April). The goal of long division. *Teaching Children Mathematics, 15(8)*, 482-487.

Matney, G.. T., & Daugherty, B. N. (2013, October). Seeing spots and developing multiplicative sense making. *Mathematics Teaching in the Middle School, 19(3)*, 148-155.

National Council of Teachers of Mathematics. (1980). *An Agenda for Action*. Reston, VA: NCTM.

National Council of Teachers of Mathematics. (2000). *Principles and Standards for School Mathematics*. Reston, VA: NCTM.

National Council of Teachers of Mathematics. (2006). *Curriculum Focal Points for Prekindergarten through Grade 8 Mathematic*s. Reston, VA: NCTM.

Philipp,R. (1996). Multicultural mathematics and alternative algorithms *Teaching Children Mathematics 3(9)*, 128-133.

Rathmell, E., & Trafton, P. (1990). Whole number computation. In J. N. Payne (Ed.), *Mathematics for th Young Child* (pp. 153-172). Reston, VA: NCTM.

Reys, B.J. (Ed.). (2006). *The Intended Mathematics Curriculum as Represented in State-Level Curriculum Standards: Consensus or Confusion?* Charlotte, NC: Information Age Publishing.

Ron, p. (1998). My family taught me this way." In L. J. Morrow & M. J. Kenney (Eds.), *The Teaching and Learning of Algorithms in School Mathematics, 1998 Yearbook of the National Council of Teachers of Mathematics* (pp. 115-119). Restion, VA: NCTM.

Sellers, P. A. (2010, May). The trouble with long division. *Teaching Children Mathematics 16(9)*, 516-520.

Wearne, D., and Hiebert, J. (1994, January). Place value and addition and subtraction. *Arithmetic Teacher, 41(5)*, 272-274.

Whiteford, T. (2009)., December/2010, January). Is mathematics a universal language? *Teaching Children Mathematics 16(5)*, 276-283.

12장

Carpenter, T. P., Corbitt, M. K., Kepner, H. S., Jr., Lindquist, M. M., & Reys, R. E. (1981). *Results from the Second Mathematics Assessment of the National Assessment of Educational Progress*. Reston, VA: NCTM.

Chval, K., Lannin, J., & Jones, D. (2013). *Putting essential understanding of fractions into practice in grades 3-5*. Reston, VA: NCTM.

Cramer, K., & Whitney, S. (2010). Learning rational number concepts and skills in elementary school classrooms. In D. V. Lambdin (Ed.), *Teaching an Learning Mathematics: Translating research for elementary school teachers* (pp. 15-22). Reston, VA: NCTM.

Empsom, S. (2001, March). Equal sharing and the roots of fraction equivalence. *Teaching Children Mathematics 7(7)*, 421-425.

Empsom, S., & Levi, L. (2011). *Innovations in cognitively guided instruction*. Portsmouth, NH: Heinemann.

Flores, A., Samson, J., and Yanik, H. B. (2007, August). Quotient and measurement interpretations of rational numbers. *Teaching Children Mathematics, 13(1)*, 34-39.

Kloosterman, P. W., and Lester, F. K. (Eds.). (2004). *Results and Interpretations of the 1990 Through 2000 Mathematics Assessment of the National Assessment of Educational Progress*. Reston, VA: NCTM.

Moone, G., & Groot, C. (2006, December/2007, January). Fraction action. *Teaching Children Mathematics 12(9)*, 266-271.

Payne, J. N., & Huinker, D. M. (1993). Early number and numeration. In R. J. Jensen (Ed.), *Research Ideas for the Classroom: Early Childhood Mathematics* (pp. 43-70). Reston, VA: NCTM, and New York: Macmillan.

Payne, J. N., Towsley, A. N., & Huinker, D. M. (1990). Fractions and decimals In J. N. Payne (Ed.), *Mathematics for the Young Child* (pp. 175~200.). Reson, VA: NCTM, 1990.

Petit, M., Laird, R., & Marsden, E. (2010). *A focus on fractions*. New York: Routledge.

Saxe, G., Shaughnessy, M., Shannon, A., de Osuna, J., Chinn, R., & Gearhart, M., (2007. Learning about fractions as points on the number line. In G. Martin, M. Strutchens, & P. Elliot (Eds.), *The Learning of Mathematics, 2007 Yearbook of the National Council of Mathematics* (.pp. 221-238). Reston, VA: NCTM.

Shaughnessy, M. (2011, March). Identifying fractions and decimals on a number line. *Mathematics Teaching in the Middle School, 17(7)*, 428-434.

Siebert, D., & Gaskin, N. (2006, April). Creating, naming, and justifying fractions. *Teaching Children Mathematics 12(8)*, 394-400.

Wantabe, T. (2006, March). The teaching and learning of fractions: A Japanese perspective. *Teaching Children Mathematics, 12(7)*, 368-374.

Wearne, D., & Kouba, V. L. (2000). "Rational number properties and operations. In E. A. Silver & P. A. Kenny (Eds.), *Results from the Seventh Mathematics Assessment of the National Assessment of educational Progress* (pp. 141-162). Reston, VA: NCTM.

13장

De Araujo, Z. (2013). Ratios and proportions in everyday life. In M. Gottlieb & G. Ernst-Slavit (Eds.), *Academic language in diverse classrooms: Promoting content and language* (pp. 77-112). Thousand Oaks, CA: Corwin.

Bohl, D., Oursland, M., & Finco, K. (2003, April). The legend of Paul Bunyan. *Mathematics Teaching in the Middle School, 8(8)*, 441-448.

Bright, G., Joyner, J., & Wallis, C. (2003, November). Assessing proportional reasoning. *Mathematics Teaching in the Middle School, 9(3)*, 166-172.

Cohen, J. (2013), May). Strip diagrams: Illuminating proportions. *Mathematics Teaching in the Middle School, 18(9)*, 536-542.

Cramer, K, Post, T., & Currier, S. (1993). Learning and teaching ratio and proportion: Research implication. In D. T. Owens (Ed.), *Research ideas for the classroom: Middle grades mathematics* (pp. 159-178). Reston, VA: NCTM.

Ercole, L, Frantz, M., & Ashline, G. (2011, April). Multiple ways to solve proportions. *Mathematics Teaching in the Middle School, 16(8)*, 482-490.

Gay, S., & Aichele, D. B. (1997, January). Middle school students' understanding of number sense related to percent. *School Science and Mathematics, 97(1)*, 27-36.

Hilton, G., Hilton, A., Dole., S., Goos, M., & O'Brian, M. (2013, December/January). Proportional reasoning and the visually impaired. *Mathematics Teaching in the Middle School, 18(5)*, 286-291.

Kenney, P., Lindquist, M., & Heffernan, C. (2002). Butterflies and caterpillars: Multiplicative and proportional reasoning in the early grades. In B. Litwiler & G. Bright (Eds.), *Making Sense of*

Fractions, Ratios, and Proportions (pp. 87-99). Reston, VA: NCTM.

Kilpatrick, J., Swafford, B., & Findell, B. (Eds.), (2001). *Adding it up: Helping children learn mathematics*. Washington, DC: National Academy Press.

Lamon, S. J. (2007). Rational numbers and proportional reasoning In F. K. Lester (Ed.), *Second Handbook of Research on Mathematics Learning and Teaching* (pp. 629-666). Charlotte, NC: Information Age Publishing.

Lembke, L., & Reys, B. (May 1994). The development of and interaction between intuitive and school-taught ideas about percent. *Journal for Research in Mathematics Education, 25(3)*, 237-259.

Lo, J. J., & Ko, Y. (2013, September). A bargain price for teaching about percentage. *Mathematics Teaching in the Middle School, 9(2)*, 108-115.

Lobato, J., & Ellis, A. B. (2010). *Developing essential understanding of ratio, proportions, and proportional reasoning* (Ed. R. I. Charles). Reston, VA: NCTM.

Mamolo, A., Sinclair, M., & Whiteley, W. (2011, May). Proportional reasoning with a pyramid. *Teaching in the Middle School, 16(9)*, 544-549.

Markworth, K. (2012, May). Proportioning cats and rats. *Mathematics Teaching in the Middle School, 17(9)*, 538-542.

Metz, M. L. (2003, September). Making sense of percent. *Mathematics Teaching in the Middle School, 9(1)*, 44-45.

Miller, J. L., & Fey, J. T. (2000, January). Proportional reasoning." *Mathematics Teaching in the Middle School, 5(5)*, 310-314.

Parker, M. (2004, February). Reasoning and working proportionally with percent. *Mathematics Teaching in the Middle School, 9(6)*, 326-330.

Reeder, S. (2007, October 2007). Are we golden? Investigations with the Golden Ratio. *Mathematics Teaching in the Middle Schools, 13(3)*, 150-155.

Reys, R. E. (1993, March). Research on computational estimation: What it tells us and some questions that need to be addressed. *Hiroshima Journal of Mathematics Education, 1*, 16-26.

Roberge, M., & Cooper, L. (2010, April). Map scale, proportion, and Google earth. *Mathematics Teaching in the Middle Schools, 15(9)*, 448-457.

Shannon, B. K. (1995, April-May). Our diets may be killing us. *Mathematics Teaching in the Middle School, 1(6)*, 376-382.

Silver, E., and Kenny, P. A. (Eds.). (2000). *Results from the Seventh Mathematics Assessment of the National Assessment of Educational Progress*. Reston, VA: NCTM.

Telese, J. A., & Abete, J. (2002, September). Diet, ratios, proportions: A healthy mix. *Mathematics Teaching in the Middle School, 8(1)*, 8-13.

Thompson, C., & Bush, W. (2003, April). Improving middle school teachers' reasoning about proportional reasoning. *Mathematics Teaching in the Middle School, 8(8)*, 398-404.

Thompson, D., Austin, R., & Beckmann, C. (2002). Using literature as a vehicle to explore proportional reasoning. In B. Litwiller and G. Bright (Eds.), *Making Sense of Fractions, Ratios, and Proportions, 2002 Yearbook of the National Council of Teachers of Mathematics* (pp. 130-137). Reston, VA: NCTM.

14장

Carpenter, T. P., Franke, M. L., & Levi, L. (2003). *Thinking Mathematically: Integrating Arithmetic and Algebra in the Elementary School*. Portsmouth, NH: Heinemann.

Carpenter, T. P., & Levi, L. (2000, Fall). Building a foundation for learning algebra in the elementary grades. *Brief, K-12 Mathematics and Science: Research & Implications, 1(2)*. Retrieved from http://www.wcer.wisc.edu/NCISLA/publications/briefs/fall2000.pdf.

Carpenter, T. P., & Romberg, T. A. (2004). *Powerful Practices in Mathematics and Science*. Madison, WI: The Board of Regents of the University of Wisconsin System.

Carraher, D., & Schliemann, A. (2010). Algebraic reasoning in elementary school classrooms. In D. V. Lambdin (Ed.), *Teaching and learning mathematics: Translating research for elementary school teachers* (pp. 23-29). Reston, VA: NCTM.

Driscoll, M. J. (1999). *Fostering Algebraic Thinking*. Portsmouth, NH: Heinemann.

Earnest, D., & Balti, A. (2008, May). Instructional strategies for teaching algebra in elementary school: Findings from a research-practice collaboration. *Teaching Children Mathematics, 14(9)*, 519-532.

Fisher, E., Roy, G., & Reaves, C. (2013, November). The functionator 3000: Transforming numbers and children. *Teaching Children Mathematics, 20(4)*, 254-260.

Hawes, Z., Moss, J., Finch, H., Katz, J. (2011, December/2012, January). Choreographing patterns and function. *Teaching Children Mathematics, 19(5)*, 302-309.

Johanning, D., Weber, W., Heidt, C., Pearce, M., & Horner, K. (2009, December/2010, January). The Polar Express to early algebraic thinking. *Teaching Children Mathematics, 16(5)*, 300-307.

Leary, A., Hourigan, M., & McMahan, A. (2013, November). Early understanding of equality. *Teaching Children Mathematics, 20(4)*, 246-252.

Mann, R. L. (2004, September). Balancing act::The Truth behind the equals sing. *Teaching Children Mathematics, 11(2)*, 65-69.

Molina, M., & Ambrose, R. (2006, September). The meaning of the equals sign. *Teaching Children Mathematics 13(2)*, 111-117.

Mullis, I. V. S., Martin, M. O. (Eds.). (2013). *TIMSS 2015 mathematics assessment framework. Chestnut Hill, MA: TIMSS & PIRLS* International Study Center, Boston College.

National Council of Teachers of Mathematics. (2000). *Principles and Standards for School Mathematics*. Reston, VA: NCTM.

Poly, D. (2011, April). Technology to develop algebraic reasoning. *Teaching Children Mathematics, 17(8)*, 473-478.

Shifter, D., Russell, S., & Bastable, V. (2009, November). Early algebra to reach the range of learner. *Teaching Children Mathematics 16(4)*, 230-237.

Wells, P. J., & Coffey, D. C. (2005, November). Are they wrong? Or did they just answer a different question? *Teaching Children Mathematics, 12(4)*, 202-207.

15장

Battista, M. T. (2003). computer technologies and teaching geometry through problem Solving. In F. K. Lester & R. I. Charles (Eds.), *Teaching Mathematics Through Problem Solving: Prekindergarten-Grade 6*(pp. 229-238.). Reston, VA: NCTM.

Clements, D. H. (2004). Teaching and learning geometry. In J Kilpatrick, W. G. Martin, & D. Schifter (Eds.), *A research Companion to Principles and Standards for School Mathematics* (pp. 151-178). Reston, VA: NCTM.

Clements, D. H., & Battista, M. (1992). Geometry and spatial reasoning. In D. Grouws (Ed.), *Handbook of Research on Mathematics Teaching and Learning* (pp. 420-464). New York: Macmillan.

Jeon, K. (2009, March). Mathematics hiding in the nets for a cube. *Teaching Children Mathematics, 15(7)*, 394-399.

Kloosterman, P. W., and Lester, F. K. (Eds.). (2004). *Results and Interpretations of the 1990 Through 2000 Mathematics Assessment of the National Assessment of Educational Progress*. Reston, VA: NCTM.

Nivens, R., Peters, T., Nivens, J. (2012, February). Building bridges to spatial reasoning. *Teaching Children Mathematics, 19(6)*, 346-353.

Shockey, T., & Snyder, K. (2007, September). Tessellating T-shirts. *Teaching Children Mathematics, 14(2)*, 82-87.

Shumway, J., (2013, August). Building bridges to spatial reasoning. *Teaching Children Mathematics, 20(1)*, 44-48.

Tayeh, C. (2006, August). Solutions to the what's the overlap problem. *Teaching Children Mathematics, 13(1)*, 42-44.

Whitin, D. J., and Whitin, P. (2009, April). Why are things shaped the way they are? *Teaching Children Mathematics, 15(8)*, 464-472.

Zaslavsky, C. (1989, September). People who live in round houses. *Arithmetic Teacher, 37(1)*, 18-21.

16장

Blume, G. W., Galindo, E., & Walcott, C. (2007). Performance in measurement and geometry from the viewpoint of Principles and Standards for School Mathematics. In P. Kloosterman and F. K. Lester(Eds.), *Results and Interpretations of the 2003 Mathematics Assessment of the National Assessment of Educational Progress* (pp. 95-138). Reston, VA: NCTM.

Bradley, C. (1993). *Keeping time: From the beginning and into the 21st century.* Boston, MA: Houghton-Mifflin.

Browning, C., Garza-Kling, G., & Sundling, E. (2007, December/2008, January). What's your angle on angle? *Teaching Children Mathematics, 14(5)*, 283-287.

Burton, M., & Mims, P. (2012, April). Calculating puddle size. *Teaching Children Mathematics, 18(8)*, 474-480.

Clarkson, L., Robelia., B., Chahine, I., Fleming, M., & Lawrenz, F. (2007, August). Rulers of different colors: Inquiry into measurement. *Teaching Children Mathematics, 14(1)*, 34-39.

Clements, D. H., & Sarama, J. (2007). Early childhood mathematics learning. In F. Lester (Ed.), *Second Handbook of Research on Mathematics Teaching and Learning*. (pp. 461-555). Charlotte, NC: Information Age Publishing.

DePaola, T. (1978). *The popcorn book*. New York: Holiday House.

Dietiker, L. C., Gonullates, F., & Smith, J. P. (2011, November). Understanding linear measure. T*eaching Children Mathematics, 18(4)*, 252-259.

Dixon, J. (2008, August). Tracking time. T*eaching Children Mathematics, 15(1)*, 18-24.

Dominquez, K. (2002). *The perfect pinata*. Morton Grove, IL: Albert Wiman.

Dooley, J. (1990). *Everybody cooks rice*. Minneapolis: Carolrhoda.

Dougherty, B. J., & Veneciano, L. (2007, May). Measuring up for understanding. *Teaching Children Mathematics, 13(9)*, 452-456.

Hester, D. (2006). *Grandma Lena's big Ol' turnip*. Morton Grove, IL: Albert Wiman.

Lehrer, R. (2003). Developing understanding in measurement. In J. Kilpatrick, W. G. Martin, & D. Schifter (Eds.), *A Research Companion to Principles and Standards for School Mathematics* (pp. 179-192). Reston, VA: NCTM.

National Council of Teachers of Mathematics. (2000). *Principles and Standards for School Mathematics*. Reston, VA: NCTM.

Park, L. (2005). *Bee-bim bop*. New York: Clarion Books.

Reys, R., Reys, R., & Reys, B. (2013, May). Sport courts and field. *Mathematics Teaching in the Middle Grades, 18(9)*, 566-570.

Sedzielarz, M., & Robinson, C. (2007, February 2007). Measuring growth on a museum field trip: Dinosaur bones and tree cross sections. *Teaching Children Mathematics, 13(6)*, 292-298.

Wilson, P. S., & Osborne, A. (1988). Foundational ideas in teaching about measure. In T. R. Post (Ed.), *Teaching Mathematics in Grades K-8* (pp. 78-110). Toronto: Allyn and Bacon.

17장

Batanero, C., & Sanchez, E. (2005). "What is the nature of high school students' conceptions and misconceptions about probability? In G. A. Jones (Ed.). *Exploring Probability in School: Challenges for Teaching and Learnnig* (pp. 241-266). New York: Springer.

Bohan, H., Irby, B., & Vogel, D. (1995, January. Problem solving: Dealing with data in the elementary school. *Teaching Children Mathematics, 1(5)*, 256-260.

Bright, G. W., Frierson, D., Jr., Tarr, J. E., & Thomas, C. (2003). *Navigating Through Probability in Grades 6-8 (Principles and Standards for School Mathematics addenda series, Probability in Grades 6-8)*. Reston, VA: NCTM, 2003.

Friel, S., Curcio, F., & Bright, G. (2001, March). Making sense of graphs. *Journal for Research in Mathematics Education, 32(2)*, 124-157.

Groth, R., & Bargagliotti, A. (2012, August). GAISEing into the common core of statistics. *Mathematics Teaching in the Middle School, 18(1)*, 39-45.

Harper, S. (2004, February). Students' interpretations of misleading graphs. *Mathematics Teaching in the Middle School, 9(6)*, 340-343.

Jones, G. A., & Langrall, C. W.., Mooney, E. (2007). Research in probability: Responding to classroom realities. In F. K. Lester (Ed.), *Second Handbook of Research on Mathematics Teaching and Learning* (pp. 909-956). Charlotte, NC: Information Age Publishing.

Morita, J. (1999, March). Capture and recapture your students' interest in statistics. *Mathematics Teaching in the Middle School, 4(6)*, 412-418.

Mullis, I.., Martin, M., Gonzalez, E., & Chrostowki, S. (2004). *TIMSS 2003 international mathematics report. Boston, MA: TIMSS & PIRLS* International Study Center.

Mullis, I. V. S., Martin, M. O., Ruddock, G., O'Sullivan, C., & Preuschoff, C. (2009). *TIMSS 2011 mathematics assessment framework*. Boston, MA: TIMSS and PIRLS International Study Center.

National Council of Teachers of Mathematics. (2000). *Principles and Standards for School Mathematics*. Reston, VA: NCTM.

Riskowski, J., Olbricht, G., & Wilson, J. (2010, February). 100 students. *Mathematics Teaching in the Middle School, 15(6)*, 320-327.

Sakshaug, L. E., & Wohlhuter, K. A. (2001, February 2001). Responses to the which graph is which? problem. *Teaching Children Mathematics, 7(6)*, 350-353.

Shaughnessy, J. M. (2007). Research on statistics learning and reasoning In F. K. Lester (Ed.), *Second*

Handbook of Research on Mathematics Teaching and Learning (pp. 957-1010). Charlotte, NC: Information Age Publishing.

Tarr, J. E., & Jones, G. A. (1997). A framework for assessing middle school students' thinking in conditional probability and independence. *Mathematics Education Research Journal, 9*, 39-59.

Wilson, M. R., & Kraft, C. M. (1995, September-October). Exploring mean, median and mode with a spreadsheet." *Mathematics Teaching in the Middle School*, *1(6)*, 490-495.

18장

Bennett, A. B. (1978, January). Star patterns. *Arithmetic Teacher, 26(1)*, 12-14.

Buczynski, S., Gorsky, J., McGrath, L, & Myers, P. (2011, September). Sift like Eratosthenes. *Teaching Children Mathematics, 18(2)*, 110-118.

Polly, D. (Ed.), (2012, November). Problem solvers: Solutions, sorting rectangles. *Teaching Children Mathematics, 19(4)*, 219-224.

찾아보기

〈ㄱ〉

가네(Gagué) · 27
가분성 · 482
가분수 · 301
가수(더하는 수) · 216
각 주 또는 지역 교육청의 지침 · 11
각 · 383
각기둥 · 379
각도 · 412
각도기 · 420
각의 크기 · 386
간접적으로 비교하기 · 406
강화 · 27
같은 수끼리 더하기 · 221, 225
개념적 지식 · 24, 25
개방형 문제 · 52, 134
개별 학습 · 50
개인차 고려 · 151
거꾸로 세기 · 172, 225
거꾸로 풀기 · 146
검산 · 283
검토(monitor) · 34
격자 곱셈 알고리즘 · 273
결과 해석하기 · 458
결과 · 460
결합(bonds) · 4
결합법칙 · 213
겹침(overlap) 문제 · 399
계산 숙달하기 · 283
계산 알고리즘 · 259
계산기 · 235, 237
계산기와 컴퓨터의 활용 · 138
계획 세우기 · 44
고급 활동 · 378
고대 중국의 속담 · 32
고부담 평가(high-stakes assessment) · 76
곱셈 구구 · 214
곱셈 구구를 위한 사고 전략 · 225
곱셈 · 271, 309
곱셈과 나눗셈 · 210
곱셈적인 구조 · 358
곱을 이미 알고 있는 부분으로 분해하기 · 227, 228
공간 추론 · 397
공식 활용하기 · 420
공식 · 355
공정한 · 464
과잉수 · 474
과정 규준 · 7, 102
과제 수행능력 평가 · 85
과제 · 47
관계 · 3, 350, 364, 366
관계적 속성 · 163
관찰 · 81
교과서 · 51
교과서와 다른 자료들 · 12
교과의 요구 · 4
교구 · 51
교사용 지도서 · 51

교수 원리(The Teaching Principle) · 8
교수 원리 · 7
교수-학습에 대한 의사결정 · 78
교육(teaching) · 31
교육과정 원리 · 7
교환법칙 · 213, 218, 226
구각형 · 392
구구 삼각형(number triangle) · 217, 224
구성(construct) · 5, 30, 47
구성주의 · 29
구체물 그래프 · 449
구체적-구체물로 모델링 · 208
구체적 모델 · 302
구체적 조작기 · 29
구체적 조작물 · 35, 53
구체적(concrete) · 35
국가 수준의 교육과정 · 6
군집 어림셈 · 253
규준(Standards) · 6
규칙 · 3
규칙 찾기 · 142
규칙성 · 163
규칙성 만들기 · 164
규칙성 복사하기 · 163
규칙성 찾기 · 229
규칙성 확장하기 · 164
그래프 · 436, 442
그래픽 계산기 · 459
그림그래프 · 445, 449
그림 모델 · 302
그림이나 도표 그리기 · 142
근삿값 · 248
근접발달영역 · 30
글쓰기 · 91
기계적인 수 세기 · 171
기본 구구 · 205, 214, 216, 217
기수(cardinal number) · 160
기수법 체계 · 184
기수의 원리 · 171
기술 통계 · 452
기하 · 7, 102
기하학적 속성 · 163
기호 · 296
기호적 표현 · 304
기호적 · 29
기호화 · 29
길이 · 292, 407
길이의 간접 비교 · 408
길이의 직관적 비교 · 406
길이의 직접 비교 · 407
꺾은선그래프 · 448, 449
꼭짓점 · 378, 383
끝자리에 맞추어 더하기(adding by endings) · 267

〈ㄴ〉

나눗셈 구구 · 214
나눗셈 구구를 위한 사고 전략 · 229
나눗셈 · 276, 312
나머지가 있는 나눗셈 · 281
나머지 게임 · 282
나선형 · 45
난독증(dyslexia) · 190
내용 규준 · 7, 102
내용 지식(subject-matter knowledge) · 44
넓이 · 293, 411
넓이 모델 · 292, 293
넓이와 모양 · 429
넓이와 배열 · 211
넓이의 보존 · 411
논리 블록 · 160
높이 · 389
누감 알고리즘(subtractive algorithm) · 278, 279
눈금이 있는 도구 · 418
능숙한 수 세기 · 206

〈ㄷ〉

다각형 · 391
다면체(polyhedron) · 380
다음 것 찾기 · 164
다중 구체화(multiple embodiment, multiembodiment) · 36

단답형(short-constructed-response: SCR)” 문항 · 128
단순화하기 · 146, 147
단원 계획 · 57, 58
단위 · 414
단위 선정하기 · 413
단위 세기 · 415
단위 환산 · 427
단위의 수 찾기 · 415
단위의 수 · 414
단위의 크기 · 414
단위화하기(unitizing) · 425
닫힌 식 · 355, 367
닮음 · 396
답에 대해 반성하기 · 149
대분수 · 307
대수 · 7, 102, 346
대수 언어와 기호 · 353
대수적 사고 · 345
대집단 수업 · 151
대칭축 · 388
대푯값 · 452
대푯값 선택하기 · 456
더해진 수 찾기(missing addend) · 210
덧셈 구구 · 214
덧셈 구구를 위한 사고 전략 · 218
덧셈 구구표 · 218
덧셈 · 263
덧셈과 뺄셈 · 209
덧셈식과 뺄셈식의 구조 · 358
도구 사용하기 · 417
도구(tool) 소프트웨어 · 56
도수분포표 · 457
도형수 · 486
도형의 변환 · 395
도형의 분류 · 390
돌리기 · 395
동등화 · 359
동료 교사들 · 13
동수누가 · 208, 226
동수누감 · 208, 230
동수첨가방법(equal additions 또는 add-tens-to-both) · 285
동치(equivalence) · 289, 426
동치분수 · 302
두 분수 사이의 분수 찾기 · 306
두 자리 수의 곱셈 · 274
두 자리 수의 나눗셈 · 281
둘레와 넓이 · 429
뒤집기 · 395
듀이(John Dewey) · 26
들이 · 409
등분할(partitioning) · 289, 294
등식 관계(equality relation) · 350
등식과 부등식 · 354
등호 · 355
등호의 의미 · 358
딘즈 · 29
뛰어 세기 · 175, 226

〈ㄹ〉

러셀(Russell) · 112
레크리에이션 · 474
로고(Logo) · 389, 394
로저스(Rogers) · 1

〈ㅁ〉

마름모 · 391
마방진 · 474, 490
마크 트웨인 · 259
막대그래프 · 446, 449
말하기 · 48
머릿셈 · 235, 241, 243
머릿셈 전략 · 245
머릿셈 전략과 방법 · 241
머릿셈과 지필 계산 · 244
면 · 378
면담 · 83
면 모델(face models) · 380
명목수 · 177
명수법 · 202
명시적 방정식(explicit equation) · 360

모델 · 35
모델링-비묶음 자료와 묶음 자료 · 186
모델링 · 119, 356, 357, 360, 368
모듈 산수 · 487
모듈 퀼트 · 487
모라(MORRA) · 477, 490
모서리 모델(edge models) · 380, 381
모서리 · 378
모양 만들기 · 398
모집단 · 441
몫 · 291
몫으로서의 분수 · 291
묘사하기와 분류하기 · 376
무게/질량 · 410
무작위성 · 464
묶기와 교환하기 · 185, 188
묶음 · 210
묶음 인식 · 166
문제 · 47, 346
문제 설정 · 438
문제는 무잇인가? · 126
문제에 대해 반성하기 · 149
문제해결 · 7, 24, 102, 108, 126
문제해결 전략 · 140
문제해결(problem solving) 소프트웨어 · 55
문제해결력 · 435
문제해결에서 성공 요인들 · 130
문제해결을 통한 수학학습 · 128
문화적 또는 국가별 비교 자료 · 12
물리적 속성 · 163
미국학력평가 · 11
미라(Miras) · 386
미터법 · 426
밀기 · 395

〈ㅂ〉

반구체적-그림으로 표현 · 208
반복 패턴 · 348, 361
반사 대칭(reflectional symmetry) · 386
반성적 사고 · 30
반성적 사고와 메타 인지적 사고 · 34
반성하기 · 149
반지름 · 383
받아올림이 있는 (두 자리 수)+(한 자리 수) · 267
발달 특성 · 31
발문 · 49
발생 시각 · 412
방정식 · 355
배수 · 476, 479
배수판정법 · 482, 483
배열 · 210
범위 · 457
벤저민 프랭클린(Benjamin Franklin) · 490
변(선분)의 개수 · 383
변 · 383
변수 · 355
변의 길이 · 385
보상과 벌 · 27
보정 전략(compensatory strategies) · 152
볼록 · 389
부분-곱 알고리즘 · 272
부분에서 전체 인식 · 300
부분-전체 · 209, 359
부분-차 뺄셈 알고리즘 · 271
부분-합 덧셈 알고리즘 · 265
부족수 · 474
부피 · 412
부피와 겉넓이 · 430
부피와 모양 · 429
분류하기 · 160
분리 · 359
분리 또는 구잔 · 209
분배법칙 · 213, 272
분배 알고리즘 · 278
분석적 · 80
분석적 채점 · 80
분수 · 313
분수 개념 · 290, 293, 297, 302
분수 모델 · 291
분수×분수 · 311

분수×자연수 · 310
분수를 소수로 나타내기 · 315
분수의 곱셈 · 310
분수의 덧셈과 뺄셈 · 308
분수의 세 가지 의미 · 290
분수의 연산 · 307, 309
분수의 크기 비교 · 302
분할 · 212
분할(등분제) · 213
분할(partition or sharing) 상황 · 212
분해 알고리즘(decomposition algorithm) · 268
브라우넬(Brownell) · 5, 29, 158
브루너 · 29
비 · 326
비(비율) · 325, 345
비고츠키(Vygotsky) · 30
비교 또는 구차 · 209
비교 · 211, 359
비교와 일대일 대응 · 167
비례식 · 325, 329
비례적 모델 · 188
비례적 모델과 비(非)비례적 모델 · 187
비례적 추론 · 331
비비례적 모델 · 188
비율 · 291, 326
비율 문제 · 331
비정형 문제 · 347, 362
비정형화된 문제 · 127
비판적 사고 · 435
비형식적 설명 · 368
뺄셈 구구 · 214
뺄셈 구구를 위한 사고 전략 · 224

〈ㅅ〉

사각수(제곱수) · 350
사각형 · 390
사건 · 460
사건의 독립성 · 465
사고 전략 · 216
사다리꼴 · 422
사분위수 범위 · 445, 457
사칙연산 · 214
사회문화적 요인 · 131
사회의 요구 · 5
사회적 과정 · 30
사회적 발달 · 31
사회적 유용성(social utility) · 5
산술 평균 · 454
산술의 기본 정리 · 482
산포도 · 457
삼각수 · 486
삼각형 · 383, 422
삼각형의 넓이 · 422
상자 그림 · 445, 449
새뮤얼 존슨(Samuel Johnson) · 345
샌드버그(Sandburg) · 117
생각을 소리 내어 말하도록(think out aloud) · 164
생각의 가역성(reversibility of thinking) · 366
서로소 · 485
서술형 평가 · 89
선 그림 · 443, 449
선대칭 도형 · 386
선수 학습 요소 · 27
세기 · 295
소수 · 289, 480
소수 개념 · 313
소수에 대한 자릿값 해석 · 315
소수의 곱셈과 나눗셈 · 320
소수의 덧셈이나 뺄셈 · 318
소수의 연산 · 318
소수의 크기 비교와 반올림하기 · 317
소집단 수업 · 151
소집단 · 50
속성 관련짓기 · 428
속성 확인하기 · 406
손가락 곱셈(6단~10단) · 230
손가락 곱셈(9단) · 230
손다이크(Thorndike) · 27
수 · 102
수 감각 · 157

수 배열표 · 196, 199
수 세기 · 170
수 세기 전략 · 172
수 세기와 규칙성 · 197
수 세기의 원리 · 170
수 점술(numerology) · 471
수론(number theory) · 471
수식 · 355
수업 계획의 수준 · 57
수업 기록 · 95
수업 도구 · 240
수업 설계 · 58
수업을 위한 준비 · 44
수업 지도안 · 44
수와 연산 · 7
수의 보존성 · 165
수의 성질 · 351, 366
수직선 · 210
수직선 모델 · 299
수직인 모서리 · 379
수직인 번 · 387
수직인 선 · 388
수학 · 1, 2
수학과 교수-학습 · 1
수학수업이 지양해야 할 방향 · 19, 20
수학을 행하는 과정 · 101
수학적 기억 · 113
수학적 능력 · 79
수학적 성질 · 213, 367
수학적 성향 · 79
수학적 소양(mathematical proficiency) · 8, 24
수학적 아이디어 · 114
수학적 연산 · 208
수학적 절차와 개념 · 2
수학학습 프로파일 · 96
순서 무관의 원리 · 171
순서수 · 177
숫자 쓰기 · 177
스키너(Skinner), 가네(Gagné) · 27
스푸트니크(Sputnik) · 4
스프레드시트 · 442
시각화 · 397
시간 · 412
시계 · 419
시뮬레이션 · 440
시미즈(Shimizu) · 154
신념과 태도 · 131
신체적 발달 · 31
실제로 해 보기 · 141
실험 · 440
심상(mental image) · 398
십각형 · 392
십틀 · 176
쓰기 · 38

〈ㅇ〉

아동 문학 · 53
아동의 요구 · 4
안정된 수 이름의 원리 · 170
알고 있는 5단 구구 · 228
알고 있는 구구의 두 배 · 227
알고리즘 · 262
암호 이론 · 471
암호학 · 471
앞으로 세기 · 172
약수 · 476
어림 전략 · 254
어림셈 · 206, 235, 247
어림하기 · 200
에라토스테네스(Eratosthenes)의 체 · 481
역사 · 12
역연산 · 208
연간 계획 · 57, 58
연결 · 102
연결성 · 7, 24
연결하기 · 177
연구 · 11
연산 능력 · 206
연산의 의미 · 205, 208
연습 · 47

연합(connection) · 4
연합주의(connectionism) · 4
열린 식 · 355, 367
영상적 · 29
영역 · 292
예가 아닌 것(nonexamples) · 300
예가 아닌(nonexamples) 모델 · 36
예에 의한 정당화 · 368
오각수 · 487
오목 · 389
오목과 볼록 · 389
온도 · 412
와일즈(Wiles) · 490
완전수 · 474
용어 · 295
우연 학습(incidental learning) · 4
우주 경쟁 · 5
원 · 383
원그래프 · 447, 449
원의 중심 · 383
웹 사이트 자료들 · 12
위치 · 373
위치와 위치 나타내기 · 393
윌슨(Guy Wilson) · 5
유의미 학습 · 24, 158
육각수 · 487
융통성 있는 끝수처리 · 251
의미 있게 묶기(chunking) · 423
의미 형성 · 37
의미 형성하기 · 2
의미와 이해 · 5
의사소통 · 7, 37, 38, 102, 114
의사소통 능력 · 435
이동 · 373
이어서 세기 · 222, 225
이해를 통한 수학 학습 · 17
이해의 구성 · 29
인도-아라비아(Hindu-Arabic) 기수법 · 185
인도-아리비아 수 체계 · 186
인수(곱하는 수) · 216
인지적 발달 · 31
일관성 · 3
일대일 대응의 원리 · 170
일반화 · 29, 112, 113, 355, 356, 361, 367, 368
일일 계획 · 58
입력값 · 364
입력값-출력값 · 352
입체도형 · 376
입체도형 찾기 · 378

〈ㅈ〉

자 · 417
자기 평가와 동료 평가 · 86
자료 · 102
자료 분석 · 441, 452
자료 분석과 확률 · 7
자료 수집 · 439
자료 이해하기 · 458
자료분석 · 435
자료에 대한 감각 · 458
자릿값 개념의 시작 · 189
자릿값 개념의 확장 · 193
자릿값 · 183, 185
자릿값 판 · 318
자신의 사고에 대해서 반성하기 · 150
자연수×분수 · 311
자유놀이 · 29
잘못된 그래프 · 450
장 이론(field theory) · 5
재귀방정식(recursive expression) · 360
적용 · 47
적절한 문제의 선택 · 131
전(前)-수 개념 개발 · 158
전(前)-수 개념 · 159
전문 단체들 · 13
전문성 개발 · 13
전조작기 · 29
전체-부분 · 291
'전체-부분'으로서의 분수 · 291
전통적인 계산 · 237

전통적인 문제 · 52
전형적인 문제 · 134
절차적 지식 · 24, 25
정당화 · 356, 359, 361, 368
정사각형 · 383
정서적 속성 · 163
정형 문제 · 346, 357
정형화된 문제 · 127
제1사분위수 · 445
제3사분위수 · 445
조사 · 440
조사형 수업(investigative lessons) · 58, 60, 61
조정 · 249
조합 · 211
조화수(compatible number) · 241, 250
좋은 과제 · 47
주관식(extended-constructed-response: ECR) 문항 · 128
줄기와 잎 · 449
줄기-잎 그림 · 444
중급 활동 · 378
중앙값 · 445, 453
즉각적인 인지(subitizing) · 166
증가 패턴 · 349
지각적으로 비교하기 · 406
지름 · 383
지속 시간 · 412
지필 계산 · 235
지필 평가 · 92
직사각형 · 383, 391, 420
직사각형의 넓이 · 420
직접 교수 수업(direct instruction lessons) · 60
직접 교수형 수업 · 62, 63
직접적으로 비교하기 · 406
질문 · 47, 82
집단 편성 · 50
집단 학습 · 50
집합 · 210, 292
집합 모델 · 292, 298
집합수 · 177
짝 활동 · 151

〈ㅊ〉

차시별 수업 계획 · 57
참조물과 비교하기(compare to a referent) · 423
채점 기준 · 80
책임감 · 18
초급 활동 · 376
초기의 수 개념 · 165
총괄적 · 80
총괄적 채점 · 80
총괄적 채점 기준 · 80
최대공약수와 최소공배수 · 479
최빈값 · 452
추론 · 112, 113
추론 전략 · 305
추론과 증명 · 7, 102, 111
추상적 · 35
추상적-기호로 표현 · 208
추측하고 확인하기 · 145
출력값 · 364
측정 · 7, 102, 212
측정 결과를 보고하기 · 423
측정 과정 · 404
측정(포함제) · 213
측정(measurement or repeated subtraction) 상황 · 212
측정오차 · 423
칠각형 · 392

〈ㅋ〉

퀴즈네어(Cuisenaire) · 164
큰 수의 곱셈 · 275
큰 자리 수 어림셈 · 248

〈ㅌ〉

탐구하기와 의미 형성하기 · 33
탐구형 수업(explorations) · 60, 64, 65
테셀레이션 · 396
테크놀로지 · 54
테크놀로지 원리 · 7, 9
통계 · 435
통계 자료 · 436

틱텍토(tic-tac-toe) · 169

〈ㅍ〉

파스칼의 삼각형 · 488
패턴 · 347, 359
패턴블록 · 163
퍼센트 막대 · 341
퍼센트 어림하기 · 339
퍼센트 · 325, 335
퍼센트의 응용 · 339
퍼센트의 이해 · 336
퍼즐 · 475
페르마(Fermat) · 490
편차 · 457
평가 · 75
평가 결과의 기록 · 94
평가 결과의 활용 · 96
평가 및 분석 · 66
평가 원리(The Assessment Principle) · 7, 9
평균(average) · 452
평균 전략 · 253
평균편차 · 457
평등성 원리(The Equity Principle) · 6, 7
평면도형 · 376, 382
평행사변형 · 383, 422
평행인 면 · 379
평행인 변 · 387
평행인 선 · 388
포트폴리오 · 89
폴리아(George Polya) · 140
표 만들기 · 143
표본 · 441
표상화 · 29
표준 단위 · 415
표준 뺄셈 알고리즘 · 268
표준적인 덧셈 알고리즘 · 265
표준화된 성취도 평가 · 93
표현 · 7
표현을 만들고 활용하기 · 118
프로젝트 · 47
플롯(plot) · 442
피보나치 수열 · 489
피아제(Jean Piaget) · 26, 29
피타고라스 수 · 488
피타고라스 정리 · 490
필요한 연습 제공하기 · 48

〈ㅎ〉

학교수학 · 3
학교수학연구센터 · 11
학교수학을 위한 원리와 규준 · 6
학생 파일 · 95
학생들의 발달 특성 · 46
학생들의 진도 모니터링 · 78
학습(learning) · 31
학습 원리(The Learning Principle) · 7, 8
학습 자료 · 51
학습에 대한 책임감(Accountability) · 9
학습에 대한 평가(assessment of learning) · 76
학습에 대한 평가: 총괄평가 · 76
학습을 위한 평가(assessment for learning) · 76
학습을 위한 평가: 형성평가 · 76, 78
학업 성취도 평가 · 78
한 묶음 더 · 227
한 자리 수의 곱셈 · 271
한 자리 수의 나눗셈 · 277
함수 · 350, 355, 364
함수표 · 352
합동 · 396
합리적인 수 세기 · 172
합성수 · 480
항등원 · 213
해결 과정에 대해서 반성하기 · 149
행동의 형성 · 26
행동주의 · 27
행동주의적 관점 · 27
형식적 조작기 · 29
형식화 · 29
형태심리학(Gestalt theory) · 5
홀수와 짝수 · 475

확률 · 435, 436, 460
확장된 알고리즘 · 272
확장된 표기법 · 194
환산 · 426
활동적 · 29
황금비 · 490
회전 대칭(rotational symmetry) · 386
효과적인 수업 · 57
히스토그램 · 446, 449

〈기타〉

$\frac{1}{100}$ 314
$\frac{1}{10}$ 314
$\frac{1}{1000}$과 기타 소수 315
0의 곱 · 274
10을 만들어서 더하기 · 223
10의 곱과 10의 배수 · 273
10이 되는 결합 이용하기 · 223
11~19까지의 수(teen number) · 189
1과 0 더하기 · 221
1과 0 빼기 · 225
1수준, 시각적 · 375
2수준(묘사적/분석적) · 375
3수준(추상적/관계적) · 376
ASA · 11
BASIC · 140
CBL(calculator-based laboratory) · 459
CGI 수업 모델 · 111
CGI 프로그램 · 111
CSMC · 11
Geometer's Sketchpad · 140, 396
Logo · 140
NAEP(미국학력평가) · 128
NAEP · 11
NAEYC · 11
NCLB 법안(No Child Left Behind Act, 낙오학생방지법) · 10
NCTM · 2
NRC(National Research Council; 미국국립연구위원회) · 8, 18
TIMSS(Trends in Mathematics and Science Study, 수학과학 성취도 국제비교연구) · 12
van Hiele 수준 · 375